KOMPENDIUM Excel-VBA

Das Kompendium

Die Reihe für umfassendes Computerwissen

Seit mehr als 20 Jahren begleiten die KOMPENDIEN aus dem Markt+Technik Verlag die Entwicklung des PCs. Mit ihren bis heute über 500 erschienenen Titeln deckt die Reihe jeden Aspekt der täglichen Arbeit am Computer ab. Die Kompetenz der Autoren sowie die Praxisnähe und die Qualität der Fachinformationen machen die Reihe zu einem verlässlichen Partner für alle, ob Einsteiger, Fortgeschrittene oder erfahrene Anwender.

Das KOMPENDIUM ist praktisches Nachschlagewerk, Lehr- und Handbuch zugleich. Auf bis zu 1.000 Seiten wird jedes Thema erschöpfend behandelt. Ein detailliertes Inhaltsverzeichnis und ein umfangreicher Index erschließen das Material. Durch den gezielten Zugriff auf die gesuchte Information hilft das KOMPENDIUM auch in scheinbar aussichtslosen Fällen unkompliziert und schnell weiter.

Praxisnahe Beispiele und eine klare Sprache sorgen dafür, dass bei allem technischen Anspruch und aller Präzision die Verständlichkeit nicht auf der Strecke bleibt.

Mehr als 5 Millionen Leser profitierten bisher von der Kompetenz der KOMPENDIEN.

Excel-VBA

Mit über 1000 Makros
für Excel 97 bis 2003

BERND HELD

Markt+Technik

KOMPENDIUM
Einführung | Arbeitsbuch | Nachschlagewerk

Bibliografische Information Der Deutschen Bibliothek

Die Deutsche Bibliothek verzeichnet diese Publikation in der Deutschen Nationalbibliografie; detaillierte bibliografische Daten sind im Internet über <http://dnb.ddb.de> abrufbar.

Umwelthinweis:
Dieses Buch wurde auf chlorfrei gebleichtem Papier gedruckt.

10 9 8 7 6 5 4 3 2

06 05 04

ISBN 3-8272-6577-0

Coverkonzept: independent Medien-Design,
Widenmayerstraße 16, 80538 München
Coverlayout: Heinz H. Rauner, Gmund
Titelfoto: IFA-Bilderteam, Ten Thousand Islands, Everglades NP, Florida, USA
Lektorat: Rainer Fuchs, rfuchs@pearson.de
Korrektorat: Marita Böhm, mboehm@pearson.de
Herstellung: Elisabeth Prümm, epruemm@pearson.de
Satz: reemers publishing services gmbh, Krefeld (www.reemers.de)
Druck und Verarbeitung: Kösel, Krugzell (www.KoeselBuch.de)
Printed in Germany

Im Überblick

Inhaltsverzeichnis

Meiner lieben Frau und unserem Alexander

Vorwort

Dieses Excel-VBA-Kompendium ist in erster Linie für fortgeschrittene Anwender und Programmierer gedacht, die noch mehr über VBA (Visual Basic für Applikationen) der Versionen Excel 97 bis 2003 lernen möchten. Nach dem großen Erfolg der letzten VBA-Bücher und aufgrund der zahlreichen E-Mails von Lesern, für die ich mich an dieser Stelle bedanken möchte, habe ich mir überlegt, wie ich das Kompendium noch besser machen könnte. Ich entschloß mich, noch viel mehr Beispiele für die tägliche Excel-VBA-Praxis hinzuzufügen, ohne dadurch das Buch weniger praktikabel zu machen. So wurden ca. 1.000 Makros auf etwa 900 Seiten verarbeitet. Außerdem flossen natürlich Anregungen und aktuelle Fragestellungen mit in dieses Buch ein.

In den ersten drei Kapiteln des ersten Teils erfolgt eine kurze Einführung in die Programmierung mit VBA. Die Themen sind die Bedienung der Entwicklungsumgebung sowie die Anwendung von Datentypen, Variablen und Konstanten. Im letzten Kapitel dieses Teils werden die verschiedenen Sprachelemente, wie Verzweigungen und Schleifen, anhand von zahlreichen Praxisaufgaben anschaulich erklärt.

Im zweiten Teil des Buches beginnen die »heißen« Themen. Dort werden die wichtigsten Objekte anhand von nützlichen und interessanten Aufgaben aus der täglichen Arbeit mit Excel vorgestellt sowie wirklich brauchbare Lösungen präsentiert. Beginnend mit der einzelnen Zelle über Spalten und Zeilen bis hin zu Tabellenblättern und Arbeitsmappen werden hierbei Schritt für Schritt die Objekte angewendet und erklärt. Im Vordergrund steht hierbei immer die Frage: Was können Sie mit dem Objekt anfangen und welche Aufgaben können Sie damit in der Praxis erledigen? Oder anders herum: Welches Problem haben Sie bei der Anpassung von Excel und wie lösen Sie es mit Hilfe von VBA? Abgerundet wird dieser Teil durch ein Kapitel über die Programmierung von Diagrammen und Pivot-Tabellenberichten. Hierbei lernen Sie, wie Sie aus Rohdaten auf Knopfdruck aussagekräftige Diagramme sowie Pivot-Auswertungen erstellen können.

Im dritten Teil lernen Sie, mithilfe von selbst erstellten Funktionen Ihre Arbeit noch effizienter zu gestalten bzw. Arbeitsabläufe noch besser zu automatisieren. Dabei erstellen Sie zum einen benutzerdefinierte Funktionen, die Sie im Funktionsassistenten von Excel unterbringen und danach in Tabellenblättern anwenden können. Zum anderen programmieren Sie Funktionsmakros, die Ihnen helfen, Ihre Module strukturiert und übersichtlich zu gestalten, um dabei die Geschwindigkeit und Sicherheit Ihrer Makros zu erhöhen. Ein weiteres Kapitel beschäftigt sich mit der Frage, wie Sie Ereignisse in Excel einsetzen können, um noch mehr Automatismus und Arbeitserleichterung in Ihre Anwendung zu bringen. Im abschließenden Kapitel dieses Buchteils lernen Sie, wie Sie auf Module innerhalb der Entwicklungsumgebung zugreifen können. Dies ist mitunter sehr nützlich, wenn es darum geht, Ihre Module zu sichern bzw. bestimmte Module in andere Arbeitsmappen zu integrieren.

Der vierte Teil ist der klassischen Anwendungsentwicklung gewidmet. Dort erfahren Sie, wie Sie mit Dialogen/UserForms arbeiten und wie Sie Steuerelemente auf Tabellenblättern integrieren und programmieren. Ein weiteres interessantes Kapitel beschreibt die Programmierung von Menü- und Symbolleisten. Dabei lernen Sie unter anderem, wie Sie auf integrierte Excel-Funktionen zurückgreifen und diese Funktionalität in eigenen Leisten bereitstellen können. Die Zusammenarbeit von Excel mit anderen Office-Komponenten und externen Anwendungen ist ein weiteres Thema dieses Buchteils. So erstellen Sie z.B. eine Schnittstelle für Excel und Access, über die Sie Daten mithilfe der Datenzugriffsmethode ADO austauschen. Sie werden ebenso erfahren, wie Sie Daten zwischen Excel und Word übertragen und wie Sie E-Mails mit Excel versenden können.

Im fünften Teil des Buches, welches den Praxisführer darstellt, erfahren Sie, wie Sie vorgehen können, wenn ein Makro nicht den gewünschten Erfolg bringt bzw. wenn Sie ein Makro überhaupt nicht zum Laufen bringen. Angefangen von der Ermittlung und Beseitigung von Fehlern bis hin zur Recherche nach Material im Internet ist alles enthalten. Aber auch das Tuning von Makros bzw. der Schutz von VBA-Projekten soll in diesem Teil nicht zu kurz kommen. Im letzten Kapitel des Praxisführerteils sehen Sie anhand einer FAQ die am häufigsten gestellten Fragen zum Thema VBA mit Excel und die entsprechenden Antworten.

Im abschließenden Anhang dieses Buches wurde bewusst auf das Auflisten von Methoden, Eigenschaften und Objekten verzichtet. Diese Informationen können Sie ganz leicht selbst in der Online-Hilfe von Excel finden, dafür müssen nicht wertvolle Seiten geopfert werden. Ich habe mich daher entschlossen, auch im Anhang möglichst viel Nützliches für Sie bereitzustellen. Dies ist eine Sammlung an Supermakros, mein »Machero-Add-In« mit nützlichen Funktionen für Excel, eine Linksammlung mit den besten kostenlosen VBA-Seiten und Foren im Internet, eine Zusammenstellung aller Listings dieses Buches nach Nummer und Titel sowie die Beschreibung zur Handhabung der mitgelieferten CD-ROM und ein Stichwortverzeichnis.

Mein persönliches Anliegen ist es, Ihnen VBA für Excel 97 bis 2003 anhand von praxisnahen Aufgaben leicht verständlich zu vermitteln. Das Buch spiegelt mein Wissen wider, welches ich mir die letzten Jahre durch meine ehrenamtliche Arbeit im deutschen Excel-Forum von Microsoft und durch meine bisherigen VBA-Projekte angeeignet habe. Das Buch enthält ca. 1.000 Makros, die Sie auch auf der mitgelieferten CD-ROM nachlesen und mit dem neuen Makro-Suchen-Tool auch sofort finden können.

Bei Nachfragen und für ein allgemeines Feedback zu meinem Buch erreichen Sie mich über meine Excel-Homepage `http://held-Office.de` oder über *Bernd.Held@mut.de*. So erreichen Sie gleichzeitig auch den Verlag. Auf der Homepage von Markt+Technik finden Sie auch ein eigenes VBA-Forum (`http://www.mut.de/main/main.asp?page=vbaforum`), wo Sie Ihre VBA-Fragen loswerden können. Ich moderiere dieses Forum und antworte dort nahezu täglich. Auch Sie sind natürlich herzlich eingeladen, in diesem VBA-Forum zu antworten.

Besuchen Sie auch ruhig einmal das Excel-Diskussionsforum `news:microsoft.public.de.excel` von Microsoft oder die diversen Excel-Foren, die Sie von meiner Homepage aus direkt ansteuern können. Hier können Sie auf jeden Fall eine ganze Menge lernen. In Anhang C dieses Buches finden Sie eine Erklärung, wie Sie sich diese wertvolle Wissensquelle erschließen können.

Möchten Sie einen VBA-Kurs besuchen, so finden Sie auf meiner Homepage regelmäßig Schulungsangebote. Diese Angebote reichen von Einzelschulungen bei mir zu Hause bis hin zu Hotel- und Firmenschulungen, die ich als Dozent abhalte. Gerne komme ich auch direkt zu Ihnen in Ihre Firma, um VBA zu schulen.

Ich wünsche Ihnen während des Lesens des Buches und beim späteren Anwenden der Lösungen viel Spaß!

Bernd Held

MVP für Microsoft Excel

Über den Autor

Bernd Held ist gelernter Informatiker und programmierte drei Jahre lang bei einer Firma Warenwirtschafts- und Suchsysteme für den Kfz-Bereich. Danach arbeitete er sechs Jahre bei debis Systemhaus im Controlling. Dort war er verantwortlich für das Berichtswesen, die Leistungsverrechnung, das Erstellen von betrieblichen Auswertungen und Wirtschaftlichkeitsrechnungen sowie für die Erstellung neuer Controlling-Tools auf Basis von Microsoft Office. Seit Anfang 2002 ist Herr Held selbstständig. Er schreibt Fachartikel in renommierten Zeitschriften, verfasst Computerbücher, führt Software-Schulungen durch und programmiert im Auftrag von Kunden. Sein Spezialgebiet ist Microsoft Office. Dort hat er sich auf den Bereich Excel und die Office-VBA-Programmierung spezialisiert. Aber auch zu Microsoft Works, Frontpage, Windows und diversen anderen Themen hat er schon viele Bücher geschrieben.

Vor drei Jahren wurde er das erste Mal als MVP (Most Valuable Professional) von der Firma Microsoft ausgezeichnet. Dieser Titel wird für besondere fachliche Kompetenz, außerordentlichen Einsatz in den Diskussionsforen und für außergewöhnliches Kommunikationstalent verliehen. Im deutschsprachigen Excel-Forum von Microsoft (*news:microsoft.public.de.excel*) können Sie Bernd Held fast täglich antreffen, wenn Sie Fragen zu Excel und zur VBA-Programmierung haben. Dort hilft er Ihnen gerne weiter.

Teil 1 Arbeitsregelung, Datentypen, Sprachelemente

1 Grundsätzliches zur Programmierung

Wenn Sie beginnen möchten zu programmieren, sollten Sie die ersten Gedanken erst einmal für die Frage aufwenden, warum Sie überhaupt VBA einsetzen möchten. Welche Vorteile bieten sich Ihnen damit? Dabei sind unter anderem folgende Punkte zu nennen:

Warum programmieren?

Ich setze VBA ein, um

- meine täglichen Abläufe zu automatisieren,
- noch mehr mit Excel machen zu können, indem man es um weitere eigene Funktionen erweitert,
- einen Vorteil in Bezug auf Arbeitssicherheit und Arbeitserleichterung zu haben; gerade lästige Routinearbeiten können mit VBA sicher und elegant ausgeführt werden,
- eine erhöhte Arbeitsgeschwindigkeit durch den Einsatz von VBA zu erreichen,
- eigene Anwendungen zu entwickeln, die von anderen leicht zu bedienen sind,
- am Ball zu bleiben. VBA ist eine universelle Sprache, die im ganzen Office-Paket verwendet wird. Auch andere Microsoft-unabhängige Anwendungen stellen zunehmend auf VBA um.

1.1 Wie gehe ich von Anfang an richtig vor?

:-) TIPP

Wichtig ist, dass Sie sich vorher überlegen, welche Aufgaben Sie mit VBA erledigen möchten. Schreiben Sie sich das ruhig in ein paar Stichworten auf einem Stück Papier auf. Wenn Sie später dann mit dem Programmieren beginnen, schadet es nichts, die einzelnen Befehle im Code selbst zu beschreiben, also im Code als Kommentar zu hinterlegen. Im Laufe der Zeit werden Sie feststellen, dass Ihnen solche Aufzeichnungen immer wieder weiterhelfen werden. Vieles, was in Vergessenheit gerät, muss so nicht noch einmal erarbeitet werden. Ein kurzer Blick auf die Aufzeichnungen genügt und Sie sind wieder voll im Bilde.

Zu Beginn werden Sie häufig mit dem Makrorekorder arbeiten, um sich die Syntax der einzelnen Befehle leichter einzuprägen. Excel 97 bis Excel 2003 bietet Ihnen die Möglichkeit, automatisch Programmcodes aufzeichnen zu lassen. Das läuft dann so ab, dass Sie den Makrorekorder starten und die Aufgabe zunächst manuell durchführen. Haben Sie Ihre Aufgabe ausgeführt, beenden Sie den Makrorekorder. Der Makrorekorder hat Ihre Arbeitsschritte im Hintergrund aufgezeichnet. Diese Aufzeichnung können Sie dann als Ausgangsposition für weiteres Programmieren verwenden.

Den Makrorekorder einsetzen

Als erste Aufgabe kopieren Sie vom Tabellenblatt TABELLE1 die Zelle A1 und fügen den Inhalt dieser Zelle auf dem Tabellenblatt TABELLE2 in Zelle A1 ein.

STEP

Dazu gehen Sie wie folgt vor:

1. Wählen Sie aus dem Menü EXTRAS den Befehl MAKRO/AUFZEICHNEN.
2. Belassen Sie den Eintrag DIESEARBEITSMAPPE, wenn Sie das Makro in der momentan geöffneten Arbeitsmappe ablegen möchten. Wenn Sie hingegen ein Makro aufzeichnen, welches in Zukunft immer für jede Arbeitsmappe verfügbar sein soll, dann wählen Sie aus dem Dropdown den Eintrag PERSÖNLICHE MAKROARBEITSMAPPE, ansonsten behalten Sie den standardmäßig eingestellten Eintrag DIESEARBEITSMAPPE bei. In diesem Fall können Sie die Makros nur nutzen, wenn Sie die entsprechende Arbeitsmappe auch geöffnet haben.
3. Belassen Sie den voreingestellten Namen des Makros und klicken Sie auf OK.

Abbildung 1.1: Makros selbst aufzeichnen mit dem Makrorekorder

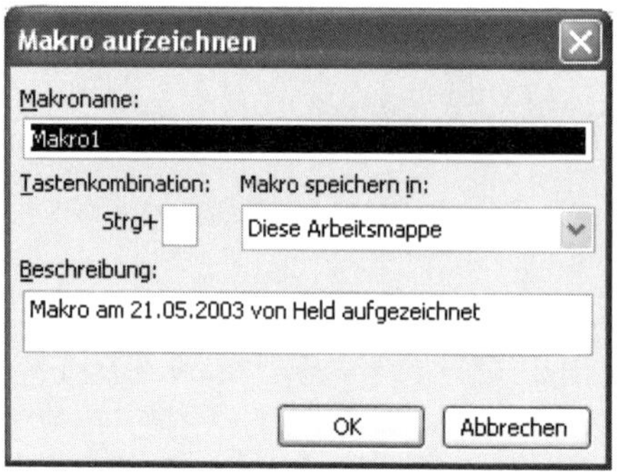

4. Kopieren Sie auf TABELLE1 die Zelle A1, wechseln Sie auf die TABELLE2 und fügen Sie den Inhalt aus der Zwischenablage in Zelle A1 ein.

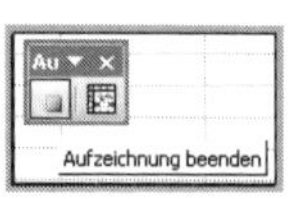

5. Klicken Sie auf das Symbol AUFZEICHNUNG BEENDEN.

6. Schauen Sie sich das Ergebnis des Makrorekorders an, indem Sie aus dem Menü EXTRAS den Befehl MAKRO/MAKROS auswählen.
7. Klicken Sie im Dialog MAKRO auf die Schaltfläche BEARBEITEN.

```
Sub Makro1()
'
' Makro1 Makro
' Makro am 21.05.2003 von Held aufgezeichnet
'
'
    Selection.Copy
    Sheets("Tabelle2").Select
    ActiveSheet.Paste
End Sub
```

:-) TIPP

Eine Variante, um Makros schon beim Excel-Start zur Verfügung zu haben, ist, die Makros in der persönlichen Arbeitsmappe zu speichern. Diese Arbeitsmappe befindet sich standardmäßig im Office-Unterverzeichnis XLSTART. *Sie heißt* PERSONL.XLS *und wird automatisch beim Excel-Start geöffnet. Diese Arbeitsmappe ist standardmäßig jedoch ausgeblendet, was auch ganz richtig ist, um den Anwender nicht zu verunsichern und ihn auch daran zu hindern, Änderungen an dieser Arbeitsmappe auszuführen.*

Die Aufzeichnung des Makrorekorders ergänzen

Die Programmiersprache in VBA ist Englisch. Jedes Makro fängt mit der Anweisung `Sub` an. Danach folgt ein Leerzeichen, gefolgt von einem Namen, den Sie frei wählen können. Abschließend geben Sie ein Klammernpaar ein und drücken auf die Taste [↵]. Excel ergänzt nun automatisch die Schlusszeile des Makros `End Sub`. Vermeiden Sie bei der Benennung Leer- und Sonderzeichen. Diese sind nicht zulässig.

:-) TIPP

Es empfiehlt sich, den Makros »sprechende« Namen zu geben. So könnte ein sprechender Name für das obige Makro lauten:

```
Sub ZelleKopierenUndAufNächstemBlattEinfügen()
```

Damit wird schon im Titel des Makros klar, welche Aufgabe das Makro ausführen soll. Die Zeilen im Code, welche mit einem einfachen Anführungszeichen beginnen, sind Kommentarzeilen. Standardmäßig werden dabei der Name des Makros, das Erstelldatum und der Makroaufzeichner festgehalten. Der Makrorekorder liefert wertvolle Hinweise über die Syntax der einzelnen Befehle, leider verschluckt er aber auch einige Befehle. Aus diesem Grund kann das nur der erste Schritt sein, um ein Makro zu erstellen. Es bedarf auf jeden Fall noch einer Nacharbeit. Das obige erste Makro könnte also nach ein wenig Überarbeitung wie folgt aussehen:

```
Sub ZelleKopierenUndAufNächstemBlattEinfügen()
' Makro am 21.05.2003 von Held aufgezeichnet
' Das erste Makro zum Kopieren und Einfügen von Daten
    Sheets("Tabelle1").Range("A1").Copy
    Sheets("Tabelle2").Select
    Range("A1").Select
    ActiveSheet.Paste
    Application.CutCopyMode = False
End Sub
```

Wie Sie sehen, wurde das Makro um eine zusätzliche Kommentarzeile ergänzt, die den Zweck des Makros beschreibt. Ebenso wurde der Ausgangspunkt des Makros, also die Zelle A1 in Tabelle1, nachgezogen und der Copy-Befehl zusammengezogen.

Das angepasste Makro stellt immer noch nicht den Idealzustand dar; im Moment soll uns das aber reichen. Im späteren Verlauf des Buches werden Sie weitere Vereinfachungsmechanismen und Optimierungsmöglichkeiten kennen lernen.

Makro ausführen

Zum Starten eines Makros haben Sie mehrere Möglichkeiten:

- auf dem Tabellenblatt über das Menü EXTRAS und den Befehl MAKRO/MAKROS und die Auswahl des Makros im Listenfeld mit abschließendem Klick auf die Schaltfläche AUSFÜHREN
- in der Entwicklungsumgebung in der Symbolleiste VOREINSTELLUNG mit einem Klick auf das Symbol SUB/USERFORM AUSFÜHREN
- Starten eines Makros direkt aus der Entwicklungsumgebung im Codefenster, indem Sie den Mauszeiger auf die erste Zeile des Makros setzen und die Taste F5 drücken
- Start über eine Schaltfläche auf Ihrem Tabellenblatt

STEP

Um ein Makro über eine Schaltfläche zu starten, verfahren Sie wie folgt:

1. Blenden Sie die Symbolleiste FORMULAR ein.
2. Klicken Sie auf das Symbol SCHALTFLÄCHE und ziehen Sie diese auf Ihrer Tabelle an der gewünschten Position auf.
3. Klicken Sie im Dialog MAKRO ZUWEISEN auf das Makro ZelleKopierenUndAufNächstemBlattEinfügen und klicken Sie auf die Schaltfläche OK.

4. Schreiben Sie direkt auf die Schaltfläche eine geeignetere Bezeichnung, indem Sie den Schaltflächentext SCHALTFLÄCHE 1 einfach überschreiben.

Wie erfahre ich mehr über die einzelnen Befehle?

Recherche

Der zweite Schritt bei der Programmierung sollte sein, mehr über die verwendeten Befehle zu erfahren. Dazu können Sie die eingebaute Online-Hilfe in Anspruch nehmen.

Setzen Sie im Listing einfach einmal den Mauszeiger auf den Befehl `Copy` und drücken Sie die Taste [F1].

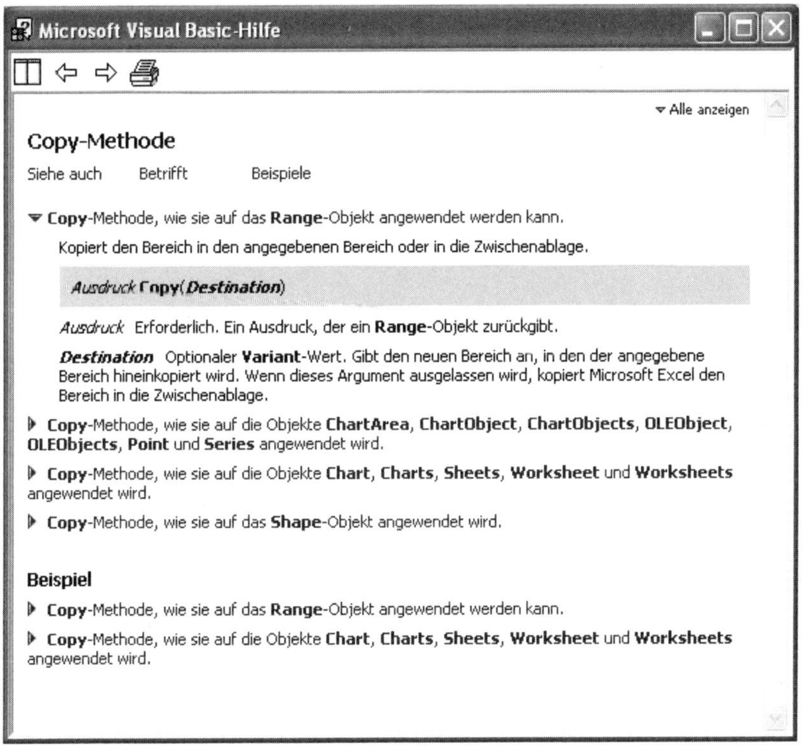

Abbildung 1.2: Die Online-Hilfe bietet Ihnen ein komplettes Nachschlagewerk an

:-) TIPP

Wenn Sie Beispiele aus der Online-Hilfe herauskopieren und für eigene Zwecke verwenden möchten, ist das kein Problem. Klicken Sie im Online-Hilfe-Fenster ruhig einmal auf den Text BEISPIELE. *Sie können sich das Beispiel mit der linken Maustaste markieren, kopieren und über die Zwischenablage in Ihr Modul in der Entwicklungsumgebung einfügen. Auf diesem Beispielcode können Sie dann aufbauen und das eingefügte Makro Ihren Wünschen entsprechend noch anpassen.*

Erfahren Sie im nächsten Kapitel, wie Sie die Entwicklungsumgebung bedienen, die Ihnen für die Programmierung zur Verfügung steht.

2 Die Arbeitsumgebung für die Programmierung

In die Entwicklungsumgebung von Excel gelangen Sie, wenn Sie die Tastenkombination [Alt]+[F11] drücken. Danach sehen Sie folgendes Bild vor sich:

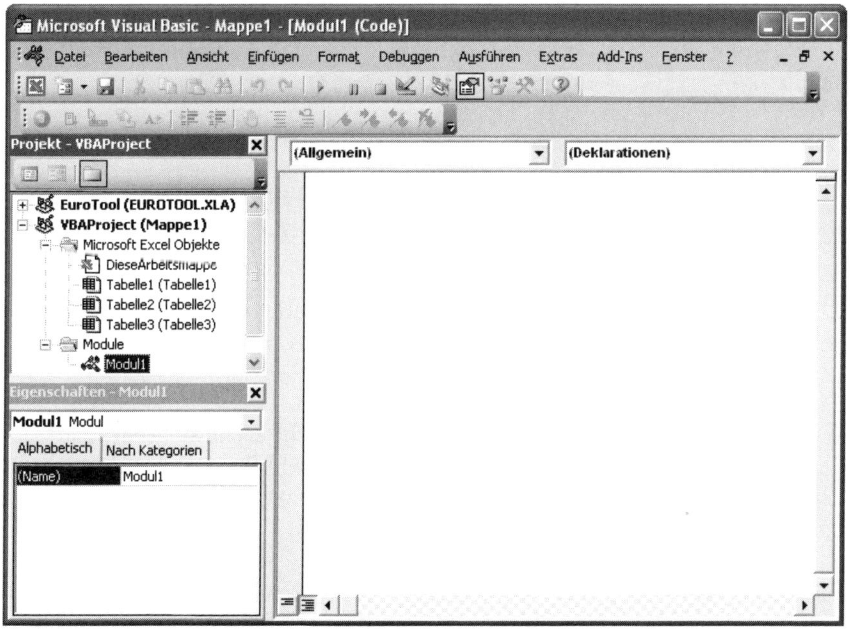

Abbildung 2.1: Die Entwicklungsumgebung von Excel 2003

Momentan sehen Sie in der Abbildung 2.1 den Projekt-Explorer sowie das Eigenschaften-Fenster. Im Projekt-Explorer erkennen Sie alle Komponenten Ihrer Arbeitsmappe.

2.1 Die Scroll Area festlegen

Im Eigenschaften-Fenster können Sie die Einstellungen der einzelnen Komponenten vornehmen. So legen Sie z.B. den Bereich einer Tabelle fest, in dem sich der Anwender bewegen darf. Stellen Sie dazu einmal im Eigenschaften-Fenster für die TABELLE1 in der Kategorie SCROLLAREA den Zellenbezug $A$1:$D$20 ein und drücken Sie die [Tab]-Taste. Verlassen Sie danach die Entwicklungsumgebung und aktivieren Sie das Tabellenblatt TABELLE1.

Jetzt können Sie sich lediglich im Bereich A1:D20 bewegen. Alle anderen Zellen sind für Sie tabu.

:-) TIPP

Übrigens können Sie im Eigenschaften-Fenster unter der Rubrik SCROLLAREA *auch benannte Bereiche in Excel angeben. Excel setzt diese Bereichsnamen dann automatisch in die dazugehörigen Zellenbezüge um.*

2.2 Tabellenblätter ein- und ausblenden

Im Eigenschaften-Fenster lassen sich auch einzelne Tabellen ein- und ausblenden.

STEP

Dazu verfahren Sie wie folgt:

1. Klicken Sie im Projekt-Explorer auf den Eintrag TABELLE1.
2. Klicken Sie im Eigenschaften-Fenster in der Zeile VISIBLE auf das Zellen-Dropdown und wählen Sie den Eintrag `0 - XLSHEETHIDDEN` aus.
3. Verlassen Sie die Entwicklungsumgebung, indem Sie beispielsweise die Tastenkombination [Alt]+[Q] betätigen, um auf Ihre Tabellenansicht in Excel zu gelangen.

Wie Sie sehen, ist die Tabelle TABELLE1 nun nicht mehr sichtbar. Einblenden können Sie diese Tabelle wieder mit dem Befehl BLATT/EINBLENDEN aus dem Menü FORMAT. Wählen Sie die Tabelle TABELLE1 aus dem Listenfeld und bestätigen Sie mit OK.

:-) TIPP

Im vorherigen Fall war es möglich, das ausgeblendete Tabellenblatt TABELLE1 *über den Befehl* BLATT/EINBLENDEN *aus dem Menü* FORMAT *wieder verfügbar zu machen. Wenn Sie dies unterbinden möchten, dann stellen Sie in der Entwicklungsumgebung im Eigenschaften-Fenster in der Zeile* VISIBLE *den Eintrag* `2 - XLSHEETVERYHIDDEN` *ein.*

2.3 Neue Module einfügen

Um überhaupt programmieren zu können, müssen Sie zunächst einmal ein Modulblatt einfügen. Dazu klicken Sie im Projekt-Explorer mit der rechten Maustaste und wählen aus dem Kontextmenü den Befehl EINFÜGEN/MODUL. Alternativ dazu können Sie in der Entwicklungsumgebung aus dem Menü EINFÜGEN den Befehl MODUL auswählen. Geben Sie nun Ihr erstes Makro im Code-Fenster ein. Es reicht, wenn Sie lediglich die erste Zeile erfassen und mit [↵] bestätigen. Excel ergänzt automatisch die Ende-Anweisung des Makros.

Klar, das Makro macht momentan noch gar nichts. Wie wäre es, wenn das Makro Ihnen die Uhrzeit anzeigen würde?

Datum und Zeit

Dazu erfassen Sie innerhalb des Makros die folgende Zeile:

```
MsgBox Time & " Uhr"
```

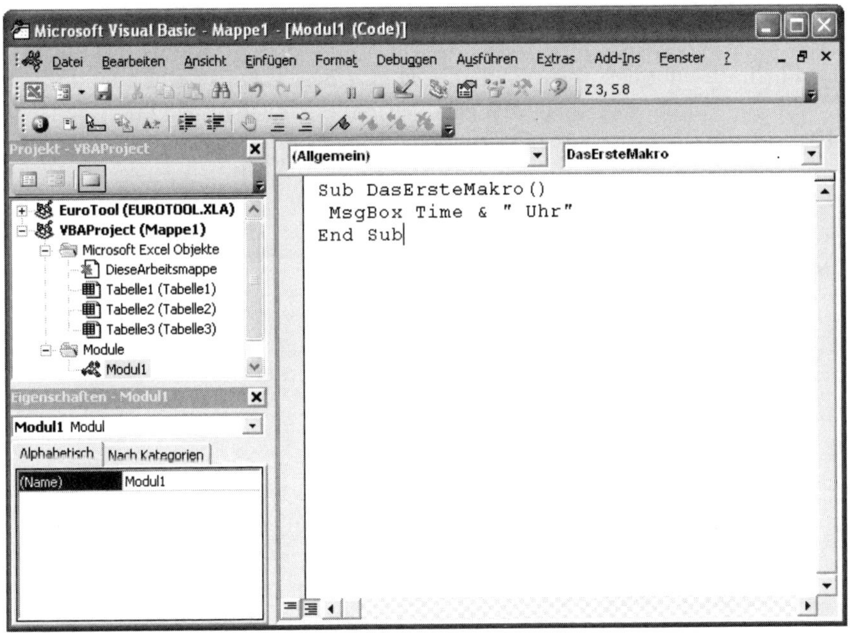

Abbildung 2.2: Das erste Makro im Codefenster

Setzen Sie den Mauszeiger auf die erste Zeile des Makros und drücken Sie die Taste [F5]. Als Ergebnis sehen Sie folgende Meldung auf dem Bildschirm:

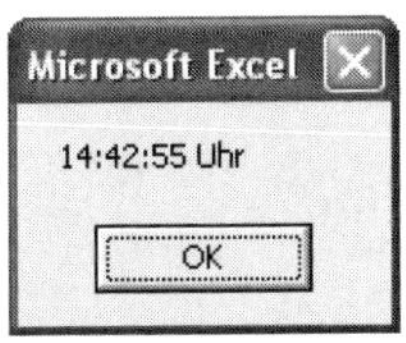

Abbildung 2.3: Die aktuelle Uhrzeit als Bildschirmmeldung

INFO

Wenn Sie möchten, können Sie auch das heutige Datum in einem Meldungsfenster anzeigen lassen. Der Befehl dafür lautet: `MsgBox Date`*. Dabei holt Excel sich das aktuelle Datum aus Ihrer Systemeinstellung unter Windows.*

```
Sub DasZweiteMakro()
MsgBox "Heute ist der " & Date
End Sub
```

Das Datum können Sie aber auch anders ausgeben, indem Sie Ihr Makro ein wenig anpassen.

```
Sub DasDritteMakro()
MsgBox "Heute ist der " & Format(Date, "DD.MM.YYYY (DDDD)")
End Sub
```

Mithilfe der Funktion `Format` können Sie das aktuelle Datum so ausgeben, wie Sie es möchten. Die Anzahl des Buchstabens D bestimmt hier die Art der Formatierung des Tags. Zweimal D gibt den Tag als Zahl aus, dreimal D gibt die Abkürzung »Mi« aus und viermal der Buchstabe D gibt den Tag als ausgeschriebenes Wort (»Mittwoch«) aus.

Abbildung 2.4: Das heutige Datum in etwas anderer Form ausgeben

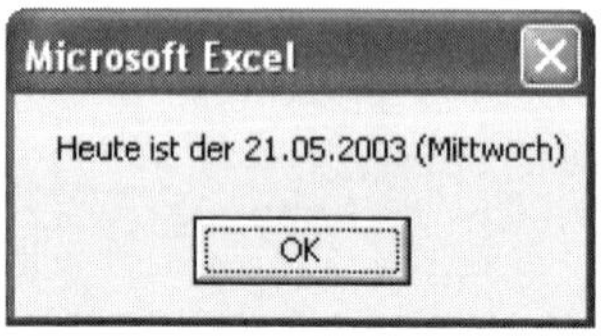

2.4 Die Symbolleiste Bearbeiten

Die Symbolleiste BEARBEITEN enthält Funktionen, die Ihnen helfen sollen, den Programmcode schnell und sicher zu bearbeiten.

Abbildung 2.5: Die Symbolleiste Bearbeiten

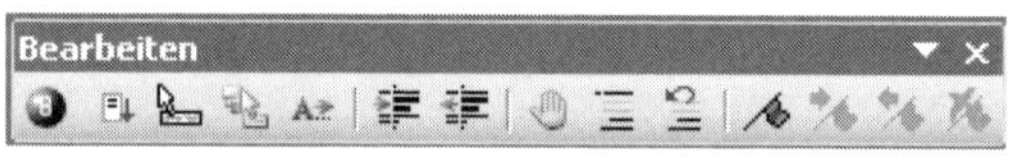

Auf die wichtigsten Funktionen dieser Symbolleiste wird nun kurz eingegangen.

Eigenschaften/Methoden anzeigen

Wenn Sie beispielsweise die Anweisung `Application` eingeben und dann direkt dahinter einen Punkt setzen, dann bietet Ihnen Excel für dieses Objekt alle verfügbaren Eigenschaften und Methoden an. Möchten Sie aber bereits eingegebenen Quellcode nachträglich nach verfügbaren Eigenschaften und Methoden checken, dann setzen Sie den Mauszeiger auf den Befehl hinter dem Punkt und klicken auf das Symbol EIGENSCHAFTEN/METHODEN ANZEIGEN.

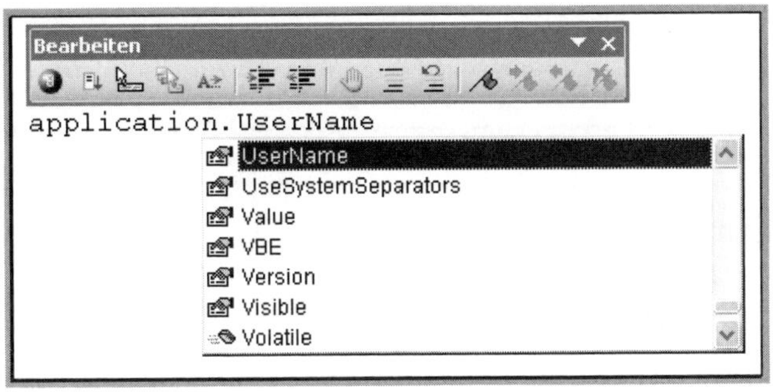

Abbildung 2.6: Das Kopierbeispiel mit dem gesetzten Haltepunkt

Konstanten anzeigen

Viele Befehle enthalten so genannte Konstanten, die sich einsetzen lassen. So können Sie beispielsweise für eine Bildschirmmeldung über den Einsatz von Konstanten die Schaltflächentypen festlegen. Im folgenden Beispiel soll eine Warnmeldung angezeigt werden. Erfassen Sie zu diesem Zweck die folgenden Zeilen und stoppen Sie mittendrin.

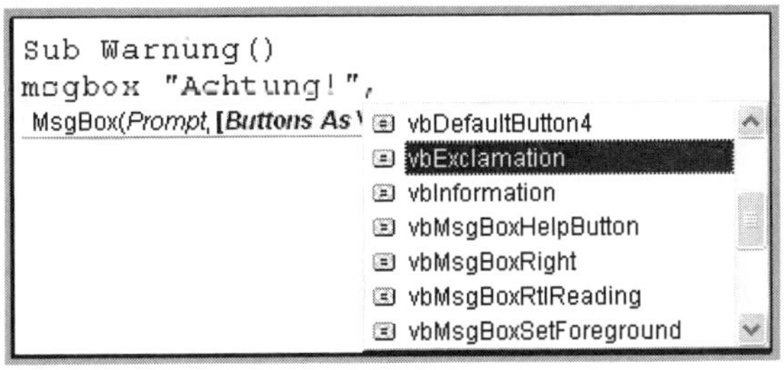

Abbildung 2.7: Das Kopierbeispiel mit dem gesetzten Haltepunkt

Klicken Sie nach der Eingabe des Kommas auf das Symbol KONSTANTEN ANZEIGEN. In einer Dropdown-Liste bekommen Sie nun die verfügbaren Schaltflächen angezeigt. Selbstverständlich können Sie auch mehrere Schaltflächen kombinieren. Das komplette Makro zum Anzeigen einer Warnmeldung mit den Symbolen KRITISCH sowie einer OK-Schaltfläche lautet:

```
Sub Warnunganzeigen()
MsgBox "Achtung", vbCritical + vbOKOnly, "Warnung"
End Sub
```

QuickInfo oder Parameterinfo

Mithilfe des Symbols QUICKINFO bzw. des Symbols PARAMETERINFO können Sie sich die komplette Syntax des Befehls in einem Fensterchen anzeigen lassen. Setzen Sie dazu im vorherigen Beispiel den Mauszeiger auf die Funktion `MsgBox` und klicken Sie auf das Symbol QUICKINFO auf der Symbolleiste BEARBEITEN.

Abbildung 2.8: Das Kopierbeispiel mit dem gesetzten Haltepunkt

```
Sub Warnung()
MsgBox "Achtung!"
 MsgBox(Prompt, [Buttons As VbMsgBoxStyle = vbOKOnly], [Title], [HelpFile], [Context]) As VbMsgBoxResult
```

Ganzes Wort

Durch den Einsatz dieses Symbols sparen Sie sich ein wenig Schreibarbeit. Geben Sie beispielsweise einmal die ersten drei Buchstaben von `MsgBox` ein und klicken Sie danach auf das Symbol GANZES WORT oder drücken Sie die Tastenkombination [Strg]+[ ]. Der Befehl wird augenblicklich um die noch fehlenden Buchstaben ergänzt. Diese Funktion funktioniert aber nur, wenn schon nach den ersten Buchstaben klar wird, dass es sich hierbei nur um den Befehl `Msgbox` handeln kann. Diese Funktion wird demnach erst verfügbar, sobald anhand der ersten Buchstaben ein eindeutiger Befehl von Excel erkannt werden kann.

Einzüge vergrößern bzw. verkleinern

Mit dieser Funktion können Sie einzelne oder auch mehrere Zeilen blockweise nach links einrücken. Dies macht den Programmcode leichter lesbar. Analog zu dieser Funktion können Sie mit der Funktion EINZUG VERKLEINERN eingerückte Programmteile wieder nach links rücken und pro Klick jeweils den markierten Text um einen Tabstopp versetzen.

Haltepunkte setzen

Wenn Sie ein Makro starten, welches einen Haltepunkt aufweist, dann stoppt es genau an diesem Haltepunkt. Hiermit können Sie Programmzwischenstände abchecken.

:-) TIPP

Setzen Sie einen Haltepunkt bei der markierten Zeile im Code, indem Sie auf das Symbol HALTEPUNKT EIN/AUS *klicken oder alternativ die Taste* [F9] *drücken. Die Zeile bekommt daraufhin einen braunen Balken, der den Haltepunkt darstellen soll. Setzen Sie den Mauszeiger auf die erste Zeile des Makros und drücken Sie die Taste* [F5]*, um das Makro zu starten. Das Makro fängt an zu laufen und stoppt genau an dem gesetzten Haltepunkt. Bei längeren Makros empfiehlt es sich, mehrere Haltepunkte zu setzen. Einen Haltepunkt können Sie übrigens wieder entfernen, indem Sie den Mauszeiger darauf setzen und die Taste* [F9] *drücken. Der Haltepunkt verschwindet dann augenblicklich wieder.*

Kommentare im Code hinterlegen

Hinterlegen Sie bitte ausreichend Kommentare in Ihren Makros. Es fällt Ihnen dadurch später leichter, die einzelnen Befehle nachzuvollziehen. Auch Änderungen am Makro selbst können auf diese Art und Weise festgehalten werden.

:-) TIPP

Um einen Kommentar zu hinterlegen, haben Sie mehrere Möglichkeiten:

- Geben Sie ein einfaches Anführungszeichen vor dem eigentlichen Befehl oder Text ein oder
- verwenden Sie etwas altertümlich die Anweisung `Rem`, gefolgt von einem Leerzeichen und dem Befehl oder dem Text.

Die Befehlszeile nimmt dann standardmäßig die Schriftfarbe Grün an. Diese so kommentierten Zeilen werden beim Makroablauf nicht ausgewertet. Sie können ganze Kommentarzeilen anlegen oder auch innerhalb einer Zeile am Ende einen Kommentar anfügen. Möchten Sie innerhalb einer Zeile einen Kommentar im Anschluss an einen Befehl erfassen, fügen Sie nach dem eigentlichen Befehl ein einfaches Anführungszeichen ein und schreiben Sie Ihren Kommentar dazu.

Eine der am häufigsten gebrauchten Funktionen ist die Funktion für das schnelle Auskommentieren von Makrobefehlen. Wenn Sie im späteren Verlauf des Buches programmieren, werden Sie mit Sicherheit auch mal etwas auf die Schnelle einfach probieren wollen. Dazu werden Sie dann und wann einzelne bzw. mehrere Zeilen vorübergehend deaktivieren. Klar, die schnellste Methode ist das Löschen der Zeilen. Der Nachteil daran ist, dass diese Zeilen dann weg sind. Einfacher ist es, die momentan nicht gebrauchten Zeilen als Kommentar zu definieren. Dazu geben Sie am Anfang der Zeile ein einfaches Anführungszeichen mit der Tastenkombination [⇧]+[#] *ein. Damit wird die Zeile als Kommentar betrachtet und Excel ignoriert sie bei der Programmausführung.*
Wenn es sich dabei nun um einzelne Zeilen handelt, klappt diese Vorgehensweise. Umständlicher wird es aber, wenn Sie gleich blockweise Zeilen auskommentieren möchten. Dazu markieren Sie den Bereich, den Sie auskommentieren möchten, und klicken auf das Symbol BLOCK AUSKOMMENTIEREN. *Möchten Sie hingegen einzelne Zeilen oder auch einen ganzen Block wieder aktiv werden lassen, dann markieren Sie die entsprechende(n) Zeile(n) und klicken auf das Symbol* AUSKOMMENTIERUNG DES BLOCKS AUFHEBEN.

:-) TIPP

Lesezeichen setzen

In recht umfangreichen Quellcodes, die mitunter mehrere DIN-A4-Seiten umfassen können, kann schnell einmal der Überblick verloren gehen. Sie haben daher die Möglichkeit, Lesezeichen zu setzen und diese blitzschnell bei Bedarf anzuspringen.

Ein Lesezeichen erkennen Sie daran, dass ein hellblaues abgerundetes Viereck an der linken Leiste angezeigt wird. Über die Symbole NÄCHSTES LESEZEICHEN bzw. VORHERIGES LESEZEICHEN können Sie von Lesezeichen zu Lesezeichen springen. Mit einem Klick auf das Symbol ALLE LESEZEICHEN LÖSCHEN entfernen Sie alle gesetzten Lesezeichen.

2.5 Automatische Syntaxprüfung

Der VBA-Editor unterstützt Sie schon bei der Eingabe von Befehlen sehr tatkräftig. Sehen Sie sich dazu einmal das nächste Beispiel in Abbildung 2.9 an.

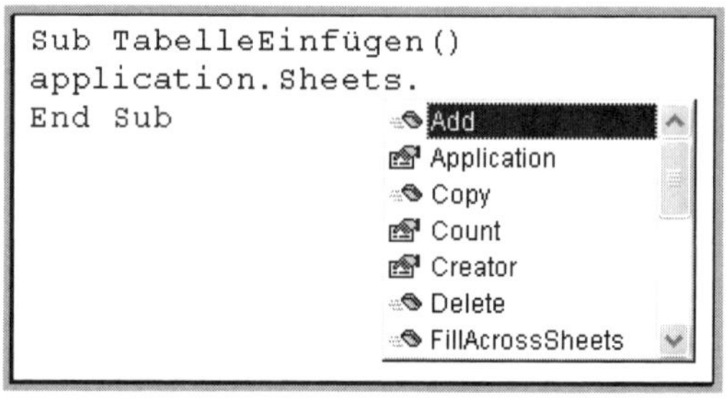

Abbildung 2.9: Der VBA-Editor bietet Ihnen die möglichen Befehle an

Begonnen haben Sie im Makro `TabelleEinfügen` damit, das Objekt `Application` einzugeben. Sobald Sie den Punkt eintippen, bietet der VBA-Editor Ihnen an, was er an Befehlen genau für dieses Objekt im Angebot hat. Unter anderem ist dies das Auflistungsobjekt `Sheets`. Sie brauchen nichts weiter zu tun, als im obigen Beispiel die Methode `Add` aus dem Dropdown zu wählen. Mit diesem Automatismus stellt der VBA-Editor sicher, dass Sie keine Eigenschaften oder Methoden verwenden, die den Objekten fremd sind.

INFO

Grobe syntaktische Fehler bemerkt Excel, sobald Sie die [↵]-Taste am Ende einer Zeile drücken. Die entsprechende Zeile wird dann in roter Schriftfarbe dargestellt und es erscheint eine Meldung auf dem Bildschirm, welche die Fehlerursache bekannt gibt.

:-) TIPP

Fehlermeldungen werden in der Entwicklungsumgebung von Excel mit roter Schriftfarbe und Kommentare in grüner Schrift formatiert. Wenn Sie andere Farben dafür einstellen möchten, wählen Sie in der Entwicklungsumgebung den Menübefehl EXTRAS/OPTIONEN, *wechseln auf die Registerkarte* EDITIERFORMAT *und stellen Ihre favorisierten Farben im Listenfeld* CODE FARBEN *ein.*

Befehle in der nächsten Zeile fortsetzen

Selbstverständlich können Sie längere Befehlsketten in einer Zeile eingeben. Der Nachteil dabei ist, dass Sie irgendwann so weit nach rechts scrollen müssen, dass Sie den Anfang der Zeile nicht mehr sehen. Hier empfiehlt es sich, über ein Trennzeichen dem Editor mitzuteilen, dass der Befehl in der nächsten Zeile weitergehen soll.

Auch hier leistet die automatische Syntaxprüfung in Excel hervorragende Hilfe, denn nicht jeder Befehl lässt sich an einer beliebigen Stelle trennen. Um einen Befehl in der nächsten Zeile fortzusetzen, drücken Sie am Ende der Zeile zunächst die [ ]-Taste und geben anschließend das Zeichen _ (Unterstrich) ein. Damit weiß der Editor, dass der Befehl in der nächsten Zeile fortgesetzt werden muss.

```
Sub Fortsetzungszeichen()
Sheets("Tabelle1").Activate
MsgBox "Sie haben das Tabellenblatt " & _
       ActiveSheet.Name & " ausgewählt!"
End Sub
```

Listing 2.1: Der richtige Gebrauch des Fortsetzungszeichens

Das Verkettungszeichen & wird in der Meldung verwendet, um einen weiteren Befehl, nämlich den zur Ermittlung des Blattnamens, einzubauen.

Mehrere Befehle in einer Zeile

Wenn Sie möchten, können Sie auch mehrere kleinere Befehle in einer einzigen Zeile darstellen. Dazu verwenden Sie den Doppelpunkt als Trennzeichen zwischen den einzelnen Befehlen.

```
Sub MehrereBefehleIneinerZeile()
 Sheets("Tabelle1").Activate: Range("A1").Select
End Sub
```

Listing 2.2: Mehrere Befehle in einer Zeile unterbringen

INFO

Mit dieser Möglichkeit sollten Sie jedoch nicht übertreiben, weil es den Programmiercode schwer lesbar macht. Obiges Makro können Sie übrigens noch kürzer schreiben:

Listing 2.3: Makro in kürzester Form

```
Sub Kurzform()
 Sheets("Tabelle1").Range("A1").Select
End Sub
```

Mit diesen Kurzformen können Sie in Excel eine erhebliche Geschwindigkeitssteigerung erreichen. Klar, der Editor muss sich nicht durch mehrere Zeilen quälen und kann so schneller die eingegebenen Befehle interpretieren.

Automatische Anpassung der einzelnen Befehle

Sicher haben Sie schon gemerkt, dass der Editor Ihre eingegebenen Befehle automatisch umsetzt. Wenn Sie beispielsweise folgende Zeile eingeben:

```
sheets("Tabelle1").range("a1").select
```

erfolgt folgende Umsetzung:

```
Sheets("Tabelle1").Range("A1").Select
```

Bei allen Befehlen, die Excel bekannt sind, werden jeweils die Anfangsbuchstaben groß geschrieben. Geben Sie deshalb ruhig alle Befehle in der Kleinschreibweise ein. An der automatischen Umsetzung erkennen Sie dann, ob bei den eingegebenen Befehlen auch keine Schreibfehler gemacht wurden. In diesem Fall blieben die Befehle dann in der Kleinschreibweise.

INFO

Übrigens erfolgt keine Umsetzung von Buchstaben, welche in Anführungszeichen stehen.

Eine weitere automatische Anpassung erkennen Sie, wenn Sie z.B. folgende Zeile eingeben:

```
ergebnis=1000*1,016
```

Hier werden zwischen den Operatoren automatisch Leerzeichen eingefügt.

```
Ergebnis = 1000 * 1,016
```

Dieser Automatismus hat jedoch keine funktionale Bedeutung, er dient lediglich der übersichtlicheren Darstellung der einzelnen Befehle.

2.6 Schnelles Arbeiten über Tastenkombinationen

Wohl die wenigsten VBA-Entwickler werden ihre Makros immer neu schreiben. Mit dem Symbol KOPIEREN aus der Symbolleiste VOREINSTELLUNG kopieren Sie Makros oder einzelne Befehle in die Zwischenablage.

Schneller geht es allerdings, wenn Sie das Makro bzw. die Zeile(n) mit der Maus markieren und die Tastenkombination [Strg]+[C] drücken.

Setzen Sie die Einfügemarke an die Einfügestelle und klicken Sie in der Symbolleiste VOREINSTELLUNG auf das Symbol EINFÜGEN. Alternativ dazu können Sie auch die Tastenkombination [Strg]+[V] verwenden.

INFO

Diese beiden Tastenkombinationen für das Kopieren und Einfügen von Texten dürften wohl zu den am häufigsten eingesetzten Tastenkombinationen bei Entwicklern zählen.

Entnehmen Sie weitere Tastenkombinationen fürs schnellere Arbeiten der folgenden Tabelle:

Tabelle 2.1: Die wichtigsten Tastenkombinationen für den Entwickler

Tastenkombination	Beschreibung
[F7]	Code-Fenster anzeigen
[F2]	Objektkatalog anzeigen
[STRG]+[F]	Suchen
[STRG]+[H]	Ersetzen
[F3]	Weitersuchen
[⇧]+[F3]	Vorheriges suchen
[STRG]+[↓]	Nächste Prozedur
[STRG]+[↑]	Vorherige Prozedur
[⇧]+[F2]	Definition anzeigen
[STRG]+[Bild↓]	Einen Bildschirm nach unten
[STRG]+[Bild↑]	Einen Bildschirm nach oben
[STRG]+[⇧]+[F2]	Zur letzten Position wechseln
[STRG]+[POS1]	Anfang des Moduls
[STRG]+[ENDE]	Ende des Moduls
[STRG]+[→]	Ein Wort nach rechts
[STRG]+[←]	Ein Wort nach links
[ENDE]	Zum Zeilenende wechseln
[POS1]	Zum Zeilenanfang wechseln
[STRG]+[Z]	Letzten Befehl rückgängig machen

Tabelle 2.1: Die wichtigsten Tastenkombinationen für den Entwickler (Forts.)

Tastenkombination	Beschreibung
[STRG]+[C]	Code kopieren
[STRG]+[X]	Code ausschneiden
[STRG]+[V]	Code einfügen
[STRG]+[Y]	Aktuelle Zeile löschen
[STRG]+[ENTF]	Bis zum Wortende löschen
[⇥]	Einzug vergrößern
[⇧]+[⇥]	Einzug verkleinern
[STRG]+[⇧]+[F9]	Alle Haltepunkte löschen
[⇧]+[F10]	Kontextmenü anzeigen
[STRG]+[P]	Modul drucken
[STRG]+[E]	Modul/Formular exportieren
[STRG]+[S]	Modul speichern

2.7 Suchen & Ersetzen

Genau wie Sie es auch von anderen Programmen her kennen, gibt es in der Entwicklungsumgebung eine Möglichkeit, Textteile zu finden und zu ersetzen. Dabei haben Sie die Möglichkeit, bestimmte Texte bzw. Befehle nicht nur im aktuellen Modul, sondern auch in allen Modulen des Projekts zu finden. Aufgerufen werden kann diese Funktion über drei Wege:

- Klicken Sie auf das Symbol SUCHEN in der Symbolleiste VOREINSTELLUNG.
- Alternativ dazu können Sie die Tastenkombination [Strg]+[F] verwenden.
- Wählen Sie aus dem Menü BEARBEITEN den Befehl SUCHEN aus.

Bei allen drei Varianten wird das Dialogfeld SUCHEN angezeigt.

Im Feld SUCHEN NACH geben Sie den Befehl bzw. die Textfolge ein, nach der Sie suchen möchten. Haben Sie vor dem Aufruf dieses Dialogs den Suchtext im Makro markiert, dann wird dieser automatisch in das Feld SUCHEN NACH übernommen.

Im Gruppenfeld SUCHEN IN haben Sie die Möglichkeit, Ihre Suche über Ihr aktuelles Modul hinaus auszudehnen. Standardmäßig unterscheidet Excel nicht zwischen Groß- und Kleinschreibung. Ist dies erwünscht, müssen Sie das entsprechende Kontrollkästchen aktivieren. Die Suchrichtung legen Sie im gleichnamigen Dropdown-Feld fest. Standardmäßig wird in beide Richtungen gesucht, also abwärts sowie aufwärts. Mit einem Klick auf die Schaltfläche ERSETZEN wird das Dialogfeld ERSETZEN angezeigt.

Möchten Sie einen Text durch einen anderen ersetzen, müssen Sie noch einen Text im Feld ERSETZEN DURCH angeben. Mit einem Klick auf die Schaltfläche DURCHSUCHEN wird die erste gefundene Übereinstimmung angezeigt. Jetzt haben Sie die Wahl, entweder schrittweise Texte zu ersetzen (sichere Methode) oder komplett alle gefundenen Texte.

Vorsicht bei Ersetzungen von Textteilen! Geben Sie möglichst den gesuchten Text vollständig an. Es kann zu katastrophalen Resultaten führen, wenn Sie einzelne Texteile durch andere ersetzen. Nicht selten werden dann auch Teile von Befehlen, Methoden oder Eigenschaften mit ersetzt. Dies hat dann zur Folge, dass Sie den gesamten Code erneut korrigieren müssen, um Ihre Makros wieder zum Laufen zu bringen. Das ist ein fast unmögliches Unterfangen und kann unter Umständen stundenlang dauern.

2.8 Der Objektkatalog

Die Entwicklungsumgebung stellt Ihnen einen Objektkatalog zur Verfügung, in dem Sie sich über Objekte, Methoden und Eigenschaften informieren können. Lassen Sie mich an dieser Stelle etwas über die gerade genannten Fachwörter sagen.

- **Objekte**

  Als Objekt bezeichnet man alle Teile, die Sie in Excel sehen können. Die wichtigsten Objekte sind die Arbeitsmappe, das Tabellenblatt, die Zeilen bzw. Spalten und die Zelle als kleinste Einheit in Excel.

- **Eigenschaften**

  Dahinter verbergen sich die Merkmale eines Objekts. So ist z.B. die Formatierung einer Zelle eine Eigenschaft des Objekts Zelle.

- **Methoden**

  Wenn von Methoden die Rede ist, fragen Sie sich am besten immer, was Sie mit den einzelnen Objekten anstellen können. Angewandt auf eine Arbeitsmappe wären das die Methoden für das Öffnen, Drucken, Speichern und Schließen.

- **Ereignis**

  Unter einem Ereignis versteht man in Excel Vorgänge wie das Öffnen oder Schließen einer Arbeitsmappe, die Eingabe von Daten in Zellen, das

Drucken oder Speichern von Mappen und vieles mehr. Ereignisse können Sie entweder auf Tabellenebene oder auch auf Arbeitsmappenebene einstellen. Sie haben somit die Möglichkeit, bestimmte Vorgänge in Ihren Excel-Tabellen separat zu überwachen und auf Veränderungen in Ihren Tabellen individuell zu reagieren.

Abbildung 2.10: Alle Methoden und Eigenschaften für das Objekt Range

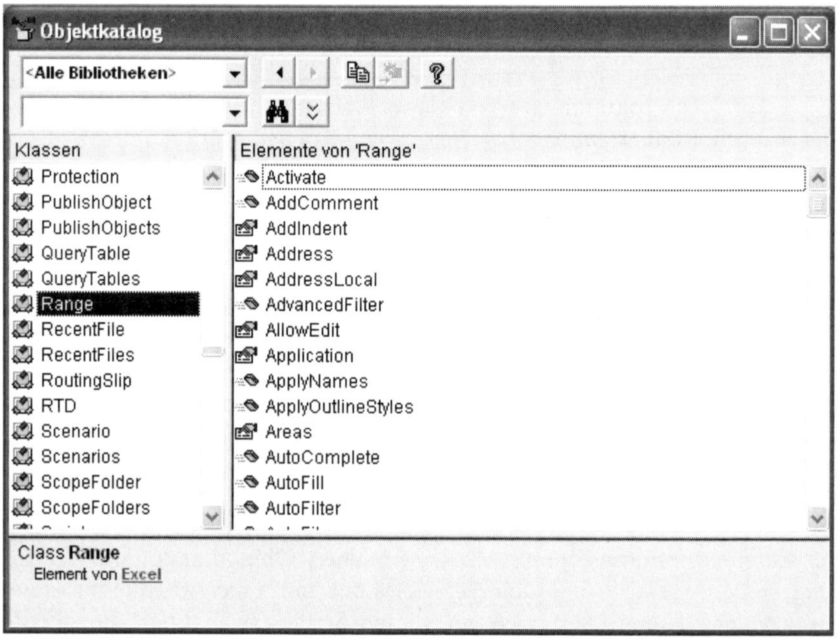

Wie wird der Objektkatalog aufgerufen? Dazu haben Sie mehrere Möglichkeiten:

- Drücken Sie die Taste [F2].
- Klicken Sie in der Symbolleiste VOREINSTELLUNG auf das Symbol OBJEKTKATALOG.
- Klicken Sie im Code-Fenster mit der rechten Maustaste und wählen Sie aus dem Kontextmenü den Befehl OBJEKTKATALOG.
- Wählen Sie den Menübefehl ANSICHT/OBJEKTKATALOG.

INFO

Alle in VBA zur Verfügung stehenden Objekte werden in Bibliotheken verwaltet. Standardmäßig ist im ersten Dropdown der Eintrag ALLE BIBLIOTHEKEN *ausgewählt. Wenn Sie die Anzeige ein wenig einschränken und die Inhalte einzelner Bibliotheken einsehen möchten, wählen Sie die gewünschte Bibliothek im Dropdown aus. So können Sie z.B. in der Bibliothek VBA-Befehle ansehen, welche nicht nur auf die Tabellenkalkulation Excel beschränkt sind, sondern im gesamten Office-Paket eingesetzt werden können.*

So finden Sie in dieser Bibliothek die Anweisungen `ChDir` *bzw.* `ChDrive` *zum Wechseln eines Verzeichnisses bzw. eines Laufwerks. Klar, es würde keinen Sinn machen, diese Anweisungen ausschließlich in der Excel-Bibliothek zu speichern, da diese Anweisungen allgemein von allen Office-Anwendungen eingesetzt werden können.*

2.9 Die Testumgebung

Im Verlauf der Programmierung werden Programmierfehler nicht ausbleiben. Wichtig ist aber, immer zu wissen, wie weit das Programm lief, und vor allem, ob es bis zum Fehler richtig lief.

Hilfe im Direktfenster

Sie können beispielsweise bestimmte Inhalte von Variablen, die Sie im nächsten Kapitel kennen lernen werden, im Direktfenster ausgeben. Erfassen Sie zunächst einmal einen kleinen Beispielcode:

Listing 2.4: Schleifendurchläufe im Debugger protokollieren

```
Sub Testmakro()
Dim i As Integer
For i = 1 To 10
  Debug.Print "Schleifendurchlauf: " & i
Next i
End Sub
```

Das Makro in Listing 2.4 wird eine Schleife genau zehn Mal durchlaufen. Bei jedem Schleifendurchlauf soll ein Eintrag ins Direktfenster geschrieben werden, der den aktuellen Schleifendurchlauf festhält. Setzen Sie den Mauszeiger auf die erste Zeile des Makros und drücken Sie die Taste [F5], um das Makro zu starten. Kontrollieren Sie jetzt einmal das Ergebnis im Direktfenster. Dazu wählen Sie den Menübefehl ANSICHT/DIREKTFENSTER oder drücken die Tastenkombination [Strg]+[G].

Code Schritt für Schritt durchlaufen lassen

Eine weitere Möglichkeit der Fehlersuche in Excel ist es, das Makro Zeile für Zeile abzuarbeiten. Dazu setzen Sie den Mauszeiger auf die erste Zeile des Makros und drücken die Taste [F8]. Alternativ können Sie ebenso den Menübefehl DEBUGGEN/EINZELSCHRITT wählen. Das Makro hält nach jedem Befehl an. Sie können dann prüfen, ob das Makro auch die gewünschte Aktion ausgeführt hat.

Abbildung 2.11: Das Direktfenster zur Kontrolle des Programmablaufs

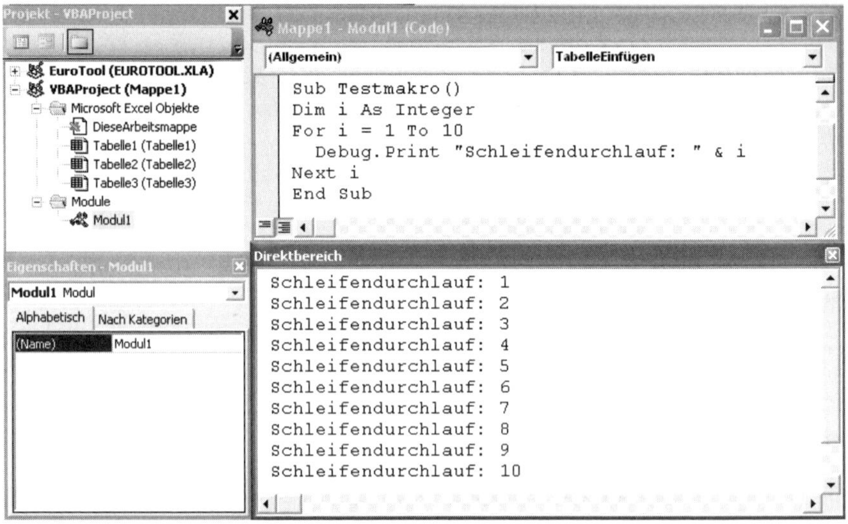

Weitere Variante

Eine weitere Variante besteht darin, im obigen Makro den Mauszeiger auf die Zeile zu setzen, bis zu der das Makro durchlaufen werden soll. Setzen Sie dazu den Mauszeiger auf die gewünschte Zeile und drücken Sie die Tastenkombination [Strg]+[F8].

Der Code wird jetzt bis zur markierten Zeile durchlaufen und stoppt genau an dieser Position. Über die Taste [F5] sorgen Sie dafür, dass das Makro bis zum Ende durchläuft. Sollte etwas bei dem Makro nicht stimmen, brechen Sie es ab, indem Sie den Menübefehl AUSFÜHREN/ZURÜCKSETZEN wählen.

3 Datentypen, Variablen und Konstanten

Das folgende Kapitel bildet die Voraussetzung für eine strukturierte Programmierung in Excel. Mit Variablen speichern Sie Informationen dauerhaft während der Laufzeit eines Makros, d.h., Sie können somit Variablen auch mehrmals im Makro benutzen, indem Sie Variablen füllen und Werte hochzählen oder subtrahieren. Mit Konstanten legen Sie Informationen fest, die sich selten oder sogar nie ändern. Excel bietet für die Deklaration von Variablen und Konstanten eine ganze Auswahl an Datentypen. Je nach Aufgabe setzen Sie dazu die vorgesehenen Datentypen ein.

Neben den Variablen, die Sie mit Datentypen deklarieren, gibt es auch noch so genannte Objektvariablen, die einen Verweis auf ein bestimmtes Objekt enthalten.

Sie finden alle Beispiele auf der mitgelieferten CD-ROM in der Datei VARIABLEN.XLS.

CD

3.1 Der Einsatz von Variablen

Sicher werden Sie sich fragen, warum Sie Variablen in der Programmierung brauchen. Variablen werden u.a. dazu benötigt, um Daten zwischenzuspeichern. Wenn Sie beispielsweise das erste Makro ansehen, in dem Sie eine Zelle von einem Tabellenblatt auf ein anderes kopiert haben, werden Sie merken, dass Sie für diese Aufgabe die Zwischenablage als »Variable« missbraucht haben. Wenn es sich nur um eine einzige zu übertragende Information handelt, mag diese Vorgehensweise noch in Ordnung sein. Stellen Sie sich aber einmal vor, Sie müssten mehrere Informationen von einem Blatt auf das andere übertragen. Da kommen Sie um den Einsatz von Variablen nicht herum. Außerdem bietet die Zwischenablage nicht die Beständigkeit einer Variablen. So ist die Zwischenablage leer, sobald Sie den Inhalt der Zwischenablage einmal z.B. in eine Zelle eingefügt haben. Mit Variablen können Sie dauerhaft arbeiten, d.h., Sie können jederzeit darauf zugreifen, diese abfragen oder verändern und zum Schluss ausgeben.

Regeln für die Syntax von Variablen

Wenn Sie Variablen einsetzen, müssen Sie sich an bestimmte Konventionen für deren Benennung halten:

Regeln für Variablen

- Das erste Zeichen muss aus einem Buchstaben bestehen. Als folgende Zeichen können Sie Buchstaben, Zahlen und einige Sonderzeichen verwenden.
- Sie dürfen keine Leerzeichen in einem Variablennamen verwenden. Wenn Sie einzelne Wörter trennen möchten, verwenden Sie dazu das Unterstrichzeichen, z.B. `Dim Miete_Januar as Currency`.
- Sonderzeichen wie #, %, &, ! oder ? sind nicht erlaubt.

:-) TIPP

Wenn Sie Ihre Variablennamen übersichtlich und auch sprechend definieren möchten, empfiehlt sich folgende Schreibweise:

```
Dim TextMeldungFürFehler as String
```

Hier geht aus dem Namen der Variablen klar hervor, wofür diese eingesetzt werden soll. Als zweiter Punkt ist die Variable durch die Schreibweise leicht lesbar.

Variablen zu Beginn des Makros deklarieren

INFO

Variablen werden immer zu Beginn eines Makros deklariert, also nach der `Sub`*-Zeile. Dabei spricht man von lokalen Variablen. Diese Variablen können nur in dem Makro verwendet werden, in dem sie deklariert wurden. Nachdem ein Makro durchgelaufen ist, wird diese Variable wieder aus dem Speicher gelöscht.*

Von *globalen* Variablen spricht man, wenn Sie diese allgemein gültig, also in mehreren Makros, verwenden möchten. Dann muss die Variablendeklaration vor der `Sub`-Zeile stattfinden.

!! STOP

Globale Variablen können gleich für mehrere Makros verwendet werden. Diese werden nach dem Ende eines Makros auch nicht gelöscht und behalten ihren aktuellen Wert bei. Es gibt Beispiele, bei denen diese Vorgehensweise auch sinnvoll ist. In den meisten Fällen sollten globale Variablen aber weitgehend vermieden werden, da sie wertvollen Speicherplatz auf dem Stapelspeicher belegen, was sich negativ auf das Laufverhalten von Makros auswirken kann.

Eine Variablendeklaration beginnt immer mit der Anweisung `Dim`, gefolgt von einem Variablennamen, den Sie frei wählen können. Danach geben Sie mit dem Schlüsselwort `As` an, welchen Datentyp die Variable erhalten soll.

Die Tabelle 3.1 mit den gängigsten Datentypen sehen Sie unten auf dieser Seite.

Variablendeklarationen erzwingen

Sie können Excel so einstellen, dass jede verwendete Variable deklariert sein muss. Vorher läuft dann kein einziges Makro an, sofern es mit Variablen arbeitet, die zuvor nicht deklariert wurden. Um diese wichtige Einstellung vorzunehmen, wechseln Sie in die Entwicklungsumgebung und wählen den Befehl EXTRAS/OPTIONEN. Aktivieren Sie das Blattregister EDITOR und aktivieren Sie das Kontrollkästchen VARIABLENDEKLARATION ERFORDERLICH.

INFO

Was bewirkt diese Einstellung aber genau? Immer wenn Sie ein neues Modul einfügen, wird die Anweisung `Option Explicit` *in die erste Zeile Ihres Modulblatts automatisch eingefügt. Diese Anweisung können Sie selbstverständlich auch von Hand erfassen. Die Anweisung bedeutet nichts anderes, als dass verwendete Variablen im Code zuvor deklariert werden müssen. Vorher läuft gar nichts!*

Die wichtigsten Variablentypen

Die beiden wichtigsten Variablentypen sind zum einen die Variable vom Typ `String` und zum anderen die `Integer`-Variable. In einer Variablen von Typ `String` können Sie Texte zwischenspeichern, manipulieren und ausgeben. In einer Variablen vom Typ `Integer` führen Sie mathematische Berechnungen aus. `Integer`-Variablen werden oft als Zähler in Schleifen verwendet, die Sie im weiteren Verlauf des Buches noch kennen lernen werden.

Entnehmen Sie der Tabelle 3.1 die gängigsten Variablentypen und deren Speicherbedarf:

Tabelle 3.1: Die Datentypen für die Programmierung

Variablentyp	Wertebereich/Speicherbedarf
`Byte`	ganze Zahlen zwischen 0 und 255 (1 Byte)
`Boolean`	Wahrheitswert, entweder `True` oder `False` (2 Byte)
`Currency`	Währungsdatentyp: Festkommazahlen mit 15 Stellen vor und 4 Stellen nach dem Komma (8 Byte)
`Date`	Datums- und Zeitdatentyp (8 Byte)
`Double`	Fließkommazahlen mit einer Genauigkeit von 16 Stellen hinter dem Komma (8 Byte)
`Integer`	ganze Zahlen zwischen –32768 und +32767 (2 Byte)

Tabelle 3.1: Die Datentypen für die Programmierung (Forts.)

Variablentyp	Wertebereich/Speicherbedarf
`Long`	ganze Zahlen im Wertebereich von –2.147.483.648 und + 2.147.483.647 (4 Byte)
`Object`	Datentyp gibt einen Verweis auf ein Objekt wieder (4 Byte)
`Single`	Fließkommazahlen mit einer Genauigkeit von 8 Stellen hinter dem Komma (4 Byte)
`String`	der Datentyp für alle Texte (10 Byte)
`Variant`	Standarddatentyp; wird automatisch gewählt, wenn kein anderer Datentyp definiert ist (16 Byte)

Im weiteren Verlauf dieses Buches werden Sie die verschiedenen Datentypen im Praxiseinsatz sehen.

:-) TIPP

Einen weiteren Vorteil der Deklaration von Variablen möchte ich Ihnen nicht vorenthalten. Wenn Sie vergessen, Variablen zu deklarieren, und auch nicht die Anweisung `Option explicit` *gesetzt haben, gehen Sie sehr verschwenderisch mit Ihrem Speicher um. Wird für eine Variable kein Datentyp angegeben, wird automatisch der Datentyp* `Variant` *verwendet. Wegen seines hohen Speicherbedarfs von 16 Byte ist er aber nicht zu empfehlen.*

Noch kürzere Deklaration von Variablen

Neben den herkömmlichen Deklarationen für Variablen gibt es auch noch eine etwas verkürzte Form der Variablendeklaration. Sehen Sie sich dazu einmal folgende Tabelle an:

Tabelle 3.2: Datentyp-Deklaration noch kürzer

Ausführlich	Kurzform
`Dim Zähler as Integer`	`Dim Zähler%`
`Dim Zähler Groß as Long`	`Dim ZählerGroß&`
`Dim Betrag as Currency`	`Dim Betrag@`
`Dim Meldung as String`	`Dim Meldung$`

Für jeden oben aufgeführten Datentyp gibt es eine Kurzform, welche Sie einsetzen können, um den Programmiercode zu kürzen. Sie sollten aber zumindest am Anfang bei den sprechenden Variablen bleiben.

:-) TIPP

Wenn Sie möchten, können Sie bei der Benennung von Variablen auch jeweils den Namen der Variablen mit einem Kürzel beginnen lassen, welches schon Auskunft über den Datentyp der Variable gibt. So symbolisiert die Variable `str_Meldung` *eindeutig eine Variable vom Datentyp* `String`*, in der Sie Texte zwischenspeichern können. Die Variable* `i_AnzahlGefüllterZellen` *stellt eine Variable vom Typ* `Integer` *dar, in welcher Sie Zahlenwerte verwalten können.*

Die unterschiedlichen Variablentypen

In Excel haben Sie neben den lokalen und globalen Variablen weitere Möglichkeiten, um Variablen zu deklarieren.

Statische Variablen

Standardmäßig wird der Variableninhalt nach dem Ende des Makros jedes Mal gelöscht. Sie haben jedoch auch die Möglichkeit, Variablen so zu definieren, dass sie nach dem Ende des Makros jeweils erhalten bleiben.

Listing 3.1: Beispiel für statische Variable

```
Sub VariablenInhaltBleibtBestehen()
Static Aufrufe As Long

Aufrufe = Aufrufe + 1
MsgBox "Makro wurde " & Aufrufe & " Mal ausgeführt!"
End Sub
```

Wenn Sie das letzte Makro mehrmals hintereinander aufrufen, dann werden Sie sehen, dass der Inhalt der Variable `Aufrufe` auch nach jedem Makrodurchlauf erhalten bleibt.

Öffentliche Variablen

In der Entwicklungsumgebung von Excel können Sie mehrere Module anlegen. Um Variablen modulübergreifend abfragen oder ändern zu können, müssen Sie eine solche Variable als öffentlich deklarieren. Diese Variablen werden mit der Anweisung `Public` deklariert. Damit haben Sie die Möglichkeit, auf Variablen zuzugreifen, die in anderen Modulen untergebracht sind.

Im folgenden Beispiel soll in einem Modul (MODUL2) die aktuelle Uhrzeit in einer öffentlichen Variablen gespeichert werden. Von einem anderen Modul (MODUL3) aus soll diese Startzeit abgefragt werden. Fügen Sie für diese Aufgabe zwei neue Modulblätter (MODUL2 und MODUL3) ein und erfassen Sie folgende Makros:

Abbildung 3.1: Der Einsatz einer öffentlichen Variable

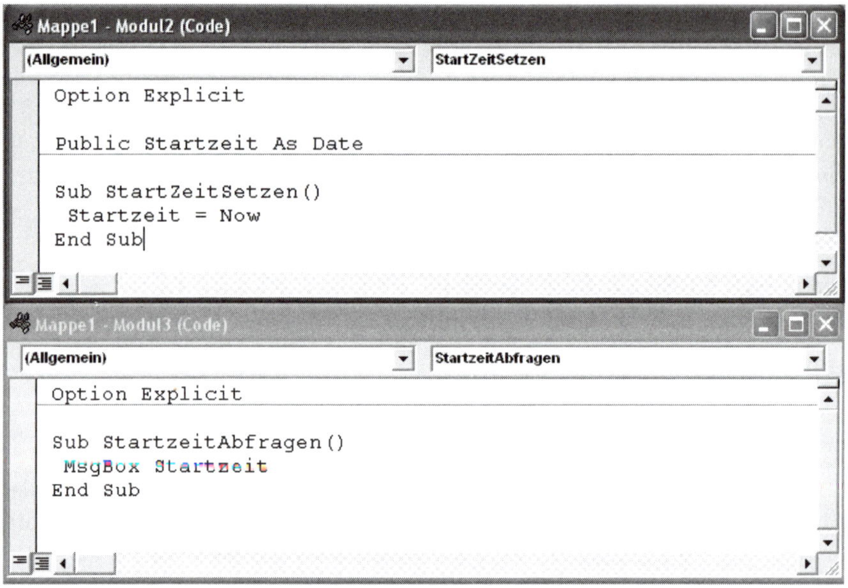

Deklarieren Sie in MODUL2 die öffentliche Variable. Danach füllen Sie diese Variable, indem Sie über die Funktionen `Date` und `Time` das aktuelle Tagesdatum sowie die momentane Uhrzeit speichern.

In MODUL3 greifen Sie auf die öffentliche Variable `StartZeit` zu und geben sie in einem Meldungsfenster am Bildschirm aus.

Private Variablen

Möchten Sie die Gültigkeit einer Variablen für alle Makros auf ein bestimmtes Modul beschränken, z.B. MODUL4, dann müssen Sie die Variable mit der Anweisung `Private` deklarieren.

Im folgenden Beispiel soll eine Passwortverwaltung in einem Modul realisiert werden. Dabei soll jeweils die aktive Tabelle über ein Kennwort geschützt werden. Für diesen Zweck speichern Sie das Kennwort in einer privaten Variablen. Es wird dadurch nicht möglich, das Kennwort über Makros aus anderen Modulblättern auszulesen.

Listing 3.2: Beispiel für private Variable

```
Option Explicit

Private Passw As String

Sub TabelleSchützen()
Passw = "Test"
ActiveSheet.Protect Password:=Passw
End Sub
```

```
Sub TabelleEntsperren()
 ActiveSheet.Unprotect Password:=Passw
End Sub
```

Deklarieren Sie zu Beginn im Modulblatt MODUL4 eine private Variable mit dem Namen `Passw`. Im Makro `TabelleSchützen` geben Sie das Kennwort bekannt und wenden die Methode `Protect` an, um die aktive Tabelle zu schützen. Das Makro `TabelleEntsperren` hebt den Schutz der aktiven Tabelle auf, indem es die Methode `Unprotect` einsetzt und dabei das Kennwort übergibt. Von einem anderen Modulblatt aus haben Sie in diesem Beispiel keine Chance, auf die Variable `Passw` zuzugreifen.

Die Objektvariablen

Neben den Variablen, die Sie mit Datentypen deklarieren, gibt es auch noch so genannte *Objektvariablen*, die einen Verweis auf ein bestimmtes Objekt enthalten.

Welche Objekte unter anderem zur Verfügung stehen, können Sie ermitteln, wenn Sie in der Entwicklungsumgebung den Objektkatalog aufrufen. Dies geht am schnellsten, indem Sie die Taste [F2] drücken.

Alternativ dazu können Sie einfach mal mit der Deklaration einer Objektvariablen beginnen, indem Sie beispielsweise die Anweisung `Dim Test As` eingeben und dann die [ ]-Taste drücken. Augenblicklich erscheint ein Kontextmenü mit den zur Verfügung stehenden Objekten.

Der Einsatz von Objektvariablen wird anhand von ein paar typischen Beispielen aufgezeigt.

Die Objektvariable Workbook

Über die Objektvariable `Workbook` können Sie eine bzw. mehrere Arbeitsmappen ansprechen. Im folgenden Listing werden die Namen aller momentan geöffneten Arbeitsmappen am Bildschirm angezeigt:

Listing 3.3: Alle geöffneten Arbeitsmappen ermitteln

```
Sub Arbeitsmappe()
Dim Mappe As Workbook

For Each Mappe In Application.Workbooks
 MsgBox Mappe.FullName
Next Mappe
End Sub
```

In einer For Each-Schleife werden alle momentan geöffneten Arbeitsmappen durchlaufen. Diese Mappen sind im Auflistungsobjekt Workbooks automatisch verzeichnet. Über die Eigenschaft FullName können Sie neben dem eigentlichen Namen der jeweiligen Mappe noch ermitteln, wo diese gespeichert ist.

Die Objektvariable Worksheet

Mithilfe der Objektvariable Worksheet können Sie eines oder auch mehrere Tabellenblätter ansprechen. Im folgenden Listing werden die Namen der aktiven Arbeitsmappe am Bildschirm ausgegeben:

Listing 3.4: Die Tabellennamen der aktiven Arbeitsmappe ermitteln

```
Sub TabellenNamenErmitteln()
Dim Blatt As Worksheet

For Each Blatt In ActiveWorkbook.Worksheets
 MsgBox Blatt.Name
Next Blatt
End Sub
```

In einer For-Each-Schleife werden alle Tabellen der aktiven Arbeitsmappe abgearbeitet. Diese Tabellen sind im Auflistungsobjekt Worksheets automatisch verzeichnet. Über die Eigenschaft Name ermitteln Sie den Namen der jeweiligen Tabelle.

Die Objektvariable Range

Über die Objektvariable Range können Sie einzelne oder auch mehrere Zellen ansprechen. Mithilfe des folgenden Makros werden alle Zellen innerhalb einer Markierung im Direktbereich ausgelesen.

Listing 3.5: Alle markierten Zellen werden ermittelt

```
Sub MarkierteZellenErmitteln()
Dim Zelle As Range

For Each Zelle In Selection
 Debug.Print Zelle.Address
Next Zelle
End Sub
```

In einer For-Each-Schleife werden alle markierten Zellen der aktiven Tabelle abgearbeitet. Diese Zellen sind im Auflistungsobjekt Selection automatisch verzeichnet. Über die Eigenschaft Address ermitteln Sie die jeweiligen Koordinaten der markierten Zellen. Über die Anweisung Debug.Print geben Sie die Koordinaten im Direkt-Fenster der Entwicklungsumgebung aus.

3.2 Die Verwendung von Konstanten

Im Gegensatz zu den Variablen ändern die Konstanten ihre Werte nie und bleiben während der Programmausführung immer konstant. Auch hier wird zwischen lokalen und globalen Konstanten unterschieden. *Globale* Konstanten werden außerhalb der einzelnen Makros definiert und sind damit für alle Makros im Modul verwendbar. *Lokale* Konstanten hingegen gelten nur in dem Makro, in welchem sie definiert wurden. Wie schon bei den Variablen sollten Sie darauf achten, nicht allzu viele globale Konstanten zu verwenden, da sich dies merkbar auf Ihren Speicher auswirkt.

Anbei folgen ein paar typische Deklarationen mit Konstanten:

```
Const Arbeitsmappe = "Mappe1.xls"
Const StartDatum = #1/1/1999#
Const Fehlermeldung1 = _
 "Fehler beim Drucken aufgetreten!"
Const MWST = 1.16
```

Was lässt sich hier noch verbessern? Was für die Variablen gilt, hat auch bei den Konstanten Konsequenzen. In den obigen Beispielen ist noch nicht erklärt worden, welche Datentypen verwendet werden sollen. Momentan wird in allen vier Beispielen der Datentyp `Variant` eingesetzt. Es geht auch etwas genauer und speichersparender:

```
Const Arbeitsmappe as String = "Mappe1.xls"
Const StartDatum As Date = #1/1/1999#
Const Fehlermeldung1 as String = _
 "Fehler beim Drucken!"
Const MWST as Single = 1.16
```

4 Sprachelemente in VBA in der praktischen Anwendung

Das Wesentliche, das eine Programmiersprache ausmacht, sind deren Sprachelemente. In diesem Kapitel erfahren Sie, wie Sie mithilfe von Abfragen, Schleifen und anderen Anweisungen Ihre Programme flexibel gestalten können. Diese Sprachelemente lassen sich nicht mit dem Makrorekorder aufzeichnen und müssen von Ihnen selbst erstellt werden. Der richtige Einsatz der Sprachelemente macht letztendlich die Kunst der Programmierung aus.

Sie finden alle Beispiele auf der mitgelieferten CD in der Datei SPRACHELEMENTE.XLS.

CD

4.1 Verzweigungen

Mit Verzweigungen können Sie in Excel bestimmte Zustände abfragen und je nach Zustand anders reagieren. Dieses Sprachelement kann nicht mit dem Makrorekorder aufgezeichnet werden und stellt mit das wichtigste Element in der Programmierung dar. Jede Verzweigung hat eine oder mehrere Bedingungen, dann einen Zweig, der eintritt, wenn die Bedingung zutrifft, und einen Zweig, der abgearbeitet wird, wenn die Bedingung nicht zutrifft.

Bei den Verzweigungen kann zwischen zwei Formen unterschieden werden.

- Normalform:

```
IF Bedingung Then Aktion1 Else Aktion2
```

- Blockform:

```
If Bedingung Then
 Aktion1
 Aktion1b
 Aktion1c
Else
 Aktion2
 Aktion2a
End if
```

Wird die Blockform verwendet, können mehrere Schritte nacheinander durchgeführt werden. Dabei muss aber beachtet werden, dass die Anweisung mit einem `End If` abgeschlossen werden muss.

Es folgen nun einige typische Beispiele für den Einsatz von Verzweigungen.

Normale Verzweigungen

Schriftschnitte abfragen

Fragen Sie im nächsten Beispiel nach, ob eine Zelle den Schriftschnitt Fett enthält und geben Sie je nach Ergebnis eine Meldung auf dem Bildschirm aus.

Listing 4.1: Schriftschnitte ermitteln

```
Sub SchriftschnittFett()
 Sheets("Verzweigungen").Activate
 Range("A1").Select

 If ActiveCell.Font.Bold = True _
 Then MsgBox "Schriftschnitt Fett" _
 Else MsgBox "Schriftschnitt nicht Fett"
End Sub
```

Selbstverständlich können Sie in der Abfrage auch mehrere Zustände abfragen. Dazu verwenden Sie zwischen den beiden Abfragen den Operator `And`, wenn beide Bedingungen erfüllt sein müssen, bzw. den Operator `Or`, wenn nur eine von beiden Bedingungen erfüllt sein muss. So fragen Sie im nächsten Beispiel aus Listing 4.2 ab, ob eine Zelle mit dem Schriftschnitt FETT und der Schriftfarbe ROT formatiert ist.

Listing 4.2: Schriftschnitt und Schriftfarbe abfragen (Variante 1)

```
Sub SchriftschnittFettUndFarbeRot()
 Sheets("Verzweigungen").Activate
 Range("A1").Select

 If ActiveCell.Font.Bold = True  _
 And ActiveCell.Font.ColorIndex = 3 _
 Then MsgBox _
  "Schriftschnitt Fett und Schriftfarbe Rot" _
 Else MsgBox  _
 "Einer der beiden Zustände trifft nicht zu!"
End Sub
```

Im zweiten Fall erstellen Sie eine Abfrage, in der die Zelle A2 entweder die Schriftfarbe ROT oder den Schriftschnitt KURSIV erhalten muss. Sehen Sie das Makro für diese Aufgabe in Listing 4.3.

```
Sub SchriftschnittKursivOderFarbeRot()
Sheets("Verzweigungen").Activate
Range("A2").Select

If ActiveCell.Font.Italic = True _
Or ActiveCell.Font.ColorIndex = 3 _
 Then MsgBox "Eine der beiden Bedingungen trifft zu!" _
 Else MsgBox "Keine der beiden Bedingungen trifft zu!"
End Sub
```

Listing 4.3: Schriftschnitt und Schriftfarbe abfragen (Variante 2)

Zellen auf Werte prüfen

Wenn Sie gezielt nach Werten in den Zellen fragen möchten, prüfen Sie vorher, ob die Zelle einen numerischen Wert aufweist. Dazu setzen Sie die Funktion `IsNumeric` aus Listing 4.4 ein.

```
Sub WerteÜberprüfen()
 Sheets("Verzweigungen").Activate
 Range("A3").Select

 If IsNumeric(ActiveCell.Value) _
 Then MsgBox "In Zelle " & ActiveCell.Address & _
" steht ein numerischer Wert!" _
 Else MsgBox "Zelle " & ActiveCell.Address & _
" steht ein Textwert!"
End Sub
```

Listing 4.4: Prüfung von Zellen auf numerischen Inhalt

:-) TIPP

Neben der Funktion `IsNumeric` *gibt es weitere Funktionen, mit denen Sie Ihre Daten prüfen können. Eine davon ist die Funktion* `IsDate`*. Diese Funktion gibt den Wert* `True` *zurück, wenn der Ausdruck ein Datum ist oder in ein gültiges Datum umgewandelt werden kann. Andernfalls wird der Wert* `False` *zurückgegeben. In Windows liegen gültige Datumswerte im Bereich vom 1. Januar 100 n. Chr. bis 31. Dezember 9999 n. Chr. Auf anderen Betriebssystemen können andere Bereiche gelten.*

Zellen auf Datumswerte prüfen

Im folgenden Beispiel in Listing 4.5 wird der Eintrag in Zelle A4 überprüft.

```
Sub ZelleAufDatumswertPrüfen()
 Sheets("Verzweigungen").Activate
 Range("A4").Select

 If IsDate(ActiveCell.Value) Then _
 MsgBox "Gültiges Datum in Zelle " _
    & ActiveCell.Address _
 Else MsgBox _
 "Es handelt sich um kein gültiges Datum!"
End Sub
```

Listing 4.5: Zellen auf Datumswert prüfen

Hin und wieder müssen Sie über ein Makro prüfen, ob eine Zelle bereits einen Wert enthält. Hierzu setzen Sie die Funktion `IsEmpty` ein oder Sie geben folgende Zeile ein:

```
If ActiveCell.Value="" then .
```

Die elegantere Variante sieht wie folgt aus:

Listing 4.6: Zelle auf Inhalt prüfen

```
Sub ZelleLeer()
 Sheets("Verzweigungen").Activate
 Range("A5").Select

 If IsEmpty(ActiveCell) _
  Then MsgBox "Die Zelle " & _
 ActiveCell.Address & " ist leer" _
 Else MsgBox _
 "Zelle enthält den Wert: " & ActiveCell.Value
End Sub
```

Neben den Funktionen `IsEmpty` und `IsDate` gibt es weitere Prüffunktionen, die Sie der folgenden Tabelle entnehmen können.

Tabelle 4.1: Die Prüffunktionen von Excel

Funktion	Beschreibung
`IsEmpty`	Gibt einen Wert vom Typ `Boolean` zurück, der angibt, ob eine Variable initialisiert wurde.
`IsArray`	Gibt einen Wert vom Typ `Boolean` zurück, der angibt, ob eine Variable ein Datenfeld ist.
`IsDate`	Gibt einen Wert vom Typ `Boolean` zurück, der angibt, ob ein Ausdruck in ein Datum umgewandelt werden kann.
`IsError`	Gibt einen Wert vom Typ `Boolean` zurück, der angibt, ob ein Ausdruck ein Fehlerwert ist.
`IsNull`	Gibt einen Wert vom Typ `Boolean` zurück, der angibt, ob ein Ausdruck keine gültigen Daten (Null) enthält.
`IsNumeric`	Gibt einen Wert vom Typ `Boolean` zurück, der angibt, ob ein Ausdruck als Zahl ausgewertet werden kann.
`IsObject`	Gibt einen Wert vom Typ `Boolean` zurück, der angibt, ob ein Bezeichner eine Objektvariable darstellt.

Verzweigungen in Blöcke einteilen

Bei den bisherigen Beispielen haben Sie jeweils eine Aktion im `Then`- bzw. `Else`-Zweig ausgeführt. Wenn Sie mehrere Anweisungen innerhalb einer

Bedingung ausführen möchten, müssen Sie die Anweisungen in einem Block zusammenfassen.

Zeilen ausblenden

Im nächsten Beispiel soll auf dem Tabellenblatt VERZWEIGUNGEN die erste Zeile ausgeblendet werden, sofern in Zelle A1 der Buchstabe X steht. Danach soll der Mauszeiger um eine Zelle nach unten positioniert werden. Für den Fall, dass in Zelle A1 ein anderer Eintrag steht, soll der Inhalt der Zelle gelöscht und der Mauszeiger eine Zelle nach rechts positioniert werden.

Listing 4.7: Zeilen ausblenden bei Bedingung

```
Sub ZeileAusblenden()
  Sheets("Verzweigungen").Activate
  Range("A1").Select

  If ActiveCell.Value = "X" Then
  Selection.EntireRow.Hidden = True
  ActiveCell.Offset(1, 0).Select
  Else
  ActiveCell.Clear
  ActiveCell.Offset(0, 1).Select
  End If
End Sub
```

Mehrere Verzweigungen verschachteln

Selbstverständlich können Sie mehrere Bedingungen ineinander verschachteln. Zur Verdeutlichung der Funktionsweise soll die Zelle A10 im Tabellenblatt VERZWEIGUNGEN überwacht werden. Je nach Wert der Zelle soll in der Nebenzelle ein Eintrag vorgenommen werden.

Listing 4.8: Mehrere Farben in einer IF-Anweisung abfragen

```
Sub VerschachteltesIF()
Sheets("Verzweigungen").Activate
Range("A10").Select

 If ActiveCell.Value < 10 Then
  ActiveCell.Offset(0, 1).Value = "In Ordnung"
  ActiveCell.Interior.ColorIndex = xlColorIndexNone
 ElseIf ActiveCell.Value <= 15 Then
  ActiveCell.Offset(0, 1).Value = "langsam kritisch"
  ActiveCell.Interior.ColorIndex = xlColorIndexNone
    ElseIf ActiveCell.Value >= 16 Then
     ActiveCell.Offset(0, 1).Value = "zu hoch"
     ActiveCell.Interior.ColorIndex = 3
 End If
End Sub
```

Bei einem Wert über 16 wird der Zellenhintergrund automatisch mit der Farbe Rot gefüllt.

Die Kurzform einer Verzweigung

Neben der Verzweigung `If...Then...Else` gibt es eine weitere Möglichkeit, um Werte zu überprüfen. Die Funktion lautet `IIF`.

Die Funktion `IIF` hat folgende Syntax:

```
IIf(expr, truepart, falsepart)
```

Mit dem Argument `expr` geben Sie den auszuwertenden Ausdruck an.

Das Argument `truepart` liefert den zurückgegebenen Wert oder Ausdruck, wenn `expr` den Wert `True` ergibt.

Das Argument `falsepart` stellt den zurückgegebenen Wert oder Ausdruck dar, wenn `expr` den Wert `False` liefert.

Diese Funktion wertet immer sowohl den Teil `truepart` als auch den Teil `falsepart` aus, auch dann, wenn nur einer von beiden Teilen zurückgegeben wird.

In einem Beispiel angewendet: Überprüfen Sie den Inhalt einer Zelle. Sofern der Inhalt numerisch ist, schreiben Sie in die Nebenzelle den Text »Numerisch«. Sollte es sich um einen Text handeln, dann schreiben Sie in die Nebenzelle den Text »Alphanumerisch«.

Listing 4.9: Kurzprüfung auf numerischen Inhalt

```
Sub AlternativVerzweigung()
ActiveCell.Offset(0, 1).Value = _
IIF(IsNumeric(ActiveCell), "Numerisch","Alphanumerisch")
End Sub
```

Das Ergebnis dieser Auswertung schreiben Sie über die Anweisung `Activecell.Offset(0, 1).Value` in die Nebenzelle. Dabei weist die Eigenschaft `Offset` zwei Argumente auf. Das erste Argument gibt die Zeilenverschiebung, von der aktiven Zelle aus gesehen, bekannt. Da Sie in derselben Zeile bleiben möchten, ist demnach die Verschiebung gleich 0. Das zweite Argument gibt die Spaltenverschiebung, von der aktiven Zelle aus gesehen, bekannt. Da das Ergebnis in die Nebenspalte geschrieben werden soll, erhält dieses Argument den Wert 1.

4.2 Die Anweisung Select Case für mehr Übersicht

Wie Sie sehen, ist das Makro in Listing 4.8 doch recht unübersichtlich. Eine bessere Lösung zur Umsetzung dieser Aufgabe ist die Verwendung eines anderen Sprachelements, der `Select Case`-Anweisung.

Listing 4.10: Mehrere Farben in einer übersichtlichen CASE-Anweisung abfragen

```
Sub SelectCase()
 Sheets("Verzweigungen").Activate
 Range("A10").Select

 Select Case ActiveCell.Value
  Case Is < 10
    ActiveCell.Offset(0, 1).Value = "In Ordnung"
    ActiveCell.Interior.ColorIndex = xlColorIndexNone
  Case Is <= 15
    ActiveCell.Offset(0, 1).Value = "langsam kritisch"
    ActiveCell.Interior.ColorIndex = xlColorIndexNone
  Case Is >= 16
   ActiveCell.Offset(0, 1).Value = "zu hoch"
   ActiveCell.Interior.ColorIndex = 3
 End Select
End Sub
```

Die Tabelle 4.2 enthält eine Liste der Vergleichsoperatoren und die Bedingungen, unter denen das Ergebnis `True`, `False` oder `0` wird:

Tabelle 4.2: Die Vergleichsoperatoren in Excel

Vergleichsoperator	Erklärung
<	Kleiner als
<=	Kleiner oder gleich
>	Größer als
>=	Größer oder gleich
=	Gleich
<>	Ungleich

Indizes in Farben umsetzen

Im nächsten Beispiel in Listing 4.11 werden mithilfe der `Select Case`-Anweisung Farben anhand des Farbindex umgesetzt. Wie Sie bereits erfahren haben, hat jede Farbe in Excel eine eindeutige Nummer. Ausgehend von der Nummer, die in Zelle A15 steht, wird die dazugehörige Farbe in der Nebenzelle B15 angezeigt.

Listing 4.11: Farbindizes ermitteln

```
Sub FarbenIndexUmsetzen()
 Sheets("Verzweigungen").Activate
 Range("A15").Select

Select Case ActiveCell.Value
 Case 1 'schwarz
  ActiveCell.Offset(0, 1).Interior.ColorIndex = 1
 Case 2 'weiß
   ActiveCell.Offset(0, 1).Interior.ColorIndex = 2
 Case 3 'rot
   ActiveCell.Offset(0, 1).Interior.ColorIndex = 3
 Case 4 'hellgrün
   ActiveCell.Offset(0, 1).Interior.ColorIndex = 4
 Case 5 'blau
   ActiveCell.Offset(0, 1).Interior.ColorIndex = 5
 Case 6 'gelb
   ActiveCell.Offset(0, 1).Interior.ColorIndex = 6
 Case 7 'violett
   ActiveCell.Offset(0, 1).Interior.ColorIndex = 7
 Case 8 'hellblau
   ActiveCell.Offset(0, 1).Interior.ColorIndex = 8
 Case 9 'braun
   ActiveCell.Offset(0, 1).Interior.ColorIndex = 9
 Case 10 'dunkelgrün
   ActiveCell.Offset(0, 1).Interior.ColorIndex = 10
 Case Else
  MsgBox  "Dieser Index ist im Makro nicht zugeordnet!"
  ActiveCell.Offset(0, 1).Interior.ColorIndex = _
  xlColorIndexNone
End Select
End Sub
```

REF

Wie Sie dieses Makro noch besser automatisieren können, so dass die Farbe sich sofort nach der Eingabe des Index automatisch anpasst, erfahren Sie in Kapitel 12.

Zahlen in Texte umwandeln

In der nächsten Aufgabe aus Listing 4.12 werden Zahlen in Texte umgesetzt. Ausgewertet wird die Zelle A20. Die Zahlen 1 bis 10 sollen in Form der Texte Eins bis Zehn in der Nebenzelle B21 ausgegeben werden. Im Fall, dass eine Zahl außerhalb des Gültigkeitsbereiches in der Zelle steht, soll der Buchstabe X mit der Formatierungsoption `xLFill` in die Nebenzelle eingefügt werden. Diese Option bewirkt, dass der Buchstabe so oft wiederholt wird, bis die ganze Zelle damit ausgefüllt ist. Wahrscheinlich haben Sie diese Art von Formatierung schon einmal auf bestimmten Bankformularen gesehen.

Listing 4.12: Zahleneingaben in ausgeschriebene Texte umwandeln

```
Sub ZahlenInTextUmsetzen()
 Sheets("Verzweigungen").Activate
 Range("A20").Select
 ActiveCell.Offset(0, 1).HorizontalAlignment = _
 xlGeneral

 Select Case ActiveCell.Value
  Case 1: ActiveCell.Offset(0, 1).Value = "Eins"
  Case 2: ActiveCell.Offset(0, 1).Value = "Zwei"
  Case 3: ActiveCell.Offset(0, 1).Value = "Drei"
  Case 4: ActiveCell.Offset(0, 1).Value = "Vier"
  Case 5: ActiveCell.Offset(0, 1).Value = "Fünf"
  Case 6: ActiveCell.Offset(0, 1).Value = "Sechs"
  Case 7: ActiveCell.Offset(0, 1).Value = "Sieben"
  Case 8: ActiveCell.Offset(0, 1).Value = "Acht"
  Case 9: ActiveCell.Offset(0, 1).Value = "Neun"
  Case 10: ActiveCell.Offset(0, 1).Value = "Zehn"
  Case Else
    MsgBox "Diese Zahl kennt das Makro nicht!"
    ActiveCell.Offset(0, 1).Value = "X"
    ActiveCell.Offset(0, 1).HorizontalAlignment= xlFill
End Select
End Sub
```

Formate prüfen mit VBA

Die `Select Case`-Anweisung können Sie auch verwenden, um zu prüfen, welches Format eine bestimmte Zelle hat. Sehen Sie dazu ein Beispiel aus Listing 4.13.

Listing 4.13: Zahlenformate prüfen

```
Sub FormatErkennen()
 Sheets("Verzweigungen").Activate
 Range("A25").Select

 Select Case ActiveCell.NumberFormat
   Case "General"
    MsgBox "Das Standardformat"
   Case "0.00"
     MsgBox "Einfache Zahl mit zwei Kommas"
   Case "#,##0.00"
     MsgBox "Zahl mit Trennzeichen und 2 Kommas"
   Case "@"
     MsgBox "Textformat"
   Case Else
     MsgBox "Format wurde nicht erkannt"
 End Select
End Sub
```

Fensterstatus ermitteln

Wenn Sie in die obere linke Ecke Ihres Fensters sehen, werden Sie drei Symbole erkennen. Diese drei Symbole stellen den Status Ihres Arbeitsfensters dar. Welcher Status gerade Ihrem Fenster entspricht, können Sie über die `Select Case`-Anweisung herausfinden.

Listing 4.14: Fensterstatus ermitteln

```
Sub FensterStatusErmitteln()
Dim Str As String

    Select Case Application.WindowState
        Case xlMaximized
            Str = "xlMaximized"
        Case xlMinimized
            Str = "xlMinimized"
        Case xlNormal
            Str = "xlNormal"
    End Select

    MsgBox "Das Fenster ist gerade im Status: " & Str
End Sub
```

Makro bei ungültigem Wert beenden

Im letzten Beispiel mit der Anweisung `Select Case` geht es darum, den Wert in Zelle A30 zu überprüfen. Steht in dieser Zelle der Buchstabe A, B oder C, wird das Makro in Listing 4.15 fortgesetzt. Weist die Zelle jedoch einen anderen Wert auf, wird das Makro sofort abgebrochen.

Listing 4.15: Gültigkeiten abfragen mit der CASE-Anweisung bei Unterscheidung von Groß- und Kleinschreibung

```
Sub GültigkeitenAbfragen()
 Sheets("Verzweigungen").Activate
 Range("A30").Select

 Select Case ActiveCell.Value
  Case Is = "A", "B", "C"
  Case Else
       MsgBox "Ende des Makros"
       Exit Sub
 End Select

  MsgBox "Das Makro geht weiter..."
 'weitere Befehle...
End Sub
```

:-) TIPP

Übrigens wird im letzten Makro die Groß- und Kleinschreibung unterschieden. Nur die korrekte Schreibweise liefert das gewünschte Ergebnis. Möchten Sie erreichen, dass Excel zwischen Groß- und Kleinschreibung nicht unterscheidet, ergänzen Sie obiges Makro noch um die Kleinschreibweise der Buchstaben oder setzen Sie die Funktion `UCase` *ein.*

Listing 4.16: Gültigkeiten abfragen bei Ignorierung von Groß- und Kleinschreibung

```
Sub GültigkeitenAbfragenII()
 Sheets("Verzweigungen").Activate
 Range("A30").Select

 Select Case UCase(ActiveCell.Value)
  Case Is = "A", "B", "C"
  Case Else
       MsgBox "Ende des Makros"
       Exit Sub
 End Select
  MsgBox "Das Makro geht weiter..."
 'weitere Befehle...
End Sub
```

Die Funktion `Ucase` wandelt Kleinbuchstaben automatisch in Großbuchstaben um. Analog dazu wandelt die Funktion `Lcase` Großbuchstaben in Kleinbuchstaben um.

Excel-Version feststellen

In der nächsten Aufgabe für dieses Sprachelement sollen Sie feststellen, mit welcher Excel-Version Sie arbeiten. Für diese Aufgabe können Sie die Eigenschaft Version auswerten, die über einen numerischen Wert Ihre Excel-Installation identifiziert.

Listing 4.17: Excel-Version ermitteln

```
Sub ExcelVersionFeststellen()
MsgBox Application.Version

    Select Case Left(Application.Version, 1)
      Case "5"
        MsgBox "Excel 5"
      Case "7"
        MsgBox "Excel 7/95"
      Case "8"
        MsgBox "Excel 8/97"
      Case "9"
        MsgBox "Excel 2000"
      Case "1"
        If Left(Application.Version, 2) = "10" Then
        MsgBox "Excel 2002"
        Else
        MsgBox "Excel 2003"
```

```
      End If
    Case Else
      MsgBox "Unbekannte Version von Excel"
  End Select

End Sub
```

Werten Sie über die Funktion `Left` die erste Ziffer der Versionsnummer aus, die Ihnen die Eigenschaft `Version` meldet. Innerhalb der `Select Case`-Anweisung überprüfen Sie die Versionsnummern. Trifft eine Bedingung zu, wird eine Meldung am Bildschirm ausgegeben, die Ihnen die Excel-Version meldet. Danach wird die `Select Case`-Anweisung direkt beendet. Bei den beiden letzten Versionen Excel 2002 und Excel 2003 ist die Versionsnummer zweistellig. Daher muss innerhalb der `Case`-Struktur eine `If`-Abfrage eingestellt werden, die diese Nummernvergabe berücksichtigt.

4.3 Schleifen in Excel praxisgerecht einsetzen

Schleifen werden in Excel dazu verwendet, Abläufe mehrmals hintereinander durchzuführen. Die Schleifen werden so lange durchlaufen, bis eine oder mehrere Bedingungen zutreffen, die dann einen Abbruch der Schleife bewirken. Je nach verwendeter Schleife findet die Abbruch-Prüfung am Anfang der Schleife bzw. am Ende der Schleife statt.

Lernen Sie auf den nächsten Seiten klassische Beispiele für den sinnvollen Einsatz von Schleifen kennen.

For...Next-Schleifen

Sie können die Schleife `For...Next` verwenden, um einen Block von Anweisungen eine unbestimmte Anzahl von Wiederholungen ausführen zu lassen. `For...Next`-Schleifen verwenden eine Zählervariable, deren Wert mit jedem Schleifendurchlauf erhöht oder verringert wird. Sie brauchen daher nicht daran zu denken, den Zähler selbst hoch- oder herunterzusetzen.

Die Syntax dieser Schleife lautet:

```
For Zähler = Anfang To Ende [Step Schritt]
[Anweisungen]
[Exit For]
[Anweisungen]
Next [Zähler]
```

Das Argument `Zähler` ist erforderlich und besteht aus einer numerischen Variable, die als Schleifenzähler dient.

Das Argument Anfang repräsentiert den Startwert von Zähler.

Mit dem Argument Ende legen Sie den Endwert von Zähler fest. Das Argument Schritt ist optional. Hier können Sie den Betrag bestimmen, um den Zähler bei jedem Schleifendurchlauf verändert wird. Falls kein Wert angegeben wird, ist die Voreinstellung eins.

Unter Anweisungen stehen eine oder mehrere Anweisungen zwischen For und Next, die so oft wie angegeben ausgeführt werden.

Innerhalb einer Schleife kann eine beliebige Anzahl von Exit For-Anweisungen an beliebiger Stelle als alternative Möglichkeit zum Verlassen der Schleife verwendet werden.

Üben Sie diese Art von Schleife anhand der nächsten Aufgaben:

Tabellenblätter einfügen

Im ersten Beispiel in Listing 4.18 sollen in eine neue Arbeitsmappe genau 50 Tabellenblätter eingefügt werden. Manuell wäre das ein wenig mühselig. Leichter geht es mit Hilfe einer For Next-Schleife.

Listing 4.18: Neue Tabellenblätter einfügen

```
Sub TabellenblätterAnlegen()
Dim i As Integer
  Workbooks.Add

  For i = 1 To 50
     Worksheets.Add
  Next i
End Sub
```

INFO

Die Tabellenblätter haben den Namen TABELLE1 *bis* TABELLE(N), *je nachdem wie hoch Sie den Wert für die Tabellenblätter standardmäßig unter* EXTRAS/OPTIONEN/ALLGEMEIN *eingestellt haben.*

Tabellenblätter benennen

Jetzt möchten Sie den neu eingefügten Tabellenblättern andere Namen geben. Dabei soll als Tabellenblattname Ihr eigener Name mit dem Zusatz einer fortlaufenden Nummer gewählt werden.

Listing 4.19: Mehrere Tabellenblätter mit fortlaufender Nummerierung benennen

```
Sub TabellenNamenFestlegen()
Dim i As Integer

  For i = 1 To 50
    Worksheets(i).Name = Application.UserName & i
  Next i
End Sub
```

Jede zweite Zeile ausblenden

Im nächsten Beispiel soll auf einem Tabellenblatt jede zweite Zeile ausgeblendet werden. Dabei sollen lediglich die ersten 20 Zeilen betroffen sein. Realisieren können Sie diese Aufgabe mit folgendem Makro aus Listing 4.20:

Listing 4.20: Jede zweite Zeile ausblenden

```
Sub JedeZweiteZeileAusblenden()
Dim i As Integer

 Sheets("Schleifen").Activate
    For i = 1 To 20 Step 2
        Rows(i).Hidden = True
    Next i
End Sub
```

Setzen Sie die Eigenschaft `Hidden` auf den Wert `True`, wenn Sie Zeilen ausblenden möchten. Starten Sie dasselbe Makro mit der Anweisung `Rows(i).Hidden = False`, werden Ihre ausgeblendeten Zeilen wieder eingeblendet.

Tabellenblätter pro Arbeitsmappe ermitteln

Wie schon vorher erwähnt, müssen Sie bei dieser Schleife einen Zähler mitlaufen lassen. Wenn Sie die vorherigen Beispiele betrachten, werden Sie feststellen, dass die Zahl nach dem Argument `To` jeweils fix ist. Diesen Wert können Sie aber auch, je nach Aufgabe, variabel halten. So bietet sich der variable Zähler z.B. an, wenn Sie in einer Arbeitsmappe auf jedem Tabellenblatt einen bestimmten Eintrag vornehmen müssen. Das Problem ist jetzt nur, dass Sie nicht davon ausgehen können, dass sich in jeder Mappe gleich viele Tabellenblätter befinden. Also müssen Sie zuerst einmal herausfinden, wie viele Tabellenblätter die Arbeitsmappe enthält.

Listing 4.21: Auf allen Tabellenblättern einen Eintrag vornehmen

```
Sub EintragVornehmen()
Dim i As Integer

 For i = 1 To ActiveWorkbook.WorkSheets.Count
  Range("E1").Value = Date
 Next
End Sub
```

Mehrere Tabellen mit Datumsfunktion ausstatten

Über die Eigenschaft `Count` ermitteln Sie die Anzahl der Tabellenblätter (`Worksheets`) in der vorliegenden Arbeitsmappe. Genauso oft soll die Schleife durchlaufen werden, die dafür sorgt, dass das aktuelle Datum auf jedem Tabellenblatt in Zelle E1 eingetragen wird.

Passwortvergabe auf allen Tabellenblättern in einer Arbeitsmappe

In Excel können Sie sowohl die Arbeitsmappe als auch einzelne Tabellenblätter vor Veränderungen schützen. Wenn Sie alle Tabellenblätter schützen und dabei dasselbe Passwort verwenden möchten, können Sie ebenfalls die `For Next`-Schleife wie in Listing 4.22 einsetzen:

Listing 4.22: Einheitliche Passwortvergabe auf allen Tabellenblättern einer Arbeitsmappe

```
Sub PasswortAufAllenTabellenblätterSetzen()
Dim i  As Integer

 For i = 1 To Worksheets.Count
   Sheets(i).Protect ("Passwort")
 Next i
End Sub
```

Schutz auf allen Tabellenblättern aufheben

Um alle Tabellenblätter der Arbeitsmappe wieder ändern zu können, heben Sie den Blattschutz mit folgendem Makro aus Listing 4.23 wieder auf:

Listing 4.23: Passwort auf allen Tabellenblättern einer Arbeitsmappe löschen

```
Sub PasswortLöschenAufAllenTabellenblättern()
Dim i As Integer

    For i = 1 To Worksheets.Count
     Sheets(i).Unprotect ("Passwort")
    Next i
End Sub
```

:-) TIPP

Wenn Sie für jedes Tabellenblatt ein anderes Passwort verwenden möchten, können Sie beispielsweise den jeweils aktuellen Zählerstand wie in Listing 4.24 verwenden und diesen an das Passwort anhängen.

Listing 4.24: Dynamisches Passwort in Tabellen setzen

```
Sub PasswortAufAllenTabellenblätterAnderst()
Dim i  As Integer

 For i = 1 To Worksheets.Count
   Sheets(i).Protect ("Passwort" & i)
 Next i
End Sub
```

Hier lautet das Passwort des ersten Blattes `Passwort1`, das Passwort des zweiten Blattes `Passwort2`, usw. Beim Aufheben dieser Passwörter müssen Sie genauso vorgehen wie beim Setzen der Passwörter.

Listing 4.25: Dynamisches Passwort in Tabellen entfernen

```
Sub PasswortEntfernenAufAllenTabellenblättern()
Dim i As Integer

    For i = 1 To Worksheets.Count
     Sheets(i).Unprotect ("Passwort" & i)
    Next i
End Sub
```

Arbeitsmappen ausdünnen

Auch zum Ausdünnen von Tabellenblättern aus Arbeitsmappen eignet sich diese Schleife sehr gut. So hätten Sie sich z.B. die Aufgabe gestellt, alle Tabellenblätter bis auf das erste Blatt aus einer Arbeitsmappe zu löschen.

Listing 4.26: Löschen von Tabellenblättern

```
Sub LöschenAlleTabellenBisAufDieErste()
Dim i As Integer

 Workbooks.Add
 Application.DisplayAlerts = False
 On Error Resume Next

  For i = ActiveWorkbook.Sheets.Count To 1 Step -1
     Sheets(i).Delete
   Next i
Application.DisplayAlerts = True
End Sub
```

Die Eigenschaft `DisplayAlerts` setzen Sie auf den Wert `False`. Damit brauchen Sie die Löschung der einzelnen Tabellenblätter nicht jeweils zu bestätigen. Vergessen Sie nicht am Ende des Makros die Eigenschaft `DisplayAlerts` wieder auf den Wert `True` zu setzen, damit zukünftig Meldungen wieder angezeigt werden.

For Each...Next-Schleifen

Die Schleife `For Each...Next` wiederholt eine Gruppe von Anweisungen für jedes Element in einem Datenfeld oder einer Auflistung.

Die Syntax dieser Schleife lautet:

```
For Each Element In Gruppe
[Anweisungen]
[Exit For]
[Anweisungen]
Next [Element]
```

Das Argument `Element` stellt die Variable zum Durchlauf durch die Elemente der Auflistung oder des Datenfeldes dar. Bei Auflistungen ist für Element nur eine Variable vom Typ `Variant`, eine allgemeine Objektvariable oder eine beliebige spezielle Objektvariable zulässig. Bei Datenfeldern ist für Element nur eine Variable vom Typ `Variant` zulässig. Das nächste Argument `Gruppe` steht für den Namen einer Objektauflistung oder eines Datenfeldes. Das letzte Argument `Anweisungen` ist optional und führt eine oder mehrere Anweisungen durch, die für jedes Element in Gruppe ausgeführt werden sollen.

Auch diese wichtige Schleife wird nun anhand praxisnaher Aufgaben geübt.

Verdopplung der Werte innerhalb einer Markierung

Im ersten Beispiel der `For Each`-Schleife in Listing 4.27 sollen innerhalb einer Markierung alle Werte verdoppelt werden.

```
Sub ZellenInMarkierungMultiplizieren()
Const Multi = 2
Dim Zelle As Range

For Each Zelle In Selection
 On Error Resume Next
 Zelle.Value = Zelle.Value * Multi
Next Zelle
End Sub
```

Listing 4.27: Werte innerhalb eines markierten Bereichs verdoppeln

Die `On Error`-Anweisung sorgt dafür, dass das Makro bei nicht numerischen Zellen sich nicht mit einer Fehlermeldung meldet. So werden numerische Zellen mit dem Faktor Zwei multipliziert und Textzellen innerhalb der Markierung ignoriert.

Tabellenblatt durchsuchen

Auch bei der Suche nach Daten leistet Ihnen diese Schleife gute Dienste. So sucht das folgende Makro auf dem aktiven Tabellenblatt nach einem Suchbegriff, den Sie vorher in einer Inputbox eingegeben haben. Das Makro klappert nun jede Zelle innerhalb der Markierung ab und stoppt das Makro sofort, wenn es bei der Suche fündig wird. Die gefundene Zelle wird dann markiert. Im Fall, dass das Makro zu keinem Ergebnis kommt, wird eine Meldung auf dem Bildschirm ausgegeben. Vor dem Start des Makros markieren Sie bitte noch den Bereich, in dem Excel nach dem Begriff suchen soll. Wenn Sie die Suche generell auf dem ganzen Tabellenblatt durchführen möchten, ergänzen Sie das folgende Makro nach der Variablendeklaration um den Befehl `Cells.Select`. Damit wird die gesamte Tabelle markiert. Schneller und besser ist es aber, wenn Sie nur im von Ihnen verwendeten Bereich suchen, indem Sie den Befehl `ActiveSheet.UsedRange.Select` einsetzen.

```
Sub DatenSuchen()
Dim Zelle As Range
Dim str As String

 str = InputBox _
("Bitte geben Sie den Suchbegriff ein!")
    If str = "" Then Exit Sub
    ActiveSheet.UsedRange.Select
    For Each Zelle In Selection
        If Zelle = str Then
            Zelle.Select
            Exit Sub
```

Listing 4.28: Tabellenblatt durchsuchen

```
        End If
    Next Zelle
    MsgBox "Suchbegriff nicht gefunden!"
End Sub
```

Im obigen Makro wird eine Eingabe vom Benutzer gefordert. Drückt der Anwender in der Inputbox auf die Schaltfläche ABBRECHEN, wird dieses durch die Zeile `If str = "" Then Exit Sub` abgefangen. Die Suche wird dann erst gar nicht begonnen. Im Normalfall, also wenn der Anwender einen Suchbegriff eingibt und mit OK bestätigt, wird innerhalb der Markierung auf dem Tabellenblatt gesucht.

Ganze Arbeitsmappe durchsuchen

Das letzte Beispiel ist auf eine Markierung innerhalb eines Tabellenblattes beschränkt. Möchten Sie die Suche auf die ganze Arbeitsmappe ausdehnen, verwenden Sie das nachfolgende Makro aus Listing 4.29:

Listing 4.29: Ganze Arbeitmappe durchsuchen

```
Sub DatenSuchenInGanzerArbeitsmappe()
Dim Zelle As Range
Dim Blatt As Worksheet
Dim str As String

 str = InputBox("Bitte geben Sie den Suchbegriff ein!")
   If str = "" Then Exit Sub

   For Each Blatt In ActiveWorkbook.Worksheets
    For Each Zelle In Blatt.UsedRange
      If Zelle = str Then
        Debug.Print Blatt.Name & vbTab & Zelle.Address
      End If
     Next Zelle
    Next Blatt
End Sub
```

In der Variablendeklaration machen Sie bekannt, dass Sie mit dem `Worksheet`-Objekt arbeiten möchten. Diesem geben Sie im Makro den Namen `Blatt`. Danach arbeiten Sie alle Tabellen der Arbeitsmappe ab und durchlaufen in einer zweiten `For Each..Next` Schleife alle Zellen des jeweils benutzten Bereichs (`UsedRange`) der Tabelle. Entspricht der Zellenwert dem vorher eingegebenen Wert, dann geben Sie den genaue Zellenadresse sowie den Namen der Tabelle im Direktfenster der Entwicklungsumgebung aus.

Auf Formelsuche im Tabellenblatt

Besonders mühselig ist es, auf einem Tabellenblatt nach Formelzellen zu suchen. Dazu können Sie durch das Drücken der Taste [F5] den GEHE ZU-Dialog aufrufen, dann auf die Schaltfläche INHALTE drücken und anschließend die Option FORMELN aktivieren. Nach der Bestätigung mit OK werden dann alle Zellen der Tabelle, welche Formeln oder auch Verknüpfungen enthalten, markiert. Das folgende Beispiel aus Listing 4.30 ermittelt zunächst die Anzahl der Formeln auf einem Tabellenblatt:

Listing 4.30: Formeln auf Tabellenblatt zählen

```
Sub FormelnZählen()
Dim i As Integer
Dim Zelle As Range

 On Error GoTo fehler
For Each Zelle In _
   ActiveSheet.Cells.SpecialCells(xlFormulas)
    i = i + 1
 Next Zelle
 MsgBox "Anzahl der Formeln in der Tabelle: " & i
 Exit Sub
fehler:
 MsgBox "Es konnten auf dem Tabellenblatt <" & _
 ActiveSheet.Name & "> keine Formeln gefunden werden!"
End Sub
```

Die Methode `SpecialCells` eignet sich hervorragend, um bestimmte Zellen wiederzufinden. Neben Formelzellen können Sie so auch Zellen mit Kommentaren (`xlCellTypeNotes`) aufstöbern, leere Zellen (`xlCellTypeBlanks`) oder auch Zellen mit Konstanten (`xlCellTypeConstants`) ermitteln.

Umlaute im Tabellenblatt umsetzen

Wenn Sie z.B. in Excel einen Text vorliegen haben, welcher Umlaute aufweist, können Sie elegant die Schleife `For Each` dazu einsetzen, um diese Zeichen umzusetzen. Markieren Sie vorher alle Zellen, in denen Sie Umlaute umsetzen möchten, und starten Sie das Makro aus Listing 4.31.

Listing 4.31: Umlaute in Tabellenblatt austauschen

```
Sub UmlauteUmsetzen()
Dim Zelle As Range

For Each Zelle In Selection
 With Selection
  .Replace What:="ä", _
   Replacement:="ae", LookAt:=xlPart
   Replace What:="ö", _
   Replacement:="oe", LookAt:=xlPart
   Replace What:="ß", _
   Replacement:="ss",  LookAt:=xlPart
   Replace What:="ü", _
   Replacement:="ue", LookAt:=xlPart
End With
Next Zelle
End Sub
```

Wochenenden farblich hervorheben

Im nächsten Beispiel sollen im Bereich A1:K1, wo jeweils Datums-Angaben stehen, alle Samstage bzw. Sonntage farblich hervorgehoben werden. Dazu setzen Sie die Funktion `Weekdays` ein. Diese Funktion meldet für den Sonntag den Index `1` und für den Samstag den Index `7`. Ein wenig ungewöhnlich zwar, aber es klappt hervorragend.

Listing 4.32: Wochenenden farblich hervorheben

```
Sub WochenendeFormatieren()
Dim zelle As Range

   For Each zelle In ActiveSheet.Range("A1:K1")
      If WeekDay(zelle) = 1 Or WeekDay(zelle) = 7 Then
         zelle.Interior.ColorIndex = 15
      Else
         zelle.Interior.ColorIndex = xlColorIndexNone
      End If
   Next zelle
End Sub
```

Abbildung 4.1: Die Wochenenden farblich hervorheben

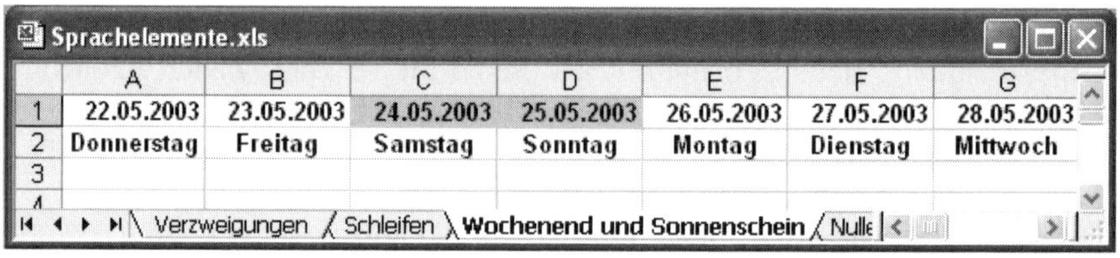

Im obigen Beispiel haben Sie konkret schon einen ganz bestimmten Bereich A1:K1 vorgegeben, für welchen die Wochenendprüfung gemacht werden soll. Als Zellenhintergrund verwenden Sie einen leicht Grauton. Sicherheitshalber kann auch hier dafür gesorgt werden, dass normale Wochentage keinen Hintergrund erhalten, indem Sie der Eigenschaft `ColorIndex` die Konstante `xlColorIndexNone` zuweisen.

Nullen auffüllen

Im nächsten Praxisbeispiel soll ein Bereich mit Nullen aufgefüllt werden. Stellen Sie sich vor, Sie haben Ihre monatlichen Ausgaben in einer Tabelle erfasst und möchten nun die Zellen in einem vorher festgelegten Bereich durchsuchen. Alle Zellen, die in diesem Bereich keinen Eintrag aufweisen, sollen mit der Zahl 0 gefüllt werden (siehe Abbildung 4.2).

Legen Sie mit der Anweisung `Set` zunächst einen Bereich fest, für den Sie diese Aktion durchführen möchten.

Listing 4.33: Bereich mit Nullen initialisieren

```
Sub Nullenauffüllen()
Dim Zelle As Range
Sheets("Nullen").Activate
```

```
Set Bereich = Range("B2:H10")
For Each Zelle In Bereich
    If Zelle.Value = "" Then
       Zelle.Value = 0
    End If
Next
End Sub
```

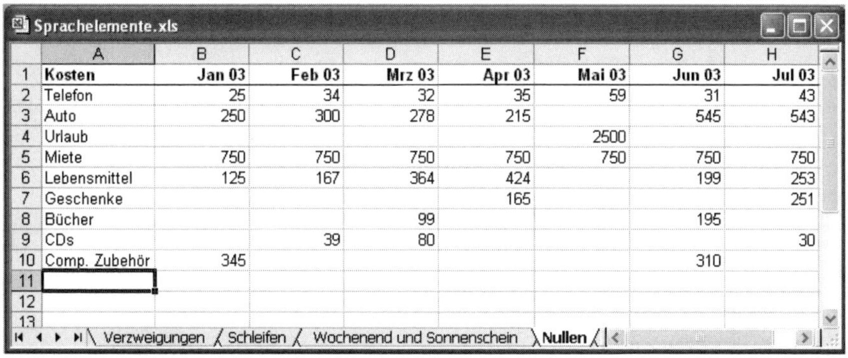

	A	B	C	D	E	F	G	H
1	Kosten	Jan 03	Feb 03	Mrz 03	Apr 03	Mai 03	Jun 03	Jul 03
2	Telefon	25	34	32	35	59	31	43
3	Auto	250	300	278	215		545	543
4	Urlaub					2500		
5	Miete	750	750	750	750	750	750	750
6	Lebensmittel	125	167	364	424		199	253
7	Geschenke				165			251
8	Bücher			99			195	
9	CDs		39	80				30
10	Comp. Zubehör	345					310	
11								
12								
13								

Abbildung 4.2: Die Ausgangstabelle

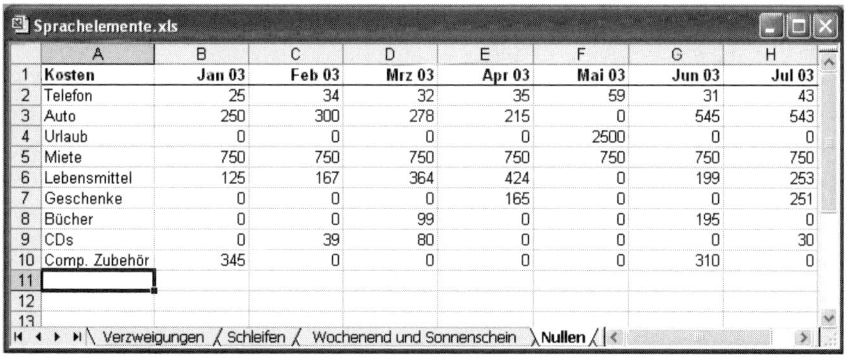

	A	B	C	D	E	F	G	H
1	Kosten	Jan 03	Feb 03	Mrz 03	Apr 03	Mai 03	Jun 03	Jul 03
2	Telefon	25	34	32	35	59	31	43
3	Auto	250	300	278	215	0	545	543
4	Urlaub	0	0	0	0	2500	0	0
5	Miete	750	750	750	750	750	750	750
6	Lebensmittel	125	167	364	424	0	199	253
7	Geschenke	0	0	0	165	0	0	251
8	Bücher	0	0	99	0	0	195	0
9	CDs	0	39	80	0	0	0	30
10	Comp. Zubehör	345	0	0	0	0	310	0
11								
12								
13								

Abbildung 4.3: Die leeren Zellen wurden mit dem Wert 0 aufgefüllt

Ausreißerwerte ermitteln und kenntlich machen

Die Ermittlung von Spitzen- bzw. Niedrigstwerten ist in Excel leicht möglich. In VBA setzen Sie für diese Aufgabe die Funktionen MAX bzw. MIN ein. So werden im folgenden Beispiel aus Listing 4.34 innerhalb eines vorher definierten Bereichs sowohl der Maximalwert als auch der niedrigste Wert ermittelt und farbig gekennzeichnet.

Listing 4.34: Ausreißerwerte farblich hervorheben

```
Sub AusreisserInBereichErmitteln()
Dim Zelle As Range
Dim Bereich As Range

  Set Bereich = Range("A3:F14")
  Sheets("Ausreißer").Activate
```

```
    For Each Zelle In Bereich
        If Zelle = Application.Min(Bereich) Then
           With Zelle
              .Font.ColorIndex = 10 'grün
              .Font.Bold = True
            End With
        End If
        If Zelle = Application.Max(Bereich) Then
           With Zelle
              .Font.ColorIndex = 3 'rot
              .Font.Bold = True
            End With
        End If
      Next Zelle
End Sub
```

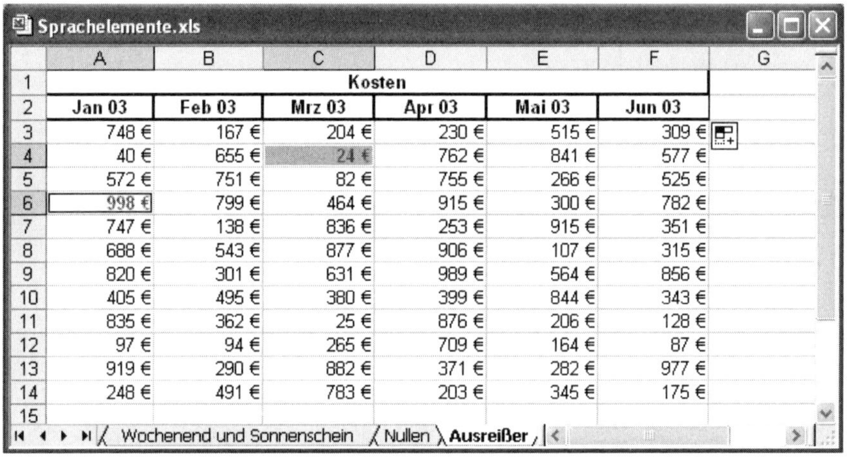

	A	B	C	D	E	F	G
1	Kosten						
2	Jan 03	Feb 03	Mrz 03	Apr 03	Mai 03	Jun 03	
3	748 €	167 €	204 €	230 €	515 €	309 €	
4	40 €	655 €	24 €	762 €	841 €	577 €	
5	572 €	751 €	82 €	755 €	266 €	525 €	
6	998 €	799 €	464 €	915 €	300 €	782 €	
7	747 €	138 €	836 €	253 €	915 €	351 €	
8	688 €	543 €	877 €	906 €	107 €	315 €	
9	820 €	301 €	631 €	989 €	564 €	856 €	
10	405 €	495 €	380 €	399 €	844 €	343 €	
11	835 €	362 €	25 €	876 €	206 €	128 €	
12	97 €	94 €	265 €	709 €	164 €	87 €	
13	919 €	290 €	882 €	371 €	282 €	977 €	
14	248 €	491 €	783 €	203 €	345 €	175 €	
15							

Abbildung 4.4: Die höchsten und die niedrigsten Kosten des letzten Halbjahrs (zur besseren Übersicht wurden beide Zellen in der Abbildung markiert)

Durchschnittliche Kosten ermitteln

Wenn Sie in der vorherigen Aufgabe die durchschnittlichen Kosten ermitteln möchten, müssen Sie zuerst ermitteln, wie viele Zellen in der Markierung enthalten sind. Dies gelingt Ihnen über die Methode `Count`. Danach summieren Sie zunächst einmal alle Werte aus den markierten Zellen und speichern diese in der Variablen `Avg`. Wählen Sie für diese Variable nicht den Datentyp `Integer`, der bei diesen großen Zahlen nicht mehr ausreicht, sondern definieren Sie dazu eine Variable vom Typ `Long`. Um den Durchschnittswert zu bekommen, dividieren Sie die Gesamtsumme aus der Variablen `Avg` durch die Anzahl der markierten Zellen, welche Sie in der Variablen `i` zwischengespeichert haben. Bringen Sie die Zahl am Ende mit der Funktion `Format` noch in das gewünschte Format.

Listing 4.35: Durchschnittliche Kosten ermitteln

```
Sub DurchschnittskostenErmitteln()
Dim zelle As Range
Dim Avg As Long
Dim i As Integer

 Sheets("Ausreißer").Activate
 Avg = 0
'Anzahl markierter Zellen ermitteln
 i = Selection.Cells.Count

  For Each zelle In Selection
     Avg = Avg + zelle.Value
    Next zelle
    Avg = Avg / i
    MsgBox "Durschnittliche Kosten: " _
  & Format(Avg, "#,##0 _")
End Sub
```

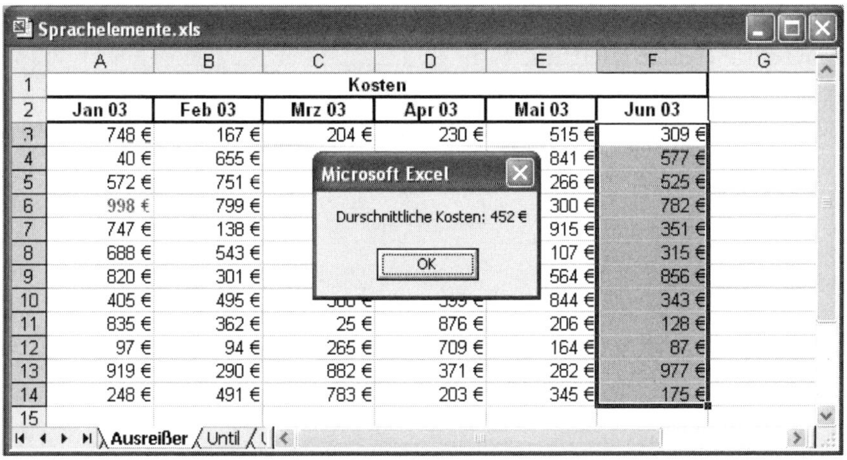

Abbildung 4.5: Die durchschnittlichen Kosten im Juni betragen 452 €

Zeilen einblenden

Erinnern Sie sich an ein vorheriges Beispiel, in welchem Sie Zeilen ausgeblendet haben? Blenden Sie diese jetzt wieder ein, indem Sie folgendes Makro aus Listing 4.36 verwenden:

Listing 4.36: Zeilen einblenden

```
Sub AusgeblendeteZeilenEinblenden()
Dim Zeile As Range
Sheets("Verzweigungen").Activate

 For Each Zeile In ActiveSheet.UsedRange.Rows
  Zeile.Hidden = False
 Next
End Sub
```

Das Makro überprüft, wie viele Zeilen auf dem aktuellen Tabellenblatt mit Daten belegt sind. In einer Schleife werden dann alle Zeilen durchlaufen und die ausgeblendeten Zeilen wieder eingeblendet.

:-) TIPP

Wenn Sie genau hinsehen, werden Sie merken, dass Ihr Bildschirm bei diesem Makro mehr oder weniger stark flattert. Verantwortlich dafür ist die Bildschirmaktualisierung, die Sie aber mit der Anweisung

```
Application.Screenupdating=False
```

ausschalten können. Sie sollten sich angewöhnen, diese Anweisung Ihren Augen zuliebe bei jedem Makro zu Beginn einzusetzen. Am Ende eines jeden Makros können Sie die Bildschirmaktualisierung mit der Anweisung

```
Application.Screenupdating=True
```

wieder einschalten. Empfehlenswert ist auch bei längeren Makros, hin und wieder die Bildschirmaktualisierung einzuschalten, damit der Anwender nicht fälschlicherweise meint, Ihr Makro sei abgestürzt.

Benannte Bereiche ermitteln

Sicher wissen Sie, dass Sie in Excel mit benannten Bereichen arbeiten können. Formeln werden so sprechender und einfach leichter verständlich. Wie aber ermitteln Sie die Namen und deren Zellenadressen in einer Arbeitsmappe?

Listing 4.37: Alle verwendeten Namen der Arbeitsmappe ausgeben

```
Sub NamenInArbeitsmappeAusgeben()
Dim nam As Name

On Error Resume Next

For Each nam In ActiveWorkbook.Names
 MsgBox "Name: " & nam.Name & vblf _
 & "Adresse: " & nam.RefersToLocal
Next
End Sub
```

Geben Sie zuerst an, dass Sie mit dem Objekt Name arbeiten möchten. Danach suchen Sie die Arbeitsmappe nach verwendeten Namen ab und geben diese in einem Meldungsfenster aus. Interessant ist der Name selbst sowie seine Adresse, also die Zellposition innerhalb der Arbeitsmappe.

Einheitliche Kopf- und Fußzeilen

Im nächsten Beispiel werden Sie für eine einheitliche Gestaltung der Kopf- und Fußzeilen sorgen. Dabei arbeiten Sie alle Tabellen einer Arbeitsmappe ab, rufen die Seitenansicht auf und stellen die gewünschten Kopf- und Fußzeilen ein. Dabei werden folgende Informationen gewünscht:

- Kopfzeile links: Der Firmennamen
- Kopfzeile Mitte: Der Name des Tabellenblattes
- Kopfzeile rechts: Das aktuelle Datum
- Fußzeile links: Der komplette Speicherpfad inkl. Dateinamen
- Fußzeile Mitte: bleibt leer
- Fußzeile rechts: Seitennumerierung

Listing 4.38: Alle Tabellen mit einer einheitlichen Kopf- und Fußzeile ausstatten

```
Sub KopfUndFuß()
Dim Tabelle As Worksheet

    Application.ScreenUpdating = False

    For Each Tabelle In ActiveWorkbook.Worksheets
      With Tabelle.PageSetup
        .LeftHeader = "Fimennamen"
        .CenterHeader = "Tabellenname &A"
        .RightHeader = "&D"
        .LeftFooter = "Pfad : " & ActiveWorkbook.FullName
        .CenterFooter = ""
        .RightFooter = "Seite &P von &N"
      End With
    Next Tabelle

    Set Tabelle = Nothing
    Application.ScreenUpdating = True
End Sub
```

Definieren Sie im ersten Schritt eine Objektvariable vom Typ `Worksheet`. Schalten Sie danach die Bildschirmaktualisierung aus, indem Sie die Anweisung `Application.ScreenUpdating = False` einsetzen. Setzen Sie danach eine Schleife auf, die alle Tabellen der aktiven Arbeitsmappe durchläuft und über das Objekt `PageSetup` einheitliche Kopf- und Fußzeilen einstellt. Die Informationen für die Kopf- und Fußzeile werden über sogenannte Steuerzeichen (z.B.: &A oder &N) eingefügt. Den kompletten Namen der gespeicherten Arbeitsmappe können sie über die Eigenschaft `FullName` abfragen. Heben Sie am Ende des Makro den Objektverweis wieder auf, um Speicher freizugeben, und schalten die Bildschirmaktualisierung wieder ein.

Die Schleife Do Until...Loop

Die `Do Until...Loop`-Schleife wiederholt einen Block mit Anweisungen, solange eine Bedingung den Wert `True` erhält. Die Bedingung wird jeweils am Ende der Schleife geprüft. Als Abbruchbedingung können Sie alles Mögliche abfragen; so können Sie z.B. eine Abbruchbedingung festlegen, wenn ein bestimmter Wert erreicht ist oder eine Zelle einen bestimmten Text aufweist.

Beispielsweise könnten Sie eine solche Schleife sooft wiederholen, solange die Zellenformatierung der Zellen sich nicht ändert.

Die Syntax dieser Schleife sieht wie folgt aus:

```
Do [{Until} Bedingung]
[Anweisungen]
[Exit Do]
[Anweisungen]
Loop
```

Die Bedingung stellt einen numerischen Ausdruck oder Zeichenfolgenausdruck dar, der entweder True oder False ergibt. Liefert die Bedingung den Wert 0, so wird die Bedingung als False interpretiert. Hinter den Anweisungen verbergen sich eine oder mehrere Anweisungen, die wiederholt werden, solange oder bis Bedingung durch True erfüllt ist.

Innerhalb einer Do Until...Loop-Anweisung kann eine beliebige Anzahl von Exit Do-Anweisungen an beliebiger Stelle als Alternative zum Verlassen einer Do...Loop-Anweisung verwendet werden. Exit Do wird oft in Zusammenhang mit der Auswertung einer Bedingung (zum Beispiel If...Then) eingesetzt und hat zur Folge, dass die Ausführung mit der ersten Anweisung im Anschluss an Loop fortgesetzt wird.

Üben Sie den Einsatz dieser Schleife anhand ein paar ausgesuchter Beispiele.

Zeilen managen mit Do Until

In der folgenden Aufgabe soll eine Liste in Excel verwaltet werden. Anhand eines Zellenkennzeichens sollen Aktionen abgeleitet werden können.

Funktionsumfang

Die Aktionen sind:

- Zeilen ausblenden (Zellenkennzeichen = H)
- Zeilen einfügen (Zellenkennzeichen = I)
- Zeilen kopieren (Zellenkennzeichen = C)
- Zeilen löschen (Zellenkennzeichen = D)
- Zeilen mit Kopien löschen (Zelleninhalt = Kopie)
- Keine Aktion (Zellenkennzeichen = O)

Zeilen ausblenden

Um Zeilen auszublenden, wird das Zellenkennzeichen H verwendet. Die Do Until-Schleife arbeitet in Spalte A so lange Zeilen ab, bis sie auf die Abbruchbedingung stößt. Die Abbruchbedingung ist gegeben, wenn die erste leere Zelle in Spalte A erreicht wird.

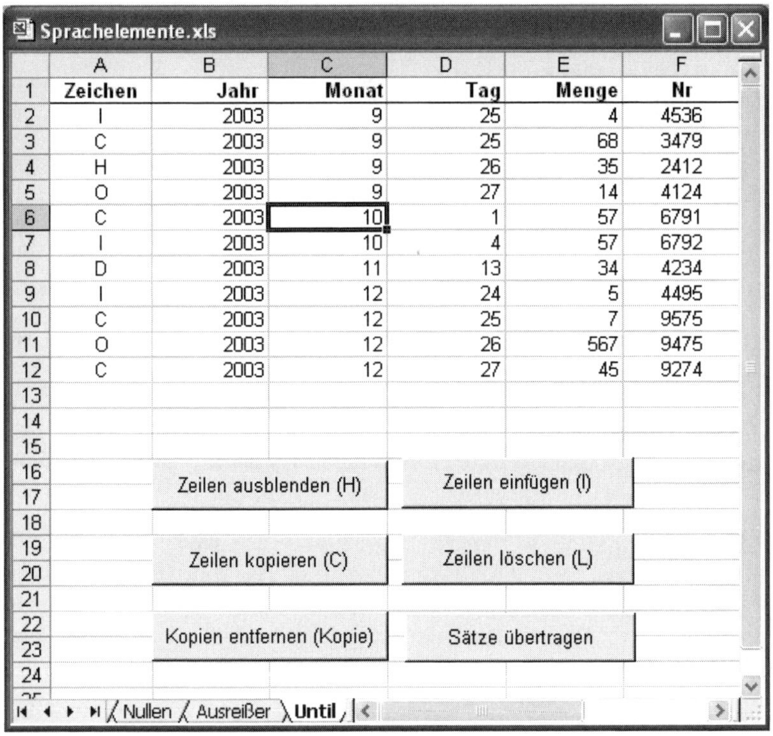

Zeichen	Jahr	Monat	Tag	Menge	Nr
I	2003	9	25	4	4536
C	2003	9	25	68	3479
H	2003	9	26	35	2412
O	2003	9	27	14	4124
C	2003	10	1	57	6791
I	2003	10	4	57	6792
D	2003	11	13	34	4234
I	2003	12	24	5	4495
C	2003	12	25	7	9575
O	2003	12	26	567	9475
C	2003	12	27	45	9274

Abbildung 4.6: Die Ausgangstabelle

Listing 4.39: Zeilen ausblenden bei Bedingung

```
Sub BestimmteZeilenAusblenden()
  Sheets("Until").Activate
  Range("A1").Select

  Do Until IsEmpty(ActiveCell.Value)
    If ActiveCell.Value = "H" Then
    Selection.EntireRow.Hidden = True
    ActiveCell.Offset(1, 0).Select
    Else
    ActiveCell.Offset(1, 0).Select
    End If
   Loop
End Sub
```

Indem Sie die Eigenschaft `Hidden` auf den Wert `True` setzen, wird die aktuelle Zeile ausgeblendet. Danach wird der Mauszeiger mit Hilfe der `Offset`-Eigenschaft auf die nächste Zelle gesetzt.

Für das Einfügen von Zeilen wurde das Zellenkennzeichen I vereinbart.

Listing 4.40: Zeilen einfügen bei Bedingung

```
Sub BestimmteZeilenEinfügen()
 Sheets("Until").Activate
 Range("A1").Select
```

```
 Do Until IsEmpty(ActiveCell.Value)
  If ActiveCell.Value = "I" Then
  Selection.EntireRow.Insert
  ActiveCell.Offset(2, 0).Select
  Else
  ActiveCell.Offset(1, 0).Select
  End If
 Loop
End Sub
```

Verwenden Sie die Methode `Insert`, um Zeilen einzufügen, und setzen Sie danach den Mauszeiger zwei Zellen nach unten.

Das Zellenkennzeichen für den Vorgang »Zeilen löschen« lautet D.

Listing 4.41: Zeilen löschen bei Bedingung

```
Sub BestimmteZeilenLöschen()
 Sheets("Until").Activate
 Range("A1").Select

 Do Until IsEmpty(ActiveCell.Value)
  If ActiveCell.Value = "D" Then
     Selection.EntireRow.Delete
  Else
     ActiveCell.Offset(1, 0).Select
End if
 Loop
End Sub
```

Die Methode `Delete` löscht im obigen Makro jeweils eine gesamte Zeile. Beim Löschvorgang muss der Mauszeiger nicht per Befehl verschoben werden, er setzt den Mauszeiger automatisch in die nächste Zelle.

Beim Zellenkennzeichen C soll die aktuelle Zeile kopiert und mit dem Zusatz Kopie bei der Nr. versehen werden.

Listing 4.42: Zeilen kopieren bei Bedingung

```
Sub BestimmteZeilenkopieren()
 Sheets("Until").Activate
 Range("A1").Select

 Do Until IsEmpty(ActiveCell.Value)
  If ActiveCell.Value = "C" Then
   Selection.EntireRow.Copy
   Selection.EntireRow.Insert
   ActiveCell.Offset(0, 5).Value = _
   ActiveCell.Offset(0, 5).Value & " Kopie"
   ActiveCell.Offset(2, 0).Select
   Application.CutCopyMode = False
  Else
```

```
    ActiveCell.Offset(1, 0).Select
  End If
 Loop
End Sub
```

Sprachelemente.xls

	A	B	C	D	E	F
1	Zeichen	Jahr	Monat	Tag	Menge	Nr
2	I	2003	9	25	4	4536
3	C	2003	9	25	68	3479 Kopie
4	C	2003	9	25	68	3479
5	H	2003	9	26	35	2412
6	O	2003	9	27	14	4124
7	C	2003	10	1	57	6791 Kopie
8	C	2003	10	1	57	6791
9	I	2003	10	4	57	6792
10	D	2003	11	13	34	4234
11	I	2003	12	24	5	4495
12	C	2003	12	25	7	9575 Kopie
13	C	2003	12	25	7	9575
14	O	2003	12	26	567	9475
15	C	2003	12	27	45	9274 Kopie
16	C	2003	12	27	45	9274
17						

Ausreißer / Until / Until2

Abbildung 4.7: Zeilen kopieren und kennzeichnen

Setzen Sie die Methoden `Copy` und `Insert` ein, um eine Zeile zu kopieren bzw. einzufügen. Über die Eigenschaft `Offset` greifen Sie auf die Spalte F zu und ergänzen in der aktiven Zelle den Text »Kopie«.

Kopien entfernen

Wenn Sie die Kopien wieder entfernen möchten, müssen Sie die Spalte F durchlaufen. Immer wenn dort in einer Zelle das Wort »Kopie« auftaucht, muss die ganze Zeile entfernt werden.

Listing 4.43: Doppelte Zeilen entfernen

```
Sub KopienEntfernen()
 Sheets("Until").Activate
 Range("F1").Select

 Do Until IsEmpty(ActiveCell.Value)
  If Right(ActiveCell.Value, 5) = "Kopie" Then
    Selection.EntireRow.Delete
   Else
    ActiveCell.Offset(1, 0).Select
   End if
 Loop
End Sub
```

Mit der Funktion `Right` prüfen Sie, ob der Text KOPIE in der Zelle vorhanden ist. Dabei legen Sie im ersten Argument fest, welche Zelle untersucht werden soll (aktive Zelle), und im zweiten Parameter bestimmen Sie, wie viele Zeichen der Zelle von rechts gesehen mit einbezogen werden sollen. Entspricht der Zellenteil dem Text KOPIE, dann wird die Methode `Delete` angewendet, um die ganze Zeile zu löschen.

:-) TIPP

Neben der Funktion `Right`, die jeweils ein oder mehrere Zeichen von rechts überprüft, gibt es selbstverständlich auch eine Funktion `Left`, welche die Überprüfung eines Textes von der linken Seite beginnt. Die Argumente entsprechen dabei den Argumenten der `Right`-Funktion.

INFO

Neben diesen beiden Funktionen gibt es die Funktion `Mid`, die einen Teil eines Textes prüfen kann. Dabei sind jedoch drei Argumente notwendig. Das erste Argument bestimmt den Text oder die Zelle, welche/r untersucht werden soll. Das zweite Argument bestimmt, ab welcher Position gesucht werden soll. Im letzten Argument geben Sie an, für wie viele Zeichen diese Funktion angewendet werden soll.

So meldet die Funktion `Mid("Excel 2003 VBA", 7, 4)` den Wert 2003.

Datumstest durchführen

Stellen Sie sich ein Tabellenblatt vor, bei dem in Zelle A1 das heutige Datum steht. In der zweiten Zeile steht eine Datumsreihe beginnend in Zelle A2 und endend in Zelle I2. Wie müsste jetzt ein Makro lauten, welches so lange in Zeile 2 nach rechts läuft, bis das aktuelle Datum erreicht ist?

Listing 4.44: Datumstest durchführen (Variante 1)

```
Sub AufHeutigemDatumStoppen()
Dim heutDat As Date
heutDat = Range("A1").Value
Sheets("Until2").Activate
Range("A2").Select
Do Until Date = ActiveCell.Value
 ActiveCell.Offset(0, 1).Select
Loop
End Sub
```

Im ersten Schritt definieren Sie eine Variable vom Datentyp `Date`. Danach speichern Sie das aktuelle Datum, welches in Zelle A1 steht, in der Variablen `Heutdat`. Setzen Sie die `Do Until`-Schleife beginnend in Zelle A2 auf. Versetzen Sie mit der `Offset`-Eigenschaft so lange den Mauszeiger nach rechts, bis die Variable `Heutdat` mit einer Zelle übereinstimmt.

Gleich an dieser Stelle eine alternative Möglichkeit, diese Aufgabe zu lösen. Dabei kommt die folgende Lösung ohne den `Select`-Befehl innerhalb der Schleife aus.

Listing 4.45: Datumstest durchführen (Variante 2)

```
Sub AufHeutigemDatumStoppen2()
Dim heutDat As Date
heutDat = Cells(1, 1).Value
Sheets("Until2").Activate
i = 1

Do Until Date = Cells(2, i).Value
 i = i + 1
Loop
Cells(2, i).Select
End Sub
```

Mithilfe der `Cells`-Auflistung kann jede Zelle der Tabelle angesprochen werden. Dabei liefert das erste Argument die jeweilige Zeile, das zweite Argument gibt Auskunft über die Spalte. Der Schnittpunkt aus beiden Angaben liefert die Koordinate der angesprochenen Zelle. Da in der zweiten Variante auf den `Select`-Befehl verzichtet wurde, muss stattdessen eine Variable in der Schleife hochgezählt werden.

Beide Makros liefern dasselbe Ergebnis, wobei das zweite Makro einen kleinen Geschwindigkeitsvorteil gegenüber der Variante 1 hat, da auf die Methode `Select` innerhalb der Schleife verzichtet werden kann.

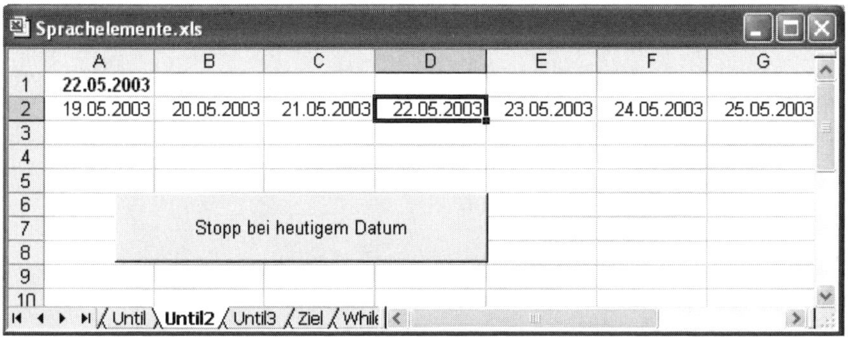

Abbildung 4.8: Genaues Positionieren von Zellen

Listen sortieren und doppelte Sätze löschen

Gegeben sei eine Liste, welche aus einer Spalte (Spalte A) besteht. In dieser unsortierten Liste sind Einträge mehrfach vorhanden. Außerdem liegt die Liste in unsortiertem Zustand vor. Ihre Aufgabe besteht nun darin, alle doppelten Sätze zu ermitteln.

Sortieren Sie im ersten Schritt die Liste und löschen Sie danach die doppelten Sätze.

Listing 4.46: Doppelte Sätze löschen

```
Sub DoppelteSätzeEliminieren()
Dim i As Long
Sheets("Until3").Activate

'zuerst sortieren
Columns("A:A").Select
Selection.Sort Key1:=Range("A1"), Order1:=xlAscending, _
Header:=xlGuess, OrderCustom:=1, MatchCase:=False, _
Orientation:=xlTopToBottom
i = 1
'jetzt doppelte Sätze rausschmeißen
Do Until IsEmpty(Cells(i, 1).Value)
If Cells(i, 1).Value = Cells(i + 1, 1).Value Then
 Cells(i, 1).EntireRow.Delete
Else
 i = i + 1
End If
Loop
End Sub
```

Markieren Sie die komplette Spalte A und wenden Sie die Methode `Sort` an. Schauen Sie sich die Syntax der Methode `Sort` einmal etwas genauer an:

Die Syntax

```
Sort(Key1, Order1, Key2, Type, Order2, Key3, Order3, Header, OrderCustom,
MatchCase, Orientation, SortMethod)
```

Die Argumente der Methode Sort

Die ersten beiden Argumente müssen Sie immer auf einen Blick betrachten. Das erste Argument `Key` bestimmt das Sortierfeld, das zweite Argument die Sortierreihenfolge. Möglich dabei ist, entweder aufsteigend (`xlAscending`) oder absteigend (`xlDescending`) zu sortieren. Insgesamt können Sie drei verschiedene Sortierfelder bestimmen.

Das Argument `Type` ist nur bei Pivot-Tabellenberichten interessant und wird hier nicht näher behandelt.

Das Argument `Header` legt fest, ob die erste Zeile Überschriften enthält oder nicht. Dabei weisen Sie die Konstante `xlGuess` zu, wenn Sie die Entscheidung darüber Excel selbst überlassen möchten. Setzen Sie die Konstante `xlYes`, wenn der Sortierbereich eine Überschriftenzeile enthält, die natürlich nicht mitsortiert werden darf. Wenn Sie die Konstante `xlNo` zuweisen, enthält der Sortierbereich wie im obigen Beispiel keine Überschriften.

Das Argument `CustomOrder` wird bei benutzerdefinierten Sortierreihenfolgen verwendet und ist in diesem Zusammenhang eher uninteressant.

Das Argument `MatchCase` nimmt den Wert `True` an, wenn beim Sortieren Groß- und Kleinschreibung berücksichtigt werden soll. Setzen Sie dieses Argument auf den Wert `False`, wenn Groß- und Kleinschreibung nicht berücksichtigt werden soll.

Beim Argument `Orientation` wird die Sortierweise festgelegt. Hat das Argument den Wert `xlSortRows`, so wird von oben nach unten, also zeilenweise sortiert. Wird das Argument auf `xlSortColumns` gesetzt, so wird von links nach rechts, also Spaltenweise sortiert.

Das letzte Sortierkriterium legt den Sortieralgorithmus fest.

Anschließend werden die doppelten Sätze aus der Liste entfernt. Auch bei dieser Aufgabe kann auf den Befehl SELECT verzichtet werden, indem man mit der Auflistung CELLS arbeitet. Sollte ein Satz doppelt vorkommen, dann sind beide Sätze nach dem Sortiervorgang genau untereinander. Von daher kann man nun die aktuelle Zeile (i) und die darunter liegende (i+1) miteinander vergleichen. Bei doppeltem Vorkommen wird die die aktuelle Zeile über die Methode `Delete` gelöscht. Über die Eigenschaft `EntireRow` wird dabei auf die komplette Zeile zurückgegriffen.

Zeilen auf anderes Tabellenblatt übertragen

Oft kommt es vor, dass Sie aus einer Liste bestimmte Zeilen filtern und auf ein anderes Tabellenblatt kopieren müssen. Dazu legen Sie zuerst fest, welches die Ausgangstabelle und welches die Zieltabelle sein soll. Die Namen der Tabellen definieren Sie gleich zu Beginn des Makros als `Blatt1` und `Blatt2`.

Das Ziel

Was soll konkret gemacht werden?

- Alle Zeilen im Tabellenblatt UNTIL, welche als Kürzel den Buchstaben C haben, sollen auf das Tabellenblatt ZIEL übertragen werden.
- Ermitteln Sie die Anzahl aller Tabellensätze der Liste.
- Setzen Sie die ermittelte Anzahl als Abbruchbedingung für Ihre `Do Until`-Schleife ein.
- Ermitteln Sie, wie viele Sätze übertragen wurden.
- Geben Sie eine Meldung am Ende des Makros aus, die die Anzahl der übertragenen Sätze enthält.

Das Makro für diese Aufgabe sehen Sie in Listing 4.47:

Listing 4.47: Datensätze auf anderes Tabellenblatt übertragen (Variante 1)

```
Sub SätzeAufAnderesTabellenblattÜbertragen1()
Const Blatt1 = "Until"
Const Blatt2 = "Ziel"
Dim i As Integer
Dim iAnz As Integer

 Application.ScreenUpdating = False
 Sheets(Blatt1).Activate
 Range("A1").Select
 iAnz = 0
 i = 0

 Do Until i = ActiveSheet.UsedRange.Rows.Count
  If ActiveCell.Value = "C" Then
    Selection.EntireRow.Copy
    Sheets(Blatt2).Activate
    ActiveSheet.Paste
    ActiveCell.Offset(1, 0).Select
    Sheets(Blatt1).Select
    ActiveCell.Offset(1, 0).Select
    iAnz = iAnz + 1
    Else
    ActiveCell.Offset(1, 0).Select
   End If
   i = i + 1
 Loop
 Application.CutCopyMode = False
 Application.ScreenUpdating = True
 MsgBox "Es wurden " & iAnz & " Sätze übertragen"
End Sub
```

Schalten Sie zu Beginn des Makros die Bildschirmaktualisierung aus. Gerade bei häufigem Blattwechsel flimmert das Bild dann zu stark. Schonen Sie Ihre Augen und Ihren Bildschirm und setzen Sie die Eigenschaft `Screenupdating` auf den Wert `False`. Im nächsten Schritt setzen Sie Ihre Zählvariablen auf den Wert 0, um auf Nummer Sicher zu gehen, dass diese beiden Variablen richtig initialisiert sind. Ermitteln Sie nun mit der Methode `Count` die verwendeten Zeilen auf Ihrem Tabellenblatt. Das Ergebnis dieser Abfrage verwenden Sie gleich als Abbruchbedingung für Ihre Schleife. Setzen Sie die `If`-Anweisung ein, um zu ermitteln, ob die aktive Zelle das richtige Kennzeichen C aufweist. Wenn nicht, können Sie mit der Eigenschaft `Offset` gleich eine Zelle weiter nach unten positionieren.

Stimmt das Kennzeichen überein, kopieren Sie mit Hilfe der Methode `Copy` die ganze Zeile, wechseln auf das Tabellenblatt ZIEL und fügen den Inhalt aus der Zwischenablage mit der Methode `Paste` ein. Jetzt positionieren Sie den Zellenzeiger auf die nächste freie Zelle der Spalte und addieren den

Wert 1 zu der Variable iAnz, welche die übertragenen Sätze zählt. Wechseln Sie im Anschluss auf Ihr Ausgangstabellenblatt BLATT1, positionieren Sie den Zellenzeiger eine Zelle weiter nach unten und addieren Sie auch hier zur Zählvariable i den Wert 1. Sind alle Sätze untersucht worden, werden der Ausschneide- bzw. Kopiermodus deaktiviert und der Laufrahmen entfernt, indem Sie die Eigenschaft CutCopyMode auf den Wert False setzen. Schalten Sie nun die Bildschirmaktualisierung wieder ein und geben Sie mit der Funktion Msgbox die Anzahl der übertragenen Sätze aus.

Bei der zweiten Variante kann die Aufgabe noch schneller erledigt werden, da wir auf die Tabellenwechsel und die Zellenpositionierung verzichtet haben. Außerdem kann bei dieser Lösung auf die Methode Copy sowie die Methode Paste verzichtet werden.

Listing 4.48: Datensätze auf anderes Tabellenblatt übertragen (Variante 2)

```
Sub SätzeAufAnderesTabellenblattÜbertragen2()
Dim Tab1 As Worksheet
Dim Tab2 As Worksheet
Dim L As Long
Dim i As Long

Set Tab1 = ActiveWorkbook.Worksheets("Until")
Set Tab2 = ActiveWorkbook.Worksheets("Ziel")

For L = 1 To Tab1.UsedRange.Rows.Count
 If Tab1.Cells(L, 1).Value = "C" Then
  i = 1
  Do Until Tab2.Cells(i, 1) = ""
   i = i + 1
  Loop
  Tab2.Cells(i, 1).Value = Tab1.Cells(L, 1).Value
  Tab2.Cells(i, 2).Value = Tab1.Cells(L, 2).Value
  Tab2.Cells(i, 3).Value = Tab1.Cells(L, 3).Value
  Tab2.Cells(i, 4).Value = Tab1.Cells(L, 4).Value
 End If
 Next L
  MsgBox "Es wurden " & i & " Sätze übertragen"
End Sub
```

Geben Sie zu Beginn des Makros bekannt, welches das Ziel und welches das Ausgangsblatt ist. Definieren Sie dazu zwei Objektvariablen vom Typ Worksheet. Die zu übertragenden Informationen werden dabei von einem Blatt direkt in das Zielblatt übertragen, indem die Auflistung Cells mit den jeweiligen Variablen für die Zeilen bestückt werden.

Die Schleife Do While...Loop

Die `Do While...Loop`-Schleife wiederholt einen Block mit Anweisungen, solange eine Bedingung den Wert `True` erhält. Die Prüfung der angegebenen Bedingung erfolgt immer zu Beginn der Schleife. Als Abbruchbedingung können Sie alles Mögliche abfragen; so können Sie z.B. eine Abbruchbedingung festlegen, wenn ein bestimmter Wert erreicht ist oder eine Zelle einen bestimmten Text aufweist.

Die Syntax dieser Schleife sieht wie folgt aus:

```
Do [{While} Bedingung]
[Anweisungen]
[Exit Do]
[Anweisungen]
Loop
```

Die `Bedingung` stellt einen numerischen Ausdruck oder Zeichenfolgenausdruck dar, der entweder `True` oder `False` ergibt. Liefert die `Bedingung` den Wert `0`, so wird die Bedingung als `False` interpretiert. Hinter den `Anweisungen` verbergen sich eine oder mehrere `Anweisungen`, die wiederholt werden, solange oder bis die Bedingung `True` erfüllt ist.

Innerhalb einer `Do While...Loop`-Anweisung kann eine beliebige Anzahl von `Exit Do`-Anweisungen an beliebiger Stelle als Alternative zum Verlassen einer `Do...Loop`-Anweisung verwendet werden. `Exit Do` wird oft in Zusammenhang mit der Auswertung einer Bedingung (zum Beispiel `If...Then`) eingesetzt und hat zur Folge, dass die Ausführung mit der ersten Anweisung im Anschluss an `Loop` fortgesetzt wird.

Nur bestimmte Zellen addieren mit Do While

Gegeben sei eine Liste, aus der Sie alle Werte, welche über dem Wert 100 liegen, addieren müssen. Das Ergebnis soll unterhalb der Liste im Schriftschnitt Fett und mit einfacher Unterstreichung ausgegeben werden.

Erfassen Sie nun folgendes Makro:

Listing 4.49: Bedingte Zahlenaddition durchführen

```
Sub AlleGroßenZahlenAddieren()
Dim summe As Long
Dim i As Long
Const Grenzwert = 100

 Sheets("While").Activate
 summe = 0
 i = 1

  Do While Cells(i, 1).Value <> ""
```

```
      If Cells(i, 1).Value > Grenzwert _
      Then summe = summe + Cells(i, 1).Value
      i = i + 1
   Loop
   i = i + 2
   Cells(i, 1).Value = summe
   With Cells(i, 1).Font
    .Bold = True
    .Underline = True
   End With
End Sub
```

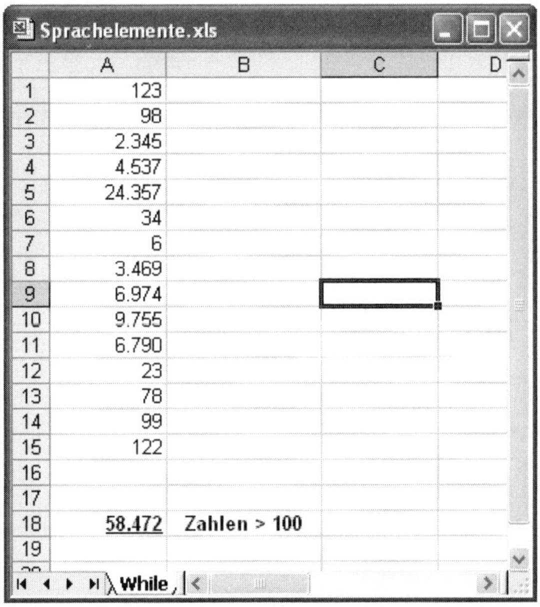

Abbildung 4.9: Das Endergebnis: die Summe der Liste mit Zahlen > 100

Bestimmen Sie in der Variablen `Grenzwert` selbst, wie niedrig Sie die Schwelle legen möchten. Deklarieren Sie die Variable `Summe` als Datentyp `Long`, um ganz sicher zu gehen, dass der Datentyp auch für die Summierung ausreicht. Prüfen Sie mit der Anweisung `If`, ob die Zellen über Ihrem Grenzwert liegen. Nur dann addieren Sie den aktuellen Zellenwert, den Sie jeweils über die Auflistung `Cells` ansprechen, auf die Variable `Summe`. Sobald die Schleifenbedingung nicht mehr erfüllt ist, wird über die Zellenvariable `i` zwei Zellen nach unten verwiesen und der Inhalt der Variablen `Summe` in die Zelle geschrieben. Danach erfolgt die Formatierung der Zelle über die Eigenschaften `Bold` und `Underline`. Beachten Sie die Anweisung `With`, die auch hier ein wenig für Übersichtlichkeit und weniger Schreibarbeit sorgt.

Text in Spalten aufteilen

Ein häufiger Fall in der Praxis ist folgender: Sie bekommen eine Liste und möchten diese weiterverarbeiten. In der Liste befinden sich in manchen Spalten jeweils zwei Informationen, die Sie lieber getrennt in einzelnen Spalten haben möchten. Denken Sie beispielsweise an eine Kundenliste, in welcher der Vor- und Nachname in einer einzigen Spalte stehen. Genauso verhält es sich mit der Postleitzahl und dem Wohnort des Kunden. Auch hier wird oft nur eine Spalte verwendet. Die Aufgabe besteht jetzt darin, eine solche Liste umzustellen. Dazu müssen Sie zum einen neue Spalten einfügen und zum anderen die Einträge auseinander bringen.

Abbildung 4.10: Die Ausgangstabelle mit den Kundenadressen

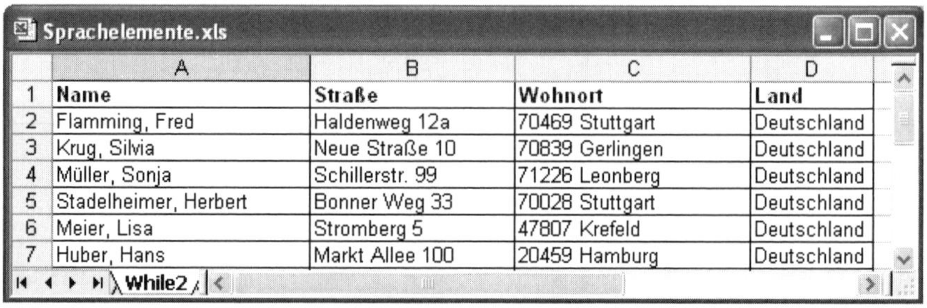

	A	B	C	D
1	**Name**	**Straße**	**Wohnort**	**Land**
2	Flamming, Fred	Haldenweg 12a	70469 Stuttgart	Deutschland
3	Krug, Silvia	Neue Straße 10	70839 Gerlingen	Deutschland
4	Müller, Sonja	Schillerstr. 99	71226 Leonberg	Deutschland
5	Stadelheimer, Herbert	Bonner Weg 33	70028 Stuttgart	Deutschland
6	Meier, Lisa	Stromberg 5	47807 Krefeld	Deutschland
7	Huber, Hans	Markt Allee 100	20459 Hamburg	Deutschland

Das Makro für diese Aufgabe können Sie in Listing 4.50 sehen:

Listing 4.50: Text in Spalten aufteilen

```
Sub TextInSpaltenAufteilen()
Dim Nachname As String
Dim Vorname As String
Dim PLZ As String
Dim Ort As String
Dim i As Integer
Dim i2 As Integer
Dim i3 As Integer

 Application.ScreenUpdating = False
 Sheets("While2").Activate
 Columns("B:B").Insert Shift:=xlToRight
 Range("B1").Value = "Vorname"
 Columns("D:D").Insert Shift:=xlToRight
 Range("D1").Value = "PLZ"
 Range("A2").Select

 Do While ActiveCell.Value <> ""
   i = InStr(ActiveCell.Value, ",")
   i2 = Len(ActiveCell.Value)
   Nachname = Left(ActiveCell.Value, i - 1)
   Vorname = Mid(ActiveCell.Value, i + 2, i2 - i)
   ActiveCell.Value = Nachname
   ActiveCell.Offset(0, 1).Value = Vorname
   ActiveCell.Offset(0, 4).Select
```

```
    PLZ = Left(ActiveCell.Value, 5)
    i3 = Len(ActiveCell.Value)
    Ort = Mid(ActiveCell.Value, 7, i3 - 6)
    ActiveCell.Offset(0, -1).Value = PLZ
    ActiveCell.Value = Ort
    ActiveCell.Offset(1, -4).Select
  Loop
  Application.ScreenUpdating = True
End Sub
```

Zu Beginn des Makros definieren Sie Variablen für die einzelnen Informationen, die Sie auf die einzelnen Spalten verteilen möchten. Zusätzlich brauchen Sie noch drei Variablen vom Typ `Integer`. Fügen Sie danach zwei neue Spalten für den Vornamen und die Postleitzahl ein und vergeben Sie die Spaltenüberschriften. Schreiben Sie jetzt eine `Do While`-Schleife, die durchlaufen wird, solange Excel auf keine Leerzeile stößt.

Trennen von Zellen

Jetzt gehts ans Auseinanderreißen der einzelnen Spalteninhalte. Beginnen Sie mit der Namensspalte. Zuerst müssen Sie ermitteln, an welcher Position das Komma in der Namenszelle steht, da Sie anhand dieses Trennzeichens den Nachnamen vom Vornamen sauber trennen können. Für diese Aufgabe setzen Sie die Funktion `InStr` ein. Die Funktion `InStr` ermittelt die Position des ersten Auftretens einer Zeichenfolge (,) innerhalb einer anderen Zeichenfolge (aktiven Zelle). Speichern Sie die ermittelte Position des Kommas in der Variablen `i`.

Länge von Zellen ermitteln

Jetzt müssen Sie noch wissen, aus wie vielen Zeichen der Name überhaupt besteht. Dazu verwenden Sie die Funktion `Len`. Bauen Sie sich nun den Vornamen mit dem Befehl

```
Nachname = Left(ActiveCell.Value, i - 1).
```

zusammen.

Die Funktion `Left` erwartet zwei Argumente: Das erste Argument steht für die Zelle, auf die die Funktion angewendet werden soll. Das zweite Argument ist die Anzahl der Zeichen, die von links übertragen werden sollen. Die Anzahl der Zeichen ermitteln Sie, indem Sie von der Variablen i den Wert 1 abziehen, da Sie ja schließlich das Komma nicht mitübertragen möchten. Separieren Sie jetzt den Vornamen:

```
Vorname = Mid(ActiveCell.Value, i + 2, i2 - i)
```

Position des Kommas ermitteln

Dazu setzen Sie die Funktion `Mid` ein. Die Funktion `Mid` gibt einen Wert zurück, der eine bestimmte Anzahl von Zeichen aus einer Zeichenfolge enthält. Dazu müssen Sie der Funktion drei Argumente mitgeben. Zum einen ist das wieder die Zelle, auf die diese Funktion angewendet werden soll, dann ist es die Startposition, von der an Zeichen übertragen werden sollen, und zu guter Letzt ist es das Argument, welches die Anzahl der Zeichen angibt, die übertragen werden sollen. Die Startposition beginnt in unserem Beispiel zwei Stellen hinter dem Kommatrennzeichen. Die Anzahl der Zeichen, die übertragen werden sollen, ergibt sich aus der Gesamtlänge der Zelle abzüglich der Zeichen bis zum Komma.

Übertragen Sie nun die Variableninhalte in die dafür vorgesehenen Zellen. Danach springen Sie zu der Zelle, welche die Postleitzahl und den Ort enthält.

Da die Postleitzahl genau aus fünf Zeichen besteht, können Sie diese Information mit der Funktion `Left` direkt abgreifen und in der Variablen `PLZ` speichern. Anders verhält es sich beim Ort. Dazu setzen Sie die Funktion `Mid` ein:

```
Ort = Mid(ActiveCell.Value, 7, i3 - 6)
```

Position des Leerzeichens herausfinden

Das zweite Argument, die Startposition, ab der Zeichen übertragen werden sollen, ergibt sich aus der Anzahl Zeichen der Postleitzahl und einem Leerzeichen. Die Anzahl der zu übertragenden Zeichen ergibt sich aus der Gesamtlänge der Zelle abzüglich des Werts 6 (Postleitzahl inklusive eines Leerzeichens). Füllen Sie jetzt die Zellen mit den Variablen für die Postleitzahl und den Ort. Danach positionieren Sie den Mauszeiger in die nächste Zeile der Spalte A. Die Schleife beginnt dann wieder von vorne und läuft so lange, bis alle Sätze verarbeitet worden sind.

Abbildung 4.11: Das Endergebnis: alle Informationen auf einzelne Spalten verteilt

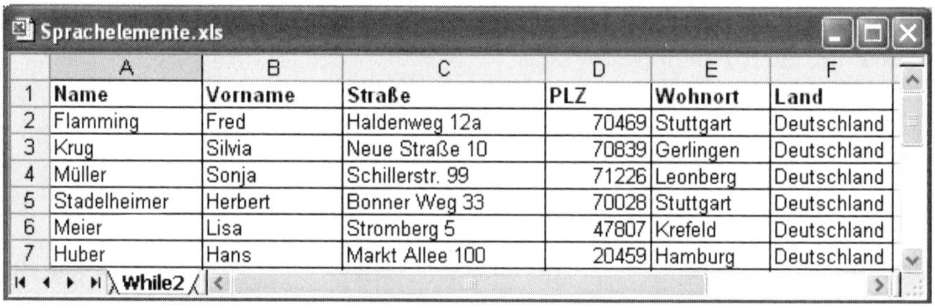

	A	B	C	D	E	F
1	Name	Vorname	Straße	PLZ	Wohnort	Land
2	Flamming	Fred	Haldenweg 12a	70469	Stuttgart	Deutschland
3	Krug	Silvia	Neue Straße 10	70839	Gerlingen	Deutschland
4	Müller	Sonja	Schillerstr. 99	71226	Leonberg	Deutschland
5	Stadelheimer	Herbert	Bonner Weg 33	70028	Stuttgart	Deutschland
6	Meier	Lisa	Stromberg 5	47807	Krefeld	Deutschland
7	Huber	Hans	Markt Allee 100	20459	Hamburg	Deutschland

Artikelnummern prüfen

In der nächsten Aufgabe sollen auf einem Tabellenblatt ARTIKELNUMMERN geprüft und falsche Artikelnummern ausgegeben werden. Dazu müssen Sie zuerst die Gültigkeit Ihrer Artikelnummern festlegen:

Gültige Nummern

- alle Artikelnummern, die genau sechs Zeichen lang sind und
- als letztes Zeichen den Buchstaben T enthalten.

Listing 4.51: Artikelnummern prüfen

```
Sub FalscheArtikelNummernErmitteln()
Dim i As Long
Dim z As Integer

 Sheets("ArtikelNummer").Activate
 i = 2
 z = 0

 Do While Cells(i, 1).Value <> ""
   If Len(Cells(i, 1).Value) <> 6 _
   Or Right(Cells(i, 1).Value, 1) <> "T" Then
      MsgBox "Falsche Artikelnummer in " & _
      Cells(i, 1).Address
      z = z + 1
    Else
    End If
    i = i + 1
 Loop
 MsgBox z & " falsche Artikelnummern gefunden!"
End Sub
```

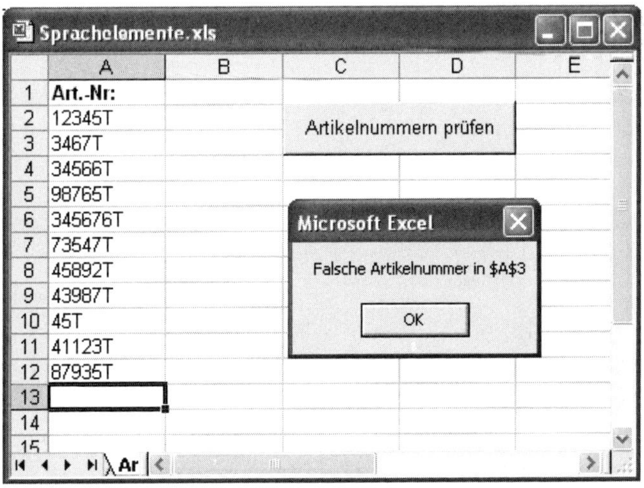

Abbildung 4.12: Prüfen der Artikelnummern

Haben Sie es gesehen? In diesem Beispiel wurde die Funktion `Right` eingesetzt. Die Funktion `Right` gibt einen Wert zurück, der eine bestimmte Anzahl von Zeichen von der rechten Seite (dem Ende) einer Zeichenfolge enthält. Da Sie lediglich das letzte Zeichen prüfen wollen, geben Sie als zweites Argument den Wert 1 ein. Die Gesamtlänge der Zeichen einer Zeile können Sie über die Funktion `Len` ermitteln.

Teil 2 Die wichtigsten Excel-Objekte

5 Zellen und Bereiche programmieren

In diesem Kapitel dreht sich alles um Zellen, die durch das Objekt `Range` angesprochen werden. Das `Range`-Objekt kann entweder aus einer einzigen Zelle oder aus mehreren Zellen bzw. einem Zellbereich oder mehreren Zellbereichen bestehen. Des Weiteren kann ein `Range`-Objekt auch eine oder mehrere Zeilen bzw. Spalten darstellen. Um die Programmierung mit Zellen am besten zu erklären, folgen eine ganze Reihe von Praxisbeispielen, die u.a. folgende Fragestellungen beantworten sollen:

Die Fragen

- Wie steuere ich Zellen und Bereiche an?
- Wie gehe ich mit Bereichsnamen um?
- Wie formatiere ich Zellen und Bereiche?
- Wie wende ich Formeln und Funktionen an?
- Wie führe ich eine Gültigkeitsprüfung in Excel durch?
- Wie arbeite ich mit Kommentaren in Excel?
- Welche interessanten Lösungen mit Zellen und Bereichen gibt es sonst noch?

5.1 Die Navigation

CD

Die folgenden Makros können Sie auf der CD-ROM im Verzeichnis KAP05 *in der Datei* NAVIGATIONS.XLS *finden.*

Bevor Sie mit Zellen bzw. Zellbereichen irgendetwas anstellen, sollten Sie erst einmal wissen, wie Sie diese ansprechen können. Markieren können Sie Zellen bzw. Bereiche mit der Methode `Select`. Sehen Sie in der Tabelle 5.1 die einzelnen Möglichkeiten, die Ihnen dabei zur Verfügung stehen.

Tabelle 5.1: Zellen und Bereiche markieren

Aktion	Befehl
Markierung einzelner Zellen	`Range("A1").Select`
Markierung eines Datenbereichs	`Range("A1:C10").Select`
Markierung nicht zusammenhängender Zellen	`Range("A1,A3,A5,A7").Select`

Tabelle 5.1: Zellen und Bereiche markieren (Forts.)

Aktion	Befehl
Markierung mehrerer Bereiche	`Range("A1:A10,C1:C10").Select`
Markieren aller Zellen des Tabellenblatts	`Cells.Select`

Die übersichtlichere Mehrfachauswahl

Wenn Sie mehr als zwei Bereiche markieren möchten, wird die Schreibweise, wie in Tabelle 5.1 beschrieben, ein wenig unübersichtlich. Für eine übersichtliche Schreibweise setzen Sie die Methode `Union` ein. Sehen Sie sich dazu das Listing 5.1 an.

Listing 5.1: Mehrere Bereiche elegant markieren

```
Sub MehrereBereicheMarkieren()
Dim Ber1 As Range, Ber2 As Range
Dim Ber3 As Range, Ber4 As Range
Dim Bereiche As Range

    Worksheets("Tabelle1").Activate
    Set Ber1 = Range("A1:A5")
    Set Ber2 = Range("C1:C5")
    Set Ber3 = Range("A10:A15")
    Set Ber4 = Range("C10:C15")
    Set Bereiche = Union(Ber1, Ber2, Ber3, Ber4)
    Bereiche.Select
End Sub
```

Mit der Anweisung `Set` definieren Sie zuerst die einzelnen Zellbereiche `Ber1`-`Ber4`. Danach vereinen Sie diese Einzelbereiche mithilfe der Methode `Union` in einem Block, welcher den Namen `Bereiche` trägt. Diesen Block können Sie dann über die Methode `Select` komplett markieren.

Eine weitere Möglichkeit, mehrere Bereiche auf einmal anzusprechen, können Sie über die Auflistung `Areas` erreichen. Im Makro aus Listing 5.2 werden dadurch alle markierten Bereiche nacheinander abgearbeitet.

Listing 5.2: Mehrere Bereiche abarbeiten

```
Sub MehrereBereicheAbarbeiten()
Dim Bereich As Range
Dim Zelle As Range

  For Each Bereich In Selection.Areas
    For Each Zelle In Bereich
      Bereich.Interior.ColorIndex = 4
     Next
  Next
End Sub
```

Im Auflistungsobjekt `Areas` sind alle markierten Bereiche verzeichnet. In einer Schleife sprechen Sie diese nacheinander an und färben sie mit der Farbe Grün.

Relative Markierungsformen

Bisher haben Sie ausgehend von einer bestimmten Zellenadresse einen Bereich markiert. Manchmal kommt es aber vor, dass Sie beispielsweise ausgehend von einer beliebigen Zelle einen Bereich markieren möchten. Im Listing 5.3 wird, ausgehend von der momentan aktiven Zelle, ein Datenbereich selektiert, der aus fünf Zeilen und zehn Spalten besteht.

Listing 5.3: Bereiche relativ markieren

```
Sub BereichMarkierenRelativ()
    Worksheets("Tabelle1").Activate
    Range(ActiveCell(), ActiveCell.Offset(5, 10)).Select
End Sub
```

In den folgenden beiden Beispielen wird ausgehend von der aktiven Zelle jeweils eine Zelle der darüber bzw. der darunter liegenden Zeile mit in die Markierung aufgenommen.

Listing 5.4: Aktive Zelle und darüber liegende Zelle markieren

```
Sub ZellePlusDrüberLiegendeZelle()
On Error Resume Next
Range(ActiveCell, ActiveCell.Offset(-1, 0)).Select
End Sub
```

Um die darüber liegende Zelle zu ermitteln, müssen Sie das erste Argument, welches für die Zeile steht, mit dem Wert `-1` einsetzen. Damit wird der Zellenzeiger um genau eine Zeile weiter nach oben versetzt. Mithilfe der Eigenschaft `Range` können Sie dann die beiden Zellen in einer Markierung zusammenfassen. Die Anweisung `On Error Resume Next` setzen Sie vorsichtshalber ein, für den Fall, dass der Mauszeiger bereits in einer Zelle der ersten Zeile steht. In diesem Fall ist selbstverständlich eine Markierung der darüber liegenden Zelle nicht möglich. Wird diese Anweisung vergessen, stürzt Ihr Makro in diesem Fall ab.

Möchten Sie die aktive Zelle und die genau darunter liegende Zelle markieren, dann setzen Sie folgenden Code ein:

Listing 5.5: Aktive Zelle und darunter liegende Zelle markieren

```
Sub ZellePlusDrunterLiegendeZelle()
On Error Resume Next
Range(ActiveCell, ActiveCell.Offset(1, 0)).Select
End Sub
```

Um die darunter liegende Zelle zu ermitteln, müssen Sie das erste Argument, welches für die Zeile steht, mit dem Wert `1` einsetzen. Damit wird der Zellenzeiger um genau eine Zeile weiter nach unten versetzt. Mithilfe der

Eigenschaft `Range` können Sie dann die beiden Zellen in einer Markierung zusammenfassen. Setzen Sie die Anweisung `On Error Resume Next` ein, für den Fall, dass der Mauszeiger in der letzten Zeile Ihres Tabellenblatts steht. Die letzte Zeile Ihrer Tabelle wäre genau die Zeile 65.536. Dieser Fall ist zwar eher unwahrscheinlich, aber sicher ist sicher.

Umsätze kommentieren

Im nächsten Beispiel soll ein Bereich verkleinert werden. Angenommen, Sie haben eine Liste zur Erfassung der täglichen Umsätze. Diese Liste wird bei Ihnen eventuell standardmäßig auf einem Großrechner gepflegt und Sie importieren diese Liste jeden Abend in eine Excel-Tabelle. Das Besondere an dieser Tabelle ist, dass Sie nicht alle Zeilen und Spalten benötigen. So beinhaltet die letzte Zeile der Tabelle immer Steuerzeichen, die in Excel unbrauchbar sind. Ebenso möchten Sie für Ihre Verarbeitung in Excel nur die ersten beiden Spalten verwenden. Sehen Sie sich dazu einmal die Ausgangssituation an.

Abbildung 5.1: Nur der Bereich A1:B12 ist von Interesse

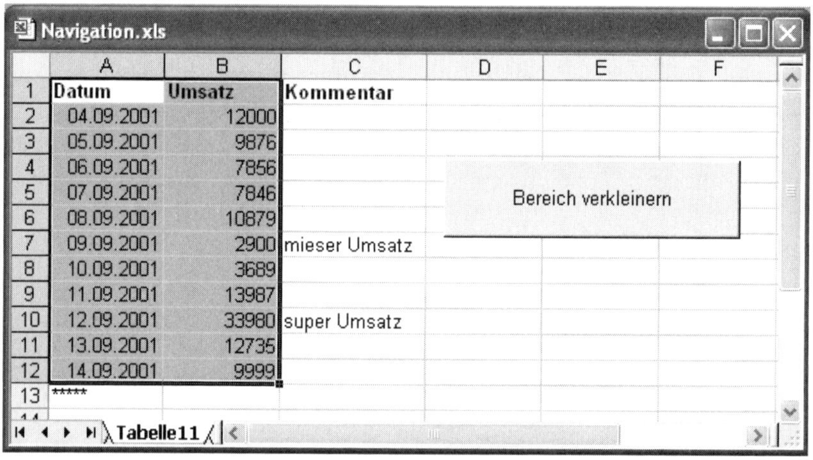

Nach dem Import in Excel haben Sie zu viele Daten, die Sie nicht alle benötigen. Setzen Sie jetzt das folgende Makro ein, um nur die Daten zu extrahieren, die Sie auch wirklich brauchen.

Listing 5.6: Bereich verkleinern

```
Sub BereichVerkleinern()
Dim AnzZeilen As Long
Dim AnzSpalten As Integer

Worksheets("Tabelle11").Activate
Range("A1").Select
AnzZeilen = ActiveSheet.UsedRange.Rows.Count
AnzSpalten = ActiveSheet.UsedRange.Columns.Count
Selection.Resize(AnzZeilen - 1, _
 AnzSpalten - 1).Select
End Sub
```

Definieren Sie zu Beginn des Makros die beiden Variablen AnzZeilen und AnzSpalten. In diesen beiden Variablen speichern Sie die im Tabellenblatt verwendeten Zeilen und Spalten. Da eine Excel-Tabelle bis zu 65.536 Zeilen haben kann, müssen Sie die Variable AnzZeilen mit dem Datentyp long definieren, um auf Nummer sicher zu gehen. Da eine Excel-Tabelle maximal 256 Spalten haben kann, reicht der Datentyp Integer für die Variable AnzSpalten. Nach der Bekanntgabe der Variablen aktivieren Sie die Tabelle, um die es geht, mit der Methode Activate und setzen den Zellenzeiger über die Methode Select auf die Zelle A1. Jetzt ermitteln Sie die Anzahl der verwendeten Zeilen über die Eigenschaft UsedRange. Damit Excel weiß, was genau passieren soll, müssen Sie diese Eigenschaft noch um die Eigenschaft Rows ergänzen. Komplettieren Sie diese Anweisung um die Eigenschaft Count. Damit werden jetzt alle verwendeten Zeilen der aktiven Tabelle gezählt und in der Variablen AnzZeilen gespeichert.

Führen Sie dieselben Schritte für die Ermittlung der verwendeten Spalten durch. Setzen Sie in diesem Fall aber die Eigenschaft Columns ein und speichern Sie das Ergebnis in der Variablen AnzSpalten. Jetzt kommt die Eigenschaft Resize zum Einsatz. Geben Sie in dieser Eigenschaft an, welcher Bereich verkleinert werden soll. Da nicht der ganze Bereich markiert werden soll, subtrahieren Sie von der ermittelten Anzahl der verwendeten Zeilen den Wert 1. Ebenso subtrahieren Sie von der ermittelten Anzahl der verwendeten Spalten den Wert 1, um im ersten Fall die Steuerzeichen in Zeile 13 und im anderen Fall die Spalte C von der Markierung auszunehmen.

Mischformen von Markierungen

Neben relativen und absoluten Markierungsformen gibt es auch beide Markierungsformen kombiniert. Das folgende Makro markiert in einer Tabelle den Bereich B2:G10.

Listing 5.7: Mischform einer Markierung

```
Sub MischFormAuswahl()
Range(Cells(2, "B"), Cells(10, "G")).Select
End Sub
```

Über die Eigenschaft Cells kann auf jede Zelle innerhalb einer Tabelle zugegriffen werden. Dieser Eigenschaft müssen zwei Argumente mitgeteilt werden: Das erste Argument steht für die Zeile, das zweite Argument repräsentiert die Spalte. Aus diesen beiden Argumenten wird die genaue Koordinate der Zelle bestimmt. So ist die Anweisung

```
Range(Cells(2, "B"), Cells(10, "G")).Select
```

gleichbedeutend mit der folgenden Anweisung:

```
Range(Cells(2, 2), Cells(10, 7)).Select
```

Bestimmte Zellen ansteuern

Um bestimmte Zellen auf einer Tabelle anzusteuern, verwenden Sie die Methode SpecialCells.

Letzte belegte Zelle ermitteln (Variante 1)

Wenn Sie mit Schleifen arbeiten und die Abbruchbedingung der Schleife beispielsweise abhängig machen möchten von der letzten belegten Zelle auf dem Tabellenblatt, dann starten Sie das Makro in Listing 5.8. Dort setzen Sie die SpecialCells-Methode ein, der Sie die Konstante xlCellTypeLastCell mitgeben. Diese Methode liefert Ihnen die Zellenadresse der letzten Zelle im verwendeten Bereich.

Listing 5.8: Letzte Zelle im benutzten Bereich ermitteln

```
Sub LetzteZelleImBenutztenBereichErmitteln()
  Sheets("Tabelle2").Activate
  ActiveSheet.Cells.SpecialCells _
  (xlCellTypeLastCell).Activate
  MsgBox ActiveCell.Address
End Sub
```

Weitere interessante Konstanten dieser Methode entnehmen Sie der Tabelle 5.2.

Tabelle 5.2: Die Konstanten der Methode SpecialCells

Konstante	Beschreibung
xlCellTypeAllFormatConditions	markiert alle formatierten Zellen
xlCellTypeAllValidation	Zellen mit Gültigkeitsregeln werden markiert
xlCellTypeBlanks	gibt alle leeren Zellen an
xlCellTypeComments	Zellen mit Kommentaren werden markiert
xlCellTypeConstants	Zellen mit Konstanten werden markiert
xlCellTypeFormulas	Zellen mit Formeln werden markiert
xlCellTypeLastCell	letzte Zelle im benutzten Bereich wird angesteuert
xlCellTypeSameFormatConditions	Zellen mit gleichem Format werden markiert
xlCellTypeSameValidation	Zellen mit gleichen Gültigkeitskriterien werden markiert
xlCellTypeVisible	alle sichtbaren Zellen werden markiert

INFO

Die Konstanten der Tabelle 5.2 können Sie auch in Excel über den Dialog GEHE ZU *anzeigen lassen. Dazu drücken Sie die Taste* [F5] *und klicken auf die Schaltfläche* INHALTE. *Danach bekommen Sie den Dialog* INHALTE AUSWÄHLEN *angezeigt, der ein paar der in Tabelle 5.2 gezeigten Konstanten enthält.*

Letzte belegte Zelle ermitteln (Variante 2)

Problematisch wird es in Tabellen, bei denen oft Zellen geschrieben und dann wieder gelöscht werden. Excel hat dann offenbar ein Problem beim Aufspüren der letzten Zelle. Manchmal wird nicht die wirklich letzte Zelle ermittelt, sondern eben eine Zelle, die irgendwann einmal die letzte Zelle war, aber gelöscht wurde. Ein sicheres Makro, das diesen Fall berücksichtigt, sehen Sie im nächsten Listing:

Listing 5.9: Letzte Zelle in Spalte finden (sichere Methode)

```
Sub LetzteZelleInSpalteAFinden()
Dim letzteZelle As Long

letzteZelle = _
Worksheets("Tabelle2").Cells.Find(What:="*", _
After:=[A1], SearchDirection:=xlPrevious).Row
MsgBox "Letzte Zelle: " & Cells(letzteZelle, 1).Address
End Sub
```

Mithilfe der Methode `Find` kann in der Spalte A nach der letzten belegten Zelle gesucht werden. Dabei wird beim Argument `What` das Stern-Symbol übergeben, was bedeutet, dass nach irgendeinem beliebigen Inhalt gesucht werden soll. Im Argument `After` erfolgt die Angabe, von welcher Zelle ab gesucht werden soll. Das Argument `SearchDirection` bestimmt die Suchreihenfolge.

Aktive Zelle und Umfeld bestimmen

Im nächsten Beispiel in Listing 5.10 wird zunächst die letzte belegte Zelle im Umfeld der aktuellen Zelle ermittelt und ihr Umfeld danach markiert. Dies ist mitunter wichtig bei Formatierungsarbeiten, um den kompletten Bereich zu bearbeiten.

Listing 5.10: Umliegenden Bereich markieren

```
Sub BestimmterBereichAuswählen()
 Range(Selection, _
 Selection.SpecialCells(xlLastCell)).Select
End Sub
```

Wenn Sie den Mauszeiger auf eine Zelle setzen und danach alle darunter liegenden Zellen bis zur nächsten leeren Zelle markieren möchten, dann können Sie das Makro aus Listing 5.11 verwenden.

Listing 5.11: Markieren von erster Zelle bis zur zuletzt verwendeten Zelle

```
Sub MarkierenAbB3AbwärtsVerwendung()
 Range(Range("B3"), _
 Selection.SpecialCells(xlLastCell)).Select
End Sub
```

Soll die Markierung von einer bestimmten Zelle bis zur letzten verfügbaren Zelle in der Tabelle vorgenommen werden, dann setzen Sie das folgende Makro ein:

Listing 5.12: Markieren von erster Zelle bis zur letzten möglichen Zelle nach unten

```
Sub ZellenMarkierenBisZumEndeUnten()
Range(Range("A3"), Range("A65536")).Select
End Sub
```

Die Zahl 65.536 stellt die Anzahl der maximal möglichen Zeilen einer Excel-Tabelle dar.

Muss eine Markierung von einer Zelle bis zur letzten Zelle (nach rechts) durchgeführt werden, dann kann folgende Makrosyntax eingesetzt werden:

Listing 5.13: Markieren von erster Zelle bis zur letzten möglichen Zelle nach rechts

```
Sub ZellenMarkierenBisZumEndeRechts()
Range(Range("A3"), Range("IV3")).Select
End Sub
```

Da in Excel insgesamt 256 Spalten verfügbar sind, entspricht diese Zahl der Zeichenfolge IV.

Markierung und Zellen auslesen

Um eine Zellenmarkierung auszulesen, können Sie die Auflistung `Selection` verwenden. In dieser Auflistung sind alle Zellen verzeichnet, die innerhalb der Markierung liegen. Über die Eigenschaft `Address` können Sie die genauen Eckdaten der Markierung ermitteln.

Adresse einer Markierung ermitteln

Listing 5.14: Die Koordinaten der Markierung auslesen

```
Sub MarkierungAuslesen()
 MsgBox "Sie haben den Bereich " & _
 Selection.Address & " markiert!"
End Sub
```

Letzte Zellenadresse einer Markierung auslesen

Interessant und sehr nützlich ist es auch, die letzte Zelle innerhalb einer Markierung herauszufinden. Dies gelingt Ihnen unter Verwendung des Listings 5.15.

```
Sub LetzteZelleInMarkierungErmitteln()
 MsgBox Selection(Selection.Count).Address
End Sub
```

Listing 5.15: Letzte Zelle in Markierung ermitteln

Erste und letzte Zellenadresse einer Markierung ermitteln

Sollen sowohl die erste Zelle einer Markierung als auch die letzte Zelle einer Markierung ermittelt werden, dann hilft das folgende Makro weiter.

```
Sub ErsteUndLetzteZelleInBereichErmitteln()
 MsgBox "Erste Zelle: " & _
 Selection(1).Address & vbLf & _
 "Letzte Zelle: " & Selection(Selection.Count).Address
End Sub
```

Listing 5.16: Erste und letzte Zelle in Markierung ermitteln

Die erste Zelle der Markierung stellt immer `Selection(1)` dar. Die letzte Zelle der Markierung ermitteln Sie, indem Sie die Zellen zählen, die in der Markierung enthalten sind (`Selection.Count`), und anschließend davon die Adresse über die Eigenschaft `Address` abfragen.

Verwendete Zellen zählen

Die nächsten Beispiele betreffen alle das Thema Zählen von Zellen – seien es Zellen einer Markierung, verwendete Zellen einer Zeile oder die einer Spalte.

Möchten Sie Zellen zählen, die in einer Zeile belegt sind, dann können Sie diese Aufgabe mit dem nächsten Makro aus Listing 5.17 durchführen. Dabei setzen Sie die Methode `Count` ein.

```
Sub AnzahlDerVerwendetenZellenProZeileAusgeben()
Dim i As Long

Sheets("Tabelle14").Activate
MsgBox "Anzahl der verwendeten Zellen in Zeile " _
& ActiveCell.Row & " beträgt " & _
Application.WorksheetFunction.CountA _
 (Rows(ActiveCell.Row)) & " Zellen"
End Sub
```

Listing 5.17: Verwendete Zellen in aktiver Zeile ermitteln

Um die Anzahl der verwendeten Zellen der aktiven Zeile herauszufinden, können Sie die Tabellenfunktion `CountA` einsetzen. Damit ermitteln Sie die Anzahl der gefüllten Zellen einer Zeile, die Sie mit `Rows` angeben. Um diese Lösung dynamisch zu halten, gehen Sie immer von der aktuellen Mauszeigerposition aus, die Sie über die Eigenschaft `ActiveCell` bekannt geben.

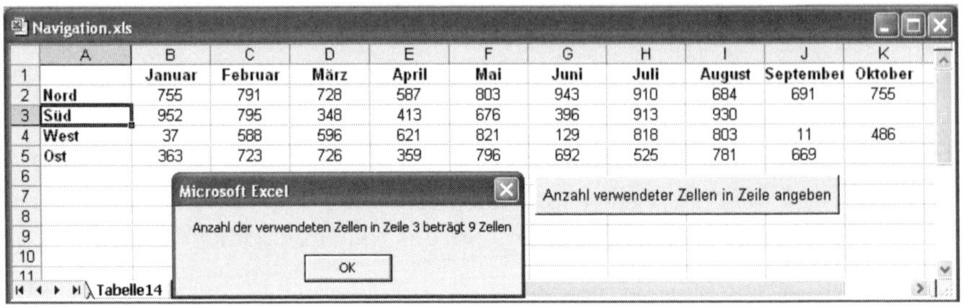

Abbildung 5.2: In Zeile 3 werden genau 9 Zellen verwendet

:-) TIPP

Möchten Sie ermitteln, wie viele Zeichen eine Zelle enthält, dann setzen Sie die Funktion `Len` *ein. Die Zeile* `MsgBox Len(ActiveCell.Value)` *gibt die Anzahl der Zeichen der aktiven Zelle am Bildschirm aus.*

Zellen im Verbund

In Excel haben Sie die Möglichkeit, Zellen miteinander zu verbinden. Diese Funktion hat eher einen optischen Zweck und führt oft zu Problemen. So ist es beispielsweise nicht möglich, zwischen verbundenen Zellen neue Spalten einzufügen.

Zellen im Verbund zählen

Möchten Sie wissen, wie viele Zellen in einem Verbund enthalten sind, dann setzen Sie das Makro aus Listing 5.18 ein.

Listing 5.18: Verbundene Zellen zählen

```
Sub ZellenInVerbundZählen()
Dim Bereich As Range

Sheets("Tabelle15").Activate
Set Bereich = Range("B2")
MsgBox Bereich.MergeArea.Cells.Count & _
" Zellen befinden sich im Verbund"
End Sub
```

Definieren Sie die erste Zelle des Verbunds, die sich in der linken oberen Ecke befindet, als eine Bereichsvariable. Setzen Sie dazu die Anweisung `Set` ein. Danach verwenden Sie die Eigenschaft `MergeArea`, die den zusammengeführten Bereich mit der angegebenen Zelle darstellt. Durch die Eigenschaft `Cells` sprechen Sie alle Zellen innerhalb des verbundenen Bereichs an, die Sie danach mithilfe der Methode `Count` zählen und ausgeben.

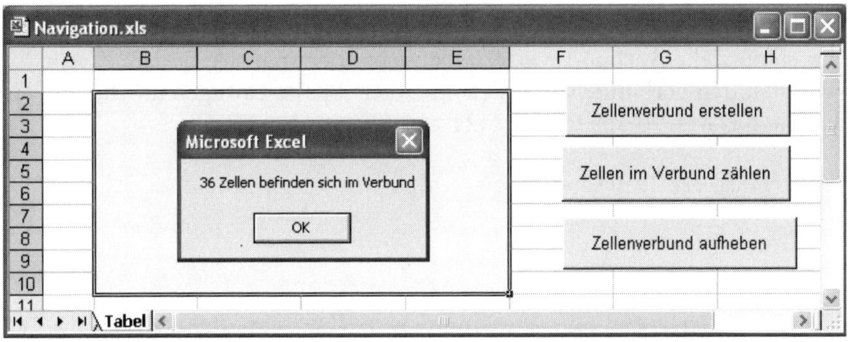

Abbildung 5.3: Zellen im Verbund zählen

Verbundene Zellen erkennen

Verbundene Zellen sind gar nicht immer leicht in der Tabelle zu finden, erst recht nicht, wenn diese nicht entsprechend formatiert werden. Diese verbundenen Zellen schlummern dann unerkannt in Ihrer Tabelle, bis Sie mehr oder weniger durch Zufall auf einen solchen Zellenverbund stoßen. Mit dem folgenden Makro können Sie die Adresse eines Zellenverbunds ermitteln.

Listing 5.19: Adresse eines Zellenverbunds ermitteln

```
Sub VerbundeneZellenAdresseErmitteln()
 MsgBox ActiveCell.MergeArea.Address
End Sub
```

Mithilfe der Eigenschaft `MergeArea` kann geprüft werden, ob eine Zelle sich in einem Zellenverbund befindet. In diesem Fall wird die Adresse des kompletten Zellenverbunds mithilfe der Eigenschaft `Address` ausgegeben. Befindet sich die aktive Zelle nicht in einem Zellenverbund, wird nur die Adresse dieser aktiven Zelle ausgegeben.

Verbundene Zellen optisch hervorheben

Möchten Sie alle verbundenen Zellen einer Tabelle optisch hervorheben, dann setzen Sie das Makro aus Listing 5.20 ein.

Listing 5.20: Verbundene Bereiche kennzeichnen

```
Sub VerbundeneZellenFärben()
Dim Zelle As Range
    For Each Zelle In Worksheets("Tabelle16").UsedRange
        If Zelle.MergeCells Then _
        Zelle.Interior.ColorIndex = 4
    Next Zelle
End Sub
```

Setzen Sie eine Schleife auf, die auf der Tabelle 16 jede einzelne Zelle anspricht, die von Ihnen verwendet wird. Dazu können Sie die Eigenschaft `UsedRange` einsetzen. In einer `If`-Abfrage ermitteln Sie, ob diese Zelle einem Zellenverbund angehört. Wenn ja, dann färben Sie diese Zelle mit der Farbe Grün.

Zellenverbund aufheben

Um einen Zellenverbund wieder aufzuheben, beispielsweise dann, wenn Sie zwischen den verbundenen Zellen eine neue Spalte einfügen möchten, wenden Sie das Makro aus Listing 5.21 an.

Listing 5.21: Verbundene Zellen entbinden

```
Sub VerbundeneZellenInBereichEntfernen()
Dim Zelle As Range
Dim Bereich As Range

Sheets("Tabelle15").Activate
Set Bereich = Range("B2:E10")
For Each Zelle In Bereich
 Zelle.MergeCells = False
Next Zelle
End Sub
```

Definieren Sie im ersten Schritt einmal den Zellenverbund, den Sie aufheben möchten. Setzen Sie dazu die Anweisung `Set` ein. Danach starten Sie eine Schleife, die genau diesen Bereich Zelle für Zelle abarbeitet und mithilfe der Eigenschaft `MergeCells` jede Zelle aus dem Verbund löst.

Alle Zellenverbände auflösen

Sollen alle Zellenverbände einer Tabelle aufgelöst werden, dann kommt das folgende Makro zum Einsatz.

Listing 5.22: Alle verbundenen Zellen einer Tabelle entbinden

```
Sub AlleVerbundenenZellenAuflösen()
Dim Zelle As Range

For Each Zelle In ActiveSheet.UsedRange
 If Zelle.MergeCells = True _
 Then Zelle.MergeCells = False
Next Zelle
End Sub
```

In einer Schleife durchlaufen Sie alle Zellen im verwendeten Bereich. Über eine `If`-Abfrage prüfen Sie, ob die jeweilige Zelle in einem Verbund liegt. Wenn ja, dann meldet die Eigenschaft `MergeCells` den Wert `True`. In diesem Fall reicht es aus, wenn Sie dieser Eigenschaft den Wert `False` zuweisen, um den Zellenverbund aufzulösen.

Zellenverbund erstellen

Wie Sie Zellen in einem Verbund zählen sowie diesen Verbund wieder aufheben, wissen Sie jetzt. Wie aber können Sie einen Zellenverbund definieren und erzeugen? Sehen Sie sich als Antwort das Makro aus Listing 5.23 an.

```
Sub ZellenverbundErstellen()
Dim Zelle As Range
Dim Bereich As Range
Sheets("Tabelle15").Activate
Set Bereich = Range("B2:E10")
 Bereich.MergeCells = False
 Bereich.Merge
End Sub
```

Listing 5.23: Zellen miteinander verbinden

Definieren Sie den Bereich, den Sie als Zellenverbund erstellen möchten. Danach gehen Sie in einer Schleife jede Zelle des Bereichs durch und setzen die Eigenschaft `MergeCells` auf den Wert `False`. Damit werden diese Zellen in einem Zellenverbund aufgenommen.

Alle Zellen markieren

Wenn Sie Anpassungen vornehmen möchten, die für alle Zellen des Arbeitsblatts gelten sollen, dann markieren Sie standardmäßig alle Zellen der Tabelle, indem Sie die Tastenkombination [Strg]+[A] drücken. Sie können alle Zellen der Tabelle auch mit dem Makro aus Listing 5.24 markieren.

```
Sub AllesMarkieren()
 Cells.Select
End Sub
```

Listing 5.24: Alle Zellen des Tabellenblatts markieren

Die Eigenschaft `Cells` repräsentiert alle aktiven Zellen der Tabelle. Mit der Anweisung `Cells.Select` werden alle Zellen des Tabellenblatts markiert.

Die umliegenden Zellen markieren

Über die Eigenschaft `UsedRange` können Sie den verwendeten Bereich Ihrer Tabelle ermitteln. Damit haben Sie aber jeweils den komplett verwendeten Bereich – möglicherweise benötigen Sie aber nur einen Teilbereich davon. Mithilfe der Eigenschaft `CurrentRegion` können Sie beispielsweise den umliegenden Bereich einer Zelle ermitteln. Der ermittelte Bereich wird durch die erste Leerzeile bzw. Leerspalte begrenzt.

In einer Tabelle haben Sie die Umsätze der Quartale 1 bis 3 aufgelistet. Die Umsätze sind jeweils durch eine Leerzeile voneinander abgegrenzt. Ihre Aufgabe besteht nun darin, ein Makro zu schreiben, welches ausgehend von der aktiven Zelle den umliegenden Bereich markiert. Wenn der Zellenzeiger beispielsweise auf Zelle B9 platziert ist, muss der zu markierende Bereich A7:C11 lauten. Um diese Aufgabe umzusetzen, schreiben Sie folgendes Makro:

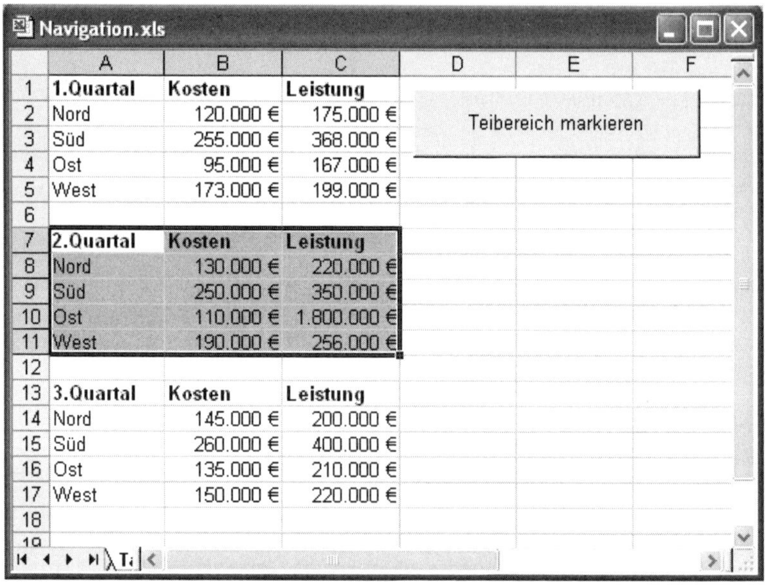

Abbildung 5.4: Den umliegenden Bereich von Zelle B9 markieren

Listing 5.25: Die umliegenden Zellen markieren

```
Sub TeilBereichMarkieren()
Dim Blatt As Worksheet

Set Blatt = Sheets("Tabelle12")
Blatt.Range(ActiveCell.Address).CurrentRegion.Select
End Sub
```

Definieren Sie im ersten Schritt eine Variable vom Typ `Worksheet`. Mit der Anweisung `Set` legen Sie fest, auf welchem Tabellenblatt das Makro ausgeführt werden soll. Danach markieren Sie ausgehend von der aktiven Zelle mithilfe der Eigenschaft `CurrentRegion` den umliegenden Bereich der Zelle und wählen diesen über die Methode `Select` aus.

Setzen Sie beispielsweise den Zellenzeiger auf Zelle B9 und starten Sie das Makro aus Listing 5.25.

Auf Zellen zugreifen, ohne die momentane Zellposition zu verlassen

Wie Sie an bestimmte Stellen des Tabellenblatts springen, wissen Sie jetzt. Wie aber verbleiben Sie auf der momentanen Zellposition und sprechen dennoch andere Zellen an? Dazu verwenden Sie die Eigenschaft `Offset`. Das erste Argument der Eigenschaft `Offset` ist die Anzahl der Zeilen, die zwischen der momentan aktuellen Zelle und der Zelle liegen, auf die Sie zugreifen möchten. Das zweite Argument steht für die Anzahl der Spalten, die zur Zielzelle überbrückt werden müssen. Sehen Sie sich das Listing 5.26 an. Dort bleibt der Mauszeiger die ganze Zeit über auf der Zelle A1, der Zugriff auf die Zellen erfolgt über die Eigenschaft `Offset`.

```
Sub ZellenAnsprechen()
 Sheets("Navigation").Activate
 Range("A1").Select

 Range("A1").Value = "Text1 - 1. Zeile"
 ActiveCell.Offset(0, 1).Value = "Text2 - 1. Zeile"
 ActiveCell.Offset(0, 2).Value = "Text3 - 1. Zeile"
 ActiveCell.Offset(0, 3).Value = "Text4 - 1. Zeile"
 ActiveCell.Offset(1, 0).Value = "Text5 - 2. Zeile"
 ActiveCell.Offset(1, 1).Value = "Text6 - 2. Zeile"
End Sub
```

Listing 5.26: Zellen ansprechen, ohne die momentane Zellposition zu verlassen

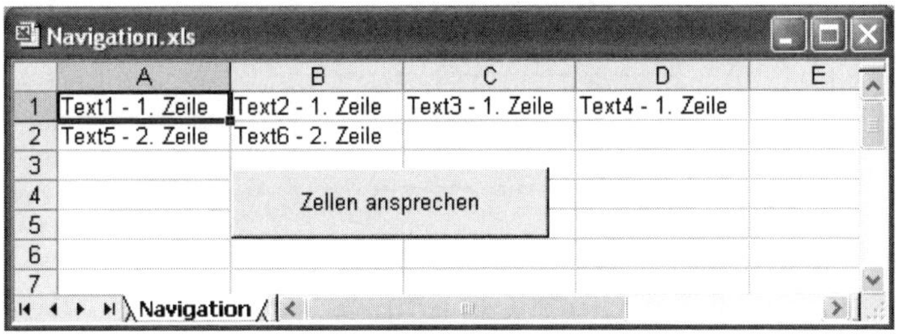

Abbildung 5.5: Der Mauszeiger bleibt immer auf Zelle A1

Sicher können Sie sich vorstellen, dass Sie über diese Methode schnellere Makros programmieren können. Jedes Versetzen des Mauszeigers in der Tabelle benötigt Zeit. Für kleinere Aufgaben können Sie aber trotzdem die Methode `Select` anwenden, um Zellen auszuwählen.

Aktive Zelle in definiertem Bereich?

Wenn Sie ganz normal mit Excel arbeiten, sehen Sie ja auf einen Blick, ob eine bestimmte Zelle in einem bestimmten Bereich liegt. Wenn Sie ein Makro schreiben, haben Sie diesen kleinen Vorteil natürlich nicht. Sie müssen daher prüfen, ob sich die aktive Zelle in einem definierten Bereich befindet. Orientieren Sie sich jetzt einmal an der folgenden Abbildung 5.6.

Der definierte Bereich hat die Koordinaten B4:E13. Die aktive Zelle liegt ganz klar im definierten Bereich. Die Überprüfung dieses Sachverhalts können Sie mit dem Makro aus Listing 5.27 durchführen.

```
Sub LiegtZelleInBereich()
Dim Bereich As Range
Set Bereich = Sheets("Tabelle18").Range("B4:E13")

If Intersect(ActiveCell, Bereich) Is Nothing _
 Then Exit Sub
 MsgBox "Die Zelle " & ActiveCell.Address & _
 " liegt im Zielbereich"
End Sub
```

Listing 5.27: Liegt die Zelle im vordefinierten Bereich?

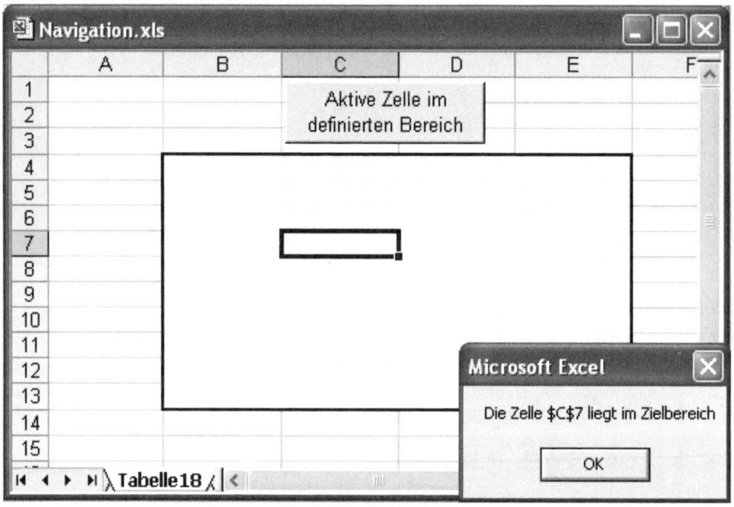

Abbildung 5.6: Aktive Zelle liegt im Zielbereich

Definieren Sie im ersten Schritt den Bereich und verwenden Sie für diese Aufgabe die Anweisung `Set`. Mithilfe der Methode `Intersect` können Sie danach prüfen, ob die aktive Zelle im definierten Bereich liegt.

5.2 Bereiche und Zellen benennen

Selbstverständlich können Sie zur leichteren Navigation auf Tabellenblättern und zur besseren Übersichtlichkeit Ihres Quellcodes einzelnen Zellen oder Bereichen auch einen Namen geben, um diese dann über ihren Namen anzusprechen.

!! STOP

Bei der Vergabe eines Namens müssen Sie darauf achten, dass Sie die allgemeinen Namenskonventionen einhalten. Dabei muss das erste Zeichen des Namens ein Buchstabe oder ein Unterstrich sein. Beachten Sie auch, dass Namen nicht wie Zellenbezüge benannt werden dürfen. In Bezug auf die Länge eines Namens können Sie bis zu 255 Zeichen verwenden, was in der Programmierung jedoch eher umständlich ist. Hier sollten Sie sich auf kurze, aber sprechende Namen verständigen. Eine weitere Einschränkung bei der Namensgebung ist, dass sich Namen nicht aus mehreren Wörtern zusammensetzen dürfen, das heißt konkret, dass Sie keine Leerzeichen verwenden dürfen. Die Groß- und Kleinschreibung spielt bei der Vergabe von Namen jedoch keine Rolle.

Bereich benennen

Das folgende Beispiel in Listing 5.28 gibt dem Zellbereich A1:A10 auf der TABELLE1 den Namen BENANNTERBEREICH und markiert diesen sofort im Anschluss daran.

Listing 5.28: Bereiche benennen

```
Sub BereichBenennen()
Dim Bereich As Range

 Worksheets("Tabelle1").Activate
 Set Bereich = Sheets("Tabelle1").Range("A1:A10")
   ActiveWorkbook.Names.Add _
   Name:="BenannterBereich", _
   RefersTo:=Bereich, Visible:=True
   Bereich.Select
End Sub
```

Im Listing 5.29 definieren Sie zuerst den Bereich und speichern ihn in der Variablen `Bereich`. Danach wenden Sie die Methode `Add` an, um einen Namen festzulegen. Die Methode `Add` weist folgende Argumente auf:

Im ersten Argument `Name` geben Sie den gewünschten Namen an, unter dem Sie später den Zellbereich ansprechen möchten. Dabei können Sie den Namen frei wählen. Sie müssen allerdings darauf achten, dass Sie bei der Namensgebung die vorher beschriebenen Namenskonventionen einhalten. Den gewählten Namen müssen Sie in Anführungszeichen setzen. Das Argument `RefersTo` gibt an, auf welchen Zellbereich sich der Name beziehen soll. Das Argument `Visible` bestimmt, ob der Name für den Anwender sichtbar sein soll oder nicht. Verwendete Namen können Sie in Excel anzeigen lassen, indem Sie den Befehl NAME/DEFINIEREN aus dem Menü EINFÜGEN wählen. Setzen Sie das Argument `Visible` auf den Wert `False`, wenn Sie verhindern möchten, dass der Anwender den von Ihnen gewählten Namen einsehen kann. Die Standardeinstellung für dieses Argument ist jedoch `True`, was bedeutet, dass sowohl die verwendeten Namen als auch deren Zellenadressen vom Anwender eingesehen werden können.

!! STOP

Excel verwendet auch intern Namen. So wird der Name DRUCKBEREICH *automatisch vergeben, wenn Sie auf Ihrem Tabellenblatt einen Druckbereich erstellen. Ebenso wird der Name* DRUCKTITEL *von Excel intern benutzt, wenn Sie Wiederholungszeilen im Menü* DATEI *unter dem Befehl* SEITE EINRICHTEN *auf der Registerkarte* TABELLE *definieren. Zwei weitere reservierte Namen, die Sie nicht verwenden sollten, lauten* ZIELBEREICH *bzw.* SUCHKRITERIEN. *Diese beiden Namen werden automatisch festgelegt, wenn Sie eine Tabelle mit dem Spezialfilter aus dem Menü* DATEN *auswerten.*

Mehrere Zellen benennen

Es ist ziemlich langwierig, wenn Sie für mehrere Zellen auf Ihrem Tabellenblatt Namen vergeben möchten. Die Namen müssen nämlich einer nach dem anderen manuell festgelegt werden. Diese Aufgabe können Sie durch ein Makro automatisieren. Dabei werden im Listing 5.29 auf dem Tabellenblatt TABELLE2 die Zellen A1:A12 jeweils mit dem jeweiligen Zellenwert als Namen ausgestattet.

Listing 5.29: Mehrere Zellen automatisch benennen

```
Sub MehrereZellenBenennen()
Dim Bereich As Range
Dim i As Integer

 Worksheets("Tabelle2").Activate
 Range("A1").Select
 For i = 1 To 12
  Set Bereich = Range("A" & i)
   ActiveWorkbook.Names.Add _
   Name:=ActiveCell.Value, _
   RefersTo:=Bereich, Visible:=True
   ActiveCell.Offset(1, 0).Select
 Next i
End Sub
```

Abbildung 5.7: Als Name wird der Inhalt der einzelnen Zellen übernommen

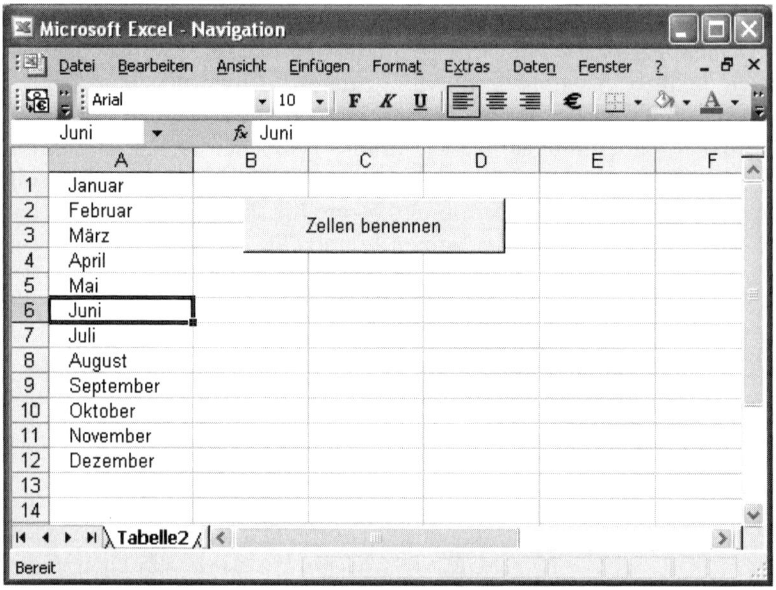

Im nächsten Beispiel in Listing 5.30 werden Zellenwerte automatisch als Zellennamen übernommen. Ähnlich wie im letzten Beispiel wird hierbei eine Schleife eingesetzt, mit dem einen Unterschied, dass nun die Anzahl der zu vergebenden neuen Namen noch unbekannt ist. Die Anzahl der Namen ermitteln Sie aus der Anzahl der verwendeten Zeilen.

Listing 5.30: Namen aus Zellenwerten bilden

```
Sub NamenVergeben()
Dim i As Integer
Dim i2 As Integer

i2 = ActiveSheet.UsedRange.Rows.Count
Range("A1").Select
```

```
For i = 1 To i2
 ActiveWorkbook.Names.Add Name:=ActiveCell.Value, _
 RefersToR1C1:="=Tabelle7!R" & i & "C1"
 ActiveCell.Offset(1, 0).Select
Next i
End Sub
```

Mithilfe der UsedRange-Eigenschaft, die den verwendeten Bereich im Tabellenblatt zurückgibt, ermitteln Sie über die Eigenschaft Count, wie viele Zeilen mit Daten belegt sind, und speichern die ermittelte Anzahl in der Variablen i2. In einer For Next-Schleife werden daraufhin so lange Zellennamen aus den Zellenwerten gebildet, bis die Endbedingung erreicht ist.

Konstante als Namen vergeben

Bis jetzt haben Sie gelernt, wie Sie einzelnen Zellen bzw. Bereichen Namen zuweisen können. Sie können jedoch auch Namen vergeben, die sich auf keinen Zellenbezug beziehen, sondern einen konstanten Wert beinhalten. Ein klassisches Beispiel hierfür ist die Definition des Mehrwertsteuersatzes, der derzeit bei 16 % liegt. Im folgenden Makro in Listing 5.31 wird der Name MWST mit dem zurzeit gültigen MwSt-Satz eingefügt.

Listing 5.31: Konstanten Wert als Namen festlegen

```
Sub KonstanteZuweisen()
 ActiveWorkbook.Names.Add Name:="MwSt", _
 RefersTo:="=1.16"
End Sub
```

Auf den Namen MwSt können Sie jetzt überall in Ihrer Arbeitsmappe zugreifen. So können Sie diesen Namen beispielsweise in Formeln und Funktionen verwenden.

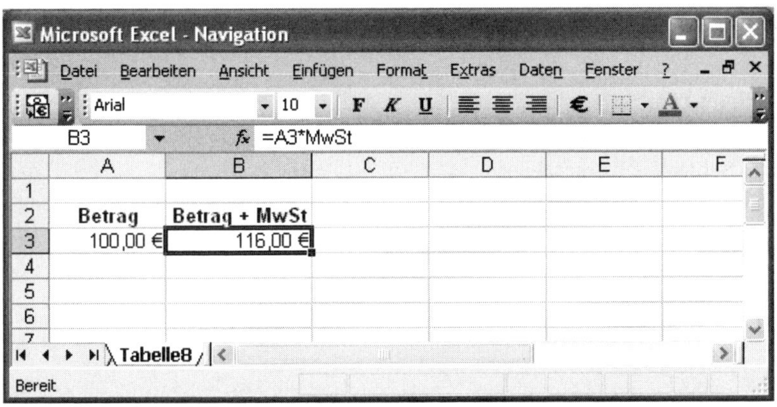

Abbildung 5.8: Konstanten Wert als Namen einsetzen

:-) TIPP

Der Vorteil der eben beschriebenen Methode liegt auf der Hand: Ergeben sich Änderungen des MwSt-Satzes, so reicht es, wenn Sie den MwSt-Satz anpassen. Alle Formeln in der Arbeitsmappe, die mit diesem Satz arbeiten, werden automatisch aktualisiert.

Bezüge von benannten Bereichen ermitteln

Wenn Sie über das Menü EINFÜGEN und den Befehl NAME/DEFINIEREN gehen, können Sie sehen, welcher Zellenbezug zum jeweiligen Namen gehört. In VBA können Sie die Zellenbezüge zu den verwendeten Namen auslesen, indem Sie das Makro in Listing 5.32 starten.

Listing 5.32: Adresse des Bereichs ermitteln

```
Sub BereichsadresseErmitteln()
Dim Bereich As Range

 Worksheets("Tabelle1").Activate
 Set Bereich = Range(Range("BenannterBereich").Address)
 Debug.Print Bereich.Address(external:=True)
End Sub
```

Mithilfe der Eigenschaft `Address` ermitteln Sie den Zellenbezug, welcher hinter dem Namen `BenannterBereich` steckt. Diesen Bezug geben Sie danach im Direktfenster der Entwicklungsumgebung mit der Methode `Print` aus.

Abbildung 5.9: Die Ausgabe der Zellenadresse im Direktfenster

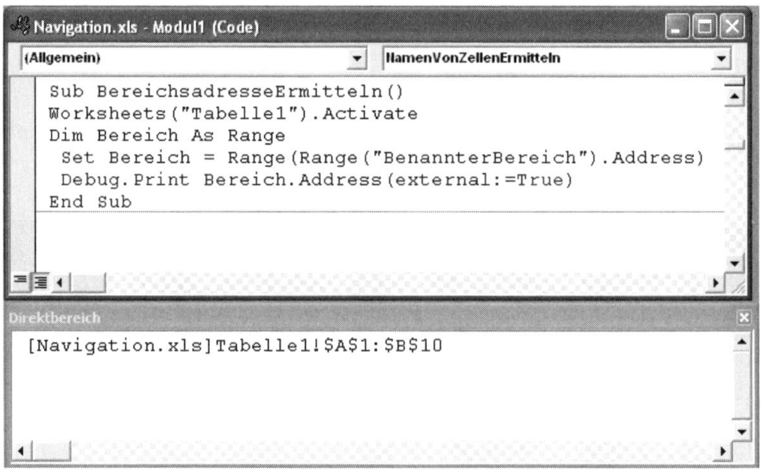

Prüfung des Namens einer Zelle

Wenn Sie einer Zelle einen Namen geben möchten, dann sollten Sie zuerst feststellen, ob das nicht schon geschehen ist. Für diese Aufgabe können Sie das Makro aus Listing 5.33 einsetzen.

Listing 5.33: Namen von Zellen ermitteln

```
Sub NamenVonZellenErmitteln()
    Worksheets("Tabelle1").Activate
    On Error GoTo FehlerMeldung:
    MsgBox ActiveCell.Name.Name
    Exit Sub

FehlerMeldung:
    MsgBox "Für diese Zelle ist kein Namen vergeben!"
End Sub
```

Über die Funktion `Msgbox` wird der Name der Zelle auf dem Bildschirm ausgegeben. Dabei kommt es automatisch zum Fehler, wenn die Zelle überhaupt keinen Namen aufweist. In diesem Fall wird zum Absatz `FehlerMeldung` verzweigt. Dort wird eine Meldung auf dem Bildschirm ausgegeben.

Achten Sie darauf, dass nach der Ausgabe des Zellennamens auf dem Bildschirm die Anweisung `Exit Sub` *steht. Diese bewirkt, dass das Makro sofort beendet wird und den Absatz* `Fehlermeldung` *nicht ausführt.*

Benannte Bereiche markieren

Um schnell einen benannten Bereich zu markieren, können Sie das Namensfeld der Bearbeitungsleiste nutzen bzw. die Taste [F5] drücken und auf die benannten Bereiche der Arbeitsmappe im Listenfeld zugreifen. Mithilfe von VBA verzweigen Sie mit der Methode `GoTo` zu benannten Bereichen. Im folgenden Beispiel in Listing 5.34 geben Sie den gesuchten Namen in einem Eingabefenster ein und bestätigen mit OK. Excel markiert daraufhin automatisch den gesuchten benannten Bereich.

Listing 5.34: Benannte Bereiche markieren

```
Sub BenanntenBereichMarkieren()
Dim s As String

    s = InputBox("Bitte geben Sie den Namen ein!", _
          "Namensuche")
    If s = "" Then Exit Sub
    On Error GoTo Fehlermeldung
    Application.Goto Reference:=s
    Exit Sub

Fehlermeldung:
    MsgBox "Der Name " & s & _
 " konnte in der Mappe nicht gefunden werden!"
End Sub
```

Um dafür zu sorgen, dass Sie das Makro durch die Schaltfläche ABBRECHEN vorzeitig beenden können, müssen Sie den Rückgabewert der Funktion `Inputbox` abfragen. Dazu speichern Sie den Rückgabewert in der String-Variablen `s`. Liefert die Variable `s` eine leere Zeichenfolge zurück, dann haben

Sie auf die Schaltfläche ABBRECHEN geklickt und das Makro wird durch die Anweisung `Exit Sub` sofort verlassen. Haben Sie einen Namen eingegeben und auf die Schaltfläche OK geklickt, wird mithilfe der Methode `GoTo` zum gesuchten benannten Bereich verzweigt. Konnte der eingegebene Name in der Arbeitsmappe nicht ermittelt werden, sorgt die `On Error`-Anweisung dafür, dass es zu keiner Fehlermeldung kommt und danach eine Meldung auf dem Bildschirm erscheint.

Prüfung des Namens eines Bereichs

Was für die Zelle geht, klappt auch für einen Bereich. Im nächsten Beispiel in Listing 5.35 werden Sie aufgefordert, über eine Inputbox einen Bereich zu markieren. Anschließend wird geprüft, ob dem markierten Bereich schon ein Name gegeben wurde.

Listing 5.35: Namen von Bereichen ermitteln

```
Sub NamenVonBereichErmitteln()
Dim Bereich As Range

  Worksheets("Tabelle1").Activate
  Set Bereich = Application.InputBox _
  ("Wählen Sie einen Zellbereich aus!", Type:=8)
   Range(Bereich.Address).Select
   On Error GoTo FehlerMeldung:
    MsgBox Selection.Name.Name
    Exit Sub

FehlerMeldung:
    MsgBox "Für diesen Bereich ist kein Namen vergeben!"
End Sub
```

Alle Namen protokollieren

Wenn Sie alle Namen und die dazugehörigen Zellenbezüge dokumentieren möchten, um damit einen besseren Überblick über die in der Arbeitsmappe verwendeten Namen zu bekommen, schreiben Sie ein kleines Makro. Das könnte dann aussehen wie in Listing 5.36.

Listing 5.36: Alle Namen protokollieren

```
Sub AlleNamenProtokollieren()
Dim BenannteBereiche As Name

 Sheets("Tabelle3").Activate
 Range("A1").Select

 For Each BenannteBereiche In ActiveWorkbook.Names
     ActiveCell.Value = BenannteBereiche.Name
     ActiveCell.Offset(0, 1).Value = _
     ActiveWorkbook.Names.Item(BenannteBereiche.Name)
```

```
    ActiveCell.Offset(1, 0).Select
   Next
End Sub
```

Eine `For Each`-Schleife wird so lange durchlaufen, bis alle verwendeten Namen mit den dazugehörigen Zellenbezügen auf dem Tabellenblatt TABELLE3 protokolliert sind. Dazu setzen Sie die Eigenschaft `Names` ein, um den Namen des Objekts zu ermitteln. Danach verweisen Sie mithilfe der Eigenschaft `Offset` auf die Nebenspalte und ermitteln über die Methode `Item` innerhalb der `Names`-Auflistung den Zellenbezug des verwendeten Namens.

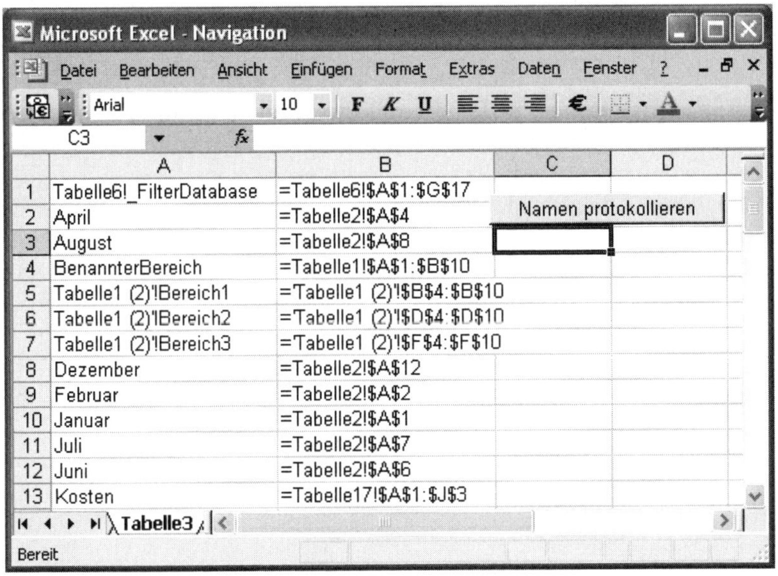

Abbildung 5.10: Das Protokoll mit den Namen und Zellenbezügen

Namen ändern

Die Welt verändert sich laufend, nahezu nichts ist von Dauer. So kann es auch durchaus vorkommen, dass Sie Ihre verwendeten Namen anpassen möchten. Dabei möchten Sie natürlich nicht alle Namen einzeln anfassen und umbenennen, sondern ein Makro einsetzen, welches diese Aufgabe komfortabel und ohne viel Mühe erledigt.

National → International

Im folgenden Beispiel soll angenommen werden, eine Firma würde in Zukunft auch international arbeiten wollen. Als Konsequenz daraus sollen alle verwendeten deutschen Zellennamen in englische Zellennamen umgesetzt werden. Unter anderem muss eine Kundenliste umgesetzt werden, bei der der Zellenname aus dem eigentlichen Kundennamen mit der Vorsilbe KUNDE besteht. Diese Vorsilbe muss nun in CUSTOMER umbenannt werden. Dabei müssen alle eingesetzten Namen in der Arbeitsmappe darauf hin überprüft werden.

Listing 5.37: Namen von Zellen ändern

```
Sub NamenÄndern()
Dim benannteBereiche As Name
Dim VglName As String

  For Each benannteBereiche In ThisWorkbook.Names
    VglName = benannteBereiche.Name
    If InStr(VglName, "Kunde") > 0 Then
      VglName = Application.Substitute(VglName, _
        "Kunde", "Customer")
      benannteBereiche.Name = VglName
    End If
  Next benannteBereiche
End Sub
```

Mithilfe der `Names`-Auflistung können Sie alle eingesetzten Namen der Arbeitsmappe ermitteln. Da Sie die Funktion `InStr` anwenden müssen, um die Namensprüfung durchzuführen, weisen Sie die Objektvariable `BenannteBereiche` der String-Variablen `VglName` zu. Jetzt ermitteln Sie mit der Funktion `InStr`, ob der Textteil KUNDE im jeweiligen Namen vorkommt. Wenn ja, dann meldet die Funktion das erste Vorkommen des Textteils, einen Wert größer Null, zurück. In diesem Fall kommt dann die Tabellenfunktion `Substitute` zum Einsatz. Dieser Funktion übergeben Sie zuerst den Textteil, der ersetzt werden soll (KUNDE), und danach die neue Zeichenfolge (CUSTOMER). Zum Schluss weisen Sie die überarbeitete String-Variable `VglName` der Objektvariablen `BenannteBereiche` wieder zu und machen damit die Namensänderung perfekt.

Listing 5.38: Namen von Zellen wieder umbenennen

```
Sub NamenÄndernRückgängig()
Dim benannteBereiche As Name
Dim VglName As String

  For Each benannteBereiche In ThisWorkbook.Names
    VglName = benannteBereiche.Name
    If InStr(VglName, "Customer") > 0 Then
      VglName = Application.Substitute(VglName, _
        "Customer", "Kunde")
      benannteBereiche.Name = VglName
    End If
  Next benannteBereiche
End Sub
```

Bezugsadressen von Namen ändern

Im vorherigen Beispiel haben Sie gelernt, wie Sie Namen ändern können. Oft kommt es aber ebenso vor, dass der eigentliche Name konstant bleiben soll und sich nur der zugewiesene Zellenbezug ändern muss.

Im Listing 5.39 wird die komplette Arbeitsmappe nach einem bestimmten Namen durchsucht. Wird der richtige Name gefunden, wird der Zellenbezug, auf den sich der Name bezieht, geändert.

Listing 5.39: Bezugsadressen von benannten Bereichen ändern

```
Sub BezugsadresseÄndern()
Dim VerName As Name

 For Each VerName In ActiveWorkbook.Names
 If VerName.Name = "BenannterBereich" Then
  VerName.RefersTo = "=$A$1:$B$10"
  Range("BenannterBereich").Select
 Exit Sub

 End If
 Next VerName
 End Sub
```

Definieren Sie zuerst die Variable `VerName` als Objekt. In der `For Each`-Schleife durchsuchen Sie die Arbeitsmappe nach dem gesuchten Namen `BenannterBereich`. Wird dieser gefunden, wird der bisherige Zellenbezug mit dem neuen Zellenbezug überschrieben. Danach wird der neue Bereich zur Kontrolle markiert und die Schleife sowie das Makro durch die Anweisung `Exit Sub` verlassen.

!! STOP

Denken Sie daran, beim neuen Zellenbezug die Bezüge absolut zu setzen. Das Weglassen des Absolut-Zeichens $ liefert keine zuverlässigen Ergebnisse.

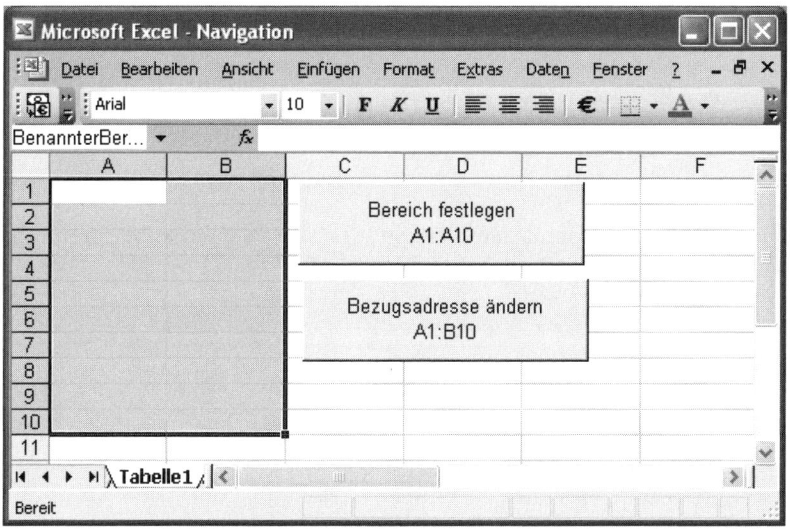

Abbildung 5.11: Bezüge von Namen automatisch ändern

Dynamische Datenbezüge herstellen

Angenommen, Sie müssten eine Liste erstellen, die täglich ein paar Zeilen länger wird. Zu Beginn legen Sie dazu eine Liste an, markieren alle Daten der Liste und vergeben im Namensfeld der Bearbeitungsleiste einen sprechenden Namen. Was aber passiert, wenn Sie nun zusätzliche Zeilen unten anhängen? Der vorher zugewiesene Name behält seinen ursprünglichen Bezug bei, so dass die neuen Sätze der Liste nicht im Bereichsnamen enthalten sind. Fügen Sie dagegen Sätze nicht am Ende, sondern zwischen den einzelnen Zeilen ein, dann wird der Namensbezug erweitert; das Problem entsteht somit nur bei den unten angefügten Zeilen. Gerade wenn Sie diesen Datenbereich später auswerten möchten und dazu einen Pivot-Tabellenbericht einsetzen, der auf diesen benannten Bereich zugreift, ist das Ergebnis falsch, da die hinten angehängten Zeilen nicht in die Auswertung mit eingehen.

Im nächsten Beispiel soll eine MITARBEITERLISTE dynamisch gehalten werden. Orientieren Sie sich dazu an der folgenden Abbildung.

Abbildung 5.12: Die Mitarbeiterliste soll dynamisch gehalten werden

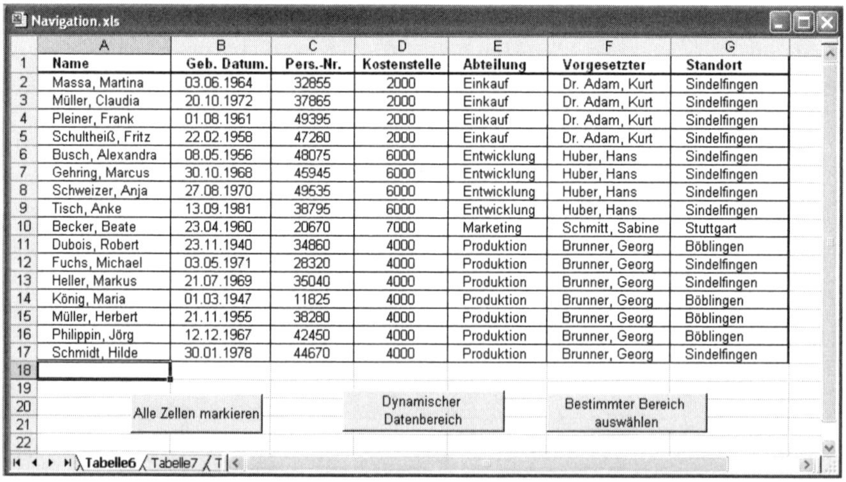

	A	B	C	D	E	F	G
1	Name	Geb. Datum.	Pers.-Nr.	Kostenstelle	Abteilung	Vorgesetzter	Standort
2	Massa, Martina	03.06.1964	32855	2000	Einkauf	Dr. Adam, Kurt	Sindelfingen
3	Müller, Claudia	20.10.1972	37865	2000	Einkauf	Dr. Adam, Kurt	Sindelfingen
4	Pleiner, Frank	01.08.1961	49395	2000	Einkauf	Dr. Adam, Kurt	Sindelfingen
5	Schultheiß, Fritz	22.02.1958	47260	2000	Einkauf	Dr. Adam, Kurt	Sindelfingen
6	Busch, Alexandra	08.05.1956	48075	6000	Entwicklung	Huber, Hans	Sindelfingen
7	Gehring, Marcus	30.10.1968	45945	6000	Entwicklung	Huber, Hans	Sindelfingen
8	Schweizer, Anja	27.08.1970	49535	6000	Entwicklung	Huber, Hans	Sindelfingen
9	Tisch, Anke	13.09.1981	38795	6000	Entwicklung	Huber, Hans	Sindelfingen
10	Becker, Beate	23.04.1960	20670	7000	Marketing	Schmitt, Sabine	Stuttgart
11	Dubois, Robert	23.11.1940	34860	4000	Produktion	Brunner, Georg	Böblingen
12	Fuchs, Michael	03.05.1971	28320	4000	Produktion	Brunner, Georg	Sindelfingen
13	Heller, Markus	21.07.1969	35040	4000	Produktion	Brunner, Georg	Sindelfingen
14	König, Maria	01.03.1947	11825	4000	Produktion	Brunner, Georg	Böblingen
15	Müller, Herbert	21.11.1955	38280	4000	Produktion	Brunner, Georg	Böblingen
16	Philippin, Jörg	12.12.1967	42450	4000	Produktion	Brunner, Georg	Böblingen
17	Schmidt, Hilde	30.01.1978	44670	4000	Produktion	Brunner, Georg	Sindelfingen

Die Mitarbeiterliste mit dem Namen `Mitarbeiterliste` bleibt durch folgendes Makro in Listing 5.40 im Bezug dynamisch.

Listing 5.40: Dynamische Datenbereiche erstellen

```
Sub DynamischerDatenbezug()
Dim Mitarbeiterliste As Name

 On Error Resume Next
 ThisWorkbook.Names("Mitarbeiterliste").Delete
 ThisWorkbook.Names.Add "Mitarbeiterliste", _
 ThisWorkbook.Sheets("Tabelle6").Range("A1"). _
 CurrentRegion
 Range("Mitarbeiterliste").Select
 End Sub
```

Im vorherigen Beispiel haben Sie die komplette Arbeitsmappe auf der Suche nach einem bestimmten Namen durchlaufen und den Zellenbezug des Namens geändert. Sie haben jedoch auch die Möglichkeit, einen benannten Bereich in der Arbeitsmappe direkt anzusprechen. Im Makro `DynamischerDatenbezug` wird der Name `Mitarbeiterliste` gelöscht. Sollte der Name in der Arbeitsmappe nicht vorkommen, sorgt die Anweisung `On Error Resume Next` dafür, dass das Makro keine Fehlermeldung verursacht. Im Anschluss daran wird der Name `Mitarbeiterliste` neu eingefügt. Dabei wird als Zellenbezug die TABELLE6 angegeben, und zwar der momentan aktuelle Bereich. Der aktuelle Bereich wird von leeren Zeilen sowie leeren Spalten umschlossen und durch die Eigenschaft `CurrentRegion` ermittelt. Wurde der Name korrekt eingefügt, wird die Mitarbeiterliste automatisch markiert.

Monatliches Update

Im nächsten Beispiel haben Sie eine Liste, die jeden Monat eine Spalte weiter nach rechts wächst. Dieser Datenbereich will also angepasst werden. Zum besseren Verständnis sehen Sie sich die Abbildung 5.13 an.

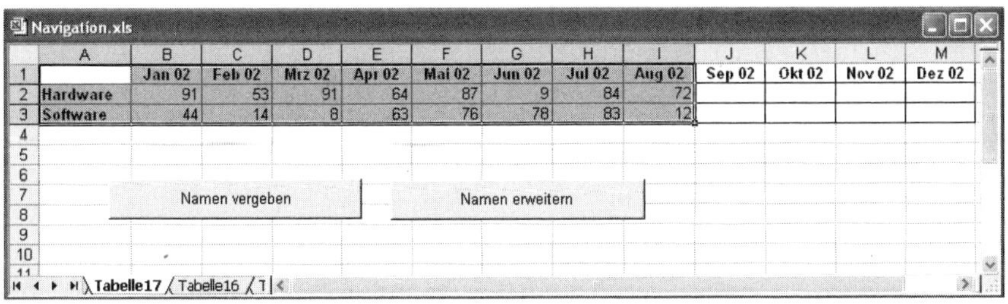

Abbildung 5.13: Monatliches Update auf Knopfdruck

Momentan ist der Name `Kosten` für den Bereich A1:I3 vergeben worden. Dazu haben Sie das Makro aus Listing 5.41 eingesetzt.

Listing 5.41: Namen vergeben

```
Sub NamenvergebenII()
Dim Bereich1 As Range

Sheets("Tabelle17").Activate
Set Bereich1 = ActiveSheet.Range("A1:I3")
ActiveWorkbook.Names.Add Name:="Kosten", _
 RefersToR1C1:=Bereich1
 Range("Kosten").Select
End Sub
```

Ihre Aufgabe besteht nun darin, diesen Bereich dynamisch zu erweitern. Dabei soll jeden Monat eine zusätzliche Spalte hinzukommen. Diese Aufgabe können Sie lösen, indem Sie das Makro aus Listing 5.42 verwenden.

Listing 5.42: Namen dynamisch erweitern

```
Sub NamenErweitern()
Dim Bereich1 As Range
Dim Bereich2 As Range
```

```
Sheets("Tabelle17").Activate
On Error GoTo fehler
Application.Goto Reference:="Kosten"
Set Bereich1 = Selection
Set Bereich2 = Bereich1.Offset(0, 1)
Range(Bereich1, Bereich2).Select
ActiveWorkbook.Names.Add Name:="Kosten", _
 RefersToR1C1:=Selection
Range("Kosten").Select
 Exit Sub

fehler:
 MsgBox "Es konnten keine Namen gefunden werden!"
End Sub
```

Markieren Sie im ersten Schritt den Zellbereich, den Sie vorher unter dem Namen `Kosten` gebildet haben. Erweitern Sie danach die Markierung um eine Spalte weiter nach rechts, indem Sie die Eigenschaft `OffSet` verwenden. Markieren Sie nun beide Bereiche und setzen Sie die Methode `Add` ein, um den Namen für den neuen Bereich anzupassen. Gleich im Anschluss markieren Sie den Bereich, indem Sie die Methode `Select` verwenden.

Wo steht der Mauszeiger?

Im nächsten Beispiel wird ermittelt, ob sich der Mauszeiger momentan in einem benannten Bereich bzw. in einer benannten Zelle befindet oder nicht. Dazu setzen Sie das Makro in Listing 5.43 ein.

Listing 5.43: In welchem Bereich befindet sich der Mauszeiger?

```
Sub InWelchemBereichStecktDerMauszeiger()
Dim benannterBereich As Object

For Each benannterBereich In ActiveWorkbook.Names
   If Not Intersect(Selection, _
  benannterBereich.RefersToRange) _
   Is Nothing Then MsgBox Selection.Address & _
   " ist innerhalb des benannten Bereichs " _
   & benannterBereich.Name & vbLf & _
   " und hat die Zellenadresse " _
   & benannterBereich.RefersToRange.Address: Exit For
 Next
 End Sub
```

Mithilfe der Methode `Intersect` wird geprüft, ob die momentan aktive Zelle innerhalb eines benannten Bereichs liegt. Diese Methode liefert den Wert `Nothing` zurück, wenn die aktuelle Zelle nicht in einem benannten Bereich liegt. Befindet sich die aktuelle Zelle innerhalb eines benannten Bereichs, wird zuerst der Name des Bereichs und danach der dazugehörige Zellenbezug auf dem Bildschirm ausgegeben.

Über die Konstante `VBLf` *erreichen Sie, dass innerhalb des Meldungsfensters eine neue Zeile begonnen wird.*

:-) TIPP

Namen verbergen

Wenn Sie auf Ihrem Arbeitsblatt aus dem Menü EINFÜGEN den Befehl NAME/DEFINIEREN wählen, sehen Sie, welche Namen in der Arbeitsmappe verwendet werden. Ebenso können Sie alle verfügbaren Namen der Arbeitsmappe aus dem Namensfeld in der Bearbeitungsleiste von Excel einsehen. Die Auswahl eines Namens aus dem Namensfeld bewirkt, dass Excel danach automatisch auf das entsprechende Tabellenblatt wechselt und die benannte Zelle bzw. den benannten Bereich markiert. Auf diese Weise kann man schnell benannte Bereiche auffinden und auf die entsprechenden Tabellenblätter wechseln. Aber nicht immer ist diese Steuerungsmöglichkeit erwünscht – gerade wenn Sie eine eigene Steuerung in Ihrer Anwendung erstellt haben und die verwendeten Namen in Ihrer Arbeitsmappe nicht preisgeben möchten.

Diese Ansicht auf die Namen können Sie mit einem Makro unterdrücken. Das Makro für diese Aufgabe sehen Sie in Listing 5.44.

Listing 5.44: Namen für den Anwender unsichtbar machen

```
Sub NamenVerstecken()
Dim benannteBereiche As Name
    For Each benannteBereiche In ActiveWorkbook.Names
        benannteBereiche.Visible = False
    Next benannteBereiche
 End Sub
```

Dieses Makro bewirkt, dass für alle verwendeten Namen in der Arbeitsmappe die Eigenschaft `Visible` auf den Wert `False` gesetzt wird. Die Namen sind danach weder im Namensfeld der Bearbeitungsleiste noch im Dialogfeld NAMEN DEFINIEREN zu sehen.

Möchten Sie alle Namen wieder sichtbar machen, dann starten Sie das Makro aus Listing 5.45.

Listing 5.45: Namen für den Anwender sichtbar machen

```
Sub NamenWiederEinblenden()
 Dim benannteBereiche As Name
    For Each benannteBereiche In ActiveWorkbook.Names
        benannteBereiche.Visible = True
    Next benannteBereiche
 End Sub
```

Namen löschen

Das Löschen von Namen in der Arbeitsmappe ist kein Problem. Mit dem Befehl `Delete` lässt sich dieses Vorhaben umsetzen.

Einzelnen Namen löschen

Listing 5.46: Einzelnen Namen löschen

```
Sub NameLöschen()
On Error REsume Next
 ThisWorkbook.Names("BenannterBereich").Delete
End Sub
```

Alle Namen löschen

Wenn Sie dagegen alle Namen aus Ihrer Arbeitsmappe löschen möchten, setzen Sie das Makro aus Listing 5.47 ein.

Listing 5.47: Alle Namen löschen

```
Sub AlleNamenInMappeLöschen()
Dim BenannteBereiche As Name

    For Each BenannteBereiche In ThisWorkbook.Names
     BenannteBereiche.Delete
    Next
End Sub
```

Definieren Sie zuerst eine Objektvariable. Danach greifen Sie über die Auflistung `Names` auf alle Namen in der Arbeitsmappe zurück und wenden die Methode `Delete` an.

INFO

Im letzten Beispiel brauchen Sie übrigens keine `On Error`*-Anweisung anzugeben. Sind in der Arbeitsmappe keine Namen definiert, so wird das Makro trotzdem normal beendet.*

Benutzerdefinierte Listen erstellen

Sicher haben Sie auch schon einmal mit benutzerdefinierten Listen in Excel gearbeitet. Damit können Sie Tabellen schnell mit standardisierten Daten füllen. Denken Sie beispielsweise einmal an ein Tabellenblatt mit Kontierungen und die dazugehörigen Bezeichnungen. Diese erfassen Sie einmalig, um anschließend daraus eine benutzerdefinierte Liste zu bilden. Schauen Sie sich einmal die Abbildung 5.14 an.

Diese Liste möchten Sie schließlich nicht jedes Mal neu erfassen bzw. von anderen Tabellen kopieren, sondern möglichst elegant und schnell einfügen. Erstellen Sie daher eine benutzerdefinierte Liste mit dem Makro aus Listing 5.48.

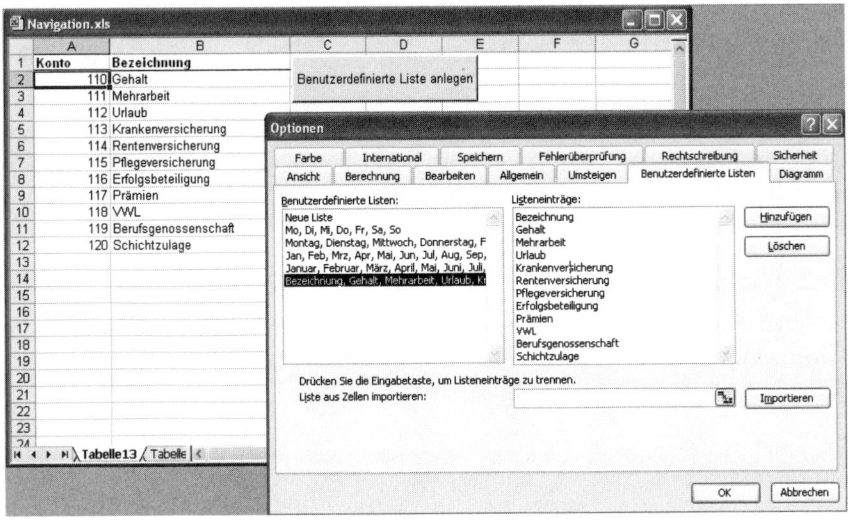

Abbildung 5.14: Die Tabelle für die benutzerdefinierte Liste

Listing 5.48: Benutzerdefinierte Liste erstellen

```
Sub BenutzerdefinierteListenAnlegen()
 Sheets("Tabelle13").Activate
 Application.AddCustomList ListArray:=Columns("A:B")
End Sub
```

Mithilfe der Methode `AddCustomList` erstellen Sie Ihre benutzerdefinierte Liste. Im Argument `ListArray` geben Sie bekannt, in welchen Spalten sich die Ausgangsdaten befinden.

:-) TIPP

Wenn Sie nun aus dem Menü EXTRAS *den Befehl* OPTIONEN *auswählen, dann können Sie auf der Registerkarte* BENUTZERDEFINIERTE LISTEN *die bereits eingestellten Listen sehen.*

5.3 Die Formatierung von Zellen und Bereichen

CD

Die folgenden Makros können Sie auf der CD-ROM im Verzeichnis KAP05 *in der Datei* FORMATIERUNG.XLS *finden.*

Beim Formatieren von Zellen und Bereichen in Excel bieten sich Ihnen zahlreiche Möglichkeiten. Sie können Zelleneingaben in beliebigen Schriftarten, Schriftgraden sowie Schriftschnitten vornehmen, Zahlen benutzerdefiniert formatieren, Zelleneinträge optisch ausrichten, Rahmen setzen, Muster hinzufügen und vieles mehr.

Schriftart ermitteln

In Windows stehen Ihnen Hunderte von verschiedenen Schriftarten zur Verfügung. Möchten Sie prüfen, welche Schriftart beispielsweise in der momentan aktiven Zelle verwendet wird, dann starten Sie das Makro aus Listing 5.49.

Listing 5.49: Schriftart ermitteln

```
Sub SchriftartErmitteln()
 MsgBox ActiveCell.Font.Name
End Sub
```

Verwenden Sie die Font-Eigenschaft, um das Font-Objekt zurückzugeben. Über die Eigenschaft Name finden Sie heraus, um welche Schriftart es sich dabei handelt.

Schriftart ändern

In der nächsten Praxisaufgabe belegen Sie innerhalb einer Markierung alle Zellen mit der Schriftart COURIER und dem Schriftgrad 12. Das Makro für diese Aufgabe sehen Sie in Listing 5.50.

Listing 5.50: Schriftarten ändern

```
Sub SchriftenFormatieren()
Dim Zelle As Range

 For Each Zelle In Selection
    With Selection.Font
        .Name = "Courier"
        .Size = 12
        .Strikethrough = False
        .Superscript = False
        .Subscript = False
        .OutlineFont = False
        .Shadow = False
        .Underline = xlUnderlineStyleNone
        .ColorIndex = xlAutomatic
    End With
Next Zelle
End Sub
```

Das Objekt Font hat eine ganze Reihe Eigenschaften, die Sie anwenden können. Für die eben gestellte Aufgabe sind die beiden Eigenschaften Name und Size wichtig. Bei der Angabe der Schriftart ist die korrekte Schreibweise der gewünschten Schriftart von Bedeutung. Bei der Eigenschaft Size geben Sie die gewünschte Größe für die Schrift an.

Entnehmen Sie weitere wichtige Eigenschaften des Objekts Font der folgenden Tabelle.

Tabelle 5.3: Die wichtigsten Eigenschaften für das Objekt Font

Eigenschaft	Beschreibung
Bold	Diese Eigenschaft liefert den Wert True, wenn ein Text fett formatiert ist.
Color	Diese Eigenschaft gibt die Primärfarbe des Objekts wieder. Möglich sind hierbei folgende Konstanten: vbBlack, vbRed, vbGreen, vbYellow, vbBlue, vbMagenta, vbCyan und vbWhite.

Tabelle 5.3: Die wichtigsten Eigenschaften für das Objekt Font (Forts.)

Eigenschaft	Beschreibung
`ColorIndex`	Diese Eigenschaft gibt die Farbe des Rahmens, der Schriftart oder des Innenraums zurück. Es existieren in Excel genau 56 Farben.
`FontStyle`	Diese Eigenschaft sagt aus, welcher Schriftschnitt verwendet wird. Möglich sind u.a. Fett- und Kursivdruck.
`Italic`	Diese Eigenschaft liefert den Wert `True`, wenn ein Text kursiv formatiert ist.
`OutLineFont`	Diese Eigenschaft liefert den Wert `True`, wenn ein Text als Konturschriftart formatiert wird.
`Shadow`	Diese Eigenschaft liefert den Wert `True`, wenn ein Text als schattierte Schriftart formatiert wird.
`Strikethrough`	Diese Eigenschaft liefert den Wert `True`, wenn ein Text als horizontal durchgestrichen dargestellt wird.
`Subscript`	Diese Eigenschaft liefert den Wert `True`, wenn ein Text tiefergestellt formatiert wird.
`Superscript`	Diese Eigenschaft liefert den Wert `True`, wenn ein Text hochgestellt formatiert wird.
`Underline`	Diese Eigenschaft liefert den Wert `True`, wenn ein Text unterstrichen formatiert wird. Dabei können Sie u.a. Text einfach oder doppelt unterstreichen.

Lernen Sie nun ein paar typische Anwendungsmöglichkeiten in Bezug auf Schriften kennen.

Zelleninhalte löschen

Falsche Werte vormerken

Stellen Sie sich vor, Sie müssten eine Liste abarbeiten und falsche Werte kennzeichnen, um diese falschen Werte später zu löschen. Da Sie die fehlerhaften Werte aus Sicherheitsgründen nicht sofort löschen möchten, kennzeichnen Sie alle fehlerhaften Einträge. Dazu weisen Sie diesen die Schriftfarbe Rot zu.

Das Makro zur Lösung dieser Aufgabenstellung entnehmen Sie dem Listing 5.51.

Listing 5.51: Zelleninhalte löschen bei Bedingung

```
Sub InhalteLöschenBeiRoterSchrift()
Dim Zelle As Range

For Each Zelle In ActiveSheet.UsedRange
    If Zelle.Font.ColorIndex = 3 Then
```

```
        Zelle.ClearContents
    End If
Next Zelle
End Sub
```

Definieren Sie zuerst eine Variable vom Datentyp `Range`. Wenden Sie danach eine `For Each`-Schleife an, welche im benutzten Bereich alle Zellen durchsucht und die Zellenformatierung überprüft. Die Eigenschaft `UsedRange` hilft Ihnen dabei, den verwendeten Bereich auf dem Tabellenblatt zu ermitteln. Aus allen Zellen, die mit der Schriftfarbe Rot formatiert sind und somit dem `Colorindex` 3 entsprechen, werden die Werte gelöscht.

Schriftfarbenwechsel durchführen

Wenn Sie möchten, können Sie die Farbe der Schriftart innerhalb einer Zelle sogar mitten in einem Wort ändern. In der folgenden Übung sollen innerhalb einer Markierung alle Texte dahin gehend verändert werden, dass die ersten drei Zeichen jeder Zelle mit der Farbe Rot formatiert werden und die restlichen Zeichen in der Standardfarbe Schwarz verbleiben.

Listing 5.52: Schriftfarbenwechsel mitten im Wort durchführen

```
Sub SchriftartFarbe()
Dim Zelle As Range

For Each Zelle In Selection
  Zelle.Characters(1, 3).Font.Color = vbRed
Next Zelle
End Sub
```

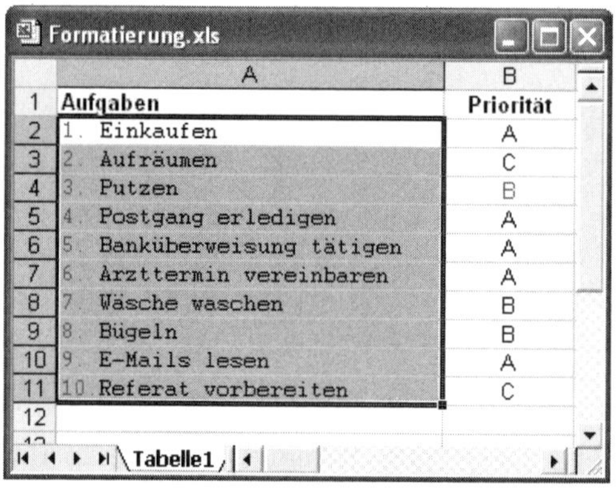

Abbildung 5.15: Die Nummerierung der Aufgaben wird rot formatiert

Definieren Sie als Erstes eine Variable vom Datentyp `Range`. Danach wenden Sie in einer `For Each`-Schleife die Eigenschaft `Characters` an, um die Zellentexte in einzelne Buchstaben zu zerlegen. Der Eigenschaft `Characters` müssen Sie einen Startwert sowie die Anzahl Zeichen, für die die Formatierung gelten soll, mitteilen. Im Makro `SchriftartFarbe` wird der aktuellen Auswahl die

Farbe Rot für die ersten drei Zeichen jeder Zelle zugewiesen (siehe Abbildung 5.15).

Grenzwerte sofort sichtbar

Auf einem Tabellenblatt wird der verwendete Datenbereich nach Zahlenwerten größer 50 durchsucht. Alle Zahlenwerte größer 50 werden mit dem Schriftschnitt FETT belegt.

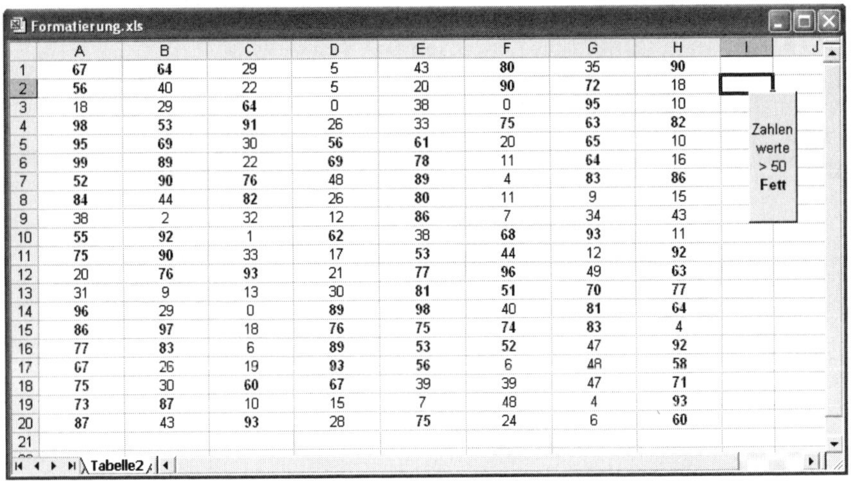

	A	B	C	D	E	F	G	H
1	67	64	29	5	43	80	35	90
2	56	40	22	5	20	90	72	18
3	18	29	64	0	38	0	95	10
4	98	53	91	26	33	75	63	82
5	95	69	30	56	61	20	65	10
6	99	89	22	69	78	11	64	16
7	52	90	76	48	89	4	83	86
8	84	44	82	26	80	11	9	15
9	38	2	32	12	86	7	34	43
10	55	92	1	62	38	68	93	11
11	75	90	33	17	53	44	12	92
12	20	76	93	21	77	96	49	63
13	31	9	13	30	81	51	70	77
14	96	29	0	89	98	40	81	64
15	86	97	18	76	75	74	83	4
16	77	83	6	89	53	52	47	92
17	67	26	19	93	56	6	48	58
18	75	30	60	67	39	39	47	71
19	73	87	10	15	7	48	4	93
20	87	43	93	28	75	24	6	60
21								

Abbildung 5.16: Alle Werte größer 50 sind fett formatiert

Das Makro für diese Aufgabe sehen Sie in Listing 5.53.

Listing 5.53: Grenzwerte schnell erkennen

```
Sub ZahlenGrößer50Fetten()
Dim Zelle As Range

 Sheets("Tabelle2").Activate
 For Each Zelle In ActiveSheet.UsedRange
  If Zelle.Value > 50 Then Zelle.Font.Bold = True
 Next Zelle
End Sub
```

Sonderzeichen einfügen

In Windows gibt es eine ganze Menge an Symbolschriftarten. Eine davon ist Wingdings. Diese Schriftart enthält unter anderem ein Häkchen-Symbol. Dieses Symbol können Sie in Excel super einsetzen, wenn Sie beispielsweise in einer Liste kontrollieren möchten, welche Aufgaben bereits erledigt wurden.

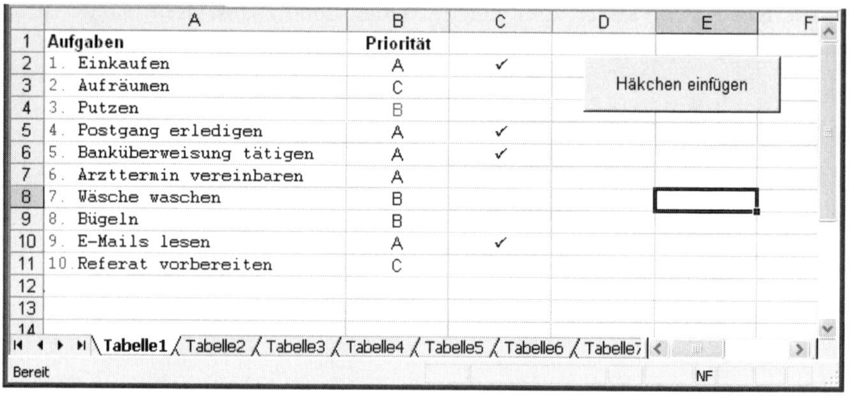

Abbildung 5.17: Arbeitsgänge abhaken

Um diese Häkchen in die entsprechenden Zellen zu bringen, setzen Sie den Mauszeiger auf die gewünschte Zelle und starten das Makro aus Listing 5.54.

Listing 5.54: Symbole schnell einfügen

```
Sub EinfügenHäkchen()
Dim Zelle As Range

Set Zelle = ActiveCell
With Zelle
  .Value = Chr(252)
  .Font.Name = "Wingdings"
  .HorizontalAlignment = xlCenter
End With
End Sub
```

Mithilfe der Funktion `Chr` können Sie ein bestimmtes Zeichen aus einem Zeichencode in Ihre aktive Zelle einfügen. Über die Eigenschaft `Name`, die Sie auf das Objekt `Font` anwenden, weisen Sie die gewünschte Schriftart zu. Danach legen Sie die Ausrichtung des eingefügten Zeichensymbols über die Eigenschaft `HorizontalAlignment` fest.

Ganz zu Recht fragen Sie jetzt: Woher soll ich denn wissen, welchen Index ich bei der Funktion `Chr` angeben soll? Eine, zugegeben, gute Frage, die sich durch das Makro aus Listing 5.55 beantworten lässt.

Listing 5.55: Symbole ausgeben

```
Sub ZeichenTabelleAusgeben()
Dim i As Integer

Sheets("Tabelle8").Activate
Range("A2").Select
For i = 0 To 255
 With ActiveCell
  .Font.Name = "Wingdings"
  .Value = Chr(i)
```

```
    .Offset(0, 1).Value = i
    .HorizontalAlignment = xlCenter
    .Offset(1, 0).Select
  End With
Next i
End Sub
```

Der normale Bereich für Zeichencodes liegt zwischen 0 und 255. Genau in diesem Bereich basteln Sie sich Ihre Schleife. In der Schleife weisen Sie die Schriftart WINGDINGS zu und schreiben sowohl das Zeichen als auch den Index in die jeweiligen Zellen.

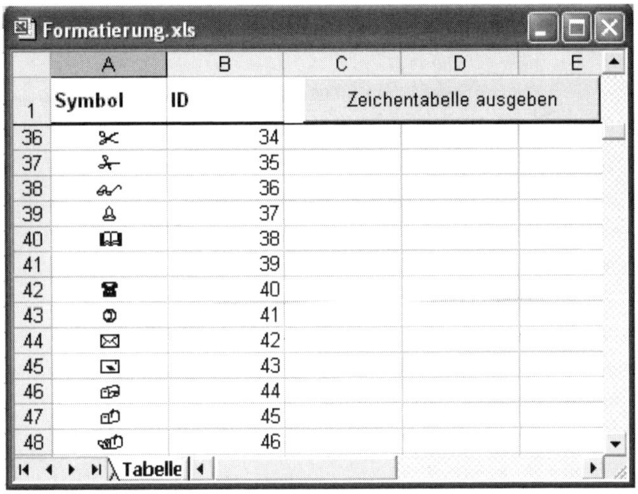

Abbildung 5.18: Die Zeichenbelegung der Schriftart Wingdings

Chemische Formeln formatieren

In chemischen Formeln werden in der Regel numerische Werte tiefgestellt und die Wertigkeit bei Ionen (+, –) hochgestellt. In Excel ist diese Arbeit sehr mühsam, da dazu Zeichen für Zeichen formatiert werden muss.

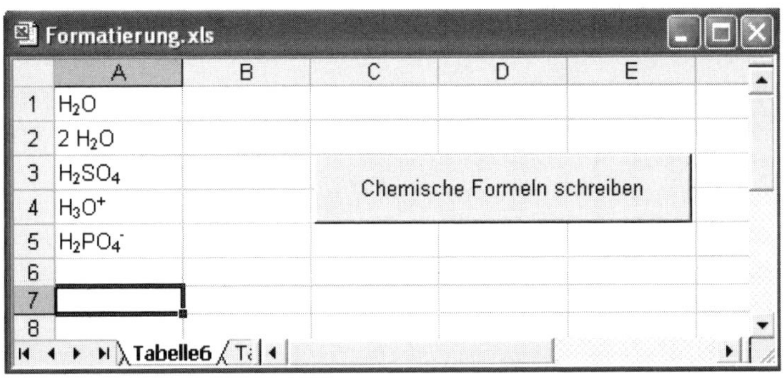

Abbildung 5.19: Chemische Formeln schneller umsetzen

Die Arbeit der Umsetzung der chemischen Formeln können Sie sich erleichtern, indem Sie die Zelle markieren, die die noch unformatierte chemische Formel enthält, und das folgende Makro aus Listing 5.56 einsetzen.

Listing 5.56: Chemische Formeln automatisch formatieren (aktive Zelle)

```
Sub ChemischeFormelnSchreiben()
Dim i As Integer
Dim j As Integer

  With ActiveCell
    For j = 1 To .Characters.Count
     If IsNumeric(Mid(.Value, j, 1)) = True Then _
     Else Exit For
    Next
     For i = j To .Characters.Count
    If IsNumeric(Mid(.Value, i, 1)) Then
        .Characters(i, 1).Font.Subscript = True
    ElseIf InStr(1, "+-", Mid(.Value, i, 1), 0) > 0 Then
        .Characters(i, 1).Font.Superscript = True
      End If
    Next
  End With
End Sub
```

In der ersten `For Next`-Schleife wird ermittelt, ob die chemische Formel aus mehreren Molekülen besteht. Die Anzahl der Moleküle darf natürlich nicht formatiert werden. Die erste Schleife wird beendet, sobald der erste alphanumerische Wert der chemischen Formel auftritt. Danach ermitteln Sie in der zweiten `For Next`-Schleife, ob Sie die einzelnen Zeichen hoch- oder tiefstellen müssen. Die numerischen Werte werden dabei tiefgestellt, die Wertigkeit (+, –) wird hochgestellt.

Soll die automatische Umwandlung auf alle Zellen innerhalb einer Markierung durchgeführt werden, dann starten Sie das folgende Makro.

Listing 5.57: Chemische Formeln automatisch formatieren (alle markierten Zellen)

```
Sub ChemischeFormelnSchreibenAlle()
Dim i As Integer
Dim j As Integer
Dim Zelle As Range

For Each Zelle In Selection
  With Zelle
    For j = 1 To .Characters.Count
     If IsNumeric(Mid(.Value, j, 1)) = True Then _
     Else Exit For
    Next
   For i = j To .Characters.Count
    If IsNumeric(Mid(.Value, i, 1)) Then
     .Characters(i, 1).Font.Subscript = True
    ElseIf InStr(1, "+-", Mid(.Value, i, 1), 0) > 0 Then
```

```
      .Characters(i, 1).Font.Superscript = True
    End If
    Next
  End With
 Next Zelle
End Sub
```

Durchlaufen Sie jede Zelle innerhalb der Markierung, indem Sie die Auflistung `Selection` über eine Schleife auswerten.

Rahmenart und -farbe bestimmen

Kommen Sie nun zum Rahmen einer Zelle. Dieser kann sowohl bezüglich der Farbe als auch der Rahmenart unterschiedlich gestaltet werden. Sehen Sie im Beispiel `RahmenBestimmen`, wie Sie einen grün gepunkteten Rahmen erzeugen können.

Listing 5.58: Zellenrahmen festlegen

```
Sub RahmenBestimmen()
Sheets("Tabelle2").Activate
 Range("C1").Select
 With ActiveCell.Borders
  .ColorIndex = 10
  .LineStyle = xlDot
 End With
End Sub
```

Lernen Sie in der nächsten Tabelle weitere Möglichkeiten für die Rahmengestaltung kennen.

Tabelle 5.4: Die verschiedenen Möglichkeiten bei der Rahmengestaltung

Konstante	Beschreibung
`xlContinuous`	durchgezogene Linie
`xlDash`	gestrichelte Linie
`xlDashDot`	Linie aus Strichen und Punkten
`xlDashDotDot`	Linie aus Strich-Punkt-Punkt
`xlDot`	gepunktete Linie
`xlDouble`	Linie doppelt
`xlSlantDashDot`	Linie aus Wellenzeichen und Punkt
`xlLineStyleNone`	keine Linie

Rahmen übertragen

Sollen von einem gerahmten Bereich nur die Rahmen auf einen anderen Bereich transferiert werden, dann können Sie das folgende Makro einsetzen.

Listing 5.59: Zellenrahmen übertragen

```
Sub RahmenÜbertragen()
Dim Bereich1 As Range
Dim Bereich2 As Range
Dim Rahmen As Variant
Dim i As Long

Set Bereich1 = Range("B3:C13")
Set Bereich2 = Range("E3:F13")

Rahmen = _
Array(xlEdgeLeft, xlEdgeTop, xlEdgeRight,lEdgeBottom)

For i = LBound(Rahmen) To UBound(Rahmen)
 Bereich2.Borders(Rahmen(i)).LineStyle _
      = Bereich1.Borders(Rahmen(i)).LineStyle
 Bereich2.Borders(Rahmen(i)).ColorIndex _
      = Bereich1.Borders(Rahmen(i)).ColorIndex
Next i
End Sub
```

Definieren Sie im ersten Schritt den Bereich, der den Rahmen enthält, bzw. den Bereich, der den Rahmen bekommen soll. Danach speichern Sie die Koordinaten des Rahmens in einem Array. Dieser Rahmen wird dann in einer anschließenden Schleife abgearbeitet und auf den `Bereich2` übertragen. Dabei kommen die beiden Funktionen `LBound` bzw. `UBound` zum Einsatz, die den kleinsten Wert bzw. den größten Wert in einem Array abrufen können.

Zahlenformate festlegen

In Excel können Sie über den Dialog FORMAT aus zahlreichen Zahlenformaten die passende Formatierung für Ihre Daten auswählen. Des Weiteren sind Sie in der Lage, eigene benutzerdefinierte Formate anzulegen. Wie aber können Sie über VBA eine Zelle automatisch mit einem Format belegen? Die Lösung dieser Aufgabenstellung entnehmen Sie dem Listing 5.60.

Listing 5.60: Zahlenformate zuweisen

```
Sub ZahlenformateFestlegen()
 Sheets("Tabelle4").Activate
 'Zahl mit Tausender Punkt
 Range("A1").NumberFormat = "#,##0"

 'Zelle wird als Text formatiert
 Range("A2").NumberFormat = "@"
End Sub
```

Das Zahlenformat wird in Excel über die Eigenschaft `NumberFormat` zugewiesen.

Datumsformate festlegen

Datumsrechnung in Excel

In Excel werden Datumswerte intern in Zahlenwerte umgesetzt, damit Sie mit ihnen rechnen können. Die Zeitzählung beginnt bei Excel standardmäßig am 01.01.1900, welches der Zahl 1 entspricht. Wenn Sie z.B. das Datum 25.03.2000 eingeben und diese Zelle dann mit dem Format STANDARD belegen, so liefert Ihnen dieses Datum die Zahl 36610. Excel bietet noch ein zweites Datumssystem an, das 1904-Datumssystem. Diese Variante erlaubt u.a., auch mit negativen Zeiten zu rechnen. Wenn Sie also in einer Tabelle bei einer Rechnung mit zwei Datumswerten nur Lattenzäune in der Zelle angezeigt bekommen, stellen Sie das 1904-Datumssystem ein. Im Menü EXTRAS unter dem Befehl OPTIONEN legen Sie das Datumssystem auf der Registerkarte BERECHNEN fest. Beim 1904-Datumssystem beginnt die Zeitrechnung in Excel am 01.01.1904. Das Datum 25.03.2000 entspricht in diesem Fall der Zahl 35148. Die Entscheidung, welches Datumssystem Sie wählen, liegt bei Ihnen. Wichtig dabei ist nur, dass Sie durchgängig dasselbe Datumssystem verwenden.

Im nächsten Beispiel in Listing 5.61 wird einer Zelle ein Datumsformat zugewiesen. Dabei wird der Monat des Jahres in Textform ausgeschrieben sowie die Jahresangabe vierstellig formatiert.

Listing 5.61: Datum vierstellig formatieren

```
Sub ZelleMitDatumFormatieren()
Sheets("Tabelle4").Activate
Range("A3").Value = Format(Date, "MMMM YYYY")
End Sub
```

Das aus der Funktion `Date` ermittelte Tagesdatum wird der Funktion `Format` übergeben, welche es ins gewünschte Format bringt.

Pro Arbeitsmappe dürfen Sie nur mit einem Datumssystem arbeiten; auch bei der Verknüpfung von Arbeitsmappen mit unterschiedlichen Datumssystemen ist äußerste Vorsicht geboten.

Formate übertragen

Sicher kennen Sie das Pinsel-Symbol aus der Symbolleiste STANDARD, mit dem Sie Formate übertragen können. Das Übertragen von Formaten ist ein Kopiervorgang, bei dem nur die Formate über die Eigenschaft `PasteSpecial` eingefügt werden.

Listing 5.62: Formate übertragen

```
Sub FormatÜbertragen()
 Sheets("Tabelle4").Activate
 Range("A1").Copy
 Range("B1").Select
 Selection.PasteSpecial _
  Paste:=xlFormats, Operation:=xlNone, SkipBlanks:= _
  False, Transpose:=False
 Application.CutCopyMode = False
End Sub
```

Im Listing 5.62 wird die Zellenformatierung aus Zelle A1 auf die Zelle B1 übertragen.

Formate löschen

Entfernen können Sie Formate mithilfe der Methode `ClearFormats`. Im Listing 5.63 werden auf der Tabelle TABELLE4 im Bereich A1:A3 alle Zellenformatierungen entfernt.

Listing 5.63: Formate löschen

```
Sub FormateLöschen()
 Sheets("Tabelle4").Activate
 Range("A1:A3").ClearFormats
End Sub
```

Die Methode `ClearFormats` löscht jegliche Formatierung einer Zelle bzw. eines Zellbereichs.

Nur Zahlenformate übertragen

Sicher haben Sie sich auch schon einmal darüber geärgert, dass Excel bei der Formatübertragung alle Formate überträgt. Oft sollen nämlich nur Zahlenformate übertragen und die Rahmen, Schattierungen und Muster außer Acht gelassen werden.

Im folgenden Beispiel werden die Zahlenformate aus Spalte A auf die Spalte D übertragen. Das Makro für diese Aufgabe sehen Sie in Listing 5.64.

Listing 5.64: Nur Zahlenformate übertragen, keine Rahmen, Schriftformate und Muster

```
Sub NurZahlenformateÜbertragen()
Dim Quelle As Range
Dim Ziel As Range
Dim i As Integer

Sheets("Tabelle5").Activate
Set Quelle = Range("A1:A10")
Set Ziel = Range("D1:D10")

For i = 1 To Quelle.Cells.Count
```

```
  Ziel(i).NumberFormatLocal = _
  Quelle(i).NumberFormatLocal
Next i
End Sub
```

Definieren Sie als Erstes zwei Variablen vom Datentyp `Range` und geben Sie die Bereiche `Quelle` und `Ziel` an. In einer `For Next`-Schleife übertragen Sie mithilfe der Eigenschaft `FormatNumberLocal` die Zahlenformate vom Quellbereich in den Zielbereich, und zwar Zelle für Zelle.

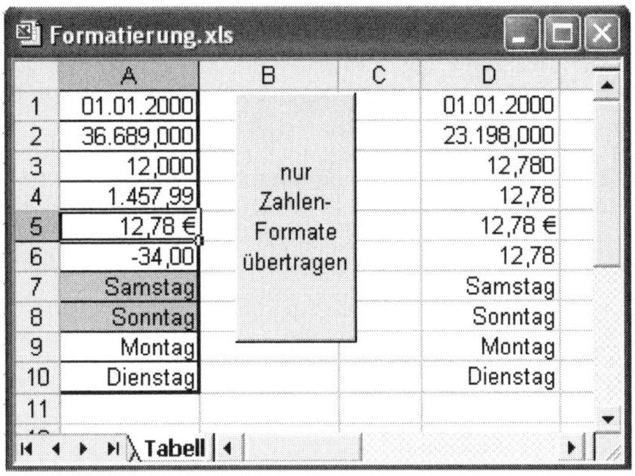

Abbildung 5.20: Das Ergebnis: Die Spalten A und D weisen dasselbe Zahlenformat auf

Die bedingte Formatierung

Seit der Version Excel 97 gibt es die Möglichkeit, Zellen abhängig davon, welche Werte eingegeben werden, vorab zu formatieren. Dabei können Sie bis zu drei verschiedene Formatierungseinstellungen angeben.

Bedingte Formatierung einfügen

In der nächsten Aufgabe werden alle markierten Zellen nach den Kriterien der folgenden Tabelle formatiert.

Wert	Formatierung	Farbindex
1-30	Zellenhintergrund mit der Farbe Rot	3
31-60	Zellenhintergrund mit der Farbe Gold	44
61-100	Zellenhintergrund mit der Farbe Grün	4

Tabelle 5.5: Die Kriterien für die bedingte Formatierung

Das Makro für diese Aufgabe entnehmen Sie Listing 5.65.

Listing 5.65: Bedingte Formatierung einfügen

```
Sub BedingteFormatierungEinfügen()
Dim Zelle As Range
Application.ScreenUpdating = False
Sheets("Tabelle7").Activate
For Each Zelle In Selection
 With Selection
 .FormatConditions.Delete
 .FormatConditions.Add Type:=xlCellValue, _
     Operator:=xlBetween, Formula1:="1", Formula2:="30"
 .FormatConditions(1).Interior.ColorIndex = 3
 .FormatConditions.Add Type:=xlCellValue, _
     Operator:=xlBetween, Formula1:="31", Formula2:="60"
 .FormatConditions(2).Interior.ColorIndex = 44
 .FormatConditions.Add Type:=xlCellValue, _
     Operator:=xlBetween, Formula1:="61", _
     Formula2:="100"
 .FormatConditions(3).Interior.ColorIndex = 4
 End With
Next Zelle
Application.ScreenUpdating = True
End Sub
```

Das `FormatConditions`-Auflistungsobjekt stellt die Auflistung der bedingten Formate in einem einzigen Bereich dar. Vorsorglich löschen Sie mit der Methode `Delete` eine eventuell schon eingestellte bedingte Formatierung. Danach fügen Sie die drei möglichen Bedingungen mithilfe der Methode `Add` ein. Dabei legt das erste Argument `Type` fest, ob das bedingte Format auf einem Zellenwert oder einem Ausdruck beruhen soll. Die beiden möglichen Konstanten für das Argument `Type` heißen `xlCellValue` und `xlExpression`. Das nächste Argument legt den Operator fest. Entnehmen Sie die möglichen Operator-Konstanten der Tabelle 5.6. Sollten Sie das `Type`-Argument `xlExpression` wählen, dann werden die Operator-Konstanten ignoriert.

Tabelle 5.6: Alle möglichen Operator-Konstanten

Operator-Konstante	Beschreibung
`xlBetween`	Zellenwert ist zwischen ...
`xlNotBetween`	Zellenwert ist nicht zwischen ...
`xlEqual`	Zellenwert ist gleich ...
`xlNotEqual`	Zellenwert ist ungleich ...
`xlGreater`	Zellenwert ist größer ...
`xlGreaterEqual`	Zellenwert ist größer oder gleich ...
`xlLess`	Zellenwert ist kleiner ...
`xlLessEqual`	Zellenwert ist kleiner oder gleich ...

Die beiden letzten Argumente `Formula1` und `Formula2` stellen den mit dem bedingten Format verknüpften Wert oder Ausdruck dar. Dies kann ein konstanter Wert, ein Zeichenfolgenwert, ein Zellenbezug oder eine Formel sein.

Testen Sie die Tabelle, indem Sie für den eben formatierten Bereich Zufallszahlen bilden. Das gelingt Ihnen mit dem Makro aus Listing 5.66.

Listing 5.66: Zufallszahlen erzeugen

```
Sub Zufallszahlen()
Dim Zelle As Range

Application.ScreenUpdating = False
 Sheets("Tabelle7").Activate
 For Each Zelle In Selection
   Zelle.FormulaR1C1 = "=INT(RAND()*100)"
 Next Zelle
Application.ScreenUpdating = True
End Sub
```

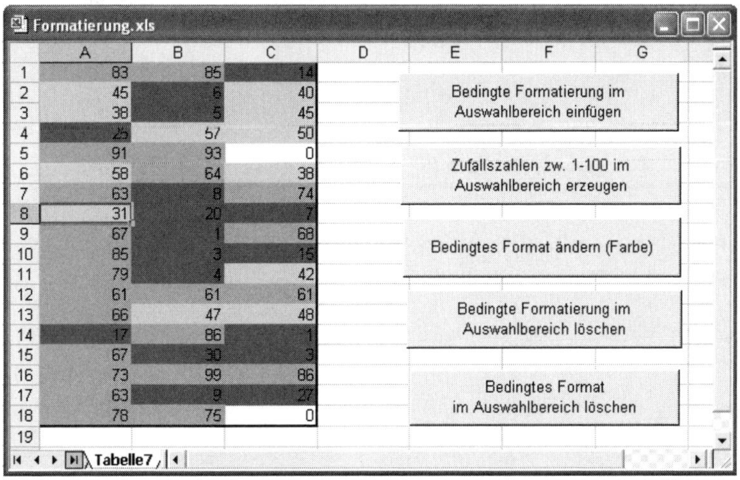

Abbildung 5.21: Das Ergebnis: Zufallszahlen im vordefinierten Bereich

Durch das Drücken der Taste [F9] werden neue Zufallszahlen gebildet.

:-) TIPP

Gerade haben Sie Zelle für Zelle mit der Zufallsfunktion `Rand` *ausgestattet. Wenn Sie möchten, können Sie den markierten Zellbereich auch in nur einem Arbeitsgang mit einer Matrixformel füllen. Dazu geben Sie auf der Tabelle normalerweise die Formel*

```
=Ganzzahl(Zufallszahl()*100
```

ein und bestätigen mit der Tastenkombination [Strg]+[⇧]+[↵]. *Excel wandelt die eingegebene Formel automatisch für Sie um:*

```
={ Ganzzahl (Zufallszahl ()*100)}
```

Diese Matrixformel hat den Vorteil, dass einzelne Zellen aus dieser Matrix nicht mehr gelöscht werden können. Eine Matrixformel können Sie auch mit einem kleinen VBA-Makro einfügen.

Listing 5.67: Zufallszahlen ganzzahlig als Matrixformel einfügen

```
Sub ZufallszahlenAlsMatrixFormel()
 Selection.FormulaArray = "=INT(RAND()*100)"
End Sub
```

In der folgenden Aufgabe sollen in einer Tabelle zwei Spalten miteinander verglichen werden. Dazu muss eine Formel in die bedingte Formatierung eingestellt werden.

Abbildung 5.22: Wo ist die Abweichung größer als 5%?

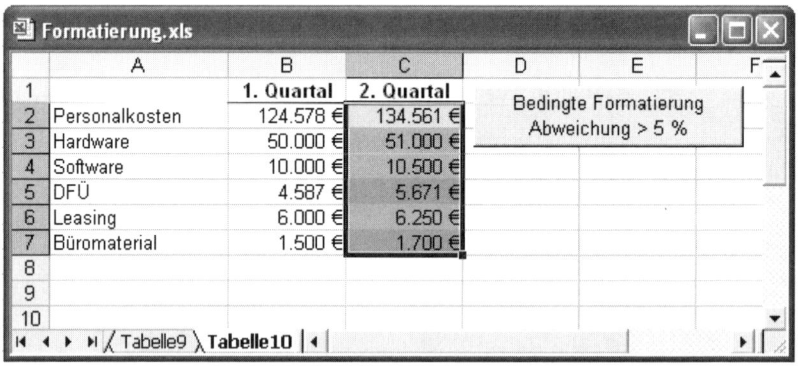

Das Makro, um die Abweichungsanalyse in den markierten Zellen als bedingte Formatierung einzufügen, lautet:

Listing 5.68: Formel in bedingter Formatierung integrieren

```
Sub BedingteFormatierungMitFormel()
Dim Zelle As Range

For Each Zelle In Selection
 Zelle.FormatConditions.Add Type:=xlExpression, _
 Formula1:= "=ODER((" & Zelle.Address & "/" & _
   Zelle.Offset(0, -1).Address & ")-1>5%;(" & _
   Zelle.Address & "/" & Zelle.Offset(0, -1).Address & _
    ")-1<-5%)"
 Zelle.FormatConditions(1).Interior.ColorIndex = 6
Next Zelle
End Sub
```

Über die Auflistung `Selection` wird jede Zelle innerhalb der Markierung über eine Schleife durchlaufen. Innerhalb der Schleife müssen Sie darauf achten, dass Sie die Adresse der Zellen dynamisch halten. Mithilfe der Eigenschaft `Address` übergeben Sie der bedingten Formatierung die Zellkoordinaten.

Bedingte Formate ändern bzw. löschen

Wenn Sie nachträglich eine andere Farbe für die bedingte Formatierung einsetzen möchten, brauchen Sie dazu nicht das bedingte Format zu löschen, sondern Sie können auch direkt darauf zugreifen und die Formatierung anpassen.

Listing 5.69: Bedingte Formate ändern

```
Sub BedingtesFormatÄndern()
Dim s As String
Dim s2 As String

 Sheets("Tabelle7").Activate
 s = InputBox _
("Bitte bedingtes Format Nr (1-3)) angeben", _
 "Bedingte Formatierung ändern")
 If s = "" Then Exit Sub
 s2 = InputBox("Geben Sie den Farbindex ein!", _
 "Farbindex auswählen")
 If s2 = "" Then Exit Sub
 With Selection
 .FormatConditions(s).Interior.ColorIndex = s2
 End With
End Sub
```

Bedingte Formatierung löschen

Beim Löschen der bedingten Formatierung können Sie entweder die komplette bedingte Formatierung oder einzelne Teile daraus löschen. Um eine bedingte Formatierung komplett zu löschen, setzen Sie das Makro `BedingteFormatierungLöschen` ein.

Listing 5.70: Bedingte Formatierung löschen

```
Sub BedingteFormatierungLöschen()
 Selection.ClearFormats
End Sub
```

Die Methode `ClearFormats` löscht alle Formate, welche sich im ausgewählten Bereich befinden.

Um einzelne Bedingungen aus der bedingten Formatierung zu löschen, wenden Sie das folgende Makro aus Listing 5.71 an.

Listing 5.71: Bedingtes Format löschen

```
Sub BedingtesFormatLöschen()
Dim s As String

Sheets("Tabelle7").Activate
s = InputBox("Bitte bedingte Format-Nr (1-3) angeben", _
 "Bedingte Formatierung löschen")
 If s = "" Then Exit Sub
  With Selection
```

```
 .FormatConditions(s).Delete
 End With
End Sub
```

Formate suchen und ersetzen

INFO

In Excel können Sie in der neuen Version ganz gezielt in einer Tabelle nach einer bestimmten Formatierung suchen und diese löschen oder ändern. Dazu stellt Ihnen Excel ein neues Objekt zur Verfügung: Das Objekt `CellFormat` *ist dabei dem* `Range`*-Objekt sehr ähnlich.*

Im folgenden Beispiel in Listing 5.72 werden alle rot gefärbten Zellen einer Tabelle mit der Hintergrundfarbe Grün umformatiert. Der Code für diese Aufgabe lautet:

Listing 5.72: Formate suchen und ändern

```
Sub FormatierungenAnpassen()
Dim Zelle As Range

Sheets("Tabelle9").Activate
With Application
 .FindFormat.Interior.ColorIndex = 3
 .ReplaceFormat.Interior. _
  ColorIndex = 4
End With
For Each Zelle In _
 ActiveSheet.UsedRange
 Zelle.Replace What:="", _
 Replacement:="", LookAt:=xlPart, _
 SearchOrder:=xlByRows, MatchCase:=False, _
 SearchFormat:=True, ReplaceFormat:=True
Next Zelle
End Sub
```

Zu Beginn des Makros wechseln Sie auf die Tabelle, in der Sie die Formatänderung durchführen möchten. Danach legen Sie fest, nach welcher Formatierung gesucht und durch welche Formatierung die gefundene ersetzt werden soll. Im Anschluss daran arbeiten Sie eine Schleife ab, die alle Zellen des benutzten Bereichs durchläuft und die Formate ändert. Im Beispiel werden dabei alle roten Zellen in der Farbe Grün formatiert.

5.4 Formeln einsetzen

CD

Die folgenden Makros können Sie auf der CD-ROM im Verzeichnis KAP05 *in der Datei* FORMELN.XLS *finden.*

Werte addieren

Beim Rechnen mit Excel verwenden Sie dieselben Operatoren, die Sie vom Taschenrechner her schon kennen. Auch bei den Rechenregeln rechnet Excel nach der allgemein gültigen Punkt-vor-Strich-Regel.

Im ersten Rechenbeispiel wird der aktuelle Zellenwert von A2 in die Variable `i` geschrieben. Danach wird die Variable um den Wert 1 erhöht. Zuletzt wird die geänderte Variable zurück in die Zelle A2 geschrieben.

Listing 5.73: Werte addieren

```
Sub Rechenoperationen01()
Dim i As Integer

 Sheets("Rechenoperationen").Activate
 i = Range("A2").Value
 i = i + 1
 Range("A2").Value = i
End Sub
```

Werte subtrahieren

In derselben Zelle führen Sie nun eine Subtraktion durch. Wieder speichern Sie den momentanen Wert von Zelle A2 in der Variablen `i`, subtrahieren den Wert um 1 und schreiben ihn dann in die Zelle zurück. Ist der Wert Null in der Zelle erreicht, geht es weiter ins Negative.

Listing 5.74: Werte subtrahieren

```
Sub Rechenoperationen02()
Dim i As Integer

 Sheets("Rechenoperationen").Activate

 i = Range("A2").Value
 i = i - 1
 Range("A2").Value = i
End Sub
```

Werte multiplizieren

Beim Multiplizieren von Werten definieren Sie zuerst eine Konstante, in der Sie den Faktor bestimmen, mit dem Sie im nächsten Beispiel eine Erhöhung durchführen möchten. Danach speichern Sie wiederum den momentanen Zustand der Zelle A9 in der Variablen `i`. Jetzt wird mit dem Faktor multipliziert und das Ergebnis daraus in die Zelle zurückgeschrieben.

Listing 5.75: Mit positivem Faktor multiplizieren

```
Sub Rechenoperationen03()
Dim i As Integer
Const Faktor = "1,2"
```

```
 Sheets("Rechenoperationen").Activate
 i = Range("A9").Value
 i = i * Faktor
 Range("A9").Value = i
End Sub
```

Im letzten Rechenbeispiel wurde eine Erhöhung des Werts um zwanzig % durchgeführt. Im nächsten Beispiel wird der Ausgangswert um 20 % reduziert.

Listing 5.76: Mit negativem Faktor multiplizieren

```
Sub Rechenoperationen04()
Dim i As Integer
Const Faktor = "0,8"

 Sheets("Rechenoperationen").Activate
 i = Range("A9").Value
 i = i * Faktor
 Range("A9").Value = i
End Sub
```

Werte dividieren

Im Prinzip arbeiten Sie genauso wie bei der Multiplikation, nur ist das Rechenzeichen eben ein anderes.

Kommen Sie nie auf die Idee, als Divisor den Wert Null zu verwenden. Das mag Excel nämlich gar nicht.

Listing 5.77: Werte dividieren

```
Sub Rechenoperationen05()
Dim i As Integer
Const divisor = 10

 Sheets("Rechenoperationen").Activate
 i = Range("A15").Value
 i = i / divisor
 Range("A15").Value = i
End Sub
```

Werte potenzieren

Bei der Potenzierung von Werten verwenden Sie das »Dächelchen« auf der Tastatur. Dazu drücken Sie auf die Taste [^] und anschließend auf [ ], um das Zeichen auf den Bildschirm zu bringen.

Listing 5.78: Werte potenzieren

```
Sub Rechenoperationen06()
Dim i As Integer
Const pot = 2
```

```
 Sheets("Rechenoperationen").Activate
 i = Range("A18").Value
 i = i ^ pot
 Range("A18").Value = i
End Sub
```

Komplexere Berechnungen

Im nachfolgenden Beispiel werden einige Rechenoperationen nacheinander ausgeführt. Dabei helfen die Klammern dabei, dass keine Missverständnisse bezüglich der Reihenfolge und der Berechnung auftreten.

Listing 5.79: Komplexere Berechnungen ausführen

```
Sub Rechenoperationen07()
Dim i As Integer
Const subtrakt = 10
Const divisor = 10
Const multi = 5

 Sheets("Rechenoperationen").Activate
 i = Range("A21").Value
 i = (i - subtrakt) * (multi / divisor)
 Range("A21").Value = i
End Sub
```

5.5 Funktionen erfassen

Standardmäßig werden Sie Funktionen wie `SUMME`, `SVERWEIS`, `ZÄHLENWENN` etc. über die normale Oberfläche von Excel in Ihre Tabellen eingeben. Selbstverständlich haben Sie aber auch die Möglichkeit, über VBA diese Funktionen in die einzelnen Zellen zu schreiben.

Bedingtes Zählen von Werten (ZÄHLENWENN)

Im ersten Beispiel fügen Sie die Tabellenfunktion `ZÄHLENWENN` in Zelle A11 ein. Dabei sollen im Zellbereich A1:A10 alle Einträge gezählt werden, die den Wert 2 aufweisen. Das Makro für diese Aufgabe lautet:

Listing 5.80: Werte zählen (Variante 1)

```
Sub TabellenFunktionErfassen01()
Worksheets("Tabelle14").Range("A11").FormulaLocal = _
"=ZÄHLENWENN(Tabelle14!A2:A10;B1)"
End Sub
```

Über die Eigenschaft `FormulaLocal` haben Sie die Möglichkeit, die Namen der Funktionen in VBA genau so anzugeben, wie Sie diese in Ihre Tabelle manuell eintippen.

Alternativ zu diesem Makro kann auch folgende Syntax erfasst werden.

Listing 5.81: Werte zählen (Variante 2)

```
Sub TabellenFunktionErfassen01b()
Worksheets("Tabelle14").Range("A11").Formula = _
"=COUNTIF(Tabelle14!A2:A10,B1)"
End Sub
```

Dabei wird die Funktion gleich in der englischen Syntax mit der Eigenschaft `Formula` erfasst. Gerade bei international tätigen Firmen ist daher diese Syntax zu wählen, da sie auf beiden Office-Installationen (Englisch und Deutsch) lauffähig ist.

Abbildung 5.23: Die Tabellenfunktion ZÄHLENWENN einsetzen

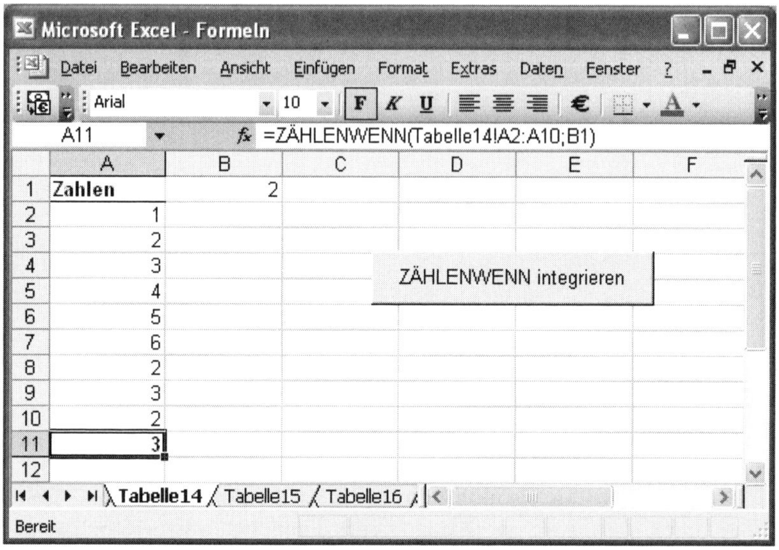

Bedingte Summierung (SUMMEWENN)

Sollen aus einer Liste nur bestimmte Werte summiert werden, dann kann diese Aufgabe über das folgende Makro gelöst werden:

Listing 5.82: Die bedingte Summierung

```
Sub BedingteSummierung()
Range("E1").Value = _
Application.WorksheetFunction.SumIf(Range("B1:B10"), _
"Ja", Range("A1:A10"))
Range("E2").Value = _
Application.WorksheetFunction.SumIf(Range("B1:B10"), _
"Nein", Range("A1:A10"))
End Sub
```

Die Worksheet-Funktion `SumIf` benötigt in diesem Beispiel drei Argumente. Im ersten Argument geben Sie den Bereich an, in dem die Bedingung zu finden ist. Im zweiten Argument formulieren Sie die Bedingung (»Ja« oder »Nein«). Im letzten Argument geben Sie den Bereich an, der summiert werden soll. Entspricht dieser Bereich dem Bereich, den Sie im ersten Argument angegeben haben, dann kann das dritte Argument auch weggelassen werden.

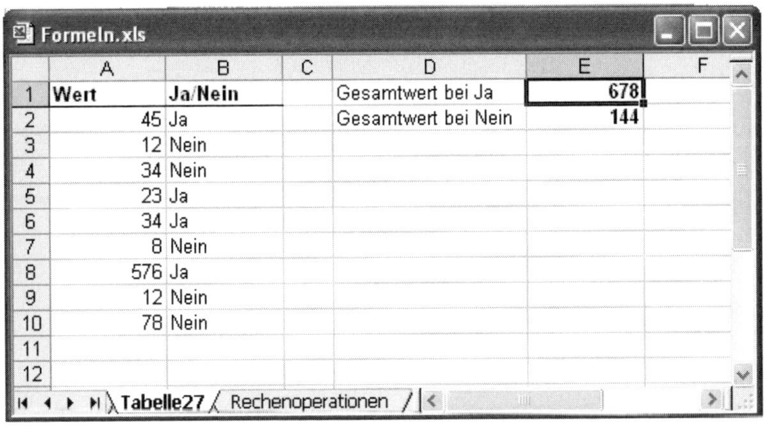

	A	B	C	D	E	F
1	Wert	Ja/Nein		Gesamtwert bei Ja	678	
2	45	Ja		Gesamtwert bei Nein	144	
3	12	Nein				
4	34	Nein				
5	23	Ja				
6	34	Ja				
7	8	Nein				
8	576	Ja				
9	12	Nein				
10	78	Nein				
11						
12						

Abbildung 5.24: Die bedingte Summierung einer Tabelle

Auskunftssystem erstellen (SVERWEIS)

Im nächsten Beispiel werden Sie eine Auskunftsdatei erstellen. Dabei müssen bereits wenige Eingaben genügen, um auf einen Katalog zurückzugreifen und die restlichen Informationen zu holen. Für diese Aufgabe können Sie die Tabellenfunktion `Sverweis` einsetzen. Diese Funktion wird in mehreren Zellen benötigt. Orientieren Sie sich jetzt an der Abbildung 5.25.

Um den Preis in Zelle D17 anzuzeigen, muss zuerst der Schlüssel gebildet werden. Dieser setzt sich zusammen aus der jeweiligen Zelle der Gesellschaft sowie dem dazugehörigen Tarif. Der Schlüsselbegriff ist bereits in Spalte C gebildet worden. Mit diesem Schlüssel können Sie nun arbeiten und die Tabellenfunktion `Sverweis` einsetzen.

Die einzelnen Arbeitsschritte lauten:

- In Zelle A17 geben Sie die Gesellschaft ein, der Tarif wird danach über die Tabellenfunktion `Sverweis` ermittelt.
- Daraufhin wird automatisch der Schlüssel in Zelle C17 gebildet.
- Als letzte Teilaufgabe wird der Preis ermittelt.

Abbildung 5.25: Die Ausgangstabelle

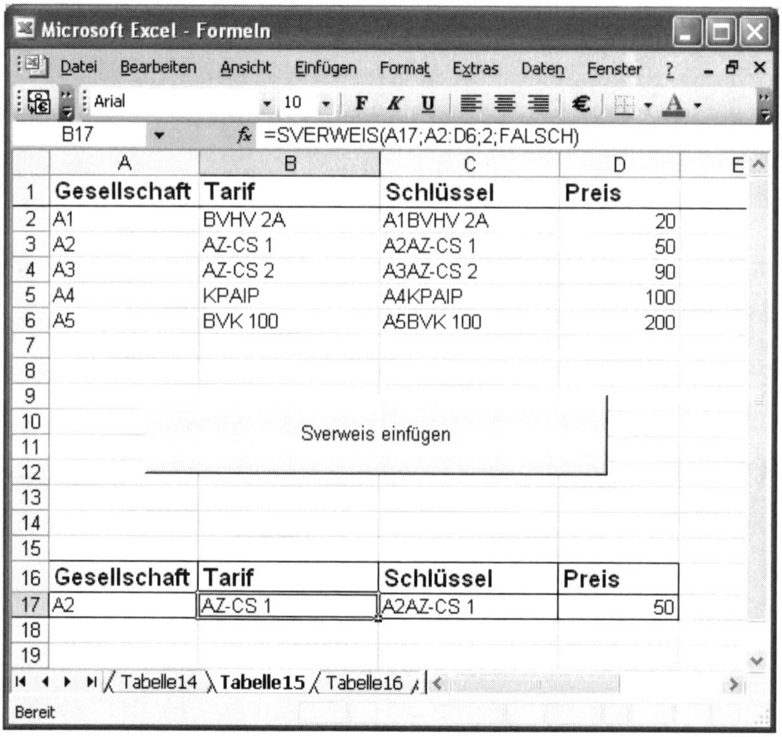

Gesellschaft	Tarif	Schlüssel	Preis
A1	BVHV 2A	A1BVHV 2A	20
A2	AZ-CS 1	A2AZ-CS 1	50
A3	AZ-CS 2	A3AZ-CS 2	90
A4	KPAIP	A4KPAIP	100
A5	BVK 100	A5BVK 100	200

Gesellschaft	Tarif	Schlüssel	Preis
A2	AZ-CS 1	A2AZ-CS 1	50

Alle diese Aufgaben können Sie mit einem Makro lösen, welches Sie in Listing 5.83 einsehen können.

Listing 5.83: Daten suchen und zusammenziehen

```
Sub TabellenFunktonErfassen02()
Range("B17").FormulaLocal = _
 "=SVERWEIS(A17 ;A2:D6;2;FALSCH)"
Range("C17").FormulaLocal = "=A17&B17"
Range("D17").FormulaLocal = _
"=SVERWEIS(C17 ;C2:G6;2;FALSCH)"
End Sub
```

Die Tabellenfunktion `Sverweis` benötigt mehrere Argumente.

SVERWEIS(SUCHKRITERIUM;MATRIX;SPALTENINDEX;BEREICHVERWEIS)

Zum einen müssen Sie bekannt geben, welche Zelle Sie als Suchkriterium verwenden möchten. Dabei nehmen Sie den Wert aus Zelle A17. Danach geben Sie den Datenbereich (MATRIX) an, der durchsucht werden soll. Im nächsten Argument benennen Sie die Verschiebung, von der der Mauszeiger nach links wandern soll, um den richtigen Wert zu finden. Das letzte Argument ist sehr wichtig und darf nicht vergessen werden. Es sorgt dafür, dass diese Tabellenfunktion auch funktioniert, wenn die Daten unsortiert vorliegen.

In Zukunft reicht es, wenn Sie lediglich die Gesellschaft in Zelle A17 erfassen. Alle anderen Angaben holt sich Excel aus dem darüber liegenden Datenbereich.

Offene Posten-Verwaltung (WENN)

Etwas schwieriger wird es, wenn Sie eine verschachtelte Tabellenfunktion in eine Tabelle einfügen möchten. Schauen Sie sich einmal die Abbildung 5.26 an.

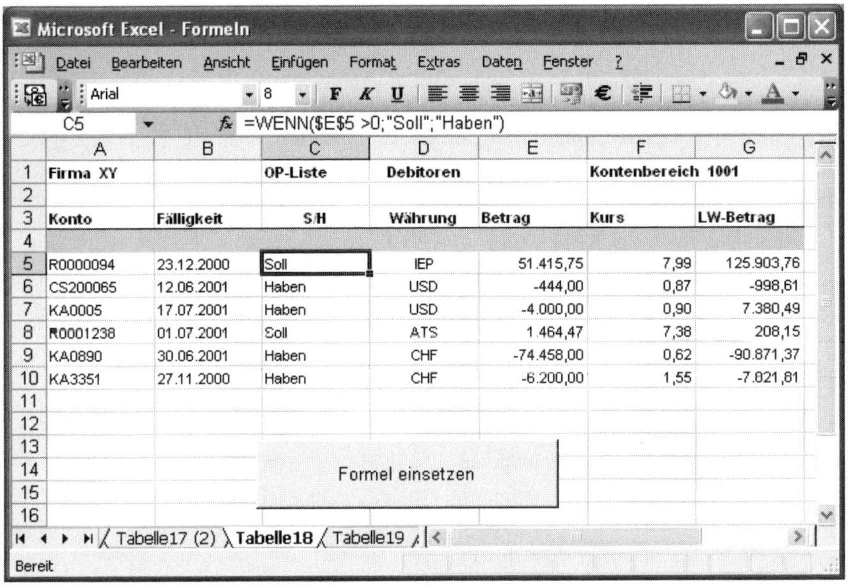

	A	B	C	D	E	F	G
1	Firma XY		OP-Liste	Debitoren		Kontenbereich 1001	
2							
3	Konto	Fälligkeit	S/H	Währung	Betrag	Kurs	LW-Betrag
4							
5	R0000094	23.12.2000	Soll	IEP	51.415,75	7,99	125.903,76
6	CS200065	12.06.2001	Haben	USD	-444,00	0,87	-998,61
7	KA0005	17.07.2001	Haben	USD	-4.000,00	0,90	7.380,49
8	R0001238	01.07.2001	Soll	ATS	1.464,47	7,38	208,15
9	KA0890	30.06.2001	Haben	CHF	-74.458,00	0,62	-90.871,37
10	KA3351	27.11.2000	Haben	CHF	-6.200,00	1,55	-7.821,81

Abbildung 5.26: Die Ausgangsbasis – die Tabelle ohne Funktion

Die Offene-Posten-Liste (vereinfacht) muss noch ergänzt werden. In der Spalte C soll entweder der Text SOLL oder der Text HABEN in Abhängigkeit von der Spalte E ergänzt werden. Bauen Sie daher die Tabellenfunktion `WENN()` ein und erfassen Sie zu diesem Zweck das Makro aus Listing 5.84.

Listing 5.84: Soll/Haben ermitteln

```
Sub TabellenFunktonErfassen03()
Dim i As Long

Sheets("Tabelle18").Activate
Range("C5").Select
For i = 1 To ActiveSheet.UsedRange.Rows.Count - 4
 ActiveCell.FormulaLocal = _
 "=WENN(" & ActiveCell.Offset(0, 2).Address & _
  " >1;""Soll"";""Haben"")"
 ActiveCell.Offset(1, 0).Select
Next i
End Sub
```

Setzen Sie eine Schleife auf, die so lange durchlaufen wird, bis alle verwendeten Zeilen der Tabelle abgearbeitet worden sind. Von dieser Gesamtzahl müssen Sie aber noch den Wert 4 abziehen, da Sie erst in der fünften Zeile aufsetzen. Die Zeilen darüber sind für die Überschrift reserviert und dürfen daher nicht verarbeitet werden. Basteln Sie sich nun die WENN-Funktion. Dabei ist es hilfreich, wenn Sie diese Funktion einmal testweise manuell in Ihre Tabelle schreiben und danach Schritt für Schritt versuchen, diese Funktion in VBA abzubilden.

Zahlen summieren (SUMME)

Im nächsten Beispiel fügen Sie die Tabellenfunktion SUMME ein. Die Besonderheit daran ist, dass Sie den zu summierenden Bereich über eine Inputbox erfassen und danach die Funktion einfügen. Bei dieser Aufgabe müssen Sie sich natürlich vorher merken, wo Sie die Tabellenfunktion einfügen möchten. Die Tabellenfunktion wird beim Listing 5.85 genau in der Zelle erfasst, die zum Start des Makros aktiviert war.

Listing 5.85: Flexible Summe einfügen

```
Sub TabellenFunktonErfassen04()
Dim Bereich As Range
Dim s As String

   s = ActiveCell.Address
   Set Bereich = Application.InputBox _
 ("Wählen Sie den Bereich, den Sie summieren möchten", _
  Type:=8)
  Range(s).Select
  ActiveCell.FormulaLocal = _
  "=SUMME(" & Bereich.Address & ")"
End Sub
```

REF

Erfahren Sie mehr über die Programmierung von Inputboxen in Kapitel 14.

Rechnungsfälligkeit ermitteln (EDATUM)

In der folgenden Aufgabe wird die Funktion EDATUM aus dem Analyse-Add-In in eine Zelle eingefügt. Damit das Makro aus Listing 5.86 auch funktioniert, müssen Sie vorher das Analyse-Add-In im Add-In-Manager einbinden.

Listing 5.86: EDATUM einfügen

```
Sub FunktionErfassen05()
Dim zelle As Range

Set zelle = ActiveCell
With zelle
 .FormulaLocal = "=EDATUM(A1;1)"
End With
End Sub
```

Die Tabellenfunktion EDATUM können Sie einsetzen, wenn Sie ausgehend von einem Datum ein weiteres ausrechnen möchten. So rechnet die Formel =EDATUM(A1;1) das Datum aus, welches genau einen Monat weiter in der Zukunft liegt.

:-) TIPP

Möchten Sie eine Formel ausgeben, welche in einer Zelle steht, dann verwenden Sie den Befehl MsgBox ActiveCell.FormulaLocal.

Minimalwert ermitteln

Liegt eine etwas größere Liste vor und soll in dieser Liste der kleinste Wert ermittelt werden, dann setzen Sie die Tabellenfunktion Min ein.

Listing 5.87: Minimalwert in einer Liste finden

```
Sub MinimalwertErmitteln()
MsgBox Application.WorksheetFunction.Min _
(ActiveSheet.Range("A1:A" & _
Sheets("Tabelle25").UsedRange.Rows.Count))
End Sub
```

Übergeben Sie der Funktion Min den Bereich, in dem gesucht werden soll. Dieser Bereich bildet sich in diesem Beispiel aus den verwendeten Zellen der Spalte A.

Auswertungen durchführen

Auf den folgenden Seiten sollen Daten ausgewertet werden. Dabei gehen Sie so vor:

1. Erzeugen Sie per Makro ein paar Testdaten im Bereich D6:G12.
2. Runden Sie die Zahlen auf zwei Stellen hinter dem Komma.
3. Finden Sie den höchsten Wert im Bereich.
4. Ermitteln Sie die fünf kleinsten Werte im Bereich.
5. Geben Sie die fünf höchsten Werte im Bereich aus.
6. Ermitteln Sie den Durchschnittswert aus den fünf höchsten Werten des Bereichs.

Im ersten Schritt erzeugen Sie einmal ein paar Testdaten im Zellbereich D6:G12. Dazu setzen Sie das Makro aus Listing 5.88 ein.

Listing 5.88: Zufallsdaten erzeugen

```
Sub BereichMitZufallszahlenFüllen()
Dim Ber As Range
Dim Zelle As Range

Sheets("Tabelle8").Activate
```

```
Set Ber = Range("D6:G12")
Ber.Select
For Each Zelle In Ber
 Zelle.Value = Rnd(Zelle.Value) * 100
Next Zelle
End Sub
```

Im ersten Schritt aktivieren Sie die TABELLE8 über die Methode `Activate`. Dort angelangt, definieren Sie den Bereich mit Ihren Daten über die Anweisung `Set`. Jetzt kommt die Funktion `Rnd` ins Spiel. Die `Rnd`-Funktion gibt einen Wert zurück, der kleiner als 1, aber größer als oder gleich Null ist. Deshalb multiplizieren Sie den Wert mit dem Multiplikator 100. Die Schleife sorgt dafür, dass alle Zellen im definierten Bereich mit den Zufallszahlen versorgt werden.

Die Daten liegen noch in einer unmöglichen Form vor. Jetzt sollten Sie die erzeugten Daten runden. Dazu setzen Sie das Makro aus Listing 5.89 ein.

Listing 5.89: Zufallsdaten runden

```
Sub ZahlenRundenInBereich()
Dim Ber As Range
Dim Zelle As Range

Sheets("Tabelle8").Activate
Set Ber = Range("D6:G12")
Ber.Select
For Each Zelle In Ber
 Zelle.Value = Application.Round(Zelle.Value, 2)
Next Zelle
End Sub
```

Setzen Sie in einer Schleife die Funktion `Round` ein, um die Werte zu runden. Geben Sie im ersten Argument der Funktion an, was Sie runden möchten. Das zweite Argument gibt an, wie viele Stellen rechts vom Dezimalpunkt beim Runden berücksichtigt werden sollen. Wird dieser Wert übrigens ausgelassen, gibt die `Round`-Funktion Ganzzahlen zurück.

Gehen Sie nun an die Auswertung Ihrer Daten. Zuerst ermitteln Sie den höchsten Wert im Bereich D6:G12. Dazu kommt das Makro aus Listing 5.90 zum Einsatz.

Listing 5.90: Maximalwert finden

```
Sub MaximumFinden()
Dim Ber As Range

Sheets("Tabelle8").Activate
Set Ber = Range("D6:G12")
MsgBox Application.WorksheetFunction.Max(Ber)
End Sub
```

Den höchsten Wert im Bereich D6:G12 ermitteln Sie, indem Sie die Eigenschaft `WorkSheetFunction` einsetzen. Damit haben Sie Zugriff auf genau die Funktionen, die Sie auch auf Ihren Tabellen beispielsweise über den Funktionsassistenten verwenden. Bei der Funktion `Max` geben Sie an, in welchem Bereich Sie den Maximalwert finden möchten.

:-) TIPP

Die Tabellenfunktion MAX entspricht dabei der Funktion `Max` *in VBA. Dass diese beiden Funktionen hier genau gleich lauten, ist eher Zufall. Die meisten Funktionen unterscheiden sich hierbei ganz erheblich, so dass Sie Schwierigkeiten bekommen können, wenn Sie zu einer deutschen Tabellenfunktion die entsprechende englische VBA-Funktion finden möchten. Wenn Sie auf der Suche nach einer Umschlüsselungsliste sind, dann brauchen Sie nicht lange zu suchen. Sie finden diese im Office-Verzeichnis unter dem Namen* VBALISTE.XLS.

Vielleicht kennen Sie die Filterfunktion `Top 10` aus dem Autofilter von Excel, den Sie in einer Tabelle anwenden können. Diese Funktion können Sie auch in VBA programmieren. Für unsere Aufgabe sollen die fünf niedrigsten Werte im Bereich B6:G12 ermittelt werden. Für diese Aufgabe können Sie das Listing 5.91 einsetzen.

Listing 5.91: Die fünf kleinsten Werte finden

```
Sub FünfKleinsteWerteInBereichFinden()
Dim wert1 As Single
Dim Wert2 As Single
Dim wert3 As Single
Dim wert4 As Single
Dim wert5 As Single
Dim Ber As Range

Sheets("Tabelle8").Activate
Set Ber = Range("D6:G12")

wert1 = Application.WorksheetFunction.Small(Ber, 1)
Wert2 = Application.WorksheetFunction.Small(Ber, 2)
wert3 = Application.WorksheetFunction.Small(Ber, 3)
wert4 = Application.WorksheetFunction.Small(Ber, 4)
wert5 = Application.WorksheetFunction.Small(Ber, 5)

MsgBox "Wert 1: " & wert1 & vbLf & _
       "Wert 2: " & Wert2 & vbLf & _
       "Wert 3: " & wert3 & vbLf & _
       "Wert 4: " & wert4 & vbLf & _
       "Wert 5: " & wert5, vbInformation, _
       "Die kleinsten Zahlen"
End Sub
```

Im ersten Schritt definieren Sie Ihre Variablen. Weisen Sie den Variablen `wert1` bis `wert5` den Datentyp `Single` zu. Damit können Sie Zahlenwerte inklusive der Nachkommastellen speichern. Danach definieren Sie wieder Ihren Datenbereich mithilfe der Anweisung `Set`. Verwenden Sie jetzt die Funktion `Small`, der Sie im ersten Argument den auszuwertenden Bereich bekannt geben und im zweiten Argument die Rangfolge übergeben. Mit dem Befehl `Application.WorksheetFunction.Small(Ber, 5)` werden beispielsweise die fünf niedrigsten Werte im Bereich `ber` ermittelt. Geben Sie am Ende alle ermittelten Werte in einem Meldungsfenster aus. Um den Zeilenumbruch im Meldungsfenster hinzubekommen, setzen Sie die Konstante `VbLf` ein.

Abbildung 5.27: Die fünf kleinsten Werte ausgeben

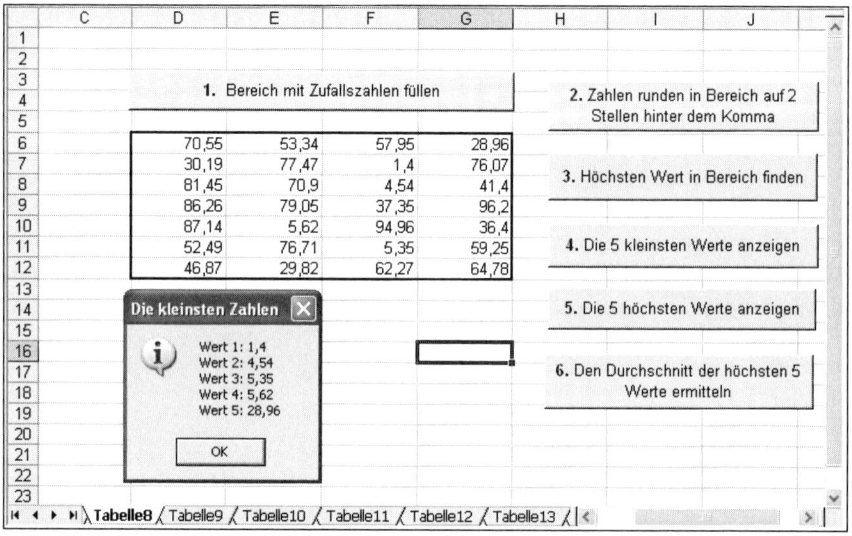

Im nächsten Teilschritt sollen die fünf höchsten Werte im Datenbereich D6:G12 gefunden und auf dem Bildschirm angezeigt werden. Diese Aufgabe lösen Sie mit dem Makro aus Listing 5.92.

Listing 5.92: Die fünf größten Werte finden

```
Sub FünfGrößteWerteInBereichFinden()
Dim wert1 As Single
Dim Wert2 As Single
Dim wert3 As Single
Dim wert4 As Single
Dim wert5 As Single
Dim Ber As Range

Sheets("Tabelle8").Activate
Set Ber = Range("D6:G12")

Wert1 = Application.WorksheetFunction.Large(Ber, 1)
Wert2 = Application.WorksheetFunction.Large(Ber, 2)
wert3 = Application.WorksheetFunction.Large(Ber, 3)
wert4 = Application.WorksheetFunction.Large(Ber, 4)
wert5 = Application.WorksheetFunction.Large(Ber, 5)
```

```
MsgBox "Wert 1: " & wert1 & vbLf & _
       "Wert 2: " & Wert2 & vbLf & _
       "Wert 3: " & wert3 & vbLf & _
       "Wert 4: " & wert4 & vbLf & _
       "Wert 5: " & wert5, vbInformation, _
       "Die größten Zahlen"
End Sub
```

Im ersten Schritt definieren Sie Ihre Variablen. Weisen Sie den Variablen `wert1` bis `wert5` den Datentyp `Single` zu. Damit können Sie Zahlenwerte inklusive der Nachkommastellen speichern. Danach definieren Sie Ihren Datenbereich mithilfe der Anweisung `Set`. Verwenden Sie jetzt die Funktion `Large`, der Sie im ersten Argument den auszuwertenden Bereich bekannt geben und im zweiten Argument die Rangfolge übergeben. Mit dem Befehl `Application.WorksheetFunction.Large(Ber, 2)` wird beispielsweise der zweithöchste Wert im Bereich `ber` ermittelt. Geben Sie am Ende alle ermittelten Werte in einem Meldungsfenster aus.

Setzen Sie noch einen drauf und ermitteln Sie nun den Durchschnitt aus den fünf höchsten Werten im Datenbereich D6:G12. Dazu kommt das Listing 5.93 zum Einsatz:

Listing 5.93: Mittelwert aus den höchsten Werten bilden

```
Sub Top5AvgInBereichFinden()
Dim wert1 As Single
Dim Wert2 As Single
Dim wert3 As Single
Dim wert4 As Single
Dim wert5 As Single
Dim durch As Single
Dim Ber As Range

Sheets("Tabelle8").Activate
Set Ber = Range("D6:G12")

wert1 = Application.WorksheetFunction.Large(Ber, 1)
Wert2 = Application.WorksheetFunction.Large(Ber, 2)
wert3 = Application.WorksheetFunction.Large(Ber, 3)
wert4 = Application.WorksheetFunction.Large(Ber, 4)
wert5 = Application.WorksheetFunction.Large(Ber, 5)

durch = _
Application.WorksheetFunction.Average _
(wert1, Wert2, wert3, wert4, wert5)

MsgBox "Wert 1: " & wert1 & vbLf & _
       "Wert 2: " & Wert2 & vbLf & _
       "Wert 3: " & wert3 & vbLf & _
       "Wert 4: " & wert4 & vbLf & _
```

```
        "Wert 5: " & wert5 & vbLf & _
        vbLf & "Der Top-5 Wert ist: " & _
        durch, vbInformation, "Mittelwert"
End Sub
```

Der erste Teil des Makros aus Listing 5.93 entspricht dem Makro aus Listing 5.92. Erst danach unterscheiden sich beide Makros. Um den Mittelwert zu bestimmen, setzen Sie die Funktion `Average` ein. Übergeben Sie dieser Funktion die vorher ermittelten Maximalwerte.

Bereiche summieren

Sicher kennen Sie die wohl am häufigsten verwendete Zellenfunktion in Excel. Die Funktion `SUMME` können Sie auch in VBA wie folgt einsetzen:

Listing 5.94: Bereiche summieren (Formel als Ergebnis einfügen)

```
Sub BereichSummieren()
 Sheets("Tabelle1").Activate
 Range("A10").Formula = _
 WorksheetFunction.Sum(Range("A1:A9"))
End Sub
```

Da es sich beim Beispiel aus Listing 5.94 um den Einsatz einer Funktion handelt, müssen Sie die Eigenschaft `Formula` verwenden, um der Zelle die Funktion `Sum` zuzuweisen.

:-) TIPP

Weitere wichtige Worksheet-Funktionen sind `Max`, `Min`, `Average`, *welche den höchsten, den kleinsten und den Durchschnittswert einer Liste ermitteln.*

Funktion dauerhaft einfügen

Wenn Sie die letzte Aufgabe noch einmal genau betrachten, werden Sie feststellen, dass das Ergebnis aus einem festen Wert besteht. Für bestimmte Fälle ist es jedoch besser, die Funktion einzufügen. Im folgenden Beispiel wird daher dieselbe Aufgabe gelöst wie eben beschrieben, nur mit dem Unterschied, dass dieses Mal die Summenfunktion erhalten bleibt.

Listing 5.95: Bereiche summieren (Formel als Formel erhalten)

```
Sub SummeBereichInZelleA10()
  Worksheets("Tabelle1").Range("A10").Formula = _
  "=sum(A1:A9)"
End Sub
```

Mittelwert über Inputbox ermitteln

In der folgenden Aufgabe geht es darum, einen Mittelwert eines markierten Bereichs zu ermitteln. Dazu wird der Bereich über eine Inputbox markiert und anschließend ausgewertet. Das Makro für diese Aufgabe sehen Sie in Listing 5.96.

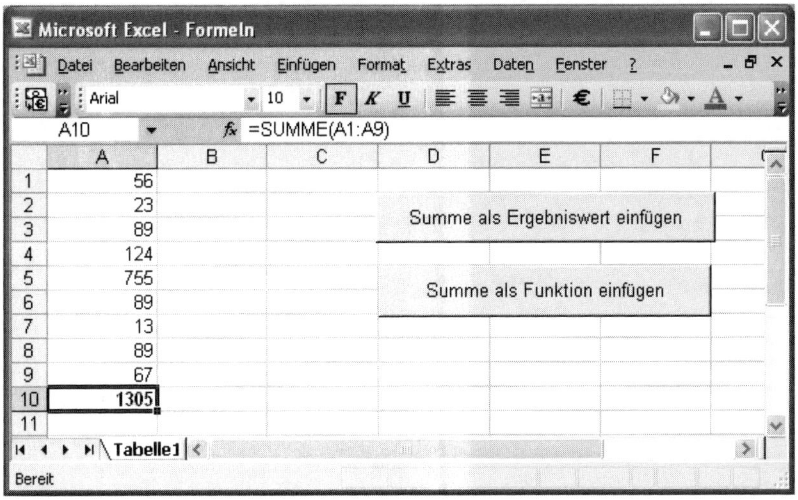

Abbildung 5.28: Summenbildung in VBA

Listing 5.96: Mittelwert errechnen

```
Sub MittelwertMitInputbox()
Dim Bereich As Range

On Error Resume Next
 Set Bereich = Application.InputBox _
 (Prompt:="Markieren Sie den Zellbereich:", Type:=8)
 MsgBox WorksheetFunction.Average(Bereich)
End Sub
```

Definieren Sie zuerst eine Variable vom Typ Range. Danach wenden Sie die Methode Inputbox an, um einen Dialog aufzurufen. Jetzt muss ein Bereich auf dem Tabellenblatt ausgewählt werden. Damit die Inputbox diesen Bereich richtig wiedergeben kann, müssen Sie die Inputbox-Methode vom Type:=8 anwenden, welche einen Zellenbezug speichern kann. Bestätigen Sie nach der Auswahl eines Zellbereichs den Dialog mit der Schaltfläche OK. Jetzt ermittelt die Funktion Average den Durchschnittswert des ausgewählten Bereichs und gibt diesen in einer Bildschirmmeldung aus. Möchten Sie den Dialog jedoch beenden, ohne die Mittelwertrechnung auszuführen, sorgt die On Error-Anweisung dafür, dass es zu keiner Makro-Fehlermeldung kommt.

Eurokonvertierung leicht gemacht

DM → €

Recht interessant ist auch die folgende Aufgabe: Es werden in einer alten Tabelle innerhalb des markierten Bereichs die DM-Beträge in Euro-Beträge umgewandelt. Dabei dürfen nur Zellen konvertiert werden, die Zahlenwerte beinhalten. Zellen, die Formeln und Texte enthalten, müssen ignoriert werden. Auch bei der Formatierung muss das Währungszeichen ausgetauscht werden. Andere Formate wie z.B. das Datumsformat bzw. Textformate sollen erhalten bleiben. Nur für Zahlenwerte darf der Austausch des Währungszeichens durchgeführt werden.

Setzen Sie nun die Tabelle um, indem Sie das Makro aus Listing 5.97 starten.

Listing 5.97: DM in Euro umrechnen mit Umstellung des Währungsformats

```
Sub DMinEUROUmrechnen()
Dim Zelle As Range

For Each Zelle In Selection
 If Zelle.HasFormula = True Or IsNumeric(Zelle) = False_
  Or IsEmpty(Zelle) Or IsDate(Zelle) Then
 Else
  Zelle = Zelle / 1.95583
 End If
 If IsEmpty(Zelle) Or IsDate(Zelle) Then
 Else
 Zelle.NumberFormat = "#,##0.00 _;-#,##0.00 _"
 End If
Next Zelle
End Sub
```

Abbildung 5.29: Eine Tabelle mit der Währung DM

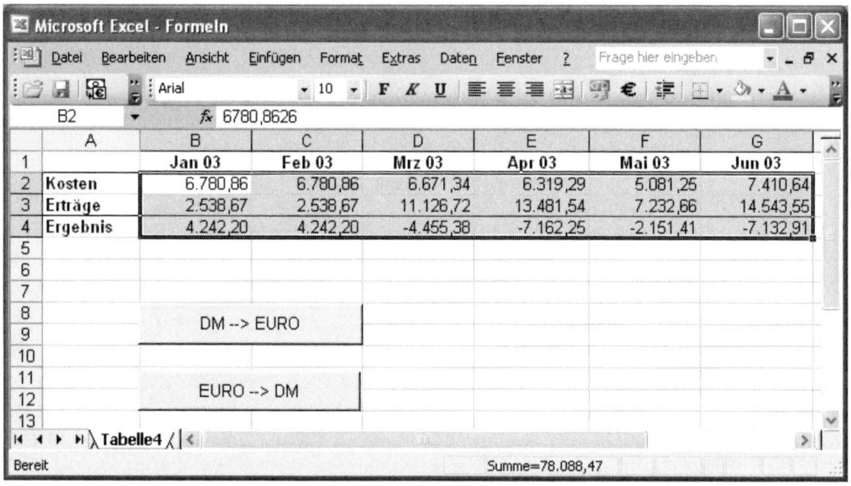

Im markierten Bereich werden mithilfe einer `For Each`-Schleife alle Zellen durchlaufen und geprüft bzw. umgesetzt. Die Umrechnung darf nur bei Zellen ausgeführt werden, die einen numerischen Wert aufweisen; daher schließen Sie Zellen, die leer sind oder einen Text, Datumsangaben oder Formeln beinhalten, von der Umrechnungsaktion aus. Im zweiten Schritt müssen Sie darauf achten, dass das Währungsformat nur bei Zellen angewandt wird, die einen numerischen Wert enthalten. Zellen mit Datumsformaten und Leerzellen dürfen auf keinen Fall mit dem Währungsformat belegt werden!

€ → DM

Aber auch der umgekehrte Vorgang ist denkbar (wenn auch kaum mehr aktuell), also eine Umrechnung von Euro- in DM-Beträge.

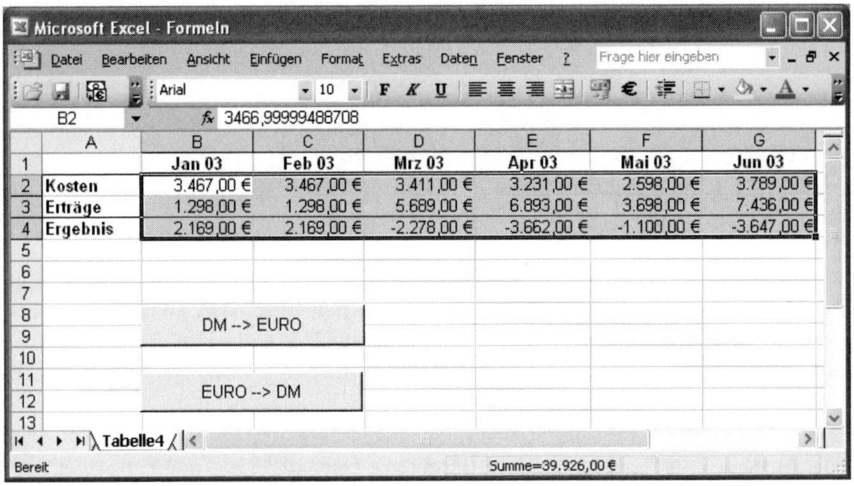

Abbildung 5.30: Das Ergebnis: die umgerechnete Tabelle mit Euro-Werten

Listing 5.98: Euro in DM umrechnen mit Umstellung des Währungsformats

```
Sub EUROinDMumrechnen()
Dim Zelle As Range

For Each Zelle In Selection
 If Zelle.HasFormula = True Or _
 IsNumeric(Zelle) = False _
 Or IsEmpty(Zelle) Or IsDate(Zelle) Then
  Else
  Zelle = Zelle * 1.95583
  End If
  If IsEmpty(Zelle) Or IsDate(Zelle) Then
  Else
  Zelle.NumberFormat = "#,##0.00;-#,##0.00"
  End If
Next Zelle
End Sub
```

Obergrenzen festlegen bzw. runden

Sollen in einer Tabelle Zahlenwerte gerundet bzw. auf die nächst höhere Zahl gebracht werden, dann stehen Ihnen hierfür einige Funktionen zur Verfügung.

Listing 5.99: Verschiedene Möglichkeiten des Rundens

```
Sub ZahlenRunden()
Dim zelle As Range

Sheets("Tabelle26").Activate
For Each zelle In Selection
 zelle.Offset(0, 1).Value = _
 Application.WorksheetFunction.Round(zelle.Value, 0)
 zelle.Offset(0, 2).Value = _
```

```
 Application.WorksheetFunction.RoundUp(zelle.Value, 1)
 zelle.Offset(0, 3).Value = _
 Application.WorksheetFunction.RoundDown(zelle.Value, 1)
 zelle.Offset(0, 4).Value = _
 Application.WorksheetFunction.Ceiling(zelle.Value, 100)
 zelle.Offset(0, 5).Value = _
 Application.WorksheetFunction.Floor(zelle.Value, 100)
Next zelle
End Sub
```

Bei den Funktionen `Round`, `RoundUp` und `RoundDown` legt das zweite Argument fest, ab welcher Kommastelle gerundet werden soll. Die 0 besagt, dass schon vor dem Komma gerundet werden soll. Die 1 bewirkt, dass nach der ersten Nachkommastelle gerundet wird.

Die Funktion `Ceiling` legt eine Obergrenze fest, auf die ein Wert angehoben werden soll. Im Beispiel wird dabei immer auf die vollen Hundert gerundet. Die Funktion `Floor` hingegen legt eine Untergrenze fest, auf die ein Wert abgerundet werden soll.

Abbildung 5.31: Runden, Ab- und Aufrunden

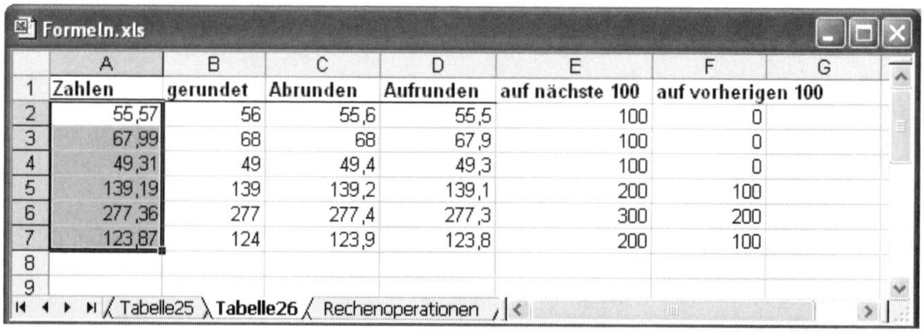
Formeln.xls

	A	B	C	D	E	F	G
1	Zahlen	gerundet	Abrunden	Aufrunden	auf nächste 100	auf vorherigen 100	
2	55,57	56	55,6	55,5	100	0	
3	67,99	68	68	67,9	100	0	
4	49,31	49	49,4	49,3	100	0	
5	139,19	139	139,2	139,1	200	100	
6	277,36	277	277,4	277,3	300	200	
7	123,87	124	123,9	123,8	200	100	
8							
9							

Tabelle25 Tabelle26 Rechenoperationen

Formeln und Verknüpfungen schneller finden

Oft bekommt man eine fremde Excel-Arbeitsmappe und muss sich dann erst einmal durch unzählige Verknüpfungen, Formeln und Funktionen durcharbeiten. Zwar hilft die Tastenkombination [Strg]+[#] weiter, die alle Zellen so weit vergrößert, dass die Formeln, Funktionen sowie Verknüpfungen leichter gefunden werden können, doch eine dauerhafte Lösung bietet diese Vorgehensweise auch nicht. Stattdessen können Sie ein Makro programmieren, welches alle Zellen einfärbt, die Formeln, Funktionen oder Verknüpfungen enthalten. Die Lösung dieser Aufgabe sehen Sie im Makro aus dem Listing 5.100.

Listing 5.100: Alle Formelzellen einfärben

```
Sub FormelZellenFärben()
 Sheets("Tabelle2").Activate
 Selection.SpecialCells _
```

```
(xlCellTypeFormulas, 23).Interior.ColorIndex = 15
End Sub
```

Mithilfe der Methode `SpecialCells`, der Sie die Konstante `xlCellTypeFormulas` übergeben, werden alle Zellen auf dem Tabellenblatt markiert, die entweder Formeln, Funktionen oder Verknüpfungen enthalten. Um die gefundenen Zellen einzufärben, greifen Sie auf das Objekt `Interior` zurück, welches den Innenbereich eines Objekts darstellt, und weisen danach über die Eigenschaft `ColorIndex` den Index für die Farbe Grau zu.

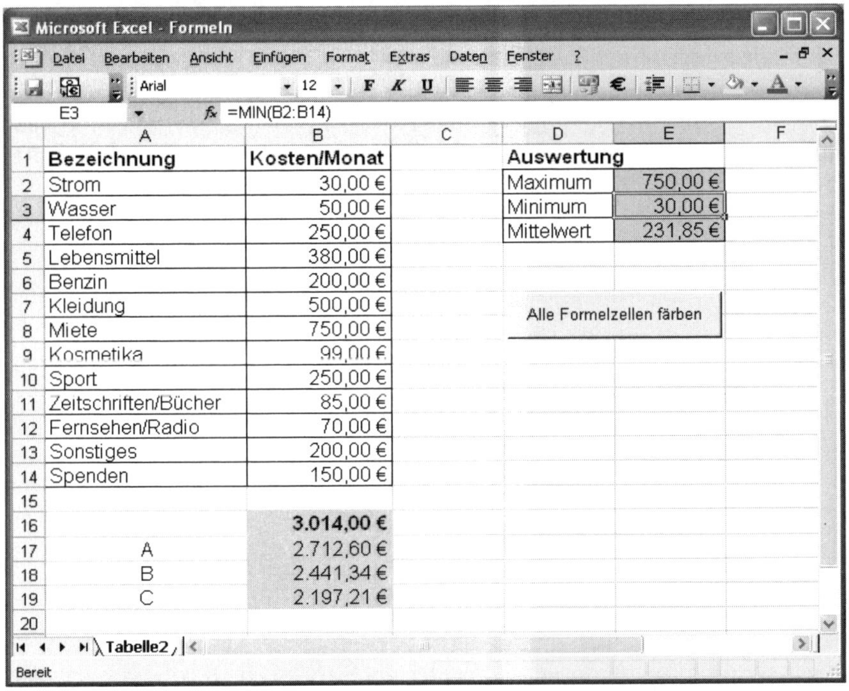

Abbildung 5.32: Alle Formelzellen sind leicht sichtbar

Entnehmen Sie der Tabelle 5.7 exemplarisch weitere Indizes für Farben, die Sie als Zellenhintergrund verwenden können.

Tabelle 5.7: Ein kleiner Ausschnitt aus den 56 Farben, die Excel anbietet

Colorindex	Farbe
1	Schwarz
2	Weiß
3	Rot
4	Grün
5	Blau

Tabelle 5.7: Ein kleiner Ausschnitt aus den 56 Farben, die Excel anbietet (Forts.)

Colorindex	Farbe
6	Gelb
7	Magenta
8	Cyan
9	Braun

Wenn Sie möchten, können Sie sich ein kleines Makro schreiben, welches Ihnen alle 56 Farben in einem Tabellenblatt abbildet. Sie können dann in Ruhe die gewünschten Farben auswählen.

Das Makro für die Darstellung aller Farben können Sie Listing 5.101 entnehmen.

Listing 5.101: Farbenpalette von Excel auslesen

```
Sub FarbenAnsehen()
Dim i As Integer
Dim e As Integer

 Sheets("Tabelle3").Activate
 e = 1

 For i = 1 To 28
  Cells(1, i).Interior.ColorIndex = i
  Cells(2, i).Value = i
 Next i

  For i = 29 To 56
  Cells(4, e).Interior.ColorIndex = i
  Cells(5, e).Value = i
  e = e + 1
 Next i
End Sub
```

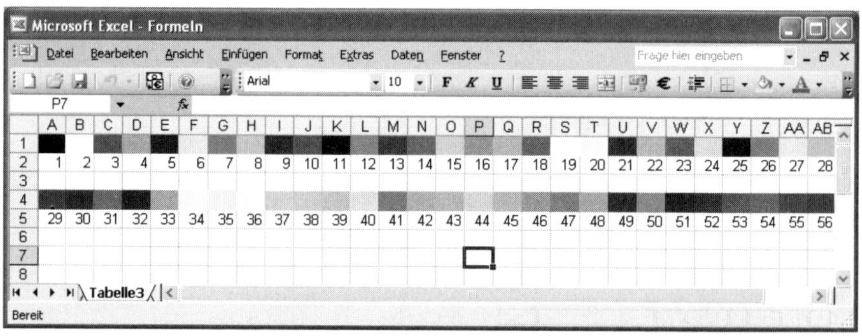

Abbildung 5.33: Alle 56 Farben mit ColorIndex in der Übersicht

Bezüge umsetzen

Wenn in einer Tabelle relative Zellenbezüge in absolute Bezüge gewandelt werden sollen, dann ist das manuell eine mitunter langwierige Aufgabe. Setzen Sie in diesem Fall lieber ein Makro ein, das alle relativen Zellenbezüge in absolute Bezüge umwandelt.

Listing 5.102: Relative Bezüge in absolute Bezüge wandeln

```
Sub AbsoluteBezüge()
Dim Zelle As Range

For Each Zelle In Selection
If Zelle.HasFormula = True Then
Zelle.Formula = _
 Application.ConvertFormula _
 (Zelle.Formula, xlA1, , xlAbsolute)
End If
Next
End Sub
```

In einer `For Next`-Schleife werden alle Zellen innerhalb einer Markierung abgearbeitet. Prüfen Sie mithilfe der Eigenschaft `HasFormula` in der Schleife zunächst, ob die jeweilige Zelle eine Formel enthält. Wenn ja, dann meldet diese Eigenschaft den Wert `True`. In diesem Fall wenden Sie die Methode `ConvertFormula` an, um die relativen Bezüge in absolute Bezüge zu wandeln. Dieser Methode übergeben Sie als Erstes die Zelle, die Sie umsetzen möchten, dann legen Sie über eine Konstante den Referenzstil fest und geben letztendlich wiederum über eine Konstante an, wie Sie die Bezüge umsetzen möchten (`xlAbsolute` bzw. `XlRelativ`).

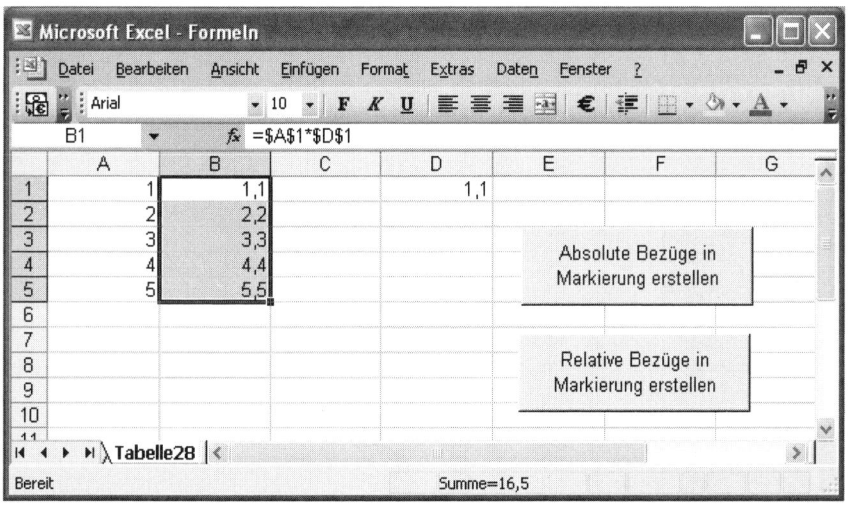

Abbildung 5.34: Bezüge wandeln

Analog zum vorherigen Makro können absolute Bezüge durch das folgende Makro in relative Bezüge gewandelt werden.

Listing 5.103: Absolute Bezüge in relative Bezüge wandeln

```
Sub RelativeBezüge()
Dim Zelle As Range

For Each Zelle In Selection
If Zelle.HasFormula = True Then
Zelle.Formula = _
 Application.ConvertFormula _
 (Zelle.Formula, xlA1, , xlRelative)
End If
Next
End Sub
```

5.6 Texte und Zahlen manipulieren

Texte finden

Um einen bestimmten Text bzw. eine Zeichenfolge in einer Tabelle zu finden, können Sie über die SUCHEN-Funktion aus dem Menü BEARBEITEN gehen. Diese SUCHEN-Funktion können Sie aber auch über ein Makro ausführen. Hier haben Sie die Möglichkeit, die gefundenen Zellen gleich farblich zu kennzeichnen. In der nächsten Abbildung sehen Sie, wie die Zeichenfolge xxx (klein geschrieben) in mehreren Zellen gefunden und farblich gekennzeichnet wird.

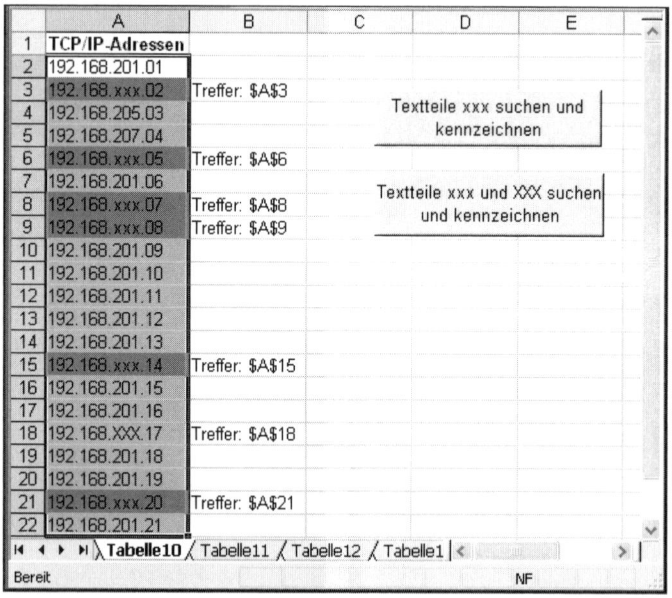

Abbildung 5.35: Alle noch unvollständigen IP-Adressen werden gekennzeichnet

Um die noch nicht vollständigen IP-Adressen schnell ausfindig zu machen, schreiben Sie das Makro aus Listing 5.104.

Listing 5.104: IP-Adressen kennzeichnen

```
Sub TextTeileSuchen()
Dim Zelle As Range

  For Each Zelle In Selection
    If InStr(Zelle, "xxx") > 0 Then
     Zelle.Interior.ColorIndex = 4
     Zelle.Offset(0, 1).Value = "Treffer: " & _
      Zelle.Address
    End If
  Next Zelle
End Sub
```

Mit einer Schleife arbeiten Sie alle Zellen innerhalb einer Markierung ab. Mithilfe der Funktion `InStr` überprüfen Sie, ob die Zeichenfolge »xxx« in der jeweiligen Zelle vorkommt. Wenn ja, dann wenden Sie die Eigenschaft `ColorIndex` auf die Innenfläche der Zelle (`Interior`) an und weisen dieser Eigenschaft den Wert `4` (Grün) zu. Über die Eigenschaft `Address` schreiben Sie die Zellenadresse der ermittelten Zelle in die Nebenzelle.

Aber hoppla, was ist hier passiert?

Werfen Sie einmal einen Blick in die Zeile 18 der Abbildung 5.35. Dort wurde eine unvollständige IP-Adresse nicht farblich hinterlegt. Wenn Sie die Zelle A18 mit den anderen Zellen vergleichen, werden Sie feststellen, dass in dieser Zelle die drei Buchstaben groß geschrieben sind. Somit nimmt Excel im Listing 5.104 eine Unterscheidung zwischen Groß- und Kleinschreibung vor. In vielen Fällen ist gerade diese Unterscheidung zwingend erforderlich, in unserem Beispiel aber eher nicht. Für unseren Zweck können wir das Makro aus Listing 5.104 ein wenig umschreiben. Das Resultat sehen Sie in Listing 5.105.

Listing 5.105: IP-Adressen kennzeichnen (Groß- und Kleinschreibung)

```
Sub TextTeileSuchenII()
Dim Zelle As Range

  For Each Zelle In Selection
    If InStr(Zelle, ("xxx")) > 0 _
    Or InStr(Zelle, ("XXX")) > 0 Then
     Zelle.Interior.ColorIndex = 4
     Zelle.Offset(0, 1).Value = "Treffer: " _
    & Zelle.Address
    End If
  Next Zelle
End Sub
```

Um sicherzustellen, dass alle noch nicht vollständigen IP-Adressen gefunden und gekennzeichnet werden, bauen Sie eine weitere Abfrage ein, die Sie mit dem Operator `Or` verbinden.

Daten bereinigen nach Datentransfer

Wenn Sie Daten von anderen Systemen wie Großrechnern oder Servern einlesen, haben Sie vielleicht schon einmal festgestellt, dass unerwünschte Zeichen mit übertragen werden. Diese Zeichen nennt man »nicht druckbare Zeichen«. Auch kann es vorkommen, dass Excel Zahlenwerte nicht richtig erkennt und diese stattdessen als Text konvertiert. Auf den ersten Blick fällt das nicht immer gleich auf. Erst wenn Sie versuchen, mit diesen Werten zu rechnen, gibt es Probleme.

Nachfolgend werden zwei Lösungen vorgestellt, die zum einen die nicht druckbaren Zeichen aus einer Tabelle entfernen und zum anderen Excel dazu bewegen, Zahlenwerte richtig zu interpretieren.

Listing 5.106: Daten bereinigen nach Datentransfer

```
Sub ZellenSäubern()
Dim Zelle As Range

For Each Zelle In ActiveSheet.UsedRange
    With Zelle
    If .HasFormula = False Then
    .Value = Application.WorksheetFunction.Clean(.Value)
    End If
    End With
Next Zelle
End Sub
```

Im benutzten Bereich der Tabelle wird die Säuberungsaktion nur bei Zellen durchgeführt, die keine Verknüpfungen und keine Formeln enthalten. Für diese Abfrage wenden Sie die Eigenschaft `HasFormula` an. Gibt diese Eigenschaft den Wert `True` zurück, handelt es sich um eine Zelle, die eine Formel oder Verknüpfung enthält. Handelt es sich um eine normale Zelle, gibt die Eigenschaft `Hasformula` den Wert `False` zurück. Danach wenden Sie die Funktion `Clean` an, die alle nicht druckbaren Zeichen entfernt.

Zahlenwerte richtig interpretieren

Im nächsten Beispiel wird Excel gezwungen, importierte Zahlenwerte auch als solche zu erkennen. Am schnellsten prüfen Sie, ob Ihre Daten richtig übertragen wurden, indem Sie einfach mal versuchen, eine Summe über die Zahlenwerte zu ziehen. Meldet die Funktion den Wert 0, können Sie davon ausgehen, dass Excel die Zahlenwerte als Text interpretiert. Im nächsten Schritt werden Sie wahrscheinlich probieren, den Zellen noch einmal ein Zahlenformat über den Dialog ZELLEN FORMATIEREN zuzuweisen. Aber auch diese Aktion bringt nicht den gewünschten Erfolg. Wenn es sich nur um ein paar Werte handelt, die falsch wiedergegeben werden, können Sie diese manuell umsetzen, indem Sie die Zelle markieren, die Taste [F2] und anschließend die [↵]-Taste drücken. Damit zwingen Sie Excel, neu zu rechnen. Bei größeren Datenmengen ist diese Vorgehensweise natürlich recht langwierig und nervig. Sie müssen daher eine Lösung finden, die Excel veranlasst, neu zu rechnen. Dazu können Sie beispielsweise jeden Zellenwert mit der Zahl 1 multiplizieren. Damit ändern Sie den eigentlichen Wert der Zelle nicht und kommen somit zum gewünschten Ergebnis. Das Makro für diese Aufgabe entnehmen Sie dem Listing 5.107.

```
Sub ZahlenwerteRichtigErkennen()
Dim Zelle As Range

For Each Zelle In Selection
 Zelle.Value = Zelle.Value * 1
Next Zelle
End Sub
```

Listing 5.107: Sicherstellen, dass Zahlenwerte richtig in Excel interpretiert werden

Zellen bereinigen oder manipulieren

Oft haben einzelne Zellen nicht das Format, das Sie gerne hätten. Sie müssen diese Zellen daher anpacken und editieren. Wenn es sich dabei um eine umfangreiche Liste handelt, kann das Stunden dauern. Scheller gehen Sie dabei vor, wenn Sie ein Makro erstellen und kurz über die Daten laufen lassen.

Im ersten Beispiel befinden sich störende Leerzeichen in den einzelnen Zellen, die Sie über ein Makro entfernen möchten.

Um jetzt die Leerzeichen aus den einzelnen Zellen herauszubekommen, markieren Sie alle Zellen, in denen Sie die Bereinigung durchführen möchten, und starten danach das Makro aus Listing 5.108.

```
Sub LeerzeichenAusZelleEntfernen()
Dim s As String
Dim Zelle As Range

Sheets("Tabelle7").Activate
For Each Zelle In Selection
 s = Application.Substitute(Zelle, " ", "")
 Zelle.Value = s
Next Zelle
End Sub
```

Listing 5.108: Leerzeichen aus Zellen entfernen

In einer Schleife kontrollieren Sie jede einzelne Zelle in der Markierung. Mit der Funktion `Substitute` suchen Sie nach den Leerzeichen und ersetzen diese durch einen leeren Textstring.

INFO

Nach der Bereinigungsaktion richtet Excel die Zelleninhalte neu aus. Dabei werden alphanumerische Werte am linken Zellenrand und numerische Werte am rechten Zellenrand ausgerichtet.

Ein ähnlicher Fall folgt jetzt: In einer Liste sollen Daten bereinigt werden. Dabei existiert in einigen Zellen das Zeichen »/«, welches entfernt werden soll. Die ursprünglichen Inhalte sollen aber nicht überschrieben werden. In der Zelle rechts neben der jeweiligen Zelle sollen die korrigierten Werte geschrieben werden. Das Ganze sieht dann etwa wie folgt aus:

Abbildung 5.36: Sonderzeichen aus Zellen entfernen

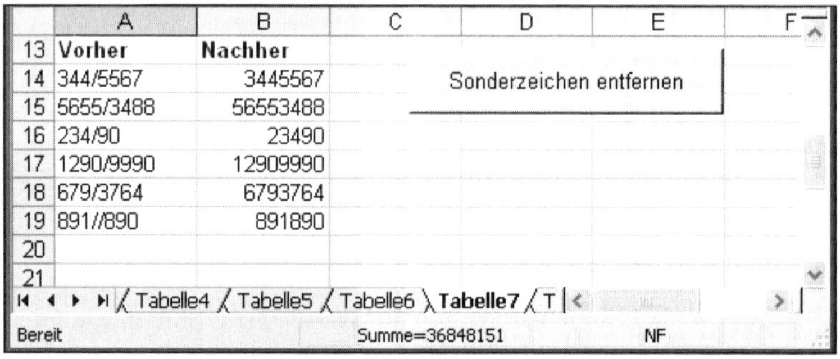

Das Makro, welches für die Bereinigung der Daten sorgt, sieht wie folgt aus:

Listing 5.109: Ein Sonderzeichen aus Zellen entfernen

```
Sub SonderZeichenEntfernen()
Dim zelle As Range
Dim s As String

For Each zelle In Selection
 s = Application.Substitute(zelle, "/", "")
 zelle.Offset(0, 1).Value = s
Next zelle
End Sub
```

Wie schon im vorherigen Beispiel, setzen Sie die Funktion `Substitute` ein, um ein Zeichen gegen ein anderes auszutauschen. Damit Sie den alten Zustand der Zelle beibehalten, setzen Sie die Eigenschaft `Offset` ein, um die korrigierten Werte eine Spalte weiter nach rechts einzufügen.

Damit noch nicht genug – sicher gibt es noch eine ganze Reihe weiterer Sonderzeichen, die möglicherweise auch in Ihren Daten vorkommen. Schreiben Sie nun ein Makro, um eine möglichst große Anzahl von Sonderzeichen in einem Arbeitsgang zu entfernen. Für diese Aufgabe können Sie das Makro aus Listing 5.110 einsetzen.

```
Sub MehrereSonderZeichenEntfernen()
Dim zelle As Range
Dim s As String

For Each zelle In Selection
 If InStr(zelle, "/") > 0 Then _
 zelle = Application.Substitute(zelle, "/", "")
 If InStr(zelle, "-") > 0 Then _
 zelle = Application.Substitute(zelle, "-", "")
 If InStr(zelle, "\") > 0 Then _
 zelle = Application.Substitute(zelle, "\", "")
Next zelle
End Sub
```

Listing 5.110: Mehrere Sonderzeichen aus Zellen entfernen

Mithilfe der Funktion `Instr` überprüfen Sie, ob ein Zeichen oder eine Zeichenfolge in einer Zelle vorkommt. Ist dies der Fall, gibt diese Funktion einen Wert größer als `0` zurück. Meldet die Funktion genau den Wert `0` zurück, wurde das Zeichen bzw. die Zeichenfolge in der Zelle nicht gefunden.

Telefonliste bearbeiten

Selbstverständlich können Sie auf dieselbe Weise auch einzelne Zeichen austauschen. Stellen Sie sich dazu einmal eine Telefonliste vor, die nicht einheitlich gepflegt wurde. Das Trennzeichen zischen Vorwahl und Rufnummer ist in einem Fall das Zeichen »/« und in einem anderen Fall das Zeichen »-«. Ihre Aufgabe besteht nun darin, diese Liste einheitlich umzusetzen. Für diesen Zweck markieren Sie alle Daten und starten das Makro aus Listing 5.111.

```
Sub TelefonlisteBereinigen()
Dim Zelle As Range

Sheets("Tabelle9").Activate
 For Each Zelle In Selection
  If InStr(Zelle, "-") Then
  Zelle = Application.Substitute(Zelle, "-", "/")
 End If
Next Zelle
End Sub
```

Listing 5.111: Sonderzeichen austauschen

In einer Schleife arbeiten Sie alle Zellen innerhalb der Markierung ab. Über die Funktion `InStr` können Sie überprüfen, ob in der jeweiligen Zelle das Zeichen »-« vorkommt. Wenn ja, dann tauschen Sie es durch die Funktion `Substitute` aus.

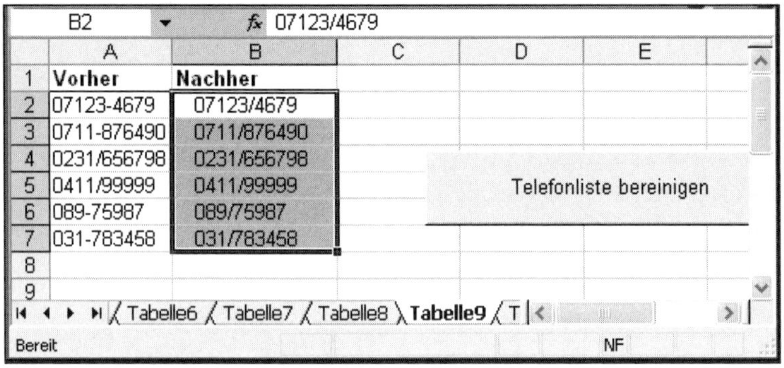

Abbildung 5.37: Sonderzeichen austauschen

Warennummer bilden

Im nächsten Beispiel müssen Sie Zellen kürzen. Es sind maximal drei Zeichen pro Zelle vorgesehen. Angenommen, Sie hätten beispielsweise eine Artikelliste. Die Artikelnummer setzt sich zusammen aus mehreren Buchstaben und Zahlen. Die Warengruppe ergibt sich aus den ersten drei Zeichen der Artikelnummer. Bilden Sie also nun ausgehend von der Artikelnummer die dazugehörigen Warennummern.

Der Code für diese Aufgabe lautet:

Listing 5.112: Zelleninhalte extrahieren (von links)

```
Sub ZelleinträgeKürzen()
Dim Zelle As Range

For Each Zelle In Selection
 Zelle.Offset(0, 1).Value = Left(Zelle.Value, 3)
Next Zelle
End Sub
```

Durchlaufen Sie alle Zellen innerhalb der Markierung und übertragen Sie die ersten drei Zeichen (von links) einer jeden Zelle in die Nebenzelle. Setzen Sie hierfür die Funktion `Left` ein. Als Argumente benötigt diese Funktion zum einen die Zelle, von der sie die Zeichen extrahieren möchten, zum anderen geben Sie im zweiten Argument an, wie viele Zeichen Sie übertragen möchten.

Im folgenden Beispiel gehen Sie einen Schritt weiter. Sie basteln sich aus einer Artikelnummer wiederum eine Warennummer. Dabei sollen die ersten zwei Zeichen und die letzten zwei Zeichen der Zelle in einer neuen Zelle zusammengefasst werden.

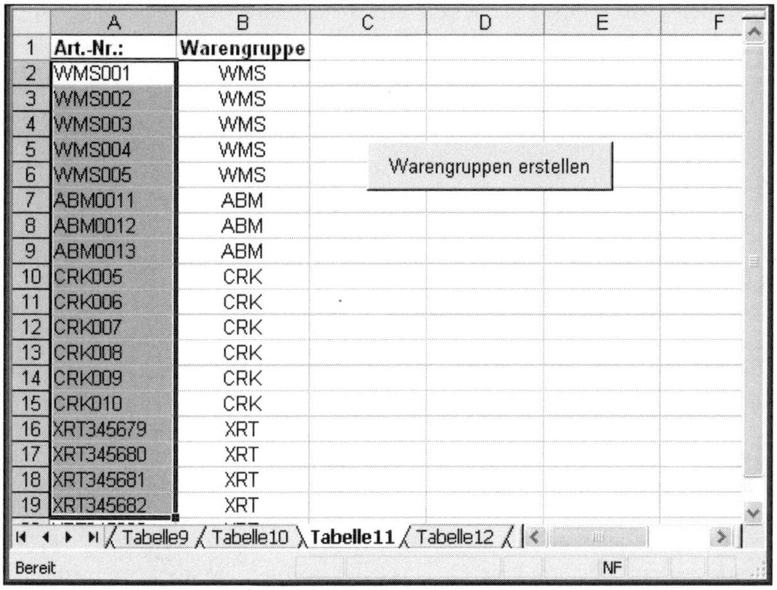

Abbildung 5.38: Textteile aus Zellen extrahieren

Listing 5.113: Zelleninhalte extrahieren (von links und rechts)

```
Sub TexteBasteln()
Dim Zelle As Range

For Each Zelle In Selection
 Zelle.Offset(0, 1).Value = Left(Zelle.Value, 2) _
 & Right(Zelle.Value, 2)
Next Zelle
End Sub
```

Zusätzlich zur letzten Aufgabe setzen Sie jetzt die Funktion `Right` ein, um Zeichen aus einer Zelle beginnend vom rechten Zellenrand zu übertragen. Als Argumente benötigt diese Funktion zum einen die Zelle, von der sie die Zeichen extrahieren möchten, zum anderen geben Sie im zweiten Argument an, wie viele Zeichen Sie übertragen möchten.

Gezielt können Sie die Funktion `Left` auch einsetzen, wenn Sie Zelleneinträge kürzen möchten. Dazu muss aber noch bekannt sein, auf wie viele Zeichen Sie die Zelleninhalte kürzen möchten. Im folgenden Praxisbeispiel werden alle Zellen um genau ein Zeichen gekürzt. Da Sie aber bei der Funktion die Anzahl der Zeichen angeben müssen, die von links übertragen werden sollen, kommt es hier zu Problemen, wenn die Zelleninhalte nicht immer gleich groß sind. Von daher brauchen Sie für diese Aufgabe Verstärkung in Form einer weiteren Funktion, die ermittelt, wie viele Zeichen in einer Zelle überhaupt vorhanden sind. Erst dann können Sie wissen, wie viele Zeichen Sie übertragen können. In unserem Beispiel wäre das dann die Gesamtlänge der Zelle – 1. Die Funktion, um die Länge einer Zelle zu ermitteln, heißt übrigens Len. Sehen Sie die Lösung dieser Aufgabe in Listing 5.114.

Listing 5.114: Zellen abschneiden

```
Sub LetztesZeichenEntfernen()
Dim Zelle As Range

For Each Zelle In Selection
 Zelle.Offset(0,1).Value = _
  Left(Zelle.Value, Len(Zelle.Value) - 1)
Next Zelle
End Sub
```

Über die Funktion Len ermitteln Sie die Länge einer Zelle. Damit können Sie der Funktion Left die Anzahl der zu übertragenden Zeichen übergeben.

Formeln tauschen

Erinnern Sie sich noch? Sie haben vorher einzelne Zeichen bzw. Textteile durch andere Zeichen ersetzt. Dasselbe können Sie aber auch mit Tabellenfunktionen machen. Stellen Sie sich vor, Sie müssten in einer Tabelle mit sehr vielen Summen-Funktionen eine neue Funktion einsetzen. Angenommen, Sie möchten statt der Funktion SUMME die Funktion MAX einsetzen. Dazu schreiben Sie folgendes Makro.

Listing 5.115: Formeln ersetzen

```
Sub FormelErsetzen()
Dim s As String
Dim zelle As Range

Sheets("Tabelle16").Activate
Selection.SpecialCells(xlCellTypeFormulas, 23).Select
For Each zelle In Selection
 s = zelle.FormulaLocal
 zelle.Value = Application.Substitute(s, "SUMME", "MAX")
Next zelle
End Sub
```

Mithilfe der Methode SpecialCells, der Sie die Konstante xlCellTypeFormulas übergeben, können Sie alle Zellen in Ihrer Tabelle markieren, die eine Funktion enthalten. Jetzt kommt die Funktion Substitute ins Spiel und tauscht die beiden Tabellenfunktionen gegeneinander aus (siehe Abbildung 5.39).

Nullen reinpumpen

Neben dem Tauschen von Formeln und Texten können Sie auch noch zusätzlichen Text in Zellen einfügen. Im folgenden Beispiel werden führende Nullen in Zellen reingepumpt. Diese Aufgabe lösen Sie mit dem Makro aus Listing 5.116.

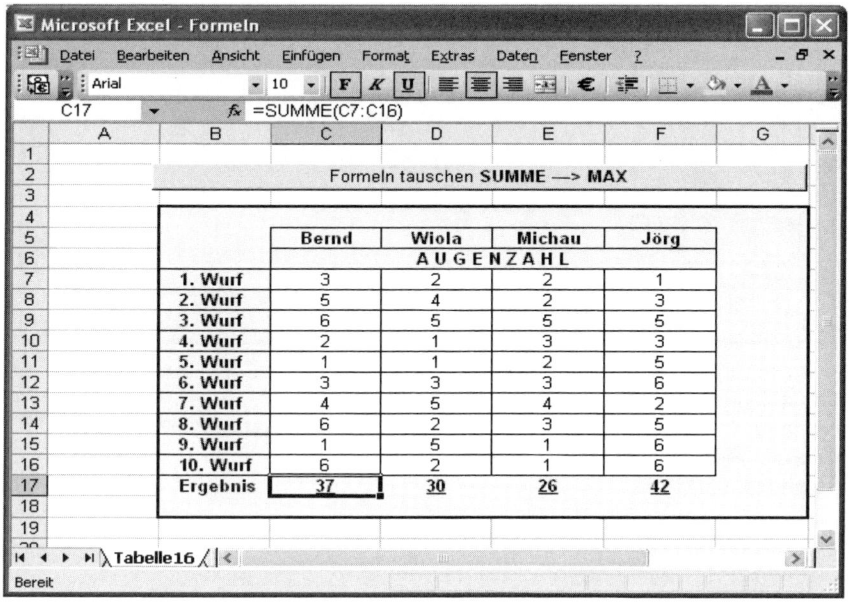

Abbildung 5.39: Funktionen austauschen

Listing 5.116: Zellen mit Nullen auffüllen

```
Sub AuffüllenNullen()
Dim Zelle As Range

Sheets("Tabelle20").Activate
For Each Zelle In Selection
Zelle.Offset(0, 1).NumberFormat = "@"
If Len(Zelle.Value) < 5 Then
Zelle.Offset(0, 1).Value = _
 Right("00000" & Zelle.Value, 5)
Else
 Zelle.Offset(0, 1).Value = Zelle.Value
End If
Next Zelle
End Sub
```

Das Makro überprüft jede Zelle innerhalb einer Markierung. Meldet die Funktion `Len` einen Wert kleiner als 5, dann werden führende Nullen in der Zelle aufgenommen (siehe Abbildung 5.40).

Nullen entfernen

Genau der entgegengesetzte Fall ist aber auch oft anzutreffen. In einer Liste sollen alle führenden und nachgestellten Nullen aus den Zellen entfernt werden. Der Code für diese Aufgabe sieht wie folgt aus:

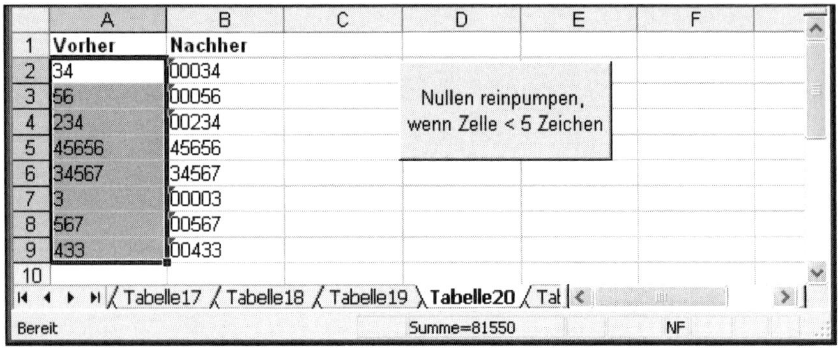

Abbildung 5.40: Zellen mit Nullen auffüllen

Listing 5.117: Nullen aus der Tabelle entfernen

```
Sub NullenEliminieren()
Dim Zelle As Range
Dim i As Integer
Dim neu As String

For Each Zelle In Selection
  For i = 1 To Len(Zelle)
    If Mid(Zelle, i, 1) <> 0 Then
      neu = neu & Mid(Zelle, i, 1)
    End If
  Next
  Zelle.Value = neu
  neu = ""
Next Zelle
End Sub
```

Mit einer `For each`-Schleife durchlaufen Sie alle Zellen innerhalb einer Markierung. Innerhalb dieser Schleife setzen Sie eine zweite Schleife auf, die jedes Zeichen einer Zelle nacheinander durchläuft. Mit der Funktion `Len` können Sie dabei ermitteln, wie viele Zeichen in einer Zelle enthalten sind. Innerhalb dieser zweiten Schleife prüfen Sie, ob es sich bei dem jeweiligen Zeichen um eine Null handelt. Wenn nicht, dann setzen Sie die einzelnen Zeichen wieder zusammen und schreiben diese am Ende als neuen Wert in die jeweils markierte Zelle.

Konstante Werte löschen und Formeln erhalten

Im folgenden Beispiel sollen in einer Tabelle alle Zellen gelöscht werden, die konstante Werte enthalten. Lediglich die Formeln sollen auf dem Tabellenblatt erhalten bleiben.

Listing 5.118: Alle festen Werte (keine Funktionen oder Formeln) löschen

```
Sub FixWerteLöschen()
 Range("A1").SpecialCells _
 (xlCellTypeConstants, xlNumbers).ClearContents
End Sub
```

Möchten Sie hingegen erreichen, dass bei konstanten Zellen vorher noch eine Prüfung stattfindet, die bei numerischen Zellen mit der Zahl 0 füllt bzw. bei Textzellen komplett die Inhalte löscht, müssen Sie anders vorgehen.

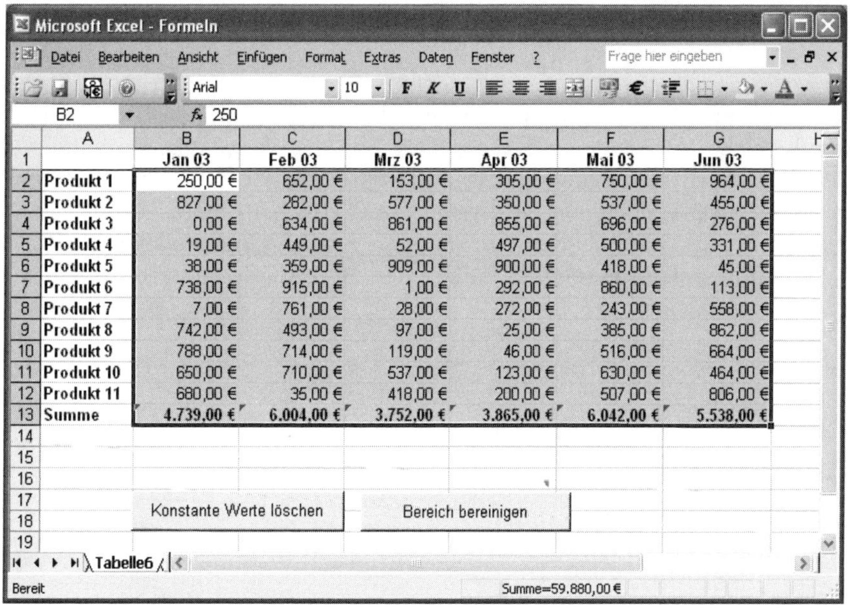

Abbildung 5.41: Bereiche gezielt initialisieren

Listing 5.119: Bereiche mit bestimmten Werten vorbelegen

```
Sub BereichBereinigen()
Dim Zelle As Range

For Each Zelle In Selection
 If Zelle.HasFormula Or IsDate(Zelle) Then _
 Else If IsNumeric(Zelle) Then Zelle.Value = 0 _
                          Else Zelle.Value = ""
Next Zelle
End Sub
```

Lediglich die konstanten Zellen werden innerhalb des markierten Bereichs initialisiert. Textzellen werden komplett gelöscht und bei Zellen mit Zahlenformat wird die 0 vorbelegt. Datumszellen bleiben von der Aktion unberührt.

Bereiche säubern

Im nächsten Beispiel sehen Sie eine Tabelle, die merkwürdige Sonderzeichen enthält. Diese sollen entfernt werden, so dass sich die Tabelle in einem ordentlichen Layout zeigt. Für diese Aufgabe können Sie das Makro aus Listing 5.120 verwenden.

Listing 5.120: Bereich säubern

```
Sub BereichSäubern()
Dim Zelle As Range
Sheets("Tabelle21").Activate
For Each Zelle In Selection
 Zelle.Value =_
 Application.WorksheetFunction.Clean(Zelle.Value)
Next Zelle
End Sub
```

Die Funktion `Clean` löscht alle nicht druckbaren Zeichen aus dem markierten Bereich. Verwenden Sie diese Funktion für Texte, die aus anderen Anwendungen importiert wurden und eventuell Zeichen enthalten, die das von Ihnen verwendete Betriebssystem nicht drucken kann. Beispielsweise können Sie `Clean` verwenden, um maschinennahen Code zu entfernen, der sich häufig am Anfang und Ende einer Datendatei befindet und nicht gedruckt werden kann.

Abbildung 5.42: Bereiche säubern

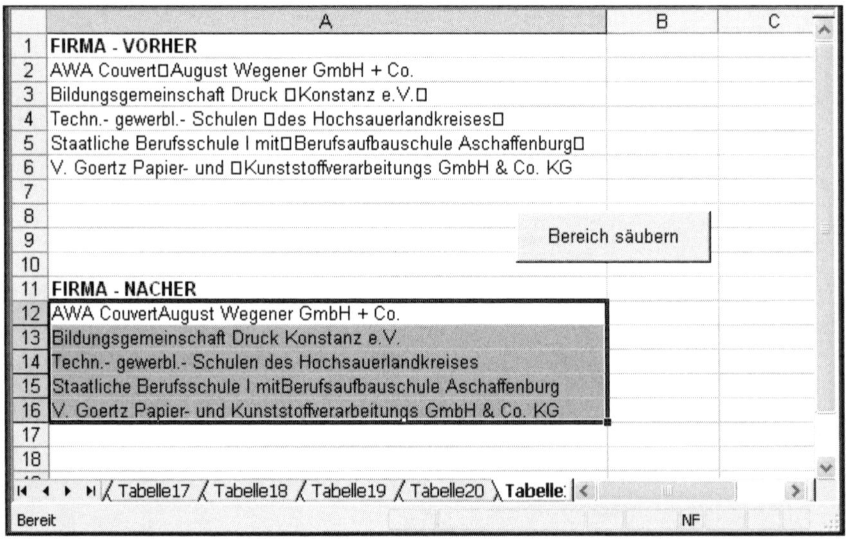

Zellen löschen

In Excel haben Sie die Möglichkeit, einzelne Zellen zu löschen. Dabei werden die nachfolgenden Zellen entweder nach links oder nach oben geschoben, so dass sich die Lücke dadurch schließt. Diese Funktion in Excel sollte aber mit Vorsicht eingesetzt werden, da dadurch schnell Informationen in die falsche Spalte bzw. falsche Zeile rutschen können.

Schauen Sie sich einmal die Abbildung 5.43 an.

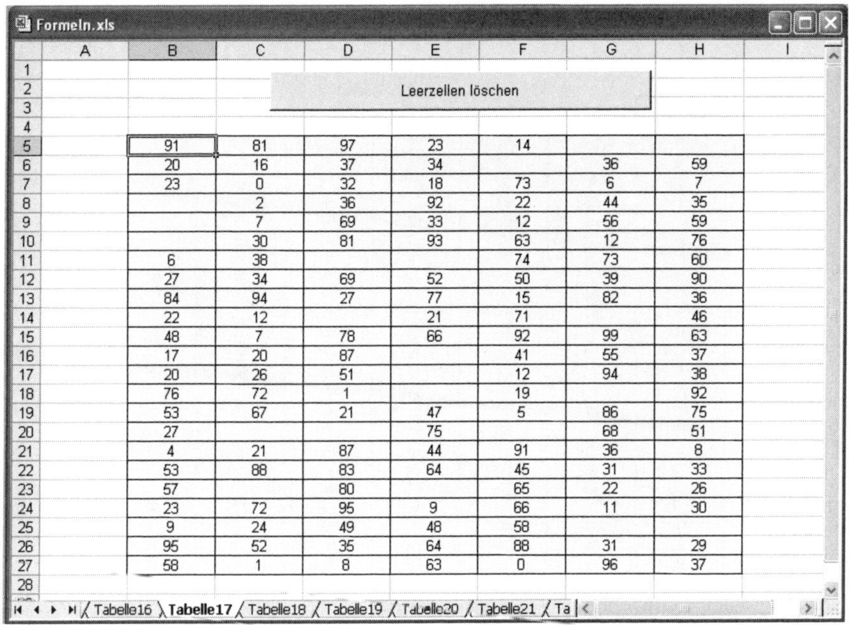

	A	B	C	D	E	F	G	H
5		91	81	97	23	14		
6		20	16	37	34		36	59
7		23	0	32	18	73	6	7
8			2	36	92	22	44	35
9			7	69	33	12	56	59
10			30	81	93	63	12	76
11		6	38			74	73	60
12		27	34	69	52	50	39	90
13		84	94	27	77	15	82	36
14		22	12		21	71		46
15		48	7	78	66	92	99	63
16		17	20	87		41	55	37
17		20	26	51		12	94	38
18		76	72	1		19		92
19		53	67	21	47	5	86	75
20		27			75		68	51
21		4	21	87	44	91	36	8
22		53	88	83	64	45	31	33
23		57		80		65	22	26
24		23	72	95	9	66	11	30
25		9	24	49	48	58		
26		95	52	35	64	88	31	29
27		58	1	8	63	0	96	37

Abbildung 5.43: Die Ausgangsbasis – eine Tabelle mit Leerzellen

In dieser Tabelle sehen Sie eine ganze Reihe von leeren Zellen, die Sie aus der Tabelle entfernen möchten. Dabei sollen die angrenzenden Zellen nach links verschoben werden. Um diese Aufgabe vollautomatisch auszuführen, starten Sie das Makro aus Listing 5.121.

Listing 5.121: Leere Zellen löschen

```
Sub LeerzellenLöschen()
Dim Bereich As Range
Dim Zelle As Range

 Set Bereich = Range("B5:H27")
 Bereich.Select
 Selection.SpecialCells(xlCellTypeBlanks). _
  Delete Shift:=xlToLeft
End Sub
```

Damit die »Verschieberei« in einem kontrollierten Bereich stattfindet, definieren Sie zuerst einmal diesen Bereich. Dazu setzen Sie die Anweisung `Set` ein. Danach steuern Sie alle leeren Zellen des festgelegten Bereichs und löschen diese mithilfe der Methode `Delete`. Als Argument geben Sie die Konstante `xlToLeft` an, damit die angrenzenden Zellen nach links verschoben werden, um die Lücken zu füllen, die durch die Löschaktion verursacht wurden.

Abbildung 5.44: Die leeren Zellen wurden gelöscht

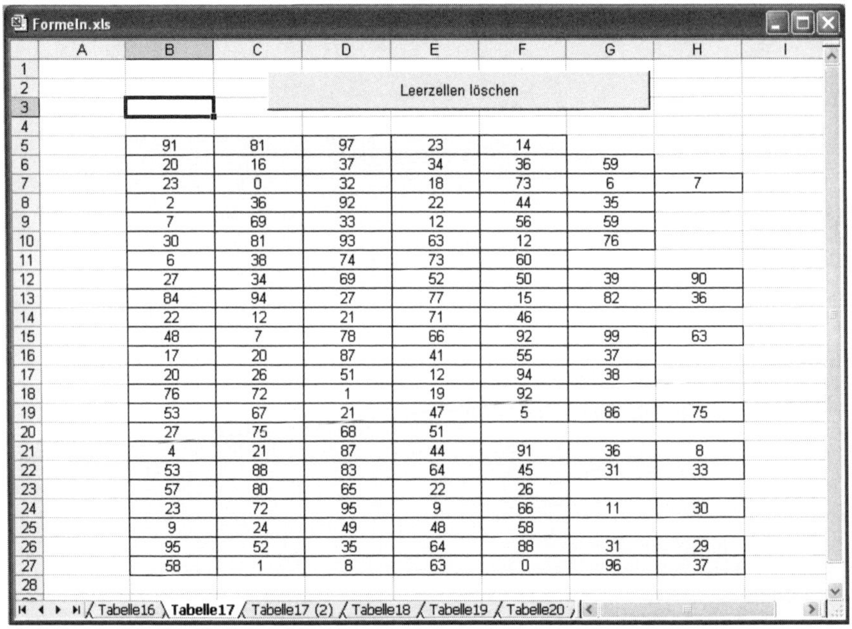

	A	B	C	D	E	F	G	H	I
1									
2									
3									
4									
5		91	81	97	23	14			
6		20	16	37	34	36	59		
7		23	0	32	18	73	6	7	
8		2	36	92	22	44	35		
9		7	69	33	12	56	59		
10		30	81	93	63	12	76		
11		6	38	74	73	60			
12		27	34	69	52	50	39	90	
13		84	94	27	77	15	82	36	
14		22	12	21	71	46			
15		48	7	78	66	92	99	63	
16		17	20	87	41	55	37		
17		20	26	51	12	94	38		
18		76	72	1	19	92			
19		53	67	21	47	5	86	75	
20		27	75	68	51				
21		4	21	87	44	91	36	8	
22		53	88	83	64	45	31	33	
23		57	80	65	22	26			
24		23	72	95	9	66	11	30	
25		9	24	49	48	58			
26		95	52	35	64	88	31	29	
27		58	1	8	63	0	96	37	
28									

Formeln entfernen

Möchten Sie alle Formeln und Funktionen in einem Bereich durch Festwerte ersetzen, damit beispielsweise keine Änderungen mehr stattfinden können, dann setzen Sie das Makro aus Listing 5.122 ein.

Listing 5.122: Formeln und Funktionen in Festwerte umsetzen

```
Sub FormelnInTextUmsetzen()
Dim Zelle As Range

On Error Resume Next
For Each Zelle In ActiveSheet.UsedRange
   If Left(Zelle.Formula, 1) = "=" Then _
   Zelle.Formula = Zelle.Value
Next
End Sub
```

In einer Schleife durchlaufen Sie alle verwendeten Zellen der aktiven Tabelle. Über die Funktion `Left` können Sie das erste Zeichen jeder Zelle überprüfen. Handelt es sich bei diesem Zeichen um ein Gleichheitszeichen, dann können Sie davon ausgehen, dass Sie es mit einer Formel, Funktion oder gar einer Verknüpfung zu tun haben. Ist dies der Fall, dann ersetzen Sie diese Formel durch den Festwert der Zelle.

Buchstaben aus Ziffern entfernen

Befinden sich in einer oder mehreren Zellen sowohl Texte als auch Zahlenwerte, dann können Sie die Buchstaben aus den Zellen entfernen, indem Sie das folgende Makro einsetzen.

Listing 5.123: Buchstaben aus Zellen entfernen

```
Sub BuchstabenEntfernen()
Dim Zelle As Range
Dim Neu As String
Dim i As Integer

For Each Zelle In Selection
  For i = 1 To Len(Zelle)
    Select Case Asc(Mid(Zelle, i, 1))
        Case 0 To 64, 123 To 197
           Neu = Neu & Mid(Zelle, i, 1)
        End Select
  Next i
  Zelle.Offset(0, 1).Value = Neu
  Neu = ""
Next Zelle
End Sub
```

Über die Funktion `Asc` können Sie den Zeichencode der einzelnen Ziffern auslesen. Liegt dieser zwischen 0 und 64 und zwischen 123 und 197, dann handelt es sich um einen gültigen Zahlenwert, der innerhalb der Schleife gesammelt und am Ende in der Nebenzelle ausgegeben wird.

Dateinamen aus Pfad extrahieren

Eine neue Funktion, die seit Excel 2002 verfügbar ist, lautet `InStrRev`. Mithilfe dieser Funktion können Sie einen Text vom rechten Rand beginnend nach einer bestimmten Zeichenfolge absuchen. Die verwandte Funktion `Instr` fängt ja mit der Suche immer am linken Textrand an, was bei einer Pfadangabe nicht zweckdienlich ist, wenn nach der Zeichenfolge »\« gesucht wird.

Listing 5.124: Position des ersten Zeichens \ von rechts ermitteln

```
Sub DateiAusPfadErmitteln()
 MsgBox Mid("C:\Eigene Dateien\Mappe1.xls", _
 InStrRev(ActiveCell.Value, "\"), 100)
End Sub
```

Über die Funktion `Mid` wird ein Teil des Textes übertragen. Diese Funktion benötigt drei Argumente. Im ersten Argument wird der Text angegeben, aus dem eine Zeichenfolge extrahiert werden soll. Im zweiten Argument ermitteln Sie die Position des Zeichens »\«, und zwar vom rechten Textrand bezogen. Diese Position liefert der Funktion die Startposition der Zeichenübertragung. Das dritte Argument ist hier mit 100 fix festgehalten und bedeutet, dass 100 Zeichen übertragen werden. Sollte der Text nicht so viele Zeichen enthalten, dann werden nur so viele Zeichen übertragen, wie vorhanden sind.

Namen drehen

Erhalten Sie Daten, die Sie noch drehen müssen (z.B. Vorname, Name → Name, Vorname), dann können Sie das folgende Makro einsetzen:

Listing 5.125: Vornamen und Namen drehen

```
Sub NamenDrehen()
Dim Zelle As Range

For Each Zelle In Selection
 Zelle.Offset(0, 1).Value = Mid(Zelle.Value, _
    InStr(Zelle.Value, " ") + 1, _
   (Len(Zelle.Value) - InStr(Zelle.Value, " "))) & _
   " " & Left(Zelle.Value, InStr(Zelle.Value, " ") - 1)
Next Zelle
End Sub
```

Basteln Sie sich in der Nebenspalte den neuen Namen zusammen. Setzen Sie dazu die Funktion `Mid` ein, um den Nachnamen aus der Zelle in Spalte A zu extrahieren. Da sich zwischen Vor- und Nachnamen ein Leerzeichen befindet, finden Sie die exakte Position dieses Leerzeichens mithilfe der Funktion `Instr`. Diese Position muss dann noch um den Wert 1 erhöht werden, da das Leerzeichen nicht übertragen werden soll. Die zu übertragende Länge ergibt sich aus der Subtraktion der Gesamtlänge (`Len`) der Zelle von der ermittelten Position des Leerzeichens. Den Vornamen können Sie direkt über die Funktion `Left` aus der jeweiligen Zelle der Spalte A extrahieren. Der jeweilige Vorname muss bis ein Zeichen vor dem Leerzeichen übertragen werden. Auch für diesen Zweck setzen Sie die Funktion `Instr` ein und subtrahieren von der gefundenen Position den Wert 1.

Abbildung 5.45: Namen drehen

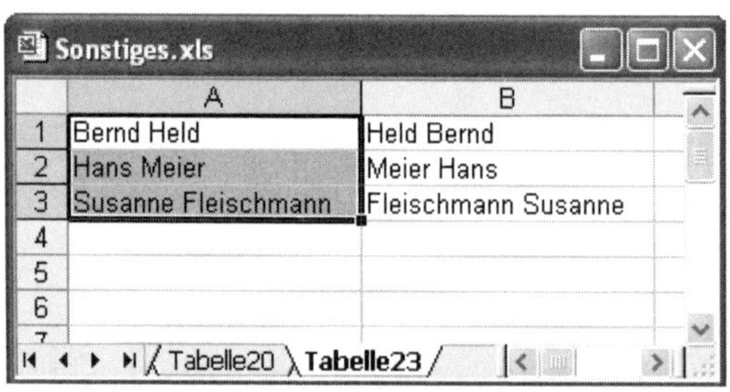

5.7 Gültigkeitsprüfung in Excel

Die folgenden Makros können Sie auf der CD-ROM im Verzeichnis KAP05 *in der Datei* SONSTIGES.XLS *finden.*

Seit der Version 97 ist es in Excel standardmäßig möglich, für bestimmte Zellen und Bereiche eine Gültigkeitsfunktion anzuwenden. Sie können dabei bestimmen, welche Eingaben im Bereich gemacht werden dürfen und welche nicht. Bei Falscheingaben können Sie dem Anwender mittels einer Bildschirmmeldung mitteilen, wie er die Eingabe zu machen hat. Wenn Sie möchten, können Sie den Anwender sogar schon vor der Eingabe beim Positionieren des Cursors im Gültigkeitsbereich durch eine QuickInfo-Meldung auf die richtige Eingabesyntax aufmerksam machen. Bei der Gültigkeitsprüfung haben Sie u.a. die Möglichkeit, Eingaben nach bestimmten Gesichtspunkten zu überprüfen.

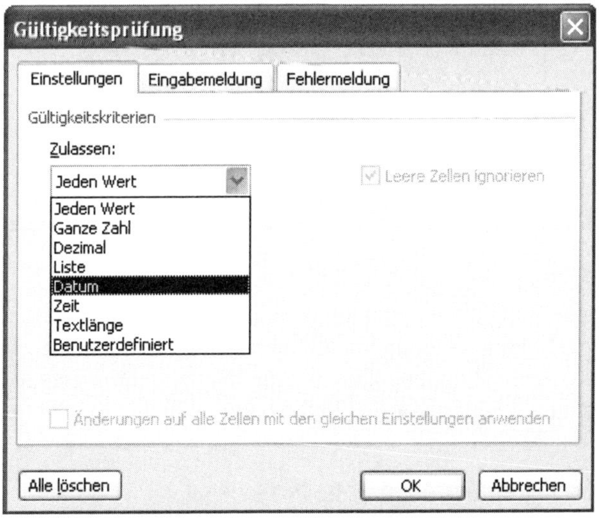

Abbildung 5.46: Die Gültigkeitskriterien der Eingabeprüfung

Sie sehen es den Zellen nicht an, ob diese mit einem Gültigkeitskriterium ausgestattet sind oder nicht. Erst wenn Sie den Mauszeiger auf eine Zelle mit eingestellten Gültigkeitskriterien positionieren und vorher eine Eingabemeldung definiert haben, erkennen Sie die Zellen mit Gültigkeitsfunktion.

Eine kleine Ausnahme bildet das Auswahlkriterium LISTE. Damit können Sie für eine Zelle gleich mehrere mögliche Eingaben akzeptieren, die auf eine Liste verweisen. In diesem Fall erkennen Sie nach Positionieren des Mauszeigers ein Dropdown-Symbol am rechten unteren Rand der Gültigkeitszelle, welches Ihnen nach einem Klick ein Auswahlfenster mit den möglichen Eingabewerten aus der Liste anbietet.

Zellen mit Gültigkeitsfunktion erkennen

Im folgenden Beispiel sollen in einer Arbeitszeiterfassung alle Zellen markiert werden, die eine Gültigkeitsregel hinterlegt haben. Dazu setzen Sie die Methode `SpecialCells` mit der Konstanten `xlCellTypeAllValidation` ein.

Listing 5.126: Alle Zellen mit Gültigkeitsregel markieren

```
Sub AlleZellenMitGültigkeitsregelnMarkieren()
ActiveCell.SpecialCells(xlCellTypeAllValidation).Select
End Sub
```

Abbildung 5.47: Alle Zellen mit Gültigkeit sind markiert

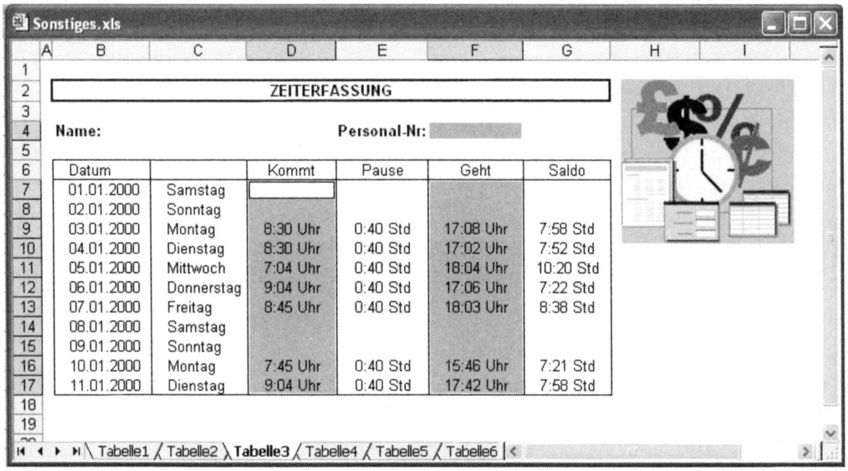

In der Abbildung 5.47 können Sie erkennen, dass in der Zelle PERSONAL-NR eine Gültigkeitsregel hinterlegt ist. Dort wird z.B. keine Personalnummer zugelassen, die mehr als fünf Zeichen umfasst. Bei den Zellen für die Kommt- und Geht-Zeit ist eine Kernzeit definiert. So wird keine Zeiteingabe akzeptiert, die vor 7.00 Uhr bzw. nach 19.00 Uhr liegt.

Gültigkeitskriterien erstellen

Erstellen Sie nun ein Gültigkeitskriterium für eine Zelle mithilfe von VBA. Auf dem Tabellenblatt TABELLE4 sollen in Zelle A1 nur ganze Zahlen zwischen 1 und 100 zugelassen werden. Dazu erstellen Sie das Makro aus Listing 5.127.

Listing 5.127: Gültigkeitsregeln hinzufügen

```
Sub GültigkeitHinzufügen()
 Sheets("Tabelle4").Activate
 With Range("A1").Validation
     .Add Type:=xlValidateWholeNumber, _
       AlertStyle:=xlValidAlertStop, _
      Operator:=xlBetween, Formula1:="1", _
      Formula2:="100"
```

```
    .InputTitle = "Ganze Zahl eingeben!"
    .ErrorTitle = "Keine Ganze Zahl!"
    .InputMessage = _
      "Geben Sie eine Zahl zwischen 1 und 100 ein."
    .ErrorMessage = _
    "Sie müssen eine Zahl zwischen 1 und 100 eingeben."
    End With
End Sub
```

Die Argumente für die Gültigkeit

Mithilfe der Methode Add fügen Sie der Zelle A1 eine Gültigkeitsregel hinzu. Im ersten Argument Type legen Sie das Gültigkeitskriterium fest. Die möglichen Gültigkeitskriterien entnehmen Sie Tabelle 5.8.

Tabelle 5.8: Die Konstanten des Gültigkeitskriteriums

Type	Index	Beschreibung
xlValidateInputOnly	0	Jede Eingabe ist erlaubt.
xlValidateWholeNumber	1	Nur ganze Zahlen im definierten Zahlenbereich sind erlaubt.
xlValidateDecimal	2	Nur Dezimalzahlen im definierten Wertebereich werden zugelassen.
xlValidateList	3	Es sind nur Eingaben aus einer vorher definierten Liste möglich.
xlValidateDate	4	Es sind nur Datumswerte im definierten Datumsbereich erlaubt.
xlValidateTime	5	Es sind nur Zeitwerte im definierten Rahmen zulässig.
xlValidateTextLength	6	Es werden nur Eingaben mit bestimmten Längen zugelassen.
xlValidateCustom	7	Benutzerdefiniertes Gültigkeitskriterium

Das zweite Argument AlertStyle legt den Stil der Gültigkeitsmeldung fest. Möglich sind hierbei xlValidAlertInformation, xlValidAlertStop oder xlValidAlertWarning. Beim nächsten Argument, dem Operator, orientieren Sie sich an Tabelle 5.6. Für die Gültigkeitsprüfung gelten dieselben Operatoren wie bei der bedingten Formatierung. Die beiden letzten Argumente Formula1 und Formula2 beinhalten die Wertgrenzen.

Datumsgrenzen festlegen

Wenn Sie möchten, können Sie mit der Gültigkeitsfunktion in Excel auch Datumsgrenzen festlegen. So sollen beispielsweise im markierten Bereich nur Datumsangaben vom 1.1.2000 bis zum 31.12.2000 erlaubt sein. Das Makro für diese Aufgabe sehen Sie in Listing 5.128.

Listing 5.128: Gültigkeitsregel für Datumseingaben festlegen

```
Sub DatumGültigkeit()
 Sheets("Tabelle5").Activate
 With Selection.Validation
   .Delete
   .Add Type:=xlValidateDate, _
    AlertStyle:=xlValidAlertStop, _
    Operator:=xlBetween, _
   Formula1:=CD-ROMate("1/1/2000"), _
   Formula2:=CD-ROMate("31/12/2000")
   .IgnoreBlank = True
   .InputTitle = "Datum eingeben"
   .ErrorTitle = "Falsches Datum"
   .InputMessage = _
   "Bitte gültiges Datum (1.1.2000-31.12.2000) eingeben"
   .ErrorMessage = _
   "Sie haben kein gültiges Datum eingegeben!"
   .ShowInput = True
   .ShowError = True
 End With
 End Sub
```

Vorsorglich löschen Sie eine eventuell schon bestehende Gültigkeitsregel mit der Methode `Delete`.

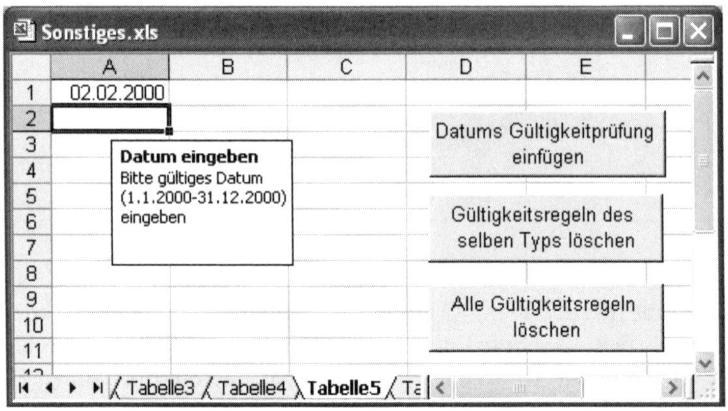

Abbildung 5.48: Gültigkeitsprüfung mit Datumseingaben

INFO

Wenn Sie die Gültigkeitskriterien angeben, müssen Sie auf alle Fälle die Funktion `CDate` *verwenden. Sie sorgt dafür, dass die String-Angabe (»1/1/2000«) in ein gültiges Datumsformat konvertiert wird.*

Die Eigenschaft `IgnoreBlank` setzen Sie auf den Wert `True`, wenn Sie leere Werte zulassen möchten. Danach definieren Sie zuerst den Eingabetitel sowie die Fehlertitel und anschließend die beiden Meldungen. Bei den beiden Eigenschaften ShowInput und ShowError handelt es sich um eine Art Schalter, den Sie setzen können. Standardmäßig sind diese beiden Schalter jedoch gesetzt. Indem Sie einen Schalter auf den Wert False setzen, wird die definierte Meldung als QuickInfo nicht mehr angezeigt.

Keine Arbeit am Sonntag

Bei der Gültigkeitsprüfung können Sie übrigens auch mit benutzerdefinierten Kriterien arbeiten, wie Sie es schon bei der bedingten Formatierung gesehen haben. Im nächsten Beispiel dürfen im markierten Bereich keine Sonntage erfasst werden. Leider können Sie einem eingegebenen Datum ja nicht sofort ansehen, ob es sich um einen Sonntag handelt. Aus diesem Grund setzen Sie die Funktion Weekday ein.

Listing 5.129: Gültigkeitsregel: Arbeit am Sonntag wird nicht akzeptiert

```
Sub SonntageVermeiden()
 Dim Zelle As Range
  For Each Zelle In Selection
   With Zelle.Validation
    .Delete
    .Add Type:=xlValidateCustom, _
    AlertStyle:=xlValidAlertStop, _
     Operator:=xlEqual, _
     Formula1:="=weekday(" & Zelle.Address & ")<>1"
    .IgnoreBlank = True
    .InCellDropdown = True
    .InputTitle = ""
    .ErrorTitle = "SONNTAG!"
    .InputMessage = ""
    .ErrorMessage = _
    "Sie dürfen keine Sonntage erfassen!"
    .ShowInput = True
    .ShowError = True
   End With
  Next Zelle
 End Sub
```

Da die Gültigkeit für alle Zellen innerhalb der Markierung gelten soll, definieren Sie zuerst eine Variable vom Typ Object. Dann wenden Sie die Schleife For Each an. Innerhalb dieser Schleife verwenden Sie die Type-Konstante xlValidateCustom, um ein benutzerdefiniertes Gültigkeitskriterium zu erstellen. Als Kriterium geben Sie die Funktion Weekday an, die Ihnen anhand eines eingegebenen Datums einen Wert zurückgibt, welcher den Wochentag darstellt. Entnehmen Sie der Tabelle 5.9 die jeweils zutreffende Konstante bzw. den Index, die bzw. der die Funktion Weekday zurückliefert.

Abbildung 5.49: Am Sonntag darf nicht gearbeitet werden

Tabelle 5.9: Die Konstanten und Indexwerte der Funktion Weekday

Konstante	Index	Beschreibung
VbSunday	1	Sonntag
vbMonday	2	Montag
vbTuesday	3	Dienstag
vbWednesday	4	Mittwoch
vbThursday	5	Donnerstag
vbFriday	6	Freitag
vbSaturday	7	Samstag

Gültigkeitstypen ermitteln

Sie haben bereits ein paar Gültigkeitstypen kennen gelernt. Jeder Gültigkeitstyp wird intern durch einen Index identifiziert. Diesen Index können Sie in Tabelle 5.8 einsehen oder auch durch das folgende Makro aus Listing 5.130 ermitteln.

Listing 5.130: Gültigkeitstypen ermitteln

```
Sub GültigkeitstypErmitteln()
Dim i As Integer

   Sheets("Tabelle6").Activate
   With ActiveCell
   On Error Resume Next
   i = .Validation.Type
   If i = 3 Then MsgBox _
```

```
    "Die Liste befindet sich im Bereich" _
    & .Validation.Formula1 & "!" Else MsgBox _
    "Die Zelle beinhaltet den Gültigkeitstyp :" & i
   End With
 End Sub
```

Die `On Error`-Anweisung sorgt dafür, dass das Makro nicht abstürzt, wenn die aktive Zelle nicht mit einem Gültigkeitskriterium versehen ist. Wenn der Gültigkeitstyp dem Index 3 entspricht, handelt es sich um eine Liste. In einer Meldung auf dem Bildschirm wird dann der verknüpfte Datenbereich ausgegeben, in dem die gültigen Werte zu finden sind. Für den Fall, dass es sich bei dem Gültigkeitstyp nicht um eine Liste handelt, wird der Index des Gültigkeitstyps ausgegeben.

Gültigkeitskriterien löschen

Beim Löschen von Gültigkeitskriterien müssen Sie sich vorher im Klaren darüber sein, ob Sie generell alle oder nur bestimmte Gültigkeitskriterien auf dem Tabellenblatt entfernen möchten. Um alle gleichartigen Gültigkeitskriterien zu löschen, starten Sie das folgende Makro aus Listing 5.131.

Listing 5.131: Alle gleichartigen Gültigkeitsregeln löschen

```
Sub GültigkeitLöschen()
ActiveCell.SpecialCells(xlCellTypeSameValidation).Select
 Selection.Validation.Delete
End Sub
```

Mit der Methode `SpecialCells` und deren Konstante `xlCellTypeSameValidation` werden alle Zellen markiert, die dieselbe Gültigkeitsregel hinterlegt haben. Anschließend werden die Gültigkeitsregeln entfernt.

Wenn Sie alle Gültigkeitsregeln in Ihrer Tabelle löschen möchten, wenden Sie das Makro `AlleGültigkeitsregelnLöschen` aus Listing 5.132 an.

Listing 5.132: Alle Gültigkeitsregeln auf Tabellenblatt löschen

```
Sub AlleGültigkeitsregelnLöschen()
 Cells.Select
 Selection.Validation.Delete
End Sub
```

5.8 Kommentare in Excel

Kommentare können Sie in Excel u.a. einsetzen, um wichtige Vermerke zu bestimmten Zelleninhalten zu setzen oder auch, um Änderungen an Zellen zu dokumentieren. Ob für eine Zelle ein Kommentar vorgenommen wurde, erkennen Sie normalerweise am roten Dreieck in der rechten oberen Ecke der Zelle, sofern die Ansicht dieses Indikators unter EXTRAS/OPTIONEN/ANSICHT in Excel eingestellt ist. Wenn Sie den Mauszeiger auf eine Zelle positionieren, wird automatisch ein kleines Textfenster eingeblendet, welches den Kommentar beinhaltet. Sehen Sie nun anhand einiger Praxisbeispiele, wie Sie mit Kommentaren in Excel arbeiten.

Kommentare einfügen

Wenn Sie Kommentare in Excel erfassen, wird standardmäßig oberhalb der eigentlichen Notiz der Name des Bearbeiters im Kommentar eingetragen. Besser wäre es, in einem Kommentar noch zusätzlich das Datum und die Uhrzeit zu erfassen, um Rückschlüsse auf die Aktualität der Kommentare ziehen zu können. Oft schlummern Kommentare jahrelang in Zellen, ohne überhaupt noch relevant zu sein. Um Anwender nicht zu verunsichern, sollte in Kommentaren daher neben den eigentlichen Erfassern der Notiz immer auch eine Datumsangabe stehen. Das folgende Makro in Listing 5.133 fügt einen solchen Kommentar in der momentan aktiven Zelle ein.

Listing 5.133: Kommentare in anderer Form erfassen

```
Sub KommentarErfassen()
Dim Kom As Comment
Dim s As String

 s = InputBox _
   ("Geben Sie Ihren Kommentar ein!", _
   "Kommentar erfassen")
 If s = "" Then Exit Sub
  Set Kom = ActiveCell.AddComment
  Kom.Text Application.UserName & Chr(10) _
  & Date & Chr(10) & Time & " Uhr" & Chr(10) & s
  With Kom.Shape.TextFrame
  .Characters.Font.Name = "Courier"
  .Characters.Font.Size = 12
  .AutoSize = True
  End With
End Sub
```

Definieren Sie zuerst eine Variable vom Typ `Comment`. Danach geben Sie in einer Inputbox Ihren Kommentar ein. Mithilfe der Methode `AddComment` fügen Sie in der aktiven Zelle zunächst einen leeren Kommentar ein. Über die Eigenschaft `UserName` ermitteln Sie den Namen des Benutzers, welchen Excel übrigens aus der Einstellung unter EXTRAS/OPTIONEN/ALLGEMEIN holt. Danach setzen Sie das Verkettungszeichen & ein, um dem Kommentarfenster weitere Informationen hinzuzufügen. Die Funktion `Chr(10)` bewirkt einen Zeilenvorschub, die Funktionen `Date` und `Time` sorgen für die gewünschten Zusatzinformationen für den Kommentar. Am Ende fügen Sie den eigentlichen Kommentartext ein, den Sie vorher in der String-Variablen `s` zwischengespeichert haben. Wenn Sie möchten, können Sie anschließend noch die Schriftart bzw. die Schriftgröße des Kommentars anpassen.

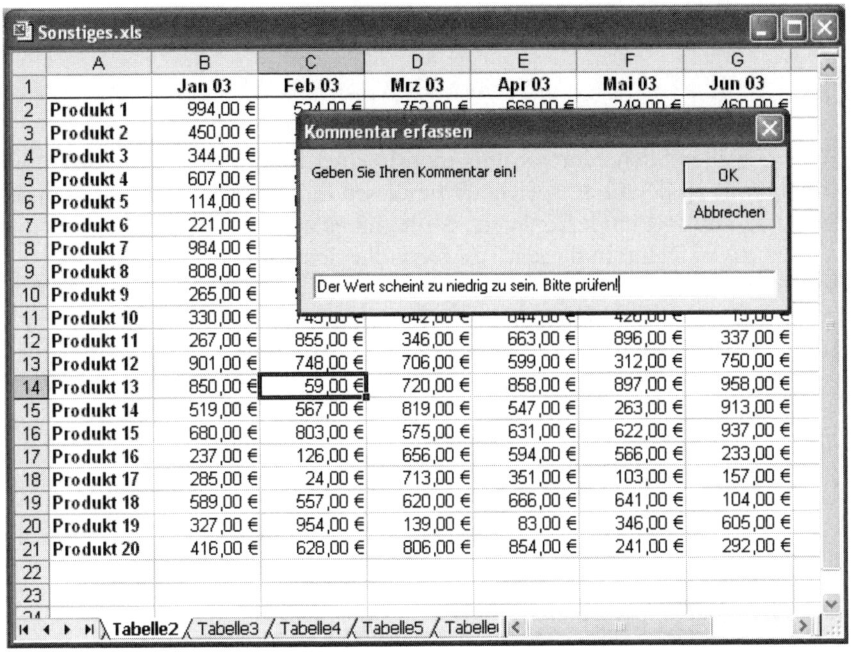

Abbildung 5.50: Kommentar erfassen über Inputbox

:-) TIPP

Ganz wichtig ist die Eigenschaft `AutoSize`. *Diese Eigenschaft sorgt dafür, dass sich die Größe des Kommentarfensters automatisch dem eingegebenen Text anpasst.*

Schauen Sie den Kommentar in Zelle C14 noch einmal an. Der Anwender HELD hat einen Kommentar am 22.08.2001 erfasst. Stellen Sie sich vor, am nächsten Tag soll genau dieser Kommentar vom Kollegen DIAKOW geprüft werden. Dabei soll der bisherige Kommentar bestehen bleiben und nur am Ende ein weiterer Kommentar angehängt werden. Den Code für diese Aufgabe können Sie dem Listing 5.134 entnehmen.

Listing 5.134: Alte Kommentare erhalten und neue Kommentare anfügen

```
Sub KommentareErgänzen()
Dim sAlt As String
Dim sNeu As String

sNeu = InputBox _
("Geben Sie einen Kommentar ein", "Kommentar ergänzen")
If sNeu = "" Then Exit Sub
With Selection
    On Error Resume Next
    sAlt = .Comment.Text
    If sAlt = "" Then .addcomment
    sNeu = sAlt & Chr(10) & Application.UserName _
    & Chr(10) & "Kommentar vom " & Date & _
    Chr(10) & sNeu & Chr(10)
    .Comment.Text sNeu
```

```
    .Comment.Visible = True
    .Comment.Shape.TextFrame.AutoSize = True
End With
End Sub
```

Geben Sie zuerst den neuen Kommentar in einer Inputbox ein. Um den alten Kommentar zu behalten, speichern Sie diesen in der Variablen `sAlt`. Steht in der Variablen `sAlt` ein leerer Wert, dann gibt es noch gar keinen Kommentar in der aktiven Zelle. In diesem Fall fügen Sie den fehlenden Kommentar mit der Methode `AddComment` ein. Danach hängen Sie den Erfasser, das Datum und den Kommentar hinten an und weisen am Ende das komplette Paket als Kommentartext zu. Belassen Sie den Kommentar sichtbar auf dem Tabellenblatt, indem Sie die Eigenschaft `Visible` des Kommentars auf den Wert `True` setzen.

Abbildung 5.51: Die Antwort des Kollegen Diakow erfolgt am nächsten Tag

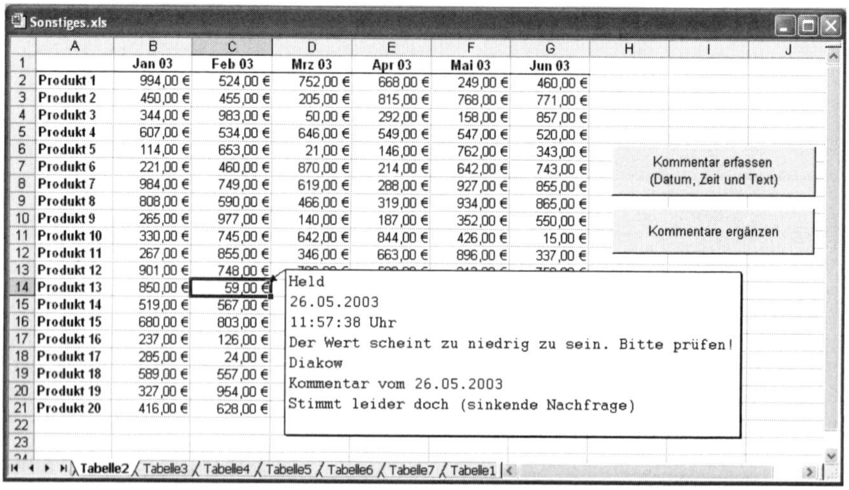

Tabelle mit Kommentaren füllen

Oft werden wichtige Notizen in Tabellen erfasst, die an mehreren Stellen der Tabelle eingefügt werden müssen. So werden in einer großen Tabelle jeden Tag die Tagesumsätze einer Firma erfasst. Immer am Monatsende soll dann eine regelmäßige Überprüfung der Monatswerte vorgenommen werden. Damit dies nicht vergessen wird, statten Sie jeweils die Zelle mit dem letzten Tag im Monat mit einem Kommentar aus. Markieren Sie also alle diese Zellen und starten Sie das Makro aus Listing 5.135.

Listing 5.135: Kommentare in mehreren Zellen einfügen

```
Sub KommentarEinfügenInMehrereZellen()
Dim Zelle As Range

  For Each Zelle In Selection
    Zelle.AddComment _
```

```
"Überprüfung Monatsende vornehmen - Rücksprache unter _
 Tel.: 23472"
 Next Zelle
End Sub
```

In einer Schleife springen Sie jede Zelle innerhalb der Markierung an und fügen über die Methode `AddComment` einen Kommentar ein.

Kommentare schnell finden

Sollte die Ansicht des roten Indikators im Menü EXTRAS unter OPTIONEN auf dem Registerblatt ANSICHT deaktiviert sein, ist es recht schwer, Kommentare in Tabellen aufzufinden. Abhilfe leistet dagegen ein kleines Makro, welches alle Zellen markiert, die Kommentare enthalten. Zusätzlich sorgt es dafür, dass der rote Indikator wieder angezeigt wird.

Listing 5.136: Kommentare schneller finden

```
Sub KommentareFinden()
 On Error Resume Next
 Selection.SpecialCells(xlCellTypeComments).Select
 If Application.DisplayCommentIndicator = 0 Then _
 Application.DisplayCommentIndicator = 1
End Sub
```

Auch in diesem Beispiel können Sie wieder die Methode `SpecialCells` einsetzen, der Sie die Konstante `xlCellTypComments` übergeben. Indem Sie die Eigenschaft `DisplayCommentIndicator` auf den Wert 1 setzen oder die Konstante `xlCommentIndicatorOnly` verwenden, wird der Indikator in Kommentarzellen wieder angezeigt. Weitere Möglichkeiten der Kommentaranzeige entnehmen Sie der Tabelle 5.10.

Tabelle 5.10: Die Konstanten bzw. der Index des Indikators

Konstante	Index	Beschreibung
`xlNoIndicator`	0	Es wird kein Indikator angezeigt.
`xlCommentIndicatorOnly`	1	Es wird lediglich der Indikator angezeigt.
`xlCommentAndIndicator`	2	Es werden sowohl der Indikator als auch der Kommentar dauerhaft angezeigt.

Kommentare löschen

Für das Löschen von Kommentaren setzen Sie die Methode `ClearComments` ein. Dabei können Sie wiederum die Methode `SpecialCells` einsetzen, die alle Kommentare vorher markiert, um sie anschließend zu löschen.

Listing 5.137: Alle Kommentare auf Tabellenblatt löschen

```
Sub KommentareLöschen()
On Error Resume Next
Selection.SpecialCells(xlCellTypeComments).ClearComments
End Sub
```

Wenn Sie beispielsweise nur Kommentare löschen möchten, die von einer bestimmten Person vorgenommen wurden, so setzen Sie das folgende Makro aus Listing 5.138 ein.

Listing 5.138: Nur Kommentare einer bestimmten Person löschen

```
Sub BestimmteKommentareLöschen()
Dim Kom As Comment
Dim s As String
Dim Anw As String

Anw = InputBox _
 ("Welche Kommentare sollen gelöscht werden?", _
 "Namen eingeben")
If Anw = "" Then Exit Sub
For Each Kom In ActiveSheet.Comments
 s = Kom.Text
 If InStr(1, s, Anw) <> 0 Then Kom.Delete
Next Kom
End Sub
```

Geben Sie in einer Inputbox zuerst den Namen des Anwenders ein, dessen Kommentare Sie löschen möchten. Der Name des Anwenders wird in der String-Variablen `Anw` zwischengespeichert. In einer `For Each`-Schleife werden danach alle Kommentare der aktuellen Tabelle untersucht. Dazu speichern Sie den Kommentartext in der String-Variablen `s` und wenden die Funktion `InStr` an, der Sie zuerst den Startwert und anschließend die zu durchsuchende Textfolge (`s`) und die gesuchte Textfolge (`Anw`) übergeben. Diese Funktion gibt einen Wert zurück, der die erste Position der gesuchten Zeichenfolge (`Anw`) enthält. Gibt die Funktion den Wert `0` zurück, wurde der Suchtext (`Anw`) im Kommentartext (`s`) nicht gefunden, was bedeutet, dass der Kommentar nicht vom gesuchten Anwender vorgenommen wurde. Werden Kommentare des gesuchten Anwenders gefunden, werden diese mithilfe der Methode `Delete` gelöscht.

Kommentare protokollieren

Wenn Sie mit sehr großen Tabellen arbeiten, die viele Kommentare enthalten, so ist es mitunter übersichtlicher, wenn Sie alle Kommentare am Stück in eine Liste schreiben und die dazugehörigen Zellenadressen protokollieren. Für diese Aufgabe starten Sie das folgende Makro aus Listing 5.139.

```
Sub KommentareDokumentieren()
Dim Kom As Comment
Dim i As Integer

 On Error Resume Next
 For Each Kom In ActiveSheet.Comments
     i = i + 1
     ActiveSheet.Cells(i, 11) = Kom.Text
     ActiveSheet.Cells(i, 12) = Kom.Parent.Address
 Next
End Sub
```

Listing 5.139: Kommentare (Text und Zellenadresse) protokollieren

In einer For Each-Schleife werden alle Kommentare des Tabellenblatts ermittelt. Die Eigenschaft Cells setzt sich zusammen aus einem Wert für die Zeile und einem Wert für die Spalte. Die Protokolleinträge werden in den Spalten K und L vorgenommen, demnach ist der Spaltenindex der beiden Spalten 11 bzw. 12. Die Variable i enthält den Zeilenzeiger, der bei jedem protokollierten Kommentar um den Wert 1 erhöht wird. Erfasst werden zum einen der Kommentartext und zum anderen die Zellenadresse des Kommentars. Bei der Ermittlung der Zellenadresse eines Kommentars müssen Sie auf die Eigenschaft Parent zurückgreifen, die das übergeordnete Objekt des Objekts Comment zurückgibt. Mithilfe der Eigenschaft Address gelingt es Ihnen schließlich, die Zellenadresse des Kommentars zu ermitteln.

Möchten Sie alle Kommentare aus einer Arbeitsmappe in eine Tabelle schreiben, dann setzen Sie das Makro aus Listing 5.140 ein.

```
Sub KommentareDokumentierenII()
Dim Kom As Comment
Dim i As Integer
Dim e As Integer
Dim Blatt1 As Worksheet

Set Blatt1 = Worksheets.Add
 On Error Resume Next
 For i = 1 To ActiveWorkbook.Worksheets.Count
 For Each Kom In Worksheets(i).Comments
     e = e + 1
     Blatt1.Cells(e, 1) = Worksheets(i).Name
     Blatt1.Cells(e, 2) = Kom.Parent.Address
     Blatt1.Cells(e, 3) = Kom.Text
 Next Kom
 Next i
End Sub
```

Listing 5.140: Kommentare protokollieren (ganze Arbeitsmappe)

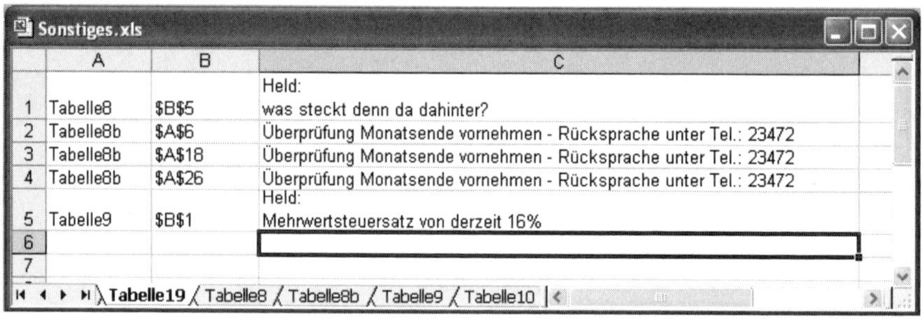

Abbildung 5.52: Kommentare dokumentieren

Kommentare aus Zellentexten bilden

Gerade haben Sie gesehen, wie Sie Kommentare aus Zellen übersichtlich in einer Liste darstellen. Stellen Sie sich aber jetzt einmal folgendes Szenario vor: Sie arbeiten an einer Liste und möchten bestimmte Zellen mit neuen Werten überschreiben. Die alten Werte sind aber durchaus für Sie noch von Interesse und sollten nicht gänzlich aus der Liste verschwinden. Wie wäre es, wenn Sie diese alten Einträge in Kommentaren ablegen würden? Damit stehen die alten Einträge noch genau dort, wo sie hingehören. Sie stören dennoch nicht und die Tabelle bleibt aktuell. Für diese Aufgabe erstellen Sie das folgende Makro in Listing 5.141.

Listing 5.141: Kommentare aus Zelleninhalten bilden

```
Sub KommentareAusZellenInhaltBilden()
Dim Kom As Comment
Dim Zelle As Range

For Each Zelle In Selection
On Error Resume Next
 Set Kom = Zelle.addcomment
 Kom.Text Date & Chr(10) & Zelle.Value
Next Zelle
End Sub
```

Das Makro in Listing 5.141 schiebt innerhalb der Markierung den Inhalt der einzelnen Zellen jeweils in ein Kommentarfenster. Jeder Kommentar wird zusätzlich noch mit dem Datum der Verschiebung ausgestattet. Danach können Sie in Ruhe die neuen Werte erfassen.

REF

Wie Sie Makros blitzschnell über eigene Menü- und Symbolleisten starten, erfahren Sie in Kapitel 16 dieses Buches.

Kommentare formatieren

Standardmäßig werden Kommentare in der aktuellen Excel-Version 2003 in der Schriftart TAHOMA und der Schriftgröße 8 formatiert. Wenn Ihnen diese Formatierung nicht gefällt und Sie alle Ihre Kommentare in Ihrer Tabelle umformatieren möchten, dann starten Sie das Makro aus Listing 5.142.

Listing 5.142: Kommentare in aktiver Tabelle formatieren

```
Sub KommentareFormatieren()
Dim Kom As Comment

    For Each Kom In ActiveSheet.Comments
        With Kom.Shape.TextFrame.Characters.Font
         .Name = "Arial"
         .Size = 10
        End With
    Next Kom
End Sub
```

In einer `For Each`-Schleife werden alle Kommentare des Tabellenblatts ermittelt. Danach sprechen Sie den Kommentar an, indem Sie von außen nach innen gehen, also erst wird das Objekt `Shape` angesprochen, das zunächst die äußere Form des Kommentars darstellt. Danach wird das `TextFrame`-Objekt angesprochen, welches sich um die Ausrichtung des Kommentars kümmert. Jetzt wird das Objekt `Characters` angegangen, welches die Zeichen innerhalb des Textrahmens eines Kommentars darstellen. Nun fehlt nur noch das Objekt `Font`, über das Sie die Schriftart sowie den Schriftgrad des Kommentars festlegen können.

Möchten Sie die Änderung gleich in allen Tabellen Ihrer Arbeitsmappe durchführen, dann bauen Sie die letzte Lösung aus und starten das Makro aus Listing 5.143.

Listing 5.143: Kommentare in ganzer Arbeitsmappe formatieren

```
Sub KommentareFormatierenII()
Dim Kom As Comment
Dim Blatt As Worksheet
For Each Blatt In ActiveWorkbook.Worksheets
    For Each Kom In Worksheets(Blatt.Name).Comments
        With Kom.Shape.TextFrame.Characters.Font
         .Name = "Arial"
         .Size = 10
        End With
    Next Kom
Next Blatt
End Sub
```

REF

Lesen Sie mehr zur Programmierung von Tabellen in Kapitel 7.

Kommentarfester anpassen

Wenn Sie einen Kommentar mit einem etwas längeren Text in eine Zelle einfügen, dann wird das Kommentarfenster nicht an den Text angepasst, sondern es wird eben nur ein Teil des Fensters angezeigt.

Listing 5.144: Kommentarfenster an tatsächliche Größe anpassen

```
Sub KommentareAnpassen()
Dim Kom As Comment

For Each Kom In ActiveSheet.Comments
 Kom.Shape.TextFrame.AutoSize = True
Next Kom
End Sub
```

Setzen Sie die Eigenschaft `AutoSize` auf den Wert `True`, um die Größe des Fensters (`Textframe`) an den dazugehörigen Text anzupassen.

5.9 Sonstige Lösungen mit Zellen und Bereichen

Zum Abschluss dieses Kapitels folgen interessante Lösungen wie z.B. das Zählen von Wörtern oder einzelnen Zeichen im markierten Bereich, das Ausfüllen von Zellen mit Daten und das Ermitteln von Zellenadressen.

Die Anzahl der Wörter im markierten Bereich ermitteln

Die folgende Lösung zeigt anschaulich, wie Sie mit Textfunktionen in Excel arbeiten. In einem zuvor markierten Bereich soll die Anzahl der Wörter ausgegeben werden, die im Bereich enthalten sind. Die Lösung für diese Aufgabenstellung sehen Sie im folgenden Makro aus Listing 5.145.

Listing 5.145: Wörter innerhalb der Markierung zählen

```
Sub WorteInBereichZählen()
Dim Bereich As Range
Dim Zelle As Range
Dim s As String
Dim l As Long

Sheets("Tabelle7").Activate
Set Bereich = Selection
For Each Zelle In Bereich
  s = Trim(Zelle.Text)
  Do While InStr(s, " ") > 0
    l = l + 1
    s = Trim(Right(s, Len(s) - InStr(s, " ")))
  Loop
   l = l + 1
Next Zelle
```

```
MsgBox "Es wurden im markierten Bereich " & _
Selection.Address & Chr(13) & l & " Wörter gefunden!"
End Sub
```

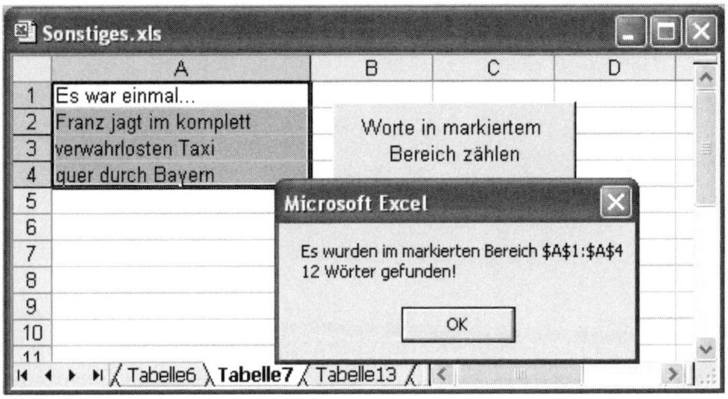

Abbildung 5.53: Die Anzahl der Wörter im markierten Bereich

In einer `For Each`-Schleife werden die Worte je Zelle gezählt. Als Erstes speichern Sie den kompletten Text der einzelnen Zelle, der ja aus mehreren Wörtern bestehen kann, in einer String-Variablen. Dann entfernen Sie mit der Funktion `Trim` sowohl die führenden Leerstellen zu Beginn der Zelle als auch die nachgestellten Leerzeichen am Ende der Zelle. Dies ist die erste Voraussetzung, die erfüllt sein muss, damit die folgenden Schritte zuverlässig ablaufen. Nun setzen Sie eine `Do While`-Schleife auf, in der Sie die einzelnen Wörter ermitteln. Dabei setzen Sie die Funktion `InStr` ein, um das Auftreten des ersten Leerzeichens in der Zelle (zwischen zwei Wörtern) aufzuspüren. Innerhalb der Schleife zerlegen Sie den Text in die einzelnen Wörter und erhöhen den Zähler l bei jedem gefundenen Wort. Die Schleife wird so lange durchlaufen, bis die Funktion `InStr` den Wert 0 zurückliefert; damit ist das Ende der Zelle erreicht. Zuletzt geben Sie in einer Meldung die ermittelte Anzahl der Wörter aus.

Das Auftreten eines Zeichens im markierten Bereich ermitteln

Im nächsten Beispiel wird das Auftreten eines bestimmten Zeichens innerhalb einer Markierung ermittelt. In einer Eingabemaske geben Sie das gewünschte Zeichen ein, welches gezählt werden soll.

Listing 5.146: Bestimmte Zeichen innerhalb einer Markierung zählen

```
Sub BestimmteZeichenZählen()
Dim Bereich As Range
Dim Zelle As Range
Dim i As Integer
Dim i2 As Integer
Dim s As String

 Sheets("Tabelle7").Activate
 Set Bereich = Selection
```

```
 i = 0
 s = InputBox _
 ("Zeichen eingeben, welches Sie zählen möchten")
 If s = "" Then Exit Sub
    For Each Zelle In Bereich
       i2 = InStr(1, Zelle.Value, s)
       While i2 <> 0
         i = i + 1
         i2 = InStr(i2 + 1, Zelle.Value, s)
       Wend
    Next Zelle
 MsgBox "Das Zeichen " & s & " trat im Bereich " _
 & Selection.Address & " genau " & i & " Mal auf!"
End Sub
```

In einer `For Each`-Schleife durchlaufen Sie den markierten Bereich. In der Integer-Variablen `i2` zählen Sie das Vorkommen des gesuchten Zeichens in der Zelle. Danach setzen Sie eine zweite Schleife auf. Beim Eintritt in die `While`-Schleife wurde bereits ein Vorkommen des gesuchten Zeichens ermittelt. Aus diesem Grund zählen Sie die Integer-Variable `i` um einen Zähler hoch. Jetzt setzen Sie den Mauszeiger ein Zeichen in der Zelle nach vorn und suchen nach dem nächsten Vorkommen, indem Sie die Funktion `InStr` anwenden. Sobald in der `While`-Schleife kein Vorkommen des gesuchten Zeichens mehr ermittelt werden kann, meldet die Funktion `InStr` den Wert 0. Damit ist das Abbruchkriterium der `While`-Schleife erfüllt und die Bearbeitung kann mit der nächsten Zelle im markierten Bereich weitergehen.

Werte in Bereichen zählen

Angenommen, Sie haben eine Tabelle mit Ausgaben. Jetzt interessieren Sie alle Ausgaben, die höher als 10 Euro sind. Diese Ausgaben möchten Sie zählen und als Bildschirmmeldung ausgeben. Das Makro lautet wie folgt:

Listing 5.147: Ausgaben zählen > 10 Euro

```
Sub ZählenZahlenInBereich()
Const Grenzwert = 10
Dim Zelle As Range
Dim Zaehler As Long

For Each Zelle In Selection
 If Zelle.Value > Grenzwert Then Zaehler = Zaehler + 1
Next Zelle
MsgBox Zaehler
End Sub
```

Den Grenzwert definieren Sie am besten gleich ganz oben im Makro als Konstante. Damit haben Sie es später leichter, die Wertgrenzen zu verändern und Sie müssen nicht lange im Quellcode suchen. In einer Schleife durchlaufen Sie alle Zellen und prüfen, ob der Inhalt größer als 10 Euro ist. Wenn ja, dann erhöhen Sie die Variable `Zähler` um den Wert 1.

Die Eckdaten eines Bereichs ermitteln

Wenn Sie eine Markierung bzw. den benutzten Bereich auf einem Tabellenblatt auslesen möchten, stellen sich je nach Aufgabe folgende Fragen:

Die Fragen

- Wie viele Zellen enthält der markierte Bereich?
- Wie lautet die Adresse der ersten Zelle im markierten Bereich?
- Wie lautet die Adresse der letzten Zelle im markierten Bereich?
- Wie lautet die Adresse der letzten Zelle im benutzten Bereich?

Zur Beantwortung dieser Fragen setzen Sie die folgenden Makros ein:

Listing 5.148: Anzahl der Zellen im Bereich ermitteln

```
Sub AnzahlMarkierterZellenErmitteln()
Dim l As Long

Sheets("Tabelle7").Activate
l = Selection.Count
MsgBox l
End Sub
```

Die Methode `Count` ermittelt die Anzahl der Objekte im markierten Bereich und speichert diese in einer Variablen vom Typ `Long`.

Listing 5.149: Letzte Zelle im benutzten Bereich ermitteln

```
Sub LetzteZelleImBenutztenBereich()
 Sheets("Tabelle7").Activate
 MsgBox Cells.SpecialCells(xlCellTypeLastCell).Address
End Sub
```

Die Eigenschaft `Cells` beinhaltet alle Zellen des aktiven Tabellenblatts. Um die letzte Zelle im benutzten Bereich zu ermitteln, setzen Sie die Methode `SpecialCells` mit der Konstanten `xlCellTypeLastCell` ein. Um die Zellenadresse dieser Zelle auszugeben, wenden Sie die Eigenschaft `Address` an.

Listing 5.150: Eckpositionen der Markierung ermitteln

```
Sub EckpositionenDerMarkierungErmitteln()
 Sheets("Tabelle7").Activate
 MsgBox "Start Zelle: " & ActiveCell.Address & Chr(10) _
 & "Ende Zelle: " & Selection(Selection.Count).Address
End Sub
```

Um die erste Zelle der Markierung links oben zu ermitteln, brauchen Sie nur die `Address`-Eigenschaft der aktiven Zelle auszugeben. Die letzte Zelle in der Markierung bekommen Sie, indem Sie die Methode `Count` auf die Markierung anwenden.

Erste freie Zelle eines Bereichs ermitteln

In der nächsten Aufgabe soll in einem Bereich die erste leere Zelle angesprungen werden. Schauen Sie sich dazu einmal die folgende Abbildung an.

Abbildung 5.54: Die erste freie Zelle wird aktiviert

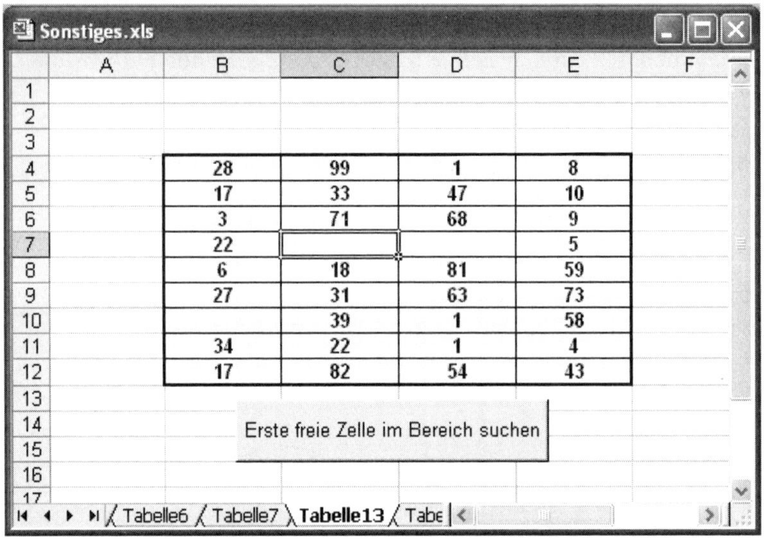

Im Datenbereich B4:E12 wird die Zelle C7 als erste leere Zelle aktiviert. Dabei geht Excel von links nach rechts und danach von oben nach unten vor. Um diesen Automatismus hinzubekommen, setzen Sie das Makro aus Listing 5.151 ein.

Listing 5.151: Erste freie Zelle im Bereich ansteuern

```
Sub ErsteFreieZelleInBereichSuchen()
Dim Bereich As Range
Dim Zelle As Range

Sheets("Tabelle13").Activate
Set Bereich = Range("B4:E12")
For Each Zelle In Bereich
 Zelle.Select
 If Zelle.Value = "" Then Exit Sub
Next Zelle
End Sub
```

Definieren Sie zuerst einmal den Bereich, in dem die erste freie Zelle ermittelt werden soll. Setzen Sie dazu die Anweisung `Set` ein. Danach durchlaufen Sie jede einzelne Zelle des Bereichs und überprüfen, ob diese Zellen leer sind. Wird die erste leere Zelle gefunden, dann beenden Sie das Makro mit der Anweisung `Exit Sub`. Der Mauszeiger steht dann genau an der richtigen Stelle.

Zellen mit gleichem Inhalt füllen

Sicher kennen Sie folgenden Trick in Excel: Sie markieren einen Bereich, dann geben Sie einen Text ein und bestätigen mit der Tastenkombination [Strg]+[↵]. Damit füllen Sie alle Zellen des markierten Bereichs mit dem gerade erfassten Text. Diese Funktionalität können Sie auch in VBA abbilden, und zwar mit folgendem Makro aus Listing 5.152.

```
Sub ZellenAusfüllen01()
Dim Bereich As Range
Dim s As String
  s = InputBox _
  ("Geben Sie den Text/Formel ein!", _
 "Markierung füllen")
  If s = "" Then Exit Sub
  Set Bereich = Selection
  Bereich.Select
  Bereich.Formula = s
End Sub
```

Listing 5.152: AutoAusfüllen eines Bereichs mit Formeln oder Text aus einer Inputbox

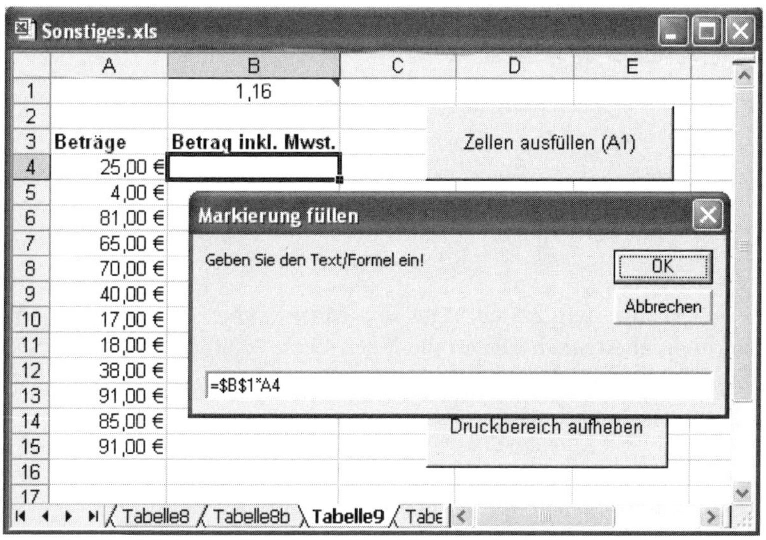

Abbildung 5.55: Die Formel erfassen

Hier haben Sie die Möglichkeit, den Text oder die Formel über eine Eingabemaske zu erfassen. Ihre Eingabe wird dann auf alle Zellen im markierten Bereich übertragen.

INFO

Wenn Sie Formeln erfassen, können Sie dies entweder mit relativen oder absoluten Bezügen vornehmen.

Im nächsten Beispiel möchten Sie auf die Eingabe des Textes bzw. der Formel verzichten und stattdessen die Füllung direkt aus einer Zelle verwenden. Dazu setzen Sie das folgende Makro aus Listing 5.153 ein.

Listing 5.153: AutoAusfüllen eines Bereichs mit Formeln oder Text aus einer vorgegebenen Zelle

```
Sub ZellenAusfüllen02()
Dim Bereich As Range
  Set Bereich = Selection
  Bereich.Select
  Bereich.Formula = Range("A1").Formula
End Sub
```

Markierter Bereich wird zum Druckbereich

Papier ist teuer und sollte nicht unnötig verschwendet werden. Auch Tinte bzw. Toner ist teuer und sollte im Hinblick auf unsere Umwelt sparsam eingesetzt werden. Bei der täglichen Arbeit müssen auch nicht immer mehrere Seiten ausgedruckt werden; oft reicht ein kleiner Bereich innerhalb einer Tabelle, der alle relevanten Daten enthält. Das nächste Makro legt die aktuelle Markierung als Druckbereich fest. Ein anschließender Klick auf das Symbol DRUCKEN in der Symbolleiste STANDARD bewirkt, dass nur der markierte Bereich ausgedruckt wird.

Listing 5.154: Markierten Bereich zum Druckbereich machen

```
Sub MarkierterBereichWirdZumDruckbereich()
Dim s As String

s = Selection.Address
ActiveSheet.PageSetup.PrintArea = s
End Sub
```

Speichern Sie den Zellenbezug der Markierung in einer String-Variablen und übergeben Sie diesen an die Eigenschaft `PrintArea` des Objekts `PageSetup`. Hiermit legen Sie den Druckbereich fest.

:-) TIPP

Setzen Sie die Eigenschaft `PrintArea` *auf den Wert* `False` *oder auf die leere Zeichenfolge (»«), um das gesamte Blatt als Druckbereich festzulegen, also den gerade festgelegten Druckbereich zu löschen.*

Bereiche kopieren

Möchten Sie einen identischen Bereich mehrmals in Ihrer Tabelle kopieren, dann können Sie dies mithilfe der Methoden `Copy` und `PasteSpecial` tun. Im nächsten Beispiel soll der Bereich B3:F5 mehrfach kopiert werden. Sehen Sie sich dazu die Ausgangssituation in Abbildung 5.56 an.

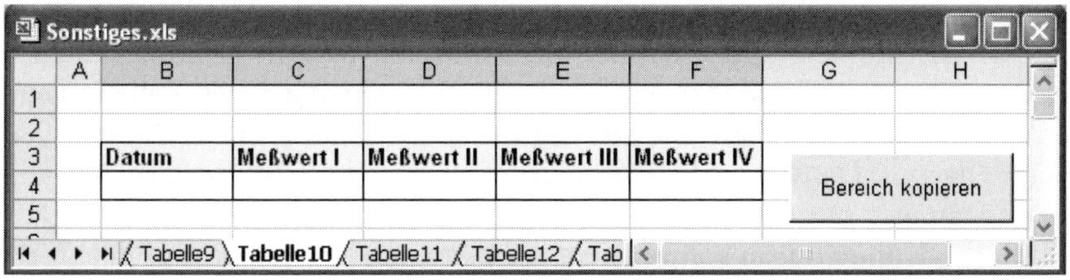

Abbildung 5.56: Der Ausgangsbereich soll mehrfach kopiert werden

Die angestrebte Lösung soll variabel sein. Der Anwender muss selbst festlegen können, wie oft er den Bereich kopieren möchte. Jede Kopie des Bereichs soll dann automatisch drei Zeilen weiter nach unten versetzt werden. Das Makro für diese Aufgabe lautet:

Listing 5.155: Bereiche mehrfach kopieren und einfügen

```
Sub BereichKopieren()
Dim Bereich As Range
Dim i As Integer
Dim i2 As Integer

Set Bereich = Range("B3:F4")
Range("B3").Select
On Error GoTo fehlerm
i2 = InputBox("Wie oft soll kopiert werden?")
If i2 = 0 Then Exit Sub
For i = 1 To i2
 Bereich.Copy
 ActiveCell.Offset(5, 0).Select
 Selection.PasteSpecial _
  Paste:=xlPasteAll, Operation:=xlNone, _
  SkipBlanks:= False, Transpose:=False
 Application.CutCopyMode = False
Next i
Exit Sub

fehlerm:
End Sub
```

Definieren Sie im ersten Schritt den Bereich, den Sie kopieren möchten. Setzen Sie dazu die Anweisung `Set` ein. Im Anschluss daran brauchen Sie nicht mehr den kompletten Bereich zu schreiben, wenn Sie mit diesem arbeiten möchten. Es reicht jetzt, den Begriff Bereich zu editieren. Über eine `InputBox` fragen Sie vom Anwender ab, wie oft der Bereich kopiert werden soll. Klickt der Anwender jedoch auf die Schaltfläche ABBRECHEN, darf Ihr Makro nicht abstürzen. Verwenden Sie in diesem Fall die Anweisung `On Error GoTo fehlerm`. Den Fehlerparagraphen definieren Sie am Ende des Makros. Wird also das Makro über die Schaltfläche ABBRECHEN der Inputbox abgebrochen, verzweigt Excel automatisch ans Ende des Makros. Hat der Anwender einen gültigen Wert in der Inputbox erfasst, dann starten Sie eine Schleife, die so lange durchlaufen wird, wie der Anwender es zuvor in der

Inputbox festgelegt hat. Innerhalb der Schleife wird über die Methode `Copy` der Bereich kopiert und anschließend über die Methode `PasteSpecial` fünf Zeilen weiter unten wieder eingefügt. Die Verschiebung des Zellenzeigers erreichen Sie, indem Sie das erste Argument der Eigenschaft `OffSet` auf den Wert `5` setzen. Damit wirklich der ganze Bereich inklusive der Formatierung mit übertragen wird, setzen Sie das Argument `Paste` auf den Wert `XlPasteAll`. Nach der Kopieraktion sollten Sie die Eigenschaft `CutCopyMode` auf den Wert `False` setzen. Damit entfernen Sie die beim Kopieren erzeugte gestrichelte Markierung.

Abbildung 5.57: Der Ausgangsbereich wurde fünfmal kopiert

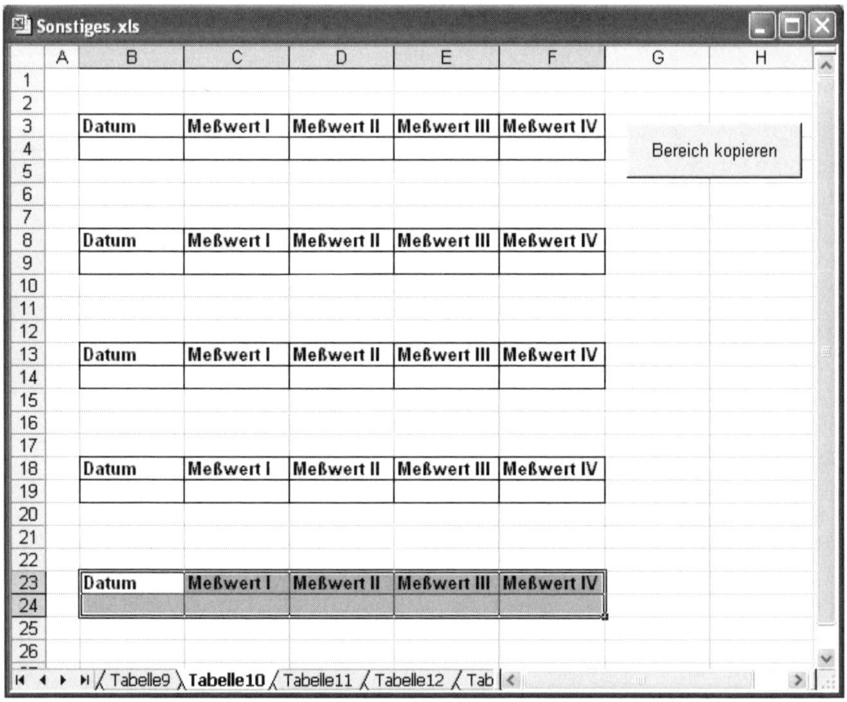

Grafiken in Bereiche integrieren

Das nächste Beispiel ist etwas umfangreicher. Folgende Aufgaben sollen dabei erledigt werden:

- Einfügen einer Grafik an einer ganz bestimmten Stelle
- Formatieren der eingefügten Grafik
- Verändern der Position der eingefügten Grafik
- Prüfen, ob die eingefügte Grafik in einem bestimmten Bereich liegt

Grafik einfügen

Starten Sie die Aufgabe, indem Sie aus der Symbolleiste ZEICHNEN eine AutoForm, nämlich ein Rechteck, auf Ihrer Tabelle einfügen. Dazu setzen Sie das Makro aus Listing 5.156 ein.

Listing 5.156: Grafik einfügen

```
Sub GrafikEinfügen()
Dim shp As Shape

Set shp = ActiveSheet.Shapes.AddShape _
(msoShapeRectangle, 283, 197, 72, 47)
With shp
 .Fill.ForeColor.SchemeColor = 26
End With
End Sub
```

Fügen Sie zunächst ein `Shape`-Objekt ein, indem Sie die Methode `AddShape` verwenden. Als Konstante geben Sie hierbei `msoShapeRectangle` an, um ein Rechteck einzufügen. Welche weiteren AutoShape-Typen dabei zur Verfügung stehen, können Sie aus der Online-Hilfe entnehmen. Die nachfolgenden Argumente legen die Position auf der Tabelle in Punkten fest, an der die Grafik eingefügt werden soll. Die ersten beiden Argumente stehen dabei für die linke, obere Ecke der Grafik, die letzten beiden Argumente bestimmen die Breite und Höhe der eingefügten Grafik. Formatieren Sie im Anschluss daran den Hintergrund der eingefügten Grafik mit der Farbe Hellgelb. Wenden Sie dazu die Eigenschaft `SchemeColor` an und weisen Sie dieser Eigenschaft den Wert 26 (für Hellgelb) zu.

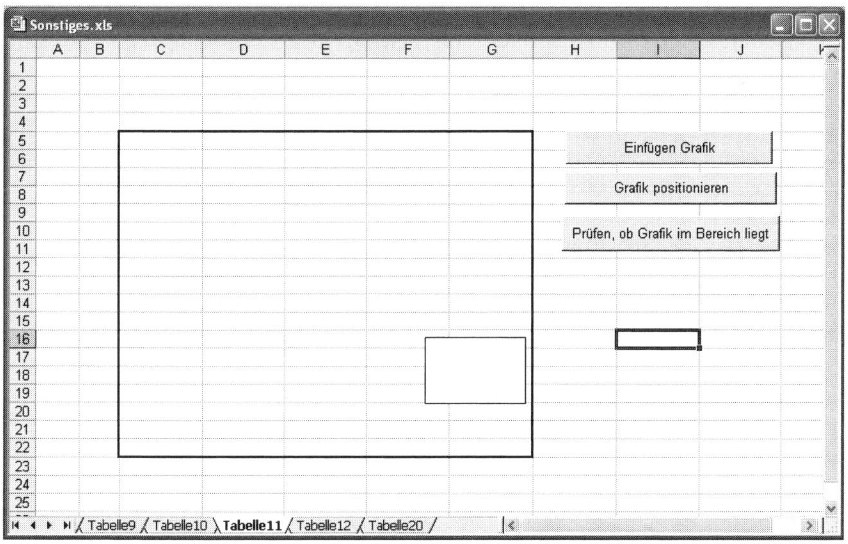

Abbildung 5.58: Ein Rechteck einfügen

Grafik positionieren

Schon beim Einfügen der Grafik haben Sie die Position derselben in der Tabelle bestimmt. Dabei haben Sie die Position in Punkten angegeben – zugegeben, gar nicht mal so einfach, von Punkten auf die dazugehörigen Zellen zu schließen. Um eine eingefügte Grafik auf der Tabelle zu verschieben, können Sie aber auch ganz konkret mit Zellpositionen arbeiten. Das Makro aus Listing 5.157 verschiebt die eingefügte Grafik genau so, dass die linke obere Ecke der Grafik genau auf der Zelle C5 liegt.

Listing 5.157: Grafik neu positionieren

```
Sub GrafikPositionieren()
Dim shp As Shape
Dim s As String

 For Each shp In ActiveSheet.Shapes
  If shp.Type = msoAutoShape Then s = shp.Name
 Next shp
 Set shp = Worksheets("Tabelle1").Shapes(s)
 shp.Top = Range("C5").Top
 shp.Left = Range("C5").Left
End Sub
```

Gleich zu Beginn des Makros haben Sie das Problem, dass Sie die richtige Grafik erwischen müssen. Für Excel werden alle eingefügten Elemente wie Schaltflächen, AutoFormen etc. als Shapes bezeichnet. Sie müssen jetzt feststellen, welcher Shape-Typ Ihr Rechteck ist. Dazu fragen Sie alle eingefügten Shapes in der Tabelle ab. Ihre eingefügte AutoForm wird mit der Konstanten `msoAutoshape` gekennzeichnet. Wird diese in der Tabelle gefunden, dann speichern Sie den Namen des Shape in der Variablen `s`. Setzen Sie dazu die Eigenschaft `Name` ein. Mithilfe der Eigenschaften `Left` und `Top` legen Sie fest, wo das `Shape`-Objekt in Ihrer Tabelle positioniert werden soll.

Shape-Typen bestimmen

Möchten Sie einfach noch mehr über Shapes wissen, dann können Sie das Makro aus Listing 5.158 einsetzen, welches Ihnen die ID sowie die Bezeichnung des `Shape`-Objekts am Bildschirm anzeigt.

Listing 5.158: Shape-Typen bestimmen

```
Sub ShapeTypeBestimmen()
Dim shp As Shape

For Each shp In ActiveSheet.Shapes
 MsgBox shp.Type & " / " & shp.AlternativeText
Next shp
End Sub
```

Über die Eigenschaft `Type` meldet Excel Ihnen die ID des Shape. Mithilfe der Eigenschaft `AlternativeText` ermitteln Sie die Beschriftung des Shape.

Weitere Shape-Konstanten entnehmen Sie der Tabelle 5.11.

Tabelle 5.11: Eine Auswahl möglicher Shape-Typen

Shape-Typ	ID	Beschreibung
msoAutoShape	1	eine AutoForm
msoChart	3	eingebettetes Diagramm
msoComment	4	ein Kommentar-Objekt
msoFormControl	8	ein Steuerelement wie z. B. eine Schaltfläche
msoLine	9	Linie
msoLinkedPicture	13	ClipArt
msoTextEffect	15	WordArt
msoTextBox	17	Textbox

Fahren Sie nun mit der vorherigen Aufgabe fort. Verschieben Sie die eingefügte Grafik einmal aus dem Bereich C5:G23 und starten Sie das Makro aus Listing 5.159.

Listing 5.159: Liegt die Grafik innerhalb eines Bereichs?

```
Sub PrüfenObGrafikImBereichliegt()
Dim shp As Shape
Dim bereich As Range
Dim obereEcke As String
Dim s As String

Set bereich = Range("C5:G25")
 For Each shp In ActiveSheet.Shapes
  If shp.Type = msoAutoShape Then s = shp.Name
 Next shp
Set shp = Worksheets("Tabelle1").Shapes(s)
If Intersect(shp.TopLeftCell, bereich) Is Nothing Then
MsgBox "Grafik liegt außerhalb"
Else
 MsgBox "Grafik liegt innerhalb"
End If
End Sub
```

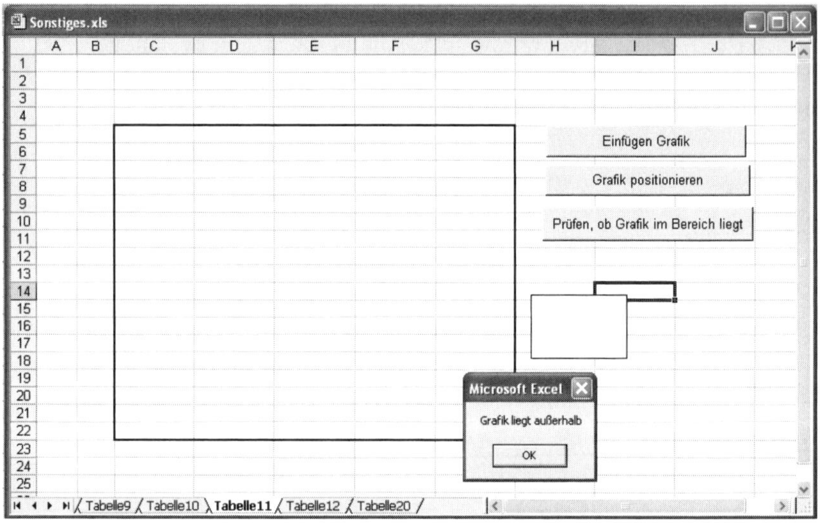

Abbildung 5.59: Das Rechteck liegt außerhalb des Bereichs

Zellen sperren

Bevor Sie einen Tabellenschutz einstellen, müssen Sie entscheiden, welche Zellen hinterher trotzdem editierbar bleiben sollen. Standardmäßig sind in Excel alle Zellen mit der Eigenschaft `Gesperrt` belegt, d.h., wenn Sie einen Blattschutz einstellen, kann standardmäßig keine einzige Zelle mehr gelöscht bzw. geändert werden. Ab der Excel-Version 2002 haben Sie zwar mehr Möglichkeiten, was das Editieren von Zellen trotz Blattschutz angeht, dennoch bleibt diese Regel unverändert. Um beispielsweise in einem Bereich alle nicht gesperrten Zellen zu ermitteln, können Sie die Adressen der nicht gesperrten Zellen in Ihren Direktbereich schreiben. Für diesen Zweck setzen Sie das Makro aus Listing 5.160 ein.

Listing 5.160: Adressen der nicht gesperrten Zellen schreiben

```
Sub AlleNichtGesperrtenZellenAusgeben()
Dim Zelle As Range

Sheets("Tabelle22").Activate
   For Each Zelle In ActiveSheet.UsedRange
      If Not Zelle.Locked Then
        Debug.Print Zelle.Address
      End If
   Next Zelle
End Sub
```

Mithilfe der Eigenschaft `UsedRange` können Sie alle Zellen der Tabelle ermitteln, die Sie im Gebrauch haben. Über die Eigenschaft `Locked` fragen Sie ab, ob die jeweilige Zelle gesperrt ist oder nicht. Für den Fall, dass die Zelle nicht gesperrt ist, schreiben Sie die Adresse der Zelle mithilfe der Anweisung `Debug.Print` in den Direktbereich Ihrer Entwicklungsumgebung.

Nicht gesperrte Zellen markieren

Möchten Sie alle nicht gesperrten Zellen einer Tabelle markieren, dann setzen Sie das Makro aus Listing 5.161 ein.

Listing 5.161: Alle nicht gesperrten Zellen markieren

```
Sub AlleNichtGesperrtenZellenMarkieren()
Dim s As String
Dim Zelle As Range

   For Each Zelle In ActiveSheet.UsedRange
      If Not Zelle.Locked Then
         s = s & Zelle.Address & ","
      End If
   Next Zelle
   Range(Left(s, Len(s) - 1)).Activate
End Sub
```

In einer Schleife arbeiten Sie alle benutzten Zellen in Ihrer Tabelle ab. Sind einzelne Zellen darunter nicht gesperrt, dann sammeln Sie die Adressen der Zellen in der Variablen `s` und fügen nach jeder gefundenen Zelle ein Komma im String `s` ein. Am Ende steht unglücklicherweise genau ein Komma zu viel in der Variablen `s`. Dieses Zeichen bekommen Sie weg, indem Sie die Funktion `Left` einsetzen und so lange Zeichen übertragen, bis das letzte Zeichen vor dem letzten Komma erreicht ist. Aktivieren Sie jetzt alle so ermittelten Zellen mit der Methode `Activate`.

Mehrzeilige Eingabe in Zellen

Wenn Sie einen Text in eine Zelle eingeben und danach die Tastenkombination [Alt]+[↵] drücken, dann können Sie in dieser Zelle eine zweite Zeile eingeben. Diesen Vorgang können Sie beliebig oft wiederholen, bis Sie letztendlich die Taste [↵] drücken, um die Eingabe abzuschließen. In VBA können Sie die Anzahl der eingegebenen Zeilen pro Zelle ermitteln, indem Sie das Makro aus Listing 5.162 starten.

Listing 5.162: Enthält eine Zelle mehrzeiligen Text?

```
Sub EnthältZelleMehrereZeilen()
Dim b As Boolean

Sheets("Tabelle15").Activate
b = ActiveCell.WrapText
If b = True Then _
 MsgBox "Die Zelle " & ActiveCell.Address & _
  " enthält mehrere Zeilen!"
End Sub
```

Die Eigenschaft `WrapText` meldet den Wert `True`, wenn mehrere Zeilen in einer Zelle erfasst wurden.

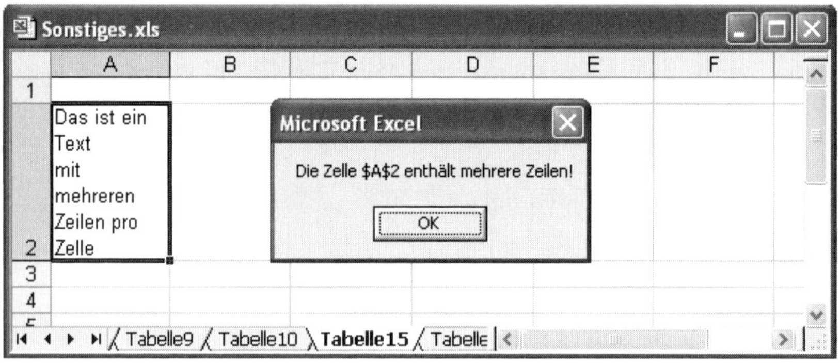

Abbildung 5.60: Mehrzeilige Zelleneingabe

Daten suchen

Zum Abschluss dieses Kapitels sollen noch einige Suchbeispiele vorgestellt werden.

Die Suche nach dem aktuellen Datum

Im folgenden Beispiel soll in einer Datumsleiste nach dem aktuelle Datum gesucht werden. Wenn das aktuelle Datum gefunden werden kann, soll es markiert und mit der Hintergrundfarbe Gelb formatiert werden.

Listing 5.163: Nach dem aktuellen Datum suchen

```
Sub SucheAktuellesDatum()
Dim Zelle As Range

 Set Zelle = Sheets("Tabelle16").Columns(1).Find(Date)
  If Zelle Is Nothing Then
        MsgBox "Zelle nicht gefunden!"
        Exit Sub
    End If
    With Zelle
     .Select
     .Interior.ColorIndex = 6
    End With
End Sub
```

Setzen Sie die Methode `Find` ein, um das aktuelle Datum, welches Sie über die Funktion `Date` abfragen können, aufzuspüren. Bei der Suche können Sie schon genau festlegen, wo Excel überhaupt suchen soll. Der Suchbereich wird dabei in der TABELLE16 und der Spalte A genau vorgegeben.

Die Suche nach dem aktuellen Jahr

Einen Schritt weiter geht die folgende Lösung. Dabei wird in einer Spalte mit Datumswerten die erste Zelle aktiviert, die dem aktuellen Jahr entspricht.

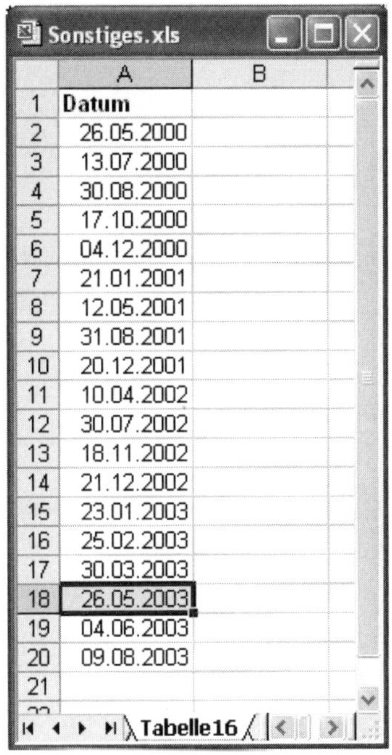

Abbildung 5.61: Auf der Suche nach dem aktuellen Datum

Listing 5.164: Nach dem aktuellen Jahr suchen

```
Sub SucheAktuellesJahr()
Dim Zelle As Range

Set Zelle = _
Sheets("Tabelle16").Columns(1).Find(Year(Date))

  If Zelle Is Nothing Then
        MsgBox "Zeile nicht gefunden!"
        Exit Sub
    End If
    Zelle.Select
End Sub
```

Um die Jahresangabe aus dem aktuellen Datum zu extrahieren, setzen Sie die Funktion `Year` ein. Der Mauszeiger wird dann auf die erste Zelle gesetzt, die das aktuelle Jahr beinhaltet.

Die Suche nach einem Wert

Im nächsten Beispiel wird ein Bereich mit Zahlen durchsucht. Dabei soll der Mauszeiger beim ersten Vorkommen einer Zahl stoppen. Das Makro für diesen Zweck sieht wie folgt aus.

Listing 5.165: Einen Wert in einem Bereich suchen

```
Sub ErstenWertSuchen()
Dim Zelle As Range
Dim s As String
```

```
s = 99
Set Zelle = _
Worksheets("Tabelle16").Range("D2:H20").Find(s)
Zelle.Activate
End Sub
```

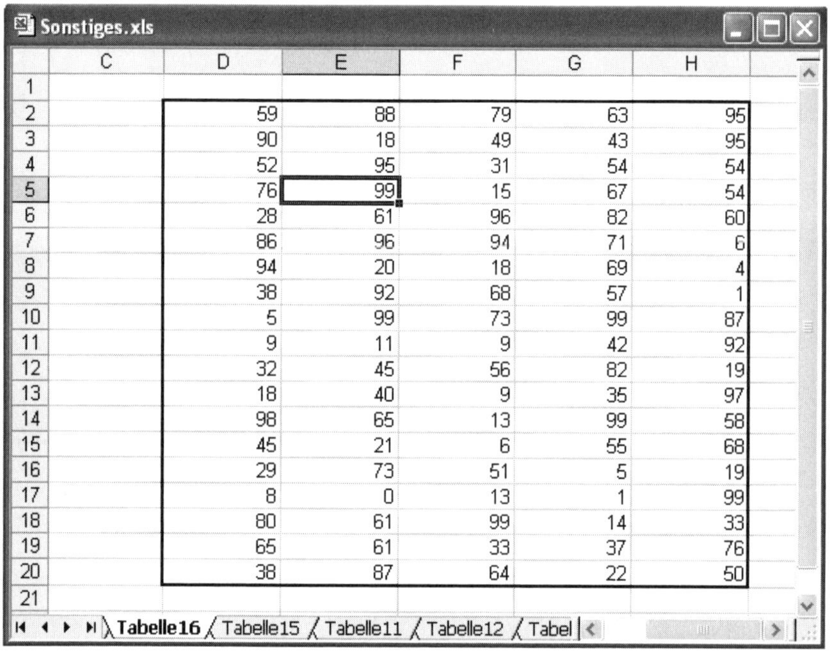

	C	D	E	F	G	H
1						
2		59	88	79	63	95
3		90	18	49	43	95
4		52	95	31	54	54
5		76	99	15	67	54
6		28	61	96	82	60
7		86	96	94	71	6
8		94	20	18	69	4
9		38	92	68	57	1
10		5	99	73	99	87
11		9	11	9	42	92
12		32	45	56	82	19
13		18	40	9	35	97
14		98	65	13	99	58
15		45	21	6	55	68
16		29	73	51	5	19
17		8	0	13	1	99
18		80	61	99	14	33
19		65	61	33	37	76
20		38	87	64	22	50
21						

Abbildung 5.62: Einen Bereich durchsuchen

6 Die Programmierung von Spalten und Zeilen

Wie schon im vorherigen Kapitel über Zellen und Bereiche, setzen Sie bei der Programmierung von Zeilen und Spalten ebenso das Objekt Range ein. Auch in diesem Kapitel finden Sie eine ganze Menge praxisnaher Aufgaben, die im täglichen Gebrauch mit Zeilen und Spalten auftauchen. Unter anderem sollen dabei folgende Fragen beantwortet werden:

Die Fragen

- Wie markiere ich Zeilen und Spalten?
- Wie navigiere ich in Zeilen und Spalten?
- Wie stelle ich die richtige Zeilenhöhe bzw. Spaltenbreite ein?
- Wie füge ich Spalten bzw. Zeilen ein und wie werde ich sie wieder los?
- Wie blende ich Zeilen und Spalten ein und aus?
- Wie sortiere ich meine Daten?
- Wie kann ich mehrere Spalten miteinander vergleichen?
- Wie kann ich Zeilenumbrüche schnell setzen und wieder aufheben?
- Wie formatiere ich Zeilen und Spalten?
- Wie kann ich Filter in der Programmierung einsetzen?
- Wie kann ich mit Gliederungen arbeiten?

6.1 Zeilen und Spalten markieren, zählen und ansteuern

Die folgenden Makros können Sie auf der CD-ROM im Verzeichnis KAP06 *in der Datei* SPALTENUNDZEILEN.XLS *finden.*

CD

Die Markierung einer einzelnen Zeile bzw. Spalte ist kein Problem. Eine einzelne Zeile markieren Sie, indem Sie die Eigenschaft Rows auf das Objekt Range anwenden. So markiert die Anweisung

```
Rows("3:3").Select
```

die komplette dritte Zeile in der aktiven Tabelle.

Eine einzelne Spalte markieren Sie, indem Sie die Eigenschaft `Columns` auf das `Range`-Objekt anwenden. Die Anweisung

```
Columns("A:A").Select
```

markiert die Spalte A der aktiven Tabelle.

Mehrere Zeilen auf dem Tabellenblatt markieren

Sicher wissen Sie, dass Sie manuell mehrere Zeilen auf dem Tabellenblatt markieren können. Mit dem Einsatz der [Strg]-Taste im Zusammenspiel mit der linken Maustaste, mit welcher Sie auf die Zeilenköpfe klicken, markieren Sie mehrere, auch nicht zusammenhängende Zeilen. Wie funktioniert dies aber mit VBA?

Listing 6.1: Mehrere Zeilen auf Tabellenblatt markieren

```
Sub MehrfachauswahlZeilen()
 Sheets("Tabelle1").Activate
 Range("2:2,3:3,4:4,10:10").Select
End Sub
```

Im Beispiel von Listing 6.1 werden die Zeilen 2, 3, 4 und 10 markiert.

Abbildung 6.1: Selektive Auswahl von Zeilen

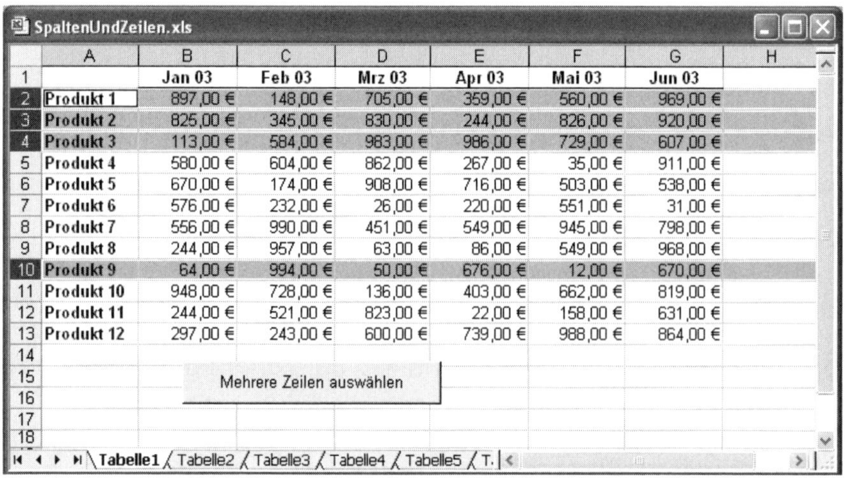

	A	B	C	D	E	F	G
1		Jan 03	Feb 03	Mrz 03	Apr 03	Mai 03	Jun 03
2	Produkt 1	897,00 €	148,00 €	705,00 €	359,00 €	560,00 €	969,00 €
3	Produkt 2	825,00 €	345,00 €	830,00 €	244,00 €	826,00 €	920,00 €
4	Produkt 3	113,00 €	584,00 €	983,00 €	986,00 €	729,00 €	607,00 €
5	Produkt 4	580,00 €	604,00 €	862,00 €	267,00 €	35,00 €	911,00 €
6	Produkt 5	670,00 €	174,00 €	908,00 €	716,00 €	503,00 €	538,00 €
7	Produkt 6	576,00 €	232,00 €	26,00 €	220,00 €	551,00 €	31,00 €
8	Produkt 7	556,00 €	990,00 €	451,00 €	549,00 €	945,00 €	798,00 €
9	Produkt 8	244,00 €	957,00 €	63,00 €	86,00 €	549,00 €	968,00 €
10	Produkt 9	64,00 €	994,00 €	50,00 €	676,00 €	12,00 €	670,00 €
11	Produkt 10	948,00 €	728,00 €	136,00 €	403,00 €	662,00 €	819,00 €
12	Produkt 11	244,00 €	521,00 €	823,00 €	22,00 €	158,00 €	631,00 €
13	Produkt 12	297,00 €	243,00 €	600,00 €	739,00 €	988,00 €	864,00 €

Mehrere Spalten auf dem Tabellenblatt markieren

Wenn Sie mehrere, auch nicht zusammenhängende Spalten markieren möchten, sehen Sie sich das nächste Makro in Listing 6.2 an:

```
Sub MehrereSpaltenMarkieren()
 Sheets("Spalten und Zeilen").Activate
 Range("A:A,C:C,E:E").Select
End Sub
```

Listing 6.2: Mehrere nicht zusammenhängende Spalten markieren

Im Beispiel aus Listing 6.2 werden die Spalten A, C und E markiert.

Selbstverständlich können Sie diese Aufgabe auch über Indexe lösen. Schauen Sie sich dazu das Makro aus Listing 6.3 an.

```
Sub MehrereSpaltenMarkiernII()
Range(Columns(1), Columns(2)).Select
End Sub
```

Listing 6.3: Mehrere Spalten über Index markieren

Die Spalten A und B werden in Makro Listing 6.3 markiert.

Zeilen und Spalten markieren

Um jeweils eine Spalte sowie eine Zeile in einem Arbeitsgang zu markieren, setzen Sie das Makro aus Listing 6.4 ein.

```
Sub BereicheMarkieren()
Dim Bereich1 As Range
Dim Bereich2 As Range
Dim Gesamtb As Range

Set Bereich1 = Rows(7)
Set Bereich2 = Columns("C:C")
Set Gesamtb = Union(Bereich1, Bereich2)
Gesamtb.Select
End Sub
```

Listing 6.4: Zeile und Spalte gleichzeitig markieren

Legen Sie mithilfe der Anweisung `Set` erst einmal die Bereiche fest, die Sie gemeinsam ansprechen möchten. Danach fassen Sie die einzelnen Bereiche über die Methode `Union` zusammen. Dann markieren Sie den Gesamtbereich durch die Methode `Select`.

Markierte Spalten in Markierung zählen

Stellen Sie sich vor, Sie haben mehrere Bereiche auf Ihrer Tabelle markiert und möchten jetzt ermitteln, wie viele Spalten in der jeweiligen Markierung vorhanden sind. Um diese Aufgabe zu lösen, setzen Sie das Makro aus Listing 6.5 ein.

```
Sub SpaltenInAuswahlErmitteln()
Dim Bereiche As Integer
Dim i As Integer
```

Listing 6.5: Spalten in markierten Bereichen zählen

```
 Worksheets("Tabelle25").Activate
 Bereiche = Selection.Areas.Count
 If Bereiche <= 1 Then
 MsgBox "Die Auswahl enthält " & _
   Selection.Columns.Count & " Spalte(n)."
 Else
 For i = 1 To Bereiche
   MsgBox "Die Auswahl " & i & "  _
   der markierten Bereiche enthält " & _
   Selection.Areas(i).Columns.Count & " Spalten."
 Next i
 End If
End Sub
```

Ermitteln Sie zuerst, wie viele Bereiche auf Ihrer Tabelle momentan markiert sind. Für diese Aufgabe setzen Sie die Methode `Count` ein, die Sie auf das Objekt `Areas` anwenden. Über eine `If`-Abfrage ermitteln Sie, wie viele Bereiche auf der Tabelle markiert sind. Über die Anweisung `Selection.Columns.Count` können Sie daraufhin die markierten Spalten im markierten Bereich ermitteln. Sind mehrere Bereiche in der Tabelle markiert, dann setzen Sie eine Schleife auf, die einen Bereich nach dem anderen durchläuft, die Spalten innerhalb der Markierung zählt und diese auf dem Bildschirm ausgibt.

Erste freie Zelle in Spalte anspringen

Versuchen Sie einmal, die letzte Zelle in einer Spalte anzusteuern. Dazu setzen Sie die Eigenschaft `End` ein und gelangen mit der Eigenschaft `Offset` ein Zelle weiter nach unten in die erste leere Zelle dieser Spalte. Anschließend geben Sie die Zellenadresse in einer Bildschirmmeldung aus.

Listing 6.6: Erste freie Zelle in Spalte ansteuern (Variante 1)

```
Sub LetzteZelleAktivieren()
 Sheets("Tabelle1").Activate
 Range("A65536").End(xlUp).Offset(1, 0).Select
 MsgBox ActiveCell.Address
End Sub
```

Das Makro aus Listing 6.6 verursacht aber genau dann Probleme, wenn Sie in Ihrer Arbeitsmappe bereits mehrmals Daten gelöscht und wieder eingegeben haben. Die dadurch entstandenen Löcher lassen Excel nicht selten die falsche letzte Zelle zurückliefern. Um auf Nummer sicher zu gehen, können Sie das Makro aus Listing 6.7 einsetzen.

Listing 6.7: Erste freie Zelle in Spalte ansteuern (Variante 2)

```
Sub ErsteFreieZelleInSpalteA()
Dim s As String
Dim i As Long
```

```
With ActiveSheet
    i = 0
    Do
        i = i + 1
        s = Cells(i, "A")
        If Len(s) = 0 Then
            Cells(i, "A").Activate
            Exit Do
        End If
    Loop While i < 65535
End With
End Sub
```

In einer Schleife, die bei der ersten Zelle der Spalte beginnt, kontrollieren Sie jede Zelle der Spalte. Ist die Zelle leer, dann weist sie die Länge 0 auf. Ist dies der Fall, dann springen Sie mit der Anweisung `Exit Do` aus der Schleife und beenden das Makro. Der Mauszeiger steht dann automatisch an der richtigen Position.

Bestimmte Zelle in Spalte ansteuern

Um beispielsweise in einer Spalte immer die dritte Zelle anzuspringen, können Sie das Makro aus Listing 6.8 einsetzen.

Listing 6.8: Dritte Zelle anspringen

```
Sub DritteZelleInSpalteAktivieren()
Dim i As Integer

i = ActiveCell.Column
Cells(3, i).Select
End Sub
```

Im ersten Schritt ermitteln Sie die aktive Spalte und speichern diese in der Variablen `i`. Danach markieren Sie mithilfe der Eigenschaft `Cells` die dritte Zelle der jeweiligen Spalte.

Anzahl der verwendeten Spalten und Zeilen ermitteln

Die Anzahl der verwendeten Zeilen auf einem Tabellenblatt können Sie ermitteln, indem Sie die Eigenschaft `UsedRange` einsetzen, um den verwendeten Bereich auf dem Tabellenblatt herauszufinden, sowie die Eigenschaften `Rows` und `Count`, um die Zeilen im verwendeten Bereich zu zählen.

Listing 6.9: Wie viele Zeilen werden in der Tabelle verwendet?

```
Sub AnzahlVerwendeteZeilen()
Dim l As Long

 l = ActiveSheet.UsedRange.Rows.Count
 MsgBox l
End Sub
```

!! STOP

Achten Sie darauf, dass Sie bei der Programmierung von Zeilen zur Sicherheit eine Variable vom Typ `Long` *definieren, wenn Sie sehr viele Zeilen abarbeiten möchten. Der Datentyp* `Integer` *kann nur Zahlenwerte bis 32.767 speichern. Würden Sie in Listing 6.9 eine Integer-Variable einsetzen und wäre die Anzahl der verwendeten Zellen größer als besagter Wert, käme es zu einem Überlauffehler.*

Listing 6.10: Anzahl verwendeter Spalten ausgeben

```
Sub AnzahlVerwendeteSpalten()
Dim i As Integer

 i = ActiveSheet.UsedRange.Columns.Count
 MsgBox i
End Sub
```

:-) TIPP

Bei der Ermittlung der Anzahl der belegten Spalten brauchen Sie sich um die Variablendefinition keine Sorgen zu machen. Da es in einem Excel-Tabellenblatt so oder so nur 256 Spalten gibt, reicht eine Variable vom Typ `Integer` *bei weitem aus.*

Im folgenden Beispiel ist die Anzahl der verwendeten Zellen einer Spalte von Interesse. So liefert das Makro aus Listing 6.11 die Anzahl der verwendeten Zellen in Spalte A.

Listing 6.11: Anzahl verwendeter Zellen in Spalte A

```
Sub ZählenAlleNichtLeerenZeilenEinerSpalte()
Dim Blatt As Worksheet

    Set Blatt = Worksheets("Tabelle1")
    MsgBox WorksheetFunction.CountA(Blatt.Columns(1))
End Sub
```

Über die Funktion `CountA` ermitteln Sie die Anzahl der gefüllten Zellen in Spalte A. Dabei spielt es keine Rolle, ob sich in den Zellen numerische bzw. alphanumerische Werte befinden.

!! STOP

Vorsicht aber vor Zellen, in denen Leerzeichen eingegeben wurden! Sie sehen diese Eingaben zwar nicht, trotzdem werden diese Zellen in Excel gezählt.

Zellen im umliegenden Bereich zählen

Wenn Sie wissen möchten, wie viele Zeilen und Spalten um die momentan aktivierte Zelle herum angeordnet sind, verwenden Sie die Eigenschaft `CurrentRegion` im Zusammenspiel mit den Eigenschaften `Columns` und `Count`.

```
Sub ZeilenUndSpaltenDeUmliegendenUmgebungAusgeben()
Dim iZeilen As Integer
Dim iSpalten As Integer

Sheets("Tabelle1").Activate
Range("D6").Select
iZeilen = Selection.CurrentRegion.Rows.Count
iSpalten = Selection.CurrentRegion.Columns.Count
MsgBox _
"Der Bereich enthält " & iZeilen & " Zeilen und " _
& iSpalten & " Spalten!"
End Sub
```

Listing 6.12: Anzahl der verwendeten Spalten und Zeilen im umliegenden Bereich ermitteln

Erste und letzte Zelle im verwendeten Bereich ermitteln

Im nächsten Beispiel liegt eine Tabelle vor, aus der Sie die erste sowie die letzte belegte Zeile ermitteln sollen. Für diese Aufgabe setzen Sie das Makro aus Listing 6.13 ein.

```
Sub ErsteUndLetzteZeileErmitteln()
Dim ErsteZ As Integer
Dim letzteZ As Integer

Sheets("Tabelle22").Activate
Cells(1, ActiveCell.Column).End(xlDown).Select
ErsteZ = ActiveCell.Row
Range("A65536").End(xlUp).Select
letzteZ = ActiveCell.Row
MsgBox "Erste Zeile = " & ErsteZ & VbLf & _
"Letzte Zeile = " & letzteZ
End Sub
```

Listing 6.13: Erste und letzte Zeile in Tabelle ausfindig machen

Setzen Sie die Eigenschaft `End` ein, um die erste belegte Zelle in Spalte A herauszufinden. Dabei geben Sie der Eigenschaft `End` die Richtungskonstante `xlDown` mit. Um die letzte belegte Zelle in Spalte A zu ermitteln, weisen Sie der Eigenschaft `End` die Richtungskonstante `xlUp` zu. Geben Sie zum Schluss die ermittelten Koordinaten über eine Bildschirmmeldung aus. Setzen Sie dazu die Konstante `VbLf` ein, um einen Zeilenumbruch in der Bildschirmmeldung zu erreichen (siehe Abbildung 6.2).

Eine alternative Methode, um die erste bzw. letzte Zeile auszugeben, stellt das Makro aus Listing 6.14 dar.

```
Sub KoordinatenAusgeben()
Dim i As Integer

MsgBox ActiveSheet.UsedRange.Rows.Row
```

Listing 6.14: Zellenkoordinaten ausgeben

```
 i = ActiveSheet.UsedRange.Rows.Count _
 + ActiveSheet.UsedRange.Rows.Row - 1

 MsgBox i
End Sub
```

Abbildung 6.2: Bereichsgrenzen abstecken

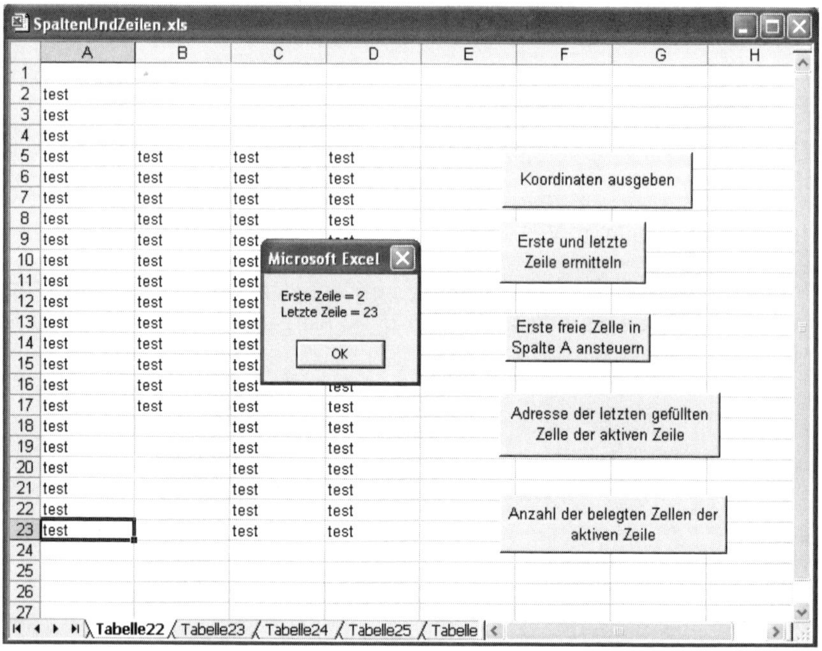

Geben Sie im ersten Schritt die Anzahl der verwendeten Zeilen der Tabelle aus. Dazu setzen Sie die Eigenschaft `UsedRange` ein, die Sie auf die Eigenschaft `Row` anwenden. Danach ermitteln Sie mithilfe von `Count` die Anzahl der verwendeten Zeilen der Tabelle. Um nun die exakten Koordinaten zu bekommen, müssen Sie beide Informationen miteinander kombinieren.

Adresse der zuletzt verwendeten Zelle einer Zeile ausgeben

Um die Adresse der zuletzt verwendeten Zelle in einer Zeile zu ermitteln, setzen Sie das Makro aus Listing 6.15 ein.

Listing 6.15: Letzte Zelle in Zeile ausgeben

```
Sub AdresseDerLetztenGefülltenZellenInZeile()
 MsgBox ActiveCell.End(xlToRight).Offset.Address
End Sub
```

Über die Eigenschaft `End`, der Sie den Richtungsoperator `xlToRight` übergeben, ermitteln Sie den Standort der letzten verwendeten Zelle der aktiven Zeile. Mithilfe der Eigenschaft `Address` können Sie sich die dazugehörige Zellenadresse ausgeben lassen.

Markierte Zellen einer Zeile zählen

Ist die Anzahl der markierten Zellen einer Zeile von Interesse, dann starten Sie das Makro aus Listing 6.16.

Listing 6.16: Markierte Zellen einer Zeile zählen

```
Sub AnzahlBelegterZellenInZeile()
Sheets("Tabelle23").Activate
Range(ActiveCell.Address, _
 ActiveCell.End(xlToRight)).Select
 MsgBox Selection.Count
End Sub
```

Markieren Sie zuerst einmal den verwendeten Bereich der aktiven Zeile. Arbeiten Sie dabei wieder mit der Eigenschaft `End`, der Sie den Richtungsoperator `xlToRight` mitgeben. Als Startzelle der angestrebten Markierung geben Sie die Adresse der aktiven Zelle an.

Mehrfachsprünge durchführen

Stellen Sie sich vor, Sie müssten jeweils von der aktiven Zelle zur nächsten belegten Zelle einer Spalte springen. Dieser Mechanismus wird so lange ausgeführt, bis Sie die letzte verwendete Zelle der Spalte erreicht haben. Wie muss das Makro für diese Aufgabe aussehen?

Listing 6.17: Nächste belegte Zelle in Spalte anspringen

```
Sub NächsteBelegteZelleAnspringen()
Dim l As Long
Dim i As Long
Dim j As Integer

Sheets("Tabelle23").Activate
j = ActiveCell.Column
i = ActiveCell.Row
l = ActiveSheet.UsedRange.Rows.Count

Do Until i > l Or Cells(i + 1, j) <> ""
 i = i + 1
 Cells(i, j).Select
Loop
 Cells(i + 1, j).Select
End Sub
```

Als Erstes ermitteln Sie, wo Sie sich auf der Tabelle gerade befinden. Dazu speichern Sie die Positionen in Variablen. Über die Anweisung `ActiveCell.Column` bekommen Sie die Spalte, in der sich Ihr Mauszeiger gerade befindet. Mithilfe der Anweisung `ActiveCell.Row` ermitteln Sie die Zeile, in der Ihr Mauszeiger gerade steht. Mit der Anweisung `ActiveSheet.UsedRange.Rows.Count` erfahren Sie, wie viele Zeilen in Ihrer Tabelle verwendet werden. Mit diesen drei Informationen können Sie direkt im Anschluss eine

Schleife basteln. Die Abbruchbedingungen für die Schleife sind zum einen die Bedingung, dass die Schleife nicht öfter durchlaufen werden darf, wie es verwendete Zeilen in der Tabelle gibt; zum anderen, dass die jeweils aktive Zelle einen Inhalt aufweisen muss.

Abbildung 6.3: Zur nächsten belegten Zelle der Spalte springen

Markieren von Zeilen ab einer bestimmten Position

Stellen Sie sich vor, Sie haben eine Tabelle, bei der die relevanten Daten erst ab Zeile 5 beginnen. Ihre Aufgabe besteht nun darin, alle Daten ab der Zeile 5 zu markieren. Das Makro für diese Aufgabe lautet:

Listing 6.18: Alle Zellen markieren ab Zeile 5

```
Sub MarkierenAbZeile5()
 Sheets("Tabelle24").Activate
 Range(Range("A5"), _
 Range("A5").End(xlDown)).EntireRow.Select
End Sub
```

Markieren Sie den datenrelevanten Bereich mithilfe der Methode `Select`, indem Sie im ersten Argument die Startadresse der Zelle angeben und für das zweite Argument die Eigenschaft `End` mit der Richtungskonstanten `xlDown` einsetzen. Über die Eigenschaft `EntireRow` markieren Sie diese Zeilen komplett.

Ähnlich verhält es sich auch im folgenden Beispiel. In einer Tabelle sollen lediglich die letzten fünf Zeilen eines Datenbereichs markiert werden. Das Makro für diese Aufgabe können Sie dem Listing 6.19 entnehmen.

Listing 6.19: Die letzten fünf Zellen markieren

```
Sub Letzte5ZeilenInSpalteMarkieren()
 Sheets("Tabelle24").Activate
 Range("A65536").End(xlUp).Select
 Range(Selection, _
 ActiveCell.Offset(-4, 0)).EntireRow.Select
End Sub
```

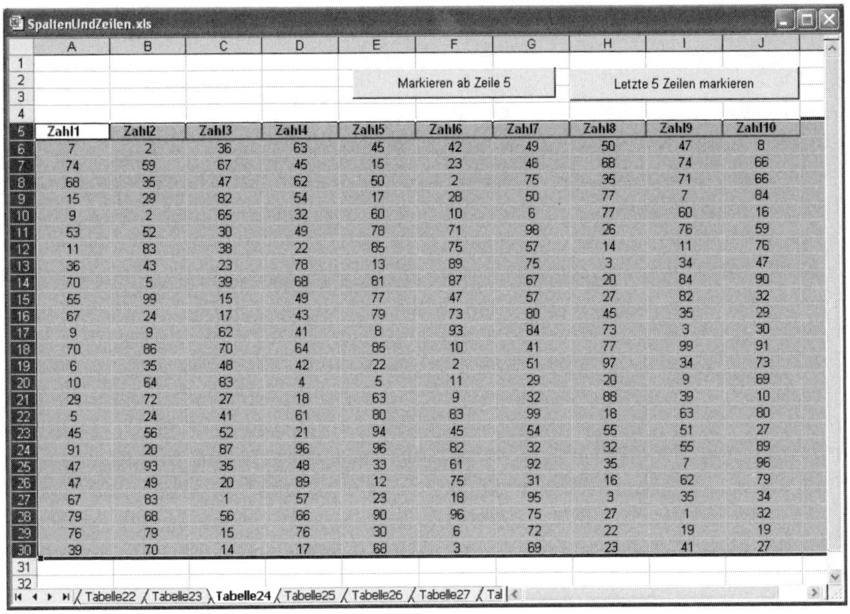

	A	B	C	D	E	F	G	H	I	J
5	Zahl1	Zahl2	Zahl3	Zahl4	Zahl5	Zahl6	Zahl7	Zahl8	Zahl9	Zahl10
6	7	2	36	63	45	42	49	50	47	8
7	74	59	67	45	15	23	46	68	74	66
8	68	35	47	62	50	2	75	35	71	66
9	15	29	82	54	17	28	50	77	7	84
10	9	2	65	32	60	10	6	77	60	16
11	53	52	30	49	78	71	98	26	76	59
12	11	83	38	22	85	75	57	14	11	76
13	36	43	23	78	13	89	75	3	34	47
14	70	5	39	68	81	87	67	20	84	90
15	55	99	15	49	77	47	57	27	82	32
16	67	24	17	43	79	73	80	45	35	29
17	9	9	62	41	8	93	84	73	3	30
18	70	86	70	64	85	10	41	77	99	91
19	6	35	48	42	22	2	51	97	34	73
20	10	64	83	4	5	11	29	20	9	69
21	29	72	27	18	63	9	32	88	39	10
22	5	24	41	61	80	83	99	18	63	80
23	45	56	52	21	94	45	54	55	51	27
24	91	20	87	96	96	82	32	32	55	89
25	47	93	35	48	33	61	92	35	7	96
26	47	49	20	89	12	75	31	16	62	79
27	67	83	1	57	23	18	95	3	35	34
28	79	68	56	66	90	96	75	27	1	32
29	76	79	15	76	30	6	72	22	19	19
30	39	70	14	17	68	3	69	23	41	27

Abbildung 6.4: Alle relevanten Daten markieren

Über die Anweisung `Range("A65536").End(xlUp).Sclcct` ermitteln Sie die letzte gefüllte Zelle in Spalte A. Bilden Sie nun eine Markierung, die ausgehend von dieser Zelle weitere vier Zeilen oberhalb der Zelle markiert.

Letzte Zeile in Tabelle einfärben

Im nächsten Beispiel färben Sie die letzte verwendete Zelle mit der Hintergrundfarbe Hellgelb. Das Makro für diese Aufgabe entnehmen Sie dem Listing 6.20.

Listing 6.20: Letzte verwendete Zeile färben

```
Sub LetzteZeileEinfärben()
Sheets("Tabelle27").Activate
Range("A65536").End(xlUp).Select
 ActiveCell.EntireRow.Select
    With Selection.Interior
        .ColorIndex = 36
        .Pattern = xlSolid
    End With
End Sub
```

Ermitteln Sie über die Eigenschaft `End` sowie dem Richtungsoperator `xlUp` die zuletzt verwendete Zeile. Danach markieren Sie die gesamte Zeile mithilfe der Eigenschaft `EntireRow`. Führen Sie daraufhin die Formatierung der Zeile durch, indem Sie den `ColorIndex` auf den Wert 36 setzen. Über die Eigenschaft `Pattern` legen Sie das Hintergrundmuster des Bereichs fest.

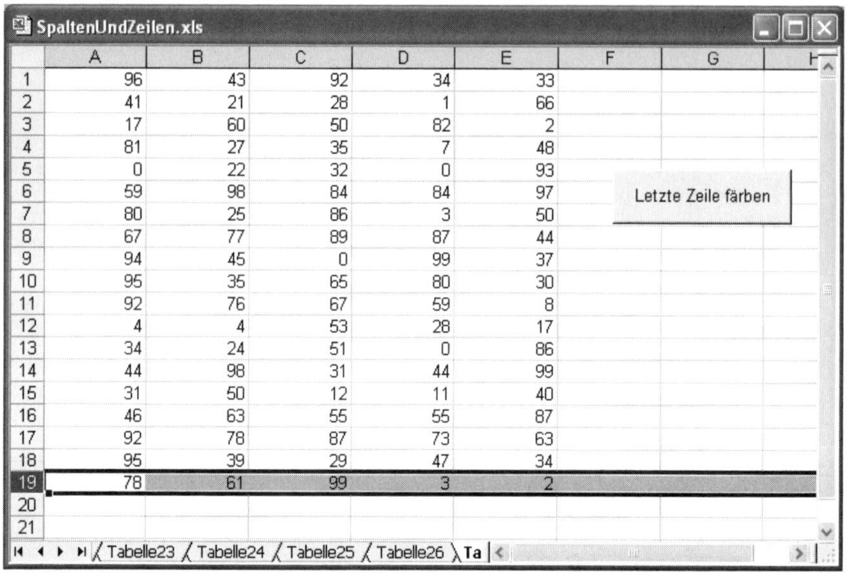

	A	B	C	D	E	F	G
1	96	43	92	34	33		
2	41	21	28	1	66		
3	17	60	50	82	2		
4	81	27	35	7	48		
5	0	22	32	0	93		
6	59	98	84	84	97		
7	80	25	86	3	50		
8	67	77	89	87	44		
9	94	45	0	99	37		
10	95	35	65	80	30		
11	92	76	67	59	8		
12	4	4	53	28	17		
13	34	24	51	0	86		
14	44	98	31	44	99		
15	31	50	12	11	40		
16	46	63	55	55	87		
17	92	78	87	73	63		
18	95	39	29	47	34		
19	78	61	99	3	2		
20							
21							

Abbildung 6.5: Letzte verwendete Zelle einfärben

REF

Lesen Sie in Kapitel 12, wie Sie diesen Vorgang automatisieren können.

6.2 Zeilenhöhe und Spaltenbreite einstellen

Bei der Einstellung für die richtige Spaltenbreite bzw. die korrekte Zeilenhöhe können Sie bestimmen, ob die Einstellung für Ihr ganzes Tabellenblatt oder nur für bestimmte Spalten und Zeilen gelten soll. Im ersten Beispiel werden auf dem Tabellenblatt TABELLE1 die Spalten A bis E sowie die Zeilen 1 bis 4 angepasst. Dazu setzen Sie im ersten Fall die Eigenschaften `EntireColumn` und `ColumnWidth` ein, um die Spaltenbreite festzulegen. Im zweiten Fall wenden Sie die Eigenschaften `EntireRow` und `RowHeight` auf das Objekt `Range` an, um die Zeilenhöhe festzulegen.

Listing 6.21: Spaltenbreite und Zeilenhöhe in einem Bereich einstellen

```
Sub SpaltenZeilenEinstellen()
 Sheets("Tabelle1").Activate
 Range("A:E").EntireColumn.ColumnWidth = 15
 Range("1:4").EntireRow.RowHeight = 20
End Sub
```

Im Listing 6.21 wurde nur ein Teil der Tabelle TABELLE1 angepasst. Wie aber funktioniert das für die ganze Tabelle?

Listing 6.22: Spaltenbreite und Zeilenhöhe für die ganze Tabelle einstellen

```
Sub SpaltenZeilenTabelleEinstellen()
 Sheets("Tabelle1").Activate
 With Cells
  .EntireColumn.ColumnWidth = 15
```

```
  .EntireRow.RowHeight = 20
 End With
End Sub
```

Die Eigenschaft `Cells` repräsentiert alle Zellen einer Tabelle. Um Schreibarbeit zu sparen, setzen Sie die Anweisung `With` ein und legen über die Eigenschaften `ColumnWidth` bzw. `RowHeight` eine einheitliche Spaltengröße bzw. Zeilenhöhe für Ihr Tabellenblatt fest.

INFO

Die Einheit für die Spaltenbreite bzw. die Zeilenhöhe entspricht der Breite eines Zeichens in der Formatvorlage STANDARD. *Bei Proportionalschriftarten wird die Breite des Zeichens 0 (Null) verwendet.*

:-) TIPP

Gerade haben Sie erfahren, wie Sie in Excel Zeilen bzw. Spalten eine feste Größe geben. Ebenso haben Sie die Möglichkeit, beispielsweise Ihren Spalten genau die Breite zu geben, die benötigt wird. Dazu verwenden Sie die Methode `AutoFit`*, welche die angegebenen Spalten automatisch in der richtigen Breite einstellt. Sicher kennen Sie die Reaktion von Excel, wenn eine Spalte zu klein ist und der eingegebene Zahlenwert nicht mehr angezeigt werden kann: Excel füllt die Zelle dann scheinbar mit dem Zeichen # auf (siehe Abbildung 6.6). Erst wenn Sie die Spalte mit einem Doppelklick auf die Begrenzung des entsprechenden Spaltenkopfs anpassen, wird die Spalte so vergrößert, dass der komplette Zelleninhalt angezeigt werden kann.*

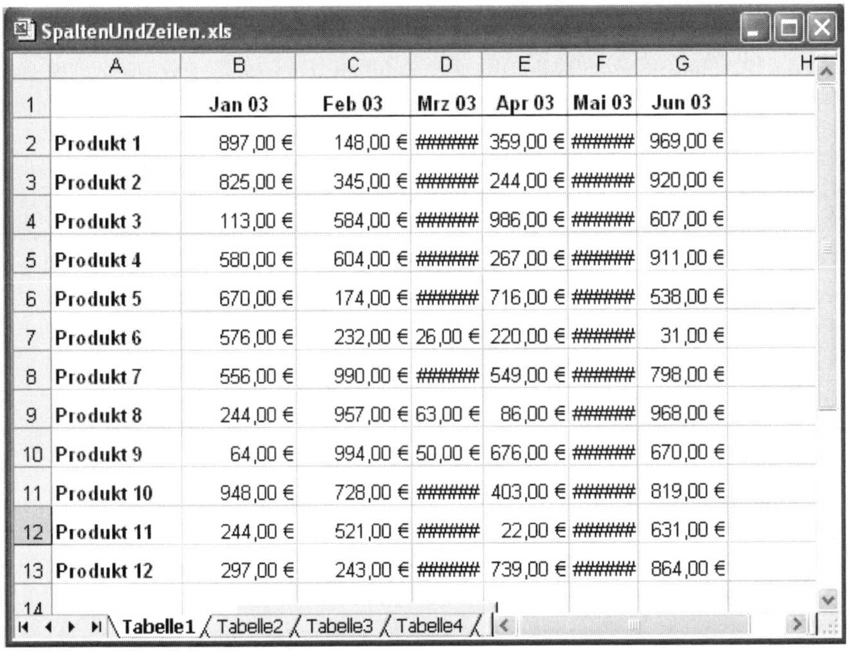

	A	B	C	D	E	F	G
1		Jan 03	Feb 03	Mrz 03	Apr 03	Mai 03	Jun 03
2	Produkt 1	897,00 €	148,00 €	######	359,00 €	######	969,00 €
3	Produkt 2	825,00 €	345,00 €	######	244,00 €	######	920,00 €
4	Produkt 3	113,00 €	584,00 €	######	986,00 €	######	607,00 €
5	Produkt 4	580,00 €	604,00 €	######	267,00 €	######	911,00 €
6	Produkt 5	670,00 €	174,00 €	######	716,00 €	######	538,00 €
7	Produkt 6	576,00 €	232,00 €	26,00 €	220,00 €	######	31,00 €
8	Produkt 7	556,00 €	990,00 €	######	549,00 €	######	798,00 €
9	Produkt 8	244,00 €	957,00 €	63,00 €	86,00 €	######	968,00 €
10	Produkt 9	64,00 €	994,00 €	50,00 €	676,00 €	######	670,00 €
11	Produkt 10	948,00 €	728,00 €	######	403,00 €	######	819,00 €
12	Produkt 11	244,00 €	521,00 €	######	22,00 €	######	631,00 €
13	Produkt 12	297,00 €	243,00 €	######	739,00 €	######	864,00 €

Abbildung 6.6: Einige Zellen sind zu klein

Listing 6.23: Automatisches Einstellen der korrekten Spaltenbreite

```
Sub SpaltenbreitenEinstellen()
 Worksheets("Tabelle1").Columns("A:G").AutoFit
End Sub
```

Wenn Sie vorher nicht wissen, welche Zellen zu klein sind, und die letzte Aufgabe dynamisch lösen möchten, setzen Sie das Makro in Listing 6.24 ein.

Listing 6.24: Dynamisches Anpassen der Spaltenbreiten im verwendeten Bereich

```
Sub DynamischeSpaltenAnpassung()
Dim Zelle As Range

  For Each Zelle In ActiveSheet.UsedRange
  If IsNumeric(Zelle.Value) _
    And Left(Zelle.Text, 1) = "#" Then
   Worksheets("Tabelle1").Columns(Zelle.Column).AutoFit
  End If
  Next Zelle
End Sub
```

In einer For Each-Schleife durchsuchen Sie den verwendeten Bereich auf dem Tabellenblatt TABELLE1 nach Zellen, in denen Zahlenwerte nicht lesbar angezeigt werden können. Daher führen Sie zuerst eine Prüfung auf numerischen Inhalt durch und kontrollieren gleichzeitig das erste angezeigte Zeichen in der Zelle. Die Funktion IsNumeric gibt den Wert True zurück, wenn in der Zelle ein Zahlenwert steht. Dabei werden übrigens auch Datumswerte als numerische Werte interpretiert, da Datumsangaben in Excel intern als Zahlen verwaltet werden. Mithilfe der Funktion Left prüfen Sie, ob es sich beim ersten angezeigten Zeichen in der Zelle um das Zeichen # handelt. Für diese Abfrage müssen Sie die Eigenschaft Text verwenden. Für den Fall, dass beide Bedingungen zutreffen, passen Sie die Spalte über die Methode AutoFit an.

Oft möchten Sie auch nur in einem ganz bestimmten Bereich Ihre Zeilen vergrößern. Dazu können Sie beispielsweise vom Anwender die Vergrößerung abfragen, um welche die aktuell eingestellte Zeilenhöhe vergrößert werden soll. Dazu setzen Sie das Makro aus Listing 6.25 ein.

Listing 6.25: Zeilenhöhe um Benutzereingabe in Punkten erweitern

```
Sub ZeilenhöheVergrößern()
Dim Zeile As Range
Dim s As String

 Sheets("Tabelle1").Activate
 s = InputBox("Zeilenvergrößerung in Punkten angeben.")
 If s = "" Then Exit Sub
    For Each Zeile In Selection
        Zeile.RowHeight = Zeile.RowHeight + s
    Next Zeile
End Sub
```

Erfahren Sie mehr über die Funktion `Inputbox` *in Kapitel 14 dieses Buches.*

REF

6.3 Zeilen einfügen und löschen

Wenn Sie in Ihrem Tabellenblatt Zeilen hinzufügen oder auch löschen möchten, setzen Sie die Methoden `Insert` bzw. `Delete` ein. Vorher muss die gewünschte Zeile komplett markiert werden. Dies erreichen Sie mithilfe der Anweisung `Selection.EntireRow`.

Zeile einfügen

Das folgende Beispiel fügt im Tabellenblatt TABELLE1 ganz oben eine neue Zeile ein:

Listing 6.26: Zeile ganz oben im Tabellenblatt einfügen

```
Sub ZeileEinfügen()
 Sheets("Tabelle1").Activate
 Range("A1").Select
 Selection.EntireRow.Insert
End Sub
```

Mehrere Zeilen einfügen

Möchten Sie gleich mehrere Zeilen einfügen, so können Sie folgendes Makro verwenden:

Listing 6.27: Mehrere Zeilen einfügen

```
Sub ZeilenEinfügen()
  Sheets("Tabelle1").Activate
  Rows("1:4").Select
  Selection.Insert Shift:=xlDown
End Sub
```

Hier werden genau vier Zeilen oberhalb der ersten Zeile eingefügt, d.h., die übrigen Zeilen werden um vier Zeilen nach unten geschoben. Die Eigenschaft `Rows` markiert die Zeilen 1 bis 4. Danach werden vier neue Zeilen eingefügt.

Die Methode `Insert` können Sie mit anderen Methoden kombinieren. Denken Sie zum Beispiel einmal daran, Sie müssten in einer Tabelle nach einer bestimmten Zeichenfolge suchen und genau unterhalb einige Leerzeilen einfügen.

In Spalte A soll nun der Text SUMME gefunden werden. Genau an dieser Stelle soll unterhalb eine Leerzeile eingefügt werden. Um diese Aufgabe zu bewältigen, setzen Sie das Makro aus Listing 6.28 ein.

Listing 6.28: Text suchen und Leerzeile einfügen

```
Sub TextFindenUndLeerzeileEinfügen()
Sheets("Tabelle20").Activate
Range("A:A").Select
With Selection
    .Find(What:="Summe").Activate
    Range(ActiveCell.Offset(1, 0), _
    ActiveCell.Offset(1, 0)).EntireRow.Insert
End With
End Sub
```

Markieren Sie im ersten Schritt die komplette Spalte A. Danach führen Sie eine Suche nach dem Text `Summe` durch und setzen dazu die Methode `Find` ein.

Diese Methode funktioniert einmalig, wenn Sie einen einzelnen Text suchen und die entsprechende Leerzeile einfügen möchten. Was aber machen Sie, wenn der Text mehrfach vorkommt und Sie nach jedem Vorkommen eine Leerzeile einfügen möchten? Dazu bauen Sie das Makro aus Listing 6.28 aus. Schauen Sie sich das Makro aus Listing 6.29 an.

Listing 6.29: Mehrere Texte suchen und Leerzeilen einfügen

```
Sub TexteFindenUndLeerzeileneinfügenII()
Dim Zelle As Range
Dim s As String

With Worksheets("Tabelle20").Range("A1:A100")
    Set Zelle = .Find("Summe", LookIn:=xlValues)
    If Not Zelle Is Nothing Then
        s = Zelle.Address
        Do
         Set Zelle = .FindNext(Zelle)
         Zelle.Offset(1, 0).EntireRow.Insert
        Loop While Zelle.Address <> s
    End If
End With
End Sub
```

Definieren Sie im ersten Schritt den Bereich, in dem das Einfügen von Leerzeilen stattfinden soll. Danach suchen Sie nach dem Text `Summe` und merken Sie sich die ermittelte Zellenadresse. Diese Zellenadresse des ersten Vorkommens des Textes speichern Sie in der Variablen `s`. Damit Sie keine Endlosschleife produzieren, müssen Sie eine Schleife einsetzen, die bei jedem Durchlauf überprüft, ob die erste Fundstelle wieder erreicht wurde. Ist dies der Fall, muss die Schleife natürlich beendet werden.

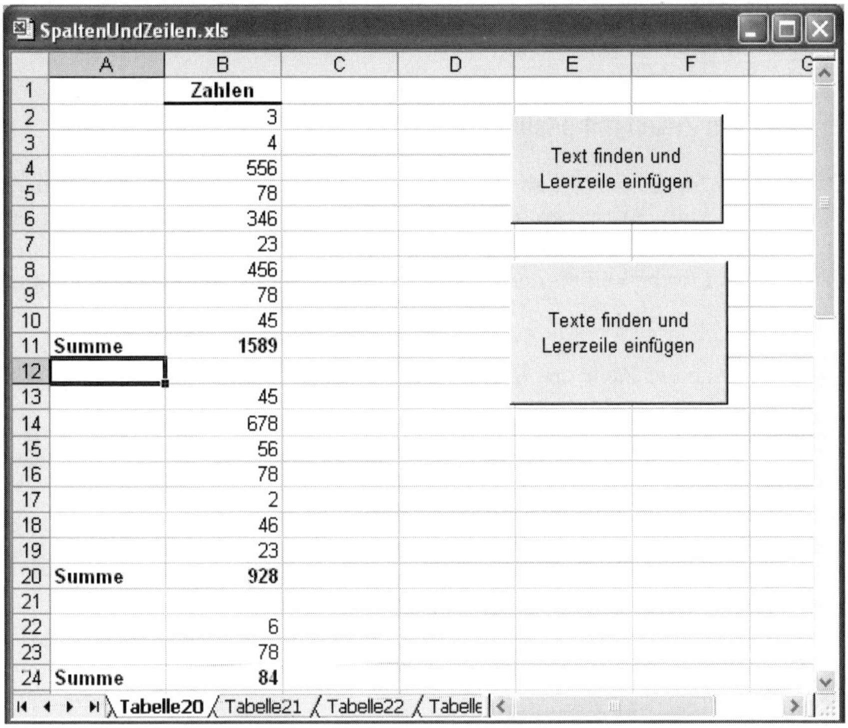

Abbildung 6.7: Leerzeilen wurden eingefügt

Zeile löschen

Um Zeilen in Ihrer Tabelle wieder zu löschen, starten Sie das Makro `ZeileLöschen`.

Listing 6.30: Oberste Zeile im Tabellenblatt löschen

```
Sub ZeileLöschen()
 Sheets("Tabelle1").Activate
 Range("A1").Select
 ActiveCell.EntireRow.Delete
End Sub
```

Mehrere Zeilen löschen

Sollen es gleich mehrere Zeilen zum Löschen sein, dann kommt folgendes Makro in Listing 6.31 zum Einsatz.

Listing 6.31: Mehrere Zeilen löschen

```
Sub ZeilenLöschen()
 Sheets("Tabelle1").Activate
 Rows("1:4").Select
 Selection.Delete Shift:=xlUp
End Sub
```

:-) TIPP

In Excel 97/2000/2002 und der Version 2003 stehen Ihnen maximal 65.536 Zeilen pro Tabellenblatt zur Verfügung.

Löschen von Zeilen mit bestimmtem Text

Oft können Sie in einer Tabelle nicht einfach Zeilen löschen, nur weil in einer Spalte keine Werte enthalten sind. Besser ist es, zu überprüfen, ob es sich tatsächlich um eine Leerzeile handelt. Dazu legen Sie vorher Ihre Kriterien für das Löschen einer Zeile fest. Diese könnten beispielsweise wie folgt lauten:

Das Löschen einer Zeile erfolgt, wenn

Die Bedingungen

- in einer beliebigen Zelle der Spalte A der Text ALT steht oder
- die Summe der Spalten B:D den Wert 0 ergibt.

Abbildung 6.8: Die Zeilen 4, 5, 6, 9 und 10 müssen gelöscht werden

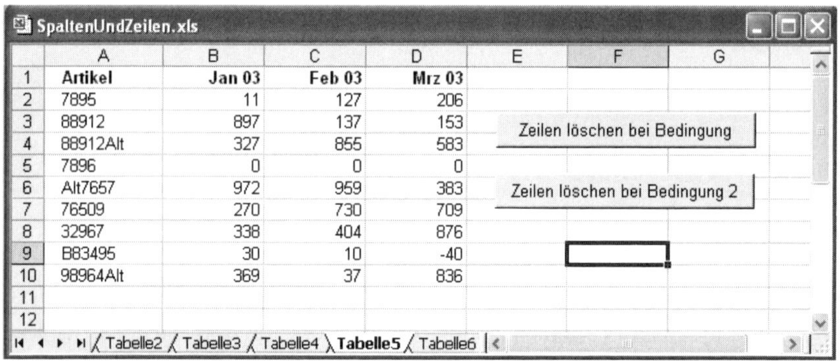

Um die bedingte Löschung von Zeilen durchzuführen, starten Sie das folgende Makro aus Listing 6.32.

Listing 6.32: Bedingtes Löschen von Zeilen (bestimmter Text – Variante 1)

```
Sub ZeilenLöschenBeiBedingung()
Dim sumsp As Long

 Sheets("Tabelle5").Activate
 Range("A1").Select
 Do Until ActiveCell.Value = ""
   sumsp = ActiveCell.Offset(0, 1).Value + _
   ActiveCell.Offset(0, 2).Value + _
   ActiveCell.Offset(0, 3).Value
   On Error Resume Next
   If sumsp = 0 Or InStr(1, ActiveCell.Value, "Alt") _
   Then Selection.EntireRow.Delete _
   Else ActiveCell.Offset(1, 0).Select
 Loop
End Sub
```

Mithilfe der Funktion InStr prüfen Sie, ob in der zu untersuchenden Zelle der Text ALT vorkommt. Dabei spielt es keine Rolle, ob der Suchtext am Anfang, in der Mitte oder am Schluss der Zelle steht. Zur Kontrolle des zweiten Löschkriteriums bilden Sie eine Summe und speichern diese in der Variablen sumsp. Wenn eines der beiden Löschkriterien erfüllt ist, wird die komplette Zeile durch die Methode Delete gelöscht und der Zellenzeiger eine Zeile weiter positioniert.

Eine andere Variante, bei der auf den Select-Befehl verzichtet werden kann, bietet das folgende Makro an:

Listing 6.33: Bedingtes Löschen von Zeilen (bestimmter Text – Variante 2)

```
Sub ZeilenLöschenBeiBedingung2()
Dim sumsp As Long
Dim L As Long

 Sheets("Tabelle5").Activate
 L = 1
 Do Until Cells(L, 1).Value = ""
   sumsp = Cells(L, 2).Value + _
   Cells(L, 3).Value + _
   Cells(L, 4).Value
   On Error Resume Next
 If sumsp = 0 Or InStr(1, Cells(L, 1).Value, "Alt") Then
   Cells(L, 1).EntireRow.Delete
   Else
   L = L + 1
   End If
 Loop
End Sub
```

Wenn Sie mit der Cells-Auflistung arbeiten, dann müssen Sie eine Variable einsetzen, die Sie innerhalb der Schleife hochsetzen.

Wertabhängiges Löschen von Zeilen

Eine weitere Löschbedingung wäre z.B. die Prüfung nach einer bestimmten Anzahl von eingegeben Zeichen. So löscht das folgende Makro alle Zeilen, deren Zellen in der Spalte A genau 0 Zeichen enthalten.

Listing 6.34: Bedingtes Löschen von Zeilen (bestimmte Textlänge)

```
Sub LeerzeilenLöschen1()
Dim L As Long
Dim ZL As Long

 Sheets("Tabelle5").Activate
 ZL = ActiveSheet.UsedRange.Rows.Count
 Range("A1").Select

 For L = 1 To ZL
  If Len(ActiveCell.Value) = 0 _
  Then Selection.EntireRow.Delete _
```

```
  Else ActiveCell.Offset(1, 0).Select
 Next L
End Sub
```

Im ersten Schritt ermitteln Sie die Anzahl der belegten Zeilen in Ihrer Tabelle. Die ermittelte Anzahl speichern Sie in der Variablen `zl` vom Typ `long`. Danach setzen Sie eine `For Next`-Schleife auf, die so lange ausgeführt wird, bis die letzte Zeile im verwendeten Bereich erreicht wird. Innerhalb der Schleife ermitteln Sie mithilfe der Funktion `Len` die Anzahl der eingegebenen Zeichen der Zelle. Beträgt die Zeichenlänge der Zelle mehr als zehn Zeichen, wird die ganze Zeile gelöscht. Im anderen Fall wird zur nächsten Zeile positioniert.

Eine Variante, bei der auf `Select`-Befehle verzichtet werden kann, liefert das folgende Makro:

Listing 6.35: Bedingtes Löschen von Zeilen

```
Sub LeerzeilenLöschen2()
Dim Bereich As Range

Sheets("Tabelle5").Activate
Set Bereich = Range(Cells(1, 1), _
  Cells(ActiveSheet.UsedRange.Rows.Count, 1))
Set Bereich = Bereich.SpecialCells(xlBlanks).EntireRow

Bereich.Delete
End Sub
```

Definieren Sie vorher den Bereich, in dem nach Leerzeilen gesucht werden soll. Bei der ersten Bereichsdefinition wird der benutzte Bereich in Spalte A festgelegt. Im zweiten Bereich werden die Leerzeilen darin festgestellt. Danach wenden Sie die Methode `Delete` an, um die Leerzeilen zu ermitteln.

Datumszeilen löschen

Im nächsten Beispiel liegt Ihnen eine Tabelle vor, in welcher sowohl Texte als auch Datumsangaben in Spalte A vorkommen. Ihre Aufgabe besteht nun darin, alle Zeilen, die Datumsangaben enthalten, zu löschen. Den Code für diese Aufgabe können Sie dem Listing 6.36 entnehmen.

Listing 6.36: Bedingtes Löschen von Zeilen (Datumszeilen)

```
Sub LöschenDatumszellen()
Sheets("Tabelle29").Activate
Range("A1").Select
Do Until ActiveCell.Value = ""
 If IsDate(ActiveCell) = True Then _
 Selection.EntireRow.Delete _
 Else ActiveCell.Offset(1, 0).Select
Loop
End Sub
```

Mithilfe der Funktion `IsDate` können Sie überprüfen, ob die aktive Zelle ein Datum enthält. Meldet diese Funktion den Wert `True` zurück, dann handelt es sich um eine Datumszelle. In diesem Fall markieren Sie die gesamte Zeile über die Eigenschaft `EntireRow` und löschen diese mithilfe der Methode `Delete`.

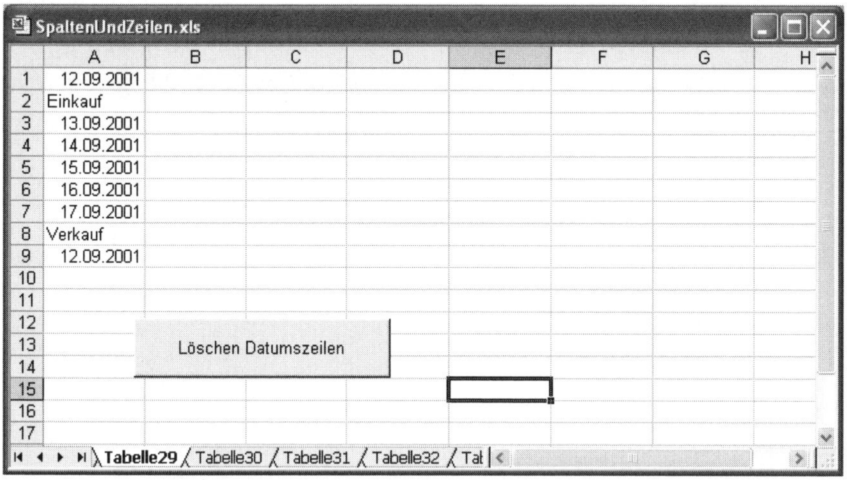

Abbildung 6.9: Datumszeilen löschen

Wochenendzeilen löschen

Verwandt mit dem letzten ist auch das folgende Beispiel. In einer Tabelle sollen alle Datumszeilen entfernt werden, die Wochenenden betreffen. Für diese Aufgabe können Sie das Makro aus Listing 6.37 verwenden.

Listing 6.37: Bedingtes Löschen von Zeilen (Wochenendzeilen)

```
Sub WochenendeLöschen()
Dim i As Long

Sheets("Tabelle30").Activate
Range("A1").Select
For i = 1 To ActiveSheet.UsedRange.Rows.Count
If Application.WorksheetFunction.Weekday _
(ActiveCell) = 1 _
 Or Application.WorksheetFunction.Weekday _
(ActiveCell) = 7 _
Then
 ActiveCell.EntireRow.Delete
Else
 ActiveCell.Offset(1, 0).Select
End If
Next i
End Sub
```

Setzen Sie eine Schleife auf, die alle verwendeten Zeilen einer Tabelle durchläuft. Über die Funktion `Weekday` können Sie überprüfen, ob eine Datumszelle ein Wochenende enthält. Da Sie einer Datumsangabe schließlich nicht ansehen können, ob dieses Datum auf ein Wochenende fällt, meldet Ihnen die Funktion `Weekday` den Wert `7` für einen Samstag und den Wert `1` für den Sonntag zurück. In beiden Fällen löschen Sie die komplette Zeile durch die Anweisung `ActiveCell.EntireRow.Delete`.

Abbildung 6.10: Die Wochenenden wurden entfernt

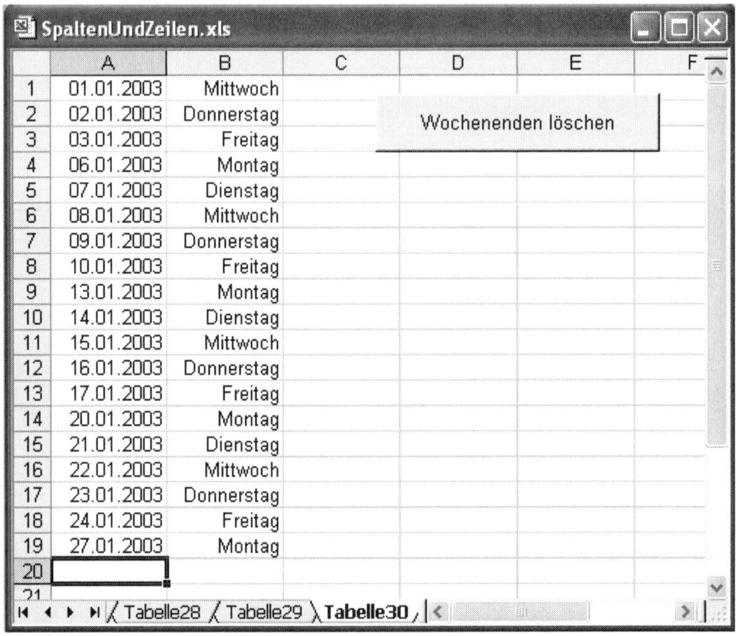

Zeilen vor Startdatum löschen

Denkbar wäre auch folgender Fall: In einer Tabelle mit Datumsangaben in Spalte A sollen ab einem bestimmten Datum alle davor liegenden Zeilen gelöscht werden. Diese Aufgabe lösen Sie, indem Sie das Makro aus Listing 6.38 anwenden.

Listing 6.38: Bedingtes Löschen von Zeilen (vor Startdatum)

```
Sub ZeilenLöschenAbDatum()
Dim i As Long
Dim datwert As Date

Sheets("Tabelle31").Activate
datwert = Range("B1").Value
Range("A1").Select
For i = 1 To ActiveSheet.UsedRange.Rows.Count
    If ActiveCell.Value < datwert _
    Then ActiveCell.EntireRow.Delete _
```

```
    Else ActiveCell.Offset(1, 0).Select
Next i
End Sub
```

Die Zelle B1 enthält das Datum, vor dem alle Zeilen gelöscht werden sollen. Speichern Sie dieses Datum in einer Variablen vom Typ `Date`. Setzen Sie danach den Mauszeiger auf die Startzelle A1 und basteln Sie eine Schleife. Diese Schleife durchläuft alle Zellen der Spalte A. Innerhalb der Schleife vergleichen Sie jeweils die aktive Zelle mit der Variablen `Datwert`. Weist die aktive Zelle ein kleineres Datum auf, dann entfernen Sie die aktive Zeile mit der Anweisung `ActiveCell.EntireRow.Delete`. Im anderen Fall versetzen Sie den Mauszeiger eine Zeile weiter nach unten, indem Sie die Eigenschaft `OffSet` verwenden und dabei den Index für die aktive Zeile um den Wert 1 versetzen.

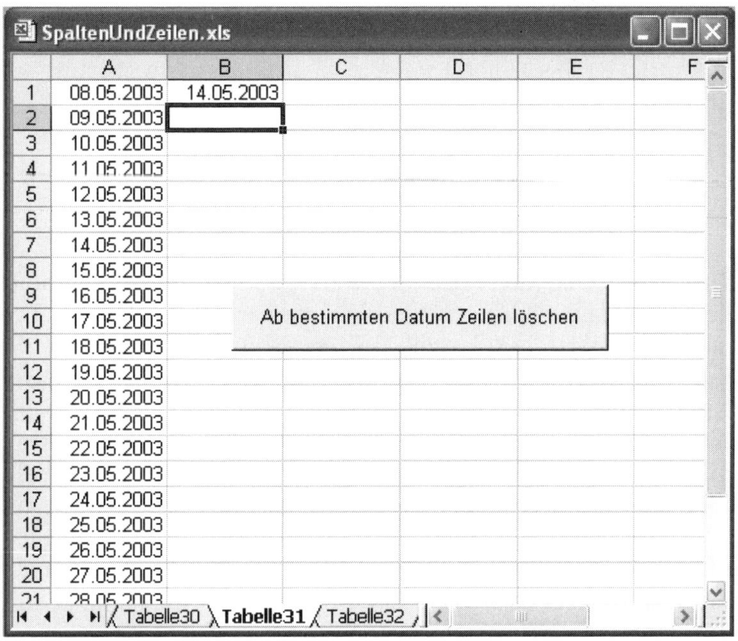

Abbildung 6.11: Die Zeilen vor dem 14.05.2003 sollen gelöscht werden

:-) TIPP

Möchten Sie alle Zeilen nach dem 14.05.2003 entfernen, dann drehen Sie das Zeichen < einfach um (>).

Leerzeilen löschen

Wenn Sie in großen Tabellen lediglich die Leerzeilen entfernen möchten, dann müssen Sie im benutzten Bereich prüfen, ob es sich wirklich um leere Zeilen handelt.

Kontrollieren Sie dies vor dem Löschen mithilfe des folgenden Makros aus Listing 6.39.

Listing 6.39: Nur wirklich leere Zeilen löschen

```
Sub WirklichLeer()
Dim Sz As Integer
Dim Zz As Long
Dim l As Long
Dim i As Integer
Dim b As Boolean

 Sheets("Tabelle6").Activate
 Range("A1").Select
 Sz = ActiveSheet.UsedRange.Columns.Count
 Zz = ActiveSheet.UsedRange.Rows.Count
 For l = 1 To Zz
  b = False
  For i = 1 To Sz
   If IsEmpty(Cells(l, i)) Then b = True _
   Else b = False: Exit For
  Next i
  If b = True Then Selection.EntireRow.Delete
  ActiveCell.Offset(1, 0).Select
 Next l
End Sub
```

Die Überprüfung, ob es sich im benutzten Tabellenbereich wirklich um leere Zellen handelt, realisieren Sie über zwei `For Next`-Schleifen. Ermitteln Sie zunächst einmal die Anzahl der verwendeten Zeilen bzw. Spalten der Tabelle mithilfe der `UsedRange`-Eigenschaft und speichern Sie das Ergebnis in den Variablen `Zz` und `Sz`. Die äußere Schleife muss so oft durchlaufen werden, bis die letzte Zeile erreicht ist. Die innere Schleife arbeitet sich innerhalb einer Zeile von links nach rechts durch. Sobald eine Zelle ermittelt wird, die einen Wert enthält, setzen Sie die Boolean-Variable `b` auf den Wert `False` und verlassen die innere Schleife über die Anweisung `Exit For`. Im anderen Fall werden alle Zellen der Zeile nach rechts durchlaufen. Werden dabei nur leere Zellen ermittelt, wird die Boolean-Variable auf den Wert `True` gesetzt. Der Zustand dieser Variable ist dann entscheidend dafür, ob die Zeile gelöscht oder beibehalten wird.

Zeilen innerhalb einer Markierung löschen

Wenn Sie Zeilen in einem vorgegebenen Bereich löschen möchten, deren Zellen in Spalte A entweder leer sind bzw. den Wert 0 enthalten, markieren Sie den Bereich und starten Sie das Makro in Listing 6.40.

```
Sub ZeilenLöschenInMarkierung()
Dim i As Integer

Sheets("Tabelle9").Activate
For i = Selection.Cells(Selection.Cells.Count).Row _
To Selection.Cells(1).Row Step -1
  If Cells(i, "A").Value = 0 Or _
     IsEmpty(Cells(i, "A").Value) Then Rows(i).Delete
Next i
End Sub
```

Listing 6.40: Bestimmte Zeilen innerhalb einer Markierung löschen

Im obigen Listing 6.40 ermitteln Sie zuerst einmal die Anzahl der markierten Zellen und speichern diese in der Variablen `i`. Diese ermittelte Anzahl bildet einen Bestandteil der folgenden Schleife, die die Markierung von unten nach oben durchläuft. Setzen Sie eine `For To`-Schleife auf, bei der Sie innerhalb der Markierung bei der letzten Zelle beginnen und sich dann mit der Schrittweite –1 nach oben bis zum Beginn der Markierung durcharbeiten. Den Beginn der Markierung ermitteln Sie mit der Anweisung `Selection.Cells(1).Row`. Die Überprüfung der einzelnen Zellen der Markierung können Sie über die Eigenschaft `Cells` durchführen, wobei die Variable `i` die Zeile darstellt und der Buchstabe `A` die Spalte A symbolisiert. Beide Löschbedingungen verknüpfen Sie mit dem Operator `Or`. Trifft eine der beiden Löschbedingungen zu, löschen Sie mithilfe der Methode `Delete` die entsprechende Zeile.

Wenn Sie wissen möchten, wie viele Zeilen Sie in der Markierung gelöscht haben, dann erweitern Sie das Makro in Listing 6.40 um ein paar Zeilen.

```
Sub ZeilenLöschenInMarkierung()
Dim i As Integer
Dim zz As Integer
zz = 0

Sheets("Tabelle9").Activate
For i = Selection.Cells(Selection.Cells.Count).Row _
To Selection.Cells(1).Row Step -1
  If Cells(i, "A").Value = 0 Or _
   IsEmpty(Cells(i, "A").Value) Then Rows(i).Delete: _
  zz = zz + 1
Next i
MsgBox "Sie haben " & zz & " Zeilen gelöscht!"
End Sub
```

Listing 6.41: Bestimmte Zeilen innerhalb einer Markierung löschen und zählen

Zeilen bis auf die Überschrift löschen

Oft werden Daten in einer Liste eingegeben, die am Ende eines Tages eventuell wieder gelöscht werden. Da Sie aber die Überschriftenzeile nicht löschen möchten, können Sie diesen Löschvorgang auch über ein Makro erledigen lassen. Das Makro lautet wie folgt:

Listing 6.42: Alle Zeilen löschen bis auf Überschrift

```
Sub DatenLöschenBisAufÜberschrift()
Sheets("Tabelle32").Activate
Range("A2:E" & ActiveSheet.UsedRange.Rows.Count).Select
Selection.Clear
End Sub
```

Bilden Sie den zu löschenden Bereich aus der Startzelle sowie der zuletzt verwendeten Zelle. Dabei zählen Sie alle verwendeten Zeilen und markieren diese mit der Methode `Select`. Danach wenden Sie die Methode `Delete` an, um die markierten Zeilen zu löschen.

Doppelte Sätze löschen

Im nächsten Beispiel soll eine Liste bereinigt werden. Nach der Bereinigungsaktion sollen nur noch Unikate vorliegen, d.h., alle doppelten Sätze sollen entfernt sein. Die Voraussetzung für das Makro aus Listing 6.43 besteht lediglich darin, dass die Liste bereits sortiert vorliegen muss.

Listing 6.43: Duplikate löschen

```
Sub DoppelteEinträgeLöschen()
Sheets("Tabelle33").Activate
Range("A1").Select
Do Until IsEmpty(ActiveCell)
If ActiveCell.Offset(1, 0).Value = ActiveCell.Value Then
ActiveCell.Offset(1, 0).EntireRow.Delete
Else
ActiveCell.Offset(1, 0).Select
End If
Loop
End Sub
```

Mithilfe der Funktion `IsEmpty` können Sie überprüfen, ob der Inhalt einer Zelle leer ist. In der Schleife vergleichen Sie jeweils den aktuellen Satz mit dem folgenden. Sind diese gleich, dann entfernen Sie den folgenden Satz (das Duplikat) mit der Anweisung `ActiveCell.Offset(1, 0).EntireRow.Delete`. Im anderen Fall setzen Sie den Mauszeiger einfach eine Zeile weiter nach unten.

6.4 Spalten einfügen, löschen und bereinigen

Das Einfügen von Spalten funktioniert in Excel analog zum Einfügen von Zeilen. Geben Sie bekannt, wo Sie eine Spalte einfügen möchten, nutzen Sie dann die Eigenschaft `EintireColumn` und fügen Sie mit der Methode eine Spalte ein.

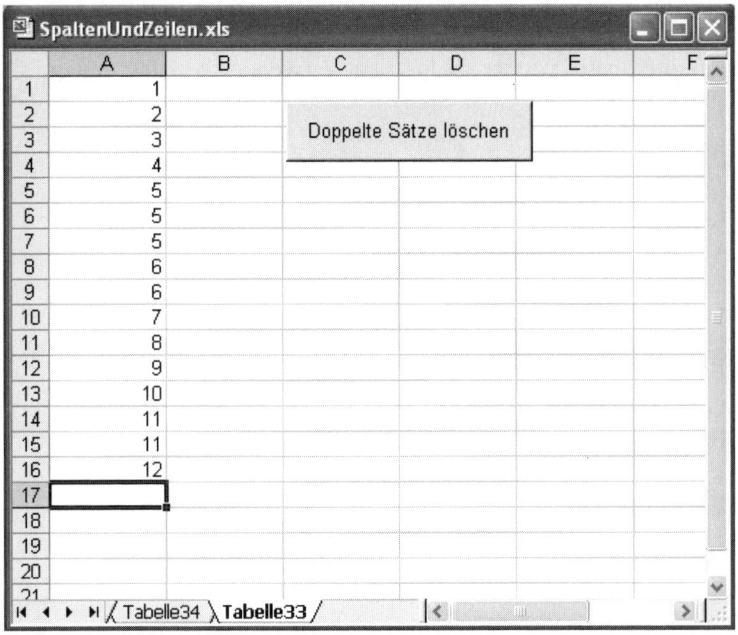

Abbildung 6.12: Doppelte Zeilen löschen

Spalte einfügen

Im nächsten Beispiel fügen Sie eine neue Spalte direkt vor der ersten Spalte A ein.

Listing 6.44: Eine Spalte in der Tabelle einfügen

```
Sub SpalteEinfügen()
 Sheets("Tabelle1").Select
 Range("A1").Select
 Selection.EntireColumn.Insert
End Sub
```

Mehrere Spalten einfügen

Wenn Sie mehrere Spalten einfügen möchten – nehmen Sie einmal an, Sie möchten drei Spalten vor der Spalte E einfügen –, dann müsste der Code wie in Listing 6.45 lauten.

Listing 6.45: Mehrere Spalten in Tabelle einfügen

```
Sub SpaltenEinfügen()
 Sheets("Tabelle1").Select
 Columns("C:E").Select
 Selection.Insert Shift:=xlToRight
End Sub
```

Spalte löschen

Um eine Spalte wieder zu löschen, verwenden Sie das folgende Makro aus Listing 6.46.

Listing 6.46: Eine Spalte in einer Tabelle löschen

```
Sub SpalteLöschen()
 Sheets("Tabelle1").Activate
 Range("A1").Select
 ActiveCell.EntireColumn.Delete
End Sub
```

Mehrere Spalten löschen

Um mehrere Spalten zu löschen, nutzen Sie das Makro `SpaltenLöschen`.

Listing 6.47: Mehrere Spalten in einer Tabelle löschen

```
Sub SpaltenLöschen()
 Sheets("Tabelle1").Activate
 Columns("B:D").Select
 Selection.Delete Shift:=xlToLeft
End Sub
```

Die Methode `Delete` schlägt hier beide Male zu. Beim ersten Makro wird die Spalte A gelöscht. Beim zweiten Beispiel werden die Spalten B bis D entfernt.

!! STOP

Denken Sie daran, dass Sie in Excel genau 256 Spalten pro Tabellenblatt zur Verfügung haben!

Spalten bereinigen

Wenn Sie mit Formularen arbeiten, so wird es immer Bereiche im Formular geben, die statisch sind, und welche, die Sie füllen und wieder löschen. Nehmen Sie einmal an, Sie müssten im Beispiel in Abbildung 6.13 die Eingabedaten löschen.

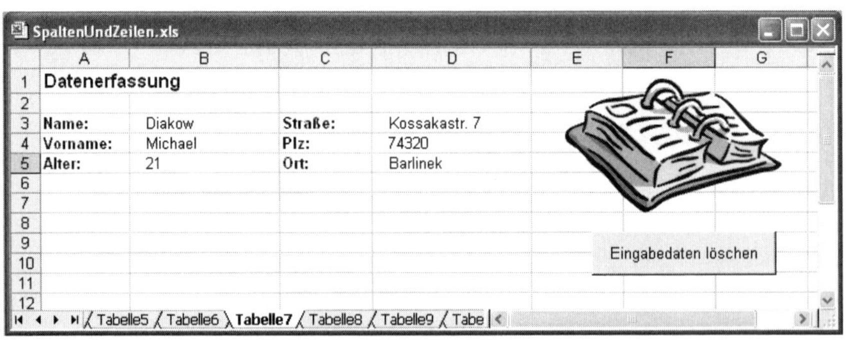

Abbildung 6.13: Die Spalten B und D können initialisiert werden

Spalten prüfen und Zellen bereinigen

Die Spalten B und D können Sie spaltenweise bereinigen, indem Sie das Makro aus Listing 6.48 starten.

Listing 6.48: Die Buchstaben B und D entsprechen den Zahlen 2 und 4

```
Sub SpaltenInBenutztemBereichBereinigen()
Dim Zelle As Range

 Sheets("Tabelle7").Activate
 ActiveSheet.UsedRange.Select
 For Each Zelle In Selection
   If Zelle.Column = 2 Or Zelle.Column = 4 _
   Then Zelle.Value = ""
 Next Zelle
End Sub
```

Markieren Sie mit der Eigenschaft `UsedRange` den von Ihnen benutzten Bereich auf der Tabelle TABELLE7. Über eine `For Each`-Schleife überprüfen Sie jede Zelle im benutzten Bereich. Befindet sich die Zelle in den Spalten B oder D, so wird der Zelleninhalt gelöscht.

Gerade haben Sie gesehen, dass der Spaltenbuchstabe mittels eines Zahlenwerts ausgegeben wird. Im vorderen Alphabet mag dies noch recht leicht sein. Aber haben Sie auf Anhieb gewusst, dass die Spalte AN den Wert 40 hat? Um den Buchstaben der aktiven Zelle herauszufinden, starten Sie das Makro aus Listing 6.49.

Listing 6.49: Spaltenbuchstaben der aktiven Zelle herausfinden

```
Sub SpaltenbuchstabeErmitteln()
Dim s As String
Dim sbuch As String

 s = ActiveCell.Address
 sbuch = Mid(s, 2, InStr(2, s, "$") - 2)
MsgBox "Der Spaltenbuchstabe der aktiven Zelle ist < " _
 & sbuch & " >"
End Sub
```

Um den Spaltenbuchstaben der aktiven Zelle zu ermitteln, speichern Sie die Zellenadresse der aktiven Zelle in einer String-Variablen. Danach zerlegen Sie diese Variable und übertragen den Spaltenbuchstaben in die Variable `sbuch`. Dazu setzen Sie die Funktion `Mid` ein, mit welcher Sie einen Teil aus einem String ermitteln können. Dabei müssen Sie als Argumente angeben, um welchen String es sich dabei handeln soll, ab welchem Zeichen dieser String übertragen werden soll, sowie die Anzahl der Zeichen, die übertragen werden sollen. Diese Anzahl ermitteln Sie mithilfe der Funktion `InStr`. Dabei setzen Sie nach dem zweiten Zeichen der Variablen `s` auf und durchsuchen den Rest der Variablen nach dem Absolut-Zeichen $. Wenn Sie dieses gefunden haben, brauchen Sie nur noch den Wert `2` zu subtrahieren, um den Buchstaben bzw. die Buchstabenkombination zu bekommen.

6.5 Zeilen ein- und ausblenden

Wenn Sie Informationen in Ihrer Tabelle nicht anzeigen möchten, können Sie die Informationen zeitweise ausblenden und bei Bedarf wieder einblenden.

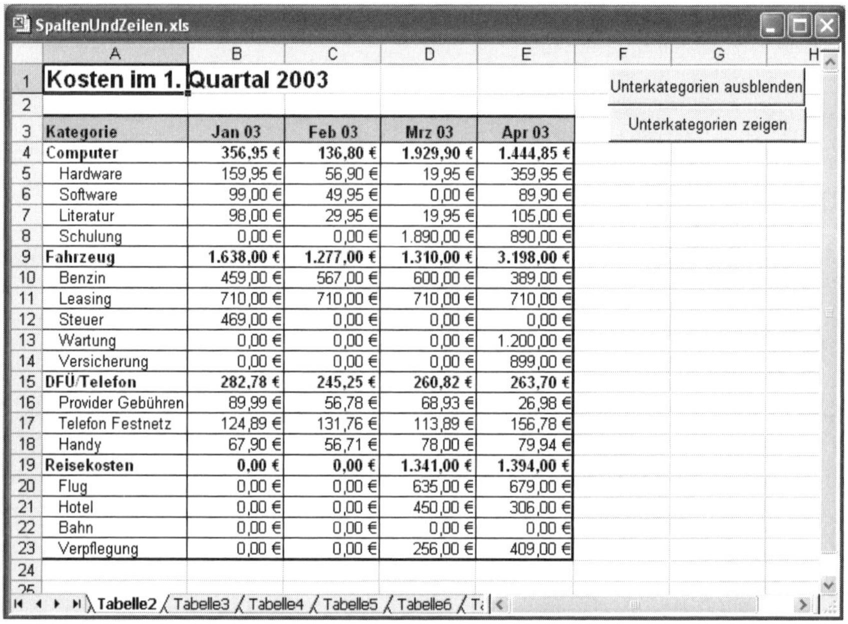

Kategorie	Jan 03	Feb 03	Mrz 03	Apr 03
Computer	**356,95 €**	**136,80 €**	**1.929,90 €**	**1.444,85 €**
Hardware	159,95 €	56,90 €	19,95 €	359,95 €
Software	99,00 €	49,95 €	0,00 €	89,90 €
Literatur	98,00 €	29,95 €	19,95 €	105,00 €
Schulung	0,00 €	0,00 €	1.890,00 €	890,00 €
Fahrzeug	**1.638,00 €**	**1.277,00 €**	**1.310,00 €**	**3.198,00 €**
Benzin	459,00 €	567,00 €	600,00 €	389,00 €
Leasing	710,00 €	710,00 €	710,00 €	710,00 €
Steuer	469,00 €	0,00 €	0,00 €	0,00 €
Wartung	0,00 €	0,00 €	0,00 €	1.200,00 €
Versicherung	0,00 €	0,00 €	0,00 €	899,00 €
DFÜ/Telefon	**282,78 €**	**245,25 €**	**260,82 €**	**263,70 €**
Provider Gebühren	89,99 €	56,78 €	68,93 €	26,98 €
Telefon Festnetz	124,89 €	131,76 €	113,89 €	156,78 €
Handy	67,90 €	56,71 €	78,00 €	79,94 €
Reisekosten	**0,00 €**	**0,00 €**	**1.341,00 €**	**1.394,00 €**
Flug	0,00 €	0,00 €	635,00 €	679,00 €
Hotel	0,00 €	0,00 €	450,00 €	306,00 €
Bahn	0,00 €	0,00 €	0,00 €	0,00 €
Verpflegung	0,00 €	0,00 €	256,00 €	409,00 €

Abbildung 6.14: Eine Kostenaufstellung mit Ober- und Unterkategorien

Das folgende Makro in Listing 6.50 untersucht in Spalte A, ob die Einträge in den einzelnen Zellen eingerückt sind. Wenn ja, werden die entsprechenden Zeilen ausgeblendet.

Listing 6.50: Alle Zellen mit Einrückung werden ausgeblendet

```
Sub AusblendenZeilen()
 Sheets("Tabelle2").Activate
 Range("A4").Select

 Do Until ActiveCell.Value = ""
  If ActiveCell.IndentLevel = 1 _
  Then Rows(ActiveCell.Row).Hidden = True
  ActiveCell.Offset(1, 0).Select
 Loop
End Sub
```

Die Spalte A wird so lange nach unten abgearbeitet, bis die erste leere Zelle erreicht wird. Innerhalb der `Do Until`-Schleife fragen Sie die `IndentLevel`-Eigenschaft der jeweils aktiven Zelle ab. Diese Eigenschaft liefert einen ganzzahligen Wert, der die Einzugsebene der Zelle liefert. Zwischen 0 (kein Einzug) und 15 (maximaler Einzug) ist alles möglich. Wenn der Einzugswert der Zahl 1 entspricht, wird die Eigenschaft `Hidden` der aktiven Zeile auf den Wert `True` gesetzt, was bedeutet, dass die Zeile ausgeblendet wird. Danach versetzen Sie den Zellenzeiger mithilfe der Eigenschaft `Offset` eine Zeile weiter nach unten.

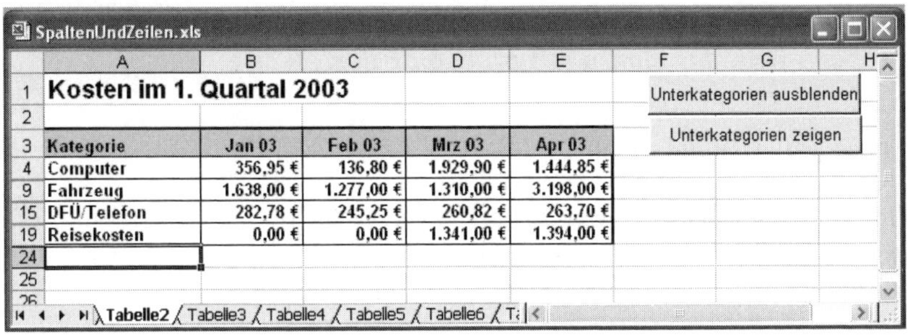

Abbildung 6.15: Es werden nur noch die Oberkategorien angezeigt

Ausblenden per Tastenkombination

Das Ausblenden der Unterkategorien können Sie übrigens auch elegant durch eine Tastenkombination erreichen.

STEP

Dazu gehen Sie wie folgt vor:

1. Wechseln Sie in die Entwicklungsumgebung.
2. Klicken Sie im Projekt-Explorer den Eintrag DIESEARBEITSMAPPE doppelt an.
3. Stellen Sie das Ereignis `Workbook_Open` im Codebereich ein und ergänzen Sie das Ereignis, wie in Abbildung 6.16 dargestellt.

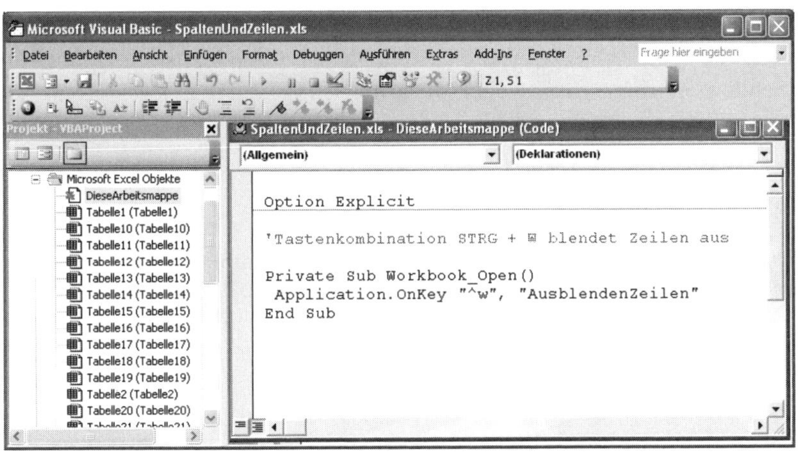

Abbildung 6.16: Die Tastenkombination [Strg]+[W] wird festgelegt

Mithilfe des Arbeitsmappenereignisses `Workbook_Open` sorgen Sie schon beim Öffnen der Arbeitsmappe dafür, dass der Tastenkombination [Strg]+[W] das Makro `AusblendenZeilen` zugewiesen wird.

REF

Erfahren Sie mehr über Ereignisse in Kapitel 12.

!! STOP

Oft stellen ausgeblendete Zeilen auch ein Risiko dar. Informationen können durch ausgeblendete Zeilen schnell vergessen werden. Die Lösung für dieses Problem stellt das Makro in Listing 6.52 dar.

Leere Zeilen ausblenden

Im folgenden Beispiel werden alle Leerzeilen ausgeblendet. Ein Zeile gilt genau dann als leer, wenn in der betreffenden Zeile in Spalte A kein Eintrag vorhanden ist. Das Makro für diese Ausgabe lautet wie folgt.

Listing 6.51: Leere Zeilen ausblenden

```
Sub AusblendenLeereZeilen()
Dim i As Long

Sheets("Tabelle28").Activate
For i = 1 To ActiveSheet.UsedRange.Rows.Count
Range("A" & i).Select
 If ActiveCell.Value = "" Then
     ActiveCell.EntireRow.Hidden = True
 Else
 End If
Next i
End Sub
```

Über die Anweisung `ActiveSheet.UsedRange.Rows.Count` ermitteln Sie die Anzahl der gefüllten Zeilen der Tabelle. Diese ermittelte Anzahl bildet die Endebedingung für die folgende Schleife. Durchlaufen Sie jetzt alle verwendeten Zellen der Spalte A und prüfen Sie, ob diese leer sind. Wenn ja, dann blenden Sie diese Zeilen über die Anweisung `ActiveCell.EntireRow.Hidden = True` aus.

Alle Zellen einblenden

Um alle versteckten Zeilen einer Tabelle einzublenden, starten Sie das Makro aus Listing 6.52.

Listing 6.52: Alle ausgeblendeten Zeilen werden wieder eingeblendet

```
Sub AlleAusgeblendetenZeilenEinblenden()
Dim Zeile As Range

For Each Zeile In ActiveSheet.UsedRange.Rows
 Zeile.Hidden = False
Next
End Sub
```

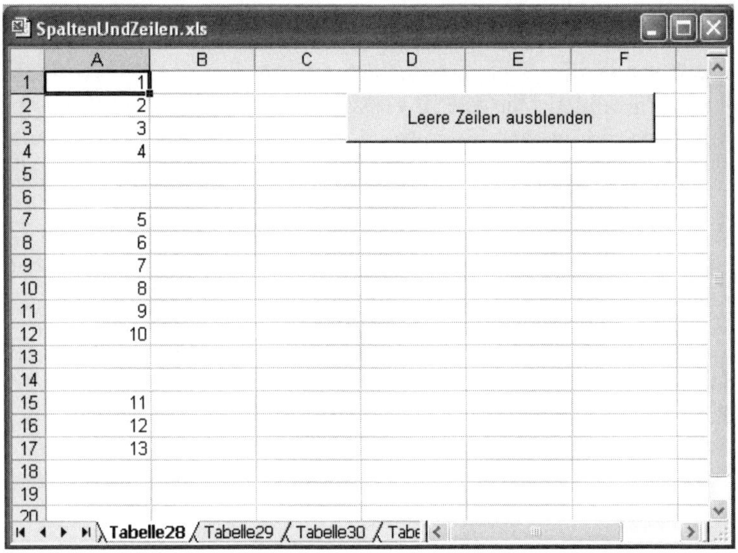

Abbildung 6.17: Leere Zeilen ausblenden

Definieren Sie zuerst eine Objektvariable, die die Zeile darstellen soll. Danach durchlaufen Sie den benutzten Bereich in einer `For Each`-Schleife und setzen die Eigenschaft `Hidden` jeder Zeile auf den Wert `True`.

Versteckte Zeilen löschen

Warum blendet man überhaupt Zeilen aus? Doch sicher, um einen besseren Überblick über eine Tabelle zu bekommen, oder auch, um unwichtige Informationen nicht anzuzeigen. Ein weiterer Grund ist, dass Sie eventuell die Tabelle an Kunden oder Kollegen weitergeben und nicht unbedingt alle Informationen auf den ersten Blick preisgeben möchten. In diesem letzteren Fall empfiehlt es sich aber, die ausgeblendeten Zeilen vorher zu löschen. Das geht natürlich nur, wenn die noch sichtbaren Zellen nicht mit den ausgeblendeten Zellen verknüpft sind.

Um alle ausgeblendeten Zeilen zu löschen, starten Sie das Makro aus Listing 6.53.

Listing 6.53: Alle ausgeblendeten Zeilen werden ohne Rückfrage gelöscht

```
Sub AlleVersteckteZeilenLöschen()
Dim Zeile As Range

For Each Zeile In ActiveSheet.UsedRange.Rows
    If Zeile.Hidden Then
        Zeile.Hidden = False
        Zeile.Delete
    End If
Next Zeile
End Sub
```

In einer For Each-Schleife fragen Sie im verwendeten Bereich Ihrer Tabelle alle Zeilen ab. Werden ausgeblendete Zeilen gefunden, meldet die Eigenschaft Hidden den Wert True zurück. Wenn dies der Fall ist, blenden Sie die Zeile ein, indem Sie die Eigenschaft Hidden auf den Wert False setzen. Anschließend löschen Sie mithilfe der Methode Delete die gerade eingeblendete Zeile.

Wenn Sie vorher entscheiden möchten, ob Sie eine bestimmte Zeile löschen möchten oder nicht, erweitern Sie das Makro aus Listing 6.54 um ein paar Zeilen.

Listing 6.54: Ausgeblendete Zeilen werden einzeln nach Rückfrage gelöscht

```
Sub VerstecktenZeilenNachRückfrageLöschen()
Dim Zeile As Range
Dim i As Integer

For Each Zeile In ActiveSheet.UsedRange.Rows
  If Zeile.Hidden Then
     Zeile.Hidden = False
   i = MsgBox(prompt:="Soll die Zeile " & Zeile.Row & _
     " wirklich gelöscht werden?", Buttons:=vbYesNo)
     If i = 7 Then _
     Else Zeile.Delete
  End If
Next Zeile
End Sub
```

Der Anwender muss entscheiden, ob die Zeile gelöscht werden soll oder nicht. In der Praxis könnte das bedeuten, dass Artikelsätze nicht gelöscht werden dürfen, wenn sie noch auf Lager sind. Mithilfe eines Meldungsfensters können Sie diese Abfrage durchführen. Meldet die Funktion Msgbox den Wert 7 zurück, hat der Anwender die Schaltfläche NEIN gedrückt. In diesem Fall wird die nächste Zeile angesteuert und überprüft.

REF

Lernen Sie mehr über die Funktion Msgbox *in Kapitel 14 dieses Buches.*

6.6 Spalten ein- und ausblenden

Wenn Sie sehr umfangreiche Tabellen haben, bei denen Sie zwar alle Spalten benötigen, aber je nach Aufgabe jeweils nur eine Teilmenge davon, dann können Sie die momentan nicht benötigten Informationen ausblenden. Angenommen, Sie müssten eine Veranstaltung planen. Dabei haben Sie alle Teilnehmerdaten in einer Tabelle erfasst.

Zu Beginn der Veranstaltung möchten Sie aus der Komplettliste eine Anwesenheitsliste erstellen. Aus dieser blenden Sie alle nicht benötigten Spalten aus. Es sind dies die Spalten D bis F.

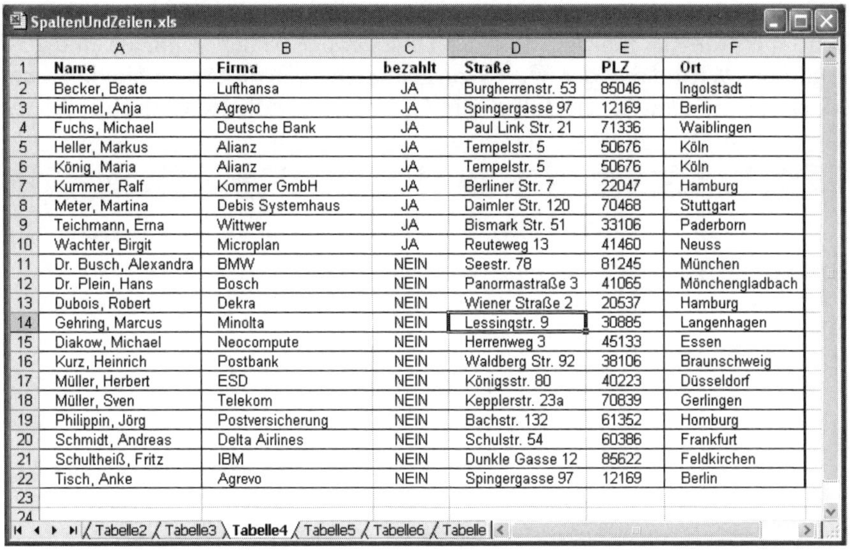

	A	B	C	D	E	F
1	Name	Firma	bezahlt	Straße	PLZ	Ort
2	Becker, Beate	Lufthansa	JA	Burgherrenstr. 53	85046	Ingolstadt
3	Himmel, Anja	Agrevo	JA	Spingergasse 97	12169	Berlin
4	Fuchs, Michael	Deutsche Bank	JA	Paul Link Str. 21	71336	Waiblingen
5	Heller, Markus	Alianz	JA	Tempelstr. 5	50676	Köln
6	König, Maria	Alianz	JA	Tempelstr. 5	50676	Köln
7	Kummer, Ralf	Kommer GmbH	JA	Berliner Str. 7	22047	Hamburg
8	Meter, Martina	Debis Systemhaus	JA	Daimler Str. 120	70468	Stuttgart
9	Teichmann, Erna	Wittwer	JA	Bismark Str. 51	33106	Paderborn
10	Wachter, Birgit	Microplan	JA	Reuteweg 13	41460	Neuss
11	Dr. Busch, Alexandra	BMW	NEIN	Seestr. 78	81245	München
12	Dr. Plein, Hans	Bosch	NEIN	Panormastraße 3	41065	Mönchengladbach
13	Dubois, Robert	Dekra	NEIN	Wiener Straße 2	20537	Hamburg
14	Gehring, Marcus	Minolta	NEIN	Lessingstr. 9	30885	Langenhagen
15	Diakow, Michael	Neocompute	NEIN	Herrenweg 3	45133	Essen
16	Kurz, Heinrich	Postbank	NEIN	Waldberg Str. 92	38106	Braunschweig
17	Müller, Herbert	ESD	NEIN	Königsstr. 80	40223	Düsseldorf
18	Müller, Sven	Telekom	NEIN	Kepplerstr. 23a	70839	Gerlingen
19	Philippin, Jörg	Postversicherung	NEIN	Bachstr. 132	61352	Homburg
20	Schmidt, Andreas	Delta Airlines	NEIN	Schulstr. 54	60386	Frankfurt
21	Schultheiß, Fritz	IBM	NEIN	Dunkle Gasse 12	85622	Feldkirchen
22	Tisch, Anke	Agrevo	NEIN	Spingergasse 97	12169	Berlin

Abbildung 6.18: Die komplette Teilnehmerliste

```
Sub SpaltenAusblenden()
 Sheets("Tabelle4").Activate
 Columns("D:F").EntireColumn.Hidden = True
End Sub
```

Listing 6.55: Nicht benötigte Spalten ausblenden

Mithilfe der Eigenschaft `EntireColumn` markieren Sie die Spalten D:F. Auf diese Markierung wenden Sie dann die Eigenschaft `Hidden` an, indem Sie diese auf den Wert `True` setzen.

6.7 Spalten und Zeilen formatieren

Kennen Sie vielleicht noch das Druckpapier, welches in Rechenzentren gedruckt wird? Auf diesem Papier wird jede zweite Zeile meist in der Farbe Grün formatiert. Diesen Look können Sie auch über ein Makro herstellen. Starten Sie dazu das Makro aus Listing 6.56.

```
Sub JedeZweiteZeileFärben()
Dim i As Long

Sheets("Tabelle16").Activate
For i = 1 To Selection.Rows.Count
If i Mod 2 = 1 Then
    Selection.Rows(i).Interior.ColorIndex = 4
End If
Next
End Sub
```

Listing 6.56: Jede zweite Zeile grün einfärben

Über die Methode `Count` zählen Sie die markierten Zeilen. Verwenden Sie den Operator `Mod`, um den Rest der Division der beiden Zahlen `i` und `2` zu ermitteln. Wird dabei der Wert `1` zurückgegeben, dann färben Sie die in der Markierung befindlichen Zeilen mit der Hintergrundfarbe Grün.

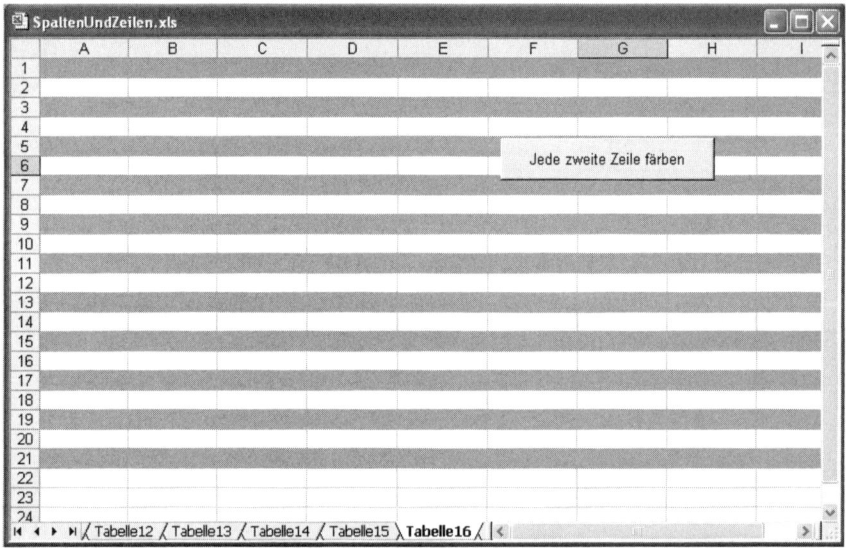

Abbildung 6.19: Jede zweite Zeile mit einem Grünton ausstatten

INFO

Das Besondere an der Lösung ist, dass die Färbung nur innerhalb der markierten Fläche stattfindet.

Was für die Zeilen funktioniert, klappt selbstverständlich auch für die Spalten. Im nächsten Beispiel wird jede zweite Spalte grün eingefärbt.

Listing 6.57: Jede zweite Spalte grün einfärben

```
Sub JedeZweiteSpalteFärben()
Dim i As Integer

Sheets("Tabelle17").Activate
For i = 1 To Selection.Columns.Count
If i Mod 2 = 1 Then
    Selection.Columns(i).Interior.ColorIndex = 4
End If
Next
End Sub
```

Über die Methode `Count` zählen Sie die markierten Spalten. Verwenden Sie den Operator `Mod`, um den Rest der Division der beiden Zahlen `i` und `2` zu ermitteln. Wird dabei der Wert `1` zurückgegeben, dann färben Sie die in der Markierung befindlichen Spalten mit der Hintergrundfarbe GRÜN.

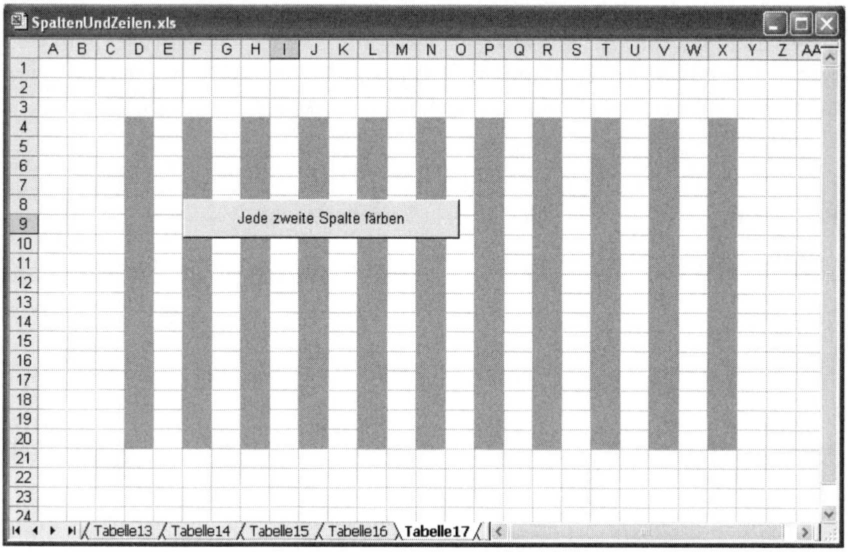

Abbildung 6.20: Jede zweite Spalte mit grünem Hintergrund belegen

INFO

Es werden nur die Spalten eingefärbt, die sich in der Markierung befinden.

Wochenenden kennzeichnen

Im nächsten Beispiel legen Sie einen Kalender an. Die Aufgabe besteht nun darin, die Wochenenden automatisch über ein Makro formatieren zu lassen. Für diesen Zweck setzen Sie das Makro aus Listing 6.58 ein.

Listing 6.58: Wochenenden kennzeichnen

```
Sub WochenendeFormatieren()
Dim Zelle As Range

Sheets("Tabelle19").Activate
    For Each Zelle In ActiveSheet.Range("A1:O1")
        If Weekday(Zelle) = 1 Then
          With Zelle
            .Interior.ColorIndex = 16
            .Offset(1, 0).Interior.ColorIndex = 16
            .Offset(1, 0).Value = "SA"
          End With
        ElseIf Weekday(Zelle) = 7 Then
          With Zelle
            .Interior.ColorIndex = 15
            .Offset(1, 0).Interior.ColorIndex = 15
            .Offset(1, 0).Value = "SO"
          End With
        End If
    Next Zelle
End Sub
```

Setzen Sie eine Schleife auf, um den Zellenbereich A1:O1 Zelle für Zelle abzuarbeiten. Mithilfe der Funktion `Weekday` können Sie überprüfen, um welchen Tag es sich jeweils handelt. Die Funktion `Weekday` erwartet als Argument ein gültiges Datum. Dabei liefert die Funktion die Werte aus Tabelle 6.1 zurück.

Tabelle 6.1: Die Konstanten für die Wochentage

Konstante	**Wert**	**Beschreibung**
VbUseSystem	0	NLS API-Einstellung wird verwendet
VbSunday	1	Sonntag (Voreinstellung)
VbMonday	2	Montag
vbTuesday	3	Dienstag
vbWednesday	4	Mittwoch
VbThursday	5	Donnerstag
VbFriday	6	Freitag
VbSaturday	7	Samstag

Liefert die Funktion `Weekday` den Wert 1, dann handelt es sich um einen Sonntag. In diesem Fall färben Sie die Zelle mit einem etwas dunkleren Grauton. Außerdem schreiben Sie eine Zelle weiter unten das Kürzel SO. Liefert die Funktion `Weekday` den Wert 7, dann handelt es sich um einen Samstag. In diesem Fall färben Sie die Zelle mit einem etwas helleren Grauton. Außerdem schreiben Sie eine Zelle weiter unten das Kürzel SA.

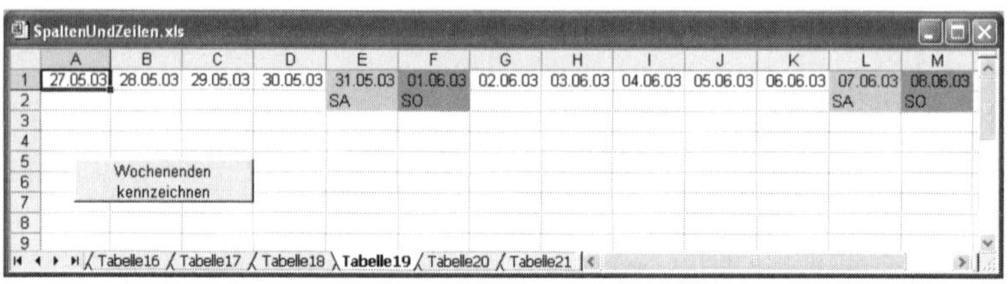

Abbildung 6.21: Das Wochenende wurde farblich hervorgehoben

6.8 Daten sortieren

Zur besseren Übersichtlichkeit sortieren Sie die Teilnehmerdaten nach dem Sortierkriterium BEZAHLT. Das zweite Sortierkriterium wird der Name des Teilnehmers sein.

Listing 6.59: Daten sortieren

```
Sub DatenSortieren()
 Sheets("Tabelle4").Activate
 Range("A1").Select
```

```
 Range _
(Selection, ActiveCell.SpecialCells(xlLastCell)).Select
 Selection.Sort Key1:=Range("C2"), _
  Order1:=xlAscending, Key2:=Range("A2"), _
  Order2:=xlAscending, Header:=xlGuess, _
  OrderCustom:=1, MatchCase:=False, _
  Orientation:=xlTopToBottom
End Sub
```

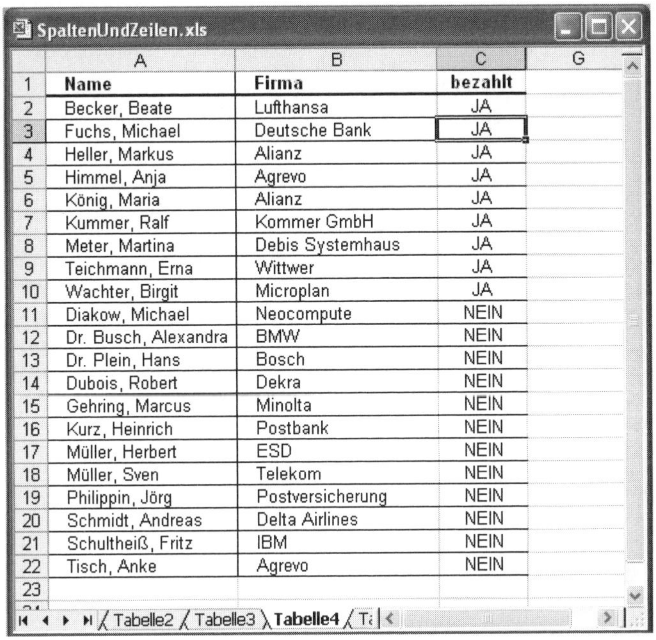

	A	B	C	G
1	Name	Firma	bezahlt	
2	Becker, Beate	Lufthansa	JA	
3	Fuchs, Michael	Deutsche Bank	JA	
4	Heller, Markus	Alianz	JA	
5	Himmel, Anja	Agrevo	JA	
6	König, Maria	Alianz	JA	
7	Kummer, Ralf	Kommer GmbH	JA	
8	Meter, Martina	Debis Systemhaus	JA	
9	Teichmann, Erna	Wittwer	JA	
10	Wachter, Birgit	Microplan	JA	
11	Diakow, Michael	Neocompute	NEIN	
12	Dr. Busch, Alexandra	BMW	NEIN	
13	Dr. Plein, Hans	Bosch	NEIN	
14	Dubois, Robert	Dekra	NEIN	
15	Gehring, Marcus	Minolta	NEIN	
16	Kurz, Heinrich	Postbank	NEIN	
17	Müller, Herbert	ESD	NEIN	
18	Müller, Sven	Telekom	NEIN	
19	Philippin, Jörg	Postversicherung	NEIN	
20	Schmidt, Andreas	Delta Airlines	NEIN	
21	Schultheiß, Fritz	IBM	NEIN	
22	Tisch, Anke	Agrevo	NEIN	
23				

Abbildung 6.22: Die sortierte Teilnehmerliste mit ausgeblendeten Spalten

Unter Einsatz der Methode SpecialCells, mit der Sie die Zellenadresse der letzten Zelle im verwendeten Bereich ermitteln, markieren Sie die Teilnehmerliste. Anschließend wenden Sie die Methode Sort an. Die Methode kann maximal nach drei Sortierfeldern (Key1 bis Key3) sortiert werden. Das Argument Order bestimmt die Sortierreihenfolge. Sie haben dabei die Auswahl zwischen der Konstanten xlAscending, welche das Sortierfeld (Key) in aufsteigender Reihenfolge sortiert, und der Konstanten xlDescending, die das Sortierfeld in absteigender Reihenfolge anordnet.

6.9 Daten ausdünnen

Im folgenden Beispiel haben Sie in Spalte A Daten vorliegen, die Sie ein wenig ausdünnen möchten. Diese Daten sollen jetzt auf die Spalte B übertragen werden. Dabei soll aber nur jede dritte Zeile übertragen werden.

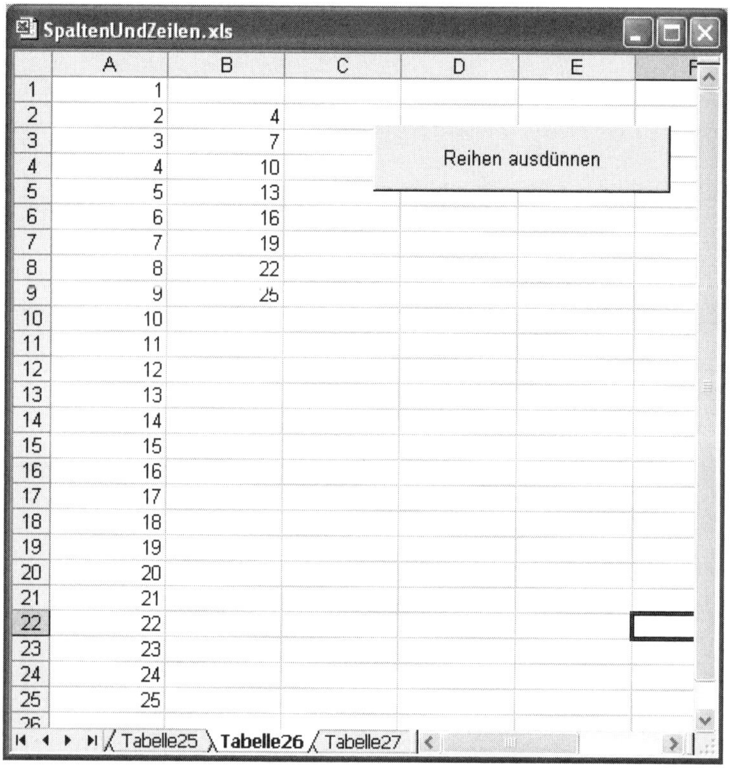

Abbildung 6.23: Daten ausdünnen

Listing 6.60: Messwerte ausdünnen

```
Sub MesswerteAusdünnen()
Dim i As Integer

Range("A1").Select
Do Until ActiveCell.Value = ""
      ActiveCell.Offset(3, 0).Select
    Range("B65536").End(xlUp).Offset(1, 0).Value = _
    ActiveCell.Value
    i = 1
Loop
End Sub
```

Zu Beginn des Makros setzen Sie den Mauszeiger auf die Ausgangszelle A1. Danach bauen Sie sich eine Schleife auf, die so lange Zelle für Zelle abarbeitet, bis die erste leere Zelle erreicht ist. Innerhalb dieser Schleife setzen Sie den Mauszeiger über die Eigenschaft `OffSet` immer genau drei Zeilen weiter nach unten. Mithilfe der Anweisung `Range("B65536").End(xlUp).Offset(1, 0).Value` ermitteln Sie immer die erste freie Zelle der Spalte B, in die Sie die Werte übertragen.

6.10 Spalten vergleichen

Oft gebraucht wird auch folgende Lösung: Sie haben die Aufgabe, zwei Spalten miteinander zu vergleichen. Das jeweils bessere Ergebnis soll dabei in eine neue Spalte geschrieben werden.

Listing 6.61: Spalten miteinander vergleichen und Ergebnis in einer weiteren Spalte darstellen

```
Sub SpaltenVergleichen()
Dim i As Long
Dim i2 As Long

 Sheets("Tabelle3").Activate
 i = Range("A1").CurrentRegion.Rows.Count
 For i2 = 3 To i
    If Cells(i2, 1) > Cells(i2, 2) Then
        Cells(i2, 3).Value = Cells(i2, 1).Value
    Else
        Cells(i2, 3).Value = Cells(i2, 2).Value
    End If
 Next i2
End Sub
```

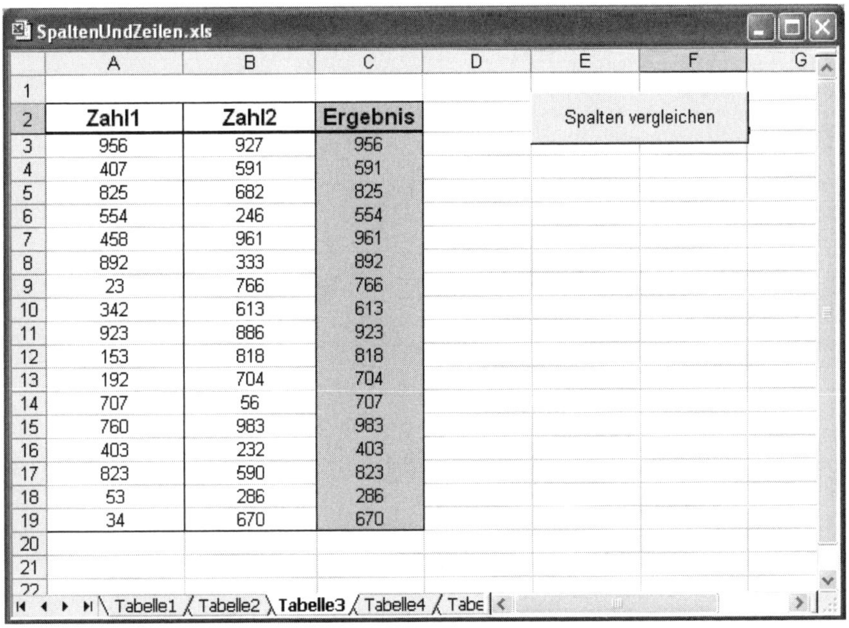

Abbildung 6.24: Die höchsten Werte stehen in Spalte C

Im ersten Schritt ermitteln Sie, wie viele Zeilen im aktuellen Bereich belegt sind. Die Anzahl der Zeilen können Sie über die Eigenschaft `CurrentRegion` sowie die Eigenschaft `Rows` und die Methode `Count` ermitteln. Die so ermittelte Anzahl der verwendeten Zeilen bildet die Bedingung für den Austritt aus der `For Next`-Schleife. Damit der Vergleich der einzelnen Spalten in der richtigen Zeile beginnt, setzen Sie die Variable i2 auf den Wert 3. Dieser Wert ist der Startwert, bei dem der Spaltenvergleich beginnen soll. Innerhalb der Schleife vergleichen Sie die Inhalte der beiden Spalten miteinander. Dazu verwenden Sie die Eigenschaft Cells, bei der die Variable i2 die aktuelle Zeile und das zweite Argument die Spalte A bzw. B darstellt. Je nach Ausgang der Prüfung wird der entsprechende Wert in Spalte C eingefügt.

6.11 Text auf Spalten verteilen

Sicher haben Sie es auch schon einmal erlebt: Sie bekommen Informationen, die Sie gerne in mehreren Spalten darstellen möchten, in einer einzigen Spalte ausgeliefert. Beispiele hierfür gibt es genug. Besonders oft werden beispielsweise der Vor- und Nachname in einer Spalte ausgegeben bzw. die Postleitzahl und der Ort in einer Spalte geführt. Gerade beim zweiten Beispiel ist das aber problematisch, da es für eine Stadt oft mehrere Postleitzahlen gibt. Als Folge daraus ist es schwieriger, bestimmte Auswertungen z.B. auf Stadtebene durchzuführen.

Die Abbildung 6.25 zeigt mehrere Namen, die in einer einzigen Spalte erfasst wurden. Lediglich das Leerzeichen trennt den Vornamen vom Nachnamen. Um diese einspaltige Liste mehrspaltig zu machen, wenden Sie das Makro aus Listing 6.62 an.

Listing 6.62: Text in mehrere Spalten aufteilen

```
Sub TextInSpalten()
Dim Bereich As Range
Dim Zelle As Range
Dim Leerz As Integer
Dim Vorname As String
Dim Nachname As String

    Sheets("Tabelle8").Activate
    Set Bereich = Range("A:A")
    For Each Zelle In Bereich
        If IsEmpty(Zelle) Then Exit For
        Leerz = InStr(Zelle, " ")
        Vorname = Left(Zelle, Leerz - 1)
        Nachname = Mid(Zelle, Leerz + 1)
        Zelle = Vorname
        Zelle.Offset(0, 1) = Nachname
    Next
End Sub
```

Zuerst legen Sie mit der Anweisung Set fest, in welchem Bereich die Daten stehen, die separiert werden sollen. Danach setzen Sie eine Schleife auf, die beendet wird, sobald das Makro auf die erste Leerzelle in Spalte A stößt. Im zweiten Schritt innerhalb der Schleife ermitteln Sie mithilfe der Funktion InStr die Position des Trennzeichens zwischen Vor- und Nachnamen.

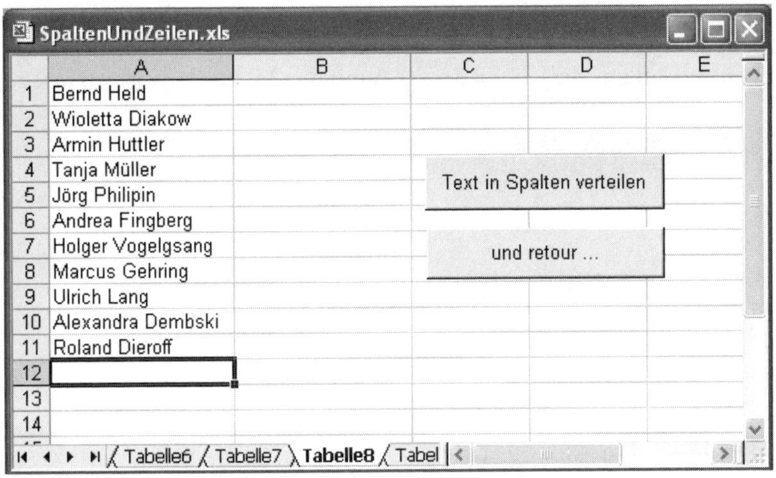

Abbildung 6.25: Vorname und Nachname in nur einer Spalte

Den Vornamen bekommen Sie, indem Sie die Funktion `Left` einsetzen. Mit der Funktion `Left` übertragen Sie Zeichen bis eine Stelle vor dem Trennzeichen in die Variable `Vornamen`. Den Nachnamen extrahieren Sie aus dem Zelleneintrag, indem Sie die Funktion `Mid` einsetzen. Die Funktion `Mid` erlaubt es Ihnen, einen Teil aus einer Zelle zu extrahieren. Dabei geben Sie als zweites Argument die Startposition an, von der an die Funktion `Mid` Zeichen in die Variable `Nachname` übertragen soll. Jetzt können Sie der aktiven Zelle den Vornamen zuweisen und in der Nebenzelle den Nachnamen einfügen.

Gerade haben Sie Text aus einer Spalte in mehrere Spalten aufgeteilt. Selbstverständlich geht es aber auch genau andersherum.

Listing 6.63: Mehrere Spalten in einer Spalte zusammenführen

```
Sub MehrereSpaltenInEine()
Dim s As String

 Sheets("Tabelle8").Activate
 Range("A1").Select
 Do Until ActiveCell.Value = ""
   s = ActiveCell.Value _
  & " " & ActiveCell.Offset(0, 1).Value
  ActiveCell.Value = s
  ActiveCell.Offset(1, 0).Select
 Loop
 Range("B:B").Clear
End Sub
```

Definieren Sie eine Variable vom Typ `String` und verketten Sie die Inhalte der einzelnen Spalten miteinander. Dazu verwenden Sie das Verkettungszeichen `&`. Vergessen Sie dabei nicht, das leere Trennzeichen zwischen Vor- und Nachnamen zu integrieren. Ist die Variable `s` mit dem Vor- und Nachnamen gefüllt, können Sie den Wert der Variable in die Zelle in Spalte A zurückschreiben und die nächste Zelle ins Visier nehmen. Tritt die erste leere Zelle in Spalte A auf, wird die Schleife verlassen. Dann brauchen Sie lediglich noch die »alten« Inhalte in Spalte B mit der Methode `Clear` zu löschen.

Abbildung 6.26: Die Namen und Vornamen sind nun auf zwei Spalten aufgeteilt

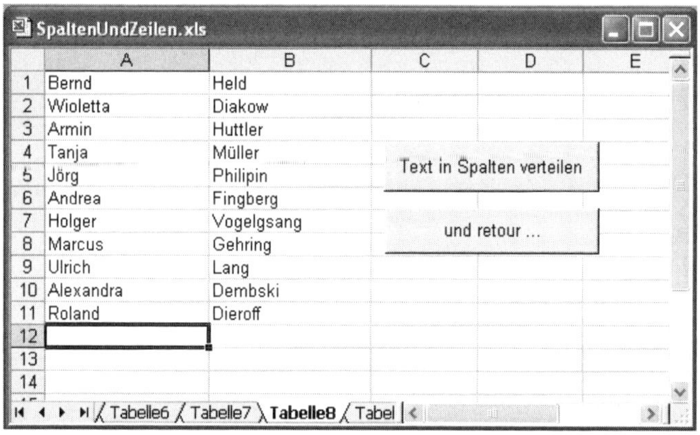

6.12 Zeilenumbrüche schnell festlegen

Wenn Sie möglichst viele Spalten auf einem einzigen Tabellenblatt ausdrucken möchten, können Sie einzelne oder auch mehrere Zellen mit einem Zeilenumbruch versehen. Wenn Sie diese Aufgabe manuell lösen, müssen Sie über das Menü FORMAT und den Befehl ZELLEN gehen. Danach wechseln Sie auf die Registerkarte AUSRICHTUNG und aktivieren das Kontrollkästchen ZEILENUMBRUCH.

Zeilenumbruch durch Tastenkombination

Diese Vorgehensweise ist doch recht langwierig. Es geht auch schneller. Definieren Sie eine Tastenkombination für das Festlegen eines Zeilenumbruchs bzw. eine Tastenkombination für das Aufheben des Zeilenumbruchs.

STEP

Dazu gehen Sie wie folgt vor:

1. Wechseln Sie in die Entwicklungsumgebung mit [Alt]+[F11].
2. Führen Sie im Projekt-Explorer einen Doppelklick auf den Eintrag DIESEARBEITSMAPPE durch.
3. Fügen Sie das Ereignis `Workbook_Open` ein.

Listing 6.64: Tastenkombinationen schon beim Öffnen der Mappe festlegen

```
Private Sub Workbook_Open()
  'STRG + ü setzt den Zeilenumbruch
  Application.OnKey "^ü", "Zeilenumbruchsetzen"
  'STRG + Umschalt + ü hebt den Zeilenumbruch wieder auf
  Application.OnKey "+^ü", "Zeilenumbruchzurücksetzen"
End Sub
```

Schreiben Sie das Makro aus Listing 6.65 in ein Modulblatt.

```
Sub ZeilenumbruchSetzen()
With Selection
        .HorizontalAlignment = xlGeneral
        .VerticalAlignment = xlBottom
        .WrapText = True
        .Orientation = 0
        .ShrinkToFit = False
        .MergeCells = False
    End With
End Sub
```

Listing 6.65: Zeilenumbrüche innerhalb einer Markierung setzen

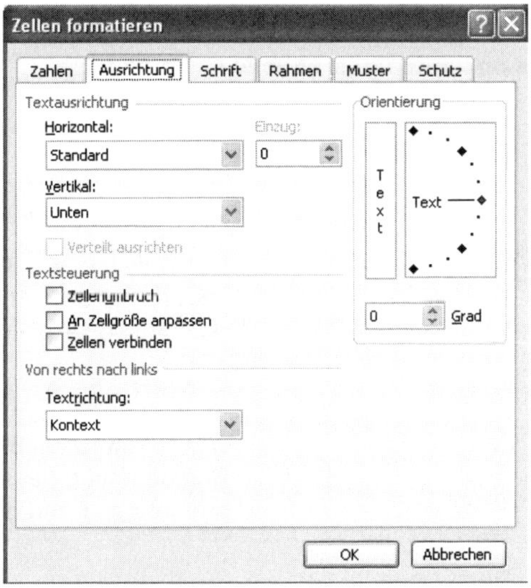

Abbildung 6.27: Möglichkeiten der horizontalen Ausrichtung von Texten

Innerhalb der Markierung können Sie für Ihre Texte einige Eigenschaften definieren. Mit der Eigenschaft `HorizontalAlignment` legen Sie die horizontale Ausrichtung Ihres eingegebenen Textes fest.

Bezüglich der Eigenschaft `HorizontalAlignment` können folgende Konstanten aus Tabelle 6.2 festgelegt werden.

Tabelle 6.2: Die möglichen Konstanten der Eigenschaft HorizontalAlignment

Konstante	Beschreibung
`xlHAlignGeneral`	Bei dieser Konstanten gilt die Standardausrichtung für eingegebene Daten, d.h. Texte linksbündig und Zahlenwerte rechtsbündig.
`xlLeft`	Der Text wird links eingezogen. Über die Eigenschaft `IdentLevel` können Sie zusätzlich noch einen Einzug festlegen.

Tabelle 6.2: Die möglichen Konstanten der Eigenschaft HorizontalAlignment (Forts.)

Konstante	Beschreibung
xlCenter	Text wird zentriert.
xlRight	Text wird rechtsbündig ausgegeben.
xlFill	Text wird so lange wiederholt, bis die ganze Zelle gefüllt ist.
xlJustify	Text wird im Blocksatz ausgegeben, d.h., Text wird rechts- sowie linksbündig ausgerichtet.
xlCenterAcrossSelection	Text wird innerhalb einer Auswahl zentriert.

Die nächste Eigenschaft ist `VerticalAlignment`. Bei dieser Eigenschaft sind die Konstanten aus Tabelle 6.3 möglich.

Tabelle 6.3: Die möglichen Konstanten der Eigenschaft VerticalAlignment

Konstante	Beschreibung
xlTop	Der Text wird am oberen Rand der Zelle ausgerichtet.
xlBottom	Der Text wird am unteren Rand der Zelle ausgerichtet. Dies ist die Standardeinstellung für die vertikale Ausrichtung von Texten in Zellen.
xlCenter	Der Text wird in der Mitte der Zelle ausgerichtet.
xlJustify	Der Text wird als Blocksatz in der Zelle ausgerichtet. Das bedeutet, dass Texte sowohl am oberen als auch am unteren Rand der Zelle ausgerichtet werden.

Mit der Eigenschaft `WrapText` legen Sie fest, ob eingegebener Text in der Zelle umgebrochen werden soll. Wenn ja, setzen Sie die Eigenschaft auf den Wert `True`. Über die Eigenschaft `Orientation` können Sie den Text in Zellen drehen. Mögliche Werte sind hierbei –90 bis 90 Grad. Setzen Sie die Eigenschaft `ShrinkToFit` auf den Wert `True`, wenn sich die Textgröße automatisch an die zur Verfügung stehende Spaltenbreite anpassen soll. Die Eigenschaft `MergeCells` liefert den Wert `True`, wenn im Bereich verbundene Zellen enthalten sind.

Das Makro für das Aufheben von Zeilenumbrüchen innerhalb einer Markierung lautet:

Listing 6.66: Zeilenumbrüche innerhalb einer Markierung aufheben

```
Sub ZeilenumbruchZurücksetzen()
    With Selection
        .HorizontalAlignment = xlGeneral
        .VerticalAlignment = xlBottom
        .WrapText = False
```

```
        .Orientation = 0
        .ShrinkToFit = False
        .MergeCells = False
    End With
End Sub
```

Wie Sie Zeilenumbrüche erstellen, wissen Sie nun. Damit fällt Ihnen die nächste Aufgabe nicht mehr schwer. Es soll eine Überschriftenzeile, wie in Abbildung 6.28 gezeigt, erstellt werden.

Das Makro für diese Aufgabe lautet:

Listing 6.67: Titelzeile mit Zeilenumbrüchen erstellen (Variante 1)

```
Sub TitelzeileMitZeilenumbruchErstellen()
Dim i As Integer

Sheets("Tabelle10").Activate
Range("A1").Select
 For i = 1 To 10
   With ActiveCell
   .HorizontalAlignment = xlCenter
   .WrapText = True
   .Value = "Produkt" & Chr(10) & i
   .Offset(0, 1).Select
 End With
 Next i
End Sub
```

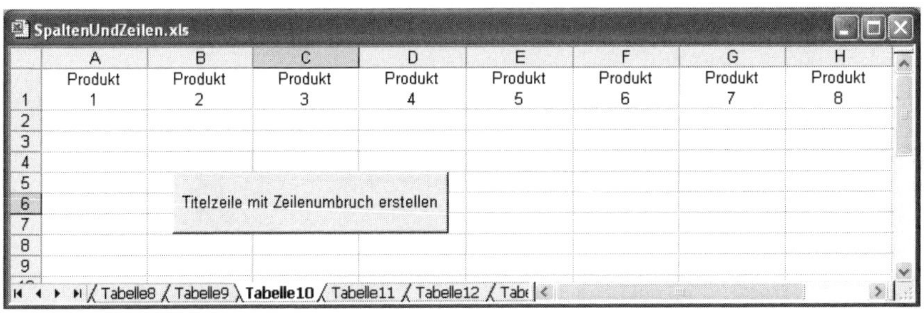

Abbildung 6.28: Die Überschriftenzeile mit Zeilenumbruch

Auf der Tabelle TABELLE10 wird eine Überschriftenzeile eingefügt. Dabei wird der erste Eintrag in Zelle A1 vorgenommen. Danach wandern Sie mithilfe einer `For Next`-Schleife nach rechts bis in Zelle J1. Als erster Eintrag erfolgt der Text PRODUKT. Dann erzeugen Sie mit der Funktion `Chr(10)` einen Zeilenvorschub. Nach dem Zeilenvorschub wird der momentane Inhalt der Variablen `i` geschrieben.

Eine Variante ohne den `Select`-Befehl und damit ein wenig schneller sehen Sie im folgenden Listing.

Listing 6.68: Titelzeile mit Zeilenumbrüchen erstellen (Variante 2)

```
Sub TitelzeileMitZeilenumbruchErstellen2()
Dim i As Integer

Sheets("Tabelle10").Activate

 For i = 1 To 10
   With Cells(1, i)
   .HorizontalAlignment = xlCenter
   .WrapText = True
   .Value = "Produkt" & Chr(10) & i
 End With
 Next i
End Sub
```

6.13 Daten übertragen

Stellen Sie sich vor, Sie haben in Spalte A einige Daten erfasst. In dieser Spalte befinden sich jedoch zwischen den einzelnen Zeilen auch einige Leerzellen. Ihre Aufgabe besteht nun darin, die Zahlen aus Spalte A in die Spalte B zu übertragen. Dabei sollen die Leerzellen jedoch nicht übertragen werden. Sehen Sie sich zur besseren Verständlichkeit einmal die Abbildung 6.29 an.

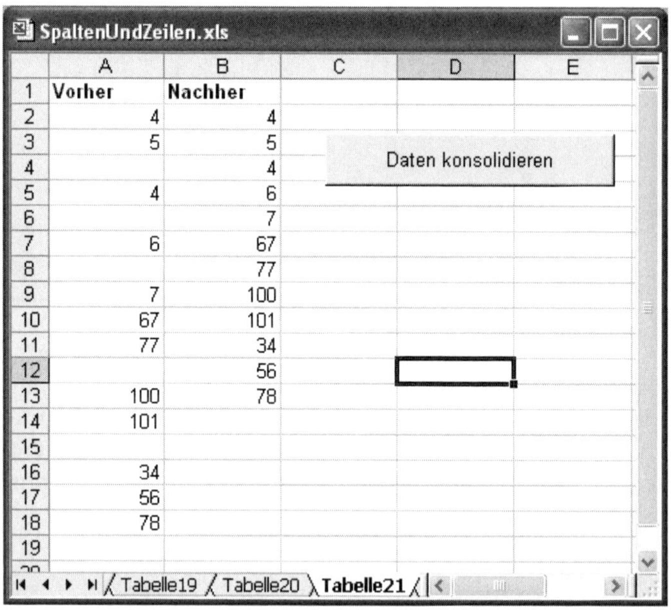

	A	B	C	D	E
1	Vorher	Nachher			
2	4	4			
3	5	5			
4		4			
5	4	6			
6		7			
7	6	67			
8		77			
9	7	100			
10	67	101			
11	77	34			
12		56			
13	100	78			
14	101				
15					
16	34				
17	56				
18	78				
19					

Abbildung 6.29: Spalte B weist keine Leerzellen mehr auf

Um diese Aufgabe zu lösen, setzen Sie das Makro aus Listing 6.69 ein.

Listing 6.69: Daten zeilenweise übertragen

```
Sub DatenÜbertragen()
Dim i As Integer

Sheets("Tabelle21").Activate
Range("A2").Select
For i = 1 To ActiveSheet.UsedRange.Rows.Count
 If ActiveCell.Value <> "" Then _
 Range("B65536").End(xlUp).Offset(1, 0).Value = _
  ActiveCell.Value
 ActiveCell.Offset(1, 0).Select
Next i
End Sub
```

Setzen Sie zu Beginn des Makros den Zeilenzeiger auf die Zelle A2. Dort soll die Übertragung der Daten beginnen. Starten Sie jetzt eine Schleife, die alle in Verwendung befindlichen Zeilen der Tabelle durchläuft. Die leeren Zellen werden mithilfe der `If`-Abfrage übersprungen. Die Zellen, die Inhalte aufweisen, werden in die Spalte B übertragen. Um jeweils die nächste freie Zelle in Spalte B zu ermitteln, arbeiten Sie mit der Eigenschaft `End` und geben als Richtungskonstante `xlUp` an. Setzen Sie den Mauszeiger mithilfe der Eigenschaft `OffSet` aber genau eine Zelle weiter nach unten, um die richtige Einfügeposition zu bekommen.

6.14 Wiederholungszeilen und -spalten definieren

In Excel haben Sie die Möglichkeit, Wiederholungszeilen bzw. Wiederholungsspalten festzulegen. Das bedeutet, dass Sie beim Drucken sehr großer Tabellen eine oder auch mehrere Zeilen bzw. Spalten wiederholen können, die auf jeder neuen Seite als Überschrift gedruckt werden. Manuell legen Sie Wiederholungszeilen bzw. Wiederholungsspalten fest, indem Sie aus dem Menü DATEI den Befehl SEITE EINRICHTEN wählen. Danach wechseln Sie auf die Registerkarte TABELLE und geben die Wiederholungszeilen bzw. Wiederholungsspalten an. Das Makro für diese Aufgabe können Sie dem Listing 6.70 entnehmen.

Listing 6.70: Wiederholungszeilen und Wiederholungsspalten festlegen

```
Sub WiederholungszeilenFestlegen()
 Sheets("Tabelle10").Activate
 With ActiveSheet.PageSetup
       .PrintTitleRows = "$1:$1"
       .PrintTitleColumns = "$A:$A"
  End With
End Sub
```

Die Wiederholungszeilen und Spalten stellen Sie über das Objekt `PageSetup` und die Eigenschaften `PrintTitleRows` bzw. `PrintTitleColumns` ein.

INFO

Wiederholungszeilen können nur am oberen Rand Ihrer Tabelle eingesetzt werden. Wiederholungsspalten sind nur am linken Rand Ihrer Tabelle möglich.

6.15 Auf der Suche nach der richtigen Zeile

Sicher kennen Sie diverse Katalogsysteme, bei denen man über einen Suchbegriff eine bestimmte Information erhält. Wenn Sie in umfangreichen Tabellen einen schnellen Zugriff auf bestimmte Daten wünschen, können Sie beispielsweise eine Zelle definieren, die als Eingabezelle fungiert. In diese Eingabezelle schreiben Sie Ihren Suchbegriff und drücken auf die Taste [↵]. Danach werden in der Tabelle die entsprechenden Daten ermittelt und der Mauszeiger wird genau auf die gefundene Position gesetzt. Diese Suche können Sie verschiedenartig gestalten. Eine Möglichkeit ist es, die Tabelle von oben nach unten sichtbar mittels einer Schleife zu durchlaufen. Diese bewegliche Methode ist bei sehr großen Tabellen zu langsam. Bei kleineren Tabellen entsteht aber gerade durch das zeilenweise Scrollen der Markierung ein interessanter Effekt. Bei größeren Tabellen programmieren Sie eine direktere Suchfunktion.

Die Suche über die Schleife

Stellen Sie sich vor, Sie verwalten Ihre Adressen in einer Excel-Tabelle. Um möglichst schnell an die gesuchte Adresse zu gelangen, geben Sie in Zelle A1 den Suchbegriff bzw. Teile des Suchbegriffs ein und drücken anschließend die Taste [↵]. Der Mauszeiger wandert von oben nach unten und stoppt genau an der Position, die mit dem Suchbegriff bzw. mit Teilen davon übereinstimmt. Bei der Eingabe des Nachnamens, der als Suchbegriff fungiert, gelten folgende Features:

Die Anforderungen

- Es ist möglich, nur einen Buchstaben einzugeben.
- Es können die ersten beiden Buchstaben des Nachnamens eingegeben werden.
- Es können die ersten drei Buchstaben des Nachnamens eingegeben werden oder
- es muss der ganze Name eingegeben werden.

Das Makro für diese Such- und Scrollfunktion können Sie dem Listing 6.71 entnehmen.

```
Sub SuchenbestimmteZeile()
Dim s As String
Dim i As Integer

Sheets("Tabelle14").Activate
s = Range("A1").Value
Range("A3").Select
For i = 1 To ActiveSheet.UsedRange.Rows.Count
 If Left(ActiveCell.Value, 1) = s _
 Or Left(ActiveCell.Value, 2) = s _
 Or Left(ActiveCell.Value, 3) = s _
 Or s = ActiveCell.Value Then Exit For
 ActiveCell.Offset(1, 0).Select
Next i
End Sub
```

Listing 6.71: Langsameres Suchen mit Scrollfunktion

In der String-Variablen `s` speichern Sie Ihre Eingabe, die Sie in Zelle A1 vornehmen. Danach setzen Sie eine `For Next`-Schleife auf, die alle Zeilen im verwendeten Bereich durchläuft. Innerhalb der Schleife wird der eingegebene Name geprüft. Um die eingegebenen Buchstaben mit dem jeweils aktiven Zellenwert zu vergleichen, wenden Sie die Funktion `Left` an. Wurde nur der erste Buchstabe des Nachnamens eingegeben, so vergleichen Sie die Variable `s` mit dem ersten Buchstaben der aktiven Zelle. Stimmt die Variable mit dem ersten Buchstaben der aktiven Zelle überein, wird die Schleife über die Anweisung `Exit For` verlassen. Da es aber möglich sein soll, zwischen einem und drei Buchstaben bzw. den ganzen Nachnamen einzugeben, verknüpfen Sie die einzelnen Kriterien mit dem Operator `Or`.

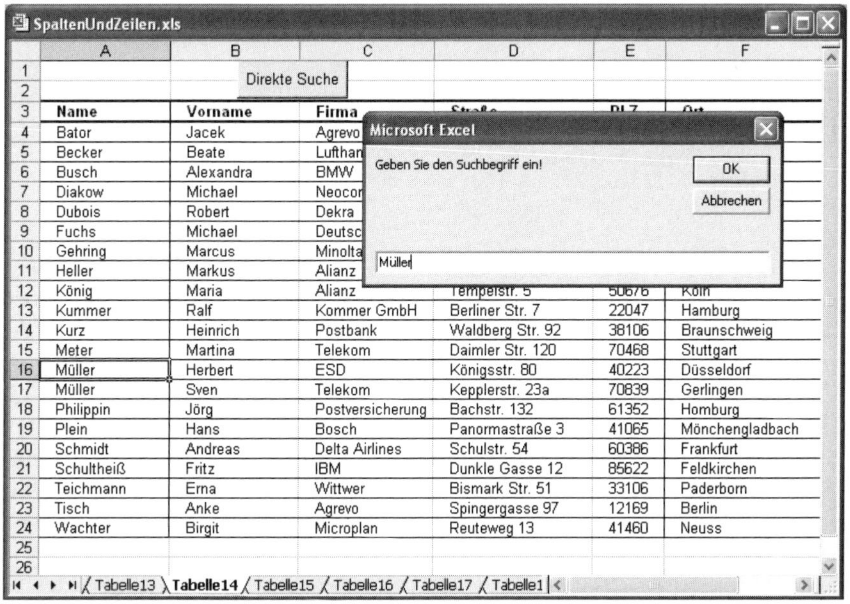

Abbildung 6.30: Die scrollende Suchfunktion bei Adressdaten

STEP

Der Mechanismus, durch den bei Drücken der Taste [↵] das Makro aus Listing 6.72 startet, fehlt noch. Das holen Sie jetzt nach.

1. Wechseln Sie in die Entwicklungsumgebung, indem Sie die Tastenkombination [Alt]+[F11] drücken.
2. Im Projekt-Explorer klicken Sie Ihre Datentabelle doppelt an.
3. Erfassen Sie das folgende Ereignis.

Listing 6.72: Veränderungen an bestimmter Zelle überwachen

```
Private Sub Worksheet_Change(ByVal Target As Range)
 If Target.Address = "$A$1" Then SuchenbestimmteZeile
End Sub
```

Das Ereignis `Worksheet_Change` überwacht Ihre Zellen. Bei jeder Veränderung wird dieses Ereignis aktiviert. Indem Sie das Argument `Target` nutzen, begrenzen Sie die Überwachungsfunktion auf die Zelle A1.

REF

Lesen Sie mehr über Ereignisse in Kapitel 12 dieses Buches.

Im nächsten Beispiel soll aus einer Artikelliste ein bestimmter Artikel herausgesucht werden. Um diese Aufgabe zu lösen, erfassen Sie das Makro aus Listing 6.73.

Listing 6.73: Artikel schneller finden

```
Sub SuchenArt()
Dim s As String
Dim i As Integer

s = Range("A1").Value
Sheets("Tabelle18").Activate
Range("A3").Select
For i = 1 To ActiveSheet.UsedRange.Rows.Count
 If Left(ActiveCell.Value, 1) = s Or _
 Left(ActiveCell.Value, 2) = s Then Exit For
 ActiveCell.Offset(1, 0).Select
Next i
End Sub
```

In Zelle A1 geben Sie den gewünschten Artikel ein. Dabei reichen schon die ersten beiden Buchstaben. Diese Eingabe speichern Sie in der Variablen `s`. Setzen Sie jetzt den Mauszeiger an den Beginn der Artikelliste in Zelle A3. Basteln Sie nun eine Schleife, die sequenziell jede Zelle im verwendeten Bereich durchläuft, bis eine Übereinstimmung gefunden wird. Wird der entsprechende Artikel anhand der Artikelnummer gefunden, dann springen Sie mit der Anweisung `Exit For` aus der Schleife und beenden somit auch gleich das Makro.

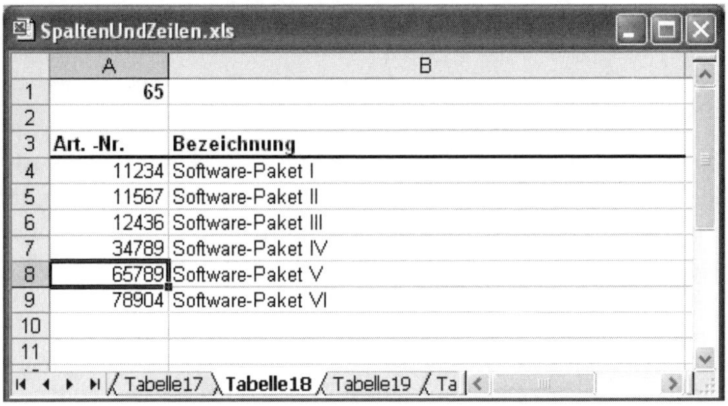

Abbildung 6.31: Artikel schneller finden

Der Mechanismus, durch den bei Drücken der Taste [↵] *das Makro aus Listing 6.73 startet, fehlt noch. Das holen Sie jetzt nach.*

STEP

1. Wechseln Sie in die Entwicklungsumgebung, indem Sie die Tastenkombination [Alt]+[F11] drücken.
2. Im Projekt-Explorer klicken Sie Ihre Datentabelle doppelt an.
3. Erfassen Sie das folgende Ereignis.

```
Private Sub Worksheet_Change(ByVal Target As Range)
 If Target.Address = "$A$1" Then SuchenArt
End Sub
```

Listing 6.74: Die Suche automatisch starten

6.16 Direktsuche bei größeren Datenbeständen

Klar, Sie können mehrere tausend Zeilen selbstverständlich nicht Zeile für Zeile abarbeiten. Für größere Datenbestände müssen Sie schon eine direkte Suchfunktion schreiben.

```
Sub DirekteSuche()
Dim Bereich As Range
Dim s As String

 Sheets("Tabelle14").Activate
 s = InputBox("Geben Sie den Suchbegriff ein!")
 If s = "" Then Exit Sub
 Set Bereich = Sheets("Tabelle14").Columns(1) _
    .Find(s, LookAt:=xlPart)
 If Bereich Is Nothing Then
    MsgBox "Name '" & s & _
   "' konnte nicht gefunden werden!"
```

Listing 6.75: Die direkte Suche über die Methode Find

```
  Else
    Bereich.Select
  End If
End Sub
```

Den Suchbegriff erfassen Sie dieses Mal über eine Eingabemaske, die Sie mit der Funktion `Inputbox` generieren. Danach fragen Sie ab, ob überhaupt eine Eingabe vorgenommen wurde. Anschließend definieren Sie einen Bereich, in dem gesucht werden soll. Da der Nachname in Spalte A geführt wird, geben Sie bei der Eigenschaft `Columns` den Wert 1 an. Jetzt wenden Sie die Methode `Find` an, bei der Sie als Argument `LookAt:=xlPart` angeben, was bedeutet, dass der Suchbegriff nicht genau mit dem Suchergebnis übereinstimmen muss. Möchten Sie hingegen nur ganze Zellen suchen, verwenden Sie das Argument `LookAt:=xlWhole`.

INFO

Standardmäßig wird bei der Methode `Find` *nicht zwischen Groß- und Kleinschreibung unterschieden. Wünschen Sie jedoch eine Differenzierung zwischen Groß- und Kleinschreibung, dann setzen Sie das Argument* `MatchCase:=True`.

Die komplette Befehlssyntax der Methode `Find` lautet:

Die Syntax

```
Ausdruck.Find(What, After, LookIn, LookAt, SearchOrder, SearchDirection,
MatchCase, MatchByte)
```

Entnehmen Sie die einzelnen Argumente der Tabelle 6.4.

Tabelle 6.4: Die Argumente der Methode Find

Argument	Beschreibung
`What`	Enthält den Inhalt, nach dem gesucht werden soll.
`After`	Gibt die Zelle an, nach der die Suche beginnen soll.
`LookIn`	Dieses Argument bestimmt, wo überall gesucht werden soll. Möglich ist hierbei die Suche in Formeln (`xlFormulas`), in Zellenwerten (`xlValues`) oder gar in Kommentaren (`xlComments`).
`LookAt`	Bestimmt die Übereinstimmung des Suchbegriffs mit dem Suchergebnis. Bei `xlPart` muss nicht der komplette Suchbegriff mit dem Ergebnis übereinstimmen. Bei `xlWhole` müssen der Suchbegriff und das Suchergebnis identisch sein.
`SearchOrder`	Gibt an, in welcher Reihenfolge zuerst gesucht werden soll. Dabei spielt die Anordnung Ihrer Daten eine große Rolle. Verwenden Sie die Konstante `xlByColumns`, wenn Sie Ihre Tabelle spaltenweise durchsuchen möchten, also von oben nach unten. Nehmen Sie die Konstante `xlByRows`, wenn Sie die Suche zeilenweise von links nach rechts durchführen möchten. Die schnellere Suche ist normalerweise die Suche in Spalten.

Argument	Beschreibung
`SearchDirection`	Gibt die Suchrichtung an. Dabei haben Sie die Möglichkeit, zwischen den Konstanten `xlNext` bzw. `xlPrevious` zu wählen.
`MatchCase`	Gibt an, ob zwischen Groß- und Kleinschreibung unterschieden werden soll.

Tabelle 6.4: Die Argumente der Methode Find (Forts.)

6.17 Zeilen filtern

In Excel können Sie Daten filtern, d.h., in einer gefilterten Liste werden nur die Zeilen angezeigt, die den Kriterien entsprechen, die Sie für eine Spalte angeben. Andersherum gesehen werden beim Filtern alle Zeilen ausgeblendet, die nicht den eingestellten Kriterien entsprechen. Excel stellt zwei Befehle zum Filtern von Listen zur Verfügung: die AutoFilter für einfache Kriterien mit der Möglichkeit, nach der ausgewählten Zelle zu filtern, sowie die Spezialfilter für komplexere Aufgaben. Beim Filtern von Zeilen wird die Liste nicht neu angeordnet, es werden nur vorübergehend Zeilen ausgeblendet, die nicht angezeigt werden sollen.

Erfahren Sie auf den nächsten Seiten, wie Sie einen Filter in VBA setzen, ihn verändern oder löschen und welche Möglichkeiten sich Ihnen dadurch in der Praxis eröffnen.

CD

Die folgenden Makros können Sie auf der CD-ROM im Verzeichnis KAP06 *in der Datei* FILTER.XLS *finden.*

6.18 AutoFilter aktivieren bzw. deaktivieren

Den AutoFilter können Sie auf Ihrer Tabelle aktivieren, indem Sie aus dem Menü DATEN den Befehl FILTER/AUTOFILTER wählen. Danach blendet Excel für jede Spalte im benutzten Bereich einen AutoFilter ein. Zunächst befinden sich alle AutoFilter im Ruhezustand, d.h., es wurde noch keine Filterung vorgenommen, was Sie auch am schwarzen Pfeil der AutoFilter erkennen können. AutoFilter, bei denen schon Filterkriterien eingestellt sind, haben einen blauen Pfeil. Beim folgenden Makro Listing 6.76 wird der AutoFilter, sofern er noch nicht verfügbar ist, eingeblendet.

Listing 6.76: Der AutoFilter wird auf der Tabelle verfügbar gemacht

```
Sub AutoFilterEinschalten()
 Sheets("Tabelle1").Activate
 If Not ActiveSheet.AutoFilterMode = True _
 Then Range("A1").AutoFilter
End Sub
```

Die Eigenschaft `AutoFilterMode` liefert den Wert `True`, wenn die Dropdown-Pfeile für `AutoFilter` momentan auf dem Tabellenblatt sichtbar sind. Liefert diese Eigenschaft den Wert `False` zurück, dann blenden Sie die AutoFilter mithilfe der Methode `AutoFilter` ein.

:-) TIPP

Wenn Sie die Filter wieder aus Ihrem Tabellenblatt verbannen möchten, setzen Sie diese Eigenschaft `AutoFilterMode` *auf den Wert* `False`.

Abbildung 6.32: Der AutoFilter ist eingeschaltet

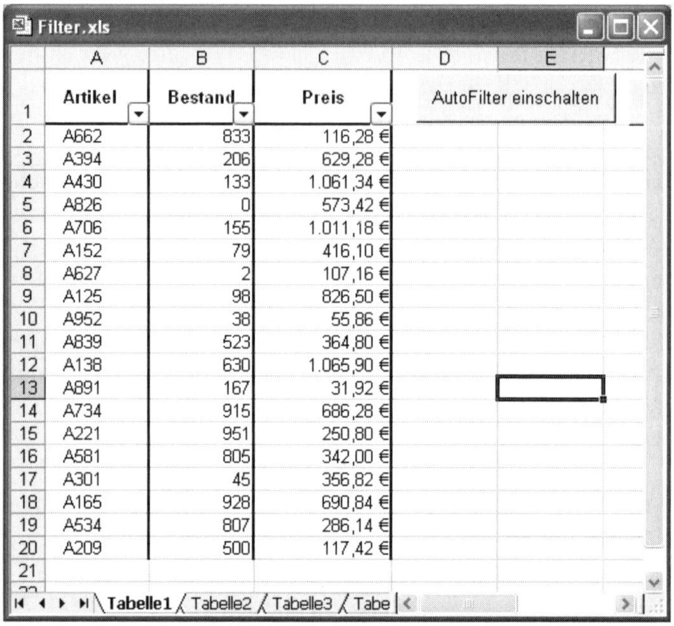

	A	B	C	D	E
1	Artikel	Bestand	Preis	AutoFilter einschalten	
2	A662	833	116,28 €		
3	A394	206	629,28 €		
4	A430	133	1.061,34 €		
5	A826	0	573,42 €		
6	A706	155	1.011,18 €		
7	A152	79	416,10 €		
8	A627	2	107,16 €		
9	A125	98	826,50 €		
10	A952	38	55,86 €		
11	A839	523	364,80 €		
12	A138	630	1.065,90 €		
13	A891	167	31,92 €		
14	A734	915	686,28 €		
15	A221	951	250,80 €		
16	A581	805	342,00 €		
17	A301	45	356,82 €		
18	A165	928	690,84 €		
19	A534	807	286,14 €		
20	A209	500	117,42 €		
21					

Oft ist es sehr übersichtlich, wenn Sie eine Arbeitsmappe öffnen, bei der der AutoFilter und in mehreren Spalten ein Filterkriterium eingestellt ist. Um alle Daten anzuzeigen, müssen Sie deshalb zuerst einmal den AutoFilter deaktivieren. Dazu wählen Sie aus dem Menü DATEN den Befehl FILTER/AUTOFILTER. Besser ist es aber, wenn dieser Vorgang automatisch direkt nach dem Öffnen der Arbeitsmappe durchgeführt wird. Dazu wechseln Sie in die Entwicklungsumgebung und führen im Projekt-Explorer einen Doppelklick auf den Eintrag DIESEARBEITSMAPPE durch. Danach erfassen Sie das Ereignis `Workbook_Open`, welches Sie in Listing 6.77 sehen können.

Listing 6.77: Nach dem Öffnen der Arbeitsmappe wird automatisch ein Makro ausgeführt

```
Private Sub Workbook_Open()
 AlleGesetztenFilterEntfernen
End Sub
```

Erfassen Sie nun in einem normalen Modul das Makro, welches den AutoFilter deaktiviert.

Erfahren Sie mehr über die tollen Möglichkeiten der Ereignisprogrammierung in Kapitel 12 dieses Buches.

Listing 6.78: Der AutoFilter wird in Tabelle1 ausgeschaltet

```
Sub AlleGesetztenFilterEntfernen()
 Sheets("Tabelle1").Activate
 ActiveSheet.AutoFilterMode = False
End Sub
```

Den AutoFilter schalten Sie aus, indem Sie die Eigenschaft `AutoFilterMode` auf den Wert `False` setzen. Dabei werden die Dropdown-Pfeile des AutoFilters entfernt sowie auch alle eingestellten Filterkriterien zurückgesetzt.

Soll das Entfernen der AutoFilter in der kompletten Arbeitsmappe durchgeführt werden, dann starten Sie das folgende Makro:

Listing 6.79: Alle Filter aus der Arbeitmappe entfernen

```
Sub AutoFilteRausnehmen()
Dim Blatt As Worksheet

For Each Blatt In ActiveWorkbook.Worksheets
 Blatt.AutoFilterMode = False
Next Blatt
End Sub
```

6.19 Filterkriterien setzen

Ist der AutoFilter in der Tabelle verfügbar, lassen sich einzelne Kriterien für die Spalten festlegen, nach denen dann bestimmte Zeilen gefiltert werden können.

Unterbestände ermitteln

Im ersten Beispiel sollen alle Zeilen angezeigt werden, die einen Bestand kleiner als 100 haben und daher bald nachbestellt werden müssen. Das Makro für diese Bestandsprüfung sehen Sie in Listing 6.80.

Listing 6.80: Alle Artikel, die einen Bestand < 100 haben, werden gefiltert

```
Sub BestandKleiner100()
 Selection.AutoFilter _
  Field:=2, Criteria1:="<100", Operator:=xlAnd
End Sub
```

Die komplette Syntax der Methode `AutoFilter` lautet:

```
Ausdruck.AutoFilter(Field, Criteria1, Operator, Criteria2, VisibleDropDown)
```

Die Argumente der Methode AutoFilter

Mit der AutoFilter-Methode haben Sie der Spalte B (Field:=2) das Anzeigekriterium für Zeilen bekannt gegeben (Criteria1:="<100"). Bei dem Argument Operator haben Sie die Auswahl aus mehreren Konstanten, die Sie Tabelle 6.5 entnehmen können.

Tabelle 6.5: Die Operator-Konstanten der Methode Auto-Filter

Konstante	Erklärung
xlAnd	Es müssen zwei Kriterien erfüllt sein (Criteria1 und Criteria2).
xlOr	Es muss entweder das eine oder das andere Kriterium erfüllt sein (Criteria1 oder Criteria2).
xlTop10Items	Die n höchsten Einträge aus der Liste werden angezeigt (Absolutbetrachtung).
xlTop10Percent	Die n höchsten Einträge aus der Liste werden angezeigt (prozentuale Betrachtung).
xlBottom10Items	Die n niedrigsten Einträge aus der Liste werden angezeigt (Absolutbetrachtung).
xlBottom10Percent	Die n niedrigsten Einträge aus der Liste werden angezeigt (prozentuale Betrachtung).

Das Argument Criteria2 stellt ein mögliches zweites Kriterium dar. Es wird zusammen mit Criteria1 und dem Argument Operator zum Erstellen von zusammengesetzten Kriterien verwendet.

Das letzte Argument VisibleDropDown ist standardmäßig mit dem Wert True voreingestellt, was bedeutet, dass die Dropdown-Pfeile für das gefilterte Feld angezeigt werden. Wenn das Argument auf den Wert False gesetzt wird, werden die Dropdown-Pfeile des AutoFilters für das gefilterte Feld ausgeblendet.

Bestands- und Preiskontrolle durchführen

Im nächsten Beispiel werden zwei Filterkriterien eingestellt: ein Filterkriterium für die Spalte B (Bestand >= 500) und das andere Filterkriterium für Spalte C (Preis > 500).

Listing 6.81: Zwei Filterkriterien in zwei unterschiedlichen Spalten sind gesetzt

```
Sub BestandGr500uPrGr100()
 With Selection
  .AutoFilter Field:=2, Criteria1:=">=500", _
 Operator:=xlAnd
  .AutoFilter Field:=3, Criteria1:=">500", _
 Operator:=xlAnd
 End With
End Sub
```

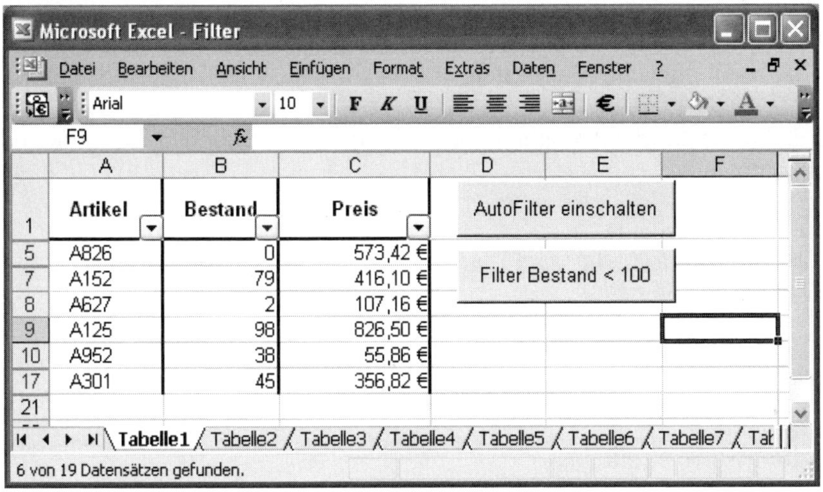

Abbildung 6.33: Die Anzahl der gefilterten Sätze wird in der Statusleiste angezeigt

Zeilen in einem bestimmten Wertebereich einblenden

Recht häufig werden in der Praxis auch Wertgrenzen von/bis eingesetzt. So könnte man beispielsweise alle Artikel anzeigen lassen, die in der Preisspanne von 500 Euro bis 750 Euro liegen. Das Makro für diese Aufgabe entnehmen Sie Listing 6.82.

```
Sub PreisZwischen500Und750Euro()
 Selection.AutoFilter _
 Field:=3, Criteria1:=">=500", Operator:=xlAnd, _
          Criteria2:="<=750"
End Sub
```

Listing 6.82: Alle Artikel zwischen 500 und 750 Euro werden angezeigt

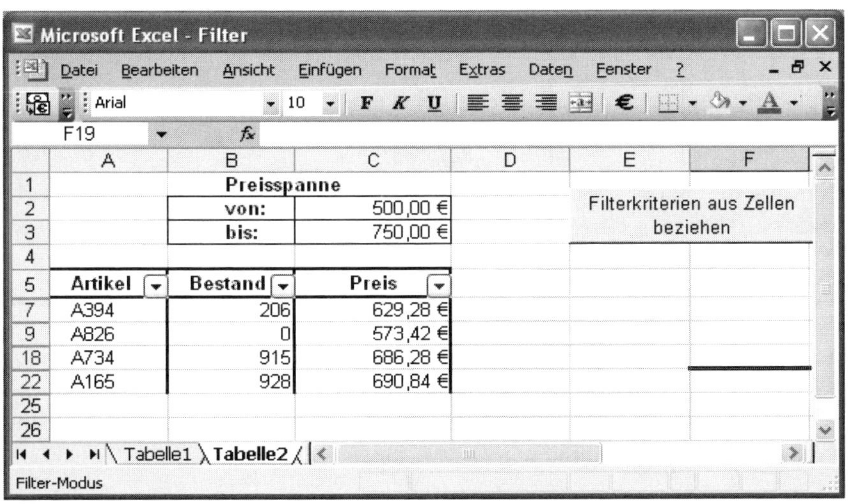

Abbildung 6.34: Flexible Filterkriterien schneller festlegen

Wenn Sie möchten, können Sie das Makro aus Listing 6.82 auch flexibel halten, indem Sie die Eckpositionen in einzelne Zellen eintragen und auf diese dann im Makro verweisen.

Das Makro für die Abbildung dieser Funktionalität können Sie Listing 6.83 entnehmen.

Listing 6.83: Filterkriterien aus Zelleninhalten beziehen

```
Sub PreisSpanneAusZellen()
 Sheets("Tabelle2").Activate
 Selection.AutoFilter _
 Field:=3, Criteria1:=Range("C2").Value, _
 Operator:=xlAnd, Criteria2:=Range("C3").Value
End Sub
```

Extremwerte ermitteln

Ein weiteres Beispiel für ein dynamisches Filtern von Daten ist die Top-Ten-Filterung. Mithilfe dieses Filters haben Sie die Möglichkeit, die n kleinsten bzw. n größten Einträge aus einer Liste herauszufiltern.

Abbildung 6.35: Die Spitzenreiter dynamisch anzeigen

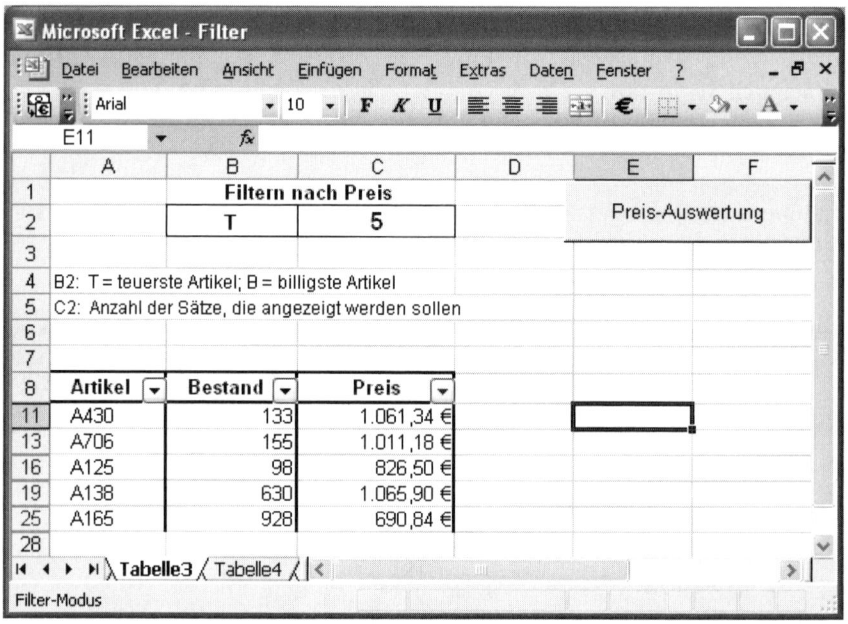

In Abbildung 6.35 sehen Sie, dass sowohl das Kennzeichen für den Filter (B für billigste Artikel und T für teuerste Artikel) als auch die Anzahl der anzuzeigenden Sätze flexibel gestaltet sind. Das Makro für diese Steuerung ist in Listing 6.84 abgebildet.

```
Sub Preisauswertung()
Dim op As Integer
Dim i As Integer

Select Case Range("B2").Value
 Case "T"
   op = 3
 Case "B"
   op = 4
 Case Else
 MsgBox "Dieser Buchstabe ist nicht zulässig!": Exit Sub
 End Select
 i = Range("C2").Value
 Selection.AutoFilter _
   Field:=3, Criteria1:=i, Operator:=op
End Sub
```

Listing 6.84: Variables Filtern von Artikeln nach Preis (teuerster und billigster Artikel)

Im ersten Schritt werten Sie die Zelle B2 mithilfe einer `Select Case`-Struktur aus. Dort steht das jeweilige Kennzeichen. Dabei entspricht die Operator-Konstante `xlTop10Items` aus Tabelle 6.4 dem Zahlenwert `3` und die Konstante `xlBottom10Items` dem Wert `4`. Danach ermitteln Sie aus der Eingabe in Zelle C2 die Anzahl der Artikelsätze, die angezeigt werden sollen. Beide Informationen übergeben Sie zuletzt der Methode `AutoFilter`.

Filtern mit Datumswerten

Gar nicht mal so einfach ist das Filtern von Daten, wenn dabei ein Datum als Filterkriterium eingestellt ist. Im folgenden Beispiel werden alle Sätze, die zeitlich nach einem bestimmten Datum kommen, gefiltert.

```
Sub FilternMiTDatum()
Dim s As String

s = CDbl(CDate("01.06.03"))
Sheets("Tabelle8").Activate
 If Not ActiveSheet.AutoFilterMode = True _
 Then Range("A1").AutoFilter
 Selection.AutoFilter Field:=1, Criteria1:=">=" & s, _
Operator:=xlAnd
End Sub
```

Listing 6.85: Filtern mit Datumskriterium

Damit das Filtern mit Datumswerten auch funktioniert, muss das Datum über die Funktionen `CDate` und `CDbl` in die richtige Form gebracht werden.

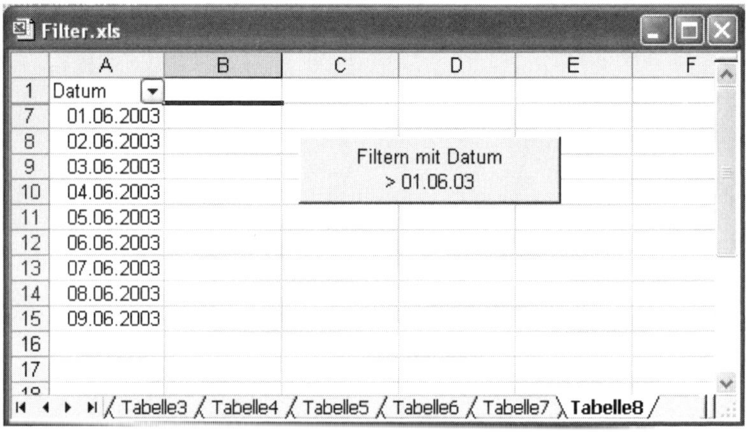

Abbildung 6.36: Die Zeilen 2 bis 6 sind ausgeblendet worden

6.20 Prüfungen und Auswertungen von Filtern

Auf den nächsten Seiten lernen Sie, wie Sie gefilterte Daten ermitteln und auslesen. Dabei sind u.a. folgende Fragestellungen von Interesse:

Die Fragen

- In welchen Spalten ist ein Filterkriterium eingestellt?
- Wie viele Zeilen sind gefiltert?
- Wie viele Zellen sind gefiltert?
- Wie lautet der größte Wert im gefilterten Bereich?
- Wie heißt die erste Zeile im gefilterten Bereich?
- Wie heißt die letzte Zeile im gefilterten Bereich?

In welchen Spalten ist ein Filterkriterium gesetzt?

Wenn Sie Filter programmieren, ist es wichtig zu wissen, in welchen Spalten überhaupt schon ein oder mehrere Filterkriterien gesetzt worden sind. Diese Prüfung führen Sie mit dem Makro aus Listing 6.86 durch.

Listing 6.86: Wie viele Filter sind in der Tabelle gesetzt?

```
Sub IstFilterKriteriumEingestellt()
Dim w As Worksheet
Dim b As Boolean
Dim i As Integer

Set w = Worksheets("Tabelle3")
For i = 1 To ActiveSheet.Columns.Count
On Error GoTo ende
 If w.AutoFilterMode Then
     b = w.AutoFilter.Filters(i).On
     Debug.Print "Filter in Spalte " & i & ": "; b
```

```
 End If
Next i
ende:
End Sub
```

Ermitteln Sie zunächst, wie oft Ihre For Next-Schleife durchlaufen werden muss.

Im Idealfall wird diese Schleife so oft durchlaufen, bis die letzte belegte Spalte erreicht ist. Da in häufig bearbeiteten Tabellen diese Lösung aber nicht immer die sicherste ist, da ständig Daten gelöscht und geschrieben werden, kommt es vor, dass der verwendete Bereich nicht immer sauber ermittelt werden kann. Aus diesem Grund fügen Sie sicherheitshalber die On Error-*Anweisung ein und verzweigen im Fehlerfall direkt zum Ende des Makros.*

In einer Variablen vom Typ Boolean speichern Sie den Zustand des AutoFilters. Die Eigenschaft Filters liefert den Wert Falsch, wenn kein Filterkriterium in der jeweiligen Spalte eingestellt ist, bzw. den Wert Wahr, wenn ein Filterkriterium für die Spalte festgelegt wurde. Mithilfe der Methode Print geben Sie den Spaltenindex sowie den Status des Filters im Direktfenster Ihrer Entwicklungsumgebung aus.

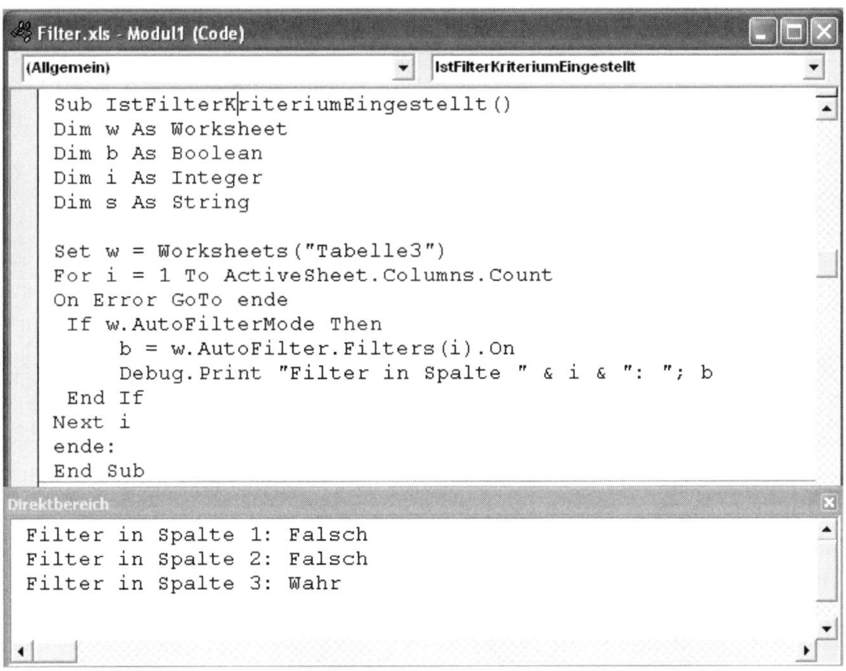

Abbildung 6.37: In Spalte C ist ein Filterkriterium eingestellt

Wie viele Zeilen sind gefiltert?

Normalerweise wird die Anzahl der gefilterten Zeilen in der Statusleiste angezeigt. Wenn Sie diese gefilterte Anzahl an Zeilen aber einmal selbst ermitteln möchten, dann starten Sie das Makro aus Listing 6.87.

Listing 6.87: Die Anzahl der gefilterten Zeilen wird ermittelt

```
Sub WievielZeilenSindSichtbar()
Dim Bereich As Range
Dim i As Integer

 Sheets("Tabelle4").Activate
 Set Bereich = Range("A1").CurrentRegion
 i = Intersect(Bereich.SpecialCells(xlVisible), _
 Bereich.Columns(1)).Count - 1
 MsgBox "Sie haben " & i & " Zeilen gefiltert", _
  vbInformation, "Filterergebnis"
End Sub
```

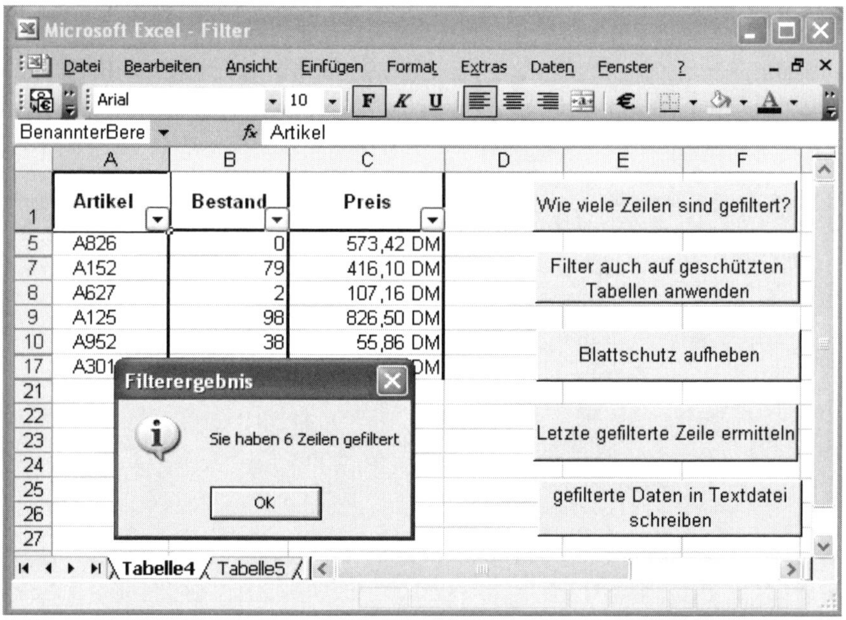

Abbildung 6.38: Gefilterte Zeilen zählen und ausgeben

Über die Eigenschaft `CurrentRegion` ermitteln Sie den umliegenden Bereich, der von Leerzeilen bzw. Leerspalten umgeben wird. Es wird demnach der Block ermittelt, der sich, beginnend von der Zelle, bei der der erste Filter angezeigt wird (A1), bis zur letzten gefüllten Zeile ergibt. Mit der Eigenschaft `Intersect` prüfen Sie, ob es im Bereich der Spalte A gefilterte Zeilen gibt. Dazu verwenden Sie die Methode `SpecialCells`, der Sie die Konstante `xlVisible` übergeben. Die Zählung der ermittelten Zeilen erfolgt durch die Eigenschaft `Count`, von der Sie den Wert `1` subtrahieren müssen, da die Überschriftenzeile nicht zum Ergebnis der gefilterten Daten gezählt werden soll.

Abschließend geben Sie die Anzahl der gefilterten Zeilen in einem Meldungsfenster aus, welches Sie mit der Symbolinfo ausstatten. Dazu verwenden Sie die Konstante `vbInformation`.

Erfahren Sie mehr über Meldungsfenster und Eingabemasken in Kapitel 14 dieses Buches.

REF

Wie viele Zellen sind gefiltert?

Wenn Sie möchten, können Sie neben der Anzahl der gefilterten Zeilen auch die Anzahl der Zellen ermitteln, die gefiltert sind. Diese Information können Sie beispielsweise in der Statusleiste ausgeben. Das dafür notwendige Makro können Sie sich im Listing 6.88 anschauen.

Listing 6.88: Die Anzahl der gefilterten Zellen in der Statusleiste ausgeben

```
Sub AnzahlZellenInFilterung()
Dim l As Long
Dim i As Integer

Sheets("Tabelle4").Activate
Range("A1").Select
 Application.DisplayStatusBar = True
 l = Application.WorksheetFunction.Subtotal _
  (3, Range(ActiveSheet.UsedRange.Address))
 i = ActiveSheet.UsedRange.Columns.Count
 Application.StatusBar = _
  "Sie haben " & l - i & " Zellen gefiltert!"
End Sub
```

Um die Statusleiste für die Programmierung zu nutzen, blenden Sie diese erst einmal mithilfe der Eigenschaft `DisplayStatusBar` ein, die Sie auf den Wert `True` setzen. Danach setzen Sie die Eigenschaft `WorksheetFunction` in Verbindung mit der Funktion `SubTotal` ein, um die gefilterten Zellen zu ermitteln. Der Funktion `SubTotal` übergeben Sie das Argument `3`, was bedeutet, dass bei dieser Funktion das Teilergebnis aus der Tabellenfunktion `ANZAHL2` gebildet wird, die alle belegten Zellen zählt. Dabei spielt es keine Rolle, ob in den Zellen Zahlen- oder Textwerte stehen. Entnehmen Sie weitere Argumente der Funktion `SubTotal` der Tabelle 6.6.

Tabelle 6.6: Die Möglichkeiten für die Bildung eines Zwischenergebnisses

Funktionsindex	Beschreibung
1	Die Tabellenfunktion `MITTELWERT` liefert den Mittelwert der Argumente. Dabei sind 1 bis 30 numerische Argumente bzw. Zellenbezüge möglich, deren Mittelwert Sie bilden möchten.

Tabelle 6.6: Die Möglichkeiten für die Bildung eines Zwischenergebnisses (Forts.)

Funktionsindex	Beschreibung
2	Die Tabellenfunktion ANZAHL berechnet, wie viele Zahlenwerte eine Liste von Argumenten enthält. Dabei sind 1 bis 30 numerische Argumente bzw. Zellenbezüge möglich, deren Anzahl Sie ermitteln möchten.
3	Die Tabellenfunktion ANZAHL2 berechnet, wie viele Werte eine Liste von Argumenten enthält. Dabei spielt es keine Rolle, ob es sich um Zahlen- oder Textwerte handelt. Bei dieser Funktion sind 1 bis 30 Argumente bzw. Zellenbezüge möglich, deren Anzahl Sie ermitteln möchten. Leere Zellen werden allerdings nicht mitgezählt.
4	Die Tabellenfunktion MAX liefert den größten Wert innerhalb einer Argumentliste. Die Argumentliste kann aus 1 bis 30 Zahlen bzw. Zellenbezügen bestehen, deren größte Zahl Sie bestimmen möchten.
5	Die Tabellenfunktion MIN liefert den kleinsten Wert innerhalb einer Argumentliste. Die Argumentliste kann aus 1 bis 30 Zahlen bzw. Zellenbezügen bestehen, deren kleinste Zahl Sie bestimmen möchten.
6	Die Tabellenfunktion PRODUKT ermittelt das Ergebnis einer Multiplikation einer oder mehrerer Argumente. Berücksichtigt bei der Summenbildung werden Zahlen, Wahrheitswerte und Zahlen in Textform.
7	Die Tabellenfunktion STABW schätzt die Standardabweichung ausgehend von einer Stichprobe. Die Funktion kann zwischen 1 bis 30 numerische Argumente aufnehmen, die eine aus einer Grundgesamtheit gezogene Stichprobe darstellen. Anstelle der durch Semikola voneinander getrennten Argumente können Sie eine Matrix oder einen Bezug auf eine Matrix angeben.
8	Die Tabellenfunktion STABWN berechnet die Standardabweichung ausgehend von der Grundgesamtheit. Es wird vorausgesetzt, dass alle Werte als Argumente vorgegeben werden. Die Funktion kann zwischen 1 bis 30 numerische Argumente aufnehmen, die eine aus einer Grundgesamtheit gezogene Stichprobe darstellen. Anstelle der durch Semikola voneinander getrennten Argumente können Sie eine Matrix oder einen Bezug auf eine Matrix angeben.
9	Die Tabellenfunktion SUMME summiert die angegebenen Argumente. Dabei können Sie zwischen 1 und 30 Argumente bzw. Zellenbezüge eingeben. Berücksichtigt bei der Summenbildung werden Zahlen, Wahrheitswerte und Zahlen in Textform.

Tabelle 6.6: Die Möglichkeiten für die Bildung eines Zwischenergebnisses (Forts.)

Funktionsindex	Beschreibung
10	Die Tabellenfunktion `VARIANZ` geht davon aus, dass die ihr übergebenen Argumente eine Stichprobe, gezogen aus einer Grundgesamtheit, darstellen. Als Argumente sind 1 bis 30 numerische Argumente bzw. Zellenbezüge möglich, die eine aus einer Grundgesamtheit gezogene Stichprobe darstellen.
11	Die Tabellenfunktion `VARIANZEN` geht davon aus, dass die ihr übergebenen Argumente einer Grundgesamtheit entsprechen. Als Argumente sind 1 bis 30 numerische Argumente bzw. Zellenbezüge möglich, die einer Grundgesamtheit entsprechen.

Da die Überschriftenzeile nicht mitgezählt werden soll, ermitteln Sie mit der Anweisung `ActiveSheet.UsedRange.Columns.Count` die verwendeten Spalten im benutzten Bereich. Diese Anzahl müssen Sie vom Ergebnis der Funktion `SubTotal` subtrahieren. Das richtig ermittelte Ergebnis geben Sie in der Statusleiste mithilfe der Eigenschaft `StatusBar` aus.

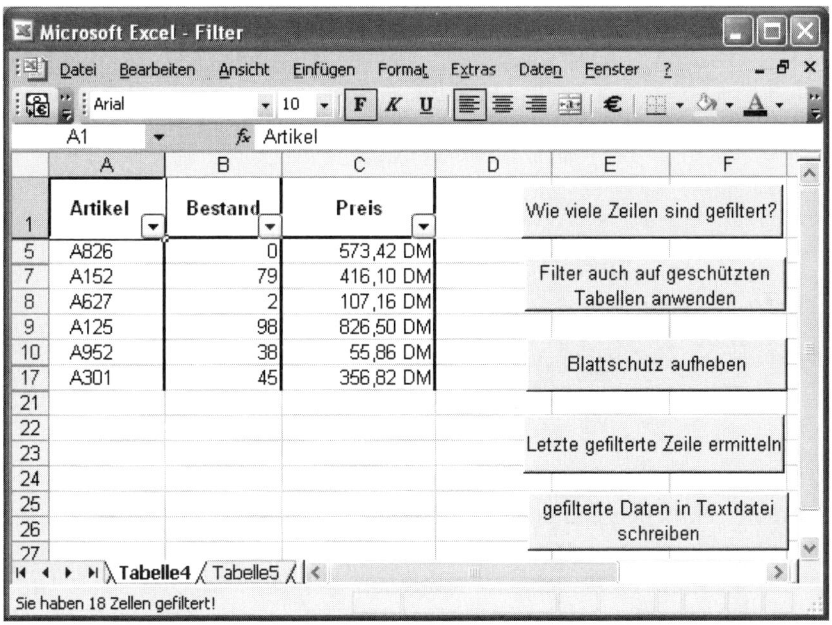

Abbildung 6.39: Die Anzahl der gefilterten Zellen wird in der Statusleiste ausgegeben

:-) TIPP

Setzen Sie die Eigenschaft `StatusBar` *auf den Wert* `False`*, wenn Sie möchten, dass Excel wieder die Verwaltung der Statusleiste übernehmen soll.*

Den größten Wert ermitteln

Wenn Sie den größten Wert innerhalb eines gefilterten Datenbereichs ermitteln möchten, können Sie wiederum die Funktion `SubTotal` einsetzen, der Sie als Argument den Funktionsindex `4` mitgeben.

Listing 6.89: Den größten Wert innerhalb eines gefilterten Bereichs ermitteln

```
Sub GrößtenWertImGefiltertenBereichErmitteln()
Dim l As Long

 Sheets("Tabelle4").Activate
 Range("A1").Select
 Application.DisplayStatusBar = True
 l = Application.WorksheetFunction.Subtotal _
 (4, Range(ActiveSheet.UsedRange.Address))
 Application.StatusBar = _
  "Der größte Wert im gefilterten Bereich ist " & l
End Sub
```

Die erste bzw. letzte gefilterte Zeile ermitteln

Angenommen, die erste Zeile enthält Ihre Überschriften für die Spalten und der AutoFilter ist gesetzt. Jetzt möchten Sie wissen, welches die erste Zeile ist, die gefiltert wird.

Listing 6.90: Die erste gefilterte Zeile ermitteln

```
Sub ErsteGefilterteZeileFinden()
Dim l As Long

 Sheets("Tabelle4").Activate
 Range("A1").Select
 For l = 2 To ActiveSheet.UsedRange.Rows.Count
    If ActiveSheet.Rows(l).Hidden <> True Then
    MsgBox "Die erste gefilterte Zeile ist die Zeile " _
    & l, vbInformation: Exit For
    End If
 Next
End Sub
```

Da die eigentlichen Daten erst in Zeile 2 beginnen, setzen Sie die `For Next`-Schleife mit einem Startwert von `2` auf und durchlaufen alle Zeilen im benutzten Bereich. Innerhalb der Schleife prüfen Sie, ob die Eigenschaft `Hidden` der jeweiligen Zeile den Wert `False` liefert. Wird dieser Wert zum ersten Mal zurückgegeben, wird die aktuelle Zeilennummer auf dem Bildschirm ausgegeben. Danach wird die Schleife über die Anweisung `Exit For` direkt verlassen.

Analog dazu können Sie die letzte gefilterte Zeile ermitteln, indem Sie die Schleife derart aufbauen, dass sie beginnend bei der letzten Zeile im verwendeten Bereich startet und sich nach oben durcharbeitet.

```
Sub LetzteGefilterteZeileFinden()
Dim l As Long

 Sheets("Tabelle4").Activate
 Range("A1").Select
 For l = ActiveSheet.UsedRange.Rows.Count To 1 Step -1
  If ActiveSheet.Rows(l).Hidden <> True Then
   MsgBox "Die letzte gefilterte Zeile ist die Zeile " _
    & l, vbInformation: Exit For
  End If
 Next
End Sub
```

Listing 6.91: Die letzte gefilterte Zeile ermitteln

Wie lauten die Filterkriterien?

Ist ein Kriterium im Filter eingestellt, so sehen Sie das auf den ersten Blick an der Blaufärbung des Filterpfeils. Sie sehen aber nicht, wie das eingestellte Kriterium lautet. Dieses Filterkriterium können Sie beispielsweise über eine benutzerdefinierte Funktion ermitteln.

```
Function AF_KRIT(Bereich As Range) As String
Dim s_Filter As String

s_Filter = ""
On Error GoTo Ende
With Bereich.Parent.AutoFilter
  With .Filters(Bereich.Column - .Range.Column + 1)
  s_Filter = .Criteria1
  Select Case .Operator
  Case xlAnd
     s_Filter = s_filter & " UND " & .Criteria2
  Case xlOr
     s_Filter = s_filter & " OR " & .Criteria2
   End Select
   End With
 End With

Ende:
AF_KRIT = s_Filter
End Function
```

Listing 6.92: Eingestellte Filterkriterien in Zelle ausgeben

Der Aufruf der Funktion erfolgt direkt in einer Excel-Zelle, in die Sie die Funktion `=AF_KRIT(C8)` eingeben. Dabei muss das Argument auf die Zelle verweisen, in der der Filterpfeil sichtbar ist. Die Funktion ermittelt die eingestellten Filterkriterien und schreibt diese direkt in die Zelle.

Abbildung 6.40: Die Filterkriterien ermitteln

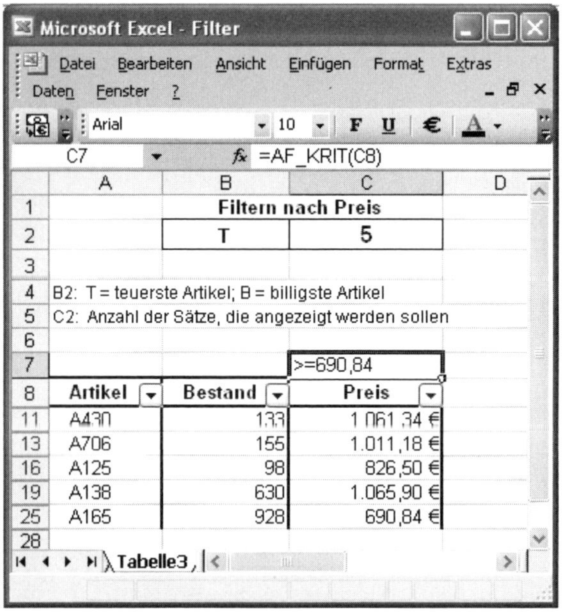

6.21 Doppelte Werte mit dem Spezialfilter ermitteln

Wenn Sie in einem großen Datenbestand versehentlich Duplikate eingegeben haben und nun eine Liste erstellen möchten, bei der jeder Satz nur einmal vorkommt, dann verwenden Sie den Spezialfilter in Excel. Den Spezialfilter können Sie aufrufen, indem Sie aus dem Menü DATEN den Befehl FILTER/SPEZIALFILTER wählen und die Kriterien des Spezialfilters einstellen. Diese Arbeit können Sie aber auch über ein Makro erledigen lassen.

Listing 6.93: Doppelte Sätze mit dem Spezialfilter ermitteln

```
Sub DatenSpezialfilter()
Dim Bereich As Range

 Sheets("Tabelle5").Activate
 Set Bereich = ActiveSheet.UsedRange.Columns(1)
 Bereich.AdvancedFilter Action:=xlFilterCopy, _
 CriteriaRange:=Bereich, CopyToRange:=Range("E1"), _
 Unique:=True
End Sub
```

Legen Sie zuerst fest, welcher Bereich mit dem Spezialfilter ausgewertet werden soll. Da Sie Ihre Tabelle auf doppelte Artikelnummern überprüfen möchten, legen Sie den Bereich für den Spezialfilter mit der Spalte A fest. Danach wenden Sie die Methode `AdvancedFilter` an, die folgende Syntax aufweist:

Die Syntax

```
Ausdruck.AdvancedFilter(Action, CriteriaRange, CopyToRange, Unique)
```

Die Argumente des Spezialfilters

Beim Argument Ausdruck muss es sich um ein Range-Objekt handeln. Im Beispiel in Listing 6.93 ist das der Bereich der verwendeten Zellen in Spalte A.

- Das Argument Action ist vom Datentyp Long und muss angegeben werden. Es stellt die Filteroperation dar. Dabei können Sie eine der folgenden XlFilterAction-Konstanten anwenden: xlFilterInPlace (an gleicher Stelle filtern) oder xlFilterCopy (Ergebnis des Filterns an anderer Stelle der Tabelle einfügen).
- Das Argument CriteriaRange vom Datentyp Variant ist optional und stellt den Kriterienbereich für die Filterung dar. Falls das Argument nicht angegeben wird, gibt es keine Kriterien.
- Das Argument CopyToRange vom Datentyp Variant ist optional und repräsentiert den Zielbereich für die kopierten Zeilen, wenn das Argument Action den Wert xlFilterCopy aufweist. Andernfalls wird das Argument ignoriert.

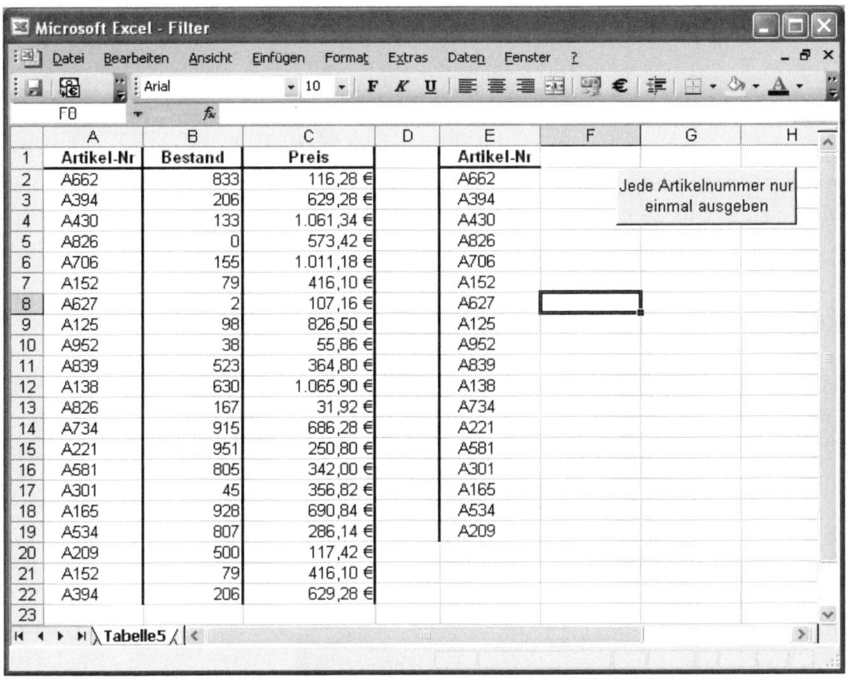

	A	B	C	D	E
1	Artikel-Nr	Bestand	Preis		Artikel-Nr
2	A662	833	116,28 €		A662
3	A394	206	629,28 €		A394
4	A430	133	1.061,34 €		A430
5	A826	0	573,42 €		A826
6	A706	155	1.011,18 €		A706
7	A152	79	416,10 €		A152
8	A627	2	107,16 €		A627
9	A125	98	826,50 €		A125
10	A952	38	55,86 €		A952
11	A839	523	364,80 €		A839
12	A138	630	1.065,90 €		A138
13	A826	167	31,92 €		A734
14	A734	915	686,28 €		A221
15	A221	951	250,80 €		A581
16	A581	805	342,00 €		A301
17	A301	45	356,82 €		A165
18	A165	928	690,84 €		A534
19	A534	807	286,14 €		A209
20	A209	500	117,42 €		
21	A152	79	416,10 €		
22	A394	206	629,28 €		
23					

Abbildung 6.41: In Spalte E wird jeder Artikel nur einmal aufgeführt

- Das letzte Argument Unique vom Datentyp Variant ist optional und gibt an, ob doppelte Datensätze gefiltert werden sollen. Wenn das Argument den Wert True hat, werden ausschließlich einmal vorhandene Datensätze gefiltert. Ist der Wert False, werden alle Datensätze gefiltert, die die Kriterien erfüllen. Die Standardeinstellung für dieses Argument ist False.

6.22 Gefilterte Daten transferieren

Sie haben die Möglichkeit, die Ergebnisse aus einer Filterung, also die gefilterten Zeilen, auf ein anderes Tabellenblatt oder auch in eine Textdatei zu schreiben. Dies hat den Vorteil, dass Sie das Filterergebnis weiter bearbeiten können, ohne auf den Originalbestand zuzugreifen.

Gefilterte Zeilen in ein anderes Tabellenblatt übertragen

Wenn Sie die gefilterten Zeilen per Makro auf ein anderes Tabellenblatt übertragen möchten, starten Sie das Makro aus Listing 6.94.

Listing 6.94: Gefilterte Zeilen auf anderes Tabellenblatt übertragen

```
Sub GefilterteDatenKopieren()
 Sheets("Tabelle4").Activate
 ActiveCell.CurrentRegion.SpecialCells(xlVisible).Copy
 Sheets("Tabelle6").Activate
 Range("A1").Select
 ActiveSheet.Paste
End Sub
```

Mithilfe der `SpecialCells`-Methode und der Eigenschaft `CurrentRegion` ermitteln Sie alle sichtbaren Zellen im umliegenden Bereich. Diese kopieren Sie mit der Methode `Copy`, wechseln auf das andere Tabellenblatt, setzen den Mauszeiger auf Zelle A1 und fügen den Inhalt der Zwischenablage mit der Methode `Paste` ein.

Gefilterte Zeilen in eine Textdatei übertragen

Möchten Sie Daten an einen Anwender liefern, der kein Excel im Einsatz hat, können Sie die gefilterten Daten auch in eine Textdatei speichern. Dazu übertragen Sie zunächst die gefilterten Daten auf ein extra Tabellenblatt und führen dann den Transfer durch.

Listing 6.95: Gefilterte Daten in eine Textdatei überführen

```
Sub GefilterteTabelleInTextdateiSpeichern()
Dim Zelle As Range
Dim i As Integer
Dim iZ As Integer

Sheets("Tabelle4").Activate
ActiveSheet.UsedRange.Copy
Sheets("Tabelle6").Activate
Range("A1").Select
ActiveSheet.Paste
iZ = Range("A65536").End(xlUp).Row
Open "c:\Ausgabe.txt" For Output As #1
 For i = 1 To iZ
```

```
    Print #1, ActiveCell.Value; ";"; _
    ActiveCell.Offset(0, 1).Value; ";"; _
    ActiveCell.Offset(0, 2).Value
    ActiveCell.Offset(1, 0).Select
 Next
Close #1
MsgBox "Datenübertragung beendet!"
End Sub
```

Mit der Methode Copy und der Eigenschaft UsedRange kopieren Sie den benutzten Bereich und fügen diesen auf dem Tabellenblatt TABELLE6 ein. Dort ermitteln Sie die letzte belegte Zelle in Spalte A. Dies gelingt Ihnen über die Eigenschaft End, die die Zelle am Ende der Region darstellt, die den Quellbereich enthält. Der Quellbereich stellt im Beispiel die Zahl 65.536 dar, welche die maximale Anzahl von Zeilen in einer Excel-Tabelle wiedergibt. Dieser Eigenschaft übergeben Sie die Richtungskonstante xlUp. Neben xLUp können Sie auch xlToLeft, xlToRight oder xlDown verwenden, je nachdem, welche Zelle Sie ermitteln möchten. Danach öffnen Sie mithilfe der Anweisung Open eine Textdatei, die Sie vorher nicht anzulegen brauchen. Jetzt setzen Sie eine For Next-Schleife auf, die Ihre gefilterten Zeilen Zelle für Zelle in die Textdatei AUSGABE.TXT schreibt. Dazu setzen Sie die Anweisung Print ein und sorgen dafür, dass das Semikolon als Trennzeichen zwischen den einzelnen Feldern eingefügt wird. Schließen Sie nach der Übertragung der Daten die Textdatei mithilfe der Anweisung Close und geben Sie eine Infomeldung auf dem Bildschirm aus, die Ihnen mitteilt, dass der Transfer abgeschlossen ist.

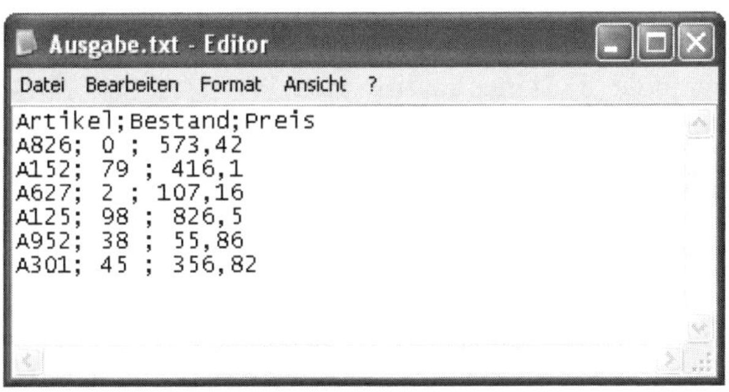

Abbildung 6.42: Die Textdatei mit dem Semikolon als Trennzeichen

6.23 Filtern von Daten auch bei geschützten Tabellen

Zum Abschluss dieses Kapitels erfahren Sie, wie Sie auch in geschützten Tabellen den AutoFilter bedienen können. Standardmäßig ist der AutoFilter bei geschützten Tabellen nicht verfügbar. Überlisten Sie Excel, indem Sie folgendes Makro in Listing 6.96 starten.

Listing 6.96: Sicherstellen, dass der AutoFilter auch in geschützten Tabellen verfügbar ist

```
Sub FilternAuchBeiBlattschutz()
 Sheets("Tabelle4").Activate
 ActiveSheet.Protect userinterfaceonly:=True
 ActiveSheet.EnableAutoFilter = True
End Sub
```

Mit der Methode `Protect` schützen Sie das aktive Tabellenblatt. Indem Sie die Eigenschaft `EnableAutoFilter` auf den Wert `True` setzen, aktivieren Sie die AutoFilter-Pfeile.

REF

Erfahren Sie mehr über das Schützen von Tabellenblättern im nächsten Kapitel.

Um den Blattschutz des Tabellenblatts wieder aufzuheben, wenden Sie das Makro aus Listing 6.97 an.

Listing 6.97: Schutz der Tabelle deaktivieren

```
Sub TabellenblattBlattschutzAufheben()
 Sheets("Tabelle4").Activate
 ActiveSheet.Unprotect
End Sub
```

Für das Aufheben des Blattschutzes ist die Methode `Unprotect` verantwortlich. Da Sie beim Schützen des Tabellenblatts kein Passwort vergeben haben, reicht es hier aus, die Methode ohne weitere Argumente anzugeben.

6.24 Gliederungen

Neben dem AutoFilter gibt es in Excel die Möglichkeit, über Gliederungssymbole die Daten auszuwerten.

Gliederung einfügen

Um eine Gliederung in einer Tabelle einfügen zu können, muss die Tabelle schon in einem zu gliedernden Zustand vorliegen. Bevor die Gliederung angewendet werden kann, muss der verwendete Bereich ermittelt werden. Dabei kann auf den »Auto-Gliederer« von Excel zurückgegriffen werden.

Listing 6.98: Die Gruppierung für eine Tabelle erstellen

```
Sub GliederungEinfügen()
 Sheets("Tabelle10").UsedRange.AutoOutline
End Sub
```

Mithilfe der Methode `AutoLine` können Sie eine Gliederung für den angegebenen Bereich erstellen.

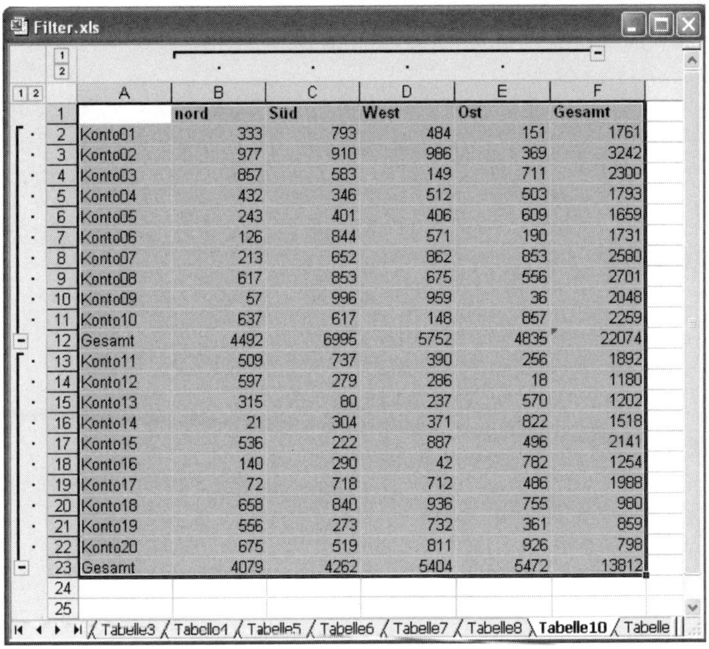

Abbildung 6.43: Eine Gruppierung einfügen

Möchten Sie die Gliederung nicht durch den Assistenten durchführen lassen, dann können Sie es auch selbst machen. Dabei soll eine Liste nach folgenden Gesichtspunkten gruppiert werden.

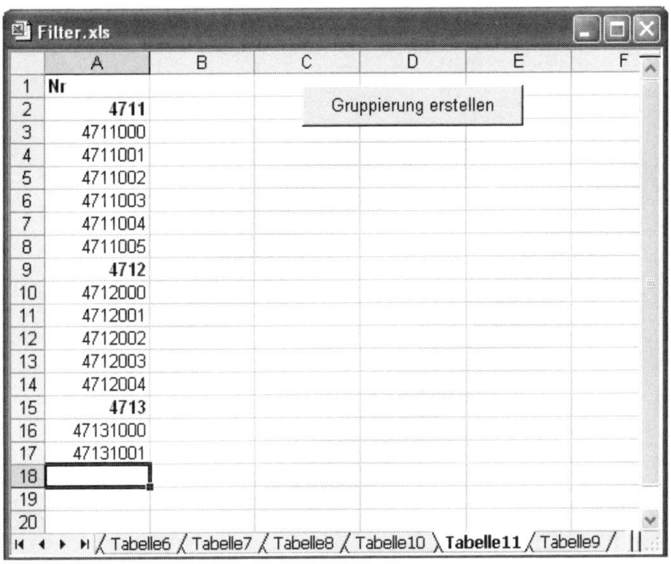

Abbildung 6.44: Diese Liste soll gruppiert werden

Es sollen jeweils die Zellen mit vier Zeichen (Fettdruck) gruppiert werden. Das dazu notwendige Makro lautet:

Listing 6.99: Eigene Gruppierung festlegen

```
Sub GruppierungErstellen()
Dim s_Beginn As String
Dim s_Ende As String

Sheets("Tabelle11").Activate
Range("A2").Select

Do Until ActiveCell.Value = ""
 ActiveCell.Offset(1, 0).Select
 s_Beginn = ActiveCell.Address
 Do Until Len(ActiveCell.Value) = 4 _
  Or ActiveCell.Value = ""
    ActiveCell.Offset(1, 0).Select
 Loop
s_Ende = ActiveCell.Offset(-1, 0).Address
Range(s_Beginn, s_Ende).Rows.Group
Range(s_Ende).Offset(1, 0).Select
Loop
End Sub
```

Bei der Gruppierung muss jeweils die erste Zelle sowie die letzte Zelle einer Gruppierung ermittelt und in einer Variablen gespeichert werden. Diese beiden Adressen übergeben Sie dann der Methode `Group`.

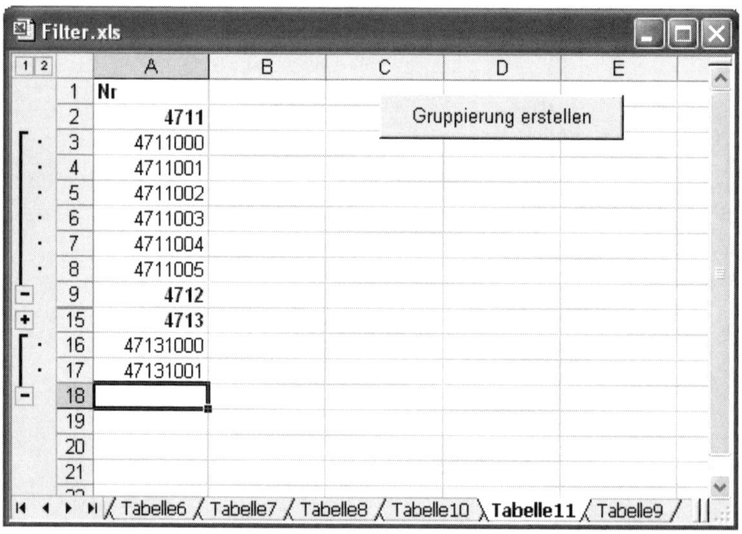

Abbildung 6.45: Die eigene Gruppierung wurde vorgenommen

Gliederung entfernen

Soll eine bestehende Gliederung aus einer Tabelle wieder entfernt werden, dann setzen Sie die Methode `ClearOutline` ein.

```
Sub GliederungEntfernen()
 Sheets("Tabelle10").UsedRange.ClearOutline
End Sub
```

Listing 6.100: Die Gruppierung aus einer Tabelle entfernen

Gruppierung anzeigen und ausblenden

Nachdem die Gliederung für eine Tabelle erstellt wurde, werden automatisch die Gliederungssymbole am linken Fensterrand angezeigt. Diese Gliederungssymbole kann man per Makro ein- und ausblenden.

```
Sub GruppierungAnzeigen()
ActiveWindow.DisplayOutline = True
End Sub
```

Listing 6.101: Die Gruppierungssymbole anzeigen

Setzen Sie die Eigenschaft `DisplayOutline` auf den Wert `True`, um die Gliederungssymbole anzuzeigen.

```
Sub GruppierungAusblenden()
ActiveWindow.DisplayOutline = False
End Sub
```

Listing 6.102: Die Gruppierungssymbole ausblenden

Sollen die Gliederungssymbole versteckt werden, dann setzen Sie die Eigenschaft `DisplayOutline` auf den Wert `False`.

Gliederungssymbole bedienen

Um eine Gliederung aufzuklappen, klicken Sie auf das Plus-Symbol am linken Rand des Fensters. Diesen Vorgang können Sie natürlich auch per Makro ausführen.

```
Sub GruppierungZusammenfahren()
 With Sheets("Tabelle10")
 .Outline.ShowLevels RowLevels:=1, columnLevels:=1
 End With
End Sub
```

Listing 6.103: Die Gruppierung zusammenklappen

Mithilfe der Methode `ShowLevels` zeigen Sie die angegebene Anzahl der Zeilen- und/oder Spaltenebenen einer Gliederung an. Beim Argument `RowLevels` wird angegeben, wie viele Zeilenebenen einer Gliederung angezeigt werden sollen. Enthält die Gliederung weniger Ebenen als angegeben, werden alle Ebenen angezeigt. Ist dieses Argument Null oder nicht angegeben, wird dieser Vorgang nicht für Zeilen durchgeführt.

Das Argument ColumnLevels gibt an, wie viele Spaltenebenen einer Gliederung angezeigt werden sollen. Enthält die Gliederung weniger Ebenen als angegeben, werden alle Ebenen angezeigt. Ist dieses Argument Null oder nicht angegeben, wird dieser Vorgang nicht für Spalten durchgeführt.

Abbildung 6.46: Eine Gruppierung einfügen

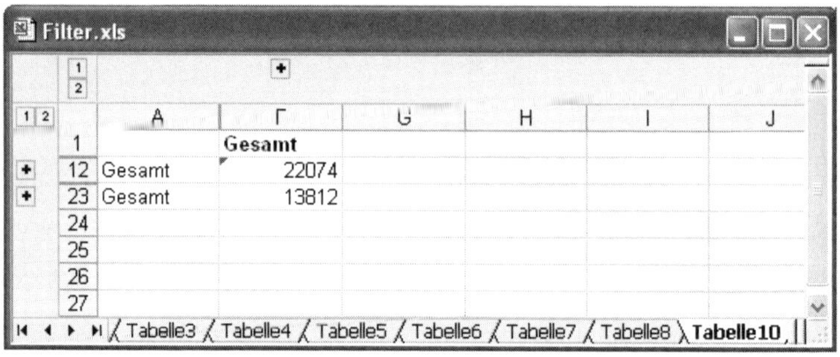

Listing 6.104: Die Gruppierung aufklappen

```
Sub GruppierungKomplettAnzeigen()
With Sheets("Tabelle10")
.Outline.ShowLevels RowLevels:=2, columnLevels:=2
End With
End Sub
```

7 Tabellenblätter programmieren

Das Objekt `Worksheet` symbolisiert das Tabellenblatt. Mit Tabellenblättern lässt sich eine Menge anstellen. Sie können Tabellenblätter einfügen, umbenennen, löschen, drucken, kopieren, verschieben und vieles mehr. Erfahren Sie mehr über den Einsatz von Eigenschaften und Methoden des Objekts `Worksheet` anhand ausgesuchter Beispiele aus der täglichen Praxis. Unter anderem werden folgende Fragen beantwortet:

Die Fragen

- Wie kann ich Tabellenblätter an der richtigen Position einfügen?
- Wie kann ich Tabellenblätter benutzerdefiniert benennen?
- Wie kann ich Tabellenblätter löschen?
- Wie kann ich Tabellenblätter verbergen bzw. schützen?
- Wie kann ich Kopf- und Fußzeilen einrichten?
- Wie kann ich Tabellenblätter drucken?
- Wie kann ich Tabellenblätter kopieren oder versenden?
- Wie kann ich Tabellenblätter sortieren?
- Wie kann ich Tabellenblätter konsolidieren?
- Welche sonstigen Aufgaben kann ich mit Tabellen erledigen?

CD

Die folgenden Makros finden Sie auf der CD-ROM im Verzeichnis KAP07 *in der Datei* TABELLEN.XLS.

7.1 Tabellenblätter einfügen

Standardmäßig bietet Excel Ihnen bei der Erstellung einer neuen Arbeitsmappe drei Tabellenblätter an. Wenn Sie weitere hinzufügen möchten, setzen Sie die Methode `Add` ein. Das neu eingefügte Tabellenblatt wird immer vor dem aktiven Tabellenblatt der Arbeitsmappe eingefügt.

Listing 7.1: Neues Tabellenblatt einfügen

```
Sub TabelleEinfügen()
 Worksheets.Add
End Sub
```

Um ein Tabellenblatt an einer bestimmten Position einzufügen, legen Sie auch die Position fest, an welcher Sie die neue Tabelle einfügen möchten. Dazu starten Sie das folgende Makro in Listing 7.2.

Listing 7.2: Neues Tabellenblatt als erstes Blatt in Mappe einfügen

```
Sub TabelleAnPositionEinfügen()
 Worksheets.Add Before:=ThisWorkbook.Worksheets(1)
End Sub
```

Im Listing 7.2 wurde die neue Tabelle zu Beginn der Arbeitsmappe, also als erste Tabelle, eingefügt. Das bisherige Tabellenblatt mit dem Index 1 wird dann eine Position nach rechts geschoben. Möchten Sie die neue Tabelle ganz am Ende, also ganz rechts, einfügen, setzen Sie folgendes Makro aus Listing 7.3 ein:

Listing 7.3: Neues Tabellenblatt am Ende der Arbeitsmappe einfügen

```
Sub TabelleAmEndeEinfügen()
 Worksheets.Add After:=Worksheets(Worksheets.Count)
End Sub
```

Um zu ermitteln, welches die gewünschte Einfügeposition des neuen Tabellenblatts ist, müssen Sie zuerst herausfinden, wie viele Tabellenblätter bereits in der Arbeitsmappe enthalten sind. Dabei hilft Ihnen die Eigenschaft `Count`. Sie liefert die Anzahl der Tabellenblätter. Danach brauchen Sie nur noch das Argument `After` anzugeben und das neue Tabellenblatt wird als letztes Tabellenblatt in der Arbeitsmappe eingefügt.

Tabellen -> Zelleninhalte

Vollautomatisch können Sie auch Tabellen einfügen, indem Sie die Namen der Tabellen aus Zelleninhalten bilden. Sehen Sie sich dazu einmal die nächste Abbildung an.

Abbildung 7.1: Neue Tabellen aus Zelleneinträgen erstellen

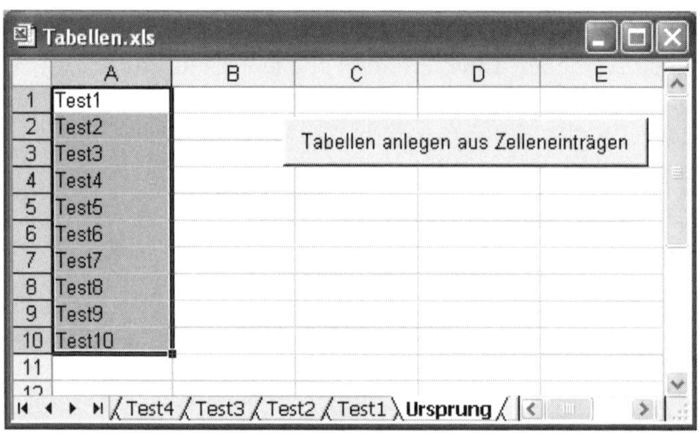

In der Ausgangstabelle sehen Sie die Einträge von Zelle A1 bis A10. Diese Einträge sollen die Namen für die neuen Tabellen darstellen. Das Makro für diese Aufgabe sehen Sie in Listing 7.4.

```
Sub TabellenAnlegenAusZellenEinträgen()
Dim Zelle As Range

Sheets("Ursprung").Activate
For Each Zelle In Selection
 WorkSheets.Add
 ActiveSheet.Name = Zelle.Value
Next Zelle
End Sub
```

Listing 7.4: Tabellen einfügen basierend aus Zelleneinträgen

Markieren Sie die Zellen A1 bis A10 und starten danach das Makro aus Listing 7.4. Mithilfe der Methode `Add` fügen Sie neue Tabellen ein. Über die Anweisung `ActiveSheet.Name` geben Sie den neuen Tabellen die Namen und verweisen dabei auf die jeweils markierte Zelle.

7.2 Tabellen markieren

Um eine einzige Tabelle zu markieren, können Sie den Befehl `Sheets("Tabelle2").Select` verwenden. Sollen es ein paar Tabellen mehr sein, dann wenden Sie das Makro aus Listing 7.5 an.

```
Sub MehrereTabellenMarkieren()
Sheets(Array("Tabelle1", "Tabelle2")).Select
End Sub
```

Listing 7.5: Mehrere Tabellen markieren

Mithilfe der Funktion `Array` können Sie ein Datenfeld bilden, in welchem Sie die Namen der Tabellen aufnehmen können, die Sie markieren möchten.

Soll diese Lösung ein wenig dynamischer ausfallen, dann markieren Sie in der nächsten Aufgabe einmal alle Tabellen einer Arbeitsmappe mit Ausnahme der ersten Tabelle. Wie das geht, entnehmen Sie dem Makro aus Listing 7.6.

```
Sub MehrereTabelleMarkieren()
Dim e As Long
Dim i As Integer
Dim TabArray() As Long

  i = ThisWorkbook.Worksheets.Count
  ReDim TabArray(1 To i - 1)
  For e = 2 To i
      TabArray(e - 1) = e
  Next e
  ThisWorkbook.Worksheets(TabArray).Select
End Sub
```

Listing 7.6: Mehrere Tabellen markieren (nur nicht die erste)

Ermitteln Sie im ersten Schritt einmal die Gesamtzahl der Tabellen, die sich in der aktiven Arbeitsmappe befinden. Danach definieren Sie mit der Anweisung ReDim ein Datenfeld in der Größe der Anzahl der Tabellen in der Arbeitsmappe. Von dieser ermittelten Größe subtrahieren Sie den Wert 1, da Sie die erste Tabelle nicht markieren möchten. In einer Schleife füllen Sie dann das Datenfeld. Am Ende der Schleife stehen dann die Namen aller Tabellen im Datenfeld. Markieren Sie anschließend alle im Datenfeld befindlichen Tabellen mit der Methode Select.

7.3 Tabellenblätter benennen

Excel vergibt beim Einfügen von Tabellennamen selbstständig Namen, die sich aus dem Ausdruck TABELLE und einer durchnummerierten Zahl zusammensetzen. Wenn Sie andere Namen verwenden möchten, können Sie dies jederzeit tun.

Tabelle nach Tagesdatum benennen

Im folgenden Beispiel soll der Tabelle TABELLE1 ein neuer Name gegeben werden. Das Tabellenblatt soll den Namen des aktuellen Tagesdatums bekommen.

Listing 7.7: Tabellenblatt umbenennen (aktuelles Tagesdatum als Name)

```
Sub TabellenNamenAusDatum()
On Error Resume Next
 Worksheets("Tabelle2").Name = Date
End Sub
```

Über die Eigenschaft Name wird dem Tabellenblatt als neuer Name das aktuelle Datum gegeben. Dieses können Sie ermitteln, indem Sie die Funktion Date aufrufen. Dabei holt Excel sich das aktuelle Tagesdatum aus der Systemsteuerung von Windows. Die On Error-Anweisung sorgt dafür, dass der Fehlerfall, z.B. dass dieses Tabellenblatt gar nicht existiert, abgefangen wird.

Tabelle nach formatiertem Datum benennen

Wenn Sie möchten, können Sie Datumsangaben noch formatieren, bevor Sie diese Angabe als Namen für Ihr Tabellenblatt verwenden.

Listing 7.8: Tabellenblatt umbenennen (formatiertes Datum als Name)

```
Sub TabelleNamenAusFormatiertemDatum()
 ActiveSheet.Name = Format(Now, "mmm dd")
End Sub
```

Mithilfe der Funktion `Format` können Sie beispielsweise Datumsformate ändern. Dabei wenden Sie diese Funktion auf die Funktion `Now` an, die sowohl das aktuelle Datum als auch die aktuelle Uhrzeit wiedergibt.

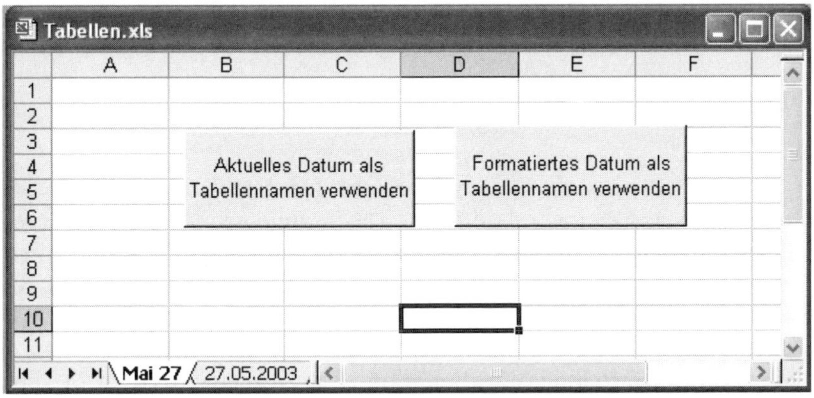

Abbildung 7.2: Datum als Tabellennamen verwenden

Bei der Formatierung des Datums haben Sie eine ganze Reihe von Möglichkeiten. Einige davon sehen Sie in Tabelle 7.1.

Tabelle 7.1: Datumsangaben formatieren

Datumsformat	Datumsanzeige
`Format(Now, "dd mmmm")`	27 Mai
`Format(Now, "dd. mmmm yy")`	27. Mai 03
`Format(Now, "dd. mmmm yyyy")`	27. Mai 2003
`Format(Now, "dd-mm-yyyy")`	27-05-2003
`Format(Now, "dddd")`	Dienstag
`Format(Now, "mmmm yyyy")`	Mai 2003

Tabelle nach Zelleninhalt benennen

Im nächsten Beispiel wird der Name des Tabellenblatts aus dem Inhalt der Zelle B1 gebildet.

Listing 7.9: Tabellenname aus Zelle beziehen

```
Sub TabellenNamenAusZelle()
 Worksheets(1).Name = Range("B1").Value
End Sub
```

Mit dem Befehl `Worksheet(1).Name` ist das erste Tabellenblatt in der Arbeitsmappe gemeint, also das am weitesten links stehende. Verwenden Sie hingegen den Befehl `Worksheets("Tabelle1").Name`, dann ist hier eindeutig die TABELLE1 gemeint, egal an welcher Position sie sich gerade befindet.

Tabelle nach Anwender und Tagesdatum benennen

Im folgenden Beispiel geben Sie dem ersten Tabellenblatt in der Arbeitsmappe den Namen des Anwenders, kombiniert mit dem aktuellen Tagesdatum.

Listing 7.10: Tabellennamen aus Anwendernamen und Tagesdatum bilden

```
Sub TabellenNamenAnwenderUndDatum()
 Worksheets(1).Name = Application.UserName & ", " & Date
End Sub
```

Im Listing 7.10 wird der Name des neuen Tabellenblatts aus den Informationen *Anwendername* und *aktuelles Tagesdatum* gebildet. Den Anwendernamen ermitteln Sie mithilfe der Eigenschaft `UserName`. Den so ermittelten Anwendernamen können Sie manuell herausfinden, wenn Sie im Menü EXTRAS den Befehl OPTIONEN wählen, danach auf die Registerkarte ALLGEMEIN wechseln und im Feld BENUTZERNAME nachsehen. Das aktuelle Tagesdatum liefert Ihnen die Funktion `Date`. Verkettet werden die beiden Informationen mit dem Verkettungsoperator `&`.

Tabelle einfügen und benennen kombinieren

Selbstverständlich können Sie das Einfügen von neuen Tabellenblättern und deren Benennung auch in einem Aufwasch erledigen:

Listing 7.11: Neue Tabelle einfügen und benennen in einem Schritt

```
Sub TabelleEinfügenUndBenennen()
 Worksheets.Add.Name = "Tabelle1"
End Sub
```

7.4 Tabellenblätter löschen

Wie Sie Tabellenblätter einfügen, wissen Sie jetzt. Aber wie werden Tabellenblätter gelöscht? Für das Löschen von Tabellenblättern setzen Sie die Methode `Delete` ein.

Listing 7.12: Ein bestimmtes Tabellenblatt löschen

```
Sub TabellenblattLöschen()
    On Error GoTo fehler
    Sheets("Tabelle1").Delete
    Exit Sub

fehler:
    MsgBox "es gibt keine Tabelle1 zum Löschen"
End Sub
```

Zu Beginn sorgt die Anweisung `On Error` dafür, dass bei einem Fehlerfall sofort zur Textmarke `fehler` gesprungen wird. Ein Fehler kann z.B. auftreten, wenn die Tabelle gar nicht in der Arbeitsmappe enthalten ist. Danach wird versucht, die Tabelle TABELLE1 zu löschen. Sollte der Vorgang erfolgreich sein, wird die nächste Zeile abgearbeitet, wenn nicht, wird zur Textmarke `fehler` gesprungen. Die Anweisung `Exit Sub` sorgt dafür, dass nach dem erfolgreichen Löschen des Tabellenblatts das Makro sofort beendet, also die Textmarke `fehler` nicht mehr abgearbeitet wird. Die Textmarke `fehler` leitet die Fehlerbehandlung ein. Sie wird nur ausgeführt, wenn z.B. versucht wurde, eine Tabelle zu löschen, die es gar nicht mehr gibt. Als Fehlerreaktion wird eine einfache Meldung am Bildschirm ausgegeben.

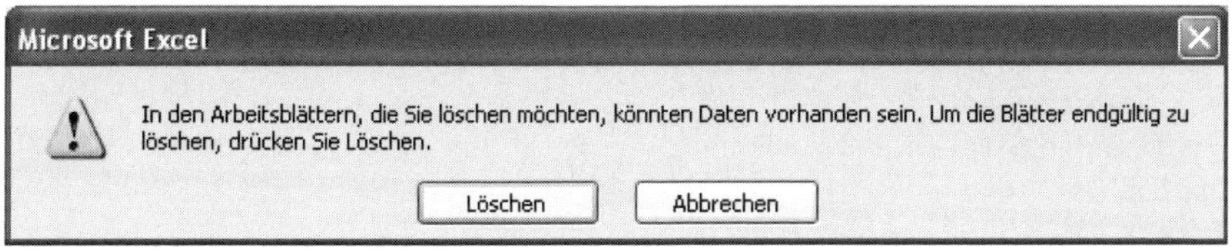

Abbildung 7.3: Vor dem Löschen des Tabellenblatts erfolgt eine Rückfrage

Tabelle löschen ohne Rückfrage

Möchten Sie die Bestätigungsmeldung beim Löschen von Tabellenblättern nicht angezeigt bekommen und das Tabellenblatt ohne Sicherheitsrückfrage löschen, verwenden Sie die Eigenschaft `DisplayAlerts`.

Listing 7.13: Tabelle ohne Sicherheitsrückfrage löschen

```
Sub TabelleLöschenOhneRückfrage()
 Application.DisplayAlerts = False
 Sheets(1).Delete
 Application.DisplayAlerts = True
End Sub
```

Setzen Sie die Eigenschaft `DisplayAlert` auf den Wert `False`, wenn Sie verhindern möchten, dass Excel ganz allgemein Warnungen und Meldungen anzeigt. Standardmäßig ist dieser Wert aber auf `True` gesetzt, was für dieses Beispiel bedeutet, dass Sie vor dem Löschen des Tabellenblatts noch einmal gefragt werden, ob Sie dieses wirklich löschen möchten. Vergessen Sie nicht, diese Eigenschaft am Ende des Makros wieder auf den Wert `True` zu setzen, da sonst zukünftig überhaupt keine Meldungen in Excel mehr angezeigt werden.

Alle Tabellen löschen, nur die aktive Tabelle nicht

Wenn Sie Daten weitergeben möchten und dabei aber nur ein Tabellenblatt in der Arbeitsmappe von Interesse ist, dann dünnen Sie die Arbeitsmappen aus und entfernen Sie bis auf die momentan aktivierte Tabelle alle anderen Tabellenblätter. Im Anschluss daran rufen Sie den SPEICHERN UNTER-Dialog auf und setzen als Namen der Arbeitsmappe den Namen des Tabellenblatts ein. Starten Sie das folgende Makro aus Listing 7.14.

Listing 7.14: Alle Tabellenblätter einer Mappe bis auf das aktive Blatt löschen

```
Sub AlleTabellenLöschenBisAufEines()
Dim Blatt As Worksheet

Application.DisplayAlerts = False
Workbooks.Add
For Each Blatt In Sheets
If Blatt.Name <> ActiveSheet.Name Then
 Blatt.Delete
End If
Next Blatt
 ChDir ("C:\")
 Application.Dialogs(xlDialogSaveAs).Show _
 ActiveSheet.Name
 Application.DisplayAlerts = True
End Sub
```

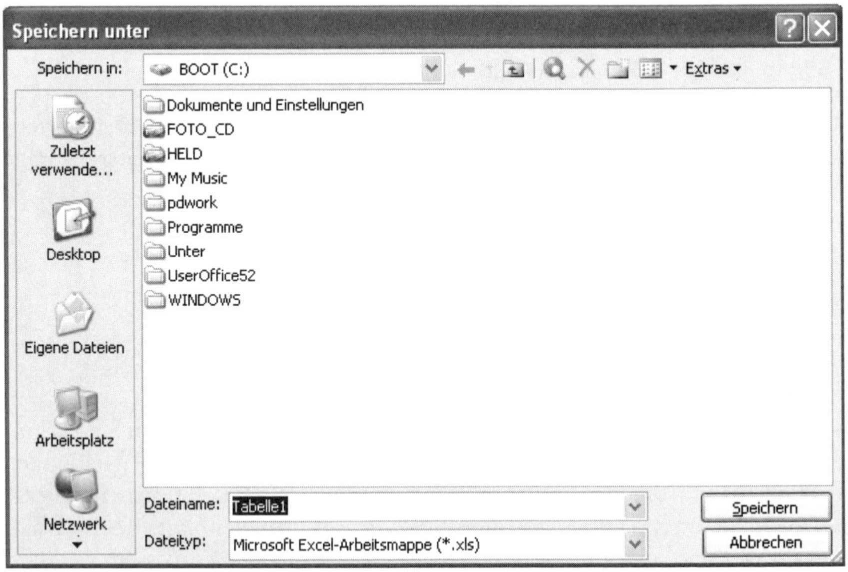

Abbildung 7.4: Tabelle als neue Arbeitsmappe speichern

Fügen Sie zuerst eine neue Arbeitsmappe ein, indem Sie den Befehl `Workbooks.Add` einsetzen, um nicht alle Beispieltabellen aus der Arbeitsmappe TABELLE.XLS zu entfernen. Definieren Sie danach eine Objektvariable vom Typ `Worksheet`. Danach greifen Sie in einer `For Each`-Schleife auf das Auflistungsobjekt `Sheets` zu, das alle Blätter der aktiven Arbeitsmappe enthält. Innerhalb der Schleife vergleichen Sie den Namen des aktiven Tabellenblatts mit dem jeweiligen Tabellenblatt aus dem Auslistungsobjekt. Mit der Methode `Delete` löschen Sie alle Tabellenblätter aus der Arbeitsmappe, mit Ausnahme des aktiven Tabellenblatts. Anschließend wechseln Sie mit der Anweisung `ChDir` in das Verzeichnis `C:\` und rufen den integrierten SPEICHERN UNTER-Dialog über die `Dialogs`-Auflistung auf.

Möchten Sie auf ein anderes Laufwerk wechseln, verwenden Sie die Anweisung ChDrive.

:-) TIPP

Alle leeren Tabellen in Arbeitsmappe löschen

Viele Arbeitsmappen enthalten unnötigen Ballast in Form von leeren Tabellenblättern. Das folgende Makro durchsucht die aktive Arbeitsmappe nach leeren Tabellenblättern und löscht diese.

Listing 7.15: Alle leeren Tabellenblätter einer Arbeitsmappe werden gelöscht

```
Sub AlleLeerenTabellenLöschen()
Dim i As Integer

 Application.DisplayAlerts = False
 On Error Resume Next
 For i = ActiveWorkbook.Sheets.Count to 1 Step -1
  Sheets(i).Activate
  If ActiveCell.SpecialCells(xlLastCell).Address _
   ="$A$1" Then Sheets(i).Delete
 Next i
 Application.DisplayAlerts = True
End Sub
```

Über die Eigenschaft Count, die Sie auf das Auflistungsobjekt Sheets anwenden, können Sie die Anzahl der Tabellenblätter ermitteln, die sich in der Arbeitsmappe befinden. Abhängig von der ermittelten Anzahl bauen Sie Ihre For Next-Schleife auf. Innerhalb der Schleife aktivieren Sie das Tabellenblatt und prüfen, ob die Methode SpecialCells mit der Konstanten xlLastCell die Zellenadresse A1 zurückgibt. In diesem Fall können Sie davon ausgehen, dass auf dem Tabellenblatt keine Daten eingegeben sind. Löschen Sie diese Tabellen mithilfe der Methode Delete.

7.5 Tabellenblätter aktivieren

Wie funktioniert der Wechsel auf ein anderes Tabellenblatt eigentlich? Um ein Tabellenblatt zu aktivieren, setzen Sie die Methode Activate ein. Dabei können Sie ganz gezielt auf ein ganz bestimmtes Tabellenblatt zugreifen oder allgemein eine Tabelle nach vorn oder nach hinten springen.

Listing 7.16: Das nächste Tabellenblatt aktivieren

```
Sub VorherigesBlattAktivieren()
 On Error Resume Next
 ActiveSheet.Previous.Activate
End Sub
```

Die On Error-Anweisung kommt dann zum Tragen, wenn Sie bereits das erste Tabellenblatt in der Arbeitsmappe aktiviert haben und ein weiteres Blättern nach links nicht mehr möglich ist. Dieser Fall muss abgefangen werden, da Sie ansonsten eine Fehlermeldung erhalten.

Listing 7.17: Das vorherige Tabellenblatt aktivieren

```
Sub NächstesBlattAktivieren()
 On Error Resume Next
 ActiveSheet.Next.Activate
End Sub
```

Analog zum vorherigen Beispiel können Sie ebenso in Ihrer Arbeitsmappe nach rechts blättern. Dazu setzen Sie die Eigenschaft `Next` ein.

7.6 Tabellenblätter gruppieren

In Excel haben Sie die Möglichkeit, Ihre Arbeit an einem Tabellenblatt automatisch auch für andere Tabellenblätter gültig zu machen. Dazu gruppieren Sie die einzelnen Tabellenblätter. Manuell klappt das, indem Sie die [Strg]-Taste gedrückt halten und die einzelnen Tabellenregister mit der linken Maustaste anklicken. Das Ergebnis dieser Aktion erreichen Sie selbstverständlich auch mit VBA.

Mehrere Tabellen gruppieren

Listing 7.18: Mehrere Tabellenblätter gruppieren

```
Sub MehrereTabellenblätterMarkieren()
On Error Resume Next
Sheets(Array("Tabelle2", "Tabelle3", "Tabelle5")).Select
End Sub
```

Die Funktion `Array` ermöglicht es Ihnen, eine durch Kommas getrennte Liste von Werten (hier Tabellennamen) anzugeben. Wichtig ist auch hier wieder die `On Error`-Anweisung, um eine Fehlermeldung zu vermeiden, falls eines der Tabellenblätter nicht vorhanden ist.

Abbildung 7.5: Gruppierung von mehreren Tabellenblättern

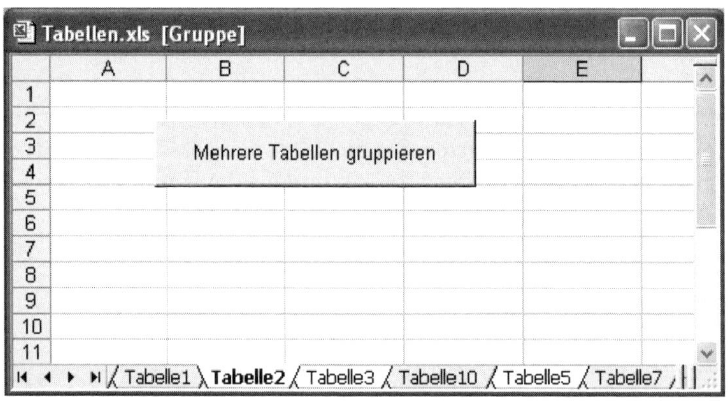

Alle Tabellen gruppieren

Möchten Sie alle Tabellenblätter einer Arbeitsmappe gruppieren, können Sie die Tabellenblätter in einen Array einlesen und anschließend gruppieren. Dazu wenden Sie das Makro aus Listing 7.19 an.

Listing 7.19: Alle Tabellenblätter einer Arbeitsmappe gruppieren

```
Sub MarkierenAlleTabellen()
Dim l As Long
Dim lTab As Long
Dim TabArray() As Long

    lTab = ThisWorkbook.Worksheets.Count
    ReDim TabArray(1 To lTab)
    On Error Resume Next
    For l = 1 To lTab
        TabArray(l) = l
    Next l
    ThisWorkbook.Worksheets(TabArray).Select
End Sub
```

Ermitteln Sie mit der Eigenschaft `Count` die Anzahl der Tabellenblätter, die in der Arbeitsmappe enthalten sind. Mit der Anweisung `ReDim` reservieren Sie Speicherplatz für die dynamische Datenfeldvariable `TabArray`. Danach füllen Sie den Array mithilfe einer `For Next`-Schleife. Im Anschluss daran werden alle Tabellenblätter der Arbeitsmappe gruppiert.

Gruppierte Tabellen übertragen

Im nächsten Beispiel werden alle gruppierten Tabellen in eine neue Arbeitsmappe eingefügt.

Listing 7.20: Gruppierte Tabellen in neue Arbeitsmappe überführen

```
Sub GruppierteTabellenInNeueMappeTransferieren()
Dim Blatt As Worksheet

    For Each Blatt In ActiveWindow.SelectedSheets
        Blatt.Copy
    Next
End Sub
```

Setzen Sie die Eigenschaft `SelectedSheets` ein, um alle markierten Tabellenblätter zu ermitteln. Kopieren Sie alle Tabellen mithilfe der Methode `Copy`.

Gruppierte Tabellen ermitteln

Möchten Sie herausfinden, welche Tabellen in Ihrer Arbeitsmappe gruppiert sind, dann starten Sie das folgende Makro:

Listing 7.21: Gruppierte Tabellen ermitteln

```
Sub GruppierteBlätterErmitteln()
Dim Blatt As Worksheet

For Each Blatt In _
 ActiveWorkbook.Windows(1).SelectedSheets
    MsgBox Blatt.Name
Next
End Sub
```

Mithilfe der Eigenschaft `Name` ermitteln Sie die Namen der gruppierten Tabellen. Gruppierte Tabellen können über die Eigenschaft `SelectedSheets` abgefragt werden.

7.7 Tabellenblätter schützen

Haben Sie wichtige Daten auf Ihrem Tabellenblatt erfasst und möchten diese vor Veränderungen durch andere schützen, können Sie Ihre Tabelle mit einem Passwort belegen.

Listing 7.22: Tabellen schützen

```
Sub BlattschutzEinschalten()
 ActiveSheet.Protect Password:="test", _
 DrawingObjects:=True, Contents:=True, Scenarios:=True
End Sub
```

Die Syntax

Es lohnt sich, die Syntax der Methode `Protect` einmal näher zu betrachten:

```
ActiveSheet.Protect _
(Password, DrawingObjects, Contents, _
 Scenarios, UserInterfaceOnly)
```

Die Argumente der Methode Protect

Im Argument `Passwort` geben Sie eine Zeichenfolge an, die das groß-/kleinschreibungsabhängige Kennwort für das Blatt oder die Arbeitsmappe festlegt. Wenn Sie dieses Argument weglassen, kann der Schutz des Blatts oder der Arbeitsmappe ohne Angabe eines Kennworts aufgehoben werden. Weisen Sie dagegen ein Kennwort zu, muss das Kennwort angegeben werden, um den Schutz des Blatts oder der Arbeitsmappe aufzuheben.

Mit dem Argument `DrawingObjects` bestimmen Sie, ob Sie zusätzlich zu Ihren Zellen auch noch Formen, wie z.B. Blockpfeile, Sterne oder Banner, schützen möchten. Diese Formen werden standardmäßig jedoch nicht geschützt. Wenn Sie Formen schützen möchten, setzen Sie das Argument auf den Wert `True`.

Bei dem Argument `Contents`, welches standardmäßig auf `True` gesetzt ist, werden die Zellen eines Tabellenblatts geschützt.

Das Argument Scenarios gilt nur für Arbeitsblätter und bedeutet, dass bestimmte Ansichten und Einstellungen, wie z.B. der eingestellte Zoom, geschützt werden. Die Standardeinstellung ist dabei ebenfalls True.

Das letzte Argument UserInterFaceOnly nimmt den Wert True an. Damit wird die Benutzeroberfläche, jedoch keine Makros, geschützt. Ohne Angabe dieses Arguments gilt der Schutz für Makros und die Benutzeroberfläche.

Tabellenschutz aufheben

Zum Deaktivieren des Tabellenschutzes reicht es, wenn Sie bei der Methode Unprotect das Passwort angeben. Sollten Sie Ihr Tabellenblatt ohne Passwort geschützt haben, reicht allein der Befehl ActiveSheet.Unprotect.

Listing 7.23: Tabellenschutz aufheben

```
Sub BlattschutzAusschalten()
    ActiveSheet.Unprotect ("test")
 End Sub
```

Alle Tabellen einer Arbeitsmappe schützen

Wenn Sie alle Tabellenblätter einer Arbeitsmappe schützen und dabei dasselbe Passwort verwenden möchten, können Sie folgendes Makro aus Listing 7.24 nutzen.

Listing 7.24: Alle Tabellenblätter einer Arbeitsmappe schützen

```
Sub PasswortFürAlleBlätterEinstellen()
Dim Tabz As Integer
Dim i As Integer

 Tabz = ActiveWorkbook.Worksheets.Count
 For i = 1 To Tabz
  Sheets(i).Protect DrawingObjects:=True, _
  Contents:=True, _
  Scenarios:=True, password:="test"
 Next i
End Sub
```

Um den Blattschutz für alle Tabellenblätter in der Mappe wieder aufzuheben, starten Sie das Makro aus Listing 7.25.

Listing 7.25: Blattschutz auf allen Tabellenblättern der Mappe entfernen

```
Sub PasswortAlleBlätterEntfernen()
Dim Tabz As Integer
Dim i As Integer

    Tabz = ActiveWorkbook.Worksheets.Count
    For i = 1 To Tabz
      Sheets(i).Unprotect ("test")
    Next i
End Sub
```

Aufgaben trotz Blattschutzes ausführen

Ist der Blattschutz für eine Tabelle einmal eingestellt, können bestimmte Aktionen in den Versionen Excel 97 bis Excel 2000, wie beispielsweise Löschen und Formatieren von Daten, nicht mehr durchgeführt werden. Müssen Sie trotzdem Änderungen auf geschützten Tabellenblättern ausführen, dann entfernen Sie den Blattschutz temporär, führen die Aufgabe durch und setzen den Blattschutz wieder ein. Im folgenden Beispiel wird eine Rechtschreibprüfung auf einem geschützten Tabellenblatt durchgeführt.

Listing 7.26: Rechtschreibprüfung auf geschützten Tabellen ausführen

```
Sub RechtschreibprüfungAuchBeiBlattschutz()
 ActiveSheet.Unprotect
 Cells.CheckSpelling CustomDictionary:="BENUTZER.DIC", _
 IgnoreUppercase:=False, AlwaysSuggest:=True
 ActiveSheet.Protect DrawingObjects:=True, _
 Contents:=True, Scenarios:=True
End Sub
```

Entfernen Sie im ersten Schritt den Blattschutz der aktiven Tabelle. Danach wenden Sie die Methode `CheckSpelling` an, die für alle Zellen des Tabellenblatts ausgeführt wird. Zuletzt stellen Sie den Blattschutz wieder ein.

Die Syntax

Die Methode `CheckSpelling` hat die Syntax:

```
Ausdruck.CheckSpelling(CustomDictionary, _ IgnoreUppercase, AlwaysSuggest,
SpellLang)
```

Die Argumente der Methode CheckSpelling

Das Argument `CustomDictionary` vom Datentyp `Variant` ist optional und repräsentiert eine Zeichenfolge, die den Dateinamen des Benutzerwörterbuches angibt, in dem ein Wort gesucht werden soll, das nicht im Standardwörterbuch zu finden ist. Wird das Argument nicht angegeben, wird das momentan angegebene Wörterbuch verwendet.

Das Argument `IgnoreUppercase` vom Datentyp `Variant` ist ebenfalls optional. Wird der Wert auf `True` gesetzt, ignoriert Excel alle Wörter in Großbuchstaben. Wird der Wert `False` gesetzt, prüft Excel auch Wörter, die in Großbuchstaben geschrieben sind.

Das Argument `AlwaysSuggest` vom Datentyp `Variant` ist optional. Wird der Wert auf `True` gesetzt, zeigt Excel eine Liste mit alternativen Schreibweisen an, wenn ein falsch geschriebenes Wort gefunden wird. Wird der Wert auf `False` gesetzt, wartet Excel auf die Eingabe des richtig geschriebenen Worts.

Das Argument `SpellLang` gibt die Sprache des verwendeten Wörterbuches an.

Weitere Schutzfunktionen ab Excel 2002

Eine sehr gute Verbesserung gegenüber den Vorversionen von Excel werden Sie auch beim Schützen Ihrer Tabellen ab der Version Excel 2002 erkennen. Sie haben jetzt die Möglichkeit, zwar einen Blattschutz einzustellen, aber einzelne Aktionen trotz eingestellten Blattschutzes durchzuführen. So können Sie zum Beispiel festlegen, dass ein Anwender in einer geschützten Tabelle die Filter verwenden sowie Formatierungen durchführen und Zeilen und Spalten einfügen darf. Diese und weitere Möglichkeiten sehen Sie, wenn Sie aus dem Menü EXTRAS den Befehl BLATT SCHÜTZEN wählen.

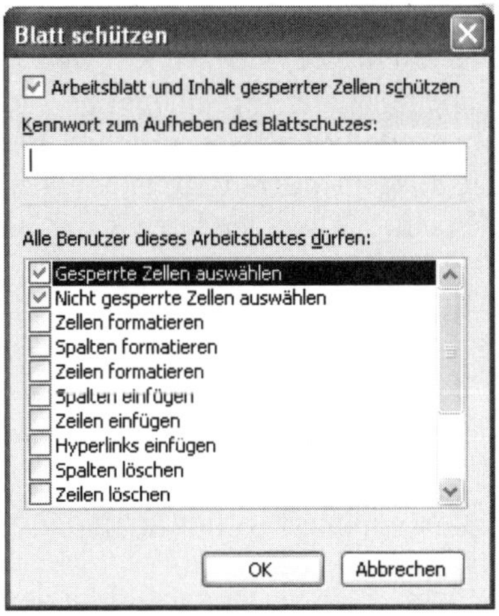

Abbildung 7.6: Erweiterte Schutzmöglichkeiten unter Excel 2002

Diese manuellen Einstellungen können Sie aber auch über ein Makro durchführen. Das folgende Makro lässt in einer geschützten Tabelle alle in der Abbildung aktivierten Optionen zu.

Listing 7.27: Tabelle schützen (ab Excel 2002)

```
Sub TabelleSchützen()
 Sheets("Tabelle2").Activate
 ActiveSheet.Protect _
 DrawingObjects:=True, _
 Contents:=True, Scenarios:=True, _
 AllowFormattingCells:=True, _
 AllowFormattingColumns:=True, _
 AllowFormattingRows:=True, _
 AllowInsertingColumns:=True, _
 AllowInsertingRows:=True, _
 AllowInsertingHyperlinks:=True, _
 AllowDeletingColumns:=True, _
 AllowDeletingRows:=True, _
 AllowSorting:=True, _
 AllowFiltering:=True, _
 AllowUsingPivotTables:=True
End Sub
```

7.8 Tabellenblätter ein- und ausblenden

Wenn Sie bestimmte Tabellenblätter nicht mit einem Passwort schützen, jedoch trotzdem einen gewissen Schutz Ihrer Daten erreichen möchten, können Sie Tabellenblätter auch ausblenden. Das Ein- und Ausblenden von Tabellenblättern erzielen Sie mit der Eigenschaft `Visible`.

Listing 7.28: Tabellenblatt ausblenden

```
Sub TabelleAusblenden()
On Error Resume Next
Sheets("Tabelle1").Visible = False
End Sub
```

Nachdem Sie das Makro `TabelleAusblenden` ausgeführt haben, wird die Tabelle in der Arbeitsmappe nicht mehr angezeigt. Der Anwender kann aber jederzeit über den Befehl BLATT/EINBLENDEN aus dem Menü FORMAT die ausgeblendeten Tabellenblätter wieder verfügbar machen. Das Einblenden eines ausgeblendeten Tabellenblatts funktioniert in VBA wie folgt:

Listing 7.29: Tabellenblatt wieder einblenden

```
Sub TabelleEinblenden()
On Error Resume Next
Sheets("Tabelle1").Visible = True
End Sub
```

Tabellenblätter sicher ausblenden

Möchten Sie verhindern, dass der Anwender Ihre ausgeblendeten Tabellenblätter über die Benutzeroberfläche wieder einblenden kann, müssen Sie bei der Eigenschaft `Visible` die Konstante `xlVeryHidden` verwenden.

Listing 7.30: Tabelle ausblenden (sichere Methode)

```
Sub TabelleSicherAusblenden()
On Error Resume Next
Sheets("Tabelle1").Visible = xlVeryHidden
End Sub
```

In diesem Fall können Sie Ihre ausgeblendete Tabelle nur mit einem Makro wieder verfügbar machen. Dazu setzen Sie das Makro aus Listing 7.29 ein.

Tabellen je nach Status ein- oder ausblenden

In einer Arbeitsmappe sollen alle eingeblendeten Tabellenblätter ausgeblendet bzw. alle ausgeblendeten Tabellenblätter eingeblendet werden. Das Makro für diese Aufgabe können Sie in Listing 7.31 sehen.

Listing 7.31: Tabellenblätter je nach Status ein- bzw. ausblenden

```
Sub TabellenJeNachStatusEinAusblenden()
Dim Blatt As Worksheet
On Error resume next
```

```
For Each Blatt In ActiveWorkbook.Worksheets
  Select Case Blatt.Visible
   Case xlSheetHidden: Blatt.Visible = xlSheetVisible
   Case xlSheetVisible: Blatt.Visible = xlSheetHidden
  End Select
Next Blatt
End Sub
```

In einer `For Each Next`-Schleife überprüfen Sie mithilfe einer `Select Case`-Anweisung, wie der Status der Eigenschaft `Visible` für das jeweilige Tabellenblatt ist. Je nach Status wird der Eigenschaft dann entweder die Konstante `xlSheetVisible` oder `xlSheetHidden` zugewiesen.

!! STOP

Achten Sie darauf, dass Sie die Anweisung `On Error` *in das Makro integrieren. In einer Arbeitsmappe muss immer wenigstens eine Tabelle sichtbar bleiben. Versucht nun das Makro, das letzte Tabellenblatt auszublenden, kommt es zum Fehlerfall, den Sie aber mit dieser Anweisung abfangen können.*

Alle versteckten Tabellen anzeigen

Ausgeblendete Tabellenblätter werden oft vergessen. Diese versteckten Tabellenblätter schlummern dann jahrelang in Arbeitsmappen. Eines Tages erfahren Sie mehr durch Zufall, dass es in der Arbeitsmappe versteckte Tabellenblätter gibt. Der Zufall könnte beispielsweise daraus bestehen, dass Sie aus dem Menü DATEI den Befehl DRUCKEN wählen und im DRUCKEN-Dialog die Option GESAMTE ARBEITSMAPPE wählen. Diese Option druckt sowohl die sichtbaren als auch die ausgeblendeten Tabellenblätter einer Arbeitsmappe.

Schreiben Sie daher ein Makro, das in der aktiven Arbeitsmappe alle ausgeblendeten Tabellenblätter wieder sichtbar macht.

Listing 7.32: Alle versteckten Tabellenblätter einblenden

```
Sub EinblendenVersteckteBlätter()
Dim Blatt As Worksheet

 For Each Blatt In Activeworkbook.WorkSheets
  Blatt.Visible = True
 Next Blatt
End Sub
```

In einer `For Each Next`-Schleife setzen Sie die Eigenschaft `Visible` aller Tabellenblätter auf den Wert `True`.

Alle Tabellen außer der aktiven Tabelle ausblenden

Wenn Sie möchten, können Sie alle Tabellenblätter einer Arbeitsmappe mit Ausnahme des aktiven Tabellenblatts ausblenden, indem Sie folgendes Makro aus Listing 7.33 starten.

Listing 7.33: Alle Tabellen außer der aktiven Tabelle werden ausgeblendet

```
Sub NurAktivesBlattSichtbar()
Dim Blatt As Worksheet

 For Each Blatt In Activeworkbook.Sheets
  If Blatt.Name <> ActiveSheet.Name Then
     Blatt.Visible = False
  End If
 Next Blatt
End Sub
```

Definieren Sie zuerst eine Objektvariable vom Typ `Worksheet`. Danach greifen Sie in einer `For Each Next`-Schleife auf das Auflistungsobjekt `Sheets` zu, das alle Tabellenblätter der aktiven Arbeitsmappe enthält. Innerhalb der Schleife vergleichen Sie den Namen des aktiven Tabellenblatts mit dem jeweiligen. Tabellenblatt aus dem Auflistungsobjekt. Mit der Eigenschaft `Visible`, die Sie auf den Wert `False` setzen, blenden Sie alle Tabellenblätter aus der Arbeitsmappe mit Ausnahme des aktiven Tabellenblatts aus.

7.9 Kopf- und Fußzeilen einrichten

Standardmäßig werden in Excel 2000-2003 keine Kopf- und Fußzeilen ausgedruckt. Um diese müssen Sie sich selbst kümmern. Dazu verwenden Sie das Objekt `PageSetup`, welches Sie für das Tabellenblatt anwenden können.

Fußzeile mit Anwendernamen

So fügen Sie beispielsweise den Namen des Anwenders, den genauen Speicherpfad, das heutige Datum oder auch andere Angaben aus den Dokumenteigenschaften als Kopf- oder Fußzeile ein.

Listing 7.34: Fußzeile mit Benutzername generieren

```
Sub BenutzerNameInFußzeile()
  ActiveSheet.PageSetup.RightFooter = _
  Application.UserName
End Sub
```

Fußzeile mit Pfad

Wenn Sie eine Fußzeile mit dem Namen der Arbeitsmappe definieren, können Sie leider aus dieser Angabe nicht ersehen, wo diese Arbeitsmappe gespeichert ist. Daher erstellen Sie ein Makro, welches Ihnen eine Fußzeile mit dem Namen des kompletten Pfads der Datei ausgibt.

```
Sub FußzeileMitPfad()
  ActiveSheet.PageSetup.LeftFooter = _
  ActiveWorkbook.Path & "\" & ActiveWorkbook.Name
End Sub
```

Listing 7.35: Fußzeile mit kompletter Pfadangabe der Datei erstellen

Kopfzeile mit Datums- und Zeitangabe

Im nächsten Beispiel stellen Sie ein vierstelliges Datum in die Kopfzeile sowie die aktuelle Uhrzeit in die Fußzeile.

```
Sub KopfzeileMit4-stelligemDatum()
    With ActiveSheet.PageSetup
        .LeftHeader = ""
        .CenterHeader = Format(Date, "dd.mm.yyyy")
        .RightHeader = ""
        .LeftFooter = ""
        .CenterFooter = Time
        .RightFooter = ""
    End With
    ActiveWindow.SelectedSheets.PrintPreview
End Sub
```

Listing 7.36: Kopf- und Fußzeilen mit Datums- und Zeitangaben bestücken

Mit der Anweisung `With` können Sie eine Reihe von Anweisungen für ein bestimmtes Objekt ausführen, ohne den Namen des Objekts mehrmals angeben zu müssen. Dadurch können Sie sich eine Menge Schreibarbeit sparen und das Ganze sieht auch noch übersichtlicher aus. Um das Datum in eine bestimmte Form zu bringen, setzen Sie die Funktion `Format` ein. Möglich wäre auch die Anweisung

```
CenterHeader = Format(Date, "Long Date"),
```

was zur Folge hätte, dass das Datum ausgeschrieben wird (z.B. Montag, 10. April 2000).

Mit der Methode `PrintPreview` zeigen Sie direkt nach dem Festlegen der Kopf- und Fußzeilen das Ergebnis, so wie es in der Seitenansicht aussieht.

Fußzeile mit Dokumenteigenschaften füllen

Im nächsten Beispiel greifen Sie auf die Dokumenteigenschaften Ihrer Excel-Arbeitsmappe zurück. Die Dokumenteigenschaften finden Sie, wenn Sie in der Tabelle aus dem Menü DATEI den Befehl EIGENSCHAFTEN wählen und danach auf die Registerkarte ZUSAMMENFASSUNG wechseln.

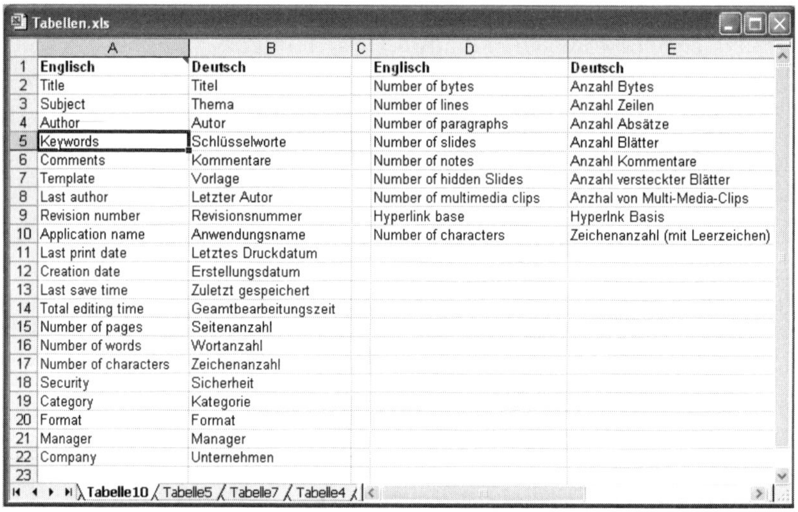

	A	B	C	D	E
1	**Englisch**	**Deutsch**		**Englisch**	**Deutsch**
2	Title	Titel		Number of bytes	Anzahl Bytes
3	Subject	Thema		Number of lines	Anzahl Zeilen
4	Author	Autor		Number of paragraphs	Anzahl Absätze
5	Keywords	Schlüsselworte		Number of slides	Anzahl Blätter
6	Comments	Kommentare		Number of notes	Anzahl Kommentare
7	Template	Vorlage		Number of hidden Slides	Anzahl versteckter Blätter
8	Last author	Letzter Autor		Number of multimedia clips	Anzhal von Multi-Media-Clips
9	Revision number	Revisionsnummer		Hyperlink base	Hyperlnk Basis
10	Application name	Anwendungsname		Number of characters	Zeichenanzahl (mit Leerzeichen)
11	Last print date	Letztes Druckdatum			
12	Creation date	Erstellungsdatum			
13	Last save time	Zuletzt gespeichert			
14	Total editing time	Geamtbearbeitungszeit			
15	Number of pages	Seitenanzahl			
16	Number of words	Wortanzahl			
17	Number of characters	Zeichenanzahl			
18	Security	Sicherheit			
19	Category	Kategorie			
20	Format	Format			
21	Manager	Manager			
22	Company	Unternehmen			
23					

Abbildung 7.7: Die Gegenüberstellung Dokumenteigenschaften (Englisch-Deutsch)

Listing 7.37: Fußzeile mit Dokumenteigenschaften füllen

```
Sub DateieigenschaftInFusszeile()
With ActiveSheet.PageSetup
.LeftFooter = _
 ActiveSheet.Parent.BuiltinDocumentProperties("Company")
 .RightFooter = _
  ActiveSheet.Parent.BuiltinDocumentProperties("Author")
End With
ActiveWindow.SelectedSheets.PrintPreview
End Sub
```

Da Sie die Dokumenteigenschaften auf Englisch ansprechen müssen und in der Online-Hilfe lediglich die deutschen Begriffe aufgeführt werden, orientieren Sie sich an der Abbildung 7.7.

Kopfzeile mit Logo einrichten

NEU

Sie können ab der Excel-Version 2002 Grafiken standardmäßig in der Kopf- und Fußzeile integrieren.

Um beispielsweise eine Grafik in die Kopfzeile der aktiven Tabelle zu transportieren, verwenden Sie den folgenden Code.

Listing 7.38: Kopfzeile mit Logo ausstatten (Tabelle)

```
Sub GrafikInKopfzeileEinfügen()
Sheets("Tabelle11").Activate
With ActiveSheet.PageSetup
 .RightHeaderPicture.Filename = _
  "C:\AlexHeld.gif"
 .RightHeader = "&G"
End With
End Sub
```

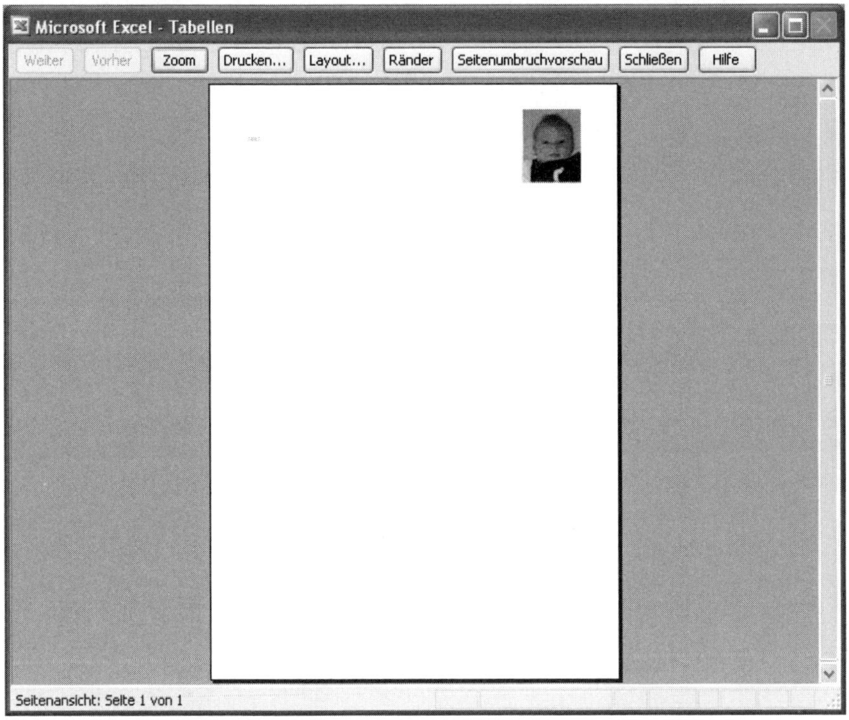

Abbildung 7.8: Logo in Kopfzeile der aktiven Tabelle einfügen

Über die Eigenschaft `LeftHeaderPicture` weisen Sie der linken Kopfzeile Ihrer Tabelle die angegebene Grafik hinzu. Neben dieser Eigenschaft gibt es fünf weitere Eigenschaften, die Sie in der folgenden Tabelle entdecken können:

Tabelle 7.2: Die Positionen in den Kopf- und Fußzeilen bestimmen

Eigenschaft	Beschreibung
`RightHeaderPicture`	Bild in der rechten Kopfzeile
`CenterHeaderPicture`	Bild in der Mitte der Kopfzeile
`LeftFooterPicture`	Bild in der linken Fußzeile
`CenterFooterPicture`	Bild in der Mitte der Fußzeile
`RightFooterPicture`	Bild in der rechten Fußzeile

Mithilfe der Eigenschaft `FileName` geben Sie bekannt, wo die Grafik zu finden ist und wie diese heißt. Mit der Eigenschaft `LeftHeader` definieren Sie, was Sie konkret in der Kopfzeile machen möchten. Dazu weisen Sie dieser Eigenschaft einen Formatcode zu. Entnehmen Sie der folgenden Tabelle die dabei möglichen Formatcodes und deren Bedeutung.

Tabelle 7.3: Die Formatcodes für die Kopf- und Fußzeile

Formatcode	Beschreibung
`&L`	Richtet nachfolgende Zeichen links aus
`&C`	Zentriert das nachfolgende Zeichen
`&R`	Richtet nachfolgende Zeichen rechts aus
`&E`	Schaltet doppelt Unterstreichen ein oder aus
`&X`	Schaltet Hochstellen ein oder aus
`&Y`	Schaltet Tiefstellen ein oder aus
`&B`	Schaltet Fettdruck ein oder aus
`&I`	Schaltet Kursivdruck ein oder aus
`&U`	Schaltet Unterstreichen ein oder aus
`&S`	Schaltet Durchstreichen ein oder aus
`&D`	Das aktuelle Datum
`&T`	Druckt die aktuelle Zeit
`&F`	Druckt den Namen des Dokuments
`&A`	Druckt den Namen des Registers einer Arbeitsmappe
`&P`	Druckt die Seitenzahl
`&P+Zahl`	Druckt die Seitenzahl zuzüglich der angegebenen Zahl
`&&`	Druckt ein einzelnes kaufmännisches Und-Zeichen
`&"Schriftart"`	Druckt die nachfolgenden Zeichen in der angegebenen Schriftart; die Schriftart muss von Anführungszeichen eingeschlossen sein
`&nn`	Druckt die nachfolgenden Zeichen im angegebenen Schriftgrad; geben Sie eine zweistellige Zahl an, um den Schriftgrad festzulegen
`&N`	Druckt die Gesamtanzahl der Seiten eines Dokuments

:-) TIPP

Sie brauchen sich übrigens keine Sorgen zu machen, wenn Sie eine Arbeitsmappe mit integrierten Grafiken verschicken. Sie müssen keineswegs auch die Grafiken mit versenden. Ist die Grafik einmal in der Kopf- oder Fußzeile integriert, bleibt sie auch dort.

Bei der Lösung aus Listing 7.38 wurde das Logo lediglich in die Kopfzeile der aktiven Tabelle integriert. Möchten Sie das Logo auf allen Tabellen Ihrer Arbeitsmappe einfügen, dann starten Sie das Makro aus Listing 7.39.

```
Sub GrafikInKopfzeileIntegrierenII()
Dim Blatt As Worksheet

For Each Blatt In _
ActiveWorkbook.Sheets
 Blatt.PageSetup. _
 LeftHeaderPicture.Filename = _
  "C:\Logo.tif"
  Blatt.PageSetup.LeftHeader = "&G"
Next Blatt
End Sub
```

Listing 7.39: Fußzeile mit Logo ausstatten (ganze Arbeitsmappe)

Mehrzeilige Fußzeile anlegen

Oft findet man bei Geschäftspapieren und offiziellen Briefen eine mehrzeilige Fußzeile. Diese Fußzeile ist aber in den meisten Fällen bereits fest auf das Papier aufgedruckt und wird demnach von Excel nicht mehr erstellt. Die Standardeinstellung bei Kopf- und Fußzeilen in Excel sieht normalerweise mehrzeilige Fußzeilen nicht vor bzw. es ist relativ aufwendig, solche Mehrzeiler zu erstellen. Zum einen muss dazu die Schriftgröße verkleinert und zum anderen mehr Platz für die Fußzeile einkalkuliert werden. Darüber hinaus kommt es darauf an, welche Informationen man in der Fußzeile ausgeben möchte. Um beispielsweise das Erstellungsdatum oder das letzte Änderungsdatum einer Arbeitsmappe in die Fußzeile zu bringen, bedarf es schon eines Makros, das im Folgenden vorgestellt werden soll.

```
Sub FußzeileSpezialAktiveTabelle()
With ActiveSheet.PageSetup
 .BottomMargin = 56
 .FooterMargin = 42
 .LeftFooter = "&8" &
 Application.WorksheetFunction.Rept("_", 60) & vbCr & _
  "Erstellungsdatum:   " & _
  ActiveWorkbook.BuiltinDocumentProperties _
  ("Creation date") & vbCr & _
  "Letzte Änderung:     " & _
  ActiveWorkbook.BuiltinDocumentProperties _
  ("last save time") & vbCr & _
  "Ersteller der Mappe:  " & _
   ActiveWorkbook.BuiltinDocumentProperties _
("author") & vbCr & "Dateiname und Pfad: " & _
  ActiveWorkbook.FullName
End With
End Sub
```

Listing 7.40: Mehrzeilige Fußzeile erstellen (Aktive Tabelle)

Im ersten Schritt des Makros wird die Anweisung `With` auf das Objekt `PageSetup` der aktiven Tabelle (`ActiveSheet`) angewendet, um den Code übersichtlicher zu machen und Schreibarbeit zu sparen. Danach muss der Befehl

ActiveSheet.PageSetup nicht in jeder Zeile wiederholt werden. Stattdessen genügt es, wenn man einen Punkt als erstes Zeichen vor die Eigenschaften setzt, die auf die Seiteneinrichtung angewendet werden können. Über die Eigenschaft BottomMargin wird der Abstand zum unteren Papierrand angegeben. Mithilfe der Eigenschaft FooterMargin wird der Abstand der Fußzeile ebenfalls vom unteren Papierrand eingestellt. Diese Abstände müssen in der Einheit Punkt angegeben werden. Ein Punkt entspricht dabei in etwa 0,35 mm. So entsprechen 56 Punkt so ungefähr 2 cm und 42 Punkt sind in etwa 1,5 cm. Über die Eigenschaft LeftFooter kann der Inhalt vom linken Teil der Fußzeile festgelegt werden. Standardmäßig ist die Fußzeile in drei Teile gegliedert. Der linke Teil wird durch die Eigenschaft LeftFooter, der mittlere Teile durch die Eigenschaft CenterFooter und der rechte Teil durch die Eigenschaft RightFooter repräsentiert.

Insgesamt dürfen jedoch nicht mehr als 255 Zeichen in der Fußzeile stehen. Aus diesem Grund wird im vorgestellten Beispiel nur der linke Teil der Fußzeile befüllt und die restlichen Teile werden leer gelassen. Mit dem Steuerzeichen »&8« wird dafür gesorgt, dass der Schriftgrad auf 8 heruntergestellt wird, um Platz zu sparen. Alle folgenden Informationen werden danach in der Schriftgröße 8 (Standard ist Schriftgrad 10) in die Fußzeile geschrieben.

In der ersten Zeile wird ein horizontaler Trennstrich eingefügt. Dazu dient die Tabellenfunktion WIEDERHOLEN, die in VBA über die Anweisung WorkSheetFunction.Rept angesprochen werden kann. Dieser Funktion wird im ersten Argument das Zeichen (hier der Unterstrich) angegeben, das wiederholt werden soll. Im zweiten Argument wird die Anzahl der Wiederholungen angegeben. Immer in Hinblick darauf, dass insgesamt nur 255 Zeichen in der Fußzeile verwendet werden dürfen, kann dieses zweite Argument je nach sonstigem Füllgehalt der Fußzeile höher bzw. niedriger eingestellt werden. Über die Konstante VbCr werden die folgenden Information jeweils in der nächsten Zeile der Fußzeile ausgegeben. Unter anderem wird das Erstellungsdatum der aktiven Arbeitsmappe mithilfe der Dokumenteigenschaft »Erstellt am« ermittelt. Diese Eigenschaft kann man übrigens auch im Menü DATEI unter dem Befehl EIGENSCHAFTEN auf der Registerkarte ALLGEMEIN finden.

Um diese Dokumenteigenschaft aus der Arbeitsmappe per VBA zu ermitteln, setzt man das Auflistungsobjekt BuiltinDocumentProperties ein, dem die gewünschte Dokumenteigenschaft als Text übergeben wird. Um das Erstellungsdatum einer Arbeitsmappe zu ermitteln, übergibt man den Text »Creation date«. Das Datum der letzten Änderung wird über den Text »last save time« ermittelt. Über den Text »author« wird der Ersteller der Arbeitsmappe abgefragt. In der letzten Zeile der Fußzeile wird der komplette Pfad und Dateinamen mithilfe der Eigenschaft FullName ermittelt.

Soll dieses Makro auf alle Tabellen der Arbeitsmappe angewendet werden, dann erfassen Sie das folgende Makro:

Listing 7.41: Mehrzeilige Fußzeile erstellen (alle Tabellen)

```
Sub FußzeileSpezialAktiveMappe()
Dim Blatt As Worksheet

For Each Blatt In ActiveWorkbook.Worksheets
With Blatt.PageSetup
 .BottomMargin = 56
 .FooterMargin = 42
 .LeftFooter = "&8" & _
 Application.WorksheetFunction.Rept("_", 60) & vbCr & _
   "Erstellungsdatum:   " & _
 ActiveWorkbook.BuiltinDocumentProperties _
 ("Creation date") & vbCr & "Letzte Änderung:      " & _
  ActiveWorkbook.BuiltinDocumentProperties _
 ("last save time") & vbCr & "Ersteller der Mappe: " & _
 ActiveWorkbook.BuiltinDocumentProperties("author") & _
 vbCr & "Dateiname und Pfad: " & ActiveWorkbook.FullName
End With
Next Blatt
End Sub
```

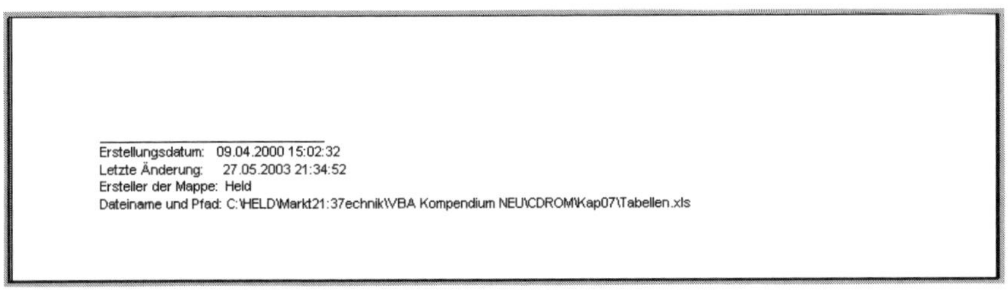

Abbildung 7.9: Mehrzeilige Fußzeile einfügen

7.10 Druckbereiche festlegen

Um Papier zu sparen, können Sie vor dem Drucken einen Druckbereich festlegen. Im ersten Beispiel setzen Sie einen Druckbereich, welcher der momentanen Markierung entspricht. Markieren Sie also den Bereich, den Sie drucken möchten, und starten Sie danach folgendes Makro:

Listing 7.42: Druckbereich in Tabelle festlegen

```
Sub DruckbereichSetzen()
 ActiveSheet.PageSetup.PrintArea = Selection.Address
End Sub
```

Mit der Eigenschaft `PrintArea` legen Sie den Druckbereich fest. Wenn Sie Ihren Druckbereich fix gestalten möchten, setzen Sie das Makro aus Listing 7.43 ein:

Listing 7.43: Druckbereich in Tabelle konstant festlegen

```
Sub DruckbereichFestlegen()
 Worksheets("Tabelle1").PageSetup.PrintArea = _
 "$A$1:$E$80"
End Sub
```

Eine weitere Variante ist, den Druckbereich nach dem verwendeten Bereich zu bestimmen. Dazu verwenden Sie die Eigenschaft `CurrentRegion`. Diese Eigenschaft ermittelt, beginnend von einer Zelle, den umliegenden Bereich. Sobald eine Leerzeile bzw. Leerspalte kommt, wird der Bereich abgeschlossen.

Listing 7.44: Druckbereich nach Verwendung festlegen

```
Sub DruckbereichNachVerwendungFestlegen()
On Error Resume Next
 Worksheets("Tabelle1").Activate
 Range("A1").Select
 ActiveSheet.PageSetup.PrintArea = _
    ActiveCell.CurrentRegion.Address
End Sub
```

:-) TIPP

Um einen Druckbereich wieder aufzuheben, setzen Sie die Eigenschaft `PrintArea` *auf den Wert* `False` *oder auf die leere Zeichenfolge (»«). Damit wird das gesamte Blatt wieder als Druckbereich festgelegt.*

Um einen Druckbereich relativ festzulegen, können Sie das Makro aus Listing 7.45 einsetzen.

Listing 7.45: Druckbereich relativ festlegen

```
Sub BereichMarkierenRelativ()
    Worksheets("Tabelle1").Activate
    ActiveSheet.PageSetup.PrintArea = _
   Range(ActiveCell(), Range("B5")).Address
End Sub
```

Im Makro aus Listing 7.45 wird ausgehend von der aktiven Zelle bis zur Zelle B5 der komplette Datenbereich als Druckbereich angegeben.

7.11 Tabellenblätter drucken

Wenn Sie die Kopf- und Fußzeilen gesetzt und eventuell auch einen Druckbereich eingestellt haben, gehen Sie über zum Thema Drucken. Drucken können Sie entweder ein oder mehrere Tabellenblätter, die ganze Arbeitsmappe, einen Druckbereich oder eine Markierung. Je nach Wunsch müssen Sie dazu Makros schreiben.

Listing 7.46: Eine bestimmte Tabelle drucken

```
Sub TabellenblattDrucken()
 Sheets("Tabelle1").PrintOut
End Sub
```

Mehrere Kopien drucken

Möchten Sie gleich mehrere Kopien ausdrucken, so stellen Sie beim Argument `Copies` die gewünschte Anzahl der Kopien ein.

```
Sub TabellenblattDruckenMitKopie()
 Sheets("Tabelle1").PrintOut Copies:=2
End Sub
```

Listing 7.47: Mehrere Kopien einer Tabelle drucken

Markierte Bereiche drucken

Beim nachfolgenden Makro markieren Sie entweder vorher den Bereich, den Sie drucken, mit der Maus oder Sie weisen den Bereich auch per VBA zu, z.B. `Range("A1:D10").Select`. Führen Sie dann das Makro in Listing 7.48 aus.

```
Sub MarkierungDrucken()
 Selection.PrintOut Copies:=1, Collate:=True
End Sub
```

Listing 7.48: Markierten Bereich drucken

Mehrere Tabellenblätter drucken

Möchten Sie mehrere Tabellenblätter drucken, so bilden Sie einen Array mit den gewünschten Tabellenblättern und schicken den Druckauftrag weg.

```
Sub MehrereTabellenblätterDrucken()
 Sheets(Array("Tabelle4", "Tabelle1", _
"Tabelle2")).PrintOut
End Sub
```

Listing 7.49: Mehrere Tabellenblätter drucken

Den integrierten Drucken-Dialog aufrufen

Wenn Sie nicht direkt drucken und stattdessen den integrierten DRUCKEN-Dialog von Excel verwenden möchten, setzen Sie das folgende Makro ein:

```
Sub DruckenDialogAufrufen()
    Application.Dialogs(xlDialogPrint).Show
End Sub
```

Listing 7.50: Den integrierten Drucken-Dialog aufrufen

Die Auflistung `Dialogs` enthält alle integrierten Dialoge von Excel. Die Konstante `xlDialogPrint` repräsentiert den DRUCKEN-Dialog in Excel.

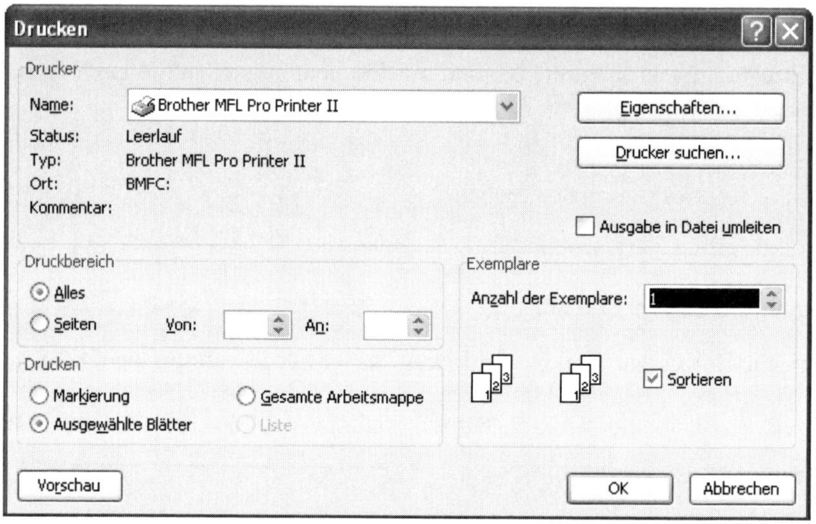

Abbildung 7.10: Der integrierte Drucken-Dialog

Wenn Sie alle Konstanten auflisten möchten, die Sie bei der Programmierung verwenden können, gehen Sie wie folgt vor:

1. Wechseln Sie in die Entwicklungsumgebung.
2. Klicken Sie in der Symbolleiste VOREINSTELLUNG auf das Symbol OBJEKTKATALOG.
3. Wählen Sie im Listenfeld KLASSEN den Eintrag XLBUILDINDIALOG.

Erfahren Sie mehr über integrierte Dialoge in Kapitel 14.

Wie viele Druckseiten enthält die Tabelle?

Wenn Sie ein Tabellenblatt drucken, wissen Sie im voraus nicht genau, wie viele Seiten Excel letztendlich ausdruckt, es sei denn, Sie haben vorher in der Seitenansicht gespickt.

Starten Sie das Makro aus Listing 7.51, um die voraussichtlichen Druckseiten einer Tabelle herauszufinden.

Listing 7.51: Druckseiten einer Tabelle ermitteln (Excel-4.0-Makro)

```
Sub Seitenanzahl()
  MsgBox "Die Tabelle enthält : " & _
  ExecuteExcel4Macro("Get.Document(50)") & _
  " Druckseite(n)"
End Sub
```

Um diese Aufgabe zu lösen, müssen Sie auf ein Excel-4.0-Makro zurückgreifen. Dieses Makro starten Sie mit der Methode `ExecuteExcel4Macro`.

Möchten Sie ermitteln, wie viele Druckseiten die komplette Arbeitsmappe enthält, dann setzen Sie folgendes Makro ein:

Listing 7.52: Druckseiten der kompletten Mappe ermitteln

```
Sub SeitenzahlMappeErmitteln()
Dim i As Integer
Dim Blatt As Worksheet

   i = 0
   For Each Blatt In ActiveWorkbook.Sheets
      i = i + ExecuteExcel4Macro("Get.Document(50)")
   Next Blatt
   MsgBox "Anzahl der Seiten = " & i
End Sub
```

Arbeiten Sie in einer Schleife alle in der Arbeitsmappe enthaltenen Blätter ab und ermitteln Sie die Druckseiten.

7.12 Tabellenblätter kopieren, verschieben und einfügen

Oft müssen Sie auf bereits vorhandene Tabellenblätter zugreifen, um diese an eine andere Stelle zu kopieren bzw. zu verschieben. Wie klappt das mit VBA?

Tabellenblatt kopieren

Im ersten Beispiel soll eine Kopie von einem bereits vorhandenen Tabellenblatt erstellt werden. Über eine Inputbox dürfen Sie den Namen der Kopie selbst bestimmen. Die Kopie soll am Ende der Arbeitsmappe, also an die letzte Position ganz rechts, mithilfe der Methode `Copy` eingefügt werden.

Listing 7.53: Ein Tabellenblatt kopieren

```
Sub TabellenBlattKopieren()
Dim s As String
Dim i As Integer

 s = _
InputBox("Bitte geben Sie den Namen des Blatts ein!", _
"Blattnamen vergeben", "Tabelle1")

If s = "" Then Exit Sub
 i = Sheets.Count
 On Error Resume Next
 Sheets(1).Copy After:=Sheets(i)
 ActiveSheet.Name = s
End Sub
```

Die Funktion `Inputbox` eignet sich hervorragend, um mit dem Benutzer interaktiv zu arbeiten. Hier gibt der Anwender den Namen des kopierten Tabellenblatts ein. Als kleine Erleichterung geben Sie hierbei den Namen der Tabelle schon vor.

Im nächsten Beispiel wird der verwendete Bereich der TABELLE1 kopiert und in der TABELLE2 eingefügt. Das Makro für diese Aufgabe entnehmen Sie dem Listing 7.54.

Listing 7.54: Verwendeten Bereich kopieren und übertragen

```
Sub VerwendetenBereichAufEineAndereTabelleKopieren()
 Worksheets("Tabelle1").UsedRange.Copy
 Worksheets("Tabelle2").Paste _
 Worksheets("Tabelle2").Range("A1")
 Application.CutCopyMode = False
End Sub
```

Setzen Sie die Eigenschaft `UsedRange` ein, um den verwendeten Bereich der Tabelle zu ermitteln. Mithilfe der Methode `Copy` kopieren Sie diesen Bereich. Über die Methode `Paste` fügen Sie den kopierten Bereich in TABELLE2 ein. Vergessen Sie am Ende nicht, die Eigenschaft `CutCopyMode` auf den Wert `False` zu setzen. Damit werden die Kopierränder, die bei einem Kopiervorgang automatisch erzeugt werden, wieder entfernt.

Möchten Sie die Methode `Copy` nicht verwenden und stattdessen Daten mithilfe von Variablen übertragen, dann können Sie auch eine andere Vorgehensweise wählen. Das Makro aus Listing 7.55 überträgt alle Zellen der Spalte A aus der TABELLE1 in die TABELLE2.

Listing 7.55: Daten übertragen

```
Sub TabelleÜbertragen()
Dim Tab1 As Worksheet
Dim Tab2 As Worksheet
Dim i As Integer
Dim y As Integer

    Set Tab1 = ThisWorkbook.Worksheets("Tabelle1")
    Set Tab2 = ThisWorkbook.Worksheets("Tabelle2")

    For i = 1 To Tab1.UsedRange.Rows.Count
        y = y + 1
        Tab2.Cells(i, 1) = Tab1.Cells(y, 1)
    Next i
End Sub
```

Definieren Sie im ersten Schritt die Ausgangstabelle (`Tab1`) sowie die Zieltabelle (`Tab2`). Dazu verwenden Sie die Anweisung `Set`. Danach bilden Sie eine Schleife, die alle verwendeten Zeilen der TABELLE1 durchläuft. Innerhalb der Schleife übertragen Sie die Zellen einzeln von einer Tabelle zur anderen.

Tabellenblatt verschieben

Wenn Sie lediglich die Position einer Tabelle in der Arbeitsmappe verändern möchten, nützen Sie die Funktion Move.

Listing 7.56: Bestimmtes Tabellenblatt verschieben

```
Sub TabellenblattVerschieben()
 On Error Resume Next
 Sheets("Tabelle1").Move After:=Sheets(Sheets.Count)
End Sub
```

Tabellenblatt ohne Formeln und Verknüpfungen übertragen

Sicher haben Sie schon einmal eine Arbeitsmappe geschickt bekommen, in der andere Arbeitsmappen verknüpft waren. Da Sie die verknüpften Arbeitsmappen aber nicht zur Verfügung hatten, machte es keinen Sinn, die Verknüpfungen zu aktualisieren. Wenn auch Sie Arbeitsmappen verschicken und diese vorher von Verknüpfungen befreien möchten, dann fügen Sie eine neue Arbeitsmappe ein und übertragen Sie eine Tabelle ohne die darin enthaltenen Verknüpfungen. Diese Aufgabe können Sie auch durch ein VBA-Makro automatisieren.

Listing 7.57: Tabellenblatt ohne Formeln übertragen

```
Sub TabellenBlattÜbertragenOhneWerte()
 Cells.Copy
 Workbooks.Add
 Range("A1").Select
 Selection.PasteSpecial Paste:=xlValues, _
 Operation:=xlNone, SkipBlanks:=False, Transpose:=False
 Application.CutCopyMode = False
End Sub
```

Mithilfe der Eigenschaft Cells und der Methode Copy kopieren Sie alle Zellen der aktiven Tabelle. Danach fügen Sie eine neue Arbeitsmappe über die Anweisung Workbooks.Add ein und positionieren den Mauszeiger auf Zelle A1 der ersten Tabelle. Jetzt wenden Sie die Methode PasteSpecial an, bei der Sie im Argument Paste die Konstante XlValues verwenden. Diese Methode fügt Daten aus der Zwischenablage in den angegebenen Bereich (Range("A1")) ein. Setzen Sie danach den Status der Eigenschaft CutCopyMode auf den Wert False. Dies bewirkt, dass der Laufrahmen des kopierten Bereichs entfernt wird.

Tabelle in andere Arbeitsmappe kopieren

In Excel können Sie Tabellenblätter nur in andere Arbeitsmappen kopieren, wenn sie geöffnet sind.

STEP

Die Reihenfolge für das Kopieren von Tabellenblättern in eine andere Arbeitsmappe ist also:

1. Öffnen der Ziel- und Quell-Arbeitsmappe
2. Kopiervorgang
3. Speichern und Schließen der Ziel-Arbeitsmappe

Diesen Vorgang können Sie mithilfe von VBA schneller erledigen. Dabei kann der ganze Vorgang im Hintergrund ablaufen.

Listing 7.58: Tabellenblatt in andere Arbeitsmappe kopieren

```
Sub KopierenArbeitsblatt()
Dim Mappe As Workbook
Dim Blatt As Worksheet

Set Blatt = ActiveSheet
Application.ScreenUpdating = False
On Error Resume Next
Set Mappe = Workbooks.Open _
("C:\eigene Dateien\Mappe1.xls")
    Blatt.Copy Before:=Mappe.Sheets(1)
    Mappe.Save
    Mappe.Close
Application.ScreenUpdating = True
End Sub
```

Damit Sie den Vorgang nicht am Bildschirm mitverfolgen müssen, schalten Sie die Bildschirmaktualisierung zu Beginn des Makros aus. Danach öffnen Sie eine bestimmte Arbeitsmappe (MAPPE1.XLS) und kopieren das aktuelle Tabellenblatt in diese Arbeitsmappe. Im Anschluss daran speichern und schließen Sie die Arbeitsmappe wieder. Erst danach schalten Sie die Bildschirmaktualisierung wieder ein.

REF

Erfahren Sie, wie Sie die Existenz einer bestimmten Arbeitsmappe vor dem Öffnen überprüfen können, in Kapitel 10.

Tabellenblatt als E-Mail versenden

Wenn Sie aus dem Menü DATEI den Befehl SENDEN AN E-MAIL-EMPFÄNGER auswählen, wird automatisch die gesamte Arbeitsmappe als Anhang angehängt und versendet. Um nur das aktive Tabellenblatt zu verschicken, setzen Sie das folgende Makro in Listing 7.59 ein.

Listing 7.59: Tabellenblatt als E-Mail versenden

```
Sub TabellenblattVersenden()
Dim s As String
 s = InputBox _
```

```
("Geben Sie den Empfänger der E-Mail ein!")
 If s = "" Then Exit Sub
 ActiveSheet.Copy
 ActiveWorkbook.SaveAs "Anhang.xls"
 Application.Dialogs(xlDialogSendMail).Show s
End Sub
```

Über eine Inputbox fragen Sie die E-Mail-Adresse ab, an die die Tabelle gesendet werden soll. Danach kopieren Sie das aktive Tabellenblatt und speichern es beispielsweise unter dem Namen ANHANG.XLS. Anschließend rufen Sie den integrierten Excel-Dialog auf, der für das Versenden von E-Mails verantwortlich ist, und übergeben diesem Dialog die Empfängeradresse.

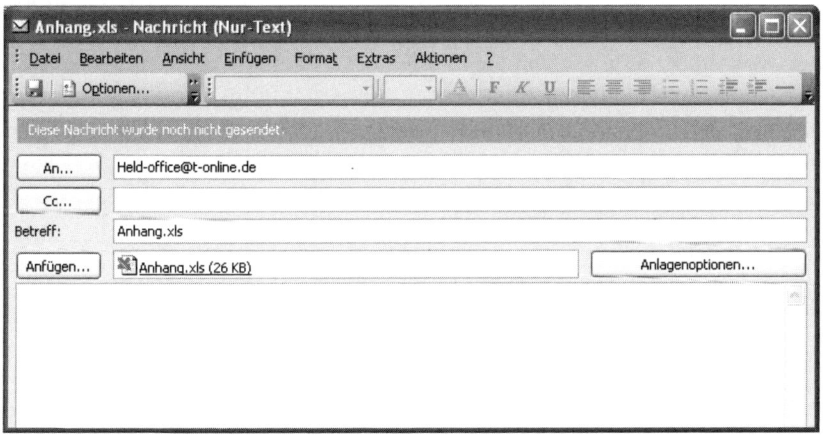

Abbildung 7.11: Excel-Tabelle als E-Mail-Anhang

Erfahren Sie mehr über E-Mails im Zusammenspiel mit Excel in Kapitel 17.

REF

7.13 Tabellenblätter sortieren

In umfangreichen Excel-Arbeitsmappen geht schnell einmal der Überblick verloren. Aus diesem Grund ist es vorteilhaft, die Tabellen alphabetisch nach Tabellennamen sortiert in der Arbeitsmappe anzuordnen.

Das Makro für die Sortierung der Tabellenblätter lautet:

Listing 7.60: Alle Tabellen werden alphabetisch in der Arbeitsmappe angeordnet

```
Sub ArbeitsblätterSortieren()
Dim iMax As Integer
Dim Ibl As Integer
Dim ibl2 As Integer

Application.ScreenUpdating = False
iMax = ActiveWorkbook.Worksheets.Count
```

```
For Ibl = 1 To iMax
 For ibl2 = Ibl To iMax
   If UCase(Worksheets(ibl2).Name) _
   < UCase(Worksheets(Ibl).Name) Then
       Worksheets(ibl2).Move before:=Worksheets(Ibl)
   End If
 Next ibl2
Next Ibl

Application.ScreenUpdating = True
End Sub
```

Um das Sortieren von Arbeitsblättern durchzuführen, müssen Sie zwei verschachtelte `For Next`-Schleifen durchlaufen. Beide haben als Endbedingung immer die Anzahl der Tabellen, die in der Mappe enthalten sind. Innerhalb der zweiten Schleife werden die Namen der Tabellenblätter verglichen. Beim Vergleich der Tabellennamen werden diese erst einmal in Großbuchstaben umgewandelt, um sicherzustellen, dass die Groß- und Kleinschreibung beim Sortiervorgang keine Rolle spielt. Je nach Vergleichsergebnis werden die einzelnen Tabellen dann innerhalb der Arbeitsmappe mithilfe der Methode `Move` verschoben oder nicht.

7.14 Tabellen suchen

Eine Arbeitsmappe kann mehr als 1.000 Tabellenblätter aufnehmen, was letztendlich auch vom verfügbaren Arbeitsspeicher abhängig ist. Um jetzt schnell die richtige Tabelle zu finden und zu aktivieren, setzen Sie das Makro aus Listing 7.61 ein.

Listing 7.61: Tabelle suchen und aktivieren

```
Sub TabellePrüfen()
Dim Blatt As Worksheet

For Each Blatt In ActiveWorkbook.Sheets
 If Blatt.Name = "Tabelle2" Then
  Blatt.Activate
  Exit Sub
 End If
Next Blatt
End Sub
```

In einer Schleife werden alle Tabellen einer Arbeitsmappe durchblättert. Mithilfe einer `If`-Abfrage wird dann nach einem ganz bestimmten Tabellenblatt gesucht. Wird dieses gefunden, wird die Tabelle über die Methode `Activate` ausgewählt und das Makro über die Anweisung `Exit Sub` beendet. Sie befinden sich dann genau auf der richtigen Tabelle.

Diese Aufgabe können Sie aber auch direkt lösen, indem Sie direkt auf die gewünschte Tabelle springen und für den Fall, dass es die gewünschte Tabelle nicht gibt, eine Fehlermeldung anzeigen. Das Makro für diese Aufgabe können Sie dem Listing 7.62 entnehmen.

```
Sub TabelleDirektAktivieren()
On Error GoTo fehlerm
Sheets("Tabelle2").Activate
Exit Sub

fehlerm:
MsgBox "Die Tabelle2 gibt es nicht in der Mappe!"
End Sub
```

Listing 7.62: Tabelle direkt aktivieren

Versuchen Sie einfach den direkten Sprung auf die Tabelle. Die Anweisung `On Error GoTo fehlerm` sorgt dafür, dass Ihr Makro nicht abstürzt, wenn es die angesprungene Tabelle nicht gibt. Im anderen Fall müssen Sie aktiv dafür sorgen, dass der Fehlerparagraph nicht ausgeführt wird. Dies gelingt Ihnen durch den Einsatz der Anweisung `Exit Sub`.

:-) TIPP

Achten Sie darauf, dass Sie den Namen der Tabelle genau angeben. Enthält der Tabellenname in der Registerlasche beispielsweise ein nachfolgendes Leerzeichen, so sehen Sie diesen feinen Unterschied nicht und Ihr Makro kann die Tabelle dann auch nicht finden. Überprüfen Sie daher den Namen der gesuchten Tabelle, indem Sie die Registerlasche doppelt anklicken und danach die Taste [Ende] *drücken. Befindet sich dann der Mauszeiger direkt am Ende des Namens (also ohne nachfolgendes Leerzeichen), dann ist alles in Ordnung.*

7.15 Tabellen sichern

Sie sollten niemals vergessen Ihre wichtigsten Daten zu sichern. Wie schnell kann es passieren, dass Sie eine bestimmte Arbeitsmappe nicht mehr öffnen können bzw. auch schon einmal aus Versehen eine Arbeitsmappe gelöscht haben. Lernen Sie auf den folgenden Seiten ein paar Methoden kennen, wie Sie Ihre Tabellen duplizieren, Ihre wichtigsten Daten übertragen oder gar bestimmte Daten aus Tabellen herauslesen und sichern können.

Verwendete Zeilen in andere Tabelle transferieren

In der nächsten Lösung werden alle verwendeten Zeilen aus einer Tabelle auf eine andere gesichert. Dazu setzen Sie den folgenden Makrocode aus Listing 7.63 ein.

```
Sub ZeilenÜbertragen()
Dim Blatt1 As Worksheet
Dim Blatt2 As Worksheet
```

Listing 7.63: Zeilen in andere Tabelle übertragen (Variante 1)

```
Dim i As Long

Set Blatt1 = Sheets("Auftrag")
Set Blatt2 = Sheets("A-Sicherung")

Application.ScreenUpdating = False
Blatt1.Activate
Range("A2").Select
For i = 1 To ActiveSheet.UsedRange.Rows.Count
 Blatt1.Range(ActiveCell.Address).EntireRow.Copy
 Blatt2.Activate
 Range("A65536").End(xlUp).Offset(1, 0).Select
 ActiveSheet.Paste
 Blatt1.Activate
 ActiveCell.Offset(1, 0).Select
Next i
Application.CutCopyMode = False
Application.ScreenUpdating = True
End Sub
```

Definieren Sie zu Beginn des Makros die beiden Tabellen `Blatt1` und `Blatt2`. `Blatt1` enthält die Originaldaten, `Blatt2` ist die Tabelle, in welche die Daten als Sicherung kopiert werden sollen. Schalten Sie danach die Bildschirmaktualisierung mithilfe der Anweisung `Application.ScreenUpdating=False` aus. Damit bleibt Ihr Bildschirm während des Makroablaufs konstant und verändert sich nicht. In einer Schleife übertragen Sie dann Zeile für Zeile. Schalten Sie am Ende die Bildschirmaktualisierung wieder ein, indem Sie die Eigenschaft `ScreenUpdating` auf den Wert `True` setzen.

Bei diesem Makro werden die Methoden `Copy` und `Paste` eingesetzt, um die Daten zu transferieren. Außerdem werden in diesem Beispiel die Methoden `Activate` und `Select` eingesetzt. Diese Methoden sind vergleichsweise langsam, im Vergleich dazu, wenn Sie die einzelnen Daten direkt in die Zieltabelle übertragen. Schneller geht es, wenn Sie über zwei Schleifen die Daten übertragen und dabei die `Cells`-Auflistung einsetzen.

Listing 7.64: Zeilen in andere Tabelle übertragen (Variante 2)

```
Sub ZeilenÜbertragen2()
Dim Blatt1 As Worksheet
Dim Blatt2 As Worksheet
Dim i As Long
Dim e As Long

Set Blatt1 = Sheets("Auftrag")
Set Blatt2 = Sheets("A-Sicherung")

For i = 1 To Blatt1.UsedRange.Rows.Count
 For e = 1 To Blatt1.UsedRange.Columns.Count
  Blatt2.Cells(i, e).Value = Blatt1.Cells(i, e).Value
 Next e
```

```
Next i
End Sub
```

Übertragen Sie alle Daten von einer Tabelle auf die andere, indem Sie zwei Schleifen aufsetzen. In der äußeren Schleife werden die Zeilen verarbeitet. In der inneren Schleife werden alle Spalten des verwendeten Bereichs abgearbeitet.

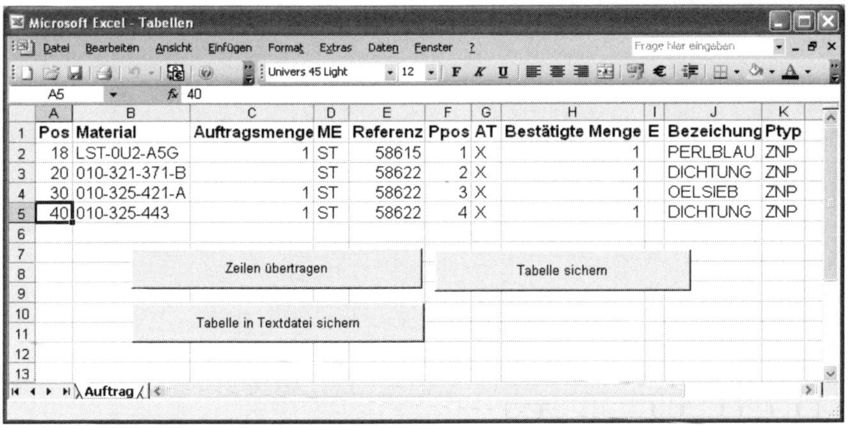

Pos	Material	Auftragsmenge	ME	Referenz	Ppos	AT	Bestätigte Menge	E	Bezeichnung	Ptyp
18	LST-0U2-A5G	1	ST	58615	1	X	1		PERLBLAU	ZNP
20	010-321-371-B		ST	58622	2	X	1		DICHTUNG	ZNP
30	010-325-421-A	1	ST	58622	3	X	1		OELSIEB	ZNP
40	010-325-443	1	ST	58622	4	X	1		DICHTUNG	ZNP

Abbildung 7.12: Eine Tabelle soll zeilenweise übertragen werden

Tabelle kopieren und umbenennen

Möchten Sie die Tabelle als ganze Tabelle sichern, dann können Sie sie auch kopieren und entsprechend benennen. Dabei geben Sie der gesicherten Tabelle den Namen `Sicherung`, gefolgt von dem ursprünglichen Namen der Tabelle. Das Makro für diese Aufgabe lautet:

Listing 7.65: Aktive Tabelle sichern

```
Sub TabelleSichern()
Dim s As String
Dim i As Integer

s = ActiveSheet.Name
i = ActiveWorkbook.Sheets.Count
 ActiveSheet.Copy After:=Sheets(i)
 ActiveSheet.Name = "Sicherung " & s
End Sub
```

Ermitteln Sie die Anzahl der vorhandenen Tabellen in der Arbeitsmappe und speichern Sie diese in der Variablen `i`. Die Sicherung der aktiven Tabelle soll ganz am Ende der Arbeitsmappe abgelegt werden. Genau deshalb geben Sie innerhalb der Methode `Copy` beim Argument `After` den ermittelten Index `i` an. Damit wird die kopierte Tabelle ganz am Ende der Arbeitsmappe eingefügt. Benennen Sie diese Tabelle mit dem Zusatz `Sicherung`.

Texte übertragen

Stellen Sie sich vor, Sie haben eine Tabelle mit Texten in Spalte A. Ihre Aufgabe besteht nun darin, alle Texte, die unterstrichen sind, auf eine andere Tabelle zu sichern. Sehen Sie sich dazu einmal die nächste Abbildung an.

Abbildung 7.13: Ein par Daten, die übertragen werden möchten

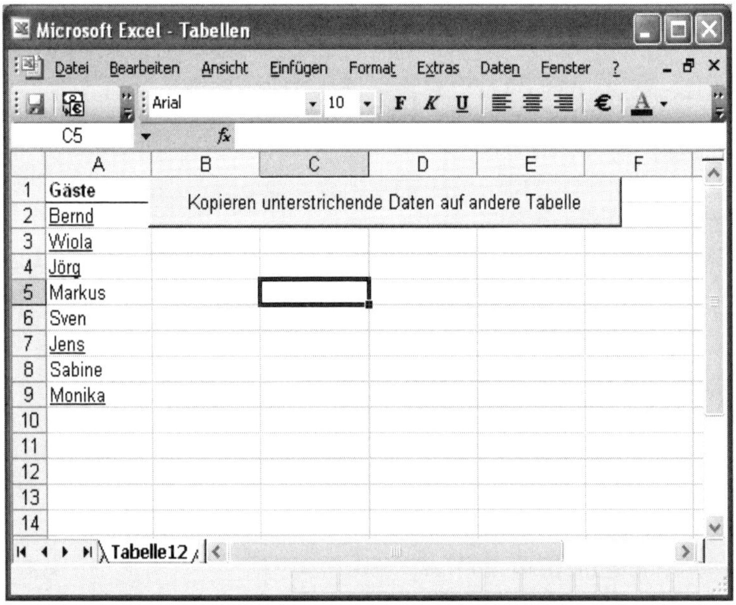

Um nun alle unterstrichenen Zellen auf die TABELLE13 zu übertragen, setzen Sie das Makro aus Listing 7.66 ein.

Listing 7.66: Unterstrichene Zellen auf andere Tabelle übertragen

```
Sub KopierenUnterstricheneWerteInAndereTabelle()
Dim Blatt1 As Worksheet
Dim Blatt2 As Worksheet
Dim Bereich As Range
Dim Zelle As Range
Dim i As Long

Set Blatt1 = Sheets("Tabelle12")
Set Blatt2 = Sheets("Tabelle13")
Set Bereich = Blatt1.Range("A1:A10")
i = 1
For Each Zelle In Bereich
 If Zelle.Font.Underline = xlUnderlineStyleSingle Then _
 Blatt2.Cells(i, 1).Value = Zelle.Value: i = i + 1
Next Zelle
End Sub
```

Legen Sie mithilfe der Anweisung `Set` erst einmal Ihre Ausgangstabelle sowie Ihre Zieltabelle fest. Danach definieren Sie in Ihrer Ausgangstabelle den Datenbereich, der die Daten für die Übertragung enthält. In der anschließenden Schleife überprüfen Sie mit der Eigenschaft `UnderLine`, ob die jeweilige Zelle unterstrichen ist. Wenn ja, dann übertragen Sie den Text der Zelle in die TABELLE13. Erhöhen Sie danach die Variable `i` um den Wert `1`, damit der Zellenzeiger genau eine Zeile weiter nach unten gesetzt wird, sodass bei der nächsten Übertragung keine Werte in TABELLE13 überschrieben werden.

Tabelle in Textdatei schreiben

Eine weitere Möglichkeit, Excel-Daten zu sichern, liegt außerhalb von Excel. Speichern Sie Ihre Tabelle in einer Textdatei. Die Ausgangssituation sieht dabei wie folgt aus:

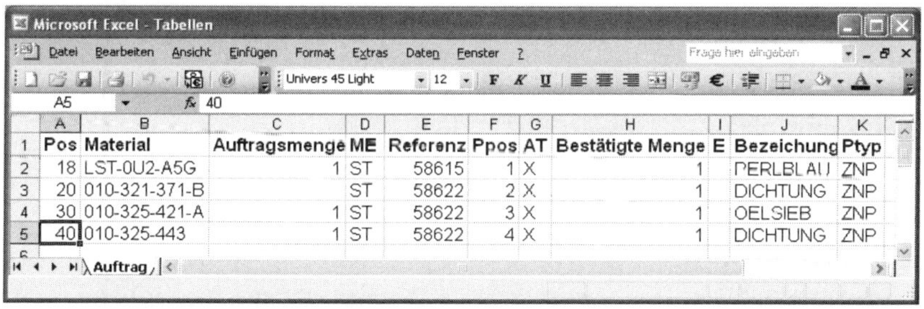

Pos	Material	Auftragsmenge	ME	Referenz	Ppos	AT	Bestätigte Menge	E	Bezeichnung	Ptyp
18	LST-0U2-A5G	1	ST	58615	1	X	1		PERLBLAU	ZNP
20	010-321-371-B		ST	58622	2	X	1		DICHTUNG	ZNP
30	010-325-421-A	1	ST	58622	3	X	1		OELSIEB	ZNP
40	010-325-443	1	ST	58622	4	X	1		DICHTUNG	ZNP

Abbildung 7.14: Die Ausgangstabelle kurz vor der Sicherung

Um jetzt die Tabelle AUFTRAG in einer Textdatei zu speichern und dabei das Semikolon als Trennzeichen einzusetzen, starten Sie das Makro aus Listing 7.67.

Listing 7.67: Tabelle in Textdatei schreiben

```
Sub TabelleInTextdateiSichern()
Dim s As String
Dim i As Integer
Dim e As Integer

 Open "C:\Ausgabe.txt" For Output As #1
 Sheets("Auftrag").Activate
 Range("A2").Select

 For i = 2 To ActiveSheet.UsedRange.Rows.Count
    For e = 1 To ActiveSheet.UsedRange.Columns.Count
       s = s & Cells(i, e).Value & ";"
    Next e
    Print #1, s
    s = ""
  Next
  Close #1
 MsgBox "Textdatei erstellt!"
End Sub
```

Öffnen Sie im ersten Schritt eine Textdatei. Dazu muss die Textdatei noch nicht angelegt sein. Danach aktivieren Sie die Tabelle, die Sie übertragen möchten, und setzen den Mauszeiger an die Startposition dieser Tabelle. Es folgen nun zwei Schleifen. In der ersten Schleife werden alle verwendeten Zeilen abgearbeitet. In der zweiten Schleife werden die verwendeten Zellen innerhalb einer Zeile verarbeitet. In die Variable `s` schreiben Sie genau die Inhalte dieser Zellen, getrennt durch ein Semikolon. Ist eine Zeile komplett verarbeitet, dann schreiben Sie die entsprechende Zeile direkt in die Textdatei. Wenden Sie dazu die Anweisung `Print` an. Leeren Sie danach die Variable `s` und setzen Sie den Mauszeiger in die nächste Zeile Ihrer Tabelle. Wurden alle Zeilen in die Textdatei übertragen, dann schließen Sie die Textdatei mithilfe der Anweisung `Close` und geben auf dem Bildschirm eine Meldung aus.

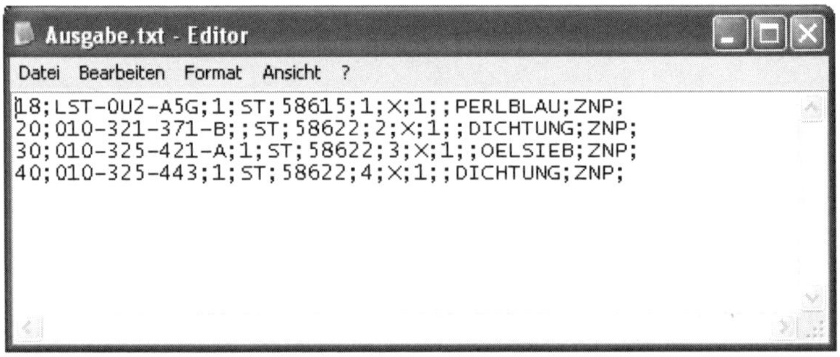

Abbildung 7.15: Die Daten wurden in eine Textdatei gesichert

7.16 Tabellenblätter konsolidieren

Haben Sie in einer Arbeitsmappe mehrere Tabellenblätter mit Daten gefüllt und möchten alle Daten auf einem Tabellenblatt zusammenführen, fügen Sie eine neue Tabelle ein und kopieren Sie danach alle anderen Tabellen in diese neue Tabelle.

CD

Die folgenden Makros können Sie auf der CD-ROM im Verzeichnis KAP07 *in der Datei* KONSOLIDIERUNG.XLS *finden.*

Listing 7.68: Tabellenblätter konsolidieren

```
Sub TabellenKopierenUntereinander()
Dim KBereich As Range
Dim ZBereich As Range

With ActiveWorkbook
   .Worksheets.Add Before:=.Worksheets(1)
   For i = 2 To .Worksheets.Count
    Set KBereich = .Worksheets(i).UsedRange
    Set Zbereich _
      = Worksheets(1).Cells(Rows.Count, "A").End(xlUp)(2)
```

```
    KBereich.Copy Destination:=ZBereich
  Next
End With
End Sub
```

Definieren Sie zuerst einmal zwei Variablen vom Datentyp Range. Danach fügen Sie eine neue Tabelle gleich zu Beginn Ihrer Arbeitsmappe ein. Setzen Sie jetzt eine For Next-Schleife auf, die, beginnend von der zweiten Tabelle Ihrer Arbeitsmappe, alle Tabellen auf das erste Tabellenblatt zusammenkopiert. In der Variablen KBereich speichern Sie jeweils den benutzten Bereich der einzelnen Tabellen. In der Variablen ZBereich speichern Sie die Einfügeposition der ersten Tabelle für die Daten. Da die Daten jeweils untereinander auf dem ersten Tabellenblatt angeordnet werden sollen, ermitteln Sie über die Eigenschaften Count und End die letzte belegte Zelle in Spalte A. Kopieren Sie jetzt den Quellbereich (KBereich) mit der Methode Copy und geben Sie als Zielbereich den Inhalt der Variablen ZBereich an.

Tabellenblätter summieren (Festwert)

Möchten Sie einzelne Zellen von mehreren Tabellenblättern auf einer Tabelle konsolidieren, wenden Sie das Makro aus Listing 7.69 an.

Listing 7.69: Zellen aus mehreren Tabellenblättern konsolidieren

```
Sub SummierenÜberMehrereArbeitsblätter()
Dim erg As Long
Dim i As Integer
Dim Ltab As Integer

Ltab = ActiveWorkbook.WorkSheets.Count
Sheets(Ltab).Activate
Range("B6").Select

For i = 1 To ActiveWorkbook.WorkSheets.Count - 1
 If IsNumeric(Sheets(i).Range("B6").Value) Then
 erg = erg + Sheets(i).Range("B6").Value
 End if
Next i
Range("B6").Value = erg
End Sub
```

Zuerst ermitteln Sie mithilfe der Methode Count die Anzahl der Tabellen, die in der aktiven Arbeitsmappe enthalten sind. Danach aktivieren Sie das letzte Tabellenblatt in der Arbeitsmappe. Auf diesem Blatt sollen die Daten konsolidiert werden. Danach setzen Sie eine For Next-Schleife auf, die, beginnend beim ersten Tabellenblatt, bis zum vorletzten Tabellenblatt jeweils die Zelle B6 summiert. Bevor Sie die einzelnen Zellen summieren, sollten Sie über die Funktion IsNumeric prüfen, ob in der Zelle B6 des jeweiligen Arbeitsblatts auch ein numerischer Wert steht. Erfolgt die Prüfung erfolgreich, wird die

Variable erg um den entsprechenden Zellenwert erhöht. Nach dem Ablauf der Schleife schreiben Sie das Ergebnis der Variablen erg in die Zelle B6 des letzten Tabellenblatts.

Abbildung 7.16: Ergebnis der Summierung als Festwert

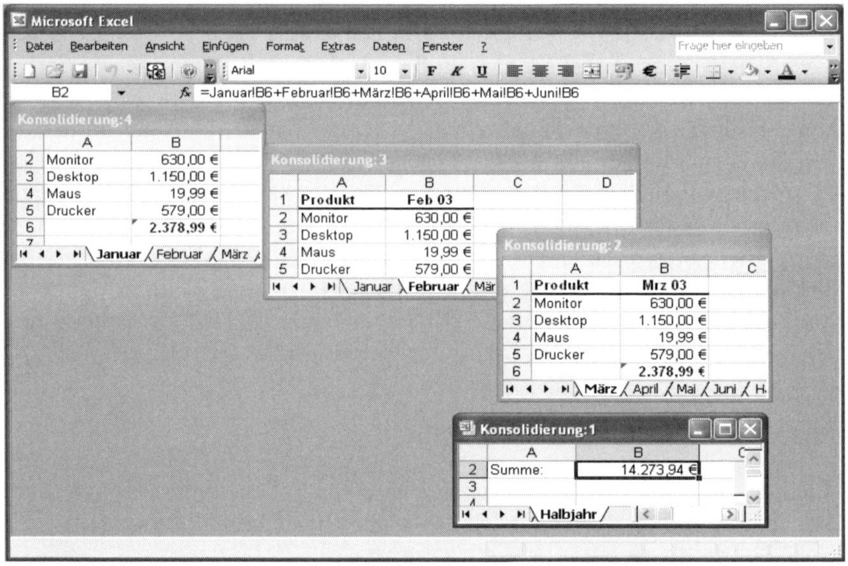

Tabellenblätter summieren (Verknüpfung)

Im vorherigen Beispiel haben Sie eine bestimmte Zelle innerhalb mehrerer Tabellen einer Arbeitsmappe summiert. Dabei haben Sie die Summe am Ende als Festwert auf dem letzten Tabellenblatt eingefügt. Dabei ging die Verknüpfung verloren. Wenn die Verknüpfung aber erhalten bleiben soll, dann starten Sie das Makro aus Listing 7.70.

Listing 7.70: Tabellenblätter verknüpfen

```
Sub SummierungTabellenBlätterMitVerk()
Dim BArray()
Dim i As Integer
Dim lTab As Integer
Dim s As String

 lTab = ThisWorkbook.Worksheets.Count
 Sheets(lTab).Activate
 ReDim BArray(1 To lTab)

 For i = 1 To lTab - 1
    BArray(i) = Sheets(i).Name & "!B6+"
    s = s & BArray(i)
 Next i
s = "=" & s
```

```
s = Left(s, Len(s) - 1)
Range("B2").Value = s
End Sub
```

Ermitteln Sie das letzte Tabellenblatt der Arbeitsmappe und aktivieren Sie es. Da Sie die Verknüpfungen in der Zielzelle erhalten möchten, müssen Sie die Namen der einzelnen Tabellenblätter sowie die Zelle, die summiert werden soll, in einen Array einlesen. Diesen Array definieren Sie mit der Anweisung `ReDim` und legen ihn in der Größe an, die ausreicht, um alle Tabellennamen in der Arbeitsmappe aufzunehmen. In einer `For Next`-Schleife füllen Sie den Array, indem Sie jeweils den Namen und die summierende Zelle angeben. Bei Schleifenaustritt haben Sie folgenden Textstring:

```
Januar!B6+Februar!B6+März!B6+April!B6+Mai!B6+Juni!B6+
```

:-) TIPP

Damit der Textstring als Formel erkannt wird, müssen Sie ein führendes Gleichheitszeichen einfügen sowie das letzte Zeichen [+] *aus dem String entfernen. Dazu nützen Sie den Verkettungsoperator & sowie die Textfunktionen* `Left` *und* `Len`.

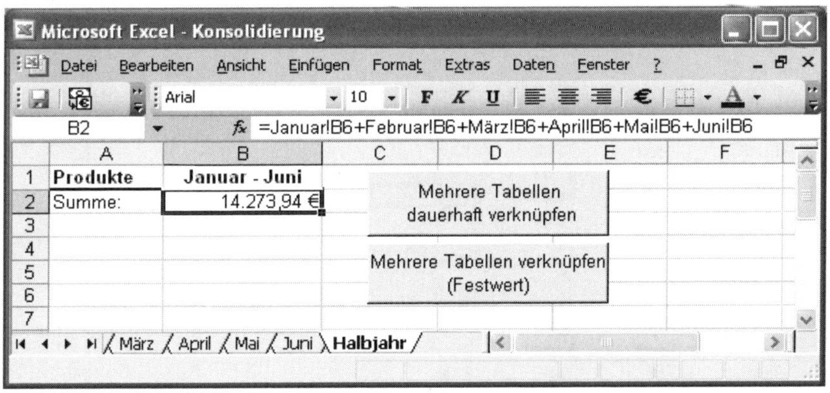

Abbildung 7.17: Ergebnis der Summierung als Verknüpfung

Tabellen in einer Tabelle zusammenführen

Die nächste Lösung bedingt, dass alle Tabellen einer Arbeitsmappe gleich aufgebaut sind. Ihre Aufgabe besteht nun darin, alle Tabellen auf genau einer Tabelle zusammenzuführen. Das Makro für diese Aufgabe finden Sie in Listing 7.71.

Listing 7.71: Tabellen zusammenführen auf einem Blatt

```
Sub Konsolidieren()
Dim Blatt1 As Worksheet
Dim i As Integer

   Set Blatt1 = Worksheets(1)
   For i = 2 To Worksheets.Count
```

```
    Worksheets(i).UsedRange.Copy Destination:= _
    Blatt1.Cells(Rows.Count, 1).End(xlUp).Offset(1, 0)
  Next i
End Sub
```

Mit der Eigenschaft `UsedRange` ermitteln Sie jeweils den verwendeten Bereich der Tabelle. Kopieren Sie diesen Bereich dann mit der Methode `Copy` und geben Sie im Argument `Destination` die erste Tabelle der Arbeitsmappe an. Die richtige Einfügeposition erhalten Sie, indem Sie die Eigenschaft `End` einsetzen. Zuvor zählen Sie die bereits belegten Zeilen Ihrer Ausgangstabelle mithilfe der Anweisung `Rows.Count`.

Abbildung 7.18: Alle Tabellen wurden auf einer Tabelle zusammengefasst

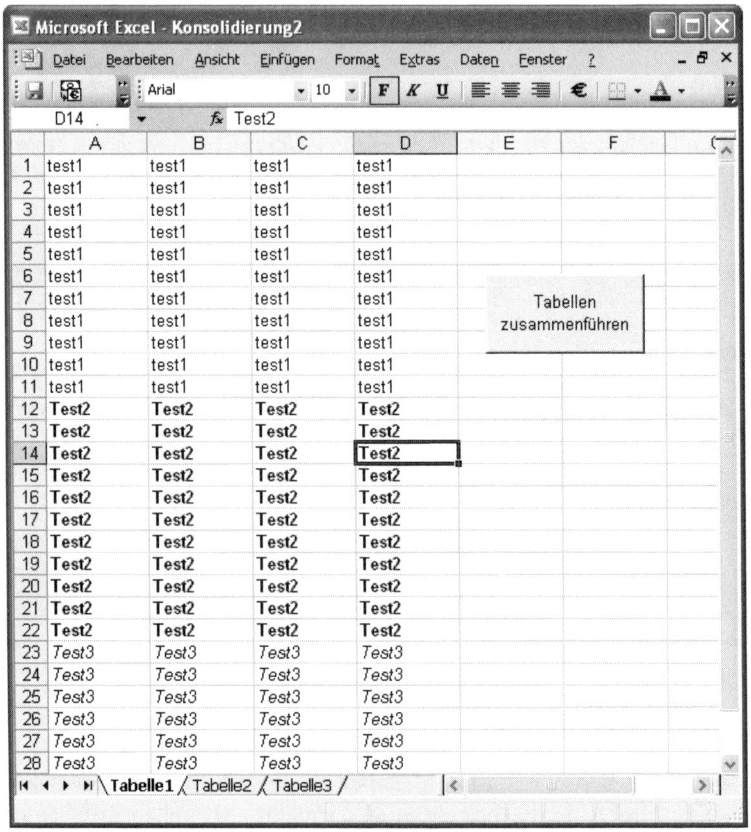

7.17 Sonstige Lösungen mit Tabellen

Lernen Sie zum Abschluss dieses Kapitels weitere interessante Lösungen kennen, die sich auf das Objekt `Worksheet` beziehen.

Die folgenden Makros finden Sie auf der CD-ROM im Verzeichnis KAP07 *in der Datei* TABELLEN.XLS.

CD

Registerlaschen ein- und ausblenden

Standardmäßig werden die Registerlaschen am unteren Bildrand von Excel angezeigt. Wenn Sie diese Standardeinstellung stört, dann können Sie die Anzeige der Registerlaschen ausblenden. Im Makro aus Listing 7.72 werden die Registerlaschen ein- bzw. ausgeblendet.

```
Sub RegisterAusEinblenden()
  Sheets("Tabelle7").Activate
    With ActiveWindow
        .DisplayWorkbookTabs = Not .DisplayWorkbookTabs
    End With
End Sub
```

Listing 7.72: Registerlaschen ein- bzw. ausblenden

Über die Eigenschaft `DisplayWorkbookTabs` können Sie die Registerlaschen Ihrer Tabelle ein- und ausblenden. Setzen Sie diese Eigenschaft auf den Wert `True`, wenn Sie die Registerlaschen anzeigen möchten. Weisen Sie der Eigenschaft den Wert `False` zu, um die Registerlaschen wieder auszublenden. Den dynamischen Wechsel zwischen Anzeigen und Ausblenden der Registerlaschen bekommen Sie über eine Gegenüberstellung hin. Dabei können Sie sich diese Gegenüberstellung wie einen Lichtschalter vorstellen, also an und aus.

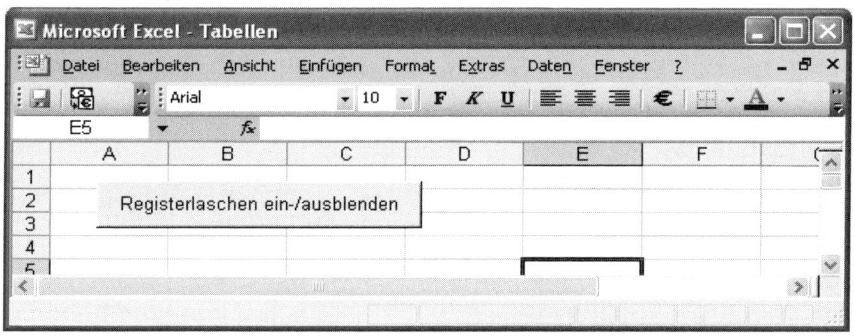

Abbildung 7.19: Registerlaschen wurden ausgeblendet

Registerlaschen einfärben

Ab der Version 2002 besteht auch die Möglichkeit, die Registerlaschen am unteren Bildrand Ihrer Tabellen zu färben. Microsoft hat dazu das Objekt `Tab` *geschaffen.*

NEU

Im folgenden Makro färben Sie alle Registerlaschen der Tabellen in einer Arbeitsmappe mit der Farbe Rot.

Listing 7.73: Registerlaschen einfärben

```
Sub RegisterlaschenFärben()
Dim Blatt As Worksheet

For Each Blatt In ActiveWorkbook.WorkSheets
   Blatt.Tab.ColorIndex = 3
 Next Blatt
End Sub
```

In einer Schleife durchblättern Sie alle Tabellenblätter der aktiven Arbeitsmappe und färben die Registerlaschen mit der Farbe Rot. Dazu wenden Sie die Eigenschaft `ColorIndex` für das Objekt `Tab` an.

Abbildung 7.20: Alle Registerlaschen wurden rot eingefärbt

:-) TIPP

Möchten Sie jegliche Färbung der Registerlaschen wieder entfernen, dann weisen Sie der Eigenschaft `ColorIndex` *die Konstante* `xlColorIndexNone` *zu.*

Listing 7.74: Registerlaschen entfärben

```
Sub RegisterlaschenEntFärben()
Dim Blatt As Worksheet

For Each Blatt In ActiveWorkbook.Worksheets
   Blatt.Tab.ColorIndex = xlColorIndexNone
 Next Blatt
End Sub
```

Diashow starten

Eine sehr interessante Lösung, die stark an die Funktionalität von Microsoft PowerPoint erinnert, ist das Anzeigen der Tabellen einer Arbeitsmappe nacheinander. Das Intervall, nach dem auf das nächste Tabellenblatt gesprungen werden soll, können Sie selbst bestimmen. Entnehmen Sie die Lösung für diese Aufgabe dem Makro aus Listing 7.75.

Listing 7.75: Diashow starten

```
Sub DiaShowStarten()
Dim i As Integer

For i = 1 To ActiveWorkbook.Sheets.Count
 Sheets(i).Activate
 Application.Wait Now + TimeValue("00:00:10")
Next i
End Sub
```

Ermitteln Sie im ersten Schritt, wie viele Tabellen in der aktiven Arbeitsmappe enthalten sind. Dies bildet die Grundlage für die Schleife. Mit der Anweisung `Application.Wait` können Sie die Ausführung des Makros für eine Weile unterbrechen. Addieren Sie dazu zur aktuellen Uhrzeit genau 10 Sekunden. Damit diese Addition funktioniert, setzen Sie die Funktion `TimeValue` ein, die dafür sorgt, dass die in Klammern folgende Anweisung in ein gültiges Zeitformat umgesetzt wird. Nach 10 Sekunden aktivieren Sie mit der Methode `Activate` das nächste Tabellenblatt.

Übrigens können über dieses Makro auch Diagrammblätter bearbeitet werden, da im Auflistungsobjekt `Sheets` sowohl Tabellen als auch Diagrammblätter verfügbar sind.

Tabellenblätter verlinken

Um diese Aufgabe umzusetzen, werden im ersten Schritt eine neue Tabelle eingefügt und danach die Namen aller in der Arbeitsmappe befindlichen Tabellen ermittelt und in die Tabelle geschrieben. Danach werden die Hyperlinks gesetzt. Um diese Aufgabe zu lösen, setzen Sie das Makro aus Listing 7.76 ein.

Listing 7.76: Tabellen miteinander verlinken

```
Sub TabellenNamenInHyperlinksWandeln()
Dim Tabelle As Worksheet
Dim Bereich As Range
Dim Zelle As Range

WorkSheets.Add
Range("A1").Select
For Each Tabelle In ActiveWorkbook.WorkSheets
 ActiveCell.Value = Tabelle.Name
 ActiveCell.Offset(1, 0).Select
Next Tabelle

Set Bereich = ActiveCell.CurrentRegion
For Each Zelle In Bereich
 Zelle.Hyperlinks.Add Zelle, "", _
 Zelle.Value & "!" & ActiveCell.Address
Next Zelle
End Sub
```

Fügen Sie zuerst einmal eine neue Tabelle ein. Dazu verwenden Sie die Methode `Add`. Die erste Schleife arbeitet alle Tabellenblätter der Arbeitsmappe ab und schreibt den jeweiligen Tabellennamen in die Zellen. Danach werden die Hyperlinks in einer weiteren Schleife gesetzt. Dabei fügen Sie durch die Anweisung `Zelle.Hyperlinks.Add Zelle, "", Zelle.Value & "!" & ActiveCell.Address` die Hyperlinks ein.

Abbildung 7.21: Alle Tabellen wurden verknüpft

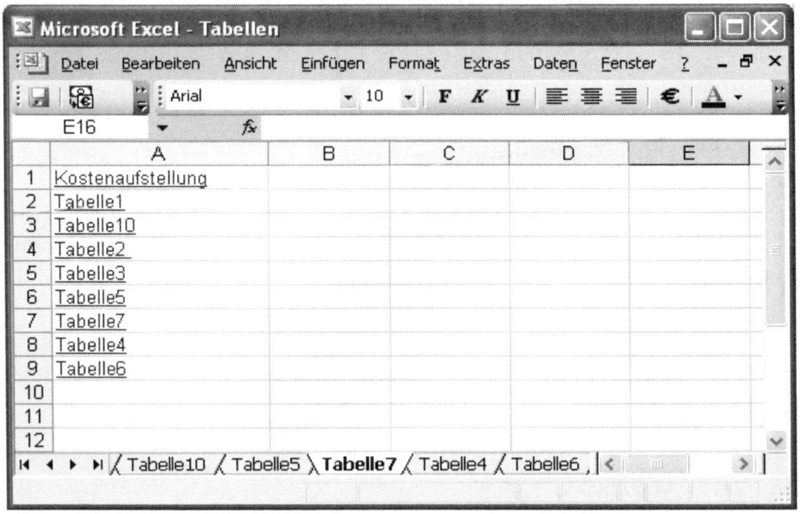

Mit einem Klick auf den gewünschten Hyperlink verzweigen Sie auf die angeklickte Tabelle.

Bilder in Tabellen einfügen

Um ein Bild in eine Tabelle einzufügen, müssen Sie sicherstellen, dass das Bild auch tatsächlich auf Ihrer Festplatte existiert. Danach starten Sie das Makro aus Listing 7.77.

Listing 7.77: Bild in Tabelle einfügen

```
Sub BildInTabelleReinkopierenUndDuplizieren()
Dim Pic As Picture

On Error GoTo fehlerm
Set Pic = ActiveSheet.Pictures.Insert("c:\WioNeu.jpg")
Pic.CopyPicture xlScreen
ActiveSheet.Paste
Exit Sub

fehlerm:
MsgBox " Das Bild konnte nicht gefunden werden!"
End Sub
```

Setzen Sie die Anweisung `ActiveSheet.Pictures.Insert` ein, um ein Bild in Ihre Tabelle einzufügen. Über die Methode `CopyPicture` kopieren Sie das Bild und geben dabei die Konstante `xlScreen` an. Damit wird das Bild so kopiert, dass es seiner Darstellung auf dem Bildschirm so weit wie möglich entspricht. Fügen Sie danach das kopierte Bild mit der Methode `Paste` ein.

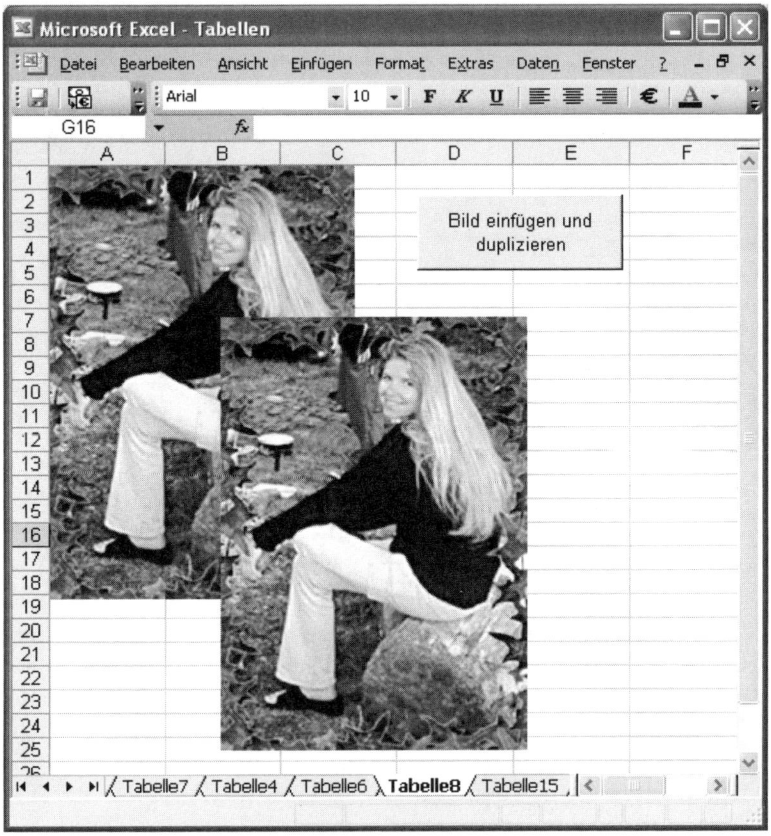

Abbildung 7.22: Bild einfügen und duplizieren

Soll ein Bild auf allen Tabellen der Arbeitsmappe eingefügt werden, dann starten Sie das folgende Makro:

Listing 7.78: Bild in alle Tabellen der Mappe einfügen

```
Sub GrafikAufJEderTabelleEinfügen()
Dim Shp As Picture
Dim Blatt As Worksheet

For Each Blatt In ActiveWorkbook.Worksheets
 Set Shp = Blatt.Pictures.Insert _
 ("C:\Eigene Dateien\vbaOff.jpg")
 Shp.Top = Range("D4").Top
 Shp.Left = Range("D4").Left
Next Blatt
End Sub
```

Setzen Sie die Anweisung ActiveSheet.Pictures.Insert ein, um ein Bild in der jeweiligen Tabelle einzufügen. Über die Eigenschaften Top und Left wird die obere Ecke des Bilds festgelegt, d.h., die linke obere Ecke des Bilds wird in Zelle D4 positioniert.

Im nächsten Beispiel wird ein Bild über die Methode GetOpenFileName eingefügt.

Listing 7.79: Bilder in Tabellen einfügen und anpassen

```
Sub GrafikInTabelleEinfügen()
Dim Picture As Picture
Dim s As String

s = Application.GetOpenFilename _
(" Bilder(*.Jpg; *.Bmp; *.Gif),*.jpg, *.bmp, *.gif")
Range("A1").Value = s
Range("A2").Select
On Error GoTo abbruch
If s = "Falsch" Then
 Range("a1").Clear
 Else
 Set Picture = ActiveSheet.Pictures.Insert(s)
 Picture.ShapeRange.Height = 220
 Range("a1").Select
End If
abbruch:
End Sub
```

Wenden Sie die Methode GetOpenFilename an. Sie zeigt das Standarddialogfeld ÖFFNEN an, ohne jedoch irgendwelche Dateien zu öffnen. Die Auswahl der Dateien, die angezeigt werden sollen, können Sie selbst festlegen. Im nächsten Schritt erfolgt eine Prüfung, ob der Name der Grafikdatei auch in Zelle A1 geschrieben wurde. Wenn ja, wird die Grafikdatei über die Methode Insert eingefügt. Danach können Sie die Höhe der eingefügten Bilddatei über die Eigenschaft Height des Auflistungsobjekts ShapeRange anpassen.

Hintergrundbild einfügen

Für die Optik können Sie eine Grafik als Hintergrund für Ihre Tabelle einstellen. Dazu verwenden Sie die Methode SetBackgroundPicture. Dieses Hintergrundbild kann aber standardmäßig nicht ausgedruckt werden.

Listing 7.80: Hintergrundbild in Tabelle einfügen

```
Sub HintergrundEinfügen()
Worksheets("Tabelle16").SetBackgroundPicture _
  Filename:= _
"C:\Eigene Dateien\Eigene Bilder\Eisberg.jpg"
End Sub
```

Abbildung 7.23: Bild mit Beschriftung einfügen

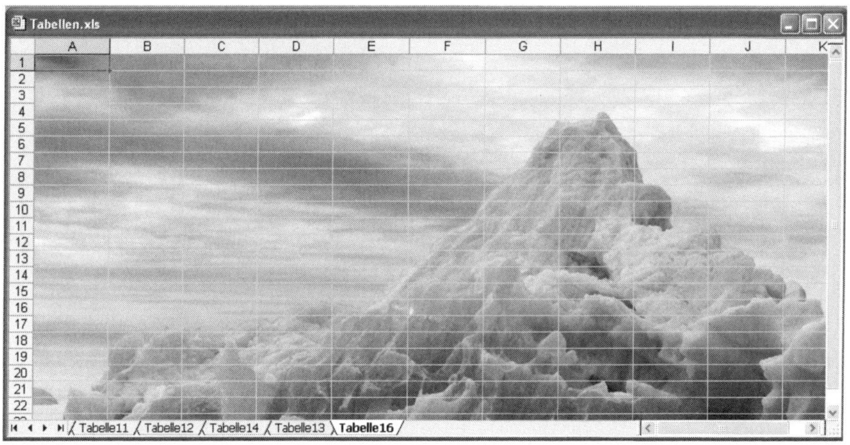

Abbildung 7.24: Hintergrundbild einfügen

Tabellenansicht anpassen

In einer Tabelle können Sie sich die Daten jederzeit etwas größer bzw. auch verkleinert anzeigen. Um diese Aufgabe schrittweise zu erledigen können Sie ein Makro einsetzen, das die Ansicht um jeweils 10% vergrößert bzw. verkleinert.

Listing 7.81: Tabellenansicht vergrößern

```
Sub VergrößernTabelle()
Dim i As Integer

  i = ActiveWindow.Zoom
    ActiveWindow.Zoom = i + 10
End Sub
```

Über die Eigenschaft `Zoom` stellen Sie einen Vergrößerungsfaktor bis zu 400% ein. Bei der Verkleinerung einer Tabelle gelangen Sie nicht unter den Wert 10%. Bei 100% erhalten Sie eine 1:1-Ansicht.

Listing 7.82: Tabellenansicht verkleinern

```
Sub VerkleinernTabelle()
Dim i As Integer

  i = ActiveWindow.Zoom
    ActiveWindow.Zoom = i - 10
End Sub
```

8 Die Programmierung von Arbeitsmappen

Das Workbook-Objekt steht für die Arbeitsmappe. Sie finden auf den nächsten Seiten praktische Beispiele, die u.a. folgende Fragestellungen beantworten sollen:

Die Fragen

- Wie kann ich Arbeitsmappen speichern?
- Wie kann ich Arbeitsmappen öffnen und schließen?
- Wie gehe ich mit Verknüpfungen in einer Arbeitsmappe um?
- Wie kann ich Arbeitsmappen drucken?
- Wie lege ich neue Arbeitsmappen an?
- Wie kann ich Arbeitsmappen löschen?
- Wie kann ich Zugriffe auf Arbeitsmappen ermitteln?
- Wie führe ich Such- und Vergleichsfunktionen in Arbeitsmappen durch?
- Wie kann ich meine Arbeitsmappen aufräumen?

CD

Die folgenden Makros finden Sie auf der CD-ROM im Verzeichnis KAP08 *in der Datei* ARBEITSMAPPE.XLS.

8.1 Arbeitsmappen speichern und sichern

Beim Speichern einer Arbeitsmappe müssen Sie wissen, wo Sie die Mappe speichern möchten. Dazu verwenden Sie die `ChDrive`-Anweisung, um das Laufwerk zu bestimmen, sowie die Anweisung `ChDir`, um das richtige Verzeichnis einzustellen. Jetzt fehlt nur noch der Name. Im folgenden Beispiel aus Listing 8.1 übernehmen Sie den von Excel vorgeschlagenen Namen mit der Eigenschaft `Name`. Erst danach speichern Sie die Mappe.

Listing 8.1: Arbeitsmappen speichern

```
Sub DateiSpeichern()
Dim str As String
Const LW = "c:\"
Const Pfad = "c:\eigene Dateien"

On error GoTo Fehler
 str = ActiveWorkbook.Name
```

```
 ChDrive LW
 ChDir Pfad
 ActiveWorkbook.SaveAs FileName:=str, FileFormat:= _
     xlNormal, Password:="", WriteResPassword:="", _
     ReadOnlyRecommended:=False, CreateBackup:=True
Exit Sub

Fehler:
 MsgBox _
 "Laufwerk/Verzeichnis konnte nicht gefunden werden!"
End Sub
```

Die Syntax

Die SaveAs-Methode hat einige Argumente. Die Syntax der Methode lautet:

```
ActiveWorkbook.SaveAs(Filename, FileFormat, Password, _ WriteResPassword,
ReadOnlyRecommended, CreateBackup, _ AddToMru, TextCodePage,
TextVisualLayout)
```

Die Argumente der Methode SaveAs

Das Argument FileName haben Sie vorher in der Variablen s ermittelt. Mit dem Argument FileFormat geben Sie an, in welchem Format Sie Ihre Mappe speichern möchten. Mit dem nächsten Argument Password können Sie ein Passwort festlegen, welches der Anwender beim Öffnen der Datei eingeben muss, um die Datei zu laden. Im letzten Beispiel wurde eine Leerzeichenfolge übergeben, was bedeutet, dass kein Passwort beim Öffnen der Datei abgefragt wird. Das Argument WriteResPassword sorgt dafür, dass ein Kennwort für die Schreiberlaubnis der Datei eingegeben werden muss. Das Argument ReadOnlyRecommended setzen Sie auf True, wenn beim Öffnen der Datei in einer Meldung empfohlen werden soll, die Datei mit Nur-Lese-Zugriff zu öffnen. Belassen Sie das Argument auf dem Wert False, unterbleibt diese Meldung. Das Argument CreateBackup setzen Sie auf den Wert True, wenn Excel von der Mappe eine Sicherungskopie anlegen soll. Excel legt dann eine Sicherungskopie unter demselben Namen mit dem Zusatz SICHERUNGSKOPIE VON... und der Endung WLK an. Die übrigen Argumente sind in der Praxis nicht so relevant und werden an dieser Stelle nicht weiter beschrieben. Eine Beschreibung erhalten Sie aber in der Online-Hilfe.

Arbeitsmappe doppelt sichern

Eine zusätzliche Sicherungsfunktion wäre, die Datei auf zwei verschiedenen Laufwerken zu speichern. Das entsprechende Makro sehen Sie in Listing 8.2.

Listing 8.2: Arbeitsmappe an verschiedenen Speicherorten sichern

```
Sub DateiDoppeltSpeichern()
Dim s As String
Const Lw = "c:\"
Const Lw2 = "q:\"
Const Pfad = "c:\Eigene Dateien\"
Const Pfad2 = "q:\Sicherungen\"
```

```
    s = ActiveWorkbook.Name
    On Error GoTo fehler
    ChDrive Lw
    ChDir Pfad
    ActiveWorkbook.SaveAs Filename:=s, FileFormat:= _
        xlNormal, Password:="", WriteResPassword:="", _
        ReadOnlyRecommended:=False, CreateBackup:=True

    ChDrive Lw2
    ChDir Pfad2
    ActiveWorkbook.SaveAs Filename:=s, FileFormat:= _
        xlNormal, Password:="", WriteResPassword:="", _
        ReadOnlyRecommended:=False, CreateBackup:=True
    Exit Sub

fehler:
 MsgBox _
"Laufwerk/Verzeichnis konnte nicht gefunden werden!"
End Sub
```

Bei Bedarf Verzeichnis anlegen

In den letzten beiden Beispielen wurde davon ausgegangen, dass die angegebenen Verzeichnisse bereits existieren. In der folgenden Aufgabe wird geprüft, ob ein Verzeichnis bereits existiert, bevor die Arbeitsmappe darin als Kopie gespeichert wird. Sollte das Verzeichnis noch nicht existieren, dann wird es automatisch angelegt.

Listing 8.3: Verzeichnis prüfen bzw. anlegen

```
Sub SpeichernInVerzeihnis()
Dim s_verz As String

s_verz = ThisWorkbook.Path & "\"
ChDir s_verz
If Len(Dir(s_verz & "\SICHERUNG", vbDirectory)) Then
 ChDir s_verz & "\SICHERUNG"
Else
 MkDir "SICHERUNG"
 ChDir s_verz & "\SICHERUNG"
End If
ActiveWorkbook.SaveAs ThisWorkbook.Name & _
"_Sicherung.xls"
End Sub
```

Fügen Sie im ersten Schritt eine neue Arbeitsmappe ein. Danach ermitteln Sie über die Eigenschaft `Path` den momentanen Speicherpfad der Datei. Mithilfe der Anweisung `Chdir` wechseln Sie anschließend in das Speicherverzeichnis der Arbeitsmappe. Im Anschluss prüfen Sie, ob das Verzeichnis

SICHERUNG bereits existiert. Falls nicht, wenden Sie die Anweisung `MkDir` an, um das Verzeichnis zu erstellen.

Integrierten Speichern unter-Dialog aufrufen

Wenn Sie möchten, können Sie über VBA auch auf den integrierten Dialog SPEICHERN UNTER zurückgreifen. Dazu verwenden Sie das folgende Makro aus Listing 8.4.

Listing 8.4: Den integrierten Speichern unter-Dialog aufrufen

```
Sub SpeichernUnterDialogAufrufen()
 Application.Dialogs(xlDialogSaveAs).Show
End Sub
```

Die Ermittlung des Pfads der geladenen Arbeitsmappe

Oftmals müssen Sie bei der Bearbeitung von Arbeitsmappen wissen, in welchem Verzeichnis die Arbeitsmappe gespeichert ist. Das ist mitunter wichtig, wenn Sie weitere Arbeitsmappen anlegen und diese dann im gleichen Verzeichnis speichern möchten.

Um zu ermitteln, in welchem Verzeichnis sich die Arbeitsmappe befindet, setzen Sie folgenden Code ein:

Listing 8.5: Pfad der geöffneten Arbeitsmappe ausgeben

```
Sub VerzeichnisDerArbeitsmappeErmitteln()
Dim s As String

 s = Application.ActiveWorkbook.Path
 MsgBox s
End Sub
```

Mit der Eigenschaft `Path` ermitteln Sie den Pfad der aktiven Arbeitsmappe. Verwenden Sie die Eigenschaft `FullName`, wenn zusätzlich zum Speicherverzeichnis auch noch der Name der Arbeitsmappe ermittelt werden soll.

:-) TIPP

Achten Sie auch bei diesem Beispiel darauf, dass mit der Eigenschaft `ActiveWorkbook` *die momentan aktive Mappe gemeint ist. Verwenden Sie die Eigenschaft* `ThisWorkbook`, *wenn Sie die Arbeitsmappe ansprechen möchten, in der der Code gespeichert ist. Wenn Sie mehrere Arbeitsmappen geöffnet haben, ist es mehr oder weniger Zufall, ob Sie mit der Eigenschaft* `ActiveWorkbook` *auch wirklich die gewünschte Mappe erwischen.*

Zustand der Arbeitsmappe ermitteln

Wenn Sie wissen möchten, ob seit dem letzten Öffnen der Arbeitsmappe Änderungen in der Arbeitsmappe vorgenommen wurden, sei es durch Verknüpfungen oder Benutzereingaben, dann setzen Sie folgendes Makro ein:

```
Sub ArbeitsmappeGeändertOderNicht()
 If ActiveWorkbook.Saved = False Then
   MsgBox "Die Mappe wurde geändert!"
 End If
End Sub
```

Listing 8.6: Abfrage, ob eine Arbeitsmappe geändert wurde

Die Eigenschaft `Saved` liefert den Wert `True`, wenn die aktive Arbeitsmappe seit der letzten Speicherung nicht mehr geändert wurde. Gibt die Eigenschaft den Wert `False` zurück, wurden Änderungen an der Arbeitsmappe vorgenommen.

Arbeitsmappe ohne Makros speichern

Beim Öffnen einer Excel-Arbeitsmappe, die Makros enthält, erscheint eine Meldung, die Sie darauf hinweist, dass Makros in der Arbeitsmappe gespeichert sind, die eventuell Makroviren enthalten könnten. Diese Meldung können Sie übergehen, indem Sie auf die Schaltfläche MAKROS AKTIVIEREN klicken. Wenn Sie sich nicht sicher sind bezüglich der Herkunft der Arbeitsmappe, klicken Sie auf die Schaltfläche MAKROS DEAKTIVIEREN. Wenn Sie selbst Arbeitsmappen verschicken, überlegen Sie, ob Sie die Makros wirklich mit ausliefern müssen. Um eine Kopie einer Arbeitsmappe ohne Makros zu erstellen, speichern Sie die aktuelle Arbeitsmappe unter einem anderen Namen und wechseln mit der Tastenkombination [Alt]+[F11] in die Entwicklungsumgebung. Jetzt können Sie die einzelnen Module entfernen. Diese Aufgabe lässt sich aber auch elegant mit einem Makro erledigen.

```
Sub ArbeitsmappeOhneMakrosSpeichern()
Dim Original As String
Dim Kopie As String
Dim i  As Integer

 Original = ActiveWorkbook.Name
 Kopie = ActiveWorkbook.Name & "_Kopie.xls"
 Workbooks.Add
 ActiveWorkbook.SaveAs _
  Filename:="C:\eigene Dateien\" & Kopie

 Workbooks(Original).Activate
 For i = 1 To Sheets.Count
  Sheets(i).Copy _
  After:=Workbooks(Kopie).Sheets(i)
 Next i
End Sub
```

Listing 8.7: Arbeitsmappe ohne Makros speichern

Speichern Sie im ersten Schritt den Namen der aktiven Arbeitsmappe sowie den Namen der Kopie in den Variablen `Original` und `Kopie`. Als Namen für die Kopie ohne Makros können Sie beispielsweise den Namen des Originals verwenden, den Sie um die Endung `_Kopie` ergänzen. Im nächsten Schritt fügen Sie über die Methode Add eine neue Arbeitsmappe ein und speichern diese gleich danach im Verzeichnis C:\EIGENE DATEIEN. Danach wechseln Sie mit der Methode Activate in die Originalmappe. Setzen Sie eine For Next-Schleife auf, die alle Tabellenblätter der Arbeitsmappe in die Zielarbeitsmappe kopiert.

REF

In Kapitel 13 erfahren Sie, wie Sie mithilfe der VBE-Programmierung Arbeitsmappen ohne Makros erstellen können.

Arbeitsmappe als Textdatei speichern

Wenn Sie möchten, können Sie eine komplette Arbeitsmappe in einer Textdatei speichern. Standardmäßig können Sie diese Aktion lediglich für eine einzige Tabelle durchführen. Mit einem Makro können Sie alle Tabellen einer Arbeitsmappe Zeile für Zeile und Spalte für Spalte in einer Textdatei speichern. Das Makro für diese Aufgabe sehen Sie in Listing 8.8.

Listing 8.8: Arbeitsmappe als Textdatei speichern

```
Sub TabellenAlsTextdateienSpeichern()
Dim Daten As Range
Dim Zeile As Range
Dim Zelle As Range
Dim s As String
Dim i As Integer

  For i = 1 To ActiveWorkbook.Sheets.Count
  Set Daten = ActiveSheet.UsedRange
  Open "c:\eigene Dateien\Ausgabe" & i & ".csv" _
   For Output As #1
  For Each Zeile In Daten.Rows
    For Each Zelle In Zeile.Cells
      s = s & CStr(Zelle.Text) & ";"
    Next
    Print #1, s
    s = ""
  Next
  Close #1
  Sheets(i).Activate
Next i
End Sub
```

Legen Sie mithilfe der Anweisung Set erst einmal den Datenbereich fest, den Sie in einer Textdatei speichern möchten. Dieser Bereich ist jeweils der verwendete Bereich einer Tabelle, den Sie über die Anweisung ActiveSheet.UsedRange herausfinden können. Öffnen Sie danach die Ausgabedatei, die übrigens noch nicht einmal angelegt sein muss. In der anschließenden Doppelschleife schreiben Sie die einzelnen Zellen, getrennt durch ein Semikolon, in die Variable s. Mithilfe der Anweisung Print schreiben Sie diese Variable am

Ende einer jeden Zeile in die Textdatei. Haben Sie alle Zeilen übertragen, dann schließen Sie die Textdatei mit dem Befehl `Close`.

Arbeitsmappe aktuell speichern

Möchten Sie eine Arbeitsmappe unter dem Datum sowie der Uhrzeit speichern, so wird das nicht gleich gelingen, da bei Dateinamen weder Doppelpunkte noch Punkte zugelassen werden, wie sie bei Datums- und Zeitangaben üblich sind.

Das folgende Makro speichert eine Mappe unter dem Namen »Mappe_28052003_0130.xls«.

Listing 8.9: Arbeitsmappe unter aktuellem Datum/Uhrzeit speichern

```
Sub DateiUnterDatumUndZeitSpeichern()
Dim s_Datum As String
Dim s_Zeit As String

s_Datum = Date
s_Zeit = Time

s_Datum = Application.Substitute(s_Datum, ".", "")

ActiveWorkbook.SaveAs "Mappe_" & s_Datum & "_" & _
 Format(s_Zeit, "hhmm") & ".xls"
End Sub
```

Um das Datum bzw. die Zeit in die richtige Form zu bringen, haben Sie zwei Möglichkeiten. Entweder Sie ersetzen mithilfe der Funktion `Substitute` die unerwünschten Zeichen durch einen Leerstring oder Sie bringen die Ausgabe über die Funktion `Format` in die gewünschte Form.

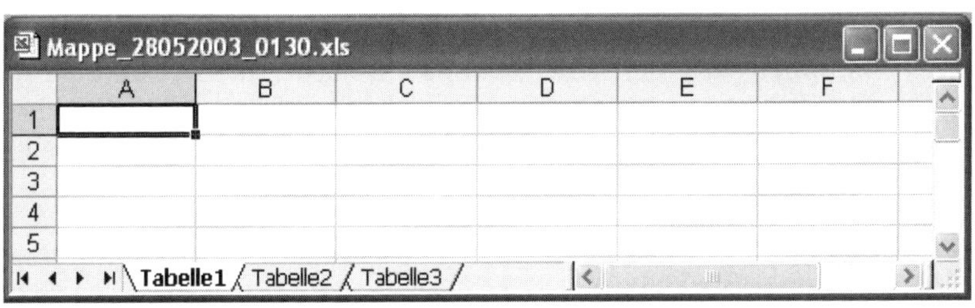

Abbildung 8.1: Datei unter aktuellem Datum und aktueller Uhrzeit speichern

8.2 Arbeitsmappen öffnen

Zum Öffnen einer Arbeitsmappe muss bekannt sein, wie die Datei heißt und in welchem Pfad sie steht. Für das Öffnen einer Arbeitsmappe setzen Sie die Methode `Open` ein.

Listing 8.10: Bestimmte Arbeitsmappe öffnen

```
Sub ArbeitsmappeÖffnen()
Const Lw = "c:\"
Const Pfad = "c:\eigene Dateien"
Const Datei = "Mappe2.xls"

    ChDrive Lw
    ChDir Pfad

    On Error Resume Next
    Workbooks.Open Datei
End Sub
```

Werfen Sie einen Blick auf die Zeile vor dem `Open`-Befehl. Die Anweisung `On Error Resume Next` sorgt dafür, dass das Makro keinen Fehler liefert, wenn die gewünschte Arbeitsmappe nicht gefunden wird. In diesem Fall würde Excel einfach den Befehl ignorieren.

REF

Wie Sie mithilfe einer Funktion prüfen können, ob eine Arbeitsmappe existiert, erfahren Sie in Kapitel 10.

Die `Open`-Methode hat weitestgehend dieselben Argumente, die Sie schon bei der `SaveAs`-Methode kennen gelernt haben. Diese können in der Online-Hilfe nachgelesen werden.

Die Syntax

Die komplette Syntax der Methode `Open` lautet:

```
Workbooks.Open(FileName, UpdateLinks, ReadOnly, _
Format, Password, WriteResPassword,_
IgnoreReadOnlyRecommended, Origin, Delimiter, _
Editable, Notify, Converter, AddToMRU)
```

Die Argumente der Methode Open

Besonders wichtig ist das Argument `UpdateLinks`. Sicher haben Sie auch schon einmal beim Öffnen einer Arbeitsmappe die Meldung erhalten, ob Sie die Verknüpfungen in der Arbeitsmappe aktualisieren möchten oder nicht. Diese Abfrage können Sie unterdrücken, indem Sie ein entsprechendes Argument 0 bis 3 einsetzen. Die Bedeutung der verschiedenen Werte entnehmen Sie der folgenden Tabelle.

Tabelle 8.1: Die Konstanten der Methode Open

Konstante	Bedeutung
0	Keine Aktualisierung von Bezügen
1	Aktualisierung von externen Bezügen, jedoch nicht von Fernbezügen
2	Aktualisierung von Fernbezügen, jedoch nicht von externen Bezügen
3	Aktualisierung von externen Bezügen und Fernbezügen

So bedeutet beispielsweise die Zeile

```
Workbooks.Open filename:="Mappe2.xls", UpdateLinks:=0,
```

dass keine Aktualisierung von Verknüpfungen vorgenommen wird.

:-) TIPP

Wenn Sie generell beim Öffnen von Arbeitsmappen Verknüpfungen aktualisieren möchten, dann können Sie im Menü EXTRAS *den Befehl* OPTIONEN *wählen, auf die Registerkarte* BEARBEITEN *wechseln und das Kontrollkästchen* AKTUALISIEREN VON AUTOMATISCHEN VERKNÜPFUNGEN BESTÄTIGEN *deaktivieren. Diese Umstellung können Sie auch über ein Makro festlegen.*

Listing 8.11: Verknüpfte Arbeitsmappen beim Öffnen generell aktualisieren

```
Sub VerknüpfungenImmerUpdaten()
  Application.AskToUpdateLinks = False
End Sub
```

Setzen Sie die Eigenschaft `AskUpdateLinks` auf den Wert `True`, um die Aktualisierungsabfrage beim Öffnen von Arbeitsmappen wieder anzuzeigen.

Den integrierten Öffnen-Dialog aufrufen

Wenn Sie möchten, können Sie für das Öffnen von Arbeitsmappen auch einen bereits integrierten Dialog von Excel verwenden. Dabei können Sie auch schon als Argument den Pfad mitgeben, welchen der ÖFFNEN-Dialog anzeigen soll. Das Makro dazu sehen Sie im Listing 8.12.

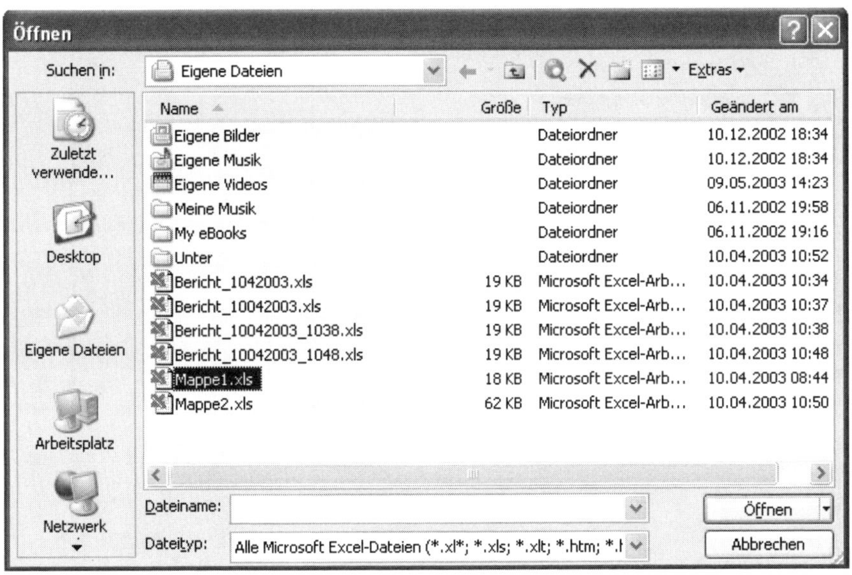

Abbildung 8.2: Öffnen-Dialog mit voreingestelltem Verzeichnis aufrufen

Listing 8.12: Den integrierten Öffnen-Dialog mit voreingestelltem Pfad aufrufen

```
Sub DialogÖffnenAnzeigen()
  Application.Dialogs(xlDialogOpen).Show _
  "C:\Dokumente und Einstellungen\Held\Eigene Dateien"
End Sub
```

Liste der geöffneten Arbeitsmappen beeinflussen

Wenn Sie das Menü DATEI herunterklappen, können Sie die zuletzt geöffneten Arbeitsmappen vor dem letzten Befehl im Menü sehen. Dabei handelt es sich um eine Wiedervorlageliste. Die Anzahl der angezeigten Arbeitsmappen können Sie selbst festlegen. Bei Bedarf lässt sich die Ansicht dieser Liste sogar deaktivieren.

Listing 8.13: Die Anzeige der Wiedervorlageliste manipulieren

```
Sub DateiListeFestlegen()
    With Application
        .DisplayRecentFiles = True
        .RecentFiles.Maximum = 8
    End With
End Sub
```

Abbildung 8.3: Die Wiedervorlageliste am Ende des Datei-Menüs

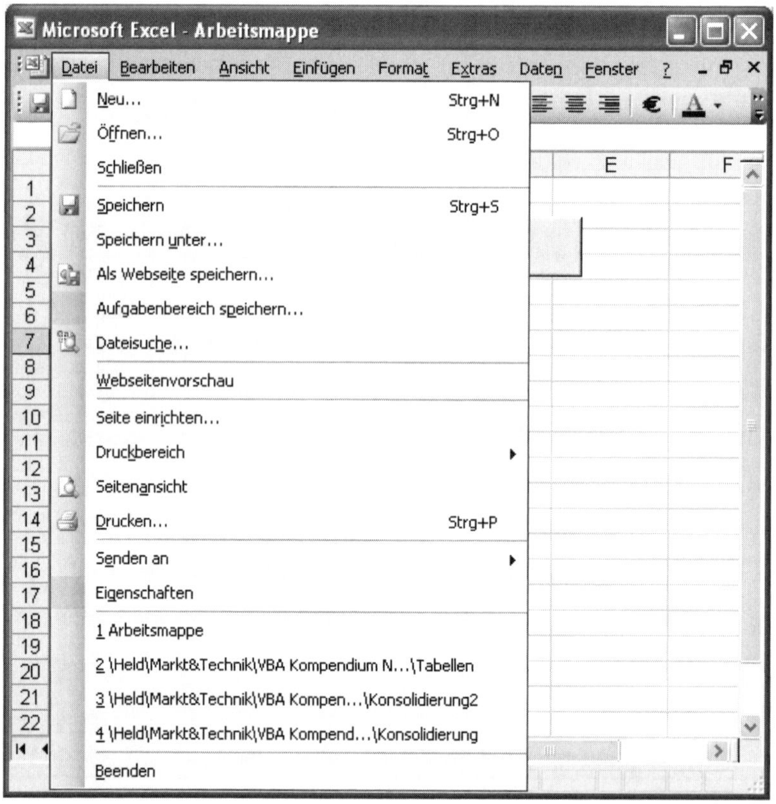

Mit der Eigenschaft `DisplayRecentFiles` bestimmen Sie, ob die Wiedervorlageliste im Menü DATEI angezeigt werden soll. Wenn ja, dann weisen Sie der Eigenschaft den Wert `True` zu. Mit der Eigenschaft `Maximum` bestimmen Sie die maximale Anzahl der Arbeitsmappen, die im Menü DATEI angezeigt werden sollen.

INFO

Die Wiedervorlageliste kann bis zu neun Einträge enthalten.

Haben Sie vor, die Wiedervorlageliste nicht zu nutzen, dann starten Sie das Makro aus Listing 8.14.

Listing 8.14: Wiedervorlageliste deaktivieren

```
Sub DateiListeZurücksetzen()
  With Application
        .DisplayRecentFiles = False
        .RecentFiles.Maximum = 0
    End With
End Sub
```

Mehrere Arbeitsmappen öffnen

Wenn Sie mehrere Arbeitsmappen auf einmal öffnen und dabei den integrierten ÖFFNEN-Dialog von Excel verwenden möchten, dann starten Sie das folgende Makro in Listing 8.15.

Listing 8.15: Mehrere Arbeitsmappen über Dialog öffnen

```
Sub MehrereArbeitsmappenÖffnen()
Dim l As Long
Dim Mappen As Variant

 l = 0
 Mappen = Application.GetOpenFilename _
 ("Excel-Dateien(*.xls),*.xls", MultiSelect:=True)

 If IsArray(Mappen) Then
    For l = LBound(Mappen) To UBound(Mappen)
       Workbooks.Open Mappen(l)
    Next l
 Else
    MsgBox "Sie haben keine Mappe gewählt!"
 End If
End Sub
```

Mithilfe der Methode `GetOpenFilename` zeigen Sie das Standarddialogfeld ÖFFNEN an, ohne jedoch irgendwelche Dateien zu öffnen. Die Methode hat folgende Syntax:

Die Syntax

```
GetOpenFilename(FileFilter, FilterIndex, Title, _
 MultiSelect)
```

Die Argumente der Methode GetOpen-File-Name

Im ersten Argument bestimmen Sie, welche Dateien überhaupt angezeigt werden sollen. Wenn Sie dieses Argument weglassen, werden alle Dateien im Dialog angezeigt. Das Argument `FilterIndex` gibt die Indexnummer der Standarddatei-Filterkriterien an. Das Argument `Title` bestimmt die Überschrift im Dialog. Hiermit können Sie dem ÖFFNEN-Dialog eine eigene Überschrift zuweisen. Wird das Argument weggelassen, wird standardmäßig der Text ÖFFNEN als Dialogüberschrift gewählt. Das Argument `Multi Select` gibt an, ob es möglich ist, im ÖFFNEN-Dialog gleich mehrere Dateien zu markieren. Setzen Sie dieses Argument auf den Wert `True`, wenn Sie die Mehrfachauswahl wünschen. Belassen Sie den Standardwert auf `False`, wenn es nur möglich sein soll, eine Datei zu markieren.

Im nächsten Schritt müssen Sie prüfen, wie viele und vor allem welche Dateien der Anwender im Dialog ÖFFNEN markiert hat. Dazu überprüfen Sie mit der Funktion `IsArray`, ob die Variable `Mappen` gefüllt ist. Wenn ja, dann ist mehr als eine Datei markiert und die `For Next`-Schleife kann aufgesetzt werden. Diese arbeitet den Array von links nach rechts ab, wobei die Funktion `LBound` den kleinsten verfügbaren Index für die angegebene Dimension des Arrays enthält. Die Funktion `UBound` enthält analog den größten verfügbaren Index für die angegebene Dimension des Arrays. Demnach werden nacheinander alle Dateien, die im Array stehen, mithilfe der Methode `Open` geöffnet. Für den Fall, dass nur keine Datei markiert wurde, meldet die Funktion `IsArray` den Wert `False`.

Alle geöffneten Arbeitsmappen ermitteln

Wenn Sie mit Excel-Arbeitsmappen herumhantieren, ist es oft notwendig, gleich mehrere Arbeitsmappen zu öffnen und mithilfe der Tastenkombination [Strg]+[F6] von einer Mappe zur nächsten zu springen, um Werte miteinander zu vergleichen oder auch um Verknüpfungen einzufügen. Wie aber stellen Sie über ein Makro fest, welche Arbeitsmappen gerade geöffnet sind? Das Makro aus Listing 8.16 gibt Ihnen die Antwort.

Listing 8.16: Namen der geöffneten Mappen ermitteln

```
Sub GeöffneteMappenErmitteln()
Dim Mappe As Workbook
Dim i As Integer

WorkSheets.Add
i = 1
 For Each Mappe In Workbooks
      Cells(i, 1) = Mappe.Name
      i = i + 1
   Next Mappe
End Sub
```

Fügen Sie über die Methode `Add` ein neues Tabellenblatt in Ihre Arbeitsmappe ein. Danach setzen Sie eine Schleife auf und arbeiten alle geöffneten

Arbeitsmappen ab. Diese werden Ihnen über die Eigenschaft `Workbooks` zur Verfügung gestellt.

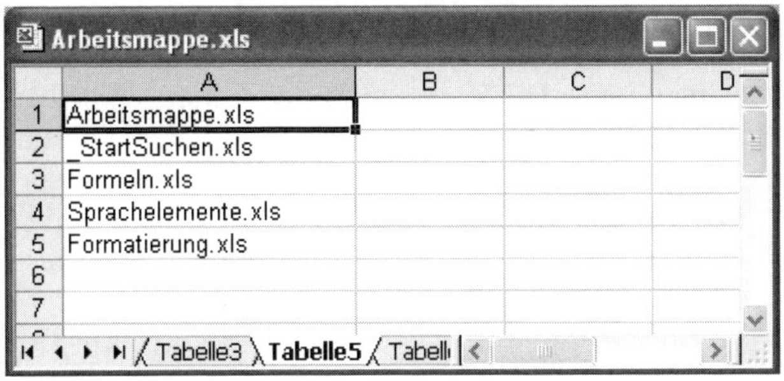

Abbildung 8.4: Alle geöffneten Arbeitsmappen herausschreiben

Die aktuellste Arbeitsmappe öffnen

Was machen Sie, wenn Sie in einem Verzeichnis mehrere Excel-Arbeitsmappen gespeichert haben und nun die aktuellste davon öffnen möchten? Sie starten den Datei-Explorer, stellen die Ansicht DETAILS ein und schauen unter der Rubrik GEÄNDERT AM nach. Wenn Sie mithilfe eines Makros immer die aktuellste Arbeitsmappe in einem bestimmten Verzeichnis öffnen möchten, verwenden Sie die Funktion `FileDateTime`, die das letzte Änderungsdatum einer Datei ermittelt. Wie das genau geht, erfahren Sie im folgenden Listing.

Listing 8.17: Die zuletzt geänderte Arbeitsmappe aus einem Verzeichnis wird geöffnet

```
Sub AktuellsteMappeImVerzeichnisÖffnen()
Dim Dat As Date
Dim DatVgl As Date
Dim Mappe As String
Dim ZMappe As String
Const s = _
"C:\Dokumente und Einstellungen\Held\Eigene Dateien"

Mappe = Dir(s & "\*.xls")
Dat = FileDateTime(s & "\" & Mappe)

Do Until Mappe = ""
    DatVgl = FileDateTime(s & "\" & Mappe)
    If DatVgl > Dat Then
    Dat = DatVgl
    ZMappe = s & "\" & Mappe
    End If
    Mappe = Dir()
Loop

Workbooks.Open Filename:=ZMappe
End Sub
```

Die Funktion `Dir` dürfte Ihnen noch aus alten DOS-Tagen bekannt sein. Mit dieser Funktion können Sie ein Verzeichnis, ja sogar ganze Laufwerke, nach einer bestimmten Datei durchsuchen lassen. Der Funktion übergeben Sie den kompletten Pfad, den Sie in der Konstanten definiert haben, sowie den Dateifilter (*.XLS). Das Ergebnis der Funktion speichern Sie in der String-Variablen `Mappe`. Die Funktion findet nun die erste Datei, die dem Dateifilter entspricht. Ermitteln Sie daraufhin das letzte Änderungsdatum dieser Datei, setzen Sie dazu die Funktion `FileDateTime` ein und speichern Sie das Datum in der Variablen `Dat`. In einer `Do Until`-Schleife erstellen Sie zu Beginn der Schleife eine zweite Variable `DatVgl`, in der Sie jeweils das letzte Änderungsdatum der nächsten Dateien speichern. Im direkten Vergleich der Variablen `Dat` mit der Variablen `DatVgl` ermitteln Sie die aktuellste Datei und speichern diese in der Variablen `ZName`. Wenden Sie die Funktion `Dir` erneut an, um auf die nächste Datei zu positionieren. Das Ende der Schleife ist erreicht, wenn die Funktion `Dir` einen leeren Wert zurückmeldet. In der Variablen `Znamen` steht nun die aktuellste Datei aus dem Verzeichnis, die Sie über die Methode `Open` öffnen können.

Arbeitsmappe ohne Makrodialog starten

Sicher hat es Sie auch schon einmal genervt, wenn Sie eine Arbeitsmappe öffnen, die Makros enthält. Zur Sicherheit erscheint dann immer eine Meldung, dass Makros in der Arbeitsmappe enthalten sind.

STEP

Diese Meldung können Sie als Anwender abschalten, indem Sie wie folgt vorgehen:

1. Wählen Sie aus dem Menü EXTRAS den Befehl MAKRO/SICHERHEIT.
2. Wechseln Sie auf die Registerkarte SICHERHEITSSTUFE.
3. Aktivieren Sie die Option NIEDRIG.
4. Bestätigen Sie Ihre Einstellung mit OK.

Die Option NIEDRIG sollten Sie aber nur einstellen, wenn Sie garantieren können, dass Ihre »Lieferanten« saubere Arbeitsmappen liefern.

Wenn Sie als Entwickler einmal über VBA eine Arbeitsmappe öffnen und den Makrodialog unterdrücken möchten, dann setzen Sie folgendes Makro aus Listing 8.18 ein.

Listing 8.18: Arbeitsmappe ohne Makro-Start-Dialog öffnen

```
Sub DateiOhneMakroabfrageÖffnen()
Dim v As Variant

   v = Application.GetOpenFilename
    If v = False Then Exit Sub
    Workbooks.Open v
End Sub
```

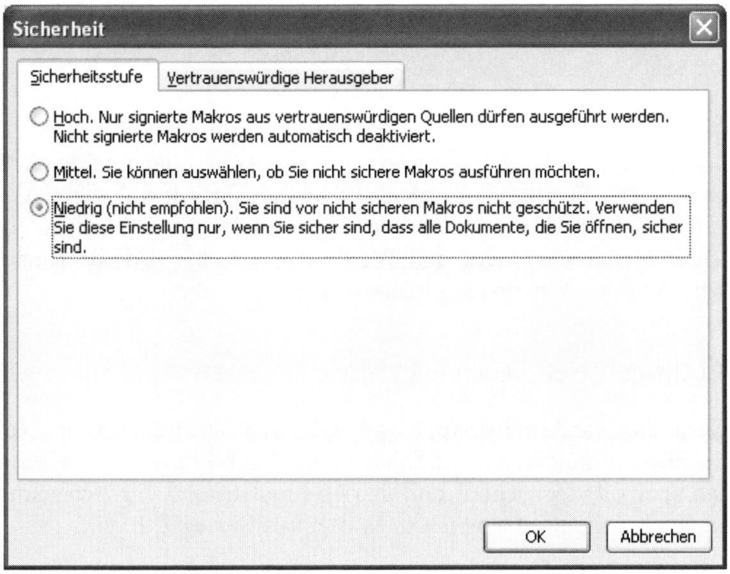

Abbildung 8.5: Die Sicherheitsoptionen in Excel 2003

Die Methode `GetOpenFileName` zeigt das Standarddialogfeld ÖFFNEN an und bekommt einen Dateinamen vom Benutzer, ohne jedoch irgendwelche Dateien zu öffnen. Das Öffnen der Datei erledigen Sie über die Methode `Open` selbst. Wird im ÖFFNEN-Dialog auf die Schaltfläche ABBRECHEN geklickt, wird das Makro sofort ohne weitere Aktion beendet.

8.3 Arbeitsmappen schließen

Wenn Sie eine Arbeitsmappe wieder schließen möchten, dann müssen Sie eine Meldung mit JA bestätigen, wenn Sie Änderungen an der Mappe durchgeführt haben. Diese Meldung können Sie mit der Eigenschaft `DisplayAlerts` ausschalten. Sie müssen sich nur vorher entscheiden, ob Sie Änderungen an Ihrer Arbeitsmappe standardmäßig übernehmen oder ob Sie diese nicht speichern möchten.

Arbeitsmappe schließen – Änderungen akzeptieren

Im folgenden Beispiel wird die aktive Arbeitsmappe geschlossen und alle Änderungen werden automatisch gespeichert.

Listing 8.19: Arbeitsmappe schließen – Änderungen übernehmen

```
Sub ArbeitsmappeSchließen()
 With ActiveWorkbook
  .Sheets(1).Range("A1").Value = _
  "letzte Änderung " & Now & " vom Anwender " & _
   Application.UserName
  .Close SaveChanges:=True
```

```
  End With
  Application.DisplayAlerts = False
End Sub
```

Die Methode Close schließt die Arbeitsmappe. Wird das Argument SaveChanges auf den Wert True gesetzt, werden Änderungen an der Arbeitsmappe gespeichert. Protokollieren Sie den letzten Zugriff auf diese Arbeitsmappe mithilfe der Funktion Now und der Eigenschaft UserName. Indem Sie die Eigenschaft DisplayAlerts auf den Wert False setzen, wird die Rückfrage beim Schließen der Arbeitsmappe unterdrückt.

Arbeitsmappe schließen – Änderungen verwerfen

Wenn Sie eine Arbeitsmappe zwar editieren möchten, um beispielsweise ein paar Berechnungen auf die Schnelle durchzuführen, die Ergebnisse letztendlich aber nicht speichern und den Originalzustand der Arbeitsmappe somit erhalten wollen, setzen Sie das Makro aus Listing 8.20 ein.

Listing 8.20: Arbeitsmappe schließen – Änderungen werden verworfen

```
Sub ArbeitsmappeSchließenOhneSpeichern()
  With Application
   .DisplayAlerts = False
   .DisplayStatusBar = True
   .StatusBar = "Änderungen an der Datei " _
      & ActiveWorkbook.Name & _
      " werden nicht gespeichert!"
   .Wait (Now + TimeValue("0:00:05"))
   .StatusBar = False
  End With
  ActiveWorkbook.Close
End Sub
```

Wenn Sie eine Arbeitsmappe ohne Speichern schließen möchten, dann sollten Sie für alle Fälle die Statusleiste nutzen, um bekannt zu geben, dass die Arbeitsmappe nicht gespeichert wurde. Diese Sicherheitsmaßnahme ist wichtig, da sie auch andere Anwender daran erinnert, dass diese Datei nicht gespeichert werden kann. Im ersten Schritt schalten Sie mit der Eigenschaft DisplayAlerts die Excel-Meldungen und -Warnungen aus. Danach blenden Sie sicherheitshalber die Statusleiste mit der Eigenschaft DisplayStatusBar ein. Ist die Statusleiste schon eingeblendet, wird dieser Befehl ignoriert. Im Anschluss daran schreiben Sie mithilfe der Eigenschaft StatusBar einen kurzen Infotext in die Statusleiste. Diesen Text sollten Sie für kurze Zeit in der Statusleiste stehen lassen, damit der Anwender diese Meldung auch registrieren kann. Die kleine Zeitverzögerung erreichen Sie durch den Einsatz der Methode Wait, der Sie als Startzeit die aktuelle Uhrzeit (Now) mitgeben und dazu noch fünf Sekunden addieren. Um die besagten fünf Sekunden hinzuzuzählen, müssen Sie die Funktion TimeValue einsetzen, damit Excel weiß, dass es sich hierbei um einen Zeitwert handelt. Danach übergeben Sie Excel wieder die Verwaltung der Statusleiste, was bedeutet, dass Ihr Infotext verschwindet. Jetzt kann die Arbeitsmappe durch die Methode `Close` geschlossen werden.

Arbeitsmappe schließen bei Vernachlässigung

Um Ressourcen zu sparen, können Sie nicht mehr benötigte Arbeitsmappen schließen. Dazu definieren Sie einen Zeitpuffer, nach dem eine Arbeitsmappe geschlossen werden soll.

Listing 8.21: Arbeitsmappe nach zwei Minuten ohne Aktion schließen

```
Sub ArbeitsmappeSchließenNach2Minuten()
Dim l As Long
Const Puffer As Long = 120

l = Timer
    Do While Timer < l + Puffer
        DoEvents
    Loop
   ActiveWorkbook.Save
   ActiveWorkbook.Close
End Sub
```

Definieren Sie zuerst einmal die Zeitdauer, nach der Excel eine unberührte Arbeitsmappe schließen soll. Die Angabe nehmen Sie in Sekunden vor. Speichern Sie danach einen aktuellen Zeitwert in der Variablen l mithilfe der Funktion `Timer`. Die Funktion `Timer` gibt einen Wert vom Typ `Single` zurück, der die Anzahl der seit Mitternacht vergangenen Sekunden angibt. Diese Zeitangabe können Sie nutzen, um die Dauer abzufragen, die seit dem Start des Makros aus Listing 8.21 vergangen ist. In einer `Do While`-Schleife kontrollieren Sie, wann die Zeitdauer aus der Variablen `Puffer` überschritten ist. Danach speichern und schließen Sie die aktive Arbeitsmappe.

Der Speichern- sowie der Schließen-Vorgang wurden im letzten Makro in zwei Befehlen vorgenommen. Möglich wäre auch folgende Syntax in einem Befehl.

```
ActiveWorkbook.Close savechanges:=True
```

:-) TIPP

Wenn Sie Excel zusätzlich auch noch beenden möchten, hängen Sie die Anweisung `Application.Quit` *an das Listing 8.21 unten an.*

Alle Arbeitsmappen bis auf eine schließen

Wenn Sie mehrere Arbeitsmappen in Excel geöffnet haben, können Sie ganz schnell mit der Tastenkombination [Strg]+[F6] zwischen den einzelnen Arbeitsmappen hin- und herspringen. Wechseln Sie daher zu der Arbeitsmappe, an der Sie weiterarbeiten möchten, und schließen Sie alle anderen. Dazu verwenden Sie folgendes Makro aus Listing 8.22:

Listing 8.22: Alle Arbeitsmappen bis auf eine schließen

```
Sub AlleMappenBisAufDieAktiveSchließen()
Dim Mappe As Workbook

For Each Mappe In Application.Workbooks
  If Mappe.Name <> ThisWorkbook.Name Then
   Mappe.Close savechanges:=True
End If
Next
End Sub
```

Im Auflistungsobjekt `Workbooks` sind alle zurzeit geöffneten Arbeitsmappen verzeichnet. Dies können Sie in einer `For Each`-Schleife verwenden, die den Namen der aktiven Arbeitsmappe mit den Namen der Arbeitsmappen vergleicht, die in der Auflistung stehen. Mit der Methode `Close` schließen Sie dann alle Arbeitsmappen bis auf die aktive. Über das Argument `SaveChanges` entscheiden Sie, ob Sie die Mappen speichern (`True`) oder nicht speichern (`False`) möchten. Wird dieses Argument nicht angegeben, dann fragt Excel standardmäßig bei jeder geänderten Mappe, ob die Änderungen gespeichert werden sollen.

:-) TIPP

Wenn Sie feststellen möchten, wie viele Arbeitsmappen momentan geöffnet sind, wenden Sie die Eigenschaft `Count` *auf das Auflistungsobjekt* `Workbooks` *an.*

Listing 8.23: Ermittlung der Anzahl der geöffneten Excel-Arbeitsmappen

```
Sub GeöffneteArbeitsmappenZählen()
 MsgBox "Es sind zur Zeit " & _
  Application.Workbooks.Count & _
  " Datei(en) geöffnet", vbInformation
End Sub
```

8.4 Arbeitsmappe löschen

Wenn Sie eine Arbeitsmappe löschen möchten, ohne dazu den Datei-Explorer von Windows einzusetzen, können Sie Arbeitsmappen über die Anweisung `Kill` einsetzen:

Listing 8.24: Bestimmte Arbeitsmappe löschen

```
Sub ArbeitsmappeLöschen()
Const Lw = "c:\"
Const Pfad = "c:\Eigene Dateien"
Const Datei = "Mappe2.xls"

 On Error GoTo fehler:
 Kill Datei
 MsgBox "Arbeitsmappe " & Datei & " wurde gelöscht!"
```

```
 Exit Sub

fehler:
 MsgBox "Es konnte keine Datei mit dem Namen " & _
        Datei & " gefunden werden!"
End Sub
```

Beachten Sie hierbei die Fehlerbehandlung von Excel. Wenn Sie z.B. zweimal hintereinander versuchen, das Makro `ArbeitsmappeLöschen` auszuführen, bekommen Sie beim ersten Mal die Bestätigung, dass die Datei gelöscht wurde. Wenn Sie ein zweites Mal versuchen, die Arbeitsmappe zu löschen, liefert Excel Ihnen die Fehlermeldung, welche unter der Zeilenmarke `Fehler` steht.

Arbeitsmappe nach Verfallsdatum löschen

Wenn Sie im Besitz bestimmter Arbeitsmappen sind, die nach einer bestimmten Zeit gelöscht werden müssen, dann können Sie eine Zeitschaltung in Excel einbauen. Im folgenden Beispiel wird eine Arbeitsmappe am Ende des Jahres 2003 gelöscht.

Listing 8.25: Arbeitsmappe nach Ablaufdatum löschen

```
Sub MappeMitVerfallsdatum()
 If Date > CDate("31. Dezember, 2003") Then
  Kill "C:\eigene Dateien\Geheim.xls"
 End IF
End Sub
```

Zur besseren Lesbarkeit des Codes können Sie das Vergleichsdatum in Langform verwenden. Dazu müssen Sie allerdings die Funktion `CDate` einsetzen, die das Langdatum intern in ein geeignetes Datumsformat umwandelt. Ergibt die Abfrage, dass die Arbeitsmappe abgelaufen ist, löschen Sie die gewünschte Arbeitsmappe mit der Anweisung `Kill`. Mit dieser Anweisung können Sie auch mehrere Arbeitsmappen auf einmal löschen. Im nächsten Beispiel werden alle Dateien im Verzeichnis C:\TEMP ohne Rückfrage gelöscht.

Listing 8.26: Alle Dateien in einem Verzeichnis löschen

```
Sub VerzeichnisPutzen()
On Error GoTo ende:
 ChDir "C:\temp"
 Kill "*.*"

ende:
End Sub
```

Zur Sicherheit bauen Sie bei diesem Makro eine `On Error`-Anweisung ein. Wird das vorgegebene Verzeichnis nicht gefunden, wird die `Kill`-Anweisung umgangen, indem direkt zum Ende des Makros verzweigt wird. Wird das vorgegebene Verzeichnis gefunden, werden alle Dateien über den Platzhalter *.* angesprochen und über die Anweisung `Kill` ohne Rückfrage gelöscht.

8.5 Arbeitsmappen einfügen

Selbstverständlich können Sie Arbeitsmappen nicht nur löschen, sondern auch neue Arbeitsmappen hinzufügen. Dazu verwenden Sie die Methode `Add`. Die Anzahl der Tabellenblätter, welche Excel in der neuen Arbeitsmappe zur Verfügung stellen soll, regeln Sie über die Eigenschaft `SheetsInNewWorkbook`.

!! STOP

Achten Sie darauf, dass die Obergrenze der Tabellenblätter den Wert 255 nicht übersteigen sollte.

Listing 8.27: Neue Arbeitsmappe mit einem einzigen Tabellenblatt einfügen

```
Sub ArbeitsmappeEinfügen()
 Application.SheetsInNewWorkbook = 1
 Workbooks.Add
End Sub
```

Mithilfe der Eigenschaft `SheetsInNewWorkbook` legen Sie fest, wie viele Tabellen in einer neuen Arbeitsmappe eingefügt werden sollen. Danach wenden Sie die Methode `Add` an, um eine neue Arbeitsmappe einzufügen.

Mappe mit Wochen-Tabellen anlegen

Selbstverständlich können Sie auch noch später Tabellen in Ihre Arbeitsmappe einfügen. In der folgenden Praxislösung werden genau 52 Tabellen in die Arbeitsmappe eingefügt und danach auch gleich benannt.

Listing 8.28: Tabellen in Arbeitsmappe einfügen und benennen

```
Sub WochenEinfügen()
Dim i As Integer

Workbooks.Add
For i = 1 To 52
 Sheets.Add.Move After:=Worksheets(Worksheets.Count)
 ActiveSheet.Name = "KW " & i
Next i
End Sub
```

Setzen Sie eine Schleife auf, die genau 52 Mal abgewickelt wird. Über die Methode `Add` fügen Sie jeweils eine Tabelle ein. Im Argument `After` geben Sie die Position in der Arbeitsmappe an, an der die Tabelle eingefügt werden soll. Dabei wenden Sie die Methode `Count` an, um die Tabelle jeweils am Ende der Mappe einzufügen.

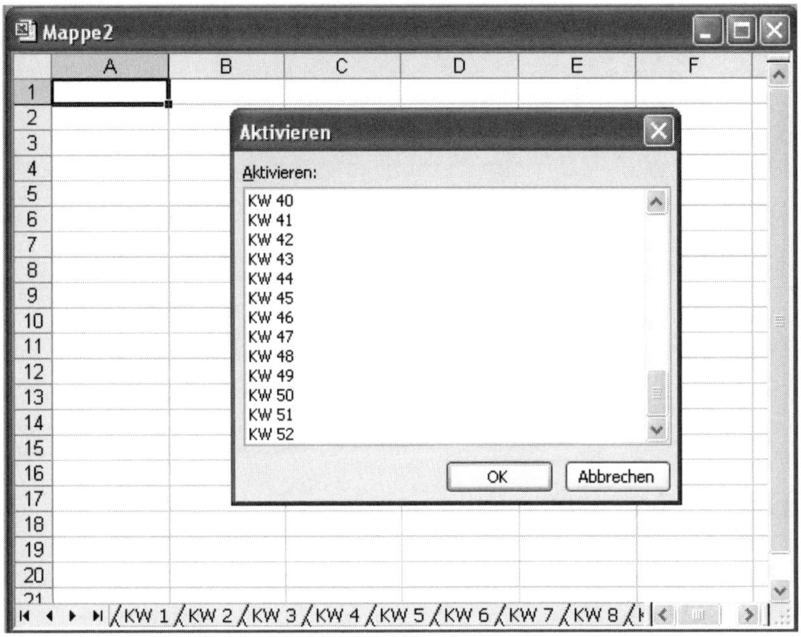

Abbildung 8.6: Tabellen einfügen und benennen

Arbeitsmappen aus Zellen erstellen

Liegt Ihnen eine Liste mit Arbeitsmappennamen vor, die noch angelegt werden müssen, dann können Sie das folgende Makro für diese Aufgabe einsetzen:

Listing 8.29: Arbeitsmappen anlegen

```
Sub MappenErstellenAusZellen()
Dim s As String
Dim i As Long

ChDir _
 "C:\Dokumente und Einstellungen\Held\Eigene Dateien"
s = ThisWorkbook.Name
Sheets("Tabelle20").Activate
For i = 1 To ActiveSheet.UsedRange.Rows.Count
 Workbooks.Add
 ActiveWorkbook.SaveAs _
 Workbooks(s).Sheets("Tabelle20").Cells(i, 1).Value
 ActiveWorkbook.Close
Next i
End Sub
```

Legen Sie über die Methode `Add` neue, noch leere Arbeitsmappen an und benennen Sie diese, indem Sie die Namen direkt aus der Tabelle übernehmen.

Abbildung 8.7: Mappen anlegen und benennen (nach Zelleninhalt)

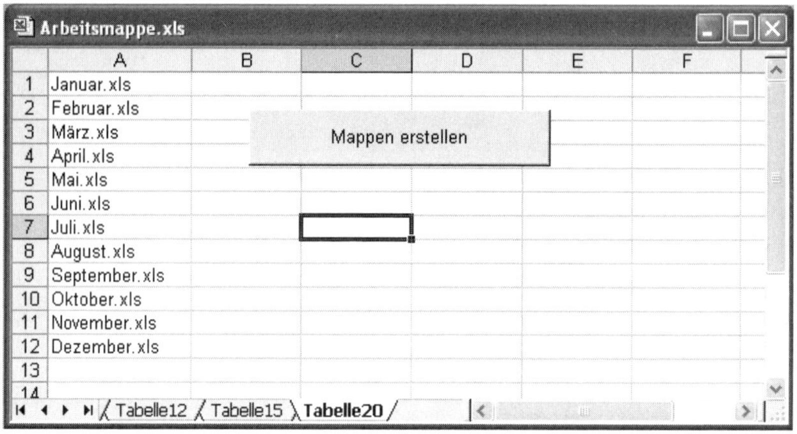

8.6 Arbeitsmappen drucken

Wenn Sie eine Arbeitsmappe drucken möchten, setzen Sie das Makro aus Listing 8.30 ein.

Listing 8.30: Die ganze Arbeitsmappe wird gedruckt

```
Sub ArbeitsmappeDrucken()
 ActiveWorkbook.PrintOut
End Sub
```

Wie Sie nur Teile einer Arbeitsmappe drucken können, wie z.B. einzelne Tabellenblätter oder Bereiche, erfahren Sie weiter unten.

Nur bestimmte Tabellen drucken

Wie Sie die komplette Arbeitsmappe drucken können, wissen Sie jetzt. Wie aber gehen Sie vor, wenn Sie auf allen Tabellen einer Arbeitsmappe jeweils nur die erste Seite drucken möchten? Sehen Sie sich dazu das Makro aus Listing 8.31 an.

Listing 8.31: Einzelne Tabellenbereiche drucken

```
Sub TabellenDrucken()
Dim Tabelle As Worksheet

For Each Tabelle In ActiveWorkbook.Worksheets
 Tabelle.PrintOut 1, 1
Next Tabelle
End Sub
```

In einer Schleife arbeiten Sie alle Tabellen einer Arbeitsmappe durch. Mithilfe der Methode `PrintOut` legen Sie fest, wie viele Blätter der Tabelle Sie ausdrucken möchten. Im Makro aus Listing 8.31 wird jeweils nur die erste Seite einer Tabelle ausgedruckt.

Ein Blick auf die genaue Syntax der Methode PrintOut lohnt sich:

```
PrintOut(From, To, Copies, Preview, ActivePrinter, _
PrintToFile, Collate, PrToFileName)
```

- Das Argument From gibt die Nummer der ersten Seite an, die ausgedruckt wird. Wenn Sie dieses Argument nicht angeben, wird von der ersten Seite an gedruckt.
- Das Argument To nennt die Nummer der letzten Seite, die gedruckt werden soll. Wenn Sie dieses Argument nicht angeben, wird bis zur letzten Seite gedruckt.
- Das Argument Copies legt die Anzahl der zu druckenden Kopien fest. Wenn Sie dieses Argument nicht angeben, wird eine Kopie gedruckt.
- Setzen Sie das Argument Preview auf den Wert True, dann ruft Microsoft Excel die Seitenansicht auf, bevor die Seiten gedruckt werden. Wenn das Argument den Wert False hat oder nicht angegeben ist, werden die Seiten sofort gedruckt.
- Das Argument ActivePrinter gibt den Namen des aktiven Druckers an. Wenn Sie dieses Argument nicht angeben, werden die Seiten auf Ihrem Standarddrucker ausgegeben.
- Beim Argument PrintToFile handelt es sich um eine optionale Angabe. Wenn dieses Argument den Wert True hat, erfolgt die Ausgabe in eine Datei. Wenn PrToFileName nicht angegeben ist, fordert Microsoft Excel den Benutzer zur Eingabe des Namens der Ausgabedatei auf.
- Das Argument Collate setzen Sie auf den Wert True, wenn Mehrfachkopien sortiert werden sollen.
- Wenn das Argument PrToFileName auf den Wert True gesetzt ist, nennt dieses Argument den Namen der Datei, in die Sie ducken möchten.

8.7 Arbeitsmappen und Dokumenteigenschaften

Die Dokumenteigenschaften einer Arbeitsmappe können Sie eingeben oder auch ansehen, indem Sie aus dem Menü DATEI den Befehl EIGENSCHAFTEN wählen.

Dokumenteigenschaftsnamen abfragen

Genau diese Eigenschaften können Sie mithilfe eines Makros abfragen. Dazu muss erst einmal bekannt sein, wie die einzelnen Dokumenteigenschaften angesprochen werden müssen. Das Makro aus Listing 8.32 schreibt die exakten Bezeichnungen in eine neue Tabelle.

Abbildung 8.8: Dokumenteigenschaften ablesen

Listing 8.32: Namen von Dokumenteigenschaften ermitteln

```
Sub DokumentEigenschaftenAuslesen()
Dim i As Integer
Dim p As Object
i = 1

WorkSheets.Add
For Each p In ActiveWorkbook.BuiltinDocumentProperties
    Cells(i, 1).Value = p.Name
    i = i + 1
Next
End Sub
```

Mit dem Befehl `Worksheets.Add` fügen Sie eine neue Tabelle in Ihrer Arbeitsmappe ein. Danach bilden Sie eine Schleife, die nacheinander alle Dokumenteigenschaften der Arbeitsmappe durchläuft und deren Namen in die Tabelle schreibt. Mithilfe der Eigenschaft `BuiltInDocumentProperties` wird Ihnen eine Auflistung aller Dokumenteigenschaften zur Verfügung gestellt.

Inhalte der Dokumenteigenschaften ermitteln

Im nächsten Schritt ermitteln Sie die dazugehörigen Einträge der Dokumenteigenschaften. Dazu erweitern Sie das Makro aus Listing 8.32. Das Ergebnis sehen Sie in Listing 8.33.

```
Sub DokumentEigenschaftenAuslesen2()
Dim i As Integer
Dim p As Object
i = 1

WorkSheets.Add
For Each p In ActiveWorkbook.BuiltinDocumentProperties
    On Error GoTo fehler
    Cells(i, 1).Value = p.Name
    Cells(i, 2).Value = p.Value

weiter:
    i = i + 1
Next
Exit Sub

fehler:
Resume weiter
End Sub
```

Listing 8.33: Inhalte von Dokumenteigenschaften ermitteln

Mit dem Befehl `Worksheets.Add` fügen Sie eine neue Tabelle in Ihrer Arbeitsmappe ein. Mithilfe der Eigenschaft `BuiltInDocumentProperties` wird Ihnen eine Auflistung aller Dokumenteigenschaften zur Verfügung gestellt. Bilden Sie jetzt eine Schleife, die nacheinander alle Dokumenteigenschaften der Arbeitsmappe durchläuft und deren Namen sowie deren Inhalte in die Tabelle schreibt.

Letztes Speicherdatum abfragen

Um herauszufinden, wann eine Arbeitsmappe das letzte Mal geändert wurde, verwenden Sie das Makro aus Listing 8.34.

```
Sub letztesSpeicherdatumErmitteln()
MsgBox ThisWorkbook.BuiltinDocumentProperties _
("Last save time").Value
End Sub
```

Listing 8.34: Letztes Speicherdatum abfragen (Variante 1)

Wenn Sie sich an der Abbildung 8.9 orientieren, dann sehen Sie, welche Eigenschaft Sie bei den Dokumenteigenschaften einsetzen möchten.

Neben der etwas längeren Variante können Sie die Dokumenteigenschaft `Last save time` auch über einen Index ansprechen. Das Makro bei dieser Variante lautet:

Abbildung 8.9: Die Inhalte von Dokumenteigenschaften ermitteln

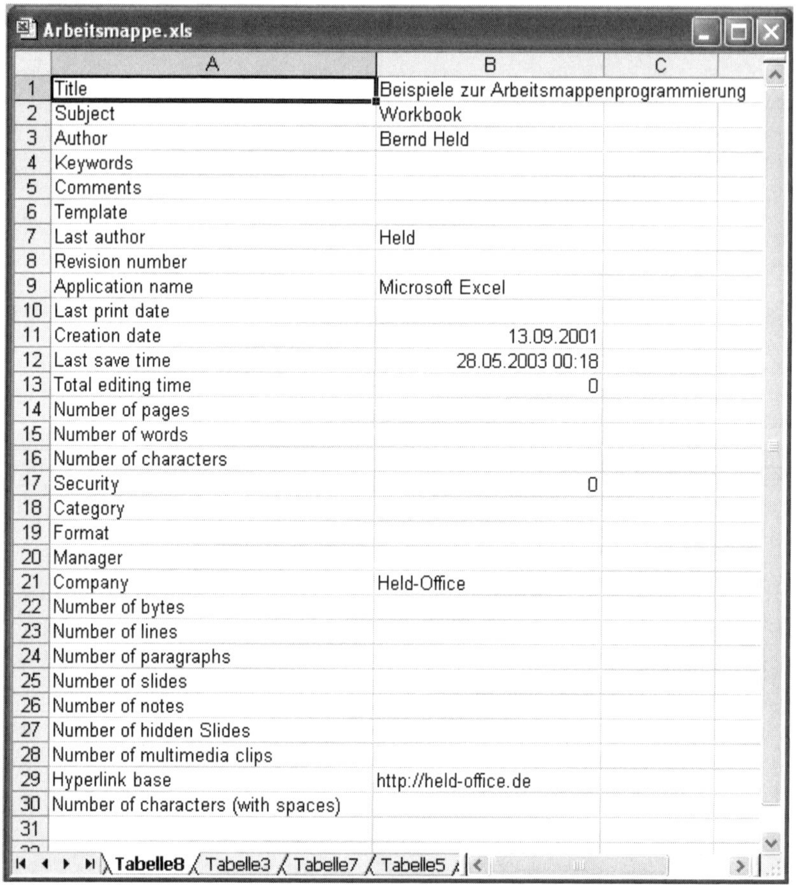

Arbeitsmappe.xls

	A	B	C
1	Title	Beispiele zur Arbeitsmappenprogrammierung	
2	Subject	Workbook	
3	Author	Bernd Held	
4	Keywords		
5	Comments		
6	Template		
7	Last author	Held	
8	Revision number		
9	Application name	Microsoft Excel	
10	Last print date		
11	Creation date	13.09.2001	
12	Last save time	28.05.2003 00:18	
13	Total editing time	0	
14	Number of pages		
15	Number of words		
16	Number of characters		
17	Security	0	
18	Category		
19	Format		
20	Manager		
21	Company	Held-Office	
22	Number of bytes		
23	Number of lines		
24	Number of paragraphs		
25	Number of slides		
26	Number of notes		
27	Number of hidden Slides		
28	Number of multimedia clips		
29	Hyperlink base	http://held-office.de	
30	Number of characters (with spaces)		
31			

Tabelle8 / Tabelle3 / Tabelle7 / Tabelle5

Listing 8.35: Letztes Speicherdatum abfragen (Variante 2)

```
Sub letztesSpeicherdatumErmittelnII()
 MsgBox ThisWorkbook.BuiltinDocumentProperties(12).Value
End Sub
```

Der Index 12 entspricht also der Dokumenteigenschaft des letzten Speicherdatums. Das Problem bei dieser Variante ist, dass Sie die einzelnen Indizes leider nicht auswendig wissen. Aber auch diese Aufgabe bewältigen Sie spielerisch mit dem Makro aus Listing 8.36.

Listing 8.36: Indizes der Dokumenteigenschaften ermitteln

```
Sub DokumentEigenschaftenAuslesen3()
Dim i As Integer
Dim p As Object
i = 1

WorkSheets.Add
For Each p In ActiveWorkbook.BuiltinDocumentProperties
    Cells(i, 1).Value = p.Name
    Cells(i, 2).Value = i
```

```
    i = i + 1
Next
End Sub
```

Die Indizes der Dokumenteigenschaften entsprechen genau der Reihenfolge der folgenden Abbildung.

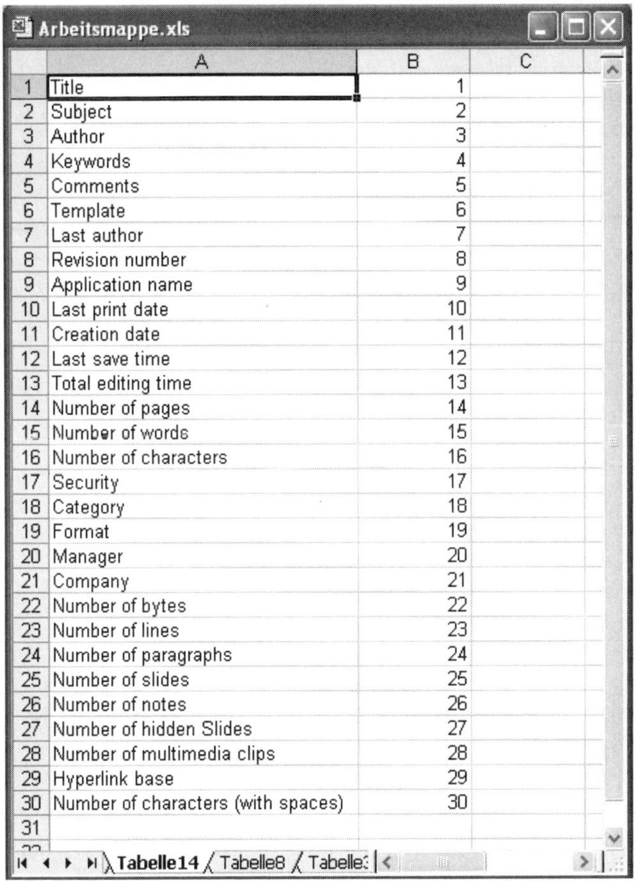
Arbeitsmappe.xls

	A	B	C
1	Title	1	
2	Subject	2	
3	Author	3	
4	Keywords	4	
5	Comments	5	
6	Template	6	
7	Last author	7	
8	Revision number	8	
9	Application name	9	
10	Last print date	10	
11	Creation date	11	
12	Last save time	12	
13	Total editing time	13	
14	Number of pages	14	
15	Number of words	15	
16	Number of characters	16	
17	Security	17	
18	Category	18	
19	Format	19	
20	Manager	20	
21	Company	21	
22	Number of bytes	22	
23	Number of lines	23	
24	Number of paragraphs	24	
25	Number of slides	25	
26	Number of notes	26	
27	Number of hidden Slides	27	
28	Number of multimedia clips	28	
29	Hyperlink base	29	
30	Number of characters (with spaces)	30	
31			

Tabelle14 / Tabelle8 / Tabelle:

Abbildung 8.10: Indizes der Dokumenteigenschaften ermitteln

Erstelldatum herausfinden und manipulieren

Von Interesse könnte auch das Erstelldatum einer Arbeitsmappe sein. Gerade wenn Sie auf der Suche nach einer bestimmten Excel-Datei sind und dazu die SUCHEN-Funktion der Windows-Oberfläche verwenden, können Sie mit dem Erstelldatum einer Arbeitsmappe die entsprechende Datei schneller finden. Beim Abfragen des Erstelldatums einer Arbeitsmappe setzen Sie das Makro aus Listing 8.37 ein.

Listing 8.37: Das Erstelldatum einer Datei ermitteln

```
Sub Erstelldatum()
 MsgBox ThisWorkbook.BuiltinDocumentProperties(11).Value
End Sub
```

Möchten Sie das Erstelldatum einer Arbeitsmappe manipulieren, dann können Sie der Dokumenteigenschaft die Funktion `Date` zuweisen. Damit bekommt die Arbeitsmappe als neues Erstelldatum das aktuelle Systemdatum.

Listing 8.38: Das Erstelldatum einer Datei manipulieren

```
Sub ErstelltDatumManipulieren()
 ThisWorkbook.BuiltinDocumentProperties(11) = Date
End Sub
```

Autor einer Arbeitsmappe ermitteln

Um zu erfahren, welcher Mitarbeiter eine bestimmte Arbeitsmappe angelegt hat, verwenden Sie die Eigenschaft `Author`.

Listing 8.39: Wer hat die Arbeitsmappe angelegt?

```
Sub BearbeiterErmitteln()
Dim s As String
Dim DatName As String

 s = ActiveWorkbook.Author
 DatName = ActiveWorkbook.Name
 MsgBox "Der Anwender " & s & _
 " hat die Datei " & DatName & " angelegt!"
End Sub
```

Im Makro aus Listing 8.39 setzen Sie keine Dokumenteigenschaft ein, um den Namen des Autors sowie den Namen der Arbeitsmappe zu ermitteln. Diese Aufgabe können Sie ebenso mit den Eigenschaften `Author` und `Name` lösen.

Selbstverständlich können Sie den Autor einer Arbeitsmappe auch direkt aus den Dokumenteigenschaften ermitteln. Das Makro aus Listing 8.40 macht genau dies.

Listing 8.40: Wer ist der Autor der Arbeitsmappe?

```
Sub AutorErmitteln()
MsgBox _
ThisWorkbook.BuiltinDocumentProperties("Author").Value
End Sub
```

Zusätzliche Dokumenteigenschaft anlegen

Neben den gängigen Dokumenteigenschaften, die Sie im Menü DATEI mit dem Befehl EIGENSCHAFTEN nachlesen können, haben Sie die Möglichkeit, eigene Felder zu definieren. So könnten Sie beispielsweise ein Gültigkeitsdatum für die Arbeitsmappe als Dokumenteigenschaft einfügen.

Listing 8.41: Neue Dokumenteigenschaft hinzufügen

```
Sub ZusätzlicheDokuEigenschaftenAnlegen()
On Error Resume Next
 ThisWorkbook.CustomDocumentProperties.Add _
 "Gültigkeit", False, msoPropertyTypeDate, "01/1/2002"
End Sub
```

Wenden Sie die Methode `Add` an, um weitere Dokumenteigenschaften anzulegen. Für den Fall, dass die Dokumenteigenschaft schon angelegt wurde, sorgt die `On Error`-Anweisung dafür, dass es zu keinem Makroabsturz kommt.

Die Syntax der Methode `Add` lautet wie folgt.

Die Syntax

```
Add(Name, LinkToContent, Type, Value, LinkSource)
```

Die Argumente der Methode Add

Mit dem ersten Argument `Name` wird der Name der neuen Dokumenteigenschaft festgelegt. Setzen Sie das zweite Argument `LinkToContent` auf den Wert `False`, sofern Sie den Wert der Dokumenteigenschaft selbst setzen möchten. In diesem Fall muss das Argument `Value` gesetzt werden. Setzen Sie das Argument `LinkToContent` auf den Wert `True`, wenn Sie die Dokumenteigenschaft beispielsweise aus dem Inhalt einer Zelle bilden wollen. In diesem Fall muss das Argument `LinkSource` gesetzt werden. Das Argument `Type` gibt den Datentyp der Dokumenteigenschaft an. Möglich sind hierbei die Konstanten

- `msoPropertyTypeBoolean` (für Wahrheitswerte)
- `msoPropertyTypeDate` (für Datumswerte)
- `msoPropertyTypeFloat` (für Zahlen mit Nachkomastellen)
- `msoPropertyTypeNumber` (für ganze Zahlen)
- `msoPropertyTypeString` (für Texteingaben)

Das Argument `Value` wird verwendet, wenn Sie die Dokumenteigenschaft direkt editieren möchten. Das letzte Argument `LinkSource` bildet die Quelle der verknüpften Eigenschaft.

Wenn Sie eine selbst angelegte Dokumenteigenschaft wieder löschen wollen, setzen Sie die Methode `Delete` ein.

Abbildung 8.11: Die neue Dokumenteigenschaft Gültigkeit

Listing 8.42: Benutzerdefinierte Dokumenteigenschaft löschen

```
Sub DokuEigenschaftLöschen()
On Error Resume Next
ThisWorkbook.CustomDocumentProperties("Gültigkeit") _
.Delete
End Sub
```

Zugriffsdaten einer Arbeitsmappe ermitteln

Sicher hat es Sie auch schon interessiert, wann eine Arbeitsmappe erstellt worden ist. Es kommt vor, dass man einen Dateinamen vergisst und sich noch grob an das Erstellungsdatum der Datei erinnern kann. Auch die letzte Änderung an einer Datei ist von Interesse, wenn Sie mehrere Versionen von einer Datei erstellt haben und immer die aktuellste Datei weiterverarbeiten möchten. Sie haben in Excel sogar die Möglichkeit, zu ermitteln, wann das letzte Mal auf eine bestimmte Datei, auch ohne Änderung, zugegriffen worden ist. Alle diese Informationen liefert Ihnen das `FileSystemObject`.

Listing 8.43: Zugriffsdaten einer Arbeitsmappe ermitteln

```
Sub InfoZurAktuellenDatei()
Dim fsO As Object
Dim sName As Object
Dim sMeldung As String

 Set fsO = CreateObject("Scripting.FileSystemObject")
 Set sName = fsO.GetFile(ActiveWorkbook.Name)
```

```
 MsgBox ("Dateiname: " & ActiveWorkbook.Name & vbLf & _
 "Autor: " & ActiveWorkbook.Author & vbLf & _
 "angelegt am: " & sName.DateCreated & vbLf & _
 "Letzter Zugriff: " & sName.DateLastAccessed & vbLf & _
 "Letzte Änderung: " & sName.DateLastModified), _
  vbInformation, "Datei-Info"
End Sub
```

Um Dateiinformationen einer Arbeitsmappe abzurufen, erstellen Sie ein `FileSystemObject` mit der Funktion `CreateObject`. Damit haben Sie Zugriff auf die MICROSOFT SCRIPTING RUNTIME-Bibliothek. Diese Bibliothek beinhaltet einige Eigenschaften, die Sie abfragen können.

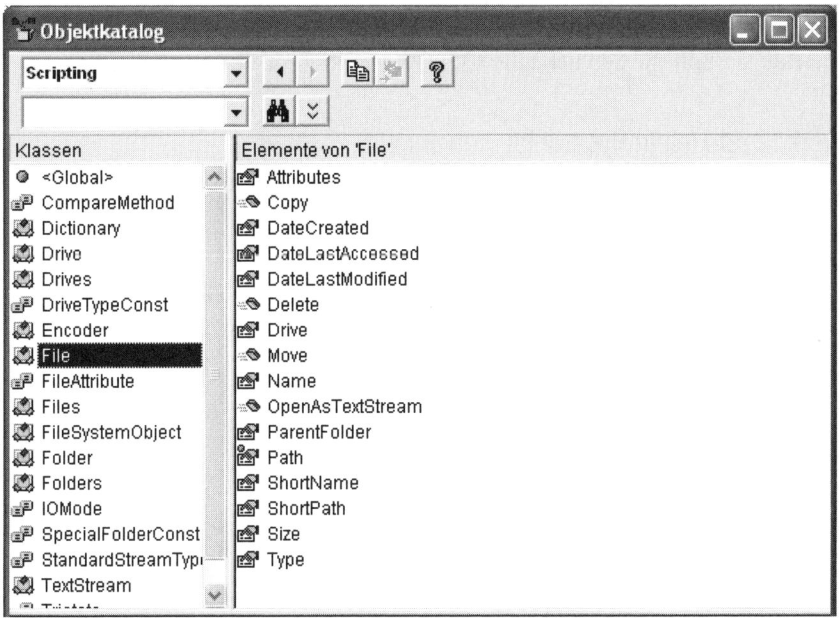

Abbildung 8.12: Alle Eigenschaften und Methoden des FileSystemObject

:-) TIPP

Wenn Sie weitere Eigenschaften des Objekts `FileSystemObject` *einsehen möchten, müssen Sie die Bibliothek zuerst einbinden. Dazu wählen Sie in der Entwicklungsumgebung aus dem Menü* EXTRAS *den Befehl* VERWEISE *und aktivieren die Bibliothek* MICROSOFT SCRIPTING RUNTIME. *Danach drücken Sie die Taste* [F2], *um den Objektkatalog anzuzeigen.*

8.8 Arbeitsmappen und Verknüpfungen

In Excel haben Sie die Möglichkeit, mehrere Arbeitsmappen miteinander zu verknüpfen. So können Sie beispielsweise Kosten und Leistungen in getrennten Arbeitsmappen eingeben und in einer Arbeitsmappe zu einer Ergebnisrechnung verknüpfen. Wenn Sie dazu noch regelmäßig einzelne

Arbeitsmappen von Kollegen bekommen, die Sie ebenso verknüpfen, entsteht zwangsläufig eine recht unübersichtliche und unter Umständen auch recht große Datei.

Wenn Sie eine Arbeitsmappe öffnen, die Verknüpfungen enthält, werden Sie durch eine Bildschirmmeldung auf die Verknüpfungen aufmerksam gemacht. Sie haben dann die Möglichkeit, diese Verknüpfungen zu aktualisieren. Dabei bleiben die verknüpften Arbeitsmappen aber geschlossen. Die Zeit, die vergeht, bis die Verknüpfungen alle aktualisiert sind, ist abhängig von der Anzahl der verknüpften Zellen bzw. der verknüpften Arbeitsmappen. Es empfiehlt sich, bei Änderungen immer die beteiligten Arbeitsmappen zu öffnen. Verknüpfte Arbeitsmappen können Sie in Excel öffnen, indem Sie aus dem Menü BEARBEITEN den Befehl VERKNÜPFUNGEN wählen, im Listenfeld QUELLDATEI die entsprechenden verknüpften Arbeitsmappen markieren und die Schaltfläche QUELLE ÖFFNEN anklicken.

Verknüpfungen in Hyperlinks umwandeln

Selbstverständlich können Sie ein Makro einsetzen, welches alle verknüpften Arbeitsmappen automatisch öffnet. Es geht aber auch noch besser. Im folgenden Makro wird in einer Arbeitsmappe ein neues Tabellenblatt eingefügt. Danach werden alle verknüpften Arbeitsmappen als Hyperlinks eingefügt. In Zukunft reicht ein Klick auf den jeweiligen Hyperlink, um die verknüpfte Arbeitsmappe zu öffnen.

Das Makro für diese Aufgabe lautet:

Listing 8.44: Verknüpfte Arbeitsmappen als Link ausgeben

```
Sub VerknüpfteMappenAlsHyperlinkAusgeben()
Dim Mappe As Workbook
Dim VLink As Variant
Dim i As Integer

Set Mappe = ThisWorkbook
Sheets.Add
Range("A1").Select
VLink = Mappe.LinkSources(xlExcelLinks)
If Not IsEmpty(VLink) Then
    For i = 1 To UBound(VLink)
        ActiveCell.Hyperlinks.Add ActiveCell, VLink(i)
        ActiveCell.Offset(1, 0).Select
    Next i
End If
ActiveSheet.Columns(1).AutoFit
End Sub
```

Definieren Sie zuerst ein Objekt vom Typ `Workbook`. Dadurch ersparen Sie sich später einiges an Schreibarbeit. Danach definieren Sie ein Datenfeld

(Array) vom Datentyp Variant, in dem Sie die Namen und die Pfade der verknüpften Arbeitsmappen speichern. Mit der Anweisung Set sagen Sie aus, dass das Objekt Mappe die momentan aktive Arbeitsmappe repräsentieren soll. Fügen Sie ein neues Tabellenblatt mit der Methode Add ein. Füllen Sie jetzt das Datenfeld VLink mit allen Excel-Verknüpfungen. Dazu setzen Sie die Methode LinkSources mit der Xlink-Konstanten xlExcelLinks ein. Die Methode gibt eine Matrix mit Verknüpfungen einer der Arbeitsmappen zurück. Die Namen in der Matrix entsprechen dabei den Namen der verknüpften Excel-Arbeitsmappen. Wenn keine Verknüpfung besteht, wird der Wert Empty zurückgegeben. Liefert die Methode nicht den Wert Empty zurück, dann setzen Sie eine For Next-Schleife ein. Diese Schleife fängt bei der ersten Verknüpfung an und endet bei der letzten. Innerhalb der Schleife fügen Sie mithilfe der Methode Add einen Hyperlink ein, der als Ziel den Namen sowie die Pfadangabe der verknüpften Arbeitsmappe beinhaltet. Diese beiden Informationen haben Sie vorher im Datenfeld VLink gespeichert. Danach wechseln Sie eine Zelle weiter nach unten und fügen den nächsten Hyperlink ein.

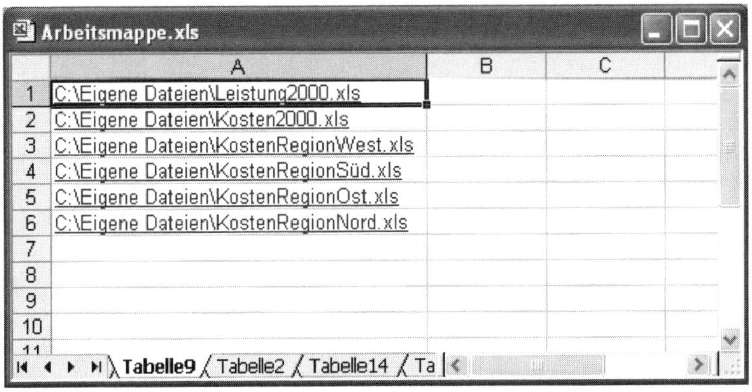

Abbildung 8.13: Verknüpfte Arbeitsmappen mit einem Mausklick öffnen

Verknüpfungen in Arbeitsmappe ermitteln

Möchten Sie lediglich ermitteln, welche Arbeitsmappen überhaupt verknüpft sind, setzen Sie folgendes Makro aus Listing 8.45 ein.

Listing 8.45: Alle verknüpften Arbeitsmappen ausgeben

```
Sub VerknüpfteDateienAusgeben()
Dim Mappe As Workbook
Dim VLink As Variant
Dim i As Integer

Set Mappe = ThisWorkbook
VLink = Mappe.LinkSources(xlExcelLinks)
If Not IsEmpty(VLink) Then
    For i = 1 To UBound(VLink)
        Debug.Print "Verknüpfung " & i & ": " & VLink(i)
```

```
    Next i
End If
End Sub
```

Die nächste Frage drängt sich geradezu auf: Wie können Sie prüfen, ob in einer Arbeitsmappe eine Verknüpfung zu einer ganz bestimmten anderen Arbeitsmappe vorhanden ist? Die Antwort auf diese Frage liefert das Makro aus Listing 8.46.

Listing 8.46: Überprüfen, ob eine bestimmte Arbeitsmappe verknüpft ist (nur korrekte Schreibweise)

```
Sub PrüfenAufBestimmteVerknüpfung()
Dim Mappe As Workbook
Dim VLink As Variant
Dim i As Integer

Const Verkn = "C:\Eigene Dateien\Kosten2000.xls"
Set Mappe = ThisWorkbook
VLink = Mappe.LinkSources(xlExcelLinks)
If Not IsEmpty(VLink) Then
 For i = 1 To UBound(VLink)
    If Verkn = VLink(i) Then _
    MsgBox "Verknüpfung zu der Mappe " & _
    VLink(i) & " ist vorhanden!"
 Next i
End If
End Sub
```

Für diese Aufgabe können Sie dasselbe Gerüst verwenden wie bei den vorherigen Listings. Innerhalb der `For Next`-Schleife fragen Sie jetzt ab, ob eine bestimmte Arbeitsmappe verknüpft ist. Dabei haben Sie den Namen der Arbeitsmappe in einer Konstanten definiert, die Sie jetzt mit dem Datenfeld `VLink` abgleichen. Beim Vergleich müssen Sie darauf achten, dass zwischen Groß- und Kleinschreibung unterschieden wird.

:-) TIPP

Möchten Sie keine Unterscheidung zwischen Groß- und Kleinschreibung, so setzen Sie die Funktion `UCase` *ein. Diese Funktion wandelt die Zeichenfolgen in Großbuchstaben um.*

Listing 8.47: Überprüfen, ob eine bestimmte Arbeitsmappe verknüpft ist (Groß- oder Kleinschreibweise)

```
Sub PrüfenAufBestimmteVerknüpfungGK()
Dim Mappe As Workbook
Dim VLink As Variant
Dim i As Integer

Const Verkn = "C:\Eigene Dateien\Kosten2000.xls"
Set Mappe = ThisWorkbook
VLink = Mappe.LinkSources(xlExcelLinks)
If Not IsEmpty(VLink) Then
 For i = 1 To UBound(VLink)
    If UCase(Verkn) = UCase(VLink(i)) Then _
    MsgBox "Verknüpfung zu der Mappe " & _
```

```
    VLink(i) & " ist vorhanden!"
  Next i
End If
End Sub
```

Das folgende Makro überprüft alle Verknüpfungen in einer Arbeitsmappe und zählt am Ende die gefundenen Verknüpfungen.

Listing 8.48: Verknüpfungen überprüfen

```
Sub VerknüpfungenÜberprüfen()
Dim Links As Variant
Dim s As String
Dim s2 As String
Dim i As Integer

    Links = ActiveWorkbook.LinkSources(xlExcelLinks)
    If Not IsEmpty(Links) Then
        For i = 1 To UBound(Links)
          s2 = Links(i)
          s = Dir(Links(i))
          If s = "" Then MsgBox _
          "Die Verknüpfung " & s2 & _
          " konnte nicht gefunden werden!"
       Next i
    Else
    End If
    MsgBox "In dieser Mappe sind " & _
     i - 1 & " Verknüpfungen enthalten!"
End Sub
```

Verknüpfungen aus der Arbeitsmappe entfernen

Es ist ratsam, Verknüpfungen aus Arbeitsmappen zu entfernen, wenn Sie diese an Kollegen verschicken möchten. Mit den Verknüpfungen können Ihre Kollegen sowieso nichts anfangen, es sein denn, Sie liefern zusätzlich noch die verknüpften Arbeitsmappen aus. Oft kommt es auch vor, dass so genannte »Ghostlinks« entstehen. Darunter versteht man Verknüpfungen, die nicht mehr gültig sind, da die verknüpften Quelldateien nicht mehr vorhanden sind. In beiden Fällen bekommen Sie aber immer noch die Aktualisieren-Abfrage beim Öffnen der Arbeitsmappe, die dann einen Fehler meldet, wenn Sie versuchen, die verknüpften Arbeitsmappen zu aktualisieren. Das muss nicht sein. Setzen Sie ein Makro ein, um diese Verknüpfungen zu entfernen.

Listing 8.49: Verknüpfungen aus Arbeitsmappen entfernen

```
Sub AlleVerknüpfungenAusEinerMappeEntfernen()
Dim VLink As Variant
Dim i As Integer

VLink = ActiveWorkbook.LinkSources(xlExcelLinks)
```

```
If Not IsEmpty(VLink) Then
 For i = 1 To UBound(VLink)
     ActiveWorkbook.ChangeLink Name:=VLink(i), _
     newname:=ThisWorkbook.Name
 Next i
End If
End Sub
```

Definieren Sie ein Datenfeld (Array) vom Datentyp `Variant`, indem Sie die Namen und die Pfade der verknüpften Arbeitsmappen mithilfe der Methode `LinkSources` speichern. Im Anschluss daran fragen Sie ab, ob die Arbeitsmappe überhaupt Verknüpfungen enthält. Wenn nicht, meldet die Funktion `IsEmpty` den Wert `True` zurück, was bedeutet, dass das Datenfeld `VLink` leer ist. Im anderen Fall wird eine `For Next`-Schleife aufgesetzt. Die Schleife beginnt bei der ersten Verknüpfung und endet bei der letzten, die im Datenfeld `VLink` steht. Den letzten Eintrag des Datenfelds `VLink` ermitteln Sie mithilfe der Funktion `UBound`. Innerhalb der Schleife wenden Sie die Methode `ChangeLink` an. Diese Methode ändert eine Verknüpfung von einem Dokument zu einem anderen. Als erstes Argument müssen Sie die Quelle angeben, also die Verknüpfung zur anderen Arbeitsmappe, die Sie aus dem Datenfeld `VLink` herausholen. Das zweite Argument stellt den Namen der neuen Verknüpfung dar. Als neue Verknüpfung geben Sie den Namen der aktiven Arbeitsmappe an.

!! STOP

Da die Methode `ChangeLink` *lediglich den Namen der Arbeitsmappe austauscht, ist bei dieser Art der Entfernung von Verknüpfungen Vorsicht geboten. Die externen Verknüpfungen können auf diese Art natürlich entfernt werden; die Methode belässt aber innerhalb der Verknüpfung die ursprünglichen Zellbezüge, die dann auf die aktive Arbeitsmappe verweisen.*

Eine alternative Möglichkeit, Verknüpfungen aus einer Tabelle sowie der ganzen Mappe zu entfernen, liefert das folgende Makro:

Listing 8.50: Verknüpfungen aus der aktuellen Tabelle entfernen

```
Sub VerknüpfungenEntfernenAktTab()
Dim zelle As Range

For Each zelle In ActiveSheet.UsedRange
 If InStr(zelle.Formula, "[") > 0 Then
  zelle.Value = zelle.Value
  End If
Next zelle
End Sub
```

Wenn man sich den Formeltext einer externen Verknüpfung einmal genauer ansieht, dann stellt man fest, dass der Name der verknüpften Arbeitsmappe in eckigen Klammern steht. Genau eines dieser Zeichen kann abgefragt werden, um eine externe Verknüpfung von einer normalen Formelzelle zu unterscheiden. Mithilfe der Funktion InStr lässt sich überprüfen, ob eine Zeichenfolge, beispielsweise die eckige Klammer, in einer anderen Zeichenfolge (Formula) vorkommt. Wenn ja, dann wird ein Wert größer Null zurückgemeldet. In diesem Fall wird die Verknüpfung der Zelle über die Eigenschaft Value mit dem momentanen Zellenwert ersetzt. Im nächsten Listing sehen Sie, wie diese Funktionalität auf die komplette Arbeitsmappe erweitert werden kann.

Listing 8.51: Verknüpfungen aus ganzer Mappe entfernen

```
Sub VerknüpfungenEntfernenAktMap()
Dim Tabelle As Worksheet
Dim zelle As Range

For Each Tabelle In ActiveWorkbook.Worksheets
 Tabelle.Activate
 For Each zelle In ActiveSheet.UsedRange
   If InStr(zelle.Formula, "[") > 0 Then
    zelle.Value = zelle.Value
   End If
 Next zelle
Next Tabelle
End Sub
```

Verknüpfungen aktualisieren

Möchten Sie alle Verknüpfungen einer Arbeitsmappe aktualisieren, dann reicht hierfür ein Einzeiler, der wie folgt aussieht.

Listing 8.52: Verknüpfungen aktualisieren

```
Sub UpdatenVonVerlinktenMappen()
ActiveWorkbook.UpdateLink _
Name:=ActiveWorkbook.LinkSources
End Sub
```

Wenden Sie die Methode UpdateLink an, um alle externen Verknüpfungen zu aktualisieren.

Alle Dateien aus einem Ordner dokumentieren

Wenn Sie wissen möchten, welche Dateien sich in einem bestimmten Verzeichnis befinden, dann können Sie die Namen der Arbeitsmappen in eine Tabelle schreiben. Dabei setzen Sie das Makro aus Listing 8.53 ein.

Listing 8.53: Dateien aus einem Verzeichnis auflisten

```
Sub DateienAuflisten()
Dim i  As Long
Const verz = "C:\Eigene Dateien\"

On Error GoTo fehler
```

```
ChDir verz
Range("A1").Select
With Application.FileSearch
    .NewSearch
    .LookIn = verz
    .SearchSubFolders = False
    .FileType = msoFileTypeExcelWorkbooks
    .Execute
    For i = 1 To .FoundFiles.Count
        ActiveCell.Value = .FoundFiles(i)
        ActiveCell.Offset(1, 0).Select
    Next i
End With
Exit Sub

fehler:
MsgBox "Es gibt kein Verzeichnis mit dem Namen " & verz
End Sub
```

Zu Beginn des Makros können Sie das zu durchsuchende Verzeichnis in einer Konstanten angeben. Wechseln Sie über die Anweisung `ChDir` dann direkt in dieses Verzeichnis. Danach starten Sie die Suche und verwenden dabei das Objekt `FileSearch`, um die einzelnen Dateien im Verzeichnis zu ermitteln. Auf dieses Objekt können Sie einige Eigenschaften anwenden: Die Eigenschaft `NewSearch` setzt die Einstellungen aller Suchkriterien auf die Standardeinstellungen zurück. Mithilfe der Eigenschaft `LookIn` geben Sie bekannt, in welchem Verzeichnis die Suche beginnen soll. Die Eigenschaft `SearchSubFolders` bestimmt, ob die Suche auch in Unterverzeichnissen fortgesetzt werden soll. In diesem Fall müssen Sie diese Eigenschaft auf den Wert `True` setzen. Die Eigenschaft `FileType` gibt den Dateityp in einer Konstanten an, nach der gesucht werden soll. Möchten Sie beispielsweise nicht nur Excel-Dateien suchen lassen, sondern alle Dateitypen, dann verwenden Sie die Konstante `msoFileTypeAllFiles`. Über die Eigenschaft `FileCount` geben Sie dann den Namen der gefundenen Datei an und schreiben diesen direkt in Ihre Excel-Tabelle.

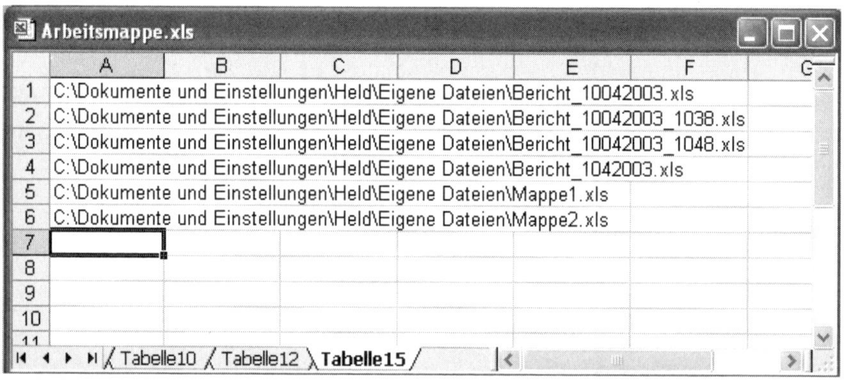

Abbildung 8.14: Alle Excel-Dateien aus einem Verzeichnis auflisten

Ideal wäre es jetzt noch, wenn die so ermittelten Arbeitsmappen mit einem Mausklick geöffnet werden könnten. Dazu können Sie die einzelnen Einträge mit Hyperlinks versehen. Diese Aufgabe wäre manuell aber sehr aufwändig. Setzen Sie daher das Makro aus Listing 8.54 ein.

Listing 8.54: Zelleneinträge in Hyperlinks umwandeln

```
Sub DateienInHyperlinksWandeln()
Dim Bereich As Range
Dim Zelle As Range

Range("A1").Select
Do Until ActiveCell.Value = ""
ActiveCell.Hyperlinks.Add ActiveCell, ActiveCell.Value
ActiveCell.Offset(1, 0).Select
Loop
End Sub
```

In einer Schleife setzen Sie die Zelleneinträge in Hyperlinks um. Verwenden Sie für diese Aufgabe die Methode `Add`. Die genaue Adresse für den Hyperlink können Sie direkt aus der jeweiligen Zelle entnehmen.

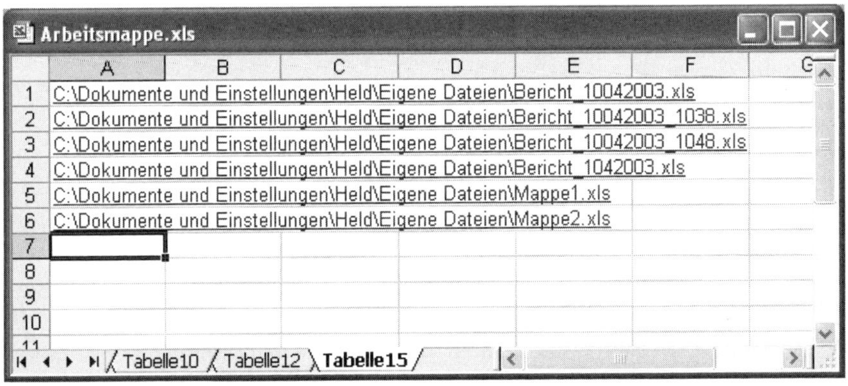

Abbildung 8.15: Zelleneinträge in Hyperlinks umsetzen

8.9 Arbeitsmappe durchsuchen

Stellen Sie sich vor, Sie haben eine umfangreiche Arbeitsmappe mit zahlreichen Tabellenblättern. Sie wissen nicht mehr genau, auf welchem Blatt Sie eine bestimmte Eingabe vorgenommen haben. An den Text der Eingabe können Sie sich jedoch noch erinnern. Es bleibt Ihnen nichts anderes übrig, als Blatt für Blatt nach dem gesuchten Text zu suchen. Möglicherweise ist der gesuchte Text auch mehrfach in der Arbeitsmappe vorhanden. Eine Lösung für diese Aufgabe besteht darin, ein Makro zu schreiben, welches die komplette Arbeitsmappe durchsucht und die gefundenen Zellen mit einem bestimmten Zellenhintergrund kennzeichnet. Sie haben es dann leicht, anhand der Färbung der einzelnen Zellen die gefundenen Zellen zu orten.

Listing 8.55: Suche und Kennzeichnung eines Suchtextes in einer Arbeitsmappe

```
Sub TextInArbeitsmappeSuchenUndKennzeichnen()
Dim s As String
Dim i As Integer
Dim Erg1 As Variant
Dim Erg2 As Variant

s = InputBox("Geben Sie den Suchbegriff ein!", _
  "Textsuche")
If s = "" Then Exit Sub
For i = 1 To ActiveWorkbook.WorkSheets.Count
  Sheets(i).Activate
  Set Erg1 = Sheets(i).Cells.Find(s)
  If Not Erg1 Is Nothing Then
   Erg2 = Erg1.Address
    Do
      With Erg1
        .Activate
        .Interior.ColorIndex = 4
      End With
      Set Erg1 = Cells.FindNext(After:=ActiveCell)
      On Error Resume Next
      If Erg1.Address = Erg2 Then Exit Do
      Erg1.Interior.ColorIndex = 4
    Loop
  End If
Next i
End Sub
```

Im ersten Schritt fragen Sie mittels der Funktion `Inputbox` den Suchtext vom Anwender ab. Gibt der Anwender einen Suchtext ein, setzen Sie die Verarbeitung mit einer `For Next`-Schleife fort. Klickt der Anwender auf die ABBRECHEN-Schaltfläche bzw. gibt er keinen Suchbegriff ein und klickt auf die Schaltfläche OK, wird das Makro durch die Anweisung `Exit Sub` sofort beendet. Innerhalb der Schleife werden alle Tabellenblätter der Arbeitsmappe abgearbeitet. Nun suchen Sie nach dem eingegebenen Text. Dazu verwenden Sie die Methode `Find`, der Sie den Suchbegriff übergeben. Das Ergebnis der Suche speichern Sie in der Variablen `Erg1`. Da es durchaus sein kann, dass auf einem Tabellenblatt der gesuchte Text mehrfach vorkommt, müssen Sie die gefundene Zellenadresse des ersten Suchvorgangs in einer zweiten Variablen `Erg2` speichern.

Im nächsten Schritt benötigen Sie eine weitere Schleife, die ermittelt, ob es weitere Zellen auf dem aktiven Tabellenblatt gibt, die dem Suchbegriff entsprechen. Da die Methode `FindNext` nach der letzten aufgefundenen Zelle wieder die zuerst gefundene findet, müssen Sie darauf achten, keine Endlosschleife zu programmieren. Daher fragen Sie innerhalb der `Do`-Schleife ab, ob die zuerst gefundene Zellenadresse in der Variablen `Erg1` der zuletzt gefundenen Zellenadresse in der Variablen `Erg2` entspricht. Ist dem so, muss die Do-Schleife sofort verlassen werden. Dann wird das nächste Tabellenblatt untersucht. Werden immer noch weitere Zellen gefunden, die dem Suchtext entsprechen, werden diese über die Eigenschaft ColorIndex eingefärbt.

Möchten Sie die Suche auf alle geöffneten Arbeitsmappen ausdehnen, dann starten Sie das Makro aus Listing 8.56.

Listing 8.56: Alle geöffneten Arbeitsmappen durchsuchen

```
Sub TextInArbeitsmappenSuchenUndFärben()
Dim i As Integer
Dim Blatt As Worksheet
Dim suchbegriff As String
Dim s as string
Dim Zelle As Range

suchbegriff = InputBox("Geben Sie den Suchbegriff ein!")
For i = 1 To Application.Workbooks.Count
 For Each Blatt In Workbooks(i).Worksheets
 Blatt.Activate
 Set Zelle = Blatt.Cells.Find(suchbegriff)
 If Not Zelle Is Nothing Then
 s = Zelle.Address
 Do
  Zelle.Activate
  Zelle.Interior.ColorIndex = 3
  Set Zelle = Cells.FindNext(After:=ActiveCell)
  On Error Resume Next
  If Zelle.Address = s Then Exit Do
  Zelle.Interior.ColorIndex = 3
 Loop
 End If
 Next Blatt
 Workbooks(i).Activate
Next i
End Sub
```

Geben Sie zuerst einmal den Suchtext in einer Inputbox ein. Danach setzen Sie eine Schleife auf, die alle geöffneten Arbeitsmappen durchläuft. Dazu verwenden Sie die Anweisung Workbooks.Count. In einer zweiten Schleife blättern Sie durch alle Tabellen der aktiven Arbeitsmappe. Innerhalb der Schleife aktivieren Sie über die Methode Activate die Tabelle und merken sich die erste gefundene Zelle der Tabelle. Damit Ihre Schleife keine Endlosschleife wird, ist es demnach kolossal wichtig, dass Sie sich die Position des ersten Treffers merken und in der Variablen s speichern. Jetzt ist es Zeit für die dritte Schleife. In dieser Schleife ermitteln Sie mithilfe der Methode FindNext alle Zellen in der aktiven Tabelle, die dem Suchkriterium entsprechen. Die so ermittelten Zellen werden durch die Anweisung Interior.Color Index eingefärbt. Sobald die erste Fundstelle wieder angesteuert wird, die Sie ja vorher in der Variablen s gespeichert haben, springen Sie mit der Anweisung Exit Do aus der innersten Schleife.

8.10 Arbeitsmappen zusammenführen

Stellen Sie sich einmal folgendes Szenario vor: In einem Verzeichnis befinden sich eine ganze Menge von Excel-Arbeitsmappen. Alle Arbeitsmappen haben denselben Aufbau. Ihre Aufgabe besteht nun darin, einen bestimmten Bereich aus jeder Arbeitsmappe zu kopieren und in einer Arbeitsmappe zusammenzuführen.

Das Makro für diese Aufgabe können Sie dem Listing 8.57 entnehmen.

Listing 8.57: Arbeitsmappen zusammenführen

```
Sub DateienZusammenkopieren()
Dim Mappe As String
Dim i As Integer

Mappe = ActiveWorkbook.Name
Range("A1").Select
With Application.FileSearch
    .NewSearch
    .LookIn = "c:\Daten"
    .SearchSubFolders = False
    .FileType = msoFileTypeExcelWorkbooks
    .Execute

    For i = 1 To .FoundFiles.Count
        Workbooks.Open .FoundFiles(i)
        Range("B1:B5").Copy
        Workbooks(Mappe).Activate
        ActiveSheet.Paste
        ActiveCell.Offset(5, 0).Select
    Next i
End With
End Sub
```

Zu Beginn des Makros legen Sie die aktive Arbeitsmappe fest, in welche Sie die anderen Arbeitsmappen überführen möchten. Danach durchsuchen Sie das Verzeichnis, indem Sie ein `FoundFile`-Objekt erstellen. Innerhalb dieses Objekts können Sie festlegen, in welchem Verzeichnis gesucht werden soll und welche Dateien bei der Suche berücksichtigt werden sollen. Mit dem Argument `SearchSubFolders` können Sie sogar noch vorgeben, dass auch alle hierarchisch darunter liegenden Verzeichnisse durchsucht werden. In diesem Fall setzen Sie diese Eigenschaft auf den Wert `True`. Starten Sie die Suche mithilfe der Methode `Execute`. In der folgenden Schleife stehen die Namen aller gefundenen Dateien zur Verfügung. Mithilfe der Methode `Open` werden diese dann nacheinander geöffnet sowie der Zellbereich B1:B5 kopiert. Noch innerhalb der Schleife wechseln Sie auf Ihre Ausgangsmappe zurück und fügen den kopierten Inhalt über die Methode `Paste` ein. Vergessen Sie danach nicht, den Zellenzeiger um genau fünf Zeilen nach unten zu setzen, um zu verhindern, dass bereits kopierte Daten wieder überschrieben werden.

Max-Werte aus mehreren Dateien zusammenfassen

Einen Schritt weiter geht das folgende Praxisbeispiel: In einem Verzeichnis befinden sich unzählige Arbeitsmappen, die alle denselben Aufbau haben. Ihre Aufgabe besteht nun darin, jeweils den größten Wert in Spalte B zu ermitteln und danach in eine neue Arbeitsmappe zu übertragen. Das Makro für diese Aufgabe sieht wie folgt aus:

```
Sub MaxWerteZusammenZiehen()
Const Verzeichnis = "c:\Daten"
Dim Mappe As Workbook
Dim MaxWert As Single
Dim s As String

Set Mappe = Workbooks("Arbeitsmappe.xls")
ChDir Verzeichnis
With Application.FileSearch
    .NewSearch
    .LookIn = Verzeichnis
    .SearchSubFolders = True
    .Filename = "*.xls"
    .Execute
    For i = 1 To .FoundFiles.Count
       Workbooks.Open .FoundFiles(i)
       s = ActiveWorkbook.Name
       Range("B1:B" & _
       ActiveSheet.UsedRange.Rows.Count).Select
       MaxWert = _
       Application.WorksheetFunction.Max(Selection)
       Mappe.Activate
       Range("A65536").End(xlUp).Offset(1, 0).Value = _
       MaxWert
       Range("A65536").End(xlUp).Offset(0, 1).Value = s
    Next i
End With
End Sub
```

Gleich zu Beginn des Makros geben Sie in einer Konstanten das Verzeichnis an, in dem sich Ihre Dateien befinden. Definieren Sie danach über die Anweisung `Set` Ihre Ausgangsarbeitsmappe. Mithilfe der Anweisung `ChDir` wechseln Sie in das gewünschte Verzeichnis. Danach durchsuchen Sie das Verzeichnis, indem Sie ein `FoundFile`-Objekt erstellen. Innerhalb dieses Objekts können Sie festlegen, in welchem Verzeichnis gesucht werden soll und welche Dateien bei der Suche berücksichtigt werden sollen. Mit dem Argument `SearchSubFolders` können Sie sogar noch vorgeben, dass auch alle hierarchisch darunter liegenden Verzeichnisse durchsucht werden. In diesem Fall setzen Sie diese Eigenschaft auf den Wert `True`. Starten Sie die Suche mithilfe der Methode `Execute`. In der folgenden Schleife stehen die Namen aller gefundenen Dateien zur Verfügung. Mit der Methode `Open` werden diese dann nacheinander geöffnet, der verwendete Bereich von Spalte B wird markiert und danach wird der größte Wert über die Anweisung `WorksheetFunction.Max` ermittelt. Diesen Wert übertragen Sie in Ihre Ausgangsmappe und geben in der Nebenzelle ebenso den Namen der Arbeitsmappe an.

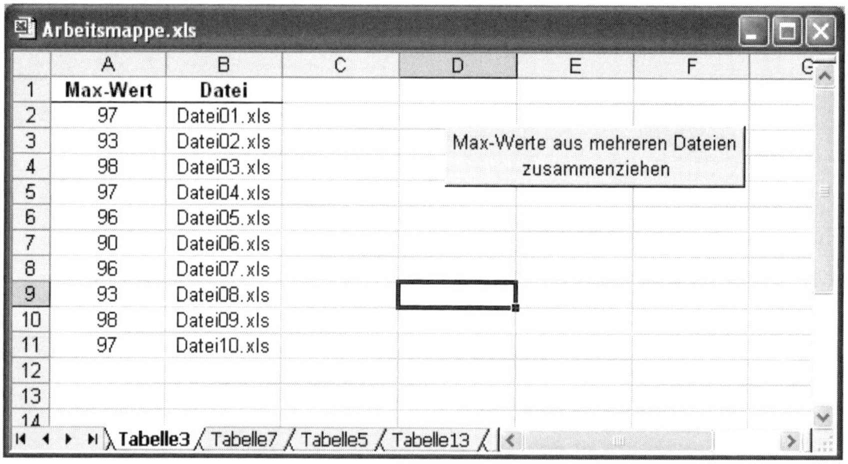

Abbildung 8.16: Max-Werte aus mehreren Dateien ermitteln

8.11 Arbeitsmappen miteinander vergleichen

Der Vergleich von Arbeitsmappen ist nur bei ähnlich aufgebauten Arbeitsmappen sinnvoll. Gerade wenn Sie beispielsweise wissen möchten, wo die Unterschiede zwischen zwei völlig identisch erscheinenden Arbeitsmappen liegen, können Sie folgende Makrolösung aus Listing 8.58 einsetzen. Schreiben Sie die Unterschiede in das Direktfenster.

Listing 8.58: Zwei Arbeitsmappen miteinander vergleichen

```
Sub ArbeitsmappenVergleichen()
Dim Mappe1, Mappe2 As Workbook
Dim Blatt As Worksheet
Dim Zelle As Range
Dim s As String

Set Mappe1 = ThisWorkbook
Set Mappe2 = Workbooks(2)

 For Each Blatt In ThisWorkbook.Worksheets
  Blatt.Activate
  s = Blatt.Name
  For Each Zelle In Blatt.UsedRange
   If Zelle.Value <> _
   Mappe2.Worksheets(s).Range(Zelle.Address).Value Then
    Zelle.Activate
   Debug.Print "Unterschied in Zelle " & _
   Zelle.Address & " auf Tabellenblatt " & _
   Sheets(s).Name
```

```
    End If
   Next Zelle
  Next Blatt
End Sub
```

Voraussetzung für das korrekte Funktionieren der Lösung ist, dass Sie beide Arbeitsmappen geöffnet haben und die Tabellenbenennung identisch ist. Dabei wird die aktuelle Arbeitsmappe mit der zweiten Arbeitsmappe im Hintergrund verglichen. Die zuerst geöffnete Arbeitsmappe hat den Index 1, die danach geöffnete Arbeitsmappe bekommt den Indexwert 2 zugewiesen. Nun benötigen Sie zwei `For Next`-Schleifen. Die eine ist für die einzelnen Tabellenblätter und die andere für die Zellen im verwendeten Bereich zuständig. In der ersten Schleife ermitteln Sie zunächst über die Eigenschaft `UsedRange` den verwendeten Bereich und vergleichen die verwendeten Zeilen der beiden Arbeitsmappen miteinander. Wird ein Unterschied gefunden, muss auf die betreffende Zelle positioniert werden, damit die richtige Zellenadresse im Direktfenster ausgegeben werden kann.

8.12 Arbeitsmappen säubern

Im letzten Abschnitt dieses Kapitels geht es darum, Ihre Arbeitsmappen aufzuräumen. In erster Linie heißt das, bestimmte Teile wie Grafiken, benutzerdefinierte Namen, Kommentare und benutzerdefinierte Listen sowie Formate zu löschen, die die Arbeitsmappen aufblähen. Im Anschluss daran können Sie diverse benutzerdefinierte Listen und Formatvorlagen wieder erstellen.

Die folgenden Makros finden Sie auf der CD-ROM im Verzeichnis KAP08 *in der Datei* AUFRÄUMEN.XLS.

CD

Alle Grafikobjekte aus Arbeitsmappe entfernen

Wenn Sie beispielsweise eine Excel-Tabelle im Textformat speichern möchten, um diese weiterzugeben, können Objekte wie WordArt, ClipArts, Schaltflächen, AutoFormen, integrierte Diagramme und viele andere Objekte nicht in das Textformat umgewandelt werden. Vielleicht möchten Sie auch die Größe einer Excel-Arbeitsmappe so verkleinern, dass die Arbeitsmappe auf eine Diskette passt und auf diese Weise schnell ausgetauscht werden kann. Um alle Grafikelemente aus einer Arbeitsmappe zu entfernen, verwenden Sie das Makro aus Listing 8.59.

Listing 8.59: Alle Objekte aus einer Arbeitsmappe entfernen

```
Sub AlleObjekteAusMappeEntfernen()
Dim Blatt As Worksheet
Dim i As Integer

For i = 1 To Worksheets.Count
```

```
  If Worksheets(i).Shapes.Count > 0 Then
    Set Blatt = Worksheets(i)
    Blatt.Activate
    Blatt.Shapes.SelectAll
    Selection.Delete
  End If
Next i
End Sub
```

Das Auflistungsobjekt `Shape` kann entweder eine oder auch mehrere Formen enthalten. Bei Formen kann es sich dabei um alle möglichen Objekte wie beispielsweise Grafiken, Schaltflächen und WordArts handeln. In einer `For Next`-Schleife prüfen Sie bei jedem Tabellenblatt, ob es überhaupt Formen enthält. Wenn ja, dann wenden Sie die Methode `SelectAll` an, um alle Formen zu markieren. Anschließend nutzen Sie die Methode `Delete`, um die markierten Formen auf dem Tabellenblatt zu löschen.

Alle Kommentare einer Arbeitsmappe löschen

In einer Arbeitsmappe können sich nach einiger Zeit schon einige Kommentare ansammeln, mit denen Sie bestimmte Sachverhalte näher erklären, wichtige Zusatzinformationen zu Berechnungen liefern oder auch bestimmte Eingaben protokollieren. Für Sie selbst sind diese Kommentare sehr wichtig, für andere unter Umständen nicht. Wenn Sie Ihre Arbeitsmappen anderen zur Verfügung stellen und dabei die Kommentare für sich behalten möchten, dann erstellen Sie eine Kopie der Arbeitsmappe und entfernen Sie alle Kommentare mit folgendem Makro aus Listing 8.60.

Listing 8.60: Alle Kommentare aus Arbeitsmappe entfernen (Variante 1)

```
Sub AlleKommentareLöschen()
Dim i As Integer
Dim Notiz As Comment

 For i = 1 To Worksheets.Count
  Worksheets(i).Activate
  For Each Notiz In Worksheets(i).Comments
      Notiz.Delete
  Next Notiz
 Next i
End Sub
```

Definieren Sie zuerst eine Variable vom Datentyp `Comment`. Danach arbeiten Sie die Arbeitsmappe von vorne nach hinten durch und löschen mithilfe der Methode `Delete` alle Kommentare.

Eine alternative Methode, die noch schneller ist als die vorherige, sieht vor, die Kommentare über die Objektvariable `Comment` und die Auflistung `Comments` anzusprechen.

```
Sub AlleKommentareLöschen2()
Dim Blatt As Worksheet
Dim Notiz As Comment

For Each Blatt In ActiveWorkbook.Worksheets
 For Each Notiz In Blatt.Comments
  Notiz.Delete
 Next Notiz
Next Blatt
End Sub
```

Listing 8.61: Alle Kommentare aus Arbeitsmappe entfernen (Variante 2)

In der ersten Schleife werden alle Tabellen der aktiven Arbeitsmappe abgearbeitet. Diese Tabellen sind alle in der Auflistung `Worksheets` verzeichnet. In der zweiten Schleife werden die Kommentare abgearbeitet, die auf der jeweiligen Tabelle über die Auflistung `Comments` zu finden sind. Wenden Sie die Methode `Delete` an, um diese Kommentare zu löschen.

Benutzerdefinierte Listen löschen und erstellen

Benutzerdefinierte Listen finden Sie, wenn Sie im Menü EXTRAS den Befehl OPTIONEN wählen. Danach wechseln Sie auf die Registerkarte AUTOAUSFÜLLEN. Mit benutzerdefinierten Listen sparen Sie sich viel Schreibarbeit. Ist einmal ein Eintrag aus einer benutzerdefinierten Liste in einer Zelle erfasst, können Sie mit dem Ausfüllkästchen die restlichen Einträge aus der Liste automatisch in Ihre Tabelle einfügen. Wie aber können Sie benutzerdefinierte Listen löschen bzw. benutzerdefinierte Listen erstellen?

Um alle benutzerdefinierten Listen zu entfernen, setzen Sie das folgende Makro aus Listing 8.62 ein.

```
Sub LöschenBenutzerdefinierteListen()
 Dim i As Integer
 Dim j As Integer

    j = Application.CustomListCount
    On Error Resume Next
    For i = 1 To j
        Application.DeleteCustomList i
    Next i
End Sub
```

Listing 8.62: Alle benutzerdefinierten Listen entfernen

Mit der Eigenschaft `CustomListCount` ermitteln Sie die Anzahl der benutzerdefinierten Listen. Die ersten vier benutzerdefinierten Listen lassen sich nicht löschen und bilden den Standardumfang an benutzerdefinierten Listen in Excel. Jede weitere benutzerdefinierte Liste lässt sich über die Methode `DeleteCustomlist` löschen, der Sie als Index die Variable `i` mitgeben. In den ersten vier Fällen versucht das Makro aus Listing 8.62, die jeweilige benutzerdefinierte Liste zu löschen. Damit es dabei nicht zu einem Makrofehler kommt, setzen Sie die Anweisung `On Error Resume Next` ein, die mit der nächsten Liste in der Schleife weitermacht.

:-) TIPP

Wenn Sie benutzerdefinierte Listen anlegen möchten, ohne über den Dialog OPTIONEN *zu gehen, können Sie diese Listen auch direkt aus Zellenbezügen herstellen. Im nächsten Beispiel wird eine benutzerdefinierte Liste aus den Einträgen in Spalte B erstellt.*

Listing 8.63: Erstellen benutzerdefinierter Listen aus Zelleneinträgen

```
Sub ErstellenBenutzerdefinierteListen()
 Application.AddCustomList ListArray:=Columns("B:B")
End Sub
```

Mithilfe der Methode `AddCustomList` fügen Sie eine benutzerdefinierte Liste ein. Die Daten für diese Liste holen Sie sich direkt aus den Tabelleneinträgen in Spalte B.

Dieselbe Aufgabe können Sie selbstverständlich auch über ein Makro lösen, welchem Sie die einzelnen Einträge für die benutzerdefinierte Liste übergeben.

Listing 8.64: Erstellen benutzerdefinierter Listen aus Codezeilen

```
Sub ErstellenBenutzerdefinierterListen2()
Application.AddCustomList Array _
("Personal", "Hardware", "Software", "Raum", _
 "Energie", "Abschreibung", _
 "Umlagen", "Leistung", "Ergebnis")
End Sub
```

Formatvorlagen löschen und erstellen

Mithilfe von Formatvorlagen formatieren Sie schnell ganze Tabellen oder auch einzelne Bereiche. Dabei können Sie mehrere Formatierungsschritte zusammenführen und so auch komplexere Formate mit einem Mausklick hinzufügen.

Formatvorlagen löschen Sie, indem Sie das folgende Makro aus Listing 8.65 einsetzen.

Listing 8.65: Formatvorlagen aus Arbeitsmappe löschen

```
Sub FormatVorlagenLöschen()
Dim Fv As Object

On Error Resume Next
For Each Fv In ActiveWorkbook.Styles
  Fv.Delete
Next Fv
End Sub
```

Die Eigenschaft Styles gibt eine Auflistung aller Formatvorlagen zurück, die die Arbeitsmappe enthält. Über eine For Next-Schleife werden alle Formatvorlagen der Arbeitsmappe gelöscht, die Formatvorlage STANDARD lässt sich jedoch nicht löschen. Die On Error-Anweisung fängt den Versuch ab, diese Formatvorlage zu löschen. Die Formatvorlage STANDARD können Sie aber auch noch über eine andere Möglichkeit vor dem Versuch der Löschung schützen. Dazu verwenden Sie die Eigenschaft BuiltIn.

```
Sub FormatVorlagenLöschen2()
Dim Fv As Object

For Each Fv In ActiveWorkbook.Styles
    If Fv.BuiltIn = False Then
        Fv.Delete
    End If
Next Fv
End Sub
```

Listing 8.66: Formatvorlagen bis auf integrierte Formate löschen

Die Eigenschaft BuiltIn meldet Ihnen den Wert True, wenn die Formatvorlage integriert, also fest in Excel eingebaut ist.

!! STOP

Das Löschen von Formatvorlagen aus einer Arbeitsmappe entfernt auch die Formatierungen in der Arbeitsmappe.

STEP

Wenn Sie Formatvorlagen erstellen, gehen Sie wie folgt vor:

1. Formatieren Sie Ihre Tabelle bzw. bestimmte Zellbereiche.
2. Markieren Sie den formatierten Bereich, den Sie als Formatvorlage speichern möchten.
3. Starten Sie das folgende Makro aus Listing 8.67.

```
Sub AktuelleFormatierungAlsFormatvorlage()
 ActiveWorkbook.Styles.Add Name:="Titelrahmen", _
 basedon:=ActiveCell
End Sub
```

Listing 8.67: Formatvorlagen aus markierten Bereichen erstellen

Die Methode Add erstellt eine neue Formatvorlage und fügt sie der aktiven Arbeitsmappe hinzu. Dabei werden zwei Argumente angegeben: Das erste Argument Name beinhaltet den Namen der Formatvorlage. Das zweite Argument gibt an, wo die Formatvorlage die Formatierung hernehmen soll. Im Beispiel in Listing 8.67 wird als Grundlage für die Formatierung die aktive Zelle herangezogen. Im nächsten Beispiel wird eine Formatvorlage erstellt, bei der das zweite Argument weggelassen und stattdessen die Formatierung angegeben wird.

Listing 8.68: Eigene Formatvorlagen erstellen

```
Sub FormatvorlageErstellen()
On Error Resume Next
With ActiveWorkbook.Styles.Add(Name:="Überschrift1")
    .Font.Name = "Arial"
    .Font.Size = 25
End With
```

Im Listing 8.68 benötigen Sie die `On Error`-Anweisung, die dafür sorgt, dass es zu keiner Fehlermeldung kommt, wenn versucht wird, eine bereits bestehende Formatvorlage zu überschreiben.

Alle benutzerdefinierten Namen einer Mappe löschen

Wozu Sie Namen bei Zellen und Bereichen einsetzen, haben Sie in Kapitel 5 schon gelesen. Dort erfuhren Sie, wie Sie Namen erstellen, ändern und einzelne Namen entfernen. Wenn Sie alle Namen aus der Arbeitsmappe entfernen möchten, starten Sie das folgende Makro aus Listing 8.69.

Listing 8.69: Alle Namen aus einer Arbeitsmappe entfernen

```
Sub AlleNamenInArbeitsmappeLöschen()
Dim nam As Name

    For Each nam In Application.Names
        nam.Delete
    Next nam
 End Sub
```

Definieren Sie zuerst eine Variable vom Typ `Name`. Danach durchlaufen Sie eine `For Each`-Schleife und löschen mithilfe der Methode `Delete` alle Namen, die in der Arbeitsmappe verwendet werden.

Da Excel intern auch Namen verwendet, um beispielsweise Druckbereiche und Wiederholungszeilen zu benennen, löscht das Makro aus Listing 8.68 neben den benutzerdefinierten Namen auch noch die definierten Druckbereiche sowie die eingestellten Wiederholungszeilen in der Arbeitsmappe. Möchten Sie dies vermeiden, dann starten Sie folgendes Makro aus Listing 8.70.

Listing 8.70: Alle Namen einer Arbeitsmappe mit Ausnahme von Druckbereich und Wiederholungszeilen löschen

```
Sub NichtAlleNamenLoeschen()
Dim Blatt As Worksheet
Dim nam As Name

For Each Blatt In Worksheets
  For Each nam In ActiveWorkbook.Names
    If Right(nam.Name, 10) = "Print_Area" _
    Or Right(nam.Name, 12) = "Print_Titles" Then _
    Else nam.Delete
  Next nam
Next Blatt
End Sub
```

Über die Eigenschaft `Names` werden Ihnen alle verwendeten Namen der Arbeitsmappe zur Verfügung gestellt. Wenn sich darunter auch interne Namen für Druckbereiche bzw. Wiederholungszeilen befinden, werden diese in der Form `Tabelle1!Print_Area` bzw. `Tabelle3!Print_Titles` ausgegeben. Genau aus diesem Grund setzen Sie zur Abfrage der Namen die Funktion `Right` ein, mit der Sie eine bestimmte Anzahl von Zeichen vom rechten Zellenrand aus ermitteln können. Es werden somit nur Namen gelöscht, die entweder keinen Druckbereich repräsentieren oder Wiederholungszeilen entsprechen.

9 Diagramme und Pivot-Tabellenberichte programmieren

Das letzte Kapitel dieses Buchteils ist zweigeteilt. Im ersten Teil lernen Sie, wie Sie Diagramme erstellen, bearbeiten und löschen können. Im zweiten Teil wird die Programmierung mit Pivot-Tabellenberichten gezeigt. Unter anderem werden im ersten Teil folgende Fragen beantwortet:

Die Fragen

- Wie erstelle ich verschiedene Diagramme auf einem separaten Blatt?
- Wie erzeuge ich ein eingebettetes Diagramm?
- Wie kann ich Diagramme aus einer Arbeitsmappe entfernen?
- Wie kann ich Diagramme ansprechen?
- Wie kann ich Daten und ein Diagramm im Wechsel ein- und ausblenden?
- Wie kann ich Diagrammen Datenbeschriftungen hinzufügen?
- Wie kann ich Höhe und Breite eines Diagramms genau festlegen?
- Wie kann ich Diagramme selbst skalieren?
- Wie kann ich Diagramme als Grafik speichern?
- Wie kann ich Datenreihen formatieren?
- Wie erstelle ich ein dynamisches Diagramm?

CD

Die Makros bezüglich der Programmierung von Diagrammen können Sie auf der CD-ROM im Verzeichnis KAP09 *in der Datei* DIAGRAMME.XLS *finden.*

INFO

Seit der Version Excel 2000 ist es möglich, Diagramme direkt aus Pivot-Tabellenberichten zu generieren.

Im Pivot-Teil des Kapitels finden Sie u.a. Antworten auf folgende Fragen:

Die Fragen

- Wie kann ich einen Pivot-Tabellenbericht erstellen?
- Wie aktualisiere ich Pivot-Tabellenberichte?
- Wie kann ich Pivot-Tabellenberichte dynamisch erweitern?

- Wie kann ich Pivot-Tabellen sortieren?
- Welche Möglichkeiten bietet mir das AutoFormat bei Pivot-Tabellen?
- Wie kann ich das Seitenfeld einer Pivot-Tabelle bedienen?

CD

Die Makros bezüglich der Programmierung von Pivot-Tabellenberichten finden Sie auf der CD-ROM im Verzeichnis KAP09 *in der Datei* PIVOT.XLS.

9.1 Diagramme erstellen

Bei der Erstellung von Diagrammen haben Sie die Auswahl aus mehreren Diagrammtypen. Für den richtigen Diagrammtyp ist die Eigenschaft `ChartType` verantwortlich. In der nachfolgenden Tabelle sehen Sie exemplarisch eine kleine Auswahl an möglichen Diagrammtypen, die über eine `xlChartType`-Konstante identifiziert werden.

Tabelle 9.1: Die wichtigsten Diagrammtypen

Diagrammtyp	Konstante
Säulendiagramm (gruppiert)	`xlColumnClustered`
Säulendiagramm (gestapelt)	`xlColumnStacked`
Säulendiagramm 3D-Darstellung	`xl3DColumn`
Balkendiagramm (gruppiert)	`xlBarClustered`
Balkendiagramm (gestapelt)	`xlBarStacked`
Liniendiagramm	`xlLine`
Kreisdiagramm	`xlPie`
Punktdiagramm	`xlXYScatter`
Blasendiagramm	`xlBubble`
Flächendiagramm	`xlArea`
Ringdiagramm	`xlDoughnut`
Netzdiagramm	`xlRadar`
Oberflächendiagramm	`xlSurface`
Kursdiagramm	`xlStockHLC`

Neben den in der Tabelle abgebildeten Diagrammtypen gibt es noch Zylinder-, Kegel- und Pyramidendiagramme sowie zu jedem Diagramm zahlreiche Untertypen. Eine komplette Liste der vorhandenen Diagramme in Excel bekommen Sie in der Online-Hilfe unter dem Stichwort `ChartType`.

Kosten im Säulendiagramm darstellen

Das Säulendiagramm ist das Standarddiagramm in Excel. Sie können ein Säulendiagramm ganz schnell in Excel erstellen, indem Sie den Datenbereich markieren und einfach die Taste F11 drücken. An diesem Standarddiagramm fehlen eigentlich nur noch ein Titel und eventuell ein paar Datenbeschriftungen.

Aufgabe

Erzeugen Sie ein Säulendiagramm, dessen Titel sich vom Tabellennamen ableitet. Das Makro für diese Aufgabe lautet:

Listing 9.1: Monatliche Kosten in einem Säulendiagramm darstellen

```
Sub DiagrammErstellen01()
Dim Bereich As Range
Dim s As String

  Set Bereich = Range("A2:E6")
  s = ActiveSheet.Name
  Charts.Add
  With ActiveChart
    .ChartType = xlColumnClustered
    .SetSourceData _
       Source:=Bereich, _
       PlotBy:=xlRows
    .HasTitle = True
    .ChartTitle.Text = s
  End With
End Sub
```

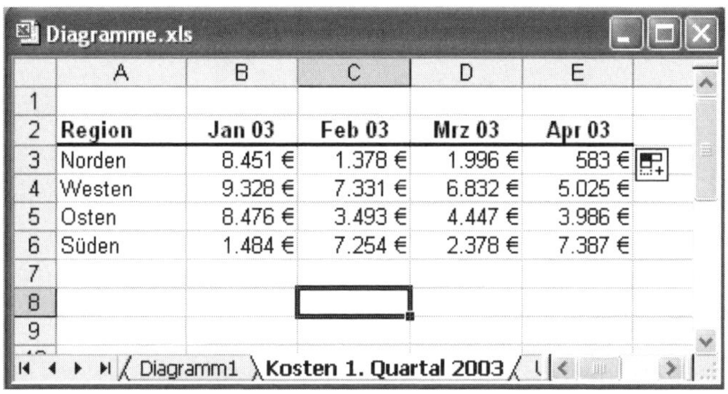

	A	B	C	D	E
1					
2	**Region**	**Jan 03**	**Feb 03**	**Mrz 03**	**Apr 03**
3	Norden	8.451 €	1.378 €	1.996 €	583 €
4	Westen	9.328 €	7.331 €	6.832 €	5.025 €
5	Osten	8.476 €	3.493 €	4.447 €	3.986 €
6	Süden	1.484 €	7.254 €	2.378 €	7.387 €
7					
8					
9					

Abbildung 9.1: Die Ausgangstabelle mit den monatlichen Kosten

Im ersten Schritt legen Sie den Bereich fest, der die Datenbasis für das Diagramm enthält. Dazu speichern Sie die Adresse des Bereichs in der `Range`-Variablen `Bereich`. Danach ermitteln Sie den Namen des aktiven Tabellenblatts über die Eigenschaften `ActiveSheet` und `Name` und speichern ihn in der Variablen `s`. Mit der Methode `Add` erstellen Sie zunächst ein neues Diagrammblatt. Danach legen Sie das Aussehen des Diagramms fest. Mit der Eigenschaft `ChartType` bestimmen Sie den Diagrammtyp.

Syntax und Argumente von SetSourceData

Über die Methode `SetSourceData` geben Sie an, woher Excel die Daten für das Diagramm bekommt. Diese Methode benötigt zwei Argumente. Dem ersten Argument `Source` übergeben Sie die Variable `Bereich`. Mit dem zweiten Argument `PlotBy` legen Sie fest, wie die Daten angezeigt werden sollen. Wählen Sie entweder die Konstante `xlColumns` oder `xlRows`.

Die Eigenschaft `HasTitle` müssen Sie auf den Wert `True` setzen, damit eine Überschrift im Diagramm angezeigt werden kann. Die Überschrift des Diagramms erstellen Sie mithilfe der Eigenschaft `ChartTitle` und der Eigenschaft `Text`, die Sie aus der Variablen `s` herausholen.

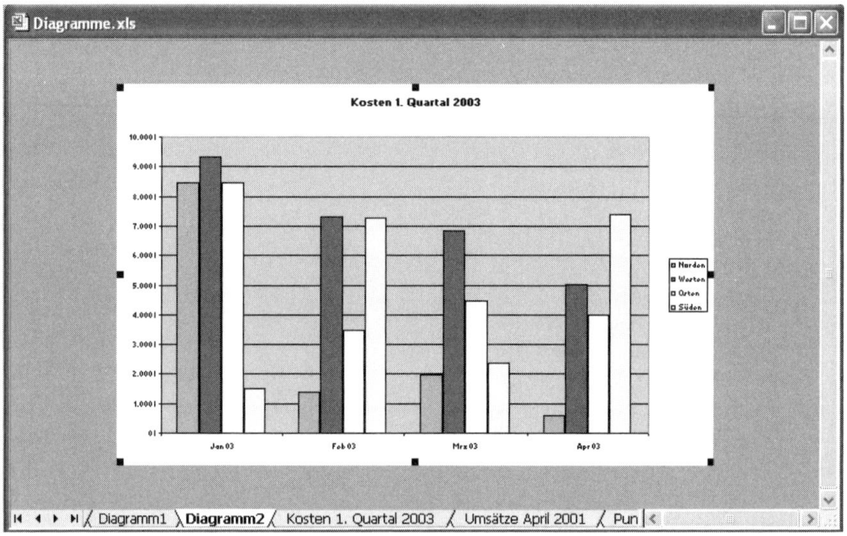

Abbildung 9.2: Das Ergebnis: das erste Säulendiagramm per Makro

Das Zylinderdiagramm auf Knopfdruck

Eine Variante, die der Standarderstellung von Diagrammen entspricht, also Daten zu markieren und danach die Taste [F11] zu drücken, liefert das Makro aus Listing 9.2. Dieses Makro erstellt anhand der markierten Daten ein Zylinderdiagramm auf einem separaten Diagrammblatt.

Listing 9.2: Ein Diagramm einfügen anhand markierter Zellen

```
Sub DiagrammblattEinfügen()
 ActiveWorkbook.Names.Add _
 Name:="ST_Diagramm", RefersToR1C1:=Selection
 Charts.Add
 ActiveChart.ApplyCustomType _
 ChartType:=xlCylinderColClustered
End Sub
```

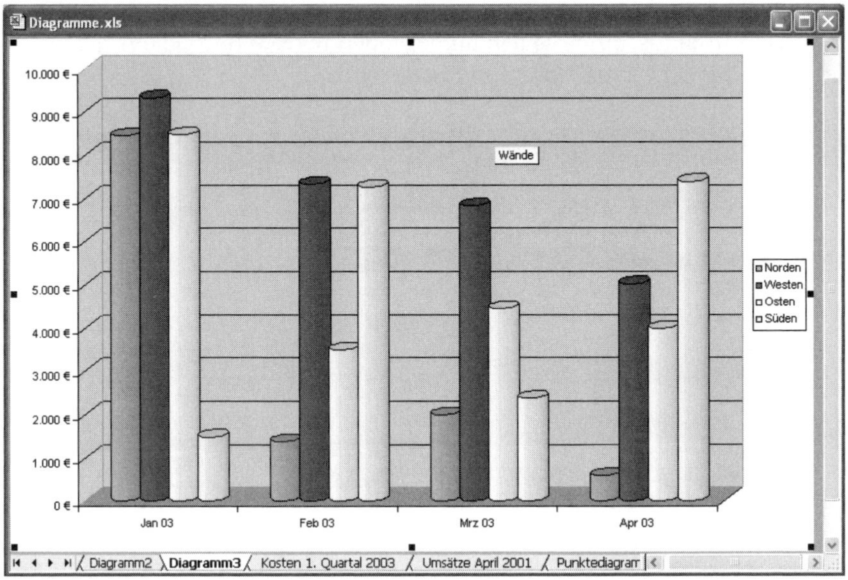

Abbildung 9.3: Auch andere Diagrammtypen sind jederzeit einsetzbar

Mit dieser Lösung sind Sie nicht mehr auf den Standarddiagrammtyp beschränkt, sondern können ganz flexibel selbst entscheiden, welchen Diagrammtyp Sie einsetzen möchten.

Das Balkendiagramm aus Daten in der Umgebung

Bei der letzten Aufgabe haben Sie auf dem Tabellenblatt einen Datenbereich markiert und anschließend ein Makro gestartet, welches automatisch das Zylinderdiagramm erstellt hat. Im folgenden Makro aus Listing 9.3 entfällt sogar noch der Schritt, in dem Sie Ihre Datenbasis über eine Markierung festlegen. Dort ermittelt Excel ganz allein die erforderlichen Daten.

Listing 9.3: Diagramm aus umliegendem Datenbereich bilden

```
Sub DiagrammAusUmliegendemBereich()
Dim s As String

s = ActiveSheet.Name
Charts.Add
ActiveChart.ChartType = xl3DBarClustered
ActiveChart.SetSourceData _
    Source:=Sheets(s).Range("A2").CurrentRegion, _
    PlotBy:=xlColumns
End Sub
```

Das neue Diagrammblatt wird noch leer eingefügt. Über die Eigenschaft `ChartType` können Sie ein Diagramm Ihrer Wahl (siehe Tabelle 9.1) festlegen. Die Datenbasis für das Diagramm ermitteln Sie mit der Methode `SetSourceData`, der Sie im Argument `Source` das aktive Tabellenblatt, die Startzelle A2 sowie die Eigenschaft `CurrentRegion` mitgeben. Die Eigenschaft `CurrentRegion` ermittelt automatisch für Sie den umliegenden Bereich um Zelle A2, der von Leerzeilen bzw. Leerspalten umschlossen wird.

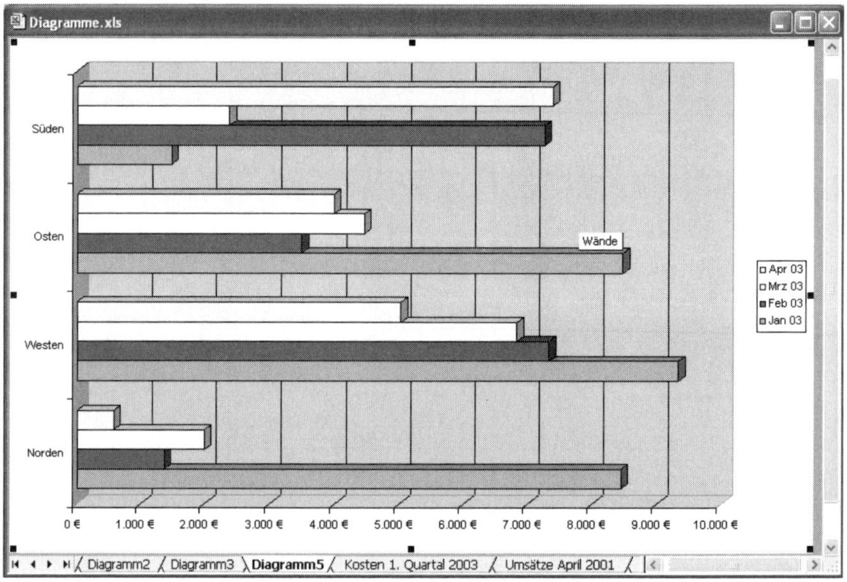

Abbildung 9.4: Das Balkendiagramm mit nur einer einzigen Aktion erstellen

Tagesumsätze im Liniendiagramm anzeigen

Um Schwankungen in den Tagesumsätzen besser zu erkennen, erstellen Sie ein Liniendiagramm. Dazu erstellen Sie dieses Mal kein extra Diagrammblatt, sondern ordnen das Diagramm neben Ihren Umsatzdaten auf demselben Tabellenblatt an.

Das eingebettete Diagramm erstellen Sie mit dem Makro aus Listing 9.4.

Listing 9.4: Tägliche Umsätze in einem Liniendiagramm anzeigen

```
Sub DiagrammErstellen02()
Dim Dia As ChartObject
Dim s As String
Dim i As Integer

  s = ActiveSheet.Name
  ActiveSheet.ChartObjects.Delete
  Set Dia = ActiveSheet.ChartObjects.Add _
 (175, 15, 300, 250)
  Dia.Name = "Umsätze April"
  i = ActiveSheet.Range("B1").End(xlDown).Row
  Range("A2:B" & i).Copy
  ActiveSheet.ChartObjects("Umsätze April").Activate
  ActiveChart.SeriesCollection.Paste _
```

```
  Rowcol:=xlColumns, SeriesLabels:=False, _
  CategoryLabels:=True, Replace:=True, NewSeries:=True
  Application.CutCopyMode = False

  With ActiveChart
     .ChartType = xlLineMarkers
     .HasLegend = False
     .HasTitle = True
     .ChartTitle.Text = s
   End With
Range("A1").Select
End Sub
```

Im ersten Schritt ermitteln Sie den Tabellennamen der aktiven Tabelle. Dieser Tabellenname soll später die Überschrift des Diagramms werden. Da Sie ein eingebettetes Diagramm einfügen möchten, müssen Sie dafür Sorge tragen, dass bei mehrmaligem Starten des Makros nicht mehrere Diagramme übereinander eingefügt werden. Löschen Sie daher zu Beginn alle integrierten Diagramme auf dem Arbeitsblatt über die Methode `Delete`. Danach fügen Sie ein noch leeres `Chart`-Objekt in Ihre Tabelle mit der Methode `Add` ein. Dabei können Sie die genaue Position des `Chart`-Objekts genau festlegen. Die vier Zahlenwerte entsprechen den Angaben linker Rand, oberer Rand, Breite und Höhe. Die Angaben werden in Punkten ausgegeben und beziehen sich relativ zur oberen linken Ecke der Zelle A1 oder zur oberen linken Ecke des Diagramms.

Geben Sie als Nächstes dem eingebetteten Diagramm einen Namen. Jetzt müssen Sie herausbekommen, wie viele Tagesumsätze im Diagramm angezeigt werden sollen. Dazu ermitteln Sie die letzte belegte Zelle in Spalte B und speichern die Zeilennummer in der Variablen `i`. Markieren Sie den Bereich und kopieren Sie ihn mit der Methode `Copy`. Markieren Sie danach Ihr gerade eingefügtes Diagramm. Um die kopierten Daten einzufügen, verwenden Sie die Methode `Paste` der `SeriesCollection`-Auflistung.

Die Syntax

Die Methode `Paste` verwendet mehrere Argumente und hat die Syntax:

```
Paste(Rowcol, SeriesLabels, CategoryLabels, Replace, _
NewSeries)
```

Die Argumente der Methode Paste

Im ersten Argument `RowCol` geben Sie Auskunft darüber, ob sich die Daten in Zeilen oder Spalten befinden. Zulässig sind hierbei die Konstanten `xlColumns` oder `xlRows`. Das Argument `SeriesLabels` bestimmt, woher Excel die Beschriftung für die Datenreihen nehmen soll. Wird der Wert auf `True` gesetzt, wird der Inhalt der Zelle in der ersten Spalte jeder Zeile (bzw. der ersten Zeile jeder Spalte) als Name für die Datenreihe in der betreffenden Zeile (bzw. Spalte) verwendet. Setzen Sie dieses Argument auf den Wert `False`, wenn der Inhalt der Zelle in der ersten Spalte jeder Zeile (bzw. der ersten Zeile jeder

Spalte) als erster Datenpunkt der Datenreihe verwendet werden soll. Das nächste Argument `CategoryLabels` weist den Wert `True` auf, wenn der Inhalt der ersten Zeile (bzw. Spalte) als Rubrik des Diagramms verwendet wird. Setzen Sie das Argument auf den Wert `False`, wenn der Inhalt der ersten Zeile (bzw. Spalte) als erste Datenreihe im Diagramm verwendet werden soll. Das Argument `Replace` ist standardmäßig auf den Wert `True` gesetzt. Dabei werden beim Ersetzen vorhandener Rubriken durch Informationen aus dem kopierten Bereich Rubriken angewendet. Das letzte Argument `NewSeries` hat dann den Wert `True`, wenn die Daten als eine neue Datenreihe eingefügt werden sollen. Setzen Sie das Argument auf den Wert `False`, wenn Sie die Daten als neue Datenpunkte in eine vorhandene Datenreihe einfügen möchten.

Nach der Kopier- und Einfügeaktion ist nach wie vor der Kopierrahmen aktiv. Setzen Sie die Eigenschaft `CutCopyMode` auf den Wert `False`, um den Ausschneide- bzw. Kopiermodus zu deaktivieren und den Laufrahmen zu entfernen. Als letzte Aufgabe weisen Sie dem Diagramm den richtigen Diagrammtyp zu, verzichten auf eine Legende, indem Sie die Eigenschaft `HasLegend` auf den Wert `False` setzen, und zeigen die Überschrift im Diagramm an.

:-) TIPP

Ist Ihnen während der Diagrammerstellung zu viel Bewegung auf dem Bildschirm, dann schalten Sie die Bildschirmaktualisierung zu Beginn des Makros mit der Anweisung `Application.Screenupdating = False` *ab. Am Ende des Makros schalten Sie die Aktualisierung des Bildschirms wieder ein, indem Sie diese Eigenschaft auf den Wert* `True` *setzen.*

Abbildung 9.5: Das Ergebnis: Tagesumsätze im Liniendiagramm

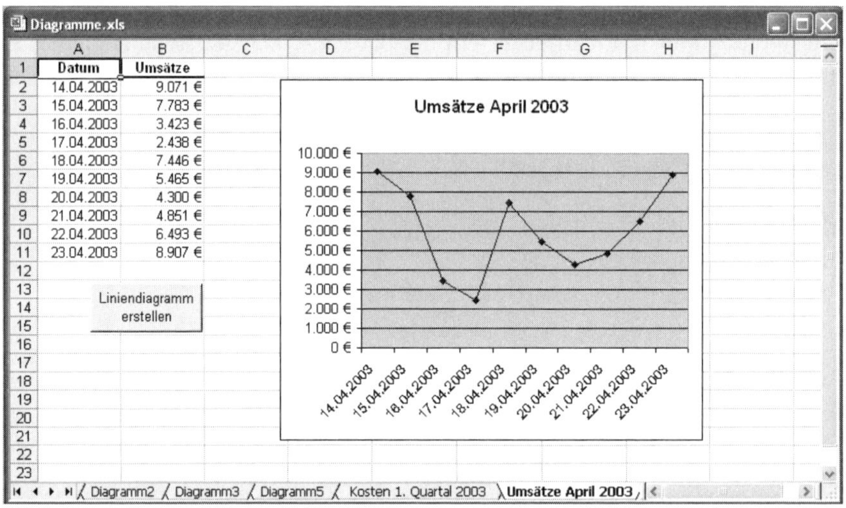

Tagesgenaue Formatierung im Punktdiagramm

Die Anforderung

Fügen Sie jetzt ein Punktdiagramm ein, aus dem Sie Ihre täglichen Ausgaben ablesen können. Als Zusatzfunktion sollen alle Punkte aus der Vergangenheit mit der standardmäßig ausgewählten Farbe Blau belegt und alle in der Zukunft liegenden Planwerte mit einer anderen Farbe versehen werden. Des Weiteren muss die Überschrift um ein paar Punkte größer erscheinen.

Das Makro für diese Aufgabe sehen Sie im folgenden Listing 9.5.

Listing 9.5: Punktdiagramm einfügen und formatieren

```
Sub PunktediagrammTagesgenau()
Dim Dia As ChartObject
Dim s As String
Dim DArray As Variant
Dim Punkt As Point

 s = ActiveSheet.Range("A4").Value
  ActiveSheet.ChartObjects.Delete
  Set Dia = ActiveSheet.ChartObjects.Add _
 (25, 60, 450, 180)
  Dia.Name = "Ausgaben"
  Range("A3:H4").Copy
  ActiveSheet.ChartObjects("Ausgaben").Activate
  ActiveChart.SeriesCollection.Paste  _
   Rowcol:=xlRows, SeriesLabels:=True, _
   CategoryLabels:=True, Replace:=True, NewSeries:=True
  Application.CutCopyMode = False

  With ActiveChart
      .ChartType = xlXYScatter
      .HasLegend = False
      .HasTitle = True
      .ChartTitle.Text = s
      .ChartTitle.Font.Name = "Arial"
      .ChartTitle.Font.Size = 14
   End With

 'Zweiter Teil des Makros
 ActiveSheet.ChartObjects("Ausgaben").Activate
  With ActiveChart.SeriesCollection(1)
   DArray = .XValues
   For Each Punkt In .Points
    i = i + 1
    If DArray(i) > Now Then
       Punkt.MarkerBackgroundColorIndex = 2
       Punkt.MarkerForegroundColorIndex = 1
    End If
   Next
  End With
  Range("A1").Select
End Sub
```

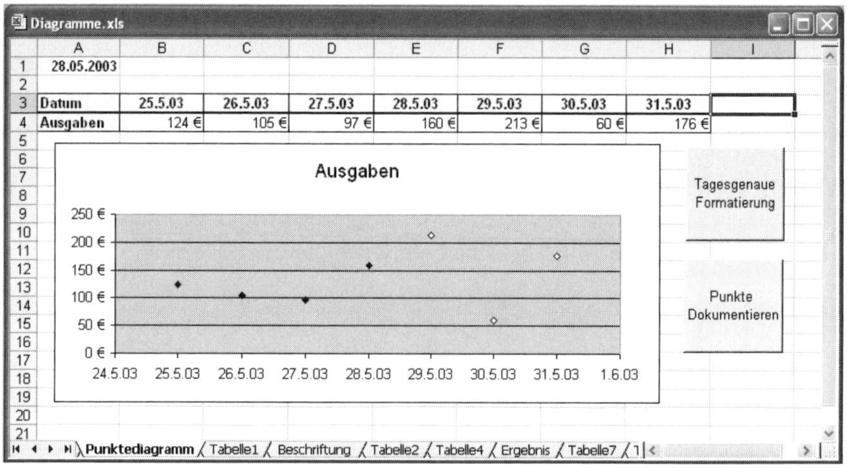

Abbildung 9.6: Das Endergebnis: punktgenaue Formatierung in Abhängigkeit vom aktuellen Datum

Da auf die Erstellung eines Diagramms schon auf den vorherigen Seiten ausgiebig eingegangen wurde, setzen wir nun im zweiten Teil das Listing 9.5 ein. Dort wird das Diagramm aktiviert und die Datenreihe markiert. Jetzt lesen Sie die einzelnen Werte der Datenreihe in das Datenfeld `DArray` ein. Im Anschluss daran wird eine `For Each`-Schleife durchlaufen, in der geprüft wird, ob die einzelnen Punkte in der Vergangenheit bzw. in der Zukunft liegen. Liegen die Punkte in der Zukunft, wird über die `MarkerBackgroundColorIndex`-Eigenschaft die Punkt-Innenfläche mit der Farbe Weiß versehen. Die Punkt-Umrandung erhält die Farbe Schwarz und wird durch die Eigenschaft `MarkerForegroundColorIndex` festgelegt.

Mittelwert in Diagramm bilden

In der folgenden Aufgabe wird aus einem Datenbereich ein Diagramm erstellt. Die Ausgangstabelle sehen Sie in Abbildung 9.7.

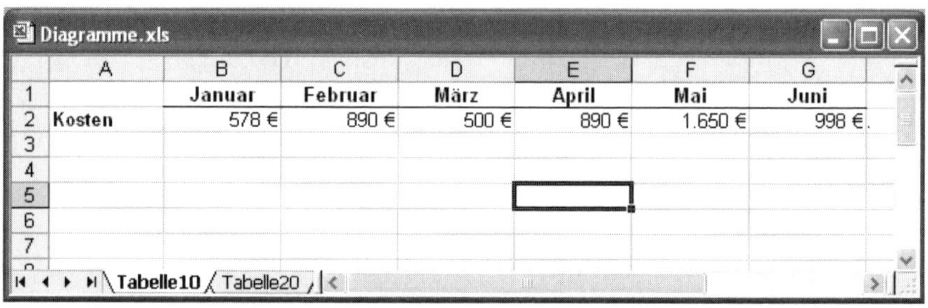

	Januar	Februar	März	April	Mai	Juni
Kosten	578 €	890 €	500 €	890 €	1.650 €	998 €

Abbildung 9.7: Die Ausgangsbasis für Ihr Diagramm

Ihre Aufgabe besteht nun darin, ein Säulendiagramm zu erstellen. Dabei soll im Diagramm eine Linie eingezeichnet werden, die den Mittelwert der Kosten darstellen soll. Das Makro für diese Aufgabe sehen Sie in Listing 9.6.

Listing 9.6: Diagramm mit Mittelwert einfügen

```
Sub DiagrammMitMittelwertEinfügen()
Dim Datenreihe As Series
Dim Punkt As Point
Dim i As Integer
Dim e As Integer

  Sheets("Tabelle10").Activate
  Charts.Add
  ActiveChart.ChartType = xlColumnClustered
  ActiveChart.SetSourceData _
  Source:=Sheets("Tabelle10").Range("A1:G2")
  ActiveChart.Location  _
  Where:=xlLocationAsObject, Name:="Tabelle10"
  Set Datenreihe = _
  ActiveSheet.ChartObjects(1).Chart.SeriesCollection(1)

 With Datenreihe
   For Each Punkt In .Points
    Punkt.ApplyDataLabels
    e = e + 1
    i = i + Punkt.DataLabel.Text
   Next
 End With
  Range("A3").Value = "Durchschnitt"
  Range("B3:G3").Value = i / e
 ActiveChart.SeriesCollection.Add _
 Source:=Sheets("Tabelle1").Range("A3:G3")
 ActiveChart.SeriesCollection(2).Select
 ActiveChart.SeriesCollection(2) _
 .ChartType = xlLineMarkers
End Sub
```

Fügen Sie im ersten Schritt mithilfe der Methode `Add` ein noch leeres Diagramm ein. Danach bestimmen Sie über die Eigenschaft `ChartType` den Diagrammtyp. Um ein Säulendiagramm zu erzeugen, geben Sie dieser Eigenschaft die Konstante `xlColumnClustered`. Bestimmen Sie nun, welche Daten im Diagramm angezeigt werden sollen. Dazu geben Sie in der Methode `SetSourceData` die genaue Position Ihrer Daten auf der Tabelle an. Verwenden Sie die Methode `Location`, um das neu eingefügte Diagramm zu verschieben. Indem Sie dieser Methode die Konstante `xlLocationAsObject` übergeben, bestimmen Sie, dass das Diagramm als Objekt in Ihrer Tabelle angeordnet wird. Im Argument `Name` müssen Sie dann noch festlegen, auf welcher Tabelle das Diagramm eingebettet werden soll. Im nächsten Schritt geben Sie die Beschriftung der Säulen an. Dabei sollen die Kosten direkt über den einzelnen Säulen angezeigt werden. Für diesen Zweck markieren Sie die komplette Datenreihe im Diagramm mithilfe der Anweisung `ActiveSheet.ChartObjects(1).Chart.SeriesCollection(1)`.

Erstellen Sie danach eine Schleife, die jeden einzelnen Datenpunkt im Diagramm durchläuft und mit der Methode `ApplyDataLabels` die Beschriftung der Säulen vornimmt. Was genau angezeigt werden soll, geben Sie mit der Anweisung `DataLabel.Text` an. Damit zeigen Sie die Kosten im Diagramm an. Haben Sie diese Schritte durchgeführt, dann übertragen Sie die durchschnittlichen Kosten in die Tabelle sowie in das Diagramm.

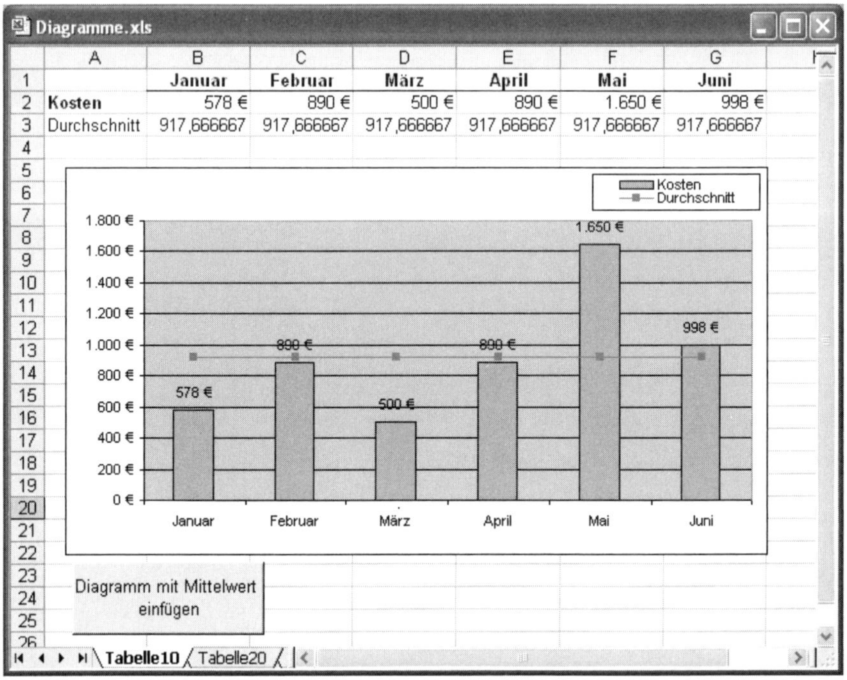

Abbildung 9.8: Das Ergebnis – ein Diagramm mit Mittelwert

9.2 Diagramme löschen

Möchten Sie Diagramme aus Ihrer Arbeitsmappe entfernen, so wenden Sie die Methode `Delete` an. Allerdings müssen Sie dabei unterscheiden, ob Sie Diagrammblätter oder eingebettete Diagramme aus Ihrer Arbeitsmappe löschen möchten.

Diagrammblätter aus Arbeitsmappe entfernen

Um alle Diagrammblätter aus einer Arbeitsmappe zu löschen, setzen Sie folgendes Makro aus Listing 9.7 ein.

Listing 9.7: Alle Diagrammblätter aus einer Arbeitsmappe entfernen

```
Sub DiagrammeEntfernen()
 Application.DisplayAlerts = False
 On Error Resume Next
 ActiveWorkbook.Charts.Delete
 Application.DisplayAlerts = False
End Sub
```

Indem Sie die Eigenschaft `DisplayAlerts` auf den Wert `False` setzen, brauchen Sie die einzelnen Löschungen nicht zu bestätigen. Die `On Error`-Anweisung sorgt dafür, dass die Verarbeitung sauber abgefangen wird, wenn überhaupt kein Diagrammblatt in der Arbeitsmappe enthalten ist. Die Eigenschaft Charts gibt eine Auflistung aller Diagrammblätter der aktiven Arbeitsmappe zurück, die Sie mit Hilfe der Methode `Delete` löschen.

Vergessen Sie nicht, die Eigenschaft `DisplayAlerts` *wieder auf den Wert* `True` *zu setzen, um die Anzeige von Warnungen und Meldungen zu ermöglichen.*

Eingebettete Diagramme aus Arbeitsmappe löschen

Um alle eingebetteten Diagramme aus einer Arbeitsmappe zu entfernen, schreiben Sie ein Makro mit zwei Schleifen. Dies könnte so aussehen wie in Listing 9.8 gezeigt.

Listing 9.8: Alle eingebetteten Diagramme einer Arbeitsmappe löschen

```
Sub AlleEingebettetenDiagrammeLöschen()
Dim i As Integer
Dim e As Integer

For i = 1 To Sheets.Count
  Sheets(i).Activate
   For e = 1 To ActiveSheet.ChartObjects.Count
    ActiveSheet.ChartObjects(e).delete
   Next e
 Next i
End Sub
```

Das Makro aus Listing 9.8 besteht aus einer äußeren Schleife, die dafür sorgt, dass Tabellenblatt für Tabellenblatt abgearbeitet wird. Die zweite Schleife kontrolliert, ob es auf einzelnen Tabellenblättern ein oder auch mehrere eingebettete Diagramme gibt, und markiert bzw. löscht diese über die Methoden `Select` bzw. `Delete`.

9.3 Diagramme identifizieren

Wie Sie schon in den vorherigen Beispielen gesehen haben, muss der Name eines Diagramms bekannt sein, um gezielt darauf zugreifen zu können. Die folgende Lösung schreibt alle Namen der in der Arbeitsmappe verwendeten Diagramme in den Direktbereich Ihrer Entwicklungsumgebung.

Listing 9.9: Diagrammnamen und Position in den Direktbereich schreiben

```
Sub DiagrammNamenErmitteln()
Dim Blatt As Worksheet
Dim i As Integer
Dim Dia As ChartObject

 For i = 1 To Sheets.Count
  For Each Dia In Sheets(i).ChartObjects
    Debug.Print "Tabellennamen: " & Sheets(i).Name & _
          vbLf & "Diagrammnamen: " & Dia.Name & _
          vbLf & vbLf
  Next
 Next i
End Sub
```

Definieren Sie zuerst einmal eine Variable vom Typ `ChartObject`. Danach bilden Sie eine äußere Schleife, die alle Tabellenblätter der Arbeitsblätter durchblättert, sowie eine innere Schleife, die die Namen der einzelnen Diagramme und deren Position mit der Anweisung `Debug.Print` in den Direktbereich schreibt.

Diagramme umbenennen

Wenn Sie ein neues Diagramm einfügen, bekommt es den Namen CHART mit einer fortlaufenden Nummer. Sie können diesen Namen ändern und durch einen eigenen Namen ersetzen. Dazu starten Sie das folgende Makro aus Listing 9.10.

Listing 9.10: Eingebettete Diagramme umbenennen

```
Sub DiagrammUmbenennen()
 On Error Resume Next
 Sheets("Tabelle2").ChartObjects(1).Name = "NeuerName"
 MsgBox Sheets("Tabelle2").ChartObjects(1).Name
End Sub
```

Über die Eigenschaft `Name` geben Sie dem Diagrammobjekt einen neuen Namen und geben diesen anschließend in einer Meldung auf dem Bildschirm aus.

9.4 Datenbasis und Diagramm im Wechsel

Um Platz auf Ihrer Tabelle zu sparen, können Sie Diagramm und Datenquelle auch übereinander anordnen und diese im Wechsel ein- und ausblenden. Die beiden Makros für diese Aufgabe entnehmen Sie den beiden folgenden Listings.

Listing 9.11: Diagramm ausblenden

```
Sub DiagrammAusblenden()
  Sheets("Tabelle1").ChartObjects(1).Visible = False
End Sub
```

```
Sub DiagrammEinblenden()
  Sheets("Tabelle1").ChartObjects(1).Visible = True
End Sub
```

Listing 9.12: Diagramm einblenden

Nachdem Sie Ihr Diagramm direkt auf Ihre Datenbasis gelegt haben, starten Sie das Makro `DiagrammAusblenden`, um die Datenbasis anzuzeigen, bzw. das Makro `DiagrammEinblenden`, um Ihr Diagramm wieder sichtbar zu machen. Diesen tollen Effekt erreichen Sie, indem Sie die Eigenschaft `Visible` auf den Wert `False` bzw. auf den Wert `True` setzen.

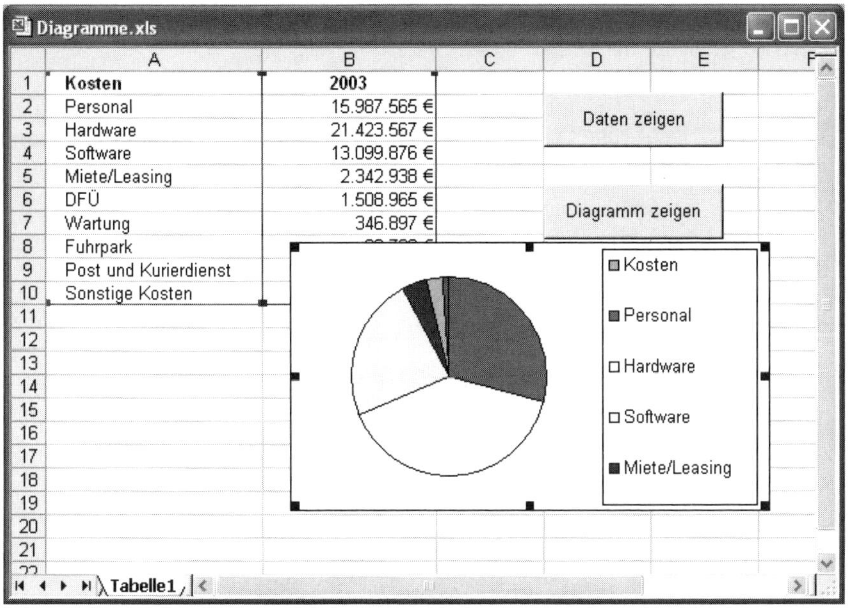

Abbildung 9.9: Das Diagramm liegt über den Daten

9.5 Datenbeschriftungen hinzufügen und auslesen

Stellen Sie sich vor, Sie haben ein Punktdiagramm, welches Ihnen die täglichen Kosten anzeigt. Jetzt möchten Sie ganz gezielt einzelne Punkte dokumentieren, d.h. den Punkten Bemerkungen hinzufügen. Diese Aufgabe können Sie über den Einsatz von zwei Inputboxen lösen. In der ersten Inputbox geben Sie den Punkt an, zu dem Sie einen Kommentar hinzufügen möchten, und in der zweiten Inputbox erfassen Sie den eigentlichen Kommentar zum Datenpunkt.

Das Makro zum Hinzufügen von Kommentaren zu einzelnen Datenpunkten sehen Sie in Listing 9.13.

Listing 9.13: Kommentare zu Datenpunkten in Diagrammen erfassen

```
Sub DatenbeschriftungHinzufügen()
Dim i As Integer

i = InputBox("Welcher Punkt soll kommentiert werden?", _
 "Kommentierung des Diagramms")
 If i = 0 Then Exit Sub
 Sheets("Punktediagramm").ChartObjects(1).Select
 ActiveChart.SeriesCollection(1) _
  .Points(i).ApplyDataLabels _
  Type:=xlDataLabelsShowLabel, AutoText:=True
  ActiveChart.SeriesCollection(1). _
  Points(i).DataLabel.Text _
 = InputBox("Bitte Text der Kommentierung eingeben")
 End Sub
```

Mithilfe der Methode `ApplyDataLabels` weisen Sie einem Datenpunkt, der Datenreihe oder allen Datenreihen im Diagrammblatt Datenbeschriftungen zu.

Die Syntax

Die Methode hat folgende Syntax:

```
ApplyDataLabels(Type, LegendKey, AutoText, HasLeaderLines)
```

Die Argumente der Methode ApplyDataLabels

Das Argument `Type` stellt den Typ der Datenbeschriftung dar. Zulässig ist eine der folgenden `XlDataLabelsType`-Konstanten.

Tabelle 9.2: Die Konstanten für die Datenbeschriftung bei Diagrammen

Konstante	Beschreibung
`xlDataLabelsShowNone`	keine Datenbeschriftung
`xlDataLabelsShowValue`	Wert für den Datenpunkt (wenn dieses Argument nicht angegeben wird, wird ein Wert angenommen)
`XlDataLabelsShowPercent`	Prozentsatz der Summe; nur für Kreis- und Ringdiagramme verfügbar
`XlDataLabelsShowLabel`	Rubrikenbeschriftung für den Datenpunkt; dies ist der Standardwert
`XlDataLabelsShowLabelAndPercent`	Prozentsatz der Summe und Rubrikenbeschriftung für den Datenpunkt; nur für Kreis- und Ringdiagramme verfügbar

Das Argument `LegendKey` hat den Wert `True`, wenn Excel die Legende neben dem Datenpunkt anzeigen soll. Dies ist aber in den meisten Fällen unerwünscht. Aus diesem Grund ist der Standardwert für dieses Argument `False`. Beim Argument `AutoText:=True` erzeugt das Objekt, basierend auf dem

Inhalt, automatisch einen angemessenen Text. Dem Argument `HasLeaderLines` weisen Sie den Wert `True` zu, wenn die Reihe Führungslinien besitzen soll.

In der zweiten Inputbox geben Sie den Text Ihrer Kommentierung ein, welcher über das Objekt `DataLabel` als Text für den Datenpunkt eingefügt wird.

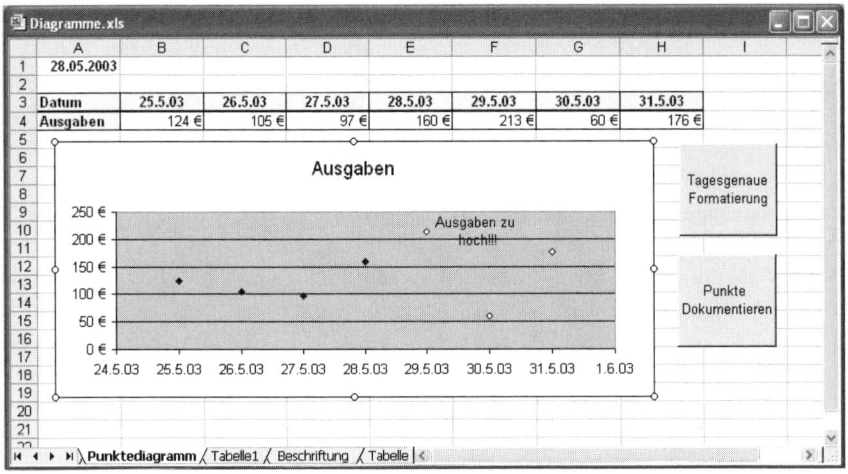

Abbildung 9.10: Kommentar zum Datenpunkt erfassen

Datenbeschriftung aus Zellen verwenden

Wenn Sie möchten, können Sie die Beschriftung Ihrer Diagramme auch direkt aus Zellen übernehmen. Das können Sie sowohl für den Titel des Diagramms als auch für die einzelne Punktbeschriftung vorsehen.

Im folgenden Makro aus Listing 9.14 werden sowohl der Diagrammtitel als auch die Beschriftung der Datenpunkte aus Zellen bezogen.

Listing 9.14: Die Beschriftung eines Diagramms wird aus Zelleninhalten gebildet

```
Sub DatenbeschriftungAusZellen()
Dim DatenReihe As Series
Dim Punkte As Points
Dim Punkt As Point
Dim i As Integer

 Range("A5").Select
 Set DatenReihe = _
 ActiveSheet.ChartObjects(1).Chart.SeriesCollection(1)
 DatenReihe.HasDataLabels = True
 Set Punkte = DatenReihe.Points

 For Each Punkt In Punkte
   i = i + 1
   Punkt.DataLabel.Text = ActiveCell.Offset(0, i).Value
```

```
    Punkt.DataLabel.Font.Bold = True
  Next Punkt
  ActiveSheet.ChartObjects(1).Select

  With ActiveChart
      .HasTitle = True
      .ChartTitle.Text = Range("A2").Value
    End With
End Sub
```

Erstellen Sie zuerst eine Variable vom Typ `Series`. Damit können Sie eine ganze Datenreihe eines Diagramms darstellen. In der Variablen `DatenReihe` speichern Sie die Datenreihe in Ihrem eingebetteten Diagramm. Indem Sie die Eigenschaft `HasDataLabels` auf den Wert `True` setzen, geben Sie bekannt, dass das eingebettete Diagramm Datenbeschriftungen erhalten soll. Möchten Sie als Datenbeschriftung die Bezeichnung des Datenpunkts anzeigen, dann verwenden Sie die Anweisung `Range("A4").Select`; möchten Sie hingegen den Wert des Datenpunkts anzeigen, verwenden Sie die Anweisung `Range("A5").Select`. Diese Angabe bestimmt, wo der Startpunkt für die Beschriftung des Diagramms ist.

Sie benötigen jetzt noch weitere Variablen: eine Variable vom Typ `Points`, die alle Punkte in einer Datenreihe symbolisiert, sowie eine Variable vom Typ `Point`, die genau einen Punkt in einer Datenreihe darstellt. Mit der Anweisung `Set` weisen Sie der Variablen `Punkte` einen Verweis auf das Objekt `Points` zu.

Nun können Sie mithilfe einer `For Each`-Schleife den einzelnen Diagrammpunkten einen Text zuweisen. Den Text entnehmen Sie den Zelleneinträgen der Zeile 4 bzw. der Zeile 5. Dazu wenden Sie die Eigenschaft `Text` auf das Objekt `DataLabels` an. Als Zellenbezug für die Beschriftung verwenden Sie die jeweils dazugehörige Zelle, auf die Sie mit jedem Punkt ein Stück weiter nach rechts verweisen. Für das Versetzen der Zelle ist die Eigenschaft `Offset` verantwortlich. Das erste Argument der Verschiebung stellt die Zeile dar und beinhaltet im Beispiel den Wert 0, was bedeutet, dass der Mauszeiger in der aktuellen Zeile verbleibt. Das zweite Argument stellt die Spaltenverschiebung dar und muss je Punkt um den Wert 1 erhöht werden. Um die einzelnen Datenbeschriftungen deutlich erkennen zu können, formatieren Sie die Datenbeschriftung mit dem Schriftschnitt Fett. Dazu setzen Sie die Eigenschaft `Bold` ein.

Im Anschluss daran kümmern Sie sich um den Titel, den Sie aus der Zelle A2 beziehen. Dazu markieren Sie das Diagramm und geben über die Eigenschaft `HasTitle` an, dass ein Diagrammtitel angezeigt werden soll. Mit der Eigenschaft `Text` weisen Sie dem Objekt `ChartTitel` einen Text zu, den Sie in diesem Fall aber aus einer Zelle entnehmen.

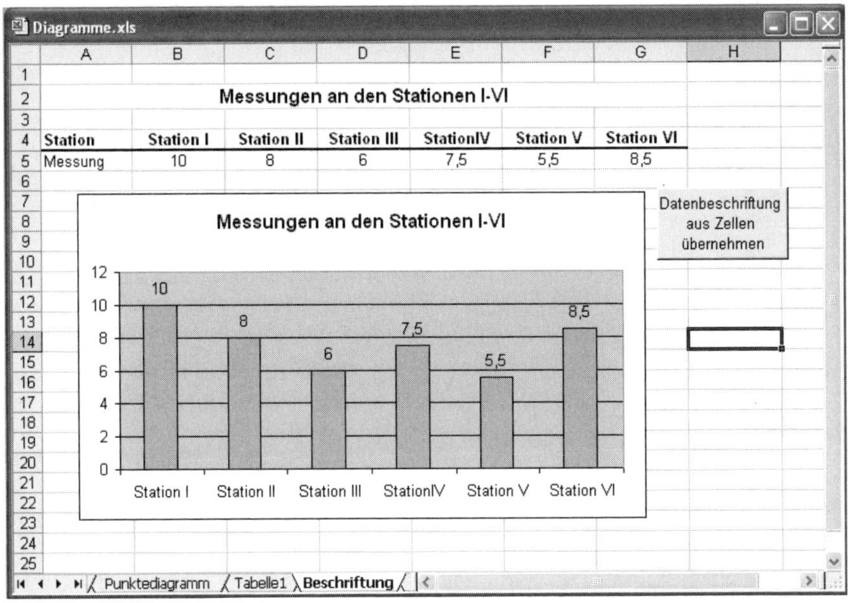

Abbildung 9.11: Die Beschriftungen des Diagramms aus Zellen

Daten aus Diagrammen auslesen

Vielleicht ist es Ihnen auch schon einmal passiert: Sie haben zwar ein Diagramm in einer Excel-Tabelle, die dazugehörige Datenbasis ist aber nicht mehr auffindbar. Sie müssen jetzt zusehen, wie Sie wieder an die Datenbasis herankommen. Dazu können Sie ein Makro verfassen, welches Ihnen alle Werte aus dem Diagramm in eine Tabelle schreibt.

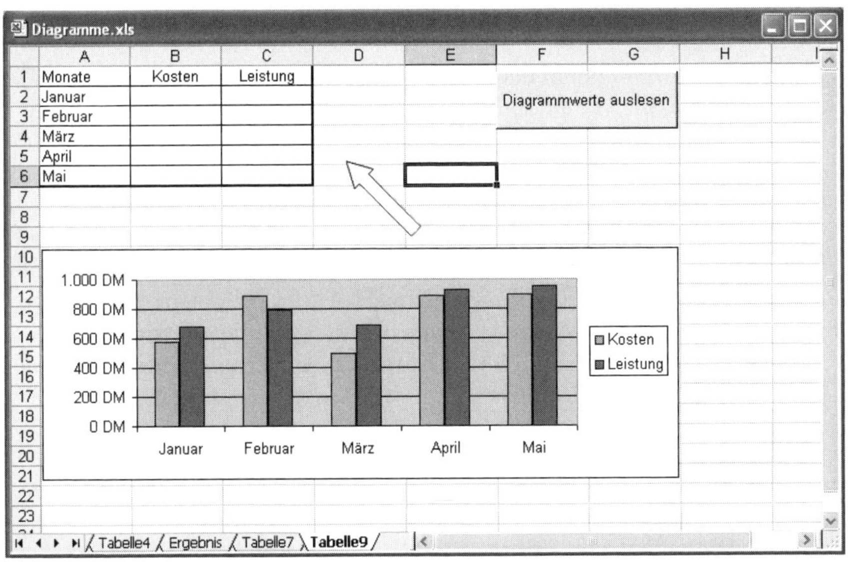

Abbildung 9.12: Die Ausgangsbasis: ein Diagramm, jedoch ohne Datenbasis

Um aus einem eingebetteten Diagramm die einzelnen Werte herauszulesen, setzen Sie das folgende Makro aus Listing 9.15 ein.

Listing 9.15: Datenwerte aus Diagramm herauslesen

```
Sub DiagrammWerteAuslesen()
Dim s As String
Dim i As Variant
Dim Element As Object
Dim iz As Integer

s = ActiveSheet.Name
ActiveSheet.ChartObjects(1).Select
i = UBound(ActiveChart.SeriesCollection(1).Values)
Worksheets(s).Cells(1, 1) = "Monate"

With Worksheets(s)
   .Range(.Cells(2, 1), _
   .Cells(i + 1, 1)) = _
   Application.Transpose _
  (ActiveChart.SeriesCollection(1).XValues)
End With
iz = 2

For Each Element In ActiveChart.SeriesCollection
   Worksheets(s).Cells(1, iz) = Element.Name
   With Worksheets(s)
      .Range(.Cells(2, iz), _
      .Cells(i + 1, iz)) = _
      Application.Transpose(Element.Values)
   End With
   iz = iz + 1
Next
End Sub
```

Ermitteln Sie zuerst einmal den Namen des Tabellenblatts und speichern Sie ihn in der Variablen `s`. Im nächsten Schritt aktivieren Sie das eingebettete Diagramm und ermitteln über die Funktion `UBound` den höchsten Index der Datenreihe im Diagramm. Für das Beispiel bedeutet dieser Index die Anzahl der Säulen. Über die Eigenschaft `Cells` positionieren Sie dann genau auf die erste Zelle des Tabellenblatts und schreiben dort die Überschrift der Tabelle hinein. Im Anschluss daran markieren Sie den Bereich (Zellen in Spalte A), in dem die X-Achsenbeschriftungen eingefügt werden sollen. Setzen Sie die Funktion `Transpose` ein, um die Überschriften der X-Achse einzufügen. Dabei dreht die Funktion `Transpose` die Richtung für das Einfügen der Werte um. Da die X-Achsenbeschriftungen von links nach rechts vorliegen, sorgt diese Funktion dafür, dass die Achsenbeschriftungen von oben nach unten eingefügt werden. Damit haben Sie die erste Spalte mit den Überschriften der X-Achse gefüllt. Positionieren Sie danach gleich in die zweite Spalte B, indem Sie die Variable `iz` auf den Wert 2 setzen. Setzen Sie nun eine `For Each`-

Schleife auf, bei der Sie alle Datenwerte aus dem Diagramm lesen. In die erste Zeile schreiben Sie dabei jeweils die Bezeichnung der Datenreihe. Die Werte transferieren Sie wieder mithilfe der Funktion `Transpose` in die Spalten B und C.

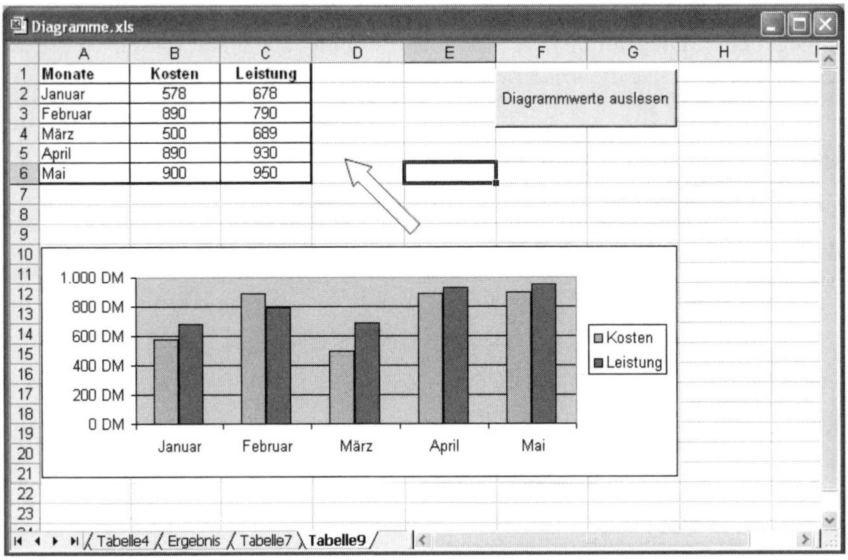

Abbildung 9.13: Das Endergebnis: die restaurierte Datenbasis

9.6 Diagramme positionieren und skalieren

Wenn Sie mit eingebetteten Diagrammen arbeiten, müssen Sie vorher genau festlegen, wo diese auf dem Tabellenblatt angeordnet werden sollen. Auf den vorigen Seiten haben Sie dazu die Methode `Add` eingesetzt, der Sie die vier Argumente linker Rand, oberer Rand, Breite und Höhe mitgegeben haben. Dabei wurde die Positionierung jeweils in Punkten angegeben. Haben Sie ein eingebettetes Diagramm aber schon erstellt und möchten nachträglich die Position des Diagramms ändern, müssen Sie anders vorgehen. Greifen Sie direkt auf ein eingebettetes Diagramm zu und verwenden Sie die beiden Eigenschaften `Left` und `Top`, um die obere linke Ecke des Diagramms zu bestimmen.

Listing 9.16: Eingebettetes Diagramm auf Tabellenblatt positionieren

```
Sub DiagrammPositionieren()
With ActiveSheet.Shapes("Diagramm 1")
   .Left = Range("A5").Left
   .Top = Range("A5").Top
 End With
End Sub
```

Über die Eigenschaft ActiveSheet greifen Sie direkt auf das aktive Tabellenblatt zu. Auf diesem Tabellenblatt befindet sich ein eingebettetes Diagramm, welches Sie als Shape-Objekt identifizieren können. Ein Shape-Objekt kann aber auch eine AutoForm, ein ClipArt oder ein anderes OLE-Objekt sein, d.h., Sie können damit auch die Position von anderen Grafikelementen festlegen. Mit den Eigenschaften Left und Top geben Sie die Position des angegebenen Diagramms auf dem Tabellenblatt an. Dazu referieren Sie auf die Zelle A5, d. h., die linke obere Ecke soll in Zelle A5 beginnen.

Die Höhe und Breite eines Diagramms festlegen

Möchten Sie nachträglich die Höhe bzw. die Breite eines eingebetteten Diagramms anpassen, verwenden Sie die Eigenschaften Height und Width.

Listing 9.17: Höhe eines eingebetteten Diagramms festlegen

```
Sub DiagrammHöheFestlegen()
  ActiveSheet.ChartObjects("Diagramm 1").Height = 350
End Sub
```

Mit der Eigenschaft ActiveSheet greifen Sie abermals direkt auf das aktive Tabellenblatt zu. Dieses Mal sprechen Sie das eingebettete Diagramm aber direkt über das Auflistungsobjekt ChartObjects an, dessen Höhe Sie durch die Eigenschaft Height festlegen.

Wollen Sie lediglich die Breite eines Diagramms anpassen, setzen Sie die Eigenschaft Width ein.

Listing 9.18: Breite eines eingebetteten Diagramms festlegen

```
Sub DiagrammBreiteFestlegen()
  ActiveSheet.ChartObjects("Diagramm 1").Width = 400
End Sub
```

Diagramme platzieren

Sind Ihre eingebetteten Diagramme zu klein und möchten Sie diese als Vollbild in Ihrer Arbeitsmappe umwandeln, dann starten Sie das Makro in Listing 9.19.

Listing 9.19: Eingebettetes Diagramm als Diagrammblatt ausgeben

```
Sub EingebettetesDiagrammZuDiagrammblatt()
 ActiveSheet.ChartObjects(1).Activate
 ActiveChart.Location Where:=xlLocationAsNewSheet, _
  Name:="Diagramm in Groß"
End Sub
```

Greifen Sie auf das erste eingebettete Diagramm auf Ihrer Tabelle zu und wenden Sie die Methode Location an, um das eingebettete Diagramm zu verschieben. Bei der Methode Location können Sie im Argument Where die Konstanten xlLocationAsNewSheet, xlLocationAsObject oder xlLocationAutomatic verwenden. Im Listing 9.19 wird das eingebettete Diagramm in ein neues Diagrammblatt verschoben. Aus diesem Grund verwenden Sie das Argument `xlLocationAsNewSheet`. Im Argument `Name` geben Sie an, wie das neue Diagrammblatt heißen soll.

Aber auch der umgekehrte Fall ist von Interesse. So können Sie ein Diagramm auf einem Diagrammblatt auch als Objekt in eine Tabelle transferieren. So fügen Sie ein neues Tabellenblatt ein und positionieren alle Diagramme aus der Arbeitsmappe, die sich auf Diagrammblättern befinden, auf das neu eingefügte Tabellenblatt. Danach positionieren Sie die transferierten Diagramme, die dann noch alle übereinander liegen, untereinander und verkleinern die eingebetteten Diagramme ein wenig.

Listing 9.20: Diagrammblätter als eingebettete Diagramme darstellen

```
Sub AlleDiagrammblätterInEineTabelleTransferieren()
Dim Blatt As Object
Dim s As String
Dim i As Integer
Dim Ecke As Integer

Application.ScreenUpdating = False
Sheets.Add Before:=Worksheets(1)
Range("A1").Select
s = ActiveSheet.Name

For Each Blatt In ActiveWorkbook.Sheets
Blatt.Activate
If TypeName(ActiveSheet) = "Chart" Then _
 ActiveChart.Location Where:=xlLocationAsObject, _
  Name:=s
Next Blatt
Sheets(s).Activate
Ecke = 10

For i = 1 To ActiveSheet.ChartObjects.Count
 With ActiveSheet.ChartObjects(i)
   .Top = Ecke
   .Left = 10
   .Height = 150
   .Width = 350
 End With
 Ecke = Ecke + 160
Next i
Application.ScreenUpdating = True
End Sub
```

Schalten Sie im ersten Schritt die Bildschirmaktualisierung ab. Danach fügen Sie ein neues Tabellenblatt gleich zu Beginn der Arbeitsmappe ein. Dazu verwenden Sie die Methode `Add`, der Sie als Argument `Before` den Index 1 übergeben. Speichern Sie den Namen des neuen Tabellenblatts in der

Variablen `s`, um später leichter auf dieses Tabellenblatt zurückkehren zu können. In einer `For Each`-Schleife arbeiten Sie sich Blatt für Blatt durch die Arbeitsmappe durch. Da nur Diagrammblätter verarbeitet werden dürfen, fragen Sie mit der Funktion `TypeName` ab, ob es sich um ein Diagrammblatt handelt. Bei einem Diagrammblatt liefert die Funktion `TypeName` den Wert `Chart` zurück, bei einer normalen Tabelle den Wert `Worksheet`. Wird ein Diagrammblatt ermittelt, so transferieren Sie mithilfe der Methode `Location` das Diagramm auf das vorher neu eingefügte Tabellenblatt.

Haben Sie alle Tabellen der Arbeitsmappe überprüft, dann sorgen Sie für die richtige Anordnung der eingebetteten Diagramme auf dem neuen Tabellenblatt. Excel hat alle Diagramme aufeinander kopiert. Sie müssen nun diese übereinander liegenden Diagramme auseinander bringen und auf dem Tabellenblatt neu anordnen. Dazu setzen Sie eine `For Next`-Schleife auf, in der Sie alle eingefügten Diagramme verteilen. Über die Eigenschaft `Count` ermitteln Sie die Anzahl der eingebetteten Diagramme auf dem Tabellenblatt. In der Variablen `Ecke` definieren Sie jeweils den oberen Rand des eingebetteten Diagramms. Zu Beginn setzen Sie die Variable auf den Wert 10 und erhöhen diese Variable jeweils um mindestens die definierte Höhe des eingefügten Diagramms.

Abbildung 9.14: Alle Diagramme der Arbeitsmappe auf einem Tabellenblatt

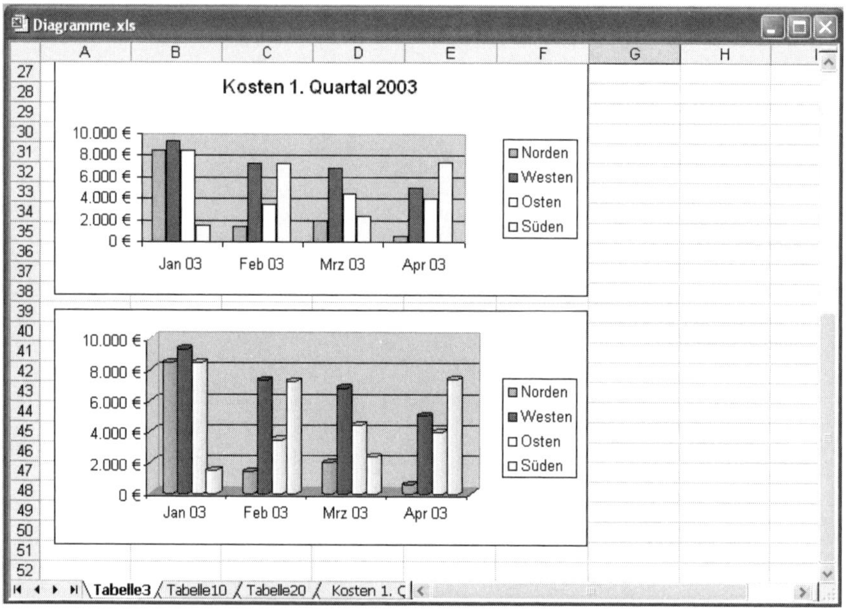

:-) TIPP

Möchten Sie alle eingebetteten Diagramme in einer Tabelle markieren, dann setzen Sie das Makro aus Listing 9.21 ein.

```
Sub AlleDiagrammeAufTabelleMArkieren()
With Worksheets("Tabelle20")
  If .Shapes.Count > 0 Then
    .Shapes.SelectAll
  End If
End With
End Sub
```

Listing 9.21: Alle eingebetteten Diagramme markieren

Fragen Sie zu Beginn des Makros ab, ob sich überhaupt Diagramme oder auch andere Grafikobjekte wie Schaltflächen, ClipArts oder Ähnliches in der Tabelle befinden. Setzen Sie für diese Aufgabe die Anweisung `Shapes.Count` ein. Liefert diese Abfrage einen Wert größer als 0, dann befinden sich »Shapes« in Ihrer Tabelle, die Sie über die Methode `SelectAll` markieren können.

Diagramme skalieren

Mit VBA haben Sie die Möglichkeit, auf alle Elemente eines Diagramms zuzugreifen. So können Sie beispielsweise auch die Skalierung eines oder mehrerer Diagramme ändern.

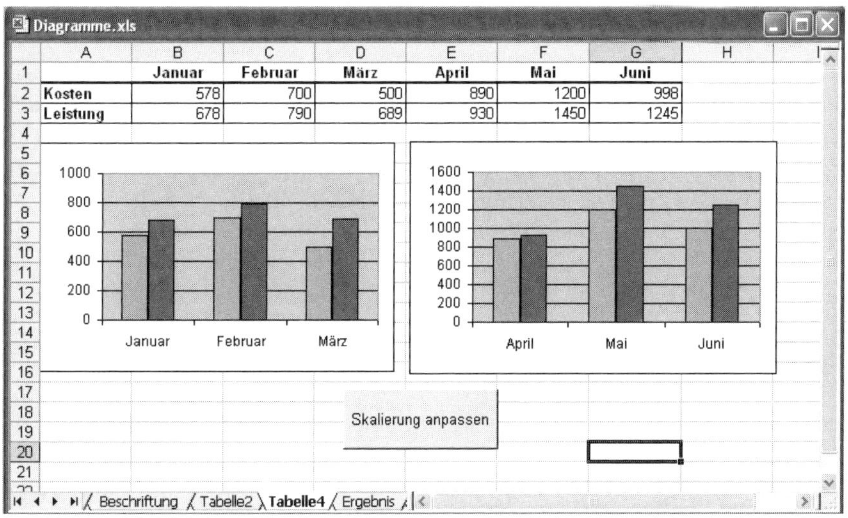

Abbildung 9.15: Der Ausgangszustand: zwei Diagramme mit unterschiedlicher Skalierung

Wenn Sie Diagramme erstellen, orientiert sich Excel jeweils am höchsten Eintrag in der Tabelle. Aus diesem Grund sehen die beiden Diagramme in Abbildung 9.15 auch von der Skalierung her gesehen unterschiedlich aus. Die Dimensionen sind hierbei verzerrt. Besser wäre hier eine einheitliche Skalierung.

Gerade wenn Sie noch mehr Diagramme auf einem Tabellenblatt integriert haben und für alle Diagramme für die Vergleichbarkeit dieselbe Skalierung verwenden möchten, können Sie folgendes Makro aus Listing 9.22 anwenden.

Listing 9.22: Die Skalierung von mehreren Diagrammen auf einmal anpassen

```
Sub DiagrammSkalierungEinstellen()
Dim i As Integer
Dim maxWert As Long
Dim Schritt As Integer

maxWert = WorksheetFunction.Max(ActiveSheet.UsedRange)
maxWert = maxWert * 1.1
Schritt = maxWert / 5
 For i = 1 To ActiveSheet.ChartObjects.Count
  ActiveSheet.ChartObjects(i).Select
  With ActiveChart.Axes(xlValue)
        .MinimumScale = 0
        .MaximumScale = maxWert
        .MajorUnit = Schritt
End With
 Next i
End Sub
```

Im ersten Schritt ermitteln Sie den höchsten Wert auf dem Tabellenblatt. Dieser Wert soll mit einem kleinen Aufschlag später den obersten Wert der Skalierung darstellen. Dazu setzen Sie die Funktion `Max` ein, die Sie auf die Eigenschaft `UsedRange` anwenden, und speichern das Ergebnis daraus in der Variablen `maxwert`. Dem so ermittelten Wert geben Sie noch 10 % hinzu, damit die größte Säule nicht direkt unter dem oberen Rand hängt und noch ein wenig Luft hat. Dazu multiplizieren Sie die Variable `maxwert` mit dem Faktor `1.1`, was genau 10 % ergibt.

Im nächsten Schritt bestimmen Sie die Schrittweite, bei der horizontale Trennlinien gezogen werden sollen. So könnten Sie sich z.B. entschließen, genau fünf horizontale Trennlinien zuzulassen. Dividieren Sie dazu die Variable `maxwert` durch den Wert 5 und speichern Sie das Ergebnis daraus in der Variablen `Schritt`. Setzen Sie daraufhin eine `For Each`-Schleife auf, die alle eingebetteten Diagramme des Tabellenblatts durchläuft und die einheitliche Skalierung einstellt. Über die Anweisung `ChartObjects.Count` ermitteln Sie die Anzahl der eingebetteten Diagramme auf dem Tabellenblatt. Mithilfe der Methode `Select` aktivieren Sie innerhalb der Schleife ein Diagramm nach dem anderen und wenden folgende Eigenschaften auf die Achse an: Die Eigenschaft `MinimumScale` stellt den Minimalwert einer Größenachse dar und wird im Beispiel auf den Wert 0 gesetzt. Mit der Eigenschaft `MaximumScale` geben Sie den höchsten Wert der Größenachse bekannt, den Sie der Variablen `maxwert` entnehmen. Über die Eigenschaft `MajorUnit` legen Sie die Schrittweite der Größenachse fest. Den Wert dazu entnehmen Sie der Variablen `Schritt`.

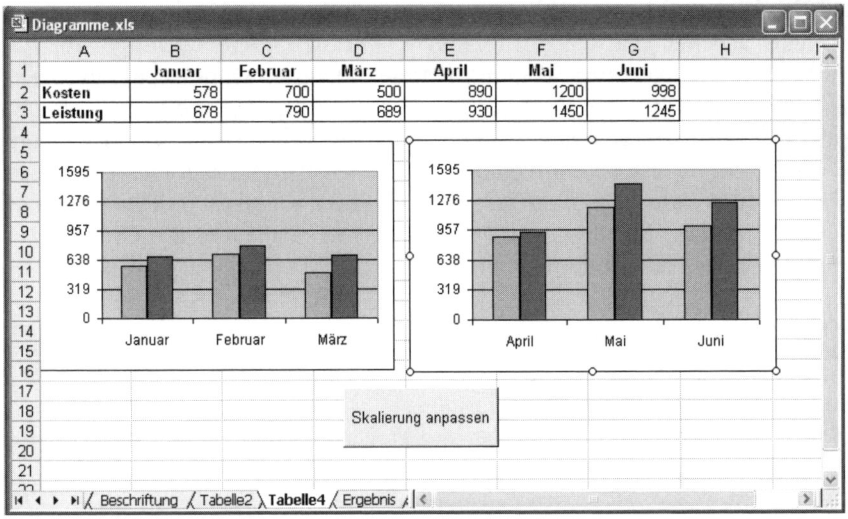

Abbildung 9.16: Das Endergebnis: Alle Diagramme sind einheitlich skaliert

9.7 Diagramme als Grafiken speichern

In Excel können Sie Diagramme über einen Grafikfilter umwandeln. Das bringt Vorteile, wenn Sie Diagramme an Benutzer weitergeben möchten, die kein Excel installiert haben. Erstellen Sie aus den Excel-Diagrammen speicherschonende Grafikdateien im GIF-Format. Auch wenn Sie Diagramme in Ihrer Textverarbeitung verwenden und dabei keine Excel-Diagramme verknüpfen möchten, ist das Einbinden von Diagrammgrafiken die bessere Methode. Allerdings können diese umgewandelten Diagramme dann nicht mehr aktualisiert werden. Das nachfolgende Makro aus Listing 9.23 wandelt alle eingebetteten Diagramme einer Arbeitsmappe in GIF-Dateien um und legt diese im Verzeichnis C:\EIGENE DATEIEN ab.

Listing 9.23: Alle eingebetteten Diagramme einer Arbeitsmappe werden in Grafikdateien exportiert

```
Sub DiagrammeAlsGrafikSpeichern()
Dim Dia As Chart
Dim i As Integer
Dim e As Integer

 For i = 1 To Sheets.Count
  Sheets(i).Activate
   For e = 1 To ActiveSheet.ChartObjects.Count
    ActiveSheet.ChartObjects(e).Select
    Set Dia = ActiveSheet.ChartObjects(e).Chart
    Dia.Export Filename:="c:\eigene Dateien\" & _
    ActiveSheet.ChartObjects(e).Name & _
    ".gif", FilterName:="GIF"
   Next e
 Next i
End Sub
```

Das Makro aus Listing 9.23 besteht aus zwei `For Next`-Schleifen. Die äußere Schleife arbeitet alle Tabellenblätter der aktiven Arbeitsmappe ab, die innere Schleife exportiert alle eingebetteten Diagramme auf dem jeweiligen Tabellenblatt. Über die Methode `Filter` exportieren Sie die Diagramme in ein Grafikformat. Dabei verwendet die Methode `Filter` die Argumente `FileName` und `FilterName`. Im Argument `FileName` geben Sie den Pfad sowie den Namen der Grafikdatei an. Dazu wenden Sie die Eigenschaft `Name` auf das `Chart`-Objekt an. Im Argument `FilterName` wird der Name des Grafikfilters angegeben, der verwendet werden soll.

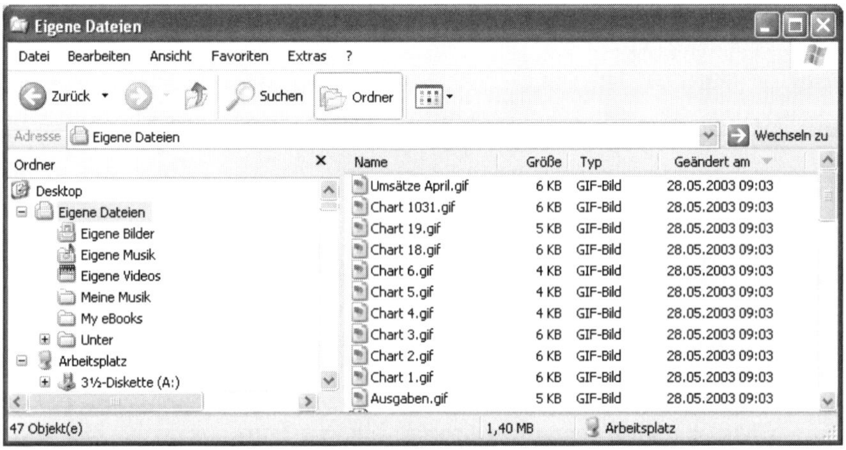

Abbildung 9.17: Alle Diagramme wurden als Grafiken in das Verzeichnis C:\Eigene Dateien exportiert

INFO

Mit einem Doppelklick auf die jeweilige Grafikdatei im Windows-Explorer können Sie die Diagrammgrafik öffnen.

9.8 Diagramme formatieren

In Excel haben Sie die Möglichkeit, Datenreihen in Diagrammen zu formatieren. Sie können beispielsweise den Abstand von Säulen oder Balken beeinflussen, verschiedene Farben für die Diagrammobjekte einsetzen, bei der Beschriftung der Diagramme aus einer breiten Auswahl von Schrifteffekten und Schriftschnitten wählen und vieles mehr.

Gewinn und Verlust in einem Säulendiagramm präsentieren

Die Anforderungen

In der folgenden Aufgabe werden in einem Säulendiagramm Monatsergebnisse dargestellt. Damit auf einen Blick sichtbar wird, wenn ein Ergebnis in einem Monat unter den Wert 0 fällt, also ein Verlust eingefahren wird, sollen solche Datenpunkte mit der Hintergrundfarbe Rot belegt werden. Das Makro für diese Aufgabe sehen Sie in Listing 9.24.

Listing 9.24: Verschiedenfarbige Säulen je nach Ergebnissituation

```
Sub SäulenVerschiedenfarbig()
Dim Datenreihe As Series
Dim Punkt As Point
Dim i As Integer
Dim DArray As Variant

 Set Datenreihe = _
 ActiveSheet.ChartObjects(1).Chart.SeriesCollection(1)
 With Datenreihe
   DArray = .Values
   For Each Punkt In .Points
    i = i + 1
    If DArray(i) < 0 Then
      Punkt.Interior.ColorIndex = 3
      Else
      Punkt.Interior.ColorIndex = 33
    End If
   Next
  End With
End Sub
```

Definieren Sie zuerst eine Objektvariable vom Typ `Series`. Danach lesen Sie alle Y-Werte in ein Datenfeld ein, ehe Sie eine `For Each`-Schleife durchlaufen, in der Sie die einzelnen Datenpunkte kontrollieren. Die Werte entnehmen Sie dem Datenfeld `DArray`. Weist ein Datenpunkt einen Wert größer als 0 auf, so wird der Innenbereich der Säule mit der Farbe Rot formatiert. Bei allen positiven Werten wird ein blauer Farbton gewählt.

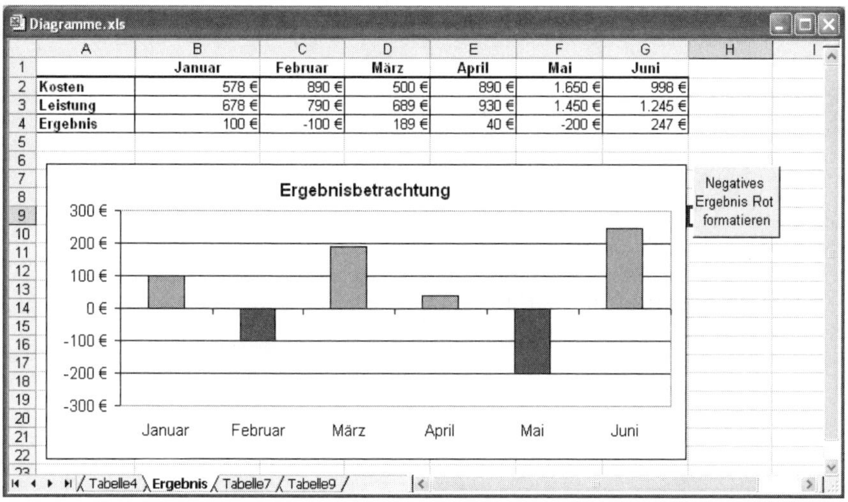

Abbildung 9.18: Negative Monatsergebnisse werden rot formatiert

Das Makro aus Listing 9.24 hat noch einen kleinen Schönheitsfehler. Sie müssen das Makro immer manuell starten, um das Diagramm neu zu formatieren. Wenn Sie also Daten in der Tabelle ändern, ändert sich die Formatierung des Diagramms nicht. Dem kann aber abgeholfen werden, indem Sie ein Ereignis programmieren.

Das Ereignis heißt `Worksheet_Change` und tritt ein, wenn sich irgendeine Zelle auf dem aktiven Tabellenblatt ändert. Genau dieses Ereignis brauchen Sie jetzt.

STEP

Um das Ereignis einzustellen, gehen Sie wie folgt vor:

1. Wechseln Sie in die Entwicklungsumgebung.
2. Im Projekt-Explorer klicken Sie die Tabelle an, auf der sich Ihr Diagramm befindet.
3. Geben Sie im Codebereich folgendes Ereignis ein:

Listing 9.25: Makro automatisch bei Zellenänderung starten

```
Private Sub Worksheet_Change(ByVal Target As Range)
 SäulenVerschiedenfarbig
End Sub
```

Immer wenn Sie eine Zelle auf Ihrem Tabellenblatt verändern, sei es nun durch direkte Eingabe oder auch durch eine Formel, wird das Makro `SäulenVerschiedenfarbig` gestartet.

REF

Lernen Sie noch mehr über den praktischen Einsatz von Ereignissen in Kapitel 12.

Befindet sich das Diagramm auf einem eigenen Diagrammblatt, dann setzen Sie das Makro aus Listing 9.26 ein, um die Säulen zu formatieren.

Listing 9.26: Diagrammblatt ansprechen und formatieren

```
Sub SäulenVerschiedenfarbig()
Dim Datenreihe As Series
Dim Punkt As Point
Dim i As Integer
Dim DArray As Variant

 On Error Resume Next
 Sheets("Diagramm1").Activate
 Set Datenreihe = _
 ActiveChart.SeriesCollection(1)
 With Datenreihe
   DArray = .Values
   For Each Punkt In .Points
    i = i + 1
    If DArray(i) < 0 Then
```

```
      Punkt.Interior.ColorIndex = 3
      Else
      Punkt.Interior.ColorIndex = 33
    End If
  Next
 End With
End Sub
```

Eine Ist-Darstellung in einem Säulendiagramm darstellen

Im nächsten Beispiel geht es darum, in einem Diagramm, in dem alle zwölf Monate eines Jahres abgebildet sind, in Abhängigkeit vom aktuellen Datum die Säulen verschieden zu formatieren. Stellen Sie sich also vor, heute wäre der 14. September 2003. Ihre Aufgabe besteht nun darin, die Säulen von Januar bis September mit der Farbe Gelb zu formatieren. Die restlichen Monate Oktober bis Dezember sollen die Farbe Blau bekommen. Das Makro für diese Aufgabe sehen Sie in Listing 9.27.

Listing 9.27: Zweifarbiges Säulendiagramm erstellen

```
Sub DiagrammFärben()
Dim i As Integer
Dim j As Integer
Dim datum1 As Date
Dim Datindex As Integer

Sheets("Tabelle5").Activate
datum1 = Range("A1").Value
Datindex = Month(datum1)

For i = 1 To Datindex
    ActiveWindow.Visible = True
    ActiveSheet.ChartObjects((1)).Activate
    ActiveChart.ChartArea.Select
    ActiveChart.SeriesCollection(1).Select
    ActiveChart.SeriesCollection(1).Points(i).Select
    With Selection.Border
        .Weight = xlThin
        .LineStyle = xlAutomatic
    End With
    Selection.Shadow = False
    Selection.InvertIfNegative = False
    With Selection.Interior
        .ColorIndex = 44
        .Pattern = xlSolid
    End With
Next i
End Sub
```

In Zelle A1 haben Sie die Tabellenfunktion `=Heute()` erfasst. Diese Funktion liefert Ihnen das aktuelle Datum. Dieses Datum speichern Sie in der Variablen `datum1`. Im Anschluss daran ermitteln Sie den Monat des Datums mithilfe der Funktion `Month`. Diese Funktion gibt Ihnen einen Wert zwischen `1` und `12` zurück. Damit wissen Sie, wie viele Säulen Sie färben müssen. In einer Schleife weisen Sie dann die gewünschte Farbe zu.

Abbildung 9.19: Monatsgenau formatieren

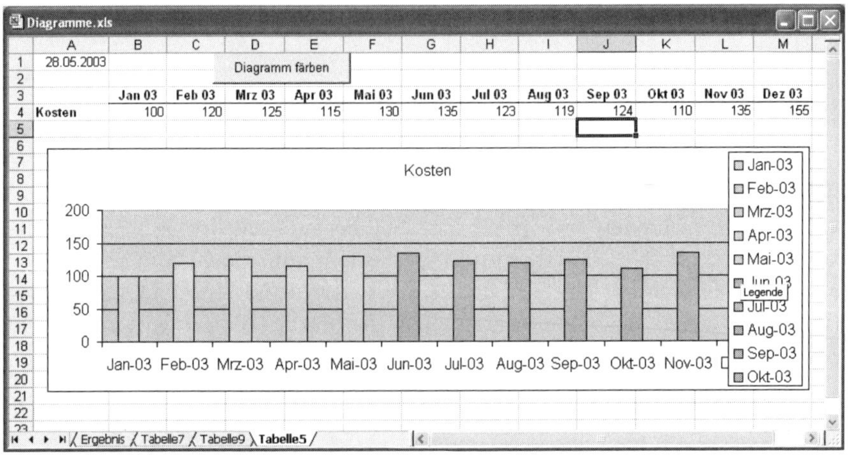

Legenden formatieren

Wenn Sie möchten, können Sie direkt auf eine Legende zugreifen und ihre Beschriftung formatieren. Dabei haben Sie die Möglichkeit, Schriftgröße, Schriftfarbe sowie den Schriftschnitt festzulegen. Im folgenden Beispiel aus Listing 9.28 wird eine Legende mit dem Schriftschnitt Fett und der Schriftfarbe Blau formatiert.

Listing 9.28: Legende eines eingebetteten Diagramms formatieren

```
Sub LegendeFormatieren()
 ActiveSheet.ChartObjects(1).Select
 ActiveChart.HasLegend = True

 With ActiveChart.Legend.Font
  .Bold = True
  .ColorIndex = 5
 End With
End Sub
```

Nachdem Sie das eingebettete Diagramm auf dem aktiven Tabellenblatt markiert haben, blenden Sie mithilfe der Eigenschaft `HasLegend`, die Sie auf den Wert `True` setzen, die Legende ein. Im Anschluss daran wenden Sie die Eigenschaften `Bold` und `ColorIndex` auf die Schrift der Legende an.

Zusätzliche Labels hinzufügen

Sollten Ihnen die Überschrift sowie die Achsenbeschriftungen nicht ausreichen, können Sie zusätzliche Textfelder in Ihr eingebettetes Diagramm einfügen. Sehen Sie sich dazu das Makro aus Listing 9.29 an.

Listing 9.29: Zusätzliches Feld in ein eingebettetes Diagramm einfügen

```
Sub ZusätzlichesTextfeld()
  ActiveSheet.ChartObjects(1).Select
  ActiveChart.HasTitle = True
  ActiveChart.ChartTitle.Text = "Kosten und Leistung"
  ActiveChart.Shapes.AddLabel _
 (msoTextOrientationHorizontal, _
  10, 15, 0, 0).TextFrame.Characters.Text = "Zusatzinfo"
End Sub
```

Mit der Methode AddLabel fügen Sie eine zusätzliche Beschriftung in Ihrem Diagramm hinzu. Dabei geben Sie die Konstante msoTextOrientationHorizontal an und legen die linke obere Ecke über die ersten beiden Argumente in der Klammer fest. Das Objekt TextFrame stellt den Textrahmen dar und enthält sowohl den Text als auch die Eigenschaften und Methoden zur Steuerung von Ausrichtung und Verankerung des Textrahmens. Über die Eigenschaft Text schreiben Sie Ihren zusätzlichen Text in das Textfeld.

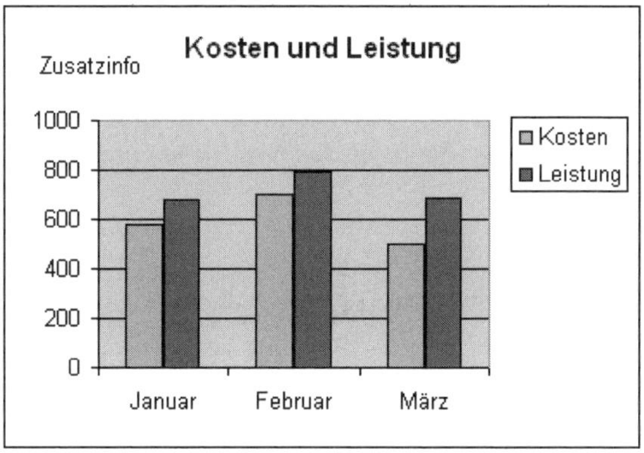

Abbildung 9.20: Zusätzliche Labels sind immer möglich

9.9 Dynamische Diagramme erzeugen

Viele Diagramme werden über Monate, ja sogar Jahre, hinweg gepflegt und ständig erweitert. Die Erweiterung von Diagrammen ist eine lästige Aufgabe, da Sie erstens die Datenreihen einzeln erweitern müssen und dabei zweitens genau aufpassen müssen, dass Sie keine falschen Zellenbezüge angeben. Für diese Aufgabe ist eine Excel-VBA-Lösung geradezu geschaffen. Stellen Sie sich vor, Sie markieren den Datenbereich, der in einem Diagramm angezeigt werden soll, und starten ein Makro, welches Ihnen das bereits bestehende Diagramm dynamisch erweitert. Diese Funktionalität erinnert stark an das Standarddiagramm, bei dem Sie ebenso den Datenbereich markieren und anschließend die Taste [F11] drücken. Bei dieser Standardlösung ist der Nachteil, dass Sie das Diagramm immer wieder neu erstellen und danach alle weiteren Formatierungen am Diagramm manuell ausführen müssen. Außerdem wird bei dieser Standardlösung ein neues Diagrammblatt eingefügt. Wenn Sie also ein bereits bestehendes und eingebettetes Diagramm flexibel erweitern möchten, setzen Sie das Makro aus Listing 9.30 ein.

Abbildung 9.21: Die Ausgangsbasis: Das Diagramm muss erweitert werden

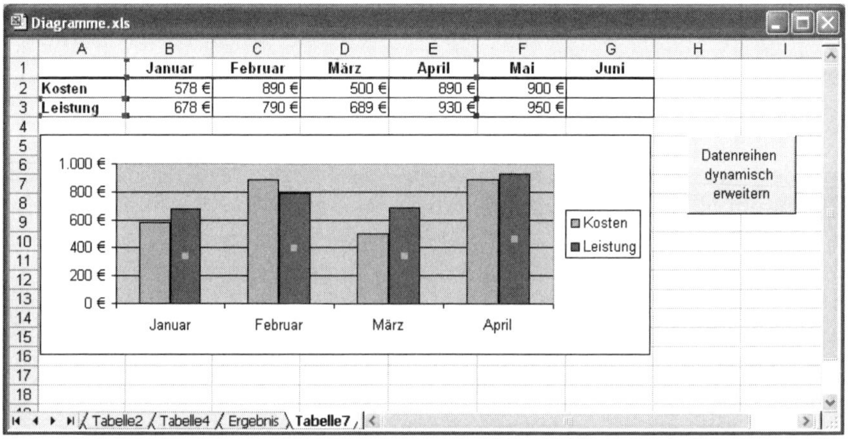

Das Erweitern von Diagrammen können Sie am besten vornehmen, wenn Sie den Datenbereich benennen. Damit entfällt erstens viel Schreibarbeit und zweitens macht es das Makro leichter lesbar.

Listing 9.30: Ein eingebettetes Diagramm dynamisch erweitern

```
Sub DatenreihenErweitern()
Dim Blatt As Worksheet
Dim s As String

 s = ActiveSheet.Name
 Set Blatt = ActiveSheet
 On Error Resume Next
 ActiveWorkbook.Names("DiaBereich").Delete
 ActiveWorkbook.Names.Add _
 Name:="DiaBereich", RefersToR1C1:=Selection
 Blatt.ChartObjects(1).Select
 ActiveChart.SetSourceData _
 Source:=Sheets(s).Range("DiaBereich")
End Sub
```

Definieren Sie zuerst eine Objektvariable vom Typ `Worksheet`. Danach speichern Sie den Namen der Tabelle, auf der sich das eingebettete Diagramm befindet, in der Variablen `s`. Da Sie den Datenbereich benennen möchten, der in Ihr eingebettetes Diagramm eingeht, löschen Sie vorher einen eventuell schon bestehenden Namen über die Methode Delete. Die On Error-Anweisung fügen Sie zur Sicherheit vor der Zeile mit dem Befehl Delete ein. Diese Anweisung sorgt hier dafür, dass das Makro nicht abstürzt, wenn noch kein Name für den Datenbereich vergeben wurde.

Im nächsten Schritt fügen Sie mithilfe der Methode Add einen neuen Namen ein, der den Datenbereich für das Diagramm beinhalten soll. Als Argument übergeben Sie an die Methode Add den Namen sowie den Zellenbezug, auf den sich der Name beziehen soll. Im Argument RefersToR1C1 verweisen Sie auf die aktuell ausgewählten Zellen, d.h., Sie müssen vor dem Start des Makros den Datenbereich markieren, der in das Diagramm eingehen soll. Nach der Namensvergabe markieren Sie das eingebettete Diagramm und wenden die Methode Set SourceData an. Sie benötigt das Argument Source. Es beinhaltet den Bereich, der die Quelldaten für das Diagramm enthält. Dieses Argument füllen Sie mit dem Inhalt der Variablen s, welche den Namen der Tabelle enthält, und dem vorher vergebenen Namen.

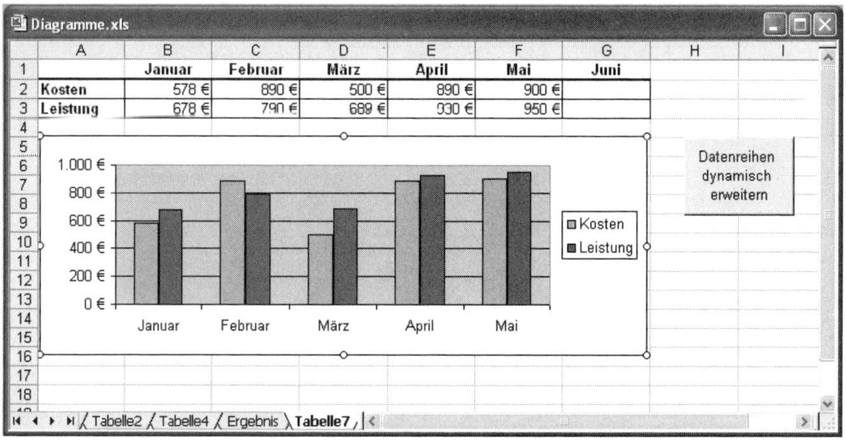

Abbildung 9.22: Das Endergebnis: das erweiterte Diagramm

9.10 Pivot-Tabellenberichte erstellen

In Excel haben Sie die Möglichkeit, sehr schnell aussagekräftige Berichte zu erstellen. Die wohl beste und sicherste Methode, in Excel Daten auszuwerten und aufzubereiten, ist die Anwendung von Pivot-Tabellen. Der Begriff »Pivot« kommt aus dem Französischen und bedeutet »Dreh- und Angelpunkt«. Damit wird schon einiges über die Funktion ausgesagt. Sie können es drehen und wenden, wie Sie wollen – Sie werden immer die richtigen Ergebnisse bekommen.

!! STOP

Bei der Arbeit mit Pivot-Tabellen gibt es zwei Punkte, die Sie beachten müssen:

- *Ist der Pivot-Tabellenbericht aktualisiert?*
- *Greift die Pivot-Tabelle wirklich auf den gewünschten Datenbereich zu? (Ist der Datenbereich nachträglich vergrößert worden?)*

Beide Fragen werden noch in diesem Kapitel beantwortet.

Zuerst werden Sie über ein VBA-Makro einen Pivot-Tabellenbericht erstellen. Die Ausgangstabelle können Sie der Abbildung 9.23 entnehmen.

Abbildung 9.23: Die Ausgangstabelle – eine Mitarbeiterliste

Pivot.xls

	A	B	C	D	E	F	G
1	Name	Geb. Datum	Pers.-Nr.	Kostenstelle	Abteilung	Vorgesetzter	Standort
2	Massa, Martina	03.06.1964	32855	2000	Einkauf	Dr. Adam, Kurt	Sindelfingen
3	Müller, Claudia	20.10.1972	37865	2000	Einkauf	Dr. Adam, Kurt	Sindelfingen
4	Pleiner, Frank	01.08.1961	49395	2000	Einkauf	Dr. Adam, Kurt	Sindelfingen
5	Schultheiß, Fritz	22.02.1958	47260	2000	Einkauf	Dr. Adam, Kurt	Sindelfingen
6	Busch, Alexandra	08.05.1956	48075	6000	Entwicklung	Huber, Hans	Sindelfingen
7	Gehring, Marcus	30.10.1968	45945	6000	Entwicklung	Huber, Hans	Sindelfingen
8	Schweizer, Beate	27.08.1970	49535	6000	Entwicklung	Huber, Hans	Sindelfingen
9	Tisch, Anke	13.09.1981	38795	6000	Entwicklung	Huber, Hans	Sindelfingen
10	Becker, Beate	23.04.1960	20670	7000	Marketing	Schmitt, Sabine	Stuttgart
11	Dubois, Robert	23.11.1940	34860	4000	Produktion	Brunner, Georg	Böblingen
12	Fuchs, Michael	03.05.1971	28320	4000	Produktion	Brunner, Georg	Sindelfingen
13	Greiner, Thomas	21.07.1969	35040	4000	Produktion	Brunner, Georg	Sindelfingen
14	König, Maria	01.03.1947	11825	4000	Produktion	Brunner, Georg	Böblingen
15	Müller, Herbert	21.11.1955	38280	4000	Produktion	Brunner, Georg	Böblingen
16	Philippin, Jörg	12.12.1967	42450	4000	Produktion	Brunner, Georg	Böblingen
17	Schmidt, Hilde	30.01.1978	44670	4000	Produktion	Brunner, Georg	Sindelfingen
18	Wachter, Anita	11.02.1979	31830	4000	Produktion	Brunner, Georg	Böblingen
19	Kommer, Anja	20.02.1965	44900	3000	Vertrieb	Leber, Harald	Stuttgart
20	Kurz, Heinrich	08.07.1941	43355	3000	Vertrieb	Leber, Harald	Sindelfingen
21	Siebert, Eva	28.12.1980	47105	3000	Vertrieb	Leber, Harald	Stuttgart
22	Teichmann, Erna	11.07.1945	31920	3000	Vertrieb	Leber, Harald	Stuttgart
23	Vogel, Reiner	06.06.1978	10040	3000	Vertrieb	Leber, Harald	Stuttgart
24	Weis, Hermann	09.08.1956	14190	3000	Vertrieb	Leber, Harald	Sindelfingen
25	Klein, Martina	11.11.1970	23550	5000	Verwaltung	Hofer, Renate	Stuttgart
26	König, Bernd	30.06.1960	46560	5000	Verwaltung	Hofer, Renate	Stuttgart
27	Müller, Heinz	19.08.1949	34880	5000	Verwaltung	Hofer, Renate	Stuttgart
28	Pino, Salvatore	03.12.1975	17005	5000	Verwaltung	Hofer, Renate	Stuttgart
29	Schweizer, Beatrix	13.03.1966	45170	5000	Verwaltung	Hofer, Renate	Stuttgart

Tabelle7 / Tabelle2 / Personal / Tabelle1

In einem Pivot-Tabellenbericht soll nun dargestellt werden, welcher Vorgesetzter welche Mitarbeiter an welchem Standort hat. Das Makro für diese Aufgabe können Sie Listing 9.31 entnehmen.

Listing 9.31: Einen Pivot-Tabellenbericht erstellen

```
Sub PivotTabelleErstellen()
Dim Bereich As Range

Sheets("Personal").Activate
Set Bereich = ActiveSheet.UsedRange
Range(Bereich.Address).Select
ActiveSheet.PivotTableWizard _
 SourceType:=xlDatabase, SourceData:= _
 Bereich, TableDestination:="", TableName:="Pivot"
With ActiveSheet.PivotTables("Pivot")
 .PivotFields("Vorgesetzter").Orientation = xlPageField
 .PivotFields("Name").Orientation = xlRowField
```

```
 .PivotFields("Standort").Orientation = xlColumnField
 .PivotFields("Name").Orientation = xlDataField
End With
End Sub
```

Im ersten Schritt aktivieren Sie das Tabellenblatt, welches die Quelldaten für die Auswertung enthält, und legen den verwendeten Bereich in der Variablen `Bereich` fest. Danach markieren Sie den Quellbereich und wenden die Methode `PivotTableWizard` an, die die Pivot-Tabelle erstellt.

Die Syntax

Die Methode `PivotTableWizard` hat folgende Syntax:

```
PivotTableWizard(SourceType, SourceData, _
TableDestination, TableName, RowGrand, _
ColumnGrand, SaveData, HasAutoFormat, AutoPage, _
Reserved, BackgroundQuery, OptimizeCache, _
PageFieldOrder, PageFieldWrapCount, ReadData, _
 Connection)
```

Die Argumente der Methode Pivot-TableWizard

Auf die wichtigsten Argumente wird nun näher eingegangen. Im Argument `SourceTyp` geben Sie die Quelle der Daten in dem Bericht an. Zulässig ist eine der in der folgenden Tabelle aufgeführten Konstanten.

Tabelle 9.3: Die möglichen Datenquellenkonstanten bei Pivot-Tabellenberichten

Konstante	Beschreibung
`xlConsolidation`	mehrere Konsolidierungsbereiche
`xlDatabase`	Microsoft-Excel-Datenbank oder -Liste (Standard)
`xlExternal`	externe Datenquelle
`xlPivotTable`	gleiche Quelle wie ein anderer Pivot-Tabellenbericht

Beim Argument `SourceData` legen Sie den Datenbereich für den neuen Bericht fest. Hierfür haben Sie vorher den verwendeten Bereich auf dem Tabellenblatt in der Variablen `Bereich` definiert, welche Sie hier nun als Argument angeben. Im Argument `TableDestination` können Sie eine Zieltabelle inklusive der Position der ersten Zelle für den Pivot-Tabellenbericht angeben. Belassen Sie dieses Argument leer, wenn der Pivot-Tabellenbericht auf einer neuen Tabelle, beginnend ab Zelle A1, eingefügt werden soll. Im Argument `TableName` geben Sie dem Pivot-Tabellenbericht einen Namen. Dies ist sehr wichtig, um später bei der Anordnung der Pivot-Felder auf die richtige Pivot-Tabelle zuzugreifen. Wird dieses Argument nicht gesetzt, vergibt Excel eigene Namen für die Pivot-Tabellen, die die Bezeichnung PIVOTTABLE und eine fortlaufende Nummer enthalten. Gerade diese fortlaufende Nummer bereitet dann bei der weiteren Programmierung der Pivot-Tabelle Schwierigkeiten. Aus diesem Grund füllen Sie dieses Argument mit einem Namen, der konstant bleibt.

Beginnen Sie jetzt mit der Anordnung Ihrer Datenfelder und nutzen Sie dazu das Auflistungsobjekt `PivotFields`. In diesem Auflistungsobjekt stehen alle verfügbaren Feldnamen der Pivot-Tabelle, die den Spaltenüberschriften des Quellbereichs entsprechen.

:-) TIPP

Wenn Sie nicht sicherstellen können, dass die Spaltenüberschriften Ihres Datenbereichs konstant bleiben, können Sie die einzelnen Feldnamen auch über einen Index ansprechen. Wenn die Spaltenüberschriften jedoch konstant bleiben, verwenden Sie besser die Feldnamen für die bessere Lesbarkeit des Makros.

Mit der Eigenschaft `Orientation` legen Sie die Position des Feldnamens in der Pivot-Tabelle fest. Entnehmen Sie die Möglichkeiten, die Sie dabei haben, der Tabelle 9.4.

Tabelle 9.4: Die möglichen Ausrichtungskonstanten bei Pivot-Tabellenberichten

Konstante	Beschreibung
`xlColumnField`	Im Spaltenbereich der Pivot-Tabelle wird der Standort ausgegeben.
`xlDataField`	Im Datenbereich der Pivot-Tabelle wird die Anzahl der Mitarbeiter gezählt.
`xlHidden`	Mit dieser Konstanten können Sie einzelne Datenfelder ausblenden.
`xlPageField`	Im Seitenfeld der Pivot-Tabelle wird der gewünschte Vorgesetzte eingestellt.
`xlRowField`	Im Zeilenbereich werden die Namen der Mitarbeiter aufgelistet.

9.11 Pivot-Tabellen aktualisieren

Bei Pivot-Tabellenberichten müssen Sie daran denken, dass Sie nach einer Änderung der Quelldaten nicht vergessen, die Pivot-Tabelle auf den neuesten Stand zu bringen. Dieser Vorgang geschieht in Excel nicht automatisch, dafür sind Sie verantwortlich.

Einzelne Pivot-Tabelle aktualisieren

Wenn Sie ganz gezielt eine einzelne Pivot-Tabelle in einer Arbeitsmappe aktualisieren möchten, setzen Sie das Makro aus Listing 9.32 ein.

```
Sub EinzelnePivotTabelleAufBlattAktualisieren()
 On Error GoTo fehler
 Sheets(1).PivotTables("Pivot").RefreshTable
 Exit Sub

fehler:
 MsgBox "Es konnte keine Pivot-Tabelle gefunden werden!"
End Sub
```

Listing 9.32: Einzelne Pivot-Tabelle auf Tabellenblatt aktualisieren

Auf dem ersten Tabellenblatt in der aktiven Arbeitsmappe wird die Pivot-Tabelle PIVOT mithilfe der Methode `RefreshTable` auf den neuesten Stand gebracht. Die Anweisung `On Error` ist eine reine Sicherheitsmaßnahme, die verhindern soll, dass das Makro abstürzt, wenn die richtige Pivot-Tabelle nicht gefunden werden kann.

Mehrere Pivot-Tabellen auf einem Tabellenblatt aktualisieren

Oft werden auch mehrere Pivot-Tabellen auf einem einzigen Tabellenblatt geführt. Dabei können Sie alle Pivot-Tabellen auf einmal updaten, indem Sie das Makro aus Listing 9.33 einsetzen.

```
Sub MehrerePivotTabellenAufBlattAktualisicren()
Dim pt As PivotTable

On Error Resume Next
 For Each pt In Sheets(1).PivotTables
  pt.RefreshTable
 Next pt
End Sub
```

Listing 9.33: Mehrere Pivot-Tabellen auf einem Tabellenblatt aktualisieren

Definieren Sie eine Objektvariable vom Typ `PivotTable` und setzen Sie eine `For Each`-Schleife auf. Innerhalb der Schleife wenden Sie die Methode `RefreshTable` an, um die einzelnen Pivot-Tabellenberichte zu aktualisieren.

Alle Pivot-Tabellen in Arbeitsmappe aktualisieren

Haben Sie in einer Arbeitsmappe mehrere Pivot-Tabellenberichte auf unterschiedlichen Tabellenblättern erstellt und möchten Sie diese nun automatisch aktualisieren, dann setzen Sie das Makro aus Listing 9.34 ein.

```
Sub AllePivotTabellenInArbeitsmappeAktualisieren()
Dim Blatt As Worksheet
Dim pt As PivotTable

For Each Blatt In ActiveWorkbook.WorkSheets
 For Each pt In Sheets(1).PivotTables
  pt.RefreshTable
```

Listing 9.34: Alle Pivot-Tabellen in der aktiven Arbeitsmappe aktualisieren

```
 Next pt
Next Blatt
End Sub
```

Die Aktualisierung aller Pivot-Tabellenberichte Ihrer aktiven Arbeitsmappe bekommen Sie über zwei Schleifen hin. In der ersten Schleife wird Blatt für Blatt abgearbeitet, in der zweiten Schleife werden innerhalb eines Blatts alle Pivot-Tabellenberichte aktualisiert.

STEP

Möchten Sie diese Aktualisierung automatisch nach dem Öffnen der Arbeitsmappe durchführen, dann wenden Sie das Ereignis `Workbook_Open` *an. Dazu verfahren Sie wie folgt:*

1. Wechseln Sie in die Entwicklungsumgebung.
2. Klicken Sie im Projekt-Explorer den Eintrag DIESEARBEITSMAPPE doppelt an.
3. Erfassen Sie das Ereignis `Workbook_Open`.

Listing 9.35: Nach dem Öffnen einer Arbeitsmappe werden alle Pivot-Tabellen aktualisiert

```
Private Sub Workbook_Open()
 AllePivotTabellenInArbeitsmappeAktualisieren
End Sub
```

REF

Erfahren Sie mehr über die Möglichkeiten, die Ihnen Ereignisse bieten, in Kapitel 12.

9.12 Pivot-Tabellen dynamisch erweitern

Die zweite Gefahr neben dem Vergessen der Aktualisierung der Pivot-Tabelle ist, dass der Anwender den Datenbereich erweitert und versäumt, diese Erweiterung seiner Pivot-Tabelle mitzuteilen. Das manuelle Einstellen der Pivot-Tabelle auf den neuen Bereich ist recht mühselig, wenn Sie mehrere Pivot-Tabellen nacheinander auf den neuesten Stand bringen müssen. In beiden Fällen (fehlende Aktualisierung bzw. falscher Quellbereich) ist die Auswirkung gleich: Die Pivot-Tabelle liefert nicht die richtigen Ergebnisse.

Die Änderung des Quellbereichs, der die Daten für die Pivot-Tabelle enthält, hat zur Folge, dass auch der Pivot-Tabelle diese Änderung mitgeteilt werden muss. Um diese Aufgabe zu erledigen, benennen Sie Ihren Datenbereich vorher und erweitern die Pivot-Tabelle mithilfe des folgenden Makros aus Listing 9.36.

```
Sub PivotTabellenDatenbereichErweitern()
Dim pt As PivotTable
Dim Bereich As Range

Set Bereich = Sheets("Personal").UsedRange
   ActiveWorkbook.Names.Add _
   Name:="PivotBereich", _
   RefersTo:=Bereich, Visible:=True
   Bereich.Select

For Each pt In Sheets(1).PivotTables
 With pt
 .PivotTableWizard SourceType:=xlDatabase, _
  SourceData:="PivotBereich"
 End With
 pt.RefreshTable
Next pt
End Sub
```

Listing 9.36: Dynamische Erweiterung einer Pivot-Tabelle

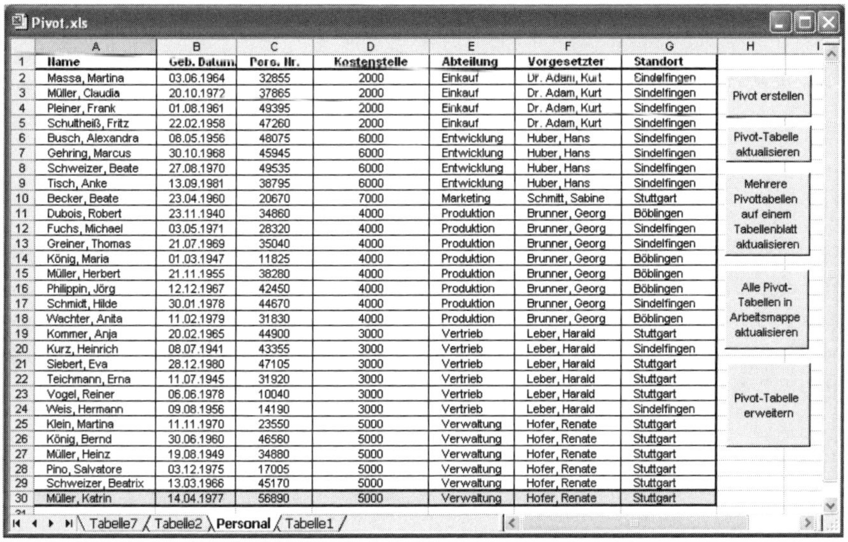

	A	B	C	D	E	F	G
1	Name	Geb. Datum	Pers. Nr.	Kostenstelle	Abteilung	Vorgesetzter	Standort
2	Massa, Martina	03.06.1964	32855	2000	Einkauf	Dr. Adam, Kurt	Sindelfingen
3	Müller, Claudia	20.10.1972	37865	2000	Einkauf	Dr. Adam, Kurt	Sindelfingen
4	Pleiner, Frank	01.08.1961	49395	2000	Einkauf	Dr. Adam, Kurt	Sindelfingen
5	Schultheiß, Fritz	22.02.1958	47260	2000	Einkauf	Dr. Adam, Kurt	Sindelfingen
6	Busch, Alexandra	08.05.1956	48075	6000	Entwicklung	Huber, Hans	Sindelfingen
7	Gehring, Marcus	30.10.1968	45945	6000	Entwicklung	Huber, Hans	Sindelfingen
8	Schweizer, Beate	27.08.1970	49535	6000	Entwicklung	Huber, Hans	Sindelfingen
9	Tisch, Anke	13.09.1981	38795	6000	Entwicklung	Huber, Hans	Sindelfingen
10	Becker, Beate	23.04.1960	20670	7000	Marketing	Schmitt, Sabine	Stuttgart
11	Dubois, Robert	23.11.1940	34860	4000	Produktion	Brunner, Georg	Böblingen
12	Fuchs, Michael	03.05.1971	28320	4000	Produktion	Brunner, Georg	Sindelfingen
13	Greiner, Thomas	21.07.1969	35040	4000	Produktion	Brunner, Georg	Sindelfingen
14	König, Maria	01.03.1947	11825	4000	Produktion	Brunner, Georg	Böblingen
15	Müller, Herbert	21.11.1955	38280	4000	Produktion	Brunner, Georg	Böblingen
16	Philippin, Jörg	12.12.1967	42450	4000	Produktion	Brunner, Georg	Böblingen
17	Schmidt, Hilde	30.01.1978	44670	4000	Produktion	Brunner, Georg	Sindelfingen
18	Wachter, Anita	11.02.1979	31830	4000	Produktion	Brunner, Georg	Böblingen
19	Kommer, Anja	20.02.1965	44900	3000	Vertrieb	Leber, Harald	Stuttgart
20	Kurz, Heinrich	08.07.1941	43355	3000	Vertrieb	Leber, Harald	Sindelfingen
21	Siebert, Eva	28.12.1980	47105	3000	Vertrieb	Leber, Harald	Stuttgart
22	Teichmann, Erna	11.07.1945	31920	3000	Vertrieb	Leber, Harald	Stuttgart
23	Vogel, Reiner	06.06.1978	10040	3000	Vertrieb	Leber, Harald	Stuttgart
24	Weis, Hermann	09.08.1956	14190	3000	Vertrieb	Leber, Harald	Sindelfingen
25	Klein, Martina	11.11.1970	23550	5000	Verwaltung	Hofer, Renate	Stuttgart
26	König, Bernd	30.06.1960	46560	5000	Verwaltung	Hofer, Renate	Stuttgart
27	Müller, Heinz	19.08.1949	34880	5000	Verwaltung	Hofer, Renate	Stuttgart
28	Pino, Salvatore	03.12.1975	17005	5000	Verwaltung	Hofer, Renate	Stuttgart
29	Schweizer, Beatrix	13.03.1966	45170	5000	Verwaltung	Hofer, Renate	Stuttgart
30	Müller, Katrin	14.04.1977	56890	5000	Verwaltung	Hofer, Renate	Stuttgart

Abbildung 9.24: Der Datenbereich wurde nach unten erweitert

Ermitteln Sie zuerst einmal den verwendeten Bereich auf Ihrer Tabelle PERSONAL und speichern Sie diesen `Bereich` in der Objektvariablen BEREICH. Benennen Sie danach den ermittelten Bereich, geben Sie diesem den Namen `PivotBereich` und markieren Sie diesen im Anschluss.

In Kapitel 5 können Sie noch einmal nachschlagen, wie Sie Zellen bzw. Bereiche benennen können.

REF

Mithilfe einer `For Each`-Schleife greifen Sie auf alle Pivot-Tabellenberichte auf dem ersten Blatt Ihrer Arbeitsmappe zu, erweitern den Datenbereich und aktualisieren die Pivot-Tabellenberichte. Der neue Datensatz wird am Ende der Pivot-Tabelle angehängt. Die Pivot-Tabelle muss jetzt neu sortiert werden.

9.13 Pivot-Tabellen sortieren

Bei der letzten Aufgabe haben Sie gesehen, dass die Pivot-Tabelle zwar erweitert wurde, jedoch wurden die neuen Einträge am Ende der Pivot-Tabelle angehängt. Pivot-Tabellenberichte lassen sich in Excel genauso sortieren wie ganz normale Listen. Dazu setzen Sie den Zeiger einfach auf das Feld im Spaltenbereich der Pivot-Tabelle (im Beispiel `Name`) und wählen danach aus dem Menü DATEN den Befehl SORTIEREN. Den Sortiervorgang können Sie aber auch mit dem nächsten Makro aus Listing 9.37 automatisch erledigen lassen.

Listing 9.37: Pivot-Tabellen sortieren

```
Sub PivotTabelleSortieren()
Dim Pivot1 As PivotTable

  ActiveSheet.PivotTables("Pivot").PivotSelect _
   "'Name'[All]", xlLabelOnly
  Selection.Sort Order1:=xlAscending, _
   Type:=xlSortLabels, OrderCustom:=1, _
   Orientation:=xlTopToBottom
End Sub
```

Mithilfe der Methode `PivotSelect` können Sie einen Teil einer Pivot-Tabelle markieren. Dabei müssen Sie der Methode den Namen des Datenfelds übergeben, welches Sie markieren möchten. Im zweiten Argument legen Sie den Markierungsmodus über eine Konstante fest. Die Möglichkeiten hierfür entnehmen Sie der Tabelle 9.5.

Tabelle 9.5: Möglichkeiten der Markierung bei Pivot-Tabellen

Konstante	Beschreibung
`xlBlanks`	Es werden nur leere Felder innerhalb der Pivot-Tabelle markiert.
`xlButton`	Markiert eine bzw. mehrere Schaltflächen in einem Pivot-Tabellenbericht.
`xlDataAndLabel`	Hierbei werden sowohl der Zeilenbezeichner als auch der Datenbereich markiert (Standardeinstellung).
`xlDataOnly`	Es wird nur der Datenbereich der Pivot-Tabelle markiert.
`xlFirstRow`	Die erste Zeile einer Pivot-Tabelle wird markiert.

Tabelle 9.5: Möglichkeiten der Markierung bei Pivot-Tabellen (Forts.)

Konstante	Beschreibung
`xlLabelOnly`	Es erfolgt eine Markierung des angegebenen Datenfelds.
`xlOrigin`	Markiert das Feld in der Pivot-Tabelle, welches im Schnittpunkt zwischen Zeilen- und Spaltenbereich steht (Anzahl-Name).

Im Anschluss an die Markierung der Daten in der Pivot-Tabelle wenden Sie die Methode `Sort` an, deren Argumente Sie bereits in Kapitel 6 kennen gelernt haben.

9.14 Pivot-Tabellen formatieren

Seit der Excel-Version 2000 haben Sie die Möglichkeit, die AutoFormate auch für Pivot-Tabellenberichte einzusetzen. Dabei haben Sie die Auswahl aus über vierzig verschiedenen AutoFormaten.

INFO

Eine komplette Liste der AutoFormate in Excel erhalten Sie in der VBA-Online-Hilfe unter dem Stichwort »AutoFormat«.

Um z.B. die Pivot-Tabelle mit der Mitarbeiterauswertung zu formatieren, können Sie folgendes Makro aus Listing 9.38 einsetzen.

Listing 9.38: AutoFormate auf Pivot-Tabellen anwenden

```
Sub PivotFormatEinstellen()
Dim Pivot1 As PivotTable

 Set Pivot1 = Worksheets(1).PivotTables(1)
 With Pivot1
     .TableRange1.AutoFormat Format:=xlClassic3
 End With
End Sub
```

Über die Eigenschaft `TableRange1` können Sie einen Pivot-Tabellenbericht auswählen. Dabei sind allerdings keine Seitenfelder (z.B. VORGESETZTER) inbegriffen. Möchten Sie die Formatierung jedoch für die komplette Pivot-Tabelle, also inklusive der Seitenfelder, anwenden, verwenden Sie die Eigenschaft `TableRange2`. Auf den so bekannt gemachten Bereich wenden Sie die Methode `AutoFormat` an, welche den markierten Bereich mit einem vordefinierten Format belegt.

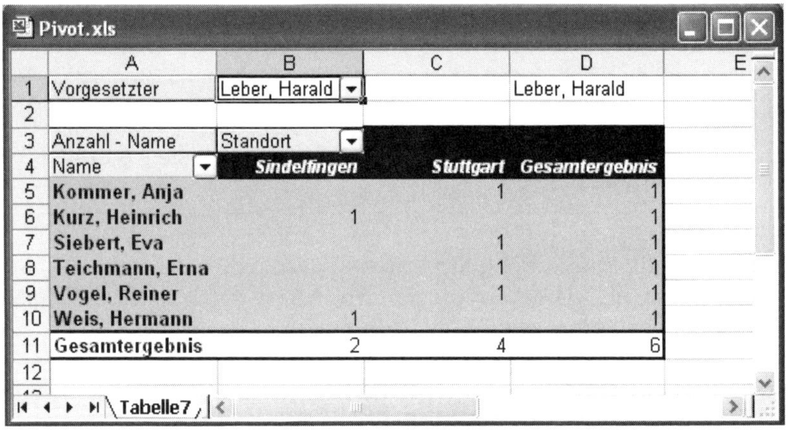

Abbildung 9.25: Das AutoFormat xlClassic3 in der Anwendung

9.15 Seitenfeld der Pivot-Tabelle bestimmen

Wenn Sie sich die bisherigen Beispiele zu den Pivot-Tabellenberichten angesehen haben, wird es Sie eventuell noch interessieren, wie Sie das Seitenfeld (VORGESETZTER) über VBA ermitteln bzw. setzen können. Mit dem Seitenfeld können Sie die Anzeige der Daten einer Pivot-Tabelle einschränken. Standardmäßig werden alle Daten einer Pivot-Tabelle angezeigt. In diesem Fall ist der Eintrag ALLE im Seitenfeld aktiv. Mit einem Mausklick auf dieses Seitenfeld können Sie bestimmen, welche Daten Sie in der Pivot-Tabelle anzeigen möchten. Das Seitenfeld fungiert also als eine Art Datenfilter.

Seitenfeldeinstellung auslesen

Um herauszufinden, welcher Eintrag gerade in einem Seitenfeld aktiviert ist, setzen Sie das Makro aus Listing 9.39 ein.

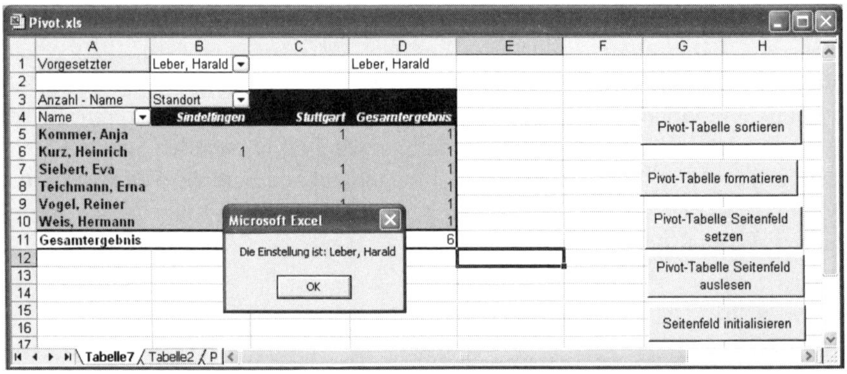

Abbildung 9.26: Das eingestellte Seitenfeld auslesen

```
Sub PivotSeitenfeldAuslesen()
Dim Pivot1 As PivotTable

 Set Pivot1 = Worksheets(1).PivotTables(1)
 With Pivot1
  MsgBox "Die Einstellung ist: " & _
  .PageFields(1).CurrentPage
 End With
End Sub
```

Listing 9.39: Den Eintrag im Seitenfeld einer Pivot-Tabelle ermitteln

Über die Eigenschaft `PageFields` können Sie das Seitenfeld einer Pivot-Tabelle bestimmen. Mithilfe der Eigenschaft `CurrentPage` lesen Sie danach den aktuell eingestellten Wert des Seitenfelds aus.

Seitenfelder initialisieren

Um alle Daten in einer Pivot-Tabelle anzuzeigen, setzen Sie die Eigenschaft `CurrentPage` auf den Wert `"(All)"`. Sehen Sie sich dazu das folgende Makro aus Listing 9.40 an.

```
Sub PivotSeitenfeldAlleAnzeigen()
Dim Pivot1 As PivotTable

 Set Pivot1 = Worksheets(1).PivotTables(1)
 With Pivot1
  .PageFields(1).CurrentPage = "(All)"
 End With
End Sub
```

Listing 9.40: Seitenfelder in Pivot-Tabellen initialisieren

Seitenfelder in Abhängigkeit von Zellen setzen

Möchten Sie die Einstellung des Seitenfelds einer Pivot-Tabelle abhängig von einer bestimmten Zelle auf Ihrem Tabellenblatt festlegen, dann setzen Sie das folgende Makro aus Listing 9.41 ein.

```
Sub SeitenfeldSetzen()
Dim Pivot1 As PivotTable

 Set Pivot1 = Worksheets(1).PivotTables(1)
 With Pivot1
  .PageFields(1).CurrentPage = _
   ActiveSheet.Range("D1").Value
 End With
End Sub
```

Listing 9.41: Seitenfeld einer Pivot-Tabelle abhängig von einer Zelle setzen

STEP

Wenn Sie in die eben vorgestellte Lösung noch ein wenig mehr Automatismus einbauen möchten, überwachen Sie im Hintergrund die Zelle D1 und aktualisieren Sie die Pivot-Tabelle automatisch, wenn sich die Zelle D1 ändert. Dazu gehen Sie wie folgt vor:

1. Wechseln Sie in die Entwicklungsumgebung.
2. Klicken Sie die Tabelle, auf der sich Ihr Pivot-Tabellenbericht befindet, im Projekt-Explorer doppelt an.
3. Erfassen Sie das Ereignis `Worksheet_Change`.

Listing 9.42: Pivot-Tabellenaktualisierung automatisch starten

```
Private Sub Worksheet_Change(ByVal Target As Range)
 If Target.Address = "$D$1" Then SeitenfeldSetzen
End Sub
```

Sobald sich die Zelle D1 ändert, wird die Pivot-Tabelle entsprechend aktualisiert und angezeigt.

REF

Lernen Sie mehr über die Möglichkeiten, die Ihnen Ereignisse bieten, in Kapitel 12.

Teil 3 Funktionen, Ereignisse und VBE

10 Benutzerdefinierte Funktionen und Funktionsmakros

Bei der Programmierung mit Funktionen müssen Sie erwägen, ob Sie eine Funktion in eine Tabelle einbauen oder ob Sie eine Funktion in der VBA-Umgebung einsetzen möchten. Je nachdem müssen Sie die Funktion dann unterschiedlich aufsetzen. Im ersten Teil dieses Kapitels lernen Sie den Gebrauch von benutzerdefinierten Funktionen in Excel anhand einiger ausgewählter Beispiele kennen. Im zweiten Teil dieses Kapitels erfahren Sie, wie Sie Funktionen bei der Entwicklung von VBA-Programmen einsetzen, um schnell, übersichtlich und vor allem effektiv zu programmieren.

10.1 Benutzerdefinierte Funktionen

Was verbirgt sich hinter diesem Begriff? Benutzerdefinierte Funktionen stellen Zusatzfunktionen in Excel dar, die Sie selbst erstellt haben und die auf einem Tabellenblatt als Zellenfunktion genutzt werden können. Normalerweise rufen Sie in einer Tabelle eine Funktion auf, indem Sie den Funktionsassistenten nutzen oder die Funktion direkt in eine Zelle schreiben. Alle benutzerdefinierten Funktionen finden Sie unter der Rubrik BENUTZERDEFINIERT.

CD

Die Makros bezüglich der Programmierung von Funktionen können Sie auf der CD-ROM im Verzeichnis KAP10 *in der Datei* FUNKTIONEN.XLS *finden.*

Lernen Sie auf den nächsten Seiten einige nützliche Funktionen kennen und erfahren Sie, wie Sie diese Funktionen in allen Arbeitsmappen nutzen können.

!! STOP

Achten Sie darauf, dass Sie Ihre benutzerdefinierten Funktionen in normalen Modulen speichern. Konkret heißt dies, dass Sie in der Entwicklungsumgebung ein neues Modul einfügen, indem Sie im Projekt-Explorer mit der rechten Maustaste klicken und den Kontextmenübefehl EINFÜGEN/MODUL *wählen.*

Abbildung 10.1: Der Funktionsassistent in Excel 2003

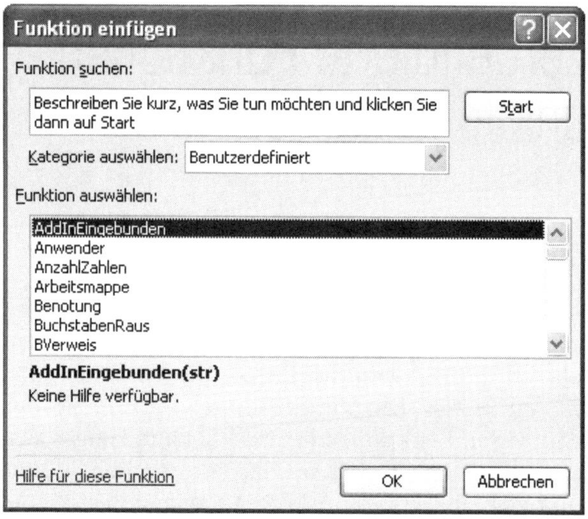

:-) TIPP

Möchten Sie benutzerdefinierte Funktionen für alle Arbeitsmappen nutzen, dann speichern Sie sie in Ihrer persönlichen Arbeitsmappe PERSONL.XLS, *die Sie im Verzeichnis* XLSTART *Ihrer Office-Installation vorfinden. Ist diese Arbeitsmappe noch nicht erstellt, dann erstellen Sie eine leere Arbeitsmappe und speichern Sie diese im Verzeichnis* XLSTART *des Office-Unterverzeichnisses. Alle Arbeitsmappen, die sich in diesem Verzeichnis befinden, werden automatisch beim Starten von Excel geöffnet. Die Arbeitsmappe* PERSONL.XLS *hat die Eigenschaft, dass sie nach dem Öffnen im Hintergrund bleibt.*

Aktive Arbeitsmappe ermitteln

Um zu prüfen, in welcher Arbeitsmappe Sie sich gerade befinden, können Sie eine benutzerdefinierte Funktion schreiben, die wie folgt lautet:

Listing 10.1: Benutzerdefinierte Funktion zum Ermitteln der aktiven Arbeitsmappe

```
Function Arbeitsmappe()
    Arbeitsmappe = ActiveWorkbook.Name
End Function
```

Mithilfe der Anweisung `ActiveWorkbook.Name` ermitteln Sie den Namen der aktiven Arbeitsmappe. Geben Sie in eine beliebige Zelle die benutzerdefinierte Funktion `=Arbeitsmappe()` ein.

Diese benutzerdefinierte Funktion können Sie auch in einen Text einbauen. Das Ergebnis sehen Sie in der folgenden Abbildung 10.2.

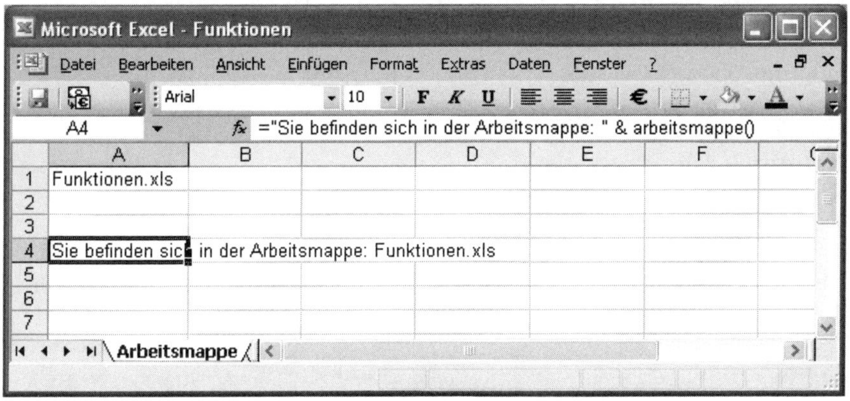

Abbildung 10.2: Den Namen der Arbeitsmappe ermitteln

```
Function ArbeitsmappeK()
    ArbeitsmappeK = ActiveWorkbook.Fullname
End Function
```

Listing 10.2: Benutzerdefinierte Funktion zum Ermitteln der aktiven Arbeitsmappe einschließlich des Speicherpfads

Mithilfe der Eigenschaft `FullName` können Sie den Namen der Arbeitsmappe sowie den kompletten Speicherpfad der Mappe ermitteln.

Aktives Tabellenblatt ermitteln

Als Nächstes stellt sich automatisch die Frage, wie wohl die aktive Tabelle heißt, auf der Sie sich gerade befinden. Die Antwort auf diese Frage zeigt sich in Listing 10.3.

```
Function TabellenName() As String
    TabellenName = Application.Caller.Parent.Name
End Function
```

Listing 10.3: Benutzerdefinierte Funktion zum Ermitteln der aktiven Tabelle

Mithilfe der Anweisung `Application.Caller.Parent.Name` können Sie die aktuelle Tabelle ermitteln.

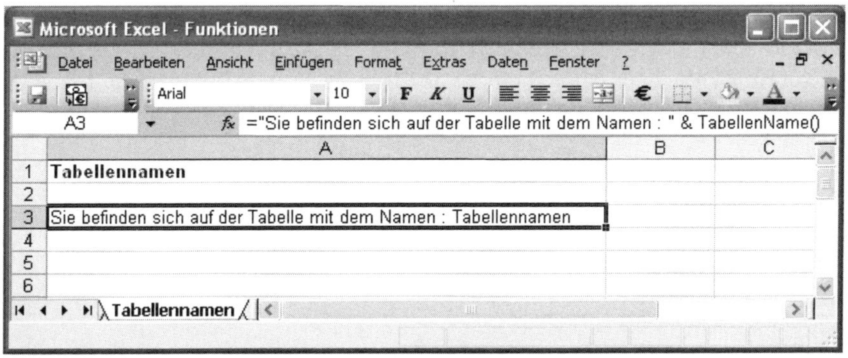

Abbildung 10.3: Die aktuelle Tabelle ermitteln

Möchten Sie die Position der Tabelle in der Arbeitsmappe ermitteln, dann müssen Sie den Index der Tabelle herausfinden. Dies gelingt Ihnen mit der Funktion aus Listing 10.4.

Listing 10.4: Benutzerdefinierte Funktion zum Ermitteln des Index' der aktiven Tabelle

```
Function TabellenIndex(Zelle As Range)
Application.Volatile
TabellenIndex = Zelle.Worksheet.Index
End Function
```

Über die Eigenschaft `Index` der Tabelle bestimmen Sie die Lage der Tabelle in der Arbeitsmappe.

Abbildung 10.4: Den Index der aktiven Tabelle herausfinden

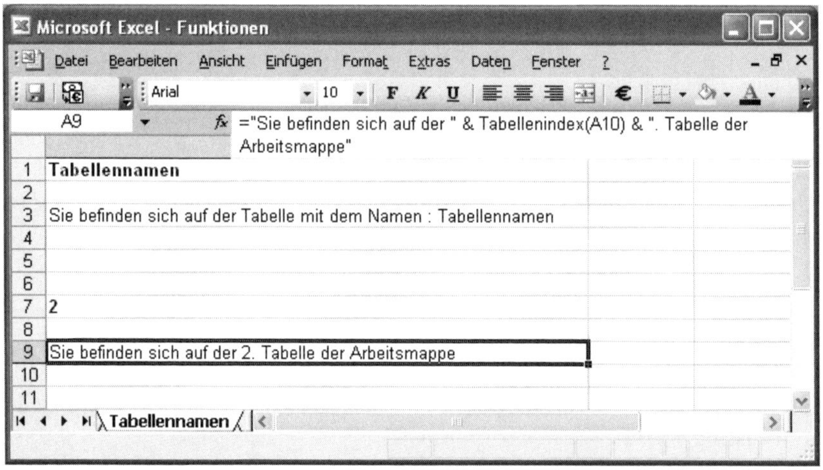

Wenn Sie die Tabelle in der Arbeitsmappe verschieben, indem Sie mit der linken Maustaste auf die Registerlasche klicken und diese dann an eine andere Position verschieben, wird der Tabellenindex der Tabelle automatisch angepasst. Dafür sorgt die Anweisung `Application.Volatile`.

Ist eine Tabelle leer?

Über eine benutzerdefinierte Funktion können Sie auch überprüfen, ob eine bestimmte Tabelle in der Arbeitsmappe leer ist. Setzen Sie dazu die folgende Funktion ein:

Listing 10.5: Benutzerdefinierte Funktion zur Prüfung, ob eine Tabelle leer ist

```
Function TabelleLeer(s As String) As Boolean
Application.Volatile
If Application.CountA(Sheets(s).UsedRange) = 0 Then
   TabelleLeer = True
   Else
   TabelleLeer = False
   End If
End Function
```

Die Funktion erwartet den Namen der zu überprüfenden Tabelle. Als Rückgabewert liefert die Funktion entweder True, wenn die Tabelle leer ist, oder den Wert False, wenn Daten in der angegebenen Tabelle sind. Innerhalb der Funktion setzen Sie die Funktion CountA ein, um die Zellen im benutzten Bereich (UsedRange) zu zählen. Liefert diese Funktion den Wert 0, dann können Sie davon ausgehen, dass in der Tabelle keine Daten enthalten sind.

Aufruf der Funktion: =Tabelleleer("Tabelle1")

Ist eine Tabelle geschützt?

Über die folgende benutzerdefinierte Tabellenfunktion können Sie prüfen, ob eine bestimmte Tabelle in Ihrer Arbeitsmappe geschützt ist.

Listing 10.6: Benutzerdefinierte Funktion zur Prüfung, ob eine Tabelle geschützt ist

```
Function TabSchutz(s) As Boolean
On Error GoTo Fehler
If Sheets(s).ProtectContents = True Then
 TabSchutz = True
Else
End If
Exit Function

Fehler:
TabSchutz = False
End Function
```

Übergeben Sie der Funktion den Namen der Tabelle, die Sie überprüfen möchten. In der Funktion ermitteln Sie mithilfe der Eigenschaft Protect Contents, ob die Tabelle geschützt ist. Wenn ja, dann erhalten Sie als Rückgabewert den Wert True zurück. Im anderen Fall wird ein Fehler provoziert, den Sie über die On Error-Klausel und den Fehler-Paragraphen abfangen können.

Aufruf der Funktion: =TabSchutz("Tabelle1")

Befinden sich Daten in einer bestimmten Spalte?

Über eine benutzerdefinierte Funktion lässt sich feststellen, ob in einer bestimmten Spalte Einträge vorhanden sind.

Listing 10.7: Benutzerdefinierte Funktion zur Prüfung, ob eine Spalte Daten enthält

```
Function SpalteLeer(Spalte) As Boolean
On Error GoTo Fehler
If Application.WorksheetFunction. _
CountA(Columns(Spalte)) = 0 Then
 SpalteLeer = True
Else
End If
Exit Function
```

```
Fehler:
SpalteLeer = False
End Function
```

Übergeben Sie der Funktion den Spaltenbuchstaben der Spalte, die Sie überprüfen möchten. Über die Funktion CountA ermitteln Sie, ob in der Spalte Daten sind. Wenn nicht, dann meldet diese Funktion den Wert 0. In diesem Fall übergeben Sie als Rückgabewert True. Dieser Wert wird dann in der Zelle, die die Funktion enthält, automatisch durch den Wert Wahr umgesetzt.

Aufruf der Funktion =SpalteLeer("H")

Letzten Wert in einer Spalte ermitteln

Um den letzten Wert einer bestimmten Spalte zu ermitteln, können Sie sich eine benutzerdefinierte Funktion schreiben, die diesen Wert in eine Zelle schreibt.

Listing 10.8: Benutzerdefinierte Funktion zum Ermitteln des letzten Werts einer Tabelle in einer bestimmten Spalte

```
Function LeWeSpalte(Zelle)
  Application.Volatile
  LeWeSpalte = Cells(Rows.Count, zelle.Column).End(xlUp)
End Function
```

Der Trick dabei ist, dass Sie über die Cells-Auflistung erst einmal die gewünschte Spalte im zweiten Argument angeben. Im ersten Argument geben Sie die maximale Anzahl der Zeilen einer Tabelle an. Für die Anweisung Rows.Count könnten Sie übrigens auch 65.536 schreiben. Danach nähern Sie sich über die Eigenschaft End quasi von ganz unten nach oben bis hin in die Zelle, wo der erste Eintrag ist.

Aufruf der Funktion: =LeweSpalte(A1)

Abbildung 10.5: Den letzten Wert einer Spalte abfragen

Letzten Wert einer Zeile ermitteln

Um den letzten Wert einer Zeile zu ermitteln, schreiben Sie die folgende Funktion:

Listing 10.9: Benutzerdefinierte Funktion zum Ermitteln des letzten Werts einer Tabelle in einer bestimmten Zeile

```
Function LeWeZeile(zelle)
 Application.Volatile
 LeWeZeile = Cells(zelle, Columns.Count).End(xlToLeft)
End Function
```

Der Trick dabei ist, dass Sie über die `Cells`-Auflistung erst einmal die gewünschte Zeile im ersten Argument angeben. Im zweiten Argument geben Sie die maximale Anzahl der Spalten einer Tabelle an. Für die Anweisung `Columns.Count` könnten Sie übrigens auch 256 schreiben. Danach nähern Sie sich über die Eigenschaft `End` quasi vom rechten Tabellenrand nach links bis in die Zelle, wo der erste Eintrag ist.

Aufruf der Funktion: `=LeweZeile(1)`

Abbildung 10.6: Den letzten Wert einer Spalte abfragen

Aktiven Bearbeiter identifizieren

Mithilfe einer benutzerdefinierten Funktion können Sie auch den aktuellen Bearbeiter erkennen. Setzen Sie dafür die Funktion aus Listing 10.10 ein.

Listing 10.10: Benutzerdefinierte Funktion zum Ermitteln des aktuellen Benutzers

```
Function Anwender()
  Application.Volatile
  Anwender = Application.UserName
End Function
```

Die Eigenschaft `UserName` gibt den Namen des aktuellen Benutzers zurück.

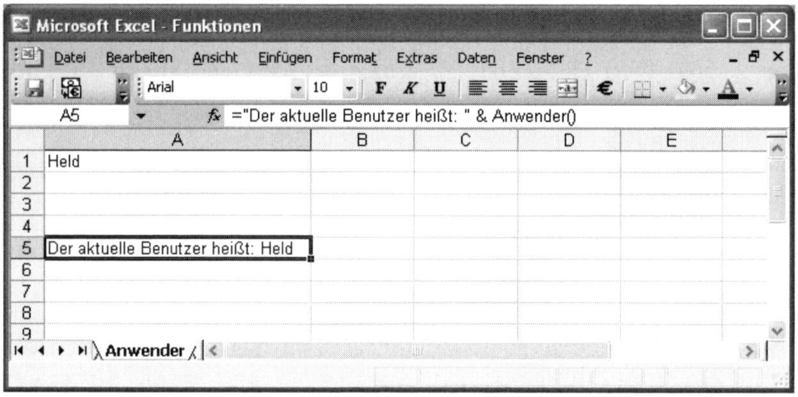

Abbildung 10.7: Den aktuellen Benutzer ermitteln

Den aktuellen Benutzer können Sie in Excel einstellen, indem Sie aus dem Menü EXTRAS *den Befehl* OPTIONEN *wählen. Auf der Registerkarte* ALLGEMEIN *können Sie im Feld* BENUTZERNAMEN *Ihren Namen eintragen und mit* OK *bestätigen.*

Funktion zum Umsetzen von Noten

Sicher kennen Sie noch aus Schulzeiten die Zensuren und deren Bedeutung. Dabei entsprach die 1 einem »Sehr gut«, die 2 einem »Gut« usw. Programmieren Sie jetzt eine Tabellenfunktion, die eine eingegebene Note automatisch in den dazugehörigen Text umsetzt. Dazu wechseln Sie in die Entwicklungsumgebung, fügen ein neues Modul ein und erfassen folgende Funktion:

Listing 10.11: Benutzerdefinierte Funktion für die Ausgabe von Schulnoten

```
Function Benotung(r)
 Application.Volatile
    Select Case r.Value
        Case Is = 1: Benotung = "Sehr gut"
        Case Is = 2: Benotung = "Gut"
        Case Is = 3: Benotung = "Befriedigend"
        Case Is = 4: Benotung = "Ausreichend"
        Case Is = 5: Benotung = "Mangelhaft"
        Case Is = 6: Benotung = "Ungenügend"
        Case Else: Benotung = "keine gültige Zensur"
    End Select
End Function
```

Jede Funktion beginnt mit dem Wort `Function`, gefolgt von einem Namen, den Sie nahezu beliebig wählen können, sowie den Argumenten, die der Funktion übergeben werden. Im obigen Beispiel wurde das Argument `r` übergeben. Dieser Buchstabe steht für einen Zellenbezug, auf den Sie sich beziehen möchten.

Damit die Funktion jederzeit automatisch den richtigen Wert liefert, wenn Sie eine Note ändern, verwenden Sie die Methode Volatile, die die Funktion als »veränderlich« kennzeichnet. Für die Umsetzung der Noten setzen Sie eine Select Case-Struktur ein. Wird keine gültige Note in die Zelle eingegeben, so wird ein alternativer Text in der Zelle ausgegeben.

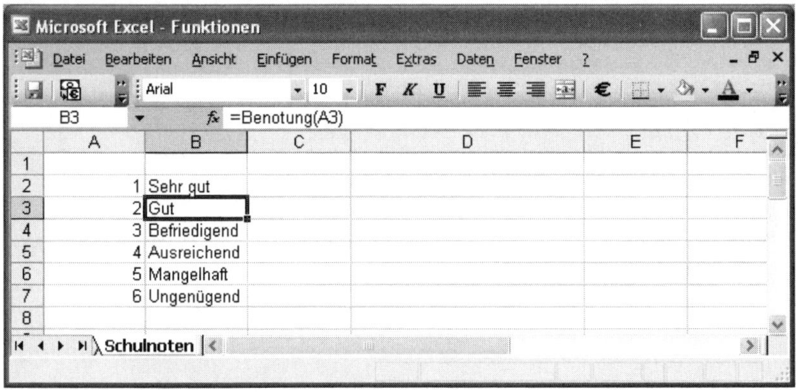

Abbildung 10.8: Benotungen in Texte umsetzen

Rangfolge als Text ausgeben

Möchten Sie eine Rangfolge nicht als Zahl, sondern als Text ausgeben, dann setzen Sie die folgende Funktion ein.

Listing 10.12: Benutzerdefinierte Funktion für die Ausgabe von Rängen

```
Function RangInText(r)
Application.Volatile
    Select Case r.Value
        Case Is = "1.": RangInText = "Erster"
        Case Is = "2.": RangInText = "Zweiter"
        Case Is = "3.": RangInText = "Dritter"
        Case Is = "4.": RangInText = "Vierter"
        Case Is = "5.": RangInText = "Fünfter"
        Case Is = "6.": RangInText = "Sechster"
        Case Else: RangInText = "kein gültiger Rang"
    End Select
End Function
```

Enthält eine bestimmte Zelle eine Formel?

In der nächsten Aufgabe soll mit einer Funktion geprüft werden, ob eine bestimmte Zelle eine Formel enthält oder nicht. Dazu fügen Sie folgende Funktion ein:

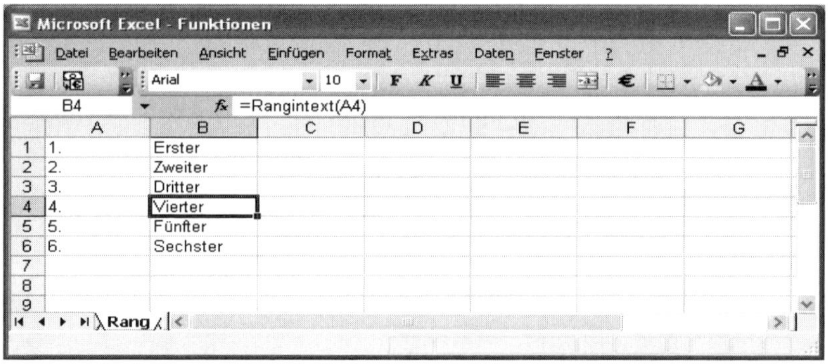

Abbildung 10.9: Ränge in Texte umsetzen

Listing 10.13: Benutzerdefinierte Funktion, die prüft, ob in einer Zelle eine Formel bzw. Verknüpfung enthalten ist (Variante 1)

```
Function IstFormel(r)
Application.Volatile
    IstFormel = False
    If Left(r.Formula, 1) = "=" Then IstFormel = True
End Function
```

Eine Formel bzw. eine Verknüpfung oder auch eine Funktion erkennen Sie in Excel daran, dass diese mit einem Gleichheitszeichen beginnt. Genau dieses Verhalten prüfen Sie, indem Sie in der Zielzelle das erste Zeichen auswerten.

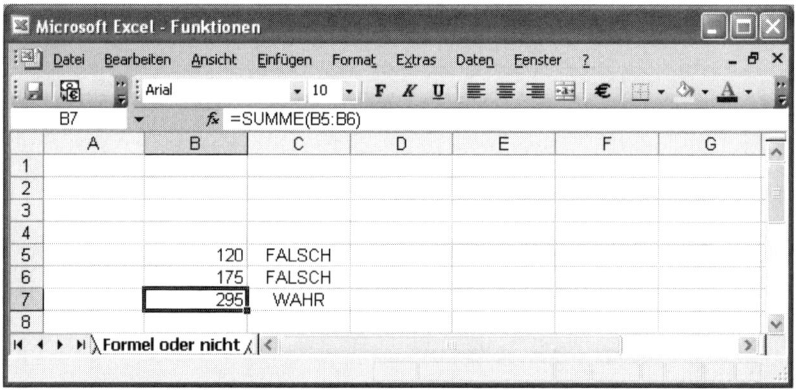

Abbildung 10.10: Die Formelprüfung in der Tabelle

Die Zelle B7 enthält die Formel `=SUMME(B5:B6)` und ist demnach eindeutig eine Formelzelle. Somit meldet die Funktion den Wert `True`, welcher in der Tabelle als `Wahr` umgesetzt wird.

Eine andere Variante, diese Aufgabe zu bewältigen, sehen Sie im Listing 10.14.

```
Function FormelZelle(Zelle As Range) As Boolean
   Application.Volatile
   If Zelle.HasFormula Then FormelZelle = True
End Function
```

Listing 10.14: Benutzerdefinierte Funktion, die prüft, ob in einer Zelle eine Formel bzw. Verknüpfung enthalten ist (Variante 2)

Die Eigenschaft `HasFormula` meldet Ihnen den Wert `True` zurück, wenn die angegebene Zelle eine Formel, Funktion oder eine Verknüpfung enthält.

Enthält eine bestimmte Zelle ein Gültigkeitskriterium?

Möchten Sie über eine benutzerdefinierte Funktion prüfen, ob eine Zelle eine Gültigkeitsregel enthält, dann starten Sie folgendes Makro:

```
Function GgK(Zelle) As Boolean
Dim Nummer As Integer

On Error GoTo Fehler
Nummer = Zelle.Validation.Type
GgK = True
Exit Function

Fehler:
GgK = False
End Function
```

Listing 10.15: Benutzerdefinierte Funktion, die prüft, ob in einer Zelle eine Gültigkeitsregel enthalten ist

Mithilfe der `Type`-Eigenschaft können Sie die zur Gültigkeit gehörende Nummer ermitteln. Kann keine Nummer für das `Validation`-Objekt ermittelt werden, dann ist keine Gültigkeitsregel in der Zelle vorhanden. In diesem Fall würde die Funktion »abstürzen«, was Sie aber über eine `On Error`-Klausel abfangen. Geben Sie im Fehlerfall den Wert `False` zurück.

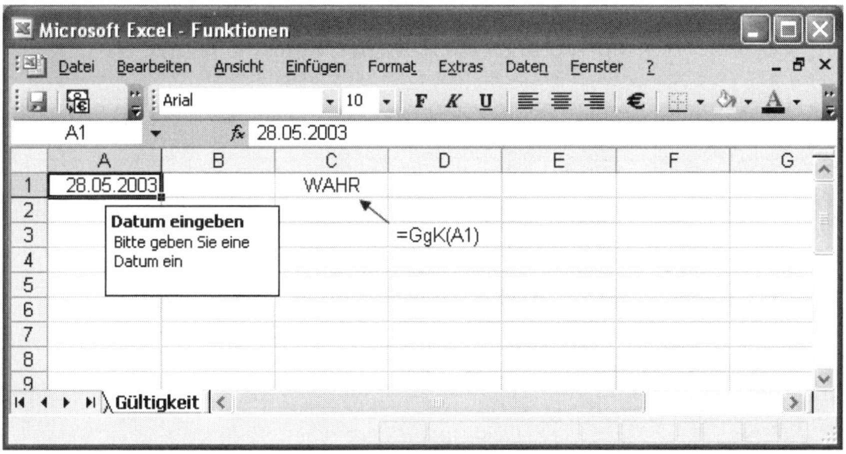

Abbildung 10.11: Die Zelle enthält eine Gültigkeitsregel

Enthält eine Zelle einen Kommentar?

Kommentarzellen sind standardmäßig an der roten Ecke am rechten, oberen Zellenrand zu erkennen. Diese Funktion kann aber ohne weiteres in Excel abgeschaltet werden. Daher wird folgende Funktion erstellt, die überprüft, ob in einer Zelle ein Kommentar zugeordnet wurde.

Listing 10.16: Benutzerdefinierte Funktion, die prüft, ob eine Zelle einen Kommentar enthält

```
Function Kom(zelle) As Boolean
On Error GoTo Fehler
If Len(zelle.Comment.Text) > 0 Then
 Kom = True
Else
End If
Exit Function

Fehler:
 Kom = False
End Function
```

Übergeben Sie der Funktion die Zelle, in der Sie prüfen möchten, ob ein Kommentar darin enthalten ist. Über die Eigenschaft `Text`, die Sie auf das Objekt `Comment` anwenden, ermitteln Sie durch die Funktion `Len`, wie viele Zeichen im Kommentar erfasst sind. Sind das mehr als 0, dann handelt es sich automatisch um einen Kommentar. Sollte die Zelle keinen Kommentar enthalten, dann wird der Fehlerparagraph ausgeführt und als Rückgabewert der Wert `False` übergeben.

Ist eine bestimmte Zelle verbunden?

Verbundene Zellen können manchmal in Tabellen Probleme bereiten, gerade dann wenn man diese verbundene Zellen nicht mehr so schnell wiederfinden kann. Die nächste Funktion `VuZ` (=Verbinden und Zentrieren) prüft, ob eine Zelle im verbundenen Zustand vorliegt.

Listing 10.17: Benutzerdefinierte Funktion, die prüft, ob eine Zelle in einem Zellenverbund organisiert ist

```
Function VuZ(zelle) As Boolean
On Error GoTo Fehler
If zelle.MergeCells = True Then
 VuZ = True
Else
End If
Exit Function

Fehler:
 VuZ = False
End Function
```

Übergeben Sie der Funktion die Zelle, in der Sie prüfen möchten, ob diese in einem Zellenverbund liegt. Mithilfe der Eigenschaft `MergeCells` können Sie prüfen, ob die Zelle in »verbundenem« Zustand vorliegt. Wenn ja, dann erhalten Sie als Rückgabewert den Wert `True`. Im anderen Fall wird ein Fehler provoziert, den Sie über den Fehlerparagraphen abfangen können.

Führende Nullen eliminieren

Die folgende Funktion können Sie dann einsetzen, wenn Sie aus einer Zelle die führenden Nullen entfernen möchten. Die Funktion sehen Sie in Listing 10.18.

```
Function NullenRaus(Zelle)
Dim i  As Integer

    i = Zelle
    While i - Int(i) > 0
        i = i * 10
    Wend
    NullenRaus = i
End Function
```

Listing 10.18: Benutzerdefinierte Funktion zum Entfernen der Nullen in Führungspositionen

Mithilfe der Funktion `Int` können Sie den ganzzahligen Wert einer Zahl zurückgeben. Im Falle der Null ist dies natürlich auch Null. Innerhalb der Schleife multiplizieren Sie die Variable `i` mit dem Wert `10`, um zum nächsten Zeichen zu gelangen.

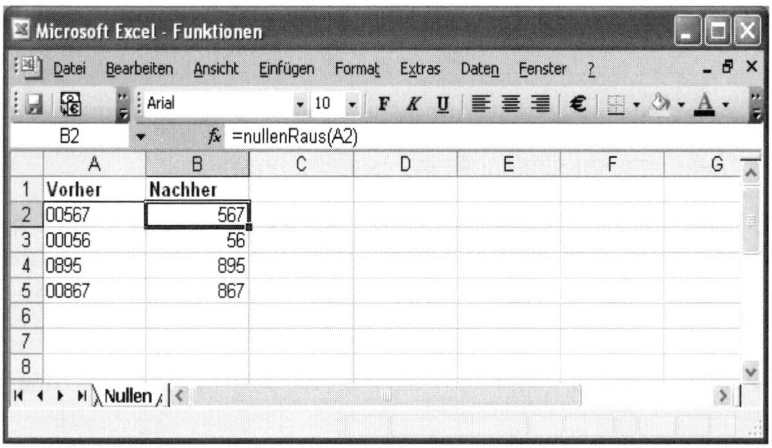

Abbildung 10.12: Führende Nullen beseitigen

Initialen aus Namen erstellen

Die nächste Funktion liefert Ihnen automatisch die Initialen zu Ihrem Namen.

Listing 10.19: Benutzerdefinierte Funktion, die aus einem Namen die Initialen erstellt

```
Function Initit(str As String) As String
Dim Count As Integer

   Application.Volatile
    str = " " & Application.Trim(str)

    For Count = 2 To Len(str)
     If Mid(str, Count - 1, 1) = " " Then _
     Initit = Initit & Mid(str, Count, 1)
    Next Count
End Function
```

Die Funktion erwartet in der Tabelle entweder einen Zellenbezug, also Aufruf mit `=INITIT(A2)`, oder einen direkten Namen `=INITIT("BRIAN JOHN")`. In beiden Fällen werden jeweils die Anfangsbuchstaben der Namen ausgewertet und zusammengebastelt.

Abbildung 10.13: Schnell Initialen aus Namen bilden

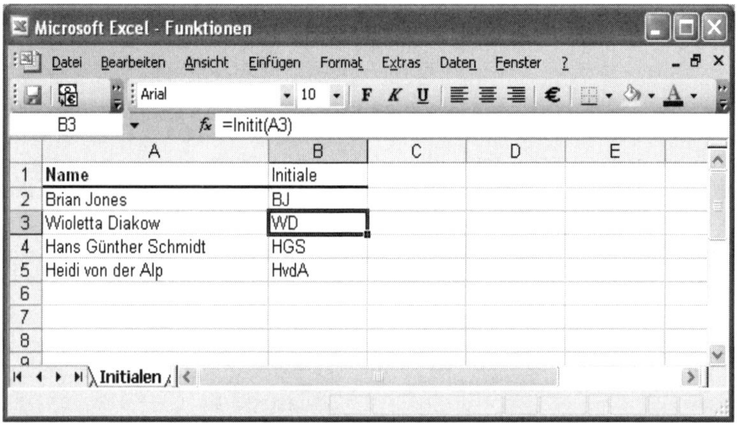

Formeln und Verknüpfungen in Festwerte umwandeln

Zellen, welche Verknüpfungen, Funktionen oder Formeln enthalten, erkennen Sie daran, dass diese Zellen jeweils als erstes Zeichen ein Gleichheitszeichen enthalten. Die Zelle zeigt jedoch immer das Ergebnis aus der Verknüpfung, Funktion oder Formel an. Wenn Sie beispielsweise erreichen möchten, dass die ausgeschriebene Verknüpfung, Funktion oder Formel in der Nebenzelle angezeigt wird, dann erfassen Sie folgende Funktion:

Listing 10.20: Benutzerdefinierte Funktion, die den Verknüpfungstext bzw. den Formel- oder Funktionstext anzeigt

```
Function FormelInText(r)
    Application.Volatile
    FormelInText = r.FormulaLocal
End Function
```

Auch hier wird als Parameter wieder ein Zellenbezug erwartet.

Abbildung 10.14: Welche Formel verbirgt sich hinter der Zelle B7?

Nur Zellen mit Fettdruck addieren

In diesem Beispiel geht es darum, in einem Bereich nur Zellen zu addieren, die zum einen numerische Werte enthalten und zum anderen mit dem Schriftschnitt FETT formatiert wurden.

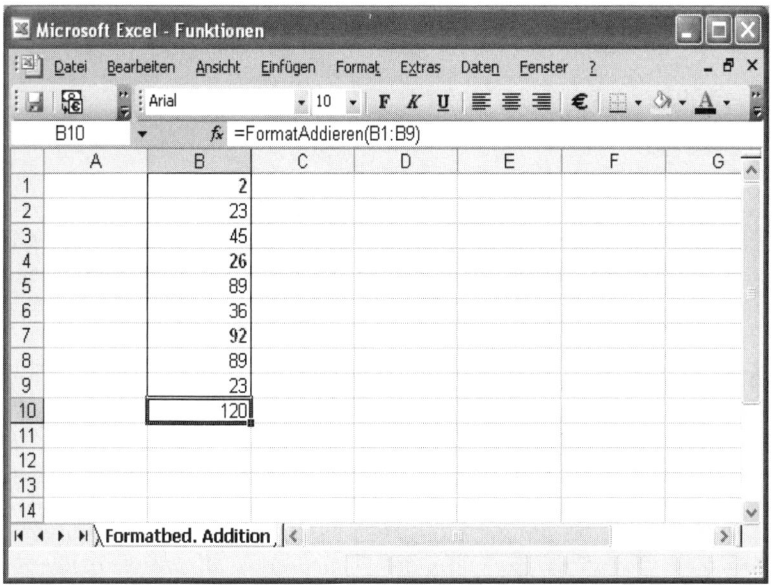

Abbildung 10.15: Nur fett formatierte Zellen addieren

Listing 10.21: Benutzerdefinierte Funktion, die nur formatierte Zellen addiert

```
Function FormatAddieren(r As Range)
    Application.volatile

    For Each r In r.Cells
        If IsNumeric(r) Then
```

```
            If r.Font.Bold = True Then
              FormatAddieren = FormatAddieren + r.Value
            End If
        End If
    Next r
End Function
```

Für die obige Funktion kann ein ganzer Bereich angegeben werden. Jede Zelle im angesprochenen Bereich wird dann erstens auf numerischen Inhalt und zweitens auf den richtigen Schriftschnitt geprüft. Für die Überprüfung auf numerischen Inhalt setzen Sie die Funktion `IsNumeric` ein.

Nur Zellen mit roter Schriftfarbe addieren

Analog zum letzten Beispiel können Sie auch eine Funktion programmieren, die in einem Bereich nur diejenigen Zellen zusammenzählt, welche eine bestimmte Schriftfarbe aufweisen. Dazu schreiben Sie folgende Funktion:

Listing 10.22: Benutzerdefinierte Funktion, die nur Zellen mit roter Schriftfarbe addiert

```
Function RoteZellenAddieren(r As Range)
    Application.Volatile
    For Each r In r.Cells
     If IsNumeric(r) Then
      If r.Font.ColorIndex = 3 Then
       RoteZellenAddieren = RoteZellenAddieren + r.Value
      End If
     End If
    Next r
End Function
```

Zuerst erfolgt eine Prüfung, die sicherstellt, dass die Funktion nur numerische Werte addiert, danach erfolgt die Prüfung der Schriftfarbe. Nur wenn die Eigenschaft `ColorIndex` den Wert 3, also Rot, aufweist, erfolgt eine Addition.

:-) TIPP

Benutzerdefinierte Funktionen liefern einmalig ein Ergebnis zurück. Wenn Sie danach Werte in einer Tabelle ändern, werden die benutzerdefinierten Zellen standardmäßig nicht angepasst. Wenn Sie Ihre benutzerdefinierten Funktionen daher ein wenig feinfühliger machen möchten, ergänzen Sie in der ersten Zeile der Funktionen die Anweisung `Application.Volatile`. *Damit wird die Funktion als flüchtig gekennzeichnet. Solche Funktionen werden immer neu berechnet, wenn in einer beliebigen Zelle des Tabellenblatts eine Berechnung durchgeführt wird. Allerdings haben Formatänderungen keine Auswirkung auf die Funktion.*

Mit Uhrzeiten rechnen

Das Rechnen in Excel mit Zeitangaben können Sie sich erleichtern, indem Sie bestimmte Funktionen schreiben bzw. die vorhandenen Funktionen aus der Kategorie DATUM & ZEIT nutzen. Die Funktion in Listing 10.23 rechnet eine Angabe in Stunden automatisch in Minuten um.

Listing 10.23: Benutzerdefinierte Funktion, die Stunden in Minuten umrechnet

```
Function ZeitInMinuten(EZeit As Date) As Integer
  Application.Volatile
  ZeitInMinuten = EZeit * 24 * 60
End Function
```

Der Funktion wird ein Zeitwert in Form einer Uhrzeit übergeben. Als Rückgabewert wird ein Integer-Wert erwartet, der die errechnete Anzahl in Minuten ausgibt.

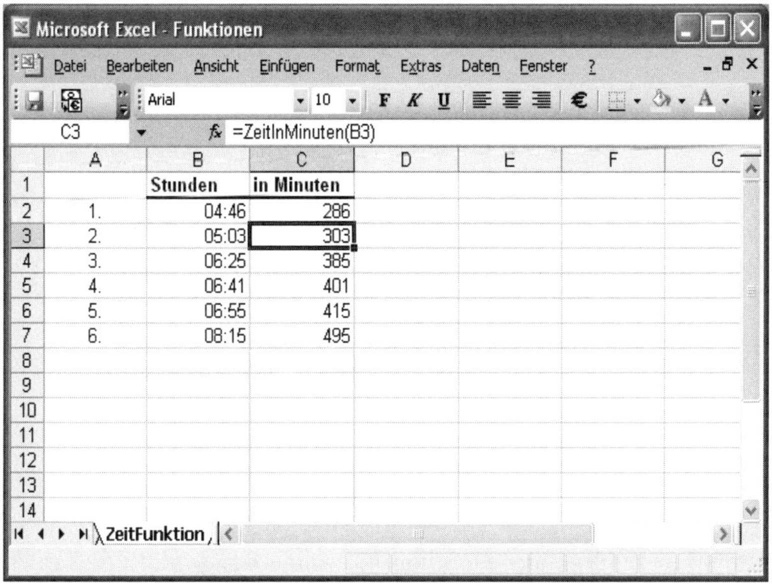

Abbildung 10.16: Stunden in Minuten umrechnen

Auch der umgekehrte Fall ist interessant:

Listing 10.24: Benutzerdefinierte Funktion, die Minuten in Stunden umrechnet

```
Function ZeitInStunden(EZeit As Integer) As Date
  ZeitInStunden = EZeit / 24 / 60
End Function
```

Bei der Umrechnung von Minutenwerten in eine Stundenangabe übergeben Sie der Funktion einen Integer-Wert, der die Minuten darstellt. Als Ergebnis erhalten Sie einen Zeitwert vom Typ Date. Dieser Zeitwert sorgt dafür, dass Excel das Ergebnis in der Zelle richtig darstellt.

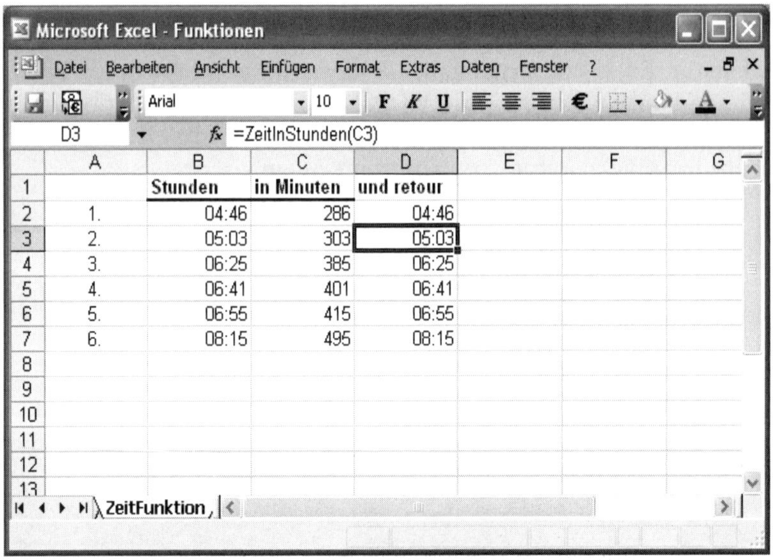

Abbildung 10.17: Minuten in Stunden umrechnen

Erweitertes Runden durchführen

Möchten Sie in Excel eine besondere Art der Rundung von Zahlen durchführen, dann können Sie hierfür eine benutzerdefinierte Funktion schreiben. Die folgende Funktion in Listing 10.25 rundet jede Zahl auf die volle Fünf. Dabei wird die Zahl 3,57 auf 3,55 gerundet, die Zahl 3,50 auf 3,60.

Listing 10.25: Benutzerdefinierte Funktion zum Runden von Zahlen

```
Function RundenAufVolle5(zelle)
  Application.Volatile
  RundenAufVolle5 = _
  Application.WorksheetFunction.Round _
  (zelle.Value / 5, 2) * 5
End Function
```

Führen Sie mithilfe der Funktion `Round` eine Rundung Ihrer Zahlen durch. Dabei dividieren Sie den Ausgangswert durch 5, geben die gewünschten Nachkommastellen an und multiplizieren im Anschluss daran das Ergebnis mit dem Wert 5. Damit diese Funktion bei jeder Änderung in der Ausgangszelle automatisch anläuft, setzen Sie die Methode `Volatile` ein.

Hintergrundfarben auslesen

Stellen Sie sich vor, Sie arbeiten mit gefärbten Zellen. Dafür definieren Sie eine Reihe von Farben, die in Ihrer Tabelle gültig sein sollen. Bei Verwendung von anderen Farben soll der Text `Keine gültige Farbe!` ausgegeben werden. Die Funktion für diese Aufgabe entnehmen Sie dem Listing 10.26.

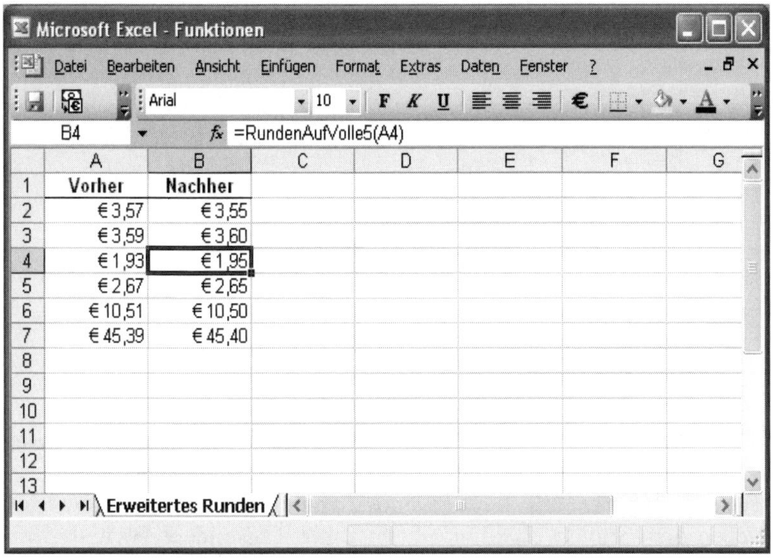

Abbildung 10.18: Runden auf volle 5 Cent

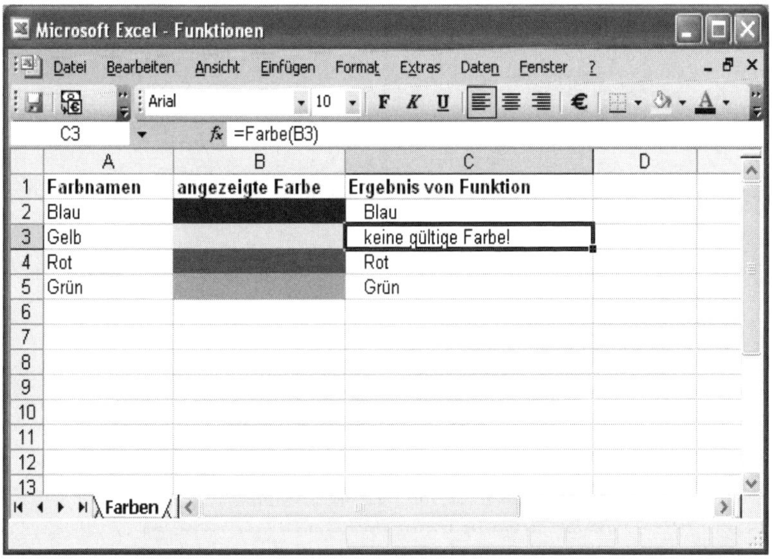

Abbildung 10.19: Farbenbestimmung durch Tabellenfunktion

Listing 10.26: Benutzerdefinierte Funktion, welche die Farbe des Zellenhintergrunds ausliest

```
Function Farbe(r As Range)
Dim FarbeG As String

    Application.Volatile
    Select Case r.Interior.ColorIndex
     Case 1
        FarbeG = "Schwarz"
     Case 2
        FarbeG = "Weiß"
```

```
    Case 3
       FarbeG = "Rot"
   Case 4
       FarbeG = "Grün"
   Case 5
       FarbeG = "Blau"
   Case Else
       FarbeG = "keine gültige Farbe!"
   End Select
   Farbe = FarbeG
End Function
```

Zahlenformate ermitteln

Wenn Sie Daten in einer Tabelle betrachten, können Sie in etwa sagen, mit welchem Zahlenformat die Eingaben formatiert sind. So werden beispielsweise Textwerte linksbündig und Zahlenwerte rechtsbündig dargestellt. Neben dem Standardformat gibt es zahlreiche andere Formate, die in spezielle Kategorien gegliedert sind. Um schnell einen Gesamtüberblick über die in der Tabelle verwendeten Zahlenformate zu bekommen, können Sie eine benutzerdefinierte Funktion schreiben, die diese Formate z.B. in der jeweiligen Nebenzelle ausgibt. Die Funktion für diese Aufgabe sehen Sie in Listing 10.27.

Abbildung 10.20: Die verwendeten Zahlenformate ausgeben

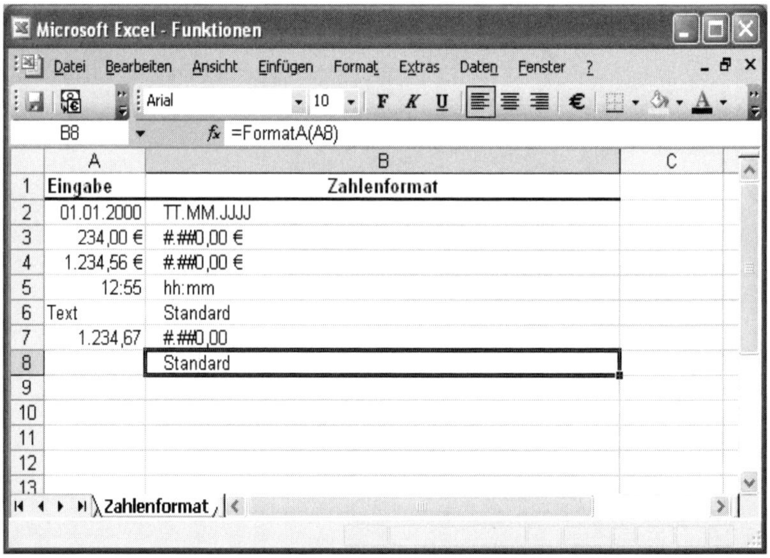

Listing 10.27: Benutzerdefinierte Funktion, die das Zahlenformat einer Zelle ausgibt

```
Function FormatA(r)
 Application.Volatile
 FormatA = r.NumberFormatLocal
End Function
```

:-) TIPP

Verwenden Sie die Eigenschaft `NumberFormatLocal`, *die den Formatierungscode des Objekts als Zeichenfolge in Ihrer Sprache liefert.*

Schnelles Umrechnen von Zeiten

Ein sehr guter Sprinter läuft in 1 Sekunde ca. 10 Meter. Wie viele Kilometer pro Stunde wären dies, sofern er diese Wahnsinnsgeschwindigkeit eine Stunde lang durchhalten könnte? Diese völlig utopische Fragestellung ist wohl eher bei Autos und anderen Fahrzeugen interessant. Trotzdem bleibt die Frage nach der Umrechnung offen. Diese Aufgabe können Sie in Excel mithilfe einer benutzerdefinierten Funktion prima lösen. Schauen Sie sich dazu einmal Abbildung 10.21 an.

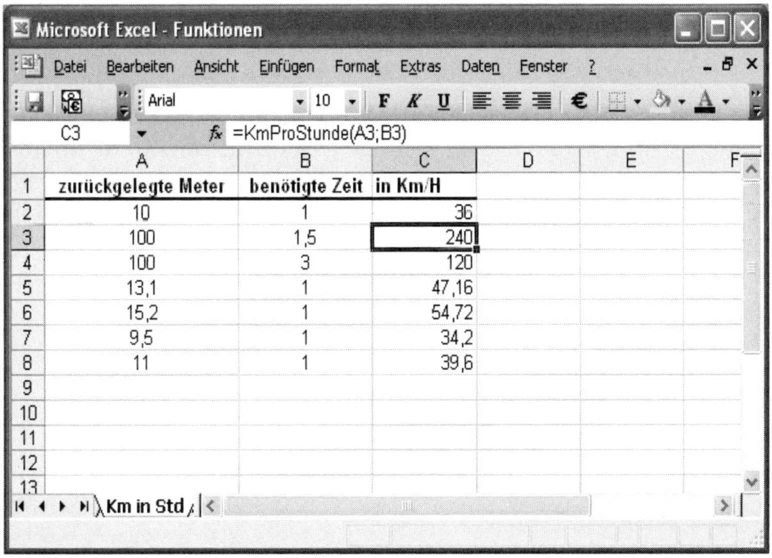

Abbildung 10.21: Schnelles Umrechnen von Geschwindigkeiten

Die dazugehörige Funktion lautet:

Listing 10.28: Benutzerdefinierte Funktion zum Umrechnen von Geschwindigkeiten

```
Function KmProStunde(Meter, Sekunden)
    Application.Volatile
    KmProStunde = Meter / Sekunden * 3.6
End Function
```

Extremwerte berechnen

Eine relativ häufige Aufgabe in der Praxis ist das Herausfinden von Extremwerten aus einer Liste. Dies stellt sich unter Umständen als gar nicht so einfach dar. Besser ist es, hierzu auf eine benutzerdefinierte Funktion zurückzugreifen, die Ihnen die Zellenadressen der Extremwerte mitteilt. Die

Funktion zur Ermittlung des Maximalwerts innerhalb eines markierten Bereichs können Sie Listing 10.29 entnehmen.

Listing 10.29: Benutzerdefinierte Funktion, welche die Zellenadresse des größten Werts im markierten Bereich ermittelt

```
Function MaxWertAdresse(r As Range)
Dim rng As Range
Dim MaxWert As Double

 Application.Volatile
 MaxWert = WorksheetFunction.Max(r)
 MaxWertAdresse = ""
 For Each rng In r
  If rng.Value = MaxWert Then
  MaxWertAdresse = MaxWertAdresse & _
  rng.AddressLocal & "; "
  End If
 Next
End Function
```

Den größten Wert innerhalb der Markierung ermitteln Sie über die Funktion `Max`. Für den Fall, dass es mehrere gleiche Maximalwerte im markierten Bereich gibt, speichern Sie alle Adressen in der Variablen `MaxWertAdresse` und hängen weitere Adressen mit dem Verkettungsoperator `&` einfach hinten an.

Den umgekehrten Fall, wie Sie also die Zellenadressen der niedrigsten Werte einer Markierung ermitteln können, sehen Sie im Listing 10.30.

Listing 10.30: Benutzerdefinierte Funktion, welche die Zellenadresse des niedrigsten Werts im markierten Bereich ermittelt

```
Function MinWertAdresse(r As Range)
Dim rng As Range
Dim MinWert As Double

 MinWert = WorksheetFunction.min(r)
 MinWertAdresse = ""
 For Each rng In r
  if rng.Value = MinWert Then
  MinWertAdresse = MinWertAdresse & _
  rng.AddressLocal & "; "
  End If
 Next
End Function
```

Den niedrigsten Wert innerhalb der Markierung ermitteln Sie über die Funktion `Min`. Kommt der Minimalwert mehrmals im markierten Bereich vor, geben Sie alle Zellenadressen über die `IF`-Abfrage in Verbindung mit dem Verkettungsoperator `&` bekannt.

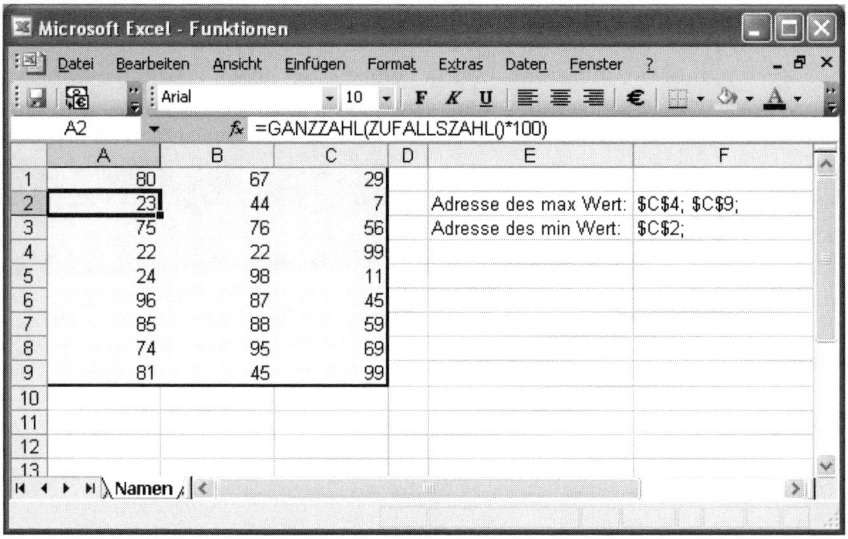

Abbildung 10.22: Die Zellenadressen der Extremwerte ausgeben

Erstes numerisches Zeichen in Tabelle ermitteln

Haben Sie in Ihrer Tabelle Zellen, die sowohl numerische als auch alphanumerische Wert enthalten, dann könnte Sie die folgende Funktion interessieren. Sie meldet Ihnen die Position des ersten numerischen Zeichens in Ihrer Tabelle. Diese Funktion sehen Sie in Listing 10.31.

Listing 10.31: Benutzerdefinierte Funktion, die die Position des ersten numerischen Zeichens einer Zelle ermittelt

```
Function PosErsteZahl(Zelle) As Integer
Dim i As Integer

Application.Volatile
  For i = 1 To Len(Zelle)
    Select Case Asc(Mid(Zelle, i, 1))
        Case 0 To 64, 123 To 197
           PosErsteZahl = i
           Exit Function
        End Select
  Next i
  PosErsteZahl = 0
End Function
```

Ermitteln Sie im ersten Schritt die Länge der Zelle und setzen Sie dafür die Funktion `Len` ein. Danach prüfen Sie mithilfe der Funktion `Asc` das jeweils aktuelle Zeichen der Zelle, indem Sie dieses in einen Integer-Wert umwandeln. Mit der Funktion `Mid` extrahieren Sie jeweils das nächste Zeichen aus der Zelle. Dabei entsprechen die Werte 65 bis 90 Kleinbuchstaben und die Werte 97 bis 122 den Großbuchstaben. Diese Wertbereiche grenzen Sie innerhalb der `Select Case`-Anweisung aus. Wird das erste Zeichen in der

Zelle gefunden, welches numerisch ist, dann springen Sie mit der Anweisung `Exit Function` aus der Funktion. In der Variablen steht dann automatisch die richtige Position des Zeichens. Wurde kein numerisches Zeichen gefunden, dann meldet die Funktion den Wert 0 zurück.

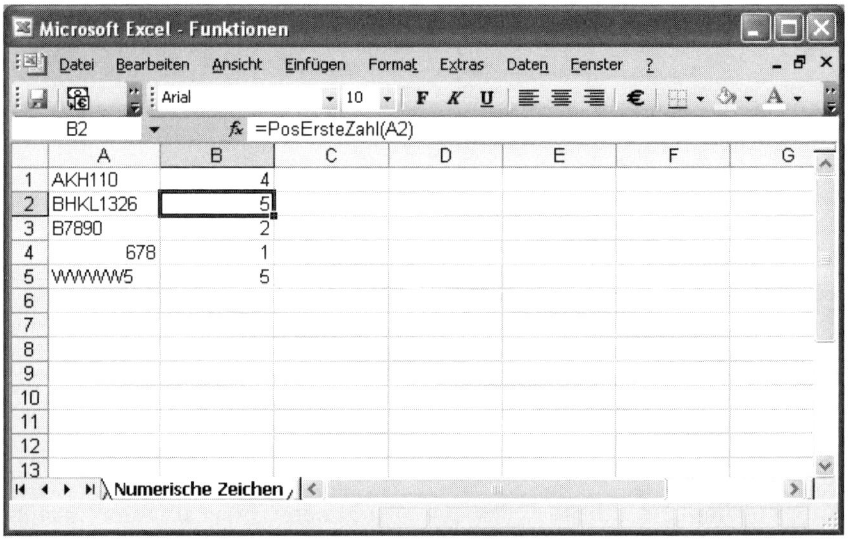

Abbildung 10.23: Das erste Auftreten einer Zahl in einer Zelle

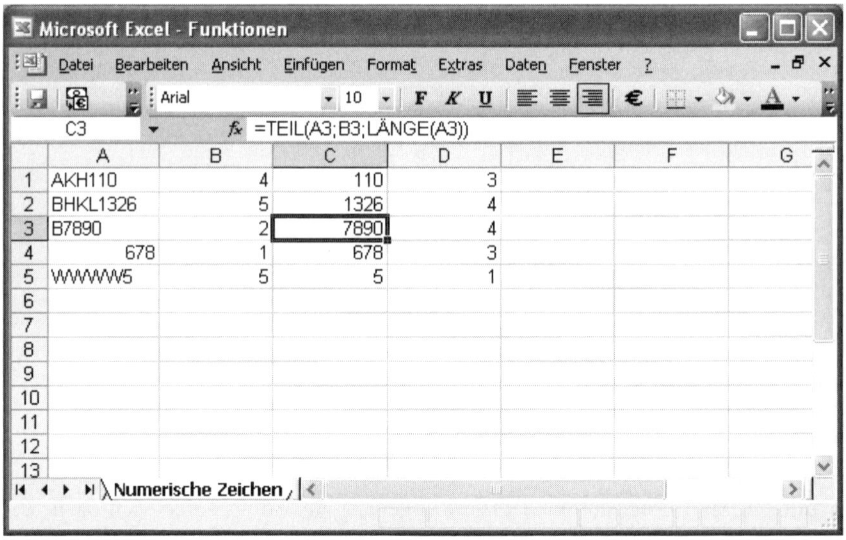

Abbildung 10.24: Numerische Werte bilden

Diese benutzerdefinierte Funktion können Sie jetzt auch im Zusammenspiel mit Standardfunktionen verwenden. Stellen Sie sich einmal vor, Sie müssten nun in Spalte C eine Zeichenfolge bilden, die lediglich die numerischen Werte aus Spalte A beinhaltet. Für diese Aufgabe arbeiten Sie mit den Tabellenfunktionen `Teil` und `Länge` im Zusammenspiel mit Ihrer eigenen

Funktion `PosErsteZahl`. Das Resultat aus diesem Zusammenspiel sehen Sie in Abbildung 10.24.

Buchstaben aus Zellen entfernen

Bei der nächsten Aufgabe sollen aus einer Zelle, die sowohl Buchstaben als auch Zahlen enthält, alle Buchstaben rausgeworfen werden. Diese Aufgabe lösen Sie mit der folgenden Funktion:

Listing 10.32: Benutzerdefinierte Funktion, die alle Buchstaben aus einer Zelle entfernt

```
Function BuchstRaus(Zelle) As Integer
Dim i As Integer

 Application.Volatile
 For i = 1 To Len(Zelle)
    Select Case Asc(Mid(Zelle, i, 1))
        Case 0 To 64, 123 To 197
           BuchstRaus = BuchstRaus & Mid(Zelle, i, 1)
        End Select
  Next i
End Function
```

Ermitteln Sie im ersten Schritt die Länge der Zelle und setzen Sie dafür die Funktion `Len` ein. Anschließend prüfen Sie mithilfe der Funktion `Asc` das jeweils aktuelle Zeichen der Zelle, indem Sie dieses in einen Integer-Wert umwandeln. Mit der Funktion `Mid` extrahieren Sie jeweils das nächste Zeichen aus der Zelle. Dabei entsprechen die Werte 65 bis 90 Kleinbuchstaben und die Werte 97 bis 122 den Großbuchstaben und die restlichen Werte den Sonderzeichen. Diese Wertbereiche grenzen Sie innerhalb der `Select Case`-Anweisung aus. Wird ein Zeichen in der Zelle gefunden, welches numerisch ist bzw. einem Sonderzeichen entspricht, dann wird dieses gesammelt und bereits ermittelten Zahlen angehängt.

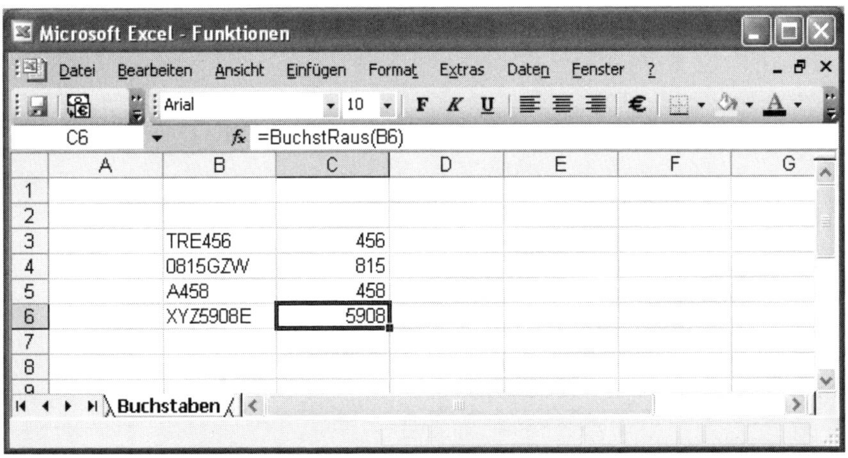

Abbildung 10.25: Buchstaben aus Zellen eliminieren

Anzahl der Zahlen einer Zelle zählen

Verwandt mit dem letzten Beispiel aus Listing 10.31 ist auch das folgende. Es sollen in einer Zelle alle numerischen Zeichen gezählt werden. Für diese Aufgabe setzen Sie die Funktion aus Listing 10.33 ein.

Listing 10.33: Benutzerdefinierte Funktion, die die Anzahl der numerischen Zeichen einer Zelle ermittelt

```
Function AnzahlZahlen(zelle) As Integer
Dim i As Integer

Application.Volatile
For i = 1 To Len(zelle)
If Mid(zelle, i, 1) Like "#" Then
AnzahlZahlen = AnzahlZahlen + 1
End If
Next i
End Function
```

Ermitteln Sie zuerst einmal die Gesamtlänge der Zelle. Danach durchlaufen Sie eine Schleife und arbeiten mithilfe der Funktion `Mid` ein Zeichen nach dem anderen ab. Setzen Sie den Operator `Like` ein, um zu ermitteln, ob es sich bei dem Zeichen um einen Zahlenwert handelt. In diesem Fall meldet Ihnen dieser Operator einen Wert zwischen `0` und `9` zurück. Addieren Sie dann den Wert `1` in Ihrer Funktion.

Römische Ziffern in arabische umwandeln

Sie können mit der Tabellenfunktion `RÖMISCH()` eine arabische Zahl in eine römische Zahl wandeln. Der umgekehrte Vorgang ist in Excel aber standardmäßig nicht integriert. Schreiben Sie daher eine benutzerdefinierte Funktion, die römische Zahlen in arabische Zahlen umwandelt.

Listing 10.34: Benutzerdefinierte Funktion, die die römische Zahlen in arabische Zahlen umsetzt

```
Function Arabisch(s As String) As Integer
Dim i As Integer
Dim TeilW   As Integer
Dim TeilW2  As Integer
Dim GesamtW As Integer

GesamtW = 0
TeilW = 0
TeilW2 = 0

  For i = 1 To Len(s)
    Select Case Mid(s, i, 1)
      Case Is = "M"
        TeilW = 1000
      Case Is = "D"
        TeilW = 500
      Case Is = "C"
```

```
        TeilW = 100
      Case Is = "L"
        TeilW = 50
      Case Is = "X"
        TeilW = 10
      Case Is = "V"
        TeilW = 5
      Case Is = "I"
        TeilW = 1
      Case Else
        TeilW = 0
    End Select
    If TeilW2 < TeilW Then
      GesamtW = GesamtW - TeilW2 * 2 + TeilW
    Else
      GesamtW = GesamtW + TeilW
    End If
    TeilW2 = TeilW
  Next i

  Arabisch = GesamtW
End Function
```

Das römische Zahlensystem verwendete Buchstaben als Zahlen. So war der Buchstabe M gleichbedeutend mit dem Wert 1.000. Von daher müssen Sie Zeichen für Zeichen in der Zelle abarbeiten und die entsprechende Werte sammeln und am Ende als Rückgabewert in die Zelle schreiben.

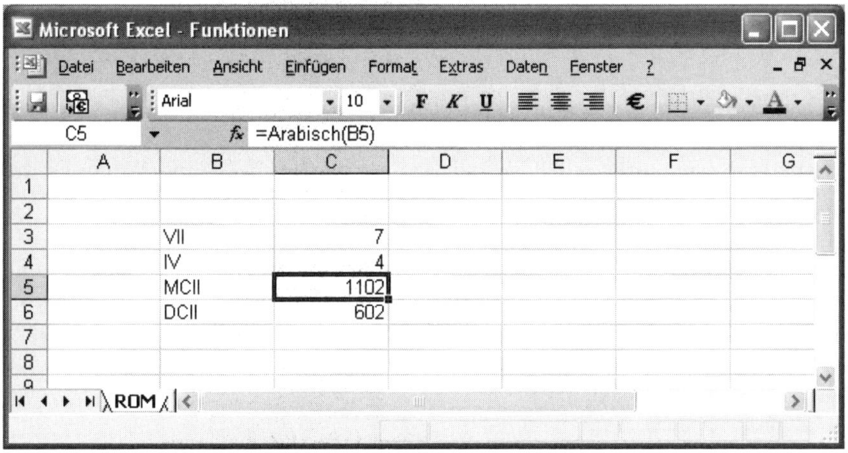

Abbildung 10.26: Römische Zahlen in arabische wandeln

Befindet sich eine Grafik in einer Tabelle?

In der folgenden Funktion soll ermittelt werden, ob sich eine Grafik, beispielsweise das Rechteck aus der Symbolleise ZEICHNEN, in einer bestimmten Tabelle befindet. Diese Funktion sieht wie folgt aus:

Listing 10.35: Benutzerdefinierte Funktion, die prüft, ob sich eine bestimmte Grafik in einer Tabelle befindet

```
Function GrafikDa(s_Tabelle As String, _
 s_Grafik As String) As Boolean

On Error GoTo Fehler:
 Sheets(s_Tabelle).Shapes(s_Grafik).Select
 GrafikDa = True
Exit Function

Fehler:
 GrafikDa = False
End Function
```

Der Aufruf dieser Funktion lautet:

```
=GrafikDa("Tabelle1";"Rechteck 1")
```

Der Funktion werden der Name der Tabelle sowie der Name der Grafik übergeben. Innerhalb der Funktion wird einfach mal versucht, die Grafik zu markieren. Scheitert dies, dann ist die Grafik in der angegebenen Tabelle nicht vorhanden. Im anderen Fall erhalten Sie als Rückgabewert den Wert `True`.

Auf den Spuren von Sverweis

Sicher kennen Sie die Tabellenfunktion `Sverweis`, mit der es möglich ist, mittels eines Suchbegriffs einen Wert in einer Liste zu finden. Diese Funktion können Sie erweitern. Sehen Sie sich dazu einmal die folgende Ausgangssituation an.

In der TABELLE7 befindet sich eine Liste mit Daten. Ihre Aufgabe besteht nun darin, eine Funktion zu schreiben, die ausgehend von einer anderen Tabelle die TABELLE7 ansteuert und mittels eines Suchbegriffs den richtigen Eintrag in der Liste ermittelt. In der Funktion sollen dabei folgende Argumente übergeben werden:

- Suchbegriff
- Name des Tabellenblatts
- Index der Verschiebung
- maximale Anzahl der Zeilen, die abgearbeitet werden sollen

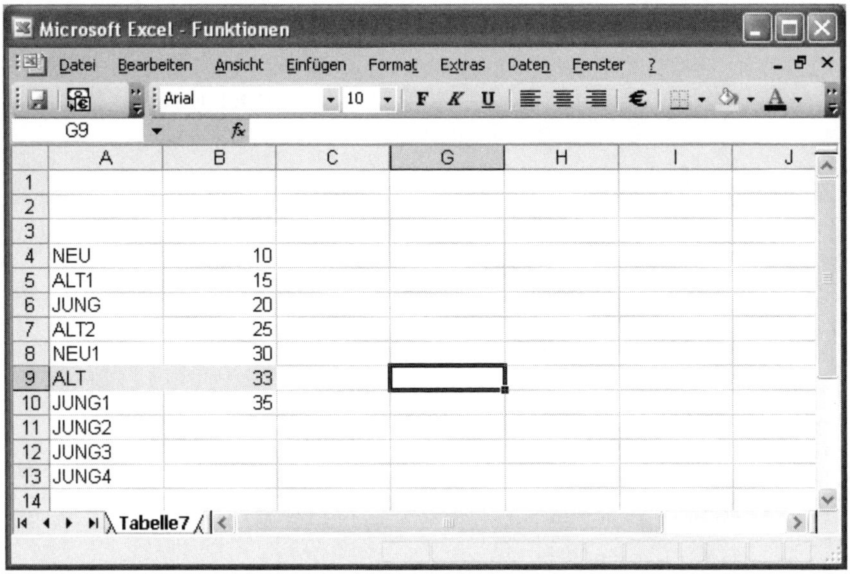

Abbildung 10.27: Die Ausgangstabelle

Alle diese Argumente packen Sie in die Funktion aus Listing 10.36.

Listing 10.36: Benutzerdefinierte Funktion zum Aussuchen von Werten in einer anderen Tabelle

```
Function BVerweis(Suchpar As String, _
  Tabelle As String, e As Integer, n As Integer)
Dim i As Integer
Dim Wert As String

Application.Volatile
On Error GoTo fehler
 For i = 1 To n
If Sheets(Tabelle).Range("A" & i).Value = Suchpar Then _
 Wert = Sheets(Tabelle).Cells(i, e).Value: Exit For Else
Next i
BVerweis = Wert
Exit Function

fehler:
Wert = ""
End Function
```

In einer Schleife arbeiten Sie alle angegebenen Zeilen im Argument `n` in der TABELLE7 ab, welches durch das Argument `Tabelle` angegeben wird. Ist die gesuchte Zeile gefunden, dann holen Sie sich den Wert, der um den Index `e` nach rechts verschoben liegt, und melden diesen Wert als Rückgabewert.

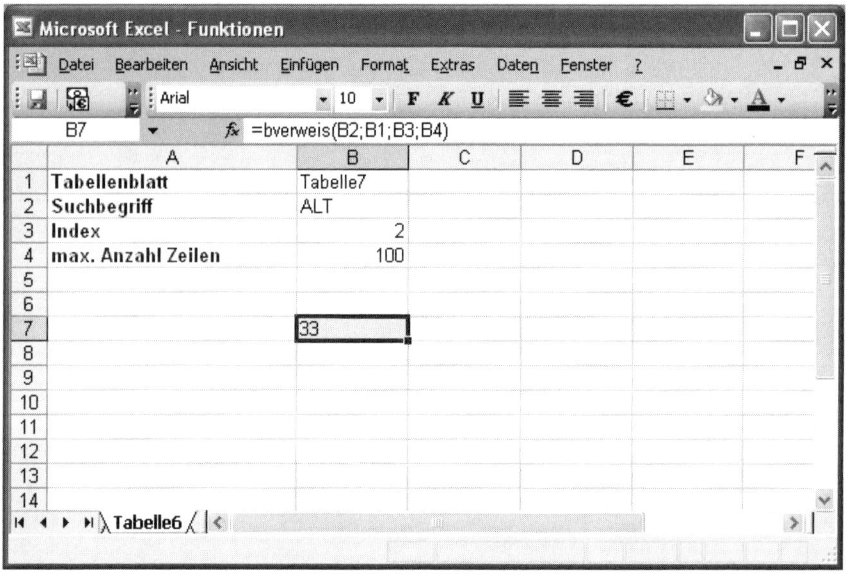

Abbildung 10.28: Den richtigen Wert suchen

10.2 Modulare Funktionen schreiben

Neben Funktionen, die Sie speziell für das Tabellenblatt schreiben, können Sie auch Funktionen programmieren, die Sie innerhalb der Entwicklungsumgebung im Zusammenspiel mit Makros einsetzen. Diese Funktionen sind dann ratsam, wenn sie in mehreren Makros gebraucht werden. Anstatt denselben Programmcode mehrfach zu erfassen, schreiben Sie einmal eine Funktion dazu und rufen diese aus den Makros einfach auf. Diese Programmierweise ist übersichtlich, pflegeleicht und macht Spaß.

Dateien in einem Verzeichnis zählen

Stellen Sie sich vor, Sie müssten in einem Makro feststellen, wie viele Dateien sich in einem Verzeichnis befinden. Dazu erfassen Sie zunächst folgende Funktion:

Listing 10.37: Funktion, welche die Anzahl von Dateien in einem Verzeichnis liefert

```
Function DZ(str) As Long
Dim DatNam As String
Dim n As Long

   DatNam = Dir$(str & "\*.*")
   Do While Len(DatNam) > 0
         n = n + 1
         DatNam = Dir$()
   Loop
   DZ = n
End Function
```

Die Funktion `DZ` erwartet als Eingabe den Namen des Verzeichnisses, auf welches Sie zugreifen möchten. Als Ergebnis liefert die Funktion Ihnen im Datentyp `Long` die Anzahl der ermittelten Dateien. Wenn Sie nur bestimmte Dateien zählen möchten, können Sie die obige Funktion abändern, indem Sie die Zeichenfolge `DatNam = Dir$(str & "\*.*")` beispielsweise in `DatNam = Dir$(str & "\*.xls")` ändern. Diese kleine Änderung bewirkt, dass nur Excel-Dateien gezählt werden. Jetzt fehlt nur noch das Makro, welches der Funktion das Verzeichnis übergibt und die Rückmeldung der Funktion auswertet.

Listing 10.38: Dateien in einem Verzeichnis zählen

```
Sub ZählenDateien()
Dim i As Long

  i = DZ("c:\")
  MsgBox "Im angegebenen Verzeichnis sind " & i & _
       " Dateien"
End Sub
```

Prüfung, ob eine bestimmte Datei existiert

In diesem Beispiel möchten Sie über eine Funktion prüfen lassen, ob es eine bestimmte Datei überhaupt gibt. Gerade wenn Sie vorhaben, eine Datei zu öffnen, sollten Sie vorher sicherstellen, dass es diese Datei auch gibt. Dazu erfassen Sie eine Funktion und übergeben dieser den Dateinamen mitsamt der Laufwerks- und Pfadangabe.

Listing 10.39: Funktion, welche die Existenz einer Arbeitsmappe prüft

```
Function DateiVorhanden(str As String) As Boolean
 DateiVorhanden = False
   If Len(str) > 0 Then DateiVorhanden = _
   (Dir(str) <> "")
   Exit Function
End Function
```

Wie schon gesagt, erwartet die Funktion den Namen der Datei, deren Vorhandensein sie prüfen soll. Die Prüfung, ob überhaupt eine Zeichenfolge an die Funktion übergeben wurde, erfolgt über die Eingabe von `Len`. Wird eine Länge von 0 gemeldet, wurde überhaupt keine Zeichenfolge an die Funktion übergeben. Wenn ja, entspricht diese in jedem Fall einer Größe größer als 0. Die Funktion `Dir` versucht nun, auf die Datei zuzugreifen. Ist die Datei nicht vorhanden, meldet die Funktion eine Leerfolge zurück. Damit wird der Datentyp `Boolean` mit dem Wert `False` an das aufrufende Makro zurückgemeldet. Im anderen Falle liefert die Funktion den Wert `True` zurück.

Listing 10.40: Prüfung, ob eine bestimmte Arbeitsmappe vorhanden ist

```
Sub DateiDa()
Dim bln As Boolean

bln = DateiVorhanden("C:\eigene Dateien\Mappe1.xls")
```

```
If bln = False Then
MsgBox "Datei kann nicht gefunden werden!"
Else
'beispielsweise die Datei öffnen
End If
End Sub
```

Prüfung, ob eine bestimmte Datei geöffnet ist

Aufbauend auf der letzten Aufgabe, wo geprüft wurde, ob eine bestimmte Datei überhaupt existiert, wird nun geprüft, ob eine bestimmte Datei schon geöffnet ist oder nicht.

Listing 10.41: Funktion, die überprüft, ob eine bestimmte Arbeitsmappe schon geöffnet ist

```
Function DateiSchonGeöffnet _
(ByVal str As String)As Boolean

    On Error GoTo fehler
    DateiSchonGeöffnet = True
    Windows(str).Activate
    Exit Function

fehler:
    DateiSchonGeöffnet = False
End Function
```

Die obige Funktion erwartet als Parameter den Namen der Datei. Danach wird einfach mal versucht, die entsprechende Datei zu aktivieren. Schlägt dies fehl, dann sorgt die `On Error`-Anweisung dafür, dass die Funktion nicht mit einer Fehlermeldung abbricht. In diesem Fall wird direkt zum Fehlerabschnitt gesprungen. Dort wird die Variable `DateiSchonGeöffnet` auf den Wert `False` gesetzt. Für den Fall, dass die Aktion erfolgreich war, wird die Funktion über die Anweisung `Exit Function` direkt verlassen. Dadurch, dass Sie zu Beginn die Variable `DateiSchonGeöffnet` auf den Wert `True` gesetzt haben, können Sie direkt aus der Funktion springen. Das aufrufende Makro sieht wie folgt aus:

Listing 10.42: Prüfung, ob eine Arbeitsmappe geöffnet ist

```
Sub DatGeöffnet()
Dim B As Boolean

 B = DateiSchonGeöffnet("c:\eigene Dateien\mappe1.xls")
 If bln = False Then
  MsgBox "Datei ist noch nicht geöffnet!"
 Else
 'Datei öffnen
 End If
End Sub
```

Prüfung, ob eine Datei gerade bearbeitet wird

Wenn Sie eine Arbeitsmappe öffnen, die bereits zuvor von einem anderen Mitarbeiter geöffnet wurde, bekommen Sie dies in einer Bildschirmmeldung angezeigt. Sie haben dann die Möglichkeit, diese Arbeitsmappe schreibgeschützt zu öffnen oder zu warten, bis die Arbeitsmappe wieder frei ist.

Um abzufragen, ob eine bestimmte Arbeitsmappe gerade frei ist, setzen Sie die Funktion aus Listing 10.43 ein.

Listing 10.43: Prüfung, ob eine Arbeitsmappe in Bearbeitung ist

```
Function DateiInBearbeitung(s As String) As Boolean
On Error Resume Next
Open s For Binary Access Read Lock Read As #1
Close #1
If Err.Number <> 0 Then
    DateiInBearbeitung = True
    Err.Clear
End If
End Function

Sub DateiFrei()
If DateiInBearbeitung("C:\Mappe1.xls") = False _
Then Workbooks.Open "C:\Mappe1.xls" Else _
MsgBox "Datei ist in Bearbeitung!"
End Sub
```

Mithilfe der Methode `Open` öffnen Sie die Arbeitsmappe mit Lesezugriffsrechten. Ist diese Arbeitsmappe bereits geöffnet, dann liefert Ihnen die Eigenschaft `Number` des `Err`-Objekts einen Laufzeitfehler größer als 0. In diesem Fall wird die Arbeitsmappe im Moment schon von einem anderen Anwender bearbeitet.

Prüfung, ob ein bestimmter Name in der Arbeitsmappe verwendet wird

Im nächsten Beispiel beantworten Sie die Frage, ob ein bestimmter Name in einer Arbeitsmappe verwendet wird. Um diese Aufgabe zu lösen, setzen Sie die Funktion aus Listing 10.44 ein.

Listing 10.44: Prüfung, ob ein bestimmter Name in der Arbeitsmappe existiert

```
Function NameVorhanden(sName As String) As Boolean
  On Error Resume Next
  NameVorhanden = Names(sName).RefersToRange.Count
End Function

Sub PrüfungAufNamen()
If NameVorhanden("Test") = True Then MsgBox _
 "Name vorhanden!" Else MsgBox "Name nicht vorhanden!"
End Sub
```

Übergeben Sie der Funktion den gesuchten Namen. In der Funktion selbst wird über die Eigenschaft `RefersToRange` versucht, diesen Namen zu finden. Wird der Name gefunden, dann liefert die Funktion den Wert `True` zurück.

Prüfung, ob ein Add-In eingebunden ist

In der letzten Praxisaufgabe soll geprüft werden, ob ein bestimmtes Add-In im Add-Ins-Manager schon installiert ist oder nicht. Prüfen Sie vorab einmal, welche Add-Ins Sie überhaupt schon installiert haben. Dazu wählen Sie den Menübefehl EXTRAS/ADD-INS-MANAGER. bzw. ADD-INS.

Abbildung 10.29: Add-In installiert oder nicht?

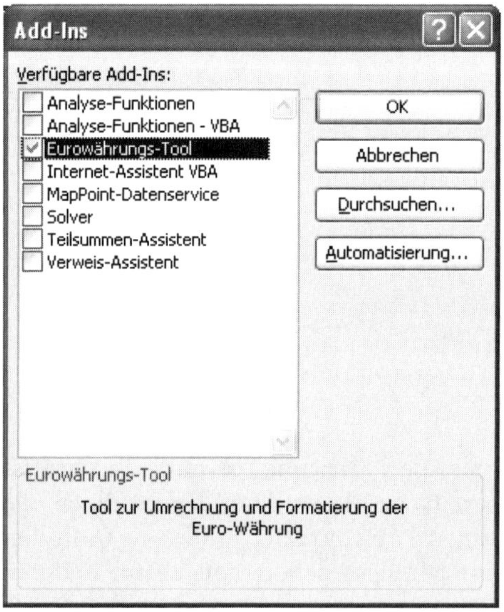

Schreiben Sie nun die Funktion, um zu prüfen, ob z.B. das Add-In SOLVER.XLA in Excel verfügbar ist.

Listing 10.45: Funktion, die überprüft, ob ein bestimmtes Add-In geladen ist

```
Function AddInEingebunden _
(ByVal str As String) As Boolean
Dim add As AddIn

    Set add = AddIns(str)
    If add.Installed = True Then
        AddInEingebunden = True
    Else
        AddInEingebunden = False
    End If
End Function
```

Die Eigenschaft `Installed` liefert den Wert `True`, wenn das entsprechende Add-In eingebunden ist.

```
Sub AddInDa()
Dim b As Boolean

    b = AddInEingebunden("Solver")
    If b = False Then
    MsgBox "Solver Add-In ist nicht installiert."
    Else
    MsgBox "Solver Add-In ist installiert."
    End If
End Sub
```

Listing 10.46: Prüfung, ob Add-In verfügbar ist

Bei der Angabe des Add-Ins verwenden Sie den Namen des Add-Ins, den Sie im Dialog ADD-INS vorfinden.

Möchten Sie ermitteln, in welchem Verzeichnis Ihre Add-Ins gespeichert sind, dann führen Sie die Funktion in Listing 10.47 aus.

```
Function PfadEinesAddInsErmitteln()
Dim a As AddIn
Dim s As String

For Each a In Application.AddIns
With a
 If .Installed Then
   s = s & .Name & vbTab & .Path & vbCrLf
 End If
End With
Next a
PfadEinesAddInsErmitteln = s
End Function

Sub AddInPfadeAusgeben()
MsgBox PfadEinesAddInsErmitteln
End Sub
```

Listing 10.47: Funktion zum Anzeigen der Add-Ins-Pfade

Wenden Sie in einer Schleife die Eigenschaft `AddIns` an. Damit werden Ihnen alle verfügbaren Add-Ins zur Verfügung gestellt. Mit der Eigenschaft `Installed` prüfen Sie, welche Add-Ins im Add-Ins-Manager installiert sind. Die so ermittelten Add-Ins sammeln Sie in einer String-Variablen, um sie zum Schluss auf dem Bildschirm auszugeben.

:-) TIPP

Damit dies ordentlich aussieht, können Sie mit `vbTab` *und* `vbCrLf` *arbeiten. Im ersten Fall wird ein Tab-Schritt und im zweiten eine Kombination aus Wagenrücklauf und Zeilenvorschub erzeugt.*

Entnehmen Sie der folgenden Tabelle weitere mögliche Steuerzeichen.

Tabelle 10.1: Konstanten für Steuerzeichen

Konstante	Beschreibung
`vbCrLf`	Kombination aus Wagenrücklauf und Zeilenvorschub
`vbCr`	Wagenrücklaufzeichen
`vbLf`	Zeilenvorschubzeichen
`vbNewLine`	plattformspezifisches Zeilenumbruchzeichen; je nachdem, welches für die aktuelle Plattform geeignet ist
`vbNullChar`	Zeichen mit dem Wert 0
`vbNullString`	Zeichenfolge mit dem Wert 0; nicht identisch mit der Null-Zeichenfolge (»«); wird verwendet, um externe Prozeduren aufzurufen
`vbTab`	Tabulatorzeichen
`vbBack`	Rückschrittzeichen

Dokumenteigenschaften einer Arbeitsmappe ermitteln

Eine sehr interessante Lösung wurde mir freundlicherweise von Oliver Schneider aus Fulda für dieses Buch zur Verfügung gestellt. Er ermittelt anhand einer Funktion diverse Dokumenteigenschaften einer Arbeitsmappe. Dabei wird der Funktion der Dateiname sowie eine Eigenschaftsnummer übergeben, durch die die Funktion dann die entsprechenden Informationen zur Verfügung stellt.

Die einzelnen Informationen und die dazugehörigen Eigenschaftsnummern entnehmen Sie der Tabelle 10.2.

Tabelle 10.2: Die Aufschlüsselung der Eigenschaftsnummer

Eigenschaftsnummer	Beschreibung
0	Dateiname mit Pfad
1	nur Pfad
2	nur Dateiname
3	Dateityp
4	Dateigröße in Byte
5	erstellt am
6	letzte Änderung am
7	letzter Zugriff am

```
Sub DokumentEigenschaften()
 MsgBox ZeigeDateiEigenschaften _
 ("c:\Eigene Dateien\Mappe1.xls", 5)
End Sub
```

Listing 10.48: Der Aufruf einer Funktion, um das Erstellungsdatum einer Arbeitsmappe herauszufinden

Die dazugehörige Funktion sehen Sie in Listing 10.49.

```
Function ZeigeDateiEigenschaften _
(Dateiname, EigenschaftsNr As Byte)
Dim fso As Object
Dim tmp As String

On Error Resume Next
Set fso = CreateObject("Scripting.FileSystemObject")
With fso.GetFile(Dateiname)
Select Case EigenschaftsNr
  Case Is = 0: tmp = .Path
  Case Is = 1: tmp = Mid(.Path, 1, _
       Len(.Path) - Len(.Name))
  Case Is = 2: tmp = .Name
  Case Is = 3: tmp = .Type
  Case Is = 4: tmp = .Size
  Case Is = 5: tmp = CDate(.DateCreated)
  Case Is = 6: tmp = CDate(.DateLastModified)
  Case Is = 7: tmp = CDate(.DateLastAccessed)
  Case Else
    tmp = "Ungültige EigenschaftsNr!"
End Select
End With
ZeigeDateiEigenschaften = tmp
End Function
```

Listing 10.49: Dokumenteigenschaften einer Arbeitsmappe ermitteln

Erstellen Sie im ersten Schritt einen Verweis auf das `FileSystemObject`, um damit die Informationen bezüglich der Arbeitsmappe zu erhalten. Danach werten Sie die übergebene Eigenschaftsnummer in einer `Select Case`-Anweisung aus.

:-) TIPP

Die verwendeten Eigenschaften des `FileSystemObject` *können Sie im Objektkatalog nachsehen. Dazu müssen Sie vorher die Bibliothek* MICROSOFT SCRIPTING RUNTIME *in der Entwicklungsumgebung unter dem Menübefehl* EXTRAS/VERWEISE *aktivieren.*

Bedingte Formatierung mit mehr als drei Farben

Wenn Sie in einer Tabelle mit der bedingten Formatierung arbeiten, haben Sie dabei die Möglichkeit, mit genau drei unterschiedlichen Farben zu arbeiten. Reicht Ihnen diese Auswahl nicht aus, schreiben Sie eine Funktion, welche die Formatierung Ihrer Daten automatisch vornimmt.

Abbildung 10.30: Die Bibliothek Microsoft Scripting Runtime

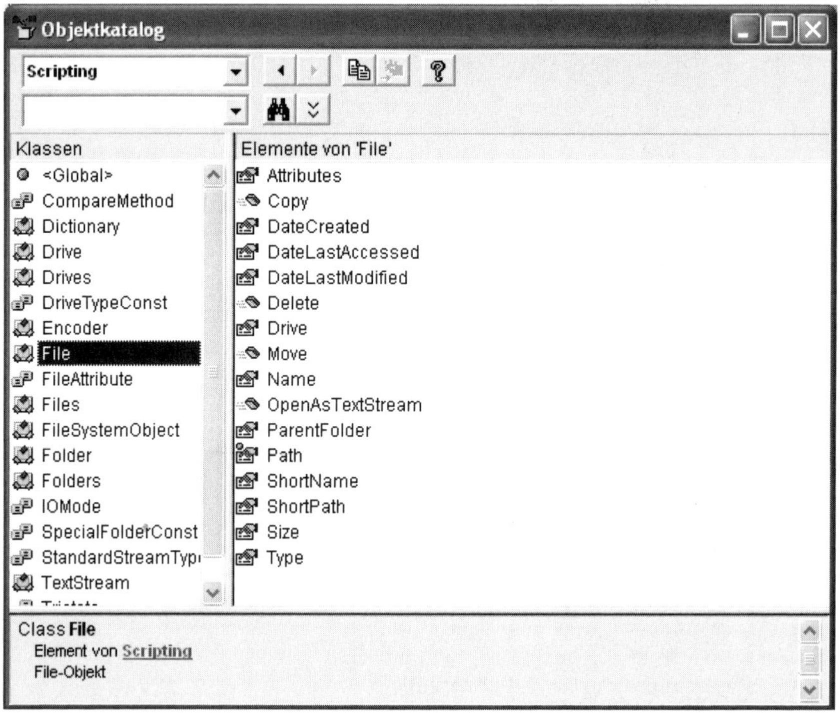

Die Bedingungen

Dabei sind folgende Wertgrenzen definiert:

Tabelle 10.3: Die Werte für die bedingte Formatierung

Werte	Farbe
<10	Rot
Werte zwischen 10 und 20	Grün
21, 23, 24	Gelb
22	Magenta
Werte > 25	Türkis
sonstige Werte, auch ungültige Werte	Weiß

Übertragen Sie die Tabelle 10.3 in eine Funktion, welche die Formatierung der Zellen herstellt.

Listing 10.50: Bedingte Formatierung mit mehr als drei Farben über eine Funktion realisieren

```
Function Muster(Zelle)
Dim i As Integer

 Select Case Zelle
  Case Is < 10
    i = 3
```

```
  Case 11 To 20
    i = 4
  Case 21, 23, 24
    i = 6
  Case 22
    i = 7
  Case Is > 25
    i = 8
  Case Else
    i = 2
 End Select
 With Selection.Interior
     .ColorIndex = i
     .PatternColorIndex = xlAutomatic
 End With
 End Function
```

Um die Funktion aus Listing 10.50 aufzurufen, setzen Sie das folgende Makro aus Listing 10.51 ein.

Listing 10.51: Bedingte Formatierung einmal anders

```
Sub Farbenspiel()
Dim i As Integer

    Range("A1").Select
    For i = 1 To ActiveSheet.UsedRange.Rows.Count
     Muster (ActiveCell)
     ActiveCell.Offset(1, 0).Select
    Next i
End Sub
```

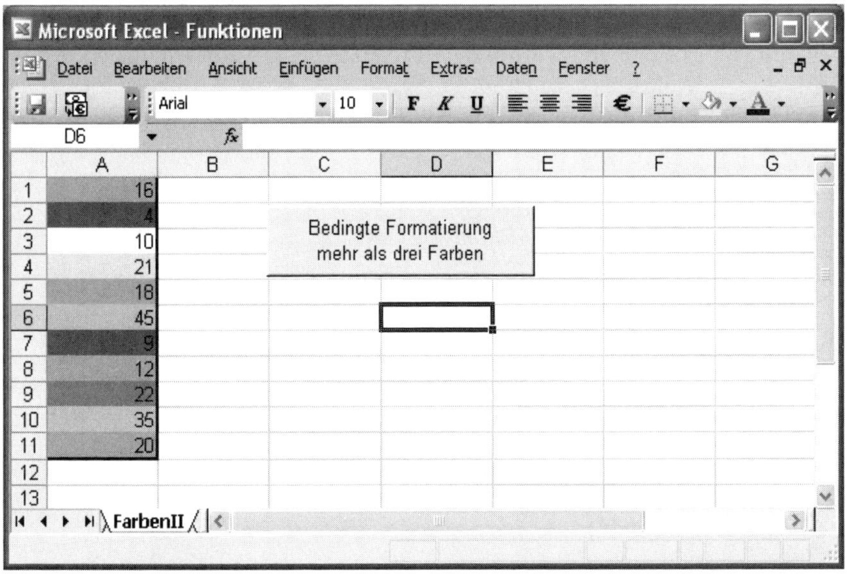

Abbildung 10.31: Mit Farben bestimmte Wertgrenzen aufzeigen

Ein kleiner Zusatz: Sorgen Sie nun dafür, dass die Zellenformatierung automatisch abläuft, wenn Sie irgendeinen Wert in Spalte A ändern. Diesen Automatismus erreichen Sie, indem Sie auf ein Ereignis zurückgreifen.

STEP

Dabei gehen Sie wie folgt vor:

1. Wechseln Sie in die Entwicklungsumgebung.
2. Führen Sie im Projekt-Explorer einen Doppelklick auf die Tabelle aus, für die Sie diese Funktionalität implementieren möchten.
3. Geben Sie das Ereignis `Worksheet_Change` ein.

Listing 10.52: Bedingte Formatierung automatisch bei Änderung starten

```
Private Sub Worksheet_Change(ByVal Target As Range)
 If Target.Column = 1 Then Farbenspiel
End Sub
```

Indem Sie das Argument `Target` einsetzen und dabei die Spalte A überprüfen, starten Sie das Makro `Farbenspiel` nur, wenn in Spalte A eine Änderung vorgenommen wird.

REF

Erfahren Sie mehr über die Wirkungsweise und Einsatzmöglichkeiten von Ereignissen in Kapitel 12.

Wochenende ermitteln

Es gibt zwar standardmäßig eine Tabellenfunktion in Excel, die Ihnen den jeweiligen Wochentag in Form eines Indexes liefert. Bei dieser Funktion, die übrigens `Wochentag` heißt, steht der Index 1 für den Sonntag und der Index 7 für den Samstag. Die Funktion im folgenden Listing 10.53 gibt Ihnen bekannt, ob es sich beim Datum der aktiven Zelle um ein Wochenende handelt.

Listing 10.53: Funktion zur Ermittlung des Wochenendes

```
Function WE(Zelle As Range) As Integer
Dim i As Integer

i = Application.WorksheetFunction.Weekday(Zelle)
WE = i
End Function

Sub WochenEnd()
  If WE(ActiveCell) = 7 _
  Or WE(ActiveCell) = 1 Then MsgBox "Wochenende" _
 Else MsgBox ("Wochentag")
End Sub
```

Letzten Tag im Monat ermitteln

Vielleicht haben Sie manchmal auch Probleme, den letzten Tag eines Monats schnell zu erkennen. Hat der Monat jetzt 30 oder 31 Tage? Es gibt hierfür zwar recht einfache Bauernregeln, wie etwa das Zählen der Mulden zwischen Fingerknochen, aber auch da existiert doch eine relativ große Unsicherheit, je nachdem, ob Sie von links oder rechts anfangen zu zählen. Eine nahezu sichere Lösung bietet die Funktion aus Listing 10.54.

Listing 10.54: Funktion zur Ermittlung des letzten Tags eines Monats

```
Function LTImMo(inputdate As Date) As Date
  LTImMo = DateSerial _
  (Year(inputdate), Month(inputdate) + 1, 0)
End Function

Sub LetzterTagImMonatErmitteln()
Dim s As String

s = LTImMo(ActiveCell)
MsgBox s
End Sub
```

Mithilfe der Funktion `DateSerial` wird ein Datum in seine Bestandteile zerlegt. Über die Funktionen `Year` und `Month` extrahieren Sie dann das jeweilige Jahr sowie den Monat.

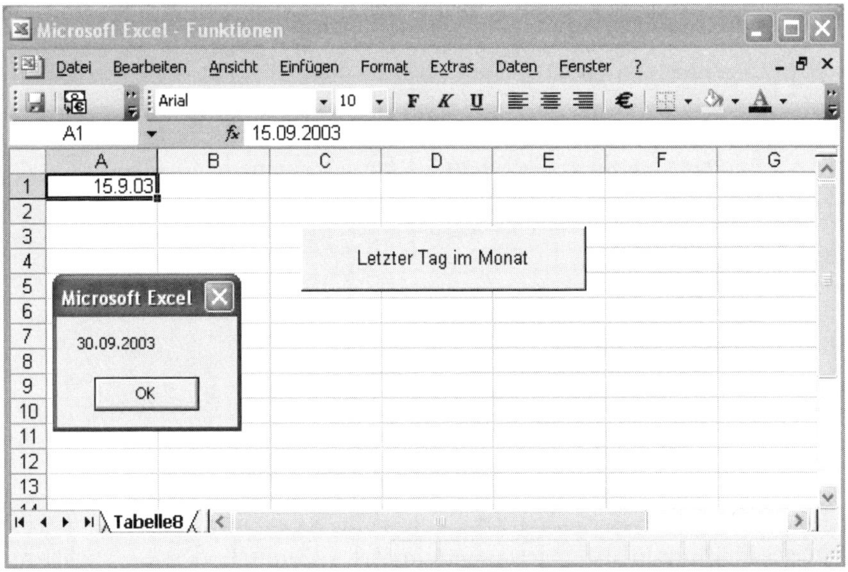

Abbildung 10.32: Den letzten Tag eines Monats ausgeben

:-) TIPP

Möchten Sie nicht das komplette Datum wissen, sondern nur den Tag, dann verwenden Sie die Anweisung `MsgBox Day(s)`.

Letzten Wert einer Spalte ermitteln

In der folgenden Aufgabe soll eine Funktion erstellt werden, die mithilfe der angegebenen Tabelle sowie Spalte den letzten Wert einer vorgegebenen Spalte der Tabelle ausgibt. Die Funktion für diese Aufgabe lautet:

Listing 10.55: Letzte Zelle in einer bestimmten Spalte einer Tabelle ermitteln

```
Function LetzterWert(s As String, Spalte As Integer)
 LetzterWert = Worksheets(s).Columns(Spalte) _
.SpecialCells(xlCellTypeLastCell).Value
End Function

Sub LetzteZelleInSpalte()
MsgBox LetzterWert("Tabelle6", 2)
End Sub
```

Im Makro rufen Sie die Funktion `LetzteZeile` auf. Dieser Funktion übergeben Sie im ersten Argument den Namen der Tabelle, in der Sie den Inhalt der letzten Zeile ausfindig machen möchten. Im zweiten Argument geben Sie die gewünschte Spalte an, in der nach der letzten gefüllten Zelle gesucht werden soll. Mithilfe der Methode `SpecialCells`, der Sie die Konstante `xlCellTypeLastCell` zuweisen, ermitteln Sie die letzte gefüllte Zelle. Dadurch, dass Sie vorher die Spalte angegeben haben, wird diese Suche nach der letzten Zelle lediglich auf die angegebene Spalte beschränkt. Über die Eigenschaft `Value` holen Sie sich den Wert dieser Zelle.

Möchten Sie statt des letzten Werts einer Spalte lieber die Zellenadresse wissen, dann setzen Sie die Funktion in Listing 10.56 ein.

Listing 10.56: Letzte Zellenadresse in einer bestimmten Spalte einer Tabelle ermitteln

```
Function LetzterWertAdresse(s As String, _
 Spalte As Integer)
 LetzterWertAdresse = Worksheets(s).Columns(Spalte). _
 SpecialCells(xlCellTypeLastCell).Address
End Function

Sub LetzteZeileAdresse()
MsgBox LetzterWertAdresse("Tabelle6", 2)
End Sub
```

Mithilfe der Methode `SpecialCells`, der Sie die Konstante `xlCellTypeLastCell` zuweisen, ermitteln Sie die letzte gefüllte Zelle. Dadurch, dass Sie vorher die Spalte angegeben haben, wird diese Suche nach der letzten Zelle lediglich auf die angegebene Spalte beschränkt. Über die Eigenschaft `Address` kommen Sie an die genauen Zellenkoordinaten heran.

Buchstaben aus Zellen entfernen

Die folgende Lösung extrahiert aus allen Zellen, die sowohl alphanumerische als auch numerische Zeichen enthalten, die numerischen Zeichen. Am Ende stehen nur noch numerische Zeichen in der Zelle. Die Funktion für diese Aufgabe lautet:

Listing 10.57: Texte aus Zellen eliminieren

```
Function BuchstabenRaus(sAlt As String) As String
Dim i As Integer, s As String * 1

    For i = 1 To Len(sAlt)
        s = Mid$(sAlt, i, 1)
        If (Asc(s) > 47 And Asc(s) < 58) Then
            BuchstabenRaus = BuchstabenRaus & s
        End If
    Next
End Function

Sub EntfernenAlphaNumerishceZeichenAusBereich()
Dim Zelle As Range
Dim Bereich As Range

Set Bereich = Selection

For Each Zelle In Selection
 Zelle.Value = BuchstabenRaus(Zelle.Value)
Next Zelle
End Sub
```

Überprüfen Sie erst einmal die Länge der Zelle durch die Funktion `Len`. Mithilfe der Funktion `Asc` können Sie ermitteln, ob es sich hierbei um Zahlen handelt. Diese geben einen Wert zwischen `48` und `57` zurück. Die so ermittelten Zahlen basteln Sie danach in einer String-Variablen zusammen.

INFO

Bevor Sie das Makro starten, welches wiederum die Funktion aufruft, markieren Sie den Datenbereich, der die Daten enthält.

Grafikelemente in einem definierten Bereich löschen

Stellen Sie sich einmal folgende Situation vor: Auf einer Tabelle haben Sie zahlreiche Grafikelemente, die in VBA unter Shapes angesprochen werden. Darunter befinden sich unter anderem Zeichnungsobjekte, ClipArts, Schaltflächen, integrierte Diagramme und vieles mehr. Sie haben einen Bereich definiert und benannt, in dem auf Knopfdruck alle Grafikelemente gelöscht werden sollen, die sich innerhalb dieses Bereichs befinden. Sehen Sie sich als Ausgangsposition einmal die folgende Abbildung an.

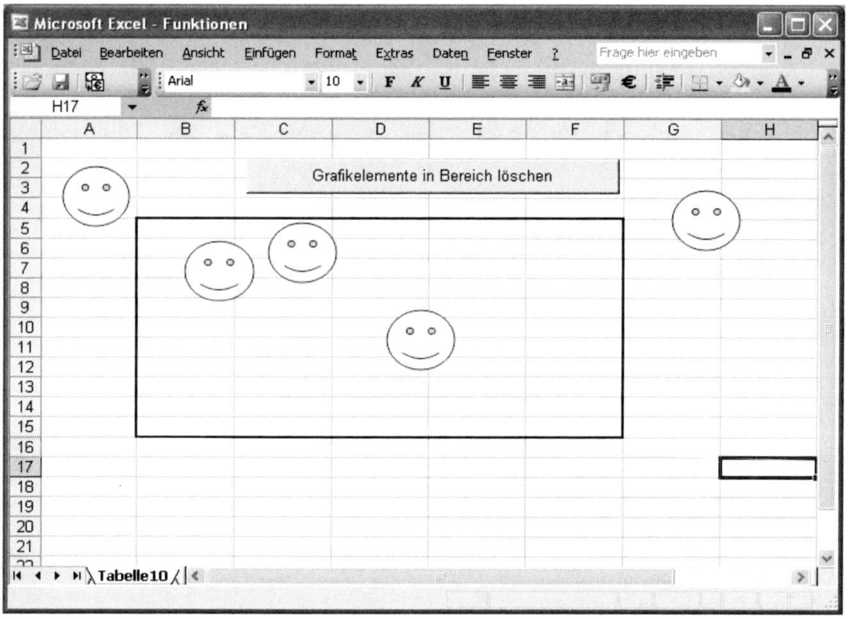

Abbildung 10.33: Die Smileys im Bereich B5:F15 sollen gelöscht werden

Um nun den umrandeten Bereich zu säubern, setzen Sie die Funktion aus Listing 10.58 ein.

Listing 10.58: Grafikelemente aus einem Bereich entfernen

```
Function InRange(rng1, rng2) As Boolean
  InRange = False
  If rng1.Parent.Parent.Name = _
   rng2.Parent.Parent.Name Then
     If rng1.Parent.Name = rng2.Parent.Name Then
       If Union(rng1, rng2).Address = rng2.Address Then
           InRange = True
        End If
      End If
    End If
End Function

Sub ShapesInBereichLöschen()
Dim shp As Shape
Dim rng2 As Range

Set rng2 = Range("Bereich")
    For Each shp In ActiveSheet.Shapes
      If InRange(shp.TopLeftCell, rng2) _
       Or InRange(shp.BottomRightCell, rng2) Then
        shp.Delete
      End If
    Next
End Sub
```

In einer Schleife werden alle Shapes, die sich auf der Tabelle befinden, nacheinander untersucht. Liegt dabei die linke obere Ecke oder die rechte untere Ecke des Shapes im definierten Bereich B5:F15, dann können Sie davon ausgehen, dass das Shape als im Bereich liegend gilt. In diesem Fall löschen Sie das Shape mithilfe der Methode `Delete`.

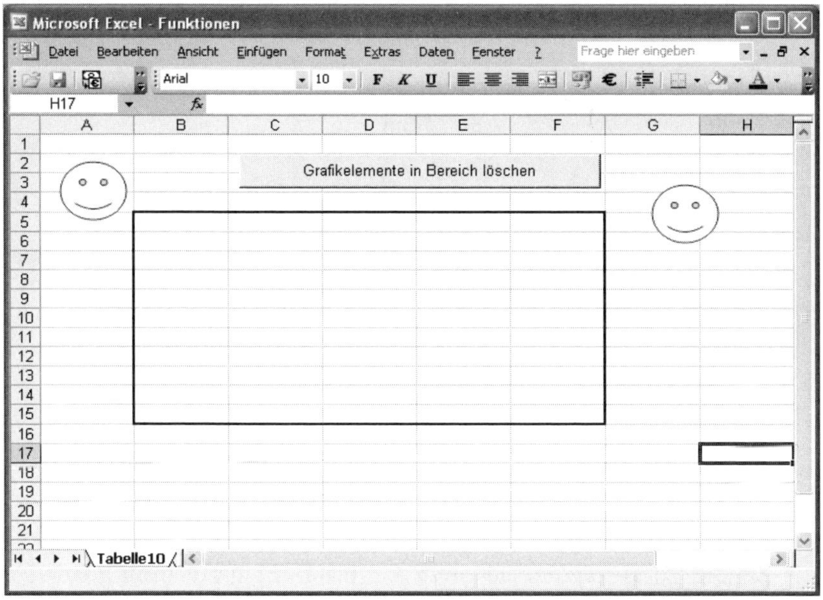

Abbildung 10.34: Der Bereich B5:F15 wurde gesäubert

:-) TIPP

Bei der letzten Lösung wurden die Shapes entfernt, die genau im Bereich D5:F15 lagen. Möchten Sie auch alle Shapes entfernen, die auf dem Rahmen des Bereichs liegen, dann verwenden Sie statt des Operators `Or` *den Operator* `And`.

10.3 Funktionen verfügbar machen

INFO

Wenn Sie Funktionen für alle Arbeitsmappen, ob neue oder alte, anwenden möchten, haben Sie zwei Möglichkeiten:

- *Speichern in der persönlichen Arbeitsmappe* PERSONL.XLS *oder*
- *Erstellung eines Add-In und Aktivierung über den Add-Ins-Manager.*

Speichern der Funktionen in der persönlichen Arbeitsmappe

Um die Funktionen für alle Arbeitsmappen zur Verfügung zu haben, können Sie die Funktionen in Ihrer persönlichen Makroarbeitsmappe ablegen, welche sich im Office-Verzeichnis XLSTART befindet.

STEP

Sollte diese Arbeitsmappe noch nicht existieren, legen Sie eine an, indem Sie wie folgt vorgehen:

1. Wählen Sie in der Tabellenansicht den Menübefehl EXTRAS/MAKRO/AUFZEICHNEN.
2. Wählen Sie im Dialog MAKRO AUFZEICHNEN aus dem Kombinationsfeld den Eintrag PERSÖNLICHE MAKROARBEITSMAPPE.

Abbildung 10.35: Anlegen der persönlichen Arbeitsmappe

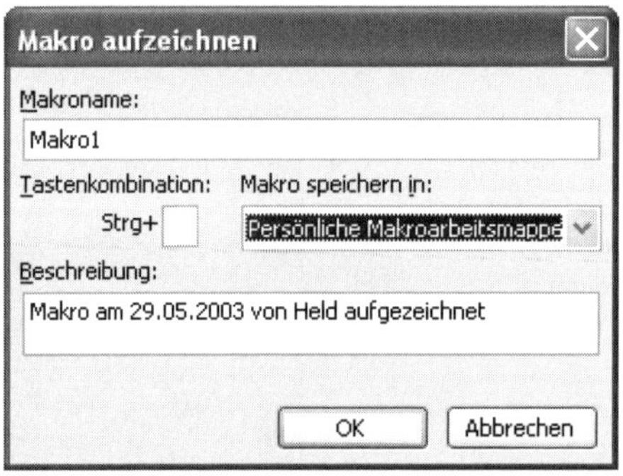

3. Klicken Sie auf OK.
4. Klicken Sie jetzt auf die Zelle A1. Der Makrorekorder wird die persönliche Arbeitsmappe erstellen und diesen Befehl aufzeichnen. Nun haben Sie die Voraussetzung geschaffen, um Ihre Funktionen in die persönliche Arbeitsmappe zu übertragen.

Übertragen Sie jetzt Ihre Funktionen aus der Arbeitsmappe FUNKTIONEN.XLS in die persönliche Arbeitsmappe PERSONL.XLS.

STEP

Dazu ist folgende Vorgehensweise notwendig:

1. Öffnen Sie die Arbeitsmappe FUNKTIONEN.XLS.
2. Wechseln Sie in die Entwicklungsumgebung.
3. Aktivieren Sie das MODUL1.
4. Markieren Sie alle Funktionen mit dem Menübefehl BEARBEITEN/ALLES AUSWÄHLEN.
5. Drücken Sie die Tastenkombination [Strg]+[C], um die Funktionen in die Zwischenablage zu kopieren.
6. Wählen Sie im Projekt-Explorer den Eintrag VBAPROJECT (PERSONL.XLS) aus.
7. Aktivieren Sie in diesem Projekt das MODUL1.

8. Fügen Sie Ihre Funktionen ein, indem Sie den Mauszeiger im Codefenster positionieren und die Tastenkombination [Strg]+[V] drücken.
9. Beenden Sie Excel und bestätigen Sie beim Verlassen der Anwendung die Änderungsabfrage mit JA.

Von nun an sind alle Funktionen allgemein für alle Arbeitsmappen verfügbar.

Speichern der Funktionen in einem Add-In

Die zweite Möglichkeit, die Sie haben, um Funktionen allgemein zur Verfügung zu stellen und auch noch an andere Anwender weiterzugeben, ist die Erstellung eines Add-In. Ein Add-In können Sie bei Bedarf im ADD-INS-MANAGER einbinden und, wenn Sie Ihre Funktionen zeitweise nicht benötigen, wieder deaktivieren.

Um ein Add-In zu erstellen, verfahren Sie wie folgt:

1. Öffnen Sie zunächst die Arbeitsmappe FUNKTIONEN.XLS.
2. Wählen Sie den Menübefehl DATEI/EIGENSCHAFTEN.

Abbildung 10.36: Zusätzliche Informationen zur Datei hinterlegen

3. Geben Sie einige zusätzliche Informationen zu dem zukünftigen Add-In an und bestätigen Sie Ihre Eingaben mit OK.

4. Wählen Sie den Menübefehl DATEI/SPEICHERN UNTER.
5. Stellen Sie im Kombinationsfeld DATEITYP den Eintrag MICROSOFT EXCEL-ADD-IN ein. Nun wird automatisch das Add-In-Verzeichnis von Excel eingestellt.
6. Klicken Sie auf die Schaltfläche SPEICHERN.

Bitte sichern Sie die Originalarbeitsmappe immer gut. Es ist nicht möglich, aus einem Add-In wieder die Originalarbeitsmappe herzustellen.

Add-In einbinden

Wie Sie ein Add-In erstellen, wissen Sie jetzt. Damit steht es aber in Excel noch nicht zur Verfügung.

Um ein Add-In in Excel bekannt zu machen, befolgen Sie die nächsten Arbeitsschritte:

1. Wählen Sie den Menübefehl EXTRAS/ADD-INS-MANAGER bzw. ADD-INS.

Abbildung 10.37: Ein Add-In aktivieren

2. Aktivieren Sie das Add-In mit einem Klick auf das entsprechende Kontrollkästchen.
3. Bestätigen Sie mit OK.

Das Add-In wird nun geladen und ist verfügbar. In Zukunft wird bei jedem Excel-Start das eingebundene Add-In automatisch mit geladen. Das Add-In muss über den ADD-INS-MANAGER wieder deaktiviert werden.

:-) TIPP

Wenn Sie möchten, können Sie ein Excel-Add-In auch über den ÖFFNEN-*Dialog aktivieren. Das Add-In ist dann so lange verfügbar, wie Sie Excel geöffnet haben. Schließen Sie Excel, steht das Add-In beim nächsten Öffnen nicht mehr zur Verfügung. Um ein Add-In also dauerhaft verfügbar zu machen, müssen Sie es über den* ADD-INS-MANAGER *einbinden.*

REF

Wie Sie für ein Add-In eigene Menüleisten sowie Symbolleisten anlegen können, erfahren Sie in Kapitel 16.

11 Programmierung durch Windows-API-Aufrufe

Viele Aufgaben in Excel müssen nicht unbedingt durch den Einsatz von VBA gelöst werden. Zahlreiche Lösungen stecken auch schon mitten in Windows. Ihr Betriebssystem stellt Ihnen eine ganze Reihe Dynamic Link Libraries (DLLs) zur Verfügung, die Sie bei der Programmierung von Excel einsetzen können. Diese DLLs enthalten Funktionen, die u.a. für die Speicher- und Ressourcenverwaltung, die Bereitstellung von Dialog- und Steuerelementen, den Einsatz von Zeichenfunktionen, die Behandlung von Menü- und Symbolleisten, die Verwendung von Multimediafunktionen oder auch die Verwaltung von E-Mails verantwortlich sind.

Wie Sie sehen, decken API-Funktionen nahezu alle Aufgaben in Windows und somit auch in Excel ab. Der Vorteil von API-Aufrufen ist beispielsweise deren universelle Einsetzbarkeit. Ob Sie in Excel, Access, Word oder einer anderen beliebigen Windows-Anwendung mit Programmierschnittstelle arbeiten, ist dabei gleichgültig. Sie können API-Funktionen aus nahezu jeder Anwendung aufrufen und für Ihre Aufgaben nutzen. Ein Nachteil von API-Funktionen ist, dass Sie diese in der Online-Hilfe leider nicht nachschlagen können bzw. dass die Syntax von API-Funktionen nicht ganz trivial ist. Ein weiterer Punkt ist der, dass API-Funktionen sehr sensibel reagieren, wenn Sie irgendein Argument bzw. die Syntax der API-Funktion nicht genau einhalten. Excel reagiert dann nicht selten mit einem Programmabsturz.

REF

Wenn Sie im Besitz des Office-Developer-Pakets sind, können Sie mithilfe des API-Viewer gezielt nach bestimmten API-Funktionen suchen. Im anderen Fall empfiehlt sich für dieses Thema weiterführende Literatur. Besonders empfehlenswert ist dabei Dan Appleman's »Visual Basic Programmer's Guide to the Win32 API« (ISBN 0-672-31590-4). Dieses Buch ist zwar englischsprachig, dennoch bietet es auf über 1.500 Seiten eine Menge an Lösungen bezüglich API.

Da es sich in unserem Buch vorrangig um VBA-Programmierung handeln soll, werden auf den nächsten Seiten gezielt einige Aufgaben vorgestellt, deren Einsatz in der Programmierung erstens viel Zeit spart und zweitens in der Praxis sinnvolle Unterstützung bietet. Aber auch interessante Möglichkeiten durch die Verwendung von API-Funktionen sollen nicht zu kurz kommen.

11.1 Ermittlung des CD-ROM-Laufwerks

In der ersten Aufgabe werden Sie über den Einsatz einer API-Funktion herausfinden, welcher Laufwerksbuchstabe Ihrem CD-ROM-Laufwerk zugeordnet ist.

Listing 11.1: API-Funktion zur Ermittlung des CD-ROM-Laufwerks

```
Declare Function GetDriveType Lib "kernel32" Alias _
   "GetDriveTypeA" (ByVal nDrive As String) As Long
Declare Function GetLogicalDriveStrings Lib _
 "kernel32" Alias "GetLogicalDriveStringsA" _
 (ByVal nBufferLength As Long, _
  ByVal lpBuffer As String) As Long

Public Const DRIVE_CDROM As Long = 5
Function CdRomLWBuchstabe() As String
Dim lLWTyp As Long
Dim sLW As String
Dim l As Long
Dim l1 As Long
Dim sBuffer As String

   sBuffer = Space(200)
   l = GetLogicalDriveStrings(200, sBuffer)
   If l = 0 Then
      CdRomLWBuchstabe = vbNullString
      Exit Function
   End If
      l1 = 1
   sLW = Mid(sBuffer, l1, 3)
   Do While (Mid(sBuffer, l1, 1) <> vbNullChar)
      lLWTyp = GetDriveType(sLW)
      If lLWTyp = 5 Then
       CdRomLWBuchstabe = sLW
       Exit Function
      End If
      l1 = l1 + 4
      sLW = Mid(sBuffer, l1, 3)
   Loop
End Function
```

Im ersten Schritt definieren Sie einen Puffer vom Typ `String`, indem Sie alle logischen Laufwerksbezeichnungen Ihres Systems einlesen. Danach rufen Sie die API-Funktion `GetLogicalDriveStrings` auf, die Ihnen alle verwendeten Laufwerksbuchstaben in den Puffer schreibt. Prüfen Sie nach dem Füllen des Puffers gleich einmal dessen Länge. Sind im Puffer 0 Zeichen enthalten, konnte die API-Funktion keine Laufwerksbuchstaben ermitteln. In diesem Fall übergeben Sie der Funktion als Rückgabewert die Konstante `vbNullString`, welche eine Zeichenfolge mit dem Wert 0 darstellt. Für den Fall, dass der Puffer gefüllt ist, setzen Sie die Verarbeitung fort. Im nächsten Schritt müssen Sie die einzelnen Laufwerke auslesen. Dazu legen Sie die Startposition fest, bei der im Puffer begonnen werden soll, und speichern den Startwert `1` in der Variablen `l`. Zerlegen Sie danach den Puffer, indem Sie die Funktion `Mid` einsetzen. Die Funktion `Mid` überträgt eine bestimmte Anzahl von Zeichen (genau drei, z. B. a:\), beginnend bei der Startposition 1, in die String-Variable `s`. Setzen Sie nun eine Schleife auf, die den Puffer Stück für Stück zerlegt. Innerhalb der Schleife wenden Sie die API-Funktion `GetDriveType` an. Diese API-Funktion liefert den Index für das Laufwerk in der Variablen `sLW` zurück. Jeder Laufwerkstyp weist einen eindeutigen Laufwerksindex auf. Diese Indizes können Sie der Tabelle 11.1 entnehmen.

Tabelle 11.1: Die Laufwerksindizes für die API-Funktion GetDriveType

Index	Beschreibung
2	Disketten- oder auch ZIP-Laufwerk
3	lokale Festplatte
4	Netzlaufwerk
5	CD-ROM-Laufwerk
6	RAM-Laufwerk

Liefert die API-Funktion `GetDriveType` den Wert `5` zurück, handelt es sich um das CD-ROM-Laufwerk und Sie können als Rückgabewert der Funktion den Inhalt der Variablen `sLW` übergeben. Entsprach das erste ermittelte Laufwerk noch nicht dem CD-ROM-Laufwerk, erhöhen Sie die Startposition um genau vier Stellen und separieren das nächste Laufwerk.

Listing 11.2: Ausgabe des CD-ROM-Laufwerkbuchstabens

```
Sub CDRomLW()
Dim s As String

   s = CdRomLWBuchstabe()
   MsgBox "Das CDROM-Laufwerk hat den Buchstaben " & s
End Sub
```

11.2 Bedienung des CD-ROM-Laufwerks

Haben Sie sich schon einmal überlegt, dass Sie Ihr CD-ROM-Laufwerk auch gut als Tassenhalter verwenden können? Dazu müssen Sie es nur öffnen und schon haben Sie eine clevere Ablagemöglichkeit mehr. Diese etwas scherzhafte Anwendung können Sie automatisieren, indem Sie Ihr CD-ROM-Laufwerk auf Kommando öffnen bzw. schließen. Die API-Funktion für diese Aufgabe heißt `mciSendString`.

Listing 11.3: API-Funktion zum Öffnen und Schließen des CD-ROM-Laufwerks

```
Public Declare Function mciSendString _
 Lib "winmm.dll" Alias "mciSendStringA" _
 (ByVal lpstrCommand As String, _
 ByVal lpstrReturnString As String, _
 ByVal uReturnLength As Long, _
 ByVal hwndCallback As Long) As Long

Sub ÖffnenCDROMLaufwerk()
   mciSendString "Set CDAudio Door Open", 0&, 0, 0
End Sub

Sub SchließenCDROMLaufwerk()
   mciSendString "Set CDAudio Door Closed", 0&, 0, 0
End Sub
```

11.3 Bildschirmauflösung ermitteln

Möchten Sie prüfen, mit welcher Bildschirmauflösung ein Anwender arbeitet, dann setzen Sie die API-Funktion in Listing 11.4 ein.

Listing 11.4: API-Funktion zum Ermitteln der Bildschirmauflösung

```
Declare Function GetDeviceCaps Lib "gdi32" _
(ByVal hdc As Long, ByVal nIndex As Long) As Long
Declare Function GetDC Lib "user32" _
 (ByVal hwnd As Long) As Long

Declare Function ReleaseDC Lib "user32" _
(ByVal hwnd As Long, ByVal hdc As Long) As Long

Const HORZRES = 8
Const VERTRES = 10

Sub BildschirmAuflösungErmitteln()
 MsgBox "Ihre Bildschirmauflösung lautet:" & _
 VbLf & BilschirmAuflösung()
End Sub

Function BilschirmAuflösung()
 Dim lRval As Long
 Dim lDc As Long
 Dim lHSize As Long
 Dim lVSize As Long

 lDc = GetDC(0&)
 lHSize = GetDeviceCaps(lDc, HORZRES)
 lVSize = GetDeviceCaps(lDc, VERTRES)
 lRval = ReleaseDC(0, lDc)
 BilschirmAuflösung = lHSize & "x" & lVSize
End Function
```

11.4 Ist ein externes Programm gestartet?

Im nächsten Beispiel prüfen Sie, ob Ihr E-Mail-Programm Outlook bereits gestartet ist. Die API-Funktion für diese Aufgabe finden Sie in Listing 11.5.

Listing 11.5: API-Funktion zum Überprüfen, ob eine andere Anwendung bereits gestartet ist

```
Private Declare Function FindWindow Lib "user32" _
Alias "FindWindowA" (ByVal szClass$, ByVal szTitle$) _
 As Long

Sub MailProgrammAktiv()
Dim hfenster As String
   hfenster = FindWindow(vbNullString, _
   "Microsoft Outlook")
   If hfenster = 0 Then MsgBox "Outlook nicht aktiv!" _
    Else MsgBox ("Outlook gestartet!")
End Sub
```

Über die API-Funktion `FindWindow` können Sie prüfen, ob eine andere Anwendung bereits gestartet ist. Wenn ja, dann wird Ihnen ein Wert ungleich 0 gemeldet.

11.5 Internetverbindung aktiv?

Wenn Sie mit einem VBA-Makro ins Internet gehen möchten, dann sollten Sie vorher prüfen, ob überhaupt eine Verbindung mit dem Internet besteht.

Listing 11.6: API-Funktion zum Überprüfen, ob eine Verbindung mit dem Internet besteht

```
Private Declare Function RasEnumConnections Lib "rasapi32.dll" Alias
    "RasEnumConnectionsA" _
(lpRasconn As RASConn, lpcB As Long, _
 lpcConnections As Long) As Long

Private Type RASConn
  dwSize As Long
  hRasConn As Long
  sEntryName As String
End Type

Sub InternetverbindungAktiv()
Dim zRASEnumConn As RASConn
Dim L As Long
Dim lz As Long

    zRASEnumConn.dwSize = Len(zRASEnumConn)
    L = RasEnumConnections(zRASEnumConn, _
    Len(zRASEnumConn), lz)

    If lz > 0 Then
        MsgBox "Internetverbindung steht", vbInformation
```

```
      'Weitere Aktionen
   Else
      MsgBox "Keine Verbindung mit dem Internet", _
      vbCritical
   End If

End Sub
```

11.6 Wie lange läuft ein externes Programm?

Im nächsten Beispiel soll ermittelt werden, wie lange ein externes Programm läuft, und der Start- und Endezeitpunkt sollen auf einem Tabellenblatt dokumentiert werden. Als externes Programm nehmen Sie an, Sie möchten protokollieren, wann und wie lange Sie das Spiel »Solitär« gespielt haben. Dazu setzen Sie die API-Funktionen `OpenProcess` sowie `GetExitCodeProcess` ein. Die eine API-Funktion eröffnet und überwacht den Start einer externen Anwendung, die andere meldet das Beenden einer Anwendung zurück.

Listing 11.7: API-Funktion zum Festhalten der Laufzeit eines externen Programms

```
Declare Function OpenProcess Lib "kernel32" _
  (ByVal dwDesiredAccess As Long, _
    ByVal bInheritHandle As Long, _
     ByVal dwProcessId As Long) As Long

 Declare Function GetExitCodeProcess Lib "kernel32" _
  (ByVal L_Prozess As Long, _
    l_Ende As Long) As Long

 Public Const PROCESS_QUERY_INFORMATION = &H400
 Public Const STILL_ACTIVE = &H103

Sub StartenExternerAnwendung()
Dim Beginn As Double
Dim l As Long
Dim L_Prozess As Long
Dim l_Ende As Long

 Beginn = Now
 With Sheets("Tabelle2")
  .Range("A65536").End(xlUp).Offset(1, 0).Value = Now
 End With
 l = Shell("sol.exe", 1)
 MsgBox "Die Anwendung wurde um " & Time & " beendet!"
 L_Prozess = _
  OpenProcess(PROCESS_QUERY_INFORMATION, False, l)
 Do While l_Ende = STILL_ACTIVE
   GetExitCodeProcess L_Prozess, l_Ende
   DoEvents
 Loop
```

```
 With Sheets("Tabelle2")
  .Range("B65536").End(xlUp).Offset(1, 0).Value = _
  Format(Now - Beginn, "s")
 End With
End Sub
```

Speichern Sie gleich zu Beginn des Makros die aktuelle Uhrzeit mithilfe der Funktion `Now` in der Variablen `Beginn`. Danach schreiben Sie diesen Startzeitpunkt gleich in der Tabelle TABELLE2 nieder. Dabei brauchen Sie nicht extra das Tabellenblatt zu aktivieren, es reicht, wenn Sie in diesem Beispiel auf das Tabellenblatt verweisen. Über die Anweisung `Range("A65536").End(xlUp).Offset(1, 0)` gelangen Sie in die erste freie Zelle in Spalte A, in welche Sie den Startzeitpunkt schreiben. Danach setzen Sie die Funktion `Shell` ein, um das externe Programm zu starten. Dabei haben Sie die Möglichkeit, als Argument die Anordnung der externen Anwendung auf dem Bildschirm zu bestimmen. Entnehmen Sie diese verschiedenen Indizes und deren Bedeutung der Tabelle 11.2.

Tabelle 11.2: Die Möglichkeiten bei der Fensteranordnung von Programmen

Index	Beschreibung
0	Das Fenster der aufgerufenen Anwendung ist ausgeblendet und das ausgeblendete Fenster erhält den Fokus.
1	Das Fenster hat den Fokus und die ursprüngliche Größe und Position werden wieder hergestellt.
2	Das Fenster wird als Symbol mit Fokus angezeigt.
3	Das Fenster wird maximiert (Vollbild) mit Fokus angezeigt.
4	Die zuletzt verwendete Größe und Position des Fensters wird wieder hergestellt. Das momentan aktive Fenster bleibt aktiv.
6	Das Fenster wird als Symbol angezeigt. Das momentan aktive Fenster bleibt aktiv.

Rufen Sie jetzt die erste API-Funktion `OpenProcess` auf, die den aktiven Prozess (im Beispiel das Spiel »Solitär«) verwaltet. Den Rückgabewert dieser Funktion speichern Sie in einer Variablen vom Datentyp `Long`. Setzen Sie nun eine Schleife auf, die so lange abgearbeitet wird, bis die API-Funktion `GetExitCodeProcess` die Beendigung des externen Programms meldet. Mithilfe der Funktion `DoEvents` übergeben Sie die Steuerung an das Betriebssystem, damit andere Ereignisse verarbeitet werden können. Somit läuft diese Schleife im Hintergrund weiter und wird erst beendet, wenn der Prozess beendet ist. Nach Beendigung der externen Anwendung schreiben Sie die Laufzeit des externen Programms in die TABELLE2. Die Laufzeit ermitteln Sie, indem Sie wiederum die Funktion `Now` heranziehen und diese Zeit mit der vorher gespeicherten Startzeit in der Variablen `Beginn` abgleichen.

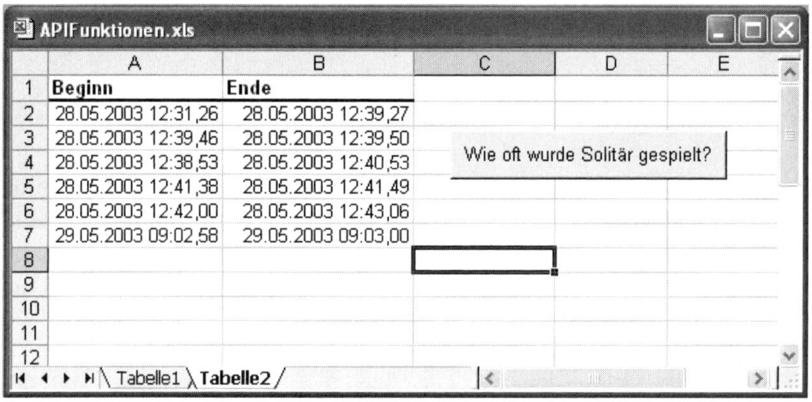

Abbildung 11.1: Alle Starts der externen Anwendung sowie deren Dauer werden protokolliert

11.7 Excel schlafen schicken

Möchten Sie eine Anwendung ein wenig zum Schlafen schicken, dann können Sie die API-Funktion in Listing 11.8 einsetzen.

Listing 11.8: API-Funktion zum Einschlafen einer Anwendung

```
Declare Sub Sleep Lib "Kernel32.dll" _
 (ByVal SleepTime As Long)

Sub ExcelzumSchlafenSchicken()
 Sleep (10000)
 MsgBox "Ruhepause beendet"
End Sub
```

Die Zeitangabe ist in Millisekunden angegeben.

11.8 Verzeichnisse erstellen über API

Über API-Funktionen haben Sie Zugriff auf alle Ordner und Laufwerke Ihres Betriebssystems. So können Sie auch Verzeichnisse erstellen und löschen. Im Listing 11.9 wird nach einer Benutzereingabe das gewünschte Verzeichnis erstellt.

Listing 11.9: API-Funktion zum Erstellen neuer Verzeichnisse

```
Private Declare Function CreateDirectory  Lib _
 "kernel32" Alias "CreateDirectoryA" _
 (ByVal lpPathName As String, _
  lpSecurityAttributes As SECURITY_ATTRIBUTES) As Long

Private Type SECURITY_ATTRIBUTES
      nLength As Long
      lpSecurityDescriptor As Long
      bInheritHandle As Long
End Type
```

```
Sub VerzeichnisErstellen()
Dim Security As SECURITY_ATTRIBUTES
Dim l As Long
Dim s As String

s = InputBox("Geben Sie das Verzeichnis", _
    "Verzeichnis erstellen", "c:\")
If s = "" Then Exit Sub

l = CreateDirectory(s, Security)
If l = 0 Then _
MsgBox  _
 "Das Verzeichnis konnte nicht erstellt werden!", _
vbCritical + vbOKOnly
End Sub
```

11.9 Netzlaufwerk verbinden

Möchten Sie über eine API-Funktion den Dialog zum Verbinden von Netzlaufwerken anzeigen lassen, dann setzen Sie die folgende Funktion ein:

Listing 11.10: API-Funktion zum Anzeigen des Dialogs Netzlaufwerk verbinden

```
Private Declare Function WNetConnectionDialog Lib »mpr.dll« -
(ByVal hwnd As Long, ByVal dwType As Long) As Long
Sub NetzlaufwerkVerbinden()
Dim L As Long
Dim hwnd As Long

L = WNetConnectionDialog(hwnd, 1)
End Sub
```

Abbildung 11.2: Netzlaufwerke verbinden mit API-Funktion

11.10 Verzeichnisbaum anzeigen und auswerten

Im folgenden Beispiel wird Ihre Verzeichnisstruktur in einem Dialog als Verzeichnisbaum angezeigt und ausgewertet.

Listing 11.11: API-Funktion zum Anzeigen eines Verzeichnisbaums

```
Type BROWSEINFO
    hOwner As Long
    pidlRoot As Long
    pszDisplayName As String
    lpszTitle As String
    ulFlags As Long
    lpfn As Long
    lParam As Long
    iImage As Long
End Type

Declare Function SHGetPathFromIDList Lib "shell32.dll" _
  Alias "SHGetPathFromIDListA" _
 (ByVal pidl As Long, ByVal pszPath As _
  String) As Long

Declare Function SHBrowseForFolder Lib "shell32.dll" _
  Alias "SHBrowseForFolderA" _
(lpBrowseInfo As BROWSEINFO) As Long

Declare Function FindWindow Lib "user32" _
 Alias "FindWindowA" (ByVal _
 lpClassName As String, _
 ByVal lpWindowName As String) As Long

Function VerzeichnisErmitteln(Msg) As String
Dim bInfo As BROWSEINFO
Dim path As String
Dim l As Long

    bInfo.pidlRoot = 2&
    l = SHBrowseForFolder(bInfo)
    path = Space$(512)
    If SHGetPathFromIDList(ByVal l, ByVal path) Then
     VerzeichnisErmitteln = Left(path, InStr(path, _
     Chr$(0)) - 1)
    Else: VerzeichnisErmitteln = ""
    End If
End Function

Sub VerzeichnisBaum()
Dim s As String
Dim sVerz As String
```

```
 s =  "Wählen Sie ein Verzeichnis aus!"
    sVerz = VerzeichnisErmitteln(s)
   If sVerz = "" Then Exit Sub
   MsgBox "Das ausgewählte Verzeichnis lautet: " & sVerz
End Sub
```

Abbildung 11.3: Der Verzeichnisbaum im Dialog

:-) TIPP

Bei der Anweisung `bInfo.pidlRoot = 1&` *kann man die Zahl jeweils erhöhen, was folgenden Effekt hat:*

1 --> Route-Verzeichnis

2 --> Programme

3 --> Systemsteuerung

4 --> Drucker

5 --> eigene Dateien

6 --> Favoriten

7 --> Autostart

8 --> Recent

9 --> SendTo

10--> Papierkorb

11.11 Windows-Infobildschirm anzeigen

Möchten Sie einen Infobildschirm in Excel anzeigen, dann können Sie dazu eine API-Funktion einsetzen. Das spart Ihnen das Entwerfen und Programmieren einer eigenen Userform.

Listing 11.12: API-Funktion zum Anzeigen eines Infoschirms

```
Private Declare Function ShellAbout Lib "shell32.dll" _
Alias "ShellAboutA" (ByVal hwnd As Long, _
ByVal szApp As String, ByVal szOtherStuff As String, _
ByVal hIcon As Long) As Long

Sub BildschirmAnzeigen()
Dim hwnd As Long
Dim Symbol As Long

 ShellAbout hwnd, "Held-Office", _
"Bernd Held, MVP für Microsoft Excel" & vbCrLf & _
 "http://held-office.de", Symbol
End Sub
```

Abbildung 11.4: Der Windows-Infobildschirm

11.12 Windows-Verzeichnis ermitteln

Da es mehrere Windows-Versionen gibt und diese sich namentlich auch unterscheiden können, ist es wichtig zu wissen, wie der exakte Name des Windows-Verzeichnisses ist. Für diese Aufgabe können Sie folgende API-Funktion einsetzen.

Listing 11.13: API-Funktion zum Ermitteln des Windows-Verzeichnisses

```
Declare Function api_GetWindowsDirectory Lib _
"kernel32" Alias "GetWindowsDirectoryA" _
(ByVal lpBuffer As String, ByVal nSize As Long) As Long

Function GetWinDir() As String
Dim lpBuffer As String * 255
Dim length As Long

length = _
 api_GetWindowsDirectory(lpBuffer, Len(lpBuffer))
```

```
GetWinDir = Left(lpBuffer, length)
End Function

Sub WindowsVerzeichnis()
Dim s As String
s = GetWinDir

MsgBox "Das Windows Verzeichnis heißt " & s
End Sub
```

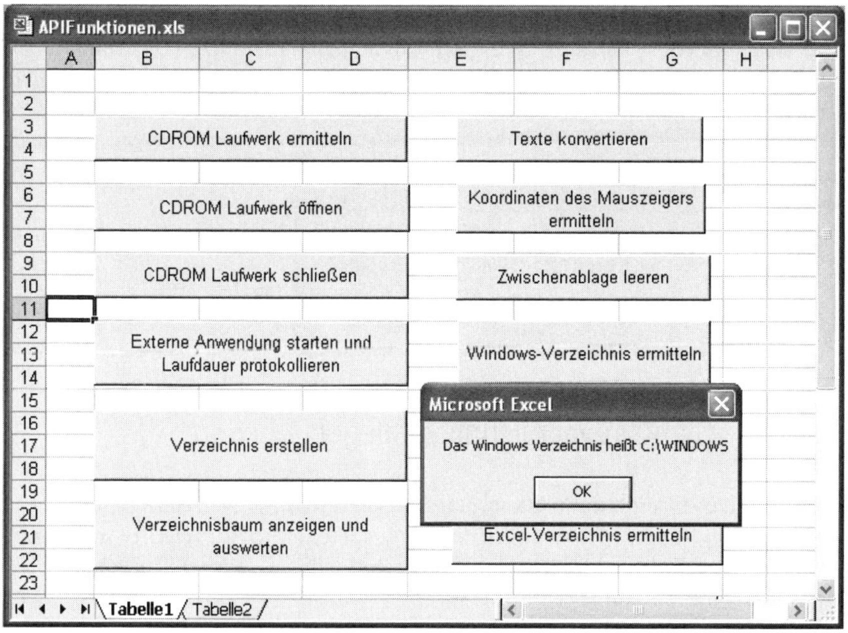

Abbildung 11.5: Das Windows-Verzeichnis ermitteln

11.13 Excel-Verzeichnis ermitteln

Sie können Excel auch starten, indem Sie auf Ihrem Windows-Desktop die Schaltfläche START anklicken und dann den Befehl AUSFÜHREN wählen.

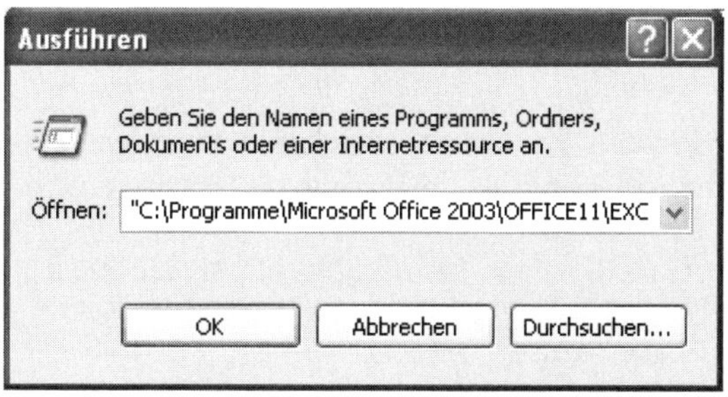

Abbildung 11.6: Excel von der Commandline aus starten

Um genau diesen Pfad zur ermitteln, können Sie die API-Funktion aus Listing 11.14 einsetzen.

Listing 11.14: API-Funktion zum Ermitteln des Excel-Verzeichnisses

```
Declare Function GetCommandLine Lib "Kernel32" _
  Alias "GetCommandLineA" () As String

Sub VerzeichnisExcelAnsteuern()
  MsgBox "Excel befindet sich im Verzeichnis " & _
  vbLf & GetCommandLine(), vbInformation
End Sub
```

Die API-Funktion besteht lediglich aus einem Kommando, welches Sie durch ein Makro aufrufen und über die Funktion `Msgbox` auf dem Bildschirm ausgeben.

Abbildung 11.7: Excel über den Befehl Ausführen starten

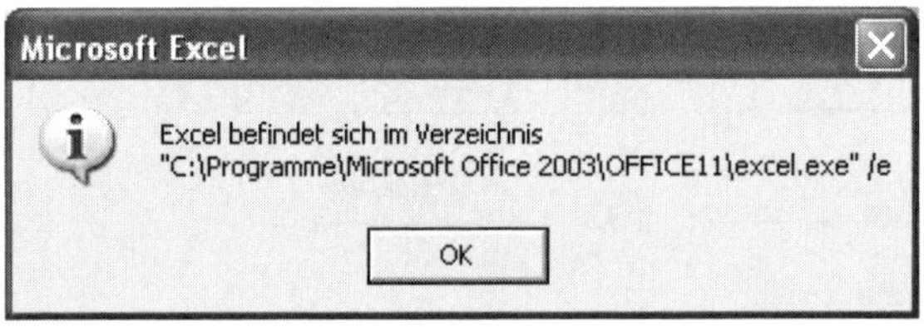

11.14 Standardverzeichnis festlegen

Ihr Standardverzeichnis in Excel ist das Verzeichnis EIGENE DATEIEN. Hier werden Excel-Tabellen standardmäßig gespeichert bzw. wird beim Dialog ÖFFNEN immer dieses Verzeichnis eingestellt. Diese Einstellung können Sie ändern, indem Sie die API-Funktion aus Listing 11.15 einsetzen.

Listing 11.15: API-Funktion zum Festlegen des Standardverzeichnisses

```
Private Declare Function SetCurrentDirectoryA _
 Lib "kernel32" (ByVal lpPathName As String) As Long

Sub VerzeichnisFestlegenÜberAPI()
 SetCurrentDirectoryA ("c:\temp")
End Sub
```

11.15 Anwendernamen ausgeben

Möchten Sie wissen, welcher Anwender gerade angemeldet ist, können Sie die API-Funktion in Listing 11.16 verwenden.

Listing 11.16: API-Funktion zur Ermittlung des angemeldeten Anwenders

```
Declare Function GetUserName Lib "advapi32.dll" Alias _
 "GetUserNameA" (ByVal lpBuffer As String, _
  nSize As Long) As Long

 Sub AnwenderAusgeben()
```

```
Dim strID As String
Dim lngSize As Long
Dim lngAns As Long
    lngSize = 8
    strID = "        "
    lngAns = GetUserName(strID, lngSize)
    MsgBox strID
End Sub
```

11.16 Computernamen ermitteln

Den Computernamen können Sie in der Systemsteuerung von Windows unter NETZWERK herausfinden. Schneller geht es aber mit der API-Funktion aus Listing 11.17.

Listing 11.17: API-Funktion zur Ermittlung des Computernamens

```
Private Declare Function GetComputerName Lib _
"kernel32" Alias "GetComputerNameA" _
(ByVal lpBuffer As String, nSize As Long) As Long

Sub ComputerNameAnzeigen()
Dim strString As String

strString = String(255, Chr$(0))
GetComputerName strString, 255
strString = _
Left$(strString, InStr(1, strString, Chr$(0)))
MsgBox strString
End Sub
```

11.17 Texte mit API-Funktionen konvertieren

Wenn Sie möchten, können Sie mithilfe von API-Funktionen auch Texte konvertieren. So konvertiert die API-Funktion `CharUpper` einen Text in Großschreibweise und entspricht dabei der VBA-Funktion `UCase`. Die API-Funktion `CharLower` konvertiert einen vorgegebenen Text in Kleinschreibweise und findet ihre Entsprechung in der VBA-Funktion `LCase`.

Listing 11.18: API-Funktion zum Konvertieren von Texten

```
Private Declare Function CharLower Lib "user32" _
Alias "CharLowerA" (ByVal lpsz As String) As Long
Private Declare Function CharUpper Lib "user32" _
 Alias "CharUpperA" (ByVal lpsz As String) As Long

Sub TexteUmsetzen()
Dim s As String

    s = "API Funktionen sind ok!"
    Debug.Print "Originalzustand: " + s
```

```
    CharUpper s
    Debug.Print "GROß: " + s
    CharLower s
    Debug.Print "klein: " + s
End Sub
```

Das Ergebnis der Konvertierungsfunktionen wird im Direktbereich ausgegeben.

Abbildung 11.8: Texte konvertieren mit API-Aufrufen

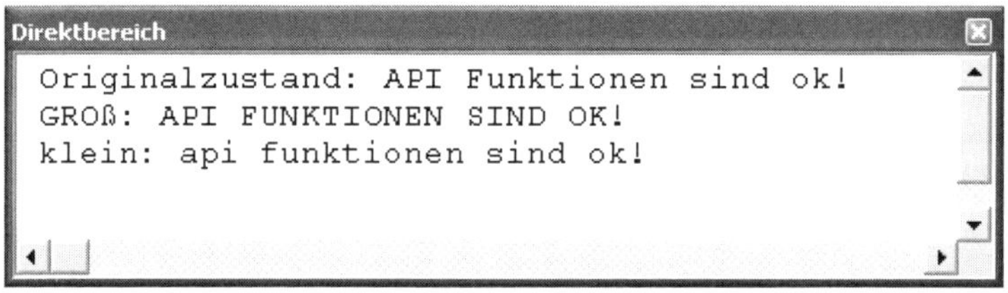

11.18 Cursorposition in Pixel angeben

In Excel haben Sie in einer Tabelle über die Koordinaten der Zeilen und Spalten einen relativ schnellen Überblick, wo genau der Mauszeiger steht. Diese Angabe in der A1-Schreibweise sagt aber nichts darüber aus, wo der Mauszeiger genau steht. Die genaue Position des Mauszeigers können Sie nur über die API-Funktion `GetCursorPos` bestimmen. Je nach Breite der Spalten bzw. Höhe der Zeilen ändern sich dann die Koordinaten.

Listing 11.19: API-Funktion zur Ermittlung der genauen Koordinaten des Mauszeigers

```
Declare Function GetCursorPos Lib "user32" _
(lpPoint As POINTAPI) As Long

Type POINTAPI
        x As Long
        y As Long
End Type

Sub KoordinatenErmitteln()
Dim Point As POINTAPI
Dim i As Integer

    i = GetCursorPos(Point)
    If i <> 0 Then
        MsgBox "X-Position: " & Point.x & vbLf & _
        "Y-Position: " & Point.y, vbInformation
    Else
    MsgBox "Es konnte keine Position ermittelt werden"
    End If
End Sub
```

Definieren Sie zuerst die Struktur POINTAPI, in der Sie die Position des Mauszeigers in Form der Pixelkoordinaten speichern. Wenden Sie im Anschluss daran die API-Funktion GetCursorPos an, die Ihnen die aktuelle Position des Mauszeigers wiedergibt. Geben Sie die Koordinaten danach in einer Meldung auf dem Bildschirm aus.

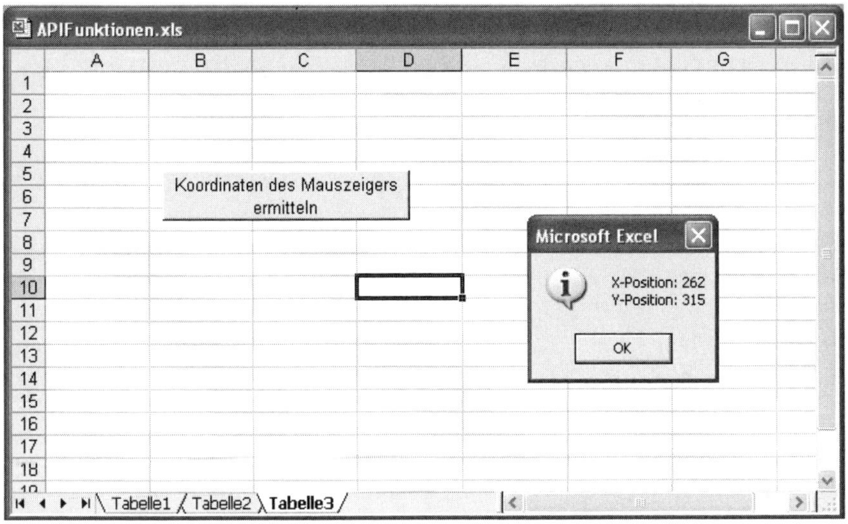

Abbildung 11.9: Die genaue Position des Mauszeigers in Pixel

11.19 Zwischenablage löschen

Möchten Sie die Zwischenablage durch eine API-Funktion löschen, dann verwenden Sie die Funktion aus Listing 11.20.

Listing 11.20: API-Funktion zum Löschen der Zwischenablage

```
Private Declare Function OpenClipboard Lib "user32" _
   (ByVal hwnd As Long) As Long

Private Declare Function EmptyClipboard _
 Lib "user32" () As Long

Private Declare Function CloseClipboard  _
 Lib "user32" () As Long

Sub ZwischenablageLeeren()
    If OpenClipboard(0&) <> 0 Then
        Call EmptyClipboard
        Call CloseClipboard
    End If
End Sub
```

Befindet sich etwas in der Zwischenablage, dann meldet die API-Funktion `OpenClipboard` einen Wert ungleich 0. In diesem Fall rufen Sie die beiden API-Funktionen nacheinander auf.

11.20 Sounds per API-Funktion ausgeben

Mithilfe von API-Funktionen können Sie auch Ihre Soundkarte ansprechen. Mit der API-Funktion aus Listing 11.21 spielen Sie eine WAV-Datei ab.

Listing 11.21: API-Funktion zum Abspielen einer Sounddatei

```
Declare Function sndPlaySound32 Lib "winmm.dll" Alias _
    "sndPlaySoundA" (ByVal lpszSoundName As String, _
    ByVal uFlags As Long) As Long

Sub SoundAusgeben()
Call sndPlaySound32("c:\APPLAUSE.WAV", 0)
End Sub
```

11.21 PC piepsen lassen

Soll Ihr PC nur einen Piepston abgeben, dann setzen Sie die API-Funktion `Beep` ein.

Listing 11.22: API-Funktion zum Erzeugen von Piepstönen

```
Declare Function Beep Lib "kernel32.dll" _
(ByVal dwFreq As Long, ByVal dwDuration As Long) As Long

Sub ComputerPiepst()
Dim L As Long

L = Beep(250, 1000)

If L = 0 Then
  MsgBox "PC kann nicht piepsen!"
End If
End Sub
```

Die API-Funktion benötigt zwei Parameter. Im ersten Argument legen Sie fest, mit wie viel Hertz der Piepston erzeugt werden soll. Mögliche noch hörbare Werte liegen im Bereich zwischen 37 und 5500. Im zweiten Argument legen Sie die Dauer des Piepstons in Millisekunden fest.

11.22 Dateien suchen

Mithilfe einer API-Funktion können Sie auch Dateien suchen und deren Speicherpfad ermitteln.

```
Private Declare Function SearchTreeForFile _
Lib "imagehlp" (ByVal RootPath As String, _
ByVal InputPathName As String, _
ByVal OutputPathBuffer As String) As Long

Const Verzeichnisse = 100

Sub DateiSuchen()
Dim s As String
Dim L As Long

s = String(Verzeichnisse, 0)
L = SearchTreeForFile("C:\", "Mappe1.xls", s)
 If L <> 0 Then
   MsgBox "Datei wurde gefunden: " & vbLf & _
   s, vbInformation
 Else
   MsgBox "Datei konnte nicht gefunden werden!", _
   vbCritical
 End If
End Sub
```

Listing 11.23: API-Funktion zum Aufspüren einer Datei

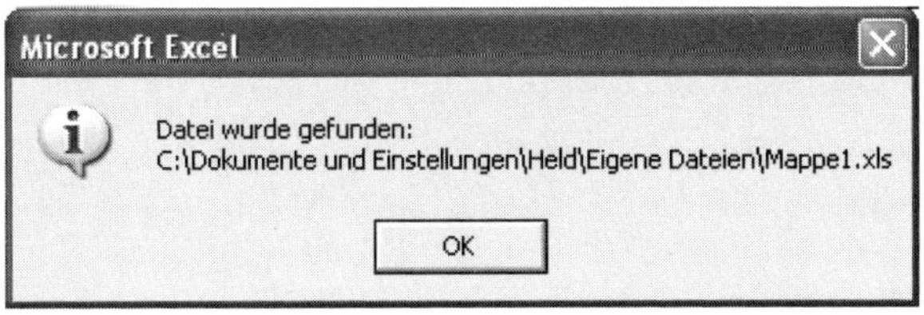

Abbildung 11.10: Datei suchen und Speicherpfad ausgeben

11.23 Tasten abfangen

Mithilfe von API-Funktionen können Sie bestimmte Tasten abfangen. Im folgenden Beispiel wird dabei die Taste [Esc] überwacht.

```
Type KeyboardBytes
    kbb(0 To 255) As Byte
End Type

Declare Function GetKeyboardState Lib "User32.dll" _
 (kbArray As KeyboardBytes) As Long

Sub TasteESCabfangen()
    Dim kbArray As KeyboardBytes
    Do
        DoEvents
        GetKeyboardState kbArray
        If kbArray.kbb(27) And 128 Then
            ESCgedrückt
```

Listing 11.24: API-Funktion zum Abfangen von Tasten

```
        End If
    ' Makro beenden mit STRG
    Loop Until kbArray.kbb(17) And 128
End Sub

Sub ESCgedrückt()
    MsgBox "Sie haben die Taste ESC gedrückt"
End Sub
```

Starten Sie das Makro `TasteESCAbfangen`. Dieses Programm läuft im Hintergrund ab und gibt jedes Mal eine Bildschirmmeldung aus, wenn Sie die Taste [Esc] drücken. Drücken Sie die Taste [Strg], um dieses Makro wieder zu beenden und die Überwachung der Taste [Esc] abzuschließen.

12 Ereignisse in Excel einsetzen

Ereignisse in Excel lassen sich am leichtesten mit kleinen Beispielen erklären. So stellt jeder Mausklick, ob nun rechts, links oder auch ein Doppelklick, ein Ereignis dar. Ein Ereignis tritt auch dann ein, wenn beispielsweise eine Arbeitsmappe geöffnet oder wieder geschlossen wird. Auch der Wechsel auf ein anderes Tabellenblatt, ob Sie nun ein Tabellenblatt verlassen oder aktivieren, stellt ein typisches Ereignis dar. Auch der Druck- oder Speichervorgang in Excel ist ein Ereignis. Wie Sie an den Beispielen schon sehen, können Ereignisse sowohl auf die ganze Arbeitsmappe als auch auf nur einzelne Tabellen bzw. Zellen zutreffen.

Wie aber können Sie nun konkret diese Ereignisse für Ihre Makros nutzen? Ganz einfach, Sie verwenden diese Ereignisse, welche von Excel ständig überwacht werden, und hängen Makrobefehle an.

Lernen Sie in diesem Kapitel eine Auswahl der wichtigsten Ereignisse für Arbeitsmappen und Tabellenblätter anhand von Aufgaben aus der täglichen Praxis kennen. Am Ende des Kapitels erfahren Sie, wie Sie ereignisähnliche Methoden und Eigenschaften einsetzen können. Dazu zählt z.B. die Methode `OnKey`, mit der Sie auf bestimmte Tasten bzw. Tastenkombinationen reagieren können. Eine andere Methode ist `OnTime`. Damit können Sie in Excel Aufgaben zeitgesteuert erledigen.

Es gibt auch sehr viele Ereignisse für Formulare und Steuerelemente. Diese lernen Sie jedoch erst in den Kapiteln 14 und 15 kennen.

Unter anderem werden in diesem Kapitel folgende Lösungen mit Ereignissen von Arbeitsmappen angeboten:

Die Lösungen

- Nach dem Öffnen einer Arbeitsmappe soll auf das richtige Tabellenblatt an die korrekte Zellenposition positioniert werden.
- Es soll nur ein bestimmter Bereich in der Tabelle für Eingaben offen stehen.
- Alle ausgeblendeten Blätter einer Arbeitsmappe sollen bei Bedarf dynamisch eingeblendet werden können.
- Der letzte Bearbeiter einer Arbeitsmappe sowie das letzte Änderungsdatum sollen protokolliert werden.

- Ein Abschlussmakro soll am letzten Tag jedes Monats automatisch gestartet werden.
- Menü- und Symbolleisten sollen flexibel ein- und ausgeblendet werden können.
- Der Datenbestand soll vor dem Speichern einer Arbeitsmappe sortiert werden.
- Der Mauszeiger soll auf allen Tabellenblättern gleich positioniert werden.
- Eine Lösung zur Senkung der Druckkosten.

Interessante Lösungen mit Ereignissen für Tabellenblätter sind unter anderem:

Weitere Lösungen

- das Starten einer UserForm beim Aktivieren eines Tabellenblatts
- Änderungen in einer Tabelle festhalten
- die Neuberechnung von Daten beim Verlassen eines Tabellenblatts
- die Programmierung des Spiels »Schiffe versenken«
- das Vergleichen von zwei Spalten und dementsprechende Formatierungen
- die Änderungen in einem definierten Zellenbereich sichtbar machen
- das Starten von unterschiedlichen Makros je nach Zellenwert
- das Dokumentieren und Absichern von Wareneingängen
- das Bereinigen von Artikellisten
- die Möglichkeiten, die Lesbarkeit von Daten zu verbessern
- die automatische Suche nach Artikelnummern
- die Reaktion auf Mausklicks in einer Tabelle

12.1 Ereignisse für die Arbeitsmappe

Wichtige Ereignisse, welche für die Arbeitsmappe gelten, sind zum einen das Ereignis `Workbook_Open`, das eintritt, sobald die Arbeitsmappe geöffnet wird, und zum anderen das Ereignis `Workbook_BeforeClose`, welches automatisch ausgelöst wird, sobald die Arbeitsmappe geschlossen wird. Aber es gibt noch weitaus mehr Ereignisse für Arbeitsmappen.

Sie können jeweils nur ein gleichnamiges Ereignis in einer Arbeitsmappe einsetzen. Aus diesem Grund werden die folgenden Beispiele in unterschiedlichen Arbeitsmappen gespeichert.

INFO

Allgemeine Vorgehensweise beim Erstellen von Arbeitsmappenereignissen

Das Ereignis `Workbook_Open` wird in der Praxis meist eingesetzt, um Meldungen anzuzeigen, um benutzerdefinierte Arbeitsumgebungen einzurichten, um Sachverhalte zu prüfen oder auch um viele andere Aufgaben zu erledigen, die einen vorbereitenden Charakter haben.

Um das Ereignis `Workbook_Open` *zu aktivieren, gehen Sie wie folgt vor:*

STEP

1. Drücken Sie die Tastenkombination [Alt]+[F11], um in die Entwicklungsumgebung zu gelangen.
2. Im Projekt-Explorer klicken Sie den Eintrag DIESEARBEITSMAPPE doppelt an.

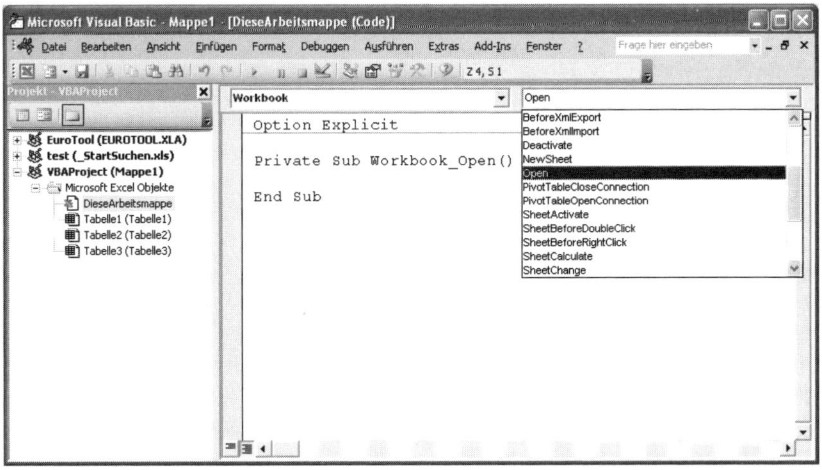

Abbildung 12.1: Das Arbeitsmappenereignis Workbook_Open einstellen

3. Klicken Sie im Codefenster auf den Pfeil des linken Kombinationsfelds und wählen Sie den Eintrag WORKBOOK aus. Excel stellt nun standardmäßig ein schon vorgefertigtes Ereignismakro zur Verfügung.

```
Private Sub Workbook_Open()

End Sub
```

4. Mit einem Klick auf das zweite Kombinationsfeld bekommen Sie alle verfügbaren Ereignisse angezeigt, welche für die Arbeitsmappe einsetzbar sind.

Alles, was Sie nun noch tun müssen, ist, das noch leere vorgefertigte Ereignismakro mit weiteren Befehlen zu füllen. Diese Befehle werden dann direkt nach dem Öffnen der Arbeitsmappe abgearbeitet.

:-) TIPP

Möchten Sie eine Arbeitsmappe mit hinterlegten Ereignissen öffnen und dabei auf deren Ausführung verzichten, so drücken Sie beim Öffnen der Datei die Taste [⇧].

Aktivieren des richtigen Tabellenblatts

Beim Öffnen einer Arbeitsmappe wird immer das Tabellenblatt aktiviert, auf welchem Sie sich vor der letzten Speicherung der Arbeitsmappe befanden. Im folgenden Beispiel haben Sie eine Arbeitsmappe, welche genau zwölf Tabellenblätter besitzt. Diese heißen TABELLE1 bis TABELLE12. Für jeden Monat wird genau ein Tabellenblatt reserviert. Beim Öffnen der Arbeitsmappe soll Excel automatisch anhand des aktuellen Datums die richtige Tabelle aktivieren.

Listing 12.1: Ereignis Workbook_Open zum Aktivieren des richtigen Tabellenblatts

```
Private Sub Workbook_Open()
Dim MonatNr As Integer
Const TabName = "Tabelle"

  MonatNr = Month(Now())
  On Error GoTo fehler
  Sheets(TabName & MonatNr).Activate
  Exit Sub

fehler:
  MsgBox "Es gibt kein Blatt mit dem Namen " _
 & TabName & MonatNr
End Sub
```

Im Zusammenspiel mit den Funktionen `Month` und `Now` ermitteln Sie den aktuellen Monat und speichern diesen in der Variablen `MonatsNr`. Aktivieren Sie nun das gesuchte Tabellenblatt, indem Sie den Namen der Tabelle aus der Konstanten `Tabname` und der Variablen `MonatsNr` zusammenbasteln. Vergessen Sie dabei nicht, die `On Error`-Anweisung einzubauen. Für den Fall, dass ein entsprechendes Tabellenblatt in der Arbeitsmappe nicht gefunden wird, erscheint eine Meldung am Bildschirm.

CD

Die Beispieldatei finden Sie auf der mitgelieferten CD-ROM im Verzeichnis KAP12 *unter dem Namen* WEREIGN01.XLS.

Eine ähnliche Aufgabe: Stellen Sie sich vor, Sie haben eine Tabelle, in der die Spalte A mit Datumswerten gefüllt ist. Die Aufgabe besteht nun darin, den Mauszeiger auf die Zelle zu setzen, die das aktuelle Datum enthält. Dieser

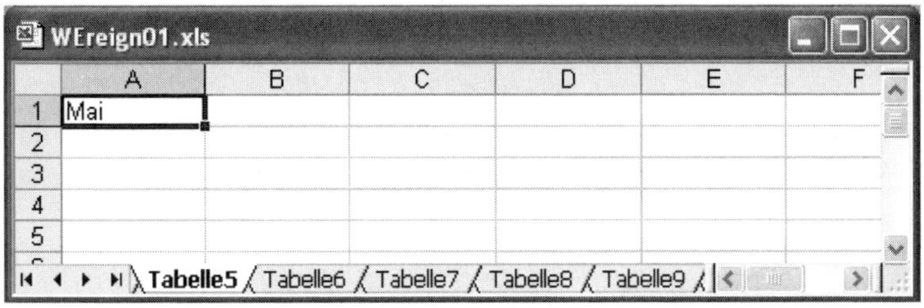

Abbildung 12.2: Das heutige Datum liegt im Mai 2003

Vorgang soll automatisch direkt nach dem Öffnen der Arbeitsmappe stattfinden. Die Lösung dieser Aufgabe entnehmen Sie Listing 12.2.

Listing 12.2: Ereignis Workbook_Open zum genauen Positionieren des Mauszeigers

```
Private Sub Workbook_Open()
Dim Zelle As Range

For Each Zelle In ActiveSheet.UsedRange
        If Zelle.Value = Date Then
            Zelle.Select
            Exit Sub
        End If
    Next Zelle
End Sub
```

Vorher haben Sie das Ereignis `Workbook_Open` eingesetzt, um auf ein bestimmtes Tabellenblatt zu positionieren. Eine weitere Möglichkeit, um immer nach dem Öffnen der Arbeitsmappe auf dem richtigen Tabellenblatt zu sein, besteht darin, direkt vor dem Schließen der Arbeitsmappe dafür zu sorgen, dass das gewünschte Tabellenblatt aktiviert ist. Dazu setzen Sie das Ereignis `Workbook_BeforeClose` ein.

Listing 12.3: Ereignis Workbook_BeforeClose, um auf das richtige Tabellenblatt zu positionieren (Index)

```
Private Sub Workbook_BeforeClose(Cancel As Boolean)
 Worksheets(1).Activate
End Sub
```

oder:

Listing 12.4: Ereignis Workbook_-BeforeClose, um auf das richtige Tabellenblatt zu positionieren (konstantes Tabellenblatt)

```
Private Sub Workbook_BeforeClose(Cancel As Boolean)
 Worksheets("Tabelle1").Activate
End Sub
```

Die beiden Makros müssen jedoch nicht unbedingt das gleiche Resultat haben. Die erste Variante aktiviert das Tabellenblatt, welches in der Arbeitsmappe an erster Stelle angeordnet ist. Dieses muss nicht unbedingt auch TABELLE1 heißen. In der zweiten Variante wird ganz ausdrücklich das Tabellenblatt mit dem Namen TABELLE1 aktiviert, ganz gleich, wo es sich in der Arbeitsmappe befindet. Auch hier können Sie sicherheitshalber eine `On`

Error-Anweisung einbauen, um sicherzustellen, dass es zu keinen hässlichen Makrofehler-Meldungen kommt.

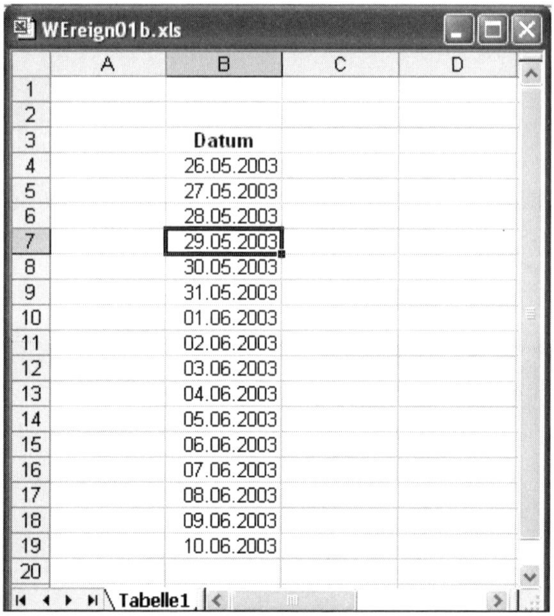

Abbildung 12.3: Schnelles Positionieren des Mauszeigers auf der aktuellen Datumszelle

CD

Die Beispieldatei finden Sie auf der mitgelieferten CD-ROM im Verzeichnis KAP12 *unter dem Namen* WEREIGN01B.XLS.

:-) TIPP

Um das Ereignis Workbook_Open *zu testen, brauchen Sie die Arbeitsmappe nicht zu schließen und danach wieder zu öffnen. Dieses Ereignis können Sie auch direkt in der Entwicklungsumgebung starten, indem Sie den Mauszeiger auf die erste Ereigniszeile setzen und die Taste* [F5] *betätigen.*

Einen Bereich begrenzen

Möchten Sie schon beim Öffnen festlegen, in welchem Bereich sich der Anwender auf einer Tabelle bewegen darf, legen Sie mit der Eigenschaft ScrollArea die Grenzen fest.

Listing 12.5: Ereignis Workbook_Open zum Eingrenzen des Scrollbereichs

```
Private Sub Workbook_Open()
  Worksheets("Tabelle1").ScrollArea = "B2:G19"
End Sub
```

Die Beispieldatei finden Sie auf der mitgelieferten CD-ROM im Verzeichnis KAP12 *unter dem Namen* WEREIGN02.XLS.

CD

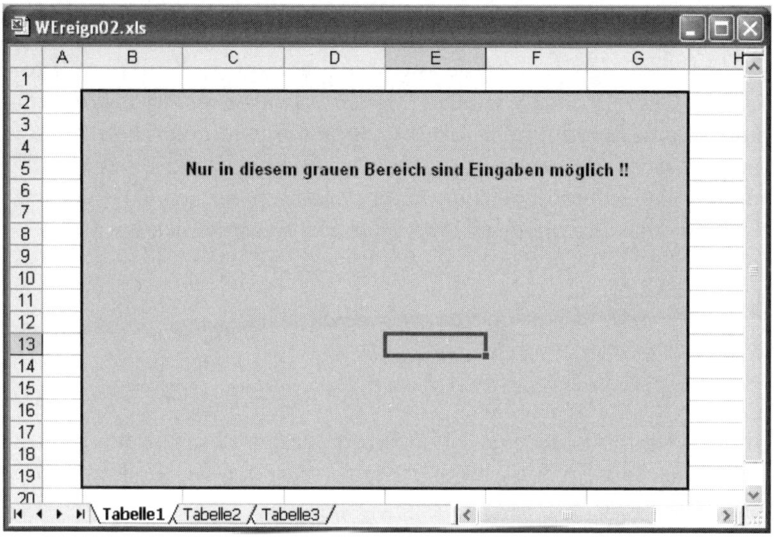

Abbildung 12.4: Die Scroll Area gleich beim Öffnen einer Arbeitsmappe festlegen

Alle ausgeblendeten Tabellen bei Bedarf einblenden

Oft werden ausgeblendete Tabellenblätter total vergessen. Sorgen Sie beispielsweise schon beim Öffnen dafür, dass dies gerade nicht passiert. Selbstverständlich sollen die ausgeblendeten Tabellen nicht automatisch eingeblendet werden, sondern der Anwender soll selbst entscheiden können, ob er alle Tabellen sehen möchte oder nicht.

Listing 12.6: Ereignis Workbook_Open zum Einblenden aller ausgeblendeten Tabellen

```
Private Sub Workbook_Open()
Dim Blatt As Worksheet
Dim s As String

s = _
MsgBox _
("Möchten Sie alle ausgeblendeten Tabellen sehen?", _
 vbYesNo)
If s = "" Then Exit Sub
  For Each Blatt In ThisWorkbook.Worksheets
   Blatt.Visible = True
  Next
End Sub
```

Bestätigt der Anwender den Dialog, werden alle ausgeblendeten Tabellenblätter in der Arbeitsmappe eingeblendet, indem die Eigenschaft `Visible` jeder Tabelle auf den Wert `True` gesetzt wird.

CD

Die Beispieldatei finden Sie auf der mitgelieferten CD-ROM im Verzeichnis KAP12 *unter dem Namen* WEREIGN03.XLS.

Letzten Bearbeiter einer Arbeitsmappe ermitteln

Sicher haben Sie sich auch schon einmal gefragt, wer alles auf Ihre Arbeitsmappen zugreift und vor allem, welcher Bearbeiter als Letzter eine Änderung an einer bestimmten Arbeitsmappe vorgenommen hat. Auch für diese Aufgabe ist es zweckmäßig, gleich beim Öffnen, also auf jeden Fall vor dem nächsten Speichern der Arbeitsmappe, dafür zu sorgen, dass der letzte Bearbeiter in einer Meldung auf dem Bildschirm ausgegeben wird.

Listing 12.7: Ereignis Workbook_Open zur Ermittlung des letzten Bearbeiters einer Arbeitsmappe

```
Private Sub Workbook_Open()
 MsgBox "Arbeitsmappe wurde zuletzt geändert von: " & _
 BuiltinDocumentProperties("Last Author").Value
End Sub
```

Um den letzten Bearbeiter einer Arbeitsmappe zu ermitteln, greifen Sie auf die Eigenschaft `BuiltinDocumentProperties` zurück, der Sie das Argument `Last Author` übergeben.

CD

Die Beispieldatei finden Sie auf der mitgelieferten CD-ROM im Verzeichnis KAP12 *unter dem Namen* WEREIGN04.XLS.

Makro starten am Monatsende

Manche Computerviren schlummern bis zu einem bestimmten Zeitpunkt. Oft ist für das Zuschlagen eines Virus ein ganz bestimmtes Datum festgelegt. Diese Eigenschaft können Sie aber auch im positiven Sinne für Ihre Arbeit nutzen. Stellen Sie sich vor, Sie müssten an jedem Monatsende einen Abschluss machen. Dieser Abschluss wird durch ein Makro eingeleitet. Damit Sie den Monatsabschluss nicht vergessen, soll Excel Sie an diesen Termin erinnern.

Um diese Aufgabe zu realisieren, müssen Sie zuerst einmal den letzten Tag des jeweiligen Monats ermitteln. Dazu setzen Sie eine Funktion ein, die wie folgt aussieht:

Listing 12.8: Funktion, die den letzten Tag im Monat ausgibt

```
Function LetzterTag(EingabeDatum As Date) As Date
 LetzterTag = _
 DateSerial(Year(EingabeDatum), _
 Month(EingabeDatum) + 1, 0)
End Function
```

Da Sie die Funktion in Listing 12.8 nicht nur einmalig haben, sondern mehrmals verwenden möchten, übergeben Sie der Funktion als Argument jeweils das aktuelle Datum über die Funktion Date. Die Funktion Date übergeben Sie gleich nach dem Öffnen der Arbeitsmappe. Dazu schreiben Sie das Ereignis Workbook_Open.

```
Private Sub Workbook_Open()
 If LetzterTag(Date) = Date Then Abschluss
End Sub
```

Listing 12.9: Ereignis Workbook_Open zum Vergleichen von zwei Datumswerten

Entspricht das aktuelle Tagesdatum dem Datum, welches die Funktion LetzterTag ermittelt, wird das Makro Abschluss gestartet. Dieses Makro erfassen Sie auf Modulebene.

CD

Die Beispieldatei finden Sie auf der mitgelieferten CD-ROM im Verzeichnis KAP12 *unter dem Namen* WEREIGN05.XLS.

Symbolleisten ein- und ausblenden

Haben Sie eine Arbeitsmappe, die Sie in einer möglichst großen Ansicht sehen möchten, wobei Sie die Menü- und Symbolleisten nicht benötigen, dann blenden Sie diese Elemente einfach nach dem Öffnen der Arbeitsmappe aus. Ebenso werden bestimmte Elemente wie beispielsweise die Zeilen- und Spaltenköpfe sowie die Blattregisterkarten ausgeblendet.

Kurz vor dem Schließen der Arbeitsmappe stellen Sie den Ausgangszustand wieder her und blenden die Menü- und Symbolleisten wieder ein und zeigen auch die restlichen Elemente wieder an.

```
Private Sub Workbook_Open()
Dim cb As CommandBar

For Each cb In Application.CommandBars
 cb.Enabled = False
Next cb
With ActiveWindow
   .DisplayHeadings = False
   .DisplayHorizontalScrollBar = False
   .DisplayVerticalScrollBar = False
   .DisplayWorkbookTabs = False
End With

With Application
 .DisplayStatusBar = False
 .DisplayFormulaBar = False
End With
End Sub
```

Listing 12.10: Ereignis Workbook_Open zum Ausblenden aller Menü- und Symbolleisten

Definieren Sie eine Objektvariable vom Typ `CommandBar` und sorgen Sie in einer `For Each`-Schleife dann dafür, dass die einzelnen Leisten über die Eigenschaft `Enabled` ausgeblendet werden. Dazu setzen Sie diese Eigenschaft auf den Wert `False`. Über die Eigenschaft `DisplayHeadings` bestimmen Sie, ob die Zeilen- und Spaltenköpfe einer Tabelle angezeigt werden sollen. Indem Sie die Eigenschaften `DisplayHorizontalScrollBar` und `DisplayVerticalScrollBar` auf den Wert `False` setzen, sorgen Sie dafür, dass die horizontale und die vertikale Bildlaufleiste in der Tabelle nicht angezeigt werden. Setzen Sie die Eigenschaft `DisplayWorkbookTabs` auf den Wert `False`, um die Blattregisterkarten am unteren Tabellenrand auszublenden. Um die Bearbeitungsleiste auszublenden, setzen Sie die Eigenschaft `DisplayFormulaBar` auf den Wert `False`. Die Statusleiste wird über die Eigenschaft `DisplayStatusBar` ein- bzw. ausgeblendet.

Für das automatische Wiederherstellen der Menü- und Symbolleisten vor dem Schließen der Arbeitsmappe sorgt das Ereignis `Workbook_BeforeClose`.

Abbildung 12.5: Alle Menü- und Symbolleisten sind ausgeblendet

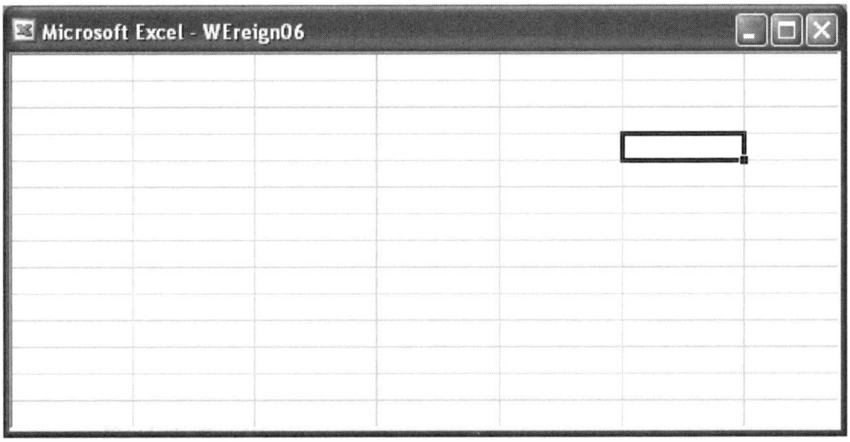

Listing 12.11: Ereignis Workbook_-BeforeClose zum Einblenden von Menü- und Symbolleisten

```
Private Sub Workbook_BeforeClose(Cancel As Boolean)
Dim cb As CommandBar

For Each cb In Application.CommandBars
 cb.Enabled = True
Next cb
With ActiveWindow
    .DisplayHeadings = True
    .DisplayHorizontalScrollBar = True
    .DisplayVerticalScrollBar = True
    .DisplayWorkbookTabs = True
End With

With Application
```

```
  .DisplayStatusBar = True
  .DisplayFormulaBar = True
End With
End Sub
```

Die Beispieldatei finden Sie auf der mitgelieferten CD-ROM im Verzeichnis KAP12 *unter dem Namen* WEREIGN06.XLS.

CD

Erfahren Sie mehr über die Programmierung von Menü- und Symbolleisten in Kapitel 16.

REF

Datumszelle in Tabelle finden

Stellen Sie sich vor, Ihnen liegt eine Tabelle mit einer Datumsleiste vor. Beim Öffnen der Arbeitsmappe soll nun die aktuelle Datumsadresse gesucht und markiert werden.

Listing 12.12: Ereignis Workbook_Open zum Auffinden der aktuellen Datumszelle in einer Spalte einsetzen

```
Private Sub Workbook_Open()
Dim s As String
Dim Bereich As Range

Worksheets("Tabelle1").Activate
Set Bereich = Worksheets("Tabelle1").Range("A1:A100")
 s = Application.Match(CLng(Date), Bereich, 0)
   If Not IsError(Erg) Then
    Bereich(s).Select
   End If
End Sub
```

Grenzen Sie den Suchbereich mithilfe der `Set`-Anweisung ein. Danach wenden Sie die Funktion `Match` ein, um das aktuelle Datum im Bereich zu ermitteln. Damit die Suche erfolgreich ist, muss der Datentyp des aktuellen Datums in einen `Long`-Datentyp gewandelt werden, da Datumsangaben in Excel intern als Zahlenwerte interpretiert werden. Wird das aktuelle Datum gefunden, dann meldet die Funktion `IsError` den Wert `False` und Sie können die gefundene Zelle im Anschluss über die Methode `Select` markieren.

Die Beispieldatei finden Sie auf der mitgelieferten CD-ROM im Verzeichnis KAP12 *unter dem Namen* WEREIGN06B.XLS.

CD

Das Schließen der Arbeitsmappe bedingt verhindern

Im nächsten Beispiel lässt sich eine Arbeitsmappe nur dann schließen, wenn eine ganz bestimmte Bedingung gegeben ist.

Listing 12.13: Ereignis Workbook_-BeforeClose zur Kontrolle beim Schließen-Vorgang

```
Private Sub Workbook_BeforeClose(Cancel As Boolean)
    If Range("A1").Value = 1 Then
        Cancel = True
    End If
End Sub
```

Nur wenn in der Zelle A1 ein Wert ungleich 1 steht, kann die Arbeitsmappe geschlossen werden. In diesem Fall wird das Argument Cancel auf den Wert False gesetzt, die Arbeitsmappe gespeichert und geschlossen. Im anderen Fall bleibt die Arbeitsmappe geöffnet.

CD

Die Beispieldatei finden Sie auf der mitgelieferten CD-ROM im Verzeichnis KAP12 *unter dem Namen* WEREIGN07.XLS.

Arbeitsmappe ohne Rückfrage schließen

Die nächste Aufgabe lässt sich schon aus der Überschrift erschließen. Sobald Sie Änderungen an einer Datei vorgenommen haben, werden Sie automatisch beim Schließen der Arbeitsmappe gefragt, ob Sie die Änderungen speichern möchten. Diese Abfrage können Sie sich schenken, indem Sie das Ereignis aus Listing 12.14 einsetzen.

Listing 12.14: Ereignis Workbook_-BeforeClose zum Schließen einer Mappe ohne Rückfrage

```
Private Sub Workbook_BeforeClose(Cancel As Boolean)
 Application.DisplayAlerts = False
 ActiveWorkbook.Close
End Sub
```

Setzen Sie die Eigenschaft DisplayAlerts auf den Wert False, um zu verhindern, dass die Änderungsabfrage von Excel unterdrückt wird. Über die Methode Close schließen Sie danach die Arbeitsmappe.

:-) TIPP

Wenn Sie zusätzlich die Anweisung Application.Quit *als letzten Befehl einsetzen, wird Excel geschlossen.*

CD

Die Beispieldatei finden Sie auf der mitgelieferten CD-ROM im Verzeichnis KAP12 *unter dem Namen* WEREIGN07B.XLS.

Letztes Bearbeitungsdatum festhalten

Eine sehr nützliche Funktion erkennen Sie direkt nach dem Öffnen einer Arbeitsmappe: Sie erfahren, wann diese Mappe zuletzt geändert wurde. Diese Information kann entweder über die Eigenschaft BuiltinDocumentProperties oder über das Ereignis Workbook_BeforeSave ermittelt werden. Genau vor dem Eintritt dieses Ereignisses können Sie das aktuelle Datum in eine bestimmte Zelle schreiben. Das Ereignis Workbook_BeforeSave sorgt dann automatisch dafür, dass dieser letzte Eintrag auch gespeichert wird.

Die Beispieldatei finden Sie auf der mitgelieferten CD-ROM im Verzeichnis KAP12 *unter dem Namen* WEREIGN08.XLS

```
Private Sub Workbook_BeforeSave _
 (ByVal SaveAsUI As Boolean, Cancel As Boolean)
    ThisWorkbook.Sheets(1).Range("A1").Value = Now()
 End Sub
```

Listing 12.15: Ereignis Workbook_-BeforeSave zum Festhalten des letzten Änderungsdatums einer Arbeitsmappe

Datenbestand vor dem Speichern sortieren

Stellen Sie sich vor, Sie haben eine Arbeitsmappe, die Sie sehr oft bearbeiten. Sie geben beispielsweise in einer Mitarbeiterliste Daten ein. Vor jedem Speichern und Beenden der Arbeitsmappe möchten Sie aber den ganzen Datenbestand sortiert vorliegen haben, damit Sie bei der nächsten Aktualisierung nicht erst den Sortiervorgang starten müssen.

Sobald Sie die Arbeitsmappe speichern, läuft das Ereignis in Listing 12.16 an, welches den Datenbestand nach Mitarbeiternamen aufsteigend sortiert.

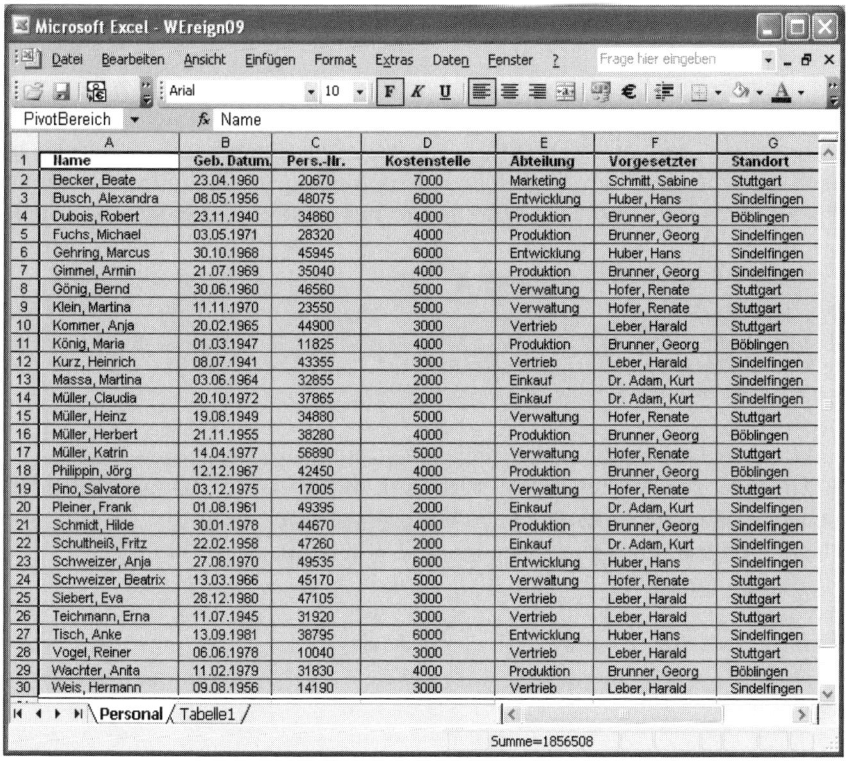

	A	B	C	D	E	F	G
1	Name	Geb. Datum	Pers.-Nr.	Kostenstelle	Abteilung	Vorgesetzter	Standort
2	Becker, Beate	23.04.1960	20670	7000	Marketing	Schmitt, Sabine	Stuttgart
3	Busch, Alexandra	08.05.1956	48075	6000	Entwicklung	Huber, Hans	Sindelfingen
4	Dubois, Robert	23.11.1940	34860	4000	Produktion	Brunner, Georg	Böblingen
5	Fuchs, Michael	03.05.1971	28320	4000	Produktion	Brunner, Georg	Sindelfingen
6	Gehring, Marcus	30.10.1968	45945	6000	Entwicklung	Huber, Hans	Sindelfingen
7	Gimmel, Armin	21.07.1969	35040	4000	Produktion	Brunner, Georg	Sindelfingen
8	Gönig, Bernd	30.06.1960	46560	5000	Verwaltung	Hofer, Renate	Stuttgart
9	Klein, Martina	11.11.1970	23550	5000	Verwaltung	Hofer, Renate	Stuttgart
10	Kommer, Anja	20.02.1965	44900	3000	Vertrieb	Leber, Harald	Stuttgart
11	König, Maria	01.03.1947	11825	4000	Produktion	Brunner, Georg	Böblingen
12	Kurz, Heinrich	08.07.1941	43355	3000	Vertrieb	Leber, Harald	Sindelfingen
13	Massa, Martina	03.06.1964	32855	2000	Einkauf	Dr. Adam, Kurt	Sindelfingen
14	Müller, Claudia	20.10.1972	37865	2000	Einkauf	Dr. Adam, Kurt	Sindelfingen
15	Müller, Heinz	19.08.1949	34880	5000	Verwaltung	Hofer, Renate	Stuttgart
16	Müller, Herbert	21.11.1955	38280	4000	Produktion	Brunner, Georg	Böblingen
17	Müller, Katrin	14.04.1977	56890	5000	Verwaltung	Hofer, Renate	Stuttgart
18	Philippin, Jörg	12.12.1967	42450	4000	Produktion	Brunner, Georg	Böblingen
19	Pino, Salvatore	03.12.1975	17005	5000	Verwaltung	Hofer, Renate	Stuttgart
20	Pleiner, Frank	01.08.1961	49395	2000	Einkauf	Dr. Adam, Kurt	Sindelfingen
21	Schmidt, Hilde	30.01.1978	44670	4000	Produktion	Brunner, Georg	Sindelfingen
22	Schultheiß, Fritz	22.02.1958	47260	2000	Einkauf	Dr. Adam, Kurt	Sindelfingen
23	Schweizer, Anja	27.08.1970	49535	6000	Entwicklung	Huber, Hans	Sindelfingen
24	Schweizer, Beatrix	13.03.1966	45170	5000	Verwaltung	Hofer, Renate	Stuttgart
25	Siebert, Eva	28.12.1980	47105	3000	Vertrieb	Leber, Harald	Stuttgart
26	Teichmann, Erna	11.07.1945	31920	3000	Vertrieb	Leber, Harald	Stuttgart
27	Tisch, Anke	13.09.1981	38795	6000	Entwicklung	Huber, Hans	Sindelfingen
28	Vogel, Reiner	06.06.1978	10040	3000	Vertrieb	Leber, Harald	Stuttgart
29	Wachter, Anita	11.02.1979	31830	4000	Produktion	Brunner, Georg	Böblingen
30	Weis, Hermann	09.08.1956	14190	3000	Vertrieb	Leber, Harald	Sindelfingen

Abbildung 12.6: Direkt vor dem Speichern wird umsortiert

Listing 12.16: Ereignis Workbook_-BeforeSave zum Sortieren des Datenbestands vor der Speicherung

```
Private Sub Workbook_BeforeSave _
(ByVal SaveAsUI As Boolean, Cancel As Boolean)
Dim Tabelle As Worksheet

Set Tabelle = Sheets("Personal")
 Tabelle.UsedRange.Select
 Selection.Sort Key1:= _
 Range("A2"), Order1:=xlAscending, Key2:=Range("E2"), _
  Order2:=xlAscending, Header:=xlGuess, _
  OrderCustom:=1, MatchCase:= _
  False, Orientation:=xlTopToBottom
End Sub
```

Innerhalb der Ereignisprozedur wird auf das Tabellenblatt PERSONAL gewechselt und der verwendete Bereich über die Eigenschaft `UsedRange` markiert. Danach wird die Methode `Sort` eingesetzt, um die Daten zu sortieren. Direkt im Anschluss an die Sortierung wird die Arbeitsmappe gespeichert.

CD

Die Beispieldatei finden Sie auf der mitgelieferten CD-ROM im Verzeichnis KAP12 *unter dem Namen* WEREIGN09.XLS.

Dauer der Bearbeitung einer Mappe festhalten

Bei der nächsten Lösung wird im Hintergrund aufgezeichnet, wie lange Sie eine Arbeitsmappe in Bearbeitung haben. Dazu nützen Sie das Ereignis `Workbook_Open`, um die Startzeit zu stoppen. Das Ende der Bearbeitung ist dann erreicht, wenn Sie die Datei wieder schließen. In diesem Fall nützen Sie das Ereignis `Workbook_BeforeSave`. Die Lösung für diese Aufgabe sehen Sie in Listing 12.17.

Listing 12.17: Ereignis Workbook_Open zum Stoppen der Startzeit

```
Dim Zeit As Date
Private Sub Workbook_Open()
Zeit = Format(Now, "dd.mm.yy h:mm:ss")
Sheets("Gesamtzeit").Range("A2").Value = Zeit
End Sub
```

Sobald Sie die Arbeitsmappe verlassen, blenden Sie das ausgeblendete Tabellenblatt GESAMTZEIT ein, schreiben die Einträge in die Tabelle und blenden danach die Tabelle wieder aus. Von der ganzen Aktion bekommen Sie optisch nichts mit.

Listing 12.18: Ereignis Workbook_-BeforeSave zum Stoppen der Endzeit

```
Private Sub Workbook_BeforeClose(Cancel As Boolean)
Dim EndZeit As Date
Dim DiffZeit As Date

EndZeit = Format(Now, "dd.mm.yy h:mm:ss")
DiffZeit = (EndZeit - Zeit)
Application.ScreenUpdating = False
```

```
TabelleEinblenden
Sheets("Gesamtzeit").Select
Range("B2").Value = EndZeit
Range("C2").Value = Format(DiffZeit, "h:mm:ss")
Range("A2").Select
Selection.EntireRow.Insert
TabelleAusblenden
Application.ScreenUpdating = True
End Sub
```

Die beiden Makros `TabelleEinblenden` bzw. `TabelleAusblenden` legen Sie unter einem normalen Modul ab.

Listing 12.19: Tabelle einblenden

```
Sub TabelleEinblenden()
    On Error Resume Next
    Sheets("Gesamtzeit").Visible = True
End Sub
```

Listing 12.20: Tabelle ausblenden

```
Sub TabelleAusblenden()
    On Error Resume Next
    Sheets("Gesamtzeit").Visible = False
End Sub
```

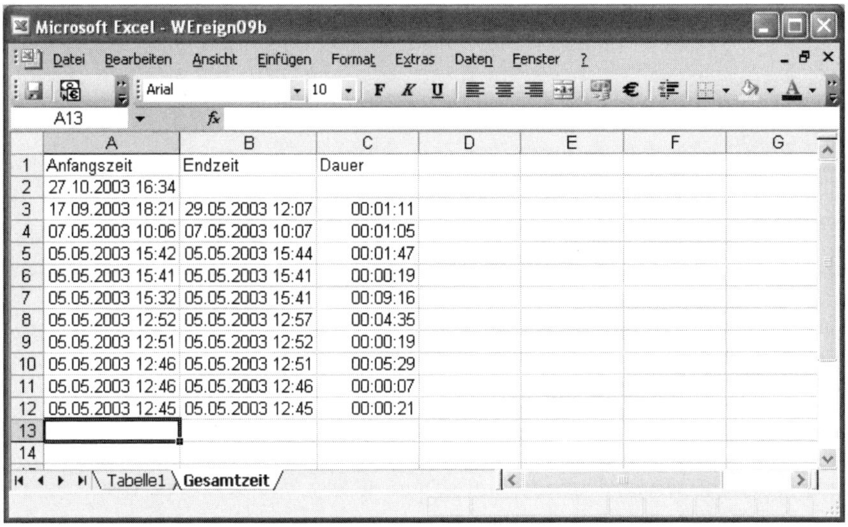

Abbildung 12.7: Bearbeitungszeit einer Datei festhalten

Die Beispieldatei finden Sie auf der mitgelieferten CD-ROM im Verzeichnis KAP12 *unter dem Namen* WEREIGN09B.XLS.

CD

Schnell Tabellen gleicher Struktur vergleichen

Oft haben einzelne Excel-Tabellen in einer Arbeitsmappe dieselbe Struktur. Wenn Sie dann diese einzelnen Tabellen am Bildschirm vergleichen möchten, steht der Mauszeiger in jeder Tabelle an einer anderen Position, d.h., Sie müssen zuerst einmal den Mauszeiger auf dem Vergleichsblatt gleich einstellen. Das dauert natürlich je nach Umfang der Tabelle eine ganze Weile und erschwert die Sache noch zusätzlich, wenn sich die zu vergleichenden Werte ähneln und Sie sich durch die ganze Arbeitsmappe quälen müssen. Ideal ist es, wenn es in Excel gelingt, schon beim Wechseln auf ein anderes Tabellenblatt dieselbe Positionierung des Mauszeigers einzustellen. Als zusätzliches Feature soll es auch möglich sein, ganze Markierungen auf dem zu vergleichenden Tabellenblatt einzustellen.

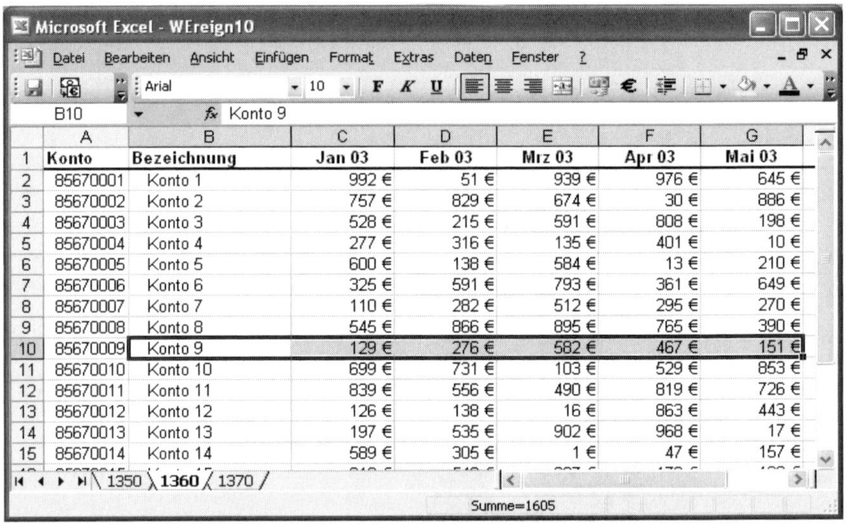

	A	B	C	D	E	F	G
1	Konto	Bezeichnung	Jan 03	Feb 03	Mrz 03	Apr 03	Mai 03
2	85670001	Konto 1	992 €	51 €	939 €	976 €	645 €
3	85670002	Konto 2	757 €	829 €	674 €	30 €	886 €
4	85670003	Konto 3	528 €	215 €	591 €	808 €	198 €
5	85670004	Konto 4	277 €	316 €	135 €	401 €	10 €
6	85670005	Konto 5	600 €	138 €	584 €	13 €	210 €
7	85670006	Konto 6	325 €	591 €	793 €	361 €	649 €
8	85670007	Konto 7	110 €	282 €	512 €	295 €	270 €
9	85670008	Konto 8	545 €	866 €	895 €	765 €	390 €
10	85670009	Konto 9	129 €	276 €	582 €	467 €	151 €
11	85670010	Konto 10	699 €	731 €	103 €	529 €	853 €
12	85670011	Konto 11	839 €	556 €	490 €	819 €	726 €
13	85670012	Konto 12	126 €	138 €	16 €	863 €	443 €
14	85670013	Konto 13	197 €	535 €	902 €	968 €	17 €
15	85670014	Konto 14	589 €	305 €	1 €	47 €	157 €

Abbildung 12.8: Die Markierung wird auf allen Tabellenblättern der Arbeitsmappe gleich eingestellt

Um den vorher beschriebenen Mechanismus umzusetzen, verwenden Sie die Ereignisse

`Workbook_SheetActivate` bzw. `Workbook_SheetDeactivate`.

Diese Ereignisse werden automatisch ausgelöst, wenn Sie in der Arbeitsmappe auf ein anderes Tabellenblatt wechseln. Dabei spielt es keine Rolle, wie Sie auf ein Tabellenblatt wechseln, sei es über einen Mausklick auf den gewünschten Tabellenreiter oder über die Tastenkombination [Strg]+[Bild↑] bzw. [Strg]+[Bild↓].

Listing 12.21: Ereignis Workbook_-SheetActivate zum gleichmäßigen Einstellen des Mauszeigers auf allen Tabellenblättern

```
Dim BlattAlt As Object

Private Sub Workbook_SheetActivate _
(ByVal Blatt As Object)
Dim lCol As Long
Dim lRow As Long
Dim sCell As String
Dim sSelection As String

  On Error GoTo Ende
  If TypeName(Blatt) <> "Worksheet" Then Exit Sub
  Application.ScreenUpdating = False
  Application.EnableEvents = False
  BlattAlt.Activate
  lCol = ActiveWindow.ScrollColumn
  lRow = ActiveWindow.ScrollRow
  sSelection = Selection.Address
  sCell = ActiveCell.Address

  Blatt.Activate
  ActiveWindow.ScrollColumn = lCol
  ActiveWindow.ScrollRow = lRow
  Range(sSelection).Select
  Range(sCell).Activate
Ende:
  Application.EnableEvents = True
End Sub
Private Sub Workbook_SheetDeactivate _
(ByVal Blatt As Object)
  If TypeName(Blatt) = _
  "Worksheet" Then Set BlattAlt = Blatt
End Sub
```

Die Lösung in Listing 12.21 benötigt eine globale Variable, in der Sie jeweils den alten Zustand der Markierung speichern. Da dieser Mechanismus nur bei Tabellenblättern funktionieren kann und bei Diagrammblättern einen Fehler verursachen würde, berücksichtigen Sie im Ereignis nur Tabellenblätter. Dazu wenden Sie die Funktion `TypeName` an. Liefert diese Funktion ein Ergebnis ungleich `Worksheet`, verlassen Sie das Makro über die Anweisung `Exit Sub`. Damit Ihnen beim Einstellen des Mauszeigers auf allen Tabellenblättern am Bildschirm nicht schwindelig wird, schalten Sie die Bildschirmaktualisierung ab, indem Sie die Eigenschaft `ScreenUpdating` auf den Wert `False` setzen. Setzen Sie zusätzlich die Eigenschaft `EnableEvents` auf den Wert `False`, um die Ereignissteuerung kurzfristig zu deaktivieren. Damit verhindern Sie, dass Excel in eine Endlosschleife gerät, wenn das vorherige Blatt wieder aktiviert wird, um die Position bzw. die Markierung zu ermitteln. Jetzt speichern Sie die Positionsdaten des Mauszeigers, indem Sie die Eigenschaften `ScrollColumn` und `ScrollRow` verwenden. Die Eigenschaft `ScrollColumn` gibt die Nummer der Spalte, die sich auf der linken Seite des Ausschnitts oder des Fensters befindet, zurück, die in der Variablen sCol gespeichert wird. Mit der Eigenschaft ScrollRow ermitteln Sie die Nummer der Zeile, die sich auf der oberen Seite des Ausschnitts oder des Fensters befindet, und speichern sie in der Variablen lRow. Die Adresse der aktiven Zelle bzw. der markierten Zellen speichern Sie in den String-Variablen sSelection und sCell mithilfe der Eigenschaft Address. Im Anschluss an das Auslesen der Positionen des »alten« Tabellenblatts wird wieder auf das neue Tabellenblatt gewechselt. Da Sie vorher die Ereignissteuerung kurzfristig ausgeschaltet haben, wird diesmal das Ereignis Workbook_SheetActivate nicht ausgelöst. Nun werden die Positionen aus den Variablen auf das neue Tabellenblatt übertragen. Vergessen Sie danach nicht, die Ereignissteuerung wieder zu aktivieren, indem Sie die Eigenschaft EnableEvents auf den Wert True setzen.

Im Ereignis Workbook_SheetDeactivate sorgen Sie dafür, dass die globale Variable BlattAlt mit dem Namen des neuen Tabellenblatts gefüllt wird.

INFO

Zusammenfassend ist zu sagen, dass bei der eben vorgestellten Lösung nicht alle Tabellenblätter einer Arbeitsmappe auf dieselbe Position des Mauszeigers eingestellt werden, sondern dass sich die Einstellung von Tabellenblatt zu Tabellenblatt vererbt.

CD

Die Beispieldatei finden Sie auf der mitgelieferten CD-ROM im Verzeichnis KAP12 *unter dem Namen* WEREIGN10.XLS.

Die Lösung für das sparsame Drucken

Auf das Symbol DRUCKEN in der Symbolleiste STANDARD ist schnell gedrückt. Oft werden dann völlig unkontrolliert und vor allem umsonst mehrere Arbeitsblätter gedruckt. Das muss nicht sein. Gehen Sie vorher in die Seitenansicht, stellen Sie die Ränder ein und passen Sie den Ausdruck bei Bedarf auf eine Seite an. Damit der Anwender an diese Sparmaßnahme erinnert wird, bauen Sie sicherheitshalber das Ereignis Workbook_BeforePrint ein.

Listing 12.22: Ereignis Workbook_-BeforePrint zum bewussteren Umgang mit Papier und Tinte/Toner einsetzen

```
Private Sub Workbook_BeforePrint(Cancel As Boolean)
Dim i As Integer

i = MsgBox _
("Haben Sie die Seitenansicht kontrolliert?", _
 vbYesNo, "Drucken")
If i <> 6 Then Cancel = True: Exit Sub
End Sub
```

Drückt der Anwender auf die Schaltfläche NEIN, dann setzen Sie das Argument Cancel auf den Wert True, um den Druckvorgang erst gar nicht zu starten, und verlassen Sie das Ereignis danach über die Anweisung Exit Sub.

Die Beispieldatei finden Sie auf der mitgelieferten CD-ROM im Verzeichnis KAP12 *unter dem Namen* WEREIGN11.XLS.

CD

Einfügen von Blättern verhindern

Im folgenden Beispiel möchten Sie das Einfügen von Tabellen in eine Arbeitsmappe verhindern. Dazu setzen Sie das neue Ereignis `WorkBook_NewSheet` *ein.*

NEU

Listing 12.23: Ereignis Workbook_-NewSheet zum Überwachen des Einfügens neuer Tabellen

```
Private Sub Workbook_NewSheet _
(ByVal Sh As Object)

Application.DisplayAlerts = False
Sh.Delete
Application.DisplayAlerts = True
End Sub
```

Sobald ein neues Tabellenblatt in Ihre Arbeitsmappe eingefügt wird, löschen Sie dieses sofort wieder. Setzen Sie dazu die Methode `Delete` ein. Um zu verhindern, dass eine Warnmeldung angezeigt wird, setzen Sie die Eigenschaft `DisplayAlerts` auf den Wert `False`. Nach dem Löschen müssen Sie diese Eigenschaft wieder auf den Wert `True` setzen, damit Excel wieder Meldungen auf dem Bildschirm ausgeben kann.

Die Beispieldatei finden Sie auf der mitgelieferten CD-ROM im Verzeichnis KAP12 *unter dem Namen* WEREIGN11B.XLS.

CD

Druckstatistik führen

Wenn Sie wissen möchten, wie oft eine ganz bestimmte Arbeitsmappe gedruckt wird, pflanzen Sie in diese Arbeitsmappe das Ereignis `Workbook_BeforePrint` ein.

Listing 12.24: Ereignis Workbook_BeforePrint zum Ermitteln der Anzahl der Druckvorgänge

```
Private Sub Workbook_BeforePrint(Cancel As Boolean)
    With Worksheets(1).Cells(1, 1)
            .Value = .Value + 1
    End With
End Sub
```

Vor jedem Druckvorgang wird der Wert in Zelle A1 um den Wert 1 erhöht.

Alle Ereignisse für die Arbeitsmappe im Überblick

Der Tabelle 12.1 entnehmen Sie alle möglichen Ereignisse, die Sie für die Arbeitsmappe anwenden können. Das eine oder andere Ereignis wird noch an anderer Stelle im Buch näher beleuchtet.

Tabelle 12.1: Alle Ereignisse für die Arbeitsmappe im Überblick

Ereignis	Beschreibung
`Workbook_Activate`	Tritt ein, sobald eine Arbeitsmappe aktiviert wird.
`Workbook_AddinInstall`	Tritt ein, wenn ein Add-In eingebunden wird. Dies kann entweder durch direktes Öffnen des Add-Ins erfolgen oder durch das Einbinden in den Add-Ins-Manager.
`Workbook_AddinUninstall`	Tritt ein, wenn ein Add-In aus dem Add-Ins-Manager deaktiviert wird.
`Workbook_BeforePrint`	Tritt vor dem Druck einer Arbeitsmappe oder nur einzelner Tabellen ein.
`Workbook_BeforeSave`	Tritt vor dem Speichervorgang ein. Dabei spielt es keine Rolle, ob Sie über Menübefehle, Symbolleiste oder Tastenkombination speichern.
`Workbook_Deactivate`	Tritt ein, wenn eine Arbeitsmappe deaktiviert wird, beispielsweise wenn eine Arbeitsmappe minimiert wird.
`Workbook_NewSheet`	Tritt ein, wenn eine neue Tabelle in die Arbeitsmappe eingefügt wird.
`Workbook_SheetActivate`	Tritt ein, wenn ein beliebiges Tabellen- oder Diagrammblatt in der Arbeitsmappe aktiviert wird.
`Workbook_SheetBeforeDoubleClick`	Tritt ein, wenn an einer beliebigen Stelle der Arbeitsmappe ein Doppelklick mit der linken Maustaste durchgeführt wird.
`Workbook_SheetBeforeRightClick`	Tritt ein, wenn an einer beliebigen Stelle der Arbeitsmappe ein Klick mit der rechten Maustaste durchgeführt wird.
`Workbook_SheetCalculate`	Tritt nach der Neuberechnung jedes Tabellenblatts auf.
`Workbook_SheetChange`	Tritt ein, wenn sich auf einem beliebigen Tabellenblatt etwas ändert, sei es durch eine Verknüpfung oder den Anwender selbst.
`Workbook_SheetDeactivate`	Tritt ein, sobald ein beliebiges Tabellenblatt in der Arbeitsmappe verlassen wird.
`Workbook_SheetFollowHyperlink`	Tritt ein, wenn der Anwender auf einen Hyperlink in einer Tabelle klickt.
`Workbook_SheetSelectionChange`	Tritt ein, wenn sich die Markierung auf einem Tabellenblatt ändert.

Ereignis	Beschreibung
`Workbook_WindowActivate`	Tritt ein, wenn ein Arbeitsmappen-Fenster aktiviert wird.
`Workbook_WindowDeactivate`	Tritt ein, wenn ein Arbeitsmappen-Fenster deaktiviert wird.
`Workbook_WindowResize`	Tritt ein, wenn eine Änderung an der Größe des Arbeitsmappen-Fensters durchgeführt wurde.

Tabelle 12.1: Alle Ereignisse für die Arbeitsmappe im Überblick (Forts.)

12.2 Ereignisse für das Tabellenblatt

Ein wichtiges Ereignis, das für das Tabellenblatt gilt, ist z.B. das Ereignis `Worksheet_Activate`. Mit diesem bestimmen Sie, was passieren soll, wenn ein bestimmtes Tabellenblatt aktiviert wird. Nicht minder interessant ist das Ereignis `Worksheet_Change`, mit dem Sie in die Lage versetzt werden, auf Änderungen in Ihren Tabellen zu reagieren. Des Weiteren können Sie mit den Ereignissen `Worksheet_ BeforeRightClick` und `Worksheet_BeforeDoubleClick` Mausklicks überwachen.

Der Vorteil bei den Tabellenereignissen ist der, dass Sie ganz gezielt Ereignisse für bestimmte Tabellenblätter einstellen können.

Allgemeine Vorgehensweise bei der Einstellung von Tabellenereignissen

STEP

Um für ein Tabellenblatt ein Ereignis einzustellen, verfahren Sie wie folgt:

1. Drücken Sie die Tastenkombination [Alt]+[F11], um in die Entwicklungsumgebung zu gelangen.
2. Im Projekt-Explorer klicken Sie die Tabelle, der Sie das Ereignis zuweisen möchten, doppelt an.
3. Klicken Sie im Codefenster auf den Pfeil des linken Kombinationsfelds und wählen Sie den Eintrag WORKSHEET.
4. Im zweiten Kombinationsfeld wählen Sie dann das gewünschte Ereignis aus.

:-) TIPP

Wenn Sie noch schneller die Ereignisse einer Tabelle einblenden möchten, klicken Sie mit der rechten Maustaste auf die Registerkarte der Tabelle und wählen Sie aus dem Kontextmenü den Befehl CODE ANZEIGEN.

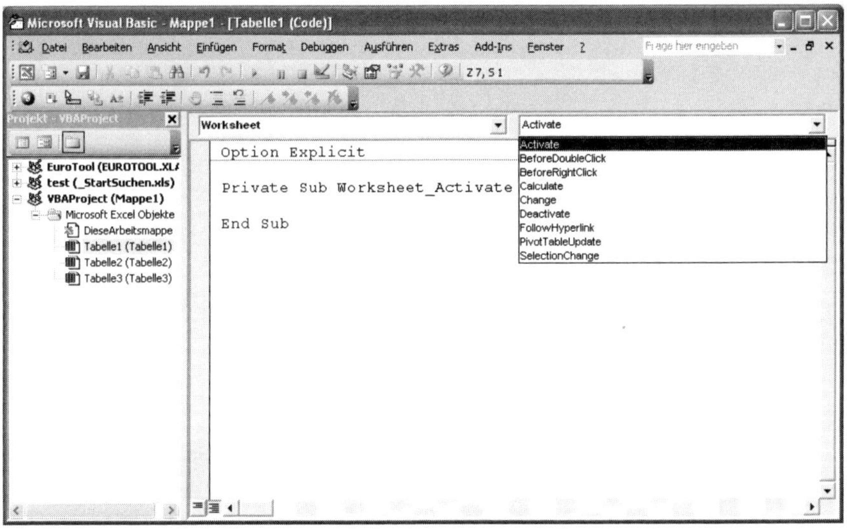

Abbildung 12.9: Ein Ereignis auf Tabellenebene einstellen

Passworteingabe beim Aktivieren einer Tabelle

Möchten Sie eine Tabelle vor neugierigen Blicken schützen, können Sie vom Anwender ein Passwort abfragen, sobald er die Tabelle aktiviert. Das Ereignis für diese Aufgabe sehen Sie in Listing 12.25.

Listing 12.25: Ereignis Worksheet_Activate zum Abfragen eines Passworts

```
Private Sub Worksheet_Activate()
 AbfragePasswort
End Sub

Sub AbfragePasswort()
Dim s As String
Const passw = "Hero"

  s = InputBox("Geben Sie das Passwort ein!")
  If s = passw _
  Then MsgBox "OK Zugriff erlaubt!": Exit Sub _
  Else Application.DisplayAlerts = False: _
  MsgBox "Keine Zugriffsrechte auf dieses Blatt": _
  Sheets("Tabelle1").Activate
End Sub
```

CD

Die Beispieldatei finden Sie auf der mitgelieferten CD-ROM im Verzeichnis KAP12 *unter dem Namen* TEREIGN00.XLS.

Starten einer UserForm

Setzen Sie das Ereignis `Worksheet_Activate` dazu ein, um automatisch eine UserForm anzuzeigen, sobald die Tabelle TABELLE1 aktiviert wird. Fügen

Sie zunächst eine neue UserForm ein. Danach legen Sie hinter die TABELLE1 das folgende Ereignismakro:

```
Private Sub Worksheet_Activate()
    UserForm1.Show
End Sub
```

Listing 12.26: Ereignis Worksheet_Activate zum Aufrufen einer UserForm

Immer wenn Sie die TABELLE1 aktivieren, wird automatisch die UserForm USERFORM1 angezeigt.

Wenn Sie möchten, können Sie eine weitere Bedingung für die Anzeige der UserForm einbauen. So wird im folgenden Makro die UserForm nur aufgerufen, wenn der Mauszeiger in der Zelle A5 steht.

CD

Die Beispieldatei finden Sie auf der mitgelieferten CD-ROM im Verzeichnis KAP12 *unter dem Namen* TEREIGN01.XLS.

```
Private Sub Worksheet_Activate()
If ActiveCell.Address = "$A$5" Then
    UserForm1.Show
End If
End Sub
```

Listing 12.27: Ereignis Worksheet_Activate zum bedingten Aufrufen einer UserForm

!! STOP

Wenn Sie die letzten beiden Ereignisse einstellen, werden Sie bemerken, dass das so nicht geht. Sie bekommen die Fehlermeldung, dass Sie einen Namen mehrfach verwenden. Selbstverständlich können Sie mehrere Ereignisse für ein Tabellenblatt jederzeit einstellen. Dabei spielt jedoch die Reihenfolge der Ereignisse eine Rolle. So werden Ereignisse für Tabellenblätter beispielsweise immer vor den Ereignissen der Arbeitsmappe ausgeführt. Auch innerhalb der Tabellenereignisse existiert eine bestimmte Hierarchie der Ereignisse. Achten Sie darauf, dass Sie keine Ereignisse doppelt erfassen.

Beim Verlassen eines Tabellenblatts Daten neu berechnen

Bei umfangreichen Tabellenblättern ist es oftmals ganz gut, wenn die Daten noch einmal neu durchgerechnet werden. Das erreichen Sie, wenn Sie die Taste [F9] drücken.

STEP

Führen Sie für die nächste Aufgabe folgende vorbereitenden Arbeiten durch:

1. Markieren Sie in Tabelle TABELLE1 den Bereich A1:H30.
2. Erfassen Sie folgende Funktion: =ZUFALLSZAHL()*100 und drücken Sie zur Bestätigung die Tastenkombination [Strg]+[↵]. Die Funktion, welche Ihnen Zufallszahlen generiert, wird nun in alle Zellen innerhalb der Markierung eingefügt.

Immer wenn Sie die Taste [F9] drücken, werden neue Zufallszahlen angezeigt. Diese Verhaltensweise wird nun übernommen und immer automatisch angewendet, wenn das Tabellenblatt aktiviert wird.

Listing 12.28: Ereignis Worksheet_Activate zum erneuten Rechnen von Zufallszahlen

```
Private Sub Worksheet_Activate()
   Application.Calculation = xlAutomatic
End Sub
```

INFO

Das Ereignis `Worksheet_Activate` *wird übrigens auch ausgelöst, wenn Sie die Arbeitsmappe öffnen und die* TABELLE1 *aktiviert ist.*

CD

Die Beispieldatei finden Sie auf der mitgelieferten CD-ROM im Verzeichnis KAP12 *unter dem Namen* TEREIGN02.XLS.

»Schiffe versenken« spielen

STEP

Sicher haben Sie schon einmal das Spiel »Schiffe versenken« gespielt. Wie Sie sich ganz schnell dieses Spiel in Excel erstellen können, erfahren Sie jetzt.

1. Markieren Sie in der TABELLE1 den Bereich A1:J10.
2. Wählen Sie den Menübefehl FORMAT/SPALTE/BREITE aus.
3. Geben Sie als Spaltenbreite den Wert 2 ein und bestätigen Sie mit OK.
4. Wählen Sie den Menübefehl ANSICHT/ZOOM und stellen Sie den Wert 200 % ein, um das Ganze besser zu sehen.
5. Geben Sie der Markierung einen Rahmen, der die einzelnen Zellen voneinander teilt.
6. Drücken Sie jetzt die Tastenkombination [Alt]+[F11], um in die Entwicklungsumgebung zu gelangen.
7. Klicken Sie im Projekt-Explorer die Tabelle TABELLE1 doppelt an und erfassen Sie folgendes Ereignis:

Listing 12.29: Ereignis Worksheet_Change zum Spiel »Schiffe versenken«

```
Private Sub Worksheet_Change _
(ByVal Target As Range)
Dim SchiffBereich As Range

  On Error Resume Next
  Set SchiffBereich = Range("A1:K10")
  If Intersect(Target, SchiffBereich) Is Nothing Then
   Exit Sub
   Else
   If Target.Value = "X" Then  _
```

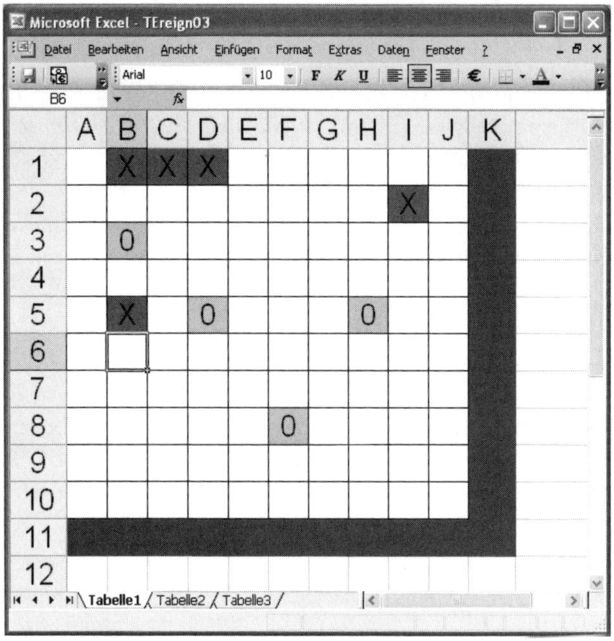

Abbildung 12.10: Blau und 0 bedeuten »Wasser«, Rot und X bedeuten »Treffer«

```
    Target.Interior.ColorIndex = 3 Else _
    Target.Interior.ColorIndex = 8
    End If
End Sub
```

Definieren Sie zuerst den Gültigkeitsbereich, indem Sie einen Bereich festlegen. Bei »Schiffe versenken« gilt ein Bereich von 10x10 Feldern, also der Bereich A1:K10. Mit der Methode `Intersect` prüfen Sie, ob die Eingabe `0` für »Wasser« oder `X` für »Treffer« im gültigen Sektor liegt. Wenn ja, wird geprüft, ob es sich bei der Eingabe um den Buchstaben `X` oder um die Zahl `0` handelt. Je nachdem, wird der Hintergrund der Zelle mit einer anderen Farbe belegt.

CD

Die Beispieldatei finden Sie auf der mitgelieferten CD-ROM im Verzeichnis KAP12 *unter dem Namen* TEREIGN03.XLS.

INFO

Das Ereignis `Worksheet_Change` *tritt dann auf, wenn sich Veränderungen in Ihrer Tabelle ergeben, welche durch Änderungen an den Inhalten, also dem Zellenwert, entstanden sind. Es spielt dabei keine Rolle, wodurch sich diese Änderung ergibt. Folgende Änderungen sind möglich:*

- *Eine Veränderung wird durch eine Verknüpfung mit einer anderen Datei ausgelöst.*
- *Eine Veränderung wird durch eine direkte Verknüpfung innerhalb der Arbeitsmappe ausgelöst.*

– *Eine Veränderung wird durch die direkte Eingabe eines Werts in eine Zelle ausgelöst.*

STOP

Die Änderung der Formatierung einer Zelle löst das Ereignis `Worksheet_Change` *nicht aus. Entfernen Sie jedoch die Formate einer Zelle über den Menübefehl* BEARBEITEN/LÖSCHEN/FORMATE, *wird das Ereignis ausgelöst.*

INFO

Der Einsatz des Ereignisses `Worksheet_Change` *bietet sich dann an, wenn mit Gültigkeitsbereichen gearbeitet wird, für die eine Überwachung aufgesetzt werden soll.*

Vergleich von zwei Spalten

Sehr nützlich in der Praxis ist auch das folgende Beispiel. Die Spalten A und B sollen überwacht werden. Jeweils der kleinere Wert in der Zeile soll gekennzeichnet werden. Dabei wird die kleinere Zelle mit der Hintergrundfarbe Rot belegt.

Die Programmierung dazu sieht wie folgt aus:

Listing 12.30: Ereignis Worksheet_Change zum Vergleich von zwei Spalten

```
Private Sub Worksheet_Change _
(ByVal Target As Range)

If Target.Column = 1 Then
    If Target.Value < Target.Offset(0, 1).Value Then
    Target.Interior.ColorIndex = 3
    Target.Offset(0, 1).Interior.ColorIndex = _
    xlColorindexNone
    Else
    Target.Interior.ColorIndex = 2
    Target.Offset(0, 1).Interior.ColorIndex = 3
End If
End If
If Target.Column = 2 Then
    If Target.Value < Target.Offset(0, -1).Value Then
    Target.Interior.ColorIndex = 3
    Target.Offset(0, -1).Interior.ColorIndex = _
    xlColorindexNone
    Else
    Target.Interior.ColorIndex = 2
    Target.Offset(0, -1).Interior.ColorIndex = 3
    End If
End If
End Sub
```

Überprüfen Sie mithilfe der Eigenschaft `Columns`, ob die Zelle im Zielbereich liegt. Dabei muss die Eigenschaft den Wert `1` oder `2` zurückmelden (Spalte A oder B). Je nach eingegebener Zelle müssen die beiden Zellen dann miteinander verglichen werden. Bei der Eigenschaft `ColorIndex` entspricht der Wert `3` der Farbe Rot, der Wert `2` der Farbe Weiß. Als Alternative zur Farbe Weiß können Sie auch die Konstante `XlAutomatic` einsetzen. Damit bleiben die Ränder der Zellen erhalten.

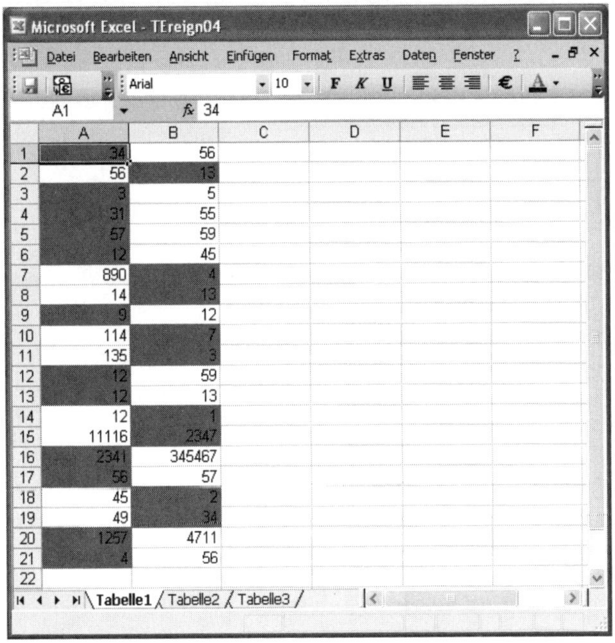

Abbildung 12.11: Schnell und sicher Werte vergleichen

Die Beispieldatei finden Sie auf der mitgelieferten CD-ROM im Verzeichnis KAP12 *unter dem Namen* TEREIGN04.XLS.

CD

Änderungen in einer Tabelle sichtbar machen

Wenn Sie einige Änderungen auf einem Tabellenblatt vorgenommen haben, fällt es je nach Umfang der Tabelle schwer, nach den vorgenommenen Änderungen diese noch einmal zu kontrollieren. Welche Zellen wurden jetzt geändert? Dazu wenden Sie das Ereignis `Worksheet_Change` an, um alle Änderungen seit der letzten Speicherung der Arbeitsmappe aufzuzeigen. Alle geänderten Zellen werden mit der Hintergrundfarbe Grau belegt.

Die Ereignisprogrammierung entnehmen Sie dem Listing 12.31:

Listing 12.31: Ereignis Worksheet_Change zur Kontrolle der geänderten Zellen im Zielbereich einsetzen

```
Private Sub Worksheet_Change _
(ByVal Target As Range)

 If Intersect(Target, Range("B2:C13")) Is Nothing Then
  Exit Sub
 Else
```

```
  Target.Interior.ColorIndex = 15
 End If
End Sub
```

Abbildung 12.12: Die Zelle C5 wurde geändert

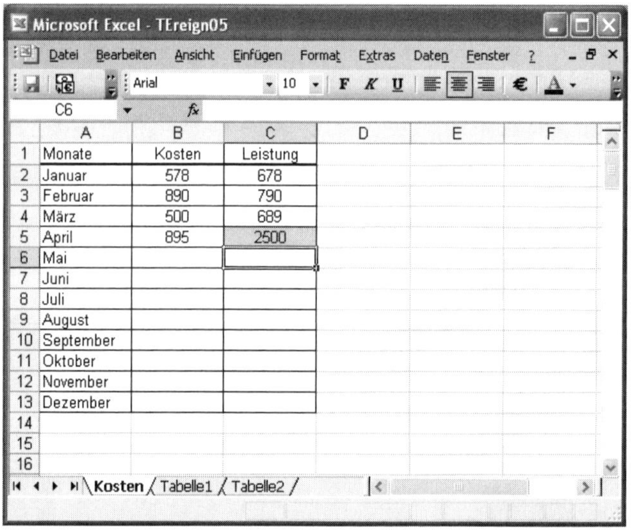

Über die Methode `Intersect` prüfen Sie, ob die geänderte Zelle im definierten Zielbereich B2:C13 liegt. Wenn ja, dann färben Sie die Zelle mit der Eigenschaft `ColorIndex`, der Sie den Index `15` (Grau) zuweisen.

CD

Die Beispieldatei finden Sie auf der mitgelieferten CD-ROM im Verzeichnis KAP12 *unter dem Namen* TEREIGN05.XLS.

:-) TIPP

Es empfiehlt sich, diese Formatierung der geänderten Zellen vor dem Speichern der Arbeitsmappe wieder zu normalisieren. Dazu verwenden Sie das Arbeitsmappenereignis `Workbook_BeforeSave`.

Listing 12.32: Ereignis Workbook_BeforeSave zum Entfernen von Formatierungen im Zielbereich einsetzen

```
Private Sub Workbook_BeforeSave _
(ByVal SaveAsUI As Boolean, Cancel As Boolean)
  Sheets("Kosten").Range("B2:C13"). _
  Interior.ColorIndex = xlNone
End Sub
```

Unterschiedliche Makros je nach Zellenwert starten

Stellen Sie sich vor, Sie haben eine Tabelle mit Preisen. Anhand einer bestimmten Zelle legen Sie fest, in welche Währung diese Tabelle umgerechnet werden soll.

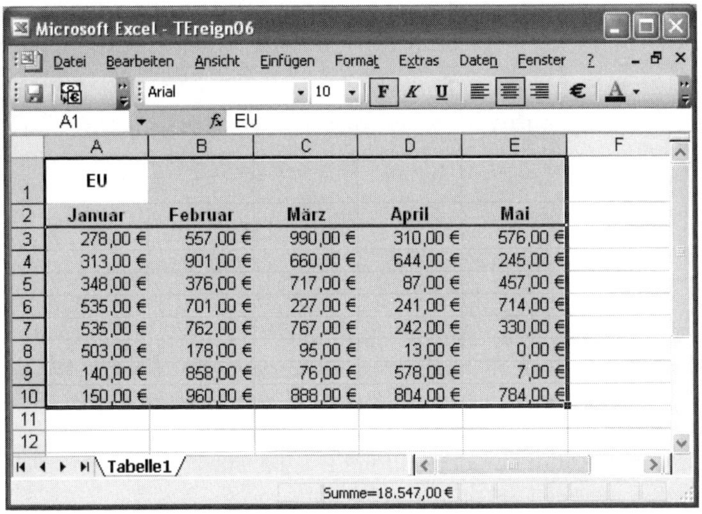

Abbildung 12.13: Die Ausgangstabelle: Alle Preise werden in € ausgegeben

Geben Sie nun in die Zelle A1 das Kürzel »DM« ein. Damit sollen dann alle Werte umgerechnet sowie das entsprechende Währungszeichen gesetzt werden. Diesen Mechanismus erhalten Sie über das Ereignis `Worksheet_Change`. In Abhängigkeit von der Zelle A1 wird entweder das Makro `DMinEUROUmrechnen` oder das Makro `EUROinDMUmrechnen` gestartet. Erfassen Sie zunächst diese beiden Makros in einem Modulblatt.

Listing 12.33: Zwei Makros zum Umrechnen von Währungen

```
Sub DMinEUROUmrechnen()
Dim Zelle As Range

ActiveSheet.UsedRange.Select
For Each Zelle In Selection
If Zelle.HasFormula = True Or IsNumeric(Zelle) = False _
 Or IsEmpty(Zelle) Or IsDate(Zelle) Then
 Else
  Zelle = Zelle / 1.95583
 End If
 If IsEmpty(Zelle) Or IsDate(Zelle) Then
 Else
 Zelle.NumberFormat = "#,##0.00 _;-#,##0.00 _"
 End If
Next Zelle
End Sub
```

€ -> DM

```
Sub EUROinDMumrechnen()
Dim Zelle As Range

ActiveSheet.UsedRange.Select
For Each Zelle In Selection
 If Zelle.HasFormula = True Or
 IsNumeric(Zelle) = False _
```

```
 Or IsEmpty(Zelle) Or IsDate(Zelle) Then
  Else
  Zelle = Zelle * 1.95583
  End If
  If IsEmpty(Zelle) Or IsDate(Zelle) Then
  Else
  Zelle.NumberFormat =
 "#,##0.00 ""DM"";-#,##0.00 ""DM"""
  End If
Next Zelle
End Sub
```

REF

Die beiden Makros wurden in ähnlicher Form bereits in Kapitel 5 erklärt, so dass hier nicht mehr weiter darauf eingegangen wird.

Sorgen Sie nun für den automatischen Start des jeweils richtigen Makros und verwenden Sie dazu das Ereignis `Worksheet_Change`.

Listing 12.34: Ereignis Worksheet_Change zum bedingten Starten von unterschiedlichen Makros

```
Private Sub Worksheet_Change _
(ByVal Target As Range)

 If Target.Address = "$A$1" And Target.Value = "EU" _
 Then Call DMinEUROUmrechnen  _
 Else If Target.Address = "$A$1" _
 And Target.Value = "DM" Then Call EUROinDMumrechnen
End Sub
```

Es wird lediglich ein Makro gestartet, wenn sich die Zelle A1 ändert. Alle Änderungen in anderen Zellen lösen den Makrostart nicht aus.

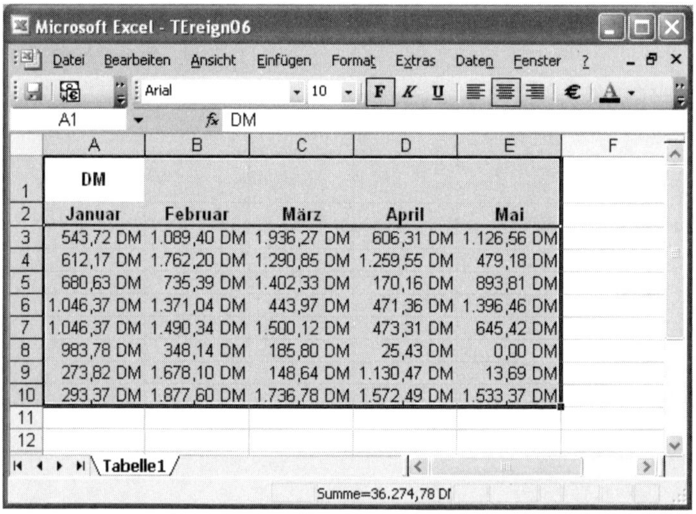

	A	B	C	D	E
1	DM				
2	Januar	Februar	März	April	Mai
3	543,72 DM	1.089,40 DM	1.936,27 DM	606,31 DM	1.126,56 DM
4	612,17 DM	1.762,20 DM	1.290,85 DM	1.259,55 DM	479,18 DM
5	680,63 DM	735,39 DM	1.402,33 DM	170,16 DM	893,81 DM
6	1.046,37 DM	1.371,04 DM	443,97 DM	471,36 DM	1.396,46 DM
7	1.046,37 DM	1.490,34 DM	1.500,12 DM	473,31 DM	645,42 DM
8	983,78 DM	348,14 DM	185,80 DM	25,43 DM	0,00 DM
9	273,82 DM	1.678,10 DM	148,64 DM	1.130,47 DM	13,69 DM
10	293,37 DM	1.877,60 DM	1.736,78 DM	1.572,49 DM	1.533,37 DM

Abbildung 12.14: Das Endergebnis: die Preistabelle in DM

Die Beispieldatei finden Sie auf der mitgelieferten CD-ROM im Verzeichnis KAP12 *unter dem Namen* TEREIGN06.XLS.

CD

Automatisch die Spaltenbreite einstellen

Standardmäßig hat eine Excel-Spalte eine Breite von 10,71. Wenn Sie Daten erfassen, passt sich die Zelle nicht automatisch an die benötigte Breite an. Mit dem Ereignis `WorkSheet_Change` können Sie dafür sorgen, dass direkt nach der Eingabe die Breite automatisch eingestellt wird. Das Ereignis für diese Aufgabe sehen Sie in Listing 12.35.

Listing 12.35: Ereignis Worksheet_Change zum automatischen Einstellen der Spaltenbreite

```
Private Sub Worksheet_Change _
(ByVal Target As Range)
 Anpassen
End Sub

Sub Anpassen()
 Cells.EntireColumn.AutoFit
 Cells.EntireRow.AutoFit
End Sub
```

Die Beispieldatei finden Sie auf der mitgelieferten CD-ROM im Verzeichnis KAP12 *unter dem Namen* TEREIGN06B.XLS.

CD

Mehrere Bereiche überwachen

Das Ereignis `Worksheet_Change` kontrolliert standardmäßig, ob sich eine beliebige Zelle auf der Tabelle ändert. Mithilfe des Arguments `Target` können Sie diese Überprüfung auf einzelne Bereiche einschränken.

Listing 12.36: Ereignis Worksheet_Change zur Überwachung mehrerer Bereiche einsetzen (Variante 1)

```
Private Sub Worksheet_Change _
(ByVal Target As Range)
Dim Bereich As Range

Set Bereich = _
Application.Union(Range("A1"), Range("A2"), Range("A3"))
If Intersect(Target, Bereich) Is Nothing Then Exit Sub
Target.Offset(0, 1).Value = Now
End Sub
```

Werden in den Zellen A1, A2 oder A3 Änderungen vorgenommen, wird jeweils in der Nebenzelle das Änderungsdatum erfasst.

Gibt es mehrere Bereiche zu überwachen, dann können Sie auch folgende Variante einsetzen:

Listing 12.37: Ereignis Worksheet_Change zur Überwachung mehrerer Bereiche einsetzen (Variante 2)

```
Private Sub Worksheet_Change(ByVal Target As Range)
Dim B01 As Range
Dim B02 As Range
Dim B03 As Range
Dim B04 As Range
Dim GB As Range

Set B01 = Range("A1:A5")
Set B02 = Range("C1:C5")
Set B03 = Range("E1:E5")
Set B04 = Range("A8:E8")

Set GB = Union(B01, B02, B03, B04)
If Intersect(Target, GB) Is Nothing Then Exit Sub
MsgBox "Änderung in Zelle " & Target.Address
End Sub
```

Deklarieren Sie zuerst einmal die Variablen vom Typ `Range` und geben Sie die Zellenadressen über die Anweisung `Set` bekannt. Danach vereinen Sie die einzelnen Bereiche über die Anweisung `Union`. Jetzt können Sie den Gesamtbereich `GB` wie einen einzigen Bereich ansprechen und über die Methode `Intersect` prüfen, ob eine Eingabe in den definierten Bereichen vorgenommen wurde.

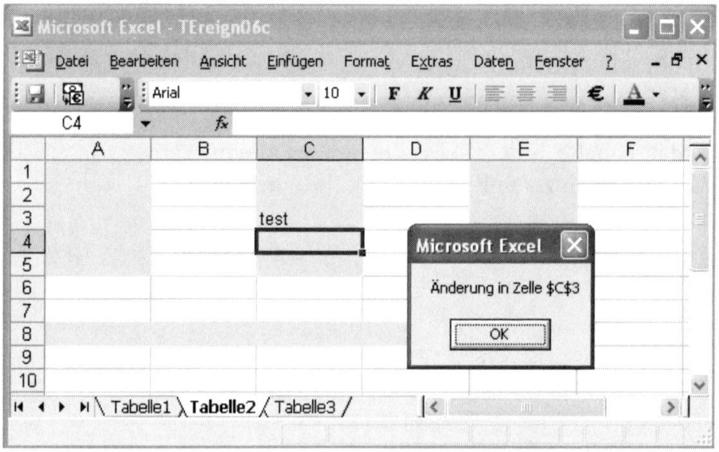

Abbildung 12.15: Mehrere Bereiche überwachen

CD

Die Beispieldatei finden Sie auf der mitgelieferten CD-ROM im Verzeichnis KAP12 *unter dem Namen* TEREIGN06C.XLS.

Eingabe auf mehreren Tabellen gleichzeitig durchführen

Stellen Sie sich vor, Sie haben eine Arbeitsmappe, in der sich mehrere gleichartige Tabellen befinden. Auf diesen Tabellen haben Sie in Zelle A1 ein Datum erfasst. Wenn Sie jetzt das Datum in allen Tabellen ändern möchten, geben Sie das Datum in Zelle A1 der ersten Tabelle ein, den Rest erledigt das folgende Makro aus Listing 12.38.

Listing 12.38: Ereignis Worksheet_Change zum Erfassen einer Änderung auf allen Tabellen

```
Private Sub Worksheet_Change _
(ByVal Target As Range)
Dim i As Integer

If Target.Address <> "$A$1" Then Exit Sub
For i = 2 To ActiveWorkbook.WorkSheets.Count
 Sheets(i).Activate
 Sheets(i).Range("A1").Value = Target.Value
Next i
End Sub
```

Die Beispieldatei finden Sie auf der mitgelieferten CD-ROM im Verzeichnis KAP12 *unter dem Namen* TEREIGN06D.XLS.

Änderungen dokumentieren

Im nächsten Beispiel werden alle Änderungen in TABELLE1 in der TABELLE2 erfasst. Dabei erfolgt die Ausgabe des Erfassungsdatums, der Änderungsuhrzeit sowie der Zellenadresse.

Listing 12.39: Ereignis Worksheet_Change zum Dokumentieren aller Änderungen

```
Private Sub Worksheet_Change _
(ByVal Target As Range)

Sheets("Tabelle2").Cells(Target.Row, Target.Column) = _
ActiveSheet.Cells(Target.Row, Target.Column) & " " & _
 Date & " " & Time & " " & Target.Address
End Sub
```

Die Beispieldatei finden Sie auf der mitgelieferten CD-ROM im Verzeichnis KAP12 *unter dem Namen* TEREIGN06E.XLS.

Wareneingänge dokumentieren

In einem Unternehmen ist es sehr wichtig, alle Wareneingänge zu dokumentieren. So werden gestellte Rechnungen erst bezahlt, wenn die Ware eingegangen ist. Für diese Aufgabe können Sie eine einfache Tabelle pflegen, in welcher Sie die Wareneingänge verzeichnen. Das Datum des Wareneingangs kann Excel dann automatisch für Sie einfügen.

Sobald ein neuer Wareneingang in Spalte A eingetragen wird, fügt Excel automatisch das aktuelle Tagesdatum in Spalte B ein. Für diese Aufgabe setzen Sie das Ereignis `Worksheet_Change` ein, welches Sie dem Listing 12.40 entnehmen können.

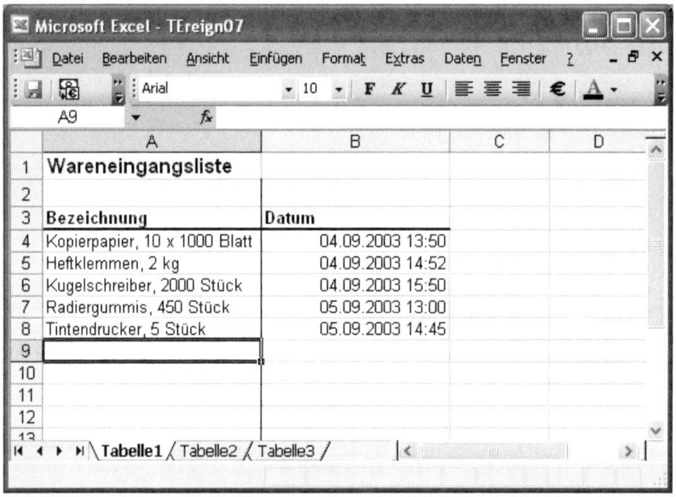

Abbildung 12.16: Die halbautomatische Wareneingangsliste

Listing 12.40: Ereignis Worksheet_Change zur Dokumentation von Wareneingängen einsetzen

```
Private Sub Worksheet_Change(ByVal Target As Range)
Dim l As Long

 l = ActiveSheet.UsedRange.Rows.Count
    If Not Application.Intersect _
    (Target, Range("A4:A" & l)) Is Nothing Then
        Target.Offset(0, 1).Value = Now
    End If
End Sub
```

Da die ersten drei Zeilen der Wareneingangsliste mit Überschriften belegt sind und diese nicht geändert werden dürfen, müssen Sie zuerst den Bereich definieren, für den diese Automatik gelten soll. Der Geltungsbereich soll für die ganze Spalte A gelten, mit Ausnahme der ersten drei Zellen dieser Spalte. Ermitteln Sie aus diesem Grund zuerst einmal die Anzahl der belegten Zellen in Spalte A. Prüfen Sie im nächsten Schritt über die Methode `Intersect`, ob die Zelleneingabe im Zielbereich liegt. Wenn ja, fügen Sie in der Nebenzelle das aktuelle Datum über die Funktion `Date` ein.

CD

Die Beispieldatei finden Sie auf der mitgelieferten CD-ROM im Verzeichnis KAP12 *unter dem Namen* TEREIGN07.XLS.

Artikelliste bereinigen

Die Anforderungen

In der nächsten Aufgabe wird eine Artikelliste geführt. Dabei sollen Artikel, die nicht mehr im Sortiment bzw. nicht mehr lieferbar sind, zwar nicht aus der Liste gelöscht, aber ausgeblendet werden. Damit haben Sie die Möglichkeit, diese Artikel wieder aufleben zu lassen, und Sie ersparen sich lästige Schreibarbeit. Nun müssen Sie nur noch definieren, wie sich diese Artikel identifizieren lassen.

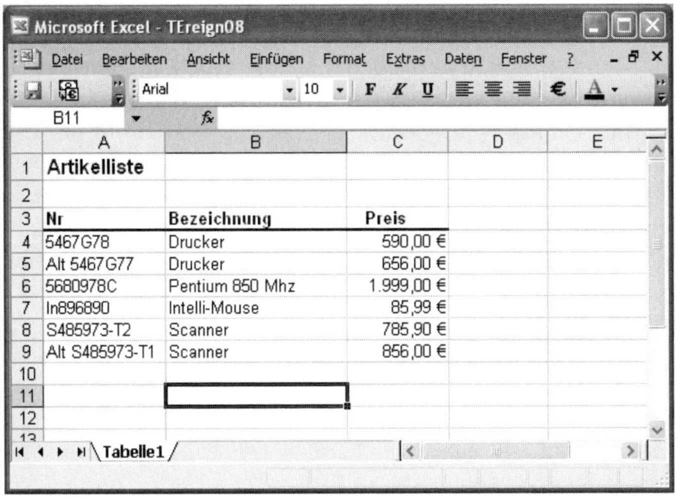

Microsoft Excel - TEreign08

	A	B	C
1	**Artikelliste**		
2			
3	**Nr**	**Bezeichnung**	**Preis**
4	5467G78	Drucker	590,00 €
5	Alt 5467G77	Drucker	656,00 €
6	5680978C	Pentium 850 Mhz	1.999,00 €
7	In896890	Intelli-Mouse	85,99 €
8	S485973-T2	Scanner	785,90 €
9	Alt S485973-T1	Scanner	856,00 €

Abbildung 12.17: Die Ausgangssituation – eine Artikelliste mit allen lieferbaren und nicht lieferbaren Artikeln

In der Abbildung 12.17 sehen Sie, dass für nicht mehr lieferbare Artikel in der Spalte A der Text `Alt` in Verbindung mit der Artikelnummer vorgesehen ist. Anhand dieser Kennzeichnung sollen zukünftig Zeilen direkt nach der Eingabe ausgeblendet werden.

Listing 12.41: Ereignis Worksheet_Change zum Ausblenden von bestimmten Zeilen

```
Private Sub Worksheet_Change(ByVal Target As Range)
  If Target.Column = 1 _
  And Left(Target.Value, 3) = "Alt" _
  Then Target.EntireRow.Hidden = True
End Sub
```

Schränken Sie den Gültigkeitsbereich des Ereignisses ein, indem Sie zuerst einmal die Spalte angeben, für die das Ereignis gelten soll. Dazu setzen Sie die Eigenschaft `Column` auf den Wert `1`. Als zweites Gültigkeitskriterium prüfen Sie, ob die ersten drei Buchstaben der Artikelnummer die Zeichenfolge `Alt` aufweisen. Wenn ja, blenden Sie die aktive Zelle aus.

REF

Das Beispiel aus Listing 12.41 blendet jeweils nur eine Zeile aus, sofern die Eingabe in Spalte A vorgenommen wurde und der Zelleneintrag mit der Zeichenfolge `Alt` *beginnt. Möchten Sie in einer Liste alle Zeilen ausblenden, die einem bestimmten Kriterium entsprechen, blättern Sie zurück zu Kapitel 6.*

CD

Die Beispieldatei finden Sie auf der mitgelieferten CD-ROM im Verzeichnis KAP12 *unter dem Namen* TEREIGN08.XLS.

Nur einmalige Eingabe zulassen

Die Anforderungen

Im nächsten Beispiel erstellen Sie eine Tabelle, in der jede Zelle nur einmal editiert werden kann. Nach dieser einmaligen Eingabe wird die Zelle geschützt und kann nicht mehr geändert werden. In der Praxis werden solche Lösungen oft eingesetzt, um wichtige Informationen zu schützen und zu verhindern, dass Daten im Nachhinein bearbeitet werden können. So können Sie sich eine Buchungsliste vorstellen, in der einzelne Buchungspositionen aufgeführt sind. Getreu der Vorgabe: »Keine Buchung ohne Beleg« können einmal vorgenommene Buchungen danach nicht mehr geändert werden. Wenn Korrekturen vorgenommen werden müssen, muss ein neuer Datensatz erzeugt und unten an die Liste angehängt werden.

Um die bisher eingegebenen Daten zu schützen, setzen Sie folgendes Ereignis aus Listing 12.42 ein.

Listing 12.42: Ereignis Worksheet_Change zum Schützen bereits eingegebener Daten

```
Private Sub Worksheet_Change(ByVal Target As Range)
    If Target.Value <> "" Then
        ActiveSheet.Unprotect
        Target.Locked = True
        ActiveSheet.Protect DrawingObjects:=True, _
        Contents:=True, Scenarios:=True
    End If
End Sub
```

Abbildung 12.18: Die Buchungsliste ist geschützt – nur neue Eingaben sind möglich

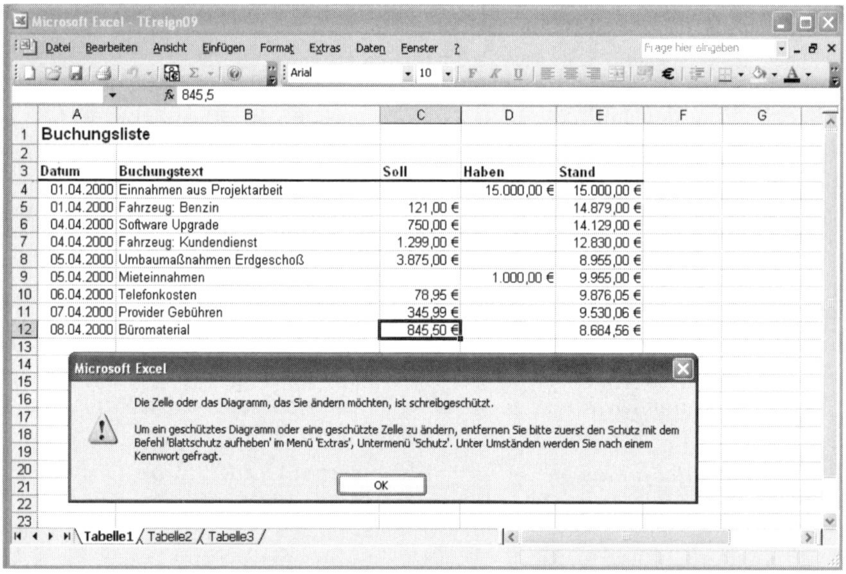

Heben Sie den Schutz eines Tabellenblatts mithilfe der Methode `UnProtect` auf, sofern in die aktive Zelle eine Eingabe vorgenommen wurde. Setzen Sie die Eigenschaft `Locked` auf den Wert `True`, um die Zelle zu sperren, und belegen Sie die Tabelle danach über die Methode `Protect` mit einem Passwortschutz.

Die Beispieldatei finden Sie auf der mitgelieferten CD-ROM im Verzeichnis KAP12 *unter dem Namen* TEREIGN09.XLS.

Tabellennamen aus Zelle herleiten

Die Benennung einer Tabelle können Sie u.a. auch abhängig machen von einer bestimmten Zelle. In Listing 12.43 wird die Zelle A1 für die Benennung des Tabellenblatts herangezogen. Jede Änderung dieser Zelle bedingt danach auch eine Änderung des Tabellenblattnamens.

Listing 12.43: Ereignis Worksheet_Change zum Benennen eines Tabellenblatts in Abhängigkeit von einem Zellenwert

```
Private Sub Worksheet_Change _
(ByVal Target As Range)
Dim s As String

 If Target.Address = "$A$1" _
 And IsDate(Target.Value) Then
  s = Range("A1").Value
  s = Format(s, "mmm yy")
  ActiveSheet.Name = s
 End If
End Sub
```

Das Ereignis `Worksheet_Change` *wird nur ausgelöst, wenn in Zelle* A1 *eine Änderung stattfindet. Als zweites Kriterium muss in diese Zelle ein gültiges Datum eingegeben werden. Wenn beide Kriterien erfüllt sind, wird das Datum in Zelle A1 in die Variable* `s` *überführt. Danach wird das Datumsformat über die Funktion* `Format` *festgelegt. Im Anschluss daran wird der Inhalt der Variablen* `s` *als neuer Tabellenblattname verwendet.*

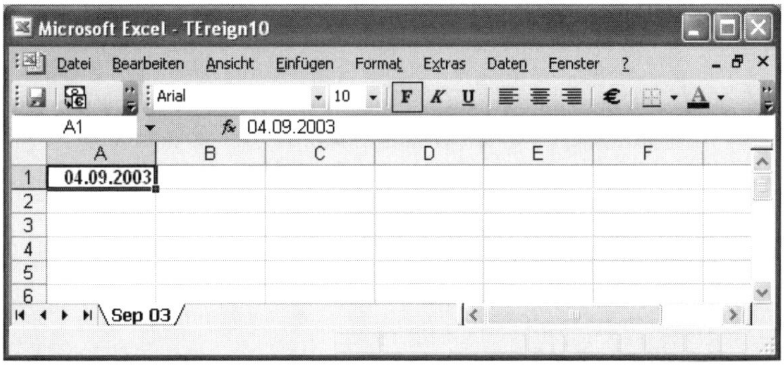

Abbildung 12.19: Der Tabellenblattname wird aus der Zelle A1 abgeleitet

Die Beispieldatei finden Sie auf der mitgelieferten CD-ROM im Verzeichnis KAP12 *unter dem Namen* TEREIGN10.XLS.

Automatische Suche von Datensätzen

Vielleicht haben Sie schon einmal mit einem Suchsystem gearbeitet. Dabei geben Sie in ein Feld einen Suchbegriff ein und bekommen alle gefundenen Datensätze angezeigt. Ein solches Suchsystem können Sie auch in Excel leicht erstellen.

Die Anforderung

In einer Artikelliste soll der gesuchte Satz schnell gefunden werden. Dazu geben Sie in Zelle A1 die Artikelnummer ein und bestätigen Ihre Eingabe durch Drücken der [↵]-Taste. Excel sucht dann automatisch und positioniert den Mauszeiger auf der gefundenen Zelle. Bei der Eingabe brauchen Sie keine kompletten Artikelnummern einzugeben. Es reicht auch, wenn Sie eine bzw. zwei Ziffern als Suchbegriff eingeben.

Abbildung 12.20: Das Suchsystem für die Artikelliste

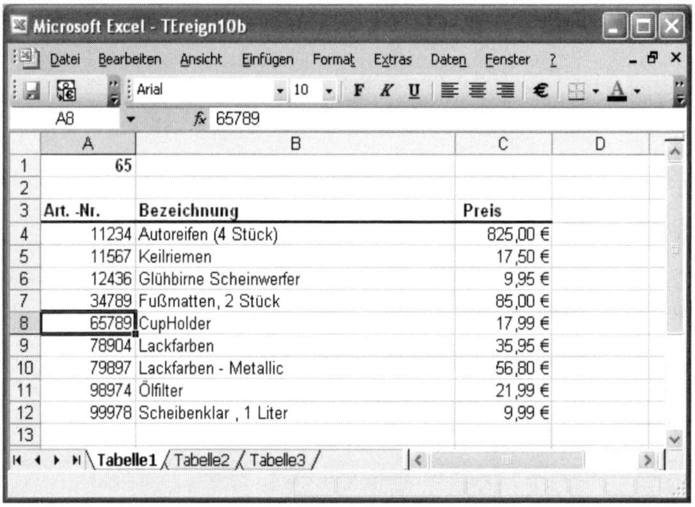

Der Suchen-Vorgang darf nur gestartet werden, wenn in Zelle A1 eine Eingabe vorgenommen wurde. Dazu setzen Sie das Ereignis aus Listing 12.44 ein.

Listing 12.44: Ereignis Worksheet_Change zum Starten eines Suchen-Makros einsetzen

```
Private Sub Worksheet_Change(ByVal Target As Range)
 If Target.Address = "$A$1" Then SuchenArt
End Sub
```

Wie Sie sehen, wird in Listing 12.44 ein Makro mit dem Namen `SuchenArt` aufgerufen. Erfassen Sie dieses Makro in einem Modulblatt.

Listing 12.45: Den gesuchten Artikel anhand der Eingabe einer Artikelnummer finden

```
Sub SuchenArt()
Dim s As String
Dim i As Integer

s = Range("A1").Value
For i = 2 To ActiveSheet.UsedRange.Rows.Count
 If Left(Cells(i, 1).Value, 1) = s Or _
 Left(Cells(i, 1).Value, 2) = s Then Exit For
Next i
Cells(i, 1).Select
End Sub
```

Die Beispieldatei finden Sie auf der mitgelieferten CD-ROM im Verzeichnis KAP12 *unter dem Namen* TEREIGN10B.XLS.

Alternative Formularsteuerung

Standardmäßig wird der Zellenzeiger nach Betätigen der [↵]-Taste eine Zelle nach unten versetzt. Diese Laufrichtung kann man zwar verändern, aber eben immer nur um die Schrittweite eine Zelle (nach unten, oben, rechts oder links). In Formularen, wo Informationen in unterschiedlichen Zellen eingegeben werden müssen, kann man daher auf eine alternative Zellensteuerung ausweichen.

Listing 12.46: Ereignis Worksheet_Change als alternative Formularsteuerung verwenden

```
Private Sub Worksheet_Change(ByVal Target As Range)
Select Case Target.Address
 Case "$C$4"
  Range("F4").Select
 Case "$F$4"
  Range("C6").Select
 Case "$C$6"
  Range("F6").Select
 Case "$F$6"
  Range("C4").Select
End Select
End Sub
```

In einer `Select-Case`-Struktur fragen Sie jeweils die momentan aktive Zelle ab und regeln jetzt individuell Ihre Formularsteuerung.

Der Zellenzeiger wird nach jedem Betätigen der [↵]-Taste in eines der weißen Felder gesetzt.

Die Beispieldatei finden Sie auf der mitgelieferten CD-ROM im Verzeichnis KAP12 *unter dem Namen* TEREIGN10C.XLS.

Abbildung 12.21: Das Suchsystem für die Artikelliste

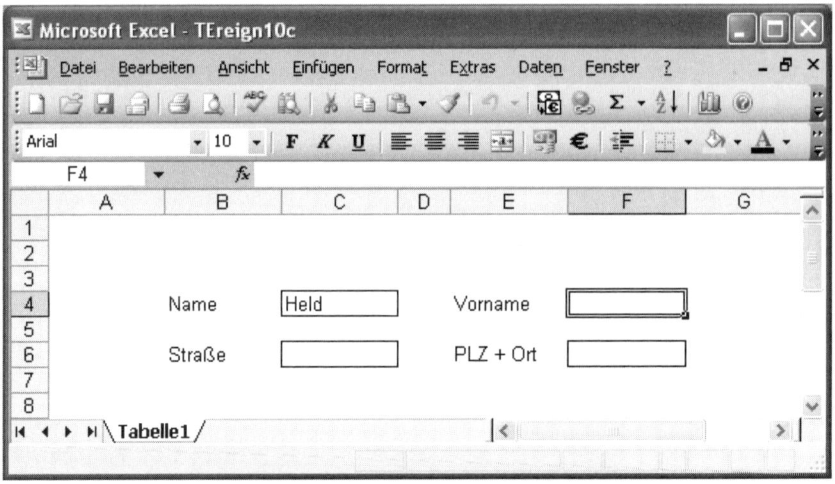

Automatisches Runden nach Eingabe

Das Ereignis `Worksheet_Change` kann auch eingesetzt werden, wenn Eingaben direkt danach in eine entsprechende Form gebracht werden sollen. Im folgenden Beispiel werden alle Zahlenwerte in Spalte A direkt nach der Eingabe auf eine Stelle hinter dem Komma gerundet. Außerdem werden Zahlen über 100 mit dem Schriftschnitt Fett belegt.

Listing 12.47: Ereignis Worksheet_Change einsetzen, um Werte zu runden

```
Private Sub Worksheet_Change(ByVal Target As Range)
If Target.Column <> 1 And _
Target.Address <> "$A$1" Then Exit Sub

Application.EnableEvents = False
 Target.Value = Application.Round(Target.Value, 1)
 If Target.Value > 100 Then
  Target.Font.Bold = True
 Else
  Target.Font.Bold = False
 End If
Application.EnableEvents = True
End Sub
```

Da das Runden einer Zahl in Spalte A wieder ein erneutes Ereignis auslösen würde, müssen Sie die Ereignissteuerung kurzfristig ausschalten. Danach nehmen Sie das Runden der Zahl mithilfe der Funktion `Round` vor und schalten die Ereignissteuerung wieder ein. Das Formatieren der Werte größer als 100 wird über die Eigenschaft `Bold` vorgenommen, welche am Objekt `Font` angewendet wird.

Übrigens löst eine Formatänderung kein Ereignis aus.

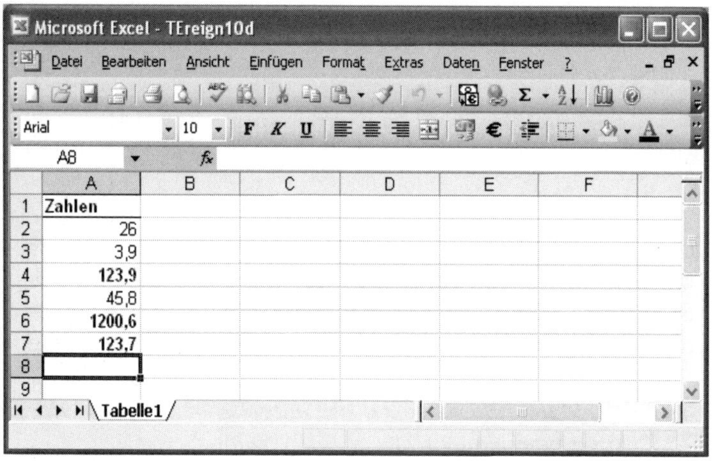

Abbildung 12.22: Eingaben werden sofort auf eine Stelle hinter dem Komma gerundet

Die Beispieldatei finden Sie auf der mitgelieferten CD-ROM im Verzeichnis KAP12 *unter dem Namen* TEREIGN10D.XLS.

Eine Blaupause erzeugen

Mithilfe des Ereignisses `Worksheet_Change` können Sie eine Art Blaupause fabrizieren, d.h., jede Eingabe auf einer Tabelle wird automatisch auch in eine andere Tabelle durchgeschrieben.

```
Private Sub Worksheet_Change _
(ByVal Target As Range)
Sheets("Tabelle2").Range(Target.Address).Value = _
 Target.Value
End Sub
```

Listing 12.48: Ereignis Worksheet_Change einsetzen, um Änderungen auch auf anderen Tabellen festzuhalten

Alle Änderungen in der Tabelle werden automatisch auch in TABELLE2 durchgeführt.

Die Beispieldatei finden Sie auf der mitgelieferten CD-ROM im Verzeichnis KAP12 *unter dem Namen* TEREIGN10E.XLS.

Formelcheck nach Eingabe

In der folgenden Aufgabe sollen Formelzellen gleich nach der Eingabe mit der Hintergrundfarbe Gelb ausgestattet werden, damit sich diese Zellen besser von anderen Zellen unterscheiden lassen.

Listing 12.49: Ereignis Worksheet_Change einsetzen, um Formelzellen direkt nach der Eingabe zu formatieren

```
Private Sub Worksheet_Change(ByVal Target As Range)
If Target.HasFormula Then
   Target.Interior.ColorIndex = 6
Else
   Target.Interior.ColorIndex = xlColorIndexNone
End If
End Sub
```

Prüfen Sie mithilfe der Eigenschaft `HasFormula`, ob die Zelle eine Formel, Verknüpfung oder auch Funktion enthält. In allen Fällen wird danach die Zelle mit der Farbe Gelb formatiert, indem diese dem Objekt `Interior` (= Hintergrund) durch die Eigenschaft `Colorindex` (Wert = 6) zugewiesen wird.

CD

Die Beispieldatei finden Sie auf der mitgelieferten CD-ROM im Verzeichnis KAP12 *unter dem Namen* TEREIGN10F.XLS.

Mehrwertsteuer automatisch ausweisen

Eine kleine Erleichterung bringt Ihnen das nächste Beispiel. So wird in eine Zelle (A1) ein Betrag mit Mehrwertsteuer, derzeit noch 16%, eingegeben. In der Nebenzelle (B1) soll danach automatisch der Wert ohne die Mehrwertsteuer geschrieben werden.

Listing 12.50: Ereignis Worksheet_Change einsetzen, um Betrag ohne Mehrwertsteuer auszuweisen

```
Private Sub Worksheet_Change(ByVal Target As Range)
  If Target.Address = "$A$1" Then
    If IsNumeric(Target.Value) Then
      Target.Offset(0, 1).Value = Target.Value / 1.16
    End If
  End If
End Sub
```

Abbildung 12.23: Automatisch wurde der Betrag ohne Mehrwertsteuer errechnet

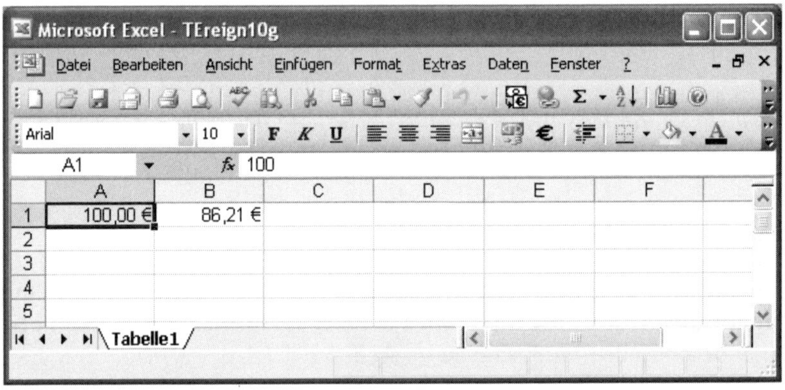

Über die Funktion `IsNumeric` können Sie überprüfen, ob überhaupt ein gültiger Zahlenwert eingegeben wurde. Nur dann führen Sie die Berechnung durch und schreiben das Ergebnis in die Nebenzelle, indem Sie die Eigenschaft `Offset` einsetzen. Da das Ergebnis in der gleichen Zeile bleiben soll, weisen Sie dem ersten Argument dieser Eigenschaft den Wert 0 zu. Die Nebenspalte B bekommen Sie, indem Sie dem zweiten Argument den Wert 1 zuweisen.

Die Beispieldatei finden Sie auf der mitgelieferten CD-ROM im Verzeichnis KAP12 *unter dem Namen* TEREIGN10G.XLS.

CD

Eine selbst rechnende Zelle

In der nächsten Aufgabenstellung soll die Zelle A1 aufaddiert bzw. subtrahiert werden. Dabei geben Sie in Zelle B1 jeweils den zu addierenden bzw. zu subtrahierenden Wert ein. Excel nimmt dann den momentanen Wert aus Zelle A1 und addiert bzw. subtrahiert den Wert aus Zelle B1.

Listing 12.51: Ereignis Worksheet_Change einsetzen, um eine kumulierende Zelle zu programmieren

```
Private Sub Worksheet_Change(ByVal Target As Range)
If Target.Address <> "$B$1" Then Exit Sub
Target.Offset(0, -1).Value = _
Target.Offset(0, -1).Value + Target.Value
End Sub
```

Da Sie die Werte in Zelle B1 erfassen, überwachen Sie zu diesem Zweck ebenfalls diese Zelle. Wird in die Zelle ein Wert eingegeben, dann soll der Wert in die links daneben liegende Zelle mit dem bereits in dieser Zelle stehenden Wert verrechnet und ausgegeben werden.

Um auf diese Zelle zuzugreifen, verweisen Sie über die Eigenschaft `OffSet` auf diese Zelle. Die Eigenschaft `OffSet` hat zwei Argumente. Im ersten Argument geben Sie die Zeilenverschiebung an, um die Excel, ausgehend von der gerade eingegebenen Zelle B1, verschieben soll. Da sich beide Zellen in derselben Zeile befinden, weisen Sie diesem Argument den Wert 0 zu. Im zweiten Argument geben Sie die Spaltenverschiebung an. Da sich die Zelle A1 links neben der Ausgangszelle B1 befindet, setzen Sie hierzu den Wert –1 ein. Über beiden Argumente erhalten Sie jetzt Zugriff auf die Zelle A1. Addieren Sie den Inhalt dieser Zelle mit der Eingabe von Zelle B1.

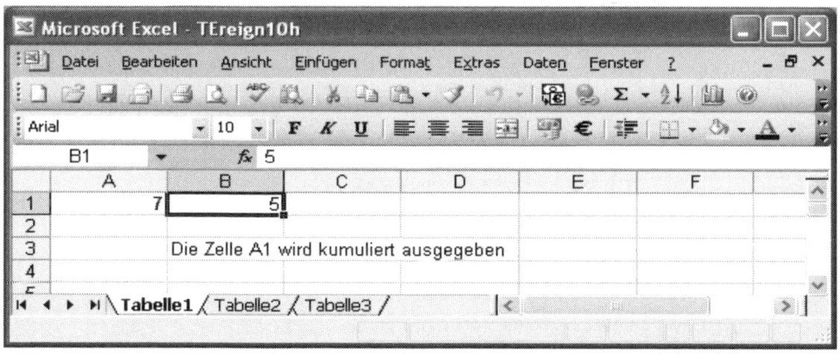

Abbildung 12.24: Die Zelle A1 wird kumuliert

Die Beispieldatei finden Sie auf der mitgelieferten CD-ROM im Verzeichnis KAP12 *unter dem Namen* TEREIGN10H.XLS.

Eingabe von Duplikaten verhindern

Im nächsten Beispiel sollen keine doppelten Werte in Spalte A eingegeben werden können. Dabei sollen Duplikate automatisch wieder aus der Spalte entfernt werden.

Listing 12.52: Ereignis Worksheet_Change einsetzen, um doppelte Eingaben zu verhindern

```
Private Sub Worksheet_Change(ByVal Target As Range)
Dim i As Long
Dim Zeile As Long
Dim Spalte As Integer

Select Case Target.Column
Case 1
 For i = 1 To ActiveSheet.UsedRange.Rows.Count
   Zeile = Target.Row
   Spalte = Target.Column
   If i <> Zeile Then
   If Cells(i, Spalte) = Cells(Zeile, Spalte) Then
   MsgBox _
   "Eingabe doppelt, diese Eingabe wird gelöscht!",_
    vbCritical
    Cells(Zeile, Spalte).ClearContents
    End If
   End If
 Next
End Select
End Sub
```

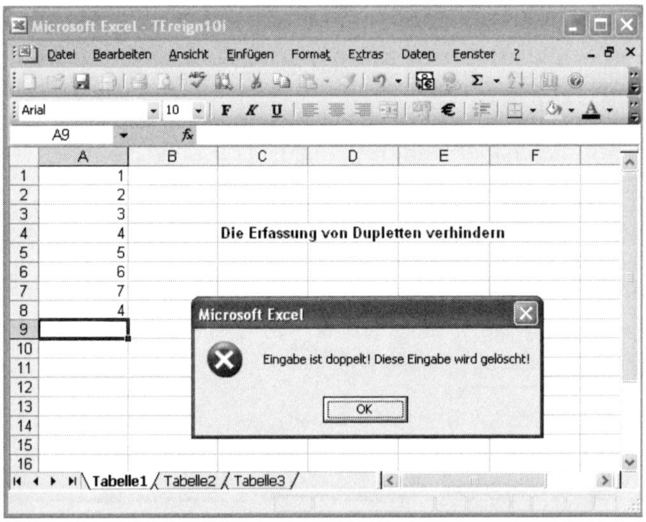

Abbildung 12.25: Doppelte Eingaben wieder entfernen

Lösen Sie diese Aufgabe, indem Sie die Select Case-Anweisung einsetzen. Geben Sie im Case-Zweig die gewünschte Spalte an, die Sie überwachen möchten (Spalte A = 1, Spalte IV = 256). Durchlaufen Sie danach alle verwendeten Zeilen der Tabelle und vergleichen Sie die Zelleneinträge der Zeilen miteinander. Wird eine Übereinstimmung gefunden, dann entfernen Sie die zuletzt vorgenommene Eingabe mithilfe der Methode ClearContents.

Die Beispieldatei finden Sie auf der mitgelieferten CD-ROM im Verzeichnis KAP12 *unter dem Namen* TEREIGN10I.XLS.

CD

Die Lesbarkeit der aktuellen Auswahl erhöhen

Die aktive Zelle wird durch den Mauszeiger festgelegt. Wenn Sie möchten, können Sie zusätzlich dazu jeweils die Schriftart innerhalb der Markierung vergrößern, damit noch klarer herausgestellt wird, welche Zelle bzw. Markierung aktiviert ist. Wird somit eine Zelle markiert, so wird die Schriftart kurzfristig auf den Schriftgrad 12 gesetzt. Beim Verlassen der Zelle wird der ursprüngliche Schriftgrad wieder eingestellt. Um diesen Automatismus umzusetzen, benötigen Sie das Ereignis Worksheet_SelectionChange. Dieses Ereignis tritt ein, wenn sich die Markierung auf einem Tabellenblatt ändert.

Listing 12.53: Ereignis Worksheet_-SelectionChange zum temporären Vergrößern der Schriftart innerhalb der Markierung

```
Private Sub Worksheet_SelectionChange _
(ByVal Target As Range)
 Static Zelle As Range

   If Not Zelle Is Nothing Then
      Zelle.Font.Size = 10
   End If
   Target.Font.Size = 12
   Set Zelle = Target
End Sub
```

Setzen Sie die Anweisung Static ein, um eine Variable zu deklarieren, die jeweils die Adresse der aktiven Zelle aufnehmen soll. Die mit der Static-Anweisung deklarierte Variable behält ihren Wert bei, solange der Code ausgeführt wird. Mit dem Schlüsselwort Nothing überprüfen Sie, ob die Zelle verlassen wurde. Wenn ja, muss der Schriftgrad wieder auf 10 gesetzt werden. Wird eine neue Zelle aktiviert, wird der Schriftgrad 12 eingestellt. Am Ende setzen Sie die Objektvariable Zelle mit der aktiven Zelle gleich.

Eine weitere Möglichkeit, um die jeweils aktive Zelle bzw. den markierten Zellenbereich deutlich hervorzuheben, ist die Verwendung einer helleren Hintergrundfarbe für die aktive Zelle.

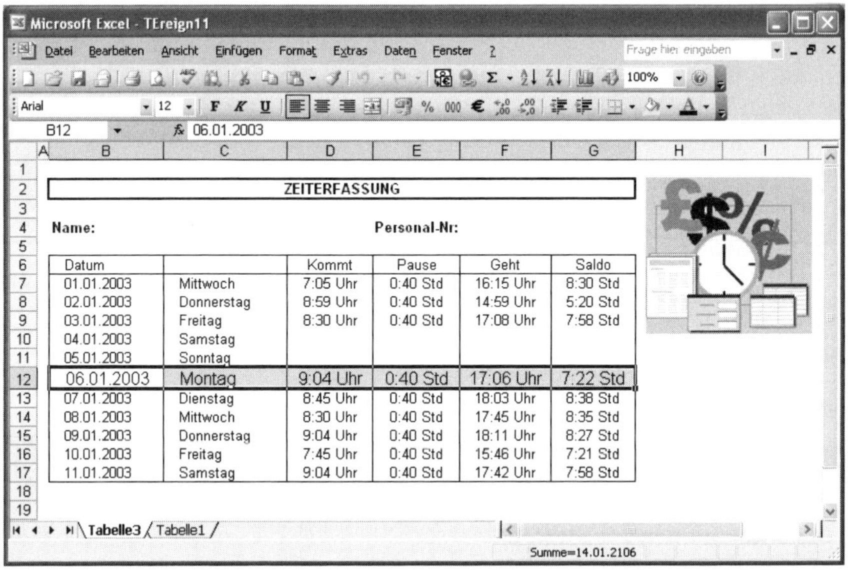

Abbildung 12.26: Innerhalb der aktuellen Markierung wird der Schriftgrad vergrößert

Listing 12.54: Ereignis Worksheet_SelectionChange zum Belegen der jeweils aktiven Zelle mit der Hintergrundfarbe Gelb

```
Private Sub Worksheet_SelectionChange _
(ByVal Target As Range)
 Static Zelle As Range

 If Not Zelle Is Nothing Then
    Zelle.Interior.ColorIndex = xlColorIndexNone
 End If
 Target.Interior.ColorIndex = 6
 Set Zelle = Target
End Sub
```

CD

Die Beispieldateien finden Sie auf der mitgelieferten CD-ROM im Verzeichnis KAP12 *unter dem Namen* TEREIGN11.XLS.

Mehr Übersichtlichkeit in Tabellen herstellen

Wenn Sie auf der Suche nach einer bestimmten Information in einer Tabelle sind und diese auch gefunden haben, interessiert Sie nicht nur der Inhalt der gefundenen Zelle, sondern oft auch die Informationen, die in den übrigen Zellen der Zeile stecken. Aus diesem Grund können Sie das Ereignis `Worksheet_SelectionChange` auch einsetzen, um die Markierung einer Zelle auf die Markierung der ganzen Zeile auszuweiten.

Die Lösung für dieses Feature entnehmen Sie dem Listing 12.55.

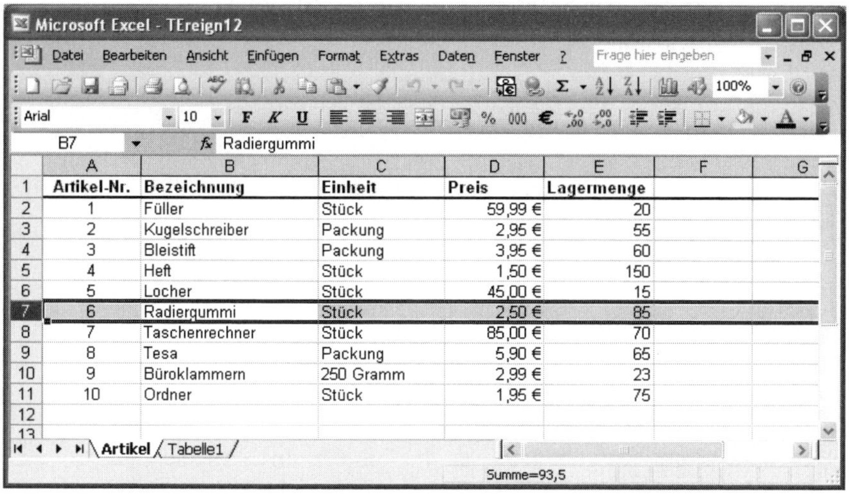

Abbildung 12.27: Wird eine Zelle markiert, erfolgt automatisch die Markierung der gesamten Zeile

```
Private Sub Worksheet_SelectionChange _
(ByVal Target As Range)

    Application.EnableEvents = False
    Rows(Target.Row).Select
    Target.Activate
    Application.EnableEvents = True
End Sub
```

Listing 12.55: Ereignis Worksheet_-SelectionChange zum Erweitern der Auswahl der aktiven Zelle auf die gesamte Zeile

Im letzten Beispiel in Listing 12.55 müssen Sie die Ereignissteuerung kurzfristig ausschalten, um zu verhindern, dass Sie eine Endlosschleife erzeugen. Dazu setzen Sie die Eigenschaft `EnableEvents` auf den Wert `False`.

Danach markieren Sie die komplette Zeile und sorgen dafür, dass der Mauszeiger trotzdem wieder auf der ursprünglich markierten Zelle positioniert wird. Setzen Sie daraufhin die Eigenschaft `EnableEvents` wieder auf den Wert `True`, um die Ereignissteuerung zuzulassen.

Möchten Sie nicht die ganze Zeile markieren, sondern beispielsweise nur die aktive Zelle und die zwei daneben liegenden, dann setzen Sie das Ereignis aus Listing 12.56 ein.

```
Private Sub Worksheet_SelectionChange _
(ByVal Target As Range)
Static Zelle As Range

 If Not Zelle Is Nothing Then
  Range(Zelle, Zelle.Offset(0, 2)). _
  Interior.ColorIndex = xlColorIndexNone
  Zelle.Font.ColorIndex = xlColorIndexAutomatic
 End If
```

Listing 12.56: Ereignis Worksheet_-SelectionChange zum Färben der aktiven Zelle und der daneben liegenden Zellen

```
Range(Target, Target.Offset(0, 2)). _
  Interior.ColorIndex = 3
Target.Font.ColorIndex = 2
Set Zelle = Target
End Sub
```

Die aktive Zelle und die zwei rechts daneben liegenden Zellen werden mit der Hintergrundfarbe Rot belegt.

CD

Die Beispieldatei finden Sie auf der mitgelieferten CD-ROM im Verzeichnis KAP12 *unter dem Namen* TEREIGN12.XLS.

Aktuelle Zelle übertragen

Eine interessante Möglichkeit ist, die momentan aktuelle Zelle in eine andere Zelle zu übertragen. Im folgenden Beispiel werden alle Mausbewegungen in Spalte A ab der Zeile 7 festgehalten. Der Inhalt der jeweils aktiven Zelle wird dann automatisch in Zelle A1 übertragen.

Listing 12.57: Ereignis Worksheet_-SelectionChange zum Festhalten der aktiven Zelle

```
Private Sub Worksheet_SelectionChange _
(ByVal Target As Range)
If Target.Column = 1 And Target.Row > 6 Then
Range("A1").Value = Target.Value
Else
End If
End Sub
```

Abbildung 12.28: Der markierte Zellenwert wird in Zelle A1 dupliziert

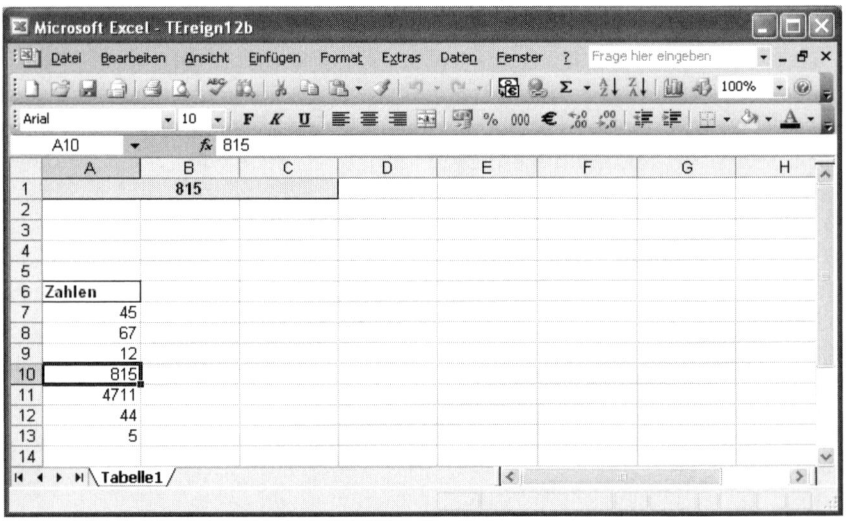

Die Beispieldatei finden Sie auf der mitgelieferten CD-ROM im Verzeichnis KAP12 *unter dem Namen* TEREIGN12B.XLS.

CD

Eingabe verhindern

Standardmäßig können Sie das Ereignis `WorkSheet_Change` (Variante 2) nützen, um eine Eingabe in eine bestimmte Zelle rückgängig zu machen. Eine alternative Möglichkeit ist, das Ereignis `Worksheet_SelectionChange` (Variante 1) einzusetzen, um diese Aufgabe zu lösen. Dabei wird der Zellenzeiger automatisch verschoben, wenn die zu überwachende Zelle markiert wird. So kann die Eingabe in diese Zelle schon gar nicht erfolgen.

Listing 12.58: Ereignis Worksheet_-SelectionChange zum Verhindern einer Eingabe in einer Zelle einsetzen (Variante 1)

```
Private Sub Worksheet_SelectionChange _
(ByVal Target As Range)
Application.EnableEvents = False
    If Target.Address = "$B$1" Then
         Range("A1").Select
    End If
Application.EnableEvents = True
End Sub
```

Nachdem der Zellenzeiger auf Zelle B1 gesetzt wird, wird er automatisch wieder in Zelle A1 gesetzt, so dass keine Eingabe erfolgen kann. Damit durch dieses Versetzen der Markierung nicht wieder das Ereignis ausgelöst wird, schalten Sie die Ereignissteuerung vor dem Versetzen der Markierung durch die Eigenschaft `EnableEvents` ab, indem Sie den Wert `False` zuweisen. Am Ende des Makros müssen Sie diese Eigenschaft erneut auf den Wert `True` setzen, damit die Ereignisse in Excel wieder verarbeitet werden.

Alternativ können Sie die Variante 2 einsetzen, wenn Sie zwar eine Eingabe in eine Zelle zulassen möchten, diese aber danach sofort wieder widerrufen möchten.

Listing 12.59: Ereignis Worksheet_-Change zum Verhindern einer Eingabe in einer Zelle einsetzen (Variante 2)

```
Private Sub Worksheet_Change(ByVal Target As Range)
If Target.Address = "$B$2" Then
 Application.EnableEvents = False
 Application.Undo
 Application.EnableEvents = True
End If
End Sub
```

Auch bei dieser Variante muss die Ereignissteuerung kurzfristig ausgeschaltet werden. Danach setzen Sie die Methode `Undo` ein, um die Eingabe zu widerrufen. Vergessen Sie am Ende des Makros nicht die Ereignissteuerung wieder einzuschalten.

CD

Die Beispieldatei finden Sie auf der mitgelieferten CD-ROM im Verzeichnis KAP12 *unter dem Namen* TEREIGN12C.XLS.

Markierung überwachen

Im folgenden Beispiel soll geprüft werden, ob eine komplette Spalte markiert ist. Wenn ja, dann soll eine Meldung auf dem Bildschirm erscheinen, danach soll die erste Zelle dieser Spalte markiert werden.

Listing 12.60: Ereignis Worksheet_-SelectionChange zur Ermittlung, ob eine gesamte Spalte markiert wurde

```
Private Sub Worksheet_SelectionChange _
(ByVal Target As Range)
If Selection.Count = 65536 Then
 MsgBox "Die komplette Spalte wurde markiert"
 Application.EnableEvents = False
 Cells(1, Target.Column).Select
 Application.EnableEvents = True
Else
End If
End Sub
```

Die momentane Auswahl können Sie prüfen, indem Sie die Zellen innerhalb der Auswahl über den Befehl `Selection.Count` zählen. Sind dies 65536, dann sind alle Zellen einer Spalte markiert worden. Wenn dem so ist, dann schalten Sie kurzfristig die Ereignissteuerung ab und wählen die erste Zelle der vorher markierten Spalte. Diese Spalte ermitteln Sie, indem Sie die Eigenschaft `Column` der Zelle abfragen.

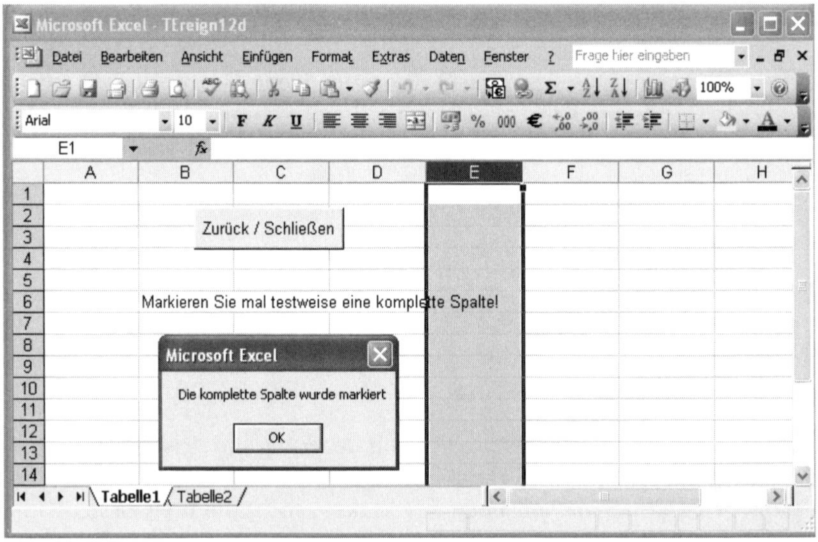

Abbildung 12.29: Eine komplette Spalte wurde markiert

Analog dazu können Sie auch überwachen, ob eine komplette Zeile markiert ist. Das Ereignismakro für diese Aufgabe lautet:

Listing 12.61: Ereignis Worksheet_-SelectionChange zur Ermittlung, ob eine gesamte Zeile markiert wurde

```
Private Sub Worksheet_SelectionChange _
(ByVal Target As Range)
If Selection.Count = 256 Then
 MsgBox "Die komplette Zeile wurde markiert"
 Application.EnableEvents = False
 Cells(Target.Row, 1).Select
 Application.EnableEvents = True
Else
End If
End Sub
```

CD

Die Beispieldatei finden Sie auf der mitgelieferten CD-ROM im Verzeichnis KAP12 *unter dem Namen* TEREIGN12D.XLS.

Mausklicks überwachen

Mit den Ereignissen `Worksheet_BeforeRightClick` und `Worksheet_BeforeDoubleClick` bestimmen Sie, was passieren soll, sofern die rechte Maustaste einmal bzw. die linke Maustaste doppelt angeklickt wird.

Klick mit rechter Maustaste

Wenn Sie auf einem Tabellenblatt verhindern möchten, dass das Zellen-Kontextmenü für einen bestimmten Bereich herunterklappt, sobald Sie die rechte Maustaste drücken, erfassen Sie folgendes Ereignismakro:

Listing 12.62: Ereignis Worksheet_Before-RightClick zum Verhindern des Aufklappens des Kontextmenüs

```
Private Sub Worksheet_BeforeRightClick _
(ByVal Target As Range, Cancel As Boolean)
Dim VerbotenerBereich As Range

Set VerbotenerBereich = Range("B2:D10")
If Intersect(Target, VerbotenerBereich) _
 Is Nothing Then Exit Sub
Cancel = True
End Sub
```

Definieren Sie zuerst den Zielbereich, für den das Kontextmenü deaktiviert werden soll. Danach fragen Sie über die Methode `Intersect` ab, ob sich die aktuell markierte Zelle im Zielbereich befindet oder nicht. Wenn ja, setzen Sie das Argument `Cancel` einfach auf den Wert `True` und das Herunterklappen des Kontextmenüs unterbleibt.

CD

Die Beispieldatei finden Sie auf der mitgelieferten CD-ROM im Verzeichnis KAP12 *unter dem Namen* TEREIGN13.XLS.

Doppelklick mit linker Maustaste

Neben der rechten Maustaste können Sie aber auch einen Doppelklick auf eine Zelle abfangen. In der folgenden Aufgabe soll eine bestimmte Zelle immer um den Wert `1` hochgezählt werden, und zwar immer dann, wenn auf diese Zelle ein Doppelklick ausgeführt wird. Damit aber noch nicht genug. Auf diese hochgezählte Zelle sollen sich andere Zellen beziehen, so dass Sie nach jedem Doppelklick mehrere Zellen automatisch ändern.

Zelle A5 ist in Abbildung 12.30 die veränderbare Zelle. In Zelle B5 steht der Stückpreis, in Zelle C5 wird die Menge mit dem Stückpreis multipliziert (=A5*B5).

Erfassen Sie nun das Ereignis `Worksheet_BeforeDoubleClick`.

Listing 12.63: Ereignis Worksheet_BeforeDoubleClick zum Hochzählen eines Zellenwerts

```
Private Sub Worksheet_BeforeDoubleClick _
(ByVal Target As Range, Cancel As Boolean)
   If Target.Address = "$A$5" Then
      Target.Value = Target.Value + 1
      Cancel = True
   End If
End Sub
```

Abbildung 12.30: Tabelle Menge x Preis

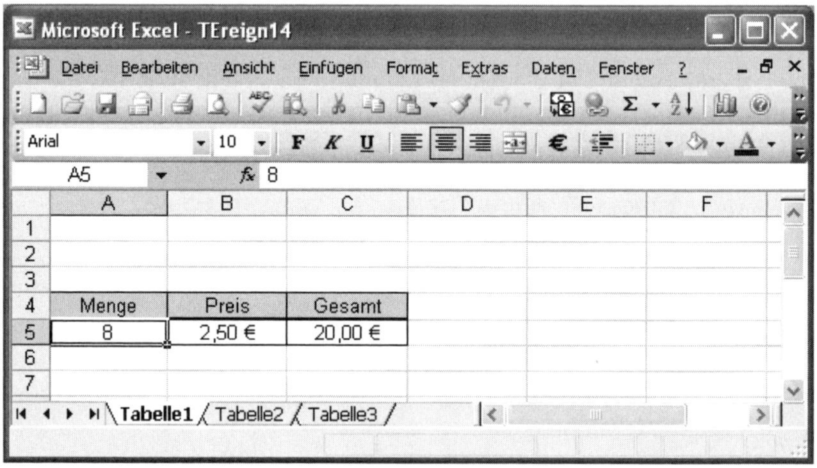

Addition auf Knopfdruck

Stimmt die Zelle, auf der Sie einen Doppelklick ausführen, mit der definierten Zelle A5 überein, wird der aktuelle Zelleninhalt um den Wert `1` erhöht. Das Argument `Cancel` wird auf den Wert `True` gesetzt, um zu verhindern, dass die normale Aktion bei einem Doppelklick auf die Zelle, die direkte Zellenbearbeitung, ausgeführt wird.

Die Beispieldatei finden Sie auf der mitgelieferten CD-ROM im Verzeichnis KAP12 *unter dem Namen* TEREIGN14.XLS.

Die Aktualisierung von Pivot-Tabellen überwachen

Neu ab der Version Excel 2002 ist das Tabellenblatt-Ereignis `Worksheet_PivotTableUpdate`*. Damit können Sie erstmals abfangen, ob eine Pivot-Tabelle aktualisiert wurde oder nicht.*

Im nächsten Beispiel aus Listing 12.64 wird die Uhrzeit der Aktualisierung einer Pivot-Tabelle ausgegeben.

```
Private Sub Worksheet_PivotTableUpdate _
(ByVal Target As PivotTable)
 MsgBox _
 "Die Pivot-Tabelle(n) wurden aktualisiert um " & Time
End Sub
```

Listing 12.64: Ereignis Worksheet_PivotTableUpdate zum Abfangen der Aktualisierung einer Pivot-Tabelle

Direkte Verbindung zu einer anderen Tabelle erstellen

Seit der Version Excel 2000 gibt es das Ereignis `Worksheet_Follow Hyperlink`. Dieses Ereignis tritt ein, wenn Sie auf einen Hyperlink auf Ihrem Tabellenblatt klicken. Wenn Sie in Excel auf einen Hyperlink klicken, wird die im Hyperlink angegebene Webseite bzw. ein Office-Dokument geöffnet. Dabei bleibt die aufrufende Arbeitsmappe geöffnet. Möchten Sie nach dem Sprung die aufrufende Arbeitsmappe schließen, setzen Sie das Ereignis `Worksheet_FollowHyperlink` ein.

Abbildung 12.31: Ein Hyperlink zu einer anderen Arbeitsmappe

Listing 12.65: Ereignis Worksheet_Follow-Hyperlink für den Sprung in eine andere Arbeitsmappe nutzen

```
Private Sub Worksheet_FollowHyperlink _
(ByVal Target As Hyperlink)
 Application.DisplayAlerts = False
 Workbooks("TEreign15.xls").Close
  Application.DisplayAlerts = True
End Sub
```

Die Beispieldatei finden Sie auf der mitgelieferten CD-ROM im Verzeichnis KAP12 *unter dem Namen* TEREIGN15.XLS.

Setzen Sie die Eigenschaft `DisplayAlerts` vor dem Schließen der Arbeitsmappe auf den Wert `False`, um die Bestätigungsmeldung für das Schließen der Arbeitsmappe zu umgehen. Setzen Sie nach dem Schließen der Arbeitsmappe diese Eigenschaft erneut auf den Wert `True`, damit Meldungen und Warnungen wieder standardmäßig in Excel angezeigt werden.

Lernen Sie mehr über den Einsatz von Hyperlinks in Kapitel 18.

Alle Ereignisse für Tabellen im Überblick

Entnehmen Sie alle Ereignisse für Tabellen und eine Kurzerklärung der Tabelle 12.2.

Tabelle 12.2: Alle Ereignisse für das Tabellenblatt in der Übersicht

Ereignis	Beschreibung
`Worksheet_Activate`	Tritt ein, wenn ein Tabellenblatt aktiviert wird.
`Worksheet_Change`	Tritt ein, wenn sich der Wert in einer Zelle ändert.
`Worksheet_Calculate`	Tritt ein, wenn eine Tabelle neu berechnet wird.
`Worksheet_Deactivate`	Tritt ein, wenn ein Tabellenblatt deaktiviert wird, beispielsweise wenn ein Tabellenblatt verlassen wird.
`Worksheet_FollowHyperlink`	Tritt ein, wenn der Anwender auf einen Hyperlink in einer Tabelle klickt.
`WorkSheet_SelectionChange`	Tritt ein, wenn sich die Markierung auf einem Tabellenblatt ändert.

12.3 Reaktion auf Tastendruck

Sicher kennen Sie Tastenkombinationen wie [Alt]+[F4], um eine Anwendung zu schließen, oder [Strg]+[C], um Daten in die Zwischenablage zu kopieren, bzw. [Strg]+[V], um kopierte Daten aus der Zwischenablage einzufügen. Mithilfe der Methode `OnKey` bietet sich Ihnen in Excel die Möglichkeit, bestimmte Tastenkombinationen ein- und auszuschalten oder eigene Makros bestimmten Tastenkombinationen zuzuordnen.

STEP

Das Zuordnen von Makros zu Tastenkombinationen können Sie manuell erledigen, indem Sie wie folgt vorgehen:

1. Wählen Sie aus dem Menü EXTRAS den Befehl MAKRO/MAKROS.
2. Im Dialogfeld MAKRO klicken Sie im Listenfeld MAKRONAME auf das Makro, dem Sie eine Tastenkombination zuordnen möchten.
3. Klicken Sie auf die Schaltfläche OPTIONEN.
4. Weisen Sie eine gewünschte Tastenkombination zu und bestätigen Sie mit OK.
5. Klicken Sie zum Abschluss auf die Schaltfläche AUSFÜHREN bzw. auf BEARBEITEN, damit die Tastenkombination wirksam wird.

Sie können Tastenkombinationen aber auch über die Methode `OnKey` zuordnen. Die Methode `OnKey` führt die angegebene Prozedur aus, wenn eine bestimmte Taste oder Tastenkombination gedrückt wird.

Die Syntax

Die Syntax der Methode lautet: `Application.OnKey(Key, Procedure)`

Die Argumente der Methode OnKey

Das Argument `Key` entspricht der/den Taste(n), die gedrückt wird/werden. Das Argument `Procedure` ist optional. Es entspricht dem Makro, welches Sie der Tastenkombination zuweisen möchten. Bleibt dieses Argument leer (»«), dann hat das Drücken der Taste keine Wirkung.

:-) TIPP

Die Methode `OnKey` *können Sie übrigens erstklassig mit den bereits kennen gelernten Ereignissen kombinieren.*

Entnehmen Sie der folgenden Tabelle 12.3 alle möglichen Tasten und deren Codebelegung.

Tabelle 12.3: Alle Tasten und deren Codebelegung

Taste	**Codebelegung**
[←]	{BACKSPACE} oder {BS}
[PAUSE]	{BREAK}
[⇩]	{CAPSLOCK}
[Entf]	{CLEAR}
[Entf]	{DELETE} oder {DEL}
[↓]	{DOWN}

Tabelle 12.3: Alle Tasten und deren Codebelegung (Forts.)

Taste	Codebelegung
[ENDE]	{END}
[↵] Zehnertastatur	{ENTER}
[~]	~ (Tilde)
[Esc]	{ESCAPE} oder {ESC}
[HILFE]	{HELP}
[Pos1]	{HOME}
[Einfg]	{INSERT}
[←]	{LEFT}
[Num]	{NUMLOCK}
[Bild↓]	{PGDN}
[Bild↑]	{PGUP}
[↵]	{RETURN}
[→]	{RIGHT}
[ROLLEN]	{SCROLLOCK}
[⇆]	{TAB}
[↑]	{UP}
[F1] bis [F15]	{F1} bis {F15}

In jeder Anwendung von Windows können die Tasten aus Tabelle 12.3 auch mit den Tasten [Alt], [Strg] oder [⇧] kombiniert werden. Entnehmen Sie der nachfolgenden Tabelle 12.4 die Codierung dieser Zusatztasten.

Tabelle 12.4: Alle Zusatztasten auf der Tastatur

Zusatztaste	Vorangestelltes Zeichen
[⇧]	+ (Pluszeichen)
[Strg]	^ (Caret-Zeichen)
[Alt]	% (Prozentzeichen)
[BEFEHLSTASTE]	* (Sternchen)

Nachdem Sie nun wissen, unter welcher Codebelegung Sie die einzelnen Tasten und Zusatztasten ansprechen können, folgen ein paar Aufgaben aus der Praxis.

Tastenkombinationen ein- und ausschalten

Nehmen Sie einmal an, Sie haben ein Tabellenblatt, auf dem nicht mit Tastenkombinationen gearbeitet werden soll. Beim Zugriff auf dieses Tabellenblatt sollen also alle Tastenkombinationen deaktiviert und beim Verlassen des Tabellenblatts wiederhergestellt werden. Um diese Aufgabe zu lösen, gehen Sie wie folgt vor.

Schreiben Sie zuerst das Makro für das Deaktivieren der Tastenkombinationen.

Listing 12.66: Alle Tastenkombinationen mit der [Strg]-Taste werden deaktiviert

```
Sub TastenkombinationenAusschalten()
Dim i As Integer

    On Error Resume Next
    For i = 1 To 255
        Application.OnKey "^" & Chr(i), ""
    Next i
End Sub
```

Setzen Sie eine For Next-Schleife auf, um alle Tastenkombinationen zu deaktivieren. Dabei setzen Sie als Endwert der Schleife die Zahl 255 ein. Diese Zahl stellt den normalen Bereich für den Zeichencode dar. Die Funktion Chr gibt einen Wert vom Typ String zurück, der das Zeichen enthält, das dem angegebenen Zeichencode zugeordnet ist. Indem Sie bei der Methode OnKey das Zeichen für das Dach [^] sowie die jeweiligen Zeichen angeben und das letzte Argument leer lassen, sorgen Sie dafür, dass alle Tastenkombinationen mit der [Strg]-Taste ausgeschaltet werden.

Bauen Sie nun den Mechanismus in der Tabelle TABELLE2 ein. Dazu klicken Sie die Tabelle im Projekt-Explorer doppelt an und erfassen das folgende Ereignis.

Listing 12.67: Ereignis Worksheet_Activate, um das Makro zum Deaktivieren aller Tastenkombinationen zu starten

```
Private Sub Worksheet_Activate()
 TastenkombinationenAusschalten
End Sub
```

Damit die Tastenkombinationen beim Verlassen der TABELLE2 wieder hergestellt werden, erfassen Sie nun auf Modulebene das Makro in Listing 12.68.

Listing 12.68: Alle Tastenkombinationen mit der [Strg]-Taste werden wieder aktiviert

```
Sub TastenkombinationenEinschalten()
Dim i As Integer

    On Error Resume Next
    For i = 1 To 255
        Application.OnKey "^" & Chr(i)
```

```
    Next i
End Sub
```

Nun müssen Sie noch das Ereignis `Worksheet_Deactivate` einstellen. Dieses Ereignis entnehmen Sie dem Listing 12.69.

Listing 12.69: Ereignis Worksheet_-Deactivate, um das Makro zum Aktivieren aller Tastenkombinationen zu starten

```
Private Sub Worksheet_Deactivate()
 TastenkombinationenEinschalten
End Sub
```

CD

Die Beispieldatei finden Sie auf der mitgelieferten CD-ROM im Verzeichnis KAP12 *unter dem Namen* TASTEN.XLS.

Zeilenumbrüche zurücksetzen

Um Zeilenumbrüche wieder zu entfernen, müssen Sie aus dem Menü FORMAT den Befehl ZELLEN wählen. Anschließend wechseln Sie auf die Registerkarte AUSRICHTUNG und deaktivieren das Kontrollkästchen ZEILENUMBRUCH. Diesen Ablauf von mehreren Schritten können Sie auch elegant über eine Tastenkombination festlegen. Dazu definieren Sie schon beim Öffnen einer Arbeitsmappe, dass diese Abfolge von Befehlen beispielsweise der Tastenkombination [Strg]+[Z] zugeordnet wird. Dazu setzen Sie das Arbeitsmappenereignis `Workbook_Open` aus Listing 12.70 ein.

Listing 12.70: Ereignis Workbook_Open, um eine Tastenkombination zum Deaktivieren von Zeilenumbrüchen zu definieren

```
Private Sub Workbook_Open()
 Application.OnKey "^z", "ZeilenumbruchZurücksetzen"
End Sub
```

Schreiben Sie nun das Makro auf Modulebene, welches den Zeilenumbruch für die aktive Zelle bzw. den markierten Datenbereich deaktiviert.

Listing 12.71: Der Zeilenumbruch innerhalb einer Zellenmarkierung wird deaktiviert

```
Sub ZeilenumbruchZurücksetzen()
    With Selection
        .HorizontalAlignment = xlGeneral
        .VerticalAlignment = xlBottom
        .WrapText = False
        .Orientation = 0
        .ShrinkToFit = False
        .MergeCells = False
    End With
End Sub
```

Die gerade beschriebene Vorgehensweise können Sie auch für andere Arbeiten in Excel, unter anderem das Auflösen von miteinander verbundenen Zellen, das Aus- oder Einblenden von Gitternetzlinien, einsetzen.

INFO

Die Beispieldatei finden Sie auf der mitgelieferten CD-ROM im Verzeichnis KAP12 *unter dem Namen* TASTEN.XLS.

CD

Texte einfügen

Im nächsten Beispiel für die Methode `OnKey` soll eine Adresse per Tastenkombination in eine Zelle eingefügt werden. Dabei soll auch schon automatisch der Zeilenumbruch eingestellt werden. Erfassen Sie dazu zuerst einmal das Ereignis `Workbook_Open`.

Listing 12.72: Ereignis Workbook_Open zum Zuweisen einer Tastenkombination für das Einfügen einer Adresse

```
Private Sub Workbook_Open()
 Application.OnKey "^y", "TextEinfügen"
End Sub
```

Schreiben Sie jetzt das eigentliche Makro, welches die Adresse formatiert in die Zelle eingibt.

Listing 12.73: Eine Adresse wird in die aktive Zelle per Tastenkombination eingefügt

```
Sub TextEinfügen()
  With ActiveCell
    .Value = _
     "Bernd Held" & Chr(10) & _
     "Burgherrenstr. 89" & Chr(10) & _
     "70469 Stuttgart"
    .WrapText = True
   End With
   With Selection
     .ColumnWidth = 18
     .VerticalAlignment = xlCenter
   End With
End Sub
```

Mit der Tastenkombination [Strg]+[Y] fügen Sie die Adresse in die aktive Zelle ein. Mithilfe der Funktion `Chr(10)` erzeugen Sie einen Zeilenumbruch. Trotzdem müssen Sie der aktiven Zelle über die Eigenschaft `WrapText` noch mitteilen, dass der Text in der Zelle umbrochen werden soll. Stellen Sie danach die Spalte in einer ausreichenden Breite ein, so dass die Zeilenumbrüche, wie Sie sie mit der Funktion `Chr(10)` festgelegt haben, auch umgesetzt werden können. Zuletzt sorgen Sie mit der Eigenschaft `VerticalAlignment` dafür, dass die Adresse in der Zelle vertikal ausgerichtet wird.

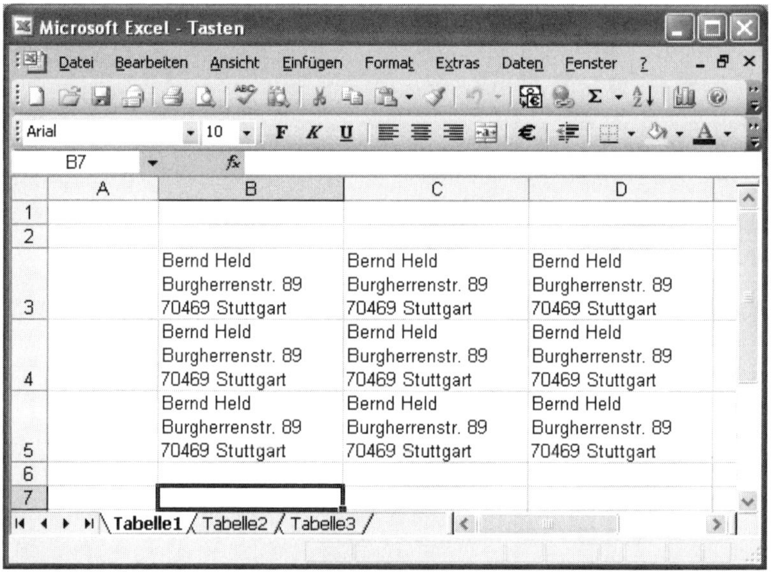

Abbildung 12.32: Die Lösung kann auch zum Erstellen von Etiketten eingesetzt werden

CD

Die Beispieldatei finden Sie auf der mitgelieferten CD-ROM im Verzeichnis KAP12 *unter dem Namen* TASTEN.XLS.

Speichern per Tastenkombination verhindern

Um eine Arbeitsmappe zu speichern, können Sie die Tastenkombination [Strg]+[S] drücken. Diese Tastenkombination können Sie ausschalten, indem Sie die folgende Lösung in Listing 12.74 anwenden.

Listing 12.74: Tastenkombination für das Speichern deaktivieren

```
Private Sub Workbook_Open()
 Application.OnKey "^s", "KeineAktion"
End Sub
```

Auf einem normalen Modulblatt erfassen Sie dann ein leeres Makro.

Listing 12.75: Leeres Makro als Ziel für eine Tastenkombination angeben

```
Sub KeineAktion()

End Sub
```

Indem Sie der Tastenkombination [Strg]+[S] ein leeres Makro zuweisen, heben Sie die ursprüngliche Funktion dieser Tastenkombination auf.

Blattsperre ohne Blattschutz erstellen

Klar, Sie können ein Tabellenblatt schützen, indem Sie es mit einem Passwort belegen. Damit kann der Anwender zwar keine Daten ändern, jedoch kann er jederzeit die Daten auf dem Tabellenblatt kopieren und ungeschützt in eine neue Arbeitsmappe einfügen. Eine clevere Alternative zum Blattschutz ist die Eigenschaft `ScrollArea`. Mit dieser Eigenschaft geben Sie an, in welchem Bereich sich der Anwender bewegen darf. Legen Sie diese Eigenschaft auf die Zelle A1, damit der Anwender lediglich diese eine Zelle bearbeiten kann. Der Anwender ist zwar noch in der Lage, die Daten auf dem Tabellenblatt zu sehen, ändern bzw. kopieren kann er sie jedoch nicht. Diese elegante Blattsperre können Sie über eine Tastenkombination einstellen bzw. auch wieder aufheben. Dazu legen Sie diese beiden Tastenkombinationen schon beim Öffnen der Arbeitsmappe fest und setzen hierfür das Arbeitsmappenereignis `Workbook_Open` ein.

Listing 12.76: Ereignis Workbook_Open zum Festlegen von Tastenkombinationen für die Blattsperre

```
Private Sub Workbook_Open()
 Application.OnKey "^%ä", "BlattSperren"
 Application.OnKey "^%ö", "BlattSperreAufheben"
End Sub
```

Mit der Tastenkombination [Alt]+[Strg]+[Ä] aktivieren Sie die Blattsperre. Durch die Tastenkombination [Alt]+[Strg]+[Ö] heben Sie die Blattsperre wieder auf. Erfassen Sie jetzt die beiden Makros für die Blattsperre auf einem Modulblatt.

Listing 12.77: Eine Blattsperre ohne Passwort programmieren

```
Sub BlattSperren()
 Worksheets("Tabelle3").ScrollArea = "A1"
End Sub
```

Zum Aufheben der Blattsperre setzen Sie das Makro aus Listing 12.78 ein.

Listing 12.78: Blattsperre wieder aufheben

```
Sub BlattSperreAufheben()
 Worksheets("Tabelle3").ScrollArea = ""
End Sub
```

Indem Sie der Eigenschaft `ScrollArea` eine leere Zeichenfolge übergeben, kann der Anwender wieder auf das gesamte Tabellenblatt zugreifen.

:-) TIPP

Auch mit der eben vorgestellten Lösung lässt sich das Tabellenblatt in eine andere Arbeitsmappe kopieren. Dazu klicken Sie mit der rechten Maustaste auf den Tabellenreiter und wählen aus dem Kontextmenü den Befehl VERSCHIEBEN/KOPIEREN. *Aber auch dies lässt sich verhindern. Dazu deaktivieren Sie einfach das Kontextmenü mit dem folgenden Makro aus dem Listing 12.79.*

Listing 12.79: Kontextmenü für Tabellenreiter deaktivieren

```
Sub KontextmenüRegisterKarteDeaktivieren()
 Application.CommandBars("Ply").Enabled = False
End Sub
```

Wenn Sie nach dem Start des Makros aus dem Listing 12.79 mit der rechten Maustaste auf den Tabellenreiter des Tabellenblatts klicken, unterbleibt das automatische Herunterscrollen des Kontextmenüs. Das Kontextmenü ist somit ausgeschaltet. Setzen Sie die Eigenschaft `Enabled` auf den Wert `True`, um das Kontextmenü für die Tabellenreiter wieder verfügbar zu machen.

REF

In Kapitel 16 erfahren Sie mehr über die Programmierung von Kontextmenüs.

12.4 Zeitsteuerung in Excel

In Excel haben Sie die Möglichkeit, Makros zu einem bestimmten Zeitpunkt zu starten. Des Weiteren können Sie Makros auch in bestimmten Intervallen wiederholt ausführen. Für diese Aufgabe setzen Sie die Methode `OnTime` ein.

Die Syntax

Die Syntax der Methode lautet:

```
OnTime(EarliestTime, Procedure, LatestTime, Schedule)
```

Die Argumente der Methode OnTime

Das Argument `EarliestTime` gibt den Zeitpunkt an, an dem eine Prozedur ausgeführt werden soll. Das Argument `Procedure` beinhaltet den Namen der auszuführenden Prozedur. Das Argument `LatestTime` ist optional einsetzbar und gibt den letzten Zeitpunkt an, zu dem die Prozedur ausgeführt werden kann. Das letzte Argument `Schedule` ist optional einsetzbar und führt eine neue `OnTime`-Prozedur aus, sofern dieses Argument auf den Wert `True` gesetzt ist. Indem Sie das Argument auf den Wert `False` setzen, löschen Sie eine vorher eingestellte Prozedur. Die Möglichkeiten, die Sie mit dieser Zeitsteuerung haben, werden in den nächsten Praxisaufgaben näher erläutert.

Regelmäßig die Uhrzeit anzeigen

Die Methode `OnTime` können Sie einsetzen, um regelmäßig die aktuelle Uhrzeit in der Statusleiste anzeigen zu lassen. Dabei definieren Sie das Intervall von 60 Sekunden. Jede Minute soll dann die aktuelle Uhrzeit in der Statusleiste angezeigt werden, die Zeitansage soll genau fünf Sekunden in der Statusleiste sichtbar sein und danach wieder ausgeblendet werden. Dazu erfassen Sie folgendes Makro aus Listing 12.80.

Listing 12.80: Ein Makro wird nach genau einer Minute gestartet

```
Sub Zeitanzeige()
  Application.OnTime Now + TimeValue("00:01:00"), _
  "Uhrzeit"
End Sub
```

Mit der Funktion `Now` ermitteln Sie sowohl das aktuelle Tagesdatum als auch die aktuelle Uhrzeit. Zu der Uhrzeit addieren Sie mithilfe der Funktion `TimeValue` zehn Sekunden. Damit vergehen genau zehn Sekunden bis zum Start des Makros `Uhrzeit`, welches Sie in Listing 12.81 sehen.

Listing 12.81: Regelmäßig die aktuelle Uhrzeit in der Statusleiste ausgeben

```
Sub Uhrzeit()
    Application.DisplayStatusBar = True
    Application.StatusBar = Date & "," & Time
    Application.Wait (Now + TimeValue("0:00:05"))
    Application.StatusBar = False
    Call Zeitanzeige
End Sub
```

Im ersten Schritt blenden Sie für alle Fälle sicherheitshalber die Statusleiste ein. Danach füllen Sie die Statusleiste mit dem aktuellen Tagesdatum, welches Sie über die Funktion `Date` bekommen, und mit der aktuellen Uhrzeit, die über die Funktion `Time` abgefragt werden kann. Im Anschluss daran sorgen Sie dafür, dass Excel diese Zeitansage fünf Sekunden lang in der Statusleiste stehen lässt. Dazu verwenden Sie die Methode `Wait`, die das Makro für fünf Sekunden anhält. Danach geben Sie die Verwaltung der Statusleiste wieder an Excel zurück, was dazu führt, dass der Text `BEREIT` in der Leiste angezeigt wird. Im letzten Schritt sorgen Sie dafür, dass die Zeitansage regelmäßig ausgeführt wird. Dazu rufen Sie das Makro `Zeitanzeige` erneut mit der Anweisung `Call` auf.

Abbildung 12.33: Die regelmäßige Anzeige von Datum und Zeit in der Statusleiste

Die Beispieldatei finden Sie auf der mitgelieferten CD-ROM im Verzeichnis KAP12 *unter dem Namen* ZEIT.XLS.

CD

Die Zeit läuft ...

Sie können in Excel auch einen Countdown einsetzen, um eine bestimmte Aufgabe auszuführen. So sorgen Sie beispielsweise dafür, dass Excel genau 30 Sekunden nach dem Start eines Makros beendet wird.

Listing 12.82: Countdown mit Excel erstellen

```
Sub CountdownEinstellen()
 Application.OnTime _
  Now + TimeValue("00:00:30"), "ExcelEnde"
End Sub
```

Das zugehörige Makro zum Beenden von Excel können Sie Listing 12.83 entnehmen.

Listing 12.83: Excel wird ohne Rückfrage beendet

```
Sub ExcelEnde()
 Application.DisplayAlerts = False
 Application.Quit
End Sub
```

Indem Sie die Eigenschaft `DisplayAlerts` auf den Wert `False` setzen, verhindern Sie, dass Sie noch eine Rückfrage vor dem Beenden von Excel bekommen. Somit werden die Änderungen an geöffneten Arbeitsmappen nicht gespeichert. Anschließend wird über die Methode `Quit` Excel geschlossen.

Möchten Sie standardmäßig vor dem Beenden alle geänderten Excel-Arbeitsmappen speichern und trotzdem nicht jede Änderung bestätigen, setzen Sie folgendes Makro aus Listing 12.84 ein.

Listing 12.84: Excel wird beendet, vorher werden alle geöffneten Arbeitsmappen gespeichert

```
Sub ExcelEnde2()
Dim Mappe As Workbook

 Application.DisplayAlerts = False
 For Each Mappe In Workbooks
    If Mappe.Name <> ThisWorkbook.Name _
    Then Mappe.Close True
 Next Mappe
 ThisWorkbook.Save
 Application.Quit
End Sub
```

Da die aktuelle Arbeitsmappe das Makro aus Listing 12.83 enthält, darf diese Arbeitsmappe erst am Ende geschlossen werden. Die übrigen geöffneten Arbeitsmappen ermitteln Sie in einer `For Each`-Schleife, in der jede Arbeitsmappe über die Methode `Close` geschlossen wird. Indem Sie das Argument `SaveChanges` auf den Wert `True` setzen, sorgen Sie dafür, dass die jeweilige Arbeitsmappe gespeichert wird. Beim Schleifenaustritt sind alle Arbeitsmappen bis auf die Arbeitsmappe, die das Makro enthält, gesichert und geschlossen worden. Speichern Sie nun diese Arbeitsmappe, indem Sie die Methode `Save` anwenden, und beenden Sie im Anschluss Excel über die Methode `Quit`.

CD

Die Beispieldatei finden Sie auf der mitgelieferten CD-ROM im Verzeichnis KAP12 *unter dem Namen* ZEIT.XLS.

Regelmäßige Kontrolle, ob eine Arbeitsmappe verfügbar ist

Warten Sie auf eine spezielle Arbeitsmappe eines Kollegen, um daran weiterzuarbeiten, können Sie vereinbaren, dass Ihr Kollege die Arbeitsmappe in einem bestimmten Verzeichnis ablegen soll, sobald er die Arbeit daran beendet hat. Danach dürfen Sie die Arbeitsmappe bearbeiten.

Oft werden auch bestimmte Daten automatisch von anderen Systemen abgezogen und in einer Excel-Arbeitsmappe in einem Verzeichnis abgelegt.

In beiden Fällen sollten Sie von der Verfügbarkeit dieser Arbeitsmappe in Kenntnis gesetzt werden. Schreiben Sie daher ein Makro, welches im Abstand von zehn Minuten auf ein vorher festgelegtes Verzeichnis zugreift und prüft, ob eine bestimmte Arbeitsmappe vorhanden ist. Wenn ja, soll diese Arbeitsmappe geöffnet und das Makro anschließend beendet werden. Ist die Arbeitsmappe noch nicht in dem Verzeichnis abgelegt worden, soll das Makro im Abstand von zehn Minuten wieder gestartet werden und prüfen, ob die Arbeitsmappe in der Zwischenzeit in diesem Verzeichnis gespeichert wurde.

```
Sub PrüfenArbeitsmappe()
 Application.OnTime Now + TimeValue("00:10:00"), _
 "MappeDa"
End Sub
```

Listing 12.85: Ein Makro nach genau zehn Minuten automatisch starten

Die Überprüfung übernimmt das Makro aus Listing 12.85.

```
Sub MappeDa()
Dim s As String
Const AName = "Mappe1.xls"

 s = Dir("c:\eigene Dateien\" & AName)
 If s = "" Then Call PrüfenArbeitsmappe _
 Else Workbooks.Open s: Beep: Exit Sub
End Sub
```

Listing 12.86: Regelmäßige Überprüfung, ob eine bestimmte Arbeitsmappe vorhanden ist

Mit der Funktion `Dir` prüfen Sie, ob die Arbeitsmappe, die Sie vorher in der Konstanten `Aname` angegeben haben, im Verzeichnis C:\EIGENE DATEIEN\ verfügbar ist. Wenn ja, gibt die Funktion als Rückgabewert den Namen der Arbeitsmappe zurück. Ist die gesuchte Arbeitsmappe noch nicht im Verzeichnis, gibt die Funktion `Dir` eine leere Zeichenfolge zurück. In diesem Fall muss das Makro `PrüfenArbeitsmappe` wiederholt aufgerufen werden. Wird die gesuchte Arbeitsmappe im Verzeichnis jedoch gefunden, wird die Arbeitsmappe geöffnet und ein Signalton durch die Anweisung `Beep` ausgegeben. Danach wird das Makro beendet.

:-) TIPP

Sollte der Signalton nicht ausreichen, um Sie auf die Verfügbarkeit der Arbeitsmappe aufmerksam zu machen, können Sie folgendes Makro aus Listing 12.87 einsetzen.

Listing 12.87: Eine Alarmmeldung ausgeben

```
Sub SignaleAusgeben()
Dim i As Integer

 For i = 1 To 10
    Beep
    Application.Wait (Now + TimeValue("0:00:01"))
 Next i
End Sub
```

Im Makro aus Listing 12.87 wird genau zehnmal hintereinander ein Signalton ausgegeben. Damit diese Signaltöne nicht zusammenhängend abgespielt werden, setzen Sie die Methode `Wait` ein, um eine kurze Pause von einer Sekunde zwischen den Signalen festzulegen.

Die Beispieldatei finden Sie auf der mitgelieferten CD-ROM im Verzeichnis KAP12 *unter dem Namen* ZEIT.XLS.

Zellen blinken lassen

Normalerweise können Sie in Excel keine Zellen blinken lassen. Mit einem kleinen Trick jedoch schaffen Sie es trotzdem. Weisen Sie einfach abwechselnd der aktiven Zelle die Hintergrundfarben Grün und Weiß zu. Damit entsteht der Eindruck, die Zelle würde blinken.

Den hierfür notwendigen Code können Sie Listing 12.88 entnehmen.

Listing 12.88: Eine Zelle wird zum Blinken gebracht

```
Dim Nochmal As Date
Sub Blinken()
  Nochmal = Now + TimeValue("00:00:01")
  With ActiveCell.Interior
    If .ColorIndex = 2 Then .ColorIndex = 4  _
    Else .ColorIndex = 2
  End With
  Application.OnTime Nochmal, "Blinken"
End Sub

Sub BlinkenStop()
  Application.OnTime Nochmal, "Blinken", schedule:=False
  ActiveCell.Interior.ColorIndex = xlColorIndexNone
End Sub
```

Da eine normale Variable nach dem Ende eines Makros wieder zurückgesetzt, also initialisiert, wird, müssen Sie eine globale Variable definieren, in welcher Sie den Zeitpunkt für das nächste Blinken der Zelle festlegen. Dieses Intervall geben Sie mit einer Sekunde an. Danach prüfen Sie den Zellenhintergrund der aktiven Zelle. Ist dieser weiß, dann belegen Sie ihn mit der Farbe Grün, ist die Zelle jedoch in diesem Augenblick grün, dann formatieren Sie den Zellenhintergrund mit der Farbe Weiß. Danach rufen Sie am Ende des Makros das Makro gleich noch einmal auf, indem Sie die Methode `OnTime` einsetzen und als Startpunkt für das Makro den Zeitpunkt angeben, den Sie vorher in der Variablen `Nochmal` gespeichert haben. Klar, dass es sich hierbei um eine Endlosschleife handelt, die Sie aber durch das Makro `BlinkenStop` beenden können.

Die Beispieldatei finden Sie auf der mitgelieferten CD-ROM im Verzeichnis KAP12 *unter dem Namen* ZEIT.XLS.

13 VBE-Programmierung

Über die VBE-Programmierung können Sie direkt auf Module und UserForms in einer Arbeitsmappe zugreifen. Dies werden Sie dann tun, wenn Sie beispielsweise Ihren Quellcode in Textdateien sichern oder auch weitergeben möchten. Ebenso können Sie VBE einsetzen, um eine Arbeitsmappe von Modulen, Ereignissen und UserForms zu säubern. Eine weitere Einsatzmöglichkeit ist, ganz gezielt Arbeitsmappen mit bestimmten Makros zu bestücken bzw. schon vorhandenen Quellcode an einer bestimmten Stelle zu aktualisieren oder zu ersetzen.

CD

Die Beispieldatei finden Sie auf der mitgelieferten CD-ROM im Verzeichnis KAP13 *unter dem Namen* VBEPROG.XLS.

NEU

Bevor Sie die folgenden Makros ausführen können, müssen Excel- Anwender ab der Version 2002 vorher noch eine Einstellung in Excel vornehmen. Dazu wählen Sie auf Ihrem Excel-Arbeitsblatt aus dem Menü EXTRAS *den Befehl* MAKRO/SICHERHEIT. *Wechseln Sie auf die Registerkarte* VERTRAUENSWÜRDIGE QUELLEN *und aktivieren Sie das Kontrollkästchen* ZUGRIFF AUF VISUAL BASIC-PROJEKT VERTRAUEN. *Bestätigen Sie diese Einstellung mit* OK. *Seit der Version Excel 2002 ist es aus Sicherheitsgründen nicht mehr standardmäßig möglich, auf Eigenschaften und Methoden des Objekts VBE zuzugreifen. Daher müssen Sie diese Einstellung vorab vornehmen.*

13.1 Die VBE-Bibliothek einbinden

Die VBE-Programmierung ist seit der Excel-Version 97 möglich und bedingt lediglich, dass Sie die Objektbibliothek MICROSOFT VISUAL BASIC FOR APPLICATION EXTENSIBILITY 5.3 einbinden.

STEP

Dazu gehen Sie wie folgt vor:

1. Wechseln Sie in die Entwicklungsumgebung.
2. Wählen Sie aus dem Menü EXTRAS den Befehl VERWEISE.

Abbildung 13.1: Die VBE-Bibliothek einbinden

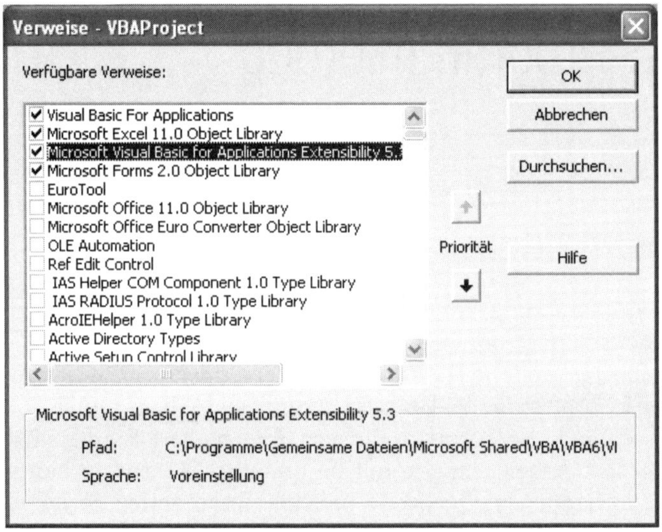

3. Klicken Sie im Listenfeld VERFÜGBARE VERWEISE auf das Kontrollkästchen der Bibliothek MICROSOFT VISUAL BASIC FOR APPLICATION EXTENSIBILITY 5.3.
4. Bestätigen Sie diese Einstellung mit OK.

Selbstverständlich können Sie diese manuelle Einstellung auch elegant durch ein Makro vornehmen.

Listing 13.1: Die Bibliothek für die VBE-Programmierung einbinden

```
Sub VBEAktivieren()
Dim VBEObj As Object

On Error Resume Next
VBEObj = Application.VBE.ActiveVBProject.References. _
AddFromGuid("{0002E157-0000-0000-C000-000000000046}", _
  5, 3)
End Sub
```

Die Methode `AddFromGuid` fügt der `References`-Auflistung einen Verweis hinzu, wobei der global eindeutige Bezeichner (`GUID`) des Verweises verwendet wird.

Die Syntax

Die komplette Syntax lautet:

```
AddFromGuid(GUID, HauptNr, NebenNr) As Reference
```

Die Argumente der Methode AddFormGuid

Das Argument `Guid` gibt einen Wert vom Typ `String` zurück, der die Klassen-ID eines Objekts enthält. Bei der `Guid` handelt es sich um eine eindeutige Nummer, welche die Bibliothek identifiziert. Das Argument `HauptNr` gibt einen Wert vom Typ `Long` zurück, der die Hauptversionsnummer der Klassenbibliothek, auf die verwiesen wird, enthält. Das Argument NebenNr gibt einen Wert vom Typ Long zurück, der die Nebenversionsnummer der Klassenbibliothek anzeigt, auf die verwiesen wird. Beide Nummern sind notwendig, um die Bibliothek richtig zu adressieren. Anhand dieser beiden Nummern durchsucht die Methode AddFromGuid die Registrierung, um den hinzuzufügenden Verweis zu ermitteln und einzubinden.

13.2 Die VBE-Bibliothek deaktivieren

Der Vollständigkeit halber sei noch hinzugefügt, dass Sie Verweise auch wieder über ein Makro entfernen können. Im folgenden Listing 13.2 wird die gerade eingebundene VBE-Bibliothek wieder deaktiviert.

Listing 13.2: Die Bibliothek für die VBE-Programmierung wieder deaktivieren

```
Sub VBEDeaktivieren()
Dim VBEObj As Object

 On Error Resume Next
 Set VBEObj = Application.VBE.ActiveVBProject.References
 VBEObj.Remove VBEObj("VBIDE")
End Sub
```

Über die Methode Remove entfernen Sie den Verweis auf die eingebundene Bibliothek aus der aktiven Arbeitsmappe.

INFO

Sobald Sie die Bibliothek für die VBE-Programmierung eingebunden haben, können Sie auf alle Objekte, Methoden und Eigenschaften zugreifen, die in dieser Bibliothek gespeichert sind. Um mehr Informationen zu einem bestimmten Befehl zu erhalten, können Sie sich entweder das Objektmodell ansehen und sich dann hierarchisch von oben nach unten durcharbeiten oder den Befehl mit dem Mauszeiger markieren und die Taste [F1] *drücken, um die Online-Hilfe aufzurufen.*

Das VBE-Objekt hat mehrere Auflistungsobjekte für den Zugriff auf die einzelnen Elemente.

- VBProjects-Auflistung: In diesem Auflistungsobjekt sind alle geöffneten Projekte in der Entwicklungsumgebung verzeichnet.
- AddIns-Auflistung: Sie regelt den Zugriff auf die Auflistung der Add-Ins.
- Windows-Auflistung: Stellt Methoden und Eigenschaften für den Zugriff auf die Fenster, wie z.B. Projekt- und Eigenschaften-Fenster, bereit.
- CodePanes-Auflistung: Verantwortlich für den Zugriff auf die geöffneten Codebereiche eines Projekts.
- CommandBars-Auflistung: Kümmert sich um den Zugriff auf die Auflistung der Befehlsleisten.

13.3 Weitere Bibliotheken einbinden

Neben der etwas kompliziert aussehenden Methode AddFromGuid, um zusätzliche Bibliotheken einzubinden, gibt es auch die Möglichkeit, Bibliotheken über deren Dateinamen einzubinden. Im folgenden Beispiel werden die Bibliotheken MICROSOFT FORMS 2.0 OBJECT LIBRARY und OLE AUTOMATION eingebunden.

Listing 13.3: Weitere Bibliotheken über deren Dateinamen einbinden

```
Sub WeitereBibliothekenEinbinden()
Dim VBEObj As Object

 Set VBEObj = Application.VBE.ActiveVBProject.References
 On Error Resume Next
  VBEObj.AddFromFile "StdOle2.tlb"
  VBEObj.AddFromFile "Fm20.dll"
End Sub
```

Mit der Methode AddFromFile fügen Sie dem Projekt einen Verweis aus einer Datei hinzu. Dazu muss allerdings der Name der Bibliothek bekannt sein. Diesen können Sie im Dialog VERWEISE VBA-PROJECT im Menü EXTRAS, Befehl VERWEISE nachsehen.

:-) TIPP

Um herauszufinden, welche Objekte, Methoden und Eigenschaften in einer bestimmten Bibliothek enthalten sind, müssen Sie diese vorher einbinden. Anschließend können Sie in der Entwicklungsumgebung die Taste [F2] *drücken, um den Objektkatalog anzuzeigen.*

Objektbibliotheken deaktivieren

Um die gerade eingebundenen Bibliotheken wieder zu deaktivieren, starten Sie das Makro aus Listing 13.4.

Listing 13.4: Bibliotheken in der Entwicklungsumgebung deaktivieren

```
Sub BibliothekenDeaktivieren()
Dim VBEObj As Object

 On Error Resume Next
 Set VBEObj = Application.VBE.ActiveVBProject.References
 VBEObj.Remove VBEObj("MSForms")
 VBEObj.Remove VBEObj("stdole")
End Sub
```

Wenn Sie die Methode Remove zum Entfernen der Verweise auf eine Bibliothek einsetzen, müssen Sie den entsprechenden Objektnamen der Bibliothek kennen. Um diesen herauszufinden, können Sie das Makro aus Listing 13.6 starten.

Um alle Verweise auf Objektbibliotheken zu entfernen, setzen Sie folgende Makrolösung aus Listing 13.5 ein:

Listing 13.5: Alle Verweise auf Objektbibliotheken entfernen

```
Sub BibliotheksVerweiseEntfernen()
Dim VBEobj As Object

  On Error Resume Next
  For Each VBEobj In ActiveWorkbook.VBProject.References
    ActiveWorkbook.VBProject.References.Remove VBEobj
  Next
End Sub
```

Die beiden Bibliotheken Excel und VBA bleiben als Mindestausstattung an Bibliotheken bei den Verweisen eingestellt. Sie können die Verweise auf diese beiden Bibliotheken nicht entfernen.

Informationen zu Objektbibliotheken ausgeben

Um zu sehen, welche Verweise auf Bibliotheken in Ihrer Arbeitsmappe gesetzt sind, wie die Bibliotheken heißen und wo diese gespeichert sind, wenden Sie das folgende Makro aus Listing 13.6 an.

Listing 13.6: Informationen zu Objektbibliotheken ausgeben

```
Sub InfosZuBibliothekenAusgeben()
Dim Verweis As Reference

  On Error Resume Next
  For Each Verweis In _
  Application.VBE.ActiveVBProject.References
   Debug.Print "Bezeichnung: " & Verweis.Description & _
   VbLf & "Speicherort: " & Verweis.FullPath _
  & VbLf & "Name: " &  _
    Verweis.Name & VbLf & VbLf
  Next Verweis
End Sub
```

Neben dem Objektnamen jeder eingebundenen Bibliothek geben Sie zusätzlich auch noch die genaue Bezeichnung sowie den Speicherort der Bibliothek im Direktfenster aus.

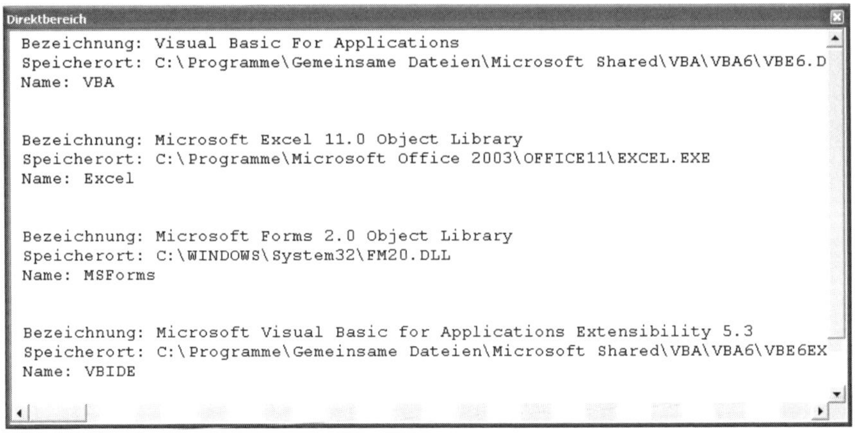

Abbildung 13.2: Bibliotheksinformationen in den Direktbereich schreiben

13.4 VBE-Editor aufrufen

Möchten Sie den VBE-Editor per Makro aufrufen, dann setzen Sie das Makro aus Listing 13.7 ein.

Listing 13.7: VBE-Editor aufrufen

```
Sub VBEEditorAufrufen()
With Application.VBE.MainWindow
    .SetFocus
    .Visible = True
End With
End Sub
```

Blenden Sie den VBE-Editor ein, indem Sie die Eigenschaft `Visible` des VBE-Fensters auf den Wert `True` setzen.

13.5 Die VBE ein- und ausschalten

Über die Tastenkombination [Alt]+[F11] gelangen Sie ja bekanntermaßen in die Entwicklungsumgebung von Excel. Möchten Sie das Betreten der Entwicklungsumgebung über diese Tastenkombination verhindern, dann starten Sie das folgende Makro:

Listing 13.8: VBE-Editor ausschalten

```
Sub VBE_Ausschalten()
 Application.OnKey "%{F11}", ""
End Sub
```

Der Aufruf dieses Makros kann beispielsweise in das Arbeitsmappenereignis `Workbook_Open` integriert werden. Damit würde dann die Tastenkombination [Alt]+[F11] beim Öffnen der Arbeitsmappe deaktiviert werden.

Spätestens beim Schließen der Arbeitsmappe sollten Sie der Tastenkombination wieder ihre ursprüngliche Funktion zurückgeben. Zu diesem Zweck können Sie das Arbeitsmappenereignis Workbook_BeforeClose einsetzen, dass automatisch eintritt, wenn die Mappe geschlossen wird. Um die »Entwicklungsumgebungs-Tastenkombination« wieder zuzulassen, erfassen Sie das folgende Makro:

```
Sub VBE_Einschalten()
Application.OnKey "%{F11}"
End Sub
```

Listing 13.9: VBE-Editor wieder einschalten

13.6 Neue Module einfügen

Um einer Arbeitsmappe ein neues, noch leeres Modul hinzuzufügen, setzen Sie die Methode Add ein. Im folgenden Beispiel wird der aktiven Arbeitsmappe ein neues Modul mit dem Namen NEUESMODUL hinzugefügt.

```
Sub NeuesModulHinzufügen()
Dim VBKomp As VBComponent

Set VBKomp = _
 ThisWorkbook.VBProject.VBComponents.Add _
 (vbext_ct_StdModule)
 VBKomp.Name = "NeuesModul"
 Application.Visible = True
End Sub
```

Listing 13.10: Modul einfügen

Die Methode Add verwendet die Konstante vbext_ct_StdModule, welche ein normales Modul repräsentiert.

Abbildung 13.3: Ein neues, noch leeres Modul wurde angelegt

Selbstverständlich können Sie auch Klassenmodule und UserForms über diese Methode in Ihr Projekt einfügen. Entnehmen Sie dazu der folgenden Tabelle 13.1 die notwendigen Konstanten.

Tabelle 13.1: Die Konstanten für die Methode Add

Konstante	Erklärung
`Vbext_ct_ClassModule`	Fügt der Auflistung ein Klassenmodul hinzu.
`Vbext_ct_MSForm`	Fügt der Auflistung ein Formular hinzu.
`Vbext_ct_StdModule`	Fügt der Auflistung ein Standardmodul hinzu.

13.7 Einzelne Module löschen

Wenn Sie bereits vorhandene Module in einer Arbeitsmappe löschen möchten, um z.B. im Anschluss daran ein neues überarbeitetes Modul einzufügen, starten Sie das Makro aus Listing 13.11.

Listing 13.11: Ein bestimmtes Modul löschen

```
Sub ModulLöschen()
 On Error Resume Next
 With ActiveWorkbook.VBProject
       .VBComponents.Remove .VBComponents("Modul2")
 End With
End Sub
```

Mit der Methode `Remove` können Sie ein bestimmtes Modul löschen. Die `On Error`-Anweisung verhindert einen Makroabsturz, wenn das Modul nicht gefunden werden kann, weil es eventuell bereits gelöscht wurde.

13.8 Makros löschen

Einzelnes Makro löschen

Möchten Sie aus einem vorgegebenen Modul ein bestimmtes Makro entfernen, dann müssen Sie dieses Makro zuerst finden. Im folgenden Makro wird in MODUL1 nach dem Makro TEST gesucht. Wenn dieses Makro gefunden wird, dann soll es aus dem Modul entfernt werden.

```
Sub MakroLöschen()
Dim VBkomp As Object
Dim i_Start As Long
Dim i_Anzahl As Integer

 Set VBkomp = _
 Application.VBE.ActiveVBProject.VBComponents _
("Modul1").CodeModule
```

```
    On Error GoTo fehler
    With VBkomp
    i_Start = .ProcStartLine("Test", vbext_pk_Proc)
    i_Anzahl = .ProcCountLines("Test", vbext_pk_Proc)
    .DeleteLines i_Start, i_Anzahl
End With
Exit Sub

fehler:
MsgBox "Ein Makro mit diesem Namen gibt es nicht!"
End Sub
```

Um das gesuchte Makro zu finden, verwenden Sie die Eigenschaft ProcStartLine. Dieser Eigenschaft wird der Name des zu löschenden Makros zugewiesen. Damit ermitteln Sie die Startzeile des angegebenen Makros. Diese Informationen werden in der Variablen i_Start gespeichert. Mithilfe der Eigenschaft ProcOfLines können Sie die Anzahl der Codezeilen des angegebenen Makros ermitteln. Auch hier geben Sie als Argument den Namen des Makros an. Speichern Sie die ermittelte Anzahl in der Variablen i_Anzahl. Bei beiden Eigenschaften geben Sie jeweils ein zweites Argument an, welches die Art der zu suchenden Prozedur festlegt. Über die Konstante vbext_pk_Proc werden alle Prozeduren mit Ausnahme von Eigenschaftenprozeduren durchsucht. Wenden Sie jetzt die Methode DeleteLines an, um das gefundene Makro zu löschen. Dabei geben Sie der Methode sowohl die erste als auch die letzte zu löschende Zeile an.

Alle Makros aus einer Arbeitsmappe entfernen

Wie Sie ein einzelnes Modul aus einer Arbeitsmappe löschen, wissen Sie bereits. Wie aber können Sie alle Makros, Ereignisse und Funktionen aus einer Arbeitsmappe entfernen? Die Antwort auf diese Frage liefert Ihnen das Makro aus Listing 13.12.

Listing 13.12: Alle Makros aus einer Arbeitsmappe löschen

```
Sub MakrosEntfernen()
Dim CodeObj As Object

  If Val(Application.Version) >= 8 Then
    With ActiveWorkbook.VBProject
      For Each CodeObj In .VBComponents
        Select Case CodeObj.Type
          Case 1, 2
            .VBComponents.Remove CodeObj
          Case Else
            With CodeObj.CodeModule
              If .CountOfLines > 0 Then
                .DeleteLines 1, .CountOfLines
              End If
```

```
          End With
        End Select
      Next
    End With
  End If
  For Each CodeObj In ActiveWorkbook.Names
    Select Case CodeObj.MacroType
      Case xlFunction, xlCommand
        CodeObj.Delete
    End Select
  Next
End Sub
```

Im ersten Schritt prüfen Sie, ob Sie die Version Excel 97 oder höher verwenden. Wenn dies der Fall ist, löschen Sie zuerst die Module und eventuell in der Arbeitsmappe befindliche Klassenmodule. Die Eigenschaft `Type` meldet in diesem Fall den Rückgabewert `1` bzw. `2`. Im anderen Fall handelt es sich um Ereignisse, die hinter den einzelnen Tabellen bzw. dem Eintrag DIESEARBEITSMAPPE stehen. Direkt im Anschluss löschen Sie Funktionen und benutzerdefinierte Makros (noch aus der veralteten Excel-Version 4.0) aus der Arbeitsmappe. Dabei können Sie die Eigenschaft `MacroType` abfragen, die Ihnen den entsprechenden Codetyp meldet. Wenden Sie die Methode `Delete` an, um diese Codeelemente zu löschen.

13.9 Module mit Makros bestücken

Nachdem Sie ein neues Modul in die Arbeitsmappe eingefügt haben, können Sie nun darangehen, das Modul mit Makros zu bestücken. Je nach Umfang bieten sich dafür zwei Möglichkeiten an:

- Zeile für Zeile in das Modul einfügen
- Import einer Textdatei, die das komplette Makro in das Modul einfügt

Makro zeilenweise in ein Modul übertragen

Fügen Sie nun ein kleines Makro zeilenweise in das gerade eingefügte, neue und noch leere Modul ein. Dazu setzen Sie das Makro aus Listing 13.13 ein.

Listing 13.13: Ein neues Makro zeilenweise in ein Modul einfügen

```
Sub MakroZeilenHinzufügen()
Dim CodeModul As CodeModule
Dim i As Integer

 Set CodeModul = _
 ThisWorkbook.VBProject.VBComponents _
 ("NeuesModul").CodeModule
```

```
 With CodeModul
     i = .CountOfLines + 1
     .InsertLines i, _
 "Sub DatumUndZeit()" & VbLf & _
 " Msgbox ""Jetzt ist " & Now & "!"" " & VbLf & _
 "End Sub"
 End With
 Application.Run "DatumUndZeit"
End Sub
```

Im Makro aus Listing 13.13 wird Zeile für Zeile übertragen. Die Eigenschaft `CountOfLines` ermittelt, wie viele Codezeilen im Modul bereits enthalten sind, und addiert den Wert `1` dazu. Diese Maßnahme ist notwendig, um eventuell bereits bestehende Makros nicht zu überschreiben. Die Konstante `VbLf` im obigen Listing sorgt jeweils für den Zeilenvorschub. Die Eigenschaft `Now` gibt das aktuelle Datum inklusive der momentanen Uhrzeit aus. Mit der Methode `Run` wird das soeben eingefügte Makro sofort gestartet.

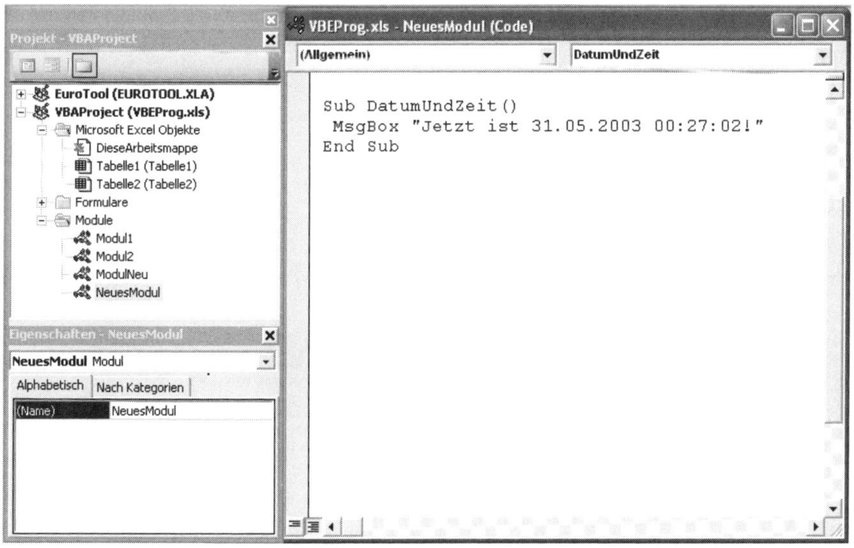

Abbildung 13.4: Ein Makro wurde in das neue Modul eingefügt

Makros aus einer Textdatei in ein Modul überführen

Die zweite Variante eignet sich vor allem bei größeren Makros. Als Voraussetzung dafür müssen Sie ein VBA-Makro in einer Textdatei speichern und danach einlesen.

Um nun die Textdatei in Abbildung 13.5 in das neue Modul einzulesen, starten Sie das folgende Makro aus Listing 13.14.

Abbildung 13.5: Makro, in einer Textdatei gespeichert

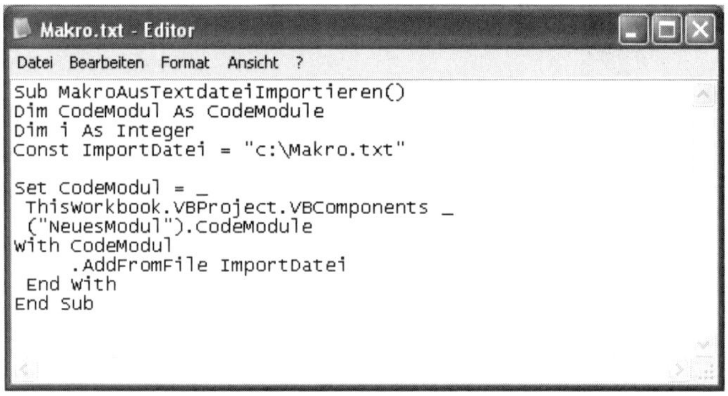

Listing 13.14: Makro aus Textdatei in neues Modul einfügen

```
Sub MakroAusTextdateiImportieren()
Dim CodeModul As CodeModule
Dim i As Integer
Const ImportDatei = "c:\Makro.txt"

Set CodeModul = _
 ThisWorkbook.VBProject.VBComponents _
 ("NeuesModul").CodeModule
With CodeModul
     .AddFromFile ImportDatei
 End With
End Sub
```

Das Makro aus Listing 13.14 fügt in das bestehende Modul NEUESMODUL den Inhalt der Textdatei MAKRO.TXT als neues Makro ein.

Abbildung 13.6: Das Makro wurde aus der Textdatei importiert

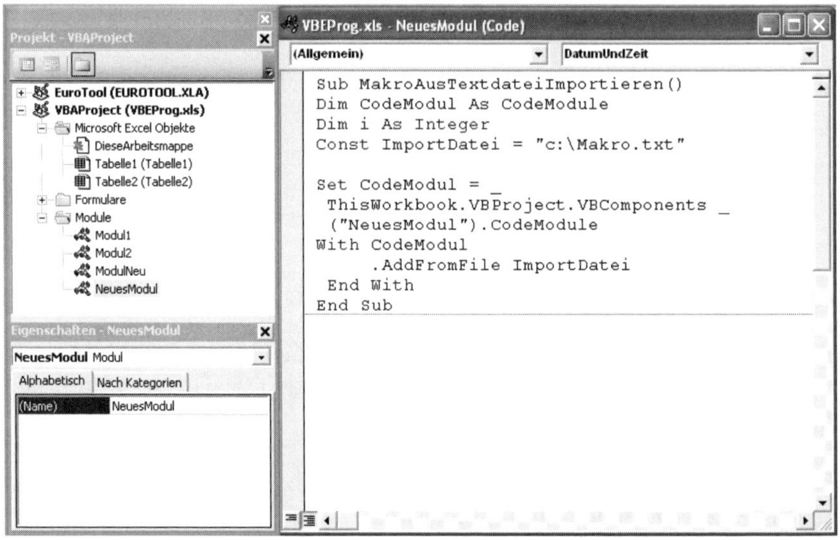

Manchmal ist es auch notwendig, gleich mehrere Arbeitsmappen mit einem bestimmten Makro auszustatten. Dazu öffnen Sie alle Arbeitsmappen, die Sie mit dem Makro aus der Textdatei MAKRO.TXT bestücken möchten, und starten folgendes Makro aus Listing 13.15.

Listing 13.15: Mehrere Arbeitsmappen mit einem Makro aus einer Textdatei versorgen

```
Sub MehrereMappenMitMakroVersorgen()
Dim VBKomp As VBComponent
Dim Mappe As Workbook
Const Importdatei = "c:\Makro.txt"

 On Error Resume Next
 For Each Mappe In Application.Workbooks
  Set VBKomp =    Mappe.VBProject.VBComponents.Add _
  (vbext_ct_StdModule)
  VBKomp.Name = "ModulNeu"
  Mappe.VBProject.VBComponents("ModulNeu") _
  .CodeModule.AddFromFile (Importdatei)
 Next Mappe
End Sub
```

In einer Schleife arbeiten Sie alle geöffneten Arbeitsmappen nacheinander ab, fügen jeweils ein neues Modul ein und importieren das Makro aus der Textdatei MAKRO.TXT.

Alle Mappen aus einem Verzeichnis mit Code versorgen

Im folgenden Beispiel wird ein komplettes Verzeichnis mit Arbeitsmappen verarbeitet. Dabei werden die Dateien einzeln geöffnet, danach werden ein Code und eine Schaltfläche eingespeist. Den Code geben Sie vorher in eine Textdatei ein. Diese speichern Sie im selben Verzeichnis, in dem sich auch Ihre Arbeitsmappen befinden, die Sie mit dem Code aus der Textdatei versorgen möchten.

Listing 13.16: Alle Mappen aus einem Verzeichnis mit einem Makro versorgen

```
Sub DateienVerarbeiten()
Dim i As Long
Dim verz  As String
Dim VBkomp As VBComponent
Dim Importdatei As String

Importdatei = ThisWorkbook.Path & "\codes.txt"
verz = ThisWorkbook.Path & "\"

On Error GoTo fehler
ChDir verz
With Application.FileSearch
    .NewSearch
    .LookIn = verz
    .SearchSubFolders = False
```

```
    .FileType = msoFileTypeExcelWorkbooks
    .Execute

    For i = 1 To .FoundFiles.Count
        Workbooks.Open .FoundFiles(i)
         'On Error Resume Next
        Set VBkomp = _
       ActiveWorkbook.VBProject.VBComponents.Add _
      (vbext_ct_StdModule)
       ActiveWorkbook.VBProject.VBComponents _
      (VBkomp.Name).CodeModule.AddFromFile (Importdatei)
       Sheets(1).Activate
       ActiveSheet.Buttons.Add(96, 15, 93, 24).Select
       Selection.Name = "Zurück"
       Selection.Characters.Text = "Zurück / Schließen"
       Selection.OnAction = ActiveWorkbook.Name & _
       "!Codes"
       Range("A1").Select
       ActiveWorkbook.Close savechanges:=True
    Next i
End With
Exit Sub

fehler:
MsgBox "Es gibt kein Verzeichnis mit dem Namen " & verz
End Sub
```

Geben Sie im ersten Schritt an, wo die Textdatei liegt, die den Quellcode für die Arbeitsmappen enthält. Dabei verwenden Sie die Anweisung `Thisworkbook.Path`, was bedeutet, dass die Textdatei im gleichen Verzeichnis gespeichert ist, in dem sich auch Ihre zu versorgenden Arbeitsmappen befinden. Danach führen Sie eine Suche nach allen Excel-Dateien durch. Auf jeden Fall liefert die Suche alle Excel-Dateien, die sich im angegebenen Verzeichnis befinden. Öffnen Sie diese nacheinander und bestücken Sie diese über die Methode `Import` mit dem Quellcode aus der Textdatei. Danach aktivieren Sie jeweils das erste Tabellenblatt der Arbeitsmappe und fügen über die Methode `Add` eine Schaltfläche ein. Legen Sie das gerade importierte Makro genau hinter diese Schaltfläche, indem Sie die Methode `OnAction` einsetzen und dabei den Namen des Makros übergeben. Nach der Beschriftung der Schaltfläche über die Eigenschaft `Text` schließen und speichern Sie die Arbeitsmappe.

Abbildung 13.7: Die Schaltfläche mit hinterlegtem Code wurde eingefügt

13.10 Export von VBA-Modulen in Textdateien

Neben dem Import von Textdateien in Module ist auch eine Exportfunktion für Module in Excel vorgesehen, mit der Sie Ihre Programmierung in Textdateien sichern können.

Listing 13.17: Ein VBA-Modul komplett in einer Textdatei sichern

```
Sub ModulInTextdateiSichern()
Dim VBKomp As Object
Const ExportDatei = "c:\Sicherung.txt"

On Error Resume Next
Set VBKomp = _
 ThisWorkbook.VBProject.VBComponents("Modul1")

With VBKomp
    .Export ExportDatei
End With
End Sub
```

Mit der Methode `Export` sichern Sie eine Komponente als Textdatei.

Möchten Sie ein komplettes Modul in eine neue Arbeitsmappe übertragen, dann exportieren Sie diese vorher in eine Textdatei, fügen eine neue Arbeitsmappe ein und führen die Importfunktion durch. Das Ganze könnte dann wie folgt aussehen:

Listing 13.18: Ein VBA-Modul komplett in eine neue Mappe überführen

```
Sub ModulKopierenInNeueMappe()
Dim s_Datei As String

With ActiveWorkbook
    s_Datei = .Path & "\Modul.txt"
    .VBProject.VBComponents("Modul1").Export s_Datei
End With
Workbooks.Add
ActiveWorkbook.VBProject.VBComponents.Import s_Datei
End Sub
```

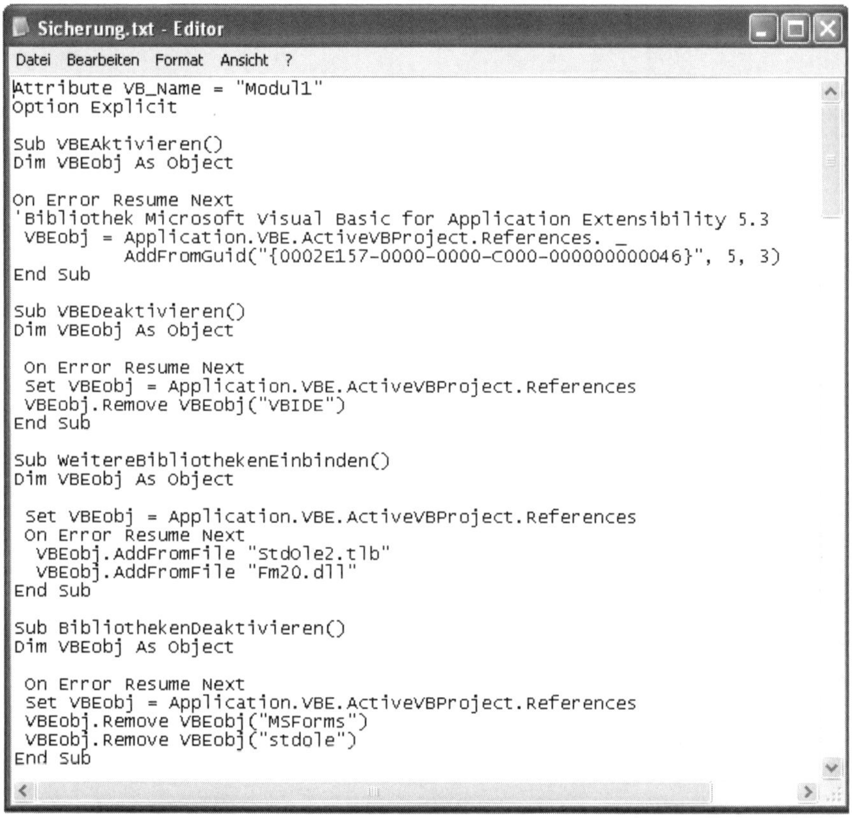

```
Attribute VB_Name = "Modul1"
Option Explicit

Sub VBEAktivieren()
Dim VBEobj As Object

On Error Resume Next
'Bibliothek Microsoft Visual Basic for Application Extensibility 5.3
 VBEobj = Application.VBE.ActiveVBProject.References. _
          AddFromGuid("{0002E157-0000-0000-C000-000000000046}", 5, 3)
End Sub

Sub VBEDeaktivieren()
Dim VBEobj As Object

 On Error Resume Next
 Set VBEobj = Application.VBE.ActiveVBProject.References
 VBEobj.Remove VBEobj("VBIDE")
End Sub

Sub WeitereBibliothekenEinbinden()
Dim VBEobj As Object

 Set VBEobj = Application.VBE.ActiveVBProject.References
 On Error Resume Next
  VBEobj.AddFromFile "stdole2.tlb"
  VBEobj.AddFromFile "Fm20.dll"
End Sub

Sub BibliothekenDeaktivieren()
Dim VBEobj As Object

 On Error Resume Next
 Set VBEobj = Application.VBE.ActiveVBProject.References
 VBEobj.Remove VBEobj("MSForms")
 VBEobj.Remove VBEobj("stdole")
End Sub
```

Abbildung 13.8: Sicherung von VBA-Modulen in Textdateien

13.11 Identifikation von Komponenten

Bis jetzt haben Sie nur mit Modulen gearbeitet. In Ihrer Arbeitsmappe gibt es aber noch mehr Komponenten, wie zum Beispiel UserForms und Klassenmodule. Schreiben Sie ein kleines Makro, welches die verschiedenen Komponenten Ihrer Arbeitsmappe im Direktfenster ausgibt.

Listing 13.19: Alle Komponenten der aktiven Arbeitsmappe werden im Direktfenster ausgegeben

```
Sub KomponentenAusgeben()
Dim VBKomp As VBComponent

 For Each VBKomp In ThisWorkbook.VBProject.VBComponents
  Debug.Print "Name der Komponente: " & VBKomp.Name & _
          VbLf & "Typ der Komponente: " & _
          VBKomp.Type & VbLf
 Next VBKomp
End Sub
```

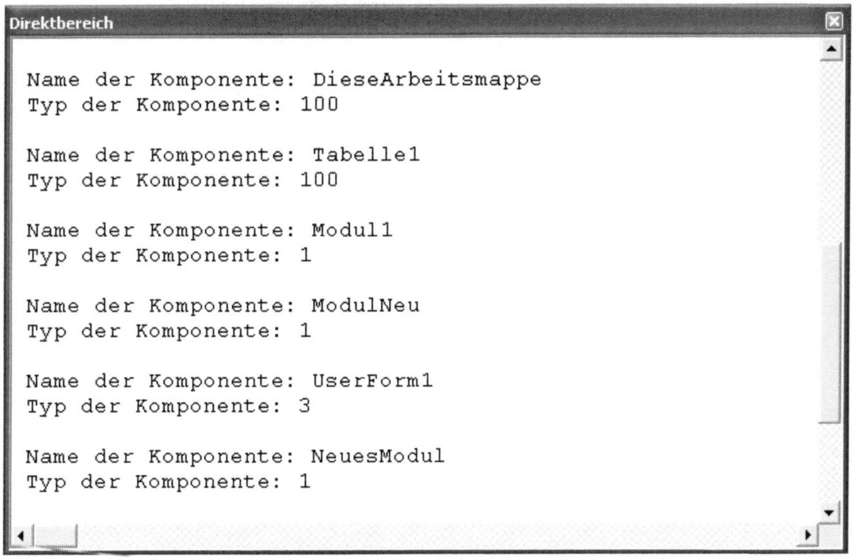

Abbildung 13.9: Alle Komponenten der Arbeitsmappe im Überblick

In der Abbildung 13.9 können Sie sehen, dass jede Komponente ihren eindeutigen Typ aufweist. Dies macht es leicht, gezielt auf einzelne Komponenten zuzugreifen.

Teil 4 Userforms, Steuerelemente, Menü- und Symbolleisten

14 Dialoge, Meldungen und UserForms programmieren

In diesem Kapitel lernen Sie, wie Sie Dialoge in der Programmierung einsetzen können, um anwenderfreundliche Anwendungen zu erstellen. Dabei haben Sie die Möglichkeit, schon bestehende Dialoge in Excel zu nutzen oder eigene Dialoge (UserForms) zu erstellen.

Die Fragen

Unter anderem werden in diesem Kapitel folgende Fragen beantwortet:

- Wie können Sie das Meldungsfenster und Eingabemasken in Excel praxisgerecht einsetzen?
- Wie können Sie bereits integrierte Dialoge für Ihre Projekte verwenden?
- Wie können Sie eigene Dialoge (UserForms) entwickeln?
- Wie können Sie Textfelder in UserForms füllen und in eine Tabelle übertragen?
- Wie können Sie Eingaben in Textfeldern kontrollieren?
- Wie können Sie Text- und Bezeichnungsfelder dynamisch halten?
- Wie können Sie die Abmessung, den Hintergrund sowie die Position Ihrer UserForm festlegen?
- Wie können Sie Listen- und Dropdown-Felder für eine möglichst elegante Datenerfassung bzw. Datenanzeige verwenden?
- Welche Vorteile bieten Ihnen Multiseiten?
- Wie programmieren Sie einen Verlaufsbalken?
- Wie zeigen Sie mehrere Bilder dynamisch in Ihrer UserForm an?
- Welche zusätzlichen Steuerelemente können Sie auf UserForms einsetzen?

14.1 Der Meldungen-Dialog Msgbox

In den vorherigen Kapiteln wurde die Funktion `Msgbox` schon öfter eingesetzt. Diese Funktion wird z.B. verwendet, um den Anwender über ein Ergebnis eines Makros zu informieren oder um eine Warnmeldung auf dem Bildschirm anzuzeigen. Dabei können Sie das Aussehen dieser Maske selbst bestimmen.

Im folgenden Makro wird die eingesetzte Excel-Version ermittelt und am Bildschirm angezeigt.

Listing 14.1: Versions-Infomeldung auf dem Bildschirm ausgeben

```
Sub MsgboxEinfach()
   MsgBox "Sie haben die Excel Version " & _
   Application.Version & " im Einsatz!", _
   vbInformation
End Sub
```

CD

Sie finden alle Beispiele zur Funktion `Msgbox` *auf der mitgelieferten CD-ROM im Verzeichnis* KAP14 *unter dem Namen* MSGBOX.XLS.

Abbildung 14.1: Eine Standardmeldung in Excel

Die Syntax

Um eine Meldung auf dem Bildschirm anzuzeigen, verwenden Sie die Funktion `Msgbox`, welche folgende Syntax hat:

```
=MsgBox(prompt[, buttons] [, title] [, helpfile, _
 context])
```

Die Argumente der Funktion Msgbox

Das erste Argument `prompt` muss angegeben werden. Es besteht aus einem Text, der als Meldung im Dialogfeld erscheinen soll.

Das nächste Argument `buttons` bestimmt, welche Schaltflächen Sie in Ihrer Meldung anzeigen möchten. Diese Einstellung können Sie entweder durch eine Konstante oder einen eindeutigen Index vornehmen. Entnehmen Sie der folgenden Tabelle 14.1 die möglichen Varianten.

Tabelle 14.1: Die Schaltflächen für Msgbox

Konstante oder Wert	**Beschreibung**
`vbOKOnly` oder `0`	Zeigt nur die Schaltfläche `OK` an.
`vbOKCancel` oder `1`	Zeigt die Schaltflächen `OK` und `Abbrechen` an.
`vbAbortRetryIgnore` oder `2`	Zeigt die Schaltflächen `Abbruch`, `Wiederholen` und `Ignorieren` an.
`vbYesNoCancel` oder `2`	Zeigt die Schaltflächen `Ja`, `Nein` und `Abbrechen` an.
`vbYesNo` oder `4`	Zeigt die Schaltflächen `Ja` und `Nein` an.
`vbRetryCancel` oder `5`	Zeigt die Schaltflächen `Wiederholen` und `Abbrechen` an.
`vbCritical` oder `16`	Zeigt Meldung mit `Stop`-Symbol an.
`vbQuestion` oder `32`	Zeigt Meldung mit `Fragezeichen`-Symbol an.
`vbExclamation` oder `48`	Zeigt Meldung mit `Ausrufezeichen`-Symbol an.
`vbInformation` oder `64`	Zeigt Meldung mit `Info`-Symbol an.
`vbDefaultButton1` oder `0`	Erste Schaltfläche ist Standardschaltfläche.
`vbDefaultButton2` oder `256`	Zweite Schaltfläche ist Standardschaltfläche.
`vbDefaultButton3` oder `512`	Dritte Schaltfläche ist Standardschaltfläche.
`vbDefaultButton4` oder `768`	Vierte Schaltfläche ist Standardschaltfläche.
`vbApplicationModal` oder `0`	Der Anwender muss auf das Meldungsfeld zuerst reagieren, bevor er seine Arbeit mit der aktuellen Anwendung fortsetzen kann.
`vbSystemModal` oder `4096`	Alle Anwendungen werden unterbrochen, bis der Benutzer auf das Meldungsfeld reagiert.
`vbMsgBoxHelpButton` oder `16384`	Fügt dem Meldungsfenster eine Hilfeschaltfläche hinzu.

Die Anzahl und der Typ der im Dialogfeld angezeigten Schaltflächen werden in der ersten Gruppe beschrieben. Die zweite Gruppe beschreibt die Symbolart. Die dritte Gruppe legt die Standardschaltfläche fest.

Je Gruppe kann jeweils nur ein Wert angegeben werden.

- Im nächsten Argument `Title` legen Sie einen Text fest, der im Fenstertitel angezeigt werden soll.

- Die letzten beiden Argumente `helpfile` und `context` setzen Sie ein, wenn Sie auf einen Hilfetext im Meldungsfenster verweisen möchten.

!! STOP

Die maximale Länge ist je nach Breite der verwendeten Zeichen auf ca. 1.024 Zeichen beschränkt.

Gerade haben Sie erfahren, wie Sie zusätzliche Schaltflächen in eine Meldung integrieren können. Wie aber können Sie ermitteln, welche Schaltfläche der Anwender letztendlich anklickt?

Welche Schaltfläche wurde angeklickt?

Je nachdem, welche Schaltfläche der Anwender im Meldungsfenster anklickt, sollen unterschiedliche Aktionen folgen. Wird z.B. die Schaltfläche ABBRECHEN angeklickt, muss das Makro sofort beendet werden. Entnehmen Sie der nächsten Tabelle die möglichen Rückgabewerte.

Tabelle 14.2: Die Rückgabewerte der Schaltflächen

Konstante oder Wert	Beschreibung
`vbOK` oder `1`	Die Schaltfläche `OK` wurde angeklickt.
`vbCancel` oder `2`	Die Schaltfläche `Abbrechen` wurde angeklickt.
`vbAbort` oder `3`	Die Schaltfläche `Abbruch` wurde angeklickt.
`vbRetry` oder `4`	Die Schaltfläche `Wiederholen` wurde angeklickt.
`vbIgnore` oder `5`	Die Schaltfläche `Ignorieren` wurde angeklickt.
`vbYes` oder `6`	Die Schaltfläche `Ja` wurde angeklickt.
`vbNo` oder `7`	Die Schaltfläche `Nein` wurde angeklickt.

Wie Sie die Konstanten bzw. die Nummern einsetzen, erfahren Sie in den nächsten Beispielen.

Löschrückfrage einholen

Stellen Sie sich vor, Sie haben eine Zelle oder einen Zellenbereich markiert, um diese/n mit einem Makro zu löschen. Vorher möchten Sie aber eine Meldung auf dem Bildschirm anzeigen lassen, die noch einmal nachfragt, ob der markierte Bereich wirklich gelöscht werden darf.

Listing 14.2: Rückfrage programmieren, ob ein Bereich wirklich gelöscht werden soll

```
Sub LöschenMarkierterBereich()
Dim i As Integer

i = MsgBox _
("Wollen Sie den markierten Bereich löschen?", _
 1 + vbQuestion, "Löschenabfrage")
If i = 2 Then Exit Sub
Selection.Clear
End Sub
```

Um zu ermitteln, welche Schaltfläche der Anwender anklickt, fragen Sie die Variable `i` ab. Klickt der Anwender auf die Schaltfläche ABBRECHEN, so meldet die Variable den Wert `2`, was ein sofortiges Beenden des Makros zur Folge hat. Im anderen Fall werden über die Methode `Clear` die Daten innerhalb der Markierung gelöscht.

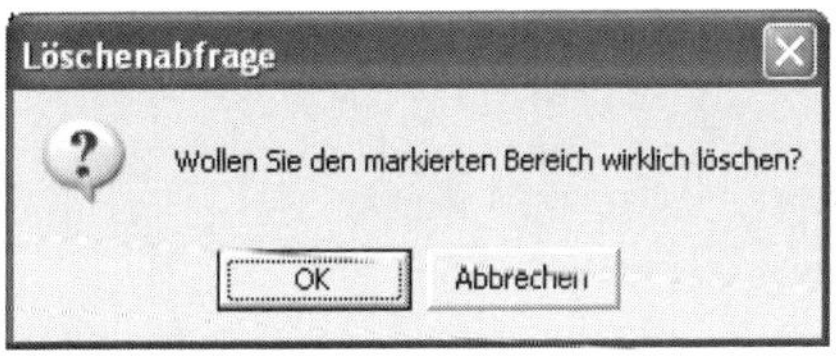

Abbildung 14.2: Erweiterte Funktionalität bei der Msgbox

Informationen anzeigen

Im nächsten Beispiel sollen mehrere Informationen in einem Meldungsfenster auf dem Bildschirm in mehreren Zeilen angezeigt werden.

Listing 14.3: Mehrzeilige Meldung auf dem Bildschirm ausgeben

```
Sub Info()
MsgBox _
"Hallo Anwender " & Application.UserName & vbLf & _
 "Heute ist der " & Date & vbLf & "Genau " & _
   Time & " Uhr!", vbInformation, "Information"
End Sub
```

Anwender, Datum und Zeit

Wenn Sie mehrzeilige Informationen in einem Meldungsfenster ausgeben möchten, verbinden Sie die einzelnen Stücke jeweils mit einem beginnenden `&` sowie einem endenden Zeichen `&`. Am Ende jeder Zeile geben Sie ein Leerzeichen ein, gefolgt von einem Unterstrich, um Excel mitzuteilen, dass der Befehl noch nicht zu Ende ist und in der nächsten Zeile fortgesetzt werden soll. Setzen Sie die Konstante `VbLf` ein, um einen Zeilenumbruch in der Meldung zu erzeugen.

Abbildung 14.3: Eine informative Meldung in drei Zeilen

Ist eine bestimmte Arbeitsmappe vorhanden?

Im folgenden Beispiel soll geprüft werden, ob sich eine bestimmte Arbeitsmappe auf der lokalen Festplatte im Verzeichnis C:\EIGENE DATEIEN befindet. Das Makro für diese Aufgabe können Sie dem Listing 14.4 entnehmen.

Listing 14.4: Prüfung, ob eine bestimmte Datei existiert

```
Sub IstDateiVorhanden()
Dim s As String
Const Datei = "c:\eigene Dateien\Mappe1.xls"

 s = Dir(Datei)
 If s <> "" Then MsgBox "Datei vorhanden!", _
 vbExclamation _
 Else MsgBox "Datei " & Datei & " nicht da!", vbCritical
End Sub
```

Mit der Funktion `Dir` ermitteln Sie, ob eine bestimmte Datei existiert. Wird der Name der gesuchten Datei in der Variablen `s` zurückgegeben, war die Suche erfolgreich. Meldet die Funktion jedoch in der Variablen `s` keinen Wert zurück, wurde die Datei nicht gefunden.

Abbildung 14.4: Negatives Suchergebnis mit entsprechendem Symbol

14.2 Textfelder für Meldungen einsetzen

Starten Sie ein längeres Makro, sollten Sie dafür sorgen, dass der Anwender auch weiß, dass ein Makro noch läuft, und ihn über eine Bildschirmmeldung davon in Kenntnis setzen. Diese Maßnahme verhindert, dass der Anwender nervös wird und womöglich zu dem Schluss kommt, dass ein länger laufendes Makro abgestürzt sei. Gerade wenn Sie dann noch die Bildschirmaktualisierung abgeschaltet haben, kann dieser Eindruck leicht entstehen. Aus diesem Grund können Sie gleich zu Beginn des Makros ein temporäres Textfeld auf dem Bildschirm anzeigen, eine Meldung ins Textfeld schreiben und am Ende des Makros das Textfeld wieder löschen.

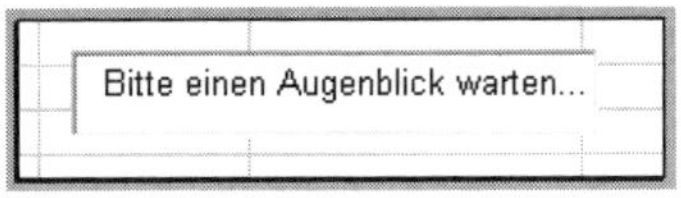

Abbildung 14.5: Textfelder als Meldungsfenster »missbrauchen«

Das Makro für diese Aufgabe können Sie dem Listing 14.5 entnehmen.

Listing 14.5: Beim Öffnen der Arbeitsmappe wird ein Textfeld eingeblendet und nach fünf Sekunden wieder ausgeblendet

```
Private Sub Workbook_Open()
ActiveSheet.OLEObjects.Add _
(ClassType:="Forms.TextBox.1", _
  Left:=70, Top:=60, Width:=150, Height:=25).Activate
  ActiveSheet.OLEObjects _
  (ActiveSheet.OLEObjects.Count).Name = "Nachricht"
  ActiveSheet.OLEObjects("Nachricht").Object.Text = _
  "Bitte einen Augenblick warten..."
  Application.Wait (Now + TimeValue("0:00:05"))
  ActiveSheet.OLEObjects("Nachricht").Delete
 End Sub
```

Mithilfe der Methode `Add` fügen Sie dem Auflistungsobjekt ein Textfeld hinzu. Im Argument `ClassType` müssen Sie angeben, um welchen Typ es sich dabei handeln soll. Sehen Sie dazu in Tabelle 14.3 die Möglichkeiten, die Ihnen zur Verfügung stehen.

Tabelle 14.3: Die Objekte zum Einfügen

Einzufügendes Steuerelement	Bezeichnung
CheckBox	Forms.CheckBox.1
ComboBox	Forms.ComboBox.1
CommandButton	Forms.CommandButton.1
Frame	Forms.Frame.1
Image	Forms.Image.1
Label	Forms.Label.1
ListBox	Forms.ListBox.1
MultiPage	Forms.MultiPage.1
OptionButton	Forms.OptionButton.1
ScrollBar	Forms.ScrollBar.1
SpinButton	Forms.SpinButton.1
TabStrip	Forms.TabStrip.1

Tabelle 14.3: Die Objekte zum Einfügen (Forts.)

Einzufügendes Steuerelement	Bezeichnung
`TextBox`	`Forms.TextBox.1`
`ToggleButton`	`Forms.ToggleButton.1`

In den folgenden Argumenten legen Sie die genaue Position und Größe des Textfelds an, welches Sie einfügen möchten. Gleich nach dem Einfügen des Textfelds aktivieren Sie dieses mit der Methode `Activate`. Im nächsten Schritt geben Sie dem eingefügten Textfeld einen Namen, um leichter darauf zugreifen zu können. Dazu setzen Sie die Eigenschaft `Name` ein. Um dem Textfeld nun einen Text zuweisen zu können, müssen Sie das Textfeld korrekt ansprechen. Dies gelingt Ihnen über den Namen des Textfelds und die Eigenschaften `Object` und `Text`. Im Anschluss daran können Sie die weiteren Makrobefehle abarbeiten und nach Ablauf des gesamten Makros das Textfeld über die Methode `Delete` löschen.

INFO

Im letzten Beispiel wurde die Methode `Wait` *eingesetzt, um die eingefügte Textbox genau nach fünf Sekunden wieder zu löschen.*

14.3 Die Eingabemaske Inputbox

Mithilfe der Methode `Inputbox` versetzen Sie den Anwender in die Lage, einzelne Eingaben in einer Maske vorzunehmen. Diese Funktion eignet sich für kleinere Aufgaben hervorragend und auch hier können Sie Aussehen und Funktion des Dialogs selbst bestimmen.

CD

Sie finden die Beispiele zur Methode `Inputbox` *auf der mitgelieferten CD-ROM im Verzeichnis* KAP14 *unter dem Namen* INPUTBOX.XLS.

Die Syntax

Die Syntax dieser Funktion sieht wie folgt aus:

```
= InputBox(prompt, title, default, Left, Top, helpFile,
 helpContext, type)
```

Die Argumente der Funktion Inputbox

- Das erste Argument `prompt` muss angegeben werden. Es besteht aus einem Text, der als Meldung im Dialogfeld erscheinen soll.
- Im nächsten Argument `title` legen Sie einen Text fest, der im Fenstertitel angezeigt werden soll.
- Im Argument `default` können Sie eine Vorbelegung wählen, die im Textfeld angezeigt wird, wenn der Benutzer keine Eingabe vorgenommen hat. Wenn Sie das Argument weglassen, wird ein leeres Textfeld angezeigt.

- Mit den nächsten beiden Argumenten `left` und `top` bestimmen Sie die Position auf dem Bildschirm, wo die Inputbox angezeigt werden soll. So wird beim Argument `left` der horizontale Abstand des linken Rands des Dialogfelds vom linken Rand des Bildschirms festgelegt. Beim Argument `top` wird der vertikale Abstand des oberen Rands des Dialogfelds vom oberen Rand des Bildschirms festgelegt.
- Die beiden Argumente `helpfile` und `context` setzen Sie ein, wenn Sie auf einen Hilfetext im Meldungsfenster verweisen möchten.
- Das letzte Argument `type` legt den Datentyp des Rückgabewerts fest. Ohne Angabe dieses Arguments gibt das Dialogfeld den Datentyp `Text` zurück. Entnehmen Sie die zulässigen Rückgabewerte der folgenden Tabelle.

Tabelle 14.4: Die möglichen Rückgabewerte der Methode Inputbox

Wert	Beschreibung
0	Formel
1	Zahl
2	Text
4	logischer Wert (True oder False)
8	Zellenbezug
16	Fehlerwert
64	Wertematrix

INFO

Wie Sie die Schaltflächen abfragen können, haben Sie bereits bei der Funktion `Msgbox` *gelernt.*

Lernen Sie nun einige praktische Anwendungsbeispiele für die Methode `Inputbox` kennen.

Mehrwertsteuer errechnen

Dem Anwender soll nach der Eingabe eines Nettobetrags automatisch die Mehrwertsteuer angezeigt werden.

Listing 14.6: Einen Betrag über einen Dialog eingeben, als Ausgabe erfolgt die Mehrwertsteuer

```
Sub MwstErrechnen()
Dim Betrag As Currency
Dim Gesamt As Currency
Const mwst = "1,16"

 Betrag = Application.InputBox _
 ("Mehrwertsteuer errechnen", "Bitte Betrag eingeben")
```

Abbildung 14.6: Betrag über Dialog erfassen und Mehrwertsteuer ausrechnen lassen

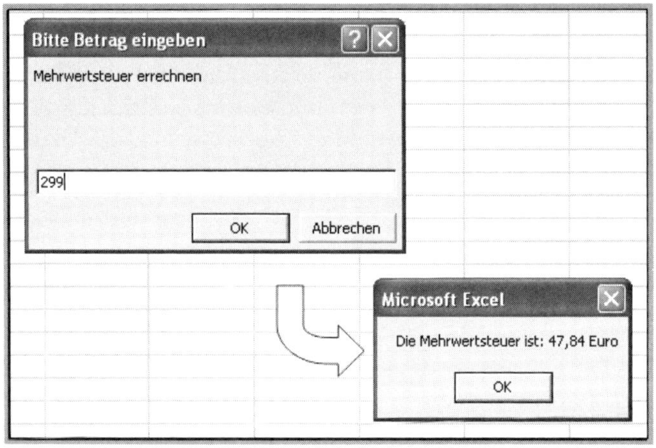


```
  If Betrag = 0 Then Exit Sub
  Gesamt = Betrag * mwst
  MsgBox "Die Mehrwertsteuer ist: " & _
          Gesamt - Betrag & " Euro"
End Sub
```

Legen Sie zuerst in einer Konstanten den derzeitigen Mehrwertsteuersatz fest. Danach rufen Sie die Methode `Inputbox` auf und fordern den Anwender auf, einen Betrag einzugeben. Sollte der Anwender die Schaltfläche ABBRECHEN angeklickt haben, wird das Programm durch die Anweisung `Exit Sub` sofort verlassen. Im anderen Fall wird zuerst der Gesamtbetrag aus dem Nettobetrag und dem Prozentsatz der Mehrwertsteuer errechnet. Danach wird der Mehrwertsteuerbetrag ermittelt und in einem Meldungsfenster ausgegeben.

Mehrere Eingaben erfassen

Normalerweise können Sie in einer Inputbox immer nur Daten in einem Textfeld erfassen. Wenn Sie jedoch mehrere Eingaben machen müssen, können Sie diese Funktion mehrmals hintereinander aufrufen und die erfassten Werte nacheinander in eine Tabelle schreiben.

Listing 14.7: Mehrere Inputboxen nacheinander aufrufen und Daten in Tabelle speichern

```
Sub MehrereEingabenErfassen()
Dim i As Integer
Dim i2 As Integer

For i2 = 1 To 5
i = Application.InputBox(prompt:="Zahl eingeben:", _
  Type:=1)
If i <> False Then
 Sheets("Tabelle1").Cells(1, i2).Value = i
Else
```

```
 Exit Sub
End If
Next
End Sub
```

Die Methode `Inputbox` wird fünf Mal nacheinander aufgerufen. Dazu setzen Sie die Schleife `For Next` ein. Wenn die Taste ABBRECHEN geklickt wird, erfolgt das sofortige Ende des Makros. Im anderen Fall werden die eingegebenen Daten in das Tabellenblatt TABELLE1 geschrieben.

Bereiche über eine Inputbox markieren

Sie können einzelne Daten über eine Inputbox erfassen, das ist klar. Haben Sie aber gewusst, dass Sie damit auch Bereiche markieren können? Sehen Sie sich dazu das folgende Makro im Listing 14.8 an.

Listing 14.8: Mithilfe einer Inputbox einen Bereich markieren

```
Sub BereicheMarkieren()
Dim Bereich As Range

 On Error Resume Next
 Set Bereich = _
 Application.Inputbox(prompt:="Bereich markieren", _
  Type:=8)
 If Bereich Is Nothing Then
  MsgBox "Sie haben keinen Bereich ausgewählt", _
  vbExclamation
 Else
    Bereich.Select
 End If
End Sub
```

Zuerst müssen Sie eine `Range`-Variable deklarieren, welche den ausgewählten Bereich aufnehmen soll. Um einen Bereich mit der Inputbox zu markieren, muss diese vom Typ `8` sein. Wird kein Bereich ausgewählt, erscheint eine Meldung auf dem Bildschirm, im anderen Fall wird der Bereich auf dem Tabellenblatt markiert.

:-) TIPP

Wenn Sie möchten, können Sie auch mehrere Bereiche über die Inputbox markieren. Dazu markieren Sie bei aufgerufener Inputbox den ersten Bereich auf dem Tabellenblatt, halten die [Strg]*-Taste gedrückt und markieren den nächsten Bereich. Klicken Sie zum Abschluss auf die Schaltfläche* OK.

Funktionen eingeben über Inputbox

Wenn Sie möchten, können Sie auch Funktionen über eine Inputbox erfassen, sofern Sie weder den Funktions-Assistenten einsetzen noch eine direkte

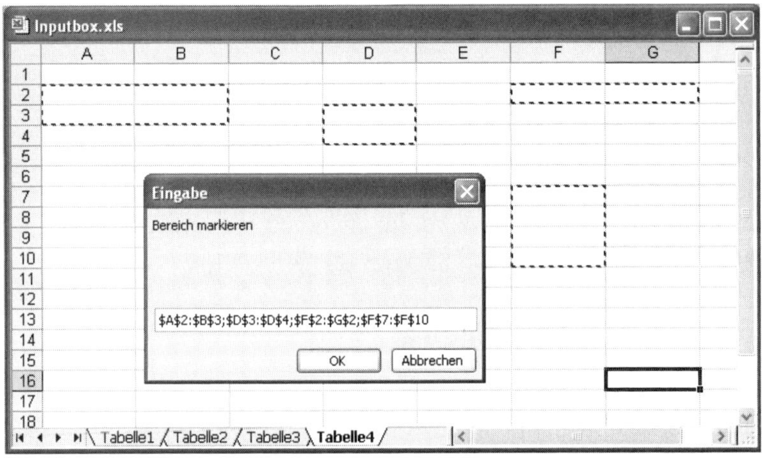

Abbildung 14.7: Auch mehrere Bereiche können markiert werden

Zelleneingabe zulassen möchten. Durch die Eingabe einer Funktion über ein Textfeld können Sie so beispielsweise die eingegebene Funktion noch einmal prüfen, bevor Sie diese tatsächlich in eine Zelle schreiben.

Listing 14.9: Funktionen und Formeln über eine Inputbox erfassen

```
Sub FunktionEingeben()
Dim s As String

 s = Inputbox("Eingabe der Funktion", "Funktion", "=")
 If s = "" Then Exit Sub
 ActiveCell.FormulaLocal = s
End Sub
```

Im letzten Beispiel aus Listing 14.9 wurde das Gleichheitszeichen (=) als Standardeintrag im Textfeld der Inputbox schon einmal vorgegeben, da ja jede Funktion in Excel mit diesem Zeichen beginnt. Um deutsche Funktionen in das Textfeld der Inputbox einzugeben, müssen Sie die Eigenschaft `FormulaLocal` angeben. Ohne die Angabe dieser Eigenschaft würde Excel die eingegebene Funktion nicht erkennen. Wenden Sie beispielsweise die Funktion `SUMME` an.

14.4 Integrierte Dialoge einsetzen

Bei der Programmierung mit Dialogen müssen Sie nicht unbedingt eigene Dialoge erstellen. Oft reicht es auch aus, wenn Sie bereits vorhandene Dialoge in Excel für Ihre eigenen Projekte nutzen. Ein weiterer Vorteil ist, dass ein Anwender diese Dialoge bereits kennt und sich nicht mehr in fremde Dialoge einarbeiten muss.

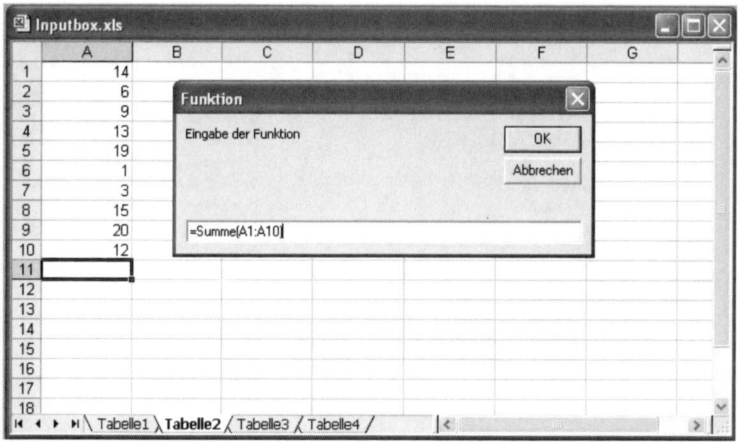

Abbildung 14.8: Eingabe einer Funktion über eine Inputbox

Sie finden die Beispiele zu den integrierten Dialogen auf der mitgelieferten CD-ROM im Verzeichnis KAP14 *unter dem Namen* DIALOGE.XLS.

Den Öffnen-Dialog aufrufen

Warum das Rad neu erfinden?

Normalerweise können Sie Excel-Arbeitsmappen auch direkt mit einem Makro öffnen, ohne den ÖFFNEN-Dialog einzusetzen. Stehen jedoch mehrere Arbeitsmappen zur Auswahl, zwischen denen sich der Anwender entscheiden muss, verwenden Sie den integrierten ÖFFNEN-Dialog und lassen den Anwender die gewünschte Arbeitsmappe auswählen. Der Vorteil liegt auf der Hand: Sie brauchen sich um bestimmte Dinge, wie das Anzeigen der Arbeitsmappen im Dialog oder auch das Markieren und Öffnen der Mappen, nicht selbst zu kümmern. Die gesamte Funktionalität ist schon vorhanden. Wie Sie den ÖFFNEN-Dialog aufrufen, sehen Sie im Listing 14.10.

Listing 14.10: Den integrierten Öffnen-Dialog anzeigen und auswerten

```
Sub DialogÖffnen()
Dim b As Boolean

  b = Application.Dialogs(xlDialogFindFile).Show
  MsgBox b
End Sub
```

Definieren Sie zuerst einmal eine Variable vom Typ `Boolean`, um zu ermitteln, ob eine Datei geöffnet worden ist oder nicht. Wurde über den ÖFFNEN-Dialog eine Datei geöffnet, steht in der Variablen `b` der Wert WAHR. Wurde dagegen im Dialog ÖFFNEN auf die Schaltfläche ABBRECHEN geklickt, meldet die Variable `b` den Wert FALSCH.

Abbildung 14.9: Der Dialog Öffnen im neuen Look in Excel 2003

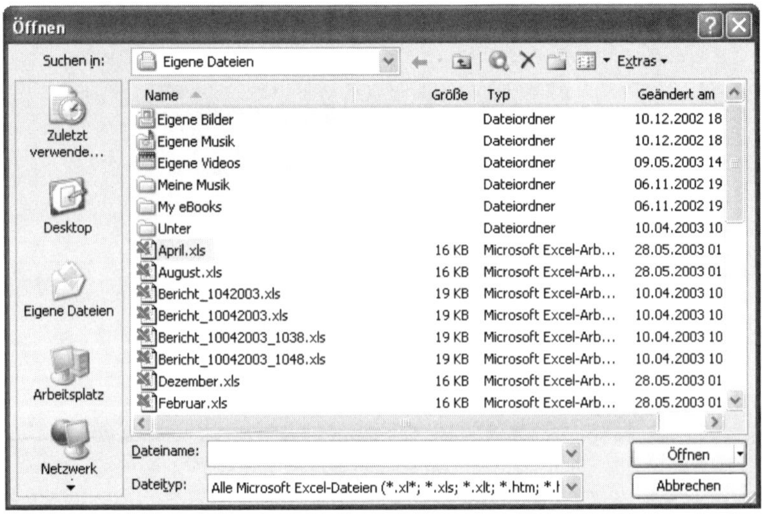

Der Dialog Öffnen mit automatischer Passworteingabe

Wenn Sie eine passwortgeschützte Arbeitsmappe über den ÖFFNEN-Dialog öffnen möchten, aber keine Lust haben, das Passwort selbst einzugeben, können Sie dies dem integrierten Dialog mitteilen.

Listing 14.11: Eine geschützte Datei ohne Passworteingabe öffnen

```
Sub DialogÖffnenMitPassword()
Application.Dialogs(xlDialogOpen).Show _
 "C:\eigene Dateien\Mappel.xls", arg5:="test"
End Sub
```

:-) TIPP

Das fünfte Argument des Befehls entspricht dem eingestellten Passwort.

Die Farbpalette aufrufen

Wenn der Anwender selbst entscheiden soll, welche Hintergrundfarbe er für bestimmte Zellen haben möchte, stellen Sie ihm per Makro den Dialog ZELLEN FORMATIEREN zur Verfügung.

Listing 14.12: Format-Dialog aufrufen

```
Sub FarbenAuslesenAusFarbpalette()
Dim b As Boolean
Dim I As Integer

b = Application.Dialogs(xlDialogPatterns).Show
If b = True Then
  I = ActiveCell.Interior.ColorIndex
  MsgBox "Farbindex ist: " & I
Else
```

```
 I = xlNone
 MsgBox "Der Dialog wurde abgebrochen"
End If
End Sub
```

Den Dialog Drucken aufrufen

Um ein oder mehrere Tabellenblätter zu drucken, müssen Sie normalerweise über den Dialog DRUCKEN gehen. In manchen Fällen ist es aber wichtig, vorher spezielle Einstellungen für den Druck vorzunehmen, die vom Anwender selbst bestimmt werden müssen. Im folgenden Beispiel rufen Sie den DRUCKEN-Dialog auf und stellen spezielle Informationen, wie die Anzahl der Kopien bzw. die zu druckenden Seiten, automatisch ein.

Listing 14.13: Den integrierten Drucken-Dialog mit vorbelegten Einstellungen aufrufen

```
Sub DialogDrucken()
Const SeiteVon = 1
Const SeiteBis = 4
Const Kopien = 2

    Application.Dialogs(xlDialogPrint).Show arg1:=2, _
     arg2:= SeiteVon, arg3:=SeiteBis, arg4:=Kopien
End Sub
```

:-) TIPP

Wenn Sie beim Definieren der Druckeinstellungen mit Konstanten arbeiten und diese zu Beginn des Makros definieren, können Sie diese Einstellungen jederzeit leicht ändern.

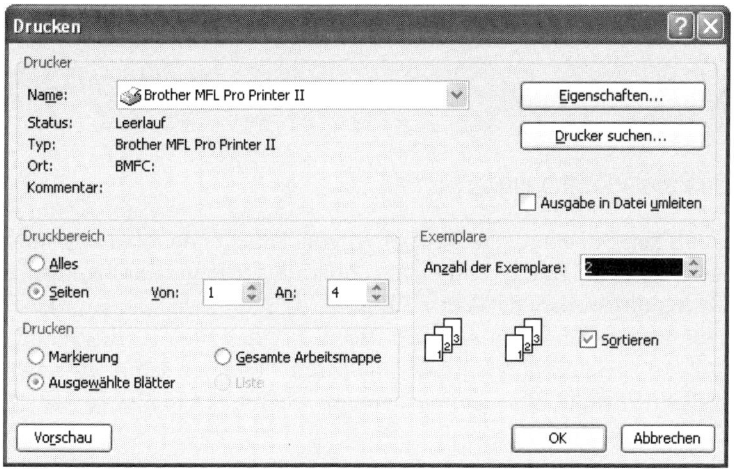

Abbildung 14.10: Drucken-Dialog mit Voreinstellungen aufrufen

Den Dialog für den Blattschutz anzeigen

Wenn Sie Tabellenblätter vor Veränderung schützen möchten, wählen Sie aus dem Menü EXTRAS den Befehl SCHUTZ/BLATT SCHÜTZEN. Danach geben Sie ein Kennwort ein und klicken auf die Schaltfläche OK. Den Dialog können Sie aber auch direkt aufrufen. Dazu verwenden Sie folgendes Makro in Listing 14.14.

Listing 14.14: Den integrierten Blattschutz-Dialog aufrufen

```
Sub DialogBlattschutz()
 Application.Dialogs(xlDialogProtectDocument).Show
End Sub
```

INFO

Seit der Version Excel 2002 gibt es standardmäßig mehr Sicherheitseinstellungen als in den vorherigen Versionen. Hier können Sie unter anderem festlegen, welche Aktionen der Anwender selbst in geschützten Tabellen trotzdem vornehmen darf. Vorher waren Änderungen aller Art in geschützten Tabellen ein Tabuthema.

Den Suchen-Dialog aufrufen

Sicher kennen Sie den SUCHEN-Dialog von Excel, den sie über die Tastenkombination [Strg]+[F] aufrufen können.

Listing 14.15: Den integrierten Suchen-Dialog aufrufen

```
Sub SuchenDialog()
ActiveSheet.UsedRange.Select
Application.Dialogs(xlDialogFormulaFind).Show
End Sub
```

Um die Suche einzuschränken, markieren Sie vorher den verwendeten Bereich in der Tabelle.

Den Dialog Optionen aufrufen

Um Einstellungen beim Bearbeiten von Tabellenblättern vorzunehmen, können Sie den Dialog OPTIONEN über das Menü EXTRAS und den Befehl OPTIONEN aufrufen. Wenn Sie Makros schreiben, die eine bestimmte Einstellung bei den Optionen benötigen, können Sie die Einstellungen im Hintergrund festlegen oder aber auch den Benutzer selbst entscheiden lassen, welche Einstellungen er vornehmen möchte. Den Dialog OPTIONEN rufen Sie wie folgt auf:

Listing 14.16: Den integrierten Optionen-Dialog aufrufen

```
Sub DialogExtrasOptionenBearbeiten()
 Application.Dialogs(xlDialogOptionsEdit).Show
End Sub
```

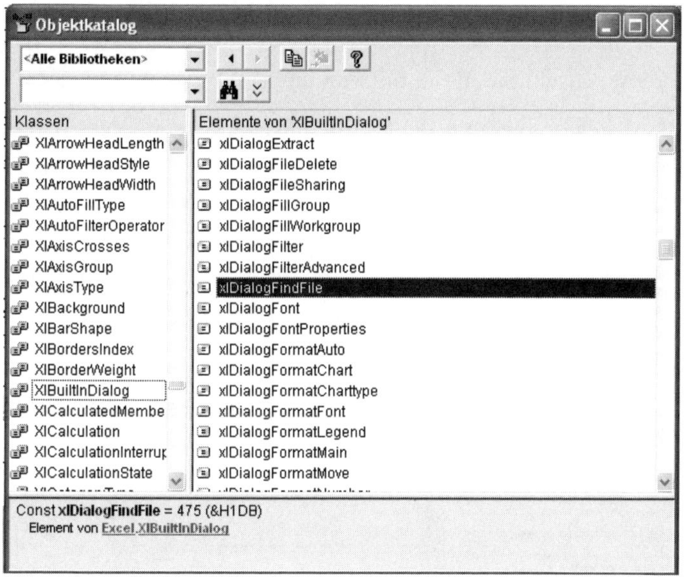

Abbildung 14.11: Alle eingebauten Dialoge in Excel im Überblick

Weitere integrierte Dialoge in Excel

Wenn Sie sich informieren möchten, welche integrierten Dialoge es in Excel gibt, und vor allem, wie diese heißen, rufen Sie in der Entwicklungsumgebung den Objektkatalog auf und schauen unter der Rubrik XLBUILTINDIALOG nach.

14.5 Eigene Dialoge entwerfen und programmieren

Wenn Sie größere Aufgaben über Dialoge abwickeln möchten und mit den standardmäßig angebotenen Elementen, Eingabemasken, Meldungen und integrierten Dialogen nicht mehr auskommen, können Sie sich eigene Dialoge zeichnen und danach mit Makros automatisieren.

INFO

Die selbst gezeichneten Dialoge heißen in Excel UserForms.

CD

Sie finden die Beispiele zu den UserForms auf der mitgelieferten CD-ROM im Verzeichnis KAP14 *unter dem Namen* USERFORM.XLS.

Eine UserForm zeichnen

Für das Zeichnen der UserForms steht Ihnen eine eigene Symbolleiste zur Verfügung. Bevor Sie jedoch an das Zeichnen gehen, müssen Sie eine UserForm anlegen.

STEP

Dazu gehen Sie wie folgt vor:

1. Wechseln Sie in die Entwicklungsumgebung.
2. Klicken Sie mit der rechten Maustaste in den Bereich des Projekt-Explorers.
3. Wählen Sie aus dem Kontextmenü den Befehl EINFÜGEN/USERFORM.

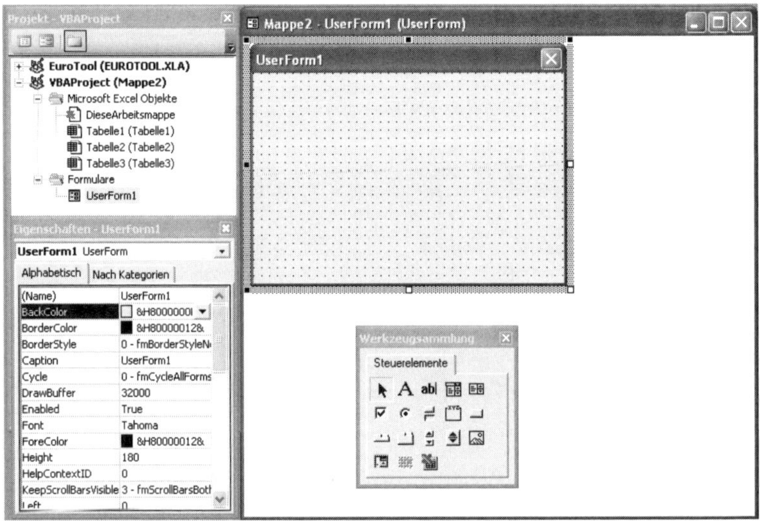

Abbildung 14.12: Der erste Schritt – Einfügen einer UserForm

INFO

Sobald Sie Ihre erste UserForm eingefügt haben, wird automatisch die Symbolleiste WERKZEUGSAMMLUNG *mit eingeblendet. Diese Werkzeugsammlung nutzen Sie, um den noch leeren Dialog mit Elementen zu bestücken.*

Entnehmen Sie der folgenden Tabelle die wichtigsten Steuerelemente der Symbolleiste WERKZEUGSAMMLUNG.

Tabelle 14.5: Alle Steuerelemente im Überblick

Symbol	Funktionsbeschreibung
	Markiert das entsprechende Element in der UserForm.
	Damit können Sie Texte in Ihrer UserForm erfassen, meist im Zusammenspiel mit Textfeldern zu verwenden. Die Bezeichnungsfelder sind mit grauem Hintergrund auf der UserForm hinterlegt.
	Damit sind Eingabefelder gemeint, mit denen Sie Texte oder Zahlen erfassen können.

Tabelle 14.5: Alle Steuerelemente im Überblick (Forts.)

Symbol	Funktionsbeschreibung
	Ein Kombinationsfeld besteht streng genommen aus einem Eingabefeld, welches mit einem Listenfeld gekoppelt ist. Kombinationsfelder erkennen Sie daran, dass sich rechts neben dem Eingabefeld ein kleiner Pfeil nach unten befindet. Mit einem Klick darauf werden Ihnen weitere Auswahlmöglichkeiten angeboten. In einem Kombinationsfeld kann immer nur ein Eintrag gewählt werden.
	Verwandt mit dem Kombinationsfeld ist auch das Listenfeld. Das Listenfeld benötigt jedoch mehr Platz, weil mehrere Einträge gleichzeitig angezeigt werden. Ein Listenfeld kann so eingestellt werden, dass sich mehrere Einträge auswählen lassen.
	Das Rahmen-Steuerelement können Sie verwenden, um einzelne Elemente in einer Gruppe zusammenzufassen. Wichtig bei der Erstellung eines Rahmens ist, dass dieser vor den einzelnen Steuerelementen, die darin platziert werden sollen, eingefügt wird. Das Steuerelement RAHMEN besticht ferner durch seine räumliche Darstellung und kann auch eingesetzt werden, um die UserForm optisch aufzupeppen.
	Das Kontrollkästchen kann entweder aktiviert oder nicht aktiviert sein. Bei aktiviertem Zustand erscheint im Kästchen ein Häkchen. Wenn Sie Kontrollkästchen in einer Gruppe verwenden, können ein oder mehrere Kontrollkästchen aktiviert sein.
	Das Optionsfeld, auch bekannt als Radiobutton, kann aktiviert oder nicht aktiviert sein. Bei aktiviertem Zustand ist das Optionsfeld mit einem schwarzen Punkt ausgefüllt. Wenn Sie mehrere Optionsfelder innerhalb einer Gruppe verwenden, kann immer nur eine Option aktiviert sein.
	Das Umschaltfeld könnte man mit einem Lichtschalter vergleichen. Es hat genau zwei Zustände: Ein und Aus, die sich optisch leicht voneinander abheben.
	Hinter Befehlsschaltflächen legen Sie Makros, um bestimmte Aktionen durch einen Mausklick mit der UserForm auszuführen. Wenn Sie möchten, können Sie aber auch mit einer Tastenkombination eine Schaltfläche bedienen. Dazu schreiben Sie in der CAPTION-Eigenschaft das Zeichen & vor den gewünschten Buchstaben. Dieser Buchstabe in Verbindung mit der Taste [%] bildet dann die Tastenkombination für diese Schaltfläche.
	Wenn Sie auf einer UserForm mehrere Register anbringen möchten, können Sie dieses Element einsetzen.
	Verwandt mit dem letzten Steuerelement ist das Steuerelement MULTISEITEN. Auch bei diesem Element haben Sie die Möglichkeit, Informationen übersichtlich auf mehrere Seiten zu verteilen.

Tabelle 14.5: Alle Steuerelemente im Überblick (Forts.)

Symbol	Funktionsbeschreibung
	Dieses Steuerelement verwenden Sie bei größeren UserForms, wenn Sie horizontal oder auch vertikal scrollen müssen, um bestimmte Elemente anzuzeigen.
	Das Drehfeld können Sie verwenden, wenn Sie einen Wert schrittweise hoch zählen möchten. Das Steuerelement wird meist in Verbindung mit einem Textfeld verwendet.
	Mithilfe dieses Elements können Sie Grafiken in Ihre UserForm einfügen.
	Mit dem `RefEdit`-Element können Sie über ein Eingabefeld einen Bereich markieren bzw. auch Texte eingeben.

:-) TIPP

Weitere Steuerelemente lassen sich jederzeit einblenden, indem Sie mit der rechten Maustaste auf die Symbolleiste klicken und aus dem Kontextmenü den Befehl ZUSÄTZLICHE STEUERELEMENTE *auswählen. Im Listenfeld* VERFÜGBARE STEUERELEMENTE *können Sie dann zusätzliche Steuerelemente per Mausklick Ihrer Symbolleiste hinzufügen.*

Definition

Bevor Sie anfangen, die Elemente einzufügen, stellt sich natürlich die Frage, welche Aufgabe Sie damit überhaupt lösen möchten. Definieren wir nun eine kleine Aufgabe.

Der Entwurf einer automatischen dialoggesteuerten Rechnungserfassung

Die Aufgabe soll darin bestehen, über einen Dialog Rechnungsdaten in eine Tabelle zu schreiben. Im weiteren Verlauf der Aufgabe soll es dann möglich werden, bestimmte Rechnungsdaten aus der Tabelle über eine Suchfunktion in der UserForm anzuzeigen.

CD

Die dazugehörige Beispieldatei finden Sie auf der mitgelieferten CD-ROM im Verzeichnis KAP14 *unter dem Namen* USERFORMS.XLS.

Erstellen Sie als kleine Vorarbeit eine Tabelle nach folgendem Vorbild (siehe Abbildung 14.13).

UserForm.xls

	A	B	C	D	E	F	G
1	Datum:	Erfasser:	Kunde:	Nr.:	Bezeichnung:	Betrag:	Bezahlt (Ja/Nein)
2	05.11.2003	Brian	Möbelhaus Kanada	R0001	Zedernholz, 2 Tonnen	2500	NEIN
3	06.11.2003	Brian	Jack	R0002	Axt	85	JA
4	07.11.2003	Sue	Mr. Wichtig	R0003	Camping Ausrüstung	550	JA
5							

Tabelle1

Abbildung 14.13: Die Vorarbeit – die Rechnungstabelle

Im späteren Verlauf werden in obige Tabelle die Rechnungsdaten zurückgeschrieben, welche Sie über die UserForm erfassen.

Der Weg dahin ...

Wechseln Sie in die Entwicklungsumgebung und vergrößern Sie die UserForm, indem Sie mit der linken Maustaste ihre untere rechte Ecke anklicken und diese schräg nach unten ziehen.

Fügen Sie danach zunächst ein Bezeichnungsfeld und ein Textfeld ein. Dazu klicken Sie in der Symbolleiste WERKZEUGSAMMLUNG auf das entsprechende Symbol und ziehen es auf Ihrer UserForm auf. Das Bezeichnungsfeld trägt noch den Namen LABEL1. Ändern Sie diese Bezeichnung, indem Sie den Text mit der linken Maustaste markieren und den Text DATUM erfassen. Das Textfeld bekommt standardmäßig den Namen TEXTBOX1, den Sie auch beibehalten können.

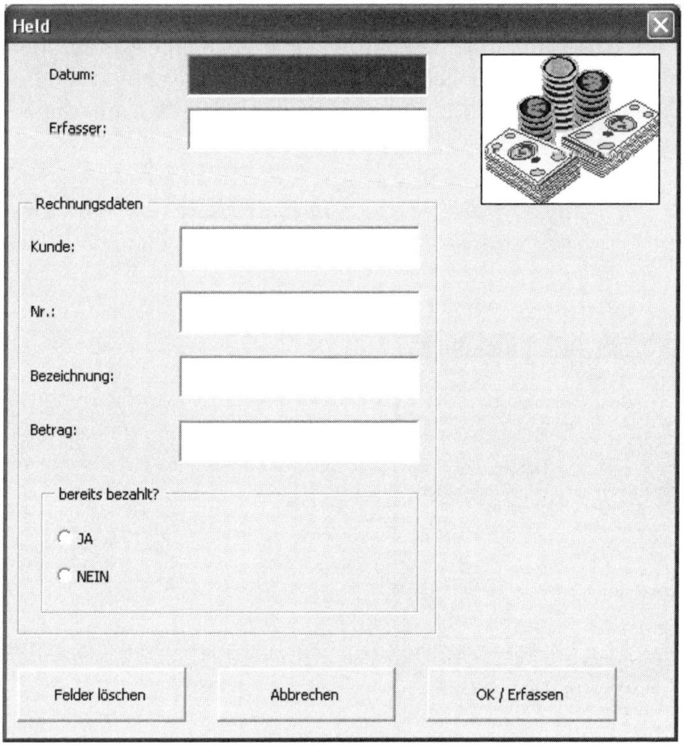

Abbildung 14.14: Die fertige UserForm

Fügen Sie einen Rahmen ein, um die nächsten Textfelder darin zu platzieren und somit optisch ein wenig hervorzuheben. Der leere Rahmen trägt noch die Überschrift FRAME1.

Positionieren Sie die nächsten vier Bezeichnungsfelder und Textfelder innerhalb dieses Rahmens und passen Sie die Labels wieder an.

Fügen Sie innerhalb des Rahmens einen weiteren Rahmen ein und ändern Sie die Rahmenüberschrift.

Für die Information, ob eine Rechnung schon bezahlt ist oder nicht, verwenden Sie zwei Optionsschaltflächen, die Sie innerhalb des zweiten Rahmens anordnen.

Fügen Sie drei Befehlsschaltflächen ein. Die Beschriftung der Schaltflächen (COMMANDBUTTON1, COMMANDBUTTON2, COMMANDBUTTON3) ist noch nicht sehr sprechend. Ändern Sie die Beschriftung, indem Sie die Eigenschaft CAPTION im Eigenschaften-Fenster angeben. Möchten Sie die Schaltflächen über Tastenkombinationen bedienen, dann tippen Sie im Eigenschaften-Fenster unter der Rubrik ACCELERATOR den gewünschten Buchstaben ein, der im Zusammenspiel mit der Taste `Alt` die Schaltfläche automatisch auslösen soll.

Zum Abschluss möchten Sie vielleicht noch eine Grafik oder ein Firmenlogo einfügen. Dazu klicken Sie in der Symbolleiste WERKZEUGSAMMLUNG auf das Symbol ANZEIGE und ziehen dieses Symbol innerhalb Ihrer UserForm auf.

INFO

Wenn Sie das Symbol ANZEIGE *in Ihrer UserForm markiert haben, erscheint im Eigenschaften-Fenster folgende Information (siehe Abbildung 14.15).*

Abbildung 14.15: Eine Grafik in eine UserForm integrieren

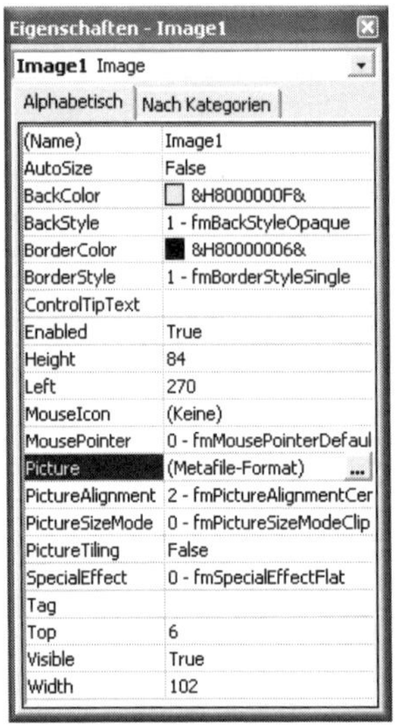

Klicken Sie in der Zeile PICTURE auf das Symbol mit den drei Punkten und weisen Sie im Dialog BILD LADEN das Bild zu, welches Sie in der UserForm anzeigen möchten.

Wenn Sie möchten, können Sie auch ganz elegant ein beliebiges Bild, z.B. ein ClipArt, in die Zwischenablage kopieren, dann in die Entwicklungsumgebung wechseln und im Eigenschaften-Fenster im Feld rechts neben dem Feld PICTURE *den Mauszeiger positionieren und die Tastenkombination* [Strg]+[V] *drücken. Damit wird das Bild automatisch in die UserForm eingefügt.*

Der erste Aufruf der neuen UserForm

Klicken Sie mit der linken Maustaste einmal auf die UserForm und drücken Sie danach die Taste [F5].

Das Handling von UserForms

Die UserForm wird am Bildschirm angezeigt. Erfassen Sie nun einmal ein paar Daten. Sie gelangen am schnellsten von Feld zu Feld, indem Sie die Taste [Tab] drücken. Um ein Feld zurückzuspringen, drücken Sie die Tastenkombination [⇧]+[Tab]. Beenden Sie den Dialog, indem Sie auf das X-Symbol an der rechten oberen Ecke der UserForm klicken.

Reihenfolge der Elemente festlegen

Wenn Sie die Reihenfolge ändern möchten, mit der Sie über die Taste [Tab] von Element zu Element in der UserForm springen, können Sie dies ohne weiteres einstellen. Wählen Sie dazu den Menübefehl ANSICHT/AKTIVIERREIHENFOLGE. Ist dieser Menübefehl bei Ihnen deaktiviert, markieren Sie vorher eines der Textfelder oder Schaltflächen auf der UserForm.

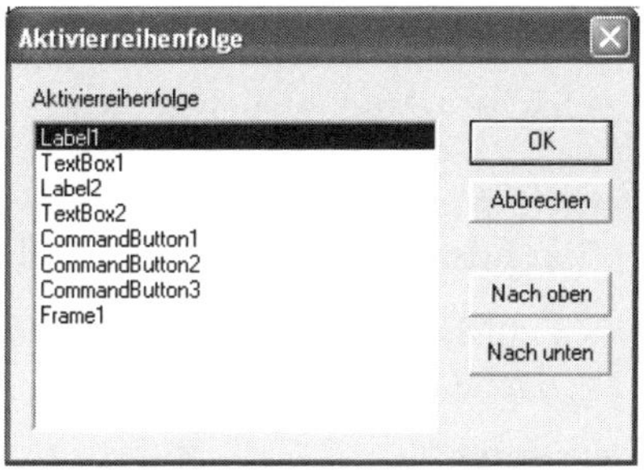

Abbildung 14.16: Die Aktivierreihenfolge ändern

Die Reihenfolge ändern Sie, indem Sie das entsprechende Element im Listenfeld AKTIVIERREIHENFOLGE *markieren und auf die Schaltfläche* NACH OBEN *bzw.* NACH UNTEN *klicken.*

Wie Sie sehen, geht schon einiges, auch ohne eine einzige Zeile zu programmieren. Um letztendlich die Funktionalität, also das Zurückschreiben der Daten, zu erreichen, beginnen Sie nun mit der Programmierung der UserForm.

UserForms mit Makros bestücken

Um die UserForm programmgesteuert anzuzeigen, fügen Sie ein neues Modul ein und erfassen das Makro aus Listing 14.17.

Listing 14.17: Eine UserForm anzeigen

```
Sub UserFormAnzeigen()
 UserForm1.Show
End Sub
```

Die Methode `Show` aktiviert die UserForm mit dem Namen USERFORM1.

Ab Excel 2000

Seit Excel 2000 ist es möglich, Dialoge auch ungebunden aufzurufen, d.h., ungebundene Dialoge müssen nicht beendet werden, um mit anderen Arbeiten in Excel fortzufahren. Wenn Sie eine ungebundene UserForm aufrufen möchten, verwenden Sie die Anweisung `UserForm1.Show vbModeless`.

:-) TIPP

Wenn Sie eine UserForm noch nicht anzeigen, aber diese schon einmal in den Speicher laden möchten, verwenden Sie die Anweisung `Load UserForm1`. *Diese Anweisung ist wichtig, wenn Sie eine UserForm bei Bedarf sehr schnell anzeigen möchten, und vor allem dann empfehlenswert, wenn Sie aufwändige Vorbereitungsarbeiten vor dem eigentlichen Anzeigen der UserForm über die Methode* `Show` *durchführen müssen. Aufwändige Vorbereitungsarbeiten umfassen z.B. das Übertragen von Tabelleninhalten in viele Textfelder. Standardmäßig wird es aber in fast allen Fällen ausreichen, auf die Anweisung* `Load` *zu verzichten.*

Die Ereignismakros

Wechseln Sie jetzt wieder auf Ihre UserForm, indem Sie im Projekt-Explorer unter der Rubrik FORMULARE auf den Eintrag USERFORM1 doppelklicken.

Als nächste Aufgabe haben Sie genau drei VBA-Makros zu schreiben:

- ein Makro zum Zurückschreiben der in der UserForm erfassten Daten auf das Tabellenblatt (Schaltfläche OK/ERFASSEN);
- ein Makro, welches die UserForm ohne weitere Aktion beendet (Schaltfläche ABBRECHEN);
- ein Makro, um alle Textfelder auf einmal zu löschen (Schaltfläche FELDER LÖSCHEN).

Daten auf Tabellenblatt erfassen

Um das Makro für die Datenerfassung zu schreiben, führen Sie zunächst in der UserForm einen Doppelklick auf die Schaltfläche OK/ERFASSEN aus. Excel generiert automatisch einen noch leeren Programmrahmen.

```
Private Sub CommandButton1_Click()

End Sub
```

Ergänzen Sie den Programmrahmen um die folgenden Zeilen:

Listing 14.18: Eingegebene Daten aus UserForm in Tabelle schreiben

```
Private Sub CommandButton1_Click()
Set Frm = UserForm1
  Sheets("Tabelle1").Activate
  Range("A65536").End(xlUp).Offset(1, 0).Select
  With Frm
  ActiveCell.Value = .TextBox1.Value
  ActiveCell.Offset(0, 1).Value = .TextBox2.Value
  ActiveCell.Offset(0, 2).Value = .TextBox3.Value
  ActiveCell.Offset(0, 3).Value = .TextBox4.Value
  ActiveCell.Offset(0, 4).Value = .TextBox5.Value
  ActiveCell.Offset(0, 5).Value = .TextBox6.Value

  If .OptionButton1.Value = True Then
  ActiveCell.Offset(0, 6).Value = "JA"
  Else
  ActiveCell.Offset(0, 6).Value = "NEIN"
  End If
  End With
End Sub
```

Bei dem Makro `CommandButton1_Click` handelt es sich um ein Ereignis, d.h., immer wenn die Schaltfläche OK/ERFASSEN angeklickt wird, läuft obiges Makro ab. Als Erstes wird der Begriff `UserForm1`, welcher ja nicht gerade kurz ist, durch ein Kürzel ersetzt. Zukünftig können alle Elemente auf der UserForm kürzer und damit auch schneller angesprochen werden.

Vorher

```
UserForm1.Textbox1.value
```

Nachher

```
Frm.Textbox1.value
```

Jetzt wird das Tabellenblatt TABELLE1 aktiviert. Mit der Eigenschaft `End` wird die Position ermittelt, die die Zelle am Ende der Region darstellt, die den Quellbereich enthält. Diese Vorgehensweise entspricht dem Drücken der Tastenkombination [Strg]+[↓] auf dem Tabellenblatt.

INFO

Die Zahl 65.536 steht für die maximale Anzahl Zeilen pro Excel-Tabellenblatt. Innerhalb dieses Bereichs wird nach der zuletzt verwendeten Zelle gesucht und der Zellenzeiger um eine Zeile nach unten (nächste freie Zelle) versetzt.

Mit der Anweisung `With` machen Sie den Programmiercode noch kürzer und übersichtlicher.

Vorher

```
ActiveCell.Value = frm.TextBox1.Value
ActiveCell.Offset(0, 1).Value = frm.TextBox2.Value
ActiveCell.Offset(0, 2).Value = frm.TextBox3.Value
```

Nacher

```
With Frm
 ActiveCell.Value = .TextBox1.Value
 ActiveCell.Offset(0, 1).Value = .TextBox2.Value
 ActiveCell.Offset(0, 2).Value = .TextBox3.Value
End With
```

Ist das Kürzel einmal mit der Anweisung `With` definiert, kann es weggelassen werden, stattdessen steht dafür ein Punkt.

In der Eigenschaft `Value` der Textfelder steht jeweils der vorgenommene Eintrag. Dieser Eintrag wird in die Tabelle übertragen. Dabei wird der Inhalt des ersten Textfeldes in die aktive Zelle übertragen, die Inhalte der weiteren Textfelder werden dann jeweils eine Zelle weiter nach rechts verschoben eingefügt.

Um festzuhalten, ob der Kunde bereits bezahlt hat oder nicht, verwenden Sie Optionsschaltflächen. Dabei kann jeweils nur eine Option (JA oder NEIN) möglich sein. Für die Abfrage, welche Optionsschaltfläche aktiviert ist, nehmen Sie eine `If-then-else`-Anweisung. Fragen Sie dazu die `Value`-Eigenschaft der ersten Optionsschaltfläche ab. Liefert diese den Wert `True`, ist eine Optionsschaltfläche aktiviert. In diesem Fall schreiben Sie den Text JA in die Spalte G, im anderen Fall schreiben Sie den Text NEIN in die Tabelle zurück.

Die UserForm beenden

Wenn Sie die UserForm wieder schließen möchten, ohne eine weitere Aktion durchzuführen, klicken Sie auf der UserForm die Schaltfläche ABBRECHEN doppelt an und ergänzen den vorgegebenen Rahmen um die nächsten Zeilen.

Listing 14.19: Eine UserForm wird ausgeblendet

```
Private Sub CommandButton2_Click()
 UserForm1.Hide
End Sub
```

:-) TIPP

Die Methode `Hide` *blendet die UserForm aus. Damit steht die UserForm aber noch im Speicher für weitere Aktionen bereit. Möchten Sie die UserForm richtig aus dem Speicher laden, verwenden Sie die Anweisung* `Unload Me`.

Alle Textfelder initialisieren

Nachdem Sie einen Satz erfasst und abgespeichert haben, möchten Sie erreichen, dass jeglicher Inhalt aller Textfelder bei Bedarf gelöscht werden kann. Dazu klicken Sie die Schaltfläche FELDER LÖSCHEN in der UserForm doppelt an. Erfassen Sie danach das folgende Makro aus Listing 14.20.

```
Private Sub CommandButton3_Click()
Dim tb As Object

    For Each tb In UserForm1.Controls
      If TypeName(tb) = "TextBox" Then tb.Text = ""
    Next tb
End Sub
```

Listing 14.20: Alle Textfelder in einer UserForm initialisieren

Deklarieren Sie zuerst eine Objektvariable, um die UserForm anschließend in einer `For Each`-Schleife zu durchlaufen und zu bereinigen.

Inhalte von Textfeldern markieren

Um einen erfassten Inhalt eines Textfeldes zu markieren, setzen Sie folgendes Makro ein. Für diese Aufgabe benötigen Sie eine UserForm mit einem Textfeld und einer Schaltfläche. Führen Sie in der Entwicklungsumgebung einen Doppelklick auf die Schaltfläche durch und fügen Sie folgenden Code aus Listing 14.21 ein.

```
Private Sub CommandButton1_Click()
TextBox1.SetFocus
TextBox1.SelStart = 0
TextBox1.SelLength = Len(TextBox1.Text)
End Sub
```

Listing 14.21: Den Inhalt eines Textfeldes markieren

Mithilfe der Methode `SetFocus` setzen Sie den Mauszeiger auf das Textfeld. Mit der Eigenschaft `SelStart` bestimmen Sie die Anfangsposition des zu markierenden Textes. Die Eigenschaft `SelLength` legt die Anzahl der zu markierenden Zeichen fest. Weisen Sie dieser Eigenschaft die Funktion `Len` zu, die die Gesamtzahl der eingegebenen Zeichen des Textfeldes ermittelt.

CD

Sie finden dieses Beispiel auf der mitgelieferten CD-ROM im Verzeichnis KAP14 *unter dem Namen* USERFORM005.XLS.

UserForm mit Tabellendaten füllen

Wie Sie Daten aus einer UserForm in eine Tabelle schreiben, wissen Sie jetzt. Wie aber funktioniert es genau andersherum, also aus einer Tabelle Daten in einer UserForm anzeigen? Um die Lösung dieser Aufgabe aufzuzeigen, wird dasselbe Beispiel verwendet. Im Einzelnen soll die Rechnungsnummer eingegeben werden und danach sollen alle zugehörigen Rechnungsinformationen aus der Tabelle ermittelt und in der UserForm angezeigt werden.

STEP

Dazu gehen Sie wie folgt vor:

1. Fügen Sie eine neue UserForm ein. Diese bekommt den Namen USERFORM2.
2. Da Sie für die neue UserForm weitgehend dieselben Elemente wie in USERFORM1 verwenden, wechseln Sie auf die USERFORM1 und drücken die Tastenkombination [Strg]+[A], um alle Elemente zu markieren.
3. Drücken Sie die Tastenkombination [Strg]+[C], um die Elemente in die Zwischenablage zu kopieren.
4. Wechseln Sie auf Ihre neue UserForm und drücken Sie die Tastenkombination [Strg]+[V], um die Elemente einzufügen.

Suchen-Dialog anzeigen

Beim Aufrufen des SUCHEN-Dialogs darf nur das Textfeld NR.: editierbar sein, d.h., nur in dieses Feld dürfen Sie eine Eingabe vornehmen, alle anderen Textfelder sollen danach automatisch mit den restlichen Daten gefüllt werden.

Listing 14.22: Textfelder in UserForms aktivieren bzw. Fokus setzen

```
Sub SuchenDialogAnzeigen()
Set frm2 = UserForm2
With frm2
 .TextBox4.SetFocus
 .TextBox1.Enabled = False
 .TextBox2.Enabled = False
 .TextBox3.Enabled = False
 .TextBox5.Enabled = False
 .TextBox6.Enabled = False
 .Show
End With
End Sub
```

Die Kombination aus den Anweisungen `Set` und `With` haben Sie schon kennen gelernt. Damit haben Sie weniger Schreibarbeit und einen besseren Überblick über Ihren Programmcode. Mit der `SetFocus`-Methode sorgen Sie dafür, dass der Mauszeiger nach dem Aufrufen der UserForm im richtigen Textfeld NR. steht. Über die Eigenschaft `Enabled` verhindern Sie, dass Eingaben in den übrigen Feldern gemacht werden können. Indem Sie diese Eigenschaft auf den Wert `False` setzen, wird es unmöglich, mit der Maus durch Drücken von Tasten, Zugriffstasten oder Tastenkombinationen auf das Steuerelement einzuwirken.

Daten suchen

Nach der Eingabe der Rechnungsnummer in das vierte Textfeld soll auf dem Tabellenblatt TABELLE1 nach der entsprechenden Rechnung gesucht und die einzelnen Daten dazu in der UserForm angezeigt werden. Um das Makro hierfür zu erstellen, führen Sie einen Doppelklick auf die Schaltfläche OK/SUCHEN aus und geben Sie das folgende Makro aus Listing 14.23 ein.

Listing 14.23: Daten über eine UserForm eingeben und auf einem Tabellenblatt danach suchen

```
Private Sub CommandButton1_Click()
Set frm2 = UserForm2
With frm2
Sheets("Tabelle1").Select
Range("D:D").Select
 On Error GoTo fehler
 Selection.Find(What:=.TextBox4.Value, _
 After:=ActiveCell, _
 LookIn:=xlFormulas, LookAt:=xlPart, _
 SearchOrder:=xlByRows, SearchDirection:=xlNext, _
 MatchCase:=False).Activate
 .TextBox1.Value = ActiveCell.Offset(0, -3).Value
 .TextBox2.Value = ActiveCell.Offset(0, -2).Value
 .TextBox3.Value = ActiveCell.Offset(0, -1).Value
 .TextBox5.Value = ActiveCell.Offset(0, 1).Value
 .TextBox6.Value = ActiveCell.Offset(0, 2).Value

If ActiveCell.Offset(0, 3).Value = "JA" _
 Then .OptionButton1.Value = True _
 Else .OptionButton1.Value = False Range("A1").Select
 Exit Sub

fehler:
 MsgBox "Ein Rechnungssatz mit der Nummer : " & _
 .TextBox4.Value &  " konnte nicht gefunden werden!"
 End With
End Sub
```

Die Syntax

Um nach der eingegebenen Rechnungsnummer zu suchen, setzen Sie die Methode `Find` ein. Diese Methode hat folgende Syntax:

```
Selection.Find(What, After, LookIn, LookAt, _
SearchOrder, SearchDirection, MatchCase)
```

Die Argumente der Methode Find

- Das erste Argument `What` steht für den Suchbegriff. Dabei handelt es sich in diesem Fall um den Inhalt des Textfelds TEXTBOX4.
- Das zweite Argument `After` gibt die Zelle an, nach der die Suche beginnen soll. Dies entspricht der Position der aktiven Zelle, wenn eine Suche von der Benutzeroberfläche aus durchgeführt wird.

!! STOP

Bitte beachten Sie, dass das Argument `After` *eine einzelne Zelle im Bereich sein muss. Beachten Sie, dass die Suche nach dieser Zelle beginnt; Die angegebene Zelle wird also erst durchsucht, wenn der Suchlauf zur Ausgangszelle zurückkehrt. Wird das Argument nicht angegeben, so ist die obere linke Zelle des Bereichs der Startpunkt für die Suche.*

INFO

In Excel können Sie die Suche auch nur auf Werte, Formeln oder Kommentare beschränken. Das Argument `LookIn` *bietet einige* `xlFindLookIn`*-Konstanten dazu an:* `xlFormulas`*, um nur in Formeln zu suchen (Standardeinstellung),* `xlValues`*, welche ausschließlich nur Werte sucht, oder* `xlComments`*, welche die Suche auf Kommentare beschränkt.*

- Mit dem Argument `LookAt` legen Sie fest, ob der Suchbegriff als ganzes Wort wiedergefunden werden muss oder ob es auch reicht, wenn der Suchbegriff als Teil eines Worts gefunden wird. Im ersten Fall verwenden Sie die Konstante `xLWhole`, im zweiten Fall ist die Konstante `xLPart` einzusetzen.
- Beim Argument `SearchOrder` ist die Suchreihenfolge gemeint. Bei `xLByColumns` wird die Tabelle erst Spalte für Spalte durchsucht. Wenn Sie dagegen die Konstante `xLByRows` verwenden, erfolgt die Suche Zeile für Zeile. Da Sie in Ihrem Beispiel jedoch vor der Suche die Spalte D markiert und damit den Suchbereich eingegrenzt haben, spielt dieses Argument hier keine große Rolle.
- Das Argument `SearchDirection` gibt ebenfalls die Suchreihenfolge an. Die Konstante `xlNext` sucht jeweils nach dem nächsten vorkommenden Suchbegriff, also ist damit eine Vorwärtssuche gemeint. Die Konstante `xLPrevious` hingegen durchsucht eine Tabelle in umgekehrter Reihenfolge.

:-) TIPP

Wenn Sie bei der Suche zwischen Groß- und Kleinschreibung unterscheiden möchten, setzen Sie das Argument `MatchCase` *auf den Wert* `True`*. Soll die Schreibweise des Suchbegriffs bei der Suche dagegen unberücksichtigt bleiben, setzen Sie das Argument auf den Wert* `False`*.*

Wird der Suchbegriff in der Tabelle TABELLE1 gefunden, wird die entsprechende Zelle mit der Rechnungsnummer direkt angesprungen. Falls Excel bei der Suche nicht fündig wird, fabriziert die `Find`-Methode einen Fehler, den Sie aber durch die Anweisung `On Error GoTo fehler` abfangen. Im Fehlerfall wird eine Meldung auf dem Bildschirm ausgegeben. Wird ein Satz zu der eingegebenen Rechnungsnummer gefunden, müssen die Daten noch in die UserForm übertragen werden.

!! STOP

Denken Sie daran, dass sich die aktive Zelle nach der erfolgten Suche gerade in Spalte D befindet. Um nun die gefundenen Informationen zu übertragen, müssen Sie für die Felder DATUM, ERFASSER *und* KUNDE *ein negatives Spalten-Offset bilden, um den Zellenzeiger jeweils um die benötigte Spaltenanzahl zu versetzen. Im Klartext heißt das z.B.: Wenn Sie, ausgehend von der Rechnungsnummer in Spalte D, das Datum in das Textfeld der UserForm übertragen möchten, lautet der Befehl:* `.TextBox1.Value = ActiveCell.Offset(0, -3).Value`.

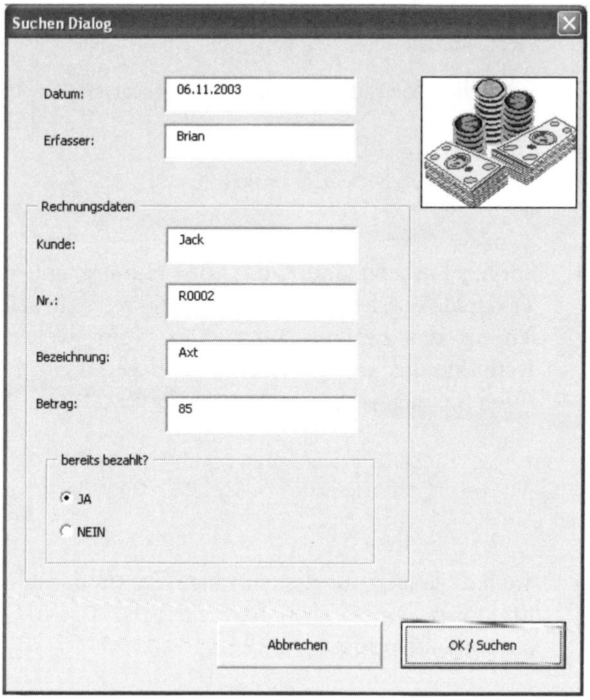

Abbildung 14.17: Der Suchen-Dialog

Die Information über die Zahlungswilligkeit lesen Sie direkt aus der Tabelle heraus. Wurde die Rechnung schon bezahlt, steht der Text JA in Spalte G. Demnach müssen Sie die erste Optionsschaltfläche in der UserForm aktivieren. Dazu wenden Sie den Befehl `.OptionButton1.Value = True` an.

TIPP

In diesem Fall reicht es aus, nur eine Abfrage bezüglich der Optionsschaltflächen abzusetzen, da so oder so immer nur eine Optionsschaltfläche in ein Gruppenfeld gesetzt werden kann.

Textfelder mit Farben belegen

Welches Textfeld ist aktiv?

Wenn Sie möchten, können Sie für die Textfelder einen andersfarbigen Hintergrund einsetzen, sobald das entsprechende Textfeld aktiviert wird. So belegen Sie das jeweils aktive Textfeld beispielsweise mit der Hintergrundfarbe Rot, sobald Sie mit der Maus oder über die [Tab]-Taste das Textfeld ansteuern.

STEP

Um dieses Feature einzubauen, gehen Sie wie folgt vor:

1. Klicken Sie das erste Textfeld in der UserForm doppelt an.
2. Stellen Sie das Ereignis `Textbox1_Enter` ein und rufen Sie innerhalb des Ereignisses das Makro `HintergrundFärben` auf. Das Ereignis `Textbox1_`

`Enter` tritt dann automatisch ein, wenn das entsprechende Textfeld aktiviert wird.

3. Schreiben Sie jetzt das Makro `HintergrundFärben`.

Listing 14.24: Den Hintergrund des aktiven Elements in einer UserForm bestimmen

```
Private Sub HintergrundFärben()
 Me.ActiveControl.BackColor = RGB(255, 0, 0)
End Sub
```

4. Sorgen Sie jetzt dafür, dass der Hintergrund nach dem Verlassen des Textfelds wieder auf den Ursprungswert zurückgesetzt wird. Dazu stellen Sie das Ereignis `Textbox1_Exit` ein, welches automatisch eintritt, wenn Sie das angegebene Textfeld verlassen. Innerhalb des Ereignisses rufen Sie das Makro `HintergrundZurücksetzen` auf.

Listing 14.25: Den Hintergrund des aktiven Elements in einer UserForm wieder zurücksetzen

```
Private Sub HintergrundZurücksetzen()
  Me.ActiveControl.BackColor = RGB(255, 255, 255)
End Sub
```

5. Stellen Sie jetzt für die einzelnen Textfelder in der UserForm die beiden Ereignisse `Textbox_Enter` bzw. `Textbox_Exit` ein. Orientieren Sie sich dabei am folgenden Listing 14.26.

Listing 14.26: Die UserForm-Ereignisse Textbox_Enter und Textbox_Exit zum Setzen der Hintergrundfarbe bei Textfeldern

```
Private Sub TextBox1_Enter()
 HintergrundFärben
End Sub


Private Sub TextBox1_Exit _
(ByVal Cancel As MSForms.ReturnBoolean)
 HintergrundZurücksetzen
End Sub
```

Textfelder prüfen

Bei der Eingabe von Daten in eine UserForm können Sie den Anwender dahingehend unterstützen, dass Sie seine Eingabe kontrollieren und ihm bei einer falschen Eingabe eine Meldung auf dem Bildschirm anzeigen. Sie können somit gleich nach einer Eingabe reagieren und den Anwender dazu auffordern, seine Eingabe zu korrigieren. Um diese Prüfung in das Beispiel einzubauen, setzen Sie das Ereignis `Textbox_Exit` ein.

Dabei überprüfen Sie beim Textfeld die Betragseingabe darauf, ob der Anwender einen gültigen numerischen Betrag eingegeben hat. Führen Sie dazu in der Entwicklungsumgebung einen Doppelklick auf das Textfeld TEXTBOX6 durch und erfassen Sie das Ereignis in Listing 14.27.

```
Private Sub TextBox6_Exit _
 (ByVal Cancel As MSForms.ReturnBoolean)

 If Len(TextBox6.Text) = 0 Then Exit Sub
  If Not IsNumeric(TextBox6.Text) Then
    MsgBox "Sie müssen einen numerischen Wert eingeben!"
    Cancel = True
  End If
End Sub
```

Listing 14.27: Überprüfen, ob in einem Textfeld ein numerischer Wert eingegeben wurde

Prüfen Sie im ersten Schritt, ob überhaupt eine Eingabe gemacht wurde. Wenn nicht, beenden Sie die Prüfung mit der Anweisung `Exit Sub`. Wurde eine Eingabe vorgenommen, überprüfen Sie mithilfe der Funktion `IsNumeric`, ob es sich dabei um einen gültigen numerischen Wert handelt. Gibt der Anwender versehentlich einen Text ein, dann geben Sie eine Meldung auf dem Bildschirm aus.

Das Textfeld für die Rechnungsnummer können Sie beispielsweise überprüfen, indem Sie ermitteln, ob die Rechnungsnummer mit einer Mindestlänge eingegeben wurde. So könnte die Forderung lauten, dass keine Rechnungsnummern eingegeben werden dürfen, die weniger als fünf Stellen aufweisen. Dazu setzen Sie das Ereignis `TextBox_Exit` ein.

```
Private Sub TextBox4_Exit _
(ByVal Cancel As MSForms.ReturnBoolean)

If Len(TextBox4.Text) < 5 Then _
  MsgBox "Die Rechnungsnummer muss 5 Stellen aufweisen!"
End Sub
```

Listing 14.28: Überprüfen, ob in einem Textfeld eine Eingabe mit bestimmter Länge vorgenommen wurde

Mit der Funktion `Len` können Sie die Anzahl der eingegebenen Zeichen ermitteln. Liegt die Anzahl der eingegebenen Zeichen unter dem Wert 5, geben Sie eine Meldung auf dem Bildschirm aus.

Für das erste Textfeld in Ihrer UserForm, das Feld für das Rechnungsdatum, können Sie überprüfen, ob der Anwender ein gültiges Datum eingegeben hat. Wenn ja, können Sie dafür sorgen, dass es einheitlich in das richtige Datumsformat umgesetzt wird. Dazu setzen Sie das `AfterUpdate`-Ereignis ein, das automatisch eintritt, wenn Daten im Textfeld über die Benutzeroberfläche geändert wurden.

```
Private Sub TextBox1_AfterUpdate()
 If Not IsDate(TextBox1) Then
   MsgBox "Kein gültiges Datum!", _
   vbCritical, "Falsches Datum"
   Exit Sub
 End If
  TextBox1 = Format(TextBox1, "mm/dd/yyyy")
End Sub
```

Listing 14.29: Überprüfen, ob in einem Textfeld ein gültiges Datum eingegeben wurde

Mit der Funktion `IsDate` kontrollieren Sie, ob ein gültiges Datum im Textfeld erfasst wurde. Dabei wird nicht nur geprüft, ob ein Datum syntaktisch richtig eingegeben wurde, sondern es erfolgt ebenfalls eine Prüfung auf Plausibilität.

Wurde ein gültiges Datum eingegeben, können Sie über die Funktion `Format` noch ein einheitliches Datumsformat einstellen.

:-) TIPP

Die Einstellung auf ein einheitliches Datumsformat ist vor allem dann zu empfehlen, wenn mehrere Anwender eine UserForm ausfüllen. Damit kann jeder Anwender Datumseingaben nach eigenen Vorlieben vornehmen. Bevor das Datum in die Tabelle geschrieben wird, erfolgt die Umwandlung ins gewünschte Datumsformat.

Bezeichnungsfelder dynamisch halten

Labels aus der Tabelle

Im Beispiel mit der Erfassung von Rechnungen in einer UserForm und dem anschließenden Übertragen auf ein Tabellenblatt haben Sie die Spaltenüberschriften der Tabelle und die Bezeichnungsfelder der UserForm mit demselben Text belegt. Was aber passiert, wenn Sie in der Tabelle eine Spaltenüberschrift ändern? Möchten Sie diese Änderung nicht auch automatisch in Ihrer UserForm aktualisieren?

Stellen Sie eine Verbindung zwischen Tabelle und UserForm her, indem Sie die Texte für die Bezeichnungsfelder Ihrer UserForm direkt aus der Tabelle beziehen. Dazu setzen Sie das Ereignis `UserForm_Activate` ein, welches automatisch in Kraft tritt, wenn Sie die UserForm über die Methode `Show` aufrufen.

Listing 14.30: Bezeichnungsfelder in UserForms dynamisch halten

```
Private Sub UserForm_Activate()
  Label1.Caption = _
  ThisWorkbook.Sheets(1).Range("A1").Text
  Label2.Caption = _
  ThisWorkbook.Sheets(1).Range("B1").Text
  Label3.Caption = _
  ThisWorkbook.Sheets(1).Range("C1").Text
  Label4.Caption = _
  ThisWorkbook.Sheets(1).Range("D1").Text
  Label5.Caption = _
  ThisWorkbook.Sheets(1).Range("E1").Text
  Label6.Caption = _
  ThisWorkbook.Sheets(1).Range("F1").Text
End Sub
```

Über die Eigenschaft `Caption` legen Sie fest, welcher Text für das Label verwendet werden soll. Als Text verwenden Sie Zellen direkt aus Ihrer Tabelle, deren Inhalte Sie über die Eigenschaft `Text` abfragen.

Textfelder ein- und ausblenden

Auf einer UserForm können Sie bei Bedarf Textfelder und Bezeichnungsfelder ein- oder ausblenden. Schauen Sie sich dazu die USERFORM3 einmal an. Dort werden über ein Kontrollkästchen weitere Textfelder sowie Bezeichnungsfelder dynamisch ein- und ausgeblendet.

Das Makro für dieses Feature sehen Sie in Listing 14.31.

Listing 14.31: Weitere Text- bzw. Bearbeitungsfelder in einer UserForm einblenden

```
Private Sub CheckBox1_Click()
    If CheckBox1.Value = True Then
        TextBox1.Visible = True
        TextBox2.Visible = True
        Label1.Visible = True
        Label2.Visible = True
    Else
        TextBox1.Visible = False
        TextBox2.Visible = False
        Label1.Visible = False
        Label2.Visible = False
    End If
End Sub
```

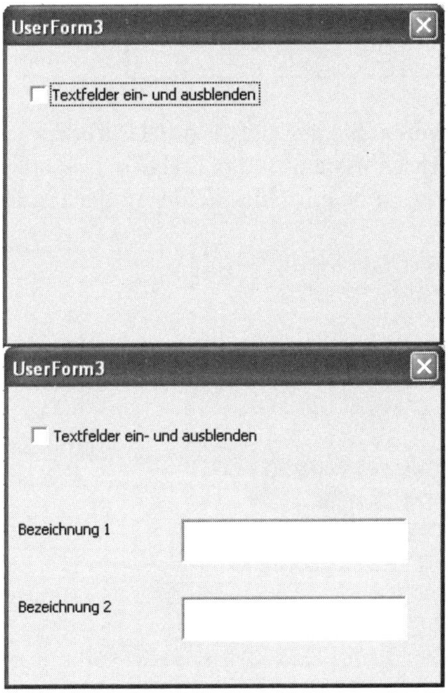

Abbildung 14.18: Mit einem Klick zusätzliche Elemente einblenden

Das Ein- und Ausblenden der Text- und Bezeichnungsfelder machen Sie abhängig vom Zustand des Kontrollkästchens. Das Ereignis `CheckBox_Click` tritt ein, wenn Sie auf das Kontrollkästchen klicken. Im markierten Zustand werden die Text- und Bezeichnungsfelder eingeblendet, indem Sie die Eigenschaft `Visible` auf den Wert `True` setzen. Ist das Kontrollkästchen nicht markiert, setzen Sie die Eigenschaft `Visible` auf den Wert `False`.

Passwortabfrage über UserForm

Sie können eine UserForm auch dazu verwenden, ein Passwort abzufragen. Dazu gibt der Anwender in einem Textfeld das Passwort ein. Verschlüsselt wird das Passwort über die Eigenschaft `PasswordChar`. Dabei können Sie selbst aussuchen, welches Platzhalterzeichen Sie für das eingegebene Passwort verwenden möchten.

Abbildung 14.19: Passwortabfrage über eine UserForm ausführen

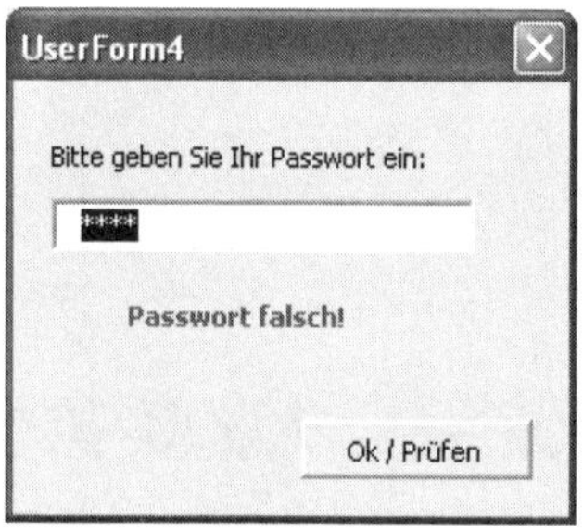

Rufen Sie zunächst die UserForm auf und verwenden Sie im direkten Anschluss daran das Ereignis `UserForm_Initialize`, um bestimmte Felder bzw. Zustände einzelner Felder in der UserForm vorher einzustellen.

Listing 14.32: UserForm-Ereignis UserForm_Initialize zum Einstellen von Feldern einsetzen

```
Sub UserForm4Aufrufen()
 UserForm4.Show
End Sub

Private Sub UserForm_Initialize()
Dim frm As UserForm

 Set frm = UserForm4
 frm.TextBox1.PasswordChar = "*"
 frm.TextBox1.SetFocus
 frm.Label2.Visible = False
End Sub
```

Der Text PASSWORT FALSCH soll nur ausgegeben werden, wenn kein gültiges Passwort eingegeben wurde. Setzen Sie die Eigenschaft `Visible` für das Bezeichnungsfeld `Label2` auf den Wert `False`. Die Eigenschaft `PasswordChar` gibt an, ob Platzhalterzeichen anstelle der tatsächlich in einem Textfeld-Steuerelement (TextBox) eingegebenen Zeichen angezeigt werden sollen.

Führen Sie einen Doppelklick auf die Schaltfläche in Ihrer UserForm aus und erfassen Sie folgendes Ereignis aus Listing 14.33.

```
Const Passw = "Test"
Private Sub CommandButton1_Click()
If TextBox1.Value = Passw Then
   MsgBox "Passwort OK!"
   Unload Me
 Else
    Label2.Visible = True
    TextBox1.SetFocus
    TextBox1.SelStart = 0
    TextBox1.SelLength = Len(TextBox1.Text)
 End If
End Sub
```

Listing 14.33: Verschlüsselte Passwortabfrage über ein Textfeld realisieren

:-) TIPP

Definieren Sie zuerst eine globale Konstante, in der Sie das Passwort speichern. Dies erleichtert Ihnen später eine Änderung des Passworts. Das Passwort muss somit nicht im ganzen Quellcode gesucht werden, sondern ist übersichtlich zu Beginn der Makros in einer Konstanten definiert.

Nachdem der Anwender ein Passwort eingegeben und auf die Schaltfläche OK/PRÜFEN geklickt hat, erfolgt die Überprüfung des eingegebenen Passworts.

Falsches Passwort

Falls ein falsches Passwort eingegeben wurde, wird das Bezeichnungsfeld mit dem Text PASSWORT FALSCH eingeblendet, indem Sie die Eigenschaft `Visible` auf den Wert `True` setzen. Danach soll der Anwender sofort die Möglichkeit haben, nochmals ein Passwort einzugeben. Zu diesem Zweck markieren Sie die vorher eingegebenen Zeichen und setzen den Fokus auf dieses Textfeld. Jetzt braucht der Anwender die vorherige Eingabe nur noch mit dem neuen Passwort zu überschreiben und muss sie nicht löschen. Dieses automatische Markieren eines eingegebenen Textes funktioniert über die Eigenschaften `SelStart` und `SelLength`. Über die Eigenschaft `SelStart` bestimmen Sie den Anfang des eingegebenen Textes, mit der Eigenschaft `SelLength` geben Sie die Länge der eingegebenen Zeichen an, die Sie über die Funktion `Len` ermitteln.

Richtiges Passwort

Wenn der Anwender das Passwort richtig eingibt, wird eine Erfolgsmeldung auf dem Bildschirm ausgegeben. Danach wird die UserForm über die Anweisung `Unload Me` entladen.

:-) TIPP

Möchte der Anwender die UserForm ohne Eingabe wieder schließen, klickt er auf das Schließen-Symbol (X) *in der rechten oberen Ecke der UserForm oder mit der rechten Maustaste auf die Titelleiste der UserForm und wählt aus dem Kontextmenü den Befehl* SCHLIESSEN. *Wenn Sie dies nicht gestatten*

möchten und die UserForm nur nach Eingabe des richtigen Passworts geschlossen werden soll, können Sie das SCHLIESSEN-*Symbol bzw. das Kontextmenü funktionell deaktivieren, indem Sie das Ereignis* `UserForm_QueryClose` *einsetzen.*

Listing 14.34: Das Schließen einer UserForm verhindern

```
Private Sub UserForm_QueryClose _
 (Cancel As Integer, CloseMode As Integer)

 If CloseMode = vbFormControlMenu Then
    Cancel = True
 End If
End Sub
```

Setzen Sie das Argument `Cancel` auf den Wert `True`, um zu verhindern, dass die UserForm beendet wird. Die möglichen Konstanten für das Ereignis `UserForm_QueryClose` entnehmen Sie der Tabelle 14.6.

Tabelle 14.6: Die Konstanten für QueryClose

Konstante	Index	Beschreibung
`vbFormControlMenu`	0	Der Anwender hat im Systemmenü des Formulars den Befehl SCHLIESSEN gewählt bzw. auf das SCHLIESSEN-Symbol (X) geklickt.
`vbFormCode`	1	Die `Unload`-Anweisung wurde aus dem Code aufgerufen.
`vbAppWindows`	2	Die aktuelle Sitzung unter dem Betriebssystem Microsoft Windows wird beendet.
`vbAppTaskManager`	3	Der Task-Manager von Microsoft Windows beendet die Anwendung.

Die Ausmaße von UserForms ändern

Noch mehr UserForm-Ereignisse

Anhand des folgenden Beispiels können Sie sehen, dass Sie die Größe einer UserForm auch während der Anzeige derselben anpassen können. So speichern Sie die momentanen Werte für die Höhe und Breite Ihrer UserForm direkt nach dem Aufruf. Dazu setzen Sie das Ereignis `UserForm_Activate` ein. Mit einem einfachen Klick auf die UserForm wird diese um 50 % vergrößert. Ein erneuter Klick auf die UserForm stellt die ursprünglichen Abmessungen wieder her. Um die Klicks auf der UserForm abzufangen, verwenden Sie das Ereignis `UserForm_Click`. Die aktuellen Abmessungen sollen immer in der Titelleiste der UserForm angezeigt werden. Sobald sich eine UserForm in der Größe verändert, wird diese Veränderung über das Ereignis `UserForm_Resize` registriert, welches Sie dann einsetzen, um die Titelleiste zu editieren.

```
Dim Höhe As Integer
Dim Breite As Integer

Private Sub UserForm_Activate()
  UserForm5.Caption = _
 "Bitte klicken Sie auf die UserForm"
  Höhe = Height
  Breite = Width
End Sub
```

Listing 14.35: UserForm-Ereignis Activate zum Speichern der aktuellen Werte der Breite und Höhe einer UserForm

Definieren Sie zwei globale Variablen, in denen Sie die aktuelle Höhe und Breite der UserForm speichern. Geben Sie der Titelleiste der UserForm über die Eigenschaft `Caption` eine Überschrift.

Fangen Sie nun die Mausklicks ab, indem Sie das Ereignis `UserForm_Click` auswerten.

```
Private Sub UserForm_Click()
Dim Höhe_Neu As Integer
Dim Breite_Neu  As Integer

  Höhe_Neu = Height
  Breite_Neu = Width
  If Höhe_Neu = Höhe And Breite_Neu = Breite Then
        Height = Höhe * 1.5
        Width = Breite * 1.5
  Else
        Height = Höhe
        Width = Breite
  End If
End Sub
```

Listing 14.36: UserForm-Ereignis Click zum Abfangen und Auswerten von Mausklicks

Definieren Sie im ersten Schritt zwei Variablen vom Typ `Integer`, in die Sie die aktuellen Abmessungen der UserForm speichern. Diese Abmessungen verändern Sie jetzt, indem Sie die aktuellen Abmessungen um den Faktor 1,5 vergrößern. Bei einem erneuten Klick auf die UserForm werden die ursprünglichen Abmessungen wieder eingestellt, die Sie vorher in den globalen Variablen `Höhe` und `Breite` gespeichert haben.

Setzen Sie das letzte Ereignis ein, um die Veränderungen an der Abmessung der UserForm in der Titelleiste anzuzeigen.

```
Private Sub UserForm_Resize()
  UserForm5.Caption = "Neue Höhe: " & Height & _
  " / Neue Breite: " & Width
End Sub
```

Listing 14.37: UserForm-Ereignis Resize zum Ermitteln von Veränderungen bezüglich der Größe einer UserForm

Abbildung 14.20: Die neuen Abmessungen werden in der Titelleiste der UserForm angezeigt

INFO

Wenn Sie Ihren Firmennamen als Titel in der UserForm anzeigen möchten, setzen Sie das Ereignis `UserForm_Initialize` *ein und greifen Sie auf die Dokumenteigenschaften zu.*

Listing 14.38: Firmenname als Überschrift einer UserForm verwenden

```
Sub UserForm_Initialize()
UserForm1.Caption = _
ActiveSheet.Parent.BuiltinDocumentProperties("Company")
End Sub
```

Die Eigenschaft `BuiltInDocumentProperties` gibt eine `DocumentProperties`-Auflistung zurück, die alle integrierten Dokumenteigenschaften für die angegebene Arbeitsmappe darstellt. Die Dokumenteigenschaften können Sie einsehen, indem Sie aus dem Menü DATEI den Befehl EIGENSCHAFTEN wählen.

Die Hintergrundfarbe der UserForm festlegen

Sie sind nicht an die Hintergrundfarbe Grau gebunden, die zwar standardmäßig für UserForms in Excel verwendet wird, aber nicht vorgeschrieben ist. Die Hintergrundfarbe für UserForms stellen Sie in Excel über die Eigenschaft `BackColor` ein. Für die Farbzusammensetzung wenden Sie die Funktion `RGB` an. Bei `RGB` handelt es sich um ein System von Farbwerten, das verwendet wird, um Farben als eine Mischung aus Rot (R), Grün (G) und Blau (B) zusammenzusetzen. Die Farbe wird als eine Gruppe aus drei ganzen Zahlen definiert (R, G, B), wobei jede ganze Zahl im Bereich von `0` bis `255` liegt. Ein Wert von `0` zeigt an, dass diese Farbkomponente nicht vorhanden ist. Ein Wert von `255` zeigt dagegen an, dass diese Farbkomponente mit ihrer höchsten Intensität verwendet wird.

Sehen Sie die Zusammensetzung der gängigsten Farben in der Tabelle 14.7.

Tabelle 14.7: Die Farbzusammensetzung aus den drei Basisfarben

Farbe	Rotwert	Grünwert	Blauwert
Schwarz	0	0	0
Blau	0	0	255
Grün	0	255	0
Cyan	0	255	255
Rot	255	0	0
Magenta	255	0	255
Gelb	255	255	0
Weiß	255	255	255

In der nächsten UserForm soll nach jedem Klicken auf die Schaltfläche eine andere Hintergrundfarbe eingestellt werden. Die Auswahl der Farbe wird jeweils nach dem Zufallsprinzip ermittelt. Dabei werden die verwendeten RGB-Werte in der Titelleiste der UserForm ausgegeben.

Abbildung 14.21: Mit jedem Klick eine neue Farbe!

Um dieses Farbenspiel zu programmieren, wenden Sie das Ereignis `CommandButton_Click` an.

Listing 14.39: Zufallsbedingte Hintergrundfarbe bei UserForms einstellen

```
Private Sub CommandButton1_Click()
Dim Rot As Integer
Dim Grün As Integer
Dim Blau As Integer

    Rot = Int((255 * Rnd) + 0)
    Grün = Int((255 * Rnd) + 0)
    Blau = Int((255 * Rnd) + 0)
    UserForm6.BackColor = RGB(Rot, Grün, Blau)
```

```
    UserForm6.Caption = _
    "Rot: " & Rot & " Grün: " & Grün & " Blau: " & Blau
End Sub
```

Setzen Sie bei jedem Klick auf die Schaltfläche FARBE WECHSELN die Funktion `Rnd` ein, um Zufallszahlen im Bereich zwischen `0` und `255` zu erzeugen. Mithilfe der Funktion `Int` wird die Zufallszahl in einen ganzzahligen Wert umgewandelt. Alle so ermittelten Werte werden in den Variablen `Rot`, `Grün` und `Blau` gespeichert und im Anschluss als Hintergrund der Eigenschaft `BackColor` und der Funktion `RGB` übergeben. Die Ausgabe der Zusammensetzung der RGB-Funktion erfolgt über die Eigenschaft `Caption` der UserForm.

Listenfelder in UserForms programmieren

Möchten Sie aus einer UserForm ein Listenfeld verwenden, um beispielsweise die Namen aller Tabellen der Arbeitsmappe einzulesen, fügen Sie auf einer neuen UserForm aus der Werkzeugsammlung ein Listenfeld ein. Danach führen Sie einen Doppelklick auf das eingefügte Listenfeld aus und erfassen die folgenden Ereignisse.

Das Füllen des Listenfelds führen Sie direkt vor dem Aufruf der UserForm aus. Dazu nutzen Sie das Ereignis `UserForm_Initialize`, welches solche Vorarbeiten vor dem Anzeigen der UserForm ausführt.

Listing 14.40: Alle Namen von Tabellenblättern in der Arbeitsmappe werden in einem Listenfeld angezeigt

```
Private Sub UserForm_Initialize()
Dim Blatt As worksheet

   For Each Blatt In ThisWorkbook.WorkSheets
     ListBox1.AddItem Blatt.Name
   Next
 End Sub
```

Mit der Methode `AddItem` fügen Sie dem Listenfeld jeweils eine neue Zeile hinzu.

Abbildung 14.22: Mit einem Klick das gewünschte Tabellenblatt aktivieren

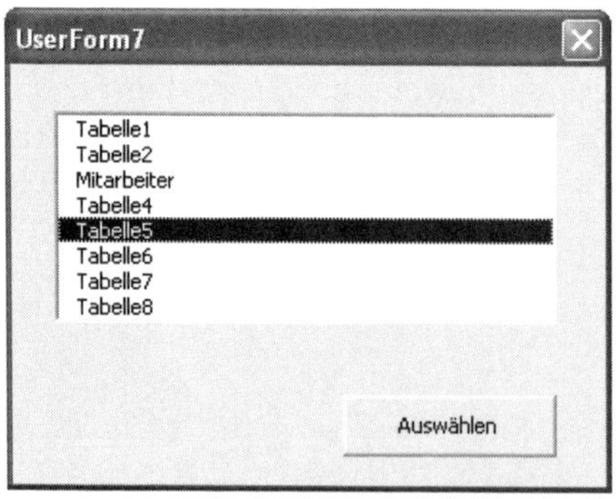

INFO

Möchten Sie die Position der Zeile im Listenfeld bestimmen, können Sie ein zweites Argument `varIndex` *anfügen. Wenn Sie einen gültigen Wert für* `varIndex` *angeben, ordnet die* `AddItem`*-Methode die Zeile an dieser Position innerhalb der Liste ein. Wenn Sie* `varIndex` *weglassen, fügt die Methode die Zeile am Ende der Liste an.*

Nachdem das Listenfeld gefüllt wurde, stellt sich die Frage, wie Sie die ausgewählte Zeile im Listenfeld auslesen können. Dazu setzen Sie im ersten Schritt das Ereignis `ListBox_Click` ein, um überhaupt den Mausklick auf das Listenfeld auswerten zu können.

Listing 14.41: UserForm-Ereignis ListBox_Click zum Auswerten des markierten Listeneintrags

```
Private Sub ListBox1_Click()
   ThisWorkbook.Sheets(ListBox1.Value).Activate
   Range("A1").Select
 End Sub
```

Indem Sie über die Eigenschaft `Value` des Listenfelds auch die Position des Eintrags innerhalb des Listenfelds bekommen, können Sie nun direkt im Hintergrund das entsprechende Tabellenblatt aktivieren, ohne jedoch die UserForm zu schließen.

TIPP

Soll die Steuerung der UserForm so funktionieren, dass der Anwender zuerst die Tabelle im Listenfeld markiert und dann auf die Schaltfläche AUSWÄHLEN *klickt, müssen Sie das eben eingestellte Ereignis wieder löschen und stattdessen das Ereignis* `Klick` *der Schaltfläche verwenden.*

Listing 14.42: Ein Klick-Ereignis verwenden, um das richtige Tabellenblatt zu aktivieren

```
Private Sub CommandButton1_Click()
 ThisWorkbook.Sheets(ListBox1.Value).Activate
 Range("A1").Select
 Unload Me
End Sub
```

Listenfelder und Textfelder kombinieren

Relativ oft werden bei den UserForms auch Kombinationen aus einzelnen Elementen verwendet. So werden im nächsten Beispiel ein Listenfeld und ein Textfeld miteinander verknüpft, so dass der jeweils markierte Eintrag im Listenfeld automatisch im Textfeld angezeigt wird. Diese Verknüpfung erreichen Sie, wenn Sie im Ereignis `Listbox_Click` den Wert der aktuell markierten Zeile des Listenfelds direkt in das Textfeld übertragen. Füllen Sie zuerst ein paar Zeilen in das Listenfeld und setzen Sie hierfür das Ereignis `UserForm_Initialize` ein.

Listing 14.43: Füllen eines Listenfelds mit konstanten Werten

```
Private Sub UserForm_Initialize()
     ListBox1.AddItem "Eintrag 1"
     ListBox1.AddItem "Eintrag 2"
     ListBox1.AddItem "Eintrag 3"
```

```
    ListBox1.AddItem "Eintrag 4"
End Sub
```

Kümmern Sie sich jetzt um die Verknüpfung zwischen Listenfeld und Textfeld. Dazu verwenden Sie das Ereignis `ListBox_Click`.

Listing 14.44: Verknüpfung zwischen Listenfeld und Textfeld herstellen

```
Private Sub ListBox1_Click()
   TextBox1.Value = ListBox1.Text
End Sub
```

Über die Eigenschaft `Text` des Listenfelds können Sie den Text einer markierten Zeile im Listenfeld zurückgeben bzw. festlegen.

Abbildung 14.23: Der markierte Eintrag im Listenfeld wird auch im Textfeld angezeigt

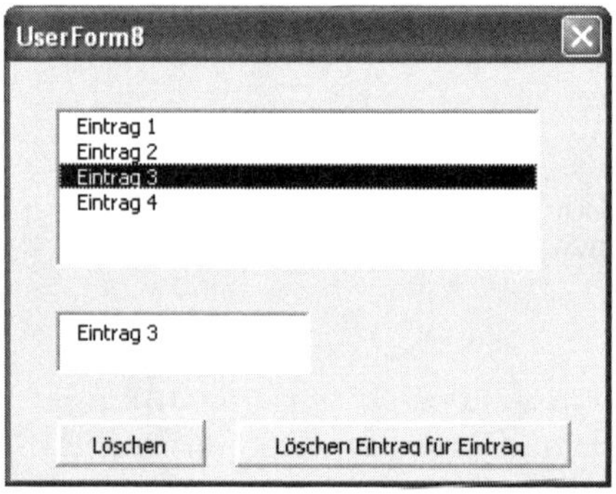

Listenfeld löschen

Um ein Listenfeld zu löschen, brauchen Sie nicht Eintrag für Eintrag zu löschen, wie Sie es schon beim Füllen des Listenfelds getan haben. Hierfür reicht ein Befehl.

Listing 14.45: Ein Listenfeld wird komplett gelöscht

```
Private Sub CommandButton1_Click()
 ListBox1.Clear
 TextBox1.Value = ""
End Sub
```

Setzen Sie die Methode `Clear` ein, um alle Einträge aus dem Listenfeld zu entfernen. Löschen Sie den Wert im Textfeld, indem Sie der Eigenschaft `Value` des Textfelds einen Leerstring zuweisen.

:-) TIPP

Wenn Sie nur einzelne Einträge aus einem Listenfeld löschen möchten, setzen Sie die Methode `RemoveItem` *ein.*

Listing 14.46: Einzelne Einträge aus einem Listenfeld entfernen

```
Private Sub CommandButton2_Click()
    If ListBox1.ListCount >= 1 Then
        If ListBox1.ListIndex = -1 Then
            ListBox1.ListIndex = _
                    ListBox1.ListCount - 1
        End If
        ListBox1.RemoveItem (ListBox1.ListIndex)
    End If
End Sub
```

Im ersten Schritt prüfen Sie, ob das Listenfeld überhaupt einen Eintrag hat. Wenn ja, kontrollieren Sie, welcher Eintrag ausgewählt ist. Ist kein Eintrag in der Liste markiert, entscheiden Sie sich für den letzten Eintrag im Listenfeld und löschen diesen direkt im Anschluss mit der Methode RemoveItem, der Sie den Index des markierten Listeneintrags übergeben.

Listeneinträge markieren

Um einzelne Listeneinträge zu markieren, setzen Sie die Eigenschaft ListIndex ein. Um einen Eintrag in einem Listenfeld zu entmarkieren, verwenden Sie die Eigenschaft Selected, die Sie auf den Wert False setzen.

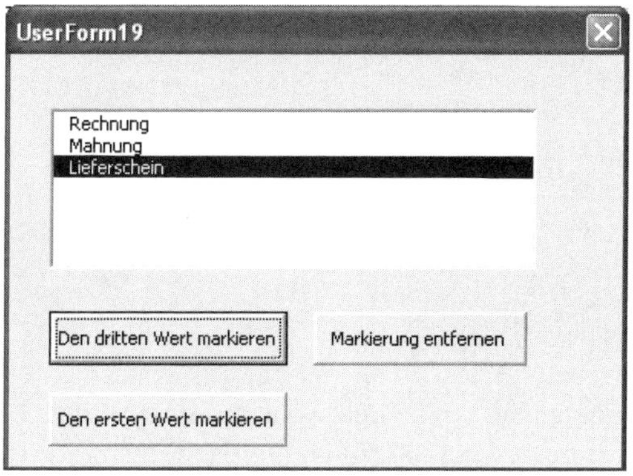

Abbildung 14.24: Verschiedene Einträge im Listenfeld markieren

Listing 14.47: Listenfeld füllen mit AddItem

```
Private Sub UserForm_Initialize()
With UserForm19.ListBox1
 .AddItem "Rechnung"
 .AddItem "Mahnung"
 .AddItem "Lieferschein"
End With
End Sub
```

Listing 14.48: Den letzten Eintrag im Listenfeld markieren

```
Private Sub CommandButton1_Click()
 UserForm19.ListBox1.ListIndex = _
 UserForm19.ListBox1.ListCount - 1
End Sub
```

Listing 14.49: Den ersten Eintrag im Listenfeld markieren

```
Private Sub CommandButton3_Click()
UserForm19.ListBox1.ListIndex = 0
End Sub
```

Da die Zählung der Einträge beim ersten Eintrag (Wert=0) beginnt, ergibt sich der letzte Eintrag im Listenfeld aus der Eigenschaft `ListCount`, der Sie den Wert 1 noch abziehen müssen.

Listing 14.50: Alle markierten Einträge im Listenfeld entmarkieren

```
Private Sub CommandButton2_Click()
UserForm19.ListBox1.Selected(ListBox1.ListIndex) = False
End Sub
```

Listenfeld ohne Leerzeilen füllen

Wird ein Listenfeld direkt aus einer Tabelle gefüllt, die aber Leerzeilen enthält, dann brauchen Sie diese Leerzeilen vorher in der Tabelle nicht zu entfernen, sondern können dies mithilfe eines Makros erledigen.

Listing 14.51: Listenfeld ohne Leerzeilen füllen

```
Private Sub UserForm_Initialize()
Dim Blatt1 As Worksheet
Dim l As Long

Set Blatt1 = ActiveWorkbook.Worksheets("Tabelle4")

With ListBox1
 For l = 1 To Blatt1.UsedRange.Rows.Count
  If Cells(l, 1).Value <> "" Then
   .AddItem Cells(l, 1).Value
  End If
 Next l
End With
End Sub
```

Geben Sie im ersten Schritt an, wie die Tabelle heißt und wo sich diese befindet. Danach füllen Sie das Listenfeld, indem Sie zeilenweise die Tabelle in einer Schleife abarbeiten. Innerhalb der Schleife prüfen Sie, ob es sich um eine Leerzeile handelt. Wenn nicht, dann wenden Sie die Methode `AddItem` an, um den jeweiligen Zellenwert in das Listenfeld einzustellen.

Mehrzeilige Listenfelder programmieren

Wenn Sie mehr als eine Spalte in einem Listenfeld anzeigen möchten, können Sie dies jederzeit tun. Im folgenden Beispiel werden Daten aus einem Tabellenblatt in ein mehrspaltiges Listenfeld eingelesen. Um die Sätze schon beim Starten der UserForm anzuzeigen, setzen Sie die Eigenschaft `UserForm_Initialize` ein.

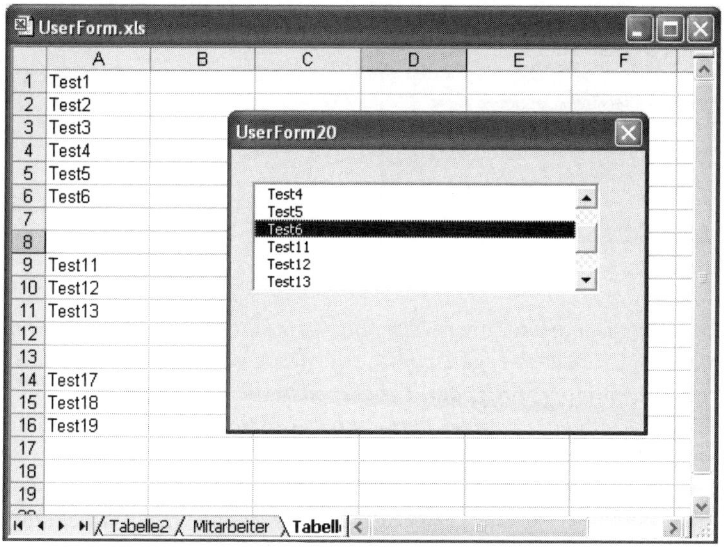

Abbildung 14.25: Listenfeld ohne Leerzeilen füllen

Listing 14.52: Füllen eines mehrspaltigen Listenfelds mit Daten aus einer Tabelle

```
Private Sub UserForm_Initialize()
Dim i As Integer

Sheets("Tabelle2").Activate
i = ActiveSheet.UsedRange.Rows.Count
 With UserForm9.ListBox1
  .ColumnCount = 3
  .ColumnHeads = True
  .RowSource = "Tabelle2!A2:C" & i
  .ColumnWidths = "2cm;3cm;2cm"
 End With
 TextBox1.Value = 1
 TextBox2.Locked = True
End Sub
```

Da Sie nur genauso viele Daten in Ihr Listenfeld einlesen möchten, wie Zeilen auf Ihrer Tabelle belegt sind, setzen Sie die Eigenschaft `Usedrange` ein und wenden die Methode `Count` an, um die belegten Zeilen zu zählen. Danach legen Sie die Eigenschaften für das Listenfeld fest. Dabei setzen Sie die Eigenschaft `ColumnCount` auf den Wert `3`, was bedeutet, dass genau drei Spalten im Listenfeld angezeigt werden sollen. Indem Sie die Eigenschaft `ColumnHead` auf den Wert `True` setzen, bestimmen Sie, dass das Listenfeld eine Überschrift bekommt. Diese Überschriften können Sie dann im Listenfeld nicht markieren. Die Eigenschaft `RowSource` weist dem Listenfeld den Datenbereich der Tabelle zu, welcher im Listenfeld angezeigt werden soll. Dabei halten Sie den Zeilenzähler dynamisch, welchen Sie vorher in der Variablen `i` ermittelt haben, je nachdem, wie viele Zeilen in der Tabelle belegt sind. Über die Eigenschaft `ColumnWidths` können Sie die Breite der einzelnen Spalten vorgeben.

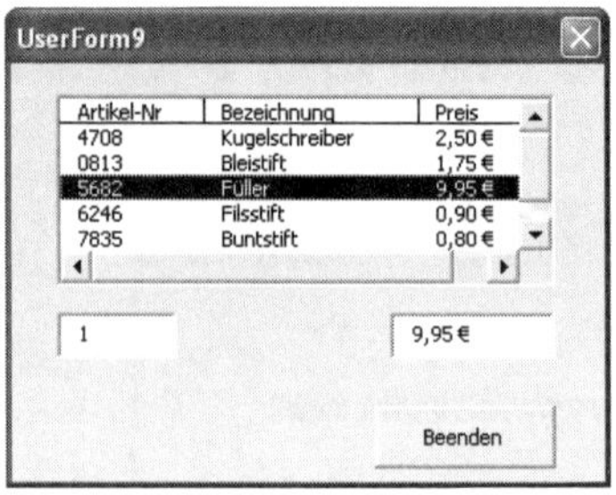

Abbildung 14.26: Mehrspaltiges Listenfeld mit rechnenden Textfeldern

:-) TIPP

Die Eigenschaften `ColumnHead` *und* `RowSource` *hängen eng zusammen. Wenn Sie die* `ColumnHead`*-Eigenschaft auf den Wert* `True` *setzen, dürfen Sie die eigentliche Überschrift der Tabelle, also die Zeile 1, nicht in der Eigenschaft* `RowSource` *angeben. Excel verwendet sonst als Überschrift im Listenfeld die Spaltenbuchstaben der Tabelle.*

Im ersten Textfeld der UserForm soll die Menge der Artikel eingegeben werden. Diese setzen Sie standardmäßig auf den Wert `1`. Das zweite Feld stellt das Ergebnisfeld dar, in dem die Menge mit dem Einzelpreis multipliziert wird. Da das Ergebnisfeld nicht gelöscht werden darf, setzen Sie dazu die Eigenschaft `Locked` auf den Wert `True`. Damit kann das Textfeld nicht mehr bearbeitet werden und ist gesperrt.

Rechnen auf Mausklick

Klickt der Anwender nach Eingabe der Menge auf den gewünschten Artikel im Listenfeld, wird automatisch der Gesamtpreis aus der Multiplikation von Menge x Preis errechnet. Um den Rechenvorgang zu starten, setzen Sie das Ereignis `ListBox_Click` ein.

Listing 14.53: Mit mehrspaltigen Listenfeldern rechnen

```
Private Sub ListBox1_Click()
Dim cu As Currency
Dim erg As Currency

With ListBox1
     .TextColumn = 3
     cu = .Text
End With
erg = TextBox1.Value * cu
TextBox2.Value = Format(erg, "#,##0.00 _")
End Sub
```

Da sich die gewünschte Information in der dritten Spalte des Listenfelds befindet, setzen Sie die Eigenschaft `TextColumn` auf den Wert `3` und speichern den Wert in der Variablen `cu`. Da es sich bei dieser Information um einen Währungsbetrag handelt, definieren Sie eine Variable vom Typ `Currency`. Errechnen Sie das Gesamtergebnis, bringen Sie das Ergebnis in ein gewünschtes Währungsformat und weisen Sie es dem Textfeld `TextBox2` zu.

Schließen Sie die UserForm innerhalb des Ereignisses `CommandButton_Click`.

```
Private Sub CommandButton1_Click()
 Unload Me
End Sub
```

Listing 14.54: UserForm schließen

INFO

Im Gegensatz zur Methode `Hide` *entfernen Sie mit der Anweisung* `Unload` *die UserForm komplett aus dem Speicher. Ein Klick auf das* SCHLIESSEN-*Symbol* (X) *hat dieselbe Wirkung.*

Dropdown-Felder einsetzen

Ein Dropdown-Feld ist die platzsparendere Variante des Listenfelds. Das Dropdown-Feld zeigt erst nach einem Klick auf den Pfeil seinen Listeninhalt an. In den meisten Fällen sind die Methoden und Eigenschaften dieselben wie auch beim normalen Listenfeld.

In der folgenden Aufgabe wird eine UserForm mit einem Dropdown-Feld aufgerufen. Im Dropdown-Feld befinden sich die Monate Januar bis Dezember 2002. In einem Textfeld sollen nun jeweils der erste Tag sowie der letzte Tag des Monats angezeigt werden.

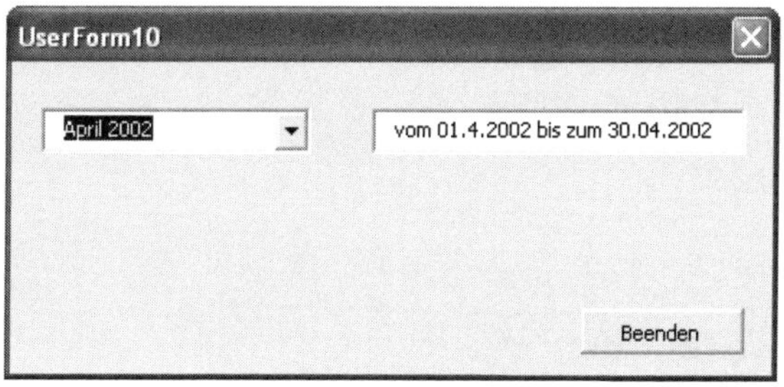

Abbildung 14.27: Wie viele Tage hat der Monat?

Um diese Aufgabe zu lösen, füllen Sie gleich vor dem Aufruf der UserForm das Dropdown-Feld.

```
Private Sub UserForm_Initialize()
    With ComboBox1
      .AddItem "Januar 2002"
      .AddItem "Februar 2002"
      .AddItem "März 2002"
      .AddItem "April 2002"
      .AddItem "Mai 2002"
      .AddItem "Juni 2002"
      .AddItem "Juli 2002"
      .AddItem "August 2002"
      .AddItem "September 2002"
      .AddItem "Oktober 2002"
```

Listing 14.55: Ein Dropdown-Feld wird mit Monatsnamen gefüllt

```
        .AddItem "November 2002"
        .AddItem "Dezember 2002"
    End With
End Sub
```

Zum Füllen des Dropdown-Felds setzen Sie die Methode `AddItem` ein. Für die Ermittlung des letzten Tags eines Monats benötigen Sie eine Funktion, die Sie in einem Modulblatt erfassen.

Listing 14.56: Funktion, die den letzten Tag des Monats ermittelt

```
Public Function LetzterTagImMonat _
  (Edatum As Date) As Date
  LetzterTagImMonat = _
   DateSerial(Year(Edatum), Month(Edatum) + 1, 0)
End Function
```

Die Funktion erwartet als Übergabe einen Datumswert und liefert auch wieder einen Datumswert zurück. Das Datum bekommen Sie aus der markierten Zeile des Dropdown-Felds. Dieser Eintrag muss aber noch in ein gültiges Datumsformat umgewandelt werden. Dafür sorgt die Funktion `CDate`. Reagieren Sie nun auf eine Veränderung im Dropdown-Feld, indem Sie das Ereignis `Combobox_Change` einsetzen.

Listing 14.57: Datumsangaben umrechnen

```
Private Sub ComboBox1_Change()
Dim s As String
Dim Edatum As Date
Dim Monat As String
Dim Jahr As String

 s = ComboBox1.Text
 Monat = Month(s)
 Jahr = Year(s)
 Edatum = CDate(s)
 Edatum = LetzterTagImMonat(Edatum)
 TextBox1.Value = "vom 01." & Monat & "." & _
                  Jahr & " bis zum " & Edatum
End Sub
```

Speichern Sie zunächst den markierten Eintrag im Dropdown-Feld in der Variablen `s`. Danach wenden Sie die Funktionen `Month` und `Year` an, um aus der Variablen `s` den Monat bzw. das Jahr herauszufinden. Wandeln Sie jetzt die Variable `s` in einen verwertbaren Datumstyp mithilfe der Funktion `CDate` um und übergeben Sie die neue Variable `Edatum` der Funktion `LetzterTagImMonat`. Geben Sie im Anschluss daran das Ergebnis im Textfeld aus.

Dropdowns füllen ohne Duplikate

Soll ein Dropdown-Feld mit Daten aus einer Tabelle gefüllt werden, dabei aber keine Duplikate einstellen, dann empfiehlt es sich, die Liste in der Tabelle vorher zu sortieren und beim Einlesen der einzelnen Zeilen zu prüfen, ob die aktuelle Zeile mit der folgenden übereinstimmt. Wenn ja, dann liegt ein Duplikat vor und der Wert wird daher nicht ins Dropdown-Feld eingelesen. Das Dropdown-Feld kann schon beim Aufruf der UserForm gefüllt werden. Setzen Sie daher das Ereignis Userform_Initialize ein.

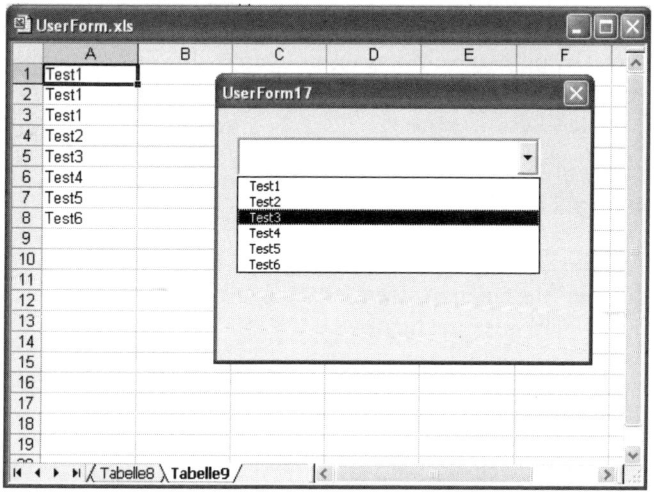

Abbildung 14.28: Es werden nur Unikate im Dropdown angezeigt

Listing 14.58: Dropdown ohne Duplikate füllen

```
Private Sub UserForm_Initialize()
Dim i As Integer

Range("A1:A100").Sort Key1:=Range("A1"), _
 Order1:=xlAscending, Header:= _
 xlGuess, OrderCustom:=1, MatchCase:=False, _
 Orientation:=xlTopToBottom, DataOption1:=xlSortNormal

With UserForm17.ComboBox1
For i = 1 To
Worksheets("Tabelle9").UsedRange.Rows.Count
  If Worksheets("Tabelle9").Cells(i, 1).Value <> _
  Worksheets("Tabelle9").Cells(i + 1, 1).Value Then _
 .AddItem Cells(i, 1).Value
 Next i
End With
End Sub
```

Dropdown dynamisch füllen

Liegen in einer Tabelle Daten vor, die laufend weiter gepflegt werden, dann sollten Sie das Füllen eines Dropdown-Felds ebenso dynamisch gestalten.

Listing 14.59: Dropdown dynamisch füllen

```
Private Sub UserForm_Initialize()
UserForm1.ComboBox1.RowSource = _
Sheets("Tabelle9").Range("A1:A" & _
ActiveSheet.UsedRange.Rows.Count).Address
End Sub
```

Mithilfe der Eigenschaft `RowSource` können Sie einen Bereich einer Tabelle dem Dropdown-Feld zuweisen. Damit die Zeilenangabe dynamisch bleibt, ermitteln Sie über die Funktion `Count` die Anzahl der verwendeten Zeilen der Tabelle (`UsedRange.Rows`).

Auswahl aus Dropdown-Feld erzwingen

Wie Sie Daten in ein Dropdown-Feld bekommen, wissen Sie jetzt. Wie aber können Sie einen Anwender dazu zwingen, einen Eintrag aus dem Dropdown-Feld auszuwählen?

Listing 14.60: Auswahl aus Dropdown-Feld erzwingen

```
Private Sub UserForm_Initialize()
With UserForm17
 .ComboBox1.AddItem "Bernd"
 .ComboBox1.AddItem "Wiola"
 .ComboBox1.MatchRequired = True
End With
End Sub
```

Mithilfe der Eigenschaft `MatchRequired` können Sie erzwingen, dass ein Eintrag aus dem Dropdown-Feld ausgewählt wird. Der Anwender kann demnach das Dropdown-Feld erst verlassen, wenn er einen Eintrag ausgewählt hat. Die Eigenschaft `MatchRequired` hat noch eine zweite Funktion. Sie können standardmäßig auch in ein Dropdown direkt einen Eintrag schreiben. Excel prüft während der Eingabe, ob diese Eingabe bereits im Dropdown ist, und bietet dann eine Art AutoVervollständigen-Funktion an. Wenn die Eigenschaft `MatchRequired` auf den Wert `True` gesetzt wird, werden nur Eingaben im Dropdown akzeptiert, wenn diese bereits im Dropdown verfügbar sind.

Der Datums-BUG in Dropdown-Feldern

Wenn Sie in ein Dropdown-Feld Datumsangaben einfügen und diese danach versuchen auszuwählen, dann stellt Excel nicht das Datum dar, sondern die Zahl, mit der Excel intern rechnet. Dabei wird das Datum jeweils in eine

Zahl umgerechnet, die sich aus der Differenz zwischen dem 1.1.1900 und dem aktuellen Datum ergibt. Es wird also immer errechnet, wie viele Tage seit Beginn der Excel-Zeitrechnung vergangen sind.

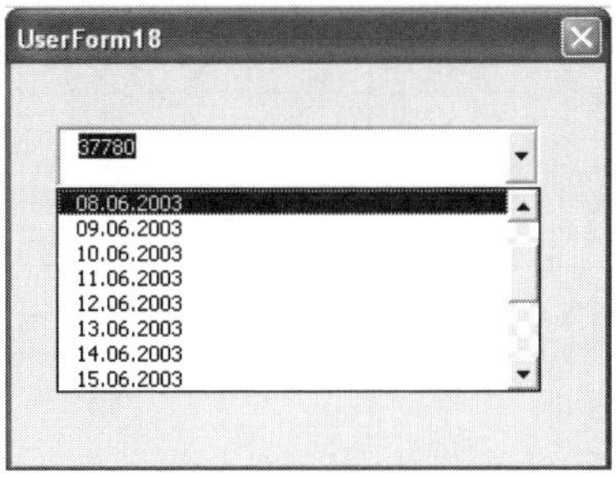

Abbildung 14.29: Das Datum wird als Zahl dargestellt

Diesen kleinen, aber lästigen Bug können Sie über folgende Makros lösen.

Listing 14.61: Das Datum in Dropdown-Feldern richtig ausgeben

```
Private Sub UserForm_Initialize()
ComboBox1.RowSource = "Tabelle10!A1:A" & _
Sheets("Tabelle10").Range("A1").End(xlDown).Row
End Sub

Private Sub ComboBox1_Change()
ComboBox1.Value = Format(ComboBox1, "DD.MM.YY")
End Sub
```

Nach dem Einstellen der Datumsangaben im Dropdown-Feld muss das Ereignis `Combobox_Change` eingestellt werden, welches automatisch eintritt, wenn Sie einen Eintrag aus dem Dropdown auswählen. Innerhalb dieses Ereignisses wenden Sie die Funktion `Format` an, um das Datum in die gewünschte Form zu bringen.

Abwesenheitszeiten über UserForm erfassen

In der folgenden Aufgabe werden Sie mehrere Steuerelemente auf einer UserForm einsetzen. Dabei soll eine Mitarbeiterliste geführt und die Fehlzeiten bzw. Fehlursachen sollen dokumentiert werden. Schauen Sie sich dazu Abbildung 14.30 an.

Mehr Sicherheit durch UserForms

Sicher ist die abgebildete Tabelle noch recht übersichtlich und kann auch manuell beherrscht werden. Stellen Sie sich aber vor, die Liste wäre zehn- bis zwanzigmal so lang. Da fällt es dann doch ein wenig schwerer, den Überblick zu behalten – erst recht, wenn die Liste nicht sortiert ist. Ein weiterer Stolperstein ist die Addition der bereits erfassten Fehltage mit den neuen Fehltagen. Auch hier kann man sich leicht einmal vertippen bzw. in die falsche Spalte rutschen. Aus diesem Grund zeichnen Sie eine UserForm, die wie folgt aussieht:

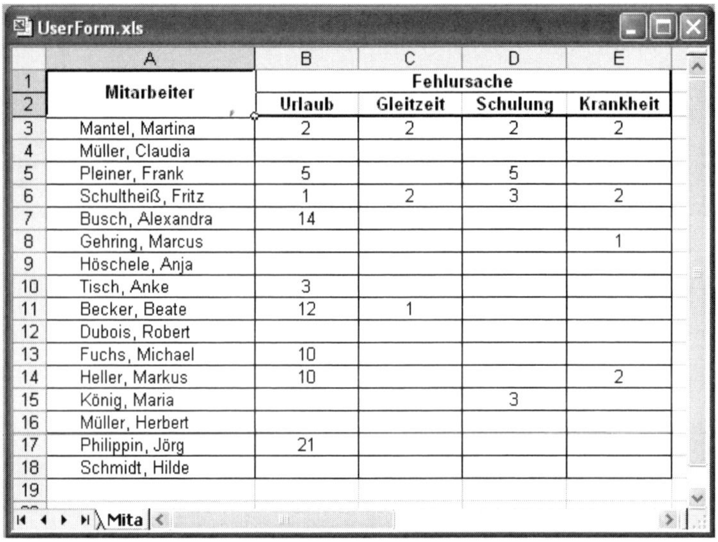

	A	B	C	D	E
1	Mitarbeiter	Fehlursache			
2		Urlaub	Gleitzeit	Schulung	Krankheit
3	Mantel, Martina	2	2	2	2
4	Müller, Claudia				
5	Pleiner, Frank	5		5	
6	Schultheiß, Fritz	1	2	3	2
7	Busch, Alexandra	14			
8	Gehring, Marcus				1
9	Höschele, Anja				
10	Tisch, Anke	3			
11	Becker, Beate	12	1		
12	Dubois, Robert				
13	Fuchs, Michael	10			
14	Heller, Markus	10			2
15	König, Maria			3	
16	Müller, Herbert				
17	Philippin, Jörg	21			
18	Schmidt, Hilde				
19					

Abbildung 14.30: Die Ausgangstabelle mit den Fehlzeiten

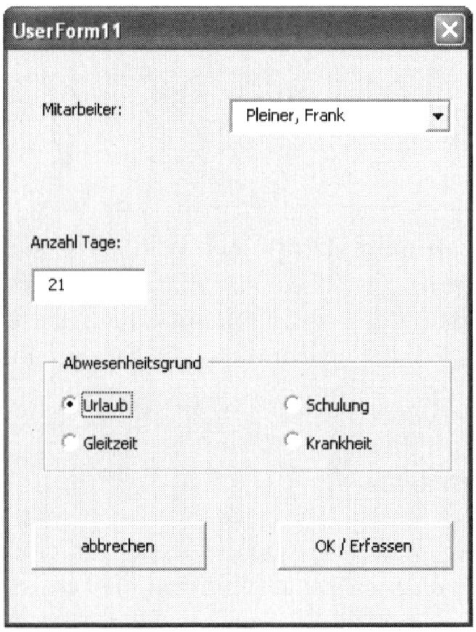

Abbildung 14.31: Eingabe der Fehlzeiten über eine UserForm

Dynamisches Füllen des Dropdowns

Bei der UserForm in Abbildung 14.31 muss nur die Anzahl der Fehltage eingegeben werden. Alles andere können Sie elegant über die einzelnen Steuerelemente einstellen.

Im ersten Schritt tragen Sie alle Namen der Mitarbeiter aus der Tabelle in das Dropdown-Feld der UserForm ein. Hierfür verwenden Sie das Ereignis `UserForm_Initialize`.

Listing 14.62: Das dynamische Füllen eines Dropdown-Felds mit Daten aus einer Tabelle

```
Private Sub UserForm_Initialize()
Dim frm As UserForm
Dim i As Integer
Dim iMax As Integer

 Set frm = UserForm11
 Application.ScreenUpdating = False
    With frm.ComboBox1
     .Clear
     iMax = ActiveSheet.UsedRange.Rows.Count
     For i = 3 To iMax
       .AddItem Worksheets("Mitarbeiter").Cells(i, 1)
     Next i
    End With
 Application.ScreenUpdating = True
End Sub
```

Über die Methode `Clear` löschen Sie alle Inhalte, die sich im Dropdown-Feld befinden. Danach ermitteln Sie die Anzahl der Zeilen, die in der Tabelle belegt sind, und speichern diese in der Variablen `iMax`. Die nachfolgende Schleife soll nur so lange Mitarbeiternamen in das Dropdown-Feld übertragen, wie es Mitarbeiter in der Tabelle gibt. Es sollen also keine leere Zeilen in das Dropdown-Feld eingelesen werden. Geben Sie jetzt mithilfe der Methode `AddItem` die einzelnen Mitarbeiternamen in das Dropdown-Feld ein. Dabei greifen Sie über das Auflistungsobjekt `Cells` auf die korrekte Position in der Tabelle zu. In der Variablen `i` steht der Zeilenindex, der bei jedem Schleifendurchlauf um den Wert `1` erhöht wird. Den Spaltenindex können Sie konstant auf dem Wert `1` belassen, da sich dieser nicht ändern darf.

Automatisches Update der Tabelle

Wenn Sie einen Mitarbeiternamen aus dem Dropdown-Feld gewählt und die Fehlzeit in Tagen eingetragen haben, können Sie die Schaltfläche OK/ERFASSEN anklicken. Dahinter setzen Sie das Ereignis `CommandButton_Click` ein.

Listing 14.63: Zusammenspiel zwischen Dropdown-Feldern, Textfeldern und Optionsschaltflächen

```
Private Sub CommandButton1_Click()
Dim frm As UserForm
Dim iKenn As Integer
Dim index As Long
Dim Mitarbeiter as string
Dim Tage As Integer

 Set frm = UserForm11
 index = frm.ComboBox1.ListIndex
 On Error Resume Next
 Mitarbeiter = frm.ComboBox1.List(index)
 Tage = frm.TextBox2.Text
 If frm.OptionButton1.Value Then iKenn = 1 'Urlaub
 If frm.OptionButton2.Value Then iKenn = 2 'Gleittag
```

```
If frm.OptionButton3.Value Then iKenn = 3 'Schulung
If frm.OptionButton4.Value Then iKenn = 4 'Krank
Sheets("Mitarbeiter").Activate
Columns("A:A").Select
On Error GoTo fehler
Selection.Find(What:=Mitarbeiter, After:=ActiveCell, _
LookIn:=xlValues, LookAt:=xlPart, _
SearchOrder:=xlByRows, _
SearchDirection:=xlNext, MatchCase:=False).Activate

Select Case iKenn
  Case 1
    ActiveCell.Offset(0, 1).Select
  Case 2
    ActiveCell.Offset(0, 2).Select
  Case 3
    ActiveCell.Offset(0, 3).Select
  Case 4
    ActiveCell.Offset(0, 4).Select
  Case Else
    MsgBox "Fehlursache konnte nicht ermittelt werden!"
End Select
ActiveCell.Value = ActiveCell.Value + Tage
Exit Sub

fehler:
  MsgBox "Es konnten keine Mitarbeiter gefunden werden!"
End Sub
```

Mit der Eigenschaft `ListIndex` ermitteln Sie die Indexnummer des aktuell markierten Elements in einem Listenfeld oder einem Dropdown-Feld. Mit der Methode `List` bekommen Sie dann den dazugehörenden Texteintrag, den Sie in der Variablen `Mitarbeiter` ablegen. Danach speichern Sie die eingegebene Fehldauer in der Variablen `Tage`. Jetzt sind die Optionsschaltflächen an der Reihe. Ist eine Optionsschaltfläche angeklickt, meldet diese den Wert `True`. Speichern Sie diese Rückmeldung in der Variablen `iKenn`. Da bei Optionsschaltflächen jeweils nur eine Option innerhalb eines Gruppenfelds aktiviert sein kann, erhalten Sie am Ende einen eindeutigen Wert. Danach aktivieren Sie Ihre Tabelle MITARBEITER und markieren die Spalte A, welche die Mitarbeiternamen enthält. Diese Vormarkierung lässt die nachfolgende Suche gezielt und damit schneller ablaufen. Wenden Sie danach die Methode `Find` an, um den gesuchten Mitarbeiter zu finden. Mit einer `Select Case`-Anweisung ermitteln Sie jetzt, wie weit Sie den Zellenzeiger nach rechts verschieben müssen. Handelt es sich bei der Fehlursache um Urlaub, muss der Zellenzeiger um eine Spalte nach rechts verschoben werden usw. Nachdem die korrekte Zellenposition erreicht ist, müssen Sie zuerst eventuell schon vorhandene Werte retten und danach die neu anfallenden Fehltage addieren.

Multiseiten erstellen

Reicht eine Seite auf einer UserForm nicht aus, können Sie mithilfe von so genannten Multiseiten zusätzlichen Platz schaffen. Dies ist z.B. bei der Programmierung von Assistenten, bei denen mehrere Informationen eingegeben werden müssen, eine bevorzugte Lösungsmöglichkeit.

In der folgenden Aufgabe erstellen Sie einige Multiseiten und bestücken diese jeweils mit Kontrollkästchen. Am Ende ermitteln Sie, welche Kontrollkästchen aktiviert sind.

STEP

1. Wechseln Sie in die Entwicklungsumgebung und fügen Sie eine neue UserForm ein.
2. Klicken Sie in der Werkzeugsammlung auf das Symbol MULTISEITEN und ziehen Sie es auf Ihrer UserForm auf.
3. Standardmäßig werden zwei Multiseiten eingefügt. Falls Sie mehr möchten, klicken Sie mit der rechten Maustaste auf eine beliebige Registerlasche der Multiseiten und wählen aus dem Kontextmenü den Befehl NEUE SEITE.

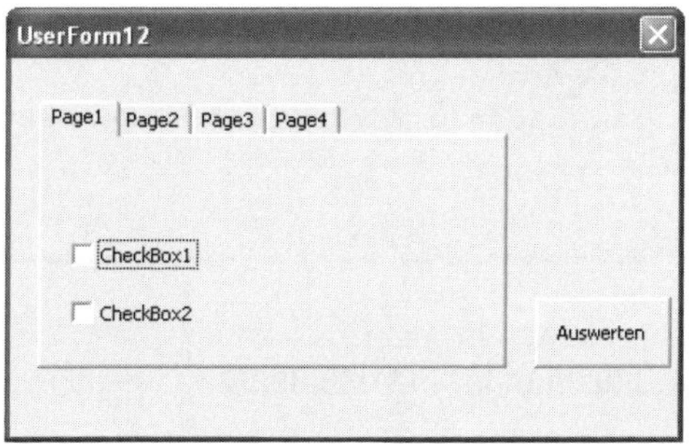

Abbildung 14.32: Neue Multiseiten über das Kontextmenü einfügen

4. Bestücken Sie die einzelnen Seiten mit einigen Kontrollkästchen.
5. Rufen Sie die UserForm auf und aktivieren Sie einige der Kontrollkästchen.
6. Ermitteln Sie jetzt alle aktivierten Kontrollkästchen und deren Position.

Listing 14.64: Alle aktivierten Kontrollkästchen einer Multiseite werden ermittelt

```
Private Sub CommandButton1_Click()
Dim Seite As Page
Dim ctl As Control
Dim i As Integer

    For Each Seite In UserForm12.MultiPage1.Pages
        For Each ctl In Seite.Controls
            If TypeOf ctl Is MSForms.CheckBox Then
             If ctl.Value = True Then
```

```
                    i = i + 1
                    Debug.Print Seite.Name & "/" & ctl.Name
                 End If
              End If
          Next ctl
      Next Seite
      Debug.Print "Sie haben " & i _
       & " Kontrollkästchen aktiviert." & Chr(13)
      Unload Me
End Sub
```

In der ersten Schleife durchlaufen Sie alle Multiseiten. In der zweiten Schleife kontrollieren Sie die aktivierten Kontrollelemente. Über die Funktion `TypeOf` können Sie ermitteln, ob es sich bei dem Steuerelement um ein Kontrollkästchen handelt. Wenn ja, prüfen Sie über die Eigenschaft `Value`, ob das Kontrollkästchen aktiviert ist. In diesem Fall gibt die Eigenschaft den Wert `True` zurück. Addieren Sie dann den Wert `1` zur Variablen `i`. Geben Sie danach Multiseitennamen und den Namen des aktivierten Kontrollkästchens über die Anweisung `Debug.Print` im Direktfenster aus.

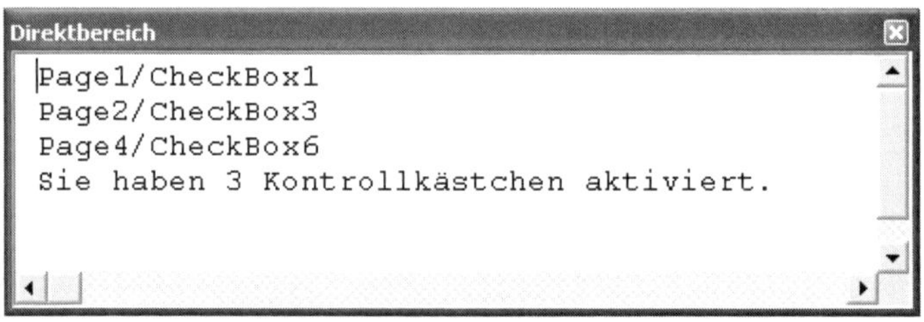

Abbildung 14.33: Im Direktfenster werden die aktivierten Kontrollfelder ausgegeben

Multiseiten im Praxiseinsatz

Ein Blick zurück

Schauen Sie sich die Aufgabe mit den Abwesenheitszeiten noch einmal an. Dort haben Sie aus einem Dropdown den Mitarbeiter ausgewählt und anschließend über diverse Optionsschaltflächen die Fehlursache festgelegt und in die Tabelle geschrieben. Es konnte also jeweils pro Suchvorgang nur eine Fehldauer in die Tabelle eingetragen werden. Möchten Sie dagegen mehrere Fehlzeiten mit einem Suchlauf auf einmal erfassen, können Sie mit Multiseiten sowie mit Dreh- und Textfeldern arbeiten. Die entsprechenden Vorarbeiten erledigen Sie innerhalb des Ereignisses `UserForm_Initialize`.

Listing 14.65: Mitarbeiternamen aus einer Tabelle in ein Dropdown einlesen

```
Private Sub UserForm_Initialize()
Dim frm As UserForm
Dim i As Integer
Dim iMax As Integer

 Set frm = UserForm13
 Application.ScreenUpdating = False
```

```
    With frm.ComboBox1
     .Clear
     iMax = ActiveSheet.UsedRange.Rows.Count
     For i = 3 To iMax
       .AddItem Worksheets("Mitarbeiter").Cells(i, 1)
     Next i
    End With
 Application.ScreenUpdating = True
End Sub
```

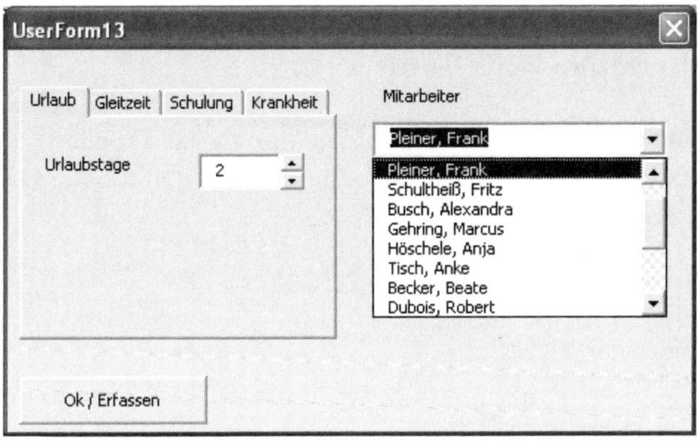

Abbildung 14.34: Die fertige User-Form zur Fehlzeiterfassung

Für jede Fehlursache wird eine Multiseite angelegt. Auf jeder Seite befinden sich jeweils ein Textfeld sowie ein Drehfeld. Nach jedem Klicken auf die Drehfeldpfeile soll das Textfeld in einem eingeschränkten Bereich addiert bzw. subtrahiert werden. Die Verbindung zwischen Text- und Drehfeld regeln Sie über das Ereignis `SpinButton1_Change`.

Listing 14.66: Drehfelder und Textfelder miteinander verknüpfen

```
Private Sub SpinButton1_Change()
 SpinButton1.Min = 1
 SpinButton1.Max = 30
 TextBox1.Text = SpinButton1.Value
End Sub

Private Sub SpinButton2_Change()
 SpinButton1.Min = 1
 SpinButton1.Max = 12
 TextBox2.Text = SpinButton2.Value
End Sub

Private Sub SpinButton3_Change()
 SpinButton1.Min = 1
 SpinButton1.Max = 10
 TextBox3.Text = SpinButton3.Value
End Sub

Private Sub SpinButton4_Change()
```

```
  SpinButton1.Min = 1
  SpinButton1.Max = 100
  TextBox4.Text = SpinButton4.Value
End Sub
```

Mit der Eigenschaft `Max` legen Sie fest, wie hoch der Maximalwert des Drehfelds sein soll. Im Urlaubsfall dürfte die maximale Anzahl von Tagen so etwa 30 Tage betragen. Die Eigenschaft `Min` setzen Sie auf den Wert `1`, sonst ist es auch möglich, negative Tage im Drehfeld einzustellen, was in diesem Beispiel unerwünscht ist. Um die Verknüpfung zwischen Dreh- und Textfeld zu erreichen, übertragen Sie einfach den eingestellten Wert des Drehfelds in das entsprechende Textfeld.

Um die eingetragenen Fehltage nun in die Tabelle zu übertragen, klicken Sie in der Entwicklungsumgebung auf die Schaltfläche OK/ERFASSEN und erfassen das Ereignis `CommandButton_Click`.

Listing 14.67: Alle Daten aus Textfeldern von Multiseiten in eine Tabelle übertragen

```
Private Sub CommandButton1_Click()
Dim frm As UserForm
Dim index As Long
Dim Mitarbeiter As String
Dim TageU As Integer
Dim TageG As Integer
Dim TageS As Integer
Dim TageK As Integer

  Set frm = UserForm13
  index = frm.ComboBox1.ListIndex
  On Error Resume Next
  Mitarbeiter = frm.ComboBox1.List(index)
  TageU = frm.TextBox1.Text
  TageG = frm.TextBox2.Text
  TageS = frm.TextBox3.Text
  TageK = frm.TextBox4.Text

  Sheets("Mitarbeiter").Activate
  Columns("A:A").Select
  On Error GoTo fehler
  Selection.Find(What:=Mitarbeiter, _
   After:=ActiveCell, LookIn:=xlValues, _
   LookAt:=xlPart, SearchOrder:=xlByRows, _
   SearchDirection:=xlNext,MatchCase:=False).Activate
   If TageU <> 0 Then _
    ActiveCell.Offset(0, 1).Value = _
    ActiveCell.Offset(0, 1).Value + TageU
   If TageG <> 0 Then _
    ActiveCell.Offset(0, 2).Value = _
    ActiveCell.Offset(0, 2).Value + TageG
   If TageS <> 0 Then _
```

```
    ActiveCell.Offset(0, 3).Value = _
    ActiveCell.Offset(0, 3).Value + TageS
   If TageK <> 0 Then _
    ActiveCell.Offset(0, 4).Value = _
    ActiveCell.Offset(0, 4).Value + TageK
   Exit Sub

fehler:
  MsgBox "Es konnte kein Mitarbeiter gefunden werden!"
End Sub
```

Zum Übertragen der einzelnen Textfelder auf die Multiseiten in der Tabelle setzen Sie Variablen ein, deren Inhalte Sie nachher an der richtigen Position in der Tabelle einfügen.

Fortschrittsbalken für UserForms programmieren

Bei länger laufenden Makros ist es empfehlenswert, den Anwender während des Makroablaufs mit gelegentlichen Meldungen in der Statusleiste oder sogar einem Verlaufsbalken über die einzelnen Schritte bzw. den Verlauf des Makros in Kenntnis zu setzen. Dazu können Sie für eine UserForm einen Verlaufsbalken erstellen.

Befolgen Sie dazu die nächsten Arbeitsschritte.

STEP

1. Fügen Sie eine neue UserForm ein.
2. Klicken Sie in der Werkzeugsammlung auf das Symbol BEZEICHNUNGSFELD und ziehen Sie es auf Ihrer UserForm auf.
3. Entfernen Sie den Text LABEL1 aus dem Bezeichnungsfeld.
4. Klicken Sie im Eigenschaften-Fenster auf die Kategorie BACKCOLOR und stellen Sie als Hintergrundfarbe Blau (Markierung) ein.
5. Stellen Sie in der Kategorie SPECIALEFFECT den Effekt FMSPECIALEFFECTRAISED ein.
6. Fügen Sie zum Abschluss eine Schaltfläche ein und klicken Sie diese doppelt an, um das Klickereignis einzugeben.

Listing 14.68: Einen Verlaufsbalken für eine UserForm programmieren

```
Private Sub CommandButton1_Click()
Dim i As Integer
Dim iMax

Label1.Width = 0
iMax = 1000
For i = 1 To iMax
    Label1.Width = (i + 1) / 10
    Label1.TextAlign = fmTextAlignCenter
```

```
    Label1.Caption = Int(i / 10) & " %"
    Label1.Font.Bold = True
    Label1.ForeColor = RGB(256, 256, 256)
    DoEvents
Next
End Sub
```

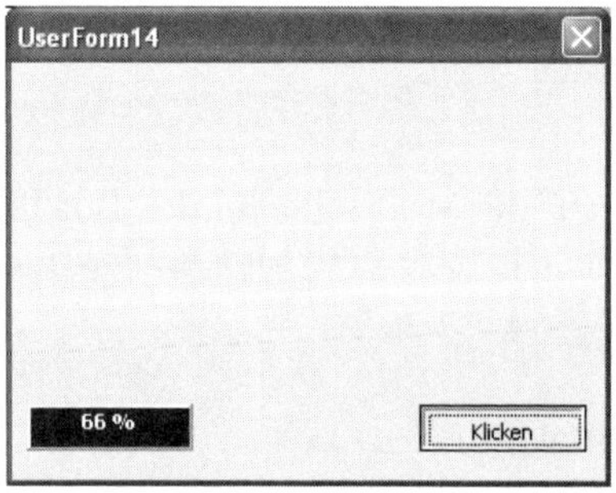

Abbildung 14.35: Der Verlaufsbalken von 1 bis 100 %

Im ersten Schritt setzen Sie die Breite des Verlaufsbalkens auf den Wert `0`. Damit wird er unsichtbar. Danach setzen Sie die maximale Größe des Verlaufsbalkens auf den Wert 1.000 Pixel. Durchlaufen Sie dann die `For Next`-Schleife genau 1.000 Mal. Mit jedem Schleifendurchlauf wächst der Verlaufsbalken um ein Stück. Die Breite des Balkens legen Sie mit der Eigenschaft `Width` fest. Mit der `TextAlign`-Eigenschaft bestimmen Sie die Ausrichtung des Textes. Als Text soll jeweils der Prozentwert ausgegeben werden, der sich aus der Formel `(i + 1) / 10` ergibt. Damit im Verlaufsbalken nur ganze Zahlen ohne Nachkommastellen angezeigt werden, verwenden Sie die Funktion `Int`. Stellen Sie die Schriftartfarbe auf WEISS sowie den Schriftschnitt FETT ein, damit der Text auf dem Verlaufsbalken auch klar erkennbar ist.

Bilder in UserForms anzeigen

Wenn Sie möchten, können Sie in UserForms auch Bilder anzeigen. Sie können beispielsweise Ihre Produkte einscannen, in einem Verzeichnis ablegen und in einer UserForm anzeigen lassen. Im folgenden Beispiel werden genau drei Bilder aus dem Verzeichnis C:\WINDOWS dynamisch in eine UserForm eingeblendet. Dabei verwenden Sie Drehfelder, um ein Bild nach dem anderen anzuzeigen. Den Namen der Datei sowie den Index geben Sie in einem Bezeichnungs- bzw. einem Textfeld aus.

Für diese Aufgabe brauchen Sie folgende Steuerelemente aus der Werkzeugsammlung:

Die Zutaten

- eine Schaltfläche
- ein Bezeichnungsfeld für die Aufnahme der Bildbezeichnung

- ein Textfeld für den Bildindex
- das Steuerelement Anzeige, welches das jeweilige Bild aufnehmen soll
- ein Drehfeld, mit dem Sie ein Bild nach dem anderen einblenden

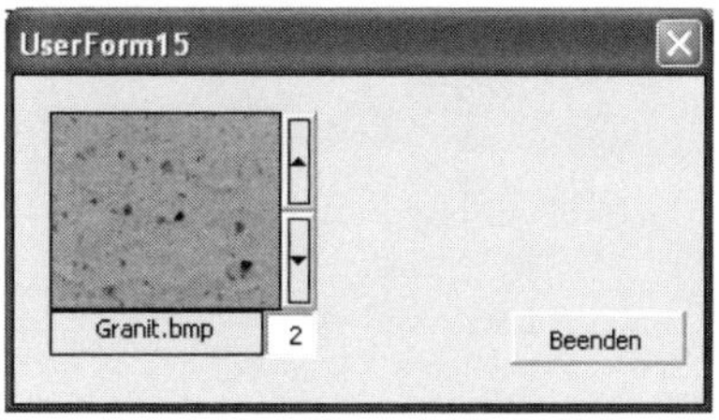

Abbildung 14.36: Eine kleine Diashow mit einer UserForm

Nachdem Sie alle Steuerelemente eingefügt haben, führen Sie einen Doppelklick auf das Drehfeld durch und erfassen das Ereignis SpinButton_Change.

Listing 14.69: Mehrere Bilder dynamisch in einer UserForm anzeigen

```
Private Sub SpinButton1_Change()
Dim s As String
SpinButton1.Max = 3
SpinButton1.Min = 1

TextBox1.Text = SpinButton1.Value
Select Case SpinButton1.Value
 Case 1
  s = "Feder.bmp"
 Case 2
  s = "Granit.bmp"
 Case 3
  s = "Seifenblase.bmp"
 Case Else
  MsgBox "Kein Bild gefunden!"
End Select
Label1.Caption = s
Image1.Picture = LoadPicture("c:\Windows\" & s)
End Sub
```

Über die Eigenschaften Max und Min stellen Sie die Ober- bzw. Untergrenze für Ihr Drehfeld ein. Im Textfeld Textbox1 speichern Sie den aktuellen Wert des Drehfelds. Danach werten Sie den Wert des Drehfelds in einer Select Case-Anweisung aus und weisen entsprechend das dazugehörige Bild ein. Den Bildnamen geben Sie im Bezeichnungsfeld Label1 aus. Anschließend laden Sie mithilfe der Funktion LoadPicture das Bild direkt in das Anzeigen-Steuerelement Image1.

Wenn Sie das gerade vorgestellte Beispiel weiterentwickeln, dann können Sie Ihren eigenen Diaprojektor in Excel erstellen. Kopieren Sie dazu die letzte UserForm und legen Sie folgenden Code hinter das Drehfeld.

Listing 14.70: Einen Diaprojektor in Excel programmieren

```
Private Sub SpinButton1_Change()
Dim verz As String
Dim Fotos()
Dim i_zähler As Long
Dim i_Zähler2 As Long

SpinButton1.Min = 1
verz = "c:\FOTO_CD\"

    With Application.FileSearch
        .Filename = "*.jpg"
        .LookIn = verz
        .Execute
        i_zähler = .FoundFiles.Count
    End With

SpinButton1.Max = i_zähler

    ReDim Fotos(i_zähler)
    With Application.FileSearch
        .Filename = "*.jpg"
        .LookIn = verz
        .Execute
       For i_Zähler2 = 1 To i_zähler
        Fotos(i_Zähler2) = FoundFiles(i_Zähler2)
       Next i_Zähler2
    End With

TextBox1.Text = SpinButton1.Value
Label1.Caption = Fotos(SpinButton1.Value)
Image1.Picture = LoadPicture(Fotos(SpinButton1.Value))
End Sub
```

:-) TIPP

Passen Sie das Verzeichnis, in dem Sie Ihre Fotos gespeichert haben, ganz oben im Makro an, bevor Sie die Lösung nützen. Damit die Bilder im richtigen Verhältnis im Dialog dargestellt werden, blenden Sie das Eigenschaften-Fenster ein und stellen für das Steuerelement ANZEIGE *unter der Rubrik* PICTURESIZEMODE *den Eintrag* `3-fmPictureSizeModeZoom` *ein. Den Rahmen des Steuerelements blenden Sie aus, indem Sie bei der Eigenschaft* BORDERSTYLE *den Eintrag* `0-fmBorderStyleNone` *einstellen.*

:-) TIPP

Soll die UserForm so ausgedruckt werden, wie sie am Bildschirm angezeigt wird, dann setzen Sie für diese Aufgabe die Anweisung `UserForm16.PrintForm` *ein.*

Abbildung 14.37: Die erweiterte Diashow mit Excel

14.6 Zusätzliche Steuerelemente für UserForms

Neben den bekannten Steuerelementen wie beispielsweise Listenfelder, Kombinationsfeldlisten, Optionsfelder, Kontrollkästchen und Texteingabefelder gibt es eine Reihe weiterer Steuerelemente, die Sie in Excel in Verbindung mit UserForms einsetzen können.

Auf den ersten Blick bleiben die zusätzlichen Steuerelemente zunächst verborgen. Verfügbar machen Sie sie, indem Sie die nächsten Arbeitsschritte befolgen:

1. Wechseln Sie in die Entwicklungsumgebung und fügen Sie eine neue UserForm ein.
2. Sollte die Symbolleiste WERKZEUGSAMMLUNG noch nicht angezeigt werden, so blenden Sie diese ein, indem Sie aus dem Menü ANSICHT den Befehl WERKZEUGSAMMLUNG auswählen.
3. Klicken Sie mit der rechten Maustaste auf diese Symbolleiste und wählen Sie aus dem Kontextmenü den Befehl ZUSÄTZLICHE STEUERELEMENTE.
4. Wählen Sie ein gewünschtes Steuerelement aus dem Listenfeld VERFÜGBARE STEUERELEMENTE aus und bestätigen Sie mit OK.

Das so aktivierte Steuerelement wird nun in der Werkzeugsammlung als Symbol angezeigt und Sie können es somit in Ihre UserForms einbinden.

CD

Sie finden alle Beispiele zu den Steuerelementen auf der mitgelieferten CD-ROM im Verzeichnis KAP14 *unter dem Namen* STEUERELEMENTENEU.XLS.

Das Kalendersteuerelement

Mithilfe des Kalendersteuerelements geben Sie in einer UserForm einen fertigen Kalender vor, aus dem sich Datumsangaben auswählen lassen. Dieses Steuerelement können Sie im Dialog WEITERE STEUERELEMENTE aus dem Listenfeld unter der Bezeichnung KALENDER-STEUERELEMENT auswählen und somit auf Ihrer Werkzeugsammlung verfügbar machen. Klicken Sie dieses neue Symbol in der Werkzeugsammlung an und ziehen Sie es in der gewünschten Größe in Ihrer UserForm auf.

Mithilfe des Steuerelements soll nun folgende Aufgabe erledigt werden: »Über einen Doppelklick auf eine beliebige Zelle der Spalte A in der Tabelle KALENDERSTEUERELEMENT soll eine UserForm mit dem Kalender aufgerufen werden, über die dann das gewünschte Datum ausgewählt wird. Danach soll das ausgewählte Datum in die vorher doppelt angeklickte Zelle geschrieben werden.«

Im ersten Schritt programmieren Sie die Funktion mit dem Doppelklick. Dazu klicken Sie in der Entwicklungsumgebung (Projekt-Explorer) den Eintrag TABELLE1 doppelt an und erfassen folgendes Ereignismakro:

Listing 14.71: Per Doppelklick den Kalender aufrufen

```
Private Sub Worksheet_BeforeDoubleClick _
(ByVal Target As Range, Cancel As Boolean)
If Target.Column <> 1 Then Exit Sub
 UserForm1.Show
 Cancel = True
End Sub
```

Im nächsten Schritt werden Sie das Kalendersteuerelement direkt programmieren. Dabei sollen folgende Funktionen erfüllt werden:

- Beim Aufrufen der USERFORM1 muss die doppelt angeklickte Zelle in einer globalen Variablen zunächst gespeichert werden, damit Excel später weiß, wohin es das ausgewählte Datum in der Tabelle KALENDERSTEUERELEMENT zurückschreiben soll.
- Die Auswahl des gewünschten Datums soll über einen Doppelklick auf das Datum im Kalendersteuerelement durchgeführt werden. Dabei soll es nicht möglich sein, Datumsangaben an Samstagen und Sonntagen auszuwählen.

- Die Auswahl soll aber auch über das einfache Markieren und den anschließenden Klick auf die Schaltfläche OK/ÜBERNEHMEN durchgeführt werden können.
- Das Ergebnis der jeweiligen Auswahlmöglichkeit soll in die vorher doppelt angeklickte Zelle der Spalte A zurückgeschrieben werden.

Um die dazu benötigten Ereignismakros einzufügen, führen Sie in der Entwicklungsumgebung einen Doppelklick auf das Kalendersteuerelement durch und erfassen folgende Makros:

Listing 14.72: Den Kalender mit dem heutigen Datum aufrufen

```
Dim aktZelle As String

Private Sub UserForm_Initialize()
 aktZelle = ActiveCell.Address
 With UserForm1.Calendar1
   .Month = Month(Date)
   .Day = Day(Date)
 End With
 End Sub
```

Zu Beginn definieren Sie eine globale Variable `aktZelle` vom Typ `String`, die Sie außerhalb der Ereignisprozeduren anlegen. Dort wird die Adresse der doppelt angeklickten Zelle gespeichert. Das Ereignis `Initialize` wird automatisch ausgeführt, wenn die USERFORM1 aufgerufen wird. Dies ist ein idealer Zeitpunkt, um die gerade angelegte Variable zu füllen. Des Weiteren geben Sie dem Kalendersteuerelement bekannt, welches Datum beim Aufrufen der `UserForm1` eingestellt werden soll. Über die Eigenschaften `Month` und `Day`, denen Sie über die Funktion Date das aktuelle Datum zuweisen, weiß Excel, welchen Monat bzw. welchen Tag es im Kalendersteuerelement voreinstellen soll.

Programmieren Sie nun die Klicks im Kalender. Führen Sie dazu einen Doppelklick in der Entwicklungsumgebung direkt auf ein beliebiges Kalenderfeld durch und erfassen Sie die folgenden Ereignismakros.

Listing 14.73: Die Kalender-Klicks programmieren

```
Private Sub Calendar1_Click()
If Weekday(UserForm1.Calendar1.Value) = 1 Or _
Weekday(UserForm1.Calendar1.Value) = 7 Then
  MsgBox "Bitte keine Samstage/Sonntage eintragen!"
 Else
  Range(aktZelle).Value = UserForm1.Calendar1.Value
  Unload Me
 End If
End Sub

Private Sub Calendar1_DblClick()
If Weekday(UserForm1.Calendar1.Value) = 1 Or _
```

```
Weekday(UserForm1.Calendar1.Value) = 7 Then
  MsgBox "Bitte keine Samstage/Sonntage eintragen!"
 Else
  Range(aktZelle).Value = UserForm1.Calendar1.Value
  Unload Me
 End If
End Sub
```

Den Doppelklick im Kalendersteuerelement können Sie über das Ereignis `DblClick` abfangen. Mittels der Funktion `Weekday` können Sie überprüfen, welcher Wochentag doppelt angeklickt wurde. Für den Fall, dass ein Samstag ausgewählt wurde, meldet Excel den Wert 7, im Fall eines Sonntags wird der Wert 1 zurückgegeben. Hier müssen Sie sich daran gewöhnen, dass die neue Woche bei Microsoft mit dem Sonntag (1) beginnt und mit dem Samstag (7) endet. Wurde ein normaler Arbeitstag im Kalender ausgewählt, dann schreiben Sie das Datum in die Tabelle zurück und beenden über die Anweisung `Unload Me` die USERFORM1.

Abbildung 14.38: Den Kalender in Excel einsetzen

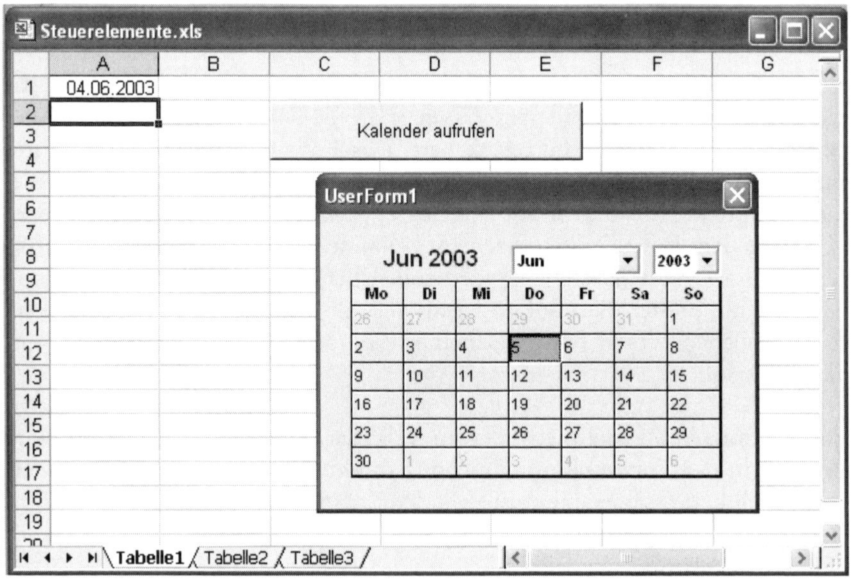

INFO

Anwender der Excel-Version 97 müssen darauf achten, dass das Kalendersteuerelement in dieser Version nicht Bestandteil von Excel, sondern von Access ist. Das Steuerelement kann daher nur eingesetzt werden, wenn Access 97 ebenso installiert ist.

Der LevelSlider

Unter dem Steuerelement LevelSlider versteht man einen Schieberegler, über den man Werte im Wertebereich 0 bis 100 einstellen kann. Dieses Steuerelement wird gerne in Verbindung mit einem Textfeld verwendet, indem man den eingestellten Wert des LevelSlider anzeigt.

Fügen Sie das Steuerelement LevelSlider in Ihrer Werkzeugsammlung ein und ziehen Sie das Element in einer neuen UserForm (USERFORM2) in der gewünschten Größe auf. Integrieren Sie zusätzlich in der UserForm ein Textfeld sowie eine Befehlsschaltfläche.

Um den Wert des LevelSlider beispielsweise in ein Textfeld zu übertragen bzw. den Wert direkt in die TABELLE1 zu schreiben, erfassen Sie die folgenden Makros.

Listing 14.74: Den LevelSlider automatisieren

```
Private Sub LevelSlider1_PositionChanged _
(ByVal nPosition As Integer)
With UserForm2
 .TextBox1.Value = .LevelSlider1.Position
End With
End Sub

Private Sub CommandButton1_Click()
Sheets("Tabelle2").Range("A1").Value = _
UserForm2.TextBox1.Value
Unload Me
End Sub
```

Über das Ereignis `PositionChanged` können Sie jeden Schiebevorgang im Regler verfolgen. In diesem Fall schreiben Sie den aktuellen Wert des Schiebereglers in das Textfeld (TEXTBOX1). Der aktuell eingestellte Wert wird übrigens auch am unteren Rand der Schiebereglers zusätzlich angezeigt.

Das Ereignis `Click` wird automatisch ausgelöst, wenn Sie auf die Schaltfläche OK klicken. Wenn dem so ist, dann schreiben Sie den aktuellen Wert des Textfelds direkt in die TABELLE2 in die Zelle A1.

Das Spreadsheet-Steuerelement

Mithilfe des Spreadsheet-Steuerelements können Sie auf einer UserForm eine komplette Excel-Tabelle verwalten, d.h., Sie können in dieses Steuerelement einen Bereich einer Tabelle einlesen, verändern und zurückschreiben. Fügen Sie in eine neue UserForm (USERFORM3) das Steuerelement SPREADSHEET ein und integrieren Sie zusätzlich eine Schaltfläche, die Sie mit dem Text OK beschriften.

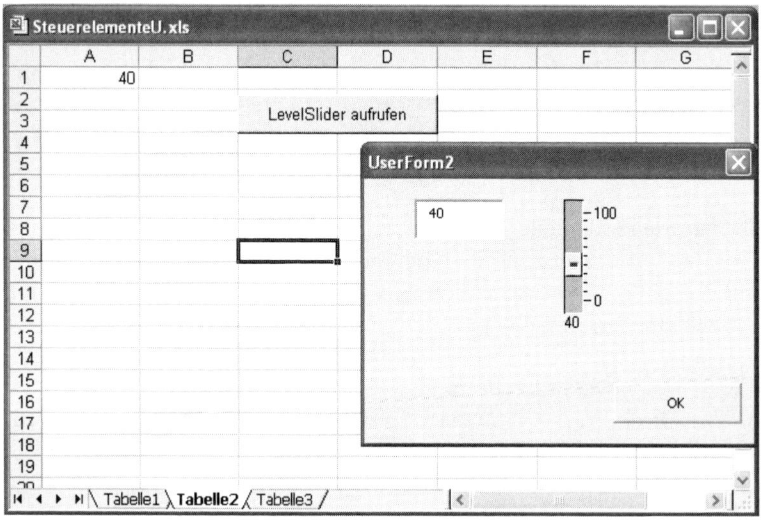

Abbildung 14.39: Der LevelSlider in der praktischen Anwendung

Zur Füllung des SPREADSHEET-Steuerelements nützen Sie das Ereignis `Initialize`.

Listing 14.75: Das Spreadsheet-Steuerelement füllen

```
Private Sub UserForm_Initialize()
Dim Zeilen As Long
Dim Spalten As Integer

 For Zeilen = 1 To 10
    For Spalten = 1 To 5
     Spreadsheet1.Cells(Zeilen, Spalten) = _
      Sheets("Tabelle3").Cells(Zeilen, Spalten)
    Next Spalten
  Next Zeilen
End Sub
```

Mithilfe von zwei aufeinander folgenden Schleifen übertragen Sie die einzelnen Zellen (10 Zeilen und 5 Spalten) in das Steuerelement SPREADSHEET. Dabei können Sie jede einzelne Zelle des Steuerelements sowie der Tabelle über die `Cells`-Auflistung ansteuern, der Sie die dynamische Zeilen- und Spaltenangabe übergeben.

Jetzt können Sie die einzelnen Zellen über das Steuerelement ändern. Das Zurückschreiben der neuen Werte wird durch einen Klick auf die Schaltfläche OK ausgelöst. Legen Sie daher hinter diese Schaltfläche das folgende `Click`-Ereignis.

Listing 14.76: Das Spreadsheet-Steuerelement auslesen

```
Private Sub CommandButton1_Click()
Dim Zeilen As Long
Dim Spalten As Integer
```

```
  For Zeilen = 1 To 10
    For Spalten = 1 To 5
      Sheets("Tabelle3").Cells(Zeilen, Spalten) = _
      Spreadsheet1.Cells(Zeilen, Spalten)
    Next Spalten
  Next Zeilen
End Sub
```

INFO

Die Anzeige des SPREADSHEET-*Steuerelements auf der UserForm können Sie nach eigenen Wünschen gestalten. Klicken Sie dazu das Steuerelement an und schalten Sie im Eigenschaften-Fenster die gewünschten Ansichtsoptionen ein bzw. aus, indem Sie die einzelnen Displays auf den Wert* `True` *bzw.* `False` *setzen.*

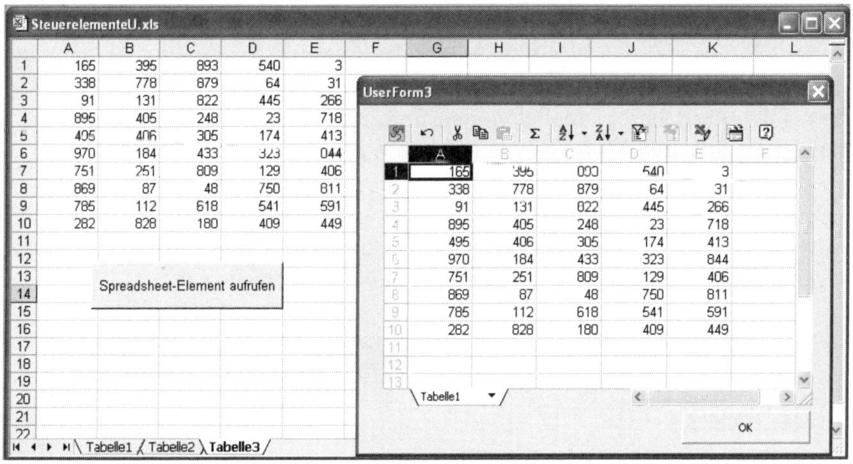

Abbildung 14.40: Mit dem Spreadsheet-Steuerelement eine Tabelle spiegeln

Das TreeView-Steuerelement

Wie der Name dieses Steuerelements aussagt, können Sie mithilfe dieses Steuerelements ganze Verzeichnisbäume auf einer UserForm abbilden. Machen Sie das TREEVIEW-Steuerelement auf Ihrer Werkzeugsammlung verfügbar und fügen Sie es in einer neuen UserForm (USERFORM4) ein. Integrieren Sie zusätzlich noch eine weitere Schaltfläche. Im nächsten Beispiel setzen Sie das TREEVIEW-Steuerelement ein, um alle momentan geöffneten Arbeitsmappen sowie deren Tabellen in einer übersichtlichen Art und Weise anzuzeigen.

Da das TREEVIEW-Steuerelement schon beim Aufruf der UserForm gefüllt sein muss, verwenden Sie zu diesem Zweck auch hier das Ereignis `Initialize`, welches Sie im folgenden Listing sehen können.

Listing 14.77: Das TreeView-Steuerelement füllen

```
Private Sub UserForm_Initialize()
Dim Mappe As Workbook
Dim Blatt As Worksheet
Dim Eintrag As Node

For Each Mappe In Application.Workbooks
 Set Eintrag = TreeView1.Nodes.Add(, , , Mappe.Name)
 For Each Blatt In Mappe.Worksheets
  TreeView1.Nodes.Add Eintrag.Index, _
            tvwChild,,Blatt.Name
 Next Blatt
Next Mappe
End Sub
```

Ermitteln Sie zuerst die Namen aller momentan geöffneten Arbeitsmappen. Fügen Sie diese Namen über die Methode `Add` im Steuerelement `TreeView` als neuen Zweig ein. Unterhalb dieses Zweigs ermitteln Sie die Namen der Tabellen, die in den bereits ermittelten Arbeitsmappen zur Verfügung stehen. Fügen Sie diese Tabellennamen unterhalb des jeweiligen Hauptzweigs wiederum über die Methode `Add` ein.

Über das TREEVIEW-Steuerelement können Sie nun die gewünschte Tabelle auswählen. Um herauszufinden, welchen Eintrag Sie gewählt haben, hinterlegen Sie das Ereignis `Click` direkt hinter die Schaltfläche OK.

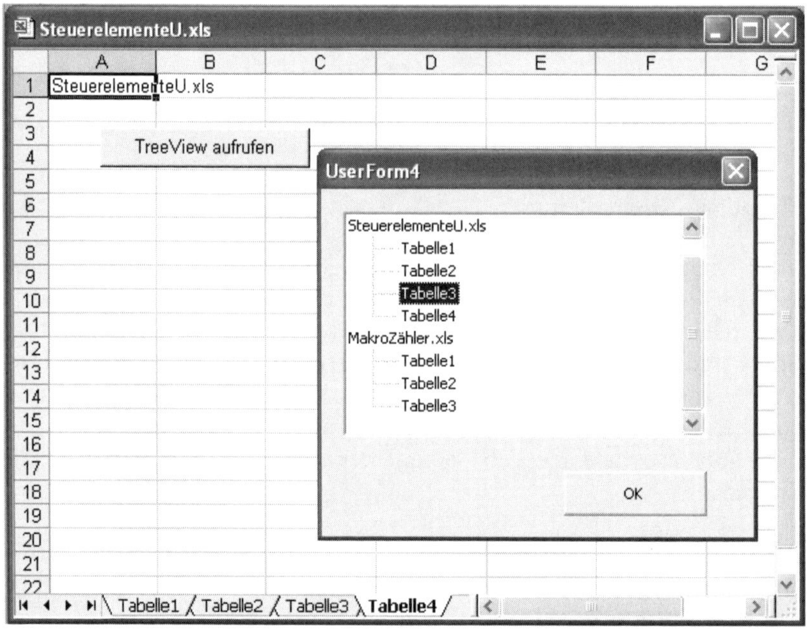

Abbildung 14.41: Alle geöffneten Mappen und deren Tabellen im TreeView-Steuerelement anzeigen

```
Private Sub CommandButton1_Click()
Sheets("Tabelle4").Range("A1").Value = _
UserForm4.TreeView1.SelectedItem
End Sub
```

Listing 14.78: Das TreeView-Steuerelement auslesen

Über die Eigenschaft `SelectedItem` können Sie den momentan ausgewählten Eintrag im TREEVIEW-Steuerelement ermitteln und direkt in die TABELLE4 in Zelle A1 über die Eigenschaft `Value` zurückschreiben.

15 Steuerelemente in Tabellen programmieren

Für viele Aufgaben reicht es auch aus, auf die Programmierung von UserForms zu verzichten und lediglich einzelne Steuerelemente, wie z.B. Schaltflächen, Listenfelder, Dropdown- und Drehfelder, in Tabellen einzufügen und zu programmieren. Die einzelnen Steuerelemente können Sie den Symbolleisten FORMULAR oder STEUERELEMENT-TOOLBOX entnehmen.

Unter anderem erfahren Sie in diesem Kapitel:

Die Fragen

- wie Sie Schaltflächen automatisch in Ihre Tabellen einfügen,
- wie Sie Schaltflächen mit Bildern und Texten belegen,
- wie Sie Umschaltflächen einfügen und programmieren,
- wie Sie Textfelder programmieren,
- wie Sie Dropdown-Felder füllen und auslesen,
- wie Sie mit Drehfeldern schnell Preiskalkulationen machen,
- wie Sie Bildlaufleisten einsetzen,
- wie Sie Optionsfelder für die Währungsumrechnung verwenden,
- wie Sie über Kontrollkästchen schnell Zeilen bzw. Spalten ausblenden und
- wie Sie Steuerelemente in Tabellen identifizieren können.

:-) TIPP

Leider haben Sie bei den Steuerelementen aus der Symbolleiste FORMULAR *keine Möglichkeit, die verwendete Schriftart zu ändern bzw. die Größe der Schriftart zu vergrößern. Die weitaus umfassenderen Möglichkeiten bieten daher die Steuerelemente aus der Symbolleiste* STEUERELEMENT-TOOLBOX.

CD

Sie finden alle Beispiele zu den Lösungen mit den Steuerelementen auf Tabellenblättern auf der mitgelieferten CD-ROM im Verzeichnis KAP15 *unter dem Namen* STEUERELEMENTE.XLS.

15.1 Schaltflächen einsetzen

Möchten Sie mit Schaltflächen in Tabellen arbeiten, durch die Sie schnell Makros starten können, dann haben Sie noch die Möglichkeit, zu entscheiden, ob Sie verschiedene Optionen für die Schaltfläche einstellen möchten. So können Sie beispielsweise Schaltflächen einfügen, deren hinterlegte Makros schon dann automatisch starten, wenn Sie mit der Maus darüber fahren. Eine weitere der vielen Möglichkeiten ist, die Schaltfläche mit einem Bild bzw. mit einer anderen Schriftart einzufügen.

Eine Schaltfläche automatisch in eine Tabelle einfügen

Im ersten Beispiel soll auf jedem Tabellenblatt in der Arbeitsmappe dieselbe Schaltfläche immer an derselben Position eingefügt werden. Das Makro für diese Aufgabe können Sie dem Listing 15.1 entnehmen.

Listing 15.1: Eine Schaltfläche auf jedem Tabellenblatt einfügen

```
Sub SchaltflächenEinfügen()
Dim objBut As Object
Dim i As Integer

 For i = 1 To WorkSheets.Count
  Set objBut = WorkSheets(i).Buttons.Add(90, 15, 93, 24)
  objBut.OnAction = "Info"
  objBut.Caption = "Bitte hier klicken"
 Next i
End Sub
```

Definieren Sie als Erstes eine Objektvariable. Danach ermitteln Sie über die Methode `Count` die Anzahl der Tabellenblätter, die in der Arbeitsmappe enthalten sind. In Abhängigkeit von den Tabellenblättern fügen Sie auf jedem Blatt eine Schaltfläche über die Methode `Add` ein. Die vier Argumente stehen für die Position der Schaltfläche in der Tabelle in der Maßeinheit Punkt. Von links nach rechts bedeuten sie: Abstand vom linken Rand, Abstand vom oberen Rand, die Breite und Höhe der Schaltfläche. Mit der Eigenschaft `OnAction` geben Sie den Namen des Makros an, das ausgeführt wird, sobald die Schaltfläche angeklickt wird. Durch die Eigenschaft `Caption` bestimmen Sie die Beschriftung der Schaltfläche.

Schaltfläche mit Bild einfügen

Um eine Schaltfläche mit Bild einzufügen, sollten Sie sich aus der Symbolleiste `Steuerelement-Toolbox` bedienen. Das Einfügen einer solchen Schaltfläche funktioniert mit dem Makro aus Listing 15.2.

```
Sub SchaltflächeMitBildEinfügen()
Dim cmd As CommandButton

Set cmd = ActiveSheet.OLEObjects.Add _
  (ClassType:="Forms.CommandButton.1", _
  Left:=80, Top:=33, Width:=100, Height:=50).Object
    cmd.Caption = "Hier klicken"
    cmd.BackColor = RGB(256, 256, 256)
    cmd.AutoSize = True
    cmd.Picture = _
    LoadPicture("c:\Windows\Seifenblase.bmp")
    Set cmd = Nothing
End Sub
```

Listing 15.2: Eine Schaltfläche mit Bild einfügen

Definieren Sie eine Objektvariable vom Typ `CommandButton` und fügen Sie über die Methode `Add` eine neue Schaltfläche aus der Symbolleiste `Steuerelement-Toolbox` ein. Diese Schaltfläche entspricht dem Argument `ClassType`. Legen Sie danach die Position der Schaltfläche über die Argumente `Left`, `Top`, `Width` und `Height` fest. Über die Eigenschaft `Caption` legen Sie die Beschriftung der Schaltfläche fest. Die Hintergrundfarbe der Schaltfläche können Sie mit der Eigenschaft `BackColor` und der Funktion `RGB` bestimmen. Der RGB-Wert 256, 256, 256 entspricht dabei der Farbe Weiß. Die Eigenschaft `AutoSizer` sorgt dafür, dass die Schaltfläche ihre Größe so anpasst, dass sowohl Text als auch Bild komplett angezeigt werden. Über die Eigenschaft `Picture` legen Sie fest, dass ein Bild auf der Schaltfläche angezeigt werden soll, welches Sie über die Funktion `LoadPicture` einbinden. Heben Sie am Ende des Makros die Verbindung der Objektvariablen zum Objekt über die Anweisung `Set` und das Schlüsselwort `Nothing` wieder auf und geben Sie damit reservierten Speicher wieder frei.

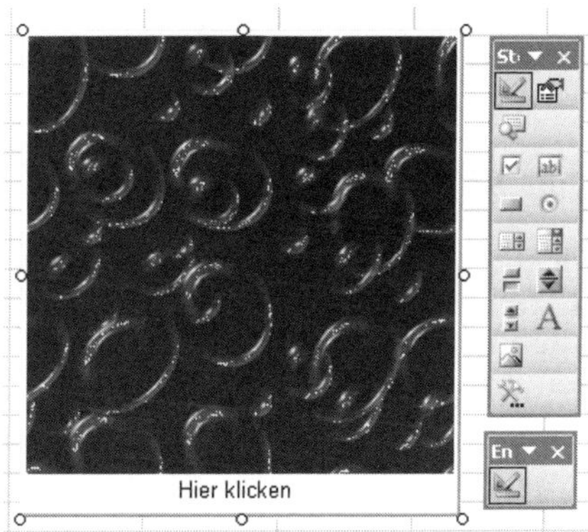

Abbildung 15.1: Schaltfläche mit Bild

Die eben eingefügte Schaltfläche hat jedoch noch kein Makro hinterlegt. Es ist bei dieser Art von Schaltfläche nicht möglich, über das Kontextmenü ein Makro zuzuweisen.

STEP

Um der Schaltfläche ein Makro oder besser gesagt ein Ereignismakro zuzuweisen, gehen Sie wie folgt vor:

1. Blenden Sie auf Ihrem Tabellenblatt die Symbolleiste STEUERELEMENT-TOOLBOX ein.
2. Klicken Sie in der Symbolleiste STEUERELEMENT-TOOLBOX auf das Symbol ENTWURFSMODUS.
3. Führen Sie anschließend einen Doppelklick auf die eingefügte Schaltfläche durch, wodurch Sie automatisch in die Entwicklungsumgebung gelangen. Es wird Ihnen nun das noch leere Klick-Ereignis zur Verfügung gestellt.

Listing 15.3: Das Ereignis Click zum Starten von Makros mit einem Klick

```
Private Sub CommandButton1_Click()
  Info
End Sub
```

4. Ergänzen Sie das eingestellte Klick-Ereignis um weitere Befehle oder rufen Sie das Makro INFO auf.
5. Wechseln Sie wieder auf Ihr Tabellenblatt und deaktivieren Sie den Entwurfsmodus durch einen Klick auf das Symbol ENTWURFSMODUS BEENDEN.

Nun ist die Schaltfläche einsatzbereit und Sie können mit einem Klick darauf die hinterlegte Ereignisprozedur starten. Das aufgerufene Makro `Info` sehen Sie im Listing 15.4.

Listing 15.4: Aktuelle Zeitansage über eine Bildschirmmeldung

```
Sub Info()
 MsgBox "Es ist nun genau " & Time & " Uhr!", _
 vbInformation
End Sub
```

Makro automatisch starten

Möchten Sie nicht erst auf eine Schaltfläche klicken, um ein Makro zu starten, dann setzen Sie das Ereignis `CommandButton_MouseMove` ein. Dieses Ereignis tritt automatisch ein, wenn Sie die Maus auf die Schaltfläche setzen, und zwar ohne diese anzuklicken.

Listing 15.5: Ereignis MouseMove zum automatischen Starten von Makros bei Schaltflächenkontakt

```
Private Sub CommandButton1_MouseMove(ByVal Button _
 As Integer, ByVal Shift As Integer, ByVal X As _
 Single, ByVal Y As Single)
  Info
End Sub
```

Welche Schaltfläche wurde angeklickt?

Stellen Sie sich vor, Sie haben eine umfangreiche Arbeitsmappe vorliegen. Auf jedem Tabellenblatt sind unterschiedliche Schaltflächen integriert. Jetzt möchten Sie herausfinden, welche Schaltfläche auf welchem Blatt gedrückt wurde. Dazu fügen Sie die jeweiligen Schaltflächen ein und weisen folgendes Makro aus Listing 15.6 zu.

Listing 15.6: Ermitteln, welche Schaltfläche vom Anwender gedrückt wurde

```
Sub Schaltfläche()
 Select Case Application.Caller
     Case "Schaltfläche 1"
         MsgBox "Schaltfläche1 in " & ActiveSheet.Name
     Case "Schaltfläche 2"
         MsgBox "Schaltfläche2 in " & ActiveSheet.Name
     Case "Schaltfläche 3"
         MsgBox "Schaltfläche3 in " & ActiveSheet.Name
 End Select
End Sub
```

Die Eigenschaft `Caller` gibt Ihnen eine Rückmeldung, wie das Makro aufgerufen wurde, indem der Name der Schaltfläche zurückgegeben wird. Über die Eigenschaft `Name` bekommen Sie den Namen des Tabellenblatts, welches die Schaltfläche beinhaltet.

Die mobile Schaltfläche

Im nächsten Beispiel wird eine »mobile« Schaltfläche programmiert. Bei diesem eher etwas spielerischen Beispiel soll eine Schaltfläche immer dann an eine andere Stelle der Tabelle verschwinden, wenn der Anwender versucht, auf diese zu klicken.

Listing 15.7: Eine wandernde Schaltfläche programmieren

```
Private Sub CommandButton1_MouseMove _
(ByVal Button As Integer, ByVal Shift As Integer, _
 ByVal X As Single, ByVal Y As Single)

X = Int(30 * Rnd + 1)
Y = Int(12 * Rnd + 1)

CommandButton1.Top = Cells(X, Y).Top
CommandButton1.Left = Cells(X, Y).Left
End Sub
```

Über das Ereignis `MouseMove` kann eine Mausbewegung, die über der Schaltfläche durchgeführt wird, registriert werden, d.h. immer wenn Sie mit der Maus über die Schaltfläche streichen, wird das Ereignis ausgelöst. Es wird sogar noch vor dem Klick-Ereignis gestartet. Daher bietet dieses Ereignis die ideale Möglichkeit, die neue Position der Schaltfläche festzulegen, bevor der Anwender die Schaltfläche anklicken kann. Die neue Position wird über eine Zufallsfunktion (Rnd) errechnet, die im Bereich der ersten 30 Zeilen und 12 Spalten liegt. Über die Eigenschaften Top und Left verschieben Sie danach die Schaltfläche. Dabei wird die neue Position durch die linke, obere Ecke der Schaltfläche festgelegt.

Umschaltflächen programmieren

Bei Umschaltflächen handelt es sich im Prinzip um einfache Schalter, die genau zwei Zustände annehmen können. Vergleichen können Sie diese Schalter mit einem Lichtschalter, den Sie ein- und ausschalten. Eine Umschaltfläche bleibt nach dem Klicken darauf eingerastet. Dieses Einrasten erkennen Sie daran, dass die Schaltfläche in einer helleren Hintergrundfarbe dargestellt wird. Ein erneutes Klicken gibt der Schaltfläche ihren vorherigen Zustand und die ursprüngliche Farbe zurück. In der Praxis werden solche Umschaltflächen häufig eingesetzt, um bestimmte Elemente in Excel einzufügen bzw. um einzelne Einstellungen in Excel vorzunehmen.

STEP

Fügen Sie zunächst eine neue Umschaltfläche ein, indem Sie wie folgt vorgehen:

1. Blenden Sie die Symbolleiste STEUERELEMENT-TOOLBOX ein.
2. Klicken Sie auf das Symbol UMSCHALTFLÄCHE und ziehen Sie dieses Symbol auf Ihrer Tabelle in der gewünschten Größe auf.
3. Führen Sie direkt im Anschluss einen Doppelklick auf diese Schaltfläche aus. Daraufhin wird das Ereignis ToggleButton_Click automatisch eingestellt.

:-)
TIPP

Auch für Umschaltflächen können Sie weitere Ereignisse anwenden. Klicken Sie dazu in der Entwicklungsumgebung im Codebereich auf das erste Dropdown-Feld und wählen Sie den Eintrag TOGGLEBUTTON *aus. Im zweiten Dropdown können Sie daraufhin alle verfügbaren Ereignisse einsehen.*

Mithilfe einer Umschaltfläche soll das Gitternetz der aktiven Tabelle ein- bzw. ausgeschaltet werden. Dabei soll der Text der Umschaltfläche dynamisch angepasst werden, d.h., wird das Gitternetz mit einem Klick auf die Umschaltfläche ausgeschaltet, wird der Text GITTERNETZ EIN auf der Umschaltfläche angezeigt. Wurde das Gitternetz hingegen schon eingeblendet, muss die Umschaltfläche die Aufschrift GITTERNETZ AUS bekommen. Das Makro für diese Aufgabe sehen Sie im Listing 15.8.

Listing 15.8: Gitternetz über eine Umschaltfläche ein- und ausschalten

```
Private Sub ToggleButton1_Click()
Dim TB As ToggleButton

 Set TB = ToggleButton1
    If TB.Value = True Then
```

```
    TB.Caption = "Gitternetz einschalten"
    ActiveWindow.DisplayGridlines = False
    Else
    TB.Caption = "Gitternetz ausschalten"
    ActiveWindow.DisplayGridlines = True
    End If
End Sub
```

Definieren Sie im ersten Schritt eine Objektvariable vom Typ `ToggleButton`, um später weniger Schreibarbeit zu haben. Machen Sie danach bekannt, dass das Kürzel `TB` für die Umschaltfläche `ToggleButton1` stehen soll, und fragen Sie über die Eigenschaft `Value` den Zustand der Umschaltfläche ab. Meldet die Eigenschaft `Value` den Wert `True`, ist die Umschaltfläche eingedrückt und Sie zeigen über die Eigenschaft `Caption` den Text `Gitternetz einschalten` an. Mithilfe der Eigenschaft `DisplayGridlines` zeigen Sie Gitternetzlinien an, indem Sie diese Eigenschaft auf den Wert `True` setzen, welcher der Standardeinstellung in Excel entspricht.

Im nächsten Beispiel haben Sie aus der ClipArt-Galerie eine Grafik eingefügt und möchten diese mit einer Umschaltfläche ein- und ausblenden. Dazu fügen Sie eine neue Umschaltfläche ein und erfassen das folgende Ereignis in Listing 15.9.

Listing 15.9: ClipArt ein- und ausblenden

```
Private Sub ToggleButton2_Click()
Dim TB As ToggleButton

 Set TB = ToggleButton2
    If TB.Value = True Then
    TB.Caption = "Bild anzeigen"
    ActiveSheet.Shapes("Picture 6").Visible = False
    Else
    TB.Caption = "Bild ausblenden"
    ActiveSheet.Shapes("Picture 6").Visible = True
    End If
End Sub
```

Um ein bereits in der Tabelle befindliches ClipArt auszublenden, setzen Sie die Eigenschaft `Visible` auf den Wert `False` und passen die Aufschrift der Umschaltfläche über die Eigenschaft `Caption` an.

:-) TIPP

Wenn Sie übrigens ein Bild über eine VBA-Routine einfügen möchten, wenden Sie folgende Lösung aus Listing 15.10 an:

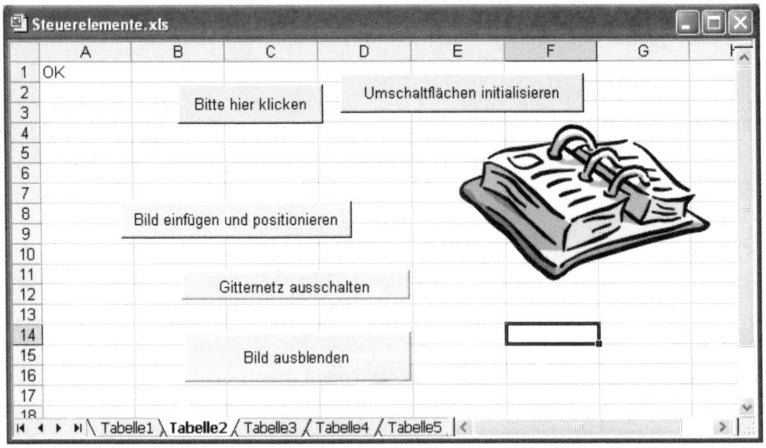

Abbildung 15.2: Ein ClipArt ein- und ausblenden

Listing 15.10: Ein Bild nach einer Bedingung in die Tabelle einfügen und positionieren

```
Sub BildEinfügenBeiBedingung()
Dim Pic As Picture

 On Error Resume Next
 If Range("A1").Value = "OK" Then
  Set Pic = ActiveSheet.Pictures.Insert("c:\Logo.gif")
  Pic.Top = Range("D5").Top
  Pic.Left = Range("D5").Left
 End If
End Sub
```

Definieren Sie zuerst eine Objektvariable vom Typ `Picture`. Danach prüfen Sie, ob die Bedingung für das Einfügen eines Bilds erfüllt ist.

Über die Methode `Insert` fügen Sie danach das Bild ein, welches Sie als Argument angegeben haben. Mithilfe der Eigenschaften `Top` und `Left` bestimmen Sie die linke obere Eckposition der Grafik in der Tabelle.

Haben Sie mehrere Umschaltflächen auf einem Tabellenblatt und möchten Sie diese alle ausschalten, setzen Sie folgende Makrolösung aus Listing 15.11 ein.

Listing 15.11: Alle eingedrückten Umschaltflächen einer Tabelle zurücksetzen

```
Sub UmschaltflächenZurücksetzen()
Dim TB As OLEObject

 For Each TB In Worksheets("Tabelle2").OLEObjects
  If TypeOf TB.Object Is MSForms.ToggleButton Then
   If TB.Object.Value = True Then TB.Object.Value = _
     False
  End If
 Next TB
End Sub
```

Definieren Sie zuerst einmal eine Variable vom Datentyp `OLEObject`. Darunter fallen neben verknüpften bzw. eingebetteten Objekten auch Steuerelemente wie Umschaltflächen. Setzen Sie danach eine `For Each`-Schleife auf, mit der Sie alle OLE-Objekte überprüfen. Mithilfe der Eigenschaft `TypeOf` erhalten Sie den Objekttyp des OLE-Objekts. Entspricht dieser dem Typ `ToggleButton`, prüfen Sie, ob die Umschaltfläche eingedrückt ist oder nicht.

15.2 Textboxen programmieren

Auf Textboxen kann man in Excel zurückgreifen, wenn man Informationen nicht in Zellen, sondern eben in einem anderen Element ablegen möchte. Textfelder lassen sich flexibel auf der Tabelle anordnen und die Formatierungsmöglichkeiten sind enorm.

Textfelder auslesen

Sind auf einer Tabelle mehrere Textboxen eingefügt worden und möchten Sie nun die Inhalte dieser Textboxen in Zellen überführen, dann starten Sie das folgende Makro:

Listing 15.12: Textboxen auslesen

```
Sub TextBoxenAuslesen()
Dim TextBo As Object
Dim i As Integer

i = 1

  For Each TextBo In Sheets("Tabelle13").TextBoxes
      Range("A" & i).Value = TextBo.Text
       i = i + 1
   Next TextBo
End Sub
```

Im Auflistungsobjekt `Textboxes` sind alle Textboxen der TABELLE13 verzeichnet. Arbeiten Sie diese Textboxen mithilfe einer Schleife ab und geben Sie die Inhalte der Textboxen über die Eigenschaft `Text` in den Zellen der Spalte A aus.

Textfelder aus Zelleninhalten füllen

Um Textfelder mit Inhalten aus Zellen zu füllen, können Sie die beiden folgenden Makros einsetzen:

Listing 15.13: Textbox mit Inhalt einer Zelle füllen

```
Sub TextBoxFüllen1()
Dim TextBo As TextBox

Set TextBo = _
```

```
Sheets("Tabelle18").DrawingObjects("Textfeld 1")
  TextBo.Text = Sheets("Tabelle18").Range("A1").Value
End Sub
```

Abbildung 15.3: Die Inhalte von Textboxen in die Tabelle schreiben

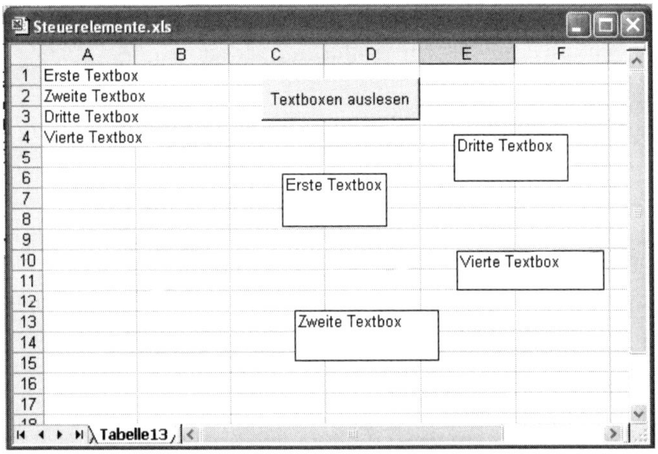

Sollen alle Textboxen einer Tabelle mit Daten aus Zellen gefüllt werden, dann können Sie das folgende Makro verwenden.

Listing 15.14: Alle Textboxen einer Tabelle mit Inhalten von Zellen füllen

```
Sub TextBoxenFüllen2()
Dim TextBo As Object
Dim i As Integer

i = 1
  For Each TextBo In Sheets("Tabelle18").TextBoxes
       TextBo.Text = Range("A" & i).Value
       i = i + 1
   Next TextBo
End Sub
```

Textfelder je nach Eingabe sperren

Im nächsten Beispiel werden auf einer Tabelle drei Textfelder eingefügt. Wenn im ersten Textfeld eine negative Eingabe vorgenommen wird, dann sollen die restlichen Textfelder für eine weitere Bearbeitung gesperrt werden. Der Code für diese Aufgabenstellung sieht wie folgt aus:

Listing 15.15: Textboxen sperren bzw. entsperren

```
Private Sub TextBox1_Change()
If InStr(TextBox1, "-") > 0 Then
TextBox2.Enabled = False
TextBox3.Enabled = False
TextBox2.Locked = True
TextBox3.Locked = True
Else
```

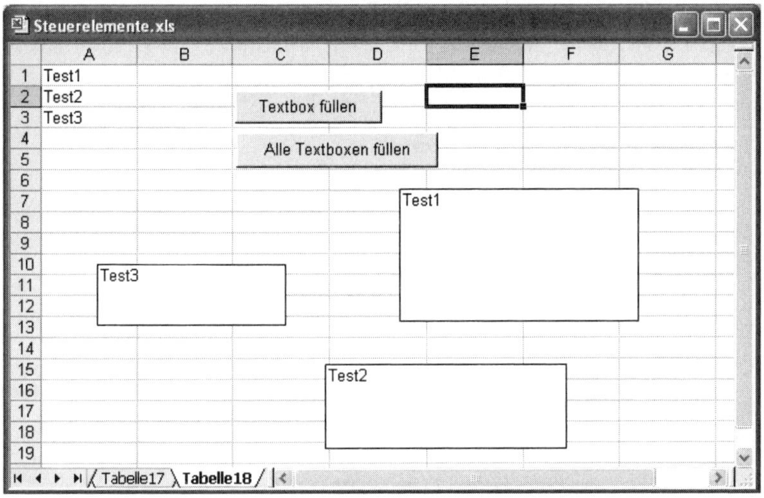

Abbildung 15.4: Textboxen mit Zelleninhalten füttern

```
TextBox2.Enabled = True
TextBox3.Enabled = True
TextBox2.Locked = False
TextBox3.Locked = False
End If
End Sub
```

Mithilfe der Eigenschaft `Enabled` können Sie ein Objekt deaktivieren, indem Sie dieser Eigenschaft den Wert `False` zuweisen. Über die Eigenschaft `Locked` lässt sich ein Objekt sperren.

15.3 Dropdowns programmieren

Beim Einsatz von Dropdown-Feldern in Ihren Tabellen haben Sie wiederum die Auswahl, ob Sie das Dropdown aus der Symbolleiste FORMULAR oder aus der Symbolleiste STEUERELEMENT-TOOLBOX nehmen. Auch hier haben Sie mit dem Dropdown-Feld aus der Symbolleiste STEUERELEMENT-TOOLBOX die weitaus besseren Möglichkeiten. Dieses Dropdown erlaubt es Ihnen, u.a. die Schriftart sowie die Schriftgröße der Einträge festzulegen. Außerdem haben Sie bei dieser Art von Dropdown die Möglichkeit, Ereignisse einzusetzen. So nutzen Sie in der folgenden Aufgabe das Ereignis `ComboBox_DblClick`, um das Dropdown mit Daten zu füllen.

Dropdown-Felder füllen

Beim Füllen von Dropdown-Feldern haben Sie mehrere Möglichkeiten. Entweder Sie verweisen auf einen Tabellenbereich, der die Daten enthält, die Sie in das Dropdown-Feld einlesen möchten, oder Sie füllen das Dropdown-Feld über eine Schleife.

Im ersten Beispiel werden Sie alle Tabellennamen der aktiven Arbeitsmappe in das Dropdown-Feld füllen, und zwar sobald Sie das Dropdown-Feld doppelt anklicken.

STEP

Dazu gehen Sie folgendermaßen vor:

1. Klicken Sie in der Symbolleiste STEUERELEMENT-TOOLBOX auf das Symbol KOMBINATIONSFELD und ziehen Sie es auf Ihrer Tabelle auf.
2. Führen Sie einen Doppelklick auf das eingefügte Dropdown-Feld durch.
3. Stellen Sie das Ereignis `ComboBox_DblClick` ein und ergänzen Sie es um folgende Zeilen.

Listing 15.16: Das Füllen eines Dropdown-Felds nach einem Doppelklick

```
Private Sub ComboBox1_DblClick _
 (ByVal Cancel As MSForms.ReturnBoolean)
Dim Blatt As WorkSheet

 For Each Blatt In ThisWorkbook.Worksheets
  Worksheets("Tabelle4").ComboBox1.AddItem Blatt.Name
 Next
End Sub
```

   Über die Methode `AddItem` fügen Sie die einzelnen Tabellennamen in das Dropdown-Feld ein.

4. Wechseln Sie zurück auf Ihre Tabelle und klicken Sie das Symbol ENTWURFSMODUS BEENDEN auf der Symbolleiste STEUERELEMENT-TOOLBOX an.

Für die eigentlich Reaktion auf das Auswählen eines Eintrags im Dropdown-Feld sorgt das Ereignis `ComboBox_Change`, welches automatisch ausgeführt wird, sobald Sie einen Eintrag im Dropdown-Feld auswählen. Sobald Sie einen Tabellennamen aus dem Dropdown-Feld gewählt haben, soll auf die ausgewählte Tabelle gesprungen werden. Erfassen Sie dazu das Ereignis in Listing 15.17.

Listing 15.17: Den markierten Eintrag eines Dropdown-Felds auswerten

```
Private Sub ComboBox1_Change()
 Sheets(ComboBox1.Value).Activate
End Sub
```

In der zweiten Variante, um ein Dropdown-Feld zu füllen, verweisen Sie auf einen Bereich, der die Quelldaten enthält.

Um den Zellenbereich als Verknüpfung anzugeben, können Sie ein Makro auf Modulebene schreiben, welches Sie in Listing 15.18 sehen können.

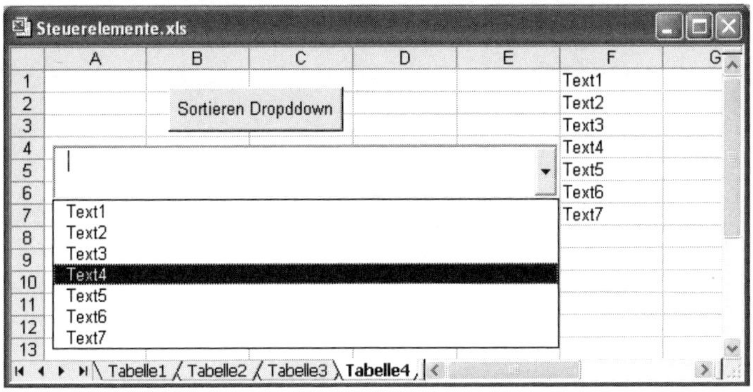

Abbildung 15.5: Einen Zellenbereich als Verknüpfung angeben

Listing 15.18: Dropdown-Feldeinträge aus einem Zellenbereich beziehen

```
Sub ComboboxFüllenBezug()
 Worksheets("Tabelle4").ComboBox1.ListFillRange = _
 "Tabelle4!F1:F7"
End Sub
```

Mit der `ListFillRange`-Eigenschaft geben Sie den Zellenbereich an, welcher im Dropdown-Feld angezeigt werden soll. Um den ausgewählten Eintrag zu ermitteln, wenden Sie das Ereignis `ComboBox_Change` an. Dabei soll der ausgewählte Eintrag im Dropdown-Feld in die Zelle A1 geschrieben werden.

Listing 15.19: Das verknüpfte Ausgabefeld eines Dropdown-Felds festlegen

```
Private Sub ComboBox1_Change()
 ComboBox1.LinkedCell = "A1"
End Sub
```

Mit der Eigenschaft `LinkedCell` legen Sie die Ausgabeverknüpfung des Dropdown-Felds fest.

Dropdown-Felder sortieren

Wenn Sie die Inhalte Ihres Dropdown-Felds sortieren möchten, können Sie entweder vorher dafür sorgen, dass die einzufügenden Zeilen sortiert vorliegen, oder die bereits eingefügten Zeilen im Dropdown-Feld nachträglich sortieren. Um ein Dropdown-Feld nachträglich zu sortieren, setzen Sie folgendes Makro aus Listing 15.20 auf.

Listing 15.20: Die Inhalte eines Dropdown-Felds sortieren

```
Sub SortierenCombobox()
Dim i_Erster As Integer
Dim i_Letzter As Integer
Dim i_Aktuell As Integer
Dim i_Nächster As Integer
Dim s_buffer As String

 With Sheets("Tabelle4").ComboBox1
    If .ListCount = 0 Then Exit Sub
    i_Erster = 0
```

```
        i_Letzter = .ListCount - 1
        For i_Aktuell = i_Erster To i_Letzter
            For i_Nächster = i_Aktuell + 1 To i_Letzter
                If .List(i_Aktuell) > .List(i_Nächster) Then
                    s_buffer = .List(i_Nächster)
                    .List(i_Nächster) = .List(i_Aktuell)
                    .List(i_Aktuell) = s_buffer
                End If
            Next i_Nächster
        Next i_Aktuell
    End With
End Sub
```

Im ersten Schritt benötigen Sie eine ganze Reihe Variablen vom Typ `Integer`, um die einzelnen Positionen der Einträge im Dropdown-Feld zwischenzuspeichern. Sprechen Sie das Dropdown-Feld auf der TABELLE4 direkt an, indem Sie die Anweisung `With` einsetzen. So können Sie sich im weiteren Verlauf des Makros die Wiederholung des Objektnamens sparen. Prüfen Sie danach, ob das Dropdown-Feld überhaupt Einträge enthält. In diesem Fall meldet Ihnen die Eigenschaft `ListCount` einen Rückgabewert größer Null. Legen Sie nun die Position des ersten Listeneintrags, der bei der Zahl 0 beginnt, sowie die letzte Zeile im Dropdown-Feld fest, von der Sie den Wert `1` subtrahieren müssen. Speichern Sie beide Werte in den Variablen `i_Erster` bzw. `i_Letzter`. Im Anschluss benötigen Sie zwei Schleifen, in denen Sie Eintrag für Eintrag im Dropdown-Feld vergleichen. Ist der aktuelle Eintrag im Dropdown-Feld größer als der folgende Eintrag, muss die Position getauscht werden. Den Tausch regeln Sie mit der Methode `List`, die den Eintrag des Dropdown-Feldes in einer zusätzlichen Variable vom Typ `String` parkt und dann austauscht.

Dropdown-Felder leeren

Um ein Dropdown-Feld komplett zu leeren, reicht ein Einzeiler, den Sie dem Listing 15.21 entnehmen können.

Listing 15.21: Alle Einträge eines Dropdown-Felds löschen

```
Sub LöschenEinträge()
 Worksheets("Tabelle4").ComboBox1.Clear
End Sub
```

Setzen Sie die Methode `Clear` ein, um aus einem Dropdown-Feld alle Einträge zu entfernen.

INFO

Da für das Listenfeld nahezu dieselben Methoden und Eigenschaften wie beim Dropdown-Feld verwendet werden können und Listenfelder schon im vorherigen Kapitel ausführlich beschrieben wurden, wird auf Listenfelder in diesem Kapitel nicht weiter eingegangen.

Dropdown-Felder automatisch erstellen

Die Erstellung von Steuerelementen auf Tabellen kann automatisiert werden. Im folgenden Beispiel werden auf der TABELLE16 drei Dropdown-Felder eingefügt und mit einem Bereich verknüpft.

Listing 15.22: Dropdown-Felder automatisch erstellen

```
Sub ComboBoxenErstellen()
Dim cmd As ComboBox
Dim i As Integer

Sheets("Tabelle16").Range("A1").Select
For i = 1 To 3
Set cmd = _
ActiveSheet.OLEObjects.Add _
(ClassType:="Forms.ComboBox.1", _
 Left:=10 + (i * 100), Top:=10, Width:=80, _
 Height:=25).Object
cmd.ListFillRange = "Tabelle16!A1:A10"
Next i
End Sub
```

Über die Methode `Add` fügen Sie innerhalb einer Schleife drei neue Dropdown-Felder ein. Die genaue Position können Sie über die Argumente `Left`, `Top`, `Width` und `Height` festlegen. Damit die drei Dropdown-Felder nicht übereinander eingefügt werden, addieren Sie nach jedem Schleifendurchlauf den Wert 100 auf die neue »Spalten-Position«.

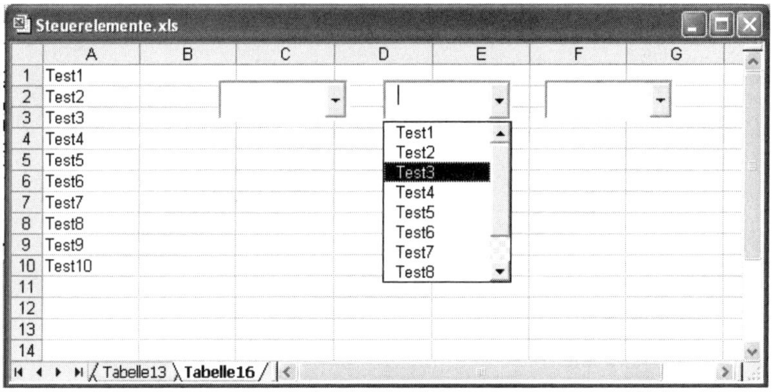

Abbildung 15.6: Dropdowns automatisch einfügen und verknüpfen

15.4 Listenfelder programmieren

Verwandt mit den Dropdowns sind auch die Listenfelder. Bei den Listenfeldern sind standardmäßig aber mehr Einträge auf einen Blick sichtbar.

Listenfelder füllen

Im nächsten Beispiel füllen Sie ein Listenfeld mit den Namen der Tabellen, die sich in der Arbeitsmappe befinden. Dazu setzen Sie das Makro aus Listing 15.23 ein.

Listing 15.23: Listenfeld füllen

```
Sub ListenfeldFüllen()
Dim Blatt As Worksheet

    For Each Blatt In ThisWorkbook.Worksheets
        Sheets("Tabelle12").ListBox1.AddItem Blatt.Name
    Next Blatt
End Sub
```

Abbildung 15.7: Listenfeld füllen

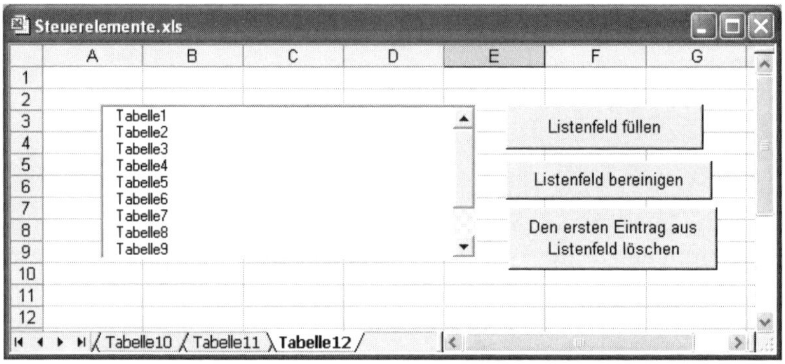

Wenn Sie nach dem Befüllen des Listenfelds auf einen Eintrag im Listenfeld klicken, soll auf die entsprechende Tabelle gesprungen werden. Damit dies funktioniert, setzen Sie das Ereignis `ListBox_Click` ein.

Listing 15.24: Listenfeld-Klick auswerten

```
Private Sub ListBox1_Click()
Sheets(ListBox1.Value).Activate
End Sub
```

Listenfelder bereinigen

Möchten Sie ein Listenfeld auf einer Tabelle von seinen Einträgen befreien, setzen Sie das Makro aus Listing 15.25 ein.

Listing 15.25: Listenfeld bereinigen

```
Sub ListenfeldBereinigen()
    Sheets("Tabelle12").ListBox1.Clear
End Sub
```

Mithilfe der Methode `Clear` löschen Sie alle Einträge im Listenfeld.

Wenn Sie nicht das ganze Listenfeld, sondern nur einen einzelnen Eintrag aus dem Listenfeld löschen möchten, setzen Sie das Makro aus Listing 15.26 ein.

```
Sub EinzelnenEintragLöschen()
    Sheets("Tabelle12").ListBox1.RemoveItem (0)
End Sub
```

Listing 15.26: Einen Listenfeldeintrag beseitigen

15.5 Drehfelder programmieren

Drehfelder werden in der Praxis oft angewendet, um bestimmte Kalkulationen in Tabellen oder Simulationen durchzuführen. Dabei können Sie Drehfelder einsetzen, um Ihre Daten dynamisch zu halten.

Preiskalkulation schrittweise durchführen

Sehen Sie in der folgenden Abbildung 15.8, wie Sie beispielsweise Verkaufspreise flexibel erhöhen können.

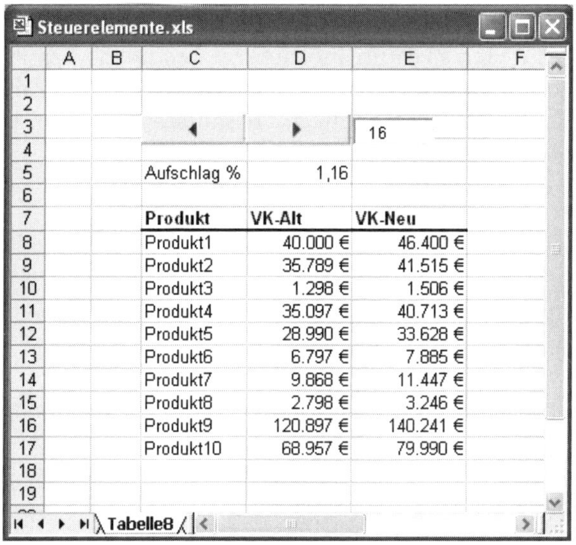

Abbildung 15.8: Flexible Preiskalkulation bei Produkten

Um diese Preiserhöhung zu gestalten, fügen Sie aus der Symbolleiste STEUERELEMENT-TOOLBOX das Steuerelement DREHFELD in Ihre Tabelle ein.

Fügen Sie jetzt noch ein Textfeld ein, indem Sie jeweils den Wert des Drehfelds ausgeben.

Klicken Sie das Symbol DREHFELD in Ihrer Tabelle doppelt an und erfassen Sie das Ereignis SpinButton_Change.

Listing 15.27: Dreh- und Textfeld miteinander verbinden

```
Private Sub SpinButton1_Change()
SpinButton1.Min = 1
SpinButton1.Max = 100
 Range("D5").Value = SpinButton1.Value / 100 + 1
 TextBox1.Value = SpinButton1.Value
End Sub
```

Mit den Eigenschaften Min und Max legen Sie die Ober- bzw. Untergrenze des Drehfelds fest. In der Zelle D5 geben Sie den Wert des Drehfelds in der Prozentangabe an. So entspricht z.B. der Drehfeldwert 16 dem Wert 0,16 bzw. 16 %. Im Textfeld Textbox1 geben Sie hingegen den unveränderten Wert aus. Dazu verbinden Sie einfach das Drehfeld Spinbutton1 mit dem Textfeld Textbox1.

Tabellenformel eingeben

In der Tabelle müssen Sie jetzt noch in die Zellen in der Spalte VK-NEU die Formel D8*$D$5 eingeben und nach unten kopieren. Verwenden Sie dabei den Absolutbezug für die Zelle D5, damit beim Ausfüllen der Formel nach unten diese Zelle konstant bleibt.

Direkte Preiskalkulation

Als weiteres Feature möchten Sie bei drastischen Preiserhöhungen nicht wiederholt auf die Drehfeldpfeile klicken, sondern durch einen Eintrag in das Textfeld für den richtigen Preisaufschlag sorgen. Dazu setzen Sie das Ereignis TextBox_Change ein.

Listing 15.28: Eine Veränderung im Textfeld bedingt eine Änderung des Drehfelds

```
Private Sub TextBox1_Change()
 SpinButton1.Value = TextBox1.Value
End Sub
```

Objekte schrittweise drehen

Im nächsten Beispiel verwenden Sie ein Drehfeld, um einen Pfeil im Kreis herumzudrehen. Dazu fügen Sie aus der Symbolleiste STEUERELEMENT-TOOLBOX ein Drehfeld ein. Danach wechseln Sie in die Entwicklungsumgebung und erfassen folgenden Code.

Listing 15.29: Pfeil über ein Drehfeld drehen

```
Private Sub SpinButton1_Change()
SpinButton1.Max = 360
SpinButton1.Min = 1
 Sheets("Tabelle1").Range("A1").Value = _
 SpinButton1.Value
End Sub

Private Sub Worksheet_Change _
(ByVal Target As Excel.Range)
```

```
  If Target.Address = "$A$1" Then _
 ActiveSheet.Shapes("AutoForm 1").Rotation = Target
End Sub
```

Der Wert für die Max-Eigenschaft entspricht der niedrigsten Position auf einem vertikalen Bildlaufleiste-Steuerelement oder der äußerst rechten Position auf einem horizontalen Bildlaufleiste-Steuerelement. Der Wert für die Min-Eigenschaft entspricht der höchsten Position auf einem vertikalen Bildlaufleiste-Steuerelement oder der äußerst linken Position auf einem horizontalen Bildlaufleiste-Steuerelement. Diese Wertveränderung schreiben Sie schrittweise in die Zelle A1 der TABELLE11. Dadurch lösen Sie das Tabellenereignis Worksheet_Change aus. Innerhalb des Ereignisses führen Sie mithilfe der Eigenschaft Rotation die Drehung des Pfeils durch.

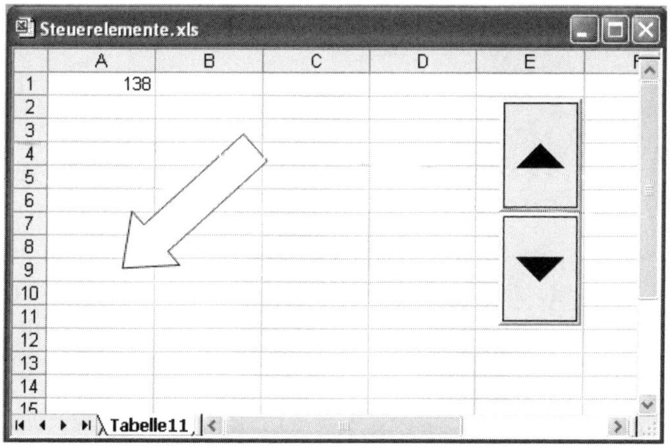

Abbildung 15.9: Pfeil drehen per Mausklick

15.6 Bildlaufleisten einsetzen

Bildlaufleisten können Sie nicht nur dazu verwenden, um ein Bild nach oben bzw. ein Bild nach unten in Ihrer Tabelle zu gelangen, sondern auch für andere Aufgaben. So setzen Sie eine Bildlaufleiste in der folgenden Aufgabe ein, um sämtliche Farben in Excel im Zellenbereich E10:E12 anzuzeigen. In einem Textfeld geben Sie den jeweils dazugehörigen Farbindex aus.

Um das Farbenspiel zu programmieren, klicken Sie in der Symbolleiste STEUERELEMENT-TOOLBOX auf das Symbol BILDLAUFLEISTE und ziehen es auf Ihrer Tabelle in der gewünschten Größe auf.

Fügen Sie danach ein Textfeld aus derselben Symbolleiste in Ihre Tabelle ein, welches Sie neben der Bildlaufleiste aufziehen.

Erfassen Sie nun das Ereignis ScrollBar_Change für die Bildlaufleiste.

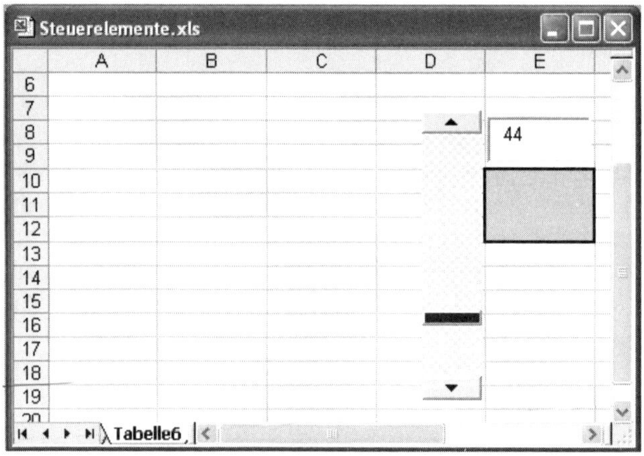

Abbildung 15.10: Alle Farben nacheinander per Mausklick anzeigen

Listing 15.30: Farben anzeigen mithilfe einer Bildlaufleiste

```
Private Sub ScrollBar1_Change()
 ScrollBar1.Min = 1
 ScrollBar1.Max = 56
 TextBox1.Value = ScrollBar1.Value
 Range("E10:E12").Interior.ColorIndex = ScrollBar1.Value
End Sub
```

Da es genau 56 Standardfarben in Excel gibt, die Sie übrigens auch in der Farbpalette der Symbolleiste FORMAT für die SCHRIFTFARBE bzw. die FÜLLFARBE sehen können, setzen Sie die Eigenschaft `Max` auf den Wert `56`. Das Textfeld verbinden Sie direkt mit dem Wert der Bildlaufleiste, welcher nach jeder Änderung in der Bildlaufleiste und somit auch im Textfeld aktualisiert wird. Dem Zellenbereich E10:E12 weisen Sie über die Eigenschaft `ColorIndex` des Zellenhintergrunds den aktuellen Wert der Bildlaufleiste zu.

15.7 Schnelles Umschalten über Optionsfelder

Mithilfe von Optionsfeldern können Sie mehrere Zustände definieren, von denen immer nur einer gültig ist, d.h. bei Optionsschaltflächen kann immer nur ein Optionsfeld aktiviert werden, die anderen Optionsfelder sind dann deaktiviert. Dieses Verhalten können Sie in Excel dazu verwenden, um beispielsweise vom Anwender eine Entscheidung zu verlangen, wie oder welche Daten er angezeigt bekommen möchte. Im folgenden Beispiel entscheidet der Anwender über ein Optionsfeld, ob er eine Kosten-/Ertragsdarstellung in der Währung DM oder EURO angezeigt haben möchte.

Die Optionsfelder fügen Sie aus der Symbolleiste STEUERELEMENT-TOOLBOX ein, indem Sie das Symbol OPTIONSFELD anklicken und auf Ihrer Tabelle aufziehen.

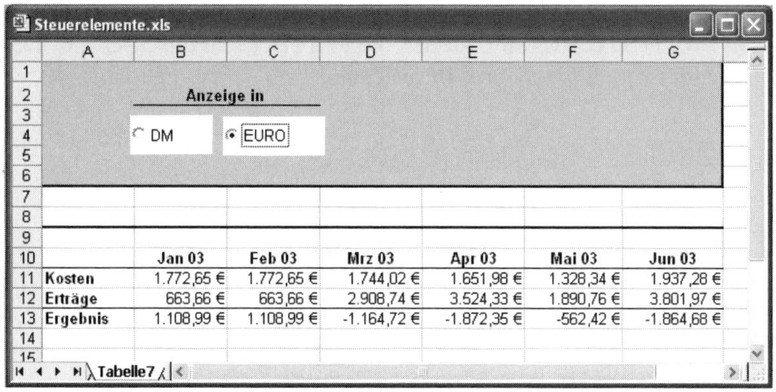

Abbildung 15.11: Schnelles Umrechnen von Währungsdaten über die Steuerung von Optionsfeldern

Erfassen Sie danach das Ereignis `OptionButton_Click`, in dem Sie lediglich die beiden Makros `EUROinDMumrechnen` bzw. `DMinEUROumrechnen` aufrufen.

Beide Makros wurden schon in Kapitel 5 ausführlich beschrieben.

15.8 Kontrollkästchen programmieren

Im Gegensatz zu den Optionsfeldern können bei den Kontrollkästchen mehrere zugleich aktiviert sein. Somit eignet sich dieses Steuerelement dazu, mehrere Optionen gleichzeitig einzustellen.

Mehrfachauswahl mit Kontrollkästchen

Im nächsten Beispiel blenden Sie mithilfe von Kontrollkästchen Zeilen und Spalten ein- und aus.

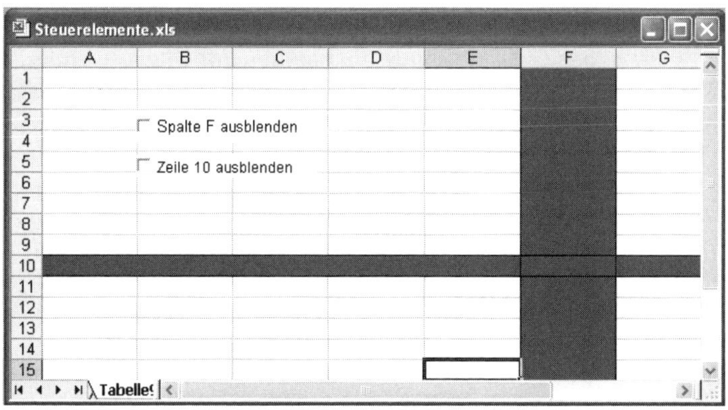

Abbildung 15.12: Spalte F und Zeile 10 können dynamisch ein- und ausgeblendet werden

Klicken Sie in der Symbolleiste STEUERELEMENT-TOOLBOX auf das Symbol KONTROLLKÄSTCHEN und ziehen Sie es an der gewünschten Position und in der gewünschten Größe auf Ihrer Tabelle auf.

Erstellen Sie danach das Ereignis `CheckBox_Click` für die beiden Kontrollkästchen.

Listing 15.31: Mithilfe eines Kontrollkästchens eine Spalte ein- und ausblenden

```
Private Sub CheckBox1_Click()
 If CheckBox1.Value = True Then
 Columns(6).Hidden = True
 CheckBox1.Caption = "Spalte F einblenden"
 Else
  Columns(6).Hidden = False
 CheckBox1.Caption = "Spalte F ausblenden"
 End If
End Sub
```

Fragen Sie das Kontrollkästchen direkt über die Eigenschaft `Value` ab. Meldet die Eigenschaft den Rückgabewert `True`, ist das Kontrollkästchen aktiviert. In diesem Fall wenden Sie die Eigenschaft Hidden auf die Spalte F an, die den Spaltenindex 6 hat. Geben Sie danach dem Kontrollkästchen eine andere Beschriftung. Die Beschriftung ändern Sie mithilfe der Eigenschaft `Caption`, der Sie den neuen Text übergeben.

Listing 15.32: Mithilfe eines Kontrollkästchens eine Zeile ein- und ausblenden

```
Private Sub CheckBox2_Click()
If CheckBox2.Value = True Then
 Rows(10).Hidden = True
 CheckBox2.Caption = "Zeile 10 einblenden"
 Else
 Rows(10).Hidden = False
 CheckBox2.Caption = "Zeile 10 ausblenden"
 End If
End Sub
```

Falls Sie eine Zeile ein- und ausblenden möchten, wenden Sie die Eigenschaft `Hidden` direkt auf die Zeile 10 an. Passen Sie auch in diesem Beispiel die Beschriftung der Kontrollkästchen über die Eigenschaft `Caption` an.

Kontrollkästchen synchronisieren

Im folgenden Beispiel sind insgesamt vier Kontrollkästchen auf einer Tabelle angeordnet. Dabei soll das erste Kontrollkästchen als Steuerung für die restlichen drei Kontrollkästchen herangezogen werden. Wird demnach das erste Kontrollkästchen aktiviert, dann sollen auch die anderen drei Kontrollkästchen aktiviert werden.

```
Private Sub CheckBox1_Click()
If CheckBox1.Value = True Then
CheckBox2.Value = True
CheckBox3.Value = True
CheckBox4.Value = True
Else
CheckBox2.Value = False
CheckBox3.Value = False
CheckBox4.Value = False
End If
End Sub
```

Listing 15.33: Kontrollkästchen synchronisieren

Um ein Kontrollkästchen zu aktivieren, setzt man die Eigenschaft `Value` des Kontrollkästchens auf den Wert `True`.

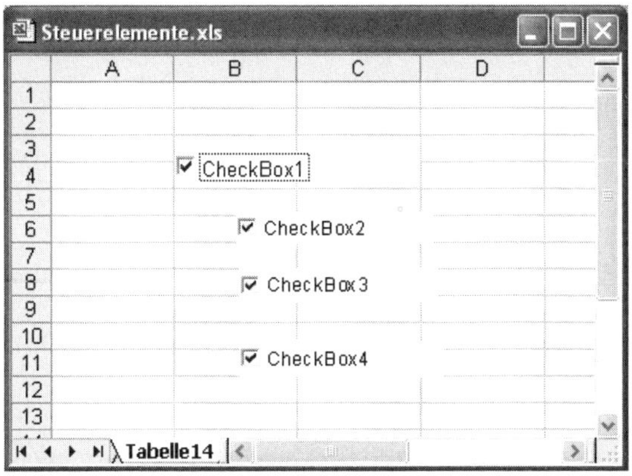

Abbildung 15.13: Kontrollkästchen synchronisieren

Kontrollkästchen initialisieren

Stellen Sie sich vor, Sie haben einen Umfragekatalog in einer Tabelle zusammengestellt. Dabei haben Sie mit Multiple-Choice-Fragen gearbeitet. Vor dem Ausfüllen dieses Bogens müssen alle Kontrollkästchen deaktiviert werden. Um diese zeitraubende Aufgabe nicht von Hand durchführen zu müssen, setzen Sie das Makro aus Listing 15.34 ein.

```
Sub KontrollkästchenInitialisieren()
Dim cb As Object
  For Each cb In Sheets(1).CheckBoxes
    cb.Value = False
  Next cb
End Sub
```

Listing 15.34: Alle Kontrollkästchen auf Tabelle deaktivieren (Symbolleiste Formular)

Setzen Sie die Eigenschaft `Value` auf den Wert `False`, um alle Kontrollkästchen der Tabelle zu deaktivieren.

Dieses Makro funktioniert allerdings ausschließlich für Kontrollkästchen aus der Symbolleiste FORMULAR.

Möchten Sie das Makro aus Listing 15.34 auch für Kontrollkästchen aus der Symbolleiste STEUERELEMENT-TOOLBOX einsetzen, dann starten Sie das folgende Makro aus Listing 15.35.

Listing 15.35: Alle Kontrollkästchen auf Tabelle deaktivieren (Symbolleiste Steuerelement-Toolbox)

```
Sub KontrollkästchenDeaktivieren2()
Dim Blatt As Worksheet
Dim cb As Object

Set Blatt = Sheets("Tabelle10")
For Each cb In Sheets("Tabelle10").OLEObjects
        If TypeName(cb.Object) = "CheckBox" Then
           cb.Object.Value = False
        End If
    Next cb
End Sub
```

15.9 Steuerelemente identifizieren

Jedes Steuerelement in einer Tabelle hat einen eindeutigen Namen bzw. einen Index, über den Sie es ansprechen und auswerten können. Im folgenden Beispiel werden alle auf der Tabelle befindlichen Steuerelemente identifiziert und in den Direktbereich geschrieben.

Abbildung 15.14: Wie heißen die Steuerelemente?

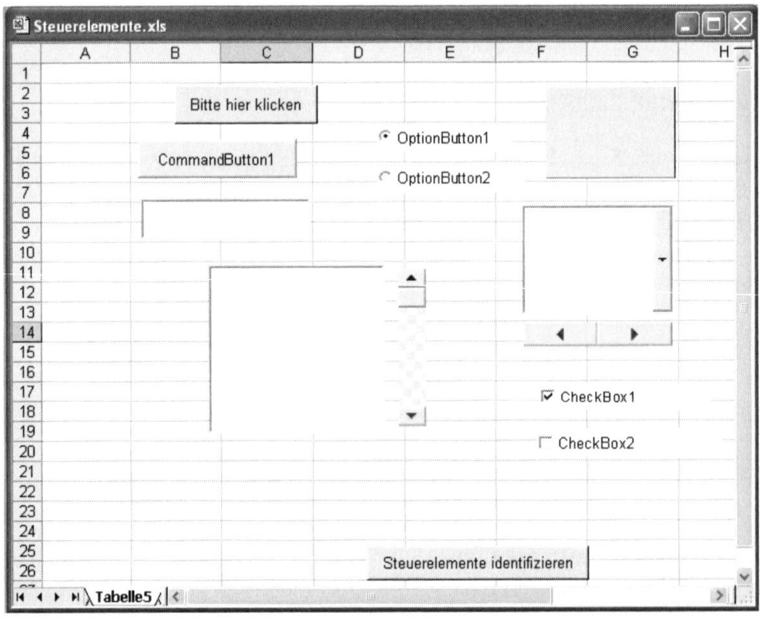

Das Makro, welches die Namen, das Kennzeichen sowie die Reihenfolge und den Zustand einzelner eingefügter Steuerelemente im Direktbereich ausgibt, entnehmen Sie dem Listing 15.36.

Listing 15.36: Alle Steuerelemente auf der Tabelle identifizieren und im Direktbereich ausgeben

```
Sub SteuerelementeIdentifizieren()
Dim obj As Object
Dim i As Integer
Dim i_St As Integer
Dim s As String

s = ""
i = 0
For Each obj In ActiveSheet.OLEObjects
i = i + 1
 Select Case TypeName(obj.Object)
  Case "TextBox"
    i_St = 1
  Case "CheckBox"
    i_St = 2
  Case "ListBox"
    i_St = 3
  Case "ComboBox"
    i_St = 4
  Case "OptionButton"
    i_St = 5
  Case "ToggleButton"
    i_St = 6
  Case "ScrollBar"
    i_St = 7
  Case "Label"
    i_St = 8
  Case "SpinButton"
    i_St = 9
  Case "CommandButton"
    i_St = 10
  Case "Image"
    i_St = 11
  Case Else
    i_St = 0
 End Select
 If i_St = 2 Or i_St = 5 Then s = obj.Object.Value _
 Else s = ""
 Debug.Print i, i_St, TypeName(obj.Object), s
Next
End Sub
```

Um die auf dem Tabellenblatt befindlichen Steuerelemente zu ermitteln, können Sie das Auflistungsobjekt `OLEObjects` einsetzen. In diesem Auflistungsobjekt sind alle Steuerelemente des Tabellenblatts verzeichnet. Über eine `For Each`-Schleife lesen Sie dieses Objekt nun heraus.

:-) TIPP

Die Reihenfolge, in der Sie die Steuerelemente in die Tabelle eingefügt haben, wird in Excel intern verwaltet. Mit der Variablen `i` *bekommen Sie somit die ursprüngliche Reihenfolge zurück und geben diese auch im Anschluss im Direktbereich mit der Anweisung* `Debug.Print` *aus.*

Über die Funktion `TypName` können Sie den Namen des Steuerelements ermitteln. Neben der Variablen, die die Reihenfolge festhält, können Sie mit der Variablen `i_St` eine Nummer festlegen, die sich später auswerten lässt. Sie können beispielsweise die Kontrollkästchen sowie die Optionsfelder auswerten. So meldet die Eigenschaft `Value` den Wert `True`, wenn das Kontrollkästchen bzw. das Optionsfeld markiert ist.

Abbildung 15.15: Alle eingefügten Steuerelemente im Überblick

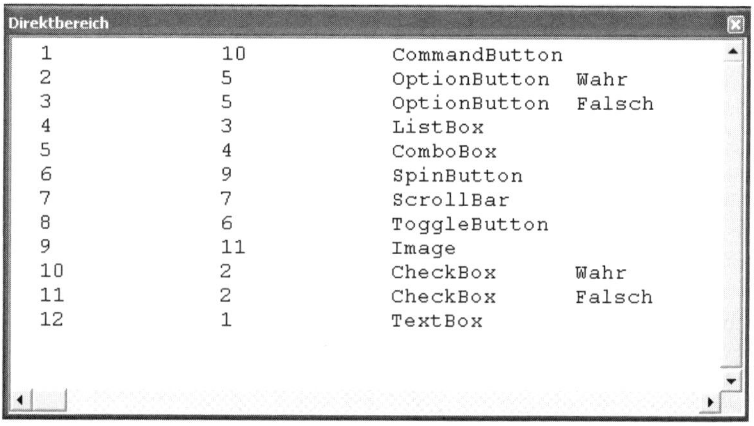

16 Eigene Menüs und Symbolleisten erstellen

In Excel können Sie eigene Menü- und Symbolleisten dynamisch erstellen lassen. In den meisten Fällen werden Sie für bestimmte Arbeitsmappen eigene Menü- oder Symbolleisten anbieten wollen, die nach dem Schließen der Arbeitsmappen wieder ausgeblendet bzw. gelöscht werden. So bieten eigene Menü- und Symbolleisten die Möglichkeit, schnell eigene Makros zu starten bzw. auch vorhandene Funktionen in Excel mit einem Mausklick zu starten.

Dieses Kapitel gliedert sich in drei Teile. Im ersten Teil wird die Programmierung von Menüleisten beschrieben, im zweiten Teil werden die Kontextmenüs besprochen. Im dritten Teil wird auf die Programmierung von Symbolleisten näher eingegangen. Alle Leisten werden durch das Objekt `Commandbars` beschrieben. Die einzelnen Leisten können Sie über die Eigenschaft `Type` unterscheiden: Eine Symbolleiste liefert den Index `0`, eine Menüleiste den Index `1` und ein Kontextmenü den Index `2`. Weiterhin können Leisten ganz gezielt über einen eindeutigen ID-Wert angesprochen werden. Das folgende Makro in Listing 16.1 schreibt alle Leisten von Excel mit deren eindeutigem ID-Wert, Namen und Typ in den Direktbereich.

Listing 16.1: Alle Namen, ID-Werte und Typen von Leisten werden in den Direktbereich geschrieben

```
Sub ArtenVonLeisten()
Dim i As Integer
Dim s As String

 For i = 1 To CommandBars.Count
  Select Case CommandBars(i).Type
   Case 0
      s = "Symbolleiste"
   Case 1
      s = "Menüleiste"
   Case 2
      s = "Kontextmenü"
   Case Else
      s = "nicht ermittelbar"
   End Select
   Debug.Print i & " --> " & _
   CommandBars(i).Name & " --> " & s
 Next i
End Sub
```

Ermitteln Sie im ersten Schritt alle vorhandenen Leisten von Excel, indem Sie diese mithilfe der Methode `Count` zählen. Über die Eigenschaft `Type` geben Sie die Art der Befehlsleiste zurück. Die möglichen Konstanten bzw. Indexwerte entnehmen Sie der Tabelle 16.1.

Tabelle 16.1: Die möglichen Typen von Befehlsleisten

Index	Konstante	Befehlsleiste
0	`msoBarTypeNormal`	Symbolleiste
1	`msoBarTypeMenuBar`	Menüleiste
2	`msoBarTypePopup`	Kontextmenü

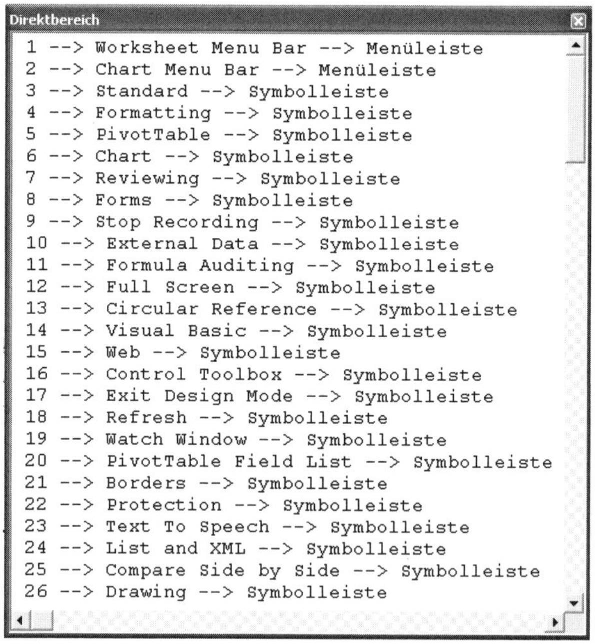

Abbildung 16.1: Ein kleiner Ausschnitt der verfügbaren Leisten

Mit der Eigenschaft `Name` ermitteln Sie den Namen der Befehlsleiste. Den eindeutigen Index haben Sie bereits über das Hochzählen der Variablen `i` herausgefunden. Über die Anweisung `Debug.Print` geben Sie alle Informationen über die vorhandenen Befehlsleisten im Direktbereich aus.

16.1 Die Programmierung von Menüs

CD

Sie finden alle Beispiele zum Thema »Menüleisten« auf der mitgelieferten CD-ROM im Verzeichnis KAP16 *unter dem Namen* MENÜLEISTE.XLS.

Wenn Sie eigene Menüs erstellen möchten, können Sie sich überlegen, ob Sie die bereits bestehende Arbeitsblatt-Menüleiste ergänzen oder gar ersetzen möchten. Für die meisten Fälle empfiehlt sich jedoch die zuerst genannte Vorgehensweise, da Sie dann noch in der Lage sind, neben Ihren dazukommenden Funktionen auch bestehende Funktionen in Excel abzurufen. Die Position, an der ein Menübefehl eingefügt werden soll, können Sie in Excel ganz genau festlegen.

Seit Excel 2000 integriert

Bei der Ermittlung der korrekten Einfügeposition kann Ihnen aber die neue Funktion in Excel 2000 mit den adaptiven Menüs einen Strich durch die Rechnung machen. Bei diesem Feature handelt es sich um ein sich ständig selbst anpassendes System, nach dem Menüleisten angeordnet werden. Die am häufigsten verwendeten Funktionen werden in den Menüs ganz oben angeordnet. Die weniger häufig angewendeten Excel-Funktionen rutschen immer weiter in den Menüs nach unten und werden erst nach längerem Verweilen mit der Maus im Menü dynamisch dazu eingeblendet. Es empfiehlt sich aus diesem Grund, dieses Feature auszuschalten. Um die adaptiven Menüs manuell auszuschalten, klicken Sie mit der rechten Maustaste auf eine beliebige Symbolleiste und wählen aus dem Kontextmenü den Befehl ANPASSEN. Wechseln Sie danach auf die Registerkarte OPTIONEN und deaktivieren Sie das Kontrollkästchen MENÜS ZEIGEN ZULETZT VERWENDETE BEFEHLE ZUERST AN (Excel 2000) bzw. aktivieren Sie das Kontrollkästchen MENÜS IMMER VOLLSTÄNDIG ANZEIGEN (Excel 2002/Excel 2003).

Diese manuelle Einstellung können Sie aber auch über ein Makro deaktivieren.

Listing 16.2: Personalisierte Menüansicht abschalten

```
Sub AdaptiveMenüsAusschalten()
 Application.CommandBars.AdaptiveMenus = False
End Sub
```

Setzen Sie die Eigenschaft `AdaptiveMenus` auf den Wert `False`, um die personalisierten Menüs abzuschalten. Dadurch werden die Menüs wie gewohnt in Excel angezeigt.

:-) TIPP

Die Überprüfung daraufhin, ob in Excel personalisierte Menüs verwendet werden, können Sie schon beim Öffnen einer Arbeitsmappe durchführen und bei Bedarf diese Einstellung deaktivieren. Dazu setzen Sie das Arbeitsmappenereignis `Workbook_Open` *ein.*

Listing 16.3: Beim Öffnen einer Arbeitsmappe werden die personalisierten Menüs abgeschaltet

```
Private Sub Workbook_Open()
If Application.CommandBars.AdaptiveMenus = True _
Then Application.CommandBars.AdaptiveMenus = False
End Sub
```

Ein- und Ausblenden der Menüleiste

Möchten Sie ausschließlich mit Symbolleisten arbeiten oder ganz bewusst auf die Menüleiste verzichten, dann können Sie die Arbeitsblatt-Menüleiste bei Bedarf ein- und ausblenden. Sehen Sie dazu die beiden folgenden Makros in Listing 16.4.

Listing 16.4: Die Arbeitsblatt-Menüleiste aus- und einblenden

```
Sub MenüleisteAusblenden()
 Application.CommandBars(1).Enabled = False
End Sub

Sub MenüleisteEinblenden()
 Application.CommandBars(1).Enabled = True
End Sub
```

Die Arbeitsblatt-Menüleiste wird durch das `CommandBars`-Objekt mit dem Index `1` eindeutig identifiziert. Setzen Sie die Eigenschaft `Enabled` dieser Menüleiste auf den Wert `False`, um diese auszublenden.

Ein eigenes Menü erstellen

In der nächsten Aufgabe soll ein zusätzliches Menü genau vor dem Hilfemenü eingefügt werden, welches ein paar nützliche Funktionen aufnehmen soll. Dazu setzen Sie das Makro aus Listing 16.5 ein.

Listing 16.5: Zusätzliches Menü in Arbeitsplatz-Menüleiste integrieren

```
Sub NeuesMenüEinfügen()
Dim i As Integer
Dim i_Hilfe As Integer
Dim MenüNeu As CommandBarControl

 i = Application.CommandBars(1).Controls.Count
 i_Hilfe = Application.CommandBars(1).Controls(i).Index

 Set MenüNeu = Application.CommandBars(1). _
  Controls.Add(Type:=msoControlPopup, _
  Before:=i_Hilfe, Temporary:=True)
 MenüNeu.Caption = "&Eigene Funktionen"
End Sub
```

Definieren Sie im ersten Schritt zwei Integer-Variablen, die zum einen die Anzahl der Menüs ermitteln, die momentan in der Arbeitsplatz-Menüleiste eingebunden sind, und zum anderen die Position des Hilfemenüs ermitteln. Eine weitere Objektvariable vom Typ `CommandBarControl` wird gebraucht, um den neuen Menüpunkt einzufügen. Über die Methode `Count` zählen Sie die Anzahl der Menüs in der Arbeitsblatt-Menüleiste und speichern sie in der Variablen `i`. Im nächsten Schritt ermitteln Sie die Position des Hilfemenüs, welches standardmäßig ganz rechts in der Arbeitsblatt-Menüleiste steht. Die Arbeitsblatt-Menüleiste können Sie direkt über das Objekt `CommandBars(1)` ansprechen. Über die Eigenschaft `Controls` bekommen Sie alle Steuerelemente der angegebenen Menüleiste.

INFO

In Excel können Menü- sowie Symbolleisten über die Eigenschaft `CommandBars` *angesprochen werden. Dabei hat die Arbeitsblatt-Menüleiste den Index* `1`*, die Symbolleiste* STANDARD *den Index* `3`*, die Symbolleiste* FORMAT *den Index* `4` *usw.*

Die Syntax

Mithilfe der Methode `Add` fügen Sie ein neues Menü ein. Die Methode `Add` hat die Syntax:

```
Add(Type, Id, Before, Temporary)
```

Die Argumente der Methode Add

Beim Argument `Type` geben Sie an, um welche Art Steuerelement es sich dabei handeln soll. Zur Auswahl stehen die Konstanten aus der Tabelle 16.2.

Tabelle 16.2: Alle möglichen Konstanten für Steuerelemente in Menüleisten

Konstante	Beschreibung
msoControlButton	Fügt ein Schaltflächen-Element ein.
msoControlEdit	Fügt ein Eingabefeld ein.
msoControlDropdown	Fügt ein Dropdown-Feld ein.
msoControlComboBox	Fügt ein Dropdown-Feld ein.
msoControlPopup	Fügt ein Dropdown-Menü ein.

Beim Argument `ID` können Sie sich entscheiden, ob Sie zusätzlich zum Menütext auch noch ein Symbol anzeigen möchten. Dieses Argument funktioniert jedoch nur innerhalb eines Menüs, also für einen Menübefehl. Mit dem Argument `Before` legen Sie die genaue Position des Menüs fest. Übergeben Sie dem Argument die vorher ermittelte Position des Hilfemenüs. Setzen Sie das letzte Argument `Temporary` auf den Wert `True`, wenn das neue Steuerelement temporär sein soll. Temporäre Steuerelemente werden automatisch gelöscht, wenn die Containeranwendung geschlossen wird.

Um die Arbeitsblatt-Menüleiste wieder in ihren Ausgangszustand zurückzusetzen, starten Sie das Makro aus Listing 16.6.

Listing 16.6: Arbeitsblatt-Menüleiste zurücksetzen

```
Sub ArbeitsplatzMenüleisteZurücksetzen()
 Application.CommandBars(1).Reset
End Sub
```

Die Methode `Reset` setzt die angegebene integrierte Befehlsleiste in die Standardkonfiguration der Steuerelemente zurück.

Möchten Sie nicht die ganze Arbeitsblatt-Menüleiste zurücksetzen und nur gezielt das neu eingefügte Menü löschen, setzen Sie folgende Makrolösung aus Listing 16.7 ein.

Listing 16.7: Gezielt ein Menü aus der Arbeitsblatt-Menüleiste löschen

```
Sub MenüLöschen()
On Error Resume Next
    With Application.CommandBars(1)
        .Controls("E&igene Funktionen").Delete
    End With
End Sub
```

Wenden Sie die Methode `Delete` an, um das neu eingefügte Menü wieder zu löschen.

Menübefehle im neuen Menü einfügen

Das gerade eingefügte Menü enthält noch keine Menübefehle. Diese fügen Sie jetzt ein. Erweitern Sie dazu das Makro aus Listing 16.8.

Listing 16.8: Eigene Funktionen in einem Extramenü unterbringen

```
Sub NeuesMenüEinfügen()
Dim i As Integer
Dim i_Hilfe As Integer
Dim MenüNeu As CommandBarControl
Dim MB As CommandBarControl

 i = Application.CommandBars(1).Controls.Count
 i_Hilfe = Application.CommandBars(1).Controls(i).Index
 Set MenüNeu = Application.CommandBars(1). _
  Controls.Add(Type:=msoControlPopup, _
  before:=i_Hilfe, Temporary:=True)
 MenüNeu.Caption = "&Eigene Funktionen"

 Set MB = MenüNeu.Controls.Add _
        (Type:=msoControlButton)
    With MB
        .Caption = "&Formelzellen markieren"
        .Style = msoButtonCaption
        .OnAction = "FormelnMarkieren"
        .BeginGroup = True
    End With

 Set MB = MenüNeu.Controls.Add _
        (Type:=msoControlButton)
    With MB
      .Caption = _
   "Formeln, F&unktionen in Festwerte umwandeln _
   (aktuelles Blatt)"
        .Style = msoButtonCaption
        .OnAction = "FormelnInWerteUmwandeln"
```

```
    End With

    Set MB = MenüNeu.Controls.Add _
        (Type:=msoControlButton)
    With MB
    .Caption = "Formeln, Fu&nktionen in Festwerte  _
      umwandeln (neue Mappe)"
        .Style = msoButtonCaption
        .OnAction = "FormelnInWerteUmwandelnNeueDatei"
    End With

    Set MB = MenüNeu.Controls.Add _
        (Type:=msoControlButton)
    With MB
        .Caption =  _
  "Ak&tive Tabelle als E-Mail versenden"
        .Style = msoButtonIconAndCaption
        .OnAction = "EmailAktivesTabellenblatt"
        .FaceId = 3738
        .BeginGroup = True
    End With

    Set MB = MenüNeu.Controls.Add _
        (Type:=msoControlButton)
    With MB
     .Caption = "Akt&ive Tabelle in neuer  _
            Arbeitsmappe speichern"
        .Style = msoButtonIconAndCaption
        .OnAction = "AktivesTabellenblattAlsDatei"
        .FaceId = 3
    End With

    Set MB = MenüNeu.Controls.Add _
        (Type:=msoControlButton)
    With MB
        .Caption =  _
 "Wo&chentag, Datum und Uhrzeit anzeigen"
        .Style = msoButtonCaption
        .OnAction = "DatumUndUhrzeit"
        .BeginGroup = True
    End With

    Set MB = MenüNeu.Controls.Add _
        (Type:=msoControlButton)
    With MB
        .Caption = "Speicherort der Datei anzeigen"
        .Style = msoButtonCaption
        .OnAction = "Verzeichniszurückgeben"
    End With
```

```
        Set MB = MenüNeu.Controls.Add _
         (Type:=msoControlButton)
    With MB
         .Caption = "&Öffnen aller verknüpfter Mappen"
         .Style = msoButtonIconAndCaption
         .OnAction = "ÖffnenAllerVerknüpfterMappen"
         .BeginGroup = True
         .FaceId = 23
    End With
End Sub
```

Für die Menübefehle im Menü EIGENE FUNKTIONEN benötigen Sie eine weitere Objektvariable vom Typ `CommandBarControl`. Wenden Sie die Methode `Add` auf das neu eingefügte Menü an, um nun die einzelnen Menübefehle hinzuzufügen. Mit der Anweisung `With` legen Sie übersichtlich weitere Eigenschaften der neuen Menübefehle fest.

Beschriftung festlegen

Mit der Eigenschaft `Caption` legen Sie die Beschriftung des Menübefehls fest. Verwenden Sie das kaufmännische Zeichen `&`, um den Shortcut für diesen Befehl festzulegen. Ist das Menü einmal aktiviert, können Sie durch die Eingabe des unterstrichenen Buchstabens des Menübefehls die dahinter liegende Funktion bzw. das Makro starten.

Symbol festlegen

Über die Eigenschaft `FaceId` können Sie dem Menübefehl auch noch ein Symbol hinzufügen. Allerdings muss dabei die Eigenschaft `Styles` mit der Konstanten `msoButtonIconAndCaption` angegeben werden.

REF

Erfahren Sie weiter unten im Kapitel, wie Sie die einzelnen Symbole und deren `FaceId` *ermitteln können.*

Menübefehle gruppieren

Fassen Sie Menübefehle optisch zusammen, indem Sie eine Trennlinie zwischen einzelnen Menübefehlen ziehen. Diesen Effekt erreichen Sie über die Eigenschaft `BeginGroup`. Setzen Sie diese Eigenschaft auf den Wert `True`, wenn sich der angegebene Menübefehl am Anfang einer Gruppe von Menübefehlen im Menü befindet.

Makros hinterlegen

Mit der Eigenschaft `OnAction` geben Sie an, welches Makro hinter dem Menübefehl liegt. Dabei gibt diese Eigenschaft den Namen des Visual-Basic-Makros zurück, das ausgeführt wird, wenn der Anwender den entsprechenden Menübefehl auswählt.

Erstellung der Menüleiste automatisieren

Die Erstellung der Menüleiste können Sie automatisieren, indem Sie die Menüleiste automatisch beim Öffnen der Arbeitsmappe erstellen. Dazu setzen Sie das Ereignis `Workbook_Open` ein und rufen das Makro `NeuesMenüEinfügen` auf. Sobald die Arbeitsmappe geschlossen wird, können Sie die Menüleiste wieder entfernen. Setzen Sie das Ereignis `Workbook_BeforeClose` ein und rufen Sie innerhalb der Ereignisprozedur das Makro `MenüLöschen` auf. Stellen Sie die beiden Ereignisse ein, indem Sie in den Entwicklungsbereich wechseln und im Projekt-Explorer den Eintrag DIESEARBEITSMAPPE doppelt anklicken.

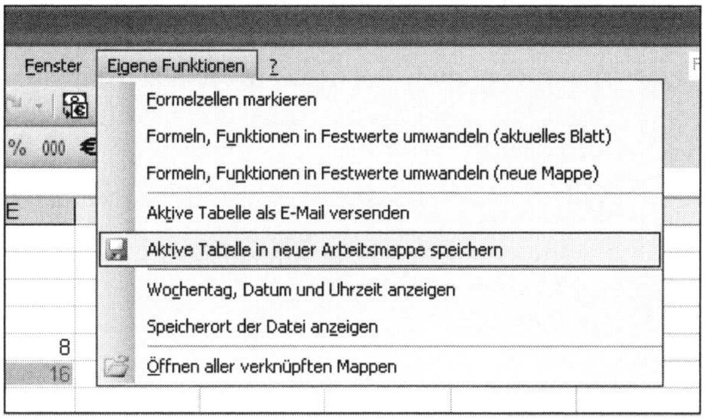

Abbildung 16.2: Das Ergebnis: eigene Funktionen in einem separaten Menü

```
Private Sub Workbook_Open()
 NeuesMenüEinfügen
End Sub
```

Listing 16.9: Ereignis Workbook_Open zum Erstellen eines Menüs beim Öffnen der Arbeitsmappe

```
Private Sub Workbook_BeforeClose(Cancel As Boolean)
 MenüLöschen
End Sub
```

Listing 16.10: Ereignis Workbook_-BeforeClose zum Löschen eines Menüs vor dem Schließen einer Arbeitsmappe

Sehen Sie später in diesem Kapitel, welche Optionen Sie für Ihr neues Menü noch einstellen können.

REF

Die nützlichen Makros aus dem neuen Menü

Über die Eigenschaft `OnAction` haben Sie der Menüleiste EIGENE FUNKTIONEN bereits die Namen der Makros angegeben, die aufgerufen werden sollen. Sehen Sie jetzt auf den nächsten Seiten die dazugehörigen Makros.

```
Sub FormelnMarkieren()
On Error GoTo fehlerm
Selection.SpecialCells(xlCellTypeFormulas).Select
Exit Sub
```

Listing 16.11: Alle Zellen mit Formeln werden markiert

```
fehlerm:
MsgBox "Dieses Tabellenblatt enthält keine Formeln!"
End Sub
```

Mithilfe der Methode SpecialCells, der Sie die Konstante xlCellTypeFormulas übergeben, ermitteln Sie alle Zellen der Tabelle, welche Formeln enthalten. Die Methode Select markiert diese Zellen. Mit der Taste [Tab] können Sie jetzt bequem von einer Formelzelle zur nächsten springen.

Listing 16.12: Alle Formeln in Festwerte konvertieren (gleiche Arbeitsmappe)

```
Sub FormelnInWerteUmwandeln()
 Cells.Copy
 Range("A1").Select
    Selection.PasteSpecial Paste:=xlValues, _
   Operation:=xlNone, SkipBlanks:= False, _
    Transpose:=False
 Application.CutCopyMode = False
End Sub
```

Kopieren Sie alle Zellen der aktiven Tabelle mithilfe der Methode Copy. Setzen Sie den Mauszeiger auf die erste Zelle des Tabellenblatts und verwenden Sie die Methode PasteSpecial, um die kopierten Daten einzufügen. Dabei geben Sie im Argument Paste an, dass nur Werte eingefügt werden sollen. Setzen Sie die Eigenschaft CutCopyMode auf den Wert False, um den Ausschneide- bzw. Kopiermodus zu deaktivieren und den Laufrahmen um die eingefügten Daten zu entfernen.

Listing 16.13: Alle Formeln in Festwerte konvertieren (neue Arbeitsmappe)

```
Sub FormelnInWerteUmwandelnNeueDatei()
 ActiveSheet.Copy
 Cells.Copy
 Range("A1").Select
    Selection.PasteSpecial Paste:=xlValues, _
   Operation:=xlNone, SkipBlanks:= False, _
   Transpose:=False
 Application.CutCopyMode = False
End Sub
```

Die Eigenschaft ActiveSheet im Zusammenspiel mit der Methode Copy hat als Ergebnis, dass das aktuelle Tabellenblatt automatisch in eine neue Arbeitsmappe kopiert wird. Sie brauchen nur noch die Methode PasteSpecial anzuwenden, um die kopierten Werte einzufügen.

Listing 16.14: Aktive Tabelle als E-Mail versenden

```
Sub EmailAktivesTabellenblatt()
Dim s As String
Dim s2 As String

 ActiveWorkbook.Worksheets(ActiveSheet.Name).Copy
 s = InputBox _
```

```
 ("Bitte geben Sie den Adressaten ein!", "Adressat")
 If s = "" Then MsgBox "Sie haben abgebrochen!": _
   Exit Sub
 s2 = InputBox _
 ("Bitte geben Sie den Titel der E-Mail ein!", "Titel")
 If s2 = "" Then MsgBox "Sie haben abgebrochen!":  _
  Exit Sub
 Application.Dialogs(xlDialogSendMail).Show s, s2
 ActiveWorkbook.Close savechanges:=False
End Sub
```

Fragen Sie über zwei Eingabemasken den Adressaten bzw. den Titel der E-Mail ab. Danach rufen Sie den integrierten Dialog für den E-Mail-Versand auf und übergeben die beiden Informationen.

In Kapitel 17 erfahren Sie mehr über das Zusammenspiel von Excel und dem Internet.

REF

Listing 16.15: Aktive Tabelle wird in neuer Arbeitsmappe gespeichert

```
Sub AktivesTabellenblattAlsDatei()
  ActiveSheet.Copy
End Sub
```

Für diese Aufgabe reicht ein Einzeiler. Die Eigenschaft `ActiveSheet` im Zusammenspiel mit der Methode `Copy` erzeugt automatisch eine neue Arbeitsmappe.

Listing 16.16: Aktuellen Tag und die momentane Uhrzeit ausgeben

```
Sub DatumUndUhrzeit()
Dim i As Integer
Dim wota As String

i = Application.Weekday(Date)
Select Case i
 Case 1
    wota = "Sonntag"
 Case 2
    wota = "Montag"
 Case 3
    wota = "Dienstag"
 Case 4
    wota = "Mittwoch"
 Case 5
    wota = "Donnerstag"
 Case 6
    wota = "Freitag"
 Case 7
    wota = "Samstag"
End Select
```

```
MsgBox "Heute ist " & _
 wota & ", der " & Date & ", " & Time & " Uhr!"
End Sub
```

In einer `Select Case`-Anweisung werten Sie die Funktion `Weekday` aus, der Sie das heutige Datum über die Funktion `Date` übergeben. Geben Sie im Anschluss den Tagesnamen sowie die aktuelle Uhrzeit auf dem Bildschirm aus.

Listing 16.17: Den Speicherpfad der Arbeitsmappe ermitteln und ausgeben

```
Sub VerzeichnisZurückgeben()
Dim s As String

 s = Application.ActiveWorkbook.Path
 MsgBox "Ihre Arbeitsmappe ist im Verzeichnis " & _
         s & " gespeichert!"
End Sub
```

Über die Eigenschaft `Path`, welche Sie auf die momentan aktive Arbeitsmappe anwenden, erfahren Sie den kompletten Speicherpfad der Arbeitsmappe inklusive des Laufwerks und des Ordners.

Listing 16.18: Alle verknüpften Arbeitsmappen werden automatisch geöffnet

```
Sub ÖffnenVerknüpfteMappen()
Dim V_Mappen As Variant
Dim i  As Integer

   V_Mappen = ActiveWorkbook.LinkSources(xlExcelLinks)
   If Not IsEmpty(Links) Then
      For i = 1 To UBound(V_Mappen)
         Workbooks.Open V_Mappen(i)
      Next i
   Else
   MsgBox "In dieser Mappe sind  _
           keine Verknüpfungen enthalten!"
   End If
End Sub
```

Lesen Sie zuerst alle Namen der verknüpften Arbeitsmappen in einen Array ein. Danach setzen Sie eine Schleife auf, bei der Sie alle verknüpften Arbeitsmappen mit der Methode `Open` öffnen.

Menüs identifizieren und ansprechen

Jedes Menü in der Arbeitsplatz-Menüleiste bekommt in der Folge von links nach rechts einen Index vergeben. Neben dem Index können Sie aber auch das Menü direkt über die Beschriftung abfragen. So geben Sie im Direktbereich alle Menübeschriftungen der Arbeitsplatz-Menüleiste aus.

```
Sub MenüNamenAusgeben()
Dim Ctrl As CommandBarControl
Dim i As Integer

For Each Ctrl In Application.CommandBars(1).Controls
  i = i + 1
  Debug.Print "Menü " & i & " ---> " & Ctrl.Caption
Next Ctrl
End Sub
```

Listing 16.19: Alle Menünamen der Arbeitsplatz-Menüleiste werden in den Direktbereich geschrieben

Definieren Sie zuerst eine Objektvariable vom Typ `CommandBarControl`, um die einzelnen Menüs danach über eine `For Each`-Schleife auszulesen. Über die Eigenschaft `Controls` ermitteln Sie alle Menüs der Arbeitsplatz-Menüleiste. Die Arbeitsplatz-Menüleiste ist in der `CommandBars`-Auflistung mit dem Index `1` anzusprechen. Die Eigenschaft `Caption` liefert Ihnen die Beschriftung der einzelnen Menüs, die Sie im Direktbereich über die Anweisung `Debug.Print` ausgeben.

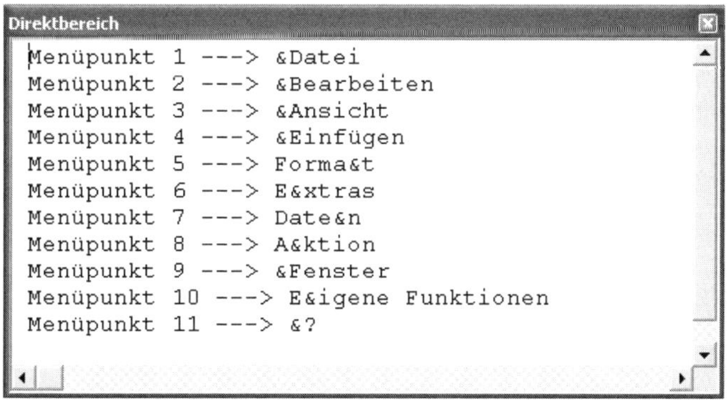

Abbildung 16.3: Alle Menüs der Arbeitsplatz-Menüleiste

Ganze Menüs deaktivieren

Aufsetzend auf der letzten Aufgabe, in der Sie die Namen der einzelnen Menüs der Arbeitsplatz-Menüleiste ermittelt haben, deaktivieren Sie im folgenden Beispiel alle Menübefehle im Menü FORMAT. Das Makro für diese Aufgabe können Sie dem Listing 16.20 entnehmen.

```
Sub AlleMenübefehleInLeisteDeaktivieren()
Dim Ctrl As CommandBarControl

For Each Ctrl In _
Application.CommandBars("Format").Controls
    Ctrl.Enabled = False
Next Ctrl
End Sub
```

Listing 16.20: Alle Menübefehle eines Menüs deaktivieren

Definieren Sie eine Objektvariable vom Typ `CommandBarControl` und durchlaufen Sie eine `For Each`-Schleife, in der Sie gezielt das Menü FORMAT ansteuern. Innerhalb der Schleife setzen Sie die Eigenschaft `Enabled` auf den Wert `False`, um den Menübefehl zu deaktivieren.

Abbildung 16.4: Alle Menübefehle im Menü Format sind deaktiviert

Wollen Sie die Menübefehle des Menüs FORMAT wieder aktivieren, setzen Sie die Eigenschaft `Enabled` auf den Wert `True`.

Listing 16.21: Alle Menübefehle eines Menüs wieder aktivieren

```
Sub AlleMenübefehleInLeisteAktivieren()
Dim Ctrl As CommandBarControl

For Each Ctrl In _
 Application.CommandBars("Format").Controls
    Ctrl.Enabled = True
Next Ctrl
End Sub
```

Bestimmte Menübefehle suchen und deaktivieren

Wenn Sie möchten, können Sie auch einzelne Menübefehle suchen und dann deaktivieren. Dazu setzen Sie die Methode `Findcontrol` ein. Als praktisches Beispiel nehmen wir den Fall, dass Sie aus dem Menü EXTRAS den Befehl SCHUTZ deaktivieren wollen, um den Anwender daran zu hindern, eine Excel-Arbeitsmappe bzw. ein Excel-Arbeitsblatt mit einem Passwort zu schützen.

Im ersten Schritt müssen Sie ermitteln, an welcher Position das Menü EXTRAS steht. Je nachdem, ob Sie weitere Menüs integriert haben, kann die Position dieses Menüs in der Arbeitsblatt-Menüleiste schwanken. Gehen Sie daher auf Nummer sicher und verwenden Sie die Methode `Findcontrol`, die Ihnen ein `CommandBarControl`-Objekt zurückgibt, das den angegebenen Kriterien entspricht.

Die Syntax

Die Kriterien können Sie in der folgenden Syntax festlegen:

```
FindControl(Type, Id, Tag, Visible, Recursive)
```

Mit dem Argument Type legen Sie den Typ des Steuerelements fest, nach dem gesucht werden soll. Dabei können Sie u.a. aus folgenden Typkonstanten in der Tabelle 16.3 wählen.

Die Argumente der Methode FindControl

Tabelle 16.3: Die Konstanten für die einzelnen Steuerelemente

Konstante	Beschreibung bzw. Beispiel
msoControlButton	Normale Symbolschaltfläche
msoControlButtonPopup	Mehrstufiger Menübefehl
msoControlPopup	Ein Menü (Datei, Format, Ansicht)
msoControlDropdown	Das Dropdown, um die Ansicht zu vergrößern
msoControlExpandingGrid	Das Dropdown aus der Symbolleiste FORMAT, um einen Rahmen um einen Zellenbereich zu legen
msoControlGraphicCombo	Das Dropdown aus der Symbolleiste FORMAT, um die Schriftart einzustellen
msoControlGrid	Die Farbpalette aus der Symbolleiste FORMAT, um die Schriftartfarbe bzw. die Füllfarbe festzulegen

Das Argument Id stellt einen Index dar, welcher das Menü bzw. den Menübefehl eindeutig identifiziert. Das folgende Makro schreibt Ihnen die Id für alle Menüs der Arbeitsblatt-Menüleiste in den Direktbereich.

Listing 16.22: Alle eindeutigen ID-Werte der Menüs der Arbeitsblatt-Menüleiste in den Direktbereich schreiben

```
Sub IDsAusgeben()
Dim MenüLeiste As CommandBar
Dim i As Integer
Dim n As Integer

  Set MenüLeiste = CommandBars(1)
  n = MenüLeiste.Controls.Count
  For i = 1 To n
    Debug.Print MenüLeiste.Controls(i).ID & _
      " ---> " & MenüLeiste.Controls(i).Caption
  Next
End Sub
```

Da Sie alle Menüs der Arbeitsblatt-Menüleiste ermitteln möchten, setzen Sie die CommandBars-Eigenschaft mit dem Wert 1 fest. Danach zählen Sie die Anzahl der Menüs, die in der Arbeitsblatt-Menüleiste vorhanden sind, und wenden dazu die Methode Count an. Setzen Sie nun eine For Next-Schleife auf, um die Menüs von links nach rechts in der Arbeitsblatt-Menüleiste zu durchlaufen, und geben Sie über die Anweisung Debug.Print sowohl die IDs als auch die Beschriftung im Direktbereich aus.

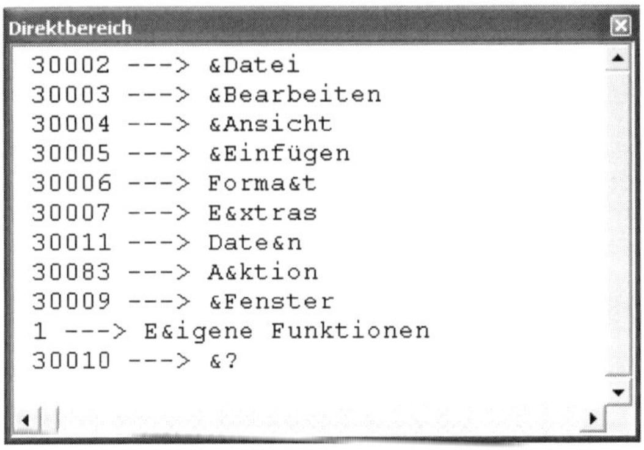

Abbildung 16.5: Das Menü Extras hat die ID 30007

Um beispielsweise alle IDs der Menübefehle des Menüs EXTRAS herauszufinden, setzen Sie folgende Makrolösung aus Listing 16.23 ein.

Listing 16.23: Alle eindeutigen ID-Werte aller Menübefehle des Menüs Extras in den Direktbereich schreiben

```
Sub IDsMenüBefehle()
Dim MenüLeiste As CommandBar
Dim ctrl As CommandBarControl
Dim i  As Integer

Set MenüLeiste = CommandBars(1)
i = 1
For Each ctrl In MenüLeiste.Controls("Extras").Controls
 Debug.Print ctrl.ID & " ---> " & ctrl.Caption
 i = i + 1
Next ctrl
End Sub
```

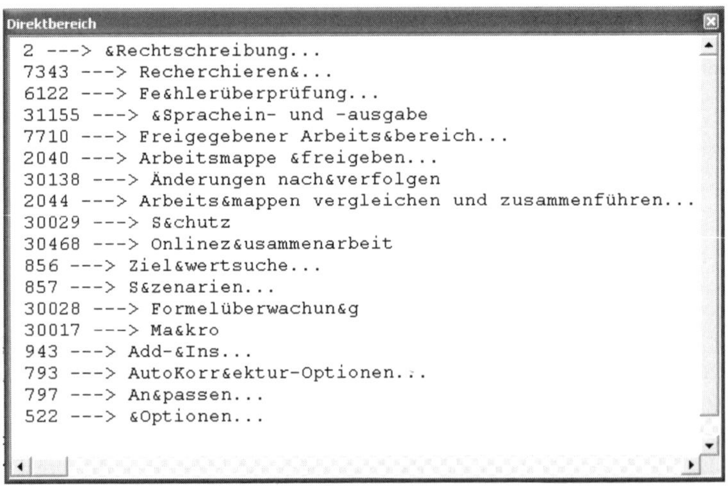

Abbildung 16.6: Der Menübefehl Schutz hat die ID 30029

Mithilfe des Arguments `Tag` können Sie nach der Beschriftung des Menüs bzw. des Menübefehls suchen. Das Argument `Visible` ist optional und liefert den Wert `True`, wenn in die Suche nur sichtbare Befehlsleisten-Steuerelemente einbezogen werden sollen.

Weitere Argumente von FindControl

INFO

Sichtbare Befehlsleisten sind sichtbare Symbolleisten und alle Menüs, die zum Zeitpunkt der Ausführung der `FindControl`*-Methode geöffnet sind.*

Das Argument `Recursive` setzen Sie auf den Wert `True`, wenn die Befehlsleiste und alle zugehörigen Untersymbolleisten in die Suche eingeschlossen werden sollen.

!! STOP

Kann die Methode `FindControl` *kein Steuerelement finden, welches Sie in den Kriterien angegeben haben, meldet die Methode den Wert* `Nothing` *zurück.*

Datei und Blattschutz verhindern

Setzen Sie nun die Methode `FindControl` ein, um das Menü EXTRAS zu finden. Vorher haben Sie im Direktbereich erkennen können, dass dieses Menü den ID-Wert `3007` hat. Setzen Sie diesen Wert als Argument in der Methode `FindControl` ein.

Listing 16.24: Den Menübefehl Schutz aus dem Menü Extras deaktivieren

```
Sub SchützenVerhindern()
Dim Menü As CommandBarPopup
Dim ctrl As CommandBarControl

    Set Menü = Application.CommandBars.FindControl _
    (Type:=msoControlPopup, ID:=30007)
    For Each ctrl In Menü.Controls
     If ctrl.Caption = "Schutz" Then _
        ctrl.Enabled = False: Exit Sub
    Next ctrl
    Set Menü = Nothing
End Sub
```

Nachdem Sie das richtige Menü gefunden haben, ermitteln Sie in einer Schleife, die jeden Menübefehl des Menüs durchläuft, ob die Beschriftung stimmt. Wenn ja, setzen Sie die `Enabled`-Eigenschaft auf den Wert `False`, um den Menübefehl zu deaktivieren, und beenden danach mit der Anweisung `Exit Sub` das Makro.

Weitere Variante

Möglich wäre auch folgende Variante, bei der Sie über die ID des Menübefehls direkt zugreifen.

Listing 16.25: Auf Menübefehl über ID zugreifen

```
Sub SchützenVerhindern2()
Dim ctrl As CommandBarPopup
 Set ctrl = _
 Application.CommandBars.FindControl(ID:=30029)
 If ctrl Is Nothing Then Else ctrl.Enabled = False
End Sub
```

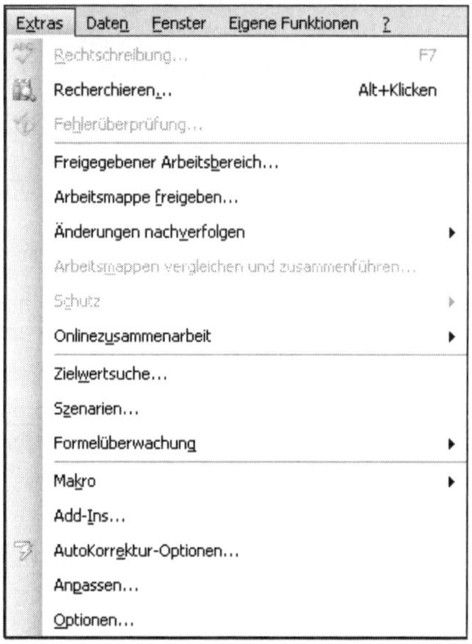

Abbildung 16.7: Der Menübefehl Schutz ist deaktiviert

:-) TIPP

Sie können aber auch auf dem direktesten Weg den Menübefehl SCHUTZ *deaktivieren. Dazu gehen Sie über die Beschriftung des Menüs bzw. des Menübefehls. Setzen Sie das Makro aus Listing 16.26 ein.*

Listing 16.26: Menübefehl auf dem direkten Weg deaktivieren

```
Sub SchützenVerhindern3()
Application.CommandBars(1) _
 .Controls("Extras").Controls("Schutz").Enabled = False
End Sub
```

Setzen Sie die Eigenschaft `Enabled` auf den Wert `True`, um den Menübefehl wieder zu aktivieren.

!! STOP

Die Lösung in Listing 16.26 hat den Nachteil, dass Sie darauf achten müssen, ob Menübefehle geändert werden bzw. wenn Sie mehrsprachige Anwender haben. Das Argument `ID` *bei der Methode* `FindControl` *bleibt beispielsweise für das Menü* EXTRAS *immer konstant, während sich die Beschriftung des Menüs ändern kann.*

Kaskaden-Menüs erstellen

Möchten Sie mehrere Menübefehle miteinander verschachteln, um einzelne Befehle damit zu gruppieren, erstellen Sie ein Kaskaden-Menü. So können Sie z.B. im Menü BEARBEITEN ganz unten ein neues Kaskaden-Menü einfügen, welches Ihnen die Möglichkeit bietet, bestimmte Zellen auf dem Tabellenblatt zu markieren. Dabei sollen folgende Zellen automatisch markiert werden können.

Markierung von ...

- Zellen mit Formeln bzw. Verknüpfungen
- Zellen mit Kommentaren
- Zellen mit Gültigkeitsregeln (alle oder bestimmte)
- Zellen mit bedingter Formatierung

Das Makro zum Erstellen dieser Lösung können Sie Listing 16.27 entnehmen.

Listing 16.27: Ein Kaskaden-Menü erstellen

```
Sub KaskadenMenüErstellen()
Dim Kaskade As CommandBarPopup
Dim UnterMenu As CommandBarPopup
Dim UKaskade As CommandBarControl
Dim i As Integer

 i = _
CommandBars(1).Controls("Bearbeiten").Controls.Count
 Set Kaskade = _
  CommandBars(1).Controls("Bearbeiten").Controls.Add _
  (Type:=msoControlPopup, before:=i, Temporary:=True)
    With Kaskade
        .Caption = "&Markieren Zellen mit ..."
        .BeginGroup = True
    End With
  With Kaskade.Controls.Add _
  (Type:=msoControlButton, Temporary:=True)
        .Caption = "&Formeln"
        .OnAction = "FormelZellenMarkieren"
        .Style = msoButtonIconAndCaption
        .FaceId = 373
        .Enabled = True
    End With
    With Kaskade.Controls.Add _
   (Type:=msoControlButton, Temporary:=True)
        .Caption = "&Kommentaren"
        .OnAction = "KommentarZellenMarkieren"
        .FaceId = 1589
        .Style = msoButtonIconAndCaption
        .Enabled = True
    End With
    Set UnterMenu = _
    Kaskade.Controls.Add _
    (Type:=msoControlPopup, Temporary:=True)
    With UnterMenu
        .Caption = "&Gütigkeitsregeln"
        .BeginGroup = True
    End With
    Set UKaskade = _
    UnterMenu.Controls.Add(Type:=msoControlButton)
```

```
        With UKaskade
            .Caption = "&Alle Gültigkeitsregeln"
            .OnAction = "GültigkeitsZellenMarkieren"
        End With
        Set UKaskade = _
        UnterMenu.Controls.Add(Type:=msoControlButton)
        With UKaskade
            .Caption = "&gleiche Gültigkeitsregeln"
            .OnAction = "GleicheGültigkeitsZellenMarkieren"
        End With
        With Kaskade.Controls.Add _
       (Type:=msoControlButton, Temporary:=True)
            .Caption = "&bedingten Formaten"
            .OnAction = "BedingtFormatierteZellenMarkieren"
            .Style = msoButtonIconAndCaption
            .Enabled = True
            .BeginGroup = True
            .FaceId = 962
        End With
        Set Kaskade = Nothing
        Set UKascade = Nothing
        Set UnterMenü = Nothing
    Application.CommandBars(1).Controls _
    ("Bearbeiten").Execute
End Sub
```

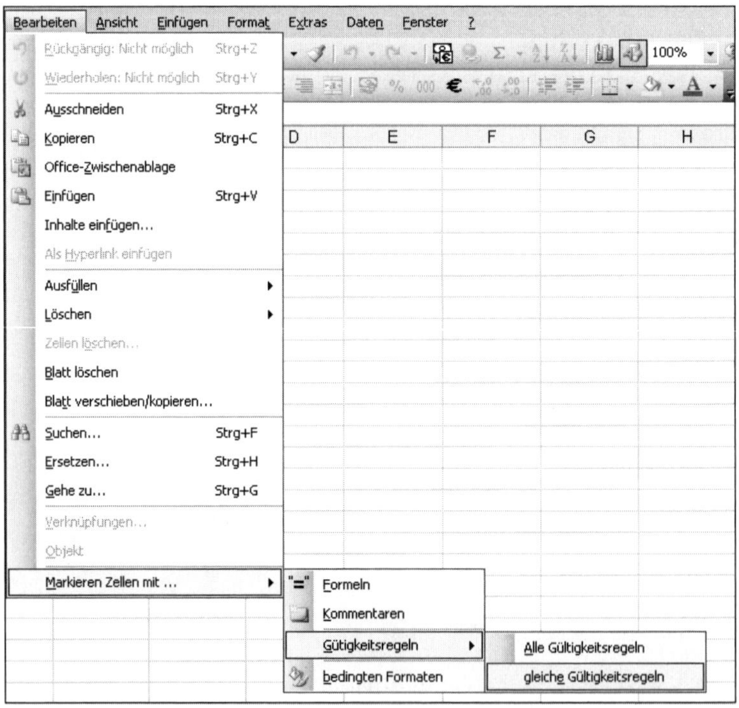

Abbildung 16.8: Ein Kaskaden-Menü zum Markieren bestimmter Zellen

Im ersten Schritt definieren Sie zwei Objektvariablen vom Typ CommandBarPopup und CommandBarControl. Mit der ersten Objektvariablen legen Sie fest, dass es ein weiteres Untermenü gibt. Mit der zweiten Variablen sagen Sie, dass es sich um ein normales Schaltflächensymbol handeln soll. Da Sie das zusätzliche Kaskaden-Menü am Ende des Menüs BEARBEITEN einfügen möchten, zählen Sie über die Methode Count die bisher vorhandenen Menübefehle und speichern die Anzahl in der Variablen i.

Die erste Ebene

Definieren Sie nun die erste Ebene Ihres Kaskaden-Menüs, welches Sie mithilfe der Methode Add einfügen. Dabei legen Sie mit dem Argument Type fest, dass es noch weitere Untermenüs geben soll. Mit dem Argument Before geben Sie bekannt, dass dieser neue Menüpunkt am Ende des Menüs BEARBEITEN eingefügt werden soll. Aus diesem Grund haben Sie bereits vorher die Anzahl der Menübefehle in der Variablen i gespeichert, die Sie nun der Methode Add übergeben. Über die Eigenschaft Caption legen Sie die Beschriftung des Menübefehls fest. Möchten Sie den Menüpunkt auch über die Tastatur schnell ansteuern können, setzen Sie das Zeichen & vor dem Buchstaben der Beschriftung ein, der als Shortcut fungieren soll. Im Beispiel ist dies der Buchstabe M. Haben Sie das Menü BEARBEITEN aktiviert, reicht es, die Taste [M] zu drücken, um zum Menüpunkt zu gelangen. Setzen Sie die Eigenschaft BeginGroup auf den Wert True, um einen horizontalen Trennstrich im Menü zu ziehen.

Die zweite Ebene

Fügen Sie nun dem neuen Menübefehl einen weiteren Menübefehl hinzu. Verwenden Sie dazu wiederum die Methode Add und geben Sie im Argument Type die Konstante msoControlButton an. Damit legen Sie fest, dass keine weiteren Untermenüs für diesen Menübefehl mehr folgen. Geben Sie dem Menübefehl über die Eigenschaft Caption eine Beschriftung und hinterlegen Sie hinter der Eigenschaft OnAction das Makro, welches Sie ausführen möchten, wenn der Menübefehl ausgewählt wird. Mit der Eigenschaft Style bestimmen Sie, wie der Menübefehl angezeigt werden soll. Entscheiden Sie sich für die Konstante msoButtonIconAndCaption, um sowohl ein Symbol als auch eine Beschriftung anzuzeigen. Verwenden Sie die Eigenschaft FaceId, um ein passendes Symbol dem Menübefehl hinzuzufügen.

INFO

Wie Sie die FaceId *der einzelnen Symbole in Excel ermitteln können, erfahren Sie im weiteren Verlauf des Kapitels.*

ID oder FaceID?

Die Eigenschaft FaceId bestimmt das Aussehen, jedoch nicht die Funktion einer Befehlsleisten-Schaltfläche. Die Eigenschaft ID des CommandBarControl-Objekts bestimmt die Funktion der Schaltfläche.

Die Eigenschaft Enabled bietet Ihnen die Möglichkeit, einzelne Menübefehle zu aktivieren bzw. zu deaktivieren. Möchten Sie zum Zeitpunkt der Erstellung eines Menübefehls die Funktion noch nicht freigeben, um diese später nachzureichen, setzen Sie die Eigenschaft Enabled auf den Wert False. Fügen

Sie nun dem Menübefehl MARKIEREN ZELLEN MIT ... weitere Menübefehle hinzu.

Die dritte Ebene

Für das Markieren von Zellen mit Gültigkeitsregeln haben Sie die Möglichkeit, entweder alle Zellen zu markieren, die eine Gültigkeitsregel hinterlegt haben, oder wahlweise auch Zellen zu markieren, die mit einer bestimmten Gültigkeitsregel ausgestattet sind. Dazu fügen Sie einen Menübefehl ein, der sich wiederum in zwei weitere untergliedert. Dabei müssen Sie bei der `Add`-Methode das Argument `Type:= msoControlPopup` verwenden, um bekannt zu geben, dass unterhalb des Befehls weitere Menübefehle folgen sollen. Fügen Sie danach die beiden Menübefehle mithilfe der Methode `Add` und des Arguments `Type:=msoControlButton` ein, beschriften Sie die Menübefehle über die Eigenschaft `Caption` und verweisen Sie mit der Eigenschaft `OnAction` auf die entsprechenden Makros.

Speicher freigeben

Geben Sie zum Abschluss die Objektvariablen, für die im Arbeitsspeicher Platz reserviert wurde, wieder frei, indem Sie die einzelnen Variablen auf den Wert `Nothing` setzen.

:-) TIPP

Wenn Sie ein Menü automatisch aufklappen möchten, setzen Sie die Methode `Execute` *ein.*

Menübefehle mit Häkchen programmieren

Klappen Sie einmal das Menü ANSICHT herunter. Dort sehen Sie bei den Menübefehlen BEARBEITUNGSLEISTE und STATUSLEISTE jeweils einen Haken davor eingeblendet. Wählen Sie einen dieser beiden Menübefehle aus, verschwindet der Haken und die damit verbundene Funktion wird ausgeführt. Beim erneuten Auswählen des Menübefehls wird der Haken gesetzt. Somit können Sie diese Art von Menübefehlen nutzen, um bestimmte Elemente in Excel ein- und auszuschalten. Eine weitere Möglichkeit beschreibt das folgende Beispiel. Wenn Sie ein Tabellenblatt aktivieren bzw. auf ein anderes Tabellenblatt wechseln, soll im Hintergrund eine Prüfung stattfinden, die folgende Fragen beantworten soll.

Die Fragen

- Existieren in der aktiven Tabelle Zellen mit Gültigkeitsregeln?
- Gibt es in der Tabelle Zellen mit bedingter Formatierung?
- Sind in der Tabelle Zeilen bzw. Spalten ausgeblendet?
- Ist das Tabellenblatt geschützt?
- Gibt es auf dem Tabellenblatt Hyperlinks?

Alle gerade aufgeführten Fragen sollen in einem neuen Menü mit dem Namen ANALYSE beantwortet werden. Erstellen Sie zunächst einmal das neue Menü ANALYSE.

Das Makro zur Erstellung des Menüs ANALYSE entnehmen Sie dem folgenden Listing 16.28.

Listing 16.28: Menü mit Haken erstellen

```
Sub AnalyseMenüEinfügen()
Dim i As Integer
Dim i_Hilfe As Integer
Dim MenüNeu As CommandBarControl
Dim MB As CommandBarControl

 i = Application.CommandBars(1).Controls.Count
 i_Hilfe = Application.CommandBars(1).Controls(i).Index
 Set MenüNeu = Application.CommandBars(1). _
  Controls.Add(Type:=msoControlPopup, before:=i_Hilfe)
 MenüNeu.Caption = "Anal&yse"
 Set MB = MenüNeu.Controls.Add(Type:=msoControlButton)
   With MB
       .Caption = "Zellen mit Gültigkeitsregeln"
       .Style = msoButtonCaption
       .OnAction = "PrüfenGültigkeit"
       .State = msoButtonUp
   End With
  Set MB = MenüNeu.Controls.Add(Type:=msoControlButton)
   With MB
       .Caption = "Zellen mit bedingten Formaten"
       .Style = msoButtonCaption
       .OnAction = "PrüfenBedFormatierung"
       .State = msoButtonUp
   End With
 Set MB = MenüNeu.Controls.Add _
       (Type:=msoControlButton)
   With MB
       .Caption = "Zeilen ausgeblendet"
       .Style = msoButtonIconAndCaption
       .OnAction = "PrüfenZeilen "
       .State = msoButtonUp
   End With
 Set MB = MenüNeu.Controls.Add _
       (Type:=msoControlButton)
   With MB
       .Caption = "Spalten ausgeblendet"
       .Style = msoButtonIconAndCaption
       .OnAction = "PrüfenSpalten"
       .State = msoButtonUp
   End With
  Set MB = MenüNeu.Controls.Add _
       (Type:=msoControlButton)
   With MB
       .Caption = "Tabelle geschützt"
       .Style = msoButtonIconAndCaption
       .OnAction = "PrüfenSchutz "
```

```
            .State = msoButtonUp
        End With
    Set MB = MenüNeu.Controls.Add _
            (Type:=msoControlButton)
        With MB
            .Caption = "Hyperlinks"
            .Style = msoButtonIconAndCaption
            .OnAction = "PrüfenHyperlinks"
            .State = msoButtonUp
        End With
End Sub
```

Auf eine detaillierte Beschreibung des Listing 16.28 soll an dieser Stelle verzichtet werden. Es sollen lediglich die Unterschiede zu den vorherigen Beispielen herausgearbeitet werden. In Listing 16.28 wird die Eigenschaft `State` verwendet. Diese Eigenschaft gibt die Darstellung des angegebenen Schaltflächen-Steuerelements der Befehlsleiste über eine Konstante zurück oder legt sie fest. Setzen Sie bei der Erstellung die Konstante `msoButtonUp` ein, um den Kontrollhaken im ersten Schritt noch nicht anzuzeigen.

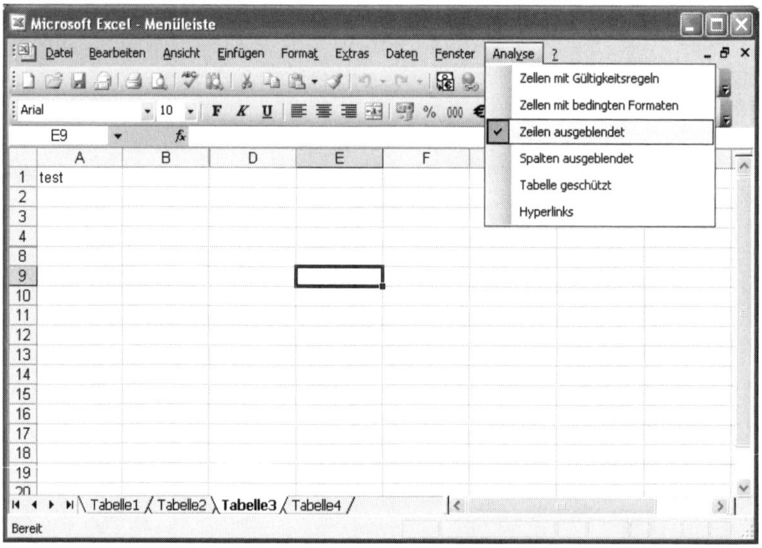

Abbildung 16.9: Das neue Menü Analyse ohne gesetzte Haken

Schreiben Sie nun die Makros, die die Prüfungen in der aktiven Tabelle durchführen.

Listing 16.29: Prüfung, ob sich Zellen mit Gültigkeitsregeln in der aktiven Tabelle befinden

```
Sub PrüfenGültigkeit()
Dim MB As CommandBarControl
Dim Menü As CommandBarControl
Dim i As Integer

i = 0
```

```
Set Menü = CommandBars(1).Controls("Analyse")
Set MB = Menü.Controls(1)

 i = _
ActiveCell.SpecialCells(xlCellTypeAllValidation).Count
 If i > 1 Then
 ActiveCell.SpecialCells(xlCellTypeAllValidation).Select
 MB.State = msoButtonDown
 Else
 End If
 Set MB = Nothing
 Set Menü = Nothing
End Sub
```

Definieren Sie zwei Objektvariablen vom Typ `CommandBarControl`. Die Variable `Menü` lassen Sie auf das neue Menü ANALYSE verweisen, die andere Variable `MB` lenken Sie direkt auf den entsprechenden Menübefehl. Im Anschluss daran ermitteln Sie über die Methode `SpecialCells` und die Konstante `xlCellTypeAllValidation`, ob es Zellen in der Tabelle gibt, die Gültigkeitsregeln enthalten. Zählen Sie diese Zellen, indem Sie die Methode `Count` einsetzen. Sind solche Zellen vorhanden, markieren Sie diese und setzen in der Eigenschaft `State` die Konstante `msoButtonDown` ein, was bewirkt, dass vor dem Menübefehl ein Haken angezeigt wird. Geben Sie abschließend den reservierten Speicher über die Anweisung `Set`, der Sie den Wert `Nothing` zuweisen, wieder frei.

Listing 16.30: Prüfung, ob sich in der aktiven Tabelle Zellen mit bedingter Formatierung befinden

```
Sub PrüfenBedFormatierung()
Dim MB As CommandBarControl
Dim Menü As CommandBarControl
Dim i As Integer

 Set Menü = CommandBars(1).Controls("Analyse")
 Set MB = Menü.Controls(2)
 i = 0
 i =  ActiveCell.SpecialCells _
 (xlCellTypeAllFormatConditions).Count
 If i > 1 Then _
  ActiveCell.SpecialCells _
  (xlCellTypeAllFormatConditions).Select
  MB.State = msoButtonDown
 Else
 End If
 Set MB = Nothing
 Set Menü = Nothing
End Sub
```

Die Ermittlung von Zellen mit bedingter Formatierung läuft genauso ab, wie Sie es bereits im Listing 16.30 gesehen haben.

Listing 16.31: Prüfung, ob Zeilen in der aktiven Tabelle ausgeblendet sind

```
Sub PrüfenZeilen()
Dim MB As CommandBarControl
Dim Menü As CommandBarControl
Dim Zeile As Range

Set Menü = CommandBars(1).Controls("Analyse")
Set MB = Menü.Controls(3)
For Each Zeile In ActiveSheet.UsedRange.Rows
 If Zeile.Hidden = True Then MB.State = msoButtonDown: _
  Exit Sub
Next Zeile
Set MB = Nothing
Set Menü = Nothing
End Sub
```

Durchlaufen Sie eine `For Each`-Schleife so lange, bis Sie auf eine ausgeblendete Zeile im benutzten Tabellenbereich stoßen. Danach setzen Sie den Haken vor den Menübefehl und beenden das Makro.

Listing 16.32: Prüfung, ob es in der aktiven Tabelle ausgeblendete Spalten gibt

```
Sub PrüfenSpalten()
Dim MB As CommandBarControl
Dim Menü As CommandBarControl
Dim Spalte As Range

Set Menü = CommandBars(1).Controls("Analyse")
Set MB = Menü.Controls(4)
For Each Spalte In ActiveSheet.UsedRange.Columns
 If Spalte.Hidden = True Then _
  MB.State = msoButtonDown
  Exit Sub
Next Spalte
Set MB = Nothing
Set Menü = Nothing
End Sub
```

Auch bei der Ermittlung von ausgeblendeten Spalten wird genauso verfahren, wie Sie es schon bei den Zeilen in der vorherigen Aufgabe gesehen haben.

Listing 16.33: Prüfung, ob die aktive Tabelle geschützt ist

```
Sub PrüfenSchutz()
Dim MB As CommandBarControl
Dim Menü As CommandBarControl

Set Menü = CommandBars(1).Controls("Analyse")
Set MB = Menü.Controls(5)
If ActiveSheet.ProtectContents = True Then _
  MB.State = msoButtonDown
Set MB = Nothing
```

```
Set Menü = Nothing
End Sub
```

Um zu ermitteln, ob die aktive Tabelle geschützt ist, setzen Sie die Eigenschaft `ProtectContents` ein. Diese Eigenschaft meldet den Wert `True` zurück, wenn die angegebene Tabelle geschützt ist.

Listing 16.34: Prüfung, ob die aktive Tabelle Hyperlinks enthält

```
Sub PrüfenHyperlinks()
Dim MB As CommandBarControl
Dim Menü As CommandBarControl

Set Menü = CommandBars(1).Controls("Analyse")
Set MB = Menü.Controls(6)
If ActiveSheet.Hyperlinks.Count > 0 _
Then MB.State = msoButtonDown
Menü.Execute
Set MB = Nothing
Set Menü = Nothing
End Sub
```

Bei der Prüfung, ob die Tabelle Hyperlinks enthält, reicht es aus, wenn Sie auf das Auflistungsobjekt `Hyperlinks` zugreifen und die Anzahl der darin enthaltenen Hyperlinks mit der Methode `Count` zählen. Sind Hyperlinks in der Tabelle enthalten, setzen Sie den Haken über die Eigenschaft `State`, der Sie die Konstante `msoButtonDown` übergeben.

:-) TIPP

Setzen Sie die Methode `Execute` *ein, um das Menü* ANALYSE *automatisch herunterzuklappen.*

Sicherheitsfunktion einbauen

Um sicherzustellen, dass alle Haken richtig gesetzt bzw. auch wieder entfernt werden, schreiben Sie vorsorglich ein Makro, welches alle Haken vor den einzelnen Menübefehlen entfernt.

Listing 16.35: Alle Haken eines Menüs werden entfernt

```
Sub Zurücksetzen()
Dim Mb As CommandBarControl

 Set Mb = CommandBars(1).Controls("Analyse")
 With Mb
  .Controls(1).State = msoButtonUp
  .Controls(2).State = msoButtonUp
  .Controls(3).State = msoButtonUp
  .Controls(4).State = msoButtonUp
  .Controls(5).State = msoButtonUp
  .Controls(6).State = msoButtonUp
 End With
End Sub
```

Starten Sie dieses Makro als Erstes, wenn Sie auf eine neue Tabelle wechseln.

Automatisierung herstellen

Sorgen Sie jetzt dafür, dass bei jedem Wechsel auf ein anderes Tabellenblatt die obigen Prüfungen automatisch ausgeführt werden.

STEP

Dazu gehen Sie wie folgt vor:

1. Wechseln Sie in die Entwicklungsumgebung.
2. Klicken Sie im Projekt-Explorer den Eintrag DIESEARBEITSMAPPE doppelt an.
3. Erfassen Sie das Ereignis `Workbook_SheetActivate`.

Listing 16.36: Ereignis Workbook_-SheetActivate verwenden, um beim Blattwechsel automatisch mehrere Prüfungen vorzunehmen

```
Private Sub Workbook_SheetActivate(ByVal Sh As Object)
On Error Resume Next
 Zurücksetzen
 PrüfenGültigkeit
 PrüfenBedFormatierung
 PrüfenZeilen
 PrüfenSpalten
 PrüfenSchutz
 PrüfenHyperlinks
End Sub
```

Das Ereignis `Workbook_SheetActivate` tritt immer dann ein, wenn Sie in einer Arbeitsmappe auf ein anderes Tabellenblatt wechseln. Rufen Sie innerhalb dieser Ereignisprozedur die einzelnen Prüfprogramme auf.

Abbildung 16.10: Bei jedem Wechsel wird das Menü Analyse überarbeitet

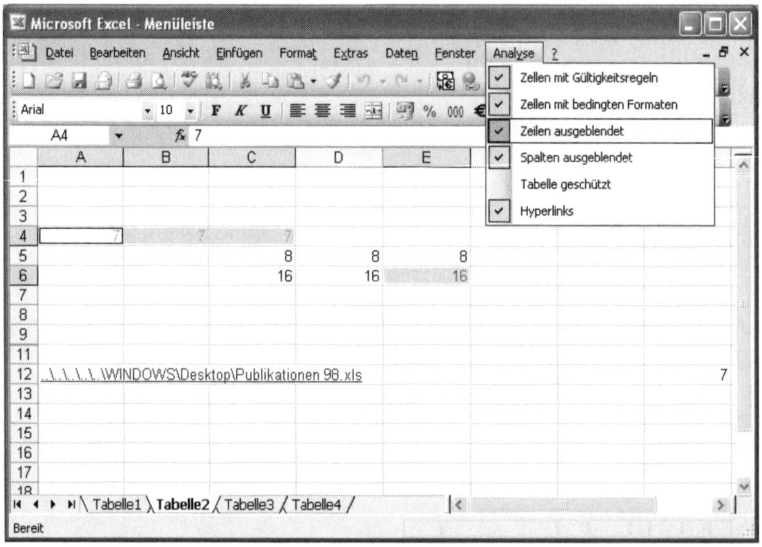

In Kapitel 12 erfahren Sie mehr über Ereignisse.

REF

16.2 Die Programmierung von Kontextmenüs

Kontextmenüs finden Sie in Excel überall. Wenn Sie dabei mit der rechten Maustaste auf ein Objekt klicken, wird Ihnen in den meisten Fällen ein Kontextmenü angeboten. Dieses Kontextmenü enthält dann die wichtigsten Befehle zu dem angeklickten Objekt.

Sie finden alle Beispiele zum Thema »Kontextmenüs« auf der mitgelieferten CD-ROM im Verzeichnis KAP16 *unter dem Namen* KONTEXTMENÜ.XLS.

CD

Das am häufigsten eingesetzte Kontextmenü ist das Zellen-Kontextmenü, welches über das Objekt `CommandBars("Cell")` angesprochen werden kann. Entnehmen Sie der Tabelle 16.4 weitere Kontextmenüs und deren Identifikation.

Tabelle 16.4: Die gängigsten Kontextmenüs in Excel auf einen Blick

Kontextmenü	Beschreibung
`CommandBars ("Cell")`	Zellen-Kontextmenü
`CommandBars ("System")`	System-Kontextmenü (am oberen linken Fensterrand)
`CommandBars ("Toolbar List")`	Kontextmenü für die Menü- und Symbolleisten
`CommandBars ("Ply")`	Kontextmenü für die Registerkarten
`CommandBars ("Column")`	Kontextmenü für Spaltenköpfe
`CommandBars ("Row")`	Kontextmenü für Zeilenköpfe

Kontextmenüs deaktivieren

Sie können beispielsweise Kontextmenüs deaktivieren, wenn Sie eine Arbeitsmappe in Excel öffnen. Dann bauen Sie das Makro `KontextmenüsDeaktivieren` in das Arbeitsmappen-Ereignis `Workbook_Open` ein.

Listing 16.37: Ereignis Workbook_Open zum Deaktivieren der gängigsten Kontextmenüs

```
Private Sub Workbook_Open()
 KontextmenüsDeaktivieren
End Sub

Sub KontextmenüsDeaktivieren()
Application.CommandBars("Cell").Enabled = False
Application.CommandBars("System").Enabled = False
Application.CommandBars("Toolbar list").Enabled = False
Application.CommandBars("Ply").Enabled = False
```

```
Application.CommandBars("Column").Enabled =False
Application.CommandBars("Row").Enabled = False
End Sub
```

Vor dem Schließen der Datei sollen die Kontextmenüs wieder verfügbar gemacht werden. Dazu setzen Sie das Arbeitsmappen-Ereignis `Workbook_BeforeClose` ein.

Listing 16.38: Ereignis Workbook_-BeforeClose zum Aktivieren von Kontextmenüs

```
Private Sub Workbook_BeforeClose(Cancel As Boolean)
 KontextmenüsAktivieren
End Sub

Sub KontextmenüsDeaktivieren()
Application.CommandBars("Cell").Enabled = True
Application.CommandBars("System").Enabled = True
Application.CommandBars("Toolbar list").Enabled = True
Application.CommandBars("Ply").Enabled = True
Application.CommandBars("Column").Enabled =True
Application.CommandBars("Row").Enabled = True
End Sub
```

Das Zellen-Kontextmenü erweitern

Wenn Sie sich das Zellen-Kontextmenü einmal ansehen, erkennen Sie, dass die wichtigsten Befehle für die Zelle schon darin enthalten sind. Trotzdem können Sie weitere Befehle in das Kontextmenü einfügen. Praktisch wären u.a. folgende Funktionen:

Die Erweiterungsfunktionen

- Eine Funktion, die alle nicht druckbaren Zeichen aus einer Zelle bzw. einem markierten Zellenbereich herauslöscht. Gerade wenn Sie Daten aus anderen Anwendungsprogrammen importieren, sind oft noch maschinennahe Zeichen in der Zelle enthalten, die Excel nicht interpretieren kann.
- Eine Funktion, die in einer Zelle bzw. im markierten Zellenbereich automatisch einen Zellenumbruch setzt. Sie sparen sich dadurch den längeren Weg über das Menü FORMAT und den Befehl ZELLEN über die Registerkarte AUSRICHTUNG, um den Zellenumbruch dann in einem Kontrollkästchen festzulegen.
- Eine Funktion, die einen relativen Zellenbezug in einer Zelle oder einem Zellenbereich in einen absoluten Zellenbezug umwandelt. Sicher wissen Sie, wie mühselig es ist, manuell Zellenbezüge umzusetzen.

Das Makro zum Erweitern des Zellen-Kontextmenüs entnehmen Sie dem Listing 16.39.

Listing 16.39: Das Zellen-Kontextmenü um zusätzliche Funktionen erweitern

```
Sub ZellenkontextmenüErgänzen()
Dim MB As CommandBarControl

 Set MB = Application.CommandBars("Cell").Controls.Add
 With MB
     .Caption = "Zelle reinigen"
     .OnAction = "ZellenSäubern"
     .BeginGroup = True
 End With
 Set MB = Application.CommandBars("Cell").Controls.Add
 With MB
     .Caption = "Zellenumbruch setzen"
     .OnAction = "ZellenumbruchSetzen"
 End With
 Set MB = Application.CommandBars("Cell").Controls.Add
 With MB
     .Caption = "Absoluten Zellenbezug setzen"
     .OnAction = "BezugÄndernInAbsolut"
 End With
End Sub
```

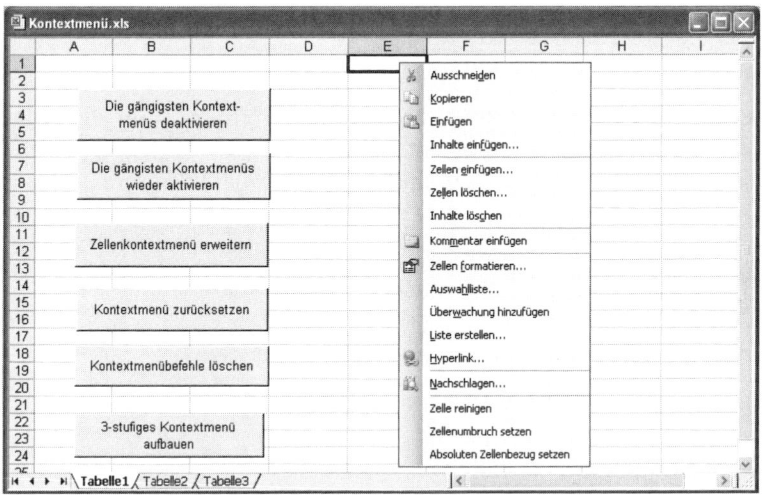

Abbildung 16.11: Das Zellen-Kontextmenü, ergänzt um weitere Funktionen

Fügen Sie über die Methode `Add` dem Kontextmenü weitere Menübefehle hinzu. Mit der Eigenschaft `Caption` weisen Sie dem neuen Menübefehl eine Beschriftung zu. Durch die Eigenschaft `OnAction` hinterlegen Sie, welches Makro bei der Auswahl des Menübefehls gestartet werden soll. Ziehen Sie einen horizontalen Trennstreifen im Kontextmenü, indem Sie die Eigenschaft `BeginGroup` auf den Wert `True` setzen.

Entnehmen Sie nun die hinterlegten Makros den folgenden Listings.

Listing 16.40: Alle nicht druckbaren Zeichen aus Zellen entfernen

```
Sub ZellenSäubern()
Dim Zelle As Range

For Each Zelle In Selection
If Zelle.HasFormula = False Then
  Zelle.Value = _
  Application.WorksheetFunction.Clean(Zelle.Value)
 End If
Next Zelle
End Sub
```

Um diese Aufgabe zu bewältigen, werden in einer Schleife alle Zellen in der Markierung überprüft. Letztendlich sollen aber nur Zellen bereinigt werden, die keine Formeln enthalten. Diese werden durch die `IF`-Anweisung gefiltert. Die restlichen Zellen werden mithilfe der Funktion `Clean` gesäubert.

Listing 16.41: Den Zellenumbruch im markierten Bereich einstellen

```
Sub ZellenumbruchSetzen()
Dim Zelle As Range

 For Each Zelle In Selection
   Zelle.WrapText = True
 Next Zelle
End Sub
```

Setzen Sie die Eigenschaft `WrapText` auf den Wert `True`, um alle Zellen innerhalb der Markierung mit einem Zellenumbruch zu belegen. Zelleneinträge, die dann länger sind als die Spalte, werden damit automatisch umgebrochen.

Listing 16.42: Relative Zellenbezüge in absolute Zellenbezüge umsetzen

```
Sub BezugÄndernInAbsolut()
Dim Zelle As Range

 For Each Zelle In Selection
  If Zelle.HasFormula = True Then
  Zelle.Formula = _
  Application.ConvertFormula(Formula:=Zelle.Formula, _
     fromreferencestyle:=xlA1, _
     toreferencestyle:=xlA1, _
     toabsolute:=xlAbsolute)
  Else
  End If
 Next Zelle
End Sub
```

Auch bei dieser Aufgabe dürfen nur Formelzellen angefasst werden. Mithilfe der Eigenschaft `HasFormula` können Sie dies überprüfen. Diese Eigenschaft meldet den Wert `True`, wenn die Zelle eine Formel enthält. Wandeln Sie die relativen Bezüge in absolute Bezüge um, indem Sie die Methode

ConvertFormula einsetzen. Diese Methode konvertiert Zellenbezüge in Formeln zwischen den Bezugsarten A1 und Z1S1 bzw. zwischen relativen und absoluten Bezügen.

Kontextmenü aufbauen (dreistufig)

Gehen Sie jetzt einen Schritt weiter und bauen Sie ein dreistufiges Kontextmenü auf. Dazu setzen Sie folgendes Makro aus Listing 16.43 ein.

Listing 16.43: Dreistufiges Kontextmenü aufbauen

```
Sub KontextMenü3StufigErstellen()
Dim KonBef As CommandBarControl
Dim KonBef2 As CommandBarControl
Dim KonBef3 As CommandBarControl

    With CommandBars("Cell")
        While .Controls.Count > 0
            On Error Resume Next
            .Controls(1).Delete
        Wend
        Set KonBef = .Controls.Add _
        (Type:=msoControlPopup, Temporary:=True)
        KonBef.Caption = "Speichern"
        Set KonBef2 = KonBef.Controls.Add _
        (Type:=msoControlPopup, Temporary:=True)
        KonBef2.Caption = "2. Ebene"
        Set KonBef3 = KonBef2.Controls.Add
        With KonBef3
            .Caption = "3. Ebene"
            .FaceId = 23
            .OnAction = "test"
        End With
    End With
End Sub
```

Mit der Methode Add können Sie weitere Untermenüs hinzufügen. Achten Sie dabei darauf, dass Sie die Konstante msoControlPopup einsetzen. Erst dann wird es möglich, weitere Untermenüs hinzuzufügen.

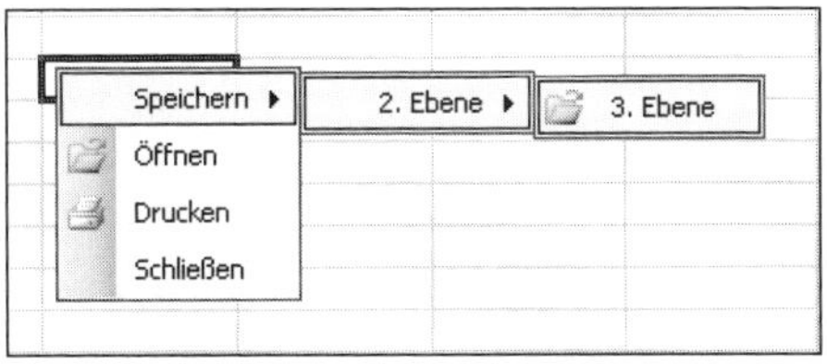

Abbildung 16.12: Dreistufiges Kontextmenü aufbauen

Kontextmenü zurücksetzen

Möchten Sie das Zellen-Kontextmenü in seinen ursprünglichen Zustand zurücksetzen, wenden Sie die Methode Reset an.

Listing 16.44: Das Zellen-Kontextmenü in den Ausgangszustand zurücksetzen

```
Sub KontextmenüZurücksetzen()
 Application.CommandBars("Cell").Reset
End Sub
```

Selbstverständlich können Sie die vorher hinzugefügten Menübefehle auch einzeln entfernen.

Listing 16.45: Kontextmenü-Befehle löschen

```
Sub ZellenkontextmenüBefehleLöschen()
Dim Menü As CommandBar

Set Menü = Application.CommandBars("Cell")
 On Error Resume Next
 With Menü
  .Controls("Zelle reinigen").Delete
  .Controls("Zellenumbruch setzen").Delete
  .Controls("Absoluten Zellenbezug setzen").Delete
 End With
End Sub
```

Mithilfe der Methode Delete löschen Sie einzelne Menübefehle aus dem Kontextmenü.

16.3 Die Programmierung von Symbolleisten

Auch bei der Programmierung wird auf das Objekt CommandBars zurückgegriffen. In Excel spielt es daher keine Rolle mehr, ob es sich um Menü- oder Symbolleisten handelt. Alle Leisten werden gleich behandelt. Aus diesem Grund folgen auf den nächsten Seiten keine grundlegenden Themen mehr, die schon bei den Menüleisten besprochen wurden, sondern wir konzentrieren uns auf Speziallösungen.

CD

Sie finden alle Beispiele zum Thema »Menüleisten« auf der mitgelieferten CD-ROM im Verzeichnis KAP16 *unter dem Namen* SYMBOLLEISTE.XLS.

Neue Symbolleiste erstellen

Jede einzelne Symbolschaltfläche in Excel hat eine eindeutige ID, über die Sie die Symbolschaltfläche ansprechen können. Wie aber können Sie diese ID in Excel ermitteln? In der folgenden Aufgabe sollen über eine UserForm bestimmte Symbole gesucht und in eine neue Symbolleiste eingefügt werden. Ebenso soll es möglich sein, Symbole aus der neuen Symbolleiste wieder zu löschen. Im ersten Schritt erstellen Sie zunächst eine neue, noch leere Symbolleiste und setzen hierfür das Makro aus Listing 16.46 ein.

Listing 16.46: Neue Symbolleiste an bestimmter Position einfügen

```
Sub NeueSymbolleiste()
Dim SB As CommandBar

 On Error Resume Next
 Set SB = CommandBars.Add("Neue Symbolleiste")
 With SB
  .Visible = True
  .Top = 400
  .Left = 70
 End With
End Sub
```

Mithilfe der Methode `Add` fügen Sie eine neue Symbolleiste ein. Dabei bestimmen Sie über die Eigenschaft `Visible`, dass die Symbolleiste auf dem Bildschirm angezeigt wird. Mit den Eigenschaften `Top` und `Left` legen Sie die exakte Anzeigeposition (linke obere Ecke) fest.

Symbole in neue Symbolleiste integrieren

Fügen Sie nun Symbole in die neue Symbolleiste ein. Dazu entwerfen Sie eine UserForm, die wie in Abbildung 16.15 aussieht.

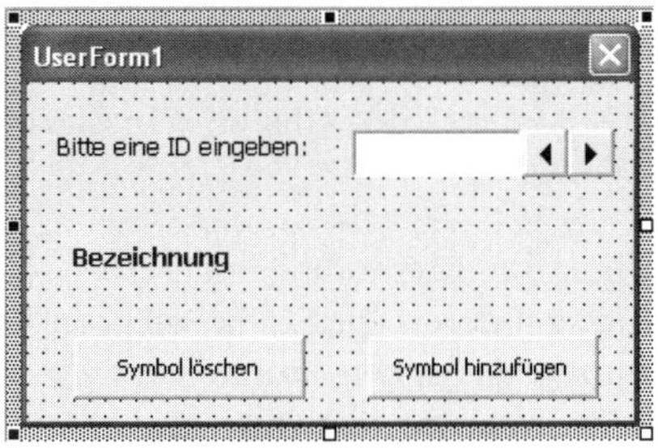

Abbildung 16.13: Die UserForm zum Suchen von Symbolen

Da jede Symbolschaltfläche in Excel einen eindeutigen Index hat, kann im Textfeld eine Zahl eingegeben bzw. über die Drehfelder vor- und zurückgeblättert werden. Im Bezeichnungsfeld wird die jeweilige Bezeichnung der Symbolschaltfläche ausgegeben. Sie entscheiden nun, ob Sie diese Funktion einschließlich der Symbolschaltfläche in Ihre neue Symbolleiste übertragen möchten.

Listing 16.47: Symbolleiste einblenden und UserForm starten

```
Sub UseformAufrufen()
Dim SB As CommandBar

On Error Resume Next
 Set SB = CommandBars("Neue Symbolleiste")
```

```
 With SB
  .Visible = True
  .Top = 400
  .Left = 70
 End With
 UserForm1.Show
End Sub
```

Setzen Sie die Eigenschaft `Visible` auf den Wert `True`, um die bereits vorhandene Symbolleiste anzuzeigen. Starten Sie im Anschluss daran die UserForm mit der Methode `Show`.

Sobald Sie im Textfeld eine Eingabe vornehmen, werden mithilfe des Ereignisses `Textbox_Change` automatisch die darin enthaltenen Makrobefehle ausgeführt.

Listing 16.48: Die dialoggesteuerte Suche nach Symbolschaltflächen

```
Private Sub TextBox1_Change()
Dim SBS As Object
Dim SB As CommandBar

On Error GoTo fehler
Set SBS = CommandBars.FindControl _
(Type:=msoControlButton, ID:=TextBox1.Value)
UserForm1.Label2 = SBS.Caption
Exit Sub

fehler:
 UserForm1.Label2 = _
 "Zu diesem Index gibt es kein Symbol!"
End Sub
```

Über die Methode `FindControl` können Sie nach der Symbolschaltfläche suchen, deren Index Sie im Textfeld TEXTBOX1 erfasst haben. Wird ein Symbol gefunden, können Sie die Beschriftung der Symbolschaltfläche im Bezeichnungsfeld LABEL2 ausgeben.

Möchten Sie die gefundene Symbolschaltfläche in Ihre neue Symbolleiste einfügen, starten Sie das Makro aus Listing 16.49.

Listing 16.49: Symbolschaltfläche einfügen

```
Private Sub CommandButton1_Click()
Dim SBS As Object
Dim SB As CommandBar

 On Error GoTo fehler
 Set SB = CommandBars("Neue Symbolleiste")
 Set Symbol = SB.Controls
 Symbol.Add Type:=msoControlButton, ID:=TextBox1.Value
 Exit Sub
```

```
fehler:
 UserForm1.Label2 = _
 "Zu diesem Index gibt es kein Symbol!"
End Sub
```

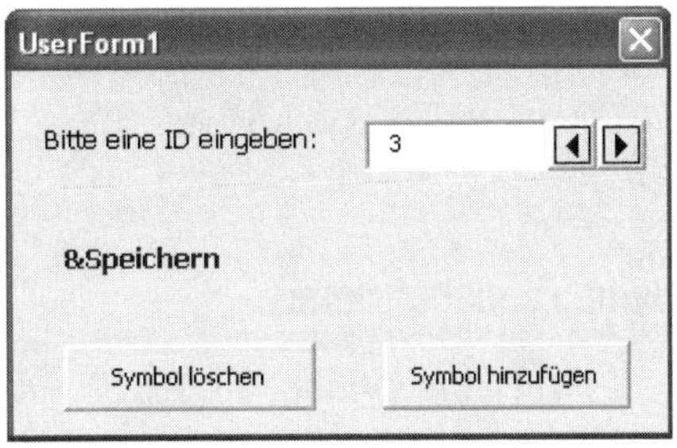

Abbildung 16.14: Das Speichern-Symbol hat den ID-Wert 3

Zum Einfügen der Symbolschaltfläche geben Sie als ID-Wert bei der Methode `Add` den Inhalt des Textfelds TEXTBOX1 an.

Symbole löschen

Zum Löschen von Symbolen aus der neuen Symbolleiste verwenden Sie die Methode `FindControl`, die Sie dieses Mal aber innerhalb der neuen Symbolleiste durchführen.

Listing 16.50: Symbolschaltflächen suchen und löschen

```
Private Sub CommandButton2_Click()
Dim SBS As Object
Dim SB As CommandBar

Set SB = CommandBars("Neue Symbolleiste")
On Error GoTo fehler
Set SBS = SB.FindControl _
(Type:=msoControlButton, ID:=TextBox1.Value)
 SBS.Delete
 Exit Sub

fehler:
 UserForm1.Label2 = _
 "Es wurde kein Symbol in der Symbolleiste gefunden!"
End Sub
```

Übergeben Sie der Methode `FindControl` den ID-Wert der zu löschenden Symbolschaltfläche. Diesen Wert bekommen Sie direkt aus dem Textfeld TEXTBOX1 der UserForm. Wird die gesuchte Symbolschaltfläche auf der neuen Symbolleiste gefunden, wenden Sie die Methode `Delete` an, um sie zu löschen.

:-) TIPP

Möchten Sie das Textfeld in Ihrer UserForm automatisieren, können Sie dieses elegant selbst hochzählen lassen, indem Sie ein Drehfeld verwenden und das Ereignis `SpinButton_Change` *einsetzen.*

Listing 16.51: Ein Drehfeld verwenden, um ein Textfeld zu automatisieren

```
Private Sub SpinButton1_Change()
 SpinButton1.Min = 1
 SpinButton1.Max = 1000
 TextBox1.Value = SpinButton1.Value
End Sub
```

Symbole identifizieren

Jedes einzelne Symbol in Excel hat eine eindeutige Kennzeichnung. Die `FaceId`-Eigenschaft bestimmt das Aussehen, jedoch nicht die Funktion einer Befehlsleisten-Schaltfläche. Im nächsten Makro werden die ersten 50 `FaceIds` in Excel in eine Symbolleiste eingefügt.

Listing 16.52: Die FaceIds von Symbolen erkennen

```
Sub IconsEinfügen()
Dim symb As CommandBar
Dim Icon As CommandBarControl
Dim i As Integer

On Error Resume Next
Set symb = Application.CommandBars.Add("Symbole", _
 msoBarFloating)
For i = 1 To 50
 Set Icon = symb.Controls.Add(msoControlButton)
 Icon.FaceId = i
 Icon.TooltipText = i
Next i
symb.Visible = True
End Sub
```

Abbildung 16.15: Die FaceIds von Symbolen ermitteln

Wenn Sie mit der Maus über ein Symbol streichen, wird die FaceId des Symbols angezeigt.

Möchten Sie nicht das Aussehen, sondern die Funktion eines Symbols nützen, müssen Sie wissen, welche ID zu welchem Symbol gehört. Im folgenden Makro aus Listing 16.53 wird die Symbolleiste STANDARD untersucht. Jedes

Symbol wird dabei angesteuert und dessen Bezeichnung sowie dessen ID in eine Tabelle geschrieben.

Listing 16.53: Die IDs von Symbolen erkennen

```
Sub IDsErmitteln()
Dim symb As CommandBar
Dim Icon As CommandBarControl
Dim I as integer

i=2
Sheets("Tabelle4").Activate
 On Error Resume Next
Set symb = Application.CommandBars("Standard")
For Each Icon In symb.Controls
 Cells(i,1).Value = Icon.TooltipText
 Cells(i, 2).Value = Icon.ID
 i=i+1
Next Icon
End Sub
```

Abbildung 16.16: Die IDs von Symbolen herausschreiben

	A	B
1	**Bezeichnung**	**ID**
2	&Neu	2520
3	Öffnen	23
4	&Speichern	3
5	Berechtigung (Unbeschränkter Zugr	9004
6	E-Mail	3738
7	Drucken (Brother MFL Pro Printer II	2521
8	Seiten&ansicht	109
9	&Rechtschreibung...	2
10	Recherchieren&...	7343
11	Ausschnei&den	21
12	&Kopieren	19
13	&Einfügen	6002
14	&Format übertragen	108
15	&Rückgängig	128
16	&Wiederholen	129
17	&Freihandanmerkungen einfügen	9404
18	Euroumrechnung	1
19	Hyperlink einfügen	1576
20	Auto&Summe	226
21	A&ufsteigend sortieren	210
22	A&bsteigend sortieren	211
23	&Diagramm-Assistent	436
24	&Zeichnen	204
25	&Zoom:	1733
26	Microsoft Excel-&Hilfe	984
27		

Symbolleisten schützen

Sie können Symbolleisten jederzeit anpassen, d.h., Sie können neue Symbole in die Symbolleiste aufnehmen oder Symbole aus den Leisten herausnehmen. Weiterhin können Sie die Position von Symbolleisten auf dem Bildschirm frei bestimmen. Möchten Sie all dies verhindern, haben Sie die

Möglichkeit, Ihre Symbolleisten zu schützen. Im nächsten Makro aus Listing 16.54 wird die Symbolleiste STANDARD geschützt.

Listing 16.54: Symbolleisten schützen

```
Sub SymbolleisteSchützen()
With Application.CommandBars("Standard")
    .Protection = _
 msoBarNoChangeVisible + msoBarNoCustomize
    .Visible = True
End With
End Sub
```

Setzen Sie die Eigenschaft `Protection` ein, um Ihre Symbolleisten zu schützen. Die Konstante `msoBarNoChangeVisible` bewirkt, dass die Symbolleiste nicht im Kontextmenü erscheint, wenn Sie eine beliebige Symbolleiste mit der rechten Maustaste anklicken. Die Konstante `msoBarNoCustomize` verhindert ein Anpassen der Symbolleiste. Dadurch ist es Ihnen nicht möglich, neue Symbole hinzuzufügen bzw. Symbole aus der Symbolleiste herauszunehmen.

Entnehmen Sie der Tabelle 16.5 die Möglichkeiten, die Sie mithilfe der Eigenschaft `Protection` haben.

Tabelle 16.5: Die Möglichkeiten des Schutzes von Symbolleisten

Konstante	Bedeutung
`msoBarNoChangeDock`	Die Symbolleiste kann nicht aus ihrer Verankerung herausgelöst werden.
`msoBarNoChangeVisible`	Die Symbolleiste können Sie weder im Kontextmenü der Symbolleisten noch im Dialog ANPASSEN sehen.
`msoBarNoCustomize`	Weder das Hinzufügen bzw. Löschen von Symbolen aus der Symbolleiste noch das Verschieben der Symbole ist möglich.
`msoBarNoHorizontalDock`	Die Symbolleiste kann weder am oberen noch am unteren Bildschirm angedockt werden.
`msoBarNoVerticalDock`	Die Symbolleiste kann weder rechts noch links am Bildschirm angedockt werden.
`msoBarNoMove`	Die Symbolleiste kann nicht auf dem Bildschirm frei bewegt werden.
`msoBarNoResize`	Die Symbolleiste kann in ihrer Form nicht verändert werden.

Heben Sie den Schutz wieder auf, indem Sie das folgende Makro aus Listing 16.55 starten.

Listing 16.55: Symbolleistenschutz aufheben

```
Sub SymbolleistewiederOK()
With Application.CommandBars("Standard")
    .Protection = False
    .Visible = True
End With
End Sub
```

Symbolleiste löschen

Möchten Sie die neu eingefügte Symbolleiste wieder löschen, starten Sie das Makro aus Listing 16.56.

Listing 16.56: Symbolleiste löschen

```
Sub NeueSymbolleisteLöschen()
Dim SB As CommandBar

 Set SB = CommandBars("Neue Symbolleiste")
 On Error Resume Next
 SB.Delete
End Sub
```

Setzen Sie die Methode `Delete` ein, um eine Symbolleiste zu löschen.

Denken Sie daran, die Anweisung `On Error Resume Next` *vor dem Löschbefehl zu integrieren. Damit sorgen Sie dafür, dass das Makro nicht abstürzt, wenn versucht wird, die bereits gelöschte Symbolleiste erneut zu löschen.*

Grafiken in Symbolleisten integrieren

Möchten Sie eigene Grafiken in eine Symbolleiste integrieren und diesen Grafiken ein Makro zuweisen, gehen Sie wie folgt vor:

1. Fügen Sie die Grafik in Ihre Tabelle ein.
2. Klicken Sie mit der rechten Maustaste auf die Grafik und notieren Sie sich den angezeigten Namen der Grafik, den Sie aus dem Namensfeld ersehen können.
3. Starten Sie folgendes Makro aus Listing 16.57.

Listing 16.57: Eigene Grafiken als Symbolschaltflächen verwenden

```
Sub SymbolAusTabelleInSymbolleiste()
Dim Symbol As CommandBarButton
Dim SBS As Object

 Set Symbol = _
 CommandBars("Standard").Controls.Add(msoControlButton)
 Worksheets("Tabelle1").Shapes("AutoForm 7").CopyPicture
 Symbol.PasteFace
```

```
  Set SBS = Symbol
  SBS.OnAction = "Animation"
End Sub
```

Fügen Sie zur Symbolschaltfläche STANDARD eine neue Symbolschaltfläche hinzu, die Sie aus der eingefügten AutoForm `Smiley` aus der TABELLE1 mithilfe der Methode `CopyPicture` kopieren und mit `PasteFace` einfügen. Um dieser neuen Symbolschaltfläche ein Makro zuzuweisen, setzen Sie die Eigenschaft `OnAction` ein.

Abbildung 16.17: Die AutoForm Smiley als Symbolschaltfläche einsetzen

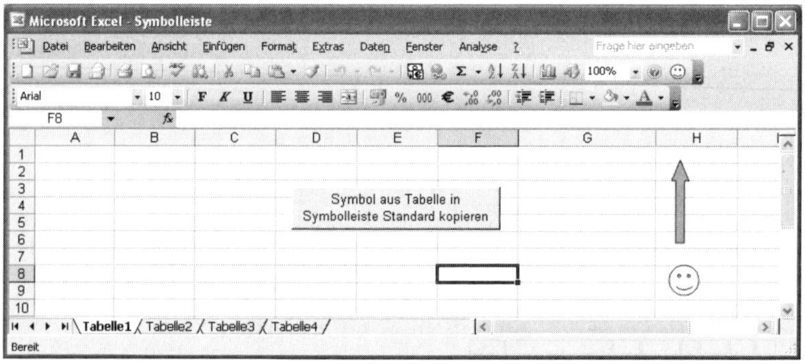

Das zugewiesene Makro `Animation` wird die Smiley-Grafik, die Sie vorher unter dem Namen SMILEY.TIF auf Ihrer lokalen Festplatte gespeichert haben, in regelmäßigen Abständen von einer Sekunde in Ihrem Tabellenblatt ein- und ausblenden. Um diese Verzögerung des Ein- und Ausblendens einer Grafik auch flexibel gestalten zu können, erstellen Sie für diesen Vorgang zunächst eine Funktion, der Sie die Dauer der Verzögerung in Sekunden übergeben.

Listing 16.58: Funktion, die ein Makro für eine bestimmte Zeit anhält

```
Function Verzögerung(VZeit)
 Application.Wait Now + TimeSerial(0, 0, VZeit)
End Function
```

Mit der Funktion `Now` ermitteln Sie die aktuelle Uhrzeit. Zu dieser Zeit addieren Sie über die Funktion `TimeSerial` noch eine oder mehrere Sekunden hinzu, die Sie im Argument `VZeit` übergeben. Die Argumente für Stunden bzw. Minuten setzen Sie standardmäßig auf den Wert `0`.

Lassen Sie nun die Grafik mit folgendem Makro aus Listing 16.59 blinken.

Listing 16.59: Eine Grafik in einer Tabelle in einem bestimmten Zeitintervall blinken lassen

```
Sub Animation()
Dim Pic As Picture
Dim i As Integer

  For i = 1 To 5
    ActiveSheet.Pictures.Insert ("c:\smiley.tif")
```

```
    Verzögerung (1)
    ActiveSheet.Pictures(1).Delete
    Verzögerung (1)
  Next i
  Exit Sub
End Sub
```

Mithilfe der Methode Insert fügen Sie die Grafik SMILEY.TIF in Ihre Tabelle ein. Danach rufen Sie die Funktion Verzögerung auf, der Sie das Verzögerungsintervall bekannt geben. Danach löschen Sie die eingefügte Grafik mit der Methode Delete und wiederholen den ganzen Ablauf etliche Male. Die Anzahl der Wiederholungen bzw. die Verzögerungsdauer können Sie dabei flexibel einstellen.

Symbolschaltflächen deaktivieren

Sie können in Excel auch bestimmte Symbolschaltflächen deaktivieren und bei Bedarf wieder aktivieren. Dies empfiehlt sich u.a., wenn Sie auf bestimmte Anlässe in Excel reagieren möchten. So können Sie z.B. eine Symbolschaltfläche standardmäßig deaktivieren und erst aktivieren, wenn Sie z.B. eine Kopieraktion durchführen. Dadurch sind Sie in der Lage, am Status eines Symbols abzulesen, ob Sie sich gerade im Kopiermodus befinden. Im folgenden Beispiel verwenden Sie dazu die letzte Symbolschaltfläche aus der Symbolleiste STANDARD, die Sie in der letzten Aufgabe eingefügt haben.

Listing 16.60: Symbolschaltfläche deaktivieren

```
Sub DeaktivierenSymbol()
Dim SB As CommandBar
Dim i As Integer

 Set SB = CommandBars("Standard")
 With SB
  i = .Controls.Count
  .Controls(i).Enabled = False
 End With
End Sub
```

Definieren Sie zuerst eine Objektvariable vom Typ CommandBar. Danach ermitteln Sie die letzte Symbolschaltfläche der Symbolleiste Standard mithilfe der Methode Count und speichern diese in der Variablen i.

Setzen Sie die Enabled-Eigenschaft auf den Wert False, um die Symbolschaltfläche zu deaktivieren. Die Symbolschaltfläche ist nun deaktiviert.

Listing 16.61: Symbolschaltfläche aktivieren

```
Sub AktivierenSymbol()
Dim SB As CommandBar
Dim i As Integer
```

```
 Set SB = CommandBars("Standard")
 With SB
  i = .Controls.Count
  .Controls(i).Enabled = True
 End With
End Sub
```

Aktivieren Sie die Symbolschaltfläche, indem Sie die Eigenschaft `Enabled` auf den Wert `True` setzen.

Sorgen Sie jetzt dafür, dass die Symbolschaltfläche automatisch aktiviert bzw. deaktiviert wird. Für diese Aufgabe setzen Sie das Ereignis `Workbook_SheetSelectionChange` ein, welches automatisch eintritt, sobald Sie den Mauszeiger auf Ihrem Tabellenblatt in eine andere Zelle setzen.

Listing 16.62: Ereignis Workbook_-SheetSelection-Change zum Überwachen des Kopiermodus einsetzen

```
Private Sub Workbook_SheetSelectionChange _
(ByVal Sh As Object, ByVal Target As Range)
If Application.CutCopyMode = xlCopy _
Then AktivierenSymbol Else DeaktivierenSymbol
End Sub
```

Fragen Sie die Eigenschaft `CutCopyMode` ab, um den Status des Kopiermodus zu ermitteln. Je nach Status rufen Sie eines der beiden angegebenen Makros auf.

!! STOP

Da das Ereignis `Workbook_SheetSelectionChange` *erst eintritt, wenn Sie eine andere Zelle ansteuern, müssen Sie nach dem Kopieren den Mauszeiger verschieben.*

Dropdowns in Symbolleisten einfügen

Wenn Sie Dropdown-Elemente in einer Symbolleiste verwenden möchten, können Sie viel Platz sparen, indem Sie beispielsweise mehrere Funktionen in diesem Dropdown-Element unterbringen. So erstellen Sie in der nächsten Aufgabe ein Dropdown-Element in einer neuen Symbolleiste, in welcher Sie folgende Funktionen abbilden:

Die Zusatzfunktionen

- Einfügen eines Hyperlinks
- Aufruf des Funktions-Assistenten
- Aufruf des Diagramm-Assistenten
- Einfügen eines Kommentars

Da Sie auf bereits fertige Funktionen in Excel zurückgreifen, können Sie die einzelnen Symbole einschließlich ihrer Funktion über das Argument ID der Methode Add nutzen.

Listing 16.63: Ein Dropdown-Element in einer Symbolleiste erstellen und mit vorgefertigten Funktionen bestücken

```
Sub SymbolMitDropdown()
Dim SB As CommandBar
Dim DropSym As CommandBarControl
Dim Symbol As Object
Dim NeuSymb As Object

  On Error Resume Next
  Set SB = CommandBars.Add("Dropdown")
  SB.Visible = True
  Set DropSym = SB.Controls.Add(Type:=msoControlPopup)
  DropSym.Caption = "Einfügen"
  Set DropSym = SB.FindControl(Type:=msoControlPopup)
  Set Symbol = DropSym.Control.CommandBar
  Set NeuSymb = Symbol.Controls.Add _
  (Type:=msoControlButton, ID:=1576)
  NeuSymb.Caption = "Hyperlink"
  Set NeuSymb = Symbol.Controls.Add _
  (Type:=msoControlButton, ID:=385)
  NeuSymb.Caption = "Funktion"
  Set NeuSymb = Symbol.Controls.Add _
  (Type:=msoControlButton, ID:=436)
  NeuSymb.Caption = "Diagramm"
  Set NeuSymb = Symbol.Controls.Add _
  (Type:=msoControlButton, ID:=1589)
  NeuSymb.Caption = "Kommentar"
End Sub
```

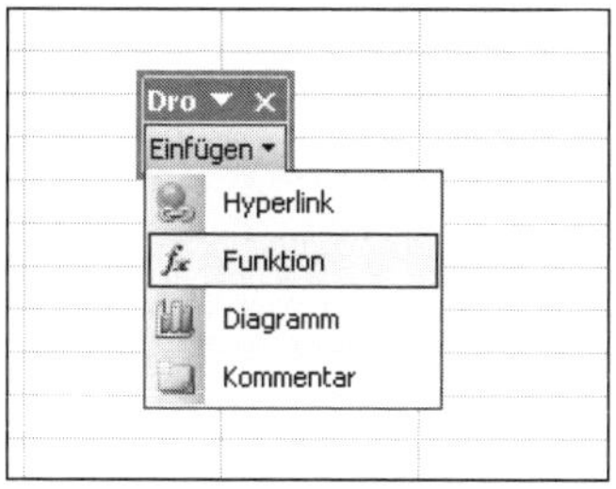

Abbildung 16.18: Mehrere Funktionen in einem Dropdown unterbringen

Dropdown mit Texten erstellen

Möchten Sie eine Symbolleiste mit einem Dropdown-Element erstellen, aus dem Sie einzelne Texte auswählen können, die Sie vorher aus einer Tabelle in das Dropdown-Element eingelesen haben, nutzen Sie das Ereignis Workbook_Open, um diese Vorarbeit auszuführen.

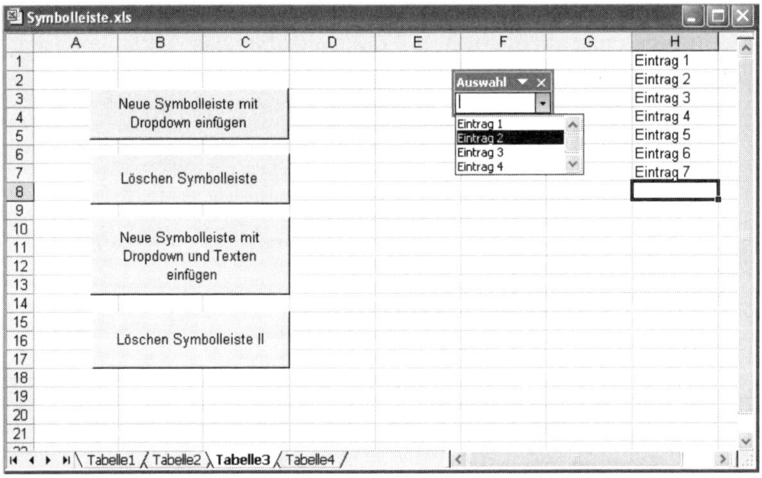

Abbildung 16.19: Dynamisches Füllen des Dropdown-Elements

Listing 16.64: Ereignis Workbook_Open zum Füllen eines Dropdown-Elements in einer Symbolleiste mit Werten

```
Private Sub Workbook_Open()
 DropdownMitTexten
End Sub

Sub DropdownMitTexten()
Dim SB As CommandBar
Dim Symbol As Object
Dim i As Integer

 On Error Resume Next
  Set SB = CommandBars.Add("Auswahl")
  SB.Visible = True
  Set Symbol = _
 Application.CommandBars("Auswahl").Controls _
    .Add(Type:=msoControlComboBox)
  With Symbol
     Sheets("Tabelle3").Activate
     i = 1
     Do Until Cells(i, 8).Value = ""
      .AddItem Text:=Cells(i, 8).Value, index:=i
      i = i + 1
     Loop
    .DropDownLines = 4
    .DropDownWidth = 100
    .ListHeaderCount = 0
    .OnAction = "Auswahl"
End With
End Sub
```

Geben Sie bei der Methode `Add` den richtigen Typ der Symbolschaltfläche an. Da Sie ein Dropdown mit Textwerten haben möchten, müssen Sie die Konstante `msoControlComboBox` verwenden. Danach lesen Sie die einzelnen

Inhalte des Dropdown-Elements aus der TABELLE3 ein. Über die Eigenschaft `DropDownLines` geben Sie an, wie viele Listenzeilen im Dropdown-Element angezeigt werden sollen. Mit der Eigenschaft `DropDownWidth` können Sie die Breite des Dropdown-Elements in Pixeln angeben. Die Eigenschaft `ListHeaderCount` setzen Sie ein, wenn Sie einen horizontalen Trennstrich im Dropdown-Element haben und die Anzahl der Listenelemente bestimmen möchten, die über der Trennlinie angezeigt werden. Dabei bedeutet der Wert `0`, dass kein Listenelement über der Trennlinie angezeigt werden soll. Die Eigenschaft `OnAction` verweist auf ein Makro, welches ausgeführt werden soll, wenn ein Eintrag aus dem Dropdown-Element ausgewählt wird.

Auswahl auswerten

Nun müssen Sie nur noch ermitteln, welcher Eintrag im Dropdown-Element ausgewählt wurde. Dafür ist das Makro aus Listing 16.65 verantwortlich.

Listing 16.65: Den ausgewählten Eintrag aus einem Dropdown-Element auswerten

```
Sub Auswahl()
Dim index As Integer

index = Application.CommandBars("Auswahl"). _
        Controls.Item(1).ListIndex
 Select Case index
  Case 1
     Call Makro1
  Case 2
     Call Makro2
  Case 3
     Call Makro3
  Case 4
     Call Makro4
  Case Else
      MsgBox "Noch nicht zugeordet!"
 End Select
End Sub
```

Mithilfe der Eigenschaft `ListIndex` bekommen Sie den momentan markierten Eintrag des Dropdown-Elements zurück. Diesen werten Sie dann in einer `Select Case`-Anweisung aus und starten danach das jeweils zugeordnete Makro.

17 Excel und sein Umfeld

Die Tabellenkalkulation von Microsoft ist keine Anwendung, die auf sich allein gestellt ist. Sie können von Excel aus auf andere Anwendungen zugreifen und Daten austauschen. Besonders oft werden in der Praxis Excel-Tabellen in Textdateien eingefügt bzw. transferierte Textdateien von Host-Systemen in Excel eingelesen. Auch der Datenzugriff innerhalb des Office-Pakets ist geregelt. So können Sie beispielsweise Daten zwischen den beiden beliebtesten Office-Komponenten Excel und Word austauschen oder auf eine Access-Datenbank zugreifen und mithilfe der Zugriffsmethoden DAO bzw. ADO Daten nach Excel transferieren. Zum Abschluss des Kapitels wird das Mailing mit Excel näher unter die Lupe genommen.

CD

Sie finden alle Beispiele zum Thema »Excel und sein Umfeld« auf der mitgelieferten CD-ROM im Verzeichnis KAP17 *unter dem Namen* UMFELD.XLS.

17.1 Textdateien im Zugriff von Excel

In Excel haben Sie standardmäßig die Möglichkeit, Tabellen als Textdateien zu speichern. Dazu wählen Sie aus dem Menü DATEI den Befehl SPEICHERN UNTER und aus dem Dropdown-Feld DATEITYP den Eintrag CSV (TRENNZEICHEN GETRENNT) oder den Eintrag TEXT (TABS GETRENNT). Vergeben Sie einen passenden Dateinamen und bestätigen Sie mit OK. Ebenso können Sie Textdateien in Excel einlesen. Dabei wählen Sie aus dem Menü DATEI den Befehl ÖFFNEN, stellen im Dropdown-Feld DATEITYP den Eintrag TEXTDATEIEN ein, wählen die gewünschte Textdatei aus und bestätigen mit OK.

Textdateien speichern

Den Vorgang des Speicherns einer Textdatei können Sie selbstverständlich auch über ein Makro automatisieren. So speichern Sie im folgenden Beispiel eine Produkttabelle in einer Textdatei. Als Trennzeichen verwenden Sie dabei das Semikolon.

Transferieren Sie nun die Produkttabelle in eine Textdatei.

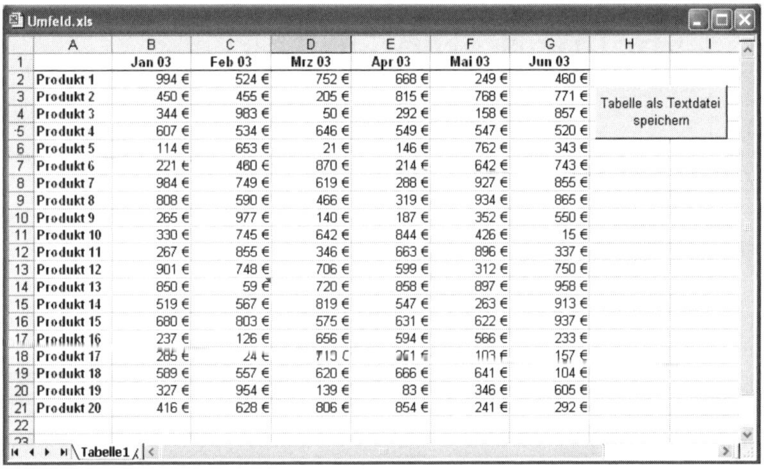

	A	B	C	D	E	F	G	H
1		Jan 03	Feb 03	Mrz 03	Apr 03	Mai 03	Jun 03	
2	Produkt 1	994 €	524 €	752 €	668 €	249 €	460 €	
3	Produkt 2	450 €	455 €	205 €	815 €	768 €	771 €	Tabelle als Textdatei speichern
4	Produkt 3	344 €	983 €	50 €	292 €	158 €	857 €	
5	Produkt 4	607 €	534 €	646 €	549 €	547 €	520 €	
6	Produkt 5	114 €	653 €	21 €	146 €	762 €	343 €	
7	Produkt 6	221 €	480 €	870 €	214 €	642 €	743 €	
8	Produkt 7	984 €	749 €	619 €	288 €	927 €	855 €	
9	Produkt 8	808 €	590 €	466 €	319 €	934 €	865 €	
10	Produkt 9	265 €	977 €	140 €	187 €	352 €	550 €	
11	Produkt 10	330 €	745 €	642 €	844 €	426 €	15 €	
12	Produkt 11	267 €	855 €	346 €	663 €	896 €	337 €	
13	Produkt 12	901 €	748 €	706 €	599 €	312 €	750 €	
14	Produkt 13	850 €	59 €	720 €	858 €	897 €	958 €	
15	Produkt 14	519 €	567 €	819 €	547 €	263 €	913 €	
16	Produkt 15	680 €	803 €	575 €	631 €	622 €	937 €	
17	Produkt 16	237 €	126 €	656 €	594 €	566 €	233 €	
18	Produkt 17	285 €	24 €	710 €	261 €	103 €	157 €	
19	Produkt 18	589 €	557 €	620 €	666 €	641 €	104 €	
20	Produkt 19	327 €	954 €	139 €	83 €	346 €	605 €	
21	Produkt 20	416 €	628 €	806 €	854 €	241 €	292 €	

Abbildung 17.1: Die Ausgangssituation: eine Produkttabelle in Excel

Listing 17.1: Excel-Tabelle als Textdatei speichern

```
Sub TabelleAlsTextdateiSpeichern()
Dim Bereich As Range
Dim Zeile As Range
Dim Zelle As Range
Dim s As String

 Sheets("Tabelle1").Activate
 Set Bereich = ActiveSheet.UsedRange
 Open "c:\Artikel.csv" For Output As #1
 For Each Zeile In Bereich.Rows
  If Zeile.Row > 1 Then
    For Each Zelle In Zeile.Cells
        s = s & Zelle.Text & ";"
    Next Zelle
    s = Left(s, Len(s) - 1)
    Print #1, s
    s = ""
  End If
  Next Zeile
  Close #1
End Sub
```

Ermitteln Sie im ersten Schritt den verwendeten Bereich in der Excel-Tabelle. Öffnen Sie danach die Textdatei, die vorher nicht vorhanden sein muss, mit der Methode `Open`. Setzen Sie die erste Schleife auf, in der Sie alle Zeilen (<> erste Zeile) der Tabelle durchlaufen. In der zweiten Schleife arbeiten Sie Zelle für Zelle innerhalb einer Zeile ab. Dabei bilden Sie einen Textstring in der Variablen `s`, der aus den Zellen einer Zeile mit dem Semikolon als Trennzeichen besteht. Bevor Sie diesen String in die Textdatei schreiben, muss das letzte Zeichen der Zeile, das letzte Semikolon entfernt werden.

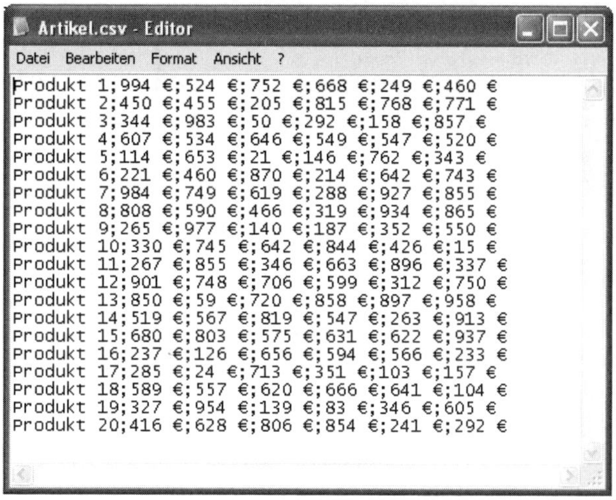


```
Produkt 1;994 €;524 €;752 €;668 €;249 €;460 €
Produkt 2;450 €;455 €;205 €;815 €;768 €;771 €
Produkt 3;344 €;983 €;50 €;292 €;158 €;857 €
Produkt 4;607 €;534 €;646 €;549 €;547 €;520 €
Produkt 5;114 €;653 €;21 €;146 €;762 €;343 €
Produkt 6;221 €;460 €;870 €;214 €;642 €;743 €
Produkt 7;984 €;749 €;619 €;288 €;927 €;855 €
Produkt 8;808 €;590 €;466 €;319 €;934 €;865 €
Produkt 9;265 €;977 €;140 €;187 €;352 €;550 €
Produkt 10;330 €;745 €;642 €;844 €;426 €;15 €
Produkt 11;267 €;855 €;346 €;663 €;896 €;337 €
Produkt 12;901 €;748 €;706 €;599 €;312 €;750 €
Produkt 13;850 €;59 €;720 €;858 €;897 €;958 €
Produkt 14;519 €;567 €;819 €;547 €;263 €;913 €
Produkt 15;680 €;803 €;575 €;631 €;622 €;937 €
Produkt 16;237 €;126 €;656 €;594 €;566 €;233 €
Produkt 17;285 €;24 €;713 €;351 €;103 €;157 €
Produkt 18;589 €;557 €;620 €;666 €;641 €;104 €
Produkt 19;327 €;954 €;139 €;83 €;346 €;605 €
Produkt 20;416 €;628 €;806 €;854 €;241 €;292 €
```

Abbildung 17.2: Das Ergebnis: eine Textdatei mit dem Semikolon als Trennzeichen

Textdateien mit Trennzeichen einlesen

Das Einlesen von Textdateien, die ein Trennzeichen wie beispielsweise ein Semikolon haben, stellt in Excel kein Problem dar. Dafür können Sie das Makro aus Listing 17.2 benutzen.

Listing 17.2: Textdatei mit Trennzeichen in Excel einlesen

```
Sub EinlesenTextdateiMitTrennzeichen()
On Error Resume Next
Workbooks.OpenText Filename:="c:\test.txt", _
 DataType:=xlDelimited, Semicolon:=True
End Sub
```

Mithilfe der `OpenText`-Methode öffnen Sie Textdateien. Bei dieser Methode können Sie eine ganze Reihe von Argumenten angeben, die größtenteils von Excel selbstständig erkannt werden.

INFO

Wenn Sie trotzdem einmal ein Problem haben, geben Sie das eine oder andere Argument noch an. Um herauszufinden, welche Argumente diese Methode anbietet, setzen Sie den Mauszeiger auf diese Methode und drücken die Taste [F1]*, um die Online-Hilfe aufzurufen.*

Textdateien mit fixer Länge öffnen

Wenn Sie regelmäßig Textdateien bekommen, die Sie wegen der besseren Bearbeitungsmöglichkeiten in eine Excel-Tabelle überführen möchten, können Sie diese Aufgabe automatisch erledigen lassen. Sehen Sie sich dazu den Aufbau der Textdatei an.

Abbildung 17.3: Die Ausgangsposition: eine Textdatei mit fixer Satzlänge

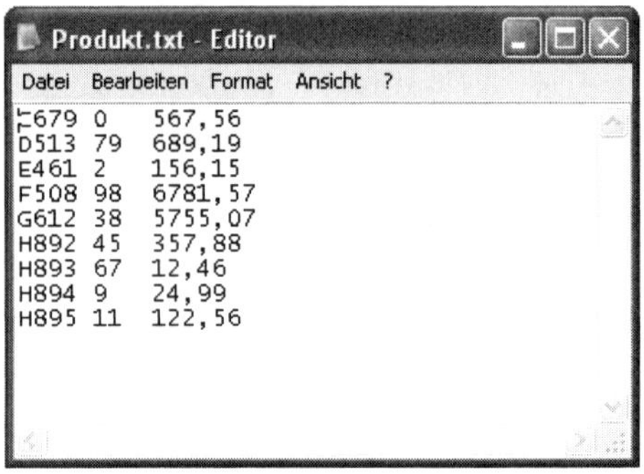

In der obigen Textdatei sind für die Produktnummer vier Zeichen, für den Bestand drei Zeichen und für den Preis zehn Stellen vorgesehen. Wichtig ist jeweils die Anfangsposition für jedes Feld. Sehen Sie sich dazu das folgende Makro in Listing 17.3 an.

Listing 17.3: Textdatei mit fixer Satzlänge einlesen

```
Sub TextdateiFixInExcelÖffnen()
  Workbooks.OpenText Filename:= _
  "C:\Eigene Dateien\Produkt.txt", _
  DataType:=xlFixedWidth, _
  FieldInfo:=Array(Array(0, 1), Array(5, 1), _
  Array(9, 1))
End Sub
```

Über die Methode `OpenText` können Sie eine Textdatei öffnen und analysieren. Geben Sie im Argument `Filename` den Pfad und den Dateinamen der Textdatei an. Im Argument `DataType` geben Sie die Konstante `XlFixedWidth` an, was bedeutet, dass die Textdatei feste Feldlängen aufweist. Im Argument `FieldInfo` legen Sie die Startposition des jeweiligen Felds fest.

Abbildung 17.4: Das Ergebnis: die Produktdaten in einer Excel-Tabelle

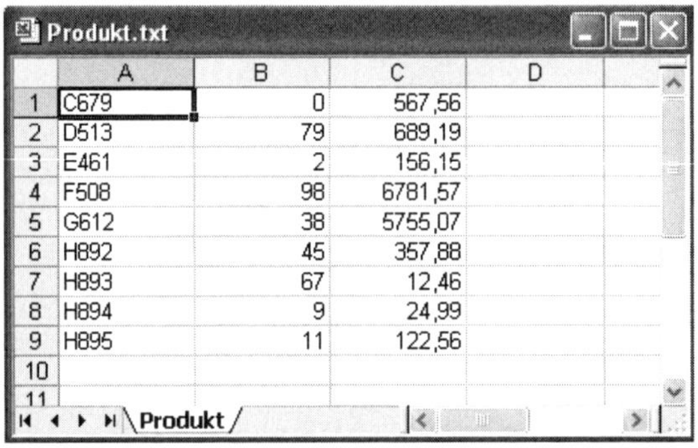

	A	B	C	D
1	C679	0	567,56	
2	D513	79	689,19	
3	E461	2	156,15	
4	F508	98	6781,57	
5	G612	38	5755,07	
6	H892	45	357,88	
7	H893	67	12,46	
8	H894	9	24,99	
9	H895	11	122,56	
10				
11				

:-) TIPP

Besitzt Ihre Textdatei eine Überschriftenzeile, die Sie nicht einlesen möchten, können Sie bei der Methode OpenText *das Argument* StartRow:=1 *einsetzen.*

Mehrere Textdateien in eine Tabelle einfügen

Haben Sie gleich mehrere Textdateien, die Sie nacheinander in Excel einlesen möchten, und wollen Sie am Schluss alle Daten auf einem Tabellenblatt haben, dann setzen Sie eine Schleife ein, die alle Textdateien öffnet und in eine Tabelle kopiert.

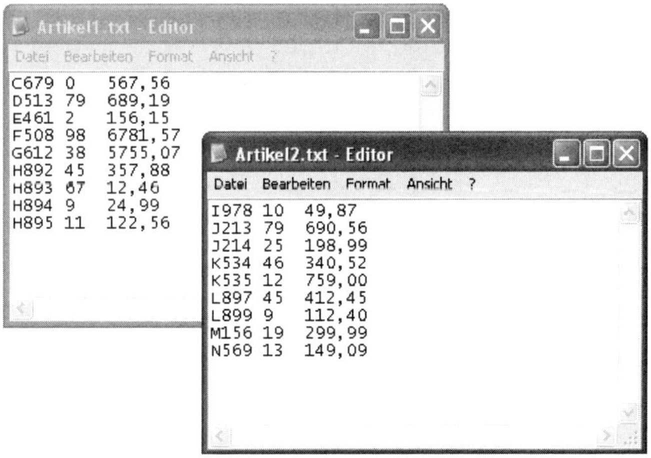

Abbildung 17.5: Die Ausgangsposition: mehrere Textdateien im selben Format

Starten Sie nun das Makro aus Listing 17.4, um alle Textdateien übersichtlich in eine Tabelle zu transferieren.

Listing 17.4: Mehrere Textdateien gleichen Formats in eine Excel-Tabelle kopieren

```
Sub TextdateienEinlesen()
Dim Mappe As Workbook

 On Error Resume Next
ChDir "c:\Eigene Dateien\"
 Workbooks.OpenText "Artikel1.txt"
 Set Mappe = ActiveWorkbook
 Workbooks.OpenText "Artikel2.txt"
 ActiveSheet.UsedRange.Copy
 Mappe.Activate
 Cells(Rows.Count, 1).End(xlUp) _
  .Offset(1).PasteSpecial xlAll
End Sub
```

Wechseln Sie mit der Anweisung ChDir in das Verzeichnis, in dem sich Ihre Textdateien befinden. Danach öffnen Sie die erste Textdatei mithilfe der Methode OpenText und definieren diese als aktive Arbeitsmappe. Öffnen Sie jetzt die zweite Textdatei, kopieren Sie deren Inhalt und wechseln Sie wieder in die aktive Arbeitsmappe. Dort müssen Sie die richtige Einfügeposition ermitteln. Dies gelingt Ihnen, indem Sie über die Methode `Count` und Anweisung `End` die letzte belegte Zeile ermitteln. Verschieben Sie den Mauszeiger um eine Zeile nach unten und fügen Sie mit der Methode `PasteSpecial` die vorher kopierten Daten ein.

Abbildung 17.6: Das Endergebnis: alle Textdateien in einer Excel-Tabelle

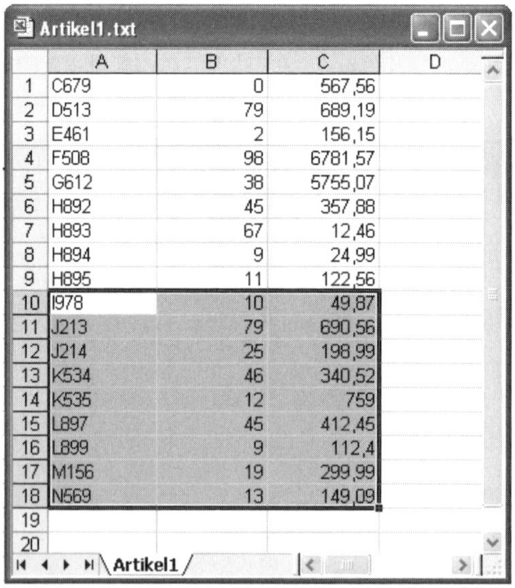

	A	B	C	D
1	C679	0	567,56	
2	D513	79	689,19	
3	E461	2	156,15	
4	F508	98	6781,57	
5	G612	38	5755,07	
6	H892	45	357,88	
7	H893	67	12,46	
8	H894	9	24,99	
9	H895	11	122,56	
10	I978	10	49,87	
11	J213	79	690,56	
12	J214	25	198,99	
13	K534	46	340,52	
14	K535	12	759	
15	L897	45	412,45	
16	L899	9	112,4	
17	M156	19	299,99	
18	N569	13	149,09	
19				
20				

Kommen eine ganze Reihe mehr Dateien zusammen, die in eine Tabelle überführt werden sollen, dann können Sie das folgende Makro einsetzen:

Listing 17.5: Viele Textdateien gleichen Formats in eine Excel-Tabelle kopieren

```
Sub TextdateienEinlesen2()
Dim Mappe As Workbook
Dim s As String

 ChDir "c:\"
 Set Mappe = Workbooks.Add
 s = Dir("C:\Artikel*.txt")
    While s <> ""
     Workbooks.OpenText s
     ActiveSheet.UsedRange.Copy
     Mappe.Activate
     Cells(Rows.Count,1).End(xlUp) _
    .Offset(1).PasteSpecial xlAll
     s = Dir
    Wend
End Sub
```

Arbeiten Sie in einer Schleife alle Textdateien eines Verzeichnisses ab. Über die Funktion `Dir` ermitteln Sie diese Dateien, indem Sie der Funktion als Suchargument den String `Artikel*.txt` übergeben.

17.2 Excel und Word im Duett

Sie können Daten zwischen den beiden beliebtesten Office-Anwendungen Excel und Word hin- und herschieben. Dabei können Sie entscheiden, ob Sie die Daten verknüpft oder als Festwerte übertragen wollen.

Excel-Tabelle unverknüpft nach Word übertragen

In der folgenden Praxisaufgabe soll eine Excel-Teilnehmerliste in ein Word-Dokument übertragen werden. Dabei soll aber keine Excel-Tabelle in Word eingebettet, sondern in Word selbst eine Tabelle erstellt werden, um danach Zelle für Zelle zu transferieren.

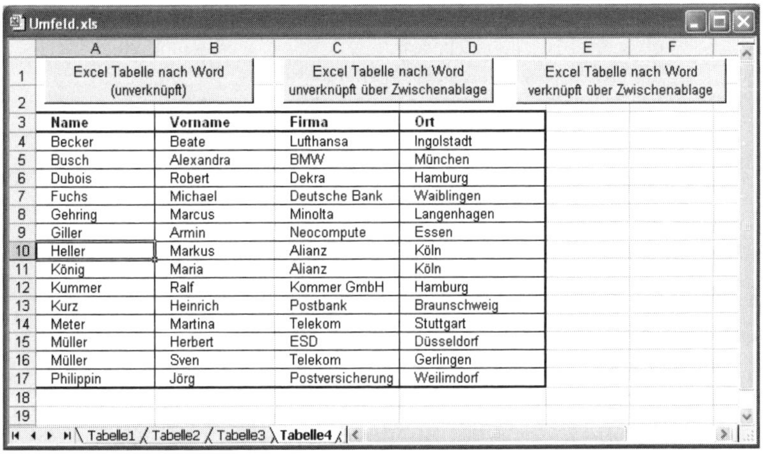

Name	Vorname	Firma	Ort
Becker	Beate	Lufthansa	Ingolstadt
Busch	Alexandra	BMW	München
Dubois	Robert	Dekra	Hamburg
Fuchs	Michael	Deutsche Bank	Waiblingen
Gehring	Marcus	Minolta	Langenhagen
Giller	Armin	Neocompute	Essen
Heller	Markus	Alianz	Köln
König	Maria	Alianz	Köln
Kummer	Ralf	Kommer GmbH	Hamburg
Kurz	Heinrich	Postbank	Braunschweig
Meter	Martina	Telekom	Stuttgart
Müller	Herbert	ESD	Düsseldorf
Müller	Sven	Telekom	Gerlingen
Philippin	Jörg	Postversicherung	Weilimdorf

Abbildung 17.7: Die Ausgangssituation: eine Teilnehmerliste in Excel

Übertragen Sie nun Zelle für Zelle in ein neues Word-Dokument.

Listing 17.6: Excel-Tabelle Zelle für Zelle in ein Word-Dokument übertragen (Variante 1)

```
Sub ExcelTabelleNachWord()
Dim WordObj As Object
Dim Bereich As Variant
Dim WordDoc As Object
Dim ExTab As Object
Dim i As Integer
Dim x As Integer
Dim y As Integer

Sheets("Tabelle4").Activate
i = ActiveSheet.UsedRange.Rows.Count
Bereich = Range("A3:D" & i).Value
```

```
On Error Resume Next
Set WordObj = GetObject(, "Word.Application.11")
If Err.Number = 429 Then
    Set WordObj = CreateObject("Word.Application.11")
    Err.Number = 0
End If
WordObj.Visible = True
Set WordDoc = WordObj.Documents.Add
With WordObj.Selection
   .TypeText Text:="Teilnehmerliste aus : " & _
    ActiveWorkbook.Name
    .TypeParagraph
    .TypeText Text:="vom  " & Format(Now(), _
    "dd-mmm-yyyy")
    .TypeParagraph
End With
Set ExTab = WordDoc.Tables.Add _
 (WordObj.Selection.Range,  _
 UBound(Bereich, 1), UBound(Bereich, 2))
With ExTab
    For x = 1 To UBound(Bereich, 1)
        For y = 1 To UBound(Bereich, 2)
            .Cell(x, y).Range.InsertAfter Bereich(x, y)
        Next y
    Next x
End With
Set WordObj = Nothing
Set WordDoc = Nothing
Set ExTab = Nothing
End Sub
```

Nachdem Sie den verwendeten Bereich in Ihrer Excel-Tabelle ermittelt und diesen in einem Datenfeld gespeichert haben, rufen Sie Ihre Textverarbeitung Word auf. Dabei prüfen Sie mithilfe der Funktion `GetObject`, ob Word bereits gestartet ist. (Für Word 2003 müssen Sie dabei die Versionsnummer 11, für Word 2002 die Versionsnummer 10, für Word 2000 die Versionsnummer 9 angeben.) Wenn nicht, bekommen Sie eine Fehlernummer 429 zurück, die besagt, dass die Objektkomponente nicht verfügbar ist. In diesem Fall erstellen Sie über die Funktion `CreateObject` einen Verweis auf Word.

INFO

Haben Sie Office 97 im Einsatz, geben Sie in der Funktion `GetObject` *bzw.* `CreateObject` *als Objektverweis* `word.application.8` *an.*

Über die Eigenschaft `Visible` teilen Sie mit, dass die Textverarbeitung auch angezeigt werden soll. Dazu setzen Sie diese Eigenschaft auf den Wert `True`. Erstellen Sie nun mit der Methode `Add` ein neues Dokument. Bei den nachfolgenden Befehlen handelt es sich größtenteils um Word-VBA-Befehle.

Um die Online-Hilfe zu diesen Word-VBA-Befehlen nutzen zu können, müssen Sie zuerst die noch fehlende Word-Bibliothek in der Entwicklungsumgebung im Menü EXTRAS *unter dem Befehl* VERWEISE *aktivieren.*

!! STOP

Mit der Eigenschaft `TypeText` fügen Sie einen Text in das Dokument ein. Dies nutzen Sie für die Erstellung der Überschrift. Mit der Methode `TypeParagraph` fügen Sie eine leere Zeile in das Dokument ein. Setzen Sie die Methode `Add` ein, um eine noch leere Tabelle in das Dokument einzufügen, und füllen Sie diese Zelle für Zelle, indem Sie das vorher gefüllte Datenfeld schrittweise auslesen und mit der Methode `InsertAfter` in die Tabelle übertragen.

Word-VBA

Setzen Sie am Ende die Objektvariablen auf den Wert `Nothing`*, um den für die Variablen reservierten Speicher wieder freizugeben.*

!! STOP

Nahezu dasselbe Ergebnis erreichen Sie, wenn Sie den Datentransfer über die Zwischenablage, also blockweise, ausführen. Sehen Sie sich dazu das Makro aus Listing 17.7 an.

Listing 17.7: Datenaustausch von Excel und Word über die Zwischenablage (Variante 2)

```
Sub ExcelTabelleNachWordZwischenablage()
Dim WordObj As Object
Dim WordDoc As Object
Dim i As Integer

 Sheets("Tabelle4").Activate
 i = ActiveSheet.UsedRange.Rows.Count
 Range("A3:D" & i).Copy
 On Error Resume Next
 Set WordObj = GetObject(, "word.application.11")
 If Err.Number = 429 Then
    Set WordObj = CreateObject("word.application.11")
    Err.Number = 0
 End If
 WordObj.Visible = True
 Set WordDoc = WordObj.Documents.Add
 With WordObj.Selection
    .TypeText Text:="Teilnehmerliste aus : " & _
     ActiveWorkbook.Name
    .TypeParagraph
    .TypeText Text:="vom  " & Format(Now(), _
    "dd-mmm-yyyy")
    .TypeParagraph
 End With
 WordObj.Selection.Paste
 Application.CutCopyMode = False
 Set WordObj = Nothing
 Set WordDoc = Nothing
End Sub
```

Abbildung 17.8: Das Endergebnis: die Teilnehmerliste in Word

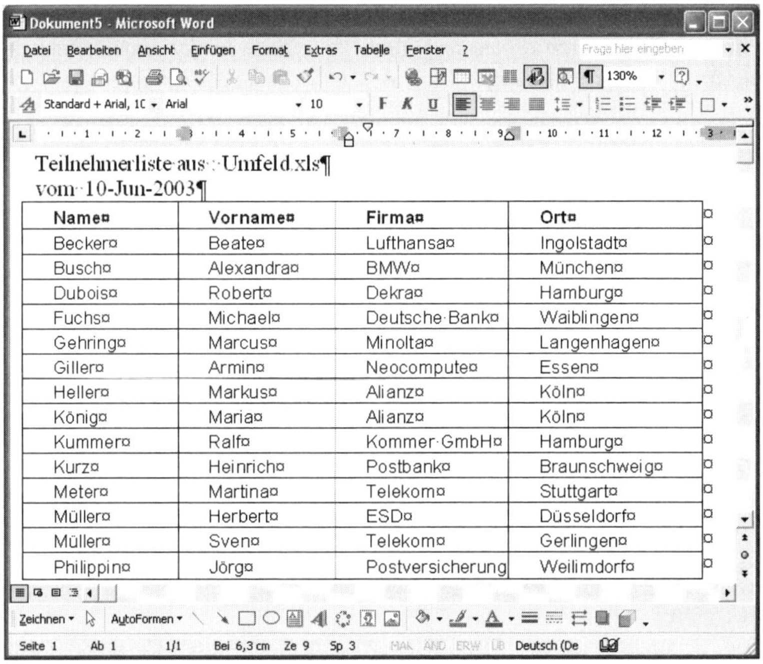
Teilnehmerliste aus : Umfeld.xls
vom 10-Jun-2003

Name	Vorname	Firma	Ort
Becker	Beate	Lufthansa	Ingolstadt
Busch	Alexandra	BMW	München
Dubois	Robert	Dekra	Hamburg
Fuchs	Michael	Deutsche Bank	Waiblingen
Gehring	Marcus	Minolta	Langenhagen
Giller	Armin	Neocompute	Essen
Heller	Markus	Alianz	Köln
König	Maria	Alianz	Köln
Kummer	Ralf	Kommer GmbH	Hamburg
Kurz	Heinrich	Postbank	Braunschweig
Meter	Martina	Telekom	Stuttgart
Müller	Herbert	ESD	Düsseldorf
Müller	Sven	Telekom	Gerlingen
Philippin	Jörg	Postversicherung	Weilimdorf

:-) TIPP

Der Vorteil der Variante 2 ist, dass der Vorgang erheblich schneller ausgeführt werden kann. Variante 1 ist zu empfehlen, wenn Sie vor dem Übertragen der Daten eine Prüfung, Formatierung bzw. Änderung der Daten vornehmen möchten.

Excel-Tabelle verknüpft nach Word übertragen

In der nächsten Aufgabe soll die Verknüpfung zur Excel-Arbeitsmappe erhalten bleiben. Diese Vorgehensweise ist sinnvoll, wenn Sie die Daten später noch einmal ändern und daher die Änderung auch nicht in beiden Anwendungen nachvollziehen möchten.

Das Makro für diese Aufgabe ähnelt dem Makro aus Listing 17.7.

Listing 17.8: Excel-Daten verknüpft in ein Word-Dokument übertragen

```
Sub ExcelTabelleNachWordVerknüpft()
Dim WordObj As Object
Dim WordDoc As Object
Dim i As Integer

 Sheets("Tabelle4").Activate
 i = ActiveSheet.UsedRange.Rows.Count
 Range("A3:D" & i).Copy
 On Error Resume Next
 Set WordObj = GetObject(, "word.application.11")
 If Err.Number = 429 Then
```

```
      Set WordObj = CreateObject("word.application.11")
      Err.Number = 0
   End If
   WordObj.Visible = True
   Set WordDoc = WordObj.Documents.Add
   With WordObj.Selection
      .TypeText Text:="Teilnehmerliste aus : " & _
       ActiveWorkbook.Name
      .TypeParagraph
      .TypeText Text:="vom  " & Format(Now(), _
      "dd-mmm-yyyy")
      .TypeParagraph
   End With
   WordObj.Selection.PasteSpecial link:=True
   Application.CutCopyMode = False
   Set WordObj = Nothing
   Set WordDoc = Nothing
End Sub
```

Teilnehmerliste aus : Umfeld.xls
vom 10-Jun-2003

Name	Vorname	Firma	Ort
Becker	Beate	Lufthansa	Ingolstadt
Busch	Alexandra	BMW	München
Dubois	Robert	Dekra	Hamburg
Fuchs	Michael	Deutsche Bank	Waiblingen
Gehring	Marcus	Minolta	Langenhagen
Giller	Armin	Neocompute	Essen
Heller	Markus	Alianz	Köln
König	Maria	Alianz	Köln
Kummer	Ralf	Kommer GmbH	Hamburg
Kurz	Heinrich	Postbank	Braunschweig
Meter	Martina	Telekom	Stuttgart
Müller	Herbert	ESD	Düsseldorf
Müller	Sven	Telekom	Gerlingen
Philippin	Jörg	Postversicherung	Weilimdorf

Abbildung 17.9: Alle Felder sind noch mit dem Original verknüpft

!! STOP

Um die Excel-Daten im kopierten Bereich von Excel nach Word zu übertragen, müssen Sie beim Einfügen darauf achten, dass Sie bei der Methode `PasteSpecial` *das Argument* `Link` *auf den Wert* `True` *setzen.*

17.3 Excel im Zusammenspiel mit Access

Die Zusammenarbeit zwischen Excel und Access bietet interessante Möglichkeiten in der Praxis. Unbestritten ist, dass das Datenbankprogramm Access in der Verwaltung von Massendaten die geeignetere Oberfläche darstellt. Wenn es jedoch um ein flexibles Bearbeiten von Daten geht, nimmt Excel die führende Rolle ein. So können Sie die Daten in einer Access-Datenbank speichern und über Excel darauf zugreifen. Diesen Zugriff bewerkstelligen Sie entweder mit der älteren Zugriffsmethode DAO (Data Access Object) oder mit der neuen Methode ADO (ActiveX Data Object). Das folgende Beispiel aus der Praxis wird aus Aktualitätsgründen mit ADO programmiert.

Abbildung 17.10: Die UserForm in Excel zum Anzeigen der Artikel

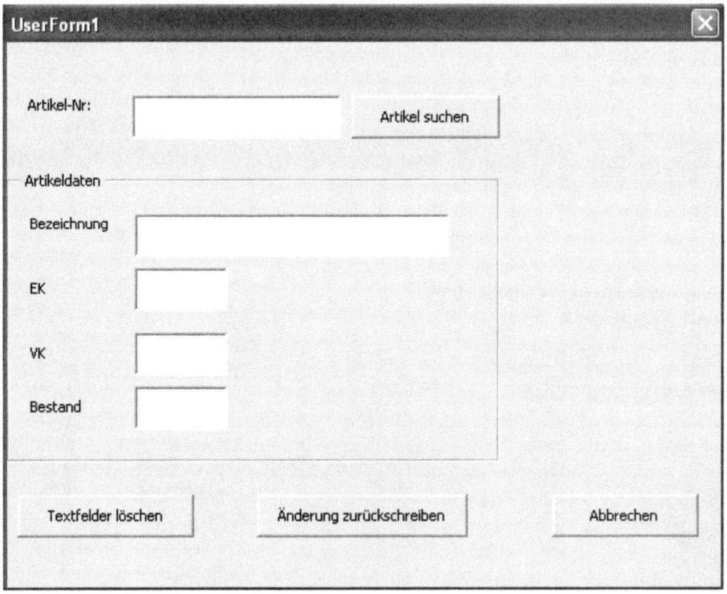

Die Aufgabe Erstellen Sie ein Modell, bei dem Artikeldaten in einer Access-Datenbank verwaltet werden. Der Zugriff auf diese Datenbank soll von Excel mittels einer UserForm erfolgen. Unter Zugriff ist in erster Linie eine Suchen-Funktion zu verstehen, die anhand der eingegebenen Artikelnummer die restlichen Artikeldaten aus Access holt und in der UserForm anzeigt. Des Weiteren soll es aber auch möglich sein, die Daten in Excel zu ändern und in die Access-Datenbank zurückzuschreiben.

Die Realisierung Legen Sie zuerst eine Access-Datenbank an, die die Struktur aus Abbildung 17.11 aufweist.

Entwerfen Sie nun in Excel eine UserForm nach dem Vorbild von Abbildung 17.10.

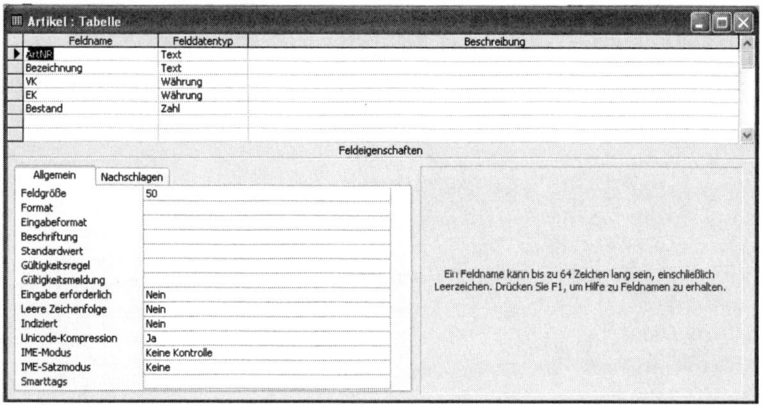

Abbildung 17.11: Die Artikeldatenbank in Access

Die Textfelder in der UserForm sind von oben nach unten durchnummeriert (TEXTBOX1 = Artikel-Nr., TEXTBOX2 = Bezeichnung usw.). Ebenso sind die Schaltflächen von oben nach unten und von links nach rechts nummeriert.

Datenbankabfrage durchführen

Nun soll in das Textfeld TEXTBOX1 eine Artikelnummer eingegeben und nach dem Klicken der Schaltfläche ARTIKEL SUCHEN die Access-Datenbank im Hintergrund geöffnet, der gewünschte Artikel herausgesucht und anschließend in der UserForm von Excel angezeigt werden.

Bibliotheken aktivieren

Um mit der Datenzugriffsmethode ADO überhaupt arbeiten zu können, müssen Sie vorher noch die Bibliothek MICROSOFT ACTIVEX DATA OBJECTS 2.1 LIBRARY einbinden. Dazu wechseln Sie in die Entwicklungsumgebung, wählen aus dem Menü EXTRAS den Befehl VERWEISE, aktivieren diese Bibliothek und bestätigen mit OK.

Klicken Sie in der Entwicklungsumgebung in der UserForm auf die Schaltfläche ARTIKEL SUCHEN und erfassen Sie folgendes Makro.

Listing 17.9: Datenbankabfrage über Suchbegriff aus Excel heraus durchführen

```
Private Sub CommandButton1_Click()
Dim ADOC As New ADODB.Connection
Dim DBS As New ADODB.Recordset
Dim Dia As UserForm
Dim s As String
Dim Datei As String

Datei = ThisWorkbook.Path & "\Artikel2003.mdb"
ADOC.Open _
"Provider=Microsoft.Jet.OLEDB.4.0;Data Source= _
" & Datei & ";"
  Set Dia = UserForm1
   s = Dia.TextBox1.Value
```

```
    s = "ArtNr = '" & s & "'"
  DBS.Open "Artikel", ADOC, adOpenKeyset, _
  adLockOptimistic
  On Error GoTo Fehler
    DBS.Find s
    With Dia
      .TextBox2.Value = DBS!Bezeichnung
      .TextBox3.Value = DBS!EK
      .TextBox4.Value = DBS!VK
      .TextBox5.Value = DBS!Bestand
    End With
    DBS.Close
    ADOC.Close
    Exit Sub

Fehler:
   MsgBox "Der Artikel mit der Nr. " & s & _
 " konnte nicht gefunden werden!"
   DBS.Close
   ADOC.Close
End Sub
```

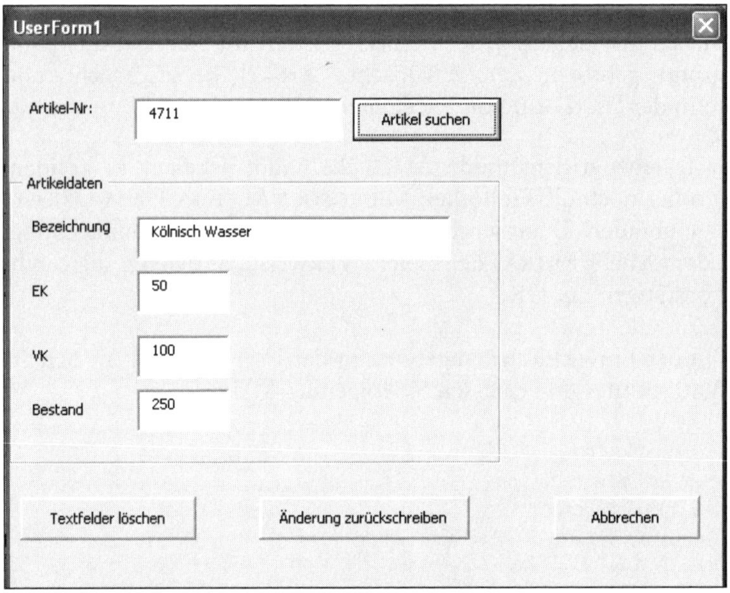

Abbildung 17.12: Der Artikel wurde in der Access-Datenbank gefunden

Definieren Sie zuerst eine Objektvariable vom Typ `Connection`, um später die Verbindung zur Datenquelle herzustellen. Als zweite Objektvariable benötigen Sie ein `RecordSet`-Objekt, welches nachher alle Datensätze der Datenquelle aufnehmen soll. Um die Verbindung zur Access-Datenbank herzustellen, bedarf es zuerst einmal einer Verbindung zu Ihrem Provider, die Sie mit der Methode `Open` herstellen. Dieser Provider stellt alle Funktionen zur Verfügung, die notwendig sind, um auf den Access-Datenbestand zuzugreifen. Die Datenbank ARTIKEL2003.MDB ist jetzt geöffnet. Bilden Sie nun den Suchbegriff, der sich aus der Eingabe des ersten Textfelds in Ihrer UserForm ergibt. Ergänzen Sie diese Eingabe um den Namen des Datenfelds ARTNR. Öffnen Sie wiederum mit der Methode `Open` die Datentabelle, die den Artikelbestand enthält. Setzen Sie nun die Methode `Find` ein, der Sie den Suchbegriff übergeben.

Die Methode sucht im `Recordset`-Objekt `DBS` nach dem Datensatz, der den angegebenen Kriterien entspricht. Ist das Kriterium erfüllt, wird der gefundene Datensatz zum aktuellen Datensatz des Recordset. Jetzt können Sie die einzelnen Datenfelder aus dem `Recordset`-Objekt auslesen und in die Textfelder Ihrer UserForm übertragen. Wird jedoch kein gültiger Satz gefunden, sorgt die `On Error`-Anweisung dafür, dass zum Ende des Makros verzweigt wird. Dort geben Sie zur Info eine Warnmeldung auf dem Bildschirm aus.

!! STOP

Achten Sie darauf, dass Sie am Ende des Makros sowohl die Verbindung zum Provider trennen als auch die Datenbank wieder schließen. In beiden Fällen setzen Sie die Methode `Close` *ein.*

Datenbank-Update durchführen

Im nächsten Schritt werden Sie die Access-Datenbank mit eingegebenen Excel-Daten aktualisieren. Dabei muss unterschieden werden, ob ein bereits bestehender Satz ein Update erfährt oder ein neuer Datensatz eingefügt werden muss. Klicken Sie in der Entwicklungsumgebung auf die Schaltfläche ÄNDERUNGEN ZURÜCKSCHREIBEN und erfassen Sie das Makro aus Listing 17.10.

Listing 17.10: Datenbankaktualisierung durchführen (Neuanlage bzw. Update)

```
Private Sub CommandButton3_Click()
Dim ADOC As New ADODB.Connection
Dim DBS As New ADODB.Recordset
Dim Dia As UserForm
Dim s As String
Dim Datei As String

Datei = ThisWorkbook.Path & "\Artikel2003.mdb"
ADOC.Open "Provider= _
Microsoft.Jet.OLEDB.4.0;Data Source=" & Datei & ";"
 DBS.Open "Select * from Artikel", _
    ADOC, adOpenKeyset, adLockOptimistic
   Set Dia = UserForm1
   s = Dia.TextBox1.Value
   s = "ArtNr = '" & s & "'"
    On Error GoTo Fehler
    DBS.Find s
     With Dia
       DBS!Bezeichnung = .TextBox2.Value
```

```
            DBS!EK = .TextBox3.Value
            DBS!VK = .TextBox4.Value
            DBS!Bestand = .TextBox5.Value
            DBS.Update
        End With
      DBS.Close
      MsgBox "Satz geändert!"
      Exit Sub

Fehler:
 DBS.AddNew
 With Dia
            DBS!ArtNr = .TextBox1.Value
            DBS!Bezeichnung = .TextBox2.Value
            DBS!EK = .TextBox3.Value
            DBS!VK = .TextBox4.Value
            DBS!Bestand = .TextBox5.Value
            DBS.Update
        End With
      DBS.Close
      MsgBox "Satz neu eingefügt!"
End Sub
```

Stellen Sie die Verbindung mit Ihrem Provider her, öffnen Sie die Datenbank und lesen Sie mit der Anweisung `Select` alle Datensätze der Datentabelle in die `Recordset`-Objektvariable `DBS`. Bilden Sie nun den Suchbegriff aus dem Inhalt des Textfelds TEXTBOX1 (ARTIKEL-NR.) und wenden Sie die Methode `Find` an. Wird die Artikelnummer in der Access-Datenbank gefunden, schreiben Sie die aktuellen Feldinhalte aus der UserForm direkt in die Datentabelle von Access.

!! STOP

Vergessen Sie nicht, zum Abschluss der Übertragung die Methode `Update` *anzuwenden. Erst dann werden die Änderungen wirklich gespeichert.*

Mit einer kleinen, aber sehr nützlichen Zusatzfunktion können Sie alle Textfelder in der UserForm auf einmal löschen. Dazu wenden Sie das Makro aus Listing 17.11 an.

Listing 17.11: Alle Textfelder in einer UserForm löschen

```
Private Sub CommandButton2_Click()
 TextfelderLöschen
End Sub

Sub TextfelderLöschen()
Dim tb As Object
    For Each tb In UserForm1.Controls
      If TypeName(tb) = "TextBox" Then tb.Text = ""
    Next tb
End Sub
```

Klicken Sie in der Entwicklungsumgebung auf die Schaltfläche TEXTFELDER LEEREN und rufen Sie im Klick-Ereignis der Schaltfläche das Makro `TextfelderLöschen` auf. Setzen Sie eine Schleife auf, die alle eingefügten Steuerelemente kontrolliert und die ermittelten Textfelder initialisiert.

17.4 Excel und Outlook

Seit der Version Excel 2000 müssen Sie nicht mehr programmieren, wenn Sie Excel-Dateien als Webseiten speichern möchten. Dabei haben Sie sogar die Möglichkeit, interaktive Webseiten zu erstellen, d.h., die Daten können auch direkt im Internet bearbeitet werden.

Ein interessanter Bereich, in dem sich noch etwas optimieren lässt, ist das Versenden von E-Mails und der Datenaustausch mit Outlook.

Tabelle als E-Mail versenden

Wenn Sie die Tabelle, die Sie gerade in Bearbeitung haben, per E-Mail versenden und dabei nicht die komplette Arbeitsmappe, sondern eben nur die aktive Tabelle verschicken möchten, setzen Sie folgendes Makro aus Listing 17.12 ein.

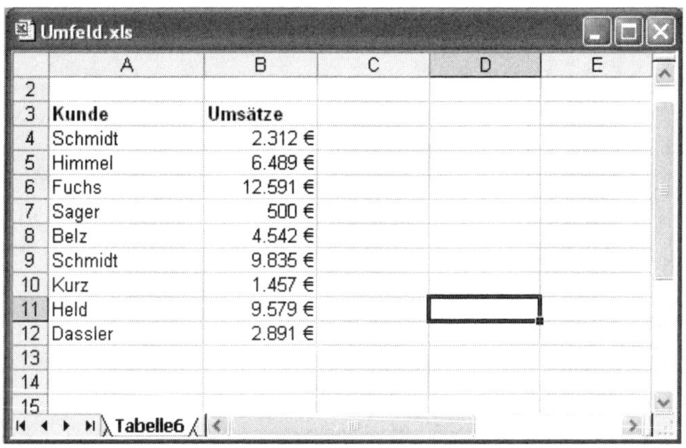

	A	B	C	D	E
2					
3	**Kunde**	**Umsätze**			
4	Schmidt	2.312 €			
5	Himmel	6.489 €			
6	Fuchs	12.591 €			
7	Sager	500 €			
8	Belz	4.542 €			
9	Schmidt	9.835 €			
10	Kurz	1.457 €			
11	Held	9.579 €			
12	Dassler	2.891 €			
13					
14					
15					

Abbildung 17.13: Die Ausgangssituation: die Umsatztabelle

Den Text aus Zelle A1 nehmen Sie als Titel der E-Mail sowie als Namen der angehängten Arbeitsmappe. Den Empfänger fragen Sie über eine Eingabe vom Anwender ab.

Listing 17.12: Aktive Tabelle als E-Mail mit Anhang versenden

```
Sub AktiveTabelleAlsEMailVersenden()
Dim Empfänger As String

 Empfänger = InputBox _
 ("Geben Sie den Empfänger der E-Mail ein!")
```

```
 If Empfänger = "" Then Exit Sub
 ActiveWorkbook.ActiveSheet.Copy
 ActiveWorkbook.SaveAs Range("A1").Value & ".xls"
 ActiveWorkbook.SendMail Recipients:=Empfänger, _
    Subject:=Range("A1").Value
 ActiveWorkbook.Close savechanges:=False
End Sub
```

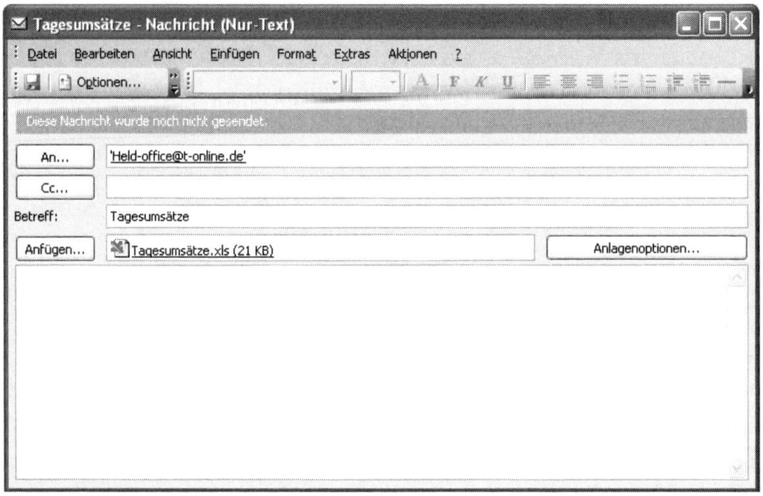

Abbildung 17.14: Das Ergebnis: eine E-Mail mit einer Excel-Tabelle als Anhang

Kopieren Sie die aktive Tabelle zuerst einmal in eine neue Arbeitsmappe mit der Methode `Copy`. Speichern Sie die neue Arbeitsmappe gleich im Anschluss unter dem Namen, den Sie aus Zelle A1 herauslesen. Schicken Sie danach diese Arbeitsmappe über die Methode `SendMail` an Ihr installiertes E-Mail-System. Im Argument `Recipients` geben Sie den E-Mail-Empfänger an, den Sie vorher über die Funktion `Inputbox` vom Anwender erfragt haben. Im Argument `Subject` geben Sie den Namen des Betreffs ein, den Sie ebenfalls aus der Zelle A1 ermitteln. Wenn Sie möchten, können Sie noch das Argument `ReturnReceipt` einsetzen, das Sie auf den Wert `True` setzen, sofern Sie eine Empfangsbestätigung einholen möchten.

:-) TIPP

Geben Sie im Argument `Subject` *der Methode* `SendMail` *nichts an, so wird standardmäßig der Name der angehängten Datei als Betreff verwendet.*

Excel-Bereich als E-Mail versenden

Im nächsten Beispiel gehen Sie noch einen Schritt weiter. Versenden Sie einen vorher ausgewählten Bereich von Zellen als E-Mail.

Listing 17.13: Markierten Zellenbereich als E-Mail versenden

```
Sub BereichAlsEMailVersenden()
Dim Empfänger As String
Dim Bereich As Range

  Application.SheetsInNewWorkbook = 1
  Empfänger = InputBox _
  ("Geben Sie den Empfänger der E-Mail ein!")
  If Empfänger = "" Then Exit Sub
  Set Bereich = Application.InputBox( _
 "Wählen Sie den Bereich aus, den Sie senden möchten", _
  Type:=8)
  Range(Bereich.Address).Select
  Selection.Copy
  Workbooks.Add
  ActiveSheet.Paste
  ActiveWorkbook.SaveAs "Anhang.xls"
  Application.Dialogs(xlDialogSendMail).Show _
          Empfänger, "markierter Bereich"
End Sub
```

Setzen Sie die Funktion `Inputbox` vom Typ `8` ein, um über den Dialog eine Zellenmarkierung zu erreichen. Danach kopieren Sie die Auswahl, erstellen eine neue Arbeitsmappe und fügen den Inhalt der Zwischenablage in die neue Arbeitsmappe ein. Speichern Sie die Arbeitsmappe unter dem Namen ANHANG.XLS und rufen Sie den integrierten E-Mail-Dialog von Excel auf.

Mehrere Arbeitsmappen per E-Mail versenden

Möchten Sie regelmäßig eine ganze Reihe von Dateien versenden, können Sie diesen Vorgang automatisieren. Im folgenden Beispiel werden alle Dateien aus dem Verzeichnis C:\RECHNUNGEN\ als E-Mail-Anhang in Outlook versendet.

Listing 17.14: Alle Dateien in einem Verzeichnis an eine E-Mail anhängen und versenden

```
Sub EMailVerschickenMitAnhängen()
Dim outObj As Object
Dim Mail As Object
Dim i As Integer

  Set outObj = CreateObject("Outlook.Application")
  Set Mail = outObj.CreateItem(0)
  With Mail
   .Subject = "Rechnungen"
   .Body = "Sehr geehrte Damen und Herren "  _
    & Chr(13) & _
    "Bitte prüfen Sie die angehängten Rechnungen" & _
     Chr(13) & "Viele Grüße " & Chr(13) & _
      Application.UserName
   .To = Rewe@Mac.de
   .CC = Fibu@Mac.de
```

```
    End With
      With Application.FileSearch
        .NewSearch
        .LookIn = "c:\Rechnungen\"
        .SearchSubFolders = True
        .FileType = msoFileTypeAllFiles
        .Execute
        For i = 1 To .FoundFiles.Count
            Mail.Attachments.Add .FoundFiles(i)
        Next i
      End With
    Mail.Display
    Set Mail = Nothing
    Set outObj = Nothing
  End Sub
```

Definieren Sie zuerst zwei Objektvariablen. Die erste Variable `outObj` soll einen Verweis auf die Anwendung Outlook darstellen, die zweite Variable `Mail` enthält einen Verweis auf die Outlook-Komponente, die für das Erstellen und Verschicken von E-Mails verantwortlich ist. Über die Funktion `CreateObject` erstellen Sie ein Outlook-Objekt. Mit der Methode `CreateItem` erstellen Sie ein Outlook-Element. Entnehmen Sie der Tabelle 17.1 die einzelnen Elemente, die Sie in Outlook erstellen können.

Tabelle 17.1: Die Outlook-Elemente im Überblick

Index	Konstante	Aufgabe in Outlook
0	`olMailItem`	Erstellen von E-Mails
1	`olAppointmentItem`	Termine bearbeiten und verwalten
2	`olContactItem`	Bearbeiten und Verwalten von Kontakten
3	`olTaskItem`	Bearbeiten und Verwalten von Aufträgen
4	`olJournalItem`	Journaleinträge erstellen und verwalten
5	`olNoteItem`	Bearbeiten und Verwalten von Notizen
6	`olPostItem`	Verschicken von E-Mails

:-) TIPP

Wenn Sie die Online-Hilfe nutzen möchten, um zu den einzelnen Outlook-Befehlen mehr Informationen zu bekommen, müssen Sie die Objektbibliothek MICROSOFT OUTLOOK 9.0 OBJECT LIBRARY *(Outlook 2000),* MICROSOFT OUTLOOK 10.0 OBJECT LIBRARY *(Outlook 2002) bzw.* MICROSOFT OUTLOOK 11.0 OBJECT LIBRARY *(Outlook 2003) unter dem Menü* EXTRAS/VERWEISE *einbinden.*

Legen Sie mit der Eigenschaft `Subject` den Betreff der E-Mail fest. Über die Eigenschaft `Body` können Sie den E-Mail-Text angeben. Mit dem Zeichen `&`

schreiben Sie diesen Text auch mehrzeilig. Mithilfe der Eigenschaft `To` geben Sie die E-Mail-Adresse des Empfängers der E-Mail an. Möchten Sie die E-Mail an mehrere Empfänger verschicken, geben Sie die einzelnen E-Mail-Adressen durch ein Semikolon getrennt ein. Wenn Sie die E-Mail als Kopie an weitere Empfänger senden möchten, die nicht unmittelbar davon betroffen sind, verwenden Sie die Eigenschaft `CC`.

!! STOP

Die Eigenschaft `BCC` *können Sie einsetzen, um eine Blindkopie der E-Mail zu verschicken. Dadurch bekommt der eigentliche Adressat der E-Mail nicht mit, dass Sie die E-Mail auch noch jemand anderem als Kopie gesendet haben.*

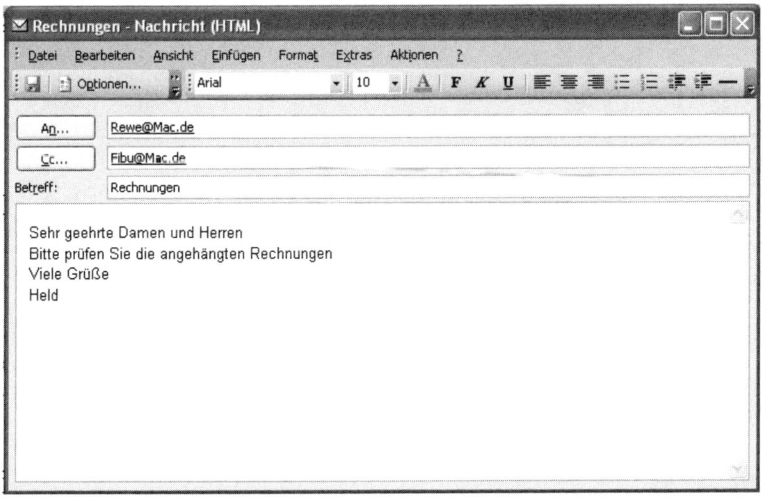

Abbildung 17.15: Alle Rechnungen zur Prüfung versenden

Setzen Sie nun die Eigenschaft `FileSearch` ein, um alle Dateien im Verzeichnis C:\RECHNUNGEN\ zu ermitteln, und hängen Sie diese mithilfe der Methode `Add` als Anhang an Ihre E-Mail an. Zeigen Sie zum Abschluss den E-Mail-Dialog über die Methode `Display` an und geben Sie den reservierten Speicherplatz für die Objektvariablen wieder frei.

E-Mail bei Änderung senden

Im letzten Beispiel zum Versenden von E-Mails soll eine Nachricht automatisch versendet werden, sobald sich in einer bestimmten Tabelle eine Änderung ergibt. Innerhalb der Tabelle soll nur eine bestimmte Spalte überwacht werden.

Für diese Aufgabe setzen Sie das Ereignis `Worksheet_Change` *ein und gehen dabei wie folgt vor:*

1. Wechseln Sie auf das Tabellenblatt, in dem Sie diese Funktion hinterlegen möchten.
2. Klicken Sie mit der rechten Maustaste auf den Tabellenreiter des Tabellenblatts und wählen Sie aus dem Kontextmenü den Befehl CODE ANZEIGEN.
3. Erfassen Sie das Ereignis `Worksheet_Change`.

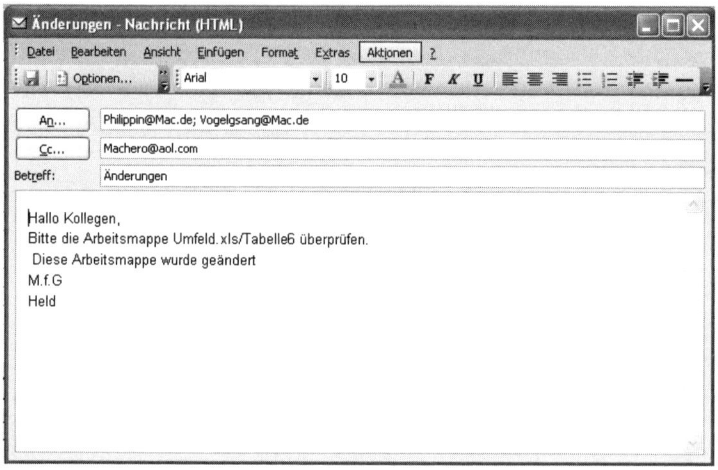

Abbildung 17.16: Automatisches Mailing

Listing 17.15: Ereignis Worksheet_Change zum Versenden einer E-Mail bei Dateiänderung

```
Private Sub Worksheet_Change _
(ByVal Target As Excel.Range)
Dim outObj As Object
Dim Mail As Object

 If Target.Column = 2 Then
  ActiveWorkbook.Save
  Set outObj = CreateObject("Outlook.Application")
  Set Mail = outObj.CreateItem(0)
  Mail.Subject = "Änderungen"
  Mail.Body = "Hallo Kollegen, " & vbLf & _
 "Bitte die Mappe Umfeld.xls/Tab6 überprüfen." & _
  VbLf & " Die Arbeitsmappe wurde geändert" _
  & VbLf & "M.f.G" & VbLf & Application.UserName
  Mail.To = Philippin@Mac.de; Vogelgsang@Mac.de
  Mail.CC = Machero@aol.com
  Mail.Display
 End If
 Set Mail = Nothing
 Set outObj = Nothing
End Sub
```

Kontakte austauschen

Liegen Adressdaten von Kunden oder Geschäftspartnern in einer Excel-Tabelle vor und möchten Sie diese in den Kontaktordner von Outlook transferieren, dann können Sie diese Aufgabe über eine Makrolösung umsetzen. Die Adressen liegen dabei in Excel in folgender Form vor:

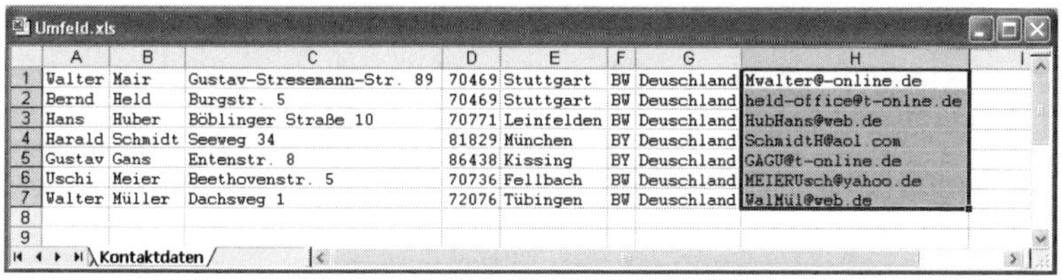

	A	B	C	D	E	F	G	H
1	Walter	Mair	Gustav-Stresemann-Str. 89	70469	Stuttgart	BW	Deuschland	Mwalter@-online.de
2	Bernd	Held	Burgstr. 5	70469	Stuttgart	BW	Deuschland	held-office@t-onlne.de
3	Hans	Huber	Böblinger Straße 10	70771	Leinfelden	BW	Deuschland	HubHans@web.de
4	Harald	Schmidt	Seeweg 34	81829	München	BY	Deuschland	SchmidtH@aol.com
5	Gustav	Gans	Entenstr. 8	86438	Kissing	BY	Deuschland	GAGU@t-online.de
6	Uschi	Meier	Beethovenstr. 5	70736	Fellbach	BW	Deuschland	MEIERUsch@yahoo.de
7	Walter	Müller	Dachsweg 1	72076	Tübingen	BW	Deuschland	WalMül@web.de
8								
9								

Abbildung 17.17: Adressen nach Outlook überführen

Listing 17.16: Kontaktdaten von Excel nach Outlook überführen

```
Sub KontakteNachOutlook()
Dim appOutLook As Outlook.Application
Dim conoutlook As Outlook.ContactItem
Dim i As Integer

i=1
Sheets("Kontaktdaten").Activate
Set appOutLook = CreateObject("Outlook.Application")
 Do Until cells(i,1).Value = ""
  Set conoutlook = appOutLook.CreateItem(olContactItem)
  With conoutlook
    .LastName = Cells(i, 1).Value
    .FirstName = Cells(i, 2).Value
    .BusinessAddressStreet = Cells(i, 3).Value
    .BusinessAddressCity = Cells(i, 4).Value
    .BusinessAddressPostalCode = Cells(i, 5).Value
    .BusinessAddressCountry = Cells(i, 6).Value
    .BusinessAddressState = Cells(i, 7).Value
    .Email1Address = Cells(i, 8).Value
    .Save
    i = i + 1
  End With
 Loop
Set conoutlook = Nothing
Set appOutLook = Nothing
End Sub
```

Wenden Sie zu Beginn des Makros die Methode `CreateObject` an, um ein Outlook-Objekt anzulegen. Damit erhalten Sie Zugriff auf alle VBA-Objekte, Methoden und Eigenschaften von Outlook, die Sie benötigen, um Ihr E-Mail zu erstellen, zu füllen und letztendlich abzuschicken.

Mithilfe der Methode `CreateItem` erstellen Sie ein neues Outlook-Objekt. Da Sie ein Kontaktobjekt benötigen, übergeben Sie dieser Methode die Konstante `olContactItem`.

Anschließend füllen Sie den noch leeren Kontakt mit den Daten aus Ihrer Excel-Tabelle. Unter anderem verwenden Sie dabei folgende Eigenschaften:

- `LastName`: Über diese Eigenschaft geben Sie den Nachnamen an, den Sie aus Ihrer Tabelle aus Spalte A holen.
- `FirstName`: Über diese Eigenschaft bestimmen Sie den Vornamen, den Sie aus Ihrer Tabelle aus Spalte B holen.
- `BusinessAddressStreet`: Über diese Eigenschaft übergeben Sie den Inhalt der Spalte C (Straße).
- `BusinessAddressCity`: Über diese Eigenschaft übergeben Sie den Inhalt der Spalte E (Ort).
- `BusinessAddressPostalCode`: Über diese Eigenschaft übergeben Sie den Inhalt der Spalte D (PLZ).
- `BusinessAddressCountry`: Über diese Eigenschaft übergeben Sie den Inhalt der Spalte F (Bundesland).
- `BusinessAddressState`: Über diese Eigenschaft übergeben Sie den Inhalt der Spalte G (Land).
- `Email1Address`: Über diese Eigenschaft übergeben Sie den Inhalt der Spalte H (E-Mail-Adresse).

Mithilfe der Methode `Save` wird der Kontakt endgültig im Kontaktordner angelegt.

Auch der umgekehrte Vorgang, also Kontaktdaten aus Outlook in eine Tabelle zu transferieren, ist von Bedeutung. Im folgenden Beispiel wird der Inhalt des Kontaktordners in einer neuen Tabelle ausgegeben.

Listing 17.17: Kontaktdaten von Outlook nach Excel überführen

```
Sub KontakteVonOutlook()
Dim Verz As Object
Dim i_Kontakt As Integer
Dim i As Integer
Dim olMAPI As New Outlook.Application
Dim objItem As Object

   Worksheets.Add
   Set Verz = _
  olMAPI.GetNamespace("MAPI") _
.GetDefaultFolder(olFolderContacts)
i = 1
   For i_Kontakt = 1 To Verz.Items.Count
    Set objItem = Verz.Items(i_Kontakt)
    With objItem
        Cells(i, 1).Value = .FirstName
        Cells(i, 2).Value = .LastName
```

```
        Cells(i, 3).Value = .BusinessAddressStreet
        Cells(i, 4).Value = .BusinessAddressPostalCode
        Cells(i, 5).Value = .BusinessAddressCity
        Cells(i, 6).Value = .BusinessAddressCountry
        Cells(i, 7).Value = .BusinessAddressState
        Cells(i, 8).Value = .Email1Address
        i = i + 1
     End With
    Next i_Kontakt
   Columns("A:H").AutoFit

   Set objItem = Nothing
   Set olMAPI = Nothing
End Sub
```

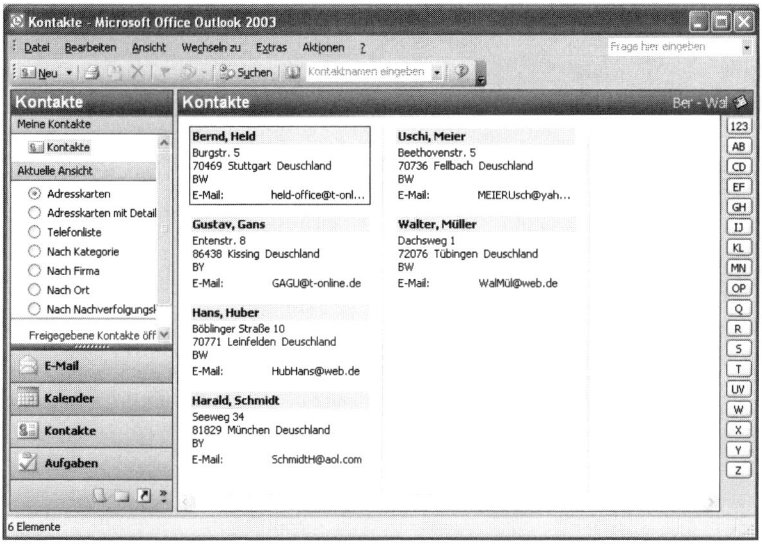

Abbildung 17.18: Adressen nach Outlook überführen

Fügen Sie im ersten Schritt über die Anweisung `Worksheets.Add` eine neue, noch leere Tabelle in Ihre Arbeitsmappe ein. Über die Anweisung `olMAPI.GetNamespace("MAPI").GetDefaultFolder(olFolderContacts)` erhalten Sie Zugriff auf den Kontaktordner von Outlook. Setzen Sie nun eine Schleife auf, die alle angelegten Kontakte abarbeitet. Übertragen Sie im Anschluss daran die einzelnen Informationen aus dem Kontakt in die dafür vorgesehenen Excel-Zellen.

Setzen Sie am Ende des Makros die Methode `AutoFit` ein, um die Spaltenbreiten automatisch einzustellen, und heben Sie danach die Objektverweise über die Anweisung `Set Objektverweis = Nothing` auf, um den reservierten Speicher wieder freizugeben.

Teil 5 Praxisführer

18 Fehlerbehandlung, Tuning und Schutz von VBA-Projekten

Dieses Kapitel soll zeigen, wie Sie vorgehen können, wenn Sie bei der Programmierung Ihrer Makros auf Schwierigkeiten stoßen. Dabei können Probleme bezüglich der Syntax von einzelnen Befehlen, mit einzelnen Strukturen wie Schleifen und Verzweigungen oder mit Fehlermeldungen auftreten.

Vielleicht möchten Sie bei einer gestellten Aufgabe das Rad auch nicht noch einmal neu erfinden und vorher im Internet recherchieren. In diesem Fall gehen Sie zum Anhang C über.

Haben Sie ein Makro zum Laufen gebracht und möchten es optimieren, damit es schneller und sicherer abläuft, so erhalten Sie in diesem Kapitel Antworten auf Ihre Fragen.

Alle Beispiele in diesem Kapitel finden Sie auf der CD-ROM im Verzeichnis KAP18 *unter dem Namen* FEHLER.XLS.

18.1 Kleinere Fehler beheben

Erzeugt ein Makro einen Fehler, sollten Sie im ersten Schritt kontrollieren, ob Sie die Syntax des Befehls richtig angewendet haben.

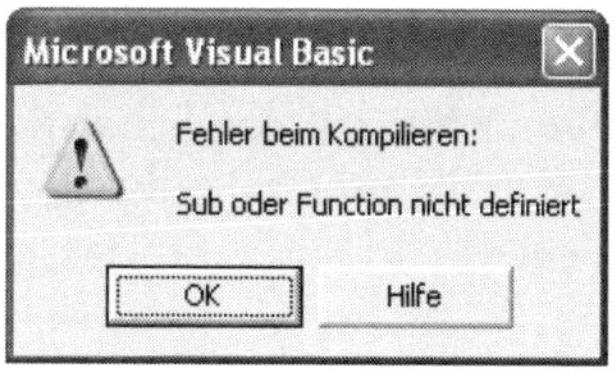

Abbildung 18.1: Diese Meldung deutet auf einen Syntaxfehler hin

Syntax richtig?

Enthält Ihr Programmcode Syntaxfehler, wird beim Starten des Makros vorher eine Syntaxprüfung durchgeführt. Klicken Sie auf die Schaltfläche OK. Excel markiert dann den Befehl im Makro, bei dem der Syntaxfehler auftritt. Informieren Sie sich über die richtige Syntax des Befehls, indem Sie die Taste [F1] drücken und in der Online-Hilfe nachsehen.

Variablendefinition gegeben?

Einen weiteren häufigen Fehlerfall stellt das Fehlen der Definitionen von Variablen dar. Die Meldung in Abbildung 18.2 tritt jedoch nur auf, wenn Sie in Ihrem Modulblatt die Anweisung `Option=explicit` angegeben haben. Diese Anweisung bewirkt, dass Variablen definiert werden müssen, um eingesetzt werden zu können. Diese Einstellung sollten Sie auf jeden Fall beibehalten, weil sie später die Suche nach Fehlern erleichtert und für eine bessere Übersichtlichkeit sorgt.

Abbildung 18.2: Die Variable ist nicht definiert

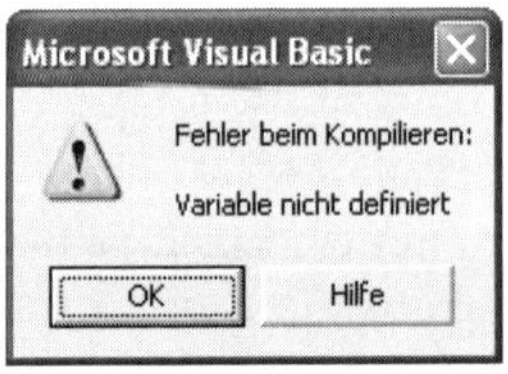

Definieren Sie die fehlende Variable und starten Sie das Makro erneut.

Objekt vorhanden?

Oft treten Fehler auf, wenn Sie versuchen, auf Elemente in Excel zuzugreifen, die gar nicht zur Verfügung stehen. So liefert der Versuch, auf ein Tabellenblatt zu springen, welches in der Arbeitsmappe nicht vorhanden ist, die Fehlermeldung in Abbildung 18.3.

Abbildung 18.3: Laufzeitfehler Nummer 9

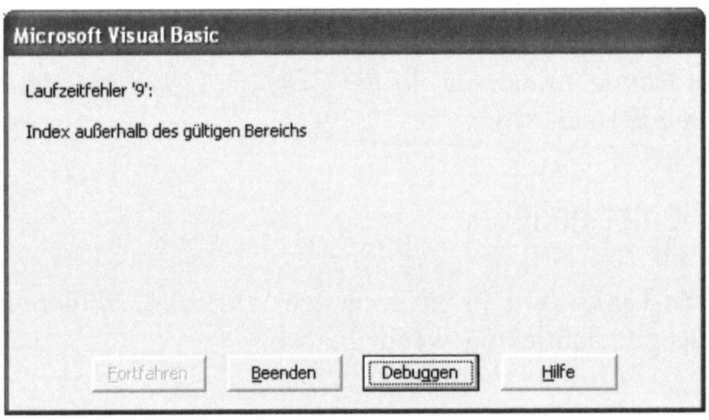

Wenn Sie auf die Schaltfläche DEBUGGEN klicken, springt Excel genau an die Stelle im Code, die diesen Fehler verursacht. Alternative Nummern von Fehlermeldungen für dasselbe Problem sind 424 bzw. 1004.

:-) TIPP

Eine komplette Liste von auffangbaren Fehlern können Sie der Online-Hilfe entnehmen, wenn Sie den Suchbegriff AUFFANGBARE FEHLER *eingeben.*

Klicken Sie auf den Hyperlink der Fehlerbezeichnung, um weitere Informationen zum Fehler und eine Beschreibung zu erhalten, wie Sie diesen Fehler vermeiden können.

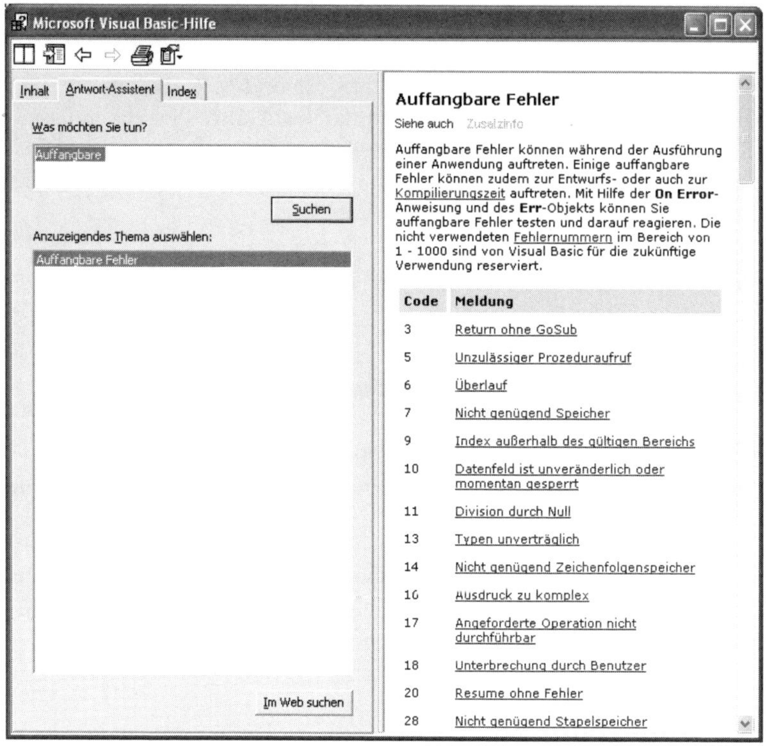

Abbildung 18.4: Alle auffangbaren Fehler in der Online-Hilfe von Excel

Methode, Eigenschaft verfügbar?

Ein Fehler tritt auch auf, wenn Sie versuchen, eine Eigenschaft bzw. eine Methode, welche gar nicht zur Verfügung steht, auf ein Objekt anzuwenden.

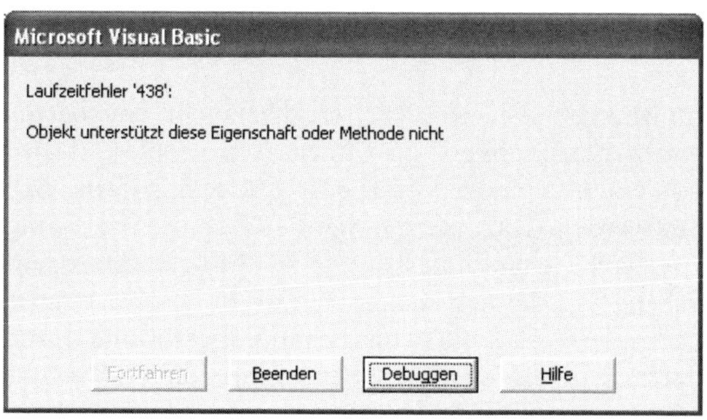

Abbildung 18.5: Laufzeitfehler 438

Hier empfiehlt es sich, im Objektkatalog nachzusehen, welche Eigenschaften bzw. Methoden das Objekt zur Verfügung hat. Drücken Sie in der Entwicklungsumgebung die Taste [F2], um den Objektkatalog zu starten, und listen Sie alle Eigenschaften und Methoden zum gewünschten Objekt auf.

18.2 Schwerwiegendere Fehler

Wenn die Syntax eines Makros richtig ist und es trotzdem zu einem Fehler kommt, der sich aus dem Algorithmus des Makros ergibt, müssen Sie feststellen, wo der Fehler auftritt und ob das Makro bis zu diesem Fehler richtige Daten lieferte. Den Test hierfür können Sie mithilfe des Direktbereichs durchführen.

REF

Die Bedienung der Testumgebung und des Direktbereichs können Sie in Kapitel 2 nachlesen.

Fehler im Vorfeld erkennen und reagieren

Besser ist es natürlich, Fehler schon im Vorfeld abzufangen und richtig darauf zu reagieren. Dazu setzen Sie standardmäßig die Anweisung `On Error` ein.

Fehlerbehandlungsroutine anspringen

Bei dieser Anweisung haben Sie die Möglichkeit, Fehlerbehandlungsroutinen in Ihrem Code anzuspringen. Sehen Sie sich dazu das Makro aus Listing 18.1 an.

Listing 18.1: Verzweigung zu einer Fehlerbehandlungsroutine

```
Sub DateiÖffnen()
 On Error GoTo Fehler
    Workbooks.Open Filename:= _
 ("Q:\Daten\Mappel.xls"), Notify:=False
   Exit Sub

Fehler: MsgBox  _
 ("Bitte warten Sie, bis die Datei wieder frei ist.")
End Sub
```

Im Makro aus Listing 18.1 wird versucht, eine bestimmte Arbeitsmappe auf einem Netzlaufwerk zu öffnen. Wurde diese Arbeitsmappe jedoch schon von einem anderen Mitarbeiter geöffnet, soll die Arbeitsmappe nicht geöffnet werden. Dazu setzen Sie die `On Error`-Anweisung ein, um im Fehlerfall zur Fehlerbehandlungsroutine zu springen. Dort wird eine Meldung ausgegeben, dass die Arbeitsmappe noch in Bearbeitung ist. Um im Normalfall zu verhindern, dass die Fehlerbehandlungsroutine durchlaufen wird, setzen Sie nach dem Öffnen der Arbeitsmappe die Anweisung `Exit Sub` ein, die das Makro auf der Stelle beendet.

Fehler ignorieren

In vielen Fällen müssen Sie nur verhindern, dass ein Makro abstürzt, ohne eine Fehlermeldung anzuzeigen und damit den Anwender zu beunruhigen. Sehen Sie dazu die Lösung aus Listing 18.2.

```
Sub VorherigesBlattAktivieren()
 On Error Resume Next
 ActiveSheet.Previous.Activate
End Sub
```

Listing 18.2: Das vorherige Tabellenblatt in der Arbeitsmappe aktivieren

Falls Sie sich bereits auf dem ersten Tabellenblatt der Arbeitsmappe befinden und dennoch versuchen, ein Tabellenblatt davor zu aktivieren, tritt ein Fehlerfall ein, den Sie mithilfe der Anweisung `On Error Resume Next` jedoch an der Anzeige hindern.

Fehlerursache ermitteln

Wenn ein Laufzeitfehler auftritt, werden die Eigenschaften des `Err`-Objekts mit Information gefüllt, die den Fehler sowie die Informationen, die zur Verarbeitung des Fehlers verwendet werden können, eindeutig kennzeichnen. Jeder Fehler hat in Excel eine eindeutige Nummer, die Sie abfangen können.

```
Sub WordMitNeuemDokumentStarten()
Dim WordObj As Object
Dim WordDoc As Object

 On Error Resume Next
 Set WordObj = GetObject(, "word.application.11")
 If Err.Number = 429 Then
    Set WordObj = CreateObject("word.application.11")
    Err.Number = 0
 End If
 WordObj.Visible = True
 Set WordDoc = WordObj.Documents.Add
End Sub
```

Listing 18.3: Die Fehlerursache eines Makros ermitteln

Haben Sie die Textverarbeitung Word bereits gestartet, kommt es zu keinem Fehlerfall beim Versuch, Word über die Funktion `GetObject` zu aktivieren. Falls Word noch nicht geöffnet ist, meldet Excel die Fehlernummer `429`, welche sinngemäß besagt, dass es nicht möglich war, die Applikation zu aktivieren. In diesem Fall können Sie die Anweisung `If` einsetzen, um gezielt darauf zu reagieren. Ihre Reaktion besteht nun darin, über die Funktion `CreateObject` ein Word-Objekt zu erstellen.

Die Funktion IsError

Eine weitere Möglichkeit, Fehler zu umgehen, bietet die Funktion `IsError`. Diese Funktion liefert den Wert `True` zurück, wenn der Ausdruck fehlerhaft ist. Wenden Sie diese Funktion an, indem Sie innerhalb eines markierten Bereichs alle Zellen, die Fehlerwerte liefern, mit der Zahl `0` überschreiben.

```
Sub FehlerzellenAufNull()
Dim Zelle As Range

For Each Zelle In Selection
    If IsError(Zelle.Value) Then
```

Listing 18.4: Zellen mit Fehlerwerten auf Null setzen

```
        Zelle.Value = 0
    End If
Next Zelle
End Sub
```

Abbildung 18.6: Fehlerhafte Zellen in Excel bereinigen

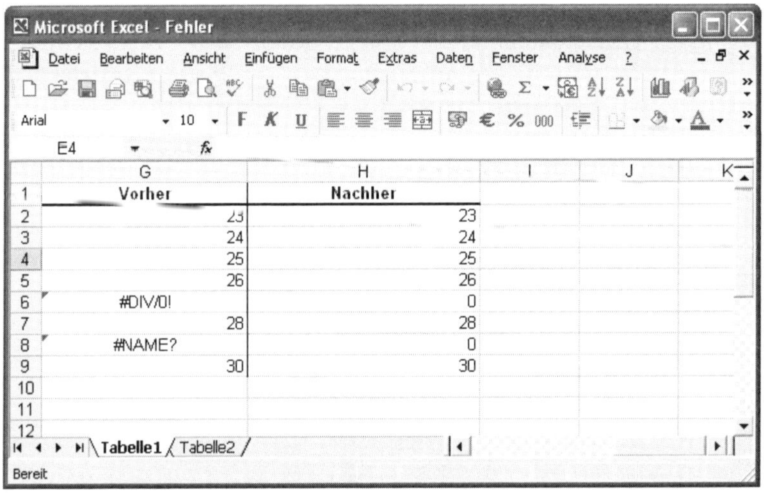

Sollten Sie bei der Suche nach Fehlern nicht weiterkommen, können Sie im Internet recherchieren. Gehen Sie dazu zum Anhang C über.

18.3 Laufzeiten verkürzen

Auch wenn Ihre Makros laufen, gibt es immer noch etwas zu optimieren. Optimieren können Sie die Ablaufgeschwindigkeit sowie die Strukturierung Ihres Quellcodes. So ist durch den Einsatz bestimmter Befehle und die Definition der richtigen Variablen schon viel gewonnen. Nicht immer liegt es jedoch am Makro selbst, wenn die Geschwindigkeit zu wünschen übrig lässt. Auch in dieser Hinsicht können Sie etwas verbessern.

Befehle zusammenfassen

Um ein Makro noch schneller ablaufen zu lassen, müssen Sie versuchen, mit so wenig Befehlen wie möglich auszukommen. Da Excel Zeile für Zeile Ihrer Makros interpretieren muss, können viele Befehle zusammengefasst oder vereinfacht werden. Sehen Sie sich dazu die nächsten beiden Makros an.

```
Sub ZellenÜbertragenLangsam()
Dim i As Integer
Dim s As String

 Sheets("Tabelle1").Activate
 Range("A1").Select
 s = Range("A1").Value
For i = 1 To 10
 Sheets("Tabelle2").Activate
 ActiveCell.Value = s
 ActiveCell.Offset(1, 0).Select
 Sheets("Tabelle1").Activate
 ActiveCell.Offset(1, 0).Select
 s = ActiveCell.Value
Next i
End Sub
```

Listing 18.5: Zellen übertragen von einem Blatt zum anderen (langsame Methode)

Was lässt sich im Makro aus Listing 18.5 verbessern?

Die Verbesserungen

1. Im ersten Schritt sollten die Namen der beteiligten Tabellenblätter gleich zu Beginn des Makros festgelegt werden. Dies erleichtert später eine Änderung des Quellcodes. Wenn sich beispielsweise die Namen der Tabellenblätter ändern, müssen Sie nicht im gesamten Code suchen, um die Namen der entsprechenden Tabellenblätter anzupassen.
2. Im zweiten Schritt gestalten Sie das Makro flexibler. Das Makro hört nach genau zehn Zeilen auf, Daten zu übertragen. Was aber passiert, wenn mehr als zehn Zellen übertragen werden sollen?
3. Im dritten Schritt versuchen Sie, weniger zwischen den Tabellenblättern hin- und herzuspringen. Auch der Zellenzeiger sollte nicht so häufig verschoben werden. Wenn Sie öfter auf andere Tabellenblätter wechseln müssen, sollten Sie auf jeden Fall die Bildschirmaktualisierung mit dem Befehl `Application.Screenupdatung=False` ausschalten, um nicht ein Schwindelgefühl beim Anwender zu erzeugen, bzw. überhaupt gar nicht zwischen den einzelnen Tabellen hin- und herspringen.

Sehen Sie sich nun die optimale Lösung in Listing 18.6 an.

```
Sub ZellenÜbertragen()
Dim Tab1 As Worksheet
Dim Tab2 As Worksheet
Dim i As Integer
Dim y As Integer

    Set Tab1 = Worksheets("Tabelle1")
    Set Tab2 = Worksheets("Tabelle2")
    For i = 1 To Tab1.UsedRange.Rows.Count
        y = y + 1
```

Listing 18.6: Zellen übertragen von einem Blatt zum anderen (schnelle Methode)

```
        Tab2.Cells(i, 1) = Tabl.Cells(y, 1)
    Next i
End Sub
```

Abbildung 18.7: Die Ausgangssituation: eine Tabelle mit Daten

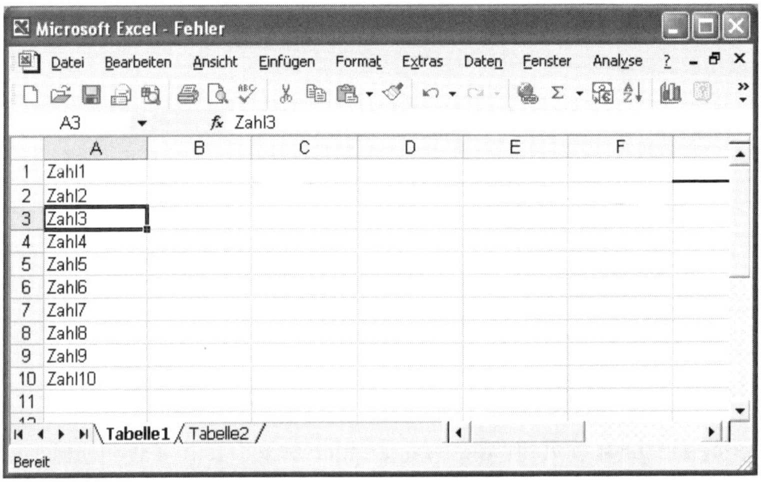

Zu Beginn des Makros aus Listing 18.6 definieren Sie zwei Variablen vom Typ `Worksheet`, die Sie danach mit der Anweisung `Set` füllen. Damit können die beiden Tabellen im gesamten Code in der Kurzform `Tabl` bzw. `Tab2` angesprochen werden. Danach setzen Sie eine Schleife auf, die beginnend bei der ersten Zelle bis zur letzten verwendeten Zelle der TABELLE1 die Zelleninhalte in die TABELLE2 überträgt.

!! STOP

Bei dieser Methode verwenden Sie die Eigenschaft `Cells`*, für die Sie jeweils einen Zeilenindex und einen Spaltenindex angeben müssen. Da sich die zu übertragenden Daten in Spalte* A *befinden, können Sie den Spaltenindex in der Schleife konstant auf dem Wert* `1` *halten. Den Zeilenindex* `i` *für die* TABELLE1 *und* `y` *für die* TABELLE2 *müssen Sie bei jedem Schleifendurchlauf um den Wert* `1` *erhöhen. Übertragen können Sie die Zellenwerte aus* TABELLE1*, indem Sie die jeweilige Zelle mit der gleichen Zelle auf* TABELLE2 *gleichsetzen. Es entfällt somit das zeitaufwändige Verschieben des Zellenzeigers.*

:-) TIPP

Wenn Sie beispielsweise Tabellen über ihren Namen ansprechen, benötigt Excel länger, wie wenn Sie Tabellen über einen Index ansprechen. So ist die Anweisung

```
Sheets(1).Activate
```

schneller als die Anweisung

```
Sheets("Tabelle1").Activate
```

Je kürzer, desto besser

Machen Sie von der Anweisung With fleißig Gebrauch. Diese Anweisung führt eine Reihe von Anweisungen für ein einzelnes Objekt oder einen benutzerdefinierten Typ aus. Damit können Sie sich eine Menge Schreibarbeit sparen und zusätzlich noch Ihr Makro schneller ablaufen lassen.

Listing 18.7: Den Office-Assistenten aufrufen (langsamere Variante)

```
Sub OfficeAssistentAufrufenLangsam()
Dim Karle As Object

Set Karle = Assistant.NewBalloon
    Karle.Heading = "Themen"
    Karle.Icon = msoIconTip
    Karle.Mode = msoModeAutoDown
    Karle.BalloonType = msoBalloonTypeButtons
    Karle.Labels(1).Text = _
    "Strukturierte Programmierung"
    Karle.Labels(2).Text = "Schnelle Programmierung"
    Karle.Labels(3).Text = "Sichere Programmierung"
    Karle.Animation = msoAnimationGreeting
    Karle.Button = msoButtonSetNone
    Karle.Show
End Sub
```

Im Makro aus Listing 18.7 wurde immerhin schon die Anweisung Set eingesetzt, um der Variablen Karle einen Objektverweis zu erstellen, damit Sie alle Eigenschaften und Methoden zum Objekt Assistant bekommen. Trotzdem fehlt dem Code noch die Anweisung With, die den Code übersichtlicher macht.

Abbildung 18.8: Karl Klammer, der Office-Assistent

Listing 18.8: Den Office-Assistenten aufrufen (schnelle Variante)

```
Sub OfficeAssistentAufrufen()
Dim Karle As Object

Set Karle = Assistant.NewBalloon
With Karle
      .Heading = "Themen"
```

```
        .Icon = msoIconTip
        .Mode = msoModeAutoDown
        .BalloonType = msoBalloonTypeButtons
        .Labels(1).Text = "Strukturierte Programmierung"
        .Labels(2).Text = "Schnelle Programmierung"
        .Labels(3).Text = "Sichere Programmierung"
        .Animation = msoAnimationGreeting
        .Button = msoButtonSetNone
        .Show
End With
Set Karle = Nothing
End Sub
```

Variablen und Konstanten einsetzen

Vergessen Sie nicht, alle Variablen, die Sie im Makro verwenden, vorher zu definieren. Wenn Sie Variablen im Makro verwenden, die vorher nicht definiert worden sind, nimmt Excel an, dass es sich dabei um Variablen vom Typ `Variant` handelt.

REF

Lesen Sie mehr zum richtigen Einsatz von Variablen in Kapitel 3.

:-) TIPP

Um zu einer noch höheren Schnelligkeit beim Interpretieren der einzelnen Befehle zu gelangen, können Sie sich auch überlegen, möglichst kurze Namen bei der Benennung von Variablen und Konstanten zu verwenden. Allerdings geht das zu Lasten der Lesbarkeit des Codes.

!! STOP

Bei der Definition von Variablen müssen Sie ebenfalls auf die richtige Syntax der Variablendefinition achten. So definieren Sie mit der Anweisung

```
Dim i_Map, i_Bla, i_Spa, i_Zei As Integer
```

nur die letzte Variable vom Typ `Integer`. *Die restlichen Variablen sind vom Datentyp* `Variant`.

Richtig wäre:

```
Dim i_Map As Integer, i_Bla As Integer, _
 i_Spa As Integer, i_Zeile As Integer
```

:-) TIPP

Bezüglich der Frage, ob Sie bestimmte Werte, die während des Ablaufs eines Makros konstant bleiben, lieber in Variablen oder in Konstanten speichern, entscheiden Sie sich für den Einsatz von Konstanten.

Berechnung und Bildschirmaktualisierung ausschalten

Bei Makros mit langen Laufzeiten ist es besser, die Bildschirmaktualisierung zu Beginn des Makros auszuschalten. Dies erreichen Sie durch die Anweisung

```
Application.Screenupdating = False
```

Setzen Sie am Ende eines Makros diese Eigenschaft wieder auf den Wert `True`.

:-) TIPP

Eine weitere wichtige Beschleunigung Ihrer Makros erreichen Sie, wenn Sie die Berechnungsfunktion von Excel zu Beginn des Makros mit der Anweisung

```
Application.Calculation = xlCalculationManual
```

ausschalten. Damit verhindern Sie, dass Excel nach einer Änderung an einer Zelle, die mit anderen Zellen verknüpft ist, ebenso die anderen Zellen sofort aktualisiert. Je nach Größe der Tabelle kann dies erhebliche Verzögerungen im Makroablauf mit sich bringen. Diese Neuberechnung können Sie meist auch noch am Ende des Makros durchführen lassen. Dazu verwenden Sie die Anweisung

```
Application.Calculation = xlCalculationAutomatic
```

!! STOP

Falls Sie während des Makros auf sich ändernde Zellen zugreifen wollen, müssen Sie schon während der Laufzeit des Makros diese Zellen gezielt aktualisieren. Dazu setzen Sie den Befehl

```
Range("A1").Calculate
```

ein. Damit wird nur die Zelle A1 aktualisiert. Diese Aktualisierung können Sie natürlich auch auf ganze Bereiche ausdehnen

```
Range("Bereichsname").Calculate
```

bzw. auch auf einzelne Spalten oder Zeilen:

```
ActiveSheet.Rows(2).Calculate ActiveSheet.Columns(2).Calculate
```

Auch das Aktualisieren einzelner Tabellenblätter ist über den Befehl

```
Worksheets(1).Calculate
```

jederzeit möglich. Wenn Sie lediglich den Befehl

```
Application.Calculate
```

angeben, werden alle geöffneten Arbeitsmappen neu berechnet.

Integrierte Tabellenfunktionen anwenden

Tabellenfunktionen, die sich auch über den Funktions-Assistenten einsehen lassen, können Sie ebenso in Ihren VBA-Makros einsetzen. Die Anwendung der Tabellenfunktion `Sum` ist beispielsweise wesentlich schneller als das einzelne Addieren von Werten. So ist die folgende Zeile

```
Erg = Application.WorksheetFunction.Sum(Range("A1:H1"))
```

schneller als die nächsten drei Zeilen:

```
For Each Zelle In Range("A1:H1")
    Erg = Erg + Zelle.Value
Next Zelle
```

:-) TIPP

Sie können alle Tabellenfunktionen in Excel im Objektmanager einsehen. Dazu gehen Sie in die Entwicklungsumgebung und drücken die Taste [F2]*. Unter der Klasse* WORKSHEETFUNCTION *finden Sie alle in Excel zur Verfügung stehenden Tabellenfunktionen.*

Weitere Faktoren zur Geschwindigkeitssteigerung

Langsam ablaufende Makros können auch durch andere Faktoren, die nicht unbedingt direkt mit der Programmierung in Verbindung stehen, bedingt sein. Unter anderem handelt es sich dabei um folgende Faktoren:

- Haben sich auf Ihrer Festplatte Unmengen an temporären Dateien angesammelt? Diese temporären Dateien beanspruchen Platz und sollten regelmäßig gelöscht werden.
- Auch die regelmäßige Defragmentierung Ihrer Festplatte kann entscheidende Vorteile bezüglich der Geschwindigkeit Ihrer Makros mit sich bringen.
- Haben Sie in Outlook die Journalfunktion aktiviert? Dabei werden alle Aktionen an Arbeitsmappen, wie u.a. das Öffnen, Speichern, Drucken, Schließen, in eine Journaldatei geschrieben. Dieser Vorgang dauert unter Umständen recht lang und wirkt sich auch negativ auf die Laufzeiten Ihrer Makros aus. Sie können diese Funktion ausschalten, indem Sie in Outlook aus dem Menü EXTRAS den Befehl OPTIONEN wählen, auf die Registerkarte EINSTELLUNGEN wechseln und die Schaltfläche JOURNALOPTIONEN anklicken. Deaktivieren Sie dann die Journalfunktion für Excel.

- Haben Sie in SYSTEMSTEUERUNG/SYSTEM von Windows bei LEISTUNGSMERKMALE Ihres Dateisystems die Leseoptimierung auf 100 % eingestellt? Damit liest Windows Daten im Voraus, wenn Daten blockweise von Excel angefordert werden.
- Haben Sie Ihre Excel-Arbeitsmappen im Mehrfachformat (Excel 95, 97, 2000, 2002 und 2003) gespeichert? Diese Mehrfachspeicherung beansprucht erstens um ein Vielfaches mehr Plattenplatz als eine Speicherung in der jeweils aktuellen Version und zweitens dauert die Speicherung dieser Arbeitsmappen viel länger.
- Auch die Anzahl der eingebundenen Add-Ins kann die Laufzeit Ihrer Makros beeinflussen. Binden Sie daher nur Add-Ins ein, die Sie wirklich benötigen.
- Kontrollieren Sie, ob Sie Ereignisse eingestellt haben und diese auch wirklich brauchen. Selbst wenn nur der Rahmen des Ereignisses eingestellt ist und keine weiteren Befehle innerhalb des Ereignisses angegeben sind, können nicht verwendete Ereignisse die Laufzeit von Makros beeinträchtigen. Nehmen wir an, Sie haben das Ereignis `Private Worksheet_Change` eingestellt und löschen in einer Schleife mehrere Zeilen. Bei jedem Löschen einer Zeile wird somit dieses Ereignis ausgeführt. Löschen Sie daher nicht benutzte Ereignisse aus der Entwicklungsumgebung.

18.4 VBA-Projekte schützen

Haben Sie sehr viel Zeit in die Programmierung Ihrer VBA-Projekte gesteckt und möchten diese nun vor fremdem Zugriff schützen, bieten sich Ihnen zwei Möglichkeiten:

- Vergabe eines Passworts
- Erstellung eines Add-In

Möchten Sie ein Passwort vergeben, um Ihren Code zu schützen, gehen Sie wie folgt vor:

STEP

1. Wechseln Sie in die Entwicklungsumgebung.
2. Klicken Sie im Projekt-Explorer mit der rechten Maustaste auf die Arbeitsmappe, deren Code Sie schützen möchten, und wählen Sie aus dem Kontextmenü den Befehl EIGENSCHAFTEN VON VBAPROJECT.
3. Wechseln Sie auf die Registerkarte SCHUTZ.
4. Aktivieren Sie das Kontrollkästchen PROJEKT FÜR DIE ANZEIGE SPERREN.

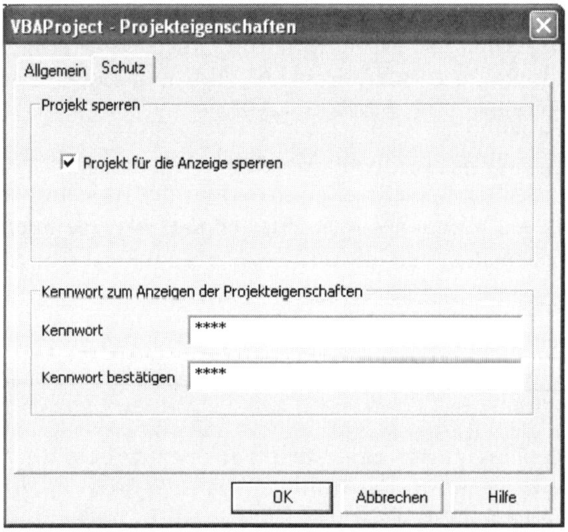

Abbildung 18.9: VBA-Projekt schützen

5. Vergeben Sie ein Kennwort und bestätigen Sie es.
6. Klicken Sie zum Abschluss auf die Schaltfläche OK.

!! STOP

Der Schutz Ihres VBA-Projekts wird erst nach dem erneuten Öffnen der Arbeitsmappe wirksam.

Add-In erstellen

Die zweite Variante, um Ihren Code zu schützen, ist die Erstellung eines Add-In. Dabei wird der Code kompiliert und ist danach nicht mehr veränderbar.

!! STOP

Achten Sie daher darauf, dass Sie eine Kopie im normalen Tabellenformat mit der Endung XLS *behalten und an einem sicheren Ort speichern.*

STEP

Um ein Add-In zu erstellen, gehen Sie wie folgt vor:

1. Öffnen Sie die Arbeitsmappe, die das VBA-Projekt enthält.
2. Wählen Sie aus dem Menü DATEI den Befehl SPEICHERN UNTER.
3. Wählen Sie im Dialog SPEICHERN UNTER im Dropdown-Feld DATEITYP den Eintrag MICROSOFT EXCEL-ADD-IN.
4. Bestätigen Sie Ihre Wahl mit einem Klick auf die Schaltfläche SPEICHERN.

:-) TIPP

Wenn Sie nähere Angaben zum Add-In machen möchten, wählen Sie vor der Erstellung eines Add-In aus dem Menü DATEI *den Befehl* EIGENSCHAFTEN *und füllen Sie die Registerkarte* ZUSAMMENFASSUNG *aus.*

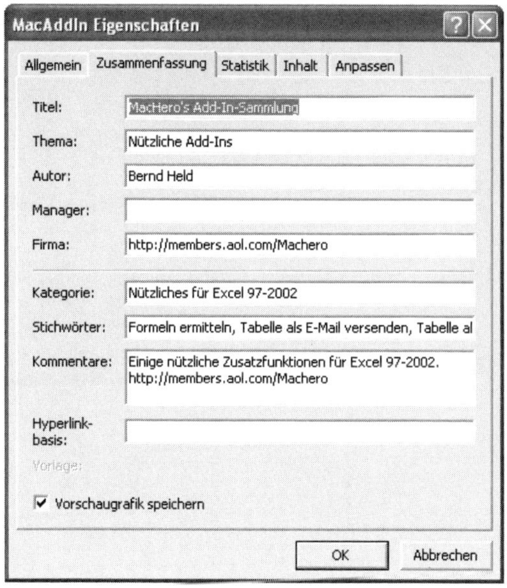

Abbildung 18.10: Informationen zum Add-In hinterlegen

Add-In einbinden

Einbinden können Sie das Add-In, indem Sie aus dem Menü EXTRAS den Befehl ADD-INS-MANAGER wählen.

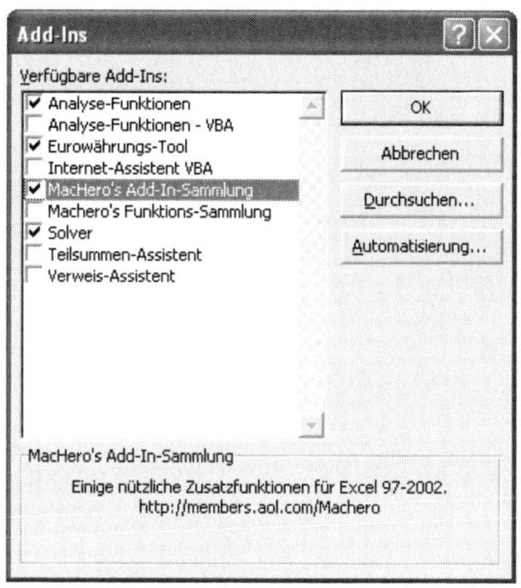

Abbildung 18.11: Einbinden eines Add-In mit einem Klick

Blättern Sie zum Anhang B weiter, wenn Sie mehr zu meinem Add-In erfahren möchten.

REF

Das Add-In MACADDIN *finden Sie auf der CD-ROM im Verzeichnis* KAPB *unter dem Namen* MACADDIN.XLA

CD

19 FAQ zur Programmierung mit Excel

Im zweiten Kapitel des Praxisführers können Sie auf eine FAQ (Frequently Answered Questions) zu den am häufigsten beantworteten Fragen aus den Diskussionsforen von Excel zugreifen. Dabei habe ich die häufigsten Fragen, die in den letzten Jahren gestellt wurden, sinngemäß zusammengetragen und im folgenden Kapitel beschrieben. Die Reihenfolge der Fragestellungen erfolgt nach der Häufigkeit der Fragestellung und lässt keinen Rückschluss auf den Schwierigkeitsgrad der Aufgabe zu.

REF

Gehen Sie zu Anhang A, wenn Sie eine Reihe von Speziallösungen kennen lernen möchten.

CD

Die Makros aus diesem Kapitel finden Sie auf der mitgelieferten CD-ROM im Verzeichnis KAP19 *unter dem Namen* FAQ.XLS.

19.1 Bildschirmaktualisierung abschalten

Frage

→ Wie kann ich die Bildschirmaktualisierung von Excel ausschalten?

Antwort

Gerade beim Wechseln zwischen einzelnen Tabellenblättern oder beim zeilenweisen Abarbeiten von Zellen mit diversen Kopier- und Einfügeaktionen aktualisiert sich der Bildschirm so schnell, dass Sie leicht Schwindelgefühle und unter Umständen sogar Kopfschmerzen bekommen können. Aus diesem Grund empfiehlt es sich, die Bildschirmaktualisierung zu Beginn des Makros auszuschalten und am Ende wieder einzuschalten. Das Ausschalten der Bildschirmaktualisierung erreichen Sie mit der Anweisung `Application.Screenupdating = False`. Sobald Sie die Eigenschaft `Screenupdating` auf den Standardwert `True` setzen, aktualisiert sich Ihr Bildschirm wieder.

:-) TIPP

Bei länger laufenden Makros empfiehlt es sich jedoch, dem Anwender hin und wieder eine Rückmeldung zu geben, dass das Makro noch läuft und beispielsweise keine Endlosschleife programmiert wurde. Zu diesem Zweck können Sie zwischendurch die Eigenschaft `Screenupdating` *auf den Wert* `True` *setzen, um sie gleich im Anschluss wieder auf den Wert* `False` *zu setzen. Als Alternative dazu können Sie auch die Statuszeile benutzen, um Meldungen für den Anwender auszugeben. Dazu setzen Sie den Befehl*

```
Application.StatusBar = _
"Text, der ausgegeben werden soll!"
```

ein. Setzen Sie die Eigenschaft auf den Wert `False`*, um die Verwaltung der Statusleiste wieder an Excel zu übergeben.*

REF

Als weitere Variante können Sie einen Verlaufsbalken erstellen, wie Sie ihn in Kapitel 14 kennen gelernt haben.

19.2 Kopfzeile mit komplettem Pfad

Frage

→ Wie gelingt es mir, den kompletten Pfad meiner aktiven Arbeitsmappe in der Kopfzeile anzugeben?

Antwort

Diese Aufgabe ist tatsächlich nur über ein Makro zu lösen, welches Sie in Listing 19.1 sehen.

Listing 19.1: Ausgabe des Pfadnamens der Arbeitsmappe in der Kopfzeile

```
Sub KopfzeileMitPfadangabe()
 ActiveSheet.PageSetup.RightHeader = _
 ActiveWorkbook.FullName
 ActiveSheet.PrintPreview
End Sub
```

Mithilfe der Eigenschaft `FullName` können Sie den Namen der Arbeitsmappe inklusive des Pfads ermitteln. Das Objekt `PageSetup` enthält alle Einstellungen bezüglich der Seiteneinrichtung. So können Sie den Datei- und Pfadnamen genauso gut in der Fußzeile zentriert anordnen. Entnehmen Sie der Tabelle 19.1 die Möglichkeiten, die Sie bei der Anordnung Ihrer Pfadangabe in der Kopf- bzw. Fußzeile haben.

Tabelle 19.1: Alle Möglichkeiten zum Füllen der Kopf- und Fußzeile

Eigenschaft	Anordnung
`LeftFooter`	Fußzeile links
`CenterFooter`	Fußzeile Mitte
`RightFooter`	Fußzeile rechts
`LeftHeader`	Kopfzeile links
`CenterHeader`	Kopfzeile Mitte
`RightHeader`	Kopfzeile rechts

Über die Methode `PrintPreview` gehen Sie direkt in die Seitenansicht der Tabelle. Möchten Sie mehrere Tabellen nacheinander in der Seitenansicht betrachten, verwenden Sie den Befehl:

```
ActiveWindow.SelectedSheets.PrintPreview
```

Damit das Makro aus Listing 19.1 funktioniert, muss die Arbeitsmappe mindestens einmal zuvor gespeichert worden sein.

Lesen Sie mehr über die Programmierung von Tabellen und Arbeitsmappen in den Kapiteln 8 und 9.

19.3 Letzte Zelle in Tabelle finden

Frage

→ Wie kann ich die letzte verwendete Zelle einer Tabelle finden? Eine weitere Frage in diesem Zusammenhang ist, wie man neben der Zellenadresse auch den Namen der Arbeitsmappe sowie den Tabellennamen dieser Zelle finden kann.

Antwort

Eine mögliche Methode sehen Sie im Makro aus Listing 19.2.

Listing 19.2: Letzte verwendete Zelle ermitteln

```
Sub LetzteVerwendeteZelleFinden()
Dim Zelle As Range

 Set Zelle = Cells.Find(What:="*", _
 After:=Cells(Rows.Count, "IV"), _
 LookIn:=xlFormulas, _
 LookAt:=xlPart, _
 SearchOrder:=xlByRows, _
 SearchDirection:=xlPrevious)
 MsgBox Zelle.Address(External:=True)
End Sub
```

Mit der Eigenschaft `Address` können Sie die Koordinate dieser Zelle ausgeben. Wenn Sie das Argument `External` auf den Wert `True` setzen, wird neben der ermittelten Zelle auch der Name der Arbeitsmappe sowie der Tabellenname ausgegeben.

19.4 Texte suchen und ersetzen

Frage

→ Wie kann ich in einer ganzen Arbeitsmappe nach einem bestimmten Text suchen und diesen durch einen anderen Text ersetzen?

Antwort

Für die Suche nach Text in der gesamten Arbeitsmappe brauchen Sie eine Schleife, die Blatt für Blatt in der Arbeitsmappe durchsucht. Innerhalb eines Blatts kann der Text selbstverständlich auch mehrere Male vorkommen.

Aus diesem Grund benötigen Sie eine weitere Schleife, die die Suche innerhalb eines Blatts mehrmals ausführt.

Listing 19.3: Text in ganzer Arbeitsmappe suchen und ersetzen

```
Sub TextInArbeitsmappeSuchenUndErsetzen()
Dim s_Such As String
Dim s_Ersetz As String
Dim Blatt As Worksheet
Dim Treffer As Range
Dim Treffer1 As Variant

  s_Such = InputBox("Geben Sie den Suchbegriff ein!")
  s_Ersetz = InputBox _
 ("Geben Sie den Ersatzbegriff ein!")
  For Each Blatt In Worksheets
    Blatt.Activate
    Set Treffer = Blatt.Cells.Find(s_Such)
    If Not Treffer Is Nothing Then
      Treffer1 = Treffer.Address
      Do
        Treffer.Activate
        Treffer.Value = s_Ersetz
        Set Treffer = Cells.FindNext(After:=ActiveCell)
        On Error Resume Next
        If Treffer.Address = Treffer1 Then Exit Do
        Treffer.Value = s_Ersetz
      Loop
    End If
  Next Blatt
End Sub
```

REF

Lesen Sie mehr über die Programmierung von Zellen und Bereichen in Kapitel 5.

19.5 Symbol in Symbolleiste deaktivieren

Frage

→ Wie kann ich ein Symbol in einer Symbolleiste deaktivieren?

Antwort

Das nächste Beispiel deaktiviert das Symbol NEU in der Symbolleiste STANDARD.

Listing 19.4: Schaltflächensymbol deaktivieren

```
Sub SymbolGrauen()
 Application.CommandBars("Standard"). _
 Controls(1).Enabled = False
End Sub
```

Listing 19.5: Schaltflächensymbol aktivieren

```
Sub SymbolAktivieren()
 Application.CommandBars("Standard"). _
 Controls(1).Enabled = True
End Sub
```

Setzen Sie die Eigenschaft `Enabled` auf den Wert `False`, um das Symbol zu deaktivieren. Es wird dann leicht gegraut dargestellt.

19.6 Nicht benötigte Zeilen löschen

Frage

→ Wie kann ich in einer Tabelle alle nicht benötigten Zeilen löschen?

Antwort

Das Löschen bestimmter Zeilen in Abhängigkeit von einer Bedingung (hier bei Nichtverwendung) erreichen Sie über die Methode `Delete`, die Sie auf die Eigenschaft `EntireRow` anwenden.

Das Makro aus Listing 19.6 löscht alle Zeilen der Tabelle TABELLE1, die entweder einen Textwert beinhalten oder einfach nur leer sind.

Listing 19.6: Löschen von Text- und Leerzellen

```
Sub ZeilenLöschen()
Dim Blatt As Worksheet
Dim Bereich As Range
Dim Zelle As Range

 Set Blatt = Sheets("Tabelle1")
 Set Bereich = Blatt.UsedRange.Rows
 Blatt.Activate
 For Each Zelle In Bereich
   If Zelle.Row > 1 Then
        If Application.Sum(Zelle) = 0 Then
            Zelle.EntireRow.Delete
        End If
    End If
 Next Zelle
 Set Zelle = Nothing
 Set Bereich = Nothing
 Set Blatt = Nothing
End Sub
```

Das Makro löscht bis auf die Überschriftenzeile alle Zeilen im verwendeten Bereich, die in der Spalte einen Textwert beinhalten bzw. leer sind.

Möchten Sie nur leere Zeilen innerhalb einer Markierung löschen, setzen Sie das Makro aus Listing 19.7 ein. Dabei werden in diesem Beispiel nur Zeilen gelöscht, bei denen die Spalte A in den markierten Zellen entweder den Wert `0` oder einen Leerwert aufweisen.

Listing 19.7: Löschen von nicht verwendeten Zeilen innerhalb einer Markierung

```
Sub ZeilenLöschenInMarkierung()
Dim l As Long

For l = Selection.Cells(Selection.Cells.Count).Row _
To Selection.Cells(1).Row Step -1
    If Cells(l, 1).Value = "" Or _
```

```
        Cells(1, 1).Value = 0 Then
            Rows(1).Delete
    End If
Next l
End Sub
```

Das Makro aus Listing 19.7 durchläuft eine `For Next`-Schleife, die in der letzten Zeile der Tabelle aufsetzt und sich dann Zeile für Zeile nach oben durcharbeitet. Die leeren Zellen werden über die Eigenschaft `Cells` ermittelt, bei der Sie einen Zeilen- und Spaltenindex angeben müssen. Da sich die Prüfung ausschließlich auf Zellen in Spalte A beschränkt, können Sie für den Spaltenindex den Wert `1` einsetzen. Den Zeilenindex halten Sie durch den Einsatz der Variablen `l` flexibel.

REF

Lesen Sie mehr über die Programmierung von Spalten und Zeilen in Kapitel 6.

19.7 Seitenwechsel festlegen

Frage

→ Wie kann ich an einer ganz bestimmten Stelle der Tabelle einen Seitenwechsel durchführen?

Antwort

Das Makro aus Listing 19.8 stellt genau nach der Zelle A40 einen Seitenwechsel ein.

Listing 19.8: Seitenwechsel festlegen

```
Sub SeitenwechselFestlegen()
 Range("A41").Select
 ActiveWindow.SelectedSheets.HPageBreaks.Add _
 Before:=ActiveCell
End Sub
```

Über die Anweisung `HPageBreaks.Add` fügen Sie einen Seitenwechsel ein. Dabei geben Sie im Argument `Before` die genaue Position des Seitenwechsels an.

19.8 Druckbereich festlegen bzw. aufheben

Frage

→ Wie kann ich automatisch einen Druckbereich definieren, der abhängig ist von der Verwendung der Zellen einer Tabelle?

Antwort

Um diese Aufgabe zu lösen, setzen Sie das Makro aus Listing 19.9 ein.

Listing 19.9: Druckbereich festlegen

```
Sub DruckbereichFestlegen()
  Range("A1").Select
  Range(ActiveCell, ActiveCell.End(xlDown)).Select
```

```
  ActiveSheet.PageSetup.PrintArea = _
  ActiveCell.CurrentRegion.Address
End Sub
```

Um den Druckbereich wieder aufzuheben, starten Sie das Makro aus Listing 19.10.

Listing 19.10: Druckbereich aufheben

```
Sub DruckbereichAufheben()
 ActiveSheet.PageSetup.PrintArea = ""
End Sub
```

19.9 Rechnen mit bedingten Formaten

Frage

→ Wie kann ich bestimmte formatierte Zellen zählen bzw. summieren?

Antwort

Beim Zählen bzw. Addieren von Zellen, die eine bestimmte Formatierung enthalten, können Sie die Zellenformatierung über die Eigenschaft ColorIndex der Schriftart bzw. des Zellenhintergrunds abfragen. Handelt es sich um einen Schriftschnitt, können Sie dazu die Eigenschaften des Font-Objekts wie Bold oder Italic abfragen.

Im folgenden Beispiel werden alle Zellen gezählt, die mit der Schriftfarbe Blau formatiert sind und zusätzlich dem Schriftschnitt FETT entsprechen.

Listing 19.11: Zellen, die ein bestimmtes Format aufweisen, sollen gezählt werden

```
Sub ZellenZählen()
Dim Zelle As Range
Dim i As Integer

    For Each Zelle In Selection
      If Zelle.Font.ColorIndex = 5 Or _
      Zelle.Font.Bold = True Then
            i = i + 1
      End If
    Next
    MsgBox "In der Markierung sind genau " & i & _
    " Zellen mit der angegebenen Formatierung!"
End Sub
```

Möchten Sie die Werte von formatierten Zellen addieren, ändern Sie das Makro aus Listing 19.11 ein wenig ab.

Listing 19.12: Zellen, die ein bestimmtes Format aufweisen, sollen addiert werden

```
Sub ZellenAddieren()
Dim Zelle As Range
Dim l As Long

    For Each Zelle In Selection
      If Zelle.Font.ColorIndex = 5 Or _
      Zelle.Font.Bold = True Then
```

```
            On Error Resume Next
            l = l + Zelle.Value
      End If
   Next
   MsgBox "Ergebnis der format. Zellen lautet: " & l
End Sub
```

Definieren Sie eine Variable vom Typ `Long`, um sicherzugehen, dass die Variable `l` groß genug ist, um das Ergebnis der Addition aufzunehmen. Setzen Sie in der Schleife die `On Error`-Anweisung ein, um einen Absturz zu verhindern, der beim Versuch eintritt, eine richtig formatierte Zelle, die aber einen Text enthält, zu addieren.

REF

Lesen Sie mehr zum Thema »Programmieren von Zellen und Bereichen« in Kapitel 5.

19.10 Doppelte Sätze ermitteln

Frage

→ Wie kann ich in einer Liste doppelte Sätze herausfinden?

Antwort

Eine mögliche Lösung für diese Aufgabe ist die Anwendung des Spezialfilters von Excel. Dabei können Sie aus einer Liste alle doppelten Zeilen herausfiltern und die eindeutigen Sätze an eine andere Stelle der Tabelle kopieren.

Abbildung 19.1: Eine Liste mit eindeutigen Nummern erstellen

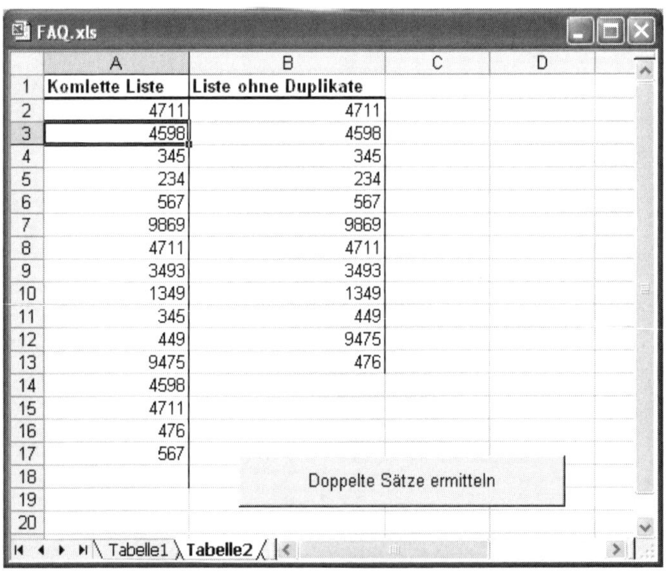

	A	B	C	D
1	Komlette Liste	Liste ohne Duplikate		
2	4711	4711		
3	4598	4598		
4	345	345		
5	234	234		
6	567	567		
7	9869	9869		
8	4711	4711		
9	3493	3493		
10	1349	1349		
11	345	449		
12	449	9475		
13	9475	476		
14	4598			
15	4711			
16	476			
17	567			
18				
19				
20				

Listing 19.13: Doppelte Zeilen über den Spezialfilter herausfinden

```
Sub DoppelteSätzeErmitteln()
Dim Blatt As Worksheet
Dim Zelle As String

 Set Blatt = ActiveSheet
 On Error Resume Next
 Blatt.Activate
 Zelle = Range("A2", Range("A2").End(xlDown)).Address
 Range(Zelle).AdvancedFilter Action:=xlFilterCopy, _
 CopyToRange:=Range("B2"), Unique:=True
End Sub
```

Lesen Sie mehr über die Handhabung des Spezialfilters in Kapitel 6.

19.11 Zeilenumbrüche und Zellenverbünde aufheben

Frage

→ In einer Tabelle sollen alle verbundenen Zellen aufgehoben sowie eventuell vorkommende Zeilenumbrüche beseitigt werden. Wie lässt sich diese Aufgabe bewältigen?

Antwort

Setzen Sie das Makro aus Listing 19.14 ein, um in allen verwendeten Zellen der aktiven Tabelle diese Bereinigungsaktion durchzuführen.

Listing 19.14: Zellenverbund und Zeilenumbruch in verwendetem Bereich aufheben

```
Sub ZeilenumbrücheUndZellenverbündeAufheben()
Dim Bereich As Range

Set Bereich = ActiveSheet.UsedRange
With Bereich
        .WrapText = False
        .ShrinkToFit = True
        .MergeCells = False
    End With
End Sub
```

Setzen Sie die Eigenschaft `WrapText` auf den Wert `False`, um den Zeilenumbruch einer Zelle zu verhindern. Der Eigenschaft `ShrinkToFit` geben Sie den Wert `True`. Damit wird die Spaltenbreite automatisch der Länge des eingegebenen Textes angepasst. Um verbundene Zellen zu trennen, weisen Sie der Eigenschaft `MergeCells` den Wert `False` zu.

19.12 Zellenverknüpfungen finden

Frage

→ Wie kann ich in einer Tabelle Zellen ermitteln, die mit anderen Excel-Arbeitsmappen verknüpft sind?

Antwort

Da Excel bei verknüpften Zellen jeweils den verknüpften Wert anzeigt und nicht die Verknüpfung, ist es recht mühselig, Verknüpfungen zu anderen Arbeitsmappen zu erkennen. Die schnellste Methode ist das Umschalten in die Formelansicht mit der Tastenkombination [Strg]+[#]. Mit dieser Ansicht können Sie zwar einzelne Verknüpfungen schneller lokalisieren, aber die übersichtlichste Variante ist dies auch nicht. Besser ist es, hierfür ein Makro zu schreiben, um alle Zellen, in denen Verknüpfungen zu anderen Arbeitsmappen stehen, farblich zu markieren. Sehen Sie sich dazu die Lösung in Listing 19.15 an.

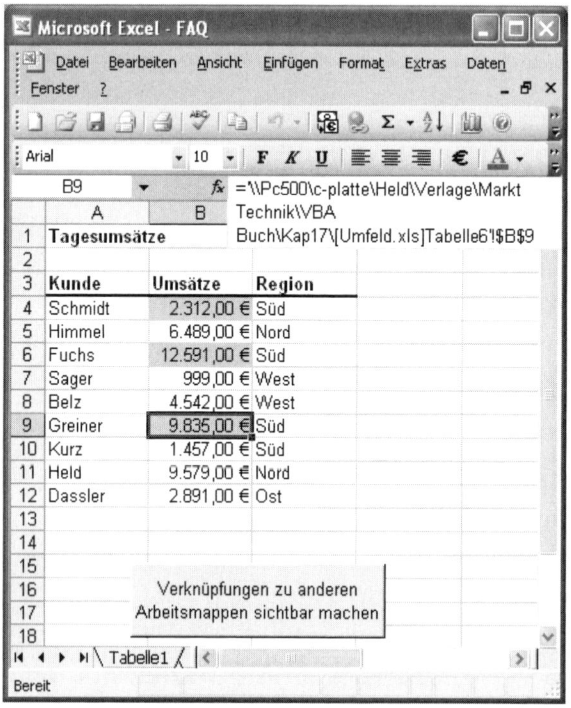

Abbildung 19.2: Alle Kunden aus dem Süden sind mit einer anderen Arbeitsmappe verknüpft

Listing 19.15: Alle Zellen mit Verknüpfungen zu anderen Arbeitsmappen werden mit der Hintergrundfarbe Rot belegt

```
Sub VerknüpfungenKenntlichMachen()
Dim s As String
Dim Zelle As Range

Application.ScreenUpdating = False
With Selection
    For Each Zelle In ActiveSheet.UsedRange
     s = Zelle.Formula
     If s Like "*.xls*" Then
     Zelle.Interior.ColorIndex = 3
     Else
     Zelle.Interior.ColorIndex = xlNone
  End If
   Next Zelle
```

```
End With
Application.ScreenUpdating = True
End Sub
```

Prüfen Sie alle Zellen im benutzten Bereich mithilfe einer For Each-Schleife. Speichern Sie dabei die jeweilige Zellenformel in der String-Variablen s und werten Sie diese mit dem Operator Like aus. Eine externe Verknüpfung erkennen Sie an der Endung XLS. Über die Eigenschaft ColorIndex, die Sie auf den Wert 3 setzen, weisen Sie dem Zellenhintergrund (Interior) die Farbe Rot zu.

REF

Lesen Sie mehr zur Programmierung von Zellen und Bereichen in Kapitel 5.

19.13 Datumsdifferenzen errechnen

Frage

→ Wie kann ich die Differenz in Tagen zwischen zwei Datumsangaben ermitteln?

Antwort

Im Tabellenkalkulationsprogramm Excel werden Datumswerte intern in Zahlenwerte umgesetzt, so dass Sie leichter damit rechnen können. Die Zeitzählung beginnt bei Excel standardmäßig am 01.01.1900. Dieses Datum entspricht der Zahl 1. Wenn Sie z.B. das Datum 11.01.2000 eingeben und diese Zelle mit dem Format STANDARD belegen, liefert Ihnen dieses Datum die Zahl 36.536.

Im Makro aus Listing 19.16 wird die Differenz zwischen dem heutigen Datum und dem Datum, welches in Zelle A1 steht, ermittelt und am Bildschirm ausgegeben.

Listing 19.16: Die Differenz zwischen zwei Datumswerten ermitteln

```
Sub DatumsdifferenzenAusrechnen()
Dim DatWert As Date

 DatWert = Range("A1").Value
 MsgBox CLng(Date - DatWert) & " Tage ist die Differenz"
End Sub
```

Die Umwandlungsfunktion CLng wandelt einen Datumswert in einen Zahlenwert um, um somit mit Datumswerten rechnen zu können. Die Funktion Date beinhaltet das aktuelle Systemdatum.

:-) TIPP

Wenn Sie prüfen möchten, ob eine bestimmte Zelle ein gültiges Datum aufweist, setzen Sie das Makro aus Listing 19.17 ein.

Listing 19.17: Prüfen, ob die aktive Zelle ein gültiges Datum enthält

```
Sub DatumPrüfen()
 If Not IsDate(ActiveCell.Value) Then
    MsgBox "Kein Datum!"
 End If
End Sub
```

In Kapitel 10 erfahren Sie mehr über Funktionen.

19.14 Warnmeldungen deaktivieren

Frage

→ Wie kann ich in Excel temporär bestimmte Warnmeldungen ausschalten?

Antwort

Warnmeldungen in Excel können Sie jederzeit ein- und ausschalten, indem Sie die Eigenschaft `DisplayAlerts` auf den Wert `False` setzen. So wird im folgenden Beispiel die Rückfrage in Abbildung 19.3 unterdrückt, wenn versucht wird, das letzte Tabellenblatt aus der aktiven Arbeitsmappe zu löschen.

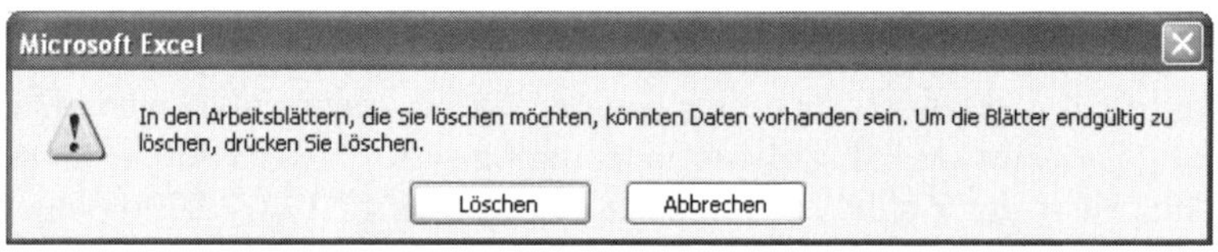

Abbildung 19.3: Warnmeldungen in Excel ausschalten

Listing 19.18: Letzte Tabelle aus Arbeitsmappe ohne Rückfrage löschen

```
Sub LetztesBlattInArbeitsmappeLöschen()
Dim i As Integer

 i = ActiveWorkbook.Sheets.Count
 Application.DisplayAlerts = False
 Worksheets(i).Delete
 Application.DisplayAlerts = False
End Sub
```

Vergessen Sie nicht, die Eigenschaft `DisplayAlerts` *am Ende des Makros wieder auf den Wert* `True` *zu setzen.*

Lesen Sie mehr über die Programmierung von Tabellenblättern in Kapitel 7.

19.15 Datentransport nach Word

Frage

→ Wie kann ich Daten aus Excel nach Word transportieren?

Antwort

Der Datenaustausch zwischen den beiden Office-Komponenten ist nahezu problemlos. Im folgenden Beispiel soll in einer Excel-Tabelle ein Bereich markiert und anschließend in ein neues Word-Dokument transportiert werden.

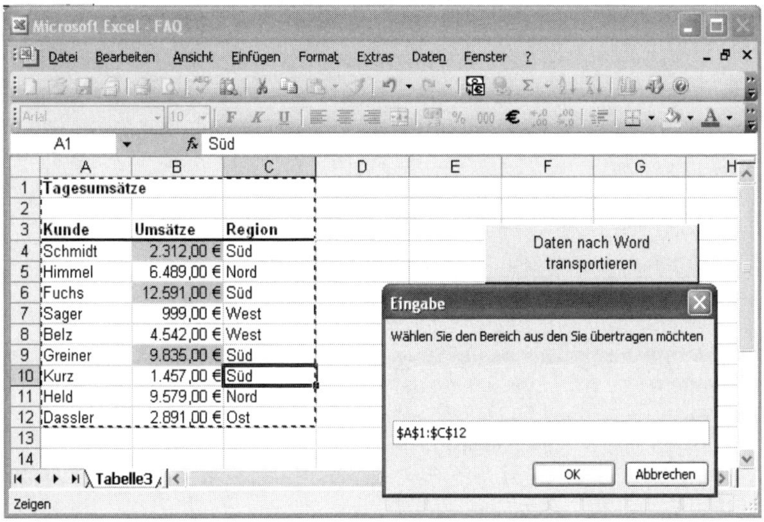

Abbildung 19.4: Die Daten werden mithilfe einer Inputbox markiert

!! STOP

Um mit Word-VBA-Befehlen arbeiten zu können, müssen Sie in der Entwicklungsumgebung im Menü EXTRAS *den Befehl* VERWEISE *wählen und die Objektbibliothek* MICROSOFT WORD 11.0 OBJECT LIBRARY *(Word 2003),* MICROSOFT WORD 10.0 OBJECT LIBRARY *(Word 2002)* MICROSOFT WORD 9.0 OBJECT LIBRARY *(Word 2000) bzw.* MICROSOFT WORD 8.0 OBJECT LIBRARY *(Word 97) einbinden.*

Sehen Sie sich danach das folgende Makro aus Listing 19.19 an.

Listing 19.19: Markierten Datenbereich aus Excel in ein neues Word-Dokument übertragen

```
Sub DatentransferNachWord()
Dim WordObj As Object
Dim WordDoc As Object
Dim Bereich As Range

  Set WordObj = GetObject(, "word.application.11")
  If Err.Number = 429 Then
  Set WordObj = CreateObject("word.application.11")
  Err.Number = 0
  End If
 WordObj.Visible = True
 Set WordDoc = WordObj.Documents.Add

    Set Bereich = Application.InputBox _
    ("Wählen Sie den Bereich aus", Type:=8)
     Range(Bereich.Address).Copy
     WordObj.Selection.Paste
     Application.CutCopyMode = False
     Set WordObj = Nothing
     Set WordDoc = Nothing
End Sub
```

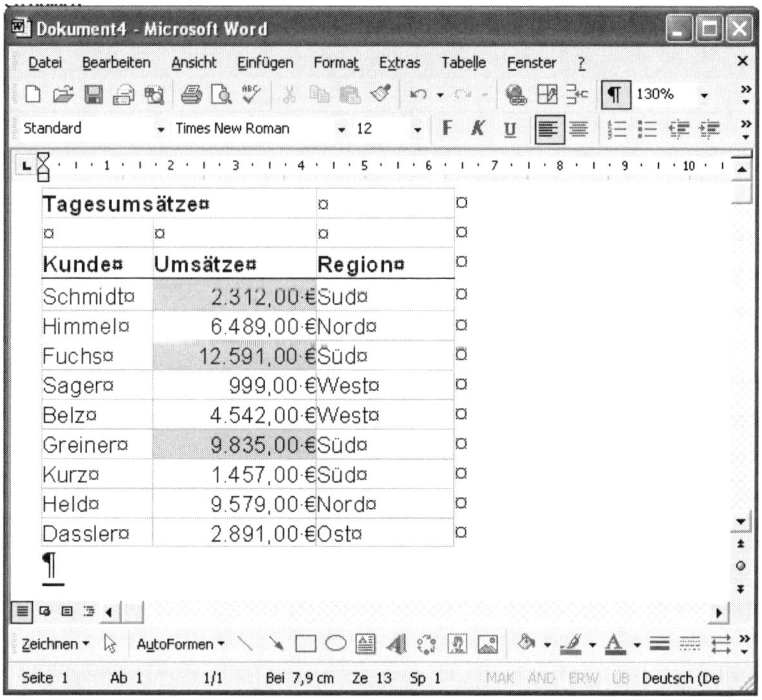

Tagesumsätze		
Kunde	**Umsätze**	**Region**
Schmidt	2.312,00 €	Süd
Himmel	6.489,00 €	Nord
Fuchs	12.591,00 €	Süd
Sager	999,00 €	West
Belz	4.542,00 €	West
Greiner	9.835,00 €	Süd
Kurz	1.457,00 €	Süd
Held	9.579,00 €	Nord
Dassler	2.891,00 €	Ost

Abbildung 19.5: Die Excel-Tabelle in Word

REF

In Kapitel 17 erfahren Sie mehr über das Zusammenspiel von Excel mit den anderen Office-Komponenten.

19.16 Laufwerk und Pfad der aktiven Arbeitsmappe anzeigen

Frage

→ Wie kann ich das Laufwerk sowie den Pfad einer Arbeitsmappe ermitteln?

Antwort

Mithilfe des folgenden Makros aus Listing 19.20 erledigen Sie diese beiden Aufgaben.

Listing 19.20: Laufwerk und Pfad der aktiven Arbeitsmappe ermitteln

```
Sub PfadDerGespeichertenMappeAusgeben()
MsgBox CurDir
MsgBox ActiveWorkbook.Path
End Sub
```

Die Funktion `CurDir` meldet Ihnen das Laufwerk, auf welchem die aktive Arbeitsmappe gespeichert ist. Die Eigenschaft `Path` gibt den kompletten Pfad der aktiven Arbeitsmappe zurück.

19.17 Drag&Drop ein- und ausschalten

Frage

→ Wie kann ich Drag&Drop für eine bestimmte Tabelle ausschalten?

Antwort

Um die gewünschte Funktionalität in Excel einzustellen, befolgen Sie die nächsten Arbeitsschritte:

STEP

1. Wechseln Sie mit [Alt]+[F11] in die Entwicklungsumgebung.
2. Führen Sie einen Doppelklick auf die Tabelle aus, der Sie die Funktion hinterlegen möchten.
3. Erfassen Sie folgendes Ereignis.

```
Private Sub Worksheet_Activate()
 Application.CellDragAndDrop = False
End Sub
```

Listing 19.21: Drag&Drop ausschalten

Um Drag&Drop wieder zuzulassen, geben Sie folgendes Ereignis an.

```
Private Sub Worksheet_Deactivate()
 Application.CellDragAndDrop = True
End Sub
```

Listing 19.22: Drag&Drop einschalten

Setzen Sie die Eigenschaft `CellDragAndDrop` auf den Wert `True`, damit Sie wieder mit Drag&Drop arbeiten können.

19.18 Bilder umbenennen

Mit Excel-VBA können Sie nicht nur Aufgaben innerhalb von Excel erledigen, sondern beispielsweise auch Dateien umbenennen.

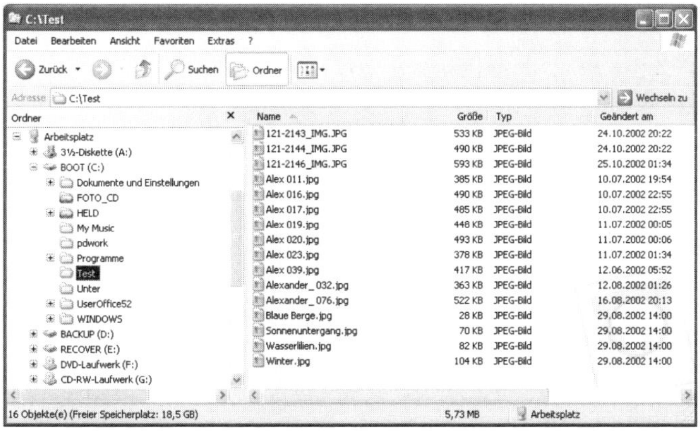

Abbildung 19.6: Ein Verzeichnis mit unterschiedlich benannten Dateien

Frage → Wie kann ich in einem Verzeichnis, welches unterschiedlich benannte Fotodateien enthält, die Bilder automatisch gleichartig benennen und mit einer laufenden Nummer versehen (siehe Abbildung 19.6)?

Antwort Mithilfe des folgenden Makros erledigen Sie diese Aufgabe.

Listing 19.23: Grafiken umbenennen

```
Sub DateiUmbenennen()
Dim Dateiname As String
Dim Dateienzähler As Integer

i = Dateienzähler
ChDir "C:\Eigene Dateien\Test\"
Dateiname = Dir$("C:\Test\*.jpg")
 Do While Dateiname <> ""
  If InStr(Dateiname, "Pic") <> 0 Then Exit Sub
   FileCopy Dateiname, "Pic" & _
   Format(Dateienzähler, "000") & ".jpg"
   Dateienzähler = Dateienzähler + 1
   Kill Dateiname
   Dateiname = Dir$()
  Loop
End Sub
```

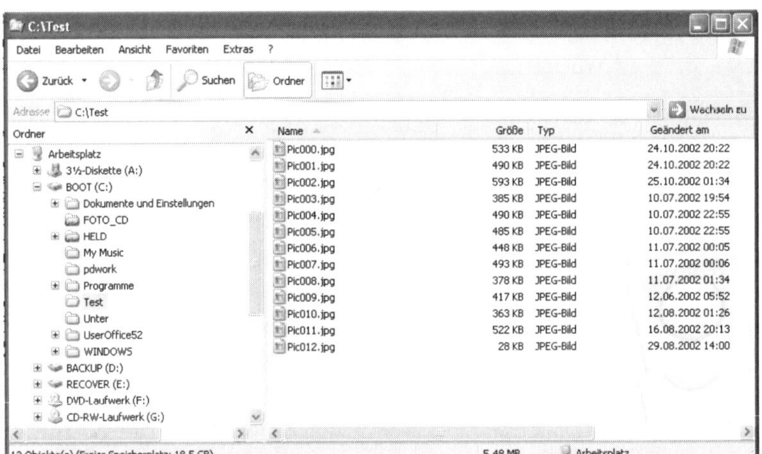

Abbildung 19.7: Die Bilder sind nun einheitlich benannt und nummeriert

19.19 Dateiinformationen auslesen

Frage → Wie kann ich Dateiinformationen wie den Namen, das letzte Speicherdatum bzw. die letzte Speicherzeit sowie die Größe ermitteln?

Antwort Mithilfe des folgenden Makros erledigen Sie diese Aufgabe.

Listing 19.24: Dateiinformationen ermitteln

```
Sub DateiInfosErmitteln()
Dim Blatt As Worksheet
Dim Pfad As String
Dim DatNam As String
Dim i As Integer

Set Blatt = ThisWorkbook.Worksheets("DateiInfos")
Pfad = "c:\"
DatNam = Dir(Pfad)
With Blatt
 .Cells(1, 1) = "Pfad:"
 .Cells(1, 2) = Pfad
 .Cells(2, 2) = "Name"
 .Cells(2, 3) = "Datum"
 .Cells(2, 4) = "Uhrzeit"
 .Cells(2, 5) = "Größe"
i = 3

Do While DatNam <> ""
  .Cells(i, 2) = DatNam
  .Cells(i, 3) = Int(FileDateTime(Pfad & DatNam))
  .Cells(i, 4) = FileDateTime(Pfad & DatNam) - _
  Int(FileDateTime(Pfad & DatNam))
   .Cells(i, 5) = FileLen(Pfad & DatNam)
   i = i + 1
  DatNam = Dir
Loop

.Columns("C:C").NumberFormat = "MM-DD-YYYY"
.Columns("D:D").NumberFormat = "hh:mm"
.Columns("A:E").AutoFit
End With
End Sub
```

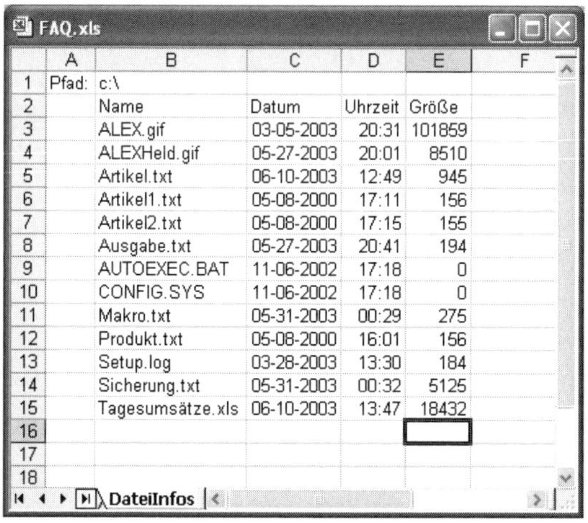
FAQ.xls

	A	B	C	D	E	F
1	Pfad:	c:\				
2		Name	Datum	Uhrzeit	Größe	
3		ALEX.gif	03-05-2003	20:31	101859	
4		ALEXHeld.gif	05-27-2003	20:01	8510	
5		Artikel.txt	06-10-2003	12:49	945	
6		Artikel1.txt	05-08-2000	17:11	156	
7		Artikel2.txt	05-08-2000	17:15	155	
8		Ausgabe.txt	05-27-2003	20:41	194	
9		AUTOEXEC.BAT	11-06-2002	17:18	0	
10		CONFIG.SYS	11-06-2002	17:18	0	
11		Makro.txt	05-31-2003	00:29	275	
12		Produkt.txt	05-08-2000	16:01	156	
13		Setup.log	03-28-2003	13:30	184	
14		Sicherung.txt	05-31-2003	00:32	5125	
15		Tagesumsätze.xls	06-10-2003	13:47	18432	
16						
17						
18						

DateiInfos

Abbildung 19.8: Dateiinfos auslesen

Teil 6 Anhang

A Nützliche und interessante Makros

Im ersten Kapitel des Anhangs werden einige interessante Makros vorgestellt, die Ihnen helfen sollen, noch effizienter mit Excel zu arbeiten.

Alle Beispiele in diesem Kapitel finden Sie auf der CD-ROM im Verzeichnis KAPA *unter dem Namen* TOPMAKROS.XLS.

A.1 Arbeitsmappe als Verknüpfung auf den Desktop legen

Für den noch schnelleren Zugriff auf Excel-Arbeitsmappen können Sie diese beispielsweise auf dem Windows-Desktop ablegen. Dazu öffnen Sie die Arbeitsmappe, die Sie auf Ihren Desktop legen möchten, und starten das Makro aus Listing A.1.

Listing A.1: Eine Verknüpfung zu einer Arbeitsmappe auf den Desktop legen

```
Sub ArbeitsmappeAufDesktopLegen()
Dim wsh As Object
Dim o_Sh As Object
Dim s_DeskTop As String

  Set wsh = CreateObject("WScript.Shell")
  s_DeskTop = wsh.SpecialFolders("Desktop")
  Set o_Sh = wsh.CreateShortcut(s_DeskTop & _
    "\" & ThisWorkbook.Name & ".lnk")
  With o_Sh
    .TargetPath = ThisWorkbook.FullName
    .Save
  End With
  Set wsh = Nothing
End Sub
```

Erstellen Sie zuerst einen Verweis auf das Objekt `Wscript.Shell` mit der Methode `CreateObject`. Danach definieren Sie als Speicherort für Ihre Verknüpfung den Windows-Desktop. Dazu setzen Sie die Eigenschaft `SpecialFolders` ein. Jetzt erzeugen Sie mit der Methode `CreateShortcut` eine Verknüpfung auf Ihrem Desktop.

!! STOP

Achten Sie darauf, dass Sie beim Namen der Verknüpfung die Endung LNK *oder* URL *angeben, sonst kommt es zu einer Fehlermeldung.*

Nun müssen Sie herausfinden, wo die verknüpfte Arbeitsmappe wirklich liegt. Dazu setzen Sie die Eigenschaft TargetPath ein. Mit der Methode Save speichern Sie letztendlich die Verknüpfung auf dem Windows-Desktop.

:-) TIPP

Möchten Sie mehr zum Objektmodell von Windows Scripting Host (WSH) erfahren, binden Sie in der Entwicklungsumgebung die Objektbibliothek WINDOWS SCRIPTING HOST OBJECT MODEL *(VERS. 1.0) ein, indem Sie in der Entwicklungsumgebung aus dem Menü* EXTRAS *den Befehl* VERWEISE *wählen. Drücken Sie danach die Taste* [F2]*, um in den Objektkatalog zu gelangen.*

A.2 Verknüpfungen in Festwerte umwandeln

Sicher kennen Sie das Problem: Sie haben eine Arbeitsmappe, in der unzählige Verknüpfungen zu anderen Arbeitsmappen enthalten sind. Teilweise sind die Verknüpfungen nicht mehr aktuell, weil Arbeitsmappen entweder verschoben oder gelöscht wurden. Diese Art von Verknüpfungen werden als »Ghostlinks« bezeichnet. Wie aber können Sie diese Verknüpfungen entfernen, ohne dabei die Werte, die aus der ehemaligen Verknüpfung resultieren, zu entfernen?

Verknüpfungen zu anderen Arbeitsmappen sind auch dann unerwünscht, wenn Sie eine Arbeitsmappe an einen Kollegen oder Kunden weitergeben und die verknüpften Arbeitsmappen nicht mit ausliefern möchten.

Sehen Sie sich in diesem Zusammenhang das folgende Makro in Listing A.2 an.

Listing A.2: Externe Verknüpfungen in Festwerte umwandeln

```
Sub ExterneLinksInFestwerteUmsetzen()
Dim Blatt As Worksheet
Dim Zelle As Range

 For Each Blatt In ActiveWorkbook.Worksheets
  Blatt.Activate
  Set Zelle = Cells.Find(what:="[", After:=ActiveCell, _
  LookIn:=xlFormulas, lookat:=xlPart, _
  searchorder:=xlByRows, searchdirection:=xlNext, _
  MatchCase:=False)
  While TypeName(Zelle) <> "Nothing"
   Zelle.Activate
   Zelle.Formula = Zelle.Value
   Set Zelle = Cells.FindNext(After:=ActiveCell)
  Wend
 Next Blatt
End Sub
```

Für die Bewältigung dieser Aufgabenstellung benötigen Sie zwei Schleifen. Die erste Schleife sorgt dafür, dass in jedem Tabellenblatt der Arbeitsmappe nach externen Verknüpfungen gesucht wird. Die zweite Schleife prüft, ob es auf dem jeweils aktiven Tabellenblatt mehrere Verknüpfungen mit anderen Arbeitsmappen gibt, und ersetzt die Verknüpfung der einzelnen Zellen durch den Wert der Zelle. Bei der Suche nach Verknüpfungen setzen Sie die Methode `Find` ein, der Sie als Suchzeichen die eckige Klammer übergeben. Mit der Funktion `TypeName` können Sie den Status der Variablen `Zelle` abfragen. Entspricht dieser Status dem Wert `Nothing`, kann keine Verknüpfung auf der aktiven Tabelle mehr gefunden werden. Diese haben Sie entweder alle schon umgesetzt bzw. es existieren überhaupt keine Verknüpfungen auf dem Tabellenblatt. Mithilfe der Methode `FindNext` setzen Sie die Suche, die mit der Methode `Find` begonnen wurde, mit demselben Suchkriterium fort. Erreicht die Suche das Ende des angegebenen Suchbereichs, beginnt sie erneut am Anfang dieses Bereichs. Da Sie aber direkt nach der Suche die Verknüpfungen in Festwerte umwandeln, liefert die Variable `Zelle` irgendwann den Wert `Nothing` zurück und Sie können das nächste Tabellenblatt aktivieren und durchsuchen.

REF

In den Kapiteln 8 und 9 erfahren Sie mehr über Arbeitsmappen und Tabellen.

A.3 Automatischen Bildleistenlauf programmieren

Auf der rechten Seite Ihres Bildschirms finden Sie die vertikale Bildlaufleiste. Diese können Sie betätigen, um nach oben bzw. nach unten in Ihrer Tabelle zu scrollen. Das nächste Makro aus Listing A.3 stellt automatisch die aktive Zelle in Spalte A als oberste Zelle in der Bildschirmansicht ein.

Listing A.3: Automatisches Laufbalken-Update durchführen

```
Sub LaufbalkenBetätigen()
 With ActiveWindow
      .ScrollRow = ActiveCell.Row
      .ScrollColumn = ActiveCell.Column
   End With
End Sub
```

Mithilfe der Anweisung `ActivWindow.ScrollRow` bestimmen Sie die Nummer der Zeile, die sich auf der oberen Seite des Ausschnitts oder des Fensters befindet, indem Sie diese der aktiven Zelle gleichsetzen. Die Anweisung `ActiveWindow.ScrollColumn` gibt die Nummer der Spalte an, die sich auf der linken Seite des Ausschnitts oder des Fensters befindet.

Damit dieser Vorgang automatisch abläuft, müssen Sie noch ein Ereignis auf Arbeitsmappen-Ebene einstellen. Führen Sie in der Entwicklungsumgebung von Excel einen Doppelklick auf den Eintrag DIESEARBEITSMAPPE durch und erfassen Sie folgendes Ereignismakro.

Listing A.4: Ereignis Workbook_-SheetSelection-Change zum Einstellen des automatischen Laufbalken-Update

```
Private Sub Workbook_SheetSelectionChange _
(ByVal Sh As Object, ByVal Target As Excel.Range)
If Target.Column = 1 Then LaufbalkenBetätigen
End Sub
```

Da diese Funktion nur für Zellen der ersten Spalte gelten soll, fragen Sie über die Eigenschaft `Column` die aktive Spalte ab.

REF

In Kapitel 6 erfahren Sie mehr über die Programmierung von Spalten und Zeilen.

A.4 Tasten deaktivieren

Wissen Sie, wie Sie mit ein bisschen Glück eine Endlosschleife abbrechen können? Drücken Sie mehrmals hintereinander die Taste [Esc]. Oft ist aber gerade eine solche Unterbrechung des Ablaufs eines Makros unerwünscht. Wie schnell passiert es, dass ein Anwender während der Laufzeit aus Versehen auf die Taste [Esc] drückt. Auch gibt es manche Kollegen, die meinen, sie müssten probieren, wie man ein bestimmtes Makro zum Abstürzen bringt. Dies können Sie unterbinden, indem Sie zu Beginn des Makros folgenden Befehl in Ihren Code integrieren:

```
Application.EnableCancelKey = xlDisabled
```

!! STOP

Achten Sie darauf, dass Sie am Ende Ihres Makros die Möglichkeit des Abbruchs wieder zulassen. Verwenden Sie dazu den Befehl:

```
Application.EnableCancelKey = xlInterrupt
```

A.5 Doppelklicks deaktivieren

Wenn Sie mit der Maustaste eine Zelle doppelt anklicken, gelangen Sie in die direkte Zellenbearbeitung von Excel und können die Zelle somit leicht bearbeiten. Möchten Sie in einer bestimmten Tabelle diese Funktion deaktivieren, setzen Sie das Ereignis `Worksheet_Activate` bzw. `Worksheet_Deactivate` ein.

STEP

Dabei gehen Sie wie folgt vor:

1. Wechseln Sie in die Entwicklungsumgebung.
2. Klicken Sie die Tabelle im Projekt-Explorer doppelt an, in der Sie die Funktionalität des Doppelklicks deaktivieren möchten (TABELLE2 im Beispiel).
3. Erfassen Sie zunächst das Ereignis `Worksheet_Activate`, welches auftritt, wenn Sie das Tabellenblatt aktivieren.

Listing A.5: Ereignis Worksheet_-Activate zum Deaktivieren des Doppelklicks mit der Maus

```
Private Sub Worksheet_Activate()
 Application.OnDoubleClick = "KeineAktion"
End Sub
```

4. Das Ereignis `Worksheet_Activate` ruft ein Makro auf, welches Sie jetzt auf Modulebene erfassen.

Listing A.6: Makro, das überhaupt nichts macht

```
Sub KeineAktion()
End Sub
```

5. Sorgen Sie nun dafür, dass die Funktionalität des Doppelklicks beim Verlassen der TABELLE2 wiederhergestellt wird. Dazu setzen Sie das Ereignis `Worksheet_Deactivate` ein.

Listing A.7: Ereignis Worksheet_Deactivate einsetzen, um den Doppelklick wieder zuzulassen

```
Private Sub Worksheet_Deactivate()
  Application.OnDoubleClick = ""
End Sub
```

Weisen Sie der Eigenschaft `OnDoubleClick` einen Leerstring zu, um die Funktionalität des Doppelklicks wiederherzustellen.

Seit der Version Excel 2000 können Sie statt der Eigenschaft `OnDoubleClick` auch das Ereignis `Worksheet_BeforeDoubleClick` einsetzen, um die Funktionalität des Doppelklicks auszuschalten. Dazu setzen Sie das Argument `Cancel` des Ereignisses auf den Wert `True`.

Listing A.8: Ereignis Worksheet_BeforeDoubleClick zum Deaktivieren des Doppelklicks auf eine Zelle einsetzen

```
Private Sub Worksheet_BeforeDoubleClick _
(ByVal Target As Range, Cancel As Boolean)
Cancel = True
End Sub
```

REF

Erfahren Sie mehr über die Programmierung von Ereignissen in Kapitel 12.

A.6 Zelleninhalte zusammenführen

Im folgenden Beispiel aus Listing A.9 werden alle Inhalte aus den Zellen A1:A10 zusammengepackt und auf dem Bildschirm ausgegeben.

Listing A.9: Zellen zusammenpacken

```
Sub StringBilden()
Dim s As String
Dim länge As Integer

Range("A1").Select
Do Until ActiveCell.Value = ""
```

```
s = s & ActiveCell.Value & ","
ActiveCell.Offset(1, 0).Select
Loop
länge = Len(s)
s = Left(s, länge - 1)
MsgBox s
End Sub
```

In einer Schleife arbeiten Sie alle Zellen der Spalte A ab, bis Sie auf die erste Leerzelle stoßen. Speichern Sie diese Inhalte in einer String-Variablen. Nach jedem so übertragenen Zelleninhalt geben Sie als Trennzeichen ein Semikolon an. Am Ende müssen Sie das letzte Zeichen wieder aus der Variablen s entfernen. Dazu prüfen Sie über die Funktion Len die Gesamtlänge der Variablen s und schneiden das letzte Zeichen, das Semikolon, ab.

REF

In Kapitel 5 erfahren Sie mehr über die Programmierung von Zellen.

A.7 Zahlenwerte richtig erkennen

In manchen Fällen erkennt Excel nach einem Import von Textdateien keine Zahlenwerte mehr. Dann werden Zahlen von Excel als Text interpretiert und Sie können damit nicht mehr rechnen. Wenn Sie nun eine solche Zelle mit der Taste [F2] aktivieren und anschließend mit der Taste [↵] die Zelle abschließen, rechnet Excel und zeigt in der Zelle den richtigen Zahlenwert an. Diese manuelle Korrektur ist bei einer großen Datenmenge natürlich sehr mühselig. Setzen Sie dazu das Makro ein, welches Sie in Listing A.10 sehen. Markieren Sie vor dem Start des Makros den Zellenbereich, den Sie umsetzen möchten.

Listing A.10: Excel zwingen, importierte Zahlenwerte richtig zu interpretieren

```
Sub F2ImBereich()
Dim Zelle As Range

For Each Zelle In Selection
    SendKeys "{F2}", True
    SendKeys "{ENTER}", True
Next Zelle
End Sub
```

Setzen Sie eine Schleife auf, die jede Zelle in der Markierung ansteuert. Mit der Anweisung SendKeys senden Sie die beiden Tastenfolgen nacheinander.

:-) TIPP

Eine weitere Möglichkeit, Excel zur richtigen Interpretation von importierten Zahlenwerten zu bewegen, ist, jeden Zellenwert mit dem Faktor 1 zu multiplizieren. Damit verändern Sie den Wert der Zelle nicht und haben als Ergebnis gültige Zellen mit Zahlenwerten.

A.8 Zellen blinken lassen

Möchten Sie eine Zelle blinken lassen, besteht eine Möglichkeit darin, die Schriftfarbe abwechselnd Schwarz und Weiß einzustellen. Die Umsetzung dieser Aufgabe sehen Sie in Listing A.11.

Listing A.11: Zellen blinken lassen

```
Sub Blinken()
  NächstesMal = Now + TimeValue("00:00:01")
  With ActiveCell
    If .Font.ColorIndex = 2 _
    Then .Font.ColorIndex = 1 Else .Font.ColorIndex = 2
   End With
  Application.OnTime NächstesMal, "Blinken"
End Sub
```

Um dem Blinken ein Ende zu bereiten, müssen Sie der Methode `OnTime` im Argument `schedule` den Wert `False` zuweisen.

Listing A.12: Blinken von Zellen beenden

```
Sub BlinkenBeenden()
  Application.OnTime NächstesMal, "Blinken", _
  schedule:=False
End Sub
```

Über die Funktion `TimeValue` legen Sie die Startzeit für den Vorgang fest. Da die Zelle jede Sekunde genau einmal blinken soll, geben Sie dort den Wert `1` an.

REF

Lesen Sie mehr über die Programmierung von Ereignissen in Kapitel 12.

A.9 Makro aus Word starten

Wenn Sie möchten, können Sie aus Excel heraus auch ein Word-Makro starten. Dazu verwenden Sie den folgenden Code aus Listing A.13.

Listing A.13: Word-Makro von Excel aus starten

```
Sub MakroAusWordStarten()
Dim WoObj As Object

    Set WoObj = CreateObject("Word.Application")
    WoObj.Documents.Open "C:\Eigene Dateien\Test.doc"

   With WoObj
     .Visible = True
     .Run "WordMakro"
     .Quit
    End With
    Set WoObj = Nothing
End Sub
```

Definieren Sie im ersten Schritt eine Objektvariable und verwenden Sie die Funktion `CreateObject`, um einen Verweis auf die Word-Applikation zu erhalten. Danach öffnen Sie das Dokument, welches das Makro enthält. Mithilfe der Eigenschaft `Visible` zeigen Sie das Dokument auf dem Bildschirm an. Verwenden Sie die Methode `Run`, um das Word-Makro zu starten, und beenden Sie die Textverarbeitung über die Methode `Quit`. Geben Sie am Ende den reservierten Speicher für die Objektvariable wieder frei.

REF

In Kapitel 17 erfahren Sie mehr über die Programmierung von Excel und Word.

A.10 Zusammenspiel von Zellen und Textboxen

Im folgenden Beispiel aus Listing A.14 wird der Inhalt einer Zelle in eine Textbox geschrieben.

Listing A.14: Zelleninhalt in Textbox schreiben

```
Sub ZelleInTextBox()
Dim txtBox1 As TextBox
Dim Bereich As Range

Set txtBox1 = ActiveSheet.DrawingObjects(1)
Set Bereich = ActiveSheet.Range("A1")
txtBox1.Text = Bereich
End Sub
```

Aber auch der umgekehrte Fall ist interessant. Schreiben Sie den Inhalt einer Textbox in eine bestimmte Zelle und setzen Sie dabei das Makro aus Listing A.15 ein.

Listing A.15: Textboxinhalt in Zelle schreiben

```
Sub TextBoxInZelle()
Dim txtBox1 As TextBox
Dim Bereich As Range

Set txtBox1 = ActiveSheet.DrawingObjects(1)
Set Bereich = ActiveSheet.Range("A1")
Bereich = txtBox1.Text
End Sub
```

REF

Lesen Sie mehr über die Programmierung von Steuerelementen auf Tabellenblättern in Kapitel 15.

A.11 Dateien als Objekte in Tabelle einfügen

Eine interessante Möglichkeit, mehrere Dateien in Excel-Arbeitsmappen zur Verfügung zu stellen, ist das Einfügen der Datei als Objekt. Ein Doppelklick auf dieses eingefügte Objekt öffnet die Datei. Damit erreichen Sie eine ähnliche Funktionalität wie bei der Nutzung von Hyperlinks, nur mit dem Unterschied, dass Sie bei dieser Methode zusätzlich noch das Symbol der eingefügten Datei sehen können.

Im folgenden Beispiel wird eine Textdatei in eine Excel-Tabelle eingefügt.

Listing A.16: Textdatei als Objekt in eine Excel-Tabelle einfügen

```
Sub TextDateiAlsObjektEinfügen()
Dim Textobj As OLEObject

 On Error GoTo fehler
 Set Textobj = ActiveSheet.OLEObjects.Add( _
    Filename:="c:\eigene Dateien\Produkt.txt", _
    Link:=True, _
    DisplayAsIcon:=False)
 Exit Sub

fehler:
  MsgBox "Die Textdatei konnte nicht gefunden werden!"
End Sub
```

Definieren Sie eine Variable vom Typ `OLEObject` und fügen Sie mit der Methode `Add` die Textdatei PRODUKT.TXT in Ihre Excel-Tabelle ein. Anhand des Dateinamens der Datei erkennt Excel automatisch, dass es sich hierbei um eine Textdatei handelt. Geben Sie im Argument `Link` den Wert `True` an, wenn Sie das eingefügte Objekt mit der ursprünglichen Datei verknüpfen möchten. Setzen Sie dieses Argument auf den Wert `False`, wenn Sie eine Kopie der Originaldatei in die Excel-Tabelle einfügen möchten. Mit dem Argument `DisplayAsIcon` legen Sie fest, ob die eingefügte Datei als Symbol oder in ihrer normalen Bilddarstellung angezeigt werden soll.

A.12 Pfad als Fenstertitel ausgeben

Im nächsten Makro aus Listing A.17 wird der komplette Pfad einer Arbeitsmappe als Fenstertitel ausgegeben.

Listing A.17: Name der Arbeitsmappe als Fensterüberschrift einstellen

```
Sub KomplPfadAlsFenstertext()
 Application.ActiveWindow.Caption = _
 ActiveWorkbook.FullName
End Sub
```

Über die Anweisung `Application.ActiveWindow.Caption` weisen Sie eine Überschrift in Ihrem Excel-Fenster zu. Geben Sie dort die Eigenschaft `FullName` an, die Sie auf die aktive Arbeitsmappe anwenden.

REF

Mehr über die Programmierung von Arbeitsmappen erfahren Sie in Kapitel 8.

A.13 Add-In einbinden

Um Zusatzfunktionen in Excel zu nutzen, rufen Sie im Menü EXTRAS den Add-Ins-Manager auf. Dort finden Sie zahlreiche Add-Ins, die zusätzliche Funktionen für Excel bereitstellen.

Möchten Sie nun prüfen, ob ein bestimmtes Add-In schon verfügbar ist, bevor Sie mit VBA auf eine Funktion zugreifen, die in einem Add-In steckt, setzen Sie das Makro aus Listing A.18 ein.

Listing A.18: Automatisches Einbinden von Add-Ins in Excel

```
Sub AddInPrüfenUndEinbinden()
With AddIns("Automatisches Speichern")
  If .Installed = False Then .Installed = True
     MsgBox "Das Add In " & .Name & " ist nun verfügbar"
  End With
End Sub
```

Mithilfe der Eigenschaft `AddIns` erhalten Sie eine Auflistung, die alle im Dialogfeld ADD-INS aufgeführten Add-Ins darstellt. Über die Eigenschaft `Installed` können Sie prüfen, ob ein Add-In bereits im Add-Ins-Manager aktiviert ist. Wenn nicht, meldet die Eigenschaft den Wert `False` zurück. In diesem Fall können Sie die Aktivierung des Add-In veranlassen, indem Sie die Eigenschaft `Installed` auf den Wert `True` setzen.

REF

In Anhang B erfahren Sie mehr über Add-Ins.

A.14 Runden mit Excel

Beim Runden von Zahlen in Excel können Sie entscheiden, wie Excel die vorliegenden Zahlen runden soll.

Markieren Sie nun den Bereich, der die Zahlen enthält, und starten Sie das Makro aus Listing A.19.

Listing A.19: Runden von Zahlenwerten (zwei Stellen hinter dem Komma)

```
Sub Runden()
Dim Zelle As Range

For Each Zelle In Selection
 If Zelle.Value = "" Or Zelle.Value = 0 Then
 Else
 On Error Resume Next
 Zelle.Value = _
 CDec(Format(Application.Round(Zelle.Value, 2), "0.00"))
 End If
Next Zelle
End Sub
```

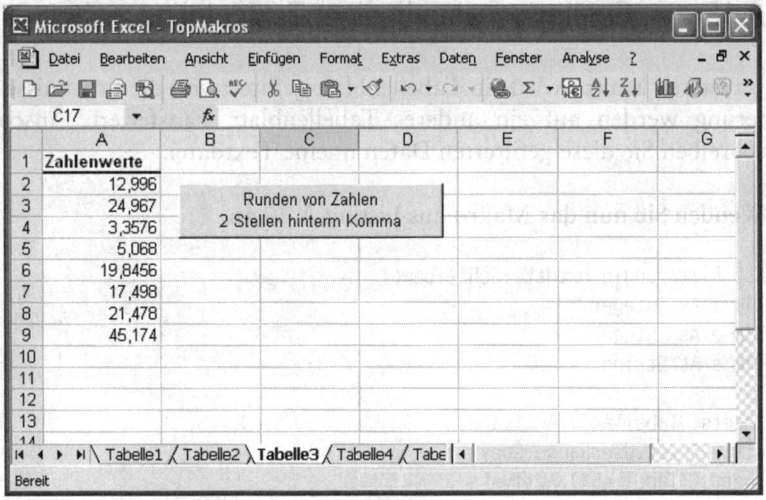

Abbildung A.1: Die Ausgangssituation: Zahlenwerte ungerundet

In einer For Each-Schleife arbeiten Sie alle Zellen innerhalb der Markierung ab. Enthält die Zelle einen Leerwert bzw. eine Null, wird nicht gerundet. Im anderen Fall setzen Sie die Funktion Round ein, um die Zahlen zu runden. Das erste Argument dieser Funktion stellt die Zelle dar, die gerundet werden soll. Im zweiten Argument geben Sie die Zahl an, die aussagt, wie viele Stellen rechts vom Dezimalpunkt beim Runden berücksichtigt werden sollen. Mithilfe der Funktion Format weisen Sie dem Ergebnis der Rundung das gewünschte Zahlenformat zu. Die Umwandlungsfunktion CDec sorgt letztendlich dafür, dass das Ergebnis auch als Zahlenwert erhalten bleibt.

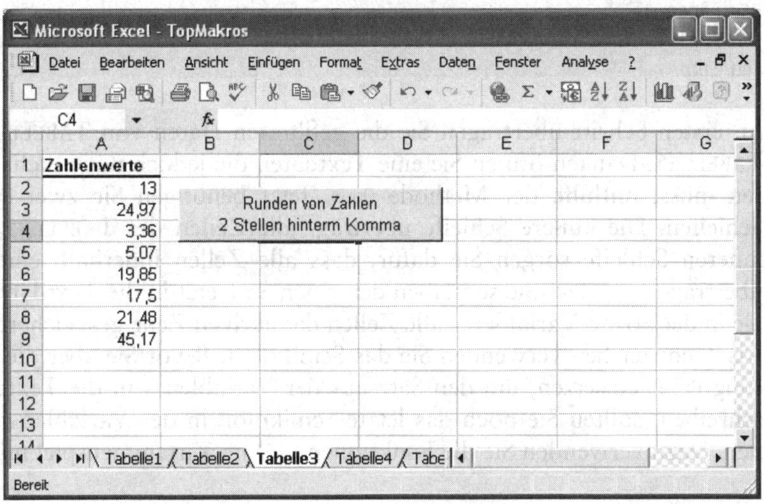

Abbildung A.2: Das Ergebnis: Die Zahlenwerte wurden nach zwei Nachkommastellen gerundet

A.15 Gefilterte Daten in einer Textdatei ausgeben

Im letzten Makro wird ein Tabellenblatt gefiltert und die Ergebnisse der Filterung werden auf ein anderes Tabellenblatt transferiert. Anschließend schreiben Sie diese gefilterten Daten in eine Textdatei.

Wenden Sie nun das Makro aus Listing A.20 an.

Listing A.20: Gefilterte Excel-Daten in eine Textdatei schreiben

```
Sub FilterungInTextdateiSchreiben()
Dim i As Integer
Dim e As Integer
Dim s As String

Sheets("Tabelle4").Activate
ActiveSheet.UsedRange.Copy
Sheets("Tabelle5").Activate
Range("A1").Select
ActiveSheet.Paste
Open "c:\Eigene Dateien\Teilnehmer.txt" For Output As #1
    For i = 1 To ActiveSheet.UsedRange.Rows.Count
        For e = 1 To ActiveSheet.UsedRange.Columns.Count
         On Error Resume Next
         s = s + Cells(i, e) & ";"
        Next e
        s = Left(s, Len(s) - 1)
        Print #1, s
        s = ""
    Next i
    Close #1
    Application.CutCopyMode = False
End Sub
```

Im ersten Schritt übertragen Sie die gefilterten Daten von TABELLE4 nach TABELLE5. Danach öffnen Sie eine Textdatei, die jedoch noch nicht existieren muss, mithilfe der Methode `Open`. Jetzt benötigen Sie zwei `For Next`-Schleifen. Die äußere Schleife überträgt alle Zeilen der TABELLE5, in der inneren Schleife sorgen Sie dafür, dass alle Zellen innerhalb einer Zeile übertragen werden. Sie schreiben den einen Satz erst in die Textdatei, wenn Sie in der String-Variablen `s` alle Zellen der aktiven Zeile gespeichert haben. Als Trennzeichen verwenden Sie das Semikolon. Bevor Sie aber die Anweisung `Print` einsetzen, um den Satz aus der Variablen `s` in die Textdatei zu schreiben, sollten Sie noch das letzte Semikolon in der Variablen `s` entfernen. Dazu verwenden Sie die Funktionen `Left` im Zusammenspiel mit `Len`.

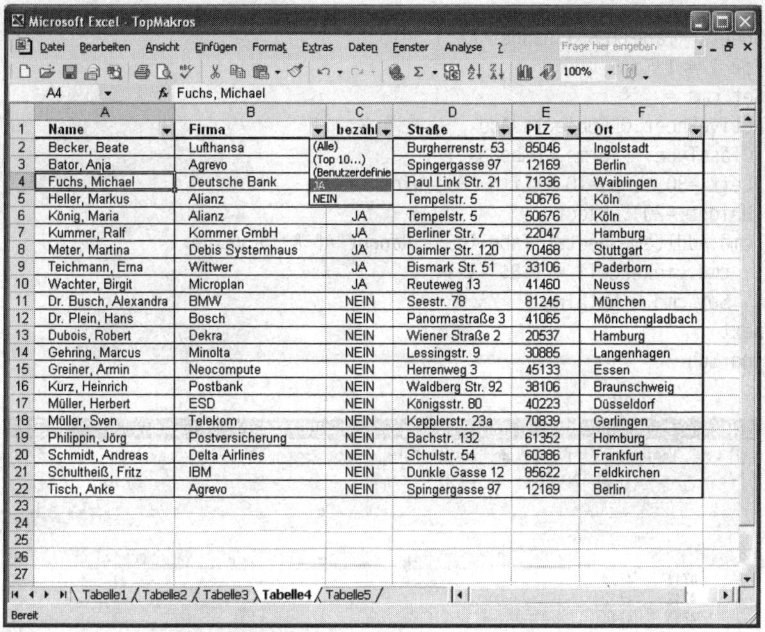

	Name	Firma	bezahl	Straße	PLZ	Ort
2	Becker, Beate	Lufthansa		Burgherrenstr. 53	85046	Ingolstadt
3	Bator, Anja	Agrevo		Spingergasse 97	12169	Berlin
4	Fuchs, Michael	Deutsche Bank		Paul Link Str. 21	71336	Waiblingen
5	Heller, Markus	Alianz		Tempelstr. 5	50676	Köln
6	König, Maria	Alianz	JA	Tempelstr. 5	50676	Köln
7	Kummer, Ralf	Kommer GmbH	JA	Berliner Str. 7	22047	Hamburg
8	Meter, Martina	Debis Systemhaus	JA	Daimler Str. 120	70468	Stuttgart
9	Teichmann, Erna	Wittwer	JA	Bismark Str. 51	33106	Paderborn
10	Wachter, Birgit	Microplan	JA	Reuteweg 13	41460	Neuss
11	Dr. Busch, Alexandra	BMW	NEIN	Seestr. 78	81245	München
12	Dr. Plein, Hans	Bosch	NEIN	Panormastraße 3	41065	Mönchengladbach
13	Dubois, Robert	Dekra	NEIN	Wiener Straße 2	20537	Hamburg
14	Gehring, Marcus	Minolta	NEIN	Lessingstr. 9	30885	Langenhagen
15	Greiner, Armin	Neocompute	NEIN	Herrenweg 3	45133	Essen
16	Kurz, Heinrich	Postbank	NEIN	Waldberg Str. 92	38106	Braunschweig
17	Müller, Herbert	ESD	NEIN	Königsstr. 80	40223	Düsseldorf
18	Müller, Sven	Telekom	NEIN	Kepplerstr. 23a	70839	Gerlingen
19	Philippin, Jörg	Postversicherung	NEIN	Bachstr. 132	61352	Homburg
20	Schmidt, Andreas	Delta Airlines	NEIN	Schulstr. 54	60386	Frankfurt
21	Schultheiß, Fritz	IBM	NEIN	Dunkle Gasse 12	85622	Feldkirchen
22	Tisch, Anke	Agrevo	NEIN	Spingergasse 97	12169	Berlin

Abbildung A.3: Die Ausgangssituation: eine noch ungefilterte Tabelle

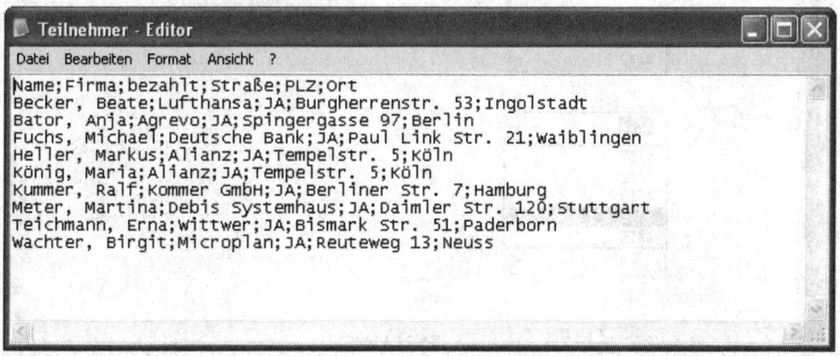


```
Name;Firma;bezahlt;Straße;PLZ;Ort
Becker, Beate;Lufthansa;JA;Burgherrenstr. 53;Ingolstadt
Bator, Anja;Agrevo;JA;Spingergasse 97;Berlin
Fuchs, Michael;Deutsche Bank;JA;Paul Link Str. 21;Waiblingen
Heller, Markus;Alianz;JA;Tempelstr. 5;Köln
König, Maria;Alianz;JA;Tempelstr. 5;Köln
Kummer, Ralf;Kommer GmbH;JA;Berliner Str. 7;Hamburg
Meter, Martina;Debis Systemhaus;JA;Daimler Str. 120;Stuttgart
Teichmann, Erna;Wittwer;JA;Bismark Str. 51;Paderborn
Wachter, Birgit;Microplan;JA;Reuteweg 13;Neuss
```

Abbildung A.4: Das Ergebnis: alle Teilnehmer mit dem Status Bezahlt in einer Textdatei

In Kapitel 17 erfahren Sie mehr über die Programmierung von Textdateien. Über die Programmierung von Filtern können Sie detaillierte Informationen in Kapitel 6 einsehen.

REF

A.16 Steuerelemente mehrfach einfügen

Stellen Sie sich vor, Sie müssten eine Combobox mehrfach in eine Tabelle integrieren und mit einem Zellenbezug ausstatten. Diese manuell sehr aufwändige Aufgabe können Sie auch über ein Makro abwickeln.

Listing A.21: Mehrere Comboboxen einfügen und verdrahten

```
Sub ComboboxenEinfügen()
Dim cmd As ComboBox
im i As Integer
```

```
Sheets("Tabelle8").Range("A1").Select
For i = 1 To 5
Set cmd = _
ActiveSheet.OLEObjects.Add _
(ClassType:="Forms.combobox.1", _
 Left:=80, Top:=10 + (i * 20), Width:=100, _
 Height:=20).Object
 cmd.AddItem Sheets("Tabelle8").Range("A" & i).Value
   cmd.LinkedCell = "$B$" & i
   Set cmd = Nothing
Next i
End Sub
```

Abbildung A.5: Mehrere Comboboxen einfügen und verdrahten

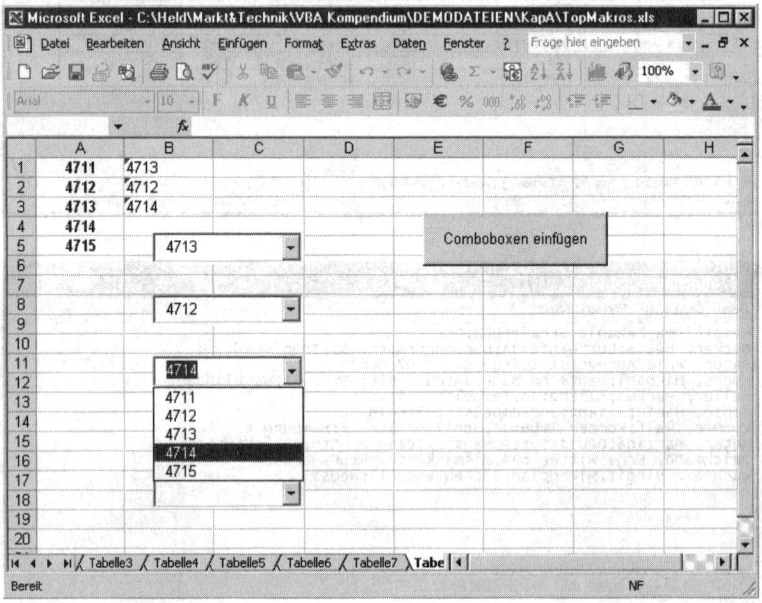

In Kapitel 15 erfahren Sie mehr über die Programmierung von Steuerelementen.

A.17 Daten verschlüsseln

Möchten Sie Textdaten in Zahlen umwandeln, um auf diese Weise einen eigenen Geheimcode festzulegen, können Sie jede Eingabe eines Buchstabens in eine vorher festgelegte Zahl umwandeln. Den Code für diese Aufgabe sehen Sie in Listing A.22.

Listing A.22: Buchstaben in Zahlenwerte umwandeln

```
Private Sub Worksheet_Change _
(ByVal Target As Excel.Range)
Dim s As String
Dim i As Integer
Dim ts As String
Dim z As Integer
Dim ns As String

If Target.Address <> "$A$1" Then Exit Sub
s = Target.Value
For i = 1 To Len(s)
    ts = Mid(s, i, 1)
    Select Case ts
     Case "a"
       z = 1
     Case "b"
       z = 2
     Case "c"
       z = 3
     Case Else
       z = 0
    End Select
    ns = ns & z
Next i
Range("B1").Value = ns
End Sub
```

In diesem Beispiel wird lediglich der Inhalt aus Zelle A1 nach einer Eingabe von Buchstaben automatisch umgewandelt.

Lesen Sie mehr über die Programmierung von Ereignissen in Kapitel 12.

REF

A.18 Eingaben widerrufen

Im nächsten Beispiel sollen alle Eingaben in Spalte A sofort wieder widerrufen werden. Dieses Feature stellen Sie ein, indem Sie in der gewünschten Tabelle die Registerlasche mit der rechten Maustaste anklicken und den Befehl CODE ANZEIGEN auswählen. Erfassen Sie danach das Ereignis aus Listing A.23.

Listing A.23: Eingaben sofort wieder rückgängig machen

```
Private Sub Worksheet_Change _
(ByVal Target As Excel.Range)
If Target.Column = 1 Then
Application.EnableEvents = False
Application.Undo
Application.EnableEvents = True
End If
End Sub
```

Mithilfe des Ereignisses Worksheet_Change können Sie Veränderungen in Ihrer Tabelle feststellen. Über die Methode Undo widerrufen Sie die letzte Eingabe. Damit nach dieser Änderung nicht wieder das Ereignis Worksheet_Change aufgerufen wird und sich dadurch eine Endlosschleife bildet, müssen Sie die Eigenschaft EnableEvents auf den Wert False setzen. Damit schalten Sie vor der Änderung die Ereignissteuerung von Excel ab. Vergessen Sie nach dem Widerrufen der letzten Eingabe nicht, diese Steuerung wieder einzuschalten, da sonst überhaupt keine Ereignisse von Excel mehr erkannt werden.

REF

Lesen Sie mehr über die Programmierung von Ereignissen in Kapitel 12.

A.19 Farbige Schaltflächen in Abhängigkeit von Zelleninhalten programmieren

Wussten Sie schon, dass Sie Schaltflächen auf Tabellenblättern in Abhängigkeit von Zelleninhalten einfärben können? Für die nächste Aufgabe fügen Sie als Vorbereitung eine Schaltfläche aus der Symbolleiste STEUERELEMENT-TOOLBOX in eine Tabelle ein. Schreiben Sie danach in Zelle A1 den Wert 1. Anschließend erfassen Sie das Makro aus Listing A.24.

Listing A.24: Schaltflächen in Abhängigkeit von Zelleninhalten färben

```
Private Sub Worksheet_Change _
(ByVal Target As Excel.Range)
If Target.Address <> "$A$1" Then Exit Sub
If Target.Value = 1 Then CommandButton1.BackColor _
 = RGB(255, 0, 256) _
Else CommandButton1.BackColor = RGB(255, 255, 0)
End Sub
```

Mithilfe der Funktion RGB bestimmen Sie die Farbe der Schaltfläche. Das erste Argument dieser Funktion stellt den Rotanteil, das zweite Argument den Grünanteil und das dritte Argument den Blauanteil der Farbe dar. Die Zahlenwerte nehmen dabei Werte zwischen 0 und 256 an.

REF

Lesen Sie mehr über die Programmierung von Steuerelementen in Kapitel 15.

A.20 Gitternetzlinien ein- und ausblenden

Standardmäßig werden die Gitternetzlinien in Excel-Tabellen angezeigt. Um diese auszublenden, setzen Sie das Makro aus Listing A.25 ein.

Listing A.25: Gitternetzlinien in gesamter Arbeitsmappe ausschalten

```
Sub GitternetzWeg()
Dim Blatt As Worksheet

For Each Blatt In ActiveWorkbook.Worksheets
```

```
 Blatt.Activate
 Application.ActiveWindow.DisplayGridlines = False
Next Blatt
End Sub
```

In einer Schleife durchlaufen Sie alle Tabellen der aktiven Arbeitsmappe und blenden die Gitternetzlinien aus, indem Sie die Eigenschaft `DisplayGridLines` auf den Wert `False` setzen.

Listing A.26: Gitternetzlinien in gesamter Arbeitsmappe einblenden

```
Sub GitternetzEin()
Dim Blatt As Worksheet

For Each Blatt In ActiveWorkbook.Worksheets
 Blatt.Activate
 Application.ActiveWindow.DisplayGridlines = True
Next Blatt
End Sub
```

A.21 Diagramm auf Tabelle positionieren

In der folgenden Aufgabe soll ein eingebettetes Diagramm in einer Tabelle an einer bestimmten Stelle neu positioniert werden.

Erfassen Sie zu diesem Zweck das folgende Makro:

Listing A.27: Ein Diagramm neu positionieren

```
Sub DiagrammPositionieren()
Dim shp As Object
 Set shp = _
 Worksheets("Tabelle12").ChartObjects("Diagramm 1")

 shp.Left = Range("A20").Top
 shp.Top = Range("A20").Left
End Sub
```

Über die Eigenschaften `Top` und `Left` können Sie die Position einer Grafik genau bestimmen.

REF

Lesen Sie mehr über die Programmierung von Diagrammen in Kapitel 9.

A.22 Gleiche Zellen suchen und formatieren

Stellen Sie sich vor, Sie würden in einer Tabelle Zelle für Zelle mit den Pfeiltasten hinunterwandern. Gesucht wird nun eine Funktion, die in dieser Liste mögliche Duplikate aufspürt und automatisch einfärbt.

Um diese Aufgabe zu lösen, gehen Sie wie folgt vor:

1. Wechseln Sie in die Entwicklungsumgebung.
2. Klicken Sie die Tabelle im Projekt-Explorer doppelt an, in der Sie die Funktionalität des Doppelklicks deaktivieren möchten (TABELLE13 im Beispiel).
3. Erfassen Sie das Ereignis `Worksheet_SelectionChange`, welches eintritt, wenn Sie mit den Pfeiltasten bzw. der Maus eine neue Zelle aktivieren.

Listing A.28: Die automatische Duplikatsprüfung

```
Private Sub Worksheet_SelectionChange _
(ByVal Target As Range)
Dim zelle As Range

For Each zelle In ActiveSheet.UsedRange
If Target.Value <> "" And _
 zelle.Value = Target.Value Then
   zelle.Interior.ColorIndex = 3
   Else
   zelle.Interior.ColorIndex = xlColorindexNone
   End If
Next zelle
End Sub
```

Abbildung A.6: Doppelte Werte werden automatisch gelb eingefärbt

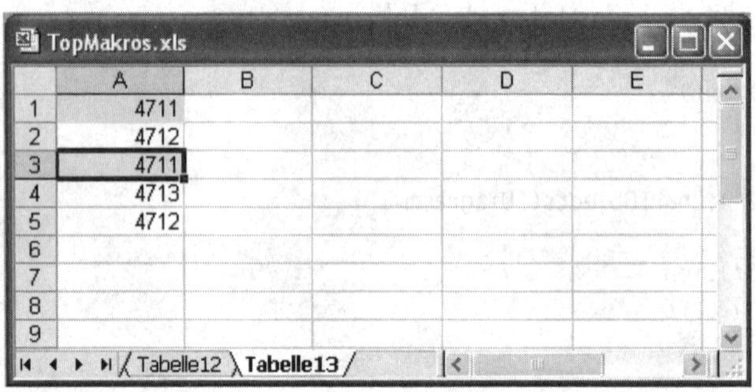

A.23 Datumsabhängige Formatierung

In der nächsten Aufgabe soll eine Liste mit Datumsangaben wie folgt formatiert werden:

- Datumsangaben > fünf Tage in der Zukunft mit der Farbe Grün
- Datumsangaben < fünf Tage in der Zukunft mit der Farbe Gelb
- Datumsangaben in der Vergangenheit mit der Farbe Rot

Das Makro für diese Aufgabe lautet:

Listing A.29: Datumsabhängige Formatierung

```
Sub Färben()
Dim Zelle As Range
Dim Bereich As Range

Set Bereich = ActiveSheet.Range("A1:A10")

For Each Zelle In Bereich
 If Zelle.Value >= Date + 5 Then _
 Zelle.Interior.ColorIndex = 4
 If Zelle.Value < Date + 5 Then _
 Zelle.Interior.ColorIndex = 6
 If Zelle.Value < Date Then _
 Zelle.Interior.ColorIndex = 3
Next Zelle
End Sub
```

Im ersten Schritt wird der Bereich definiert, in dem die »Bedingte Formatierung« durchgeführt werden soll. In einer anschließenden Schleife werden alle Zellen innerhalb dieses Bereichs abgearbeitet und entsprechend formatiert. Dabei wird jeweils vom aktuellen Tagesdatum ausgegangen.

A.24 Arbeitsmappe kopieren

Mithilfe eines Makros können Sie auch Arbeitsmappen kopieren. Dabei muss aber die zu kopierende Mappe geschlossen sein.

Listing A.30: Arbeitsmappe kopieren

```
Sub DateiKopieren()
Dim Quelle As String
Dim Kopie As String

Quelle = "Mappe1.xls"
Kopie = "Mappe2.xls"
ChDir "C:\Test\"
FileCopy Quelle, Kopie
End Sub
```

Die Anweisung `FileCopy` benötigt den Namen der Quelldatei sowie den gewünschten Namen des Duplikats.

A.25 Ganzzahlige Werte extrahieren

Um einen ganzzahligen Wert aus einer Zahl herauszufiltern, können Sie die Funktion `Fix` bzw. die Funktion `Int` verwenden. Bei negativen Zahlen ermittelt die Funktion `Int` die erste ganze negative Zahl, die kleiner oder gleich der übergebenen Zahl ist. Die Funktion `Fix` dagegen liefert die erste negative ganze Zahl, die größer oder gleich der übergebenen Zahl ist.

Listing A.31: Ganzzahlige Werte extrahieren

```
Sub GanzzahligEndWerteErmitteln()
Const Zahl1 = 12.67
Const Zahl2 = 49.9
Const Zahl3 = -58.78

Debug.Print "Zahl1 " & Zahl1
Debug.Print "Zahl2 " & Zahl2
Debug.Print "Zahl3 " & Zahl3
Debug.Print vbLf

Debug.Print "FIX - Zahl1 " & Fix(Zahl1)
Debug.Print "INT - Zahl1 " & Int(Zahl1)
Debug.Print VbLf

Debug.Print "FIX - Zahl2 " & Fix(Zahl2)
Debug.Print "INT - Zahl2 " & Int(Zahl2)
Debug.Print VbLf

Debug.Print "FIX - Zahl3 " & Fix(Zahl3)
Debug.Print "INT - Zahl3 " & Int(Zahl3)
End Sub
```

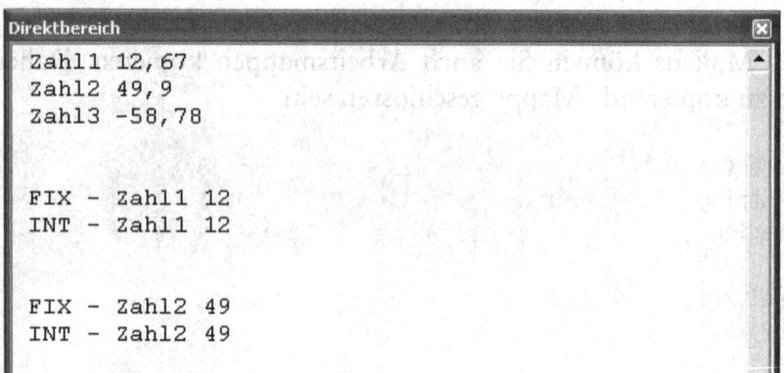

Abbildung A.7: Verschiedene Möglichkeiten, ganzzahlige Werte zu extrahieren

A.26 Arbeiten mit Arrays

Bei der schnellen Verarbeitung vieler Daten hat sich der Einsatz von Arrays bereits bewährt. Ein Array besteht aus einem Variablennamen und einem oder mehreren Indizes, die das einzelne Datenfeld eindeutig identifizieren.

Einfache Arrays

Wenn Sie vorher genau wissen, wie viele Daten in einen Array eingefügt werden sollen, dann können Sie diesen Array fest anlegen.

Im folgenden Beispiel werden die sieben Wochentage in einen Array eingelesen und über einen Index angesprochen und ausgegeben.

Listing A.32: Datenfelder programmieren

```
Sub EinfacherArray()
Dim Woche As Variant
Dim Tag1 As String

Woche = Array("Montag", "Dienstag", "Mittwoch", _
"Donnerstag", "Freitag", "Samstag", "Sonntag")

Select Case Weekday(Date, vbMonday)
Case 1
 Tag1 = Woche(0)
Case 2
 Tag1 = Woche(1)
Case 3
 Tag1 = Woche(2)
Case 4
 Tag1 = Woche(3)
Case 5
 Tag1 = Woche(4)
Case 6
Tag1 = Woche(5)
Case 7
 Tag1 = Woche(6)
End Select
Debug.Print "Heute ist " & Tag1
End Sub
```

Über die Funktion `Array` füllen Sie den Array namens WOCHE. Dabei schreiben Sie die einzelnen Tage getrennt durch Kommas und doppelte Anführungszeichen direkt in den Array.

Danach wenden Sie eine `Select case`-Anweisung an, um den aktuellen Tag auszuwerten. Die Funktion `Weekday` liefert Ihnen eine Zahl zwischen 1 und 7, welche für den entsprechenden Tag der Woche steht. Diese Zahl werten Sie aus und geben den dazugehörigen Array-Wert über die Vergabe des Index aus.

Im folgenden Beispiel durchlaufen Sie eine Schleife so oft, bis die Grenze des Arrays erreicht ist.

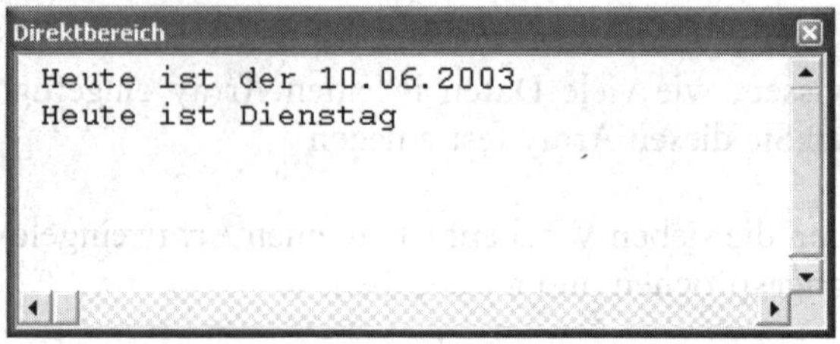

Abbildung A.8: Arrays füllen und auswerten

Listing A.33: Schleifendurchläufe über Arrays steuern

```
Sub FesterArray()
Dim i As Long
Dim I_Array(1 To 100) As Long

    For i = 1 To UBound(I_Array)
        Debug.Print "Schleifendurchlauf " & i
    Next i
End Sub
```

Definieren Sie im ersten Schritt einen Array vom Typ `Long`. Dort geben Sie an, in welchen Grenzen sich der Array bewegen soll. Setzen Sie danach eine Schleife ein, die so lange durchlaufen wird, bis der letzte mögliche Wert im Array `I_Array` erreicht wird. Mithilfe der Funktion `UBound` bekommen Sie gerade diesen größten verfügbaren Index für den Array.

Mehrdimensionale Arrays

Ein wenig komplexer wird es, wenn Sie mehrdimensionale Arrays füllen und wieder auslesen müssen. Im nachfolgenden Beispiel gehen Sie von der TABELLE15 aus der folgenden Abbildung aus.

Erfassen Sie nun das folgende Makro:

Listing A.34: Mehrdimensionale Arrays füllen und auswerten

```
Sub MehrdimArraysFüllen()
Dim P_Array() As String
Dim i As Integer
Dim AnzSätze As Integer

Sheets("Tabelle15").Activate
    Debug.Print "In der Tabelle befinden sich " & _
    ActiveSheet.UsedRange.Rows.Count & "Datensätze"
    AnzSätze = ActiveSheet.UsedRange.Rows.Count
ReDim P_Array(1 To AnzSätze, 1 To 2)

i = 1
e = 1
For i = 1 To AnzSätze Step 1
 P_Array(i, 1) = Cells(e, 1).Value
 P_Array(i, 2) = Cells(e, 2).Value
```

TopMakros.xls

	A	B	C
1	Name	Firma	
2	Becker, Beate	Lufthansa	
3	Bator, Anja	Agrevo	
4	Fuchs, Michael	Deutsche Bank	
5	Heller, Markus	Alianz	
6	König, Maria	Alianz	
7	Kummer, Ralf	Kommer GmbH	
8	Meter, Martina	Debis Systemhaus	
9	Teichmann, Erna	Wittwer	
10	Wachter, Birgit	Microplan	
11	Dr. Busch, Alexandra	BMW	
12	Dr. Plein, Hans	Bosch	
13	Dubois, Robert	Dekra	
14	Gehring, Marcus	Minolta	
15	Greiner, Armin	Neocompute	
16	Kurz, Heinrich	Postbank	
17	Müller, Herbert	ESD	
18	Müller, Sven	Telekom	
19	Philippin, Jörg	Postversicherung	
20	Schmidt, Andreas	Delta Airlines	
21	Schultheiß, Fritz	IBM	
22	Tisch, Anke	Agrevo	
23			

Tabelle14 Tabelle15

Abbildung A.9: Die Ausgangstabelle

```
  Debug.Print P_Array(i, 1) & " " & P_Array(i, 2)
  e = e + 1
Next i
End Sub
```

Definieren Sie zu Beginn des Makros einen Array. Da Sie zu diesem Zeitpunkt noch nicht wissen, wie viele Sätze in der TABELLE15 vorhanden sind, müssen Sie diese Angabe zunächst flexibel halten.

Mithilfe der Anweisung `UsedRange.Rows.Count` ermitteln Sie die Anzahl der Datensätze in der Tabelle. Sie haben somit die Obergrenze, die Sie zur Definition Ihres Arrays einsetzen können. Diese dynamische Zuweisung von Speicherplatz wird über die Anweisung `ReDim` realisiert.

Füllen Sie nun in einer Schleife das Datenfeld `P_Array`, indem Sie über die `Cells`-Auflistung einen Datensatz nach dem anderen in der Tabelle abarbeiten und die Inhalte der einzelnen Zellen direkt in `P_Array` schieben. Geben Sie testweise die Inhalte des Datenfelds im Direktbereich Ihrer Entwicklungsumgebung über die Anweisung `Debug.Print` aus.

Abbildung A.10: Die Daten aus dem Datenfeld direkt in den Direktbereich schreiben

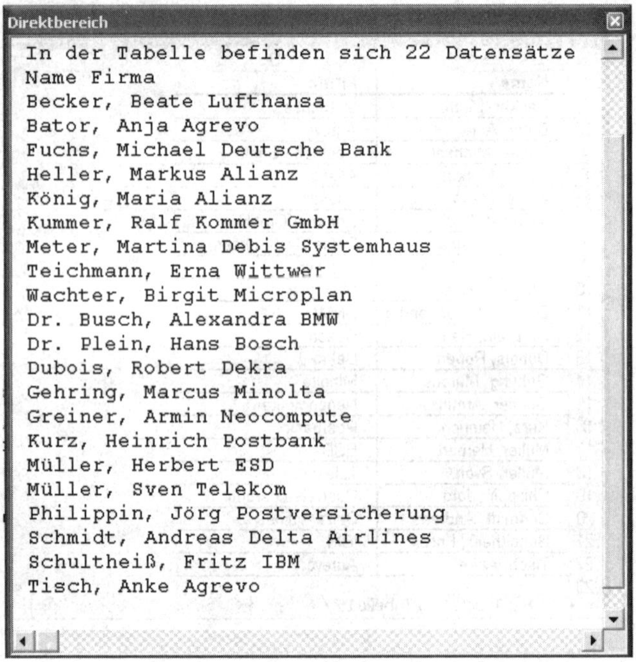

B Das Wichtigste in einem Add-In

In diesem Kapitel möchte ich Ihnen mein Add-In vorstellen, das »MacAdd-In«, welches einige wichtige Funktionen zur noch besseren Nutzung von Excel bereitstellt. Im Folgenden erfahren Sie, welche Funktionen das Add-In Ihnen bietet.

CD

Sie finden alle Makros, die in diesem Kapitel beschrieben sind, auf der mitgelieferten CD-ROM im Verzeichnis KAPB *in der Arbeitsmappe* MACADDIN.XLS. *Das fertige Add-In* MACADDIN.XLA *finden Sie ebenfalls in diesem Verzeichnis. Sie können es über das Menü* EXTRAS *und den Befehl* ADD-INS-MANAGER *einbinden.*

B.1 Die Funktionen des MacAddIn

Die Zusatzfunktionen

- Umwandlung von Formeln und Funktionen in Festwerte in der aktiven Tabelle
- Umwandlung von Formeln und Funktionen in Festwerte als Kopie in einer neuen Datei
- Säubern aller Zellen im markierten Bereich von nicht druckbaren Zeichen
- Setzen von Zellenumbrüchen innerhalb einer Markierung
- Umwandlung von relativen Bezügen in absolute Bezüge
- Aktives Tabellenblatt als E-Mail-Anhang versenden
- Aktive Tabelle in neuer Arbeitsmappe speichern
- Wochentag, Datum und Uhrzeit anzeigen
- Informationen zur aktuellen Arbeitsmappe anzeigen (Name der Arbeitsmappe, Autor, letzter Zugriff, letzte Änderung, Speicherort der Arbeitsmappe)
- Öffnen aller verknüpften Arbeitsmappen
- Verknüpfungen zu anderen Arbeitsmappen entfernen
- Suchen von Text mit der Ersetzen-Funktion

- Suchen von Text mit der Markierungsfunktion
- Markierung aller Zellen in der Tabelle, die Formeln, Kommentare, Konstanten etc. enthalten
- Löschen von bestimmten Zellen

Abbildung B.1: Das MacAddIn des Autors

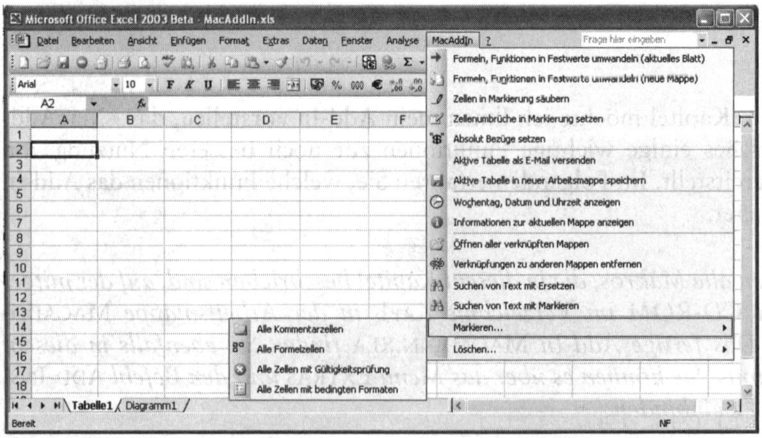

B.2 Die Ereignisse

Das Add-In MACADDIN wird in der Arbeitsblatt-Menüleiste vor dem Hilfe-Menü beim Einbinden des Add-In erzeugt. Dazu setzen Sie das Ereignis `Workbook_AddinInstall` ein, welches automatisch eintritt, wenn Sie im ADD-INS-MANAGER das Add-In MACADDIN einbinden. Innerhalb des Ereignisses rufen Sie das Makro `MenüErstellen` auf.

Listing B.1: Ereignis Workbook_AddinInstall zum dynamischen Erstellen eines eigenen Menüs beim Einbinden eines Add-Ins

```
Private Sub Workbook_AddinInstall()
 MenüErstellen
End Sub
```

Beim Deaktivieren des Add-In sollte das zusätzliche Menü MACADDIN wieder entfernt werden. Dazu setzen Sie das Ereignis `Workbook_AddinUninstall` ein und rufen darin das Makro `MenüLöschen` auf.

Listing B.2: Ereignis Workbook_AddinUninstall zum Entfernen eines eigenen Menüs beim Deaktivieren eines Add-In

```
Private Sub Workbook_AddinUninstall()
 MenüLöschen
End Sub
```

B.3 Der Quellcode

Die folgenden Makros werden an dieser Stelle nicht ausführlich erklärt. Sie finden jedoch kleine Referenzen, in welchem Kapitel diese oder ähnliche Funktionen erklärt sind.

B.3.1 Menüerstellung

Listing B.3: Ein eigenes Menü erstellen

```
Sub MenüErstellen()
Dim i As Integer
Dim i_Hilfe As Integer
Dim MenüNeu As CommandBarControl
Dim Mb As CommandBarControl

 i = Application.CommandBars(1).Controls.Count
 i_Hilfe = Application.CommandBars(1).Controls(i).Index
 Set MenüNeu = Application.CommandBars(1). _
  Controls.Add(Type:=msoControlPopup, _
  before:=i_Hilfe, Temporary:=True)
 MenüNeu.Caption = "MacAdd&In"

 Set Mb = MenüNeu.Controls.Add _
    (Type:=msoControlButton)
    With Mb
    .Caption = _
    "Formeln, F&unktionen in Festwerte umwandeln _
     (aktuelles Blatt)"
    .Style = msoButtonIconAndCaption
    .OnAction = "FormelnInWerteUmwandeln"
    .FaceId = 39
    End With
    Set Mb = MenüNeu.Controls.Add _
    (Type:=msoControlButton)
    With Mb
     .Caption = _
   "Formeln, Fu&nktionen in Festwerte umwandeln _
   (neue Mappe)"
     .Style = msoButtonIconAndCaption
     .OnAction = "FormelnInWerteUmwandelnNeueDatei"
     .FaceId = 159
    End With
    Set Mb = MenüNeu.Controls.Add _
     (Type:=msoControlButton)
    With Mb
     .Caption = "Zellen in Markierung säubern"
     .Style = msoButtonIconAndCaption
     .OnAction = "ZellenSäubern"
     .FaceId = 1552
    End With
```

```
Set Mb = MenüNeu.Controls.Add _
 (Type:=msoControlButton)
With Mb
 .Caption = "Zellenumbrüche in Markierung setzen"
 .Style = msoButtonIconAndCaption
 .OnAction = "ZellenumbruchSetzen"
 .FaceId = 162
End With
Set Mb = MenüNeu.Controls.Add _
 (Type:=msoControlButton)
With Mb
 .Caption = "Absolut-Bezüge setzen"
 .Style = msoButtonIconAndCaption
 .OnAction = "BezugÄndernInAbsolut"
 .FaceId = 384
End With
Set Mb = MenüNeu.Controls.Add _
 (Type:=msoControlButton)
With Mb
.Caption = "Ak&tive Tabelle als E-Mail versenden"
.Style = msoButtonIconAndCaption
.OnAction = "EmailAktivesTabellenblatt"
.FaceId = 3738
.BeginGroup = True
End With
Set Mb = MenüNeu.Controls.Add _
(Type:=msoControlButton)
With Mb
.Caption = _
"Akt&ive Tabelle in neuer Arbeitsmappe speichern"
.Style = msoButtonIconAndCaption
.OnAction = "AktivesTabellenblattAlsDatei"
.FaceId = 3
End With
Set Mb = MenüNeu.Controls.Add _
(Type:=msoControlButton)
With Mb
.Caption = "Wo&chentag, Datum und Uhrzeit anzeigen"
.Style = msoButtonIconAndCaption
.OnAction = "DatumUndUhrzeit"
.FaceId = 126
.BeginGroup = True
End With
Set Mb = MenüNeu.Controls.Add _
(Type:=msoControlButton)
With Mb
.Caption = "Informationen zur Mappe anzeigen"
.Style = msoButtonIconAndCaption
.OnAction = "InfoZurAktuellenDatei"
.FaceId = 1954
End With
```

```
    Set Mb = MenüNeu.Controls.Add _
    (Type:=msoControlButton)
    With Mb
     .Caption = "&Öffnen aller verknüpften Mappen"
     .Style = msoButtonIconAndCaption
     .OnAction = "ÖffnenVerknüpfteMappen"
     .BeginGroup = True
     .FaceId = 23
    End With
    Set Mb = MenüNeu.Controls.Add_
    (Type:=msoControlButton)
    With Mb
    .Caption = "Verknüpfungen entfernen"
    .Style = msoButtonIconAndCaption
    .OnAction = "ExterneLinksInFestwerteUmsetzen"
    .FaceId = 2137
    End With
    Set Mb = MenüNeu.Controls.Add _
    (Type:=msoControlButton)
    With Mb
    .Caption = "Suchen von Text mit Ersetzen"
    .Style = msoButtonIconAndCaption
    .OnAction = "TextInArbeitsmappeSuchenUndErsetzen"
    .BeginGroup = True
    .FaceId = 141
    End With
    Set Mb = MenüNeu.Controls.Add _
    (Type:=msoControlButton)
    With Mb
    .Caption = "Suchen von Text mit Markieren"
    .Style = msoButtonIconAndCaption
    .OnAction = _
  TextInArbeitsmappeSuchenUndKennzeichnen"
    .FaceId = 141
    End With
    Set Mb = MenüNeu.Controls.Add _
        (Type:=msoControlPopup)
    With Mb
        .Caption = "Markieren..."
        .BeginGroup = True
    End With
    With Mb.Controls.Add(Type:=msoControlButton)
     .Caption = "Alle Kommentarzellen"
     .FaceId = 1589
     .OnAction = "KommentarzellenMarkieren"
    End With
    With Mb.Controls.Add(Type:=msoControlButton)
     .Caption = "Alle Formelzellen"
     .FaceId = 622
     .OnAction = "Formelzellenmarkieren"
```

```
        End With
        With Mb.Controls.Add(Type:=msoControlButton)
         .Caption = "Alle Zellen mit Gültigkeitsprüfung"
         .FaceId = 1019
         .OnAction = "Gültigkeitszellenmarkieren"
        End With
        With Mb.Controls.Add(Type:=msoControlButton)
         .Caption = "Alle Zellen mit bedingten Formaten"
         .FaceId = 439
         .OnAction = "BedingteFormatzellenmarkieren"
        End With
        Set Mb = MenüNeu.Controls.Add _
            (Type:=msoControlPopup)
        With Mb
            .Caption = "Löschen..."
            .BeginGroup = True
        End With

         With Mb.Controls.Add(Type:=msoControlButton)
         .Caption = "Alle Kommentare"
         .FaceId = 1592
         .OnAction = "KommentareLöschen"
        End With
         With Mb.Controls.Add(Type:=msoControlButton)
         .Caption = "Alle Formeln und Verknüpfungen"
         .FaceId = 67
         .OnAction = "FormelnLöschen"
        End With
        With Mb.Controls.Add(Type:=msoControlButton)
         .Caption = "Alle Inhalte"
         .FaceId = 67
         .OnAction = "InhalteLöschen"
        End With
        With Mb.Controls.Add(Type:=msoControlButton)
         .Caption = "Alle Gültigkeitsprüfungen"
         .FaceId = 67
         .OnAction = "GültigkeitLöschen"
        End With
        With Mb.Controls.Add(Type:=msoControlButton)
         .Caption = "Alle bedingten Formate"
         .FaceId = 67
         .OnAction = "BedFormateLöschen"
        End With
        With Mb.Controls.Add(Type:=msoControlButton)
         .Caption = "Alle Formate"
         .FaceId = 67
         .OnAction = "FormateLöschen"
        End With
    End Sub
```

In Kapitel 16 erfahren Sie mehr zum Thema »Programmierung von Menüleisten«.

REF

Für das Löschen des zusätzlichen Menüs setzen Sie das folgende Makro aus Listing B.4 ein.

Listing B.4: Makro zum Löschen eines Menüs

```
Sub MenüLöschen()
On Error Resume Next
    With Application.CommandBars(1)
        .Controls("MacAdd&In").Delete
    End With
End Sub
```

B.4 Die Makros

Sehen Sie sich nun den Quellcode der Makros an, die im Add-In MACADDIN enthalten sind.

B.4.1 Formeln in Festwerte umwandeln

Listing B.5: Alle Formelzellen der aktiven Tabelle werden in Festwerte umgesetzt

```
Sub FormelnInWerteUmwandeln()
Cells.Copy
 Range("A1").Select
    Selection.PasteSpecial Paste:=xlValues, _
  Operation:=xlNone, SkipBlanks:= _
        False, Transpose:=False
 Application.CutCopyMode = False
End Sub
```

Listing B.6: Alle Formelzellen werden in Festwerte umgewandelt. Das Ergebnis daraus wird in eine neue Arbeitsmappe kopiert

```
Sub FormelnInWerteUmwandelnNeueDatei()
 ActiveSheet.Copy
 Cells.copy
 Range("A1").Select
  Selection.PasteSpecial Paste:=xlValues, _
   Operation:=xlNone, SkipBlanks:= _
   False, Transpose:=False
 Application.CutCopyMode = False
 Range("A1").Select
End Sub
```

B.4.2 Aktive Tabelle als E-Mail verschicken

Listing B.7: Aktive Tabelle als E-Mail mit Anhang versenden

```
Sub E-mailAktivesTabellenblatt()
Dim s As String
Dim s2 As String
```

```
 ActiveWorkbook.Worksheets(ActiveSheet.Name).Copy
 s = InputBox _
 ("Bitte geben Sie den Adressaten ein!", "Adressat")
 If s = "" Then MsgBox "Sie haben abgebrochen!" _
 : Exit Sub
 s2 = InputBox _
 ("Bitte geben Sie den Titel der E-Mail ein!", "Titel")
 If s2 = "" Then MsgBox "Sie haben abgebrochen!"
 : Exit Sub
 Application.Dialogs(xlDialogSendMail).Show s, s2
 ActiveWorkbook.Close savechanges:=False
End Sub
```

REF

Ausführlichere Informationen zum Thema »E-Mails« erhalten Sie in Kapitel 17.

B.4.3 Aktive Tabelle in neuer Arbeitsmappe speichern

Listing B.8: Die aktive Tabelle wird in einer neuen Arbeitsmappe gespeichert

```
Sub AktivesTabellenblattAlsDatei()
    ActiveSheet.Copy
End Sub
```

REF

In Kapitel 8 erfahren Sie mehr über die Programmierung von Tabellen.

B.4.4 Informationen zu Datum und Zeit

Listing B.9: Datum, Wochentag und Uhrzeit auf dem Bildschirm ausgeben

```
Sub DatumUndUhrzeit()
Dim i As Integer
Dim wota As String

i = Application.Weekday(Date)
Select Case i
 Case 1
    wota = "Sonntag"
 Case 2
    wota = "Montag"
 Case 3
    wota = "Dienstag"
 Case 4
    wota = "Mittwoch"
 Case 5
    wota = "Donnerstag"
 Case 6
    wota = "Freitag"
 Case 7
```

```
    wota = "Samstag"
End Select

MsgBox  "Heute ist " & wota & ", der " & Date _
 & ", " & Time & " Uhr!"
End Sub
```

Lesen Sie mehr zum Thema »Programmieren von Bildschirmmeldungen« in Kapitel 14.

B.4.5 Informationen zur aktiven Arbeitsmappe

```
Sub InfoZurAktuellenDatei()
Dim fsO As Object
Dim sName As Object
Dim sMeldung As String
Dim s As String

    s = Application.ActiveWorkbook.Path
  Set fsO = CreateObject("Scripting.FileSystemObject")
  Set sName = fsO.GetFile(ActiveWorkbook.Name)
  MsgBox ("Dateiname: " & ActiveWorkbook.Name & _
  VbLf &  "Autor: " & ActiveWorkbook.Author & _
  VbLf & "angelegt am: " & sName.DateCreated & _
  VbLf & "Letzter Zugriff: " & _
  sName.DateLastAccessed & VbLf & _
 "Letzte Änderung: " & sName.DateLastModified) & _
 "Speicherort: " & s & VbLf _
  , vbInformation, "Datei-Info"
End Sub
```

Listing B.10: Alle Informationen zur aktiven Arbeitsmappe sollen ausgegeben werden

In Kapitel 8 erfahren Sie mehr über die Programmierung von Arbeitsmappen.

B.4.6 Alle verknüpften Arbeitsmappen öffnen

```
Sub ÖffnenVerknüpfteMappen()
Dim V_Mappen As Variant
Dim i As Integer

  V_Mappen = ActiveWorkbook.LinkSources(xlExcelLinks)
   If Not IsEmpty(Links) Then
      For i = 1 To UBound(V_Mappen)
         Workbooks.Open V_Mappen(i)
      Next i
   Else
```

Listing B.11: Alle verknüpften Arbeitsmappen werden geöffnet

```
  MsgBox _
 "In der Mappe sind keine Verknüpfungen enthalten!"
   End If
End Sub
```

B.4.7 Verknüpfungen zu anderen Arbeitsmappen entfernen

Listing B.12: Externe Verknüpfungen zu anderen Arbeitsmappen löschen

```
Sub ExterneLinksInFestwerteUmsetzen()
Dim Blatt As Worksheet
Dim Zelle As Range

 For Each Blatt In ActiveWorkbook.Worksheets
  Blatt.Activate
  Set Zelle = Cells.Find(what:="[", After:=ActiveCell, _
  LookIn:=xlFormulas, lookat:=xlPart, _
   searchorder:=xlByRows, _
   searchdirection:=xlNext, MatchCase:=False)
  While TypeName(Zelle) <> "Nothing"
   Zelle.Activate
   Zelle.Formula = Zelle.Value
   Set Zelle = Cells.FindNext(After:=ActiveCell)
  Wend
 Next Blatt
End Sub
```

B.4.8 Texte in Arbeitsmappen suchen

Listing B.13: Suchen und Ersetzen von Texten in Arbeitsmappen

```
Sub TextInArbeitsmappeSuchenUndErsetzen()
Dim s_Such As String
Dim s_Ersetz As String
Dim Blatt As Worksheet
Dim Treffer As Range
Dim Treffer1 As Variant

  s_Such = InputBox("Geben Sie den Suchbegriff ein!")
  s_Ersetz = InputBox _
 ("Geben Sie den Ersetzbegriff ein!")
  For Each Blatt In Worksheets
    Blatt.Activate
    Set Treffer = Blatt.Cells.Find(s_Such)
    If Not Treffer Is Nothing Then
      Treffer1 = Treffer.Address
      Do
        Treffer.Activate
        Treffer.Value = s_Ersetz
        Set Treffer = Cells.FindNext(After:=ActiveCell)
        On Error Resume Next
        If Treffer.Address = Treffer1 Then Exit Do
```

```
        Treffer.Value = s_Ersetz
      Loop
    End If
  Next Blatt
End Sub
```

Listing B.14: Suche nach bestimmten Texten in der aktiven Arbeitsmappe und Kennzeichnung der gefundenen Zellen

```
Sub TextInArbeitsmappeSuchenUndKennzeichnen()
Dim s As String
Dim i As Integer
Dim Erg1 As Variant
Dim Erg2 As Variant

s = InputBox _
 ("Geben Sie den Suchbegriff ein!", "Textsuche")
If s = "" Then Exit Sub

For i = 1 To ActiveWorkbook.WorkSheets.Count
  Sheets(i).Activate
  Set Erg1 = Sheets(i).Cells.Find(s)
  If Not Erg1 Is Nothing Then
   Erg2 = Erg1.Address
   Do
      With Erg1
       .Activate
       .Interior.ColorIndex = 4
      End With
      Set Erg1 = Cells.FindNext(After:=ActiveCell)
      On Error Resume Next
      If Erg1.Address = Erg2 Then Exit Do
      Erg1.Interior.ColorIndex = 4
    Loop
  End If
Next i
End Sub
```

B.4.9 Zellen bearbeiten

Listing B.15: Alle Zellen in der Markierung werden gesäubert

```
Sub ZellenSäubern()
Dim Zelle As Range

For Each Zelle In Selection
If Zelle.HasFormula = False Then
  Zelle.Value =_
  Application.WorksheetFunction.Clean(Zelle.Value)
 End If
Next Zelle
End Sub
```

Listing B.16: Zellenumbruch in allen Zellen innerhalb einer Markierung einstellen

```
Sub ZellenumbruchSetzen()
Dim Zelle As Range

For Each Zelle In Selection
  Zelle.WrapText = True
Next Zelle
End Sub
```

Listing B.17: Alle Zellenbezüge innerhalb einer Markierung werden in absolute Bezüge umgewandelt

```
Sub BezugÄndernInAbsolut()
Dim Zelle As Range
 For Each Zelle In Selection
  If Zelle.HasFormula = True Then
  Zelle.Formula = _
  Application.ConvertFormula(Formula:=Zelle.Formula, _
     fromreferencestyle:=xlA1, _
     toreferencestyle:=xlA1, _
     toabsolute:=xlAbsolute)
  Else
  End If
 Next Zelle
End Sub
```

B.4.10 Zellen markieren

Im folgenden Listing werden alle Formelzellen der aktiven Tabelle markiert.

Listing B.18: Alle Formelzellen der aktiven Tabelle werden markiert

```
Sub FormelnMarkieren()
On Error GoTo fehlerm
Selection.SpecialCells(xlCellTypeFormulas).Select
Exit Sub

fehlerm:
MsgBox "Dieses Tabellenblatt enthält keine Formeln!"
End Sub
```

Das nächste Listing markiert alle Zellen einer Tabelle, die Kommentare enthalten.

Listing B.19: Alle Kommentarzellen der aktiven Tabelle werden markiert

```
Sub KommentarzellenMarkieren()
On Error GoTo fehler
 Selection.SpecialCells(xlCellTypeComments).Select
Exit Sub

fehler:
 MsgBox "Es gibt keine Kommentare in der Tabelle!", _
 vbInformation
End Sub
```

Im folgenden Listing werden alle Zellen, die eine Gültigkeitsregel enthalten, markiert.

```
Sub GültigkeitszellenMarkieren()
On Error GoTo fehler
 Selection.SpecialCells(xlCellTypeAllValidation).Select
Exit Sub

fehler:
 MsgBox "Keine Gültigkeiten in dieser Tabelle!", _
 vbInformation
End Sub
```

Listing B.20: Alle Zellen mit Gültigkeitsregel werden markiert

Im nächsten Listing werden alle Zellen, die mit einer bedingten Formatierung formatiert wurden, markiert.

```
Sub BedingteFormatzellenMarkieren()
On Error GoTo fehler
 Selection.SpecialCells _
(xlCellTypeAllFormatConditions).Select
Exit Sub

fehler:
 MsgBox "Keine bedingten Formatierten Zellen!", _
 vbInformation
End Sub
```

Listing B.21: Alle Zellen mit bedingter Formatierung werden markiert

REF

Lesen Sie mehr über die Programmierung von Zellen und Bereichen in Kapitel 5.

B.4.11 Zellen löschen

Im letzten Menüpunkt werden verschiedene Löschoperationen angeboten. Im folgenden Listing werden alle Kommentare aus der aktiven Tabelle gelöscht.

```
Sub KommentareLöschen()
Dim Notiz As Comment

On Error GoTo fehler
For Each Notiz In ActiveSheet.Comments
 Notiz.Delete
Next Notiz
Exit Sub

fehler:
MsgBox "Keine Kommentare in der Tabelle!", vbInformation
End Sub
```

Listing B.22: Alle Kommentare aus der aktiven Tabelle löschen

Im nächsten Listing werden alle Zellen mit Formeln mit Festwerten ersetzt, die sich innerhalb der Markierung befinden.

Listing B.23: Alle Formeln einer Tabelle in Festwerte umsetzen

```
Sub FormelnLöschen()
Dim zelle As Range

On Error GoTo fehler
 Selection.SpecialCells(xlCellTypeFormulas).Select
 For Each zelle In Selection
  zelle.Value = zelle.Value
 Next zelle
Exit Sub

fehler:
MsgBox "Keine Formeln in der Tabelle!", vbInformation
End Sub
```

Übrigens werden ebenso wie Formeln auch Funktionen und externe Verknüpfungen in Festwerte umgesetzt.

Im folgenden Listing werden alle Gültigkeitsregeln einer Tabelle entfernt.

Listing B.24: Alle Gültigkeitsregeln in einer Tabelle werden entfernt

```
Sub GültigkeitLöschen()
Dim zelle As Range

On Error GoTo fehler
 Selection.SpecialCells(xlCellTypeAllValidation).Select
 For Each zelle In Selection
  zelle.Validation.Delete
 Next zelle
Exit Sub

fehler:
 MsgBox "Keine Zellen mit Gültigkeiten in Tabelle!", _
 vbInformation
End Sub
```

Im nächsten Listing werden alle bedingten Formate aus einer Tabelle entfernt.

Listing B.25: Alle bedingten Formate in einer Tabelle werden entfernt

```
Sub BedFormateLöschen()
Dim zelle As Range

On Error GoTo fehler
 Selection.SpecialCells _
(xlCellTypeAllFormatConditions).Select
 For Each zelle In Selection
  zelle.FormatConditions.Delete
 Next zelle
```

```
Exit Sub

fehler:
 MsgBox "Keine Zellen mit bedingten Formaten!", _
 vbInformation
End Sub
```

Im Gegensatz zum vorherigen Listing werden im folgenden Listing alle Formatierungen einer Tabelle entfernt.

Listing B.26: Alle Formatierungen in einer Tabelle werden entfernt

```
Sub FormateLöschen()
Dim zelle As Range

ActiveSheet.UsedRange.Select
Selection.ClearFormats
End Sub
```

Im letzten Listing werden alle Zellen einer Tabelle, die Festwerte aufweisen, gelöscht.

Listing B.27: Alle Zellen, die Festwerte enthalten, werden gelöscht

```
Sub InhalteLöschen()
On Error GoTo fehler
 Selection.SpecialCells(xlCellTypeConstants).Select
 Selection.ClearContents
 Exit Sub

fehler:
End Sub
```

B.5 Die Integration

Richten Sie das Add-In über den Add-Ins-Manager ein. Der Add-Ins-Manager ist ein Werkzeug aus dem Standardumfang von Excel, der nicht nur bereits installierte Add-Ins auflistet, sondern auch die Installation von Add-Ins ermöglicht.

So gehts:

STEP

1. Wählen Sie EXTRAS/ADD-INS-MANAGER (Excel 97) bzw. EXTRAS/ADD-INS (2000/2002/2003).
2. Klicken Sie auf DURCHSUCHEN und wechseln Sie in den Ordner, der die Add-In-Datei enthält.
3. Markieren Sie die Datei MACADDIN.XLA und bestätigen Sie mit Klick auf OK.
4. Das Add-In wird eingebunden, Sie können den Add-Ins-Manager mit Klick auf OK schließen.

Wenn Sie das Add-In wieder aus der Liste löschen wollen, starten Sie den Add-Ins-Manager erneut und klicken auf das Häkchen, um es zu entfernen. Der Eintrag bleibt in der Liste, Sie können die Werkzeugsammlung jederzeit wieder aktivieren.

C Recherche im Internet

Möchten Sie das Internet nutzen, um noch tiefer in VBA einzusteigen oder ganz gezielt nach Ratschlägen zu suchen, dann sind Sie in diesem Kapitel genau richtig. Erfahren Sie, wie Sie sich Zugang zu den Excel-Diskussionsforen im Internet verschaffen, wie Sie VBA-Datenbanken im Internet anzapfen können und welche weiteren Möglichkeiten es im Internet zum Thema »VBA« gibt.

C.1 Zugriff auf Diskussionsforen

Die Diskussionsforen von Microsoft gibt es in zwei unterschiedlichen Ausprägungen:

- Diskussionsforen von Newsservern: Diese Diskussionsforen bedingen die Einrichtung eines Newsreaders. Im Anschluss wird die Vorgehensweise für Outlook Express beschrieben.
- Webseitenbasierte Diskussionsforen: Diese Foren sind über einen normalen Browser verfügbar und auf ganz normalen Internetseiten abrufbar.

C.1.1 Die Einrichtung eines Diskussionsforums von Microsoft unter Outlook Express

Richten Sie es ein:

STEP

1. Wählen Sie sich ins Internet ein.
2. Starten Sie nun Outlook Express.
3. Wählen Sie aus dem Menü EXTRAS den Befehl KONTEN.
4. Wechseln Sie ins Register NEWS und klicken Sie auf die Schaltfläche HINZUFÜGEN/NEWS.
5. Geben Sie nun Ihren Namen ein und klicken Sie auf WEITER.
6. Geben Sie Ihre E-Mail-Adresse ein und bestätigen Sie mit WEITER.
7. Erfassen Sie als Newsserver MSNEWS.MICROSOFT.COM und klicken Sie auf WEITER.

8. Klicken Sie zum Abschluss auf die Schaltfläche FERTIG STELLEN.
9. Die abschließende Frage: »Möchten Sie Newsgroups vom hinzugefügten Konto downloaden?« beantworten Sie mit JA. Alle verfügbaren Foren dieses Servers werden Ihnen jetzt in einem Listenfeld angezeigt.
10. Geben Sie im Dialog NEWSGROUPS-ABONNEMENTS im Eingabefeld den Text EXCEL ein. Outlook Express listet nun alle Excel-Foren auf.

Abbildung C.1: Excel in nahezu allen Sprachen und Kategorien

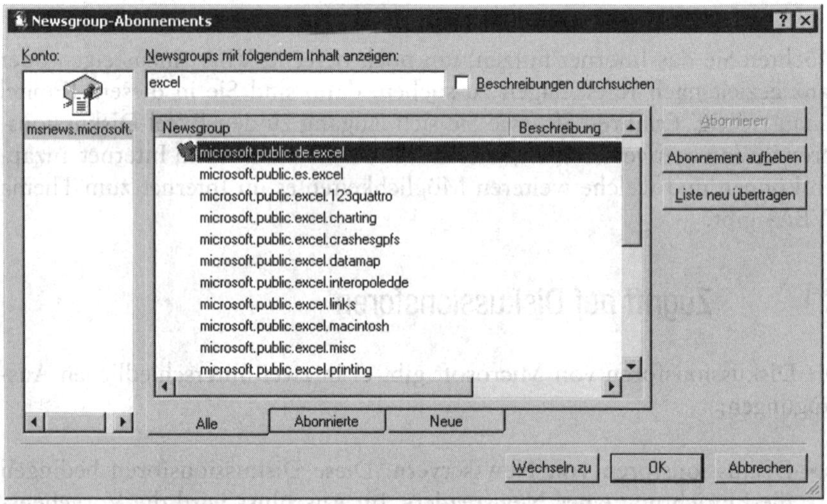

Abbildung C.2: Ein typischer Thread aus dem deutschen Excel-Forum

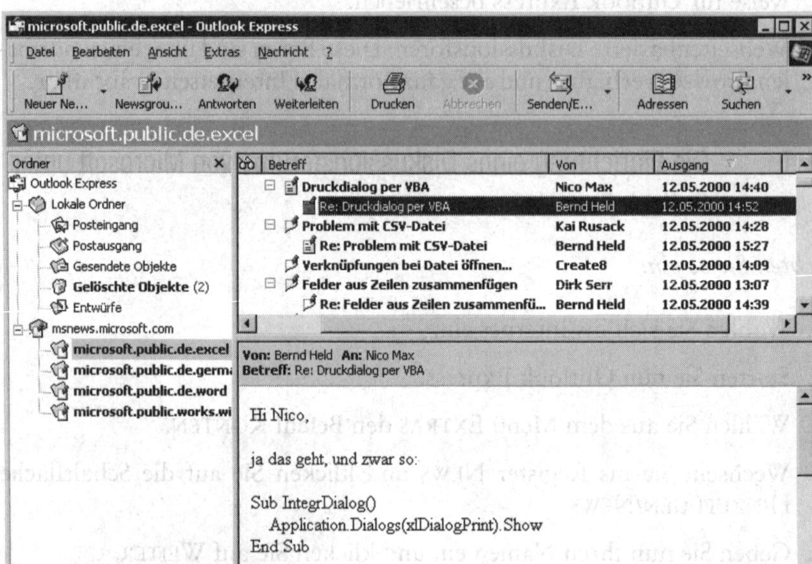

11. Markieren Sie das Forum MICROSOFT.PUBLIC.DE.EXCEL und klicken Sie auf die Schaltfläche ABONNIEREN.
12. Klicken Sie auf OK.
13. Führen Sie anschließend einen Doppelklick auf das Excel-Forum aus. Es werden jetzt alle verfügbaren Threads geladen.

C.1.2 Homepagegestützte Foren

Wenn Sie keinen Newsreader zur Verfügung haben, können Sie auch über ein paar Anbieter auf URL-Basis auf diese Diskussionsforen zugreifen.

Einer dieser Anbieter ist die Suchmaschine Web.de.

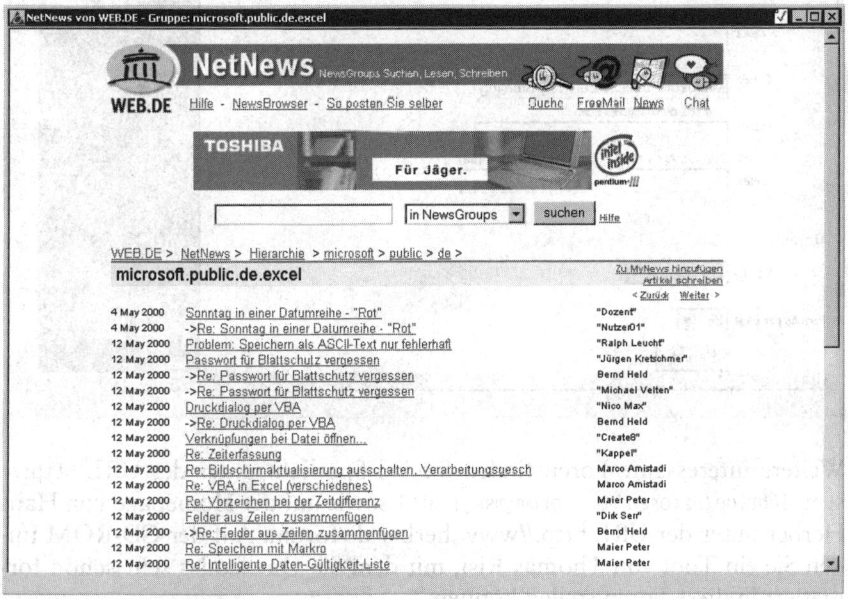

Abbildung C.3: Leichter Zugriff über Web.de

Die URL zu diesem Forum lautet:

➠ `http://netnews.web.de/action/?&cmd=xover&group=microsoft.public.de.excel`

Eine weitere Suchmaschine, die eine Kopie des Original-Excel-Forums von Microsoft auf URL-Basis zur Verfügung stellt, ist DEJA.COM.

➠ `http://www.deja.com/group/microsoft.public.de.excel`

Die Threads können auch noch monatelang über diese Suchmaschine herausgesucht werden. Um gezielt nach VBA-Themen zu suchen, klicken Sie sich ein unter:

➡ `http://www.deja.com/home_ps.shtml`

Abbildung C.4: Die Power-Suche bei Deja.com

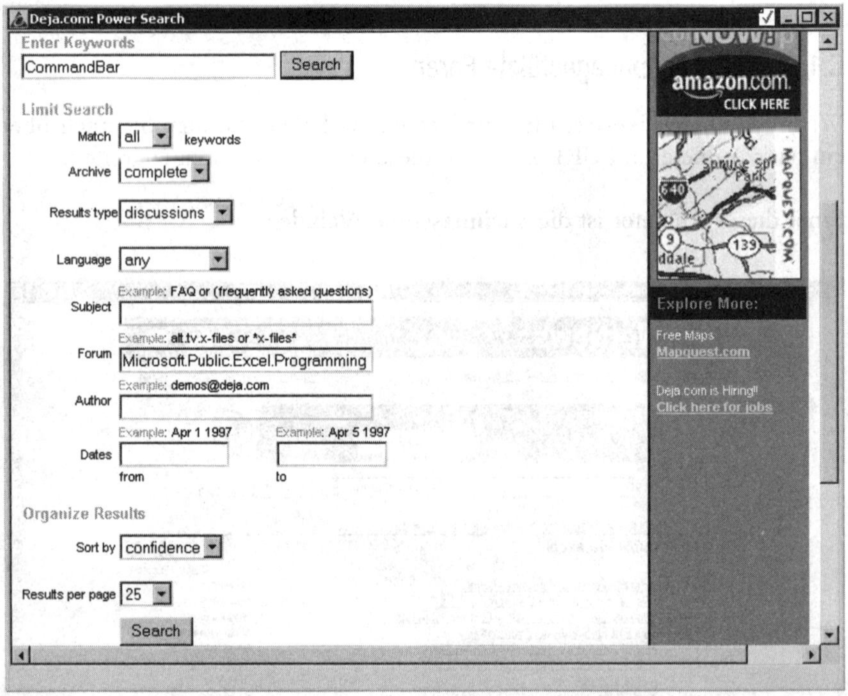

Weitere interessante Foren finden Sie bei Spotlight unter der URL `http://spotlight.de/nzforen/mse/forum_mse_1.html` sowie auf der Homepage von Hans Herber unter der URL http://www.herber.de/forum. Auf der CD-ROM finden Sie ein Tool von Thomas Risi, mit dem Sie Quellcodes sehr schön formatiert in diese Foren stellen können.

C.2 VBA-Datenbanken

Neben den Diskussionsforen, in denen sich täglich Tausende von Anwendern aufhalten und ihre Erfahrungen mit Excel und VBA austauschen, können Sie auch noch Datenbanken im Internet anzapfen.

Eine davon ist die Knowledge Base von Microsoft:

➡ `http://search.eu.microsoft.com/germany/supportkb/default.asp`

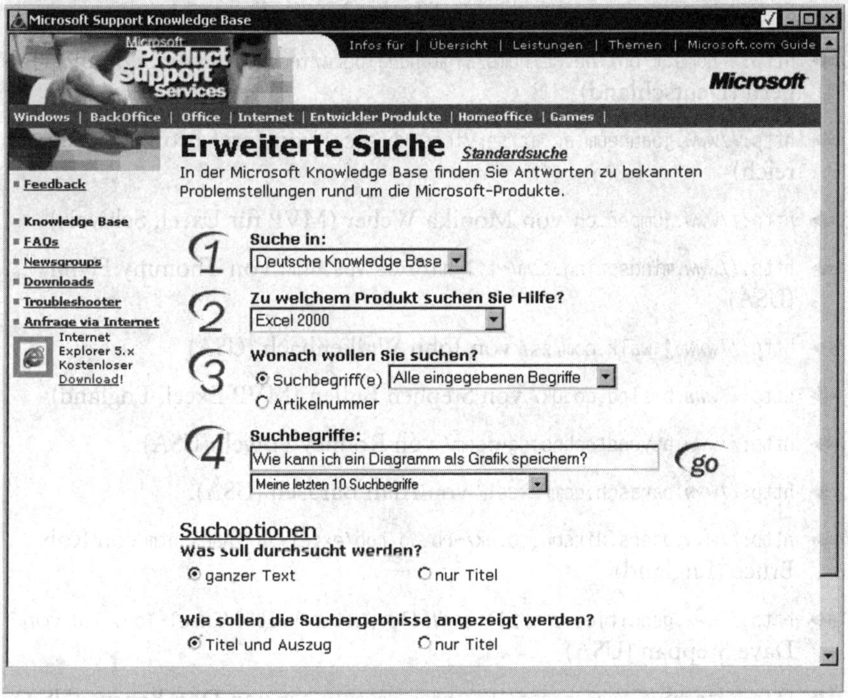

Abbildung C.5: Die offizielle Knowledge Base von Microsoft

C.3 Weitere Links interessanter Webseiten

Hier finden Sie eine ganze Reihe interessanter Seiten aus dem Internet, die Excel-VBA zum Thema haben. Die Reihenfolge der Aufzählung hat selbstverständlich nichts mit der jeweiligen Qualität der Homepage zu tun. Meiner Meinung nach lohnt es sich, alle Seiten zu besuchen.

- `http://www.herber.de/` von Hans Herber (MVP für Excel)
- `http://Held-office.de` von Bernd Held (MVP für Excel)
- `http://www.excel-inside.de` von Alois Eckl
- `http://www.pixeltester.de/start.htm` von Marco Amistadi (Deutschland)
- `http://www.excel-center.de/` von Bernd Busko (Deutschland)
- `http://www.schmittis-page.de` von Markus Schmitt (Deutschland)
- `http://home.t-online.de/home/helma.spona` von Helma Spona (Deutschland)
- `http://www.online-club.de/m3/rp11522/frames1.htm` von Gerd Knoch (Deutschland)
- `http://Igelnet.de` von Thomas Igel (Deutschland)

- `http://www.werner-nagel.de/` von Werner Nagel (Deutschland).
- `http://home.t-online.de/home/SigmundHalpern/index.htm` von Sigmund Halpern (Deutschland)
- `http://www.joanneum.ac.at/services/vbaexcel` von Josef Broukal (Österreich)
- `http://www.jumper.ch` von Monika Weber (MVP für Excel, Schweiz)
- `http://www.mindspring.com/~tflynn/excelvba.html` von Thommy Flynn (USA)
- `http://www.j-walk.com/ss/` von John Walkenbach (USA)
- `http://www.bmsltd.co.uk/` von Stephen Bullen (MVP Excel, England)
- `http://www.beyondtechnology.com/` von Rodney Powell (USA)
- `http://www.barasch.com/excel/` von Alan Barasch (USA).
- `http://www.users.dircon.co.uk/~rb-ad/rob/excelvba/index.htm` von Rob Bruce (England)
- `http://www.geocities.com/SiliconValley/Network/1030/Excel-Top.html` von Dave Steppan (USA)
- `http://archive.baarns.com/IE4/index_devonly.asp` von Don Baarns (USA)
- `http://www.cpearson.com/excel.htm` von Chip Pearson (MVP Excel, USA)
- `http://www.geocities.com/davemcritchie/excel/excel.htm` von David McRitchie (USA)
- `http://www.cyberfrench.com/excel/` von Pierre Leclerc (Frankreich)
- `http://www.geocities.com/SiliconValley/Lab/5586/` von Igor Kolupaev (Russland)
- `http://w1.2735.telia.com/~u273500023/english/index.htm` von Ole P. (Norwegen)
- `http://www.standard.net.au/~garyradley/VBATutor.htm` (USA)
- `http://www.geocities.com/WallStreet/9245/` von Anthony Sun (USA)

D Die Listings des Buches

Hier finden Sie, nach Kapiteln geordnet, alle im Buch nummerierten Listings zum gezielten Nachschlagen.

Kapitel 5 Zellen und Bereiche programmieren

Kapitel 6 Die Programmierung von Spalten und Zeilen

Kapitel 7 Tabellenblätter programmieren

Kapitel 8 Die Programmierung von Arbeitsmappen

Kapitel 9 Diagramme und Pivot-Tabellenberichte programmieren

Kapitel 10 Benutzerdefinierte Funktionen und Funktionsmakros

Kapitel 11 Programmierung durch Windows-API-Aufrufe

Kapitel 12 Ereignisse in Excel einsetzen

Kapitel 13 VBE-Programmierung

Kapitel 14 Dialoge, Meldungen und UserForms programmieren

Kapitel 15 Steuerelemente in Tabellen programmieren

Kapitel 16 Eigene Menüs und Symbolleisten erstellen

Kapitel 17 Excel und sein Umfeld

Kapitel 18 Fehlerbehandlung, Tuning und Schutz von VBA-Projekten

Kapitel 19 FAQ zur Programmierung mit Excel

Anhang A Nützliche und interessante Makros

Anhang B Das Wichtigste in einem Add-In

E Tools auf der Buch-CD

Auf der mit ausgelieferten Begleit-CD finden Sie alle Codebeispiele sowie eine Sammlung aus nützlichen Tools im Umfeld von Excel. Einige Beispiele sind aus der Excel-Zeitschrift »Expert's Inside«, für die ich regelmäßig schreibe.

Unter anderem finden Sie auch ein Makro-Suchen-Hilfssystem, mit dem Sie noch schneller bestimmte Makro-Lösungen, die im Buch vorgestellt werden, finden können.

Sie finden alle Makros, die in diesem Buch beschrieben sind, auf der mitgelieferten CD in den jeweiligen Kapitelverzeichnissen. Die Tools für Excel liegen im Verzeichnis CDROM\Tools der CD, die Datei MAKROFINDER.XLS im Stammverzeichnis.

Entnehmen Sie der nächsten Tabelle, welche Tools Sie auf der CD finden können.

Tabelle E.1: Alle verfügbaren Tools der Buch-CD-ROM

Name	Kurzbeschreibung
MakroFinder.xls	Mit Hilfe dieses Tools können Sie über eine Stichwortsuche alle Makros, die im Buch beschrieben werden, noch schneller finden.
Abwesenheiten2004.xls	Mit diesem Tool können Sie Ihre Abwesenheiten wie Urlaube, Kurse, Gleitzeiten und Krankheitstage eingeben und verwalten.
Azeit2003.xls	Erfassen Sie Ihre täglichen Arbeitszeiten in dieser Arbeitsmappe.
Arbeitszeit2004_2.xls	Auch in diesem Tool von Conny Haberzett können Sie Ihre täglichen Arbeitszeiten erfassen.
Feiertage.xls	Dieses Tool liefert Ihnen alle Feiertage im Jahr.
Monatskalender.xls	Der dynamische Monatskalender von Conny Haberzett
Kassenbuch.xls	Erfassen Sie Ihre Kosten mit dem Kassenbuch von Conny Haberzett.

Tabelle E.1: Alle verfügbaren Tools der Buch-CD-ROM (Forts.)

Name	Kurzbeschreibung
KoFuAdd.xla	Mit diesem Add-In können Sie die Kopf- und Fußzeilen Ihres Textes erfassen.
InternationaleDialoge.xls	Über diese Lösung werden internationale Dialoge erstellt.
Rechnungstool.xls	Mit diesem Tool können Sie Ihre Rechnungen eingeben und deren Fälligkeit überwachen.
Wareneingangstool.xls	Dieses Tool erlaubt die Eingabe von Wareneingänge und deren Überwachung.
Aufgabenliste.xls	Mit Hilfe der Aufgabenliste können Sie Termine verwalten und sich frühzeitig daran erinnern lassen.
Diashow.xls	Mit Hilfe dieses Tools können Sie Bilddateien über einen Dia-Projektor betrachten.
LottoInside.xls	Mit Hilfe des Lotto-Tippers können Sie über Excel Lottozahlen automatisch erzeugen lassen.
Verknüpfungen.xla	Mit Hilfe des Add-Ins können Sie Links zu externen Mappen aufspüren und entfernen.
Xlcrack.zip	Der schnellstmögliche Cracker für Blatt- und Arbeitsmappenschutz - für Excel 8.0 (97) und 9.0 (2000) von Hans Herber
vbCmdBar.zip	Der Menüeditor von Hans Herber, der auch den zugehörigen VBA-Code erstellt
xlColor.zip	Die Farbpalette von Hans Herber mit automatischer Implementierung in Ihre VBA-Projekten
vbClear.zip	Verringern Sie die Dateigröße Ihres VB-Projekts mit dem Tool von Hans Herber.
xlblz.zip	Importieren und Verwalten von Bankleitzahlen
SyntaxHi.zip	Mit Hilfe dieses Tools können Sie VBA-Quellcode in HTML-Format umwandeln lassen. Dies erleichtert die Darstellung in vielen Foren.

E.1 Der Makro-Finder

Mit Hilfe dieses Tools können Sie über eine Stichwortsuche alle Makros, die im Buch beschrieben werden, noch schneller finden. Öffnen Sie die Arbeitsmappe MAKROFINDER.XLS im Stammverzeichnis der CD-ROM.

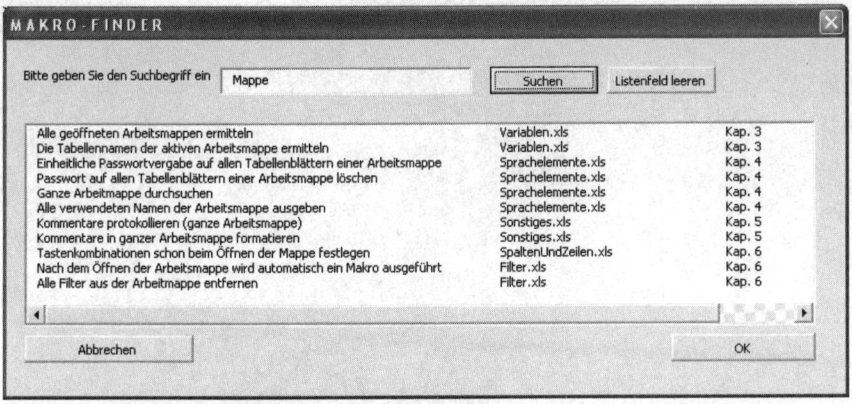

Abbildung E.1: Makros schneller finden

Geben Sie im oberen Eingabefeld einen Suchbegriff ein und klicken Sie auf die Schaltfläche *Suchen*. Das Tool durchsucht jetzt alle verfügbaren Makros der CD-ROM und gibt die Suchtreffer im Listenfeld an. Markieren Sie den gewünschten Eintrag im Listenfeld und klicken Sie auf die Schaltfläche *OK*, um die entsprechende Arbeitsmappe zu öffnen.

Stichwortverzeichnis

A

D

S

T

U